세계철학사 1

세계철학사 1

지중해세계의 철학

이정우 지음

도서출판 길

소운(逍雲) 이정우(李正雨)는 1959년 충청북도 영동에서 태어났다. 서울대학교에서 공학, 미학, 철학을 공부했으며, 아리스토텔레스 연구로 석사학위를, 미셀 푸코 연구로 박사학위를 받았다. 2000년에 대안공간 철학아카데미를 창설해 시민 교육에 힘썼으며, 현재는 소운서원, 경희사이버대학교, 카이스트에서 후학 양성과 집필에 몰두하고 있다.

소운의 사유는 '전통, 근대, 탈근대'를 화두로 한 보편적인 세계철학사의 서술, 시간·생명·사건 등의 개념들을 중심으로 한 생성존재론의 구축, 그리고 '타자-되기의 윤리학'과 그 정치철학적 구체화의 세 갈래로 전개되어왔다. 초기 저작으로 『소운 이정우 저작집』(전6권. 그린비)이 나와 있으며, 철학사적 저술로 『세계철학사』 4부작(도서출판 길, 2011~2024)이 완간되었다. 아울러 '철학 대계'(그린비, 2022~)로서 1~3권(『신족과 거인족의 투쟁』, 『동일성과 차이생성』, 『파라-독사의 사유: 장자와 철학』)이, '이정우 에크리'로서 『무위인-되기』(그린비, 2023)가 나와 있다. 현재는 철학 대계 4권인 『타자-되기의 에티카』와 에크리 2권인 『아이온의 시간』을 집필하고 있다. paideia@khcu.ac.kr

세계철학사 1
지중해세계의 철학

2011년 2월 15일 제1판 제1쇄 펴냄
2011년 6월 5일 제1판 제2쇄 펴냄
2014년 4월 25일 제1판 제3쇄 펴냄
2018년 1월 15일 전면 개정판 제1쇄 펴냄
2018년 4월 10일 전면 개정판 제2쇄 펴냄
2019년 9월 30일 전면 개정판 제3쇄 펴냄
2022년 1월 20일 전면 개정판 제4쇄 펴냄
2023년 3월 10일 전면 개정판 제5쇄 펴냄

2024년 3월 15일 전면 개정판 제6쇄 찍음
2024년 3월 25일 전면 개정판 제6쇄 펴냄

지은이 | 이정우
펴낸이 | 박우정

기획 | 이승우
편집 | 천정은
전산 | 최원석

펴낸곳 | 도서출판 길
주소 | 06032 서울 강남구 도산대로25길 16 우리빌딩 201호
전화 | 02)595-3153 팩스 | 02)595-3165

등록 | 1997년 6월 17일 제113호

김강태 선생께
감사의 마음을 담아
헌정합니다.

여는 말

철학자들은 늘 '세계 전체'를 논하곤 하지만 그러한 논의들은 사실상 특정한 세계-지평 위에서 이루어진다. '세계'를 대상으로 삼는 사유들이라 해도 역으로 그것들은 어떤 특정한 세계를 선험적 조건으로 해서 성립하기에. 인간이 세계와 자신을 이해하고 삶의 방향성을 모색하게 된 이후, 즉 '사유'라는 행위가 시작된 이후, 사유는 늘 사상가(사유하는 존재)의 삶을 조건 짓는 각각의 세계-지평 위에서 성립해왔다.

오늘날 이른바 "세계화와 정보화"를 통해서 '세계'의 지평은 전에 없이 넓어졌고, 이에 따라 사유는 마침내 인간세(人間世) 전체에 걸친 지평을 확보하게 되었다. 이제 "세계"라는 말이 급기야 지구를 지리적 지평으로 하는 인간세계 전체를 가리키는 말로 확장된 것이다. 오늘날에야 비로소 세계에 대한 철학자들의 사유가 전(全) 세계의 지평 위에서 행해지게 되었다.

그러나 오늘날의 세계화는 강대국들과 초국적 기업들의 헤게모니를 통한 세계화일 뿐이며, 정보화 역시 특정 문화(들)의 헤게모니를 통한 정보화일 뿐이다. 이른바 '글로벌 스탠더드'는 이 헤게모니를 전 세계에 강요하는 시스템이며, 학문과 예술의 세계마저도 이 시스템에 철저하게 복속되고 있다. 이러한 세계화는 '다양성의 조화'라는 고전적인 이상과는 거리가 먼 것이며, 사실상 허구적인 보편화를 통한 등질화(等質化)를 뜻할 뿐이다. 이런 세계화에 대항하는 국지화(局地化)의 흐름들도 존재하지만, 이것은 소극적인 대안일 뿐이며 적극적인 대안이 되지 못한다. 또, 기존 헤게모니에 대한 비판들 역시 사실상 적지 않은 경우 새로운 헤게모니를 위한 전략에 불과함은 분명하다. 진정한 세계화를 이루기 위해서는, 진정한 보편성과 객관성을 지향하기 위해서는, 현재 이루어지고 있는 세계화의 흐름과 정면으로 대결해야 한다.

오늘날 세계화의 흐름은 어떤 정신적 준비나 사상적 비전을 가지고서 이루어진 것이 아니다. 그것은 자본과 기술, 대중문화의 맹목적인 팽창이 빚어낸 난맥상일 뿐이다. 여기에는 거시적인 안목을 가지고서 세계사를 이끌어가지 못한 지식인들의 책임도 있으며, 바로 이 때문에 오늘날 인문학을 비롯한 정신문화 전체가 세계화/정보화에 질질 끌려 다니는 사태가 도래한 것이다.

이런 사태를 타개하기 위해서는 우선 지식인들 스스로 지역, 국가, 언어권, 전공 등 편협한 울타리들에서 탈주해 함께 거시적인 비전을 만들어나가는 것이 중요하다. '소아(小我)'로부터 '대아(大我)'로의 변신이 그어느 때보다도 중요한 시대가 되었다. 그러나 미래의 시간은 과거의 음미를 거쳐 현재로 회귀함으로써만 장래의 시간이 될 수 있다. 장래를 위한 철학적 비전은 우선 과거에 대한 역사적 음미를 현재로까지 끌고 올 것을 요청하는 것이다. 이 『세계철학사』 3부작은 이렇게 과거의 음미와 현재로의 회귀를 경과해 장래의 비전을 확보하기 위한 시도이다.

지금까지 저술된 철학사들은 대개 세계철학사가 아니라 일정한 지역적 테두리를 전제한 철학사들이다. 대부분이 '서양 철학사'이거나 '중국 철학사', '한국 철학사', '일본 철학사', '인도 철학사' 등인 것이다.[1]

물론 '세계철학사'라는 제목을 달고서 나온 저작들이 없었던 것은 아니다. 한글로 읽을 수 있는 대표적인 예들로서는 한스 요아힘 슈퇴리히 의『세계철학사』와 소비에트과학아카데미철학연구소의『세계철학사』가 있다.

그러나 슈퇴리히의 "세계"철학사는 실질적으로 서구 철학사이며, 그 모두(冒頭)에 중국과 인도의 철학 전통을 일종의 '전사(前史)'로서 배치 하고 있을 뿐이다. 인도 철학사와 중국 철학사를 연대를 무시하고서 첫 머리에 붙인 것이다. 이런 식의 구도는 소비에트과학아카데미철학연구 소의 "세계"철학사에서도 거의 그대로 답습되고 있다. 이는 그 근원을 따지고 올라가면 헤겔적 편견에서 유래한 것이다. 헤겔의『철학사 강의』 가 바로 이와 같은 관점의 원조이며,[2] 비서구 지역의 철학 전통을 서구 철학사의 한갓 전사 정도로 보는 시각의 흔적은 (매우 조심스럽고 치밀 한 방식으로이긴 하지만) 최근의 들뢰즈/가타리에게서도 확인된다.[3]

이런 편견은 단순하게는 자신이 살고 있는 지역에 대한 애정의 표현

---

1) 서구의 경우 '서양 철학사'라는 개념과 구도가 일정 정도 형성되어 있으나, 동북아시아의 경우에는 아직 중국, 한국, 일본을 포괄하는 '동북아 철학사'의 개념과 구도가 형성되어 있지 않다. 더 넓게 보아 동남아시아의 불교 사상을 포괄하는 '동아시아 철학사', 나아가 인도의 철학을 포괄하는 '아시아 철학사'는 그 구도는 물론 개념조차도 존재하지 않는 다. 언어권이 다른 인도와 동남아시아를 접어둔다 해도, (매우 많은 언어들이 동원된 지 중해세계와는 달리) 한문을 공통의 언어로 했던 동북아 삼국의 통합 철학사가 왜 거의 존재하지 않는지는 그 자체 흥미로운 문제이다.

2) 헤겔에게 로마의 철학은 "다만 [그리스 철학을] 수용하고 모방하는 가운데서 어쩌다가 재치를 발휘한 것 뿐"이다.(『철학사 1』, 임석진 옮김, 지식산업사, 1996, 142~143쪽) 그런 데 "키케로의 도덕적 설교집인『의무에 관하여』는 우리에게 공자의 모든 작품보다도 더 많은 것, 그리고 더 값진 것을 일깨워준다."(165쪽) 따라서 로마의 철학보다도 못한 "동양 철학"은 단지 본격적인 철학의 전사로서 다루어질 수밖에 없었다.

3) 들뢰즈와 가타리는 중국, 힌두(인도), 유대, 이슬람의 사유를 하나로 묶어버리고 그리스 의 사유와 비교한다. 그리고 끝내 그 사이에 선을 긋고 싶어 한다.(Deleuze et Guattari, *Qu'est-ce que la philosophie?*, Minuit, 1991, p. 82 ff) 이들에게 이런 구분은 '형상(形 狀)' 수준의 사유들과 '개념' 수준의 사유 사이의 구분이다. 다만 이들은 그리스 철학의 성공을, 나아가 다른 모든 철학적 성공을 (헤겔처럼 필연적인 것으로서가 아니라) 각종 맥락들이 만나 이루어진 우연적인 것으로 이해한다는 점에서 차이를 보인다.

일 수도 있겠지만, 더 근본적으로는 '근대성=모더니티'가 이룩한 성과에의 도취를 근대 이전으로 사후적(事後的)으로 투사한 데에서 유래한다고 보아야 한다. 더구나 르네상스 이래의 서양 근대는 그리스 사유의 재발견을 그 추동력으로 삼았고 따라서 비서구는 당연히 그 앞의 단계로서, 즉 전(前)그리스적인 것들로서 배치될 수밖에 없었던 것이다. 근대(대략 17세기 이래) 서구인들에게 비서구 지역들은 반드시 '전그리스적'이어야 했다. 그러나 본 저작이 앞으로 보여줄 것인바, 전근대에 관련한 이런 배치는 허구에 가까운 것이다.[4]

이런 식의 구도를 벗어나 새로운 세계철학사를 쓰는 것은 철학 자체를 위해서뿐만 아니라 사유로써 미래의 시간을 준비하는 데에도 필수적이다. 그리고 이런 철학적 준비가 철저히 이루어지고 또 그 비전이 삶 속으로 스며들 때에만 진정한 의미의 세계화도 가능해질 것이다.

그러나 어떤 세계철학사도 완벽한 객관성과 균형에는 도달할 수 없다. 저술자의 언어권, 사유의 정향, 지식의 한계, 정치적 입장 등에 따라 다양한 세계철학사가 나올 수밖에 없기 때문이다. 따라서 다양한 관점들의 입체적이고 역동적인 종합을 통해 전체에 조금씩 가까이 가는 방법을 취해야 할 것이며, 그렇게 함으로써만 사유세계의 모든 얼굴에 다가설 수 있을 것이다.

본 『세계철학사』 3부작은 다음과 같은 구도를 취할 것이다. 우선 철학

---

4) 그러나 이 때문에 거꾸로 어떤 다른 "우리"—그 "우리"가 어느 우리이든—에 도취되어 편협한 시각을 취하는 것, 서양 계통의 학문을 하는 사람들을 걸핏하면 "학문의 식민성"을 보여준다느니 "유행을 따른다"느니 하면서 매도하는 것, "동양적인 것"에 대한 애정이나 민족주의적 감성을 가지고서 철학(/철학사)에 접근하는 것, 학문적 객관성과 보편성의 검증을 도외시한 채 일종의 종교집단 같은 것을 만들어 그 안에서 자기 만족 하는 것 등은 단순히 하나의 극으로부터 다른 하나의 극으로 건너뛰는 것일 뿐이다. 이런 자의성과 피해의식은 서구중심주의의 거울상(mirror image)일 뿐이다. 하나의 극단은 항상 다른 하나의 극단을 낳는다. 우리가 가야 할 길은 왜곡된 보편성과 싸우면서 진정한 보편성으로 가는 것이지, 하나의 중심주의에 또 하나의 중심주의를 맞세우는 것이 아니다.

10

이라는 행위가 주로 유라시아 대륙에서 진행되었고 근대 이전에는 동과 서의 철학 전통이 따로 전개되었다는 점에서, 1권을 '지중해세계의 철학'에 그리고 2권을 '아시아세계의 철학'에 할애했다. 그 후 마지막 3권에서는 지리적 기준이 아니라 시대적 기준에 입각해 '근현대 세계의 철학'을 살펴보려 한다.

유라시아의 서쪽에서 전개된 문명은 기본적으로 지중해를 둘러싸고서 전개된 문명이다. 뒤에서 보겠지만, 그리스 문명은 에게 해를 둘러싼 문명이다. 그러니까 큰 원환 안에 다시 작은 원환이 있는 셈이다. 편의상 라틴어를 사용한다면, 지중해 위 가장 서쪽에 히스파니아(에스파냐)가 있었고, 시계 방향으로 브리타니아(영국), 갈리아(프랑스, 독일), 이탈리아, 일리리아(발칸 반도 서부), 그라이키아(그리스), 마케도니아, 아시아(터키), 페르시아, 메소포타미아, 아라비아, 아이깁타(이집트), 아프리카(북부 아프리카의 지중해 연안)가 타원형의 고리를 형성했다. '서양 철학사'를 생각할 때면 으레 "영불독(英佛獨)"의 철학을 떠올리지만, 이를 고중세에 적용할 경우에는 이 또한 사후적 투사가 되어버린다. 근대 이전의 서구 문명은 어디까지나 지중해를 둘러싸고서 전개된 문명이었기 때문이다. "영불독"이라는 관념은 아무리 일찍 잡아도 16세기에야 성립했다고 해야 한다. 나아가 고중세 서양 철학사를 논할 때면 늘 그리스만을 또는 그리스-로마만을 논하지만 이것은 편협한 것이며, 우리의 시선을 지중해 문명 전체에 맞출 필요가 있다. 그리스가 다른 지역들에 준 것 못지않게 받은 것도 많은 데다가, 더 나아가 지중해 문명 전체를 참조해야만 그리스 철학도 그리고 다른 지역의 철학들도 이해할 수 있기 때문이다. 이 때문에 1권의 제목을 '지중해세계의 철학'이라 붙였다.

유라시아 대륙 전체를 볼 때도 한 가지 두드러진 특징이 나타난다. 대륙 한가운데의 중앙아시아에서는 유목적 삶이 펼쳐진 데 비해, 이 중앙 아래쪽으로 빙 둘러 늘어서 있는 무수한 문명들에서는 정주적 삶이 펼쳐졌다는 점이다. 이 정주문명들 중 동북아, 인도, 이슬람, 그리스가 철학적 담론들을 양산해낸 대표적인 문명들이다.[5] 이 중 그리스-로마의 철학과 이슬람의 철학이 지중해세계의 철학을 형성했다면, 동북아와 인도의 철학은 아시아세계의 철학을 형성했다.[6] "동양"이라는 말은 한편으로 그 외연이 모호하며 다른 한편으로 19세기의 특수한 경험을 짙게 띠고 있는 개념으로서, 지금은 이미 낡은 뉘앙스를 띠게 되었다고 본다. "아시아"라는 말도 그 유래를 거슬러 올라가면 서구중심적 개념이지만, 현재로서는 이 개념이 좀더 낫다고 판단해 2권의 제목을 '아시아세계의 철학'으로 했다.

2권에서는 아시아세계의 철학을 지중해세계의 철학과 계속 비교해가면서 논할 것이다. 따라서 2권은 자연스럽게 비교철학의 성격을 띠게 된다. 물론 인도, 동남아시아, 중앙아시아, 중국, 한반도, 일본 사이의 비교도 포함하지만, 더 핵심적으로는 아시아세계의 철학과 지중해세계의 철학을 비교하는 데 초점을 둘 것이다.

지중해세계의 철학과 아시아세계의 철학은 근대에 들어와 만나게 되

---

5) 동아시아, 인도, 이슬람을 "동양"으로 묶어 부르는 것은 검토를 요한다. 이슬람은 흔히 '서남아시아'로 분류되며, 그래서 어떤 사람들은 "동양 철학"의 일부로서 이슬람 철학을 다루기도 한다. 그러나 정치경제적 맥락이 아닌 철학사적 맥락에서 이슬람은 어디까지나 유대-기독교 사상의 연장선 위에서 성립했다. 정치경제적 맥락에서도 과연 이슬람이 '아시아'로 분류될 수 있을지는 의심스럽다. 이는 고중세 시대에 국한된 맥락에서는 더욱 더 그렇다. 그래서 우리는 이슬람을 어디까지나 '지중해세계'의 일부로서 다룰 것이다.

6) 인도의 경우는 간단치 않다. 인도의 사상은 대표적으로는 힌두교와 불교를 낳았고 그 중 불교는 동아시아로 전파되었다. 동북아에서는 이로써 유불도(儒佛道)로 구성된 삼교(三教)가 성립했다. 그러나 인도의 철학 자체를 놓고 볼 때 그 언어에 있어서나(철학적 사유에서 언어는 본질적인 것이다) 사유의 양태에 있어서나(예컨대 논리학과 인식론의 발달) 근현대에 이르러서의 사상적 전개에 있어서나(특히 영국과의 관계) 오히려 서구 철학에 더 가깝다. 그래서 동아시아에서 볼 때 인도는 '서역(西域)'이지만 서구에서 볼 때는 '동양'이다. 사실 인도는 그냥 인도로 보아야 할 것이다. 그러나 철학사적 전개 과정에서 결과적으로 불교가 동아시아로 전파되어 발전했다는 점에 비중을 둘 때, 적어도 근현대 이전에 한해서 우리는 인도와 동아시아로 이루어진 '아시아세계'의 철학을 이야기할 수 있다.

었고 함께 나아가게 된다. 물론 그 만남이 항상 긍정적인 것도 아니었고, 또 하나로의 융합보다는 엉성한 병치(竝置)인 경우가 많았던 것이 사실이다. 지금까지도 동과 서의 철학은 충분히 융합되어 있지 않다. 서구에서 비서구 지역의 철학을 교육 과정에 포함시키기 시작한 것은 그리 오래되지 않았으며, 그나마 그 비중은 현격하게 적다. 이에 비해 비서구에서는 각 지역의 철학과 서구 철학이 함께 논의되고 있지만, 역시 대부분 그저 단순 병치의 구도를 넘어서지 않는다. 동과 서를 떠난 철학의 지평은 아직 현실이 아니라 당위에 머물러 있다. 그럼에도 근대 이래 어쨌든 동과 서는 서로를 알게 되었으며 매우 복잡다단한 관계를 맺어왔다. 그래서 3권의 제목은 지역이 아니라 시대를 기준으로 해서 '근현대 세계의 철학'이라고 붙였다. 결국 고중세와 근현대가 대별되고, 고중세는 지중해세계와 아시아세계로 대별된다.

그러나 지난 몇백 년 동안 다양한 철학 전통들이 어떤 관계를 맺으면서 '근현대 세계의 철학'을 이루어왔는지는 아직 불투명하게 남아 있다. 1권과 2권은 따로 전개되었던 각 전통들을 다루었기 때문에 저술의 구도를 각각에 내재적으로 짤 수 있었지만, 이제 3권의 구성을 어떻게 할 것인가는 상당히 어렵고 또 중요한 과제이다. 나아가 이것은 미래의 철학을 위해서도 작지 않은 의미를 함축하는 작업이 될 것이다. 나는 3권을 '근대성'이 형성되는 과정(주로 17~19세기)을 다루는 1부(1~4장)와 본격적인 근대성과 이에 맞서는 탈근대성이 형성된 시기를 다루는 2부(5~8장), 그리고 본격적인 탈근대의 사유들이 펼쳐지고 있는 오늘날의 철학을 다루는 3부(9~12장)로 구성했으며, 각 대목에서 다양한 철학 전통들의 독자성과 상호 관련성을 입체적으로 배치하는 데 최대한 신경을 썼다.

철학사는 '철학'사이자 철학'사'이다. 철학사는 철학을 다루지만 어디까지나 역사적 지평에서 다루며, 역사에 속하지만 어디까지나 철학의 역사이다. 때문에 철학사의 서술에서 가장 중요한 문제는 역사와 철학을 어떻게 배치할 것인가의 문제이다. 이 3부작을 쓰면서 사용한 방법 및 구도는 내가 1990년대에 만들어놓았던 '담론학'의 방법 및 '전통, 근대, 탈근대'의 구도이지만,[7] 이 구도를 철학사에 투영해 일관되게 구성해내는 것은 피했다. 이것은 모든 논의는 논의 대상의 고유한 성격에 따라 이루어져야 한다는 반(反)환원주의적 입장에 근거한 것이다. 그러나 물론 담론학적 방법과 '전통, 근대, 탈근대'의 구도는 이 3부작 전체에 일관성을 부여하는 원칙적인 방법 및 구도라고 할 수 있다.

역사와 철학의 배치/혼효에 대한 양극의 입장은 역사 없는 철학과 철학 없는 역사이다. 전자는 하나의 철학사상이 배태되어 나온 역사적 지평을 경시하면서 철학사상을 그 자체로서만 요약하는 경우이다. 기껏해야 한 철학자의 '생애'를 서술할 뿐, 그 생애가 함축하는 당대의 전체적 구조를 드러내는 일에는 소홀한 경우가 대부분이다. 반면 후자는 철학사상의 고유함을 무시하고서 그것을 역사적 배경으로 환원해버리는 경우이다. 이것 또한 전자 못지않게 편파적인 방법이다.

여기에서 (이전 저작들에서 언급했던) '철학화의 높이'를 생각해볼 필요가 있다. 한 철학자가 이룬 철학화의 높이가 상당하다는 것은 곧 그 철학사상이 자체로서 다루어질 만한 가치를 가짐을 뜻한다. 한 철학자에게서 철학적 측면과 역사적 측면은 대개 반비례한다. 한 인간이 역사와 철학에 동시에 헌신하기가 어렵기 때문이다. 한 인간이 플라톤과 페리클레스를, 칸트와 나폴레옹을, 주자와 제갈량을 겸비하는 것은 거의 불가능에 가깝다. 철학자들 자체 내에서도 플라톤과 키케로, 칸트와 볼테르를 비교해보자. 역사와 철학은 기본적으로 반비례한다. 때문에 우리는 논의 대상 각각에서 역사와 철학의 비중을 달리하는 방식을 택해야 한다. 플라톤에서 역사 및 철학의 배치와 키케로에서 역사 및 철학의 배치가 달

---

7) 다음을 보라. 필자의 『객관적 선험철학 시론』(그린비, 2011)과 『전통, 근대, 탈근대』(그린비, 2011). 아울러 『사건의 철학』(그린비, 2011)도 본 저작과 무관하지 않다.

라야 하며, 공자에서 역사 및 철학의 배치와 주자에서 역사 및 철학의 배치가 달라야 한다는 뜻이다.

요컨대 역사와 철학은 논의 대상의 성격에 따라서 유연하게 달리 배치되어야 하며, 어느 하나의 극으로 기울어질 때 철학사상 고유의 높이를 해치거나 철학을 역사와 괴리시키는 결과가 초래된다. 이 3부작은 역사와 철학의 이런 유연한 배치에 많은 노력을 기울였다.

내가 살아온 지난 세월을 돌이켜보면, 세 종류의 삶의 양식을 한꺼번에 압축적으로 경험해왔다는 생각이 든다. 가끔 어릴 때 살았던 세계, 고향산천과 사람들, 동식물들 등을 생각해보면 이전의 조선 시대의 삶의 세계와 크게 다를 바 없는 세계였던 것 같다. 나는 사극(史劇)을 볼 때면 늘 어린 시절 보고 살았던 그 세계를 다시 떠올린다. 그러나 서울에 올라와 성장하면서 겪은 세계는 전형적인 '근대화'의 세계였다. 계속 등장하는 새로운 기계들, 공장의 굴뚝과 노동자들, 황폐해지는 사람의 마음, 민주화의 역동적인 과정들. 그러나 다시 내가 본격적인 저술 활동을 시작했던 즈음(1990년대)부터는 근대화의 새로운 양태들(이른바 세계화와 정보화)의 등장과 더불어 근대를 극복하려는 탈-근대의 사상과 문화가 태동해 전개되기 시작했다. 나는 이런 흐름들 속에서 살아왔고 사유해왔다. 결국 내가 살아온 삶은 전통과 근대 그리고 탈근대를 극히 빠른 속도로 체험하면서 지나온 삶이다. 이런 과정을 거치면서 나는 자연스럽게 '전통, 근대, 탈근대'라는 역사적-철학적 화두를 마음속에 품게 되었다.

전통과 근대 그리고 탈근대가 중층적으로 압축된 시간의 지도리에 서서 오랜 시간 관련된 사상들을 가로지르면서 사유의 유목을 해왔거니와, 그렇게 얻은 성과들을 이제 여기에서 '철학사'라는 맥락에서 정리해보고자 한다. 인간이 행하는 사유의 모든 요소들은 결국 철학사라는 장에서 종합되고 비교·평가되는 법이기 때문이다. 인류는 어떻게 사유해왔고, 오늘날 어떻게 사유하고 있으며, 앞으로 어떻게 사유할 것인가를 본 3부작에서 음미해보고자 한다.

『세계철학사』의 이 1권은 2011년에 펴낸 초판을 개정한 것이다. 구성 자체를 크게 바꾸었고 내용도 많이 보완했기 때문에, 거의 새 책이라고 할 수 있다. 아울러 이번에 1권과 2권을 나란히 펴냄으로써 동서의 철학 전통을 상호 비교해서 읽을 수 있도록 했다.

2017년 가을

逍雲

일러두기

- 인명 및 지명은 가능한 한 국립국어원의 외래어표기법에 따랐으나, 경우에 따라 원래의 발음을 살려 표기하기도 하였다.
- 인물들의 생몰 연도는 브리태니커사전에 따랐다. 브리태니커사전에서도 연도가 분명치 않아 추정한 결과로 나오는 경우가 많으나, 이 책에서는 일일이 "추정"임 을 표시하지 않았다.

세계철학사 1

지중해세계의 철학

2부 신과 인간 그리고 세계

세계철학사 2

아시아세계의 철학

세계철학사 3

근현대세계의 철학 (예정 차례)

1부

이성(理性)의 빛

1장 철학의 탄생

 'x의 역사'에 언제나 따라붙는 논리적 난점은 그 역사를 쓰기 위해서는 우리가 이미 그 x가 무엇인지를 알고 있어야 한다는 점이다. '철학의 역사'는 이미 '철학'의 정의를 전제한다. 그러나 한 존재의 정의가 독단적이지 않으려면 그것의 역사가 먼저 검토되어야 한다. 그래서 우리는 시작부터 순환의 고리 속으로 들어가게 된다.

 언제나 그렇듯이, 여기에서도 열쇠는 일단 말 자체에 있다. '哲學'이 그리스어 'philosophia'의 번역어라는 점을 감안할 때, 그리스에서 출발하는 것이 가장 무리가 없을 것이다. '그리스'라고 하는 말은 라틴어 'Graecia'가 현대어로 이어진 것이고, 그리스인 자신들은 그들이 사는 곳을 '헬라스'라고 불렀다. 이 헬라스 지역에서 'philosophia'라는 행위가 탄생해 지금까지 이어져오고 있다. 따라서 철학이란 일단은 헬라스 문화의 산물이라고 보아야 할 것이다. 물론 '말'과 '개념'은 다르다. 'philosophia'라는 말은 헬라스의 산물이지만, 그에 상응하는 개념은 인도와 동북아에서도 성립했다. 그럼에도 이 말을 창안했고 또 그에 걸맞은 사유를 전개한 헬라스에서 시작하는 것이 적절할 듯하다.

『세계철학사』의 이 1권에서 다루는 것은 '서양의 전통' 즉 지중해세계에서의 철학이다. 이 철학의 정체성은 물론 헬라스에서 성립했으며, 이후 이 사유가 로마세계로 확장되고 세 일신교가 지배했던 '중세'를 거쳐 오늘날 우리가 유럽이라고 부르는 세계에서 근대적인 사유로 계승·극복되었다고 할 수 있다. 오늘날 고대 그리스 철학의 성격에 대한 이해는 상당 정도 축적되어 있고, 또 현대 철학이 전개되는 과정에서 그 한계에 대한 인식도 비교적 분명해졌다. 어쨌든 그리스 문명이 철학의 요람이라는 것은 변함없는 사실이고, 그래서 우리의 논의는 그리스 문명에 대한 이야기로부터 시작된다.

그러나 우리 논의의 범위가 고대 그리스에 국한되는 것은 아니다. 그리스 문명은 오리엔트 문명(대체적으로 지금의 중동)의 영향을 많이 받았고, 또 아프리카 북부 특히 이집트로부터도 큰 영향을 받았다. 결국 지중해를 둘러싼 여러 문명들이 우호적이든 적대적이든 서로 복잡한 관련을 맺으면서 전개되어갔다고 하겠다. 이 1권의 제목에서 내가 "지중해세계"라 부른 것은 바로 지중해를 둘러싸고 있는 이 문명들 전체를 가리킨다. 지금까지 사람들은 서구/유럽의 철학만을 주로 다루어왔지만, 세계철학사를 좀더 넓은 안목으로 보기 위해서는 지중해를 둘러싸고 전개된 숱한 문명들 전체를 보아야 한다. 서양 철학의 중심이 북쪽으로 옮아간 것은 근세에 이르러서이며, 고중세의 철학은 어디까지나 지중해 문명에서 이루어졌음을 분명히 해야 한다. 근대 이후의 '서구'와 고중세의 '지중해세계'는 사실 상당히 다른 세계이다. 물론 적어도 철학에서 그 주인공이 그리스라는 사실에는 의심의 여지가 없다. 그렇다면 '그리스/헬라스 문명'이란 어떤 문명일까?

§1. '헬라스'세계

'헬라스'란 오늘날 사용하는 의미에서의 특정한 '국가' 즉 '국민국가 (nation state)'가 아니다. 그렇다고 근세 이전부터 유구한 세월 동안 이어져 내려온 '왕조국가(dynasty)'도 아니다. 고대로 거슬러 올라갈수록 지금과 같은 국가 개념이 아니라 마을, 지역, (종교를 주축으로 하는) 문명권, 언어권의 개념이 더 중요해진다. 오늘날의 국민국가 개념을 과거로 투영해 고대 세계를 추후적으로 규정하는 것은 곤란하다.[1]

'헬라스'라는 곳

'헬라스'라는 말은 작은 폴리스들의 집합적 개념, 또는 폴리스들이 분포되어 있는 지역 전체를 가리켰다.[2] 때문에 '그리스'라는 현대의 국민국가와 '헬라스'라는 고대의 지역 개념을 구분해야 할 것이다. 당대의 사람들이 "헬라스"라는 단어를 듣고서 떠올린 범위는 아마 오늘날 우리가 "유럽"이라든가 "동남아" 같은 말을 듣고서 떠올리는 것과 유사한 범위였을 것이다.

헬라스라는 지역이 어디서부터 어디까지였는지를 단적으로 말하기는

---

1) 가장 두드러진 예는 '중국'이라는 말이다. 철학사에서의 '중국'은 오늘날의 '중화인민공화국'과는 전혀 다른 개념이다. '중국'은 동북아세계에 있어 가운데에 위치한 곳을 가리키며, 국가 개념이 아니라 장소 개념이다. 따라서 그 중국—가운데에 위치한 나라—은 역사를 거치면서 숱하게 다양한 국가들에 의해 점유되었다고 할 수 있다. 그리고 철학사적 맥락에서 중국은 다양한 사상들이 흥기해온 문화적 중심을 가리키기도 한다. 따라서 '중국'의 사상사적 맥락을 오늘날의 "중국"의 역사로서 사후적으로 투사해 보지 않도록 주의해야 한다. 철학사에서 '중국'은 "the Middle Place"를 뜻하지 "China"를 뜻하지 않는다. 이는 오늘날의 국민국가 그리스와 철학사에서의 '그리스'가, 그리고 오늘날의 국민국가 이탈리아와 철학사에서의 '로마'가 크게 다른 개념인 것과 마찬가지이다.

2) '도시국가'라는 번역어는 오해를 일으킬 수 있다. 폴리스는 기본적으로 농촌 공동체였기 때문이다. 뒤에 보겠지만, '도시국가'라는 표현이 어울리는 곳은 베네치아, 피렌체, 제노바, 나폴리 등등 이탈리아의 폴리스들이다

힘들다. 이 지역은 많게는 수만 명, 적게는 수천 명 단위의 폴리스들이 흩어져 있는 지역 전체를 가리켰다. 대체로 에게 해를 둘러싼 지역 전체를 헬라스라 불렀다고 할 수 있겠다. 물론 에게 해의 동쪽 문명('아시아')과 서쪽 문명 사이의 차이는 엄연히 존재했던 것 같고, 그래서 좁게는 에게 해 서쪽 지역을 가리키는 말로 이해할 수 있을 것이다.[3]

에게 해 서쪽에는 그리스 반도가 있고 남쪽에는 크레타 섬이 있다. 그리고 북쪽에는 코카서스 산맥이 있고 동쪽에는 지금의 터키인 트로이아(/트로이)가(더 동쪽에는 페르시아가) 있었다. 그리스인들(넓은 의미)이 이 동서남북을 모두 점령함으로써 에게 해를 둘러싼 고리 전체가 헬라스가 되었고, 그 동쪽의 페르시아와 대치하게 된다. 헬라스인들은 동쪽을 '오리엔트'(해 뜨는 곳)라 불렀다. 그러니 오리엔트란 원래 지금의 '동양' 전체를 가리키는 말이 아니라 트로이를 가리키는 말이었다. 그러나 지리적 안목이 점점 넓어지면서 이제 '오리엔트'라는 단어의 외연도 점점 넓어진다. 트로이에서 이집트, 페르시아, 메소포타미아 전체로, 알렉산드로스 시대가 되면 다시 인도까지 포함한 개념으로, 그리고 그 후 결국 동아시아까지 포함하게 되어 마침내 유럽의 동쪽 전체를 포괄하는 개념이 되기에 이른다. 지금도 '오리엔트'를 '동양'과 동일시하는 경우가 있으나, 이는 이런 고대적인 관점의 잔영이라 하겠다. 굳이 대별한다면 '지중해세계'(오리엔트는 이에 속한다)와 '아시아세계'로 부르는 것이 좋을 것이다. 서구를 뺀 지역 전체를 '동양'이라고 부르면서 다시 '동양'과 '오리엔트'를 동일시하면 무척 혼란스럽게 되어버린다.

한가운데에 에게 해라는 바다가 있고 육지가 고리처럼 그것을 둘러싸

---

3) '헬라스'라는 말은 "헬렌이 세운 나라"라는 뜻이다. 헬렌은 데우칼리온과 퓌라의 아들이다. 데우칼리온과 퓌라는 대홍수에서 살아남은 사람들로서 테살리아 지역에 정착했기 때문에 처음에 '헬라스'라는 말은 테살리아 지역만 가리켰으나, 헤시오도스 이래 그 외연이 확장되었다. 이에 비해서 '아시아'라는 말은 퓌니키아 사람들이 그들의 입장에서 동쪽 땅을 가리키는 말이었다.

고 있는 그리스세계의 특징은 여러 문명사적 결과들을 가져다주었다. 무엇보다 우선, 폴리스들 사이사이에 지리적·정치적으로 장벽들이 있었기에 육지로 돌아 만나는 것 못지않게 중요한 일이 바다를 건너 만나는 것이 되었다. 그렇기에 그리스 문명 전체가 바다를 중심으로 하는 해양 문명의 성격을 띠기에 이른다. 그리스 문명에 관련된 대부분의 이야기들에서 우리는 바다(에게 해와 지중해)를 만나게 된다. 흔히 문명은 강 또는 초원에서 생기곤 했지만, 그리스 문명은 바다를 한가운데 둔 독특한 문명이었다.

이런 지리적 구조가 가져온 가장 심대한 결과는 무엇이었을까? 바로 거대 권력이 존재하기 어려운 상황을 만들어냈다는 사실이다. 원시 시대에서 문명 시대로 이어지는 과정이 완만한 연속적 '발전'의 과정이었다고 보는 생각은 현대에 들어와 많은 비판을 받았다. 적지 않은 사람들이 왕이라는 존재가 생기고, 성이 축조되고, 문자가 만들어지고, 역사 기록이 시작되고, 관료 제도가 도입되고, 화폐가 등장하는 등의 새로운 삶의 방식이, 요컨대 '역사'가 어떤 거대 권력의 갑작스러운 탄생을 통해서 도래했다고 본다. 일련의 사건들이 조밀하게 집중됨으로써 역사 시대가 등장했다고 보는 것이다. 인도의 브라만 계층, 이집트의 파라오, 동북아 사회의 왕(王) 같은 권력자들이 이런 거대 권력을 담지했다. 하지만 그리스 지역의 독특한 구조는 고대 문명에서 흔히 볼 수 있는 거대 권력의 탄생을 어렵게 만들었다. 그 결과 폴리스들은 다른 어떤 문명과도 구분되는 독특한 문명을 이룩할 수 있었다. 그리스의 폴리스들 중 뮈케네 문명은 "동양적인" 왕조에 비교적 가까운 문명이었던 것으로 전해진다. 트로이 원정 때 아가멤논이 총사령관을 맡았던 것도 그가 뮈케네 왕가의 후손이었다는 사실로 설명된다.[4] 스파르타 같은 경우는 오래도록 왕정의

---

4) "인간의 왕 아가멤논은 〔…〕." 호메로스, 천병희 옮김, 『일리아스』(종로서적, 1982), II, 402.

성격을 계속 유지했다고 할 수 있다. 그러나 그리스세계 전반은 거대 권력에서 비켜 가 있었다. 로마와 더불어 그리스는 '공화국'(이 개념 자체는 로마의 것이지만)이라는 개념이, 현대적 뉘앙스에서의 '정치'라는 개념이 성립할 수 있었던 희귀한 고대 문명이었다.

그리스세계의 지리적 구조는 거대 권력의 부재 외에도 여러 다른 결과들을 가져다주었다. 해양 문명의 발달은 그리스인들로 하여금 전반적으로 강한 모험심을 가지게 해주었고, 농사짓기 어려운 척박한 땅은 무역이 발달하도록 만들었다. 우직하게 땅만 파면 되는 농사와는 달리 장사를 하려면 말을 잘하고 계산이 빨라야 한다. 그래서 말, 계산, 화폐가 발달하고 합리적으로 사리를 따지는 문화가 성립했다. 지중해 특유의 부드러운 날씨는 사람들을 집 바깥으로 끌어내었고, 이 때문에 그리스인들은 대개 개방적 · 사교적 · 외향적인 성품을 보이게 된다. 그리스문명의 이런 특징들은 'logos'라는 말에 단적으로 압축되었다. 때로 하나의 단어가 잘 찍은 사진처럼 한 문명 전체를 드러내 보여주기도 한다. 말, 계산, 비례 등을 뜻하고, 더 고급한 맥락에서는 이성, 추론 등을 뜻하는 '로고스'라는 말만큼 그리스 문명의 성격을 압축적으로 보여주는 말도 없다.[5]

그리스인들이 "헬라스의 기적"이라 불리는 두 가지를 탄생시킬 수 있었던 것은 이런 전반적인 맥락에서였다. 그 두 가지란 바로 민주주의와 철학이다. 물론 이때의 철학은 오늘날의 좁은 의미의 철학—'메타과학'으로서의 철학—이 아니라 순수 학문 전체를 뜻한다. 민주주의와 철학이야말로 그리스 문명이 인류에게 선사한 두 가지 아름다운 선물이다.

---

5) '로고스'라는 말은 인간의 이성에 관련된 다양한 의미들을 담고 있다. 말씀 언(言) 변이 들어가는 모든 말들이 로고스와 연계된다고 보면 될 것이다. 대체적으로 분류하면 다음과 같다. ①인간의 이성적 능력과 관련된 의미: 이성, 말/언어(때로는 신탁). ②세계를 이성적으로 이해하는 방식들: 이유, 근거, 설명. ③세계의 이법적(理法的)인 성격: 원리, 법칙, 이법, 원칙. ④사유를 구체적으로 표현하는 방식들: 명제, 정의(定義), 담론, 주제. ⑤세계를 합리적으로 인식하는 방법들: 계산, 비율. ⑥윤리적 합리성: 절도, 균형. 이 밖에도 여러 의미가 더 있다. 그리스 문명은 한마디로 로고스의 문명이다.

체험과 표현

인간의 삶은 몸을 통한 겪음 즉 체험(體驗)의 과정이다. 그러나 인간은 또한 언어를 통해 체험들을 개념화하고, 글쓰기를 통해 체험들을 반추한다. 그리고 그런 개념화, 글쓰기를 통해 역으로 체험의 방식이 달라진다. 위대한 문명에서일수록 더욱 그렇다. 그리스 문명은 자신들의 체험을 빼어난 문학(넓은 의미)으로 승화시킬 수 있었던 대표적인 문명이다.

인간의 가장 근본적인 체험은 무엇일까? 삶과 죽음이다. 삶과 죽음이 교차하는 가장 강도 높은 체험은 무엇일까? 전쟁이다. 전쟁은 모든 것을 바꾸어놓는다. 그래서 시대의 분절을 가져온다. 그리스의 역사도 세 번의 커다란 전쟁을 분기점으로 분절된다. 트로이 전쟁(BC 1250년 전후로 추정)과 페르시아 전쟁(BC 460~430년), 그리고 펠로폰네소스 전쟁(BC 431~404년). 앞의 두 전쟁은 그리스 지역과 오리엔트 지역이 충돌한 사건이다. 그리스와 트로이의 싸움, 그리스와 페르시아의 싸움. 지중해세계의 동과 서는 늘 예각을 세우고서 대립했다. 알렉산드로스의 페르시아 점령, 로마와 페르시아의 대치, 서구세계와 이슬람세계의 전쟁….

트로이 전쟁은 사적(史蹟)이 많이 남아 있지 않아 정확한 진상을 알 수 없지만, 이 전쟁을 통해 지금의 그리스가 지중해세계의 패권을 잡은 것은 사실인 듯하다. 트로이의 왕자가 스파르타의 왕비를 납치해 전쟁이 일어났다는 낭만적인 이야기로 회자되지만, 실제로는 에게 해를 둘러싼 일종의 해상 무역권 쟁탈전이라 해야 할 것이다. 당연한 일이지만, 지중해세계의 역사는 지중해 쟁탈전의 역사이다. 그 시초에 에게 해 쟁탈전이 있었다. 그리스 연합군이 이긴 것은 분명한 듯하지만 당시의 상황을 자세히 알기는 힘들다. 우리가 호메로스에게서 듣고 있는 이야기도 결국 전해 내려오는 이야기의 한 '버전'일 뿐이다.

사료가 소실된 이유들 중 하나는 그리스세계에 훗날의 게르만 민족의 대이동과도 같은 대이동이 일어나면서 당시의 그리스 지역이 초토화된 데에 있다. 코카서스 북쪽에서 도리아 민족이 침입해 이 지역을 정복했고 그 과정에서 각지가 파괴된 것이다. 당시의 피해가 얼마나 심했는가는 그 전에 사용되었던 언어가 아예 사라졌다는 사실에서 잘 나타난다. 그 후에 등장한 문명이 바로 우리가 지금 알고 있는 '그리스 문명'이다. 장 피에르 베르낭은 시대의 변화상을 이렇게 전해준다. "철 야금술이 청동 야금술의 뒤를 이었다. 〔…〕 화장술이 지하 매장을 대체하였다. 기하학적인 장식을 선호하게 되어 동물이나 식물 문양의 묘사가 점차 폐기됨에 따라서 〔…〕 항아리의 각 부분의 분명한 구획, 외형상 가장 단순한 형태로의 환원, 에게적 전통의 신화적인 요소를 배제하는 여백과 간소함의 원리에 대한 집착, 이러한 것들이 새로운 기하학적 시기의 양식을 보여주는 특징이 되었다. 〔…〕 그때에야 비로소 사람들은 현재와 구별되는 과거를 깨닫기에 이른다. 철기 문화에 익숙해질 이후의 시대와 대조되는 청동 시대, 즉 영웅 시대를 지각하게 된 것이다. 〔…〕 메울 수 없는 틈이 인간과 신들 사이에 가로놓이게 되었다. 신과 같은 왕의 모습은 사라졌다."[6] 호메로스가 살았던 시대도 아마 이 시대였을 것이다.(BC 8세기 무렵으로 추정)

호메로스가 묘사했던 시기는 초토화가 일어나기 전의 시기이지만, 그 자신이 살았던 시기는 그 이후의 시기—그것도 매우 긴 시간이 흐른 이후—였다. 호메로스의 서사시에 등장하는 시대상은 실제 트로이 전쟁이 일어났던 시대의 유물들에 입각한 복원이라기보다는 호메로스 자신의 시대를 모델로 한 묘사라고 봐야 하지 않을까. 가야가 멸망해 남은 게 별로 없는 상황에서 고려 초의 어떤 작가가 그 시대의 전쟁을 그린 상황을 상상하면 될 것이다. 호메로스가 참조한 것은 전쟁 당시의 자세한 상황이 아니라 자신이 경험한 전쟁들 중 가장 오래된 것들이었을 터이다. 나아가 호메로스 자신이 여전히 많은 수수께끼를 안고 있는 인물이 아닌가.

---

6) 장 피에르 베르낭, 김재홍 옮김, 『그리스 사유의 기원』(도서출판 길, 2006), 55~56쪽.

20세기 고고학의 발달은 상황을 어느 정도는 호전시켜놓았다. 비약적으로 늘어난 현대 고고학의 성과들을 통해 우리가 알 수 있는 연대가 500년 정도 더 거슬러 올라가게 된 것이다. BC 1400년경으로 추정되는, 크레타 섬에서 발생한 크노소스 대화재가 이를 가능케 했다. 대화재의 불길 속에서 구워진 점토판들이 그 위에 쓰인 '선문자 B'를 후세에 남긴 것이다. 이 점토판들이 발견되면서 비로소 호메로스 이전의 시대까지 논의할 수 있게 되었고, 전설상의 문명이었던 크레타 문명이 이로써 베일을 벗기에 이르렀다. '선문자 B'의 해독에 의한 지중해세계 이해의 확장은 갑골문(甲骨文) 해독에 의한 동북아세계 이해의 확장에 비견될 수 있을 것이다.

어쨌든 BC 13~12세기에 발발한 것으로 추정되는 트로이 전쟁은 그리스 역사를 이해하는 첫 관문을 형성한다. 실제 역사와 『일리아스』의 세계 사이에 간극이 존재하는 것은 분명하다. 그러나 이 서사시를 통해 호메로스 당대 사람들이 자신들의 "지난날"을 어떻게 담론화했는지를 알 수 있다는 것 또한 분명하다.

시대적 간극을 떠나 우리에게 흥미로운 것은 호메로스가 생각했던 세계의 개념과 인간의 개념이다. 우리는 이 서사시의 주인공들이 명확한 의미에서의 내면, 자아, '나'라는 의식을 가지고 있는지 의구심을 품게 된다. 이들에게 내면은 매우 희박하게 나타난다.[7] 물론 이것이 『일리아

---

7) 브루노 스넬에 따르면, 호메로스에게는 '몸'이 있고 그 부분들(사지 등)이 있는 것이 아니라 부분들이 존재하고 그것들이 엮여 있을 뿐이다. 이것은 정신에 관련해서도 마찬가지이다. '정신'이라는 포괄적인 개념이 있고 그 아래에 하위 개념들(사유, 감정, …)이 있는 것이 아니라 하위 개념들만이 존재한다. 이들은 우리에게 익숙한 방식, 즉 전체를 먼저 놓고서 그것을 잘라서 하위 부분들을 이야기하는 방식이 아니라, 부분들이 먼저 존재하고 그것들이 얼기설기 관계 맺고 있는 방식으로 전체를 생각하고 있다.(특히 'psychē', 'thymos', 'noos'에 대한 분석을 보라. 『정신의 발견』, 김재홍 옮김, 까치, 1994, 1장) 이렇게 볼 때 호메로스에게는 자아나 정신의 개념이 희박했다고 보아야 한다.
에릭 도즈에 따르면, 호메로스에게 통일된 자아를 가리키는 말이 없다고 해서 그를 '결정론자'라고 말하는 것은 시대착오적 발상이다.(『그리스인들과 비이성적인 것』, 주은영·

스』만의 특징은 아니리라. 내면의 묘사란 근대 이후에 나타난 문학적 특징이니 말이다. 동서를 불문하고 전통 시대의 문학은 대개 외면적 · 객관적인 사건을 묘사했으며, 이는 상당히 후대에 쓰인 소설들인 『삼국연의』나 『수호지』 같은 경우에도 확인된다. 그러나 그리스 문화의 전개 전체를 놓고 볼 때, 이런 특징이 『일리아스』에서 두드러지게 확인되는 것은 사실이다. 아마도 호메로스의 시대만 해도 인간이 아직 자신의 정신세계에 대해 구체적으로 인식해 들어가는 단계, 정신이 분열해 스스로가 스스로를 관찰하는 단계에 도달하지 못했다고 말할 수 있을 것이다. 이것은 또한 인간의 삶이 운명에 의해, 신들에 의해 조종된다는 관념과도 연결되어 있다. 그러나 사람에 따라서는 『일리아스』와 별개로 다루기도 하는 『오뒤세이아』에만 이르러도 상황은 다소 달라진다. 그리스 정신사를 읽으면서 우리는 인간의 자기 이해가 서서히 변화해가는 과정을 생생하게 확인할 수 있다.

트로이 전쟁이 헬라스 역사의 중요한 사건이기는 하지만, 보다 결정적이고 또 우리가 더 잘 확인할 수 있는 분기점은 BC 5세기 중엽에 일어난 페르시아 전쟁이다. 사가들은 헬라스의 역사를 페르시아 전쟁을 기점으로 해서 나누기까지 한다. 전쟁 이전 시대는 '상고 시대(antique age)', 전쟁 이후 시대는 '고전 시대(classic age)'라 불리고 있다.

우리가 흔히 알고 있는 그리스 문명, 호메로스를 통해 알 수 있는 문명은 대략 BC 8세기에 시작되었다. 그 후 한편으로는 민주정의 탄생을 향한 각종 역사적 · 정치적 경험들이 진행되고, 다른 한편으로는 철학의 탄생을 통해 그리스 정신의 기념비가 세워진다. 그리고 페르시아 전쟁이 결정적인 분기점을 가져온다. 페르시아 전쟁에서의 승리와 아테네 전성

양호영 옮김, 까치, 2002, 19쪽) 오히려 중요한 점은 호메로스의 주인공들은 제정신에서 한 행동과 아테(迷妄)에 사로잡혀 한 행동을 구분할 줄 알았다는 점이며(예컨대 아가멤논은 자신이 한 짓을 제우스의 탓으로 돌리고 있다), 이는 그들에게 분명 '나'라는 개념이 있었다는 사실을 함축한다는 것이다.

기의 도래라는 역사적 배경이 학문의 성격에도 큰 영향을 주어, 철학의 역사도 이 전쟁을 기점으로 하여 변화를 겪는다. 그 이전 '자연철학'이 주류를 이루던 흐름이 전쟁을 겪으면서 인간과 문화에 관심을 가진 '아테네의 철학'으로 전환되기에 이른다.

페르시아 전쟁 이후 그리스의 전성기(주로 아테네의 전성기이지만)가 도래하지만 곧 내분이 일어나 펠로폰네소스 전쟁(BC 5세기 말)이 이어진다. 소크라테스의 죽음이 도래할 때(BC 399년)가 되면 이미 그리스가 쇠퇴기에 접어들었음을 도처에서 확인할 수 있다.

우리는 또한 그리스 문명의 역사를 글쓰기 방식의 변화에 따라 분절해볼 수 있다. 이 경우 서사시 시대, 서정시 시대, 산문 시대, 드라마 시대로의 구분이 가능하다. 다소 무리하게 단순화한다면, BC 8세기가 서사시, 7세기가 서정시, 6세기가 산문, 5세기가 드라마에 할당될 수 있다. 물론 한 시대가 완전히 끝난 후에 다른 시대가 새롭게 시작된 것은 아니다. 뒤의 시대로 갈수록 여러 종류의 글쓰기가 공존하게 된다.

우리에게 남아 있는 최초의 희랍어 문헌은 호메로스의 『일리아스』와 『오뒤세이아』이다. 그리스 문헌의 시초에는 서사시가 놓여 있다. 그 후 헤시오도스의 『신통기』가 등장한다. 서사시는 개인의 내면을 묘사하기보다 한 집단의 역사(mythos=이야기)를 묘사하는 장르이다. 트로이 전쟁 이야기와 그 후일담을 엮은 호메로스의 서사시나 신들의 계통을 엮어낸 헤시오도스의 서사시 역시 이런 성격을 띤다. 이 서사시들에는 그리스인들의 공통 경험이 들어 있다.

BC 7세기 무렵에는 서정시가 유행하기 시작한다. 서정시가 집단의 경험보다는 개인의 감정을 노래하는 시이고 또 역사적 사실이 아니라 사적인 일들을 노래하는 시라는 점에서, 이 형식의 출현은 인성사(人性史)의 맥락에서 중요한 의미를 띤다.[8] 아울러 당시 서정시를 채우던 주된

---

8) 특히 서정시 시대에 이르면 서사시 시대가 내포하던 공동체 의식이 무너진다. "트라키

내용이 행복이나 기쁨 같은 것들보다는 대개 허무, 죽음, 고독 같은 비관적인 것들이었다는 사실에 주목하자.(물론 신들을 찬양하는 노래들이나 축혼가(祝婚歌)도 적지 않게 발견된다.) 그렇다면 이런 상황을 극복하는 방식으로 사랑이 주된 테마로 선택되었던 것은 당연한 일이리라. 최고의 서정시인이라고 불렸던, 플라톤이 "열 번째 뮤즈"라고 격찬했던 사포의 시들이 이를 잘 보여준다.

노년의 비참을 묘사하는 아나크레온의 시, 그리고 사랑을 노래하는 신랑을 묘사한 사포의 시(아쉽게도 끄트머리가 소실되었다) 한 수씩을 감상해 보자.

> 나의 관자놀이에는 이미 흰 물이 들었고,
> 나의 머리는 하얗게 세어버렸네.
> 매력이 넘쳐흐르던 나의 젊음은
> 어디론가 멀리 사라져 가버리고,
> 내 이빨은 썩어 떨어져 나갔구나.
> 달콤한 인생, 그러나 시간은 얼마 남지 않아
> 나는 타르타로스를 생각하며 몸을 떨고
> 신음을 토해내고 있지.
> 하데스의 깊은 심연이 공포로 다가와
> 그곳으로 내려갈 내 마음을 쥐어짜네.

아인 중의 어떤 자가, 내 의지와는 무관하게 울창한 숲 속에 남기고 온 (…) 나의 방패를 집어 들고 자랑스레 떠벌리고 있구나. 나의 생명을 보존했는데, 왜 내가 그깟 방패를 걱정해야만 하는 것인가? 그 방패는 이제 사라져버렸지만, 그와 똑같이 훌륭한 다른 것을 사면 될 것을"(브루노 스넬, 『정신의 발견』, 110쪽)이라는 아르킬로코스의 노래는 용기(andreia)를 최상의 빼어남(aretē)으로 여겼던 서사시 시대의 에토스—이는 전쟁에서 승리해 적의 방패를 가지고 오거나 죽어 자신의 방패에 실려 와야 한다는 스파르타적 가치로 대변된다—와는 대조적인 에토스를 들려주고 있다. 이런 시대의 에토스를 사포는 "각자가 사랑하는 것이야말로 (각자에게) 가장 아름다운 것"이라는 말로 요약했다.

그곳에 떨어진 나는

다시는 돌아오지 못할 터.

           —아나크레온

당신 곁에서

내 가슴속 심장을 향해

날아드는 당신의 달콤한 말과 매력적인 웃음,

그 말과 웃음을 듣고 있는 사람은

당신 앞에 앉아 있는 신과 마찬가지로

성스럽게 찬양받는 것처럼 보입니다.

내가 당신을 보았을 때,

단 한 번 보았을 뿐이건만,

나는 아무 말도 할 수가 없었죠.

내 혀는 산산이 부서지고,

온몸은 불꽃이 이는 듯 떨려오고,

내 눈은 아무것도 볼 수가 없고,

내 귀는 더 이상 들리지 않게 되었답니다.

내 몸에는 끝없이 땀이 배이고,

머리끝에서 발끝까지 전율이 흘러,

유리보다 더 창백해져 죽을 것만 같네요.

하지만 이 모든 것을 견딜 수 있는 〔…〕

           —사포

훌쩍 넓어진 자아의식, 삶에 대한 깊어진 성찰, 개성의 뚜렷한 자각이 힘겹고 고통스러운 삶과 대조되면서 교차하고 있다. 눈만 뜨면 전쟁이 일어났고, 직업군인이라는 개념이 없었기에 누구나 전쟁터로 내몰려야 했다. 평소에는 농사를 짓다가도 전쟁만 나면 군인으로 둔갑해야 했고,

길거리에는 창자를 드러낸 시체들이 널브러져 있곤 했다. 사랑만이 이런 힘겨운 삶을 위무해주었으리라. 쓸쓸한 삶과 그 유일한 탈출구로서의 사랑(연애)은 예나 지금이나 유행가의 영원한 주제이다. 서사시는 지배 계층의 문학이었지만, 서정시는 이런 힘겨운 삶을 영위해야 했던 서민들의 정서를 표현하는 유행가였다. 이렇게 서정시가 유행했다는 것은 대중─물론 한정된 대중이었겠지만─이 자신들의 감정을 표현할 수단을 찾았음을 뜻하는 것이기도 하다.

그 과정에서 역으로, 귀족성은 서서히 몰락해갔다. 청동 갑옷을 입고 전차를 몰던 귀족이 몰락하고 다모스(/데모스)가 등장한 것이다. 당시 데모스는 특히 부족을 가리켰고, 이제는 아가멤논 같은 지도자가 아니라 이 데모스의 정치, 지배, 권리(kratia)가 등장한다. '데모크라티아(데모크라시)'가 등장한 것이다. 이때의 민주주의란 사실 개개인을 존중하는 민주주의라기보다는 데모스를 존중한다는 뜻에서의 민주주의라고 해야 할 것이다. 그리스 민주주의의 주체는 각 데모스의 대표자들(가장들)이었다. 이렇게 기존의 신분 제도가 흔들리고 정치적 주권이 역동적으로 변해가던 시절에 삶이란 늘 고달프고 불안정할 수밖에 없었다. 그러나 위대한 그리스적 가치들이 형성된 것 또한 이런 과정을 통해서였다.[9] 동시에 이 과정은 서사시로부터 서정시로의 이행 과정이기도 했다.

이처럼 사회가 혼란스럽고 역동적으로 변할 때 등장하는 것이 바로

---

9) 베르낭이 이 과정을 빼어나게 분석했다. 장 피에르 베르낭, 『그리스 사유의 기원』, 3장 이하를 보라. 주요한 지도리들을 열거하면 다음과 같다. ① 신적인 존재들로서의 바실레우스들(아가멤논, 오뒤세우스, 아킬레우스 등)에서 '가문들(genē)' 중심의 정치로. 가문들 사이의 경쟁(agōn), 그 장소로서의 광장(agora)의 등장. ② 연설 능력으로서의 언어 능력(logos)의 중요성. 책의 출간. 시민들의 동등한 권리(isonomia, isokratia)라는 개념의 등장. 밀집방진(密集方陣)의 출현과 영웅적 전사(戰士)들의 몰락.('thymos'에서 'sōphrosynē'로) 비민주적인 행위로서의 '오만방자(hybris)'/부정의(不正義)에 대한 경계. ③ 솔론의 개혁. 정의(Dikē)와 지혜(Sōphrosynē)의 중시. 교양교육(paideia)의 확립. 중용(metrion), 신뢰(pistis), 동의(homonoia), 법질서(eunomia) 등의 가치. 클레이스테네스의 개혁. 합리적 사유의 탄생과 그 정치적 함축(세계의 이성적 파악과 정치의 이성적 수행).

"영웅"들이다. 호메로스의 영웅들은 트로이 전쟁으로 유명한 바실레우스(왕 또는 귀족)들이었고, 서사시란 바로 이들의 무용(武勇)을 노래한 것이었다. 그러나 서정시 시대에 권력을 잡은 사람들은 대개 귀족 출신이 아니라 자수성가한 사람들 즉 튀라노스=참주(僭主)들이었다. 유방이나 주원장 같은 유협(遊俠) 출신이었던 셈이다. 이런 인물들은 처음에는 밑바닥에서 올라왔기에 좋은 정치를 하려 노력하지만 시간이 지날수록 사치와 향락에 빠져 헤어 나오지 못한다. 사치를 누려보지 못한 사람은 한번 그것을 맛보면 성격이 완전히 바뀌게 되는가 보다. 손권의 누이와 결혼한 유비를 상기해보자. 초기에 품고 있던 정기(精氣)가 사라지고 쉽게 폭군으로 화하는 것이다. 오죽했으면 "죽음이 참주정보다는 더 나은 운명"이라 했겠는가.[10] 서정시는 바로 이런 고난과 희망의 시대의 산물이었다.[11]

BC 6세기 정도에 이르면 '철학자들(philosophoi)'이 등장하며, 이들은 적지 않은 경우 운문도 사용했지만 처음으로 산문 형식을 통해 자신의 생각을 표현하기에 이른다. 자연철학자들은 대개 그리스가 새로 개척한 "식민지" 출신이었고 또 대부분 유복한 사람들이었기에, 차분한 마음으로 우주를 관찰하면서 산문으로 자신의 생각을 표현할 수 있었을 것이다. 아울러 후에 헤로도토스, 투퀴디데스 같은 인물들이 산문을 선보였고, 에우클레이데스(유클리드) 같은 수학자들은 엄밀한 논문 형태의 글쓰기를 보여주기도 했다.

---

10) 폴 월포위츠 등 네오콘을 이끌었던 정객들이 '참주'라는 말을 자주 사용하는 것을 볼 수 있다. 레오 스트라우스의 영향 아래 고대 그리스 정치철학의 용어를 거의 은어적인 방식으로 즐겨 사용하는 이들은 이 말로 미국에 적대적인 국가들의 지도자들을 지칭하고 있다.

11) 이런 상황에서 다시 솔론과 같은 인민의 대변자, 개혁가가 등장해 참주와 싸우게 된다. 솔론은 노예로 전락할 위기에 처했던 소작농들과 빈농들을 법적으로 구제해주는 등 중요한 성과를 거두었다. 그러나 그는 토지의 균등한 분배로까지는 나아가지 못했다. 어쨌든 이렇게 밀고 당기는 싸움을 통해 고대의 유일한 민주정이 자리를 잡게 된다.

BC 5세기는 헬라스가 최고의 전성기를 누렸을 때이고, 특히 페르시아 전쟁에서 승리를 거두며 얻은 벅찬 감동을 드라마(drama)—사건, 상황—라는 형식에 담았던 시대이기도 하다. 인간의 운명에 대한 깊은 성찰, 상이한 입장들이 부딪치며 빚어내는 불꽃 튀기는 논쟁들의 파노라마, '휘브리스'(상궤를 벗어남)가 빚어낸 참혹한 비극들을 그린 이 시대의 드라마들은 그리스 문명이 이룩한 불후의 경지를 보여준다. 플라톤의 대화편들 역시 이 드라마 형식의 글쓰기에 속한다.

인간의 경험과 사유는 결국 언어를 통해 그 형태를 얻는다. 그리스인들은 긴 시간에 걸쳐 다양한 형태의 글쓰기 방식들을 개발해냄으로써 자신들의 삶을 넓고 깊게 표현할 수 있었다.

§2. 정의를 찾아서

그리스 문명을 관통하는, 그리스의 역사와 함께 굴곡을 거치면서 발전해간 개념들은 매우 많지만, 빼놓을 수 없는 하나는 '정의(正義)' 개념이다.[12] '정의' 개념이야말로 그리스의 역사 전체를 관통한 주제이며, 철학적 사유와 더불어 그리스 문화가 인류에게 남긴 빛나는 업적이라고 할 수 있다. 앞 절에서 이야기한 사회적 변화와 맞물려 개념상의 변화도 함께 진행된 것이다. 과연 정의 개념은 어떤 과정을 겪었던가.

---

12) '정의'뿐 아니라 '운명(moira)'이라든가 '형상(eidos)', '기예(technē)', '존재(to on)' 등등 많은 개념들이 헬라스 초기에서 말기에 이르기까지 계속 의미론적 변화를 겪었다. 때문에 이런 개념들을 어느 한 의미로 고착시켜 이해할 경우 갖가지 오해를 불러일으킬 수 있다. 어느 시대의 용법인지, 어떤 맥락에서의 용법인지를 명료화하는 것이 중요하다. 학문의 세계(특히 인문학의 세계)에 진입하는 가장 좋은 방법들 중 하나는 바로 BC 8세기에서 4세기까지 그리스의 역사에서 주요 개념들—대부분 오늘날까지도 학문적 용어들로서 중요하게 사용되는 것들—이 어떤 변화 과정을 겪었는가를 섬세하게 추적해보는 것이다.

『일리아스』의 세계는 '마초들'의 세계, 용기와 명예(싸움터에서의 명예)가 지상의 가치를 부여받은 세계이다. 그러나『오뒤세이아』에만 이르러도 적지 않은 변화를 감지할 수 있다. 등장인물들이 훨씬 다채로워진다. 일반 민중, 심지어 거지나 개까지 등장한다. 직업적인 시인도 등장한다.『일리아스』가 철저히 청동기 시대 귀족들의 세계를 그렸다면『오뒤세이아』는 이미 민주주의의 싹이 트고 있던 시절에 쓰인 것이다. 그래서인지 가치 면에서도 변화가 엿보인다.『일리아스』에서는 용기와 명예가 중심적인 가치로 그려지지만『오뒤세이아』에서는 지혜, 인내심, 언변 등 다양한 가치들이 등장함을 확인할 수 있다. 또 외면과 내면이 거의 완벽하게 일치했던『일리아스』의 세계와는 달리『오뒤세이아』에서는 벌써 내면과 외면의 분리가 나타나기 시작한다. 그래서 속임수라든가 거짓말, 변장 같은 행위들이 등장하기에 이른다. 무엇보다 중요한 것은『오뒤세이아』의 신들은『일리아스』의 신들보다 훨씬 윤리적이라는 사실이다.『일리아스』의 신들이 귀족들의 생활 모습 그대로를 반영했다면,『오뒤세이아』의 신들은 이미 민주주의 사상이 싹트고 있던 시절의 생각들을 반영하고 있는 것이 아닐까. 이런 맥락에서 이제 '정의'('Dikē'라는 신으로 의인화됨. 훗날의 'dikaiosynē') 개념이 등장하게 되며, 이런 흐름은 헤시오도스에게서 보다 분명하게 나타난다.[13)]

헤시오도스의『신통기』는 신들의 계보를 단순히 나열한 것이 아니라 제우스가 왜 마지막 패권을 잡을 수 있었는가라는 문제의식에 입각해 서술하고 있다. 다시 말해, 어떤 윤리적 동기가 깔려 있는 것이다. 이 점

---

13) '디케'는 '휘브리스'의 대립어이다. 휘브리스는 광기, 오만방자, 일탈/위반, 부정의, 무리함 등 다양한 방식으로 번역될 수 있거니와 쓰는 사람의 입장에 따라 전혀 반대의 뉘앙스를 띨 수 있는 말이다. 예컨대 귀족들이 평민들의 저항을 "주제 파악 못 하는 짓"이라 말하면서 쓸 수도 있고, 반대로 평민들이 귀족들의 특권의식을 비꼬면서 '오만방자함'이라는 뜻으로 쓸 수도 있다. 따라서 디케 역시 귀족의 개념인가 평민의 개념인가에 따라 의미가 달랐다고 할 수 있다.

은 헤시오도스의 또 하나의 작품 『노동과 나날』에서 보다 분명하게 나타난다. 이 작품에서 헤시오도스는 자신의 재산을 빼앗으려는 동생 페르세스에게 정의의 가치를 훈계하면서 그를 꾸짖는다. 여기에서 부정의/오만(hybris)에 대립하는 정의 개념이 전면에 나타나게 된다. 이에 더해 귀족사회에 대한 비판적 언급, 역사의 다섯 단계에 대한 언급(헤시오도스는 당대가 마지막 단계인 철기 시대라고 말한다. 말기 시대로 본 것이다), 노동의 의미에 대한 강조, 농사에 대한 상세한 충고, 세세한 윤리적 훈계들이 등장한다. 헤시오도스는 이 책에서 정의는 결국 불의를 이긴다는 것, 디케가 제우스를 보좌하면서 정의를 실현하고 불의를 벌준다는 것, 정의는 동물들에게는 없는 인간 고유의 덕목이며 최고의 선=좋음이라는 것, 노동이야말로 인간을 풍요롭게 해준다는 것 등을 강조하고 있다.[14] 헤시오도스는 『신통기』와 『노동과 나날』을 통해서 우주와 역사를 지배하는 것은 제우스의 정의라는 점을 역설함으로써 자연철학과 민주주의 사상의 씨앗을 뿌렸다고 할 수 있으며, 사유의 역사에서 호메로스 못지않게 중요한 위상을 차지한다.

개인의 감정을 노래한 서정시들에서는 정의의 테마가 많이 나타나지 않지만, BC 6세기부터 시작되는 철학의 전통과 페르시아 전쟁 이후 꽃핀 드라마에서는 다시 핵심적인 위치를 차지하게 된다. 우선 정의 개념은 BC 6세기의 자연철학자들에게서 중요한 역할을 한다. 자연철학 자체가 갑자기 시작된 것이 아니라 그 이전의 정치적 투쟁 과정에서 등장한 '소피아(지혜)'의 연장선 상에서 나타난 것이기 때문이다. 자연철학적 정의 개념은 예컨대 아낙시만드로스에게서 선명하게 나타난다. 우주는 정의에 의해 지배되며 그래서 조화롭고 균형 잡혀 있고 규칙적이고

---

14) 그러나 이때만 해도 '정의' 개념은 후대의 정의 개념과 달리 단순히 '관습'을 뜻하는 말로 쓰이곤 했다. 이 점으로 미루어보면 헤시오도스의 주장은 그저 상궤(常軌)를 이탈하지 말라는 충고 이상은 아니었다고 볼 수 있다. 그러나 이 '예(禮)'를 귀족과 평민에게 평등하게 적용한 것 자체만으로도 그의 주장은 혁명적이었다고 보아야 할 것이다.

영원하다. 정의를 어기고 불의가 행해지면(예컨대 불이 물, 공기, 흙을 누르고서 기승을 부리면) '정의의 심판'이 가해지며, 이 때문에 우주는 잠시 혼란을 겪을 수는 있겠지만 이내 평형을 되찾는다. 이 또한 휘브리스와 디케(/디카이오쉬네)의 투쟁이라는 구도를 잘 보여준다.

헬라스의 드라마 역시 이런 구도 위에서 움직인다고 할 수 있다. 이 점을 가장 분명하게 보여주는 경우들 중 하나가 아이스퀼로스의 '오레스테스 3부작'이다. 전쟁터에서 돌아온 아가멤논의 비극은 잘 알려져 있다. 비극은 계속 후대로 이어진다. 아버지의 원수를 갚기 위해 어머니를 죽일 것인가, 아니면 어머니를 살리기 위해 아버지를 위한 복수를 포기할 것인가? 비극에는 항상 '딜레마'가 있다. 결국 오레스테스는 아버지의 복수를 위해 어머니를 죽이고, 그로 인해 그 자신 복수의 여신들에게 쫓긴다. 그런데 '복수'라는 것은 거친 형태의 정의이다. 사람을 죽인 사람을 다시 죽이는 복수는 결국 거친 형태의 정의 실현인 것이다. '오레스테스 3부작'은 복수로부터 정의로 넘어가는 과정을 보여주는 드라마이다. 그래서 클뤼타임네스트라를 옹호하는 코로스와 오레스테스를 옹호하는 아폴론이 각각 변론을 펼치게 되고, 아테네가 최종 판관으로 등장한다. 오레스테스는 "그들의 힘과 내 힘이, 그들의 정의와 내 정의가 맞서게 되리라"라고 말하고, 동생인 엘렉트라는 "오오! 신들이여, 정당한 판결을 내려주소서"라고 기원한다.(『코에포로이』, 461~462) 3부작의 마지막 편인 『자비로운 여신들』은 재판 과정으로 구성되어 있다. 정의를 구현하는 과정이 바로 재판 과정이기에 말이다. 원고와 피고 사이에 논쟁이 이어지고 배심원들이 판결을 내린다. 결국 가부동수(可否同數)가 나온다. 아버지의 원수를 갚기 위해 어머니를 죽인 것, 결국 가부동수가 될 수밖에 없지 않았을까. 그러나 최종 판관인 아테네가 오레스테스에게 표를 던진다. 결국 오레스테스는 무죄가 된다. 그런데 아테네가 오레스테스에게 표를 던지는 이유가 참 묘하다.

마지막으로 판결을 내리는 것이 내 직무요.

여기 이 투표석을 나는 오레스테스를 위하여 던지겠소.

나에게는 나를 낳아준 어머니가 없기 때문이오.

나는 결혼하는 것 말고는 모든 면에서

진심으로 남성 편이며, 전적으로 아버지 편이오.

그래서 나는 여인의 죽음을 더 중시하지 않는 것이니,

그녀가 가장인 남편을 죽였기 때문이오.(734~740)

　현대인이라면 결코 이 구절을 '정의로운' 것으로 생각하지는 않을 것
이다. 재판관이 '편'을 이야기하다니! 그래서 어떤 사람들은 이 '오레스
테스 3부작'이 가부장제가 확립되는 맥락에서 형성된 이야기라고 말하
기도 한다. 이렇게 이해하기 힘든 대목들도 있지만, 어쨌든 이 3부작의
마지막 편은 헬라스 사람들에게 정의 개념이 얼마나 중요하고 절박한
문제였는지를 잘 보여준다. 코로스가 대변하는 '복수'의 여신들이 '정의'
의 여신인 아테네의 설득으로 분노를 거두고 아테네의 번영을 기원하면
서 3부작 드라마는 막을 내린다.

　현실 역사와 그에 맞물려 진행된 담론사는 그리스의 역사가 바로 이
렇게 정의 개념이 확립되고 실현되는 역사였다는 것을 보여준다. 이 과
정이 그리스 민주정의 핵심을 이룬다. 여성, 노예, 외국인은 배제된 불완
전한 민주정이었지만, 다른 지역의 고대사에서는 전혀 볼 수 없었던 이
런 민주정의 개화(開花)를 바탕으로 헬라스의 문화가 꽃피게 된다.

§3. 철학의 탄생

　그리스 문명은 우리에게 민주정과 더불어 철학―오늘날의 철학이 아
니라 '학문' 전체―이라는 선물도 선사했다. 그 이전에는 '뮈토스'라고

불린 단 하나의 담론, 즉 철학, 역사, 문학 등이 분화되기 이전의 담론, '이야기'라고 할 수 있는 담론만이 존재했다. 그러나 이제 '뮈토스'와 구별되는 '필로소피아'라는 새로운 형태의 담론행위가 등장하기에 이른다.

철학은 하늘에서 갑자기 떨어진 것이 아니다. 이미 언급했듯이 'philosophia' 이전에 'sophia'가 있었고, 이 '소피아'는 곧 귀족정에서 민주정으로 이행하는 과정에서 등장한 개념이다. 아직 '정치철학'이라고까지는 할 수 없어도, 정치적 지혜('소피아')가 자연철학('필로소피아')의 탄생 이전에 등장했던 것이다. 자연철학은 정치적 맥락에서 등장했던 소피아의 추구가 관심사를 넓혀 우주를 사색하는 경지로까지 확대되기 시작했을 때 등장했다고 해야 한다. 자연철학의 개념들과 사유 양식들에 알게 모르게 묻어 있는 헬라스 정치사의 흔적들을 감지해낼 필요가 있다. 지금까지 논의해온 '정의' 개념이 대표적이다. 이제 사회만 정의로워야 하는 것이 아니다. 우주도 역시 정의로워야 한다.

헬라스의 민주정이 확립되는 과정은 험난했다. 수많은 투쟁들이 이어졌고, 참주들이 등장해 사람들을 비탄에 몰아넣기도 했다. 서정시 시대가 허무주의적 정서로 가득 찼던 것은 이런 맥락에서였다. 그러나 바로 이런 현실이었기에 이 혼란한 시대의 푯대가 될 수 있는 것, 즉 정의, 조화, 규칙 등을 세우려는 경향이 오히려 강해져갔다. 여기에서 더 나아가 허무주의를 극복하고 인간이 기댈 수 있는 어떤 근원적이고 영원한 것을 찾으려는 형이상학적 갈망이 대두한다. 다시 말해 정치적 고통과 심리적 고뇌를 극복하려는 과정에서 세계 전체를 사유하게 되었고, 균형과 절제, 조화와 정의를, 나아가 근원적인 것, 보편적인 것, 영원한 것을 찾게 되었던 것이다.

그러나 아무리 그런 관심사가 있었다 해도 나날의 삶이 힘겨우면 어찌 사유할 수가 있겠는가? 당장의 먹고살 걱정은 인간의 관심사를 생계 문제로 끌어 내리기에 말이다. 아리스토텔레스도 철학이 발전하려면 사치도 빈곤도 아닌 '적당한 여유(scholē)'가 필요하다고 하지 않았던가. 철학이 탄생했던 시대는 고통과 허무의 시대였지만, 다른 한편으로는 그리스가 식민지 건설이나 무역 등을 통해 경제적 안정을 이뤄가던 시대였다. 물론 이 경제적 풍요가 전쟁이라든가 빈부 격차, 참주들의 탐욕 등을 통해 다시 고통과 허무를 가져왔지만, 현대 식으로 말해 전체 생산력이 증대된 것은 사실이다. 역사를 통틀어서 철학자들이 대체로 그랬지만, 그리스의 자연철학자들 역시 아주 빈곤하지도 또 크게 부유하지도 않은, 또 엄청난 권력자도 아니고 하층민도 아닌 '적당한 여유'를 가진 사람들이었다. 더 넓게 본다면, 그리스세계 전체가 민주화 과정을 겪고 있었기에 이렇게 자율적이고 비판적인 사유를 펼치는 인물들이 등장할 수 있었을 것이다. 전제정치를 행했던 지중해의 다른 지역들에서는 이런 종류의 지식인들을 발견하기가 힘들다. 우주 전체를 사색하는 자연철학의 탄생은 정치적·심리적 고통과 경제적 안정이라는 이중의/역설적인 상황에서 가능했던 것이다.

허무의 시대를 배경으로 해서 철학이 탄생했다는 사실은 매우 중요하다. 왜냐하면 이 탄생설화가 지중해세계에서의 '철학'이라는 담론의 성격을 오랫동안 특징지어왔기 때문이다. 허무하다는 것은 참된 것, 영원한 것, 필연적인 것, 보편적인 것이란 그 어디에도 없다는 것을 뜻한다. 달리 말해, 우리가 삶에서 기댈 수 있는 것, 의지해서 살아갈 수 있는 것, 우리의 삶을 근거 지어주는 것, 그런 것(들)은 없다는 것이다. 이런 상황을 절실하게 음미하면서 철학이 탄생했다는 사실을 기억할 필요가 있다.

허무한 세계란 도대체 어떤 세계일까? 방금 들었던 차원들(영원, 보편, 객관, 필연)이 존재하지 않는다면, 세계는 도대체 어떤 곳일까? 결국 세계란 오로지 생성(becoming=Werden)만이 존재하는 곳이라는 이야기가 된다. 어떤 궁극적인 이유도 목적도 없이, 비가 오고 바람이 불고, 인간을 포함해 생명체들이 태어나 살다가 죽고, 숱한 나라들이 생겼다가 망하고 하는 이런 과정들만이 있는 곳, 세계란 그런 곳이다. 특별한 근거나 이유가 없는 생성(生成), 단지 우연이 지배할 뿐인 생성.[15] 이 모든 것, 이 모든 변화, 모든 삶과 역사에는 그 어떤 보편적이고 필연적이고 객관적이며 영원한 근거도 없다는 것, 그저 오로지 생성일 뿐이라는 것. 그렇다면 삶을 궁극적으로 근거 짓는 어떤 가치도 없을 것이며, 유일한 가치는 그저 사는 동안 즐기는 것뿐이라는 귀결을 피할 수 없다. 앞에서 말한 서정시들의 상당수에 깔려 있는 것이 바로 이런 허무주의의 세계관과 가치관이었다.

요컨대 허무주의의 극복이라는 문제가 당대 사람들을 사로잡았고, 이것이 서구 존재론의 기본 성격을 규정하게 된다. 바로 그랬기에 객관적이고 영원하고 필연적이고 보편적인 것을 찾는 것이 철학의 과제로 자리 잡게 된다. 오늘날 상황이 많이 변했지만 이런 탄생설화의 흔적은 여전히 남아 있다. 그리스의 철학자들이 찾았던 이 차원들은 맥락에 따라서 '실재(實在)', '실체(實體)', '존재(存在)', '본질(本質)', '원리(原理)', '이법(理法)', '원인(原因)' 등으로 불렸고, 아직까지도 이런 말들은 학문세계의 기본적인 개념들로 남아 있다. 물론 이 말들의 함의는 상당히 변해버렸지만.

아직 역사, 철학, … 등이 분화되기 이전의 '전해 내려오는 이야기(뮈토스)'만이 존재했던 상황에서 '필로소피아'라는 새로운 담론행위가 출현한 것은 인류사의 획을 그은 사건이었다. 서사시, 서정시 등의 문학적 형식이 생겨난 후에도 뮈토스 개념에는 큰 변화가 없었다. 이런 형식들은 뮈토스의 연장선 상에서 이해되었기 때문이다. 그런데 '뮈토스' 외에 '필로소피아'라는 담론이 생겨남으로써 그리스 사람들의 사상과 글쓰기에 큰 변화가 오고, 그 결과 뮈토스와 필로소피아의 대립—"神들을 이

---

15) 여기에서 '우연(contingency)'이란 세계가 법칙적으로 되어 있지 않다는 것을 뜻할 수도 있지만, 더 근본적으로는 설사 법칙들이 있다 해도 그 법칙에 어떠한 형이상학적 근거/이유도 없다는 것을 뜻한다. 영희가 여자로 태어난 것은 우연이 아닐지도 모른다. 생물학적 필연에 따라 태어났을 수도 있다. 그러나 영희가 남자가 아닌 여자로 태어난 데에 어떤 형이상학적 이유/근거도 없다고 생각할 때 그것은 우연한 것이다.

야기하는 사람들(theologoi)"과 "自然을 이야기하는 사람들(physiologoi)"
사이의 대립—이 형성된다. 따라서 이때의 대립을 "시"와 "철학"의 대
립으로 이야기하면 매우 우스꽝스러운 이야기가 된다. 이때의 '뮈토스'
는 시가 아니고 또 '필로소피아'는 오늘날의 철학이 아니기 때문이다.
'전해 내려오던 신화적 이야기'와 새롭게 생겨난 '이성적 세계관' 사이
의 대립인 것이다. 전해 내려오는 이야기로서의 뮈토스가 이제 새롭게
형성된 지성(知性)의 눈에는 더 이상 설득력 있게 다가오지 않았다. 태양
의 운동은 아폴론이 마차를 타고 가는 것이라는 식의 이야기가 당대에
새롭게 형성된 교양층에게는 더 이상 호소력을 가지지 못하게 된 것이
다. 이런 상황에서 당대 대중과 지식인들=철학자들 사이에 갈등이 발생
한다. '철학'이라는 새로운 형태의 담론이 등장함으로써, 헬라스 지성사,
넓게는 인류 지성사에 중대한 분기점이 도래한 것이다.

　사유의 새로운 양태가 생겨나면서 글쓰기의 방식에도 역시 변화가 왔
다. 처음으로 운문이 아닌 새로운 글쓰기 형식이 등장한다. 서사시, 서정
시라는 형식 외에 산문 형식이 등장한 것이다. 물론 철학자들이 그들의
작품을 산문으로만 쓴 것은 아니다. 파르메니데스를 비롯해 여러 사람들
이 운문으로 글을 썼고, 플라톤 같은 사람은 그 후에 생겨난 드라마 형
식으로 대화편을 썼다. 앞에서도 말했듯이, 이때의 철학은 지금의 인문
학은 물론 자연과학과 사회과학을 모두 포함하는 순수 학문 전체를 뜻
했다. 당시는 분과 개념도 대학 제도도 직업적 학자도 또 논문이니 하는
형식도 없는 시대였다는 사실을 잊어서는 곤란하다. 오늘날의 학문 개
념과는 판이한 의미에서의 '학문=필로소피아'라는 것이 처음 생겨난 상
황, 이성적인 방식의 '사유'라 할 만한 최초의 형태가 탄생한 상황을 생
각해야 한다. 로고스=이성이라는 것, 즉 사유하고 개념화하고 논증하고
논쟁하는 능력으로서의 이성이라는 존재가 막 탄생한 상황인 것이다.

　흔히 그리스 철학의 출발점을 자연철학으로 본다. 'physis'의 탐구는
오늘날 'physics(물리학)', 'physiology(생리학)' 같은 말들에 그 흔적을

남기고 있다. 왜 퓌지스 탐구가 헬라스 철학의 출발점을 이루었을까. 이 세계는 과연 생성밖에는 달리 아무것도 없는 곳인가? 생성을 넘어서는 무엇인가가 존재하지 않을까? 허무주의의 끝에서 나온 바로 이런 물음이 자연철학을 낳았다. 생성을 넘어서는 것은 존재하는가? 존재한다면 그것은 무엇인가? 이 물음에 대해 그리스인들은 '퓌지스=自然'이라는 개념을 생각해냈다. 이 퓌지스는 오늘날 우리가 세계를 문화와 자연으로 양분해 볼 때의 자연이 아니다. 퓌지스는 현대적 의미에서의 'nature' 즉 '천지(天地)'보다는 '自然' 즉 "스스로 그러한 것"에 가깝다. 이 말이 '본성(本性)'을 또 하나의 뜻으로 가지는 것은 이런 맥락에서 이해된다. 퓌지스라는 말은 세계 전체도 가리키지만, 그중에서도 특히 세계의 근원, 이법을 가리킨다. 바로 그러한 측면을 탐구하는 것이 자연철학이다. 따라서 자연철학이 단지 자연과학의 전신인 것만은 아니다. 그것은 이미 형이상학이다. 이렇게 이 시대에 이르러 인간의 사유 능력이라 할 '로고스'와 로고스가 탐구할 어떤 근본적인 차원으로서의 '퓌지스'라는 두 개념이 등장하면서 그리스 사유가 꽃피기 시작한다.

처음에 철학은 그리스 본토에서가 아니라 본토의 열악한 생활 상태를 극복하기 위해 개척했던 식민지들, 특히 동쪽 식민지인 이오니아 지방 (지금의 터키 해안)과 서쪽 식민지인 이탈리아 반도 남부에서 시작되었다. 이오니아 지방에서는 지금 식으로 말해 물질에 관심을 두는 철학, 지금의 화학이나 물리학에 가까운 학문이 발달했으며, 이탈리아 지방에서는 수학적인 철학, 형상(形相) 중심의 철학이 발달했다. 물론 이때의 '물질'이니 '수'니 '형상'이니 하는 개념들이 지금 우리가 알고 있는 것과는 상당히 다른 의미를 띠었다는 사실을 염두에 두어야 하지만, 어쨌든 퓌지스의 탐구가 서구 철학의 근간을 이루었고 그 후에도 참된 것, 영원한 것, 보편적인 것, 객관적인 것을 찾으려는 태도가 서구 철학의 기본 성격을 규정하게 된다.

2장 퓌지스의 탐구

    이제, 아직 충분히 체계화된 사유로서 전개되지는 않았지만 이후 대부분의 철학사상들이 흘러나오게 되는 곳, 사유가 최초로 발아해 그 모습을 드러낸 샘〔泉〕과 같은 곳으로 가보자. 그리스의 자연철학, 동북아의 역학과 기학, 그리고 인도의 우파니샤드의 세계는 세계철학사의 마르지 않는 샘이다. 서구 사유의 뿌리는 그리스 자연철학에 있고, 동북아 사유의 뿌리는 역학과 기학의 사유에 있으며, 인도 사유의 뿌리는 우파니샤드에 있다. 이 사유들이 각 문화의 '전(傳)-통(統)'을 만들어냈고, 알게 모르게 지금까지도 그 흔적들을 남기고 있다.

    그리스 최초의 철학자들, 우리가 흔히 '그리스 자연철학자들' 또는 '소크라테스 이전 철학자들'이라 부르는 사람들의 사상은 대단히 중요하다. 이후 전개되는 모든 철학적 개념들, 문제들, 논의 방식들이 대부분 이 사람들에 의해 제시된 것들이기 때문이다. 그러나 이들의 사유가 고색창연한 과거의 위용으로서만 남아 있는 것은 아니다. 지난 수백 년에 걸쳐 발달해온 자연과학의 성과들도, 말할 필요도 없이 그 구체적 내용들은 시대의 흐름에 따라 크게 변해왔지만, 그 사유 문법, 논리, 기초 원리들에서는 여전히 이 시대의 사유들을 잇고 있다. 좀 단적으로 말하면, 모든 서구 과학들과 철학들은 이 자연철학자들이 남긴 사유들을 정교화한 것이라고 할 수 있을지 모르겠다. 최근의 철학들과 과학들에서마저도 가끔씩 이 사유들의 그림자가 깜짝 놀랄 정도로 생생하게 살아 있음을 확인할 수 있다.[1]

잘 알려져 있듯이, 자연철학자들의 문헌들은 체계적으로 전해지는 것이 없고 대부분 플라톤, 아리스토텔레스를 비롯한 다른 사람들의 저작들 속에 단편의 형태로만 남아 있다.[2] 특히 데모크리토스는 플라톤과 아리스토텔레스에 버금하는 저작들을 남긴 것으로 알려져 있으나, 아쉽게도 그것들은 거의 사라졌다. 가끔 고고학적 성과를 통해서 이런 문헌들이 발견되는 경우가 있긴 하다. 20세기 후반에 엠페도클레스의 단편들이 발견된 사건이 그 하나의 예이며, 아리스토텔레스의 저작들도 잊을 만하면 새롭게 발견되곤 한다. 그러니 이들의 체계적인 저작이 발견되지 말라는 법도 없을 듯하다. 어쨌든 오늘날 우리가 보는 딜스/크란츠 편집본에서 이들이 남긴 단편들을 대부분 볼 수 있다.[3]

최초의 철학자들은 허무주의를 극복하기 위해 우주의 질서, 영원한 자

---

1) 그러나 이것이 하이데거가 원했듯이 자연철학자들로 '회귀'해야 함을 뜻하는 것은 아니다. 고향(Heimat)을 그리워하는 이런 식의 생각은 또 하나의 중심주의로 흐르기 때문이다.(하이데거의 'Geist' 개념도 이와 연관된다. 자크 데리다, 박찬국 옮김, 『정신에 대하여』, 동문선, 2005) 하이데거의 나치 참여는 단순한 우발적 실수나 인간적 유약함의 결과가 아니라 그의 사유 양태 자체에 내장되어 있던 잠재성이 특정한 상황에서 현실화된 것이라 해야 할 것이다. 이런 '회귀에의 욕망'에 대한 비판적 거리-둠은 물론 서구 철학에 대해서만이 아니라 다른 모든 철학 전통에 대해서도 마찬가지로 요청된다.

2) 아리스토텔레스의 『형이상학』 I권(A권)은 최초의 철학사라 할 수 있다. 여기에서 아리스토텔레스는 플라톤에 이르기까지의 그리스 철학사를 일목요연하게 정리해주고 있으며, 따라서 이를 통해 자연철학을 체계적으로 이해할 수 있다. 그러나 그러한 정리가 아리스토텔레스 자신의 관점에서 수행된 것일 뿐만 아니라 자신을 그러한 과정의 종착점/목적으로 설정하고 있다는 점에 유의해야 한다.

3) Diels und Kranz, *Die Fragmente der Vorsokratiker*, 3 Bds.,(Weidmann, 1974)[한국어 판: 김인곤 외 옮김, 『소크라테스 이전 철학자들의 단편 선집』, 아카넷, 2005]

연을 찾았고 그것이 자연의 철학, 본성의 철학을 낳았다. 그러나 이미 지적했듯이, 이들이 퓌지스를 찾았던 데에는 사회적 맥락이 개입되어 있었다. 자연철학의 발흥에는 세계의 객관적 근거를 찾음으로써 사회 정의를 세우려는 의도가 다분히 깔려 있었다고 보아야 하기 때문이다. 그리고 이들은 이런 탐구를 통해서 소국 '헬라스'를 이집트, 바뷜로니아, 메디아, 뤼디아 등 대국들과 맞세웠고, 스스로를 지중해세계의 다른 여러 지역들보다 우월하다고 여겼다.

이미 말했듯이, 자연철학에서의 '자연'은 라틴어 'natura'(현대의 'nature')가 아니라 희랍어 'physis'에 해당한다. 희랍어 'physis'가 라틴어 'natura'로 번역되면서 그 의미에 현격한 변화가 온 것이다. '퓌지스'가 '나투라'가 되면 이는 이미 로마적 또는 중세적인 뉘앙스를 띤 자연이다. 특히 중세에 이르러 자연은 모든 것의 근원이 아니라 '피조물'이 되어버리고, 나아가 인간 아래에 위치하는 존재로 전락한다. 이런 변화는 '퓌지스'의 경우만이 아니라 다른 여러 개념들에서도 발생한다. 그리스 철학으로부터 로마 철학으로 건너갈 때 생긴 이런 굴절들은 이후 지중해세계 철학사, 서구 철학사를 이해하는 데 상당히 중요한 함의를 띤다.[4] 그리스 자연철학은 한편으로 오늘날의 자연과학에 해당하는 성격도 갖지만, 근본적으로는 존재론/형이상학의 성격을 띠었다고 할 수 있다.

---

4) 서구의 모든 기초 학문의 용어들은 그리스에서 나왔다. 훗날 알렉산드로스와 로마가 지중해세계를 제패했을 때 비로소 "지중해세계"라고 부를 수 있을 보다 넓은 지평의 세계가 성립했으나, 그때에도 이 세계의 지적 중심은 그리스였다. 희랍어 문헌들은 지중해세계 공통의 교양을 형성했으며, 또 쉬리아어, 페르시아어, 아랍어, 라틴어 등으로 번역되면서 이 세계 전역으로 퍼져나갔다. 훗날 서구(이탈리아, 프랑스, 영국, 독일, 미국)가 그리스의 철학을 계승해 보다 크게 발전시키게 됨으로써, 라틴어로 번역된 그리스 학술 용어들이 오늘날까지 이어져 내려오게 된다. 'hylē'로부터 'materia'로, 또 'matière', 'matter', 'Materie'로의 변화, 'stoicheion'으로부터 'elementa'로, 또 'élément', 'element', 'Element'로의 변화 같은 경우들에서 우리는 서구 학술어의 변천 과정을 짐작할 수 있다.

그리스의 자연철학은 매우 복잡하게 전개되었다. 최초의 학파로 일컬어지는 밀레토스학파는 훗날 '질료'라 불리게 된 것, 즉 우주의 원질(原質)을 찾았다.[5] 탈레스가 말하는 물, 아낙시만드로스가 말하는 아페이론, 아낙시메네스가 말하는 공기 같은 존재들이 근원적인 원질='아르케(archē)'로서 제시되었다. 이에 비해서 이탈리아 지방에서 흥기한 퓌타고라스학파는 훗날 '형상'이라 부르게 될 것, 그중에서도 특히 수를 사유의 중심에 두었다. 같은 시대에 수수께끼 같은 인물인 헤라클레이토스는 서구 철학의 전통 내내 묻히게 될 운명을 띤, 그러나 몇천 년 후 현대 철학에서 부활해 활짝 꽃피게 될 사유의 뇌관을 만든다. '만물유전'을 역설한 헤라클레이토스와 대조적으로 절대 부동(不動)의 일자(一者)를 강조한 파르메니데스, 제논 등의 엘레아학파는 운동을 본성으로 하는 '퓌지스' 개념을 비판함으로써 자연철학을 위기에 빠트린다. 그 위기를 딛고서 엠페도클레스, 데모크리토스, 아낙사고라스 같은 이른바 '후기 자연철학자들'이 등장해 원소, 원자, 종자 등의 사유를 펼친다. 그 후 플라톤과 아리스토텔레스는 이전의 사유들을 포괄하면서 형상 중심의 종합적인 자연철학을 제시했고, 이 두 사람의 사유는 오래도록 지중해세계의 사유를 지배하게 된다. 헬레니즘 시대에 이르러서는 에피쿠로스학파와 스토아학파가 각각 유물론적 성격의 새로운 자연철학을 제시했고, 알렉산드리아에서는 오늘날의 자연과학에 해당하는 형태의 자연철학이 발달한다. 이로써 고대 자연철학의 파노라마는 일단락된다.

---

5) '질료'는 '형상'과 짝을 이루는 개념이지만, '원질'은 형상을 전제하지 않는다. 여기에서는 아직 질료와 형상이 개념적으로 분화되어 있지 않다. 질료와 형상을 구분하고, 밀레토스학파의 사유를 '질료'의 사유로 규정한 것은 아리스토텔레스이다.(『형이상학』, I, 983b/19 이하)

§1. '탄생'의 문제

자연철학의 역사에서 자주 논의되었던 문제들 중 하나는 그것의 탄생
문제이다. 이것은 곧 자연철학의 합리적 사유가 그 이전의 사유 즉 뮈토
스의 사유(신화적 · 종교적 · 시적 사유)와 연속적인가 불연속적인가의 문
제이다.

연속성을 강조하는 대표적인 인물인 프랜시스 콘퍼드에 따르면 철학
은 종교의 연속선 상에서 등장했으며, 종교에서 사용되던 많은 개념들이
그대로 철학으로 흘러들어왔다. 그리스의 종교는 상당 부분 오리엔트에
서 연원한 내용들을 담고 있으며, 그래서 이 논쟁은 서구와 '동방'의 관
계를 둘러싼 일종의 이데올로기적 논쟁, 자존심 싸움의 성격도 띠고 있
다. 중화인민공화국 학자들 일부가 외지—특히 '서역(西域)'—의 영향
을 애써 부인하려 하는 상황을 떠올리면 될 것이다. 하지만 콘퍼드는 철
학이 지향하는 원리, 원인, 이법, 법칙(때로는 우연) 같은 개념들은 "모이
라(운명)"를 비롯한 종교적 개념들의 연장선 상에서 생겨난 것임을 강조
한다.[6] 이것은 탈레스에서 갑자기 새로운 사유가 시작되었다고 보는 생
각—이런 생각은 때로 "뮈토스에서 로고스로"(빌헬름 네슬레)라는 표어
로 표현되었는데, 이 말은 많은 논쟁을 낳는다—을 논박하는 입장이다.
반면 존 버넷은 단적인 불연속성을 강조하면서, 그리스 사유의 탁월함을
내세운다. 베르낭은 이 문제를 논하면서 절충적인 입장을 전개했다.[7] 오
리엔트의 영향과 그로부터의 불연속을 동시에 인정하는 입장이다.

---

6) 프랜시스 콘퍼드, 남경희 옮김, 『종교에서 철학으로』(이화여자대학교출판부, 1995).

7) John Burnet, *Early Greek philosophy*(Meridian Books, 1959). 베르낭은 호메로스 · 헤
시오도스 등에 여전히 남아 있는 동방적 요소들이 아낙시만드로스에 가면 어떻게 큰 변
화를 겪게 되는가를 상세하게 밝혀주고 있다. 예컨대 바뷜로니아의 "천문학"과 그리스의
천문학 사이에 존재하는 불연속에 대해서는 베르낭의 책 『그리스인들의 신화와 사유』
(박희영 옮김, 아카넷, 2005) 3장을 보라.

우리는 이 문제에 바슐라르와 캉길렘의 인식론을 가지고서 접근할 수 있다. 가스통 바슐라르는 과학의 역사를 '인식론적 단절'의 역사로 본다.[8] 과학이란 연속적인 축적을 통해서가 아니라 사고방식의 근본적인 변혁, '패러다임'의 단절을 통해서 발전한다는 것이다. 예컨대 아리스토텔레스, 뉴턴, 아인슈타인에게서 'mass(무게, 질량)'의 의미는 전혀 다르다. 단지 좀 변형되거나 확장된 것이 아니라 아예 다른 패러다임을 통해서 규정되는 것이다.[9] 뉴턴과 아인슈타인의 시공간론 또한 대표적인 예이다. 그러나 바슐라르는 뒤의 이론이 앞의 이론을 '포괄할' 때, 즉 뒤의 이론의 한 '경우'가 앞의 이론이라는 것이 증명될 때 뒤의 것이 앞의 것보다 '발전했다'고 말할 수 있다고 보며, 그래서 과학이 발전한다는 것 자체는 부정하지 않는다. 예컨대 에우클레이데스 기하학은 리만 기하학의 한 경우(곡률=0의 경우)로서, 뉴턴 역학은 아인슈타인 역학의 한 경우(속도 v가 매우 작을 경우)로서, 열역학의 법칙들은 통계역학의 법칙들의 한 경우(분자들의 수를 무한대로 놓을 경우)로서 간주될 수 있다는 것이다. 그러나 조르주 캉길렘이 볼 때, 앞의 이론이 뒤의 이론에 완전히 포괄되는 경우는 없다. 뉴턴 역학은 수식상으로는 아인슈타인의 역학에 포괄되지만, 시공간 개념에 있어서는 전혀 다른 개념틀을 전제한다. 캉길렘은 이런 과정을 '부분 단절'로 개념화해 생물학사 연구를 통해 분석해나갔다.[10]

종교적 · 신화적 · 시적 사유로부터 철학적 · 과학적 사유로의 이행도 이런 부분 단절로 이해할 수 있을 것이다. 예컨대 신들조차도 복종해야 하는 운명=모이라의 성격은 철학적 '이법'이나 과학적 '법칙'으로 이어

8) Gaston Bachelard, *Le nouvel esprit scientifique*(PUF, 2013).

9) Gaston Bachelard, *La philosophie du non*(PUF, 2012).

10) Georges Canguilhem, *Études d'histoire et de philosophie des sciences*(Librairie philosophique Vrin, 1990).

진다고 할 수 있다. 늘 질서를 되찾게 해주는 정의=디케는 우주의 평형이라든가 세계의 질서/조화라는 철학적·과학적 개념과 그리 멀지 않다. 그러나 동시에 태양을 아폴론으로 보는 것과 거대한 불덩어리로 보는 것 사이에는 결코 메울 수 없는 간극이 존재한다는 것 또한 사실이다. 오리엔트의 영향과 오리엔트로부터의 단절을 동시에 인정해야 하는 것이다. 결국 연속성과 동시에 불연속성을, 즉 '부분 단절'을 보아야 한다. 물론 이것은 철학·과학의 경우이다. 그 외의 문화 일반에서는 연속성의 측면이 더 크다고 해야 할 것이다.

자연철학의 '탄생'은 이렇게 밀레토스 지방에서 이루어진 부분적인 '인식론적 단절'을 통해서 가능했다. 흔히 밀레토스의 철학자들은 사물의 '질료'를 찾았다고 한다. 이미 말했듯이, 이것은 아리스토텔레스의 규정이다.[11]

철학사의 서술에서도 사후적 규정은 자주 등장한다. 후대인들은 나중에 태어났다는 '특권' 때문에 선대인들을 자신들의 관점으로 규정하곤 한다. 데카르트, 스피노자, 라이프니츠가 자신들을 묶어 '대륙의 합리주의자'이라고 규정한 적도 없고, 칸트나 피히테, 셸링, 헤겔이 자신들을 묶어 '독일 이념론자들'이라 자처한 적도 없다. 모두 후대인들이 범주화해 붙인 것이다. 개념적인 범주화의 경우 역시 마찬가지이다. 보다 주의해야 할 경우는 가치론적 평가가 짙게 들어가는 경우이다. '대승'불교의 신도들은 그 전의 신도들을 '소승'불교의 신도들이라고 했는데, 제3자의 입장에서는 과연 전자가 '대'승이고 후자가 '소'승인지 냉정하게 판단할 필요가 있다. 마르크스와 엥겔스가 이전의 공산주의들을 '공상적 사회주

---

11) "최초의 철학자들 대부분은 질료적 성격의 원리가 모든 것의 궁극적 원리라고 생각했다. 실로 존재하는 모든 것이 질료적 원리에 따라 이루어져 있으며, 따라서 질료야말로 그것에서 모든 것이 생겨나고 그것으로 모든 것이 돌아가는 원리라고 본 것이다. 그래서 실체(질료)는 그 규정성들이 다양하게 변해감에도 존속한다. 그들은 이 실체를 원소(stoicheion)라고, 또 원리(archē)라고 불렀다."(『형이상학』, I, 983b/6~11)

의’라 했던 규정을 너무 쉽게 받아들여, 그들 이전의 사회주의자들을 모두 ‘공상적인’ 인간들로 단정해버리는 것은 경솔한 짓이다. 나아가 정체 불명의 규정들도 있다. 예컨대 1987년 이후 한국에서 (‘구조주의’ 이후에 등장한) 여러 사상들이 논의되기 시작했을 때, 많은 사람들이 이것들을 묶어 “포스트모더니즘”이라고 불렀는데, 이 말이 도대체 무엇을 의미하는지는 지금도 분명하지가 않다.[12]

밀레토스학파가 질료 중심의 사유를 전개했다고 말하는 것은 이미 물질과 물질 아닌 어떤 것이 구분되는 상황에서 그 한쪽에 치우쳤다는 뜻을 함축한다. 그러나 밀레토스학파 시대에 물질과 비-물질의 이분법적 구분은 없었다. 그런 사유는 이 시대 사람들에게는 낯선 사유였다. 만일 밀레토스학파가 ‘질료’라는 것을 논했다면, 그때의 질료란 물질, 생명, 정신을 모두 포괄하는 무엇 —기(氣)와 유사한 것 —이었다고 보아야 한다. 따라서 밀레토스학파가 질료 중심의 사유를 했다고 말하는 것은 이미 사유의 역사가 아리스토텔레스의 수준까지 진행되었을 때 가능해진 사후적 구성이다. 철학의 모든 개념들은 그 개념들이 성립한 시대, 지역, 철학자, 텍스트를 신중하게 고려해서 이해되어야 한다.

그렇다면 이 사람들 자신들은 무엇을 찾고 있다고 생각했는가? ‘archē(principium)’를 찾는다고 생각했다. ‘archaeology’, ‘anarchism’, ‘archetype’ 같은 말들에 그 흔적이 남아 있는 이 말은 우리말의 ‘原’/‘源’이나 ‘根’에 해당되고, 그래서 보통 ‘근원’ 또는 ‘원리’로 번역되거나 맥락에 따라서는 ‘시원’, ‘원질’로도 번역된다.

그러나 이 사람들이 무엇을 아르케로 보았느냐고 묻기 이전에 우선 원리—다양한 원리들이 아니라 세계의 ‘궁극적 原理’—를 찾았다는 사

12) 이런 시간적 구조 때문에 철학사를 이해하는 순서가 곧잘 전도된다. 텍스트들을 읽고 나서, 그 후에 저자에 대해서, 학파나 ‘~주의’에 대해서 이야기해야 하건만, 거꾸로 어떤 큰 틀이나 선입견, 해설 등을 먼저 접한 후에 나중에야 직접 저자, 텍스트를 접하게 되곤 한다. 철학사에 접근할 때면 늘 이 전도된 시간 구조를 염두에 두어야 한다.

실이 무엇을 의미하는지를 음미해볼 필요가 있다.

"세계의 근원은 무엇인가?"라고 물었다는 사실은 현대 식으로 말해 우리에게 감각적으로 나타나는 차원(우리가 보고 듣고 냄새 맡고 맛보고 만져보는 차원)이 세계의 근원적인 모습이 아니라고 생각했음을 함축한다. 우리가 감각하는 차원이 그대로 실재(實在)의 모습이라면, 굳이 그것들을 넘어서 아르케를 찾을 이유가 없겠기에 말이다. 모든 이들이 자신이 감각하는 것들이 "실재한다"고 믿고서 살아갔다면 철학적 탐구는 시작되지 않았을 것이다. 다시 말해 우리의 감각에 비치는 이 세계, 후대의 말로 현상(phenomenon)의 세계는 진짜 世界의 피상적 모습일 뿐이라는 것이다. 따라서 감각적인 차원을 넘어 진정으로 실재한다고 할 수 있는 차원이 존재한다고 본 것이며, 바로 그런 차원이 근원/원리였다.[13] 고대 자연철학자들의 '실재' 탐구에는 이렇게 현상/현실을 가상(假象)으로 보는 생각이 깔려 있다.[14]

아르케 탐구에 함축되어 있는 바가 이것만은 아니다. 多(여럿)에서 一(하나) 또는 몇 개의 근본 요소들/원소들로 나아갔다는 점 또한 빼놓을 수 없다. 세계는 무수한 개별적 존재들로 가득 차 있다. 아르케를 찾는다

---

13) '실재'를 뜻하는 'reality'라는 말이 자칫 혼동을 가져다줄 수 있다. 오늘날 '리얼리티'라는 말은 때로 감각적 확실성을 뜻하며, 그 반대 개념은 '상상적인 것'이다. 사과를 꼭 실물처럼 그린 그림이나 어떤 장면을 아주 실감나게 묘사한 영화를 보고 사람들은 "리얼하다"라고 말한다. '실재'를 어떻게 이해할 것인가를 둘러싼 많은 입장들—존재론적 설정들(ontological commitments)—이 있거니와, 이때의 "리얼하다"라는 말은 현상을 그 자체로서 "리얼한" 것으로 보는 생각을 함축한다. 그러나 그리스의 자연철학자들에게 '실재'는 현실/현상을 넘어서는 세계—훗날의 용어로 본체, 본질, 실체 등—를 가리키는 말이고, 그 대립어는 피상적인 차원 즉 현실/현상이다. 결국 현실-리얼리티와 상상적인 것이 짝이 되고, 실재-리얼리티와 현실이 짝이 된다.

14) '실재'라는 말의 자연철학적 용법을 잇고 있는 것은 전통적인 형이상학들과 현대의 자연과학이다. 예컨대 물리학적 사유에서, 우리 눈에 보이는 색(色)의 다양성은 빛의 수학적 구조에서의 양적 차이로 환원된다. 바슐라르의 '인식론적 단절' 개념은 "현상과 본질" 사이의 이런 차이를 인식론적으로 정식화하고 있다. 그리스의 자연철학은 사물을 보는 이런 관점의 시발점이다.

는 것은 이 무수한 다자(多者)를 어떤 근본적인 일자(一者) 또는 몇 가지 근본 요소들로 환원한다는 것을 뜻한다. 이런 식의 생각 역시 오늘날까지 과학적 사고에 결정적인 영향을 끼치고 있다. 화학자들의 눈으로 보면 무수한 사물들이 기껏해야 (지금까지 발견된 것들만 친다면) 백 몇 개의 원소들로 이뤄진 것들이다. 이렇게 다자를 일자 또는 몇 개의 요소들로 환원하려는 생각이 그리스 자연철학을 떠받치고 있는 핵심적인 전제이다. 달리 말해, 이것은 사물들을 개별성과 우연성의 측면에서보다는 보편성과 필연성의 측면에서 본다는 것을 뜻한다. 생물학자는 어떤 생명체, 어디에 사는 생명체를 연구하는 것이 아니다. 생명체가 보편적으로 띠고 있는 본질, 생명체들의 보편적이고 필연적인 속성들을 연구하는 것이다. 우리가 '과학'이라는 말을 쓸 때 일차적으로 전제되는 것은 이 점이며, 오늘날 그리스 철학의 이런 전통을 잇고 있는 대표적인 담론은 과학이라고 할 수 있으며, 철학은 이 전통을 잇는 갈래들과 이와는 다른 갈래들로 복잡하게 분화되어 있다.

세 번째 함의로는 시간 및 운동의 제거를 들 수 있다. 시간 속에서 운동·변화하는 것을 넘어 영원한 것, 항구적인 것을 찾기.[15] 생성, 변화, 운동 등 어떤 이름으로 부르건(더 앞의 개념이 상대적으로 더 넓은 의미를 띤다), 이 세계를 감각적 차원에서 경험하는 한 가장 기본적인 사실은 그것이 끊임없이 변한다는 것이다. '퓌지스'라는 말 자체가 이런 뜻을 함축하거니와, 동북아에서는 이 사실을 '易'의 개념으로 표현했다. 우리의 경험을 통해서 세계를 인식하는 한 모든 것을 시간 속에서 경험할 수밖에

---

15) 아리스토텔레스가 밀레토스학파의 사유를 '질료'의 사유로 규정한 후 이어서 하고 있는 다음 언급은 이 점을 잘 보여준다. "그렇기 때문에 그들은 [근본적으로는] 어떤 것도 탄생하지도 소멸하지도 않는다고 믿는다. 이런 본연의 것(physis)은 언제나 존속한다고 생각하기 때문이다. [⋯] 왜냐하면 다른 모든 것이 그것에서 생겨나지만 그것 자체는 보존되는 어떤 실재가 하나든 여럿이든 존재해야 하기 때문이다.(『형이상학』, I, 983b/12~18)

없다. 생성과 시간이야말로 절대적 현실이다. 그렇다면 내일 해가 동쪽에서 뜰지 서쪽에서 뜰지 누구도 장담할 수 없다. 모든 것은 시간 속에서 경험해봐야 알 수 있기에. 결국 아르케를 찾는다는 것은 시간의 이런 힘을 넘어서려는 몸짓이다. 시간 속에서 운동/변화하는 현상계를 넘어서 시간을 초월하는 영원한 것을 찾고자 하는 몸짓. 태양계를 지배하는 천문학적 법칙을 인식하게 되면 내일 해가 동쪽에서 뜬다고 확실하게 말할 수 있을 것이다. 아르케를 찾는다는 것은 곧 시간을, 변화를 넘어서고자 한다는 것을 함축한다.

변화를 넘어서는 것, 그래서 시간이 흐른 후에도 "바로 그 ～"라고 말할 수 있는 것을 찾는 것, 이것은 곧 동일성(identity)의 탐구이다. 지구가 태양을 돌면서 계속 운동하지만 그 공전의 법칙 자체는 변하지 않는다.[16] 플라톤·아리스토텔레스가 말하는 형상(이데아, 에이도스), 근대 이후에 본격적으로 개념화된 자연법칙, 또는 현대의 어떤 사상가들이 이야기하는 '구조', 그리고 종교적인 맥락에서의 '섭리', 동북아 식 어법에서의 '이법', 이 모두가 기본적으로는 유사한 지향을 담고 있다. 변화하는 이 세계를 주재하고 있는 원리들이 존재한다는 것. 현상은 변하지만 그것을 지배하는 원리 자체는 변하지 않는다는 것. 기존 사유의 한계를 지적하는 어떤 현대 철학자들이 더 이상 동일성의 틀에 갇히지 않는 차이를, 더 정확히 말해 차이생성(差異生成=differentiation)을 사유하려는 것은 이 동일성 사유의 극복이라는 맥락에서 이해할 수 있다.

이렇게 자연철학, 아르케 탐구라는 행위의 등장에는 현상을 넘어 실재를, 다자를 넘어 일자를, 시간과 변화를 넘어 영원한 것을, 결국 동일성

---

16) 오늘날에 와서는 궤도가 극히 미세하게 변화한다고 본다. 그러나 이 미세한 변화 자체가 또한 규칙적이라면 차라리 수정된 또 다른, 더 복잡한 법칙이 성립한다고 말해야 할 것이고, 그렇게 무한소급을 겪을 것이다. 19세기 철학자 에밀 부트루는 그의 『자연법칙의 우발성에 대하여』(De la contingence des lois de la nature)에서 "법칙 그 자체는 변화하는가?"라는 유명한 물음을 던진 바 있다.

을 찾으려는 시도가 함축되어 있다.

이런 존재론적 함의 외에도 또 하나, 빼놓을 수 없는 인식론적 함의가 있다. 아르케를 찾는다는 것은 "우리에게 나타난(for us)" 존재들이 아니라 "그 자체에 있어서의(in itself)" 사물들을 찾는 것이다. 우리 눈에 보이는 무지개와 그 자체로서의 무지개가 구분된다. 전자의 맥락을 '주관적'이라 부르고 후자의 맥락을 '객관적'이라 부른다. 무지개는 대부분의 사람들에게 일곱 가지 색으로 보이고 이 점에서 그 일곱 가지 색은 '보편적인'—더 정확히는 '일반적인'(문화에 따라 달리 보인다고 한다)—것이지만, 철학적으로 보면, 적어도 그리스 존재론으로 보면 그 보편적인 사실은 '주관적인' 것이다. 현상을 넘어 본질을 파악했을 때만 그 인식은 객관적이다. 이것은 곧 감성에 대한 이성의 우위를 선언하는 것이다. 우리에게 나타나는 것들은 우리의 감성을 통해 확인되지만, 그 나타나는 것들을 넘어 본질(들)을 찾을 수 있게 해주는 것은 우리의 이성이기에 말이다.

그리스 존재론은 사유의 역사에서 이렇게 '인식론적 단절'을 이루었다. 그러나 이제 우리의 직접적 경험을 통해 드러나는 세계와 이성을 통해, 아르케 탐구를 통해 찾아내는 세계 사이에는 거대한 심연이 생겨나게 된다. 무지개는 수학적 함수에서의 양적 변이에 의해 야기되는 효과들에 불과한 것일까? 아니면 수학적 함수는 무지개에 대한 인간 주관의 특정한 파악 방식에 불과한 것일까? 무지개의 본질이 수학적 함수에 있다면 그것이 띠고 있는 갖가지 심리적·문화적 의미들에는 어떤 위상이 부여되어야 하는가? 현실과 실재를 둘러싼 이런 근본적인 문제가 발생하게 되었고, 이 문제를 둘러싼 논의들이 철학사를 수놓게 된다.

§2. '아르케'를 찾아서

최초의 '철학 학파'라 할 수 있는 밀레토스학파는 탈레스, 아낙시만드로스, 아낙시메네스 세 사람으로 구성된다. 세 사람은 스승–제자의 관계 내지는 선배–후배의 관계를 맺고 있다. '학파'란 문제의식, 주요 개념들, 이론적 기초, 정치적 정향 등을 함께하는 일군의 학자들을 뜻한다. 탈레스, 아낙시만드로스, 아낙시메네스는 아르케를 찾으려는, 특히 그것을 원질에서 찾으려는 문제의식, 탈신화화된 개념들과 사유 방식, 앞사람의 영향과 뒷사람의 비판이 형성하는 연속성을 통해서 하나의 '학파'를 형성했다고 할 수 있다.

왜 '물(水)'이었을까?

탈레스(BC 640~546년)의 저작들이 남아 있지 않기 때문에, 아니 과연 저작들을 쓰기는 했는가도 불투명하기 때문에, 그의 생각은 다른 사람들의 전언들을 통해서 짐작할 수밖에 없다. 그가 '칠현인(七賢人)'에 속했다는 것, 『항해용 천문 안내서』, 『천체 현상에 관하여』, 『지점(至點)에 관하여』, 『분점(分點)에 관하여』 등을 썼다는 것, 이오니아의 정치적 위기에 대한 중요한 대안을 제시했다는 것, 강줄기를 바꾸어 크로이소스의 군대로 하여금 강을 건널 수 있게 해주었다는 것, 일식을 예측했다는 것, 철학을 비웃는 사람들에게 (천체 연구를 통해) 거금을 벌어들임으로써 "철학자들도 마음만 먹으면 쉽게 부자가 될 수 있지만, 그따위 것은 그들의 진지한 관심사가 아니라는 점을 보여주었다"는 것,[17] 이집트를 방문했다는 것(또는 거기에서 살았다는 것), 천체 연구를 하다가 우물에 빠지는 바람에 "트라케 출신의 재치 있고 예쁜 하녀"에게 놀림을 받았다

---

17) 아리스토텔레스, 『정치학』, I, 1259a/6.

는 것[18] 등이 전해 내려오고 있으나, 물론 옛날이야기들이 다 그렇듯이 어느 것 하나 분명하지는 않다. 그러나 대강 정리를 한다면, 이오니아의 밀레토스 출신으로서 이집트를 방문해 수학, 천문학 등을 배웠고, 당대 사람들에게 신기하게 비친 몇 가지 업적으로 유명했으며, 정치적 · 문화적으로도 존경받는 인물이었음을 알 수 있다.

그리스의 자연철학자들은 오늘날의 맥락으로는 철학자일 뿐만 아니라 자연과학자이기도 했다. 그중에서도 특히 밀레토스학파가 그랬다. 이미 탈레스가 수학과 천문학에서 여러 가지 공적들을 남겼다. 수학에서는 그림자를 이용해 피라미드의 높이를 측정하는 법, 바다에 떠 있는 배들과 해안 사이의 거리를 측정하는 법(이것은 '탈레스의 정리'라는 이름으로 오늘날까지 전해진다), 등변삼각형의 밑변에 접한 두 각은 등각이라는 정리, 원이 지름을 따라 양분된다는 정리 등을 발견했다고 한다. 천문학에서는 일식을 예측한 것(그러나 천문학 법칙을 발견해서 연역한 것이 아니라 바빌로니아의 기록들을 참조해 귀납적으로 예측했을 것이다), 태양의 식(蝕)과 지점의 주기가 언제나 한결같지 않다는 사실을 발견한 것, 북두칠성의 작은 별들(작은곰자리)을 관측했다는 것 등이 있다. 이런 점들로 미루어볼 때 탈레스는 당대로서는 최상의 자연과학 지식을 갖춘 인물이었다고 하겠다.

자연철학자로서 탈레스는 "만물의 근원은 물이다"라는 명제로 가장 잘 알려져 있다. 이 점에 관련해 아리스토텔레스의 언급을 보자.

> 탈레스는 그런 철학(원질을 탐구하는 철학)의 창시자로서 (아르케를) 물이라고 말하는데(그 때문에 그는 땅이 물 위에 떠 있다는 견해를 내세웠다), 아마도 모든 것의 자양분이 축축하다는 것, 열 자체가 물에서 생긴다는 것, 그리고 이것에 의해 (모든 것이) 생존한다는 것('모든 것이 그것에서 생겨나는 바의 것'이

---

18) 플라톤, 『테아이테토스』, 174a.

모든 것의 근원이다)을 보고서 이런 생각을 가졌을 것이다. 그는 이런 이유뿐
아니라 모든 종자(種子)는 축축한 본성을 갖는다는 것, 또 물은 사물들의 축축
한 성격이 유래하는 곳이라는 것 때문에도 그런 생각을 가졌던 것 같다.(『형이
상학』, I, 983b/20~27)

아리스토텔레스는 탈레스가 물을 아르케로 보게 된 여러 이유들을 전
해주고 있다. 탈레스는 땅이 물 위에 떠 있다고 보았다. 대지가 마치 배
처럼 대양 위를 떠다닌다는 생각이고, 그래서 배가 흔들릴 때면 지진이
나 해일 등이 발생한다는 것이다.(베게너의 '대륙 판 구조론'을 연상시킨
다) 이런 생각은 오리엔트 지방(바빌로니아, 이집트 등)에 널리 퍼져 있던
생각이다. 앞에서 제시했던 당대의 지도를 감안한다면 탈레스의 생각이
더 자연스럽게 이해된다. 아리스토텔레스는 탈레스의 이런 생각을 비판
적으로 보고 있다.(『천체론』, II, 294a/28) 배가 물 위에 떠 있다면 물은 무
엇이 받쳐주고 있느냐는 것이다. 사실 이런 식의 생각 즉 도대체 세계를
받쳐주는 것이 무엇이냐를 둘러싼 논의들은 자연철학사 내내 문제가
된다.

탈레스는 아르케로서 왜 하필 물을 들었을까? 아리스토텔레스가 든
구체적인 이유들을 넘어 지금의 시각에서 철학사 전체를 볼 때 "만물의
근원은 물이다"라는 탈레스의 이 명제는 어떤 의미를 담고 있을까? 앞
에서 서양 철학의 출발점을 '동일성의 철학'에서 잡았고, 탈레스가 만물
을 물이라는 어떤 동일자(the Same)로 제시했을 때 이 점은 분명히 확
인된다. 하지만 사태를 존재론적 형식에서가 아니라 그 해(解)의 내용에
초점을 맞추어 볼 경우 이야기는 달라진다. 물은 추상해서 하나의 개념
으로 볼 때 분명 하나의 동일자이지만, 그 내용에서는 어떤 정해진 형태
도 없고 어디에서 끝나고 어디에서 시작되는지도 알 수 없는 유동적(流
動的)인 존재이다. 우리가 서구 존재론의 고전적인 '실체' 개념을 생각할
때 떠올리는 영원부동의 자기동일적 존재의 이미지와는 상반된다. 탈레

스에 따르면, 오히려 (영원하지는 않지만) 각각의 개별성, 잠정적인 동일성을 갖추고 있는 사물들의 근원이 극히 유동적이고 비-동일적인 물이라는 존재인 것이다. 이는 탈레스를 잇는 아낙시만드로스의 아페이론과 아낙시메네스의 공기를 생각해봐도 마찬가지이다. 우리가 얼핏 떠올리는, 유동적인 현실 너머의 영원부동의 실재가 아니라, 반대로 개체들로 어느 정도 고정되어 있는 세계 너머의 극히 유동적인 실재인 것이다. 이 점을 어떻게 생각해야 할까?

적어도 이런 맥락에서 볼 때, 지중해세계의 철학, 넓게는 서양 철학의 결정적인 출발점은 파르메니데스였다고 볼 수 있다. 우리가 생각하는 전형적인 서양 형이상학의 출발점은 탈레스보다는 파르메니데스인 것이다. 밀레토스학파의 세계는 이 파르메니데스적 세계 이전의 세계이다. 형식적인 동일성 철학/환원주의의 출발점은 물론 밀레토스학파의 자연철학이지만, 내용상 이 학파의 실재는 오히려 가장 유동적인 존재들이었던 것이다. 뒤에서 보겠지만 또 다른 맥락―학문이란 '정의(定義)'에서 출발해야 한다는 맥락―에서 볼 경우, 서양 철학의 출발점에는 소크라테스(본격적으로는 플라톤)가 놓인다. 결국 우리는 서양 철학의 출발점을 그 맥락에 따라 탈레스에서 잡을 수도, 또 파르메니데스에서 잡을 수도, 또 소크라테스에서 잡을 수도 있다. 자연철학에 국한해 말한다면, 파르메니데스 이전과 이후를 갈라 보는 것이 매우 중요하다고 하겠다. 파르메니데스가 영원부동의 실재를 못 박은 이후 밀레토스학파(그리고 '불'을 실재로 본 헤라클레이토스)의 유동적 세계는 서양 철학의 중심에서 멀어져버렸고, 이들의 세계가 새로운 생명을 얻어 다시 꽃피려면 니체와 베르그송을 기다려야 했다. 동북아의 사유가 '易'에서 출발한 것에 비해, 파르메니데스 이래의 서구 사유에서는 유동적인 것이 실재라는 생각이 참으로 낯설었던 것이다. 하지만 바로 그런 생각이 자연철학의 시초에 놓여 있었다는 것은 흥미롭지 않은가.

탈레스는 자연 일반과 구분되는 신들 및 영혼들(이 둘은 때로 동일시되었다)에 대해서도 논의했고,[19] 또 모든 것은 신들로 충만하다고 생각했다고 한다.[20] 또는 신을 우주의 이성(nous)으로 보았고, 우주에는 신령 (daimōn)이 충만하다고 보았다는 이야기도 전해 내려온다. 영혼은 세계의 동인(動因)으로 이해되어왔다. 영혼은 특히 생명체에 들어 있고, 따라서 생명체는 외부의 힘에 의하지 않고 자체적으로 운동한다. 탈레스 역시 영혼을 그런 식으로 이해했는데, 그러나 그는 자석을 비롯한 다른 많은 것들도 영혼을 가지고 있다고 보았다. 오늘날 우리가 생명 없는 것들이라고 여기는 것에도 생명이 깃들어 있다고 보는 이런 생각을 사람들은 '물활론(物活論)'이라 부르기도 한다. 생명 개념의 정의 문제, 생명체와 무생명체의 구분이라는 문제 또한 자연철학사 내내 중요한 문제로서 이어지게 된다.

탈레스가 발견한 세계는 이전의 신화적 세계와는 판이한 세계였다. 그것은 더 이상 제우스가 번개를 던지고 포세이돈이 폭풍우를 일으키는 세계가 아니었다. 자연은 자연 자체로서 이해되기 시작했으며, 또 수학적으로 이해되기 시작했다. 그럼에도 탈레스는 신들과 영혼들의 존재를 믿었고 세계가 생명으로 가득 차 있다고 생각했다. 그래서 그의 사유는 신화와 구분되는 자연과학적 사유를 보여주면서도 동시에 종교적 세계관과 단절되지 않은 세계를 보여주기도 한다.

---

19) 세계(특히 우주), 영혼, 신이라는 이 삼자 관계는 이후 줄곧 서구 철학사를 관류한다. 데카르트의 '사유하는 실체'와 '연장(延長)을 가진 실체' 그리고 이 두 유한실체와 대비되는 무한실체로서의 신이라는 삼분법이 한 예이다. 칸트가 세계, 영혼, 신을 '선험적 변증론'('진리의 논리학'과 대비되는 '가상의 논리학')에서 다루었을 때, 세계, 영혼, 신에 대한 전통 사유의 사변이 무너지지만 사실상 삼분법 자체는 여전히 작동하고 있다는 것을 확인할 수 있다.

20) 아리스토텔레스, 『영혼론』, I, 411a/9.

'아페이론' 개념의 탄생

아낙시만드로스(BC 610~546/5년)는 탈레스의 생각에 관련해 중대한 하나의 의문을 품는다. 모든 것의 원인/근원이 물이라면 불은 왜 안 되는가? 공기는? 흙은? 왜 불, 공기, 흙은 안 되고 물이어야 하는가? 이 네 가지는 대등한 존재들이 아닌가? 이 세계가 가장 근본적인 네 가지 또는 다섯 가지 물질로 구성되어 있다고 본 생각은 대부분의 고대 문명에서 발견된다.(동북아에서의 '五行', 인도에서의 '四大') 이런 생각은 세계에 대한 현상적 수준에서의 관찰 결과로서 성립한 것이거니와, 그리스 문명도 마찬가지였다. 그것들 중 가장 단골로 등장하는 후보들로는 물, 불, 공기, 흙이 있었고, 그리스 사람들이 상식적으로 알고 있었던 원질들도 바로 이 네 가지였다. 그러나 탈레스에게서 물은 다른 세 가지 위로 격상된다.[21] 아낙시만드로스는 이 점에 의문을 제기한다. 한 사물에 존재론적으로 어떤 위상을 부여하느냐의 문제는 철학의 가장 고유한 문제들 중 하나이고, 또 가치론적 맥락에서 논쟁을 불러일으키는 문제이기도 하다. 물질적인 것이 상위의 존재인가 비물질적인 것이 상위의 존재인가, 감각으로 확인되는 사물들이 실재인가 감각을 넘어 존재하는 것들이 실재인가를 둘러싼 논쟁들이 그 가장 고전적인 예들에 속할 것이다. 게다가 대부분의 경우 존재론적 '위상' 개념은 이미 가치론을 내장하고 있다. 감각을 실재로 보는 사람과 초감각적인 것을 실재로 보는 사람은 사는 방식에 있어서도 같을 수가 없을 것이다. 지금 아낙시만드로스도 물

---

21) 헤라클레이토스 호메리코스(AD 1세기의 문법학자)는 이 격상의 이유를 물이 다른 원질들과 맺는 관계의 변환 가능성/가소성(可塑性)에서 찾는다. "습한 본성은 각각의 사물로 쉽게 변형되기 때문에, 다양한 형태로 바뀌는 데 익숙하다. 그것의 일부분이 증발해서 공기가 되며, 그 공기에서 나온 가장 미세한 것(가장 가벼운 것)이 에테르로서 빛을 내면서 타오른다. 그리고 물은 서로 붙어서 진흙으로 변해 땅으로 굳어진다. 그 때문에 탈레스가 물을 네 가지 원소 중에서 마치 가장 중요한 원인이 되는 원소인 양 단언했던 것이다."(『호메로스의 비유』, 22) 김인곤 외 옮김, 『소크라테스 이전 철학자들의 단편 선집』, 127쪽.

의 존재론적 위상(ontological status)에 대해 이의를 제기하고 있는 것이다.

아낙시만드로스는 정말 근원적인 것은 물, 불, 공기, 흙 중 어느 하나가 아니라 그것들보다 더 아래에 있는 무엇이 아닐까라고 생각했다. 여기에서 "아래에 있다"라는 말은 물, 불, 공기, 흙이 그것으로부터 나와서 그것으로 돌아가는 어떤 바탕이라는 뜻이다. 이렇게 생각할 경우 존재의 층(層)이 하나 더 늘어난다. 바탕으로서의 그 무엇, 그것으로부터 나오는 물, 불, 공기, 흙, 그리고 이것들로 이루어지는 만물이라는 세 층이 되는 것이다. 이렇게 존재론적 층위들(ontological layers/levels)을 어떻게 설정할 것인가의 문제 또한 철학의 핵심적인 문제들 중 하나로 자리 잡게 된다. 이런 존재론적 층화(層化)를 통해 물로부터 그것과 대등한 존재들인 불, 공기, 흙도 나오고 또 이것들보다 더 복합적인 존재들인 만물도 나온다는 생각이 함축하는 비정합성을 피할 수 있게 된다.

같은 이야기를 인식론적 맥락으로 바꾸어 논해보자. 물, 불, 공기, 흙은 우리가 직접적으로 경험할 수 있는 것들이다. 공기는 직접 경험하기가 어려울 듯하지만, 온도의 차이나 바람 등을 통해서 경험할 수 있다.(그래서 어떤 문명들에서는 공기를 '風'으로 대체해 이해하기도 한다) 여기에서 두 가지 물음이 대두한다. 모두 같은 수준에서 경험할 수 있는 이 네 원질들 중 왜 물만 아르케인가? 또, 경험을 넘어 아르케를 찾는다고 했으나 물은 어디까지나 우리의 경험 영역 안에서 확인되는 존재가 아닌가? 이 상황에서 아낙시만드로스는 경험을 넘어 아르케를 찾기 위해서는 우리가 '경험할 수는 없지만 이성으로 추론할 수 있는 것'을 찾아야 하지 않을까 하고 생각했다. 여기에는 이미 인식론의 주요 문제인 이론적 존재(theoretical entity)의 문제가 제기되어 있다. 감각할 수는 없지만 사유할 수는 있는 것, 논리적으로 생각할 때 4원소보다 한 차원 더 아래에 존재하며 그것으로부터 4원소가 나왔으리라 짐작되는 무엇인가가 있지 않겠는가?

때문에 그는 이 무엇을 우리가 경험할 수 있는 대상으로서 제시하기보다 하나의 개념으로서 제시할 수 있었다. 바로 이 지점에서 지성사의 중요한 한 분기점이 마련된다. 우리가 직접 경험할 수 없는 차원을 이성적으로 추론해 그 결과를 어떤 개념으로서 제시했다는 사실이 중요하다. 바로 이런 과정이 이후 학문의 역사를 지배하게 된다. 당대까지의 경험을 넘어서는 무언가를 개념으로서 제시하고 그 개념을 경험적 차원에서 다시 입증하는 방식. 개념으로 표현한 그것을 직접 현시(顯示)할 수는 없지만 경험의 다양한 결과들을 동원해 그것의 개연성을 높일 수 있다는 생각. '힘'이라는 것을 직접 본 사람은 아무도 없다. 다만 우리의 모든 경험들이 힘이라는 것이 존재한다는 생각의 개연성을 크게 높여주기에 힘이라는 것이 "존재한다"는 것을 의심하는 사람은 거의 없다. 이런 것이 사유한다는 것, 학문적 탐구를 행한다는 것의 핵심적인 한 방식이고, 아낙시만드로스는 그 최초의 분명한 예를 보여준다. 사유의 역사에서 가장 극적이고 결정적인 지도리들 중 하나가 여기에 있다.

지성사의 이런 지도리에서 제시된 그 개념은 과연 무엇이었던가? '무규정자(無規定者)' 또는 '무한정자(無限定者)'로 번역되는 '아페이론(apeiron)'이 바로 그것이었다. 'infinite(무한)'와 'indefinite(무한정/비한정)' 두 가지로 번역된 이 개념은 아낙시만드로스에게서는 후자에 가깝고, 또 그리스 철학 일반에서도 그렇게 사용되었다. 'infinite'를 뜻했을 경우에는 '잠재적 무한'을 뜻했다. 근세적인 의미에서의 'infinite' 즉 '현실적 무한'은 중세 철학의 발명품이다.

아페이론은 어떤 x이다. 물로도 불로도 공기로도 흙으로도 아직 규정되지 않은 무규정의, 비한정적인 무엇, 그러나 그 네 가지로 규정될 수 있는—후대의 개념을 쓴다면 '분화(分化/différenciation)'될 수 있는—무엇이다. 이 점에서 아페이론은 곧 '페라스(peras)가 없는 것', 즉 경계선, 극한(limit), 가름, 한정, 규정이 없는 것이다. 미규정의(undetermined) 무엇이 규정됨으로써(determined) 일정한 사물이 된다는 것, 이것은 그리스 철학, 나아가 사유 일반의 기초 요소들—철학소(哲學素)들—중 하나이다.

　그러나 이제 중요한 것은 이 두 층위 사이의 관계가 무엇인가를 해명하는 일이다. 어떤 존재론적 가설을 던짐으로써 현실을 넘어갔다면, 이제 현실로 다시 돌아와 그 가설을 검증해야 한다. 달리 말해, 경험적 현실과 가설적 실재의 관계가 무엇인가를 해명해야 한다. 그런 과정이 결여될 경우 과학적 가설, 존재론적 가설은 허무맹랑한 '사변'으로 그친다.

　아페이론을 페라스가 없는 것이라고 한다면, 이는 역으로 물, 불, 공기, 흙은 페라스가 있는 것들이라는 뜻이 된다. 사물들이 우리에게 규정되어 나타난다는 것(일정한 모양, 색 등등으로 나타난다는 것)은 근본으로 돌아가 생각하면(철학적 사유에서는 "근본으로 돌아가 생각하는 것"이 중요하다) 극히 중요하고 신비하기까지 한 사실이다. 사물들이 특정한 규정들/규정성들(determinations)을 가지고서 나타난다는 사실. 우리가 무엇인가를 '안다'는 것은 일차적으로는 어떤 규정성들을 아는 것이다. 누군가를 안다는 것의 일차적인 의미는 그 사람의 생김새, 사회적 위상(직장, 출신 지역 등), 행동 양태 같은 것을 안다는 것이고, 결국 이것은 그 사람의 규정성들을 안다는 뜻이다. 그리고 이런 규정성들을 '띠고' 있는 그 사람 자체는 그 규정성들과는 구분되는 무엇으로 생각된다. 우리가 그 사람에게서 규정성들을 하나하나 벗겨내버린다면 그때에는 어떤 x인 그 사람, "그"라고까지만 말할 수 있는 무규정의 그 사람—그 "사람"이라고 말할 수도 없겠지만—이 나타날 것이다. 바로 그런 차원이 아페이론이다. 이렇게 헬라스 사람들은, 특히 아낙시만드로스는 사물들이 우리가 인식할 수 있는 어떤 규정성을 가지고 있다는 것이 아페이론에 페라스가 부여됨으로써 성립하는 것이라고 생각했다. 우리의 키와 몸무게, 음악에서의 화음, 산과 강의 모양새들, 이 모든 것들이 페라스들이다. 국가들 간의 경계선이나 길의 이정표 등은 인위적 페라스들이다. 하늘과 같은 곳에는 페라스를 긋기 어렵기 때문에 위도와 경도를 만들어서 페라스를 부여한다. 추상적인 존재들(학년, 직급 등등) 역시 인위적 페라스들이다. 소리에 페라스들이 부여되면 음악이 된다. 미규정적 연속체, 규정들, 그리고 구체적으로 분화된(개별화된) 사물들, 이것이 그리스적 존재론의 구도이다.

앞에서 언급했듯이, 아낙시만드로스의 이 개념에는 정의(正義)에 대한 희구가 깃들어 있다. 아낙시만드로스에게 물, 불, 공기, 흙은 서로 대등한 것들이다. 이 넷 모두가 아페이론에서 나온 것이기 때문이다. 이 넷 중 어느 하나가 과도하게 강해지면 문제가 발생한다. 물이 강해지면 홍수가 일어나고, 불이 강해지면 가뭄이나 화재가, 공기가 강해지면 모든 것이 흩어지는 희박화 현상이, 흙이 강해지면 모든 것이 흙에 덮여버리는 현상이 나타날 것이다. 이 모두가 4원소의 어느 하나가 정의를 저버릴 때 나타나는 현상들이고, 따라서 이 넷 사이에는 균형이 성립해야 한다.(정의의 여신상이 수평의 천칭을 들고 있는 것을 생각해보자) 그래서 어느 한쪽이 너무 강성해지면 아페이론이 그것들을 소환해서 다시 잘 섞어 내보낸다. 아낙시만드로스의 말로 전해 내려오는 구절을 보자.

> 아르케는 물도 아니고 또 원소라고 불리는 것들 중에서 다른 어떤 것도 아니다. 그것은 이것들과는 다른 무규정의 어떤 본연의 것(tis physis apeiros)이다. 그것에서 모든 하늘(ouranoi)과 그 속의 세계들(kosmoi)이 생겨난다. 그리고 그것들[세계들]로부터 사물들의 생성이 있게 되고, 사물들은 필연적으로 다시 그것들에로 소멸되어 돌아간다. 왜냐하면 사물들이 불의를 범할 경우 시간의 질서에 따라 그 상벌을 서로에게 지불하기 때문이다.(DK, B/1. 단편 6)[22]

여기에는 우주에 투영되어 있는 정의 개념이 잘 나타나 있다. 인간사회와 우주/자연이 연속적으로 파악되는 것이 전근대적 사유들의 중요한

---

22) 'DK B/1'는 딜스/크란츠 판본의 번호를 말하며, '단편 6'은 한국어 판의 번호를 말한다. 이하 다른 인용문들도 마찬가지이다.

특징이거니와, 여기에서도 사회에서의 정의와 우주에서의 정의=조화가 연속적으로 파악되고 있다. 앞에서(1장, §3) 'sophia' 개념이 우선은 정치적 맥락에서 등장했다고 한 것을 기억하자. 다른 많은 개념들의 경우에도 이렇게 정치적 맥락과 자연철학적 맥락이 교차하고 있다. 결국 우주가 부정의하게 되면 아페이론에 의해 정의의 심판이 내려지는 것이다. 이런 면에서 아낙시만드로스의 사고 속에는 귀족사회에서 민중사회로 넘어가는 상황이 빚어낸 갈등이 암암리에 반영되어 있다. 그는 이 우주의 질서, 조화를 이야기하면서 인간사회 역시 이렇게 조화로워야 한다는 이야기를 하려 했을지도 모른다. 이것은 곧 'hybris'(도를 넘어섬, 오만불손, 불경, 특권의식 등)와 'dikē'(정의)의 대비를 함축한다. 헤시오도스에게서 이미 휘브리스와 디케의 투쟁이 등장했거니와, 아낙시만드로스의 우주론은 이런 구도를 또 다른 세련된 방식으로 보여주고 있다.

아낙시만드로스에 다다르면 사유의 수준이 갑자기 현저하게 높아짐을 느끼게 된다. 우리는 여기에서 단지 어떤 사실의 발견이나 간단한 사변이 아니라 고도의 추상적인 사유가 등장함을 목도한다. 인간 이성의 빼어남은 추상적인 사유를 할 수 있다는 점에 있다. 직접적 경험을 넘어 고도의 추상적인 사유를 함으로써 우리는 세계의 심층을 이성의 눈으로 들여다볼 수 있다. 아낙시만드로스는 현상계에서 확인되는 사물들을 자신이 이성적 추론에 의해 생각해낸 다른 차원에 연결했고, 또 심층 차원과 표층 차원을 연결하는 정의=조화의 원리를 분명하게 제시했다. 아낙시만드로스에게서 우리는 수준 높은 이론적 사유가 등장한 최초의 현장을 함께하게 된다.

나아가 또 한 가지 중요한 생각, 대립자들이 아페이론 속에 공존하고 있다가 나중에 분리되어 나온다는 생각도 등장한다. 뜨거운 불과 차가운 물, 메마른 공기와 축축한 흙이 공존하고 있다가 분화되어 나온다는 이야기이다. 냉열건습(冷熱乾濕)이라는 네 종류 성질을 가진 4원소가 아페이론 속에 어떻게 공존하고 있는지 또 어떻게 분화되어 나오는지에 대한 설명은 아직 없고,.다분히 직관적인 방식으로 제시되어 있지만, '잠재적'으로 공존하던, 즉 잠존하던(subsist) 존재들이 '분화'되어 '현실적'으로 실존하게(exist) 된다는 이 생각은 사유의 역사에서 가장 중요한 철학소들 중 하나이다. 이런 식의 사유 구도는 아리스토텔레스의 '가능태'로부터 베르그송-들뢰즈의 '잠재성(virtualité)' 개념에 이르기까지 지속적으로 발전되어 지금까지 오고 있다.

이렇게 아낙시만드로스의 철학사적 공헌은 아페이론 개념에 압축되어 있지만, 그는 또한 일반적인 의미에서의 자연과학적 성과들도 적지 않게 거두었다. 그의 주장으로 알려진 여러 생각들이 남아 있지만, 그중 우주론에서 특기할 만한 것은 앞에서 제기되었던 의문—"지구가 물 위에 떠 있다면 그 물은 도대체 무엇이 받치고 있을까?"라는 물음—에 대해 답한 부분이다. 놀랍게도 그는 지구가 공중에 떠 있다고 보았다. 이는 당시로서는 참으로 놀라운 주장이었다. 공중에 떠 있다니? 지구라는 이 거대한 덩어리가? 아낙시만드로스가 사유의 어떤 문턱을 일순 뛰어넘었음이 이 대목에서도 생생하게 느껴진다.

그가 제시한 이유가 무척이나 흥미롭다. 지구는 모든 것들로부터 같은 거리만큼 떨어져 있기 때문에 그 어디로도 움직일 필요가 없다는 것이다. 다만 이때 아낙시만드로스의 생각은 주로 수평축에 놓여 있었고, 그래서 그는 지구가 구(球) 모양이라고 생각한 것이 아니라 원통 모양으로 생겼다고 생각했다. 명료하게 표현하지는 않았지만, 우리가 사는 지구 표면의 반대편에는 후대의 말을 써서 '도펠갱어(Doppelgänger)'들이 산다고 생각했던 것 같기도 하다. 어쨌든 그가 제시한 이유는 물리적 이유라기보다는 논리적 이유에 가깝다. '뷔리당의 당나귀'를 연상시키는 논리라 하겠다.

아낙시만드로스는 기상 현상과 생명 현상에 대해서도 일정한 통찰들을 남겼다. 그중 특기할 만한 것은 인간이 본래부터 인간이었던 것이 아니라 물고기와 아주 비슷한 존재였다가 후에 육지로 나왔다는 생각이다. 이 생각을 제시하면서 아낙시만드로스는 후대 생물학자들이 '적응', '도태'라고 부르게 될 생각도 던져놓고 있다. 그는 생명체들이 지금(당대)보다 훨씬 다양했으나(그래서 그는 신화에 나오는 괴물들도 실존했으리라고 보았다) 환경에 적응하지 못해 도태되었다고 보았다. 종(種)들이 영속하는가 아니면 변해왔는가는 세계 이해에 상당히 중요한 문제이다. 특히 인간 자신이 영속하는가 시간 속에서 변해가는가(물론 여기에서 '변화'는 근본적인 차원에서의 변화를 뜻한다), 이 문제는 인간의 자기 이해에 심대한 함의를 던지는 문제이다. 이 문제에 대한 생각이 인간이라는 존재의 이해에, 그리고 윤리적 문제들에까지도 큰 영향을 줄 수 있기 때문이다. 이 점에서 아낙시만드로스의 이 생각 또한 담론사에 긴 그림자를 드리울 중요한 요소라 할 수 있다.

아낙시만드로스에게서 우리는 거의 완벽하게 탈신화화(脫神話化)된 세계를 만나게 된다. 나아가 추상적 사유, 이론적 사유가 분명하게 나타났음을 감지하게 된다. 또, 지각을 통한 경험보다는 논리를 더 숭상하는, 논리에 굴복하는 태도도 만나게 된다. 요컨대 우리는 아낙시만드로스에게서 최초의 '과학적 세계관'을 만난다고 할 수 있다. 아낙시만드로스는 담론사의 핵심적인 한 지도리를 만들었다.

구체와 추상 사이

사유의 다음 단계에서 만나게 되는 인물은 아낙시메네스(BC 585~528년)이다. 그 할아버지 격인 탈레스는 물을 아르케라 보았고 아버지 격인 아낙시만드로스는 아페이론을 제시했다. 두 선배에 대해 그는 어떤 생각을 가졌을까? 그가 생각하기에 탈레스의 이야기는 너무 구상적이고 아낙시만드로스의 이야기는 너무 추상적이었다. 탈레스가 이야기하는 물은 경험적으로 확인되기는 하지만 '근원'이라고 하기에는 너무 현상적이고, 아낙시만드로스가 이야기하는 아페이론은 논리적으로는 수긍이 가지만 도저히 경험으로 확인할 수 없는 것이라는 이야기이다. 여기에서도 우리는 경험과 이론 사이의 고민을 보게 된다. 결국 아낙시메네스는 둘 사이에서 균형을 취해 공기를 아르케라고 생각하게 된다. 공기는 물, 불, 흙보다 추상적이지만 아페이론보다는 구체적이라고 생각했던 것이다.

이때의 '공기'는 지금 우리가 생각하는 공기 개념보다 훨씬 무거운 의미를 함축했다고 보아야 한다. 기상학의 한 요소 정도에 불과한 지금의 공기와 달리 아낙시메네스의 'aēr'는 동북아 사유에서의 '氣'에 거의 근접하는 개념이라 보면 될 듯하다. 아낙시메네스가 우리의 영혼을 숨이라고 생각했던 것도 이렇게 보면 이해할 수 있다. 숨이란 결국 공기를 들이마시고 내뱉는 것이고, 죽는다는 것은 결국 "숨이 멈추는"것이다. 지중해세계에서 이 현상이 지금 우리가 생각하는 것 이상으로 중시되었다는 점은 한의학에서 '천기(天氣)'의 호흡이 삶의 가장 기초적인 요소였다는 점과도 통한다. 아낙시메네스가 생각했던 공기는 이런 뉘앙스에서의 공기였다.

> 공기인 우리의 영혼(psychē)이 우리를 결속해주는 것처럼, 바람(pneuma)과 공기는 세계 전체를 또한 감싸고 있다.(DK, B/2. 단편 2)

> 공기는 비물체(asōma)에 가깝다. 그리고 이것의 유출(流出)에 의해서 우리가 생겨나기 때문에 그것은 무한할 수밖에 없고, 결코 바닥나는 일이 없으므로 또한 풍부할 수밖에 없다.(DK, B/3. 단편 3)

"비물체에 가깝다"라는 표현에서 우리는 구체와 추상에 대한 아낙시메네스의 고민을 엿볼 수 있다. 이제 그에게 부여되는 '이론적 부담'은 공기가 바람이나 불, 물, 흙으로 변하는 과정을 설명해주는 것이다. 공기가 근원이라고 할 수 있으려면 반드시 거쳐야 할 절차이다. 여기에서 아낙시메네스는 '희박함'과 '조밀함'을 주요 개념으로서 제시한다. 공기가 가장 희박해질 경우 불이 되고, 그보다 조밀해질 경우 바람이 된다. 더 조밀해지면 구름, 물, 돌이 된다. 여기에서 이 희박화와 조밀화의 원인으로서 또 하나의 중요한 개념쌍이 도입되는데 '뜨거움'과 '차가움'이 그것이다. 그래서 불, 바람, 구름, 물, 돌로 갈수록 더 차가워지게 된다. 우리는 여기에서 19세기에 본격적으로 발달할 열역학의 초보적인 윤곽이 잡히는 것을 볼 수 있다.

아낙시만드로스에게서 물, 불, 공기, 흙은 대등하다. 그리고 이것들은 모두 아페이론에서 나와 그것으로 돌아간다. 반면 아낙시메네스에게 불, 바람, 구름, 물, 돌은 모두 공기의 변환태(變換態)들이다. 두 사람 다 일원론자들이지만 그 일원론의 구조는 사뭇 다르다. 아낙시만드로스에게서 발견되는 것은 근본적 층위인 아페이론과 표층적 층위인 물, 불, 공기, 흙 사이의 존재론적 층차(層差)이다. 이에 비해 아낙시메네스는 공기라는 한 존재가 (뜨거움과 차가움에 의해) 희박화와 조밀화의 메커니즘에 따라 불, 바람, 구름, 물, 돌로 화(化)해가는 과정을 제시한다. 다른 것들보다 아래의 층위에서 그것들을 주재하는 원리, 그리고 자체가 여러 변형태들로 계속 이행하는 원리, 이 둘 사이의 차이를 음미해볼 수 있다.

아낙시메네스는 이 밖에도 여러 분야에서, 특히 천문학과 기상학 분야에서 활약했는데, 자신이 제시한 제일 원리인 공기를 논의의 근거로 삼았음은 물론이다. 아낙시메네스의 논의에서 흥미로운 것은 그에게서 오늘날 우리가 말하는 '메커니즘'의 제시가 비교적 뚜렷하게 등장했다는 사실이다. 물질세계의 변화를 다른 어떤 종교적·신화적 개념들 없이 희박함과 조밀함, 뜨거움과 차가움 같은 개념들만을 사용해 설명한 것이다. 여기에서도 우리는 밀레토스학파에 이르러 과거와는 전혀 다른 사유가 도래했음을 확인할 수 있다.

世界는 궁극적으로는 하나이다. 그러나 세계는 인간이 그것과 맺는 관계에 따라 수없이 다른 세계'들'로 나타난다. 특히 학문적 사유는 사람들에게 익숙하지 않은 세계들을 도래시킨다. 밀레토스학파와 더불어 우리는 제우스가 번개를 때리고 요정들이 개울가에서 속삭이는 그런 세계와는 전혀 다른 세계를 만나게 된다. 이제 自然=퓌지스는 그 자체로서 이해되기 시작했고, 탈신화화·탈신학화된 세계가 도래한 것이다. 이 변화는 근본적인 것이었다. 밀레토스학파와 더불어 우리는 인간이라는 존재의 역사, 즉 인류사의 중요한 한 지도리, 보기에 따라서는 어쩌면 가장 중요한 지도리를 통과하게 되는 것이다.

다른 한편 담론의 공간 역시 커다란 변동을 겪게 된다. 그 전까지 그리스세계에서는 "시인들"—오늘날의 시인들이 아니라 뮈토스의 전달자들—에 의해 구성된 '뮈토스'가 유일한 담론이었다. 뮈토스가 과학이자 역사이자 문학이었다. 그러나 이제 새로운 형태의 담론, 예전과는 전혀 다른 형태의 사유가 등장했다. 'philosophia'라는 담론 그리고 그런 담론에 종사하는 사람들인 'philosophos'라는 사람들이 등장한 것이다. 이렇게 도래한 그리스 문화사의 새로운 국면에서 이제 신화적 세계관과 과학적 세계관 사이의 투쟁이 벌어지게 된다.

여기에서 철학과 민주주의는 쌍둥이라는 사실을 기억하자. 전제군주와 일부 귀족 계층이 모든 것을 좌우하는 사회에서는 철학이 탄생할 수 없다. 그런 사회에서 지식, 언어, 진리, 사상, 토론 등은 국가가 관리하는 것이고 사제 계층이 위에서 '하사'하는 것이지 일반 백성이 추구할 수 있는 것이 아니다. 국가가 반포하는 사상과 다른 사상을 주장하는 것은 목숨을 거는 일이었다. 그러나 그리스세계는 일찍부터 이런 성격에서 탈피할 수 있었고 민주주의를 향해 나아갔다. 주장, 토론, 논쟁, 학파 형성 등이 가능했던 것이다. 고대 세계에서 이렇게 철학을 전개할 수 있었던 곳은 그리스와 인도 그리고 동북아 세 군데뿐이었다. 특히 그리스의 경우 민주주의적 장에서 철학이 꽃필 수 있었고 또 철학적 사유를 통해서 민주주의로 나아갈 수 있었다. 'philosophia'는 그 이전의 정치적 'sophia'의 연장선 상에서 성립했고, 역으로 그리스의 민주주의는 철학을 그 주요 동력으로 했던 것이다. 철학 - 민주주의는 바로 신화 - 귀족주의와의 투쟁을 통해 도래했다고 할 수 있다.

밀레토스학파의 등장은 그리스라는 곳을 지중해의 여타 지역들(이집트, 앗시리아, 바빌로니아, 페르시아 등)보다 우월한 곳으로 만들었다.[23] 그리스 사람들의 자부심은 대단했고, 그리스를 정복했으면서도 계속 그 지역 때문에 골치를 썩이던 알렉산드로스조차 마케도니아의 이름이 아니라 그리스의 이름으로 세계 정복에 나설 수밖에 없었던 것도 그리스 문화의 이런 큰 비중 때문이었다. 훗날 로마가 그리스를 정복했음에도 오히려 문화적으로는 그리스에 의해 정복당했던 것도, 그 시대를 '로마니즘 시대'라 부르지 않고 '헬레니즘 시대'라 부르는 것도 이 때문이다. 오늘날까지도 (서구인들에게만이 아니라 다른 지역의 사람들에게까지도) '그리스 문명'이라는 말은 어떤 동경(憧憬)과 더불어 다가온다.

§3. 합리와 신비 사이

그러나 이런 사실로부터 그리스 사유가 철저하게 합리적이고 과학적이었다고 결론 내리거나 그리스 사람들은 대개 이성적이고 합리적이었다고 단정한다면 그것은 착각이다. 그리스 철학에는 이성적이고 과학적인 측면 못지않게 신화적이고 종교적인 측면도 혼재한다. '부분 단절'에 대해 논했거니와, 그리스 사유는 그리스 문화 전체의 맥락에서 이해해야 할 것이다. '로고스'에만 주목한다면 복잡다단한 그리스 사유를 크게 단순화할 우려가 있다. 또 하나, 그리스 철학이 이성주의적 성격을 띠었다고 해서 그리스 대중의 삶 전반이 이성주의적이었다고 생각하는 것도 착각일 것이다. 조선조에서 '理氣' 논쟁이 유행했다고 해서 당대 사

---

23) 이 지역들을 모두 묶어 '오리엔트'라고 부르는 것에는 논쟁의 여지가 있다. 이집트 지역, 메소포타미아 지역, 페르시아=이란 지역의 문화는 서로 달랐기 때문이다. 그러나 철학사적인 맥락에서는 '오리엔트'로 묶어도 큰 무리가 없을 것이다. 내가 '지중해세계'라고 부르는 것은 서구와 오리엔트를 합한 전체를 가리킨다.

람들 전반이 그런 관심을 가졌던 것은 물론 아니다. 현대 이전에는 글을 읽고 쓰는 사람들 자체가 극소수였다. 역사의 내용은 어느 지역, 어느 시대, 어느 계층… 에 초점을 맞추느냐에 따라 크게 달라진다. 그리스에서도 극소수 지식인들을 제외한다면 대부분의 사람들은 전통적인 세계관 속에서 살아갔다고 해야 할 것이다. 신화적 세계관과 과학적 세계관의 투쟁 역시 이 점과 상관적이다. 근대까지도 넘어 탈근대가 운위되고 있는 오늘날에조차 많은 사람들이 고중세 종교(유교, 도교, 힌두교, 불교, 유대교, 기독교, 이슬람교 등)가 제시했던 세계관 속에서 살고 있는 것이 사실 아닌가.

밀레토스학파의 경우 상당히 합리적이고 탈신화화된 사유를 전개했지만, 비슷한 시대에 활동했던 퓌타고라스학파만 해도 그리스 문명의 이런 복합적 성격을 단적으로 보여준다. 퓌타고라스학파는 과학과 종교가 혼합되어 있는 전형적인 예이다.

'퓌타고라스의 정리'로 유명한 퓌타고라스(BC 580~500년)는 사모스에서 태어났으며, BC 530년경(50세로 추정됨) 참주였던 폴뤼크라테스와 대립해 남부 이탈리아로 이주한 것으로 알려져 있다. 크로톤에 자리를 잡은 퓌타고라스는 상당히 강력한 교단을 만들어[24] 철학을 발전시키는 한편 정치적으로도 이 지역을 다스렸다고 한다. 그 후, 그들을 적대한 퀼론의 무리들 때문이라고도 하고 또 정치적 파국을 예견했기 때문이라고도 하거니와, 메타폰티온으로 떠나 거기에서 생을 마친다. 이집트에 가서 그곳의 지식을 그리스에 가져왔다고도 하지만, 특히 한편으로 밀레토스의 과학적 탐구를 접했던 것으로 보이고 다른 한편으로 델로스 섬 주

---

24) 이 교단은 끈끈한 단결력을 과시했던 것으로 보인다. 이들은 재산까지 공유했는데 "친구들의 것은 공동의 것이다"라는 유명한 속담이 이들 때문에 생겼다고 한다. 또 이 학파의 모든 학문적 성과는 교주인 퓌타고라스의 공적으로 돌려졌거니와, 퓌타고라스적 세계관을 뒤흔들 $\sqrt{2}$를 발견한 성원을 물에 수장시켰다는 (근거가 확실하지는 않은) 이야기도 전해 내려온다.

위에서 발흥하고 있던 오르페우스교와도 교류했다고 한다. 퓌타고라스 학파가 과학적 측면과 종교적 측면이 뒤섞인 학파가 된 데에는 이런 연유도 있는 듯하다. 합리성과 신비주의가 묘합(妙合)을 이루고 있다고 하겠다. 그에 관한 다른 여러 이야기들도 전해 내려오는데 상당 부분 신비한 내용들이다. 그런데 바로 이 사실 자체가 퓌타고라스학파의 성격을 잘 보여준다고 할 수 있다.

물론 결국 이런 두 측면이 완벽하게 조화를 이루지는 못했다. 그래서 퓌타고라스를 일종의 '교주'로 모신 사람들("듣고 따르는 사람들")과 학문적인 의미에서의 '원장'으로 모신 사람들("학문하는 사람들") 사이에 분열이 있었다고 한다. 종교와 학문을 조화시키는 것은 쉽지 않은 일이다.

퓌타고라스학파가 뒤따른 종교는 오르페우스교이다. 오르페우스교의 강한 배타성, 집단성은 유명한 입문식인 '뮈스테리아(mysteria)'가 잘 보여준다. 내용상의 특징으로는 강한 영육(靈肉) 이원론을 꼽을 수 있는데, 영을 극히 강조하고 육을 철저히 죄악시했기 때문에 영을 육으로부터 해방하려 했다. 이런 생각은 퓌타고라스, 플라톤(특히 전기), 그노시스파(영지주의=신지학) 등으로 계속 이어진다. 정신적인 것을 숭상하고 육체적인 것을 멸시하는 것은 대부분의 고대 종교에 공통된 특징이다.[25]

---

25) 조지 톰슨은 영육 이원론에 대한 독창적인 해석을 내놓고 있다. "오르페우스교의 관념은 모든 착취 형태에 내재된 것으로서 노예제에서 극단적인 형태에 이르는 자기소외(自己疏外)에서 비롯된다. 노예는 자신의 노동력뿐만 아니라 자기 자신까지도 양도해버렸다(alienated). 그의 노동의 생산물과 그 자신의 육체는 둘 다 다른 사람의 소유물로서, 자신의 의지와는 무관하게 사용가치나 교환가치로서 처분된다. 그러므로 그 둘은 똑같이 주체인 그에게 대립된 객관적 실재의 일부이며, 결과적으로 주체는 오로지 그의 육체를 떠난 자아, 즉 그의 실현되지 않은 욕구들로만 구성된다. 이러한 조건 아래에서는 주체가 객체의 부정을 통해 표현된다. 그가 살고 노동하는 세계가 아니라 노동도 없고 삶도 없는 상상의 세계가 현실세계로 되는 것이다. [⋯] 이 교의를 철학적 이원론이라고 기술하는 것은 잘못된 일일 것이다. [⋯] 그것은 오히려 주체와 객체의 분리 이후 주체가 전부가 되고 객체는 아무것도 아닌 것이 되어버린, 일원론의 전도된 형태이기 때문이다. 이런 점에서 그것은 객체가 전부가 되고 주체는 아무것도 아닌 것이 되어버린 이오니아 철학자들의 질료적 일원론과는 정반대의 입장에 있다."(『고대 사회와 최

인간이라는 존재가 물질로만 되어 있는 것이 아니라 영혼(psychē=spiritus, animus/anima)을 가지고 있다는 것은 고대인들에게는 당연한 사실로 받아들여졌다. 오르페우스교에 따르면 영혼은 불사이며, 본래 신들과 나란히 존재했으나 죄를 범해 지상으로 추방당한 존재이다. 『서유기』에 등장하는 괴물들과 같은 처지인 셈이다. 그렇다면 영혼이란 지상의 육체 속에 갇히게 된 천상의 존재라는 결론이 자연스럽게 도출된다. "육체는 영혼의 감옥"이라는 『파이돈』의 명제는 이런 생각의 영향을 보여주고 있다. 이를 역으로 본다면, 지상의 인간은 전락해서 살아가고 있지만('타락천사'로서의 인간) 영혼을 사다리로 해서 천상으로 다시 되돌아갈 수 있다는 이야기가 된다. 이렇게 영혼을 천상과 지상을 이어주는 사다리로 보는 생각 역시 고중세 담론들의 라이트모티브였다. '근세 철학의 아버지'라고 불리는 데카르트에게까지도 이 점은 여전히 생생하게 확인된다.

퓌타고라스의 영혼은 윤회전생(輪廻轉生)을 겪는 존재이다. 혼은 영원불멸이기에 육체가 소멸해도 그대로 남을 것이다. 그리고 언젠가는 다른 육체로 다시 들어간다. 이 윤회라는 생각이 함축하는 중요한 한 결과는 모든 생명체들을 서로 연속성을 띠는 존재들로 봐야 한다는 점이다. 그래서 크세노파네스는 퓌타고라스에 관련해 흥미로운 일화를 전해주고 있다. "언젠가 그는 개가 심하게 맞고 있을 때 그 곁을 지나가다가 불쌍히 여겨 이런 말을 했다고 한다. '멈추어라, 매질하지 말라. (그 개의 영혼은 곧 내) 친구의 영혼이로구나. (그 개가) 짖는 소리를 들었을 때 그 혼을 알아보았노라.'"(DK, B/7. 단편 26) 이런 맥락에서 퓌타고라스는 교단 전체에 갖가지 '금기 사항들'을 내리게 된다.

이런 생각의 또 한 가지 귀결은 영혼은 육체 바깥에 있을 때는 자유롭

초의 철학자들』, 조대호 옮김, 고려원, 1992, 302~303쪽) 영육의 철저한 이원론은 때로는 사실상 육을 철저히 부정하는—(지금 톰슨이 서술한 것처럼) 자신의 영혼만을 유일하게 자기 것으로 할 수 있는 노예적 상황에서든 (전기 플라톤에게서처럼) 종교적·형이상학적 갈망 때문이든—영 일원론일 수 있다.

지만 일단 육체 속에 들어가면 악해진다는 생각이다. 육체를 영혼의 감옥으로 보는 것은 그 자연스러운 귀결이 아닐까. 또, 이로부터 육체라는 감옥을 벗어나 천상으로 돌아가려면 '정화(katharsis)'를 행해야 한다는 생각까지는 반걸음밖에 떨어져 있지 않다. 물질을 완전히 씻어냈을 때 드러나는 순수 정신, 이것이 많은 교도들을 추동했던 이미지였을 것이다. 오르페우스교에서 유래한 이런 생각 또한 서구 사상사에 긴 그림자를 드리우며, 그 그림자 속 첫 번째 인물이 바로 퓌타고라스였다.

퓌타고라스학파는 공기의 희박화와 조밀화를 통해 세계를 설명한 아낙시메네스의 사상을 영혼의 윤회전생설과 다름없는 것으로 이해했다. 여기에는 물론 공기가 영혼과 통한다고 본 (고대 사상들에서 흔히 발견되는) 대전제가 놓여 있었고, 퓌타고라스학파에서는 공기, 숨, 영혼이 거의 동일시되기에 이른다. 결국 어떤 존재가 물질성을 많이 포함할수록 불투명하고 무겁고 거칠고 어두운 것이 되고, 물질성을 떨어버린 그만큼 투명하고 가볍고 맑고 깨끗한 것이 된다고 본 것이다. 거기에 도덕적 판단까지 가미되면 물질적인 것은 악한 것이고 영적인 것은 선한 것이라는 생각에 도달한다. 영혼이란 물질을 온전히 떨어버린 것이라는 이런 식의 생각은 氣의 청(淸)과 탁(濁)이라든가 영묘(靈妙)함과 조박(糟粕)함을 대비하는 동북아 사유와 같은 구도를 보여준다.(그러나 동북아의 경우 氣를 완전히 떠난 존재는 낯선 개념이었다) 이 또한 고중세 사유에서 흔히 발견되는 에피스테메(의 한 조각)이다.[26] 아낙시메네스의 생각은 이렇게 퓌타고라스학파에 스며들었다.

물론 밀레토스학파와 퓌타고라스학파 사이에는 영혼을 보는 관점에서 큰 차이가 있다. 영혼을 세계에 가득 차 있는 생명으로, 우리 식으로 말

---

26) 미셸 푸코는 어떤 특정한 시대의 인식들이 무의식적으로 전제하는 인식-틀이 존재한다고 보았고, 이 틀을 '에피스테메'라 불렀다.(『말과 사물』, 이규현 옮김, 민음사, 2012. 『지식의 고고학』, 이정우 옮김, 민음사, 1992) 철학의 경우, 앞에서 언급한 '철학소들의 장'이 될 것이다.

해 영묘한 氣로 보는 생각과 아예 물질과 대립하는, 물질을 초월해 있는, 다만 불행하게도 육신에 떨어져 전락해 있는 존재로 보는 생각 사이에는 존재론과 인간관, 나아가 가치론에서까지도 큰 차이가 존재할 수밖에 없다. 이러한 차이는 철학사 전체를 관류하는 중요한 차이로 자리 잡는다.[27]

수비학적 세계

퓌타고라스학파는 우주—이 학파가 '질서(taxis)' 개념을 함축하는 것으로서 '우주(kosmos)'라는 말을 처음 썼다고 한다—를 순수한 자연과학적 법칙에만 따르는 차갑고 합리적인 존재가 아니라 모종의 신성이 깃들어 있는 곳으로 보았다. 세계를 아무 의미도 없이 생성하는 곳, 냉혹한 법칙에 따라 운동하는 무목적적 존재로 볼 수도 있고, 천명이든 섭리든 신이든 이데아든 그 어떤 신성에 의해 이끌리는 존재로 볼 수도 있다. 후자의 경우 신성을 어떤 별도의 존재로서 세계와 완전히 분리해서 보는 생각도 있고(기독교가 대표적이다), 세계 자체가 신성을 띠고 있다고 보는 생각도 있다('범신론=pantheism'). 그리스의 사고는 일반적으로 말해서 범신론의 성격을 보여준다.[28]

---

27) 톰슨은 퓌타고라스학파의 이원론적 성격과 동북아 음양 이론의 일원론적 성격을 비교하면서, 전자는 "적대적 계급으로 분열된 사회의 제관계로부터 파생"되었으며, 후자는 투쟁하는 대립물들이 "왕이라는 인격체 속에서 화해 및 규제되고 [⋯] 상품 생산의 발전이 동양적 전제주의에 의해 저지된 사회에서 상인 지식인들의 세계관을 대표"한다고 본다. 이것은 적절치 않은 해설이다. 귀족들과 평민들의 대립이라는 헬라스의 일반적 상황이 꼭 이원론만을 낳은 것도 아니며, 또 음양론이 왕조 성립 이후에 생겨난 것도 아니요 상인 지식인들의 산물도 아니기 때문이다. 철학사를 사회경제사로 너무 쉽게 환원해버리는 이런 식의 관점은 항상 무리를 동반하게 된다.

28) 그러나 범신론의 어떤 형태들은 세계 자체가 신성하다고 보기보다는 신성이 세계에 깃들어 있다는 생각을 품고 있다. 예컨대 물 자체가 신성한 것이 아니라 물속에 신성한 요정이 들어 있다는 식이다. 따라서 요정이 빠져나간다면 물은 신성함을 잃어버린다. 이런 형태들은 철저하게 내재적인 범신론은 아니다.

이로부터 중요한 하나의 결론이 따라 나온다. 우주의 이법을 탐구하는 지적인 노력과 신성을 살아가려는 종교적인 노력이 결국 같은 과정이라는 생각이 그것이다. 이 우주는 아무 의미 없는 물질이나 카오스, 아무 이유 없는 법칙들에 의해 움직이는 기계가 아니라 어떤 신성한 이법이 깃들어 있는 존재이고, 우리는 이 이법을 탐구함으로써 우주의 신성에 다가선다는 것이다. 이로써 과학적 탐구와 종교적 추구가 화해하게 된다. 이러한 사고에서는 과학과 종교 사이에 아무런 간극이 없다. 바로 이런 근거에서 퓌타고라스학파가 과학 학파인 동시에 종교 단체일 수 있었을 것이다. 이런 생각은 훗날 일신교 버전으로 변환되어 서구 문화사에 길게 영향을 주었으며 지금도 주고 있다.

　이런 생각에 기반해 퓌타고라스학파는 서구 학문의 역사에서 결정적인 생각들 중 하나를 제시하게 되는데, 그것은 바로 이 세계가 수학적 질서로 되어 있다는 것, 코스모스라는 것이다. 코스모스에는 "아름답다"라는 뉘앙스가 함께 들어가 있다. "아름답다"라는 개념은 음악에서 전형적으로 볼 수 있듯이 수학적 합리성과 밀접한 관련이 있다. 거기에는 모든 형태의 비례, 대칭, 조화, 균형의 사상이 깃들어 있다. 플라톤이 대수, 기하, 천문, 음악 네 과목을 하나로 묶었던 것도 이런 맥락에서이다. 오늘날 사람들은 수학적 합리성과 미적 감성을 적지 않게 다른 것, 어떤 면에서는 상반되는 것으로 보는 경향이 있고, 특히 동북아 사람들에게는 애초에 수학적인 것과 아름다운 것 사이에 큰 간격이 있었다. 반면 서구 문화의 전통에서는 수학적 합리성과 아름다움·예술이 밀접한 관련을 가졌고, 이런 전통이 바로 퓌타고라스학파에 의해 마련되었다고 할 수 있다.

　이 학파에게 영혼의 정화란 곧 물질성을 벗어나 우주의 신성한 질서를 찾아가는 것이다. 탈물질의 존재론은 탈신체의 인식론과 맞물려 있다. 때문에 우주의 수학적 질서에 대한 탐구 자체가 곧 영혼의 정화와 직결된다. 우주의 수학적 질서를 탐구하는 것 자체가 이미 미학적 함의 및 종교적 함의를 띤다는 점은 음악을 통해서도 표현되었다. 코스모스의 가장 중요한 성격이 조화(harmonia)이고, 이런 맥락에서 퓌타고라스학파는 우주의 조화를 본떠 '옥타브', '음계'를 만들었다고 한다. 아울러 의학도 이런 생각의 연장선 위에서 추구되었다. 이 학파에게 우리의 몸은 소우주였고, 따라서 우주의 이법을 찾는 것과 우리 신체의 이법을 찾는 것은 같은 맥락에서 이해되었다. 히포크라테스에게서 잘 볼 수 있듯이, 병은 이 마이크로코스모스의 조화가 깨지는 것이었고 따라서 치료의 핵심 또한 몸의 질서를 다시 찾는 것에 두어졌다.

이 조화 개념은 아낙시만드로스의 우주 개념에 함축되어 있는 정의 개념과도 통한다. 아낙시만드로스의 '정의' 개념과 퓌타고라스학파의 '조화' 개념은 이렇게 헬라스 학문과 문화 전반의 기초로 자리 잡는다.

퓌타고라스학파는 이렇게 수학, 우주론, 종교, 의학, 음악을 비롯한 다양한 분야들을 어떤 통일된 관점에서 묶을 수 있었다. 어느 한 분야에 국한되기보다는 다양한 영역들을 포괄하는 체계를 구축하는 것이 철학적 사유의 중요한 한 특징이다. 이렇게 볼 때 이 학파가 'philosophos'라는 말을 처음 사용했다는 사실은 상당히 의미심장하다 하겠다.

퓌타고라스학파가 이렇게 보편성 있는 사유를 구축할 수 있었던 것은 그들의 사유가 수(數)에 기반하고 있었기 때문이다. 수는 우리에게 다른 것을 같은 것으로 다룰 수 있는 능력을 심어준다. 사과와 의자, 사람은 전혀 다른 존재들이지만, 사과 세 개, 의자 세 개, 인간 세 명을 모두 수학적으로 3으로 다룰 수 있다. 나아가 사과 하나, 의자 하나, 사람 한 명을 그 모든 차이를 무시하고 3으로 다룰 수도 있다. "수학이란 다른 사물에 같은 이름을 붙이는 것"이라는 푸앵카레의 말은 이 점을 정확히 지적하고 있다. 퓌타고라스학파는 우주에서 이 수적인 조화를 읽어내고자 했다. 그들은 그리스인들이 알고 있던 고전 음계가 일정한 수적 비례 관계를 나타냄을 발견하고 뛸 듯이 기뻐했다고 한다. 수의 추상성이 다양한 분야들을 포괄하는 사유를 가능케 했다.

이 점을 아낙시만드로스의 생각과 연결해볼 필요가 있다. 코드를 잡지 않고 기타를 치면 어중간한 소리가 나온다. 그 상태는 소리가 아직까지 '페라스'를 갖지 못한 '아페이론' 상태이다. 여기에 일정한 코드를 잡아줄 때, 즉 기타 줄에 일정한 페라스=극한을 부여할 때 조화로운 소리가 나온다. 여기에서도 규정되지 않은 것에 일정한 규정성이 주어지면 비로소 구체적인 무언가가 산출된다는 그리스 사유의 핵심 철학소를 볼 수 있다.[29] 퓌타고라스가 음계에서 수학적 질서를 발견한 것도 바로 이 페라스들을 발견한 것과 다름없었다. 지금까지 우리는 페라스를 주로 공간적 방식으로 설명했지만, 퓌타고라스학파는 수로 파악했던 것이다. 라디오의 주파수는 페라스의 이런 측면을 잘 보여준다.

유럽에서 근대 과학의 창시자들이 기독교와 충돌했다고 하는 이야기에는 과장 내지는 거짓이 들어 있다. 일신교(유대-기독교-이슬람) 전통은 우주를 우발적으로 생겨난 것이 아니라 신성한 존재의 '섭리'에 따라 만들어진 것으로 본다. 그러니 이 우주에 대한 수학적 탐구는 곧 신의 위대함을 발견하는 과정이 되지 않겠는가. 우주란 조물주가 수학적 능력을 사용해 아름답게 창조해낸 것이라는 플라톤의 생각은 "대중을 위한 플라톤주의"(니체)인 기독교를 통해 통속화된 방식으로 서구를 지배하게 된다. 그렇기에 과학적으로 세계를 탐구해서 그 아름다운 법칙성을 발견해내는 것은 신의 섭리를 깨닫는 것이고 인간이 신에 가까이 가는 길이었다.[30] 그래서 과학과 종교는 충돌하지 않는다. 갈릴레오가 "그

29) BC 5세기의 퓌타고라스주의자인 필로라오스는 아낙시만드로스처럼 아페이론과 페라스를 아르케로 보았다. 퓌타고라스 전통에서 페라스는 홀수, 하나, 오른쪽, 수컷, 정지, 곧음, 빛, 좋음, 정사각형에 해당하고 아페이론은 짝수, 여럿, 왼쪽, 암컷, 운동, 굽음, 어둠, 나쁨, 직사각형에 해당한다. 이런 '이항 대립' 식의 사고는 사유의 역사에 긴 그림자를 남기게 된다.

30) 이런 생각은 뉴턴의 다음 구절에 잘 나타나 있다. "이 놀라운 현상들[자연현상들]을 보자면, 무한한 공간 안에 영적이며 살아 숨 쉬는 존재, 지성을 갖추고 온 세상에 편재하는 존재, 모든 사물을 손바닥 위에 놓고 보듯 완전하게 인식하는 존재, 거울로 비쳐 보

래도 지구는 돈다"라고 하면서 교회와 충돌했다고 하는 이야기는 과장된 소문일 뿐이다. 갈릴레오는 자신의 자연철학이 기독교 교리를 위반한다고 생각한 적도 없고 교회와 맞설 의도 또한 전혀 없었다. 그는 한평생 교회의 눈 밖에 나지 않으려고 전전긍긍한 소시민에 불과했다. 데카르트, 뉴턴, 라이프니츠 등도 모두 대동소이하다.

그렇다면 서구 사상사에서 자연과학과 종교가 정면으로 충돌한 것은 언제인가? 자연과학이 이 세계는 아무런 형이상학적 이유도 없는, 아무런 신비한 이법도 없는 우연의 산물일 뿐이라고 이야기할 때, 바로 그때 양자는 결정적으로 부딪치게 된다. 진화론의 도래가 결정적이다. 물론 진화론이 생명체의 진화는 정교한 질서에 따라 이루어졌다고, 일정한 시나리오에 따라 이루어졌다고 주장하는 이상 그것은 종교와 충돌하지 않는다. 예컨대 신이 한꺼번에 만든 게 아니라 조금씩 세계에 출현하도록 만들었다는 식으로 이야기를 고치면 그만이다. 그러나 생명체의 진화는 그 어떤 섭리도 이유도 예정된 질서도 없이 단지 우연한 상황들 때문에 일어날 뿐이라고 주장하는 순간 기독교와 자연과학은 충돌하게 된다. 퓌타고라스학파처럼 우주의 '섭리', '조화', '이법' 등을 형이상학적으로 정초하고자 했던 경우들에서는 문제가 생기지 않았던 것이다. 이 점은 서구 사상사 나아가 문명사의 중요한 한 포인트이다.

퓌타고라스학파는 수의 추상성을 아직 이해하지 못했다. 그들에게는 수 역시 어떤 사물이었다.(말하자면 남자가 3이고 여자가 4라면 결혼은 7이라는 식으로) 게다가 이들은 수를 신비화했다. 수비학(數秘學)의 원조인 셈이다. 퓌타고라스학파는 특히 10을 '완전수'라고 불렀다. "1+2+3+4"

는 것이 아니라 얼굴과 얼굴을 맞대고 보듯 사물 자체를 꿰뚫는 존재, 바로 그런 존재가 있음을 깨닫게 되지 않을까?"(『광학』) "태양계에 관한 책(『자연철학의 수학적 원리』)을 쓸 때 나는 사람들을 절대자에 대한 믿음으로 이끌 만한 그런 원리들에 주목했습니다. 그런 목적에 도움이 된다면 나는 더할 나위 없이 기쁠 것입니다."(「벤틀리에게의 서한, 1692년 12월 10일」)

가 정삼각형을 형성한다는 이유에서이다. 여기에서도 대수적 맥락과 기하적 또는 물리적 맥락이 혼동되고 있음을 확인할 수 있다. 특정 수에 특정한 의미를 부여하는 이런 수비학은 지금까지도 우리의 삶 곳곳에 널려 있다.

결국 ①밀레토스학파는 질료를 탐구했고 퓌타고라스학파는 형상을 탐구했다고 도식적으로 말하는 것은 일정 정도 수긍할 수 있지만 조심스럽게 들여다볼 필요가 있다는 것, ②퓌타고라스학파의 수론에는 신비주의적인 요소가 깃들어 있고 바로 이 점에서도 이 학파가 과학과 종교를, 합리와 신비를 기묘하게 뒤섞어놓은 학파라는 것을 알 수 있다.

자연철학자들의 등장은 그리스 역사에 뚜렷한 획을 그었다. 이들의 등장으로 세계에 대한 이해는 이전과는 전혀 다른 무엇으로 바뀌었다. 물론 이런 사유 혁명이 일반화되기까지는 매우 긴 시간이 필요했다. 이 사유 혁명은 그리스 대중에게는 무척이나 낯설고 두려운 것이었음에 틀림없다. 훗날 소크라테스는 법정에서 아리스토파네스를 비롯한 여러 사람들이 자신을 자연철학자로 왜곡하는 것에 대해 변론을 펼쳐야 했다. 물론 이 당시 철학이 신화 및 종교와 전적으로 단절한 것은 아니다. 퓌타고라스학파에게서 보았듯이 여전히 종교적 사유는 철학적 사유에 그림자를 드리우고 있었다. 서구의 학문이 종교/신학의 그늘을 거의 완전히 벗어난 것은 사실상 그리 오래된 일이 아니다. 그럼에도 이 시대에 등장한 최초의 철학자들이 기존의 세계와는 전혀 다른 세계를 도래시킴으로써 철학적 사유의 위대한 역사를 진수시켰다는 점에는 이론의 여지가 없다.

이러한 새로운 사유, 새로운 담론은 자연히 기존의 사유, 담론과 충돌할 수밖에 없었다. 사제들과 "시인들"의 담론인 '뮈토스' 담론과 새로 생겨난 '로고스' 담론 사이에서 적대 관계가 형성되었다. 자연철학자들과 소피스트들—당대 사람들의 눈에는 소크라테스도 그중 한 사람이었다—은 서로 여러모로 달랐지만, 당대인들의 눈에 이들은 공통적으로 '전통'을 위협하는 존재들이었다. 태양-아폴론을 뜨거운 불덩이로 보는 자연철학자들의 "무신론"과 "유물론", 나아가 전해 내려오는 가치들이 퓌지스("본래 그러한 것"으로서의 自然)에 근거하는 것이 아니라 노모스(관습)에 불과하다고 가르치는(더 정확히 말해 퓌지스란 '飮食男女'에 불과하다고 설파한) 소피스트들의 "허무주의", "회의주의", "상대주의"는 극히 파괴적인 이미지를 담고 있었던 것이다. 고대라는 시대를 감안할 때 매우 자유분방했던 아테네는 당대의 지식인들이 하는 이상한 소리들을 관용으로 대할 수 있었지만, 이 폴리스가 펠로폰네소스 전쟁으로 파탄에 이르자 상황은 달라졌다. 그 결과는 소크라테스의 재판과 죽음이었다. 얄궂게도 소크라테스는 자연철학자들이나 소피스트들에 비해 훨씬 보수적인 인물이었는데도 말이다. 그러나 소크라테스의 죽음은 사실 오랫동안 진행되어온 뮈토스와 로고스의 투쟁이 빚은 가시적 여파였다.

이 점에서 본다면 철학과 민주주의의 관계는 이중적이었다고 해야 할 것이다. 앞에서 민주주의의 풍토가 철학을 낳았고 철학이 민주주의를 뒷받침했다고 했지만, 상황은 그리 간단하지 않다. 철학은 분명 민주주의의 풍토 위에서 자란다. 그러나 자연철학자들이 전통적인 믿음들을 무너뜨렸을 때 그리스의 대중은 철학자들을 의혹의 눈초리로 바라보았으며, 특히 아테네 몰락의 원인들 중 중요한 한 가지가 (대부분 이방인들이었던) 소피스트들에게 있다는 의혹이 불거졌을 때 철학과 민주주의는 알력을 겪을 수밖에 없었다. 자연철학의 경우에는 민주주의가 철학을 못 따라왔다고 해야겠지만, 소피스트들의 경우에는 이중적이다. 소피스트들이 한편으로 계몽적/비판적 역할도 수행했지만, 동시에 파괴적인 형태의 허무주의, 회의주의, 상대주의 사조들을 퍼트림으로써 아테네 몰락의 한 원인을 제공한 것은 사실이기 때문이다. 철학과 민주주의의 상생(相生)이 그리스 문명의 영광을 가져온 한 요인이었듯이, 이번에는 철학과 민주주의의 알력이 그리스 문명의 쇠퇴를 가져온 한 요인이 되어버린 것이다. 철학은 늘 이렇게 시대와 복잡하고 미묘한 관계를 맺어왔다.

어쨌든 그리스 민주정과 함께 탄생한 철학=학문은 2,500년이 넘는 유구한 시간을 지나 오늘날에 이르렀다. 오늘날 이 사유들은 무척이나 고색창연하게 보이지만, 그 여운은 지금 우리의 사유에도 때로 놀라울 정도로 생생하게 살아 있다. 더욱이 실재를 오히려 유동적인 것으로 보고 현상을 그 석화(石化)된 차원으로 보는 밀레토스학파의 존재론은 우리가 알고 있는 상투적인 '서양 철학'과는 정확히 반대의 사유를 보여주며, 오히려 베르그송 이래의 현대 사유와 공명함을 확인할 때 사유의 역사는 그 단순화된 이미지를 벗어버리게 되는 듯하다. 그중에서도 '아페이론' 개념은 유독 흥미롭다.

하나의 유기체 또는 종처럼 개념 역시 그 다사다난한 삶을 살아간다. 개념은 어떤 시점에 태어나 성장하고 변이를 겪는다. 어느 때인가는 어둠 속에 묻혀버리기도 하지만 때로는 다시 부활하기도 한다. 수천 년을 묻혀 있다가 화려하게 부활하는 개념들도 있다. 오늘날 시뮬레이션/시뮬라시옹 개념으로 부활한 시뮬라크라가 그 좋은 예이다. 오랜 세월 변이해오면서 의미론적 두께가 켜켜이 쌓인 개념들도 있다. 그래서 때로 단 하나의 개념이 어떤 문명/문화의 성격과 그 역사를 압축적으로 드러내 보여주기도 한다. '아페이론' 개념처럼.

그리스인들은 대체로 아페이론을 두려워했다. 그것이 대개의 경우는 어떤 부정적인 것, 페라스가 부여되어 극복되어야 하는 것, 질서와 조화로써 다스려져야 하는 것, 파괴적인 것, 혼돈스러운 것, 당황스러운 것이라는 뉘앙스를 띠었기 때문이다. 그러나 이후 이 개념은 매우 복잡한 여정을 거치면서 여러 새로운 뉘앙스들을 부여받는다. 이 개념의 두 가지 뜻인 'infinite'와 'indefinite'는 서로 다른 길을 걸었고, 'indefinite'

는 다시 '무-한정'(끝이 없이 이어진다는 의미에서의 'unlimited')의 뜻과 '비-한정'의 뜻(정해지지 않았다, 딱히 정해져 있지 않다는 의미에서의 'undetermined')으로 분화된다. 예컨대 공간과 시간은 무한정하고(어떤 사람들은 한정되어 있다고 보기도 하지만), 지구에서의 생명체들의 수는 무한정하지는 않지만 비한정적이다(늘기도 하고 줄기도 하는 등 계속 변하고 있으므로). 지금도 이데아론 개념은 도처에서 작동하고 있는 것이다.

그리스 철학에서 아페이론은 무한정의 뉘앙스를 띠었고, 무한을 논한다 해도 그것은 잠재적 무한(사실상 무한정)의 개념이었다. 무한을 무한 자체로서 중시하기 시작한 것은 서양 중세 철학의 전통이었다. 중세에 이르러 무한 자체, 즉자적 무한, 현실적 무한의 개념이 등장하기에 이른다. 짐작할 수 있듯이, 그 계기는 신학적인 맥락에 있었다. 신은 무한한 존재, 단지 끝나지 않는 과정의 무한 즉 무-한정이 아니라 즉자적인(그 자체로서 주어진), 현실적인 무한이다. 그리고 신이 창조해낸 이 세계는 유한하다. 이로써 '유한과 무한'이라는 문제-틀이 만들어지며, 이런 구도는 스피노자와 라이프니츠를 비롯한 17세기 형이상학자들 및 그 이후에 이르기까지도 지속된다. 17세기 유럽의 형이상학은 흔히 '무한의 형이상학'이라 불린다.

특히 라이프니츠 이래 무한정으로서의 아페이론의 사유, 즉 연속성의 사유는 궤도에 오르게 된다. 수학자이자 철학자였던 라이프니츠는 철학의 맥락에서 '연속성의 원리'를 정립했고, 수학자로서는 무한소미분(calcul infinitésimal)을 발명했다. 그리고 이 두 얼굴은 심층에서 연결되어 있다. 이후 그의 수학적 사유는 급수, 수열, 극한, …의 개념들을 통해서 점차 발전했고, 오늘날 우리가 '미적분'이라는 이름 아래 더 넓게는 '해석학(analysis)'이라는 이름 아래 이해하는 현대 수학의 핵심 분야로서 발전하게 된다. 그리고 이 과정의 심층에서 무한정 개념은 결정적인 역할을 했다고 할 수 있다. 다른 한편 무한으로서의 아페이론 역시 중요한, 아니 '말썽 많은' 역할을 하게 된다. 집합론의 창시자인 칸토어는 무한 개념에 매료되었으며, 무한에 대한 거의 광기 어린 형이상학을 전개했다.

물론 수학에서도 무한/무한정은 꼭 달가운 대상만은 아니었다. 그것은 해석학과 집합론을 가능케 한 원동력이었으나 명석·판명함을 생명으로 하는 수학에서는 기피하고 싶은 대상이기도 했다. 예컨대 오일러 이래 수학자들(볼차노, 코시, 바이어스트라스 등)의 노력은 연속성의 엄밀한 정의에 쏟아졌는데, 그 궁극의 목표는 무한/무한정 개념을 제거한 수준에서의 연속성 정의였다. 칸토어의 무한론 역시 경계의 대상이었다. 어떤 수학자들은 "리만, 데데킨트, 칸토어가 수학을 망쳤다"고 했는데 (여기에 디리클레를 추가할 수 있을 것이다), 여기에는 여러 가지 맥락들이 있거니와 이 세 인물 모두 무한/무한정과 밀접한 관련성을 가진 인물들이었다는 점은 시사적이다. 그래서 거꾸로 우리는 리만, 데데킨트, 칸토어가 수학을 새로운 경지로 가져갔다고 해야 할 것이다.

라이프니츠의 철학에서도 우리는 아페이론(주로 무한정의 의미)이 핵심적인 역할을 했음을 확인할 수 있다. 라이프니츠의 수학(무한소미분)과 형이상학(모나드론)은 서로 동전의 양면을 이룬다. 둘 모두 기본적으로 '연속체(continuum)'를 다룬다. 전자는 "연속(적 변화)의 수학"인 해석학의 시조가 되었고, 후자는 연속성의 철학의 시조가 되었다. 라이프니츠의 모나드 개념에서 가장 중요한 것은 각 모나드는 연속체이되 '질적 연속체'라는 점이다. 즉, 매 순간 질적 변화를 겪는 연속체라는 뜻이다. 이 점에서 수학적 연속체와 형이상학적 연속체는 전혀 다르다. 제갈량의 모나드는 '융중에서 유비를 만나다', '적벽대전에서 빛나는 외교적 성과를 거두다', '백제성에서 유비의 탁고(託孤)를 받다', '오장원에서 숨을 거두다' 같은 사건들로 구성되어 있다. 그러나 '융중에서 유비를 만나다'와 '적벽대전에서 빛나는 외교적 성과를 거두다'라는 두 사건 사이에도 다시 많은 사건들이 존재하며, 이렇게 계속 생각해본다면 하나의 모나드는 무한정한 사건들로 구성되어 있다고 할 수 있다. 제논의 역설을 생각해보면, 우리가 밥을 떠서 입에 넣는 하나의 사건을 행할 때조차도 그 사이에서 무한정한 사건들을 분절해볼 수 있다. 결국 하나의 모나드는 무한정한 질적 차이들로 구성되어 있다고 할 수 있다. 라이프니츠의 세계는 이런 질적 연속체들 즉 모나드들의 총체이다.

베르그송의 존재론은 라이프니츠의 연속체에 운동성과 창조성을 가미함으로써 성립한다. 베르그송이 세계의 실재로 본 '지속'은 수학적 연속체의 시간, 즉 분할되고 계산되는 물리적인 시간이 아니라 절대적으로 연속적인/흐르는 시간이다. 베르그송의 연속성/지속은 공간에 투사되어 분석되는 '공간화된 시간'이 아니라 절대적 흐름으로서의 시간, 공간에 투사될 수도 없고 수학적/논리적으로 분석될 수도 없는 시간이기 때문이다. 베르그송에게 근본 실재는 사물도 사건도 아니다. 지속으로서의 시간이야말로 실재이다. 아페이론의 위상은 극적으로 반전된다. 이렇게 무한정 또는 비-한정으로서의 아페이론은 현대 철학에서 새로운 생명을 얻게 된다.

이런 흐름은 예술에서도 확인된다. 아페이론과 페라스의 개념쌍이 탄생한 배경들 중 하나가 음악이기에, 음악의 예는 특히 인상적이다. 전통적으로 음악에서 중요했던 것은 의미 있는 소리와 의미 없는 소리의 구분이었다. 수에 비유할 경우, 자연수만 의미 있는 수였고 다른 수들(1과 2 사이의 수들, 2와 3 사이의 수들)은 의미가 없었던 것과 같았다. 이 의미 없는 부분들이 바로 아페이론이었다. 그러나 수론이 발달하면서 자연수는 분수로 확대되고, 다시 정수로, 유리수로 확대되었으며, 마침내 이치에 닿지 않아서 '무리(無理)'하다고 했던 수들로까지 확대되었다. 아페이론이 정복된 것이다. 마찬가지로 음악에서도 '의미 있는 소리'의 영역은 점차 확대되었다. 아널드 쇤베르크 이래의 '무조(無調)' 음악은 과거에 '조(調)'가 없는 것으로 취급되었던 소리들을 음악의 영역으로 끌어들였으며, 이후 이른바 반(反)음악에 이르기까지 음악의 영역은 끝없이 넓혀졌다. 과거에 의미 있는 소리들 사이의 공백은 아페이론에 불과했으나,

이제 오히려 모든 의미 있는 소리들은 무의미한(그러나 잠재적으로 의미 있는) 소리들의 바다—소리의 아페이론—에 떠 있는 섬들과 같은 것들로 이해되기 시작했다. 소리는 비-소리(그러나 잠재적인 소리)의 장에서 펴내어진 것이 된 것이다. 이렇게 음악에서 우리는 아페이론의 귀환을 확인할 수 있다. 그리고 이 영역에서만이 아니라 문화예술의 거의 모든 영역에서 우리는 이 사실을 발견할 수 있다. 만일 현대 예술의 거의 무한정한 다양성을 '일이관지'할 수 있는 어떤 존재론적 원리가 있다면, 그것은 곧 아페이론의 원리일 것이다.

아페이론의 귀환은 정치의 영역에서까지도 확인할 수 있다. 음악에서 의미 있는 소리와 의미 없는 소리가 구분되었듯이, '사농공상'의 분절체계 즉 '한정된' 체계는 그 한정에 속하는 것들과 속하지 않는 것들을 구분했다. 후자는 물리적으로는 사회 안에 존재했지만 사회적으로는 그것의 바깥에 존재하는 것들이었다. 정치는 사회—근대 이전에는 엄밀한 의미에서의 '사회'라는 것이 존재하지 않았지만—라는 아페이론을 어떤 주물로 찍어서 일정한 모양새로 구성하는 것이었다. 정치는 굵직한 분절선들과 집단들을 통해서 움직였으며, 그것들 사이의 무정형한(amorphous) 흐름들은 무시되었다. 현대 대중사회의 도래는 정치의 세계를 대중 각인(各人)의 욕망의 흐름에 기초하는 것으로 만들었다. 정치적 힘이 행사되는 단위가 (사회적 맥락에서는 최하의 단위인) 개인으로까지 내려감으로써, 마치 스테인드글라스에서 모자이크로 이행한 듯이, 정치적 힘이 세분된 입자들의 와류로 화한 것이다. 정치적 틀은 이런 대중의 욕망의 모자이크가 만들어내는 결과로서 구성되기에 이른다. 이런 구성은 어떤 틀에 의한 구성이 아니라, 복잡계 과학에서의 창발처럼 아래로부터 자연발생적으로(spontaneously) 형성되는 구성이라고 할 수 있다. 물론 이는 원칙적인 이야기이고, 또 이 상향적 구성의 결과가 항상 좋은 결과를 낳는 것도 아니다. 그러나 어쨌든 현대에 이르러 민주적 정치의 존재론적 조건이 마련되었다고 할 수는 있을 것이다. 아페이론은 현대 사회와 정치의 근저에서도 활기차게 작동하고 있다.

　이렇게 '아페이론'이라는 개념 하나가 서양 문명 전체의 흐름을, 적어도 그 한 가닥에 있어 인상 깊게 드러내준다. 어떤 면에서 본다면 철학사를 쓰는 것은 곧 개념사를 쓰는 것이라는 사실, 철학사란 결국 개념사들의 다발이라는 점을 아페이론 개념은 여실히 보여준다. 그리고 개념사를 탐사하면서 우리는 수천 년에 걸쳐 이어져온 사유의 맥놀이를 생생하게 듣게 된다.

3장 존재와 생성

아낙시만드로스에게서도 어느 정도 느꼈지만, 헤라클레이토스와 엘레아학파를 만나면서 우리는 사유의 수준이 어떤 다른 국면으로 넘어감을 감지하게 된다. 오늘날의 감각으로 볼 때 자연과학자들에 가까운 밀레토스학파와 종교적 성격이 강한 퓌타고라스학파와 달리, 헤라클레이토스와 엘레아학파에게서 우리는 비로소 좁은 의미에서의 '철학자들'을 보게 되는 것이다. 이는 곧 자연철학의 수준에서 존재론의 수준으로 나아감을 의미한다. 이것은 다섯 가지 측면에서 그렇다.

우선, 이들에 이르러 사유의 성격이 '메타적'인 성격을 띠게 된다. 다시 말해 "세계는 ~하다"라는 주장에 그치는 것이 아니라 바로 그렇게 말하는 것 자체 즉 인식 자체에 대한 사유가 나오게 된다. 매우 초보적인 형태이지만 어쨌든 '인식론'이 등장하는 것이다. 둘째, 자신의 사상을 표현하는 방식 즉 글쓰기에 대한 의식이 싹튼다. 헤라클레이토스 식으로 경구(警句)를 사용한다든가 파르메니데스처럼 자신의 사유를 극화(劇化)해서 보여준다거나 하는 식이다. 이와 더불어 논변의 방식도 정교화된다. 제논에게서 나타나는 '귀류법(歸謬法)' 같은 것이 그 한 예이다. 셋째,

세계를 바라보는 눈길이 보다 깊어져 존재론적인 성격을 띠게 된다. 자연철학을 넘어 존재론적인 통찰들이 나타난다. 즉, 세계가 "～하다"만이 아니라 '세계'라는 것 그 자체를 사유의 대상으로 삼았다는 것이다. 넷째, 이것은 헤라클레이토스에게서 두드러지거니와 비유/은유, 상징, 아이러니, 풍자 등 '인문적인' 사유가 나타난다는 점이다. 과학은 직설적인 사유이다. 이에 비해 인문학 특히 문학은 삶의 아이러니, 부조리, 엇갈리는 의미 등에 주목한다. 이제 헤라클레이토스에 오면 이런 고도의 인문학적 사유가 등장한다. 마지막으로, 이와 맞물려 헤라클레이토스에게서 영혼에 대한 새로운 통찰들이 나온다. 세계를 바라보는 데 그치지 않고 그렇게 바라보는 자신의 정신 자체를 사유할 수 있는 수준에 도달한 것이다. 헤라클레이토스와 엘레아학파에 이르러 사유는 또 하나의 문턱을 넘어선다.

§1. 생성의 로고스

헤라클레이토스(BC 540~480년)는 에페소스 출신으로 알려져 있고 수수께끼 같은 사람으로 이름나 있다. 그의 사유는 기존의 사물 탐구를 훌쩍 뛰어넘는 깊이를 담고 있다. 밀레토스학파가 합리적인 과학자 집단이었고 퓌타고라스학파가 일종의 종교적 교파였다면, 헤라클레이토스는 독자의 길을 걸어간 '고독한 사상가'였다.

"원의 둘레에서 시작과 끝은 공통이다", "올라가는 길과 내려가는 길은 하나이며 동일하다", "활(弓)에게 그 이름은 삶이지만 하는 일은 죽음이다" 같은 묘(妙)한 말들이 헤라클레이토스를 특징짓는다.

델포이(/델피) 신탁에 대한 그의 말을 들어보자.

델포이에 있는 신탁의 주재자(아폴론)는 말하지도 않고 숨기지도 않으며, 다만

징표를 보일(sēmainei) 뿐이다.(DK, B/93. 단편 46)

하지만 바로 헤라클레이토스 자신이야말로 이런 신탁과도 같은 말들을 던진 사람이었다. 당시에 진리는 자연, 세계의 실재로 또는 신 등으로 불리었거니와, 이런 존재들이 온전히 우리 앞에 드러나 있다면 단지 그것들을 보기만 해도 진리를 알게 될 것이다. 반대로 이런 존재들이 우리에게 결코 드러나지 않는다면 아무리 애를 써도 진리에 도달할 수 없을 것이다. 헤라클레이토스는 실재는 완전히 드러나는 것도 아니고 완전히 은폐되는 것도 아니라는 점을 말하고 있다.(훗날의 'parousia' 개념을 예기하고 있다) 지금 식으로 말해, 실재는 어떤 기호(sign)로서, 징후로서 나타난다는 것이다. 헤라클레이토스 자신의 언어가 바로 이런 기호들이었다. 헤라클레이토스의 언어는 담론사의 새로운 문턱을 넘어 이전에 존재하지 않았던 언어/글쓰기를 가져왔다고 할 수 있다.

정신의 발견

헤라클레이토스의 이런 측면과 연결해 이해해볼 수 있는 것은 그에게서 비로소 인간이라는 존재의 자기 이해, 인간이라는 존재에 대한 깊은 성찰이 등장하기 시작한다는 점이다. 헤라클레이토스는 "나는 나 자신을 탐구했다"라는 말을 남겼다.

영혼들에게 죽음은 물이 되는 것이고, 물에게 죽음은 흙이 되는 것이다. 흙에서 물이 생겨나고, 물에서 영혼이 생겨난다.(DK, B/36. 단편 102)

사람은 취했을 때, 어디로 가는지 알지 못하면서 비틀거리며 철들지 않은 아이에게 이끌려 다닌다. 젖은 혼을 지녔으므로.(DK, B/117. 단편 104)

빛은 건조한 영혼이다. 가장 현명하고 가장 뛰어난.(DK, B/118. 단편 105)

그대는 걸으면서 모든 길을 다 밟아보아도 영혼의 한계를 찾을 수 없을 것이다. 그렇게도 깊은 로고스를 가지고 있다.(DK, B/45. 단편 106)

스스로를 자라게 하는 로고스가 영혼에 속한다.(DK, B/115. 단편 107)

단편 102의 생각은 영혼→물→흙으로 내려가는 것이 죽음의 방향이고 흙→물→영혼으로 올라가는 것이 삶의 방향이라고 말하고 있다. 이런 구도에서 보면 영혼은 불 아니면 공기와 동일시되었다고 할 수 있고 (아마 불이었을 것이다), 이 맥락에서는 헤라클레이토스 역시 자연철학자였다고 할 수 있다. 이미 보았듯이, 영혼을 공기, 불, 물 등과 동일시하거나 관련짓는 것은 고대 사유들 여기저기에서 발견되는 생각이다. 단편 104와 105를 연계시킬 경우, 인간의 영혼은 물에 가깝지만 빛은 물에서 더 '승화'된 영혼이라는 이야기가 된다. 빛도 영혼이고, 물에서 좀더 투명하고 가볍게 되었다는 점에서 즉 영묘(靈妙)하게 되었다는 점에서 인간의 "젖은 영혼"보다 뛰어나다는 것이다. 이렇게 헤라클레이토스는 자연철학적 수준에서 영혼을 파악하고 있다.

그러나 단편 106과 107에 이르면 이제 영혼에 대한 보다 고급스러운 파악이 등장한다. 영혼이란 한계가 없는 존재, "깊은" 존재, "스스로를" 자라게 하는 존재라는 생각이다. 우리의 키라든가 손가락 굵기 등은 성장할 때가 아니면 자라지 않는다. 머리카락이나 손톱 등은 일정 정도까지만 자란다. 하지만 우리 영혼의 성장에는 끝이 없다. 영혼은 자기 자신을 현 상태로 머물게 놔두지 않고 계속 자라게 한다. 그래서 영혼에는 깊이가 있다. "깊은 코", "깊은 발"은 우스꽝스럽지만, "깊은 영혼"은 자연스럽다. '자기 자신'이라는 것, 이 당연하게 느껴지면서도 또 신비한 차원을 가진 존재의 등장. 헤라클레이토스는 바로 이런 차원, 영혼의 차원, 정신의 차원을 처음으로 분명하게 밝혀낸 것이다. 또 하나의 사유의 지도리가 등장한 것이다.

영혼에서 "깊은" 것은 정확히 무엇인가. 바로 로고스이다. 영혼이 스스로 자랄 수 있게 만드는 것 또한 로고스이다. 헤라클레이토스 사유의 핵심에는 로고스 개념이 자리 잡고 있다.

눈과 귀는 사람들에게 나쁜 증인이다. 말을 알아듣지 못하는 영혼을 가진 한에서.(DK, B/107. 단편 24)

생각하는 것(phroneein)은 모두에게 공통이다.(DK, B/113. 단편 36)

자기를 아는 것과 사려(思慮)하는 것(sōphronein)이 모든 인간들에게 부여되어 있다.(DK, B/116. 단편 37)

[…] 로고스는 공통의 것이거늘, 많은 사람들은 마치 자신만의 생각(phronēsis)을 지니고 있는 듯이 살아간다.(DK, B/2. 단편 5)

지성을 가지고(xyn noōi) 말하려는 사람들은 모든 것에 공통된 것(xynōi)에 확고히 기반을 두어야만 한다.(DK, B/114. 단편 34)

이 로고스는 언제나 그러한 것으로 있지만, 사람들은 듣기 전에도, 또 듣고 나서도 언제나 이해하지 못한다. 모든 것이 이 로고스에 따라 생기건만, 모두 (내가 각각의 것을 본성에 따라 구분하고 그것이 어떠한지를 보이면서 상술하는 그러한) 말들과 일들을 경험하고 있건만, 그들은 경험 없는 사람들 같기 때문이다. 그들은 깨어서 행하는 모든 것들을 알아채지 못하는데, 이는 마치 자면서 하는 모든 것을 잊어버리는 것과 같다.(DK, B/1. 단편 4)

단편 24에서 "말을 알아듣지 못하는"이라고 번역한 "barbaros"는 그리스인들이 이방인들(특히 페르시아인들)의 말을 묘사할 때 쓰는 의성어이다. 그러나 여기에서는 헤라클레이토스가 "이방인의 영혼"에 대해 이 야기한다고 보기보다는 일반적인 뜻 즉 "무지한", "배우지 못한" 정도의 의미로 받아들이는 것이 좋을 듯하다. 그래서 여기에서 "barbaros" 는 영혼의 로고스가 "깊지" 못한 경우를 뜻한다고 볼 수 있다. 그리고 이 런 영혼에게는 눈과 귀가 즉 보는 것과 듣는 것이 별 소용이 없다는 것을 말하고 있다. 이 단편을 전해준 섹스투스 엠피리쿠스는 이 글이 감각적 인식과 이성적 인식의 이분법, 감각에의 불신과 이성에의 신뢰를 말하고 있는 것으로 설명하고 있다. 그러나 이런 날카로운 이분법은 파르메니데스의 것이고, 여기에서 헤라클레이토스의 말은 로고스 즉 사유가 동반되지 않는 잡다한 지식들은 소용없다는 뜻이리라. 단순한 박식에 대한 비판이다. 그 이전 사람들도 사유했다고 할 수 있겠지만, 헤라클레이토스는 이렇게 사유 자체를 의식적으로 강조한 최초의 인물이다. 그에게서 '영혼'과 '사유'의 의미가 명확히 드러났다고 할 수 있다.

로고스를 가지고 있되 그것을 심화시키지 못하는 사람들, 잡다한 지식들을 나열하는 사람들은 이렇게 비판의 대상이 된다. 모든 인간에게 로고스가, 즉 자기 이해, 사유/성찰의 능력이 갖추어져 있건만(단편 36, 37, 5) 그 로고스를 깊고 넓게 심화시키는 사람들은 드물다. 헤라클레이토스가 쓴 'phronēsis'는 훗날에는 '실천적 지혜'를 뜻하게 되지만, 지금의 맥락에서는 임기응변 식의 지식, 눈과 귀에만 의존하는 생활상의 잡다한 지식을 뜻한다고 하겠다. 결국 그는 사람들이 보편적 차원—"전체를 다스리는 로고스"(마르쿠스 아우렐리우스)—으로 사유를 심화시키지 못함을 비판하고 있다. 헤라클레이토스는 시인들(신화 작가들)은 물론 철학자들까지도 역시 비판한다. "박식은 지성(noos)을 갖도록 가르치지 못한다. 〔만일 가르쳤다면〕 그것은 헤시오도스와 퓌타고라스도, 또한 크세노파네스와 헤카타이오스도 가르쳤을 것이므로."(DK, B/40. 단편 13) "퓌타고라스는 허튼소리를 하는 사람들의 원조이다."(DK, B/81. 단편 17) 마을에 살지 않고 높은 산정에서 지내는 사람은 (그가 보기에는 형편없는 인간들에 대해서) 얼마간 냉소적이기 마련이다. 반대로, 바로 이 때문에 적지 않은 사람들이 그에게 악의적인 이야기들을 만들어내기도 했다.

단편 34는 헤라클레이토스가 생각하는 로고스의 잠재력이 무엇인지, 왜 그가 기존의 일반인, 시인들, 철학자들을 맹공하는지를 알려준다. 여기에서는 'noos'를 쓰고 있지만, 로고스는 "모든 것에 공통된 것"을 인식하는 능력이다. 이로부터 왜 헤라클레이토스가 일반인들의 소소한 '프로네시스'나 시인들의 허구적인 이야기들, 나아가 철학자들의 단순한 박식을 비판하는지 알 수 있다. 바로 이런 지식들은 진정한 사유의 수준에 도달하지 못한 것들이기에, 즉 세계를 보다 원대한 관점에서, 보편적 수준에서 파악한 것들이 아니기 때문이다. 여기에 단편 4를 부가하면 로고스의 의미는 인식론적 층위에서 존재론적 층위로 확장된다. 여기에서 로고스는 인간이 가진 어떤 능력만이 아니라 그 능력을 통해서 드러나는 세계의 이법으로서 이해되고 있다. 인식론이 존재론에 포함된다고 할 수 있다. 만물을 지배하는 이법이 로고스이고, 그 로고스가 인간주체의 인식 능력으로서 존재할 때에는 지금까지 말한 의미에서의 로고스가 된다. 헤라클레이토스에게서는 아직까지 이 두 로고스―세계의 이법으로서의 로고스와 인식 능력 즉 이성으로서의 로고스―의 관계가 명확하게 포착되고 있지 않지만, 전반적으로 볼 때 인간의 로고스는 우주 전체의 로고스의 한 부분, 다만 전체의 로고스를 알아보는/인식하는 로고스로 이해되고 있는 듯하다.(이 구도는 훗날 셸링과 헤겔에 의해 정교화된다) 아직 세계와 주체 사이의 거리가 뚜렷하게 나타나 있지는 않지만, 헤라클레이토스에 이르러 '영혼' 개념과 '이성' 개념의 의미가 갑작스럽게 새로운 깊이를 획득하고 있음을 확인할 수 있다.

"만물은 흐른다": 생성존재론의 탄생

나에게 귀를 기울이지 말고 로고스에 귀를 기울여, "만물은 하나(hen panta

einai)"라는 데 동의하는 것이 지혜롭다.(DK, B/50. 단편 48)

우리의 로고스를 극대로 심화시켰을 때 드러나는 이법, 그것은 곧 "만물은 하나"라는 깨달음이다. 여기에서 "만물은 하나"라는 것은 모든 사물이 같다는 뜻이 아니라 만물을 지배하는 이법은 궁극적으로 하나라는 뜻이다. 결국 이 말은 '아르케' 개념을 헤라클레이토스 식으로 확인하고 있는 것이라 하겠다.

> 같은 강에 발을 담근 사람들에게 다른 강물이, 그리고 또 다른 강물이 계속해서 흘러간다.(DK, B/12. 단편 69)

> 우리는 같은 강에 들어가면서 들어가지 않는다. 우리는 있으면서 있지 않다.(DK, B/49a. 단편 70)

헤라클레이토스는 "만물은 흐른다(panta rhei)"라는 명제로 세계의 가장 기본적인 성격으로서의 생성(生成)을 제시했다. 그러나 단편 48을 염두에 둔다면, 이 흐름이란 아무런 질서도 의미도 없는 카오스가 아니라 오히려 로고스의 지배를 받는 흐름, 근본적으로는 하나인 어떤 이법의 지배를 받는 흐름이라고 할 수 있다.

생성이란 차이들—어떤 형태의 차이들이든—이 한 순간도 멈춤 없이 계속해서 생겨나는 것을 뜻한다. 생성이란 차이들의-계속적인-발생(differentiation)이다. "역(易)은 생생불식(生生不息)"이라는 구절을 상기할 수 있다. 비가 내리고, 꽃이 피고, 사람이 태어나 살다가 죽고, 국가가 조직되었다가 파괴되는 등 이 모두가 생성이다. 견고하게 보이는 그 어떤 사물들도 시간에 잠식당하지 않는 경우는 없다. 우리는 지각하지 못하지만 미세한 변화들은 시시각각 일어나고 있다. 그러나 '역'은 아무런 이법도 없는 생성이 아니라 '리(理)'에 의해, 태극(太極)에 의해 지배된다고 한다. 또 바로 그렇기 때문에 易은 "간이(簡易)"의 성격을 띠게 된다. 마찬가지로 헤라클레이토스 역시 생성이 로고스에 의해 주재됨을 역설한다. 세계의 기본 성격은 생성="生生不息"이지만 그것은 아무런 의미도 없는 카오스가 아니라 이법=로고스에 의해 지배된다는 이 생각은 사유의 역사에 중요한 이정표를 새겼다.

단편 70 또한 철학사 전체를 관류해온 문제이다. 어떤 강에 발을 담글 때 우리는 "그" 강에 들어간다고 해야 하는가, 그렇게 말할 수 없는가? "같은 강", "바로 그 강" 같은 표현은 동일성을 함축한다. 하지만 강은 계속 생성하고 있다. 강은 계속 생성하고 있기에 매 순간 그 동일성은 무너진다. 시간 속에 존재하는 모든 것들은 아무리 미세한 방식으로라도 그 동일성을 계속 잃어버린다. 이것이 그 존재가 갑자기 다른 어떤 존재가 된다는 것을 뜻하지는 않는다. 그럴 경우 누군가를 알아-봄은 성립하지 못할 것이다. 그러나 '차이'의 기준을 극미로 잡을 경우 어제 그 사람과 오늘 그 사람은 분명 똑같지 않다. 강에 발을 담그는 그 순간 우리는 바로 그 강, 같은 강에 들어가면서 동시에 들어가지 않는다. 그 순간은 바로 강에서 차이가 탄생하는 순간이고 그래서 그 순간에 그 강은 그 강인 동시에 그 강이 아닌 것이다.

'존재'와 '비존재'는 모순관계를 형성한다. 생성은 존재·비존재와 어떤 관련을 맺을까? 어떤 사물의 생성의 매 순간은 그것이 그 존재이자 그 존재가 아니게 되는 순간이다. 때문에 매 순간은 모순을 함축한다. 존재이자 비존재라는 모순을. 존재와 무는 결코 섞일 수 없다. 서로 절대 모순을 형성한다. 생성은 존재이자 비존재=무이고, 거기에서 존재와 무는 이어지고 있다. 이로부터 생성이란 그 자체로서는 이해할 수 없는 것이라는 생각이 도래한다. 여기에서 존재와 비존재 그리고 생성, 시간, 모순관계, 동일성과 차이, 재인(再認=recognition) 같은 개념들이 복잡하게 얽히면서 하나의 개념군, 문제군을 형성하고 있다. 우리는 사유의 역사에서 처음으로 거대한 존재론적 난제(難題)='ontological aporia'에 봉착한 것이다. 이 아포리아는 철학사 전체를 관류할 것이다.

"매 순간"이라는 표현은 일정한 외연(外延=extension)을 함축하는가? 외연이 아예 없다면 사물은 변하지 않을 것이다. 시간을 통과하지 않았기에 말이다. 시간의 아무리 작은 외연도 변화를 함축한다. 그리고 시간이 외연을 가지는 한 그것은 '흐른다'. 시간을 멈추는 것은 우리의 사유에 의해서만, 인위적으로만 가능하다. 외연이 없는 '순간', '시점(時點)'은 논리적으로만 가능하다. 따라서 시간이 "흘러간다"고 생각하는 이상 있으면서 있지 않다는 모순은 성립하지 않는다. 시간은 계속 "흘러가고" 따라서 멈출 수 없다. 즉, '순간'이란 논리적으로만 가능하다. 이렇게 생각할 때 생성은 존재와 무가 섞이는 모순이기를 그친다. 존재와 무의 날카로운 분리(있음과 없음)와 생성이 함축하는 모순(있으면서도 없는 것)이라는 생각은 시간을 멈추고 어떤 순간을 포착했을 때 성립하는 것일 뿐이기 때문이다. 이럴 경우 생성이 존재와 무의 모순관계가 되는 것이 아니라 존재와 무가 생성으로부터 추상해낸—운동을 공간에 투사한—것일 뿐이게 된다. 이것이 생성의 문제가 해소되는 한 방식이다. 우리는 후에 베르그송을 만날 때 이 생각에 다시 마주치게 될 것이다.

이제 두 가지의 물음이 제기된다. 첫째, 만물이 "흐른다"고 할 때 그 흐름의 바탕이 되는 원질은 무엇인가. 밀레토스학파가 던졌던 아르케 물음이 바로 이런 물음이었다. 다른 하나는 만물은 "하나이다"라고 할 때 이 "하나이다"라는 말의 구체적인 내용은 무엇인가 하는 물음이다.

우주(kosmos)는 모두에게 동일한 것이며, 신이 만든 것도 인간이 만든 것도 아니다. 그것은 언제나 있어왔고 있고 있을 것이며, 영원히 꺼지지 않는 불(pyr aei zôon)로서 적절한 만큼 타오르고 적절한 만큼 잦아든다.(DK, B/30. 단편 75)

불의 죽음이 공기에게는 생겨남이고, 공기의 죽음이 물에게는 생겨남이다.(DK, B/76. 단편 77)

모든 것은 불의 교환물이고 불은 모든 것의 교환물이다. 마치 물건들이 금의 교환물이고 금은 물건들의 교환물이듯이.(DK, B/90. 단편 78)

불이 덮쳐와서 모든 것을 판결하고/가려내고 단죄할 것이다.(DK, B/66. 단편 90)

탈레스는 물, 아낙시만드로스는 아페이론, 아낙시메네스는 공기, 퓌타고라스학파는 수를 원질로 보았다. 이에 비해 헤라클레이토스는 불을 내세운다. 하지만 단편 75를 잘 음미해보면, 헤라클레이토스의 불이 즉물적인 형태로서의 불을 뜻하지는 않는다는 것을 알 수 있다. 현상적인 불은 타오르다가 꺼져버린다. 그러나 "영원히 꺼지지 않는 불"이라고 했다. 그렇다면 이 불은 현상적인 불보다는 차라리 생명, 에네르기, 기(氣) 등에 가까워 보인다. 헤라클레이토스가 말하려는 것은 우주는 (넓은 의미에서) 살아 있고 또 영원하다는 것이다.

불은 언제나 타고 있으며 때문에 헤라클레이토스는 우주의 탄생을 부정했다. 우주의 시작과 끝이 있다고 믿는 유한주의와 우주란 시작도 끝도 없는 영원한 어떤 것이라고 보는 무한주의는 지중해세계의 중세에 중요한 화두가 된다. '창조'를 이야기하는 유대-기독-이슬람교의 입장에서 볼 때 우주의 영원성은 인정할 수 없는 것이기에 말이다. 그러나 어떤 철학자들은 무한주의의 입장을 취하기도 했고, 이런 입장은 헤라클레이토스에게서 처음으로 명확하게 등장한다. 이 세계는 끝없이 타오르는 불과 같은 것이라는 이유로 그는 만물의 시작이나 끝 같은 것은 있을 수 없음을 역설한다. 그렇다고 불이 초월적이라는 이야기는 아니다. 불이 먼저 있고 그로부터 세계가 탄생하는 것이 아니라, 세계는 영원히 생기하는 것이며 그 원질이 불인 것이다.

그러나 원질이 불이라 해도 현상세계는 공기, 물, 흙, 더 나아가 다양한 복합체들로 이루어져 있지 않은가? 다른 자연철학자들이 그랬듯이 헤라클레이토스도 현상과 본체의 관계를 밝혀주어야 했다. 더구나 우리는 여기에서 탈레스에게 던졌던 물음을 다시 던질 수 있다. 물, 불, 공기, 흙에서 왜 불만이 원질이어야 하는가라고. 이 문제에 관련해 헤라클레이토스가 불→공기→물의 전환을 이야기하고 있다는 점이 중요한 참조가 된다. 사실 전환의 체계는 더 복잡하다. 이것은 불, 공기, 물이 서로 다른 실체가 아니라(후대의 용어로 "실체적으로 구분되는" 것이 아니라) 사실상 동일한 한 존재의 변형태(變形態)/변환태라는 생각을 함축한다. 여기에서 흙은 이차적인 존재로 취급된다는 점과 더불어, 아낙시메네스의 전환 방식과의 차이에도 주목할 수 있다. 아낙시메네스는 공기→불→(바람→구름)→물→흙을 이야기했다. 여기에서 아낙시메네스의 불이 현상적인 불이라면, 헤라클레이토스의 불은 공기 이상의 근본적인 원질임을 확인할 수 있다. 불이라는 똑같은 말을 쓰고 있지만, 두 사람의 사유 체계 각각에서 그것이 가지는 의미와 위상은 다르다.

헤라클레이토스는 불이 모든 것의 교환물이라고 했다. 책, 밥, 건물 등 서로 다른 존재들이 모두 금으로 환원되어 비교되듯이, 만물은 불로 환원되어 비교될 수 있다는 것이다. 주의할 것은 금이 다른 사물들과 별개인 한 사물이듯이 불이 만물과 구분되는 또 하나의 어떤 것은 아니라는 점이다. 불은 초월적인 어떤 존재가 아니며, 모든 것의 공통 '원질'일 뿐이다. 그래서 "불이 덮쳐와서"라는 구절도 불이 세계 바깥에서 덮쳐온다는 뜻으로 읽으면 곤란하다. 이것은 해독하기 힘든 구절이지만, 모든 것들이 불로 돌아간다는 것, 순수한 원질의 상태로 회귀한다는 것을 뜻하는 듯하다. 이럴 경우 헤라클레이토스의 생각은 아낙시만드로스의 생각과 통하게 된다. 불과 아페이론. 그리고 이때 '판결'이니 '단죄'니 하는 말들도 아낙시만드로스의 '불의'와 연관시켜 이해할 수 있을 것이다. 결국 "만물은 흐른다"라는 현상세계에 대한 파악은 "우주는 〔…〕 영원히 꺼지지 않는 불"이라는 원질의 차원에 대한 파악과 정합적으로 이해될 수 있다.

두 번째 물음 즉 "만물은 하나"라는 통찰의 구체적인 내용은 다음 구절들에서 읽어낼 수 있다.

차가운 것은 뜨거워지고 뜨거운 것은 차가워진다. 젖은 것은 마르고 마른 것은 젖는다.(DK, B/126. 단편 53)

동일한 것(tauto t'eni) ⋯ 살아 있는 것과 죽은 것, 깨어 있는 것과 잠든 것, 젊은 것과 늙은 것. 왜냐하면 이것들이 변화하면 저것들이고, 저것들이 다시 변화하면 이것들이기 때문에.(DK, B/88. 단편 54)

바닷물은 가장 깨끗하고 또한 가장 더럽다. 물고기에게는 마실 수 있고 〔생명을〕 보존해주는 것이지만, 인간에게는 마실 수 없고 〔생명을〕 앗아가는 것이다.(DK, B/61. 단편 55)

원의 둘레에서 시작과 끝은 공통이다.(DK, B/103. 단편 65)

올라가는 길과 내려가는 길은 하나이며 동일하다.(DK, B/60. 단편 66)

병은 건강을 달콤하고 좋은 것으로 만든다. 굶주림은 포만을, 피로는 휴식을 그렇게 만든다.(DK, B/111. 단편 72)

가장 아름다운 질서(kosmos)는 아무렇게나 쌓인 쓰레기 더미이다.(DK, B/124. 단편 62)

헤라클레이토스의 사유가 후대에 남긴 가장 큰 영향 중 하나는 세계를 모순과 대립, 부정으로 본 점에 있다. 더 정확히 말해 세계를 모순과 대립, 부정으로 보되 이런 원리들이 사물들을 파괴하거나 정지시키기보다는 오히려 질서 있게 생성하게 만들어준다는 것을 역설한 점에 있다. 헤겔의 변증법은 이 사상을 가장 직접적으로 이은 경우이다.

세계는 모순/대립을 통해서 움직이지만 세계 자체는 모순/대립을 넘어서 근원적 하나로서 존재한다.[1] 그러나 우리는 모순/대립을 고착화해서 파악하며 그래서 '이항 대립적' 사유를 구사한다. 차가움과 뜨거움, 마름과 젖음, 깨어 있음과 잠들어 있음, 젊음과 늙음, 깨끗함과 더러움, 올라감과 내려옴, 병과 건강, 굶주림과 포만, 피로와 생기 넘침, 시작과 끝, 삶과 죽음, 질서와 무질서 같은 이항 대립을 고착시켜 이해하는 것이다. 그러나 이런 모순/대립은 결국 근원적 하나의 다른 얼굴들일 뿐이다. 그 하나는 단지 즉자적(卽自的)인 하나, 단적인 하나가 아니라, 모순과 대립을 통해서, 또는 부정을 통해서 스스로를 드러내며 그러면서도 다시 그 모순/대립, 부정을 거두어들이면서 자체의 하나임을 유지하는 하나이다. 모순/대립, 부정 등을 내포하는 하나이기에, 시간을 배제한 정적인 동일성으로서의 하나가 아니라 시간을 내포하는 동적인 동일성으로서의 하나이다.

단편 53은 모순과 대립을 논리적-공간적으로 보기보다 시간적으로 보고 있다. 뜨거움과 차가움, 젖음과 마름은 논리적-공간적으로 단지 대립을 형성할 뿐이지만, 발생적-시간적으로는 오히려 각각이 각각을 낳는/생성시키는 관계가 된다. 더 극단적인 경우 이는 모순들에서도 성립한다. 그래서 대립자들은 사실은 근원적 하나가 시간 속에서 자신을 전개하는 계기들(moments)인 것으로 이해된다. 이렇게 논리적-공간적 사유와 발생적-시간적 사유의 대립과 화해가 지성사를 수놓아왔으며, 헤라클

---

1) 대립(opposition)은 두 대립자를 포괄하는 상위의 동일성을 전제한다. 남자와 여자의 대립은 '인간'이라는 동일자를, 딱딱함과 부드러움은 촉감이라는 동일자를 전제한다. 모순(contradiction)의 경우 그 위에 상위의 동일자가 존재하지 않는다. 인간과 인간-아님을 동시에 포괄하는 상위 동일자는 없다. 즉, 인간이기도 하고 인간이 아니기도 한 존재는 없다.

레이토스는 모든 시간철학들의 원천이라고 할 수 있다.

모순과 대립이 파괴와 양립 불가능성만을 가져오는 것이 아니라 오히려 생성과 창조를 가져온다는 생각은 다음 단편들에서도 잘 나타난다.

전쟁은 모든 것의 아버지이고 모든 것의 왕이다. 그것이 어떤 이들을 신으로 또 어떤 이들을 인간으로 만들며, 어떤 이들을 노예로 또 어떤 이들을 자유인으로 만든다.(DK, B/53. 단편 87)

전쟁은 공통된 것이고 투쟁이 정의이며, 모든 것은 투쟁과 필연(chreōn)에 따라서 생겨난다는 것을 알아야만 한다.(DK, B/80. 단편 88)

인생(aiōn)은 장기를 두면서 노는 아이. 왕국은 아이의 것이니.(DK, B/52. 단편 86)

본성/자연(physis)은 스스로를 감추곤 한다.(DK, B/123. 단편 45)

신에게는 모든 것이 아름답고 좋고 정의롭지만, 인간들은 어떤 것들은 정의롭지 않다고 생각하고 또 어떤 것들은 정의롭다고 생각한다.(DK, B/102. 단편 74)

단편 86은 문자 그대로 '수수께끼' 같다. 그러나 단편 45, 74와 함께 읽음으로써 의미를 짐작할 수 있다. 우리가 살아가면서 집착하는 모든 싸움들, 모순과 대립, 원한과 비방 등이 높은 견지에서 보면, 근원적 하나의 관점, 'physis', 신, 어린아이의 견지에서 보면, 그저 장기를 두면서 노는 것, 한바탕 꿈과도 같다는 것을 뜻하리라.

현대적인 감각에서 보았을 때 헤라클레이토스의 사유도 동일성의 사유를 온전히 벗어난 것은 아니다. 그의 세계 역시 최종적으로는 '근원적 하나'로 귀일(歸一)하기에 말이다. 그러나 헤라클레이토스가 예컨대 조화를 이야기한다 하더라도 그것은 그저 안일한 조화가 아니라 투쟁과 갈등, 전쟁 등의 계기들을 통해서 균형을 이룰 때 성립하는 결과라는 사실을 기억하자. 활을 당길 때 너무 당기면 부러지고 부족하게 당기면 화살을 못 쏠 것이다. 탁자가 밑으로 꺼지지 않는 것도 그것이 내리누르는 힘과 바닥의 반작용이 균형을 이루기 때문이다. 우리 몸이 아프지 않다 해도 병이 없는 것은 아니며, 몸 안에서는 항상 투쟁이, 전쟁이 벌어지고 있다. 그 투쟁이 팽팽하게 균형을 이루고 있기에 조화로 보일 뿐이다. 요컨대 조화라는 것은 모든 투쟁이 끝난 조용하고 편안한 상태가 아니다. 우주의 영원한 진리는 투쟁, 갈등, 전쟁이며 그러나 이 모든 것이 근원적 하나의 계기들이라는 것, 그런 계기들의 균형을 통해 우주는 조화를 유지한다는 것, 이것이 헤라클레이토스의 통찰이다.

인식, 종교, 윤리

헤라클레이토스가 이룩한 또 하나의 큰 성과는 (체계적이기보다는 암시적인 방식을 통해서이긴 하지만) 인식론적 사유를 제시한 점이다. 학문에 있어, 지식 탐구 못지않게 중요한 것은 지식이라는 개념 자체의 탐구이다. 지식의 특정한 내용들만이 아니라 지식, 인식, 진리, 의미, 사유, 법칙, 방법 등의 개념들에 대해서도 사유해야 한다. 예컨대 "눈이 내린다"는 명제와 그것이 지시하는 현상의 관계는 무엇인가? 이 판단이 "맞다"고, "진리"라고 할 때 그 '진리'라는 말은 무엇을 뜻하는가? 이전 철학자들이 그저 "~이 진리다"라고만 말했다면, 헤라클레이토스는 인식과 진리 그 자체에 대해 사유하기 시작했다.

인식론과 과학의 관계는 비평과 예술의 관계와 유사하다. 화가가 멋진 그림을 그렸다고 해서 그가 그 그림의 의미가 무엇인지, 예술사적 위상이 무엇인지에 대한 질문에 잘 대답할 수 있는 것은 아니다. 그런 물음에는 오히려 비평가가 잘 대답할 수 있다. 마찬가지로 제반 과학 또는 종합적 사유로서의 형이상학은 실재를 탐구하지만, 탐구, 과학, 지식, 진리 등이 정확히 무엇을 뜻할까를 다루는 것은 인식론이다. 헤라클레이토스는 이런 식의 문제의식을 분명하게 가졌고, 그런 사유의 수준에 서서 일반 대중만이 아니라 이전의 철학자들까지도 가혹하게 비판했던 것이다.

날카로운 인식론적 의식을 가진 사람들이 특히 비판적으로 보는 현상들 중 하나는 종교이다. 헤라클레이토스가 종교적 행위들에 준엄한 비판을 가한 것도 이런 맥락에서 이해할 수 있다. 퓌타고라스학파의 종교적 성격에 대해 이야기했거니와, 헤라클레이토스 같은 비판적인 영혼이 볼 때 교주를 받들고, 규칙을 만들어 사람들을 훈육하고, 과학과 신비를 마구 뒤섞는 이런 학파는 몹시 부정적으로 보였을 것이다. 나아가 그는 종교 일반에 대해 비판적이었다.

헤라클레이토스 같은 철학자들이 종교에 대해서 비판적인 이유는 크게 두 가지이다. 하나는 인식론적인 것이고 다른 하나는 윤리학적인 것이다. 인식론적으로 볼 때 대부분의 종교가 말하는 내용이 학문적으로 증명되기 힘든 것이기 때문이고, 윤리학적으로 볼 때 종교의 담당자들이 어리석은 대중을 속여 부와 권력을 누리기 때문이다. 인식론적 비판은 대체로 정당하다. 그러나 윤리적 맥락에서는 간단히 일반화하기가 곤란하다고 해야 할 것이다. 헐벗은 민중과 함께하는 종교로부터 막강한 권력을 누리는 종교까지 무수한 경우들이 있기 때문이다. 어쨌든 헤라클레이토스는 당대의 종교 행위들에 대해 냉엄한 비판을 가하고 있다.

> 사람들에게 관습적으로 행해지는 비교의식(秘敎儀式)들이 불경하게 이루어지기 때문 […] (DK, B/14. 단편 98)

> 그들은 정화한답시고(kathairontai) 다른 피로 자신을 더럽히는데, 이는 마치 어떤 이가 진흙탕에 들어가서 진흙으로 씻으려는 것과 같다. 만일 그가 이와

같이 하는 것을 누군가 알아차린다면, 그를 미쳤다고 할 것이다. 또한 그들은 신들도 영웅들도 누구인지 전혀 알지 못하면서, 마치 어떤 이가 건축물들에다가 대고서 떠들어대는 것처럼, 그러한 조각상들에게 기원한다.(DK, B/5. 단편 99)

만일 그들이 제의 행렬을 벌이고 남근(男根)을 찬양한 것이 디오뉘소스를 위해서가 아니라면, 그것들은 가장 뻔뻔스러운 짓일 것이다. 그런데 디오뉘소스와 하데스는 동일하며, 그를 위해 그들은 열광하며 제의를 벌인다.(DK, B/15. 단편 100)

시뷜라[아폴론의 무녀]는 광기 어린 입으로 음울하고 꾸미지 않은 거친 것들을 말하면서도, 신 덕분에 [⋯] (DK, B/92. 단편 101)

단편 100은 다소 미묘하다. 논조는 비판적이지만, 유심히 읽어보면 디오뉘소스=하데스를 위해서라면 그렇게 해도 좋다는 뜻으로도 보인다. 고고학, 고문자학, 신화학, 문헌학 등 다양한 기초 학문들을 동원해도 해독하기 어려운 고대의 단편글들이 많다. 디오뉘소스와 하데스를 동일시한 것은 삶과 죽음을 근원적 하나의 두 얼굴로 보는 사고를 반영하고 있다고 보면 될 것이다. 그렇다면 이 구절은 근원적 하나, 불, 로고스의 종교적 숭배라면 긍정적일 수 있음을 말한다고 추측할 수 있다. 단편 101 역시 논조는 비판적이지만, "신 덕분에 [그 목소리로 천년 동안이나 전해온다]"라는 말을 해석하기는 쉽지 않다.

종교란 죽음과 밀접한 관련을 가진다. 죽음, 그리고 불안―훗날 하이데거가 강조하게 되듯이 불안은 죽음에 대한 의식에서 생긴다―이 없다면 종교가 존재할 것인가? 죽음이란 영혼과 관련된다. 돌멩이가 벼락을 맞아 두 동강 났다고 해서 그것이 "죽었다"라고 하지는 않는다. 그렇다면 종교를 비판한 헤라클레이토스 자신은 죽음을 어떻게 생각했을까?

앞에서 헤라클레이토스가 영혼에 대해 섬세하게 통찰했다는 점을 강조했지만, 바로 이와 관련해 그는 죽음에 대해서도 여러 통찰들을 남기고 있다.

사람들이 죽었을 때, 기대하지도 생각지도 않은 것들이 그들을 기다린다.(DK, B/27. 단편 108)

더 큰 죽음(moros)은 더 큰 몫/운명(moira)을 받는다.(DK, B/25. 단편 111)

태어나면 그들은 살고자 하고 또한 죽을 운명을 갖고자 하며(아니 오히려 쉬고자 하며), 죽을 운명이 생겨나도록 아이들을 뒤에 남겨두고 간다.(DK, B/20. 단편 115)

불사자(不死者)들은 가사자(可死者)들이고, 가사자들은 불사자들이다. 저들의 죽음을 살고 저들의 삶을 죽기에.(DK, B/62. 단편 116)

밤에 눈빛(眼光)이 꺼지면 사람은 스스로 불을 켠다. 살아가면서, 잘 때에는 죽은 자들과 접촉하고 깨어나서는 자고 있는 자와 접촉한다.(DK, B/26. 단편 117)

죽음은 우리가 깨어난 뒤에 보는 것들이고, 자고 있을 때 보는 것들은 잠이다.(DK, B/21. 단편 118)

단편 111의 'moros'는 단순히 '수명'을 뜻할 수도 있다. 'moira' 역시 수명을 뜻할 수 있고, 그렇게 읽을 경우 이 단편은 그저 단순히 두 말을 연결해주는 것이 된다. 단편 117의 경우는 "자고 있는 자와"를 "살고 있는 자와"로 고쳐야 의미가 분명해진다. 마찬가지로 단편 118의 '잠'은 내용상 잘 어울리지 않고 '삶'으로 고쳐 읽어야 할 것이다.

흔히 최초의 철학자들을 '자연철학자들'이라 부르지만, 이 표현이 정확하지 않을 수도 있다. 헤라클레이토스와 엘레아학파의 경우가 특히 그렇다. 이들을 '자연철학자'로 부를 수 있는 것은 자연이라는 말을 '퓌지스'로 이해하는 한에서이다. 설사 이들이 자연철학자들이었다 해도 이들이 오로지 자연철학만 이야기한 것은 아니다. 헤라클레이토스는 윤리학과 정치학에 대한 생각도 남기고 있다.

> 한 사람이더라도 나에게는 만인에 맞먹는다. 만일 그가 가장 뛰어나다면.(DK, B/49. 단편 120)

> 민중(dēmos)은 성벽을 지키기 위해서 싸우는 것처럼 법을 지키기 위해서도 싸워야 한다.(DK, B/44. 단편 124)

> 인간에게는 성품(ēthos)이 수호신(daimōn)이다.(DK, B/119. 단편 125)

> 타오르는 불보다 차라리 오만(hybris)을 꺼야 한다.(DK, B/43. 단편 127)

> 충동(thymōi)과 싸우기는 어렵다. 그것이 무엇을 하고자 하든 영혼을 대가로 치르기 때문에.(DK, B/85. 단편 128)

단편 120은 세상 사람들에 대한 헤라클레이토스의 혐오감을 전해주고 있는 동시에 뛰어난 인물들에 대한 그의 존경심을 말해주고 있기도 하다. 그가 뛰어나다고 본 사람이라야 헤르모도로스, 비아스 등 극소수에 불과했지만 말이다.

단편 124에서의 '법'이 실정법을 말하는 것인지 아니면 우주의 로고스로서의 법을 말하는 것인지는 불확실하다. 그 중간으로서 자연법 또는 인류을 뜻하는 것일 수도 있다.

단편 125는 중요한 단편이다. '다이몬'은 개개인에게 할당된 운명, 몫의 뜻을 가진다. 개인의 신 즉 수호신의 뉘앙스를 띤다. 행복을 뜻하는 '에우다이몬'과 불행을 뜻하는 '카코다이몬'도 이 다이몬의 선악(善惡)과 관련된다. 이는 매우 숙명론적인 생각이다. 고대적 삶이 대개 그렇듯이, 그리스 사람들도 '운명'을 삶을 지배하는 가장 강한 힘으로 보았다. 그리스 문명의 역사는 그런 생각에서 벗어나는 과정이었다. 헤라클레이토스는 한 사람의 다이몬=운명을 바로 그 사람의 'ēthos'로 보고 있다. 이 '에토스'는 반드시 선천적인 것만은 아니다. 한 사람이 평생에 걸쳐 "가꾸어나가는" 것이기도 하다. 이 점에서 지금의 '사람됨(personality)'에 가까운 것을 뜻한다. 헤라클레이토스에게서 고급스러운 영혼 개념이 등장한다는 점을 염두에 둔다면, 우리는 이 구절을 인간의 인격과 자유를 긍정하는 최초의 언표로 볼 수도 있다.

단편 127에 등장하는 '휘브리스'의 오만, 일탈, 경솔함, 광기 등의 의미는 조화, 균형, 이성, 정의 등과 대조를 이룬다. 이 말은 헬라스 역사에서 다양한 뉘앙스를 띠면서 계속 문제가 되어왔다. 헬라스 문화의 표면 뒤에 존재하는 이면이라고 할 수 있을 것이다. 헤라클레이토스도 이 점에서는 예외가 아니다.(그러나 니체를 비롯한 현대의 어떤 철학자들은 오히려 이 휘브리스에서 독특한 매력을 발견한다) 단편 128도 유사한 맥락에서 이해할 수 있다.

헤라클레이토스는 좁은 의미에서의 최초의 철학자라고도 할 수 있다. 자연에 대한 이해를 추구한 밀레토스학파나 과학과 신비를 섞은 일종의 종교 단체로서의 퓌타고라스학파가 있었지만, 그리고 아낙시만드로스에게서 이미 심오한 사유가 나타났다고 할 수 있지만, 헤라클레이토스에게서 우리는 처음으로 좁은 의미에서의 '철학자'를 발견하게 되는 것이다. 수준 높은 인문적/문학적 글쓰기, 인간·영혼·죽음 등에 대한 섬세한 통찰들, 기존의 인간·종교·사상에 대한 날카로운 비판, 메타적/인식론적인 문제의식, 생성의 긍정과 모순/대립을 통한 창조의 존재론 그리고 근원적 일자라는 심오한 형이상학, 나아가 윤리학적 · 정치학적 사유 등, 여러 측면에서 철학의 역사에 획을 그은 인물이라 하겠다.

그러나 이 인물의 사상은 잘 이해되지 않았고 그의 이름은 늘 서구 사유의 주변에서 맴돌았다. 그와 정반대의 성격을 띤 엘레아학파가 서구 사유의 주류로 자리를 잡았다. 존재(Being)의 사유가 주류를 이루게 되고 헤라클레이토스의 생성(Becoming)의 사유는 스토아학파를 비롯한 몇몇 경우를 예외로 한다면 지하에 묻히게 된 것이다. 그러나 훗날 헤겔이 그를 재발견하고 니체와 베르그송이 그의 사유를 발전시킴으로써, 헤라클레이토스의 사유는 현대에 들어와 활짝 꽃피게 된다.

헤라클레이토스의 사유는 동북아의 사유와 몇 가지 친연성(親緣性)을 가진다. 이미 언급했듯이, 만물이 흐른다는 생성존재론은 易의 기본 원리인 "生生不息"과 맥을 같이하고 있다. 또한 이 흐름이 사실상 로고스에 의해 지배된다는 생각 역시 역의 생성이 태극에 의해 지배된다는 생각과 상통한다. "가장 아름다운 질서는 아무렇게나 쌓인 쓰레기 더미이다" 같은 식의 역설적 사유는 『노자』에서 자주 만날 수 있다. 투쟁이 만물의 아버지라는 생각은 "일음일양지위도(一陰一陽之謂道)"를 비롯한 여러 구절들에서 그 짝을 찾을 수 있다. "죽음은 우리가 깨어난 뒤에 보는 것들이고, 자고 있을 때 보는 것들은 잠〔삶〕이다" 같은 생각은 음양론의 구조와 맥이 닿아 있다. 적어도 사유의 골격에 있어 두 전통은 적지 않게 상통한다 할 수 있으리라. 두 사유의 관계를 앞으로 면밀히 검토해볼 필요가 있다. 헤라클레이토스가 서구 철학의 '주류'가 되었다면 동서양의 관계는 사뭇 다른 것이 되지 않았을까.

§2. 영원부동의 일자(一者)

엘레아학파(크세노파네스, 파르메니데스, 제논, 멜리소스 등)에게서 우리는 헤라클레이토스의 사유와 정확히 대조되는 사유를 발견한다. 이 학파는 이후의 철학사적 흐름에 결정적 분기점을 마련하게 되며, 어떤 의미에서는 이후에 전개된 그리스 철학사란 이 학파가 남긴 물음에 대한 응답의 역사라 해도 과언이 아닐 듯하다. 엘레아학파는 헤라클레이토스와는 달리 실재는 영원부동의 하나, 일자(一者)라 생각했고, 따라서 다자와 운동을 부정하는 극단적인 주장을 펼쳤다. 이런 생각의 여파는 어떤 면에서는 현대의 과학적 탐구들에까지도 이어지고 있다고 할 수 있다.

비판철학의 등장

엘레아학파의 시조는 크세노파네스로 알려져 있지만, 그의 사유는 엘레아학파의 일반적인 사유와 다소 이질적이다. 우리는 그를 고대 그리스의 '비판철학자'라 부를 수 있다. 흔히 철학을 '비판적이고 종합적인' 사유라고 하지만, 우리는 철학사에서 비판 위주의 철학과 종합 위주의 철학이 갈마듦을 확인할 수 있다. 비판 위주의 사유는 세계에 대해 스스로 적극적인 가설을 내기보다는 기존의 학설들을 비판하는 데 초점을 맞춘다. 인식론이 대표적이다. 철학을 '메타적' 담론이라고 할 때 이 말의 한 가지 의미는 비판적 사유에 있다. 이런 유형의 철학을 전개하는 사람들은 대체적으로 형이상학에 대해서, 세계에 대한 거창한 사변들에 대해서 부정적이다. 반면 종합 위주의 철학은 기존의 작업들을 비판하기보다는 스스로가 적극적으로 큰 그림을 그리고자 한다. 인문 · 사회 · 자연과학을 종합해서 세계와 인간 그리고 역사에 대한 종합적인 이해에 도달하려고 한다. 이것이 '메타적'이라는 말이 가진 또 하나의 의미이다. 칸트가 전자의 예라면, 헤겔은 후자의 예이다. 철학사는 비판철학과 종합철학의 대결의 역사이다. 종합철학자들이 큰 그림을 그려놓으면 비판철학자들이 거기에 대해 이의를 제기하고, 다시 또 다른 인물이 나와 보다 발전된 그림을 그리곤 한다. 철학사는 인식론과 존재론, 비판철학과 형이상학, 메타적 분석과 종합적 사유의 길항(拮抗) 과정으로 볼 수 있다.

그리스적 비판철학의 효시(嚆矢)인 크세노파네스(BC 560~478년)는 이오니아 지방에서 태어났으나 페르시아의 침입 때 그의 고향 콜로폰이 망하면서 이탈리아로 옮아간다. 이후 그는 음송(rhapsōdein)을 업으로 하는 음유시인이 된다. 음유시인의 특징은 여러 곳을 돌아다닌다는 데 있고, 크세노파네스 역시 헬라스 전역을 떠돌아다녔다. "헬라스 땅 전역에 나의 생각을 펼치며 지내온 지 어언 예순하고도 일곱 해가 지났네." 스물다섯 살 때에 시작한 편력을 무려 67년이나 지속했다는 이야기다. 정주적 삶을 사는 사람은 자기가 알고 있는 세계가 전부라 생각하기에 자칫 그 세계를 절대화하기 쉽지만, 크세노파네스처럼 여기저기 돌아다니며 많은 것을 본 사람은 문화라는 것이, 가치라는 것이 얼마나 상대적인지를 깨닫게 된다. 때문에 그런 사람에게 어떤 한 문화가 내세우는 가치란 결코 절대적인 것이 아니다. 심지어 한 문화에서 엄청난 진리라 이야기하는 것이 다른 문화에서는 보잘것없는 것일 수 있는 것이다. 이런 생각은 흔히 '상대주의(relativism)'라 불린다. 이 말은 정확히 무엇이 '상대적'인지를 밝히지 않으면 혼란스러운 개념이 된다. 지금 말하는 상대주의는 이른바 '문화 상대주의'이다. 크세노파네스의 다음 단편들은 이런 맥락에서 이해할 수 있다.

아이티오피아(에티오피아) 사람들은 〈자신들의 신들이〉 코가 낮고 〔피부가〕 검다고 말하고, 트라키아인들은 〈자신들의 신들이〉 〔눈이〕 파랗고 머리카락이 붉다고 〈말한다〉.(DK, B/16. 단편 17)

소들, 〈말들〉, 그리고 사자들이 손을 갖는다면,
또한 손으로 그림을 그리고 사람이 만드는 것과 같은 작품을 만들어낼 수 있다면,

말들은 말들과 소들은 소들과 유사한 신의 모습을 그릴 것이고,
〈각기〉 자신들이 가지고 있는 것과 같은 형체를 만들겠지.(DK, B/15. 단편 18)

단편 17, 18은 논의를 문화와 문화 사이만이 아니라 인종과 인종, 종과 종 사이로까지 확대하고 있다. 상대주의는 소중한 가치이다. 타인과 나의 상대성, 다른 문화와 '우리' 문화의 상대성, 지식들의 상대성, 종교적 상대성 등등 상대성을 깨닫는 것이 중요하기 때문이다. 한 인간이 지성적인 존재가 되는 것은 상대성을 깨닫는 데에서 출발한다. 상대성을 깨닫지 못할 때 아집, 편견/선입견, 오해 등이 삶을 지배하게 된다. '상대주의'라는 말에는 종종 부정적인 뉘앙스가 붙지만, 오히려 상대성이야말로 모든 인식과 진리의 출발점이다. 보편성이나 객관성은 단지 주어져 있는 것이 아니다. 상대성에서 시작해 조금씩 만들어져가는 것일 뿐이다. 어떤 보편성·객관성을 자의적으로 상정하고 시작하는 사유는 지극히 상대적인 것일 뿐인 어떤 것을 애초부터 보편적·객관적인 것으로 놓고 나가는 심각한 오류를 범하게 된다. 물론 적극적인 사유는 상대성에만 머물지는 않는다. 그러나 출발은 항상 상대성에 대한 깨달음이어야 한다. 크세노파네스의 단편들은 상대성의 중요함을 일깨워준다.

크세노파네스는 나아가 신들에게 인간의 이미지를 투영하는 것에 대해서도 날카로운 비판을 가한다.

호메로스와 헤시오도스는 인간들 사이에서
비난받을 만하고 흠잡을 만한 것들 모두를,
즉 도둑질, 간통 그리고 서로 속이기를 신들에게 부여했다.
(DK, B/11. 단편 14)

그러나 죽을 운명의 존재들(인간)이 신들이란 태어나는 존재들이고
자신들처럼 옷과 목소리와 형체를 갖는다고 생각한다.(DK, B/14. 단편 16)

그들이 이리스〔무지개의 여신〕라 일컫는 것, 그 또한 본디 구름이기에,

자줏빛과 심홍빛 그리고 녹황빛으로도 보인다.(DK, B/32. 단편 29)

신들과 인간들 가운데서 가장 위대한 하나의 신은,

형체도 생각도 죽을 운명의 존재들과는 조금도 비슷하지 않다.

(DK, B/23. 단편 19)

호메로스와 헤시오도스처럼 신들을 묘사하는 것은 결국 인간이 자신의 이미지를 신들에게 투영하는 것과 다름없다는 것이다. 이런 비판은 훗날 포이어바흐에게로 이어진다. 단편 29는 더 나아가 사람들이 신이라고 생각하는 것이 사실상 자연현상에 불과하다는 것을 말하고 있다. 그러나 신을 전적으로 부정하는 것 같아 보이지는 않는다. 단편 19는 모호하기는 하지만 유일신 또는 최고신을 말하면서 그 존재에 인간의 이미지를 투영하는 것을 비판하고 있다.

이 문제, 즉 신을 '아름답다', '선하다', '완전하다' 하는 식으로 서술하는 것, 규정하는 것을 둘러싼 논쟁이 중세 철학사를 수놓게 되거니와, 지금 크세노파네스가 그런 식의 이론적인 논의로까지 가는 것으로는 보이지 않는다. 호메로스 등처럼 신들을 거짓말하고 간통하고 싸우는 존재들로 표상하는 것을 비판하는 것뿐이다. 훗날 플라톤은 신들에 대한 뮈토스의 이런 묘사가 사람들(특히 젊은이들)에게 악영향을 끼친다고 강도 높게 비판한다.

신화의 세계는 '의인화(personification)'의 세계이다. 그러나 그리스 문화사에서 '필로소피아'라는 담론/행위가 출현하면서 뮈토스의 세계는 부정되기 시작했다. 뮈토스를 통해서 신화적 세계관을 배우던 그리스인들에게 '철학'이라는 것이 등장해서 무지개는 이리스라는 여신이 아니라 구름에 빛이 부딪쳐서(지금 식으로 말해 전반사를 통해서) 생겨난 것일 뿐이라고 설명했을 때, 그들이 받았던 충격은 상상하기 어려울 지경이었

을 것이다. 철학자들은 기존 사회가 믿고 있던 통념, 그 사회를 떠받치고 있던 기존 질서를 무너뜨렸고, 그래서 훗날의 일이지만 그들의 사상은 탄압의 그늘 아래 들어간다. '소크라테스의 죽음'은 당대의 일반적 현상이었던 지식인 비방의 한 귀결이었다.

크세노파네스는 퓌타고라스학파와 대조적이다. 퓌타고라스학파가 교조성이 강한 종교 단체였다면, 크세노파네스는 헬라스 전역을 유랑하면서 활동한 비판철학자였다. 종교적 신앙과 비판적 사유는 단적으로 대립한다. 크세노파네스는 헤라클레이토스보다 더 분명한 방식으로 퓌타고라스학파를 비판했다. 크세노파네스의 문화 상대주의와 신화/종교 비판은 헬라스 문화사의 중요한 한 사건이다.

일자(一者)의 존재론

크세노파네스는 엘레아학파의 시조요 파르메니데스의 스승으로 알려져 있지만, 두 사람 사이의 관련성을 찾기는 쉽지 않다. "자연철학자"라 불리는 크세노파네스이지만 그는 차라리 계몽 시대의 '필로조프(계몽사상가)'를 연상시키는 인물이다. 그러나 파르메니데스는 자연철학자, 더 정확히는 존재론자이다. 그렇다면 이 학파—정말 하나의 '학파'였다면—의 성격이 크세노파네스에서 파르메니데스로 이행하면서 많이 바뀌었다고 할 수도 있으리라. 디오게네스 라에르티오스가 "파르메니데스가 크세노파네스의 제자였던 것은 사실이지만 이 사람을 추종하지는 않았다", 오히려 "퓌타고라스학파 사람인 아메이니아스와도 교류했다"라고 한 것, 그리고 심지어 스트라본 같은 사람은 파르메니데스와 제논을 퓌타고라스학파로 본 것 등을 감안하면, 그리고 플라톤과 아리스토텔레스 당대에 이미 엘레아학파의 유래나 사승(師承) 관계가 불투명하다고 본 것을 감안하면, 역시 두 사람의 관계는 분명치가 않다고 해야 할 것이다. 크세노파네스는 헤라클레이토스와 더불어 별도의 위상을 부여받아야 할 인물일 것이고, 단지 엘레아학파의 한 사람이 아니라 소피스트

들 이전에 이미 인문적-사회적 사유를 전개한 독특한 인물로서 이해되어야 할 것이다.[2]

우리가 흔히 알고 있는 이미지로서의 엘레아학파는 파르메니데스(BC 525~?년)에게서 시작된다. 서구 철학사에 파르메니데스만큼 엄청난 영향을 끼친 사람을 찾기는 쉽지 않다. 파르메니데스와 그 동류들은 다자와 운동을 부정하는 충격적인 주장을 펼침으로써 아리스토텔레스로부터 "자연을 정지케 한 자들", "자연을 부정한 자들"이라는 비난을 받았다. 에밀 메이에르송이 파르메니데스와 관련해 쓴 바 있는 "acosmisme"이라는 표현은 만물이 운동하고 있는 '코스모스'의 개념이 부재하는 상태를 가리킨다.

철학에서 중요한 것은 결론이 아니라 논거이다. 누군가의 결론이 결과적으로 어떤 심리적-사회적 영향을 가져왔는가가 아니라 그 결론을 내리게 된 근거가 과연 정당한가에 주목하는 것이 중요하다. 파르메니데스에게서 주목할 점은 그의 기이한 결론들이 아니라 그가 왜 그런 결론으로 치달았는가 하는 점이다. 사실 파르메니데스가 이런 결론을 내리게 된 것은 철저하게 논리를 따랐기 때문이며, 이는 '그리스 정신'에 관련해 중요한 점을 시사한다. 주관적 심리를 비롯한 비본질적인 것을 배제하고 오로지 논리적으로 사유해서 그 결과가 아무리 받아들이기 힘든 것이라 해도 받아들이는 태도, 그리스에서 철학의 탄생을 가능케 했던 이 태도를 파르메니데스에게서 선명하게 볼 수 있다.

---

2) 하지만 어디까지나 스승과 제자였던 양자를 단적인 불연속으로서만 이해하는 것은 잘못일지 모른다. 어쩌면 다자와 운동을 부정하고 영원부동의 일자를 실재로 본 파르메니데스의 존재론은 크세노파네스의 상대주의를 극한으로 밀어붙인 것일 수도 있다. 사람들이 세계에 대해서 말하는 모든 것들이 결국 그들의 주관일 뿐이라면, 세계란 그 모든 것들을 넘어서는 곳에 있다면, 그것은 단 하나이고 영원부동해야 하지 않을까? 사람들이 그것에 대해 말하는 숱한 '여럿'은 결국 그 '하나'에 대한 착각(illusion)일 뿐이고, 그것의 변화하는 국면들에 대한 그 모든 이야기들 또한 환상이 아닐까. 파르메니데스는 스승의 생각을 이런 지경으로까지 밀고 간 것은 아닐까.

그러나 논리가 전부는 아니다. 사유는 논리와 감각, 이론과 실험, 사변과 경험이 밀접하게 얽히면서 진행되어야 한다. 파르메니데스의 사유는 오로지 논리만을 밀고 나아갔기에 문제를 노정하게 된다. 파르메니데스는 감각적인 것들(the sensible)과 합리적/가지적(可知的)인 것들(the intelligible)은 분명하게 갈랐고, 이 구분이 서구 사상사 전체를 관류하기에 이른다. 빛은 보이고 느껴지는 것 즉 감각적인 것이지만 그것을 이성으로 파악한 방정식들은 색깔도 소리도 감촉도 맛도 냄새도 없다. 종이 위의 수식은 그 수식을 형상화한 것이지 수식 자체는 아니다. 수식을 빨간 볼펜으로 쓰든 녹색 볼펜으로 쓰든 그 본질에는 하등의 변화도 없다. 감각적인 것과 합리적인 것은 서로 다른 차원을 형성한다. 그러나 그 두 차원 사이에는 어떤 식으로든 밀접한 관련이 있을 것이다. 이제 이를 둘러싼, 앞으로 길게 이어질 논의의 씨앗이 파르메니데스에 의해 뿌려진다. 파르메니데스는 철저하게 논리를 밀어붙여, 합리적인 것만을 존중하고 감각적인 것은 환상으로 치부한다.[3]

> 〔…〕 있지 않은 것들을 있다고 강변하지 못하도록 하라.
>
> 차라리 그대의 사유를 이런 길로부터 차단하라. 〔…〕
>
> 미망으로 이끄는 눈, 귀, 혀를 사용하는 데 빠지지 말라.
>
> 오로지 내가 말한 논쟁적 제안을 논변을 통해(logoi) 판가름하라.
>
> (DK, B/7. 단편 13)

파르메니데스는 있지 않은 것들을 있는 것으로 말하지 못하게 하라고 경고한다. 여기에서 "있지 않은 것들"은 곧 생성하는 것들이다.(왜 "있지

---

3) 칼 포퍼는 파르메니데스의 이런 생각이 달에 대한 인식에서 비롯되었음을 지적했다. 우리의 감각은 달의 모양이 계속 변화함을 알려준다. 그러나 파르메니데스는 일찍이 이런 현상이 "빛과 그림자의 활동으로부터 나온 기만적인 결과"임을 깨달았다.(『파르메니데스의 세계』, 이한구 외 옮김, 영림카디널, 2009, 141쪽)

않은"이 "생성하는"을 뜻하는지는 뒤에서 보기로 하자) 하지만 '생성'하는 것'들'이라는 표현 자체가 다자와 운동을 전제하는 표현이다. 그래서 훗날 플라톤은 다자와 생성을 아예 부정한다면 이런 식의 표현 자체도 써서는 안 된다고 말하기에 이른다. 어쨌든 파르메니데스는 없는 것을 있다고 말하면 안 된다고 경고하고 있다. 그렇다면 사람들이 그렇게 말하는 이유는 무엇일까? 바로 감각을 믿기 때문이다. 감각을 믿을 때 세계는 다자와 운동으로 다가온다. 무수한 사물들이 존재하고 그 사물들은 늘 어떤 식으로든 운동한다. 그것이 우리의 가장 원초적인 경험이 아닌가. 그러나 파르메니데스는, 오로지 논변(argument)을 통해서만 사유할 때, 다자와 운동은 인정할 수 없는 것이고 따라서 감각을 통한 그런 경험은 믿을 수 없다고 말한다. 실재는 오로지 '永遠不動의 一者'라는 것이다.

파르메니데스는 BC 515년경에 태어난 인물이지만 호메로스와 헤시오도스의 전통을 이어 자신의 사상을 장중한 서사시 형식으로 표현했다.

서사시는 크게 세 부분으로 구성된다. 서두에서 파르메니데스는 미숙한 사고를 뜻하는 어둠의 나라로부터 밝은 빛으로 충만한 진리의 나라로 나아가는 여정을 묘사한다. 그의 서사시는 수사학(rhetoric)의 역사에서 중요한 한 단계를 나타낸다. 그는 논의의 근거를 초월적 존재에 두는 전략을 구사한다. 뮤즈들에게의 호소로 시작되는 『일리아스』의 기법을 따른 것이리라.

> 암말들은 힘이 다하는 곳까지 나를 태우고 날아가
> 소중한 이야기를 들려줄 여신의 길로 데려갔도다.
> 모든 현자(賢者)들을 이끌어간 바로 그 길로.
> 〔…〕
> 처녀들은 길을 인도하고, 바퀴 축은 피리 소리를 내고.
> 눅스〔밤〕의 집을 떠나 빛을 향해 온 헬리오스〔태양〕의 딸들이

〔…〕 나를 감싸 데려갈 때, 〔…〕

에테르 속의 그 문, 그 거대한 문짝들 앞에서

정의를 실현하는 디케가 응보(應報)의 열쇠를 보이자,

처녀들은 부드러운 말로 그녀를 달래어 설득해 〔…〕

마침내 문은 활짝 열리고 〔…〕

여신은 나를 반갑게 맞아 내 손을 잡고

이렇게 내게 이야기(epos)를 전했노라.

"불사의 마부들, 암말들과 함께 온 젊은이여!

그대를 이끈 것은 저 심술궂은 모이라〔운명〕가 아니라

테미스〔옳음〕와 디케의 말이로다.

그대 이제 내가 말할 이 모든 것을 배우라. 〔…〕"

(DK, B/1. 단편 7)

파르메니데스는 빛의 나라에서 여신(아마도 아테네)을 만나고 그 여신
으로부터 진리를 듣게 된다. 어떤 진리를 들었는가. 서사시는 두 갈래로
나뉜다. 첫 번째 부분은 (여신으로부터 들은) '진리의 길'이고, 두 번째 부
분은 '가상(假象)의 길'이다. 물론 핵심은 첫 번째 부분이다.

있다(estin)라는, 있지 않을 수 없다라는 길,

이는 진리를 따르는 길이기에 페이토〔설득〕의 길.

있지 않다라는, 있지 않을 수밖에 없다라는 길,

이는 배움이 전혀 없는 길.

이렇게 나는 말하노라. 왜인가?

있지 않은 것은 알 수도(gnoēs) 없고

또 가리킬 수도 없을 것이기에.

(DK, B/2. 단편 8)

파르메니데스의 말을 압축하면, "있는 것은 있고 없는 것은 없다." 이는 단순한 동어반복이 아니다. 있음은 가능하지만 없음은 불가능하다는 말이다. 없음은 없다. 즉, 무(無)는 불가능하다. 오직 있음만이, 존재만이 가능하다.

없음도 있다고 보는 길이 있고 없음은 없다고 보는 길이 있다. 다시 말해, 무라는 것도 역설적이긴 하지만 존재한다는 입장과 무의 존재는 애초에 모순된 것이고 불가능하다는 입장이 있다. 일상생활에서 있음/없음의 문제는 대개 현존과 부재의 문제이다. 예컨대 우리는 하나의 컵이 지금 여기에 '있다'고 또는 지우개가 지금 여기에는 '없다'고 말한다. 우리말에서는 다시 현존(現存)과 현전(現前)이 즉 어딘가-있음과 눈앞에-있음이 구분되지만, 서구어 'presence'는 이 두 경우 모두를 뜻한다. 지금 문제가 되는 것은 넓은 의미 즉 현존이다.[4] 그러나 파르메니데스는 현존/부재의 맥락에서 존재/비존재를 이야기하는 것이 아니다. 파르메니데스는 궁극적인 층위에서 존재/무에 대해 논하고 있다. '무=비존재' 자체의 가능성을 부정하고 있는 것이다. 사실 그는 존재/비존재와 현존/부재의 개념 자체를 구분하지 못했고, 훗날 플라톤은 바로 이 점을 지적하면서 존재/비존재의 문제를 현존/부재의 문제로 변환시킨다. 파르메니데스의 문제는 단적인 존재와 무의 문제이다.

하지만 이는 모순이 아닌가? 파르메니데스 자신이 지금 무에 대해 말하고 있지 않은가? 아예 없는 것에 대해 어떻게 이야기한다는 말인가?

---

4) 그러나 이미 죽은 사람들의 경우는 어떨까? 죽은 사람들은 이 세상에 존재하지 않는다. 그렇지만 우리는 퇴계, 율곡에 대해 이야기하지 않는가? 그렇다면 우리가 이야기의 대상으로 삼는, 우리 이야기의 전제로 삼는 퇴계, 율곡의 '존재'는 도대체 어떤 의미에서의 '존재'일까? 또, 지구가 완전히 멸망하지 않는 한 앞으로도 계속 새 생명이 태어날 것이다. 지금 엄마 배 속에 있는 아기들은 어떤 의미에서 '존재'하는 것일까? 또 앞으로 태어날 아기들, 우리로서는 알 수 없는 아기들은 존재하는 것일까, 존재하지 않는 것일까? 파르메니데스는, 그 자신도 의식하지 못한 함축적인 방식으로이긴 하지만, 이런 존재 양상 (modality of being)에 관련된 물음을 던졌다고 할 수 있다.

"무는 없다"면서 무에 대해 이야기하고 있으니 엄밀히 말하면 모순이다. 파르메니데스 자신은 이 점을 분명히 자각하지 못한 듯하다. 파르메니데스가 말하고 있는 것을 추상적인 '없음' 자체가 아니라 없는 '것', 존재하지 않는 어떤 '것'으로 이해하는 것도 가능하다. 이 경우 이 세상에 존재하지 않는 것에 대해서는 생각할 수도 말할 수도 없다는 뜻이다. 두 가지 해석이 모두 가능하지만, 파르메니데스 자신은 양자를 구분하지 못했을 것이다.

도대체 파르메니데스는 왜 있음/있는 것만 가능하고 없음/없는 것은 불가능하다고 보았을까? 단편 8과 12에서 그 이유를 제시하고 있다. "있지 않은 것은 알 수도 없고 또 가리킬 수도 없을 것이기에." "말해지고 사유되기 위한 것은 있어야만 하느니." 요컨대 우리가 사유하고 말하는 그 대상은 반드시 존재해야 한다는 것, 존재하지 않는 것에 대해서 말하고 생각한다는 것은 모순이라는 것이다. 파르메니데스의 이런 생각에는 아래와 같은 기본 원리가 깔려 있다.

> 말해지고 사유되기 위한 것은 있어야만 하느니.
> 있는 것이야말로 말해지고 사유되지만
> 없는 것(mēden)은 그렇지 못하기에.
> (DK, B/6. 단편 12)

이제 우리는 서구 철학의 역사에서 가장 중요한 명제들 중 하나를 만나게 되었다. 바로 존재와 사유의 일치라는 명제이다. 우리가 사유하고 말하는 대상은 당연히 있어야 한다는 것, 없는 것 또는 없음에 대해서는 알 수도 없고 말할 수도 없다는 것.

그러나 존재와 사유가 꼭 일치할까? 어떤 맥락에서는 존재가 사유를 넘쳐흐르고 어떤 맥락에서는 사유가 존재를 넘쳐흐르지 않는가. 전자는 존재에는 우리가 사유하는 것 이상의 차원들이 있다는 점을 말하고, 후자는 우리가 존재하지 않는 것들에 대해서도 사유한다는 점을 말한다. 지금 맥락은 후자에 맞추어져 있다. 우리는 '용(龍)'이라든가 '파란 여우' 같은 것도 생각하지 않는가? 심지어 '네모난 원' 같은 것도 표상하지는 못해도 생각할 수는 있다. 존재와 사유의 일치는 '진리'가 성립하는 경우에만 말할 수 있는 것이 아닐까. 달리 말해 '참된' 명제의 경우에만 존재와 사유의 일치가 성립하는 듯하다. 그러면 파르메니데스는 우리가 참된 명제만을 말해야 한다고 주장하는 것인가? 물론 아니다. 파르메니데스는 무조건적인 존재-사유 일치를 말하고 있다.

희랍어 특유의 맥락이 파르메니데스를 이런 결론으로 이끌었다. 'einai' 동사('be' 동사)는 '있음'의 뜻과 '임'의 뜻을 동시에 가진다. 파르메니데스는 이 동사를 '있음'의 뜻으로만 일의적으로 이해하고 있다. 흔히 인간은 대상에 주목할 뿐 주목하는 자신에는 주목하지 못한다. 어떤 대상을 볼 때 그것을 보고 있는 자신의 눈에는 주목하지 못한다. 언어의 경우도 마찬가지여서, 우리는 언어의 내용에 주목하지 언어 자체에는 주목하지 못하는 법이다. 파르메니데스의 시대에는 언어가 어떤 구조로 되어 있고 문법이 어떻게 작동하는가에 대한 분석이 부재했다. 자동차 공학을 몰라도 운전은 할 수 있듯이, 말은 해도 말 그 자체에 대해서는 모를 수 있다. 언어학적·문법학적 탐구가 본격적으로 나타나는 것은 소피스트들에 이르러서이다. 파르메니데스가 자신의 모국어, 게다가 그중에도 가장 기본적인 단어의 성격을 알지 못했다는 당혹스러운 사실은 이런 맥락에서 이해되어야 한다.

하나의 맥락이 더 존재한다. 오늘날 우리는 존재와 일치하지 않는 사유의 영역들을 많이 알고 있다. 소설의 세계, 영상의 세계를 비롯한 허구의 세계가 어떤 의미에서는 현실세계를 압도하고 있지 않은가. '시뮬라시옹'(보드리야르)의 시대이다. 그리고 이런 시뮬라시옹의 세태는 오히려 "고부가가치"를 창출하는 "문화 상품"들로서 권장되고 있다. 실재에 대한 객관적 파악보다는 허구적이고 상상적인 것들이 넘쳐흐르고 있다.

파르메니데스가 살던 시대는 당연히 이런 우리의 시대와는 판이한 시대였다. 존재하지 않는 어떤 것을 표기하는 말 자체가 거의 없던 시대였다. 말들은 모두 현실적인 어떤 것들을 '지시하는(refer/designate)' 것들이었다. '제우스', '아프로디테', … 같은 경우는 어떤가? 그러나 당대 사람들에게 이런 존재들이 허구적 존재들이었다고 생각한다면 오해가 아닐까? 결국 '존재와 사유의 일치'라는 테제는 파르메니데스 당대에는 자연스러운 것이었다고 보아야 한다. 이후 이 테제는 맥락을 달리하면서 서구 철학사를 관류한다. 그리고 바로 이런 흐름이 무너지면서 본격적인 '근대성'이 도래할 것이다.

존재, 무, 생성

파르메니데스의 생각을 부정 개념을 실마리 삼아 풀어볼 수 있다. 편의상 영어로 설명하자면, 부정은 'is not'으로 표현된다. 'be' 동사의 이중의 의미에 따라, 이 말은 '없음' 즉 무도 되고 '아님' 즉 부정도 된다. 그러나 파르메니데스처럼 이해할 경우 부정의 명제도 무의 명제가 되어버린다. "책상이 아니다"는 "책상이 없다"가 되어버린다. 다자와 운동은 부정을 전제하지만("철수는 영희가 아니다." "그는 더 이상 예전의 그가 아니다"), 파르메니데스에게 부정은 무일 뿐이다. 따라서 무를 인정하지 않는 그로서는 다자와 운동도 인정할 수 없게 된다.

> 길에 관한 이야기가 아직 하나 더 남아 있다네. […]
> 있는 것은 생성되지도 않고 소멸되지도 않으며,
> 온전한 한 종류의 것(oulon mounogenes)이고
> 흔들림 없으며 완결된 것(ēde teleston)이라는.(DK, B/8, 단편 14)

> 그것은 언젠가 있었던 것도 아니고, 있게 될 것도 아니라오.
> 왜냐 하니 지금 전부 함께 하나로 연속되어 있기에.

그것의 생성은 결코 발견할 수 없으리니.

어떻게, 무엇으로부터 그것이 자라난 것인가?

"있지 않은 것으로부터"라고는

말하지도 생각하지도 말라.

있지 않음은 말할 수도 사유할 수도 없는 것이기에.

〔…〕 전적으로 있거나 전적으로 없을 뿐.(같은 곳)

〔…〕 어떻게 있는 것이 없어질 수가 있으며,

어떻게 없었던 것이 생겨날 수가 있겠는가?

생겨났다면 있지 않았을 것이고,

생겨날 것이라면 있지 않을 것이기에.

하니 생성과 소멸은 불가능하리라.(같은 곳)

〔그것은〕 나누어질 수 있는 것도 아니로세.

전체가 균일하기에.(같은 곳)

그러나 바깥 끝에 한계가 있기에, 그것은 완결된 것,

모든 방면으로부터 잘 둥글려진 공의 덩어리와 흡사하며,

중앙에서 모든 것으로 똑같이 뻗어 나와 있는 것.

여기가 더 크다거나 저기가 더 작다거나 해서는 안 되기에.

그것은 무(無)를 끌어들이는 것이며 〔…〕(같은 곳)

첫 번째 인용문은 파르메니데스가 생각하는 '존재'가 영원부동의 일자라는 것을 잘 보여주고 있다. 그다음 인용문들은 이 존재를 일정 정도 풀어서 설명하고 있다.

파르메니데스 사유의 대전제는 '무'라는 것은 불가능하다는 것이다. 하지만 다자와 운동을 이야기하려면 반드시 부정의 표현을 통과해야 한

다. 세상에 여러 가지 색이 존재하므로 "이 탁자는 녹색이 아니다"라는 표현이 성립한다. 또 나뭇잎의 색깔이 노랗게 변하기에, "이 잎사귀는 더 이상 녹색이 아니다"라고 말한다. 결국 다자와 운동을 이야기하려면 반드시 부정을 통과해야 한다. 하지만 파르메니데스에 따르면 'is not'이라는 표현은 쓸 수 없다. 'is'라는 '있음'과 'not'이라는 '없음'(사실상 '아님'임에도)을 함께 쓰는 것은 모순이기 때문이다. 부정을 무로 이해하는 파르메니데스에게 이 모든 생각들과 표현들은 모두 무를 사고하고 이야기하는 것들이 되어버린다. 따라서 불가능한 것들이다. 자연히 다자와 운동은 부정된다. 결국 우리가 경험하는 다자와 운동/변화는 환상에 불과한 것이 된다. 파르메니데스가 감각적 지각과 이성적 인식을 날카롭게 구분한 것은 바로 이 생각과 결부되어 있다.

다자와 운동을 부정한다면 결국 '영원부동의 일자'가 결론으로 도출된다.[5] 그 결과 불연속도 차이생성도 모두 부정되기에 이른다. 불연속은 무를 함축하기에(세계는 진공이 없는 꽉 찬 'plenum'이다. 멜리소스는 이를 간단하게 증명한다: 진공은 무이다. 무는 무이다(없다). 고로 진공은 무이다(없다)), 또 차이생성은 변화를 함축하기에. 이런 파르메니데스의 사유는 그리스 사상계 전체에 거대한 충격을 주었다. 자연철학이란 다자와 운동을 전제할 때 성립한다. 그러니 다자와 운동의 부정은 자연철학의 존립 근거 자체를 뒤흔드는 것이었다. 이것은 '존재론'이 '자연철학'을 막아버린 대표적인 예이다. 이렇게 파르메니데스의 등장은 그리스 자연철학에 큰 균열을 가져오게 되고, 그 균열이 극복되면서 이른바 '후기 자연철학'(엠페도클레스, 데모크리토스, 아낙사고라스 등)이 등장한다.

---

5) 다자는 인정하되 운동만 부정할 경우 각 존재들이 완전한 자기동일성 속에 머물게 될 것이고, 다자는 부정하되 운동만을 인정할 경우 'white noise'의 상태 또는 'flux'의 상태가 될 것이다. 훗날 플라톤은 전자를 '이데아계'로, 후자를 '코라'로 개념화하고, 이 양자의 결합으로써 자연을 설명하게 된다. 운동 없는 다자의 세계(법칙성의 세계)와 다자 없는 운동의 세계(물질의 세계)가 결합했을 때 자연이 성립하는 것이다.

인용문을 하나씩 보자. "그것은 언젠가 있었던 것도 아니고, 있게 될 것도 아니라오. 왜냐 하니 지금 전부 함께 하나로 연속되어 있기에." 이 구절은 연속성이라는 전제로부터 생성의 부정으로 나아가고 있다. 물론 생성의 부정으로부터 연속성으로 나아갈 수도 있다. 후자가 일반적인 설명의 순서인데, 파르메니데스에게 이런 연역적(deductive) 논리 구조에 대한 명확한 의식이 있었는지는 분명하지 않다. 대개 연역적 논변은 사유가 상당 수준에 이르러야 등장한다. 어쨌든 인용문은 무엇인가가 없다가 있게 되려면 또는 있다가 없게 되려면 불연속이 매개되어야 한다는 점을 시사하고 있다. 물리적 운동의 예에 국한해서 말한다면, 자동차가 움직이려면 빈 공간이 있어야 한다는 것이다. 모든 것이 연속되어 있다면 꼼짝도 할 수 없을 것이다. 다자가 인정되지 않는 경우는 말할 필요도 없다. 사실 다자가 인정되면서 연속적일 경우에는 운동이 성립할 수 있다. 어항을 생각하면 될 것이다. 그러나 파르메니데스에게는 이런 식의 발상은 없었으며, 나아가 다자 자체가 부정되었다.

"어떻게 있는 것이 없어질 수가 있으며, 어떻게 없었던 것이 생겨날 수가 있겠는가? 생겨났다면 있지 않았을 것이고, 생겨날 것이라면 있지 않을 것이기에. 하니 생성과 소멸은 불가능하리라"라는 구절도 중요하다. 파르메니데스에게 존재와 무는 절대 모순 관계이다. 무에서 존재로 갈 수도 없고 또 존재에서 무로 갈 수도 없다. 따라서 생성/소멸은 불가능하다. 파르메니데스의 이런 생각은 "ex nihilo nihil fit"(from nothingness nothing comes)라는 원리로 철학사를 계속 지배하게 된다. 논리적으로는 분명 타당한 명제이다. 무에서 존재가 나올 수는 없다.(이 전제가 깨지려면 2,500년 후의 베르그송을 기다려야 한다) 하지만 있던 무엇이 다른 무엇으로 바뀔 수는 있지 않은가? 책상이 타서 재가 될 수 있다. 책상-임에서 책상-이-아님으로, 재-가-아님에서 재-임으로 바뀔 수 있다. 그러나 파르메니데스에게 이것은 불가능하다. 그에게 이것은 책상의 존재에서 그것의 무로, 재의 무에서 그것의 존재로의 변화를 뜻하고,

이것은 불가능하기 때문이다. 이 구절은 파르메니데스 사유의 논리적 구조를 단적으로 보여준다.

"〔그것은〕 나누어질 수 있는 것도 아니로세. 전체가 균일(均一)하기에"라는 구절은 존재의 즉 일자의 분할 불가능성을 말하고 있다. 이 구절은 묘하다. 무엇인가가 외연을 가지고 있는 이상 분할 가능하지 않겠는가? 맥락에 따라서는, 예컨대 과거에는 '원자'가, 오늘날에는 플랑크의 양자(quantum)가 분할 불가능한 것으로 이해되고 있다. 그러나 일반적으로 말해 무엇인가가 외연을 가지고 있다면 원칙적으로(설사 기술적으로는 불가능하다 해도) 분할 가능하다. 파르메니데스의 경우, 문제는 "전체가 균일하다"는 것이 분할 불가능하다는 것의 이유가 될 수 있는가이다. 균일하다고 해서 분할 불가능할 이유는 없다. 여기에서 파르메니데스가 말하고자 하는 것은 "분절 불가능하다"는 것일지도 모르겠다. '분절(articulation)'은 연속성을 유지하면서 나뉘는 경우를 말한다. 파이를 여섯 조각으로 나누었을 때는 '분절'이지만, 그 조각들 중 하나를 아예 떼어냈을 때는 분할이다. 일자가 완전히 균일하다면—그 어디에도 이질성(heterogeneity)을 포함하고 있지 않다면—그 어디에서도 분절되지 않을 것이다. 더 정확히 표현해, 뷔리당의 당나귀에서와 마찬가지로 그 어디에서도 분절될 이유가 없다. 이런 이해 또한 가능하다.

결국 완벽하게 연속적이고 균일하며 영원하고 부동인 그런 것이 '존재'라는 것이다. 그러나 '존재'라는 말은 추상 개념이 아닌가? 존재 개념과 세계, 우주, 자연 개념은 다르다. 하지만 파르메니데스에게서 일자=존재는 곧 세계이다. 퓌타고라스학파에서와 마찬가지로 파르메니데스에게서도 구체적인 것과 추상적인 것의 구분은 희미하다. 때문에 존재는 곧 세계로 이해되고 있다. 파르메니데스는 존재가 완벽하게 연속적·균일적·영원적·부동적이라면, 결국 그것은 완벽하게 둥그런 구(球)가 아닐까 생각했다.(따라서 파르메니데스의 세계는 유한하다) 우리에게 '구'와 '존재'라는 두 개념은 범주를 달리하는 것으로 이해된다. 그러나 파르메니데스에게서는 존재=일자=세계=구이다. 존재론적 분석 결과가 자연철학적 주장으로 묘하게 넘어간다. 이로써 자연철학의 큰 위기가 도래한 것이다.

서사시의 세 번째 부분은 '가상의 길'로서 자연철학을 다루고 있다.[6] 이 '가상의 길'에서 파르메니데스는 자신이 환상에 불과하다고 말했던 현상세계(ta phainomena)에 대해서 서술한다. 그때까지 다자와 운동은 거짓임을 논하고서 새삼스럽게 우주론을 이야기하는 것이 묘하다. 현상세계는 근본적으로는 가상이지만 어쨌든 그 자체로서 사유해볼 만한 대상이라고 생각했던 것 같다. 두 가지 이유를 생각해볼 수가 있다. ①자신은 존재론자로서 자연철학을 해체했지만, 자연철학자로서의 능력 또한 가지고 있음을 과시하기 위한 것. ②현상세계는 가상이지만 완전한 환상이 아니라 실재를 일정하게 반영하는, 그것의 그림자 같은 것이라고 생각했기에 개연적으로 탐구한 것.(이런 태도는 나중에 플라톤에게서도 나타난다. 말년에 이르기까지 자연철학을 방기했던 그가 『티마이오스』에서는 "어차피 그럴듯한 이야기에 불과하지만"이라는 단서를 달고서 자연세계를 다룬다) 파르메니데스에게 이 길은 통념(doxa)의 길이다.[6] 진리가 아니라 사람들이 통상 가지고 있는 생각이다.

---

6) 'doxa'는 하나의 의견이다. 두 의견이 결론을 내지 못하고 나란히 가기만 할 때 'para-doxa'가 성립한다. 이것은 곧 'agōn'에서 승부/결론이 나지 못하고 두 경기자/의견이 평행을 달리는 경우이다. 파르메니데스의 제자 제논은 세계의 다자성과 운동을 인정할 경우 바로 이런 '파라-독사'='역설(逆說)'에 빠짐을 주장함으로써 스승의 논지를 강화하고자 했다. 유명한 '제논의 역설'들이다. 이 과정에서 제논이 구사한 '귀류법(歸謬法=reductio ad absurdum)'은 이후 스피노자 등 여러 철학자들이 애용하는 논법으로 자리 잡는다.

의견들이 단지 평행을 달리는 것이 아니라 서로 교호(交互)해 보다 수준 높은 결론으로 이어지는 과정이 플라톤의 '변증법'이다. 플라톤에 의한 제논의 극복은 지중해세계 철학에서 일어난 핵심적인 한 사건이며, 이후에도 변증법은 철학사를 관류하면서 중요한 역할을 맡게 된다.

❖ ❖ ❖

파르메니데스의 존재론은 자연철학에 큰 위기를 가져왔다. 이후의 자연철학자들이 파르메니데스를 극복하기 위해 걸어간 길은 주목할 만하다. 파르메니데스 극복은 크게 다섯 단계로 이루어졌다고 볼 수 있다.

첫째 단계는 다원론적 자연철학자들의 등장이다. 이들은 기본적으로는 '영원부동의 일자'라는 생각을 받아들이되 다원론적 사유를 펼쳤다. 물, 불, 공기, 흙을 이야기한 엠페도클레스, '원자들'을 이야기한 데모크리토스, '종자들'을 이야기한 아낙사고라스. 이들이 제시한 각각의 실재들은 일자의 성격을 띠지만 전체로서는 다자를 형성하며, 이는 일자의 길을 다자의 길로 대체한 것이다. 다른 한편, 이들은 운동을 설명하기 위해 무의 존재를 긍정한다. 예컨대 데모크리토스는 원자들과 '공허'를 이야기하는데, 이 공허는 바로 원자들의 운동을 가능하게 하는 무인 것이다. 존재만이 존재할 때 운동은 불가능하다. 운동은 어떤 식으로든 존재의 절대적 동일성이 깨지고 무가 개입될 때에만 가능하다. 무를 통해서 부정, 타자성, 차이생성이 도래할 때에만 운동이 가능한 것이다. 그러나 다시 존재와 무가 오로지 모순을 형성할 때 운동은 성립하지 않는다. 존재와 무의 경계가 허물어지면서 연속성이 도래할 때에만 운동은 성립한다. 이 때문에 운동은 아페이론 개념과 밀접한 관련을 가진다. 하지만 후기 자연철학자들에게서 아페이론은 도입되지 않는다.(뒤에서 논하겠지만 아낙사고라스는 예외이다) 이들에게는 파르메니데스의 그림자가 드리워져 있었고, 때문에 이들의 관심은 존재와 무의 경계를 허무는 것이 아니라 존재와 무/부정을 어떤 방식으로 결합할 것인가였다.(따라서 자기차이화라든가 연속적 차이생성 같은 것은 배제된다) A와 B의 불연속이 아페이론이라는 터 위에서 허물어지는 경우가 아니라 A=not-B와 B=not-A라는 불연속이 유지되면서, A와 B의 동일성이 유지되면서 운동이 가능하려면, 양자가 조합됨으로써 그 결과로서 또는 그 조합의 현상적인 차원으로서 어떤 a라는 효과가 창출되어야 한다. 그때에 A와 B의 동일성이 유지되는 한편, 실재와 현상 사이의 관계가 해명된다. 물, 불, 흙, 공기의 조합이건, 원자들의 조합이건, 아니면 종자들의 조합이건, 이 사유들은 동일성을 유지하는 심층적 요소들이 어떤 표층적 효과들을 낳는다는 논리를 구사한다. 이것이 파르메니데스적 동일성의 그림자를 간직하면서도 다자성과 운동을 설명하고자 할 때 취할 수 있는 논리였다.[7]

다음 단계는 플라톤의 자연철학이다. 플라톤 역시 파르메니데스의 그림자 속에 있었지만, 여러 맥락에서 그를 극복하려 했다. 그 가운데 특히 중요한 실마리는 부정 개념의 역할이다. 플라톤은 파르메니데스가 'einai' 동사를 일의적으로만 이해했음을 지적하면서 '있음'과 '임'의 의미를 구분한다. 그리고 이렇게 함으로써 '아님'을 '없음'과 혼동하지 않는 사유를 강조한다. '무'만이 아니라 '부정'도 긍정됨으로써 사유의 폭은 비약적으로 넓어진다. 또, 이것은 오류의 가능성과도 관계된다. '아님'이라는 것, 즉 부정이 성립해야 오류가 가능하다. 사유와 존재가 무조건 일치한다면 오류는 불가능하다. 일치할 때와 일치하지 않을 때를 구분할 때 참/거짓의 판별이 가능하다. "인 것을 아니라 하고 아닌 것을 이라고 할" 때 오류가 되는 것이기에. 이런 토대 위에서 생성(부정 개념을 내포하는)을 논할 수 있게 된다. 플라톤의 자연철학은 이런 파르메니데스 극복의 토대 위에서 성립했다.

---

7) 다음 장에서 다루겠지만, 이 과정에서 양(quantity)의 역할이 중요해진다. 엠페도클레스의 경우, 원소의 종류가 넷으로 제한되기 때문에, 즉 네 종류의 동일성만을 인정하기 때문에 현상의 다양성을 설명하기 위해서는 양적 차이를 동원하지 않을 수 없었다. 아낙사고라스의 경우, 질적 차이 자체는 무한하지만 그것들이 조합되었을 때에 나타나는 현상적 차이를 설명하기 위해 결국 그것들의 양적 비율에 의존하는 설명을 펼치게 된다. 데모크리토스의 경우는 질적으로 단 하나의 동일성 즉 원자만이 인정되기 때문에, 모든 현상은 결국 양적 측면(기하학과 대수학을 포괄해서)에 입각해 설명하게 된다. 질적 동일성(들)을 고정할 경우, 또는 질적 동일성이 무수하다 해도 그것들의 '조합'을 통해 현상들을 설명하는 한, 양적 설명의 역할은 커진다. 이 점은 자연과학적 사유를 이해하는 데 있어 중요한 하나의 철학소이다.

그러나 플라톤에게서 보다 핵심적인 것은 아페이론 개념의 도입이다. 전-파르메니데스 철학자들 중 밀레토스학파의 사유가 내용상 유동성을 내포했다는 점을 지적했었다. 반면 수-원자를 기반으로 사유한 퓌타고라스학파의 경우 후기 자연철학자들과 마찬가지로 양적-불연속적 사유가 두드러진다. 이 학파를 동요로 몰아넣은 $\sqrt{2}$ 는 바로 아페이론/연속성을 함축하는 수였다. 아페이론 개념은 밀레토스적 유동성과 연속성을 단적으로 표현한 개념이었다. 플라톤에게서 부정 개념이 철학적으로 명시적인 중요성을 획득한 것이 사실이지만, 사실 이는 후기 자연철학자들에게서 이미 함축적으로 나타난 개념이었다. 플라톤의 보다 획기적인 측면은 자연의 설명에 아페이론을 재도입한 점에 있다. 이 점은 훗날 헤겔과 들뢰즈를 비교할 때에도 중요하게 작동하는 철학소이다.[8]

앞에서 언급했듯이, 운동 없는 다자성의 세계와 다자성 없는 운동의 세계는 파르메니데스 극복의 각각 반쪽을 형성한다. 플라톤의 자연철학은 바

---

8) 아페이론을 도입할 경우 4원소, 종자들, 원자들은 그 안에서 용해되어버린다. 이는 곧 앞의 각주에서 언급했던 이것들의 '동일성'이 해체되는 것을 뜻하며, 이는 아페이론이 유동성을 그 핵심 성격으로 함축하기 때문이다. 후기 자연철학자들은 아페이론을 배제했기 때문에, 또는 현상에 불과한 것으로 파악했기 때문에, 원소, 종자, 원자의 확고한 동일성을 설정했고 이것들 사이의 외적 조합을 통해서 현상을 "구제했다." 그러나 아페이론은 이 동일성들이 유지되지 못하도록 만들며, 이런 구도를 와해시켜버린다. 하지만 자연철학으로서도 적어도 현상적 동일성들만큼은 인정해야 한다면, 아페이론으로 하여금 질서를 띠게 만드는 차원을 도입해야 한다. 이 차원은 말할 필요도 없이 이데아의 차원 또는 자연철학 고유의 맥락에서 보면 수학적 차원이다. 플라톤에게서는 아페이론의 수학적 조직화가 후기 자연철학자들의 실체들을 대체했다고 할 수 있다. 플라톤은 4원소에 대한 기하학적 설명을 시도하는데, 정4각형, 정6각형, 정8각형, 정12각형, 정20각형이 기초적인 도형들이다. 그러나 그는 이것들을 환원할 수 있는 최종적인 기하학적 요소의 가능성도 언급한다. 하지만 그는 이것이 무엇인지는 "신들의 사랑을 받는 자만이 알 것"이라고 하면서 열어두었다.(현단계로 말한다면, '초(超)끈' 같은 것이 이에 해당할 것이다) 이렇게 열어둔 것은 물론 자연철학적 지식의 한계 때문이기도 하지만, 더 근원적으로는 아페이론이라는 자연의 터가 그 자체 절대적인 유동성이기에 궁극적인 어떤 동일성도 허용하지 않기 때문이라고 할 수 있다. 이 문제는 하이젠베르크에 의해서도 '불확정성 원리'와의 관계 속에서 흥미롭게 다루어졌다.(『부분과 전체』, 『물리학과 철학』)

로 이 두 차원을 이론적으로 상정한 후 양자의 결합 과정을 통해 전개된다.(따라서 그 결합을 가능케 하는 원인으로서 데미우르고스가 상정된다) 따라서 플라톤에게서는 아페이론이 후기 자연철학자들에게서처럼 배제되거나 후의 아리스토텔레스에게서처럼 애초에 형상에 의해 제압되어 있는 것이 아니다. 세계는 이데아계와 아페이론=코라라는 두 절대적 타자가 서로 투쟁하고 "타협"해서 이루어진 것이다. 다만 양자 중 방점은 전자에 찍히며, 따라서 이데아계'가' 코라'에' 구현되는 것으로 이해된다. 이 때문에 플라톤이 이해하는 자연에는 질서 아래에 항상 아페이론의 유동성이 암암리에 깔려 있게 된다. 이런 구도는 훗날 여러 철학자들에게 큰 영감을 주게 되며, 자연철학의 역사에서 매우 중요한 철학소로서 지속적인 역할을 하게 된다.

세 번째로, 아리스토텔레스는 '그 자체로서 존재하는 것'과 이것에 '부대해서 존재하는 것'을 구분한다. 철수는 그 자체로서 존재하지만, 철수의 키, 얼굴 생김새, 관계(~의 아들, ~의 선생), 위치("철수는 종로에 있다") 등은 철수라는 '실체(ousia)'에 부대해서 존재한다. 철수가 없다면 철수의 생김새도 물론 없다. 철수가 종로에서 청계천으로 가면 철수의 키, 생김새, 관계 등도 따라서 청계천으로 간다.[9] 이 존재론은 아리스토텔레스 자연철학의 토대가 된다. 운동이란 바로 철수에게 부대하는 것들에서 일어난다. 예컨대 철수의 얼굴이 검어지면, 철수라는 실체는 그대로고 그 얼굴 색깔이 흰색에서 검은색으로 변한 것이다. 파르메니데스에게서는 'A became B'라는 것이 불가능하다. 이것은 'Not-B became B' 또는 'A became not-A'이고, 다시 이것은 'Nothingness of B became

---

9) 그런데 철수가 종로에서 청계천으로 간다고 해서 그의 관계(~의 아들, ~대학 학생, ……)가 변하지는 않는다. 즉물적인 관계(예컨대 그는 종각 옆에 있었으나 지금은 청계천을 걷고 있다)가 아닌 그의 중요한 관계들은 이런 변화에 무관하게 존속한다. 이 점은 매우 중요한 함의를 띠고 있으며, 우리는 근대 철학을 논할 때 이 문제를 다시 다루게 될 것이다.

being of B' 또는 'Being of A became nothingness of A'가 된다. 이것은 모순이다. 그러나 아리스토텔레스에 따르면 'A became B'는 'x(A) became x(B)'이다. 이런 생각이 이미 "있다"와 "이다"를 구분하고 있음은 물론이다. x가 '있다', 그런데 x는 A '이었다가' B가 '되었다', 이런 구도가 가능하게 된 것이다. 아리스토텔레스의 운동 이론은 이런 토대 위에서 전개된다.

아리스토텔레스의 경우 아페이론은 이미 형상들의 유기적 체계로서의 세계질서에 제압되어 있다. 물론 아리스토텔레스에게서도 질료는 부원인(synaitia)으로서 나름대로의 역할, 가능태로서의 역할을 하지만, 아리스토텔레스 자연철학의 핵심은 결국 x(A)→x(B)에서의 A, B라는 질들(qualities)에 두어진다. 아리스토텔레스에게 아페이론/질료는 이미 형상들에 의해 쪼개져 있는, 말하자면 오려내어져 있는 개별 덩어리들이다. 이로써 아리스토텔레스의 자연철학은 질적 과학이 되며, 이는 상식적 세계관이 지속되었던 고중세에는 무비의 권위를 가지게 된다. 하지만 x라는 실체가 단지 물질로서만 취급되고, A, B라는 질보다는 물질의 양적 규정들이 자연철학의 초점이 되는 근대에 아리스토텔레스의 질적 과학은 과거의 유물이 되어버린다. 오히려 아페이론이라는 터가 그 자체 하나의 원인(eidos)의 역할을 하고 그 위에 새겨지는 수학적 질서를 탐구했던 플라톤의 자연철학이 보다 현대적인 의미를 부여받게 되는 것이다. 널리 퍼져 있는 이미지, 즉 플라톤은 "문학적인" 철학자이지만 아리스토텔레스는 "과학적인" 철학자라는 이미지는 적어도 이런 맥락에서는 매우 피상적인 것이라 하겠다.

다음으로 에피쿠로스학파와 스토아학파도 각각 데모크리토스와 헤라클레이토스를 부활시킴으로써, 또 거기에 나름대로의 변형을 가함으로써 자연철학의 전통을 이어갔다. 형이상학을 거부하는 이들에게서는 자연철학이 곧 존재론이 된다. 이 점에서 이들은 플라톤과 아리스토텔레스의 형상 개념을 벗어던지고 아페이론 자체를 원리로 삼는 유물론자들로 볼 수 있겠지만, 각자에게서 아페이론의 성격은 크게 달라진다. 에피쿠로스학파의 경우 아페이론은 원자들로 대체되며, 이 점에서 밀레토스학파의 유동적 자연철학보다는 퓌타고라스학파의 불연속적이고 기하학적인 사유 전통 그리고 다원화된 동일성에 입각했던 후기 자연철학자들을 잇게 된다. 이에 비해서 스토아학파의 자연철학은 '물체들'의 과학이면서도 자연에 '섭리'의 측면을 부여함으로써, 전체적으로 보아 동북아의 기 일원론과 유사한 형태의 사유를 전개했다고 할 수 있다.

이 양자와 더불어 알렉산드리아에서는 철학 일반과의 연계성이 거의 없는 자연철학, 즉 오늘날의 자연과학에 해당하는 연구들이 진행되기도 한다. 에우클레이데스(/유클리드), 프톨레마이오스, 아르키메데스를 비롯한 많은 뛰어난 과학자들이 현대적인 의미에서의 자연과학적 연구를 수행했으며, 그중 적지 않은 결과들이 오늘날에까지도 통용되고 있다. 알렉산드리아의 학문적 성취는 카이사르에 의해 그리고 훗날에는 다시 기독교도들에 의해 크게 훼손되었지만, 오늘날까지도 그 과학적 광채를 잃지 않고 있다. 소크라테스 이전의 자연철학과 에피쿠로스 · 스토아의 자연철학 그리고 알렉산드리아의 자연철학은 모두 성격이 다르다. 첫 번째 유형이 오늘날의 자연과학과 형이상학이 혼연일체가 되어 있는 '퓌지스'의 철학이라면, 에피쿠로스 · 스토아의 자연철학은 어디까지나 양 철학체계—윤리적인 문제를 핵심으로 하는—의 한 부분으로서의 자연철학이다. 그리고 세 번째 유형의 자연철학은 철학적 문제들과는 독립적인 오늘날의 자연과학과 동일한 의미에서의 자연철학이다. 세 번째 유형은 오늘날의 자연과학으로 그대로 이어지고 있고, 두 번째 유형은 대(大)철학자들의 철학체계 안에 흡수되어 있는 한에서의 자연철학이며, 오늘날에는 거의 희귀해진 첫 번째 유형은 자연과학적 성과를 형이상학적 사변으로 확장하려는 시도들에서 발견된다. 헬레니즘 시대의 이런 활발한 자연과학 · 자연철학의 전개와 더불어 지중해세계 고대 자연철학의 전개는 일단락된다.

헬레니즘 시대의 자연철학과 자연과학 또한 파르메니데스 극복의 중요한 이정표를 보여준다. 에피쿠로스학파와 스토아학파의 자연철학은 공히 생성존재론을 기반으로 한다. 허공 안에서 원자들이 쉼 없이 움직이고 충돌하는 에피쿠로스의 세계와 헤라클레이토스의 불의 운동을 근간으로 물체들의 생성을 사유한 스토아적 세계는 생성을 세계의 근본으로 보는 점에서 일치한다. 이들에게는 생성하는 퓌지스가 궁극의 차원이다. 이 점에서 플라톤과 아리스토텔레스의 형상철학과 대조된다. 알렉산드리아의 자연과학자들은 이전의 철학자들과는 달리 메타적인 문제를 접어두고 현상들을 수학적으로 또 때로는 실험적으로 다루었다는 점에서 이상의 존재론적 흐름과는 이질적이다. 그러나 이들이 파르메니데스 극복이라는 과제를 주요 주제로서 다루지 않았던 것은 그만큼 그 극복이 일반화되어 있던 인식론적 장에서 활동했기 때문이라고 할 수 있을 것이다. 이 점에서 이들의 연구 그 자체는 암암리에 이미 파르메니데스가 극복된 상황을 보여준다.

그리스 존재론 및 자연철학의 역사는 이렇게 파르메니데스 극복의 역사, 영원부동의 일자가 다자성과 운동으로 화하고 다자들의 관계와 운동이 다양한 방식으로 해명되어간 역사라고 할 수 있다. 한 철학자가 후대에 영향을 끼치는 방식에는 여러 가지가 있다. 광범한 종합을 실행해서 전대 철학자들을 통합하고 후대 철학자들의 출발점을 만들어주는 철학자, 독창적인 생각을 제시해서 미래의 사유를 준비해주는 철학자, 사람들에게 윤리적 · 정치적 비전을 전해주는 철학자, 문화적 창작에 큰 자극을 주는 철학자, 종교적 경지를 개척해주는 철학자 등 많은 유형들이 있지만, 빼놓을 수 없는 한 가지 유형은 너무나도 놀랄 만한 이야기를 함으로써 후대의 철학자들로 하여금 그를 넘어서려고 노력하게 만드는 철학자, 도발적인 주장으로 후대 철학자들의 사유욕을 자극하는 철학자이다. 그리스 철학에서는 바로 파르메니데스, 그리고 나중에 이야기할 고르기아스 같은 인물들이 대표적이다. 파르메니데스는 후대 철학자들의 강렬한 도전 정신을 이끌어냄으로써 철학사에 큰 획을 그었다.

파르메니데스의 이런 지속적인 영향, 사실상 서양 철학 나아가 서양 문명의 정체성을 형성한다고 해도 과언이 아닌 이 영향과 대조적으로, 헤라클레이토스의 영향은 간헐적인 경우들을 예외로 한다면 현대의 문턱에 이르기까지 미미했다. 영원한 동일자를 사유한 파르메니데스의 그림자는 서양의 철학, 과학, 종교, 정치, 예술 전반에 퍼져나갔지만, 헤라클레이토스는 오래도록 망각의 그림자 안에 머물렀다. 그러나 헤겔이 그의 정신을 되살려내고 니체와 베르그송이 생성존재론을 진수시켰을 때 그의 사유는 극적으로 새로운 생명을 부여받게 된다.

헤라클레이토스의 사유가 일깨운 존재론적 진리는 여러 측면들을 포함하지만, 그중 가장 기초적인 것을 든다면 역시 생성의 로고스의 존재론일 것이다. 헤라클레이토스는 안정된 동일자란 결국 피상적인 모습일 뿐이라는 점을 보여주었다. 우리의 신체가 평형을 유지하는 것은 그 안에서 생명과 죽음이 격렬하게 싸우면서 맞서기 때문이다. 생태계가 유지되는 것도 생명체들 사이의 잡아먹음과 잡아먹힘이 균형을 이루고 있기 때문이다. 건물의 내리누름과 땅의 반작용이 균형을 이루고 있기 때문에 건물은 땅 밑으로 꺼지지도 않고 하늘로 날아올라가지도 않는 것이다. 이는 단지 파괴되지-않음이라는 소극적 측면에서만 성립하는 이치가 아니다. 상반되는 힘들이 부딪치고 투쟁하는 과정에서 질서가 탄생하고 사물들이 생성해간다. 천체들의 밀고 당기는 힘들의 균형이 그 사이에 일정한 궤도를 만들어낸다. 바둑의 흑돌과 백돌의 투쟁이 흥미진진한 수들을 만들어낸다. 헤라클레이토스가 파악한 세계는 이렇게 투쟁이 균형을 나아가 새로운 질서를 만들어내는 역동적인 세계이다. 이런 존재론에서 본다면 파르메니데스적인 안정된 동일자는 사실 생성의 어떤 국면에서 나타나는 균형을 추상화한 것일 뿐이다.

음양이 갈마들면서 질서를 유지·생성해가는 역(易)의 세계는 헤라클레이토스의 세계와 매우 가깝다. 헤라클레이토스의 사유는 횡으로는 동북아의 형이상학과 종으로는 현대의 생성존재론과 친연성을 보이면서 오늘날 여전히 매력을 발한다.

4장 현상과 실재

파르메니데스의 핵심적인 통찰을 유지하면서도 우리가 살고 있는 이 현실세계를 이해할 수 있는 방식을 사유하려 한 '후기 자연철학자들'은 "현상을 구제하라"라는 말을 표어로 삼았다. 파르메니데스의 논리로부터 현상세계를 구제하자는 것이 하나의 모토가 된다. 이전 세대가 남긴 문제 예컨대 환경 문제 같은 것이 후세대에게 해결해야 할 과제가 되듯이, 사상의 역사도 선대 사상가가 남긴 문제를 후대 사상가들이 붙들고서 씨름해온 역사이다.

우선 실재를 다원화하는 경향이 발생한다. 실재는 영원하고 자기동일적이고 (타자가 섞여 있지 않다는 점에서) 순수한 것이라는 파르메니데스의 전제는 받아들이면서도, 그 실재를 여럿으로 파악하는 것이 하나의 길이다. 후기 자연철학은 다원론적 자연철학이다. 일자가 쪼개지고 다자가 등장하려면 그 일자에 '무'가 개입되어야 한다. 어떤 형태로든 무가 개입될 때에만 불연속이 가능하고, 불연속이 개입해야만 다자성이 성립하기 때문이다. 그래서 후기 자연철학자들은 파르메니데스와는 달리 '무'를 인정한다. 외적 타자의 등장이든 자체적 타자화—자기차이화(self-differentiation)—이든 어떤 형태로든 '타자성'이 등장해야 하는 것이다. 그리고 자기차이화의 개념에는 이미 아페이론 개념이 함축되어 있다. 전자의 불연속적 타자성은 원자론에서 그 전형을 볼 수 있으며, 후자의 자기-타자화는 아낙사고라스나 플라톤·아리스토텔레스 그리고 스토아학파에서 어느 정도 개념화되지만, 사실상 그리스 철학 나아가 서양 전통철학에서 충분히 개념화되지 못했다. 자기-타자화/자기차이화가 존재론적으로 충분히 개념화되는 것은 베르그송에 이르러서이다. 어쨌든 파르메니데스로부터 후기 자연철학자들로의 이행에는 무(또는 부정)와 타자성의 긍정이라는 핵심 논리가 작동한다. 다자성과 더불어 운동성 또한 도입되어야 했다. 자연이 생성해가는 현상을 통째로 부정할 수 없다고 본 후기 자연철학자들에게 생성/운동이란 반드시 복구되어야 할 존재론적 원리였다. 운동의 긍정을 위해서도 무와 타자성은 필수적이었다. 예컨대 실체들을 원자들로 볼 경우, 그 원자가 움직이려면 반드시 빈 공간이 필요했다. 이런 이유 때문에 데모크리토스는 진공 개념을 도입했으며, 이 개념은 이후 자연철학사 내내 '핫 이슈'로 자리 잡는다. 다른 한편 운동을 플레눔에 입각해 설명할 수도 있었는데, 예컨대 엠페도클레스는 자연에서의 운동을 어항의 경우에서처럼 꽉 찬 공간에서의 동일자들의 자리바꿈으로 생각했다. 아페이론이 거부되었기 때문에, 이 운동은 어디까지나 동일자들의 자리바꿈을 모델로 해야 했다. 이 모델은 타자성의 개념 없이는 성립할 수 없었고, 모든 것이 한 동일자가 타자들과 맺는 외적인 관계를 통해서 설명되는 모델이었다. 이렇게 운동의 복구를 위해서도 무와 타자성은 필수적으로 도입되어야 했다.

이런 토대 위에서 이제 여러 종류의 자연철학들이 전개된다. 이 자연철학들의 기본 논리는 다음과 같다.

1. 세계를 이루고 있는 실재는 영원하고 자기동일적이고 순수한 존재'들'이다.
2. 이 존재들이 일정한 방식으로 '관계 맺음'으로써―무/부정 및 타자성을 매개해 운동함으로써―우리가 보고 있는 이 현상세계가 성립한다.

이런 식의 논리는 오늘날까지도 합리적/과학적 사유의 핵심적인 범형 (paradigm)으로서 작동하고 있다. 후기 자연철학에는 상당히 다양한 내용들이 포함되거니와, 논의가 지리멸렬하게 흘러가지 않도록 하기 위해서 우리 논의의 초점을 '양과 질'이라는 사유-축에 맞출 것이다.

§1. 질과 양의 조합

엠페도클레스(BC 490~430년)의 저작으로는 『퓌지스에 관하여』와 『카타르모이』, 『의술론』 등이 그 일부만 전해 내려온다. 엠페도클레스는 『퓌지스에 관하여』에서 파르메니데스처럼 운문으로 자신의 사상을 펼쳤는데, 마찬가지로 멋들어진 서문을 붙여 자신의 논의를 그럴듯하게 만들려 했다. 다만 엠페도클레스의 경우는 여신을 만나는 것이 아니라 아끼는 제자인 파우사니아스에게 자신의 이야기를 전달해주는 형식을 취한다. 고전 문헌들 중 제자들이 스승의 언행을 기록하는 경우는 많지만 스승이 제자들에게 이야기를 전달하는 방식으로 직접 쓴 경우는 상대적으로 적다. 이 점에서 엠페도클레스의 저술 방식은 글쓰기에서 또 하나의 독자적인 선례(先例)를 만들었다고 할 수 있다.

엠페도클레스는 세계가 근원적 차원에서는 영원부동의 동일성이라는 파르메니데스의 전제를 받아들이되 다자와 운동을 긍정한다. 세계 안에서의 다자와 운동은 인정하지만 세계 그 자체, 궁극의 차원에서의 세계는 영원한 동일성인 것이다. 다음 구절이 이를 잘 보여준다.

> 전혀 있지 않은 것으로부터 [무엇인가가] 생겨난다는 것은 가당찮으며,
> 또 있는 것(eon)이 완전히 파멸한다는 것도 불가능하기에.
> 누군가가 끊임없이 어디에 놓든 그것은 늘 거기에 있으리라.
> (DK, B/12. 단편 15)

이 구절은 무에서 유로 갈 수도 없고 유에서 무로 갈 수도 없다는 것, 세계는 궁극적으로 영원한 동일성이라는 것을 말하고 있다. 이 구절만 놓고서 보면 흡사 파르메니데스의 말처럼 들린다. 이렇게 파르메니데스는 그리스 철학자들에게 건너뛸 수 없는 권위로 군림하고 있었다.

그러나 엠페도클레스는 다원론을 시도한다. 영원한 것이 단지 하나('일자')가 아니라 넷이 된다. 다른 모든 것들은 이 넷으로부터 나오고 넷으로 돌아가지만, 이 넷은 영원한 동일성이다.

> 우선 만물의 네 뿌리들(rhizomata)에 대해 들어보게.
> 빛나는 제우스와 생명을 가져다주는 헤레와 아이도네우스
> 또 그녀의 눈물로 죽을-운명의 샘들을 적시는 네스티스 말일세.
> (DK, B/6. 단편 20)

엠페도클레스는 처음에는 네 실재를 이렇게 인격화해서 말하고 있다. 누가 무엇에 해당하는지에 대해서는 이견들이 많다. 어쨌든 네 뿌리들은 결국 물, 불, 공기, 흙 즉 지수화풍(地水火風)이다. 바로 이 네 뿌리가 '태어나지 않는 것들'(영원한 것들)로서의 4원소(stoicheia)—라틴어로 'elementa'—가 된다. 일반적인 맥락에서는 '요소들'로, 화학적 맥락에서는 '원소들'로 번역된다. 'stoicheion'이라는 희랍어는 오늘날까지 화학에서 사용되고 있다. 이 네 원소 각각은 영원한 동일성들이고 만물은 이 네 원소들의 조합으로 생겨나는 것들이다.

중요한 것은 이 네 가지가 질적으로 서로 환원 불가능하다는 점이다. 다른 모든 것들은 이 네 가지로 환원되지만 이 네 가지는 서로 환원되지 않는다.

> 이것들은 모두 동등하며 같은 때에 태어난 동기(同期)들이지만,
> 각기 다른 권한의 주인이고, 각각에게는 고유한 성향(ēthos)이 있거늘.

(DK, B/17. 단편 24)

만물은 이 네 원소의 혼합과 분리에 의해서 형성된다. 모든 사물들은 태어나고 변하고 죽지만 이 모든 것이 그 근본에서는 이 네 원소의 혼합과 분리 이외의 것이 아니다. 이런 생각은 변화와 영원부동을 동시에 인정하면서도 영원부동을 실재의 위치에 놓는 생각이다. 현상세계에서의 변화를 인정하면서도 그 근본은 결국 영원부동의 실재에 입각해 있다는 것, 다만 그 실재가 하나가 아니라 넷이라는 것.

〔…〕죽을-운명의 모든 것들 가운데 어느 것에도
탄생이란 없으며 또 소멸도 없다네.
단지 혼합(mixis)과 분리(diallaxis)만이 있을 뿐.
탄생이란 사람들이 이것들에 붙인 이름일 뿐.
(DK, B/8. 단편 25)

실로 이것들로부터 있었던 것들, 있는 것들,
앞으로 있을 모든 것들이 움터 나왔나니,
나무들, 남자들과 여자들, 짐승들과 새들과 물고기들,
또 지고의 명예를 지닌 불사의 신들이 태어났노라.
존재하는 것은 다만 이것들〔네 뿌리들〕뿐,
이 때는 이 모양 저 때는 저 모양이 되기 때문이네,
혼합(krēsis)이 뒤바뀌는 그만큼.
(DK, B/21. 단편 28)

현상세계는 무수한 운동/변화를 보여준다. 비가 내리고 생명체들이 생로병사를 겪고 사회와 문화가 계속 바뀐다. 엠페도클레스의 사유는 이 모든 운동/변화를 어떤 근본적인 존재들의 혼합과 분리로 설명한다.

근본적인 존재들 하나하나는 마치 파르메니데스의 일자처럼 영원부동의 존재이지만(여기에서 '부동'은 움직이지 않는다는 뜻이 아니라 실체적 변화를 겪지 않는다는 뜻이다) 그 존재들의 혼합과 분리를 통해서 온갖 현상들이 발생한다는 이 생각은 분석적 사유의 전형이다. 엠페도클레스 이래 2,500년가량이 지났지만, 사실 우리가 '분석적 사유', '합리적 사유', '과학적 사유'라 부르는 사고 유형은 이때 이미 완성된 것이라고 하겠다. 이 사유는 다음과 같은 구조를 가진다.

1. 한 사물 ─ 복합체 ─ 에서 더 이상 나눌 수 없는 요소들을 찾아낸다.
2. 그 요소들이 어떻게 조합되었기에 그 사물이 바로 그렇게 존재하는지를 밝혀낸다.

이런 구조는 분야에 관계없이 분석적·합리적 유형을 띤 모든 사유에 해당하는 논리이다. 그래서 물리학자들/화학자들은 물질을 분석해서 '～子', '～素'를 발견해내고, 생물학자들은 '～胞' 등을 발견해낸다. 언어학자들은 언어를 분석하고, 경제학자들은 경제 현상을 분석하고, 사회학자들은 사회 현상을 분석한다. 이렇게 사물들을 '분석'해서 설명하는 방식이 '합리적,' '과학적' 사고의 기본 유형이다. 엠페도클레스에 이르러 이제 이런 기본 유형이 마련되었다.

화학의 맥락에서 오늘날 물을 H_2O, 포도당을 $C_6H_{12}O_6$로 표기할 때, H, C, O 같은 원소들은 자기동일성을 가진 실체들로, 물, 포도당 등은 이런 원소들이 일정한 양적 관계에 따라 혼합된 것들로 이해된다. 그리고 모든 물질적 변화는 이 원소들의 혼합과 분리에 의한 것이 된다. 여기에서 중요한 것은 H, C, O 등의 질적 차이를 인정한다는 점이다. 데모크리토스의 원자론에 따르면 이 실체들도 보다 궁극적인 어떤 존재들로 환원 가능하지만, 엠페도클레스는 그렇게 보지 않았다. 현대 화학의 입장에서 본다면, 설사 환원이 가능하다 해도 이 원소들 사이의 질적 차이들은 여전히 중요하다. 그래서 물리학과 화학이 구분된다.

자연과학의 역사는 이런 과정을 계속 겪어왔다. 상식은 개체를 가장 궁극적인 존재로서 파악한다. 철수와 영희, 뽀삐, 이 소나무, 저 건물 등 개체들이야말로 가장 기본적인 존재들이다. 그러나 생물학이 발달하면서 인식 주체의 눈길은 그 아래 층위로 내려간다. 기관, 조직 등을 거쳐 세포까지 내려간다. 화학과 물리학은 거기에서 다시 내려가 분자와 원자 차원으로, 최근에는 나노 입자, 초끈 등으로 계속 내려간다. 이렇게 끝없이 마이크로의 세계로 내려가 그 과정에서 발견한 요소들로 매크로의 세계를 설명하려는 것이 합리적·분석적 사유의 전형이다.

사실 4원소설은 엠페도클레스 혼자만의 주장이 아니라, 그리스인들의 일반적인 생각이기도 했다. 탈레스는 물, 아낙시메네스는 공기, 헤라클레이토스는 불을 아르케라고 보았지만, 당시 일반적으로 널리 퍼져 있던 믿음은 4원소설이었다. 그러니 엠페도클레스의 4원소설은 대체적으로 일반적인 상식에 부합하는 것이었다고 하겠다. 이 4원소설을 보다 정교하게 발전시킨 인물은 훗날의 플라톤과 아리스토텔레스이고, 몇 번의 예외가 있긴 했지만 이렇게 형성된 4원소설은 근대 기계론이 탄생하기 이전까지 계속 이어진다. 중세의 통속적인 유행가들을 고급 음악으로 승화시킨 「카르미나 부라나」(카를 오르프 작곡)에서도 4원소설을 볼 수 있거니와, 이는 4원소설이 유행가 가사에도 등장할 정도로 일반 상식이었다는 것을 뜻한다. 엠페도클레스가 다듬은 이 4원소 사상은 훗날 많은 이들을 매료시켰고, 비극 『엠페도클레스의 죽음』을 쓴 프리드리히 횔덜린도 그중 한 사람이다.

오늘날의 관점에서 보면, 엠페도클레스가 궁극의 원소들로 보았던 물, 불, 공기, 흙은 궁극적인 것들이 아니라 원소들로 구성된 복합체들이다. 물, 불은 오늘날의 '화합물'에 해당하고, 공기와 흙은 '혼합물'에 해당한다. 화합물은 원소들이 완전히 결합해 하나의 물질을 이룬 경우이고(이산화탄소, 염화나트륨 등 대부분의 '화학물질들'이 화합물들이다), 혼합물은 화합물들이 섞여 있는 경우이다. 엠페도클레스가 실재들로 본 것들이 지금은 더 근본적인 실재들이 발견됨으로써 오히려 현상들이 된 것이다. 이것은 앞에서 말했던 '존재론적 층위'의 문제와 상관적이다.

그러나 다시 생각해본다면, 미시세계의 탐구가 아무리 계속된다 해도 우리가 일상을 살고 있는 세계는 현상세계라는 사실을 부정할 수 없다. 앞으로 물리학과 화학이 어떻게 발달해가든 우리가 일상을 살아가고 있는 이 세계는 물, 불, 공기, 흙의 세계, 몇 가지 덧붙인다면 나무, 쇠, 돌, 유리 등의 세계이다.(쇠, 돌, 유리 등은 흙에 포함시키고 나무만 독자적인 것으로 볼 경우, 동북아의 '오행'이 나온다) 현대의 합리주의 과학철학을 대변하는 가스통 바슐라르가 한편으로는 현상 차원을 넘어서는('인식론적 단절') 과학의 세계를 이야기하면서도 다른 한편으로는 물, 불, 공기, 흙에 대한 현상학적 · 시학적 이야기를 펼친 것도 이런 맥락에서이다. 과학적 차원에서 이야기되는 물(H_2O)과 현상학적 · 시학적 차원에서 이야기되는 물(오필리아가 빠져 죽은 차갑고 서글픈 물, 나이아가라 폭포의 웅장한 물, 5월의 미풍에 흔들리는 잔잔한 호수의 물 등등)을 함께 다룬 것이다. 불, 공기, 흙도 마찬가지이다. 어떤 실재가 발견되어도 현상세계는 그 고유의 위상, 일상적으로는 인간에게 더 가깝고 소중한 존재론적 위상을 띤다.

마이크로의 차원이 발견되면(하지만 과연 '발견된' 것일까?), 거시세계와 미시세계 사이에는 거대한 심연이 가로놓이게 된다. 클레오파트라는 아름다워도 클레오파트라의 DNA가 다른 여성들의 DNA보다 더 아름다울 리는 없다. 두 차원은 전적으로 다른 차원이다. 설사 클레오파트라의 아름다움이 DNA에 의해 설명된다 해도, 거시세계에서의 그 아름다움 자체와 미시세계에서의 DNA의 메커니즘은 전혀 다른 차원을 구성하고 있다. 때문에 이 두 차원을 어떻게 연결하느냐가 존재론의 주요 과제들 중 하나로서 이어지게 된다.[1]

동인을 사유하다

원소들이 결합되고 분리되면서 사물들이 생겨난다. 그렇다면 '왜' 그것들이 결합되기도 하고 분리되기도 하는가. 이것은 곧 '동인(動因)'의 문제 즉 운동 원인의 문제이다. 엠페도클레스는 '운동의 원인'이라는 문제를 제시함으로써 사상사의 새로운 지평을 열었다.

두 가지 접근법이 존재한다. 내부적 접근법은 운동의 원인/힘이 운동하는 사물 자체 내에 존재한다고 파악한다. 이는 물, 불, 공기, 흙 각각이 그런 힘을 내장하고 있다고 보는 생각이다. 이와 달리 원인/힘을 사물 바깥으로 분리해내서 설명하는 방식도 있다. 외부의 힘이 4원소를 움직인다는 생각이다. 다시 이 외부적 설명은 부분적인 차원에서 이야기될 수도 있고 전체적인 차원에서 이야기될 수도 있다. 대포알은 대포가 밀어서 나간다. 대포알에는 스스로 날아갈 수 있는 생명력이 없으며(내부적 동인과 외부적 동인의 차이는 생명체와 무생명체에서 단적으로 나타난다) 이 경우 외부적 원인은 부분적이다. 대포라는 다른 개체가 동인인 것이다.[2] 그러나 또한 생각을 넓혀 이 세계 전체, 우주, 자연 전체를 움직이는 원인을 생각할 수도 있다. 우리는 사유의 역사에서 이런 '세계 바깥'의 동

---

1) 동북아에서 4원소설은 전통적인 오행설과 비교되었다. 17~8세기 동북아에는 '서학'이 들어오고, 그때 4원소설도 함께 들어오게 된다. 이때 들어온 4원소설은 엠페도클레스의 맥락이라기보다는 토마스 아퀴나스가 신학적 판본으로 만든, 아리스토텔레스적 맥락에서의 4원소설이지만 이렇게 동북아 한자문명권의 사상과 서구의 사상이 만나면서 흥미로운 사상적 드라마가 전개된다. 그러나 사실 서학이 전파되던 이 무렵, 서구에서는 이미 4원소설이 파기된 지 오래였다. 그런데도 뒤늦게 들어온 이 4원소설은 잠시나마 동북아 지식인들의 관심을 끌게 된다. 당대까지 내려온 오행설과 흥미로운 비교가 되었기 때문이다. 알폰소 바뇨니, 이종란 옮김, 『공제격치』(한길사, 2012).

2) 물론 인과의 연쇄를 생각할 수 있다. 대포에 불을 붙인 사람도 대포알의 동인이다. 하지만 인과 연쇄를 계속 이어가면 결국 인과 자체가 의미를 잃게 된다. 그렇게 이어갈 경우, 대포알을 만든 사람, 포병을 고용한 장군, 대포를 밀어 온 일꾼들 등등이 모두 원인일 테고 이런 식의 이야기는 모든 것이 모든 것의 원인이라는 싱거운 이야기가 될 터이다. 대포알의 직접 원인은 일단은 그것을 밀어낸 대포와 대포를 쏜 사람이라고 해야 할 것이다. (하지만 정확히 어디에서 끊어야 할까?)

인을 인정하는 경우(초월적 철학)와 그렇지 않은 경우(내재적 철학)가 길 항함을 볼 수 있다. 엠페도클레스는 후자의 경우이다.

> 나는 이중적으로 말하려 하네. (4원소는)
>
> 어느 때는 자라나 여럿에서 단 하나로 되고,
>
> 다른 때는 다시 분리되어 하나에서 여럿이 되기 때문.
>
> (…)
>
> 때로는 사랑(Philotēs)에 의해 전부 하나로 합쳐지나,
>
> 때로는 미움(Neikos)[3]에 의해 제각각 따로 떨어지기 때문.
>
> (DK, B/17. 단편 33)

사랑과 미움이라는 의인적인 표현을 쓰고 있지만, 엠페도클레스가 이 말을 은유로 쓴 것인지 문자 그대로의 의미로 쓴 것인지는 알 길이 없다.

사랑은 네 원소들을 결합하고, 미움은 이것들을 분리한다. 공기, 불, 물, 흙의 순서로 분리된다고 한다. 현대 화학에서도 원소들끼리의 결합 · 분리는 중요한 문제이거니와, 지금 엠페도클레스의 사유는 성격이 다르다고 해야 한다. 원소들 자체가 사랑/미움을 내포하고 있는 것이 아니라 바깥에서 이들을 결합하기도 하고 분리하기도 하는 근본적인 두 힘이 있음을 말하고 있다.

엠페도클레스의 생각에 관련해 아리스토텔레스와 심플리키우스(/심플리키오스, AD 490~560년)의 해석을 들어보는 것도 좋을 듯하다.

> 아무튼 여러 군데에서 그가 말한 사랑은 (원소들을) 나누고 미움은 (원소들을) 합친다. 즉, 불화에 의해 전체(to pan)가 원소들로 나뉠 때 불은 하나로 합쳐지

---

3) 원문에는 '불화의 미움'으로 되어 있으나 간단히 '미움'이라고만 번역했다.

고 다른 원소들 각각도 [그렇게 합쳐지는가 하면], 다시 사랑에 의해 하나로 모일 때 [원소들의] 부분들은 각각으로부터 다시 분리되어야 한다.(『형이상학』, I, 985a/25~29. 단편 39)

사랑은 모든 것을 하나로 결합시키며 미움이 만들어낸 우주를 파괴시키고 그것을 구(球)로 만드는 반면에, 미움은 원소들을 다시 분리시켜 [지금의] 이 우주와 같은 우주를 만든다.(『아리스토텔레스 『천체론』에 관한 주석』, 293.18. 단편 38)

심플리키우스가 해설해주고 있듯이, 사랑은 분리되어 있는 물, 불, 공기, 흙을 다 파괴해서 하나로 섞음으로써 거대한 구를 만들어낸다. 반대로 미움은 물, 불, 공기, 흙을 따로 분리해서 지금의 우주를 만든다. 가장 아래에 흙이 놓이고, 그 위를 물이 흐르고, 그 위를 공기가 떠다니고, 다시 그 위로 불이 올라가는 지금의 우주가 된다. 때로 불은 태양과 동일시되기도 했다.

사랑이 원소들을 나누고 미움은 그것들을 합친다는 아리스토텔레스의 해석은 다소 묘하게 들린다. 그러나 지금 아리스토텔레스가 말하고 있는 것은 사랑은 원소들을 섞기 위해서 그 각각을 분할하고 미움은 각각을 따로 모이게 만든다는 것이다. 사랑은 물을 여러 물들로 나누고, 불, 공기, 흙을 여러 불, 공기, 흙으로 나눈다는 것이고, 미움은 물은 물대로, 불은 불, 공기는 공기, 흙은 흙대로 합친다는 것이다. 그리고, 인용문에 명시적으로 나와 있지는 않지만, 사랑이 원소들 각각을 스스로에게서 분할한다는 것은 그렇게 분할된 물, 불, 공기, 흙의 부분들이 모두 섞인다는 것을 함축하고 있다. 그래야 구가 이루어진다. 반면 물, 불, 공기, 흙이 따로따로 모인다면 그 상태는 물, 불, 공기, 흙이 분리되어 지금 이 세계가 형성된다는 것을 뜻하게 된다. 마지막의 구절 "다시 사랑에 의해 하나로 모일 때 부분들은 각각으로부터 다시 분리되어야 한다"라는 말을 음미할 필요가 있다. 물의 부분들, 불의 부분들, 공기의 부분들, 흙의 부분들이 사랑에 의해 다시 모인다는 것은 물, 불, 공기, 흙 각각의 전체가 서로 총체적으로 섞이기 위해서는 우선 숱한 조각들로 분리되어야 한다는 것을 뜻한다.

그러나 위와 같이 이해해도 문제는 남는다. 네 원소들이 결합되어야 만물이 이루어진다고 했으나, 지금은 결합될 경우 모두 파괴되어 구가 형성되며 분리될 경우에야 이 세상이 된다고 하니 말이다. 여기에서 두 가지 결합을 구분할 필요가 있다. 네 원소가 궁극적으로 모두 합쳐져서 하나의 구가 될 때의 결합, 그리고 이 세계가 이루어진 한에서 만물을 만들어내기 위한 네 원소의 부분들의 결합. 물, 불, 공기, 흙이 일정량씩 합쳐져서 토끼가 이루어진다고 할 때의 물, 불, 공기, 흙은 각각의 전체가 아니라 각각의 일정 부분들이다. 하지만 사랑이 구를 만든다고 할 때는 세상의 모든 물, 불, 공기, 흙이 하나로 합쳐진다는 뜻이다. 묘하다. 각 원소들의 부분들이 섞이면 다양한 사물들이 만들어지지만, 그 전체가 다 섞여버리면 우주의 종말이 되어버린다. 세계가 파르메니데스의 구가 되어버리면 자연철학의 대상으로서의 우주는 사라진다.

엠페도클레스는 우주가 사랑이 승하는 시기와 미움이 승하는 시기를 번갈아 겪는다고 말한다.

> 어느 때에는 사랑에 의해 하나의 질서(hen kosmos)로 합쳐지다
> 다른 때에는 다시 미움에 의해 제각각 따로 분리되다 하면서,
> 마침내 결합해서 하나인 전체가 되어 납작 엎드리게 될 때까지.
> (DK, B/26. 단편 40)

이른바 '영겁회귀(永劫回歸)'의 세계관이다. 사랑이 승한 시기에는 "모든 방면에서 동등하며[등질적이며] '페라스'가 전혀 없는(apeirōn) 존재"가 도래하며, 이 "둥근 구(Sphairos)는 주변을 감싸는 고독을 즐긴다"고

한다. 그러나 불화가 승한 시기가 도래하면 구 바깥을 싸고 있던 미움이 구에 침입해 네 원소들이 분리된다. 이 분리에 따라 물, 불, 공기, 흙의 우주적 배치가 이루어진다. 그리고 원소들이 일정한 양적 비례 관계에 따라 갖가지로 결합되어 생명체들이 생겨난다. 결국 우리가 사는 이 우주―당대에는 사실상 지구와 바로 위의 하늘에 불과했지만―는 원래 구로 뭉쳐 있다가 펼쳐져서 배치된 것이고, 존재자들은 4원소들로부터 생겨났다는 것이다.

이렇게 본다면 거시적 사랑과 미움 외에 다시 미시적 사랑과 미움을 설정해야 하는 듯이 보이기도 한다. 만물을 하나로 만드는 사랑―그렇지만 만물이 하나가 된다는 것은 우주의 종말을 뜻하므로 이 상황은 우리가 일반적으로 생각하는 '사랑'과는 다른 어떤 것이라 해야 할 것이다―과 네 원소를 분리하는 미움, 그리고 이렇게 분리된 네 원소들의 조각들을 결합/분리해 만물을 만들어가는 힘. 분명, 모두를 결합해 구로 만들어버리는 사랑과 그 반대로 다양성을, 만물을 만들어내는 사랑은 구분되어야 한다. 마찬가지로 4원소 각각을 따로 떼어놓는 미움과 그것들의 조각들을 떼어놓는 미움 또한 구분되어야 한다. 엠페도클레스에게서 이 점은 불분명하다. 그러나 부분적 결합/분리와 총체적/우주적 결합/분리는 분명하게 구분해야 할 문제이다. 사물들을 실제 설명할 때 중요한 것은 물론 부분적 결합을 이끌어가는 사랑/미움―오늘날의 개념으로 한다면 인력과 척력―이다.

생명, 인식, 정화

엠페도클레스는 생명체들의 변화가 단번에 이루어진 것이 아니라 오랜 세월에 걸쳐서 단계적으로 일어났다고 본다. 처음에는 지금 우리가 보고 있는 생명체들이 아니라 지금으로 말하면 '괴물들'이라고 할 만한 생명체들이 등장했다고 한다.

여기(땅)에서 목이 없는 많은 머리들이 나타났고,

어깨 없는 맨 팔들이 헤매었으며,

눈들이 이마 없이 외로이 방황하였네.

(DK, B/57. 단편 80)

이렇게 해서 "사람의 얼굴을 가진 황소"라든가 거꾸로 "황소의 머리를 가진 사람"을 비롯해서 다양한 '괴물들'이 탄생한다. 일정한 단계에 도달하면 현대 식으로 말해 '유성 생식'의 단계에 도달한다. 그래서 암수가 만나면 "시각으로 인해(이성(異性)을 보게 되어) 교합하고 싶어 하는 욕정"이 생겨나고 "정결한 곳들(자궁) 안에 그것들(정액)이 쏟아 부어진다"고 한다. 이 밖에도 엠페도클레스는 생명체들에 대한 많은 논의를 남기고 있다.

엠페도클레스에게서 또 하나 흥미로운 점은 오늘날의 언어로 말해 '자연주의'에 입각한 유물론적 또는 기계론적 인식론을 전개하고 있다는 점이다. '유물론적' 나아가 '기계론적'이라는 말은 엠페도클레스가 물질적인 것과 구분되는 정신적인 것을 전제하지 않고서 인식을 설명했다는 것, 더 나아가 기계를 다루는 것과 같은 방식으로 설명했다는 것을 뜻한다. 사과를 바라볼 때 그 과정 즉 감각작용은 물리적인 것이다. 우리 눈의 구조, 빛, 사과의 표면 사이에서 벌어지는 물리적인 과정을 통해서 우리의 뇌에 그 사과의 상(像)이 맺힌다. 오늘날의 개념으로 '표상=representation'의 과정이다. 그렇다면 "저 눈은 희다"라는 판단은 어떤가? 이것 또한 물리적인 것인가? 이 판단 자체에는 색도 무게도 냄새도 없다. 이 판단은 정신적인 것이고, 또 이 판단을 적어놓은 언어도 물리적인 것이 아니다. 종이에 스며든 잉크는 물질적인 것이지만 그 명제 자체가 물질적인 것은 아니다. 그 명제를 다른 색깔의 잉크로 "あの雪は白いである"라고 적어도 의미는 똑같다. 이 '의미'라는 존재는 물질적인 존재가 아니다. 물론 이 판단/명제가 우리의 뇌에 맺힌 상과 무관한 것

은 아니다. 실재하는 대상과 전혀 무관한 판단/명제는 객관적인 인식이 아니다. 그렇다면 이 두 차원의 관계―감각작용(sensation)과 개념작용(conception)의 관계, 더 일반적으로는 물질적인 것/신체적인 것과 정신적인 것의 관계―는 무엇일까? 엠페도클레스가 유물론적/기계론적 인식론을 전개했다는 것은 개념작용을 감각작용으로 환원해서 설명했음을 뜻한다. 그러나 그가 두 작용의 구분을 날카롭게 이해한 수준에서 그중 하나로의 환원주의를 시도했는지, 그런 구분 자체에 아직 눈뜨지 못했기 때문에 우리의 눈에 유물론자/기계론자로 보이는지는 좀더 논의할 필요가 있을 것이다.

엠페도클레스의 인식론을 지배하고 있는 핵심 원리는 "같은 것이 같은 것을 알아본다(hē de gnōsis tou homoiou tō homoiō)"는 것이다. 사물들은 그 표면에서 여러 가지 방출물(aporrhoē)을 내고 그것들이 인식 주체의 표면으로 이전됨으로써 인식이 성립한다.[4] 그런데 시각적 방출물들, 청각적 방출물들 등의 크기가 다 다르고 시각, 청각 등의 미세한 구멍 크기들이 또 다 달라서 결국 시각적 방출물들(예컨대 색)은 눈에만 들어간다고 한다. 물론 다른 감각들의 경우도 마찬가지이다. 테오프라스토스가 이 과정을 잘 설명해주고 있다.

> 〔감각들〕 각각의 통로에 〔방출물들이〕 꼭 들어맞기 때문에 각각의 감각이 성립한다고 말한다. 이 때문에 각각의 감각은 다른 감각에 속하는 것은 식별할 수 없다. 왜냐하면 각 감각물들과 대응해 있는 통로들은 그것들이 만나는 각각의 감각물들에 비해 더 넓기도 하고 더 좁기도 해서, 어떤 것들은 통과시키지만 어떤 것들은 들어갈 수 없게 만들기 때문이다.(DK, A/86. 단편 115)

---

4) 플라톤은 이런 수동적 인식론을 참조하면서도 보다 능동적인(주체에서 대상으로 나아가는) 인식론을 전개한다. 『티마이오스』 45b 이하 및 67c 이하를 보라.

이렇게 인식의 문제에 대한 엠페도클레스의 설명은 철저하게 기계론적인 것으로 보인다. 플라톤, 아리스토텔레스 같은 형상철학자들이 극복하고자 했고, 반대로 에피쿠로스학파, 스토아학파 같은 유물론적 철학들이 계승하고자 했던 것이 이 자연주의적 인식론이다.

엠페도클레스는 서시만이 아니라 종시(終詩)까지 두어서 멋지게 자신의 시를 마무리짓는데, 파르메니데스와 엠페도클레스의 운문을 두고서 비교해보면 그 사이에 수사법이 상당히 발달했다는 것을 확인할 수 있다.

엠페도클레스는 종교적 저작인 『카타르모이』에서 스스로를 신적 존재로 말하고 있다. 이것은 그가 아크라가스의 사제였거나 어떤 종교 단체의 교주였음을 시사한다. 그리고 지중해세계의 많은 종교들이 그랬듯이, 엠페도클레스 역시 오르페우스교와 퓌타고라스교의 영향을 받았다. "슬프다, 입술로 살코기를 먹는 끔찍한 일을 내가 꾀하기 전에/ 왜 일찍이 비정한 [죽음의] 날이 나를 파멸시키지 않았던가" 같은 구절이나 "나는 이미 한때 소년이었고 소녀였으며, 덤불이었고 새였고, 바다에서 뛰어오르는 말 못 하는 물고기였으니" 또는 "가련한, 아주 가련한 자들이여, 콩에 손대지 말라" 같은 구절들에서 이 점을 분명하게 알 수 있다.

또 대부분의 종교에서 그렇듯이 섭리, 운명 등에 관련된 분명한 개념도 엿보인다.

> 아낭케(ananke)[5]의 신탁이 있도다. 그것은 신들이 제정한 법령으로서 오래되고 영원한 것이며, 강한 맹세들에 의해 튼튼히 봉인되어 있나니.(DK, B/115. 단편 145)

---

5) 아낭케는 보통 '필연'으로 많이 번역하지만, 현대적인 감각으로는 어울리지 않는 번역이다. 필연은 자연과학의 법칙이나 논리적 필연성(logical necessity)에 관련된다. 지금의 맥락에서 아낭케는 따를 수밖에 없는 것, 어찌할 도리가 없는 것이라는 뜻이고 따라서 차라리 '운명'으로 번역할 수 있다.

엠페도클레스는 자신이 사는 시대가 "미쳐 날뛰는 불화"와 '아테(Atē) 즉 '미망(迷妄)'/'맹목(盲目)'의 풀밭이 무성한, 살육, 원한, 죽음 등으로 가득 찬 시대라고 보았다. 역사적인 예를 든다면, 자기 딸까지 죽여서 트로이 공격을 감행한 아가멤논의 행위가 그것이다.[6] '카타르모이(정화의 례)'라는 제목은 분명 이 미쳐 날뛰는 세상으로부터 벗어나야 한다는 메시지를 담고 있을 것이다.

§2. 질들의 상대적 비율

이오니아 지방의 클라조메나이에서 태어난 아낙사고라스(BC 500~428년)가 주로 아테네에서 활동하게 된 계기는 아마도 페르시아 전쟁이었을 것이다. 이오니아 지방이 페르시아의 침공으로 인해 무너지면서 당대의 지식인들이 아테네, 이탈리아 등으로 피난을 가게 된다. 그중 특히 아낙사고라스가 아테네로 건너가면서 아테네의 철학적 기반이 마련되었다. 당대는 또한 소피스트들의 시대, 페리클레스의 시대이기도 했다. 이 시대에 아테네에서 철학이 활짝 꽃피지만 그 중심을 이루는 사람들 대부분은 타지 출신들이었다. 마치 유럽에서의 전쟁으로 수많은 지식인들이 미국으로 건너가면서 미국 학문이 발달한 것처럼, 타지 사람들이 아테네로 몰려들면서 아테네가 문화의 중심지가 된 것이다.

엠페도클레스와는 달리 아낙사고라스는 철두철미하게 합리적이라고 할 수 있는 밀레토스 학풍을 이어받았다. 정치적인 분위기, 종교적인 분위기, 예술적인 분위기를 띠는 철학자들이 있는가 하면, 철저하게 과학적인, 합리주의적인 분위기를 띠는 철학자들도 있다. 아낙사고라스는 마지막 유형에 가까운 사람이었다. 전통 사회에서 한 철학자가 특히 과학,

---

6) 에릭 도즈는 『그리스인들과 비합리적인 것』, 1장에서 이 예를 분석하고 있다.

정치, 종교라는 세 영역과 맺는 관계는 그 철학자의 사유의 성격에 중요한 함의를 띤다.[7] 아낙사고라스는 특히 과학적인 유형의 철학자였고, 다른 한편 당대의 정치와도 적지 않은 연관성을 맺은 인물이었다.

아낙사고라스는 그리스 전성기에 페리클레스와 친분을 맺고 아테네 황금기의 한 축을 이루었다.[8] 페르시아 전쟁에서 아테네가 승리함으로써 아테네는 에게 해 전체를 지배하는 주인공이 되어 막강한 힘을 발휘하게 되고, 이 아테네 전성기 때의 통치자가 된 행운을 누린 인물이 페리클레스였다. 아낙사고라스는 페리클레스와의 친교로 아테네에서 명망을 누렸지만, 다른 한편으로는 정치가의 친구라는 것 때문에 곤욕도 치르게 된다. 태양이 붉게 달아오른 돌덩어리라고 말했다는 이유에서 클레온이라는 사람에게 불경죄[9]로 고발당해 벌금을 물고 추방당했다고도

7) 전통 철학에서 과학과 철학은 구분되지 않았고, 철학자란 오늘날로 말하면 철학, 자연과학, 인문사회과학을 종합적으로, 더 정확히 말해서 미분화된 상태로 연구한 인물들이었다. 17세기에 자연과학이 철학에서 독립하고 19세기가 되면 인문사회과학이 독립하게 되면서 철학의 개념도 달라진다. 이 점에서 '과학'과의 관계'라기보다는 한 철학자에게서 '자연철학이 띠는 위상'이라고 말하는 것이 더 정확할 것이다.
    또 하나, 3권에서 논하겠지만 19세기 이래 철학은 예전과는 달리 예술과 밀접한 관련을 맺게 된다. 현대 철학은 예술과 떼어서 생각할 수 없다. 반면 종교와의 관련성은 엷어진다. 따라서 현대 철학은 특히 정치, 과학, 예술과 맺는 관계가 중요하다고 할 수 있다.

8) 페리클레스는 아낙사고라스와 깊은 친분을 유지했고, 그에게 큰 영향을 받았다고 한다. "페리클레스에게 가장 유익한 영향을 준 사람이 있었으니, 그는 클라조메나이의 아낙사고라스였다. 그는 페리클레스에게 신중함과 위엄을 심어주었고, 고귀한 인품을 갖도록 가르쳤다."(플루타르코스, 『플루타르크 영웅전』, 홍사중 옮김, 동서문화사, 2007, 275쪽) "페리클레스는 자신의 생활과 고매한 정신에 어울리는 방식으로 연설하기 위해서 아낙사고라스로부터 물려받은 과학적 지식을 활용했다."(278쪽) 역으로 아테네에서 철학이 꽃핀 데에는 페리클레스의 후원이 상당한 역할을 했던 것으로 보인다.

9) 현대인들에게 '불경스럽다'라는 말은 별다른 의미로서 다가오지 않지만, 고중세 사람들에게는 극히 심각한 범죄였다. 불경죄에 걸린다는 것은 예컨대 한국에서 '보안법'에 걸리는 것과 유사한 것이었다. 소크라테스를 처형한 죄목도 또 예수를 처형한 죄목도 이 불경죄이다. 특정한 종교체제에 의해 지배되는 사회에서 그 체제에 반(反)하는 사상과 행위를 전개한 것은 그 사회 전체를 뒤흔드는 것이었기 때문이다. 사상사는 바로 이런 탄압과 비극을 통해서 새로운 지평들을 열어왔다.

하고, 또 페리클레스의 정적이었던 투퀴디데스가 고발해서(불경죄 및 친메디아라는 죄) 사형 선고를 받았다고도 한다. 아낙사고라스를 시발로 해서 소피스트들, 그리고 특히 소크라테스까지 당대의 지식인들은 정치적 음모 또는 대중의 무지 때문에 수난을 당하곤 했다. 다른 기록에 따르면, 결국 그의 신변을 염려한 페리클레스의 권고로 람사코스로 은퇴해 말년을 보냈다고 한다. 아낙사고라스는 떠나면서 "내가 아테네인들을 잃은 것이 아니라 아테네인들이 나를 잃은 것"이라 했는데, 이는 이 폴리스의 미래에 대한 의미심장한 예언과도 같았다. 반면 람사코스 사람들은 그를 매우 존경했던 것 같다. 그들은 아낙사고라스의 임종시에 소원을 물었는데, 그는 자기가 죽은 날을 기념해서 그 달만큼은 아이들이 공부를 쉬고 놀게 해달라고 했다고 한다. 이 유언이 '방학'이라는 것의 기원이 되었을 것이다.

아낙사고라스의 청렴결백 역시 진정한 철학자 상(像)을 잘 보여준다. 유명세를 탄 사람과의 "연줄"을 내세워 뭔가를 바라는 것은 예나 지금이나 마찬가지이다. 그러나 아낙사고라스는 각종 청탁에 일절 응하지 않았고 이런 그에게 화가 난 "고향 어르신들"이 마침내 아테네로 찾아와 "자네가 어떻게 그럴 수가 있나!"라고 따졌다고 한다. 그러자 아낙사고라스는 손가락으로 하늘을 가리키면서 "내 고향은 바로 저곳입니다"라고 했다고 전해진다. "철학자"라는 존재를 이보다 더 잘 보여주는 일화도 드물 것이다. 아낙사고라스야말로 철학자들의 위대한 사표(師表)이다.

그는 운석을 보고서 천체란 뜨거운 불덩어리라고 해석했다. 천문학이 발달하지 않았을 시절, 운석이란 큰 호기심과 공포의 대상이었다. 『주역』에 잘 나타나듯이, 고대인들에게 자연현상은 단순한 물리적 메커니즘의 결과가 아니라 일종의 기호/징후였다. 그러나 과학은 의미를 찾기보다는 메커니즘을 찾는다. 밀레토스의 합리주의를 이어받은 아낙사고라스 역시 자연현상에는 아무런 신비한 의미가 없다고 보았다. 탈신비화의 사유이다. 한번은 사람들이 희한하게 생긴 염소의 머리를 가져와 거기서 뭔가 신비한 의미를 찾으려 하자, 그가 그 염소의 머리를 잘라서 뼈를 보여주었다. 뼈에 이상이 있는 것일 뿐 아무런 신비한 점도 없다는 사실을 보여준 것이다. 이렇게 그는 이오니아 합리주의의 계승자 역할을 했으며, 이런 아낙사고라스라는 인물이 아테네에 출현한 것은 이후 아테네라는 폴리스의 역사에도 중요한 의미를 던지는 사건이었다.

글은 영혼의 이미지이다. 멋도 부리고 종교적 냄새까지 한껏 풍겼던 엠페도클레스가 멋들어진 서사시로 글을 쓴 데 비해서, 아낙사고라스는 그의 유일한 저작으로 알려져 있는『자연철학』에서 꼭 필요한 이야기만을 간명하게 전달하고 있다. 파르메니데스나 엠페도클레스와는 달리 건조하고 명료한 문체로, 오늘날로 말하면 '논문'의 형식으로 쓴 것이다. 아쉽게도 그의 저작 전체가 온전히 남아 있지는 않다.

모나스/모나드

아낙사고라스도 파르메니데스의 길을 따라 자기동일적 존재를 상정하지만 그 내용은 전혀 다르다.

> 어떤 사물도 생겨나지도 않고 소멸하지도 않으며, 오히려 원래 존재하는 사물로부터 함께 혼합되고 분리되기 때문이다. 그렇다면 그들[그리스 사람들]은 생겨나는 것을 함께 혼합되는 것이라고, 소멸하는 것을 분리되는 것이라고 불러야 옳을 것이다.(DK, B/17. 단편 23)

아낙사고라스 역시 포스트-파르메니데스의 사유 구도 안에 들어 있음을 잘 보여준다. 그 역시 생성과 소멸을 외관적인 것으로서 부정하고 있지만, 동시에 다자와 운동을 긍정함으로써 파르메니데스에게서 벗어나고 있다. 세계는 근본적으로는 생성과 소멸이 없는 어떤 동일성이지만 그 안에서는 무수한 것들이 혼합되기도 하고 분리되기도 한다는 것, 우리가 탄생과 소멸이라고 생각하는 것도 사실상 혼합과 분리라는 것을 말하고 있다.

> 혼합되는 모든 것 속에는 온갖 종류의 많은 것이 들어 있는데, 그것들은 만물의 종자(種子)들(spermata)로서 온갖 종류의 형태뿐 아니라, 색깔도 맛도 가지고 있다. [⋯] 그러나 이것들이 분리되기 전 모든 것이 함께 있는 동안, 어떤 색깔도 전혀 분명하게 식별되지가 않았다. [⋯] 수적으로 무한정한 씨앗들이 서로 전혀 닮지 않은 탓이다. 사정이 이렇기 때문에 전체 [10] 속에는 모든 사물들이 들어 있다고 봐야 한다.(DK, B/4. 단편 25)

첫 번째 명제("결합되는 모든 것 속에는 온갖 종류의 많은 것이 들어 있는데, 그것들은 만물의 종자들로서 온갖 종류의 형태뿐 아니라 색깔도 맛도 가지고 있다")가 기초적인 명제이다. "결합되는 모든 것"이란 만물을 이야기한다. 만물은 복합체들이다. 아낙사고라스는 만물에는 만물의 종자들이 다 들어 있음을 이야기하고 있다. 예컨대 강아지 안에는 고양이 종자, 새 종자, 인간 종자⋯ 등 세계의 모든 종자들이 다 들어 있다는 이야기가 된다. 그리고 각 종자들은 엠페도클레스가 말하는 물, 불, 공기, 흙 같은 물질들로도 또 후대에 등장하는 보다 추상적인 물질들(예컨대 '원자')로도 되어 있지 않다. 각 종자들은 질적 존재들로서의 아르케들이다. 이 생각은 상당히 독특하다. 어떤 점에서 그러한가?

사물들을 분석해서 바라보는 사유들은 분석되는 것을 분석의 결과들로 환원해서 설명한다. 그리고 분석의 결과들은 분석되는 것보다 질적으로 빈약한 것들이다. 하나의 건물을 벽돌, 유리, 나무 등으로 분석했을 경우 이 각각은 집이라는 복합체에 비해 질적으로 빈약하다. 질적으로 더 단순한 것들이 모여 질적으로 더 복잡한 것을 구성한다는 것이 상식

---

10) 이때의 '전체'는 아페이론 상태를 가리키는 것으로 해석할 수도 있고, 또 만물이나 세계를 가리키는 것으로 해석할 수도 있다.

적인 생각이다. 과학의 역사는 보다 단순한 것, 질적으로 보다 균일한 것을 찾아가는 역사였다. 결국 질적 복합체는 당연히 '더 분석되어야' 하는 무엇이다. 아낙사고라스의 생각은 이런 생각과 정확히 대조된다. 하나의 종자는 질적으로 매우 복합적인 무엇임에도 불구하고 더 이상 환원할 수 없는 하나라는 것이다. 질적 복합체는 하나로 얽혀 있는 여럿이고 그것을 계속 분석해나가서 더 이상 환원할 수 없는 진정한 '하나'들을 찾아야 한다는 것이 일반적인 생각이라면, 아낙사고라스는 질적으로 복잡한 종자 바로 그것이 온전한 의미에서의 '하나(모나스/모나드)', 더 이상 분석할 수도 환원할 수도 없는 궁극의 '하나'라고 생각한 것이다. 이것은 학문의 역사 전체를 놓고 볼 때도 특이한 생각이다. 훗날 우리는 라이프니츠에게서 이 생각―'내적 복수성(internal multiplicity)'의 사유―을 다시 만나게 된다.

　세계의 동일성과 무수한 종자들의 관계는 무엇일까? "모든 것 속에는 많은 것들이 들어 있으며, 떨어져 나오는 것들의 더 큰 것들과 더 작은 것들 속에는 같은 수효의 것들이 들어 있다." 여기에서 '모든 것'은 곧 파르메니데스적 의미에서의 자기동일적 세계이다. 다만 아낙사고라스에게서 그것은 영원부동의 일자가 아니라 '아페이론'이다.[11] 그러나 아낙사고라스에게서 아페이론은 아무런 규정도 없는 상태가 아니라 차라리 무한한 규정성들이 얽혀 있는 상태이다. 아페이론은 모든 종자들이 함께 존

---

[11]　이 점에서 아낙사고라스 사유의 출발점은 아낙시만드로스라고 할 수 있다. 아낙사고라스 역시 형식상 파르메니데스적 동일자에서 출발해 다자와 운동의 세계로 나아가는 것은 마찬가지이지만, 내용상으로 본다면 그에게 아르케는 아페이론인 것이다. 이 점에서 그는 엠페도클레스, 데모크리토스와 다르다. 서양의 철학(과 과학)은 강한 파르메니데스적 정향을 띠고 있지만, 밀레토스학파(특히 아낙시만드로스)에서 아낙사고라스로 이어지는 사유 계열은 아페이론의 사유를 구사하고 있는 것이다. 예컨대 현대 물리과학에서 논하고 있는 '최종 이론'은 파르메니데스적 정신을 표현하고 있지만, 아페이론의 존재론에 입각할 경우 그런 이론은 끝내 불가능하다고 할 수 있다. 아페이론적 정향에 입각해 있는 대표적인 철학자들로는 베르그송과 들뢰즈를 들 수 있다. 파르메니데스적 철학자들이 그 x를 찾는다면, 이들의 경우에는 모든 x는 dx라고 할 수 있다.

재하는 그런 상태인 것이다. "모든 사물들은 함께 있었고, 수적으로도 또 작음에서도 무한했다." 여기에서 '모든 사물들'은 모든 종자들을 뜻하는 것으로 봐야 한다. 무한히 작은 무한한 종자들이 공존하는 상태, 그것이 아페이론 상태인 것이다. 무질서의 상태가 아니라 무한한 질서의 상태이다.

이로부터 인용했던 구절의 두 번째 문장("그러나 이것들이 분리되기 전 모든 것이 함께 있는 동안 어떤 색깔도 전혀 분명히 식별되지 않았다")을 이해할 수 있다. 여기에서 '분리'란 바로 모두 함께 공존했던 종자들이 서로에게서 떨어져 나오는 것을 말한다. 이것이 아낙사고라스적 의미에서의 '개벽'이다. 그러나 모든 것들이 공존해 있는 동안은 색깔이 식별되지 않았다고 한다. 왜 그럴까? 색깔이 없었기 때문이 아니다. 무한한 색깔들이 명멸하고 있었기에, 그 어느 색도 도드라져 나올 수 없는 상황이었기 때문이다. 바로 이 아페이론 상태가 '무질서가 아니라 무한한 질서'이기 때문이다. 아페이론 상태가 특정한 방식으로 규정되지 않은 상태임에도 그 안에 질적 무한이 깃들어 있다고 말할 수 있는 까닭은 "수적으로 무한정한 씨앗들이 전혀 서로 닮지 않은 탓이다." 아페이론 상태가 모든 것인 동시에 그 무엇도 아닌 이유는 거기에 함께 존재하는 무한한 씨앗들이 다 다르기 때문인 것이다.

하지만 무수한 종자들의 공존은 원초적 상태에서 떨어져 나온 이후에도 이어진다. 종자들은 다 모여 있던 상황에서 떨어져 나와 서로 결합해서 만물을 형성하거니와, 그때 만물은 모든 종자들을 다 합성한다는 것이다. 그렇다면 이런 의문이 발생한다. 현실의 존재들은 왜 일정한 규정성을 띠고 있을까? 현실의 고양이는 왜 다른 어떤 것이 아니라 고양이로서 존재할까? 아낙사고라스가 제시하는 해법은 이렇다: 고양이는 모든 종자들을 다 함께 포함하고 있지만 고양이 종자들을 압도적으로 많이 가지고 있다. 그 결과 현실적으로 고양이로서 존재한다. 이 생각은 얼핏 보면 무리한 사변 같지만, 오늘날의 관점에서는 오히려 시사적인 가설이다. 라이프니츠는 물론이고 현대의 생물학, 나아가 들뢰즈/가타리의 '동물-되기' 등을 이해하는 데도 아낙사고라스의 이 생각이 큰 암시를 준다. 아낙사고라스의 사유는 철학사상 가장 매력적인 사유들 중 하나임에 틀림없다.

엠페도클레스가 화학자 유형의 철학자라면, 아낙사고라스는 다분히 생물학자 유형의 철학자이다. 물리학이나 화학은 개체를 존중하지 않는다. 또 질적 차이들을 가능한 한 양적 차이들로, 복합체들을 질적으로 단순한 존재들로 환원하려 한다. 오늘날의 '생화학' 등은 이런 존재론을 기반으로 한다. 그럼에도 생명체들은 기본적으로 하나의 개체들이다. 철수, 뽀삐, 야옹이, 적토마, 저 장미꽃, 이 소나무 같은 모든 생명체들은 각각의 동일성을 가진 개체들이고, 물리학·화학에 의해 환원될 수 없는 고유한 존재들인 것이다. 종자의 차원에서 볼 때도 마찬가지이다. 고양이의 종자와 종달새의 종자는 질적으로 분명히 구분된다. 아낙사고라스의 존재론은 이 점에서 엠페도클레스, 그리고 조금 뒤에 이야기할 원자론자들의 세계관과 확연히 구분된다.

각 종자들이 거의 무한히 작다는 것이 중요하다. 한 생명체에 다른 종자들이 얼마간 섞여 있어도 큰 의미가 없는 것은 바로 이 때문이다. 고양이에게는 고양이 종자가 거의 무한히 많이 포함되어 있기에 다른 종자들을 압도해버린다. 특히 이 대목에서는 오히려 양적 사유가 중요한 역할을 하고 있음에 주목하자. 여기에서 한 가지 문제가 떠오른다. 극미의 고양이들을 합성한다 해서 큰 고양이가 될까? 이런 과정은 그 부분들이 등질적일 때에만 성립한다. 작은 설탕 덩어리들을 많이 모아놓으면 큰 설탕 덩어리가 된다. 그러나 아주 작은 사람들을 합성해놓았다고 큰 사람이 된다는 것은 우스꽝스러운 생각이다. 이렇게 생각하는 것은 거시 차원과 미시 차원의 관계를 서투르게 보는 것이다. 아낙사고라스는 '종자'라는 개념을 썼으므로 이런 방향으로 생각했을 리 없다.

그러나 고양이를 고양이 종자들의 집적체로 생각할 때도 어려움은 있다. 고양이의 종자들을 무수히 모아놓았다고 해서 그것이 고양이가 되지는 않기 때문이다. 이 점에서 아낙사고라스의 생각은 불투명하다. 그러나 가능한 해석은 있다. 고양이는 이 무수한 종자들 중 결국 어느 하나에서 생겨난다는 것이다. 무수한 고양이 종자들이 필요한 이유는 그래야 이 집적체에서 다른 종자들이 개체로 자라나지 않을 수 있기 때문이다. 이런 해석의 틀로 볼 때 문제의 핵심은 확률이다. 고양이 종자가 많아야 하는 이유는 그래야만 그 집적체가 고양이가 될 확률이 압도적일 수 있기 때문이다. 차라리 종자를 개별적 존재이긴 하지만 완성된 형태의 생명체가 아닌 것으로서, '종자'로서는 다 같지만 나중에 합성되어 생명체를 이룰 때는 그 생명체의 다른 '부분들'을 형성하게 될 것들로서 이해할 수도 있다. 이렇게 이해할 경우 아낙사고라스의 종자는 오늘날의 세포 개념에 상당히 접근한다. 아낙사고라스가 생각한 종자는 일반적인 의미에서의 씨앗, 즉 동물의 정자라든가 식물의 씨 같은 것이었겠지만, 이런 식의 해석을 배제할 수 없다.

이성적 세계관

엠페도클레스의 사랑과 미움에 해당하는 개념이 아낙사고라스에게도 존재한다. 그것은 바로 '이성(nous)'이다. 이때의 이성은 인간의 이성이 아니라 인간 바깥에 객관적으로 존재하는 이성이다. '理性'이라는 성리학적 번역어의 원래 의미에 가깝다 할 것이다. 심플리키우스는 아낙사고라스의 이런 말을 전해주고 있다.

> 그러나 이성은 한정되어 있지 않고, 스스로를 다스리며, 어떤 사물과도 섞여 있지 않고, 저만 혼자 있다. 왜냐하면 만약 그것이 혼자 있지 않고 다른 어떤 것과 섞여 있다면, 그것은 모든 사물을 공유하고 있을 것이기 때문에. [⋯] 모든 것 속에는 모든 것의 몫이 들어 있으니까. 그리고 [이성과] 섞인 것들이 그것을 방해해서 그것으로 하여금 저만 혼자 있을 때와 같은 방식으로는 어떤 사물도 다

스리지 못하도록 할 텐데 (사실은 그렇지 않다). 왜냐하면 그것은 모든 사물들 가운데서 가장 미세하고 가장 순수하며, 모든 것에 대해서 모든 앎(gnōmē)을 가지고 있으며 가장 힘이 세기 때문이다.

그래서 영혼을 지닌 크고 작은 것들은 모두 이성에 의해 다스려진다. 또한 이성은 회전(perichōrēsis) 전체를 다스렸다. 그래서 회전이 처음 시작될 수 있었다. 처음에는 작은 것(범위)에서 회전이 시작되었으나 (지금은) 보다 크게(큰 범위에 걸쳐) 회전하고 있으며 (장차) 더욱 크게 회전하게 될 것이다. 또한 이성은 함께 섞이는 것들과 떨어져 나오는 것들, 그리고 분리되는 것들을 모두 알고 있었다. 있게끔 되어 있었던 것들도, 있었던 것들도, 지금 있지 않을 것들, 그리고 지금 있는 것들과 있게 될 것들도 모두 다 이성이 질서 지었다(diakosmēse). 별들과 해와 달과 공기와 에테르가 떨어져 나오면서 지금 하고 있는 이 회전도 (이성이 질서 지었다). 바로 이 회전이 (그것들을) 떨어져 나오게 했다.(DK, B/12. 단편 41)

이성은 다른 모든 것들과 구분되고, 그래서 다른 것들과 섞여 있지 않다고 한다. 이성이 "모든 사물들 가운데서 가장 미세하고 가장 순수하며, 모든 것에 대해서 모든 앎을 가지고 있으며 가장 힘이 세기 때문"에 사물들을 다스린다는 생각은 이성이 영혼과 유사한 것이라는 점을 추측케 한다. "모든 사물들 가운데서 가장 미세하고 가장 순수하며" 같은 표현은 흔히 자연철학자들이 영혼을 묘사할 때 등장하는 구절이다. 그리고 "모든 것에 대해서 모든 앎을 가지고 있다"는 것 또한 영혼의 특징이다. 앎이라는 것은 영혼에서 성립하는 것이기에 말이다. "가장 힘이 세다"는 것은, 맥락이 구체적이진 않지만, 지금의 관점에서 일관되게 해석한다면 신체의 힘보다 오히려 영혼의 힘이 강하다는 것으로 이해할 수 있다. 이렇게 본다면 이성은 영혼과 유사한 무엇이라고 짐작할 수 있다.

하지만 "영혼을 지닌 크고 작은 것들은 모두 이성에 의해 다스려진다"라고 했다. 살아 있는 모든 것들은 이성의 지배를 받는다는 것이다. 이 구절만 놓고 본다면, 이성이란 영혼과 가까우면서도 보다 상위에 존재하는 것이라고 추측할 수 있다. 바로 뒤에 나오는 "이성은 회전 전체를 다스렸다. 그래서 회전이 처음 시작될 수 있었다"라는 구절도 이와 어울린다. 아페이론 상태에서 회전이 시작되어 갖가지 종자들이 떨어져 나오며, 그 궁극의 원인이 이성이라는 것이다. 다른 곳에서는 "이성이 추동(推動)한 이후로 그것과 운동체들이 분리되었고, 운동체들 각각도 분리되었다"라는 구절이 인용되어 있다. 그리고 뒤에서는 "이성이 질서 지었다"라는 구절이 나온다. 이 구절들로 미루어, 적어도 이성은 영혼의 한 기능이 아님은 물론이고 영혼 속에 있는 것도 아니라고 해야 할 것이다. 이성은 우주 개벽의 원리이자 또한 우주 질서의 원리이기도 하다. 엠페도클레스의 '사랑'과 '미움'이 '이성'으로 대체되고 있다.

생각해보면, 이 이성이라는 것은 우리말의 정신(精神)에 더 가까운 무엇인 듯하다. 영혼이 생명이라면 정신은 생명 중에서도 더 근본적인 것이다. 그리고 이때의 정신을 우리 인간의 정신이 아니라 우주 자체가 가진 정신으로 본다면, 즉 우주가 물질로 되어 있는 것 못지않게 정신으로도 되어 있고 또 정신에 의해 지배되고 있다고 본다면 어떨까. '정신'이라는 것을 생명의 고도화된 형태로 또 특히 인간에게 존재하는 것으로 본다면, 현대적인 감각으로도 일정 정도 이해할 수 있다. 그러나 아낙사고라스의 생각은 정신이라는 것이 따로 설정되고 그것이 이 우주를 움직이고 있다는 것이다. 여기에서 조금 더 나아가면 이 정신을 신으로 보고 싶다는 유혹을 느끼기 십상이고, 실제 후대에 아낙사고라스의 생각을 그런 식으로 이어간 사람들도 많다. 그러나 아낙사고라스가 '누스'라는 말로 신을 가리켰다고 보기는 힘들다. 훗날 헤겔의 '정신(Geist)' 개념에서 아낙사고라스의 영향을 보게 된다.

아낙사고라스가 말한 '누스'가 정확히 무엇인지는 이렇게 분명하지가 않지만, 소크라테스, 플라톤, 아리스토텔레스는 모두 이 생각을 반겼다. 이들은 누스를 이 세계를 지배하고 있는 정신적 원리로서 받아들였던 것이다. 이 세계가 물질의 우발적인 운동이 아니라 누스=정신의 지배를 받는다고 해석하고, 이런 해석을 자신들의 목적론적 사유 체계 안에서 이해했던 것이다. 소크라테스는 젊은 시절 아낙사고라스의 이 '누스' 개념을 보고서 기뻤으나 아낙사고라스가 실제 자연현상들을 설명할 때에는 이 개념을 활용하지 않는 것을 보고서 실망하게 되었다고 말하고 있다. 플라톤은 누스란 '스스로 다스리는 존재(autokratōr)'이며, 이것은 "어떤 것과도 섞여 있지 않고 모든 것들을 관통함으로써 모든 사물들을 질서 짓기(kosmein) 때문"이라고 보았다. 바로 이런 이해가 훗날 플라톤의 『티마이오스』에서 중요한 역할을 하기에 이른다. 아리스토텔레스는 다음과 같은 언급을 남기고 있다.

> 따라서 누군가 이성이 동물들 속에 들어 있는 것과 꼭 마찬가지로 자연 속에도 들어 있으며, 질서와 모든 배열의 원인이라고 말했을 때, 그는 아무렇게나 말한 그 이전 사람들에 비해서 지각 있는 사람으로 보였다. 아낙사고라스가 이러한 견해를 주장했다는 것을 우리는 분명히 알고 있다.(『형이상학』, I, 984b/15~19)

아리스토텔레스는 아낙사고라스의 누스가 동물들의 영혼을 구성하는 이성/정신이기만 한 것이 아니라 자연 일반에 존재하는 것이고 사물들을 질서 짓는 것이라는 점을 분명히 하고 있다. 그러나 생명체 특히 인간에게서의 정신의 의미와 우주를 질서 짓는 원리로서의 '정신' 사이에는 분명 간극이 존재할 것이다. 그리고 후자가 종교적으로 변형될 때 조물주나 신의 개념이 되고, 과학적으로 변형될 때 우주의 법칙, 자연법칙의 개념이 된다고 생각할 수 있다.

엠페도클레스의 기계론적·환원주의적 사유와 아낙사고라스의 질적·반환원주의적 사유 사이에는 큰 간극이 존재한다. 엠페도클레스처럼 종교적인 인물은 기계론적 자연철학으로 귀착한 데 비해, 간결하고 명확하게 사유한 아낙사고라스가 더 형이상학적인 성격의 사유를 펼쳤다는 점이 흥미롭다. 현대 식으로 말해, 엠페도클레스가 자연과학에 종교를 얹어놓았다면, 아낙사고라스는 자연과학적 사유를 형이상학의 수준으로 발전시켜간 것이다. 이는 사유의 역사에서 자주 나타나는 의미심장한 차이이다. 과학이나 철학은 실증적, 합리적이어야 하며 또 객관성이 있어야 한다고 역설하면서도 그것으로 충족이 안 되는 측면은 아예 다른 영역에서 찾는 사람들, 그리고 그런 이원성이 결코 용납되지 않는 사람들.

아낙사고라스는 데모크리토스와도 대조적이다. 데모크리토스의 원자들에는 아무런 질적 규정도 없다. 단지 모양, 크기, 배열 등 기하학적 규정성들만이 있을 뿐이고, 그것들이 서로 어떻게 충돌하느냐에 따라 만물이 만들어진다. 정확히 반대로, 아낙사고라스의 종자는 질적으로 다른 모든 것들을 포함한다. 인간의 종자 속에도 다른 모든 종류의 종자들이 함께 들어 있다. 각 종자는 현대적인 표현을 쓴다면 무한한 '잠재성'을 내포하고 있고 그 양적 비율의 결과로서 현실성이 성립한다고 할 수 있다.

그렇다면 사물을 분할해가다 보면 언젠가는 순수한 종자를 발견하게 될까? 아낙사고라스는 제논의 논리를 받아들인다. 사물은 무한히 분할되며 그 어떤 미립자도 모든 사물의 미립자를 함축한다고 본다. 아무리 잘라도 그 속에는 비록 비율은 작아도 모든 것이 담겨 있다는 것이다. 윌리엄 블레이크의 시나 화엄사상과 비교해볼 수 있을 것이다. 이처럼 종자는 순수한 상태로는 결코 추출될 수 없으며, 다른 존재가 섞이지 않은 종자는 없다. 종자는 수, 질에 있어 무한하고 크기에 있어 무한히 작다. 그리고 사물들 사이에서 일어나는 변화는 각 사물들이 내장하고 있는 무한의 종자들 사이에서의 비율 변화로 설명된다.

§3. 양으로의 환원

데모크리토스(BC 460~370년)는 아낙사고라스보다 한 세대 뒤의 사람으로 추정되며 소크라테스와 거의 동시대의 사람으로 알려져 있다. "나는 아테네로 왔으며, 그 누구도 나를 알지 못했다"라는 말로 미루어 보아서 그 역시 타지 사람으로서 아테네에서 활동했던 인물들에 속했음을 알 수 있다. 그러나 아낙사고라스만큼 그 행적이 뚜렷하지는 않다.

데모크리토스는 대단히 방대한 양의 문헌들을 남긴 것으로 전해진다. 그는 자연철학을 비롯해 철학의 대부분의 주제들을 다 다룬 것으로 알려져 있다. 그러나 중세 기독교 사회에서 그의 원자론은 묻혔고 그 과정에서 그의 저작들도 다 소실되어버렸다. 그의 저작들이 남아 있다면, 어쩌면 오늘날의 철학사가들이 데모크리토스, 플라톤, 아리스토텔레스 세 사람을 나란히 열거하고 있을지도 모르겠다. 학문에 대한 그의 열정은 "페르시아 왕국을 갖기보다 오히려 하나의 원인설명(aitiologia)을 찾아내길 원한다"라는 말에 잘 나타나 있다. 키케로가 "재능의 크기에서뿐만 아니라 사고력의 크기에서 그를 누구와 비교할 수 있을까?"라 한 데에서도 짐작할 수 있듯이, 고대 사상계에서 그의 위상은 높았던 것 같다. 달리 말해, 플라톤-아리스토텔레스 계열이 아닌 데모크리토스-에피쿠로스 계열이 나름대로의 굵직한 갈래를 형성했음을 짐작할 수 있다.

데모크리토스는 아르케로서 원자들(atomata)을 제시한다. 각각의 원자는 파르메니데스의 일자와 같지만, 원자'들'은 다자를 형성하며 또 운동한다.[12] 데모크리토스의 사유 또한 포스트-파르메니데스적 사유라는 점

---

12) 엠페도클레스, 아낙사고라스, 데모크리토스 세 사람에게서 '운동'이라는 개념은 각각 다른 의미를 띤다. 엠페도클레스에게서 운동은 일차적으로 '조합(combination)', 화학적 수준에서의 결합이다. 네 리조마타가 어떤 비율로 조합되느냐가 관건이다. 아낙사고라스의 경우 기초적인 운동은 '분화(différenciation)'이다. 아페이론으로부터의 떨어져나옴이 중요하다. 그러나 이질적인 종자들 사이의 배합 또한 핵심적이다. 데모크리토스

176

을 확인할 수 있다. 데모크리토스는 원자들을 "어떤 것(to den)", "꽉 찬 것(to naston)", "있는 것(to on)" 등으로 부른다. 그리고 일자와 마찬가지로 이 원자들도 우리의 감각을 벗어나는 존재들이다. 그러나 그 이유는 파르메니데스의 경우보다 좀더 실질적이다. 그것들이 너무나 작은 것일 뿐이기 때문이다. 결국 방법만 개발된다면 눈으로 볼 여지가 있다는 점에서 파르메니데스에서의 감각 부정과는 성격이 판이하다고 하겠다. 파르메니데스의 불가능성은 논리적/존재론적 불가능성이지만, 데모크리토스의 그것은 물리적/기술적 불가능성이다.

흥미로운 경우는 "꽉 찬"이라는 표현이다. 이것은 바로 파르메니데스의 일자에 붙는 수식어이거니와, 데모크리토스의 경우 원자들 각각이 꽉 찬 것, 더 이상 분할할 수 없는 것(a-toma, in-dividuum)일 뿐, 세계 전체가 꽉 찬 것은 아니다. 원자들이 움직일 공간이 있어야 하기 때문이다. 파르메니데스에게서는 무(無)가 허용되지 않았다. 실재는 오로지 하나이기에 불연속은 성립하지 않는다. 그러나 데모크리토스의 경우 원자들 사이사이에는 불연속이, 즉 무가 존재한다. 그래야 원자들이 운동할 수 있기 때문이다. 거꾸로 생각해, 운동의 개념은 곧 어떤 형태로든 무의 개념을 함축한다. 파르메니데스는 무를 인정할 수 없었기에 운동을 인정할 수 없었으나, 데모크리토스의 경우에는 운동의 존재가 무의 존재를 함축한다. 그러나 이때의 무는 파르메니데스의 추상적인 무가 아니라 보다 구체적인 무 즉 물리학적인 의미에서의 진공(void)을 의미한다. 결국 데모크리토스는 원자들만이 아니라 허공 또한 필수적인 존재—무로서의 존재라는 역설적 의미의 존재—로 보았다고 할 수 있다.

여기에서 '空間'이라는 개념이 핵심적인 것으로 등장한다. 데모크리토스는 공간을 "허공(to kenon)", "아무-것도-아닌-것(to ouden)", "무규정

의 경우 문제가 되는 것은 '공간 이동(locomotion)'이다. 자기동일적 입자의 공간적 위치 이동, 이는 가장 간명한 모델이다.

자(to apeiron)" 등으로 부르고 있다. 물론 이때의 무규정자는 앞선 철학자들의 그것과 다른 개념이다. 그것은 아낙시만드로스에게서처럼 존재, 더 나아가 실재로서의 무규정자인 것이 아니라, 전적인 무로서의 무규정자이다. 그러나 이 무는 바로 원자와 쌍을 이루는 실재이다. 데모크리토스는 "어떤 것〔있는 것〕이 아무-것도-아닌-것(mēden)보다 더 있지 않다"라고 했는데, 이것은 곧 그에게 허공이 원자들 못지않은 실재라는 사실을 의미한다.

갈레노스에 따르면, 데모크리토스의 원자들은 어떠한 성질(poiotēs)도 가지고 있지 않다고 한다. 여기에서 성질이란 색깔이나 맛, 냄새, 등을 뜻한다. 원자들이 부딪쳐 이런 성질들을 창출해내는 것이지 각각의 원자가 이런 성질들을 내포하지는 않는다는 것이다.

그렇다면 원자들은 어떤 존재들일까? 아리스토텔레스에 따르면, 원자들은 형태, 배열, 위치만을 가진다.

> 있는 것〔원자〕은 오직 모양, 상호 접촉, 방향에서만 차이가 날 뿐이라고 말하기 때문이다. 그것들 중 모양은 형태(schēma)이고 상호 접촉은 배열(taxis)이며 방향은 위치(thesis)이다. 왜냐하면 A는 N과 형태에서 다르고, AN은 NA와 배열에서 다르며, ㄷ은 ㅌ와 위치에서 다르기 때문이다.(『형이상학』, I, 985b/15~19)[13]

훗날 에피쿠로스는 원자의 성질에 무게를 덧붙인다. 물체들이 충돌에 의해 움직이려면 무게가 전제되어야 한다고 보았기 때문에. 그리고 여기에 크기가 덧붙여져야 할 것이다. 물론 '모양'에 크기가 함축되어 있다고도 할 수 있다. 이런 원자들이 결합해서 복합체(syntheton)가 만들어

---

13) 아리스토텔레스는 형태, 배열, 위치를 들었으나, 배열과 위치는 같은 것으로 보고 크기를 중요시할 수도 있다.

진다.

디오게네스 라에르티오스에 따르면, 원자들은 처음에는 아페이론 상태에 있다가 "무한한 것에서 잘려서 조각난 채 거대한 허공으로 옮겨지며, 그것들이 한데 모여서 하나의 회오리를 만든다"고 한다. 심플리키우스 역시 "온갖 형태〔의 원자들〕로 이루어진 회오리가 전체로부터 떨어져 나왔다"라는 말을 전해주고 있다. 이것은 아낙사고라스를 연상시킨다. 아낙사고라스에게서도 역시 아페이론 상태로 함께 모여 있던 종자들이 전체로부터 떨어져 나오지 않았던가. 물론 데모크리토스의 아페이론은 완벽히 등질적인 것이겠기에, "함께 모여 있던"이라는 말은 아낙사고라스의 경우에서와는 달리 단지 공간적 결합만을 뜻했다. 그리고 엠페도클레스의 경우는 이런 과정이 계속 반복적으로 순환한다는 점에 특징이 있었다. 세 사람 모두 아르케들이 태초에는 함께 있다가 나중에 각기 떨어져 나왔다고 생각하고 있다. 이것 역시 파르메니데스를 의식한 이야기들이 아닐까.

우발적인 세계

그렇다면 엠페도클레스의 사랑/미움, 아낙사고라스의 이성에 해당하는 데모크리토스의 개념은 무엇일까? 아에티오스는 "어떤 것도 아무렇게나 생겨나지는 않는다. 오히려 모든 것은 이치(logos)에 따라서, 그리고 아낭케에 따라서 생겨난다"라는 말을 전해주고 있다. 그런가 하면 심플리키우스는 이런 말을 전해준다. "데모크리토스가 온갖 형태〔의 원자들〕로 이루어진 회오리가 전체로부터 떨어져 나왔다고 말할 때(그러나 어떻게, 그리고 어떤 까닭으로 그러한지는 말하지 않는다), 그는 자연발생(t'automation)과 우연(tychē)으로부터 그것을 끄집어내는 것 같다."

결국 데모크리토스는 엠페도클레스, 아낙사고라스와는 달리 이 과정이 아낭케에 따라, 저절로, 우연히 일어난 것으로 보고 있다. 아낭케가 '어쩔 수 없는 것', '어찌할 도리가 없는 것'이라는 뜻이기에, 결국 데모크리토스는 이 과정에 어떤 특별한 이유가 있지 않다고 생각했다고 볼 수 있다. 그의 '아낭케', '아우토마톤(automaton)', '튀케'는 바로 이런 형이상학적 우연(contingency)의 세계를 함축한다.[14] 이것은 세계의 근본적인 이유/근거에 대한 설명을 거부하는 것이라고도 할 수 있다. 고중세에 등장한 사유로서는 독특한 경우라 하겠다. 또한 아에티오스의 전언에서 "이치에 따라서, 그리고 아낭케에 따라서"라는 말에 주목할 필요가 있다. '로고스'를 '이치'라 번역했거니와, 이 이치는 단지 기하학적, 물리적 이치를 뜻하는 것으로 보아야 한다.[15] 예컨대 동그란 원자와 네모난 원자가 서로 붙기는 힘들다. 그러나 움푹 파인 원자와 뾰족한 원자는 잘 들러붙을 것이다. 현대 화학에서도 분자의 입체적 구조, 분자와 분자 사이의 공간적 관계는 중요하다. 이런 것들이 물리적 이유, 법칙성이라고 할 수 있다. 그러나 또한 동시에 "아낭케에 따라서"라는 말은 이런 모든 운동에 어떤 형이상학적 이유도 없다는 것이다.[16]

디오게네스 라에르티오스는 아낭케를 회오리와 동일시한다. 하지만 아낭케는 양상(modality)이고, 회오리는 기상학적 현상이다. 앞에서 퓌타고라스, 파르메니데스 등에게서도 본 바 있지만, 이는 구체적인 사물과 추상적인 개념을 혼동하고 있는 것이다. 아에티오스는 "(아낭케의 본성에 관해서) 데모크리토스는 질료의 저항과 이동과 충돌〔을 뜻한다고 했

---

14) '튀케'를 좁은 의미로 즉 운/기회의 의미로 쓴 단편도 남아 있다. "운(튀케)은 후하나 변덕스럽다. 반면에 자연은 자족적(autarkēs)이다. 그렇기 때문에 더 박하지만 한결같음으로 인해 〔운에 대한〕 기대의 후함을 능가한다."(DK, B/176. 단편 182)

15) 아리스토텔레스에 따르면(『자연학』, IV, 213b/22 이하), 퓌타고라스학파도 허공을 인정했다고 한다. 또한 허공을 통해 연속적인 것들이 분리되며 그러한 분리를 통해 사물들이 성립한다고, 또 그 분리의 원리가 바로 수들 속에 있다고 생각했다. 여기에는 물론 수와 사물(또는 기하학적 도형)에 대한 혼동이 함축되어 있거니와, 인용문에서의 '로고스'는 어쩌면 퓌타고라스적 맥락에서의 수학적 의미를 함축하는 것일지도 모른다. '로고스'라는 말에는 '수적 비례'라는 뜻도 있다. 퓌타고라스학파의 '수'와 원자론자들의 '원자' 사이에 관련성이 있다는 점은 일찍부터 주목되어왔다.

16) 따라서 이런 유형의 사유는 물리적 필연과 형이상학적 우연이 결합한 형태를 띠고 있다.

다)"라는 말을 전해주고 있는데, 이 전언이 신빙성 있는 것이라면 많은 점을 시사해준다. 여기에서 '질료'는 원자들을 뜻하는 것으로 볼 수 있다. 원자는 허공에서라면 자유롭게 나아가겠지만 앞에 다른 원자들이 있으면 나아가기가 쉽지 않을 것이다. 즉, '물질성'이 가진 한 가지 특징은 투과 불가능성 또는 다른 물체들에 대한 저항성이다. 또, 원자들의 위치는 계속 바뀌고 그 과정에서 서로 충돌한다. 그런데 아에티오스는 데모크리토스가 이 모든 과정을 아낭케라 불렀다고 말하고 있다. 여기에서도 구체와 추상의 혼동이 존재한다.(구체와 추상의 혼동은 그리스 초기 철학의 전반적인 특징이다. 추상명사—정의, 미망 등—가 특정 신들의 자태로써 표현되었던 시대를 벗어나지 못했다고 할 수 있다) 이 모든 과정 자체가 아낭케가 아니라 그 과정들의 양상이 아낭케라고 해야 할 것이다. 어떤 이유/근거가 있는 것이 아니라 어찌할 도리가 없이, 물리적 필연에 따라 그저 그렇게 되는 것이라는 뜻이다.

데모크리토스가 이런 토대 위에서 구체적으로 어떻게 자연현상들을 설명했는가는 아쉽게도 상세히 알 수가 없다. 문헌들의 대부분이 소실되었기 때문이다.

한 가지 논해볼 만한 문제는 본질과 현상 사이의 관계 문제이다. 각각의 원자들은 모두 독립적이고 영원하다. 그리고 타자성이 배제된다는, 타자에 의해 자기동일성이 영향 받지 않는다는 뜻에서 '순수'하다. 바로 이런 존재들이 결합해서 현상적인 사물들이 만들어진다. 이렇게 본다면 원자들의 모든 조합/결합은 철저하게 외적인 조합/결합이다. 화학적 결합은 불가능하다. 원자들이 설사 붙었다가 떨어져도 이것들의 동일성에는 하등의 내적 변화가 없다는 것이다. 원자들 하나하나에는 어떤 질적 차이도 없다. 그저 형태, 배열, 위치에서의 차이들이 있을 뿐이다. 그렇다고 여러 원자들이 결합해서 질적으로 새로운 원자가 생겨나는 것도 아니다. 그러나 타자들이 서로 접촉했는데도 그것들에게서 아무 내적 변화도 일어나지 않는다는 것이 과연 가능한가? 모든 만남은 그 만나는 당사자들을 어떤 식으로든 변화시킨다. 그러나 원자들의 경우에는 그 규정상 이런 변화가 불가능하다. 원자들 하나하나의 자기동일성에는 변화가 없어야 한다. 그렇다면 이런 기하학적인 붙음과 떨어짐에 의해서 과연 세계의 풍부함이 설명될 수 있겠는가? 아무런 질적 차이들도 없는, 그저 형태, 배열, 위치라는 기하학적 차이들밖에 없는 원자들이 서로 결합했다고 해서 거기에서 어떻게 색이라든가 맛, 냄새, 더 나아가 생명, 정신, 문화 등이 생겨날 수 있을까? 원자들과 허공이라는 이 빈약한 존재들이 제아무리 결합해본들 거기에서 과연 이런 풍부하고 역동적인 세계가 도래할 수 있을까? 원자론은, 생명의 차원이나 정신의 차원, 문화의 차원은 접어둔다 해도, 물리적 차원 자체에서조차 납득하기 쉬운 이론이 아니다.

훗날 데카르트가, 물론 그는 영혼과 신에게는 전혀 별도의 자리를 마련했지만, 데모크리토스적인 생각을 부활시켜 이른바 '기계론'을 전개한다.(물론 '원자'와 데카르트의 'res extensa' 사이에는 몇 가지 중요한 차이가 있다) 그러나 물리적 차원 자체 내에서도 이런 환원주의의 한계가 드러나면서 그 후 '힘' 개념이 도입되고 '에네르기', '열', '파동'을 비롯한 다양한 존재들(entities)이 도입된다. 풍부한 것에서 어떤 부분들을 덜어내서 빈약한 것들을 생각하는 것은 쉬워도, 빈약한 것들을 모아서 풍부한 것을 설명하는 것은 어려운 일이다. 고중세의 대다수 사유는 풍부한 것을 가지고서 빈약한 것을 설명했다. 그러나 데모크리토스를 선구로 해서 근대적 과학들은 대개 빈약한 것을 가지고서 풍부한 것을 설명한다. 이 경우 쉽게 극복하기 어려운 간극들이 생겨나는 것이다.[17] 이런 이유 때문에,

---

17) 이런 어려움을 극복하는 데에는 크게 두 가지 방식이 있다. ①세계를 구성하는 근본 요소들에는 색을 비롯해서 우리가 현실에서 확인하는 이 모든 풍부한 질(質)들이 (현실적으로는 아니지만) 잠재적으로 들어 있다고 보는 방식. 아낙사고라스의 자연철학이나 동북아의 기학에서 이런 사유의 원형을 볼 수 있다. ②세계에는 무수한 층위들이 있고, 하위 층위가 상위 층위로 나아갈 때 하위 층위에는 존재하지 않았던 질들이 상

또 목적론적 사유가 지배한 고중세의 분위기 때문에 데모크리토스는 플라톤, 아리스토텔레스, 플로티노스에 눌려 중세 내내 잊혔다. 그러나 그는 훗날 17세기에 피에르 가상디 등에 의해 부활하게 된다. 그리고 19세기 이래 '아톰'이라는 말이 말하자면 근대 문명의 상징처럼 회자되기에 이른다.

원자론의 또 하나의 아포리아는 원자는 분명 공간적 외연/연장(延長)을 가지는데 왜 분할될 수 없는가 하는 점이다. 공간적 연장을 가진 것은 그것이 아무리 작아도 자를 수 있다. 기술적 한계 때문에 계속 자를 수는 없어도 논리적으로는 자르지 못할 이유가 없다. 이 또한 큰 논쟁거리이다. 양자역학의 경우, 원자 이하로는 내려가지만 종국에는 더 이상 자를 수 없는 크기('플랑크 상수', 양자)를 상정한다. 이것은 하나의 물리학적 가정이지만 논리적으로는 여전히 문제가 된다고 해야 한다. 이 또한 원자론이 함축하는 중요한 아포리아이다.

감각적 인식과 이성적 인식

데모크리토스의 글들 중에는 자연철학 관련 글들보다는 오히려 인식론 관련 글들이 많이 남아 있다. 엠페도클레스처럼 데모크리토스도 '자연주의 인식론'을 전개했다.

우선 데모크리토스는 감각을 물리적으로 설명했다. 시각이란 무엇인가? 사물들로부터 그 사물들을 닮은 것 즉 상(像=eidōlon) 또는 유출물(aporroē)이 흘러나와서 우리의 눈에 부딪치는 것이다. 다른 감각들도 마찬가지라고 봐야 할 것이다. 그러나 쉽지 않은 설명이다. 시각의 경우 대상이 되고 있는 사물의 상이 흘러나와 우리 눈에 부딪친다고 해도, 예컨

위 층위에서는 생겨날 수 있다고 보는 방식. 요컨대 세계는 무수한 존재론적 층위들로 되어 있고 각 층위들 사이에는 모종의 질적 비약이 존재한다고 생각하는 방식. 오늘날 들뢰즈의 존재론과 복잡계 과학이 이런 사유의 전형을 보여준다.

대 청각의 경우 우리 귀에 부딪치는 소리 이미지들은 도대체 무엇을 "닮은" 것일까?[18] 데모크리토스의 인식론이 시각을 중심으로 전개된다는 것을 짐작할 수 있다. 단, 이렇게 생겨난 감각은 그 자체로서 존재하는 것이 아니다. "관습상(nomō) 단 것, 쓴 것, 뜨거운 것, 차가운 것, 색깔[이 있지만], 실제로는 원자와 허공[만 있다]"고 한다. 감각들은 실재가 아니라 다만 원자들이 일정한 관계를 맺을 때 나타나는 효과들일 뿐이다. 그러나 여기에서도 앞에서와 같은 물음을 제시할 수 있다. 우리의 눈이 아니 몸 전체가 원자들의 조립물일 뿐이고 다른 사물들 및 그 상들도 원자들의 조립물일 뿐이라면, 기하학적-공간적 규정 외에는 그 안에 어떤 성질도 갖추지 않은 그것들이 부딪친다고 색, 냄새, 소리, 촉감 등이 생겨날 리가 만무하지 않겠는가?

인식론의 가장 중요한 문제들 중 하나는 감성과 이성의 관계이다. 보름달을 보는 내 눈의 작용과 그와 같이 판단하는 내 마음의 작용 그리고 그것을 표현한 언어("저것은 보름달이다")의 관계는 어떤 것인가? 대체적으로 고대 인식론은 감성을 폄하하고 이성을 강조함으로써 다소 일방적인 인식론을 전개했다. 데모크리토스도 이 점에서는 예외가 아니다. 그는 감각작용을 유물론적으로 설명하지만, 결국 그 결과는 어디까지나 통념(doxa) 또는 감각적 변화(pathos)에 불과할 뿐 인식은 아니라고 생각한다. 원자들 자체는 감각할 수 없는 것이고 따라서 어디까지나 이성에 의해 통찰될 수밖에 없다. 여기에서 하나의 물음이 생겨난다. 이성은 영혼의 한 기능이고 영혼은 그 자체 물질적인 것이다. 따라서 이성의 작용

---

18) 이 물음에 대한 하나의 답은 소리는 영혼을 닮았다는 것이다. 시각 이미지가 사물의 표면적인 모습을 닮은 것이라면 소리는 그 소리를 내는 존재의 영혼을 닮았다는 생각이다. 이렇게 생각할 경우 소리가 시각 이미지들보다 더 심오한 것이 된다. 이런 식의 생각은 철학사 내내 중요한 영향을 끼친다. 거칠게 이야기해서, 시각 중심의 사유가 객관적/표면적이고 사회적이라면 청각 중심의 사유는 주관적/내면적이고 개인적이다. 헬라스 철학에서의 기하학적 사유가 전자의 두드러진 예라면, 히브리 사상에서의 '계시'는 후자의 두드러진 예이다.

역시 원자들의 운동을 통해서 설명되어야 한다. 그렇다면 도대체 어떤 원자들(의 집합)이 다른 원자들(의 집합)에 대해 '사유한다'는 것이 무슨 뜻일까? 어떤 물질이 다른 물질을 자신의 대상으로 삼아 사유할 수 있는 것일까? 영혼을 구성하는 원자들이 다른 원자들과 구분되는 특별한 원자들이라 해도, 결국 그 특별함은 형태, 배열, 위치에서의 차이일 뿐일 터이다. 원자들에 대한 원자론자들의 규정을 일관되게 지킨다면, 영혼의 원자들이 다른 원자들을 대상으로 삼아 사유한다는 것은 난센스이다. 결국 감성과 이성이 잘 연결되지 않을 뿐 아니라, 이성의 존재 자체가 아리송해진다. 현대적 맥락에서 말해, 만일 인식이라는 것이 예컨대 뇌의 작용으로 완벽하게 환원된다면 물질적 존재인 뇌가 어떤 사물을 대상으로 삼아, 그것을 사유하고, 그것의 의미를 밝힌다는 것이 도대체 무슨 뜻일까? A라는 사람의 주장과 B라는 사람의 주장이 두 사람의 뇌 운동에서 유래하는 차이라면, A가 "맞고" B는 "틀리다"라는 것이 도대체 무슨 뜻일까? A의 뇌 운동이 "옳고" B의 뇌 운동이 "그르다"는 식의 생각이 도대체 의미가 있는가? 이런 상황에서 누군가의 주장이 "진리"라는 것이 의미를 가지는가? 이런 난점은 모든 자연주의적-유물론적 인식론이 내포할 수밖에 없는 난점이다.[19]

---

19) 인식이란 대상의 동일성과 주체의 동일성 그리고 양자의 일치를 전제한다. 만일 인식 대상 A가 시간 속에서 변해버린다면, 우리는 그것을 재인할(recognize) 수가 없다. 이 경우 "그" 대상의 인식은 불가능하다. 우리가 A를 인식하는 것은 사실 A에서 변하지 않는 측면을 인식하는 것이다. 또, 만일 인식 주체 a가 시간 속에서 변해버린다면, 우리는 똑같은 대상 A라 해도 그것을 인식한다고 할 수 없다. 인식 주체 자신이 변했기에 변하기 전과 후에 인식한 내용이 주관적으로 달라져버리기 때문이다. 그리고 난해한 문제로서, 양자의 동일성이 확보된 상태에서 그 사이에 일치가 이루어져야 한다. 요컨대 인식 대상과 인식 주체의 동일성 확보는 인식에 있어 필수적이며, 대상과 주체가 물리적으로 변해가는 차원에서는 인식이란 성립하지 않는다. 대상의 어떤 '본질'(어떤 형태의 본질이든)과 인식 주체의 동일성—영혼이든, 선험적 주체든, 다른 무엇이든 어쨌든 물질성을 초월하는 차원의 존재—이 전제되지 않으면, 인식이라는 행위는 설명되지 않는다. 플라톤의 『티마이오스』, 『테아이테토스』 등이 이 점을 이미 분명히 했고, 이후 갖가지 형태의 인식론들이 철학사를 수놓게 된다.

아리스토텔레스는 데모크리토스가 감성과 이성, 감각작용과 영혼의 작용을 같은 차원에서 봤다고 말하기도 한다. "사고(phronēsis)는 감각[과 같은 것]이고 감각은 [육체의] 변화라고 생각했기 때문에 감각에 나타나는 것은 필연적으로 참이라고 주장했다"고 한다. 데모크리토스가 '현상'을 참된 것으로 생각했다는 것이다. 그러나 이런 이해는 일반적인 이해와는 동떨어진 이해인 듯하다. 감각을 자체로서 참된 것으로 본 사람들은 소피스트들이다. 섹스투스 엠피리쿠스가 전해주는 대로 "우리는 실로 어떤 정확한 것도 파악하지 못하며, 몸의 상태와 [몸으로] 밀고 들어오거나 [몸에] 저항하는 것들[원자들]의 상태에 따라서 변하는 것들을 [파악할 따름]"이라는 것이 데모크리토스의 생각에 가깝다고 해야 한다. 역시 섹스투스 엠피리쿠스가 전해준 다음 구절이 데모크리토스의 생각을 가장 잘 보여주는 듯하다. "앎의 능력에는 두 종류가 있다. 하나는 적법한 것이고 다른 하나는 서출(庶出)적인 것이다. 서출적인 것에는 다음의 모든 것들, 즉 시각, 청각, 후각, 미각, 촉각이 속한다. 반면에 적법한 것은 이것[서출적인 것]과는 구별된다. [⋯] 서출적인 것은 더 작은 것에 대해서 더 이상 볼 수도 들을 수도 냄새 맡을 수도 맛볼 수도 접촉에 의해 감각할 수도 없다. 그러나 [우리가] 더욱 미세한 것에 대해서 〈탐구해야 할〉 때는, 〈적법한 것에 따라야 한다. 적법한 것은 더욱 미세한 것을 인식하기 위한 수단을 가지고 있기 때문이다〉." 인식론에서의 이런 구분은 특히 근대 초(고전 시대)의 철학자들에게서 다시 분명하게 나타난다.

그렇지만 데모크리토스가 감각을 단적으로 부정하지 않았다는 것, 인식에 있어 감각을 이성의 보조적인 수단으로 생각했다는 것을 시사하는 단편도 있다. 예컨대 갈레노스가 전하는 바에 따르면, 데모크리토스는 "가련한 마음(phrēn)이여, 그대는 우리에게서 믿음[의 증거]들을 얻으면서도 우리[감각들]를 뒤엎는가? [우리의] 전복은 그대에게는 몰락이다"라고 했다 한다. 이 전언이 의사인 갈레노스에 의해 전달되고 있다는 점도 유의해 보아야 한다. 의학은 합리적(수학적) 인식보다는 경험적 인식의 성격을 더 강하게 띠는 담론이기 때문이다. 이 구절을 놓고 본다면, 데모크리토스는 감성적 인식을 서출적인 것으로 보면서도 그것을 단적으로 부정하기보다는 보조적인 역할을 부여했다고 생각할 수 있다.

'euthymia'의 윤리

다른 자연철학자들과는 달리 데모크리토스는 윤리학 관련 저작들도 많이 남겼다. 이 점을 볼 때도 그는 플라톤, 아리스토텔레스에 버금가는 종합적 철학자였음이 틀림없다. 그는 윤리학의 웬만한 문제들은 다 다루었던 것 같다.

> 유쾌해지고자 하는 사람은 사적으로나 공적으로나 많은 일들로 분주해서는 안
> 되고, 무슨 일을 하든지 그것을 자신의 능력과 본성 이상으로 취해서도 안 되
> 며, 행운(tychē)이 찾아와서 과도한 평판으로 [자신을] 이끌어갈 때에도 그것
> 을 하찮게 여기며 능력 이상의 것에 손을 대지 않도록 조심해야 한다. 왜냐하
> 면 적절한 크기[의 일]는 지나친 크기[의 일]보다 더 안전하기 때문이다.(DK,
> B/3. 단편 82)

알렉산드리아의 클레멘스에 따르면, 데모크리토스는 삶의 목적을 'euthymia'로 보았다고 한다. 또 어떤 사람들은 'autarkeia', 'psychagōgia', 'a kataplēxia' 등을 들고 있다. 'euthymia'는 'thymos'를 잘 다스리는 것을 뜻한다. 'thymos'는 맥락에 따라서 기개, 의지, 격정 등을 뜻한다.[20]

20) "데모크리토스에 따르면, [⋯] 이성(logos)처럼 어떤 부분은 오로지 다스리기만 하는가
하면, 'thymos'가 그렇듯이 어떤 부분은 다스리기도 하고 다스림을 받기도 하며, [⋯]
욕망(epithymia)의 경우처럼 어떤 부분은 오로지 다스림을 받기만 한다."(DK, B/34. 단
편 86, 다비드의 전언) 이 구절에서 이 시대에 이미 'logos', 'thymos', 'epithymia'가 구
별되었음을 짐작할 수 있다. 그리고 데모크리토스는 윤리의 문제는 특히 'thymos'에 걸

"thymos와 맞서 싸우기는 어렵다. 그러나 그것을 이기는 것은 사려 깊은 사람이 할 수 있는 일이다"라는 구절도 볼 수 있다. 이렇게 보면 데모크리토스에게 'thymos'는 훗날의 'passion' 즉 '정념(情念)'과 같은 것을 뜻했던 것으로 보인다. 정념을 극복하는 것이 그에게 중요했던 것이고 이 점에서 그가 고중세의 철학자들 대부분과 같은 생각을 가지고 있었음을 알 수 있다. 자율성, 자족, 자유 등을 뜻하는 'autarkeia'나 영혼의 기쁨, 안심, 평온 등으로 번역할 수 있는 'psychagōgia', 'a kataplēxia'도 이런 맥락에서 이해할 수 있다. 또 'athambiē'라는 단어도 등장하는데 이 역시 영혼의 평온함을 뜻한다. 데모크리토스의 이런 생각은 훗날 에피쿠로스학파에 의해 계승된다.

데모크리토스는 교육의 중요성 역시 강조했다. "본성과 교육은 유사한 것이다. 교육은 사람을 바꾸며, 바꿈으로써 본성을 재형성하기 때문이다." 상당히 의미심장한 구절이다. 데모크리토스에게는 인간의 영혼도 원자들의 결합체일 터인데, 교육이 인간의 본성 자체를 바꾼다는 이야기는 교육을 하고 교육을 받는 인간 주체가 자연법칙 자체를 바꾸어나갈 수 있다는 이야기가 된다. 물론 사물들의 법칙을 바꾼다는 뜻이 아니라 자기 자신을 규정하고 있는 원자들의 특성을 스스로 바꾸어나간다는 이야기이다. 이것은 데모크리토스가 원자론을 주장하면서도 동시에 인간의 자유/자율성을 인정한다는 점을 보여준다. 그러나 여기에서도 원자들의 조합에서 어떻게 생각이나 언어 등이 나올 수가 있고 또 어차피 인간도 원자들의 조합일 뿐인데 누가 누구를 가르칠 수 있는가를 비롯해 여러 문제가 등장한다. 어떤 존재론이든 그 존재론은 우리가 살고 있는 이 복잡하고 풍부한 현실을 설명해줄 수 있어야 한다. 원자론의

리는 문제임을 명시한 것이다. 훗날 아리스토텔레스는 고유하게 윤리적인 문제는 인간 영혼에 있어 합리적인 부분과 비합리적인 부분이 겹치는 곳에서 생겨남을 간파하거니와, 이는 데모크리토스의 생각과 통한다 하겠다.

경우, 극단적인 환원주의적 사유를 제시해놓고서 그것을 생명, 영혼/정신, 나아가 문화의 차원까지 확장하고 있기 때문에 계속 이런 문제에 봉착하게 된다고 할 수 있다. 존재론은 그 안에 물질, 생명, 영혼/정신, 언어, 역사, 문화 등을 모두 설명할 수 있는 요소들을 갖추고 있어야 한다. 모든 형태의 환원주의는 이런 차원들을 어떤 빈약한 차원으로 환원하려 한다는 점에서 문제를 노출하는 것이다.[21]

파르메니데스의 사유는 여러모로 그리스 철학사의 거대한 분절을 만들어냈다. 절대적 일자, 타자성을 완벽히 배제하는 일자의 출현은 말하자면 그리스세계에서의 거대한 철학적 스캔들이었다고 할 수 있다. 탈레스에 의한 '아르케'의 탐구는 종교적인 맥락에서 바라본다면 유일신 개념의 등장―이집트에서 등장했고 훗날 유대교의 전개 과정에서도 나타난―과 유비적이라고 할 수 있다. 세계를 주재하는 단 하나의 위대한 힘의 등장인 것이다. 그러나 내용에 초점을 맞출 때 밀레토스학파의 실재는 오히려 생성하는 유동체였다. 철학사는 오히려 생성존재론에서 시작되었던 것이다. 그러나 파르메니데스는 이 형식상의 일원성을 절대적인 경지로 밀어붙였고, 이제 여기에서는 급기야 주재라는 개념도 주재되는 세계라는 개념도 증발해버리기에 이른다. 이 지경에서는 그 어떤 자연철

---

21) 이런 현상은 근대 기계론이 모든 영역으로 확장되어나가는 과정에서도 고스란히 나타난다. 데카르트의 기계론적 사유가 생명, 영혼/정신, 문화까지 뻗어나가는 과정이 근대 철학사라면, 그런 환원주의의 한계가 계속해서 노출되는 것 또한 근대 철학사이다. 더구나 데모크리토스의 원자론이 고대의 수많은 가설들 중 하나에 불과했다면, 근대 기계론은 적어도 물리학 영역에서는 실질적인 성공―원리적인 차원에서의 성공―을 거두었기 때문에 이 문제는 더욱 중요해진다. 우리는 근대 철학사를 논하면서 기계론과 반(反)기계론의 투쟁을 보게 될 것이다.

학도 멈추어버린다.

파르메니데스 이후에 등장한 '후기 자연철학자들'은 "실재란 영원부동의 일자"라는 파르메니데스의 대전제를 받아들이되(이 점은 어떤 형태로든 이들에게서만이 아니라 이후 줄곧 서구 존재론사를 지배하는 원리로 자리 잡는다), 현상적으로 명백한 다자성과 운동을 설명하고자 했다. 이른바 "현상을 구제하려" 했던 것("sōzein ta phainomena")이다.[22]

따라서 이들이 제시한 실재는 그 자체로서는 파르메니데스의 일자와 같은 성격을 띠지만, 이들은 그것을 다원화했다. 각각은 파르메니데스적 일자와 같은 실체이지만, 그런 실체가 다수인 것으로 설정한 것이다. 이런 다원화의 과정에서 질과 양의 문제가 도래했다. 질적으로 엠페도클레스는 4개의 원소들을, 아낙사고라스는 무한한 종자들을, 데모크리토스는 단 하나의 원자들을 제시했고, 양적으로는 세 사람 모두 무한한 원소/종자/원자를 제시했다. 아울러 엠페도클레스에게서 양은 네 원소들 사이의 비율에 초점이 있으며, 아낙사고라스에게서는 종자들의 배합의 비율에, 데모크리토스에게서는 원자들의 형태, 배열, 위치에 초점이 있었다. 질의 측면과 양의 측면에서 나타나는 이런 차이들(양과 질의 조합, 무한한 질과 무한한 양, 하나의 질과 무한한 양)은 이후의 과학적 사유들에도 항구적인 영향을 각인하게 된다.

그러나 만일 이 각 존재들이 파르메니데스의 일자처럼 영원부동하다면, 세계는 다원화되기는 했지만 아직 어떤 변화도 일어나지 않는 세계로 머물 것이다. 그래서 '일자'는 다원화되기만 해서는 안 되고, 반드시 거기에 운동이 부여되어야 했다. 이 때문에 엠페도클레스는 네 원소들의 상이한 양적 결합을, 아낙사고라스 역시 무한한 종자들의 차별적인 양적

---

22) 아리스토텔레스 주석가이기도 했던 신플라톤주의자 심플리키우스에 의하면 플라톤도 "현상의 구제"를 논했다고 한다. 그러나 그 의미는 다소 달라서, 예컨대 혹성(惑星)의 운동을 합리적으로 설명하는 경우처럼 비-합리적으로 보이는 현상의 근저에서 합리적 설명의 이치를 적용해 설명해내는 것이 현상의 구제였다.

결합을, 그리고 데모크리토스 역시 원자들의 양적인 결합과 분리를 사유했다. 그러나 이 원리들을 통해 현상을 설명하고자 했을 때, 이들은 어떤 한계에 부딪치게 된다. 각 실체들(원소, 종자, 원자)이 파르메니데스적 일자라면, 이들 사이의 어떤 관계도 실체들에서의 변화를 유발하지 못한다. 실체들은 절대 타자화하지 않는다.[23] 그것들은 완벽한 동일성을 유지할 뿐이다. 그렇기 때문에 이 실체들에게 운동이란 결국 외부적인 방식으로만 부여될 수 있다. 원자들이나 네 원소들은 자체 동일성을 유지하면서 조합될 수 있을 뿐이고, 종자들 역시 자체의 동일성을 굳건히 보존한다. 바로 이 때문에 이들 자연철학에서 변화란 자기동일성을 유지하는 존재들이 붙었다 떨어지는 것일 뿐 그 이상의 근본적인 화(化)는 불가능하다.[24]

이들에게 실체들은 철저하게 불연속적이다. 그렇기 때문에 각 실체들이 분열된다든가 둘 이상이 융합한다든가 항구적으로 붙는다든가 하는 일은 결코 일어나지 않는다. 그리고 이 실체들 사이에서 성립하는 이런 외부적인 조합으로부터 현상세계가 성립하기에, 그만큼 현상세계는 피상적이고 일시적인 것이 될 수밖에 없고 실재세계와 현상세계의 거리는 멀다고 할 수 있다. 앞에서 원자론에 대해 제기했던 비판적 언급은 이런 사태와 연관된다. 이런 사태를 극복하기 위해 두 가지 길을 갈 수 있다.

---

23) 이 책에서 나는 '타자화'는 한 존재가 자신의 동일성에서 변화를 겪는 과정을 뜻하는 개념으로, 타자-화/타자-되기는 한 존재가 다른 한 존재(타자) 쪽으로 변화를 겪는 과정을 뜻하는 개념으로 사용할 것이다.

24) 이미 언급했듯이, 아낙사고라스의 사유는 엠페도클레스, 데모크리토스의 사유와 상당히 다르다. 그의 모나스/모나드들은 그 자체로서 (베르그송의 표현으로) 질적 다양체(multiplicité qualitative)이기 때문이다. 아낙사고라스의 실체 역시 동일자들인 것은 마찬가지이지만, 그 각각의 동일자들이 질적 다양체라는 점은 중요하다. 그의 이런 사유는 플라톤 이래 서양 철학의 주류와도 또 데모크리토스에서 연원한 근대 초의 자연과학의 흐름과도 다른 독특한 것이었기에 거의 묻혀 있다시피 했지만(웬만한 그리스 철학자들이 모두 부흥하는 헬레니즘 시대와 르네상스 시대에도 그만은 묻혀 있었다), 라이프니츠에 의해 복원되어 이후 베르그송-들뢰즈의 철학에 이르러 새롭게 부활한다.

①실체들은 보다 가변적인 것들이 되어야 한다. 자체에 있어 분열된다든가, 특히 실체들이 융합된다든가 할 수 있어야 한다. 그래야만 실재와 현실 사이가 가까워지고, 현실의 변화가 실재의 변화를 보다 밀접하게 반영하는 것일 수 있다. ②실체들의 불연속성을 보존하면서, 별도로 연속성의 원리를 상정할 수 있다. 즉, 현상을 지탱하는 연속적인 차원을 설정하고 거기에 불연속적인 실체들이 각인되어 현상이 성립하는 것으로 볼 수 있다. 플라톤과 아리스토텔레스가 걸어간 길은 바로 후자이다. 그리고 이들은 바로 이 연속성―생성하는 연속성, 연속적 생성―의 차원을 아페이론('코라', '질료')으로 설정한다. 세계는 아페이론이라는 물질적이고 연속적이며 생성하는 차원과 이데아=형상이라는 비-물질적이고 불연속적이며 항구적인 차원의 결합으로서 이해되기에 이른다. 이 국면이 서구 존재론을 오랫동안 지배하게 될 질료형상설(hylemorphism)이 탄생하는 국면이다.

이렇게 지중해세계의 자연철학은 질료형상설로 가닥을 잡았으나, 물론 다른 자연철학 전통도 소멸되지 않고 이어졌다. 데모크리토스의 원자론을 이어받은 에피쿠로스학파의 원자론이나 헤라클레이토스의 자연철학을 이어받은 스토아학파, 그리고 오늘날의 시각에서 보면 자연철학보다는 자연과학이라 해야 할 알렉산드리아의 자연철학 전통 등이 그 예들이다. 에피쿠로스학파도 스토아학파도, 전자의 '원자'와 후자의 '물질/물체(sōma)'는 그 내용을 상당히 달리하지만, 질료형상설이 아닌 유물론―질료를 조직하는 상위 원리로서의 형상을 전제하지 않는, 질료(물질) 자체의 자기조직화를 기반으로 하는 자연철학―의 사유를 전개함으로써 질료형상설과 대립했다. 그리고 알렉산드리아의 자연철학자들(아르키메데스, 프톨레마이오스, 에우클레이데스, 휘파티아, 스트라톤, 아리스타리코스, 에라토스테네스, 히파르코스, 헤론 등)은 오늘날의 수학, 물리과학, 생명과학 등에 해당하는 자연철학 연구에 큰 업적을 남기며, 플라톤에 가깝기는 하지만 그와는 구분되는 사유를 펼쳤다. 그러나 전체적으로 볼 때, 이후 지중해세계를 오래도록 지배하게 될 자연철학은 질료형상설이다.

눈길을 앞의 ①의 방향으로 맞추어본다면 어떨까? 이 방향은 유물론의 방향이라기보다는 생성존재론의 방향이라고 할 수 있다. 예컨대 원자론 같은 유물론도 그 각각은 파르메니데스적인 원자들을 상정하는 사유이며, 이에 비해 생성존재론은 그런 실체들을 전제하지 않는 사유이기 때문이다. 이 사유 계열은 원자이든 형상(이데아, 에이도스)이든 어떤 궁극의 동일자도 설정하지 않으며, 헤라클레이토스의 전통을 따라 생성을 궁극의 실재로 본다. 하지만 생성이란 무엇일까? '생성'은 의외로 정의하기 까다로운 개념이지만, 우리는 그것을 차이생성으로 정의할 수 있다. 차이들—어떤 형태의 차이들이든—의 명멸(明滅)이 생성이다.[25] 여기에서는 사실상 아페이론이 실체가 되며, 그것은 더 이상 합리적 인식의 바깥에 존재하는 차원도 비-물질적 동일성에 의해 구성됨으로써만 합리적 인식의 영역으로 편입되는 차원도 아니게 된다. 오히려 아페이론은 '생명'이나 '기(氣)'로 표현될 수 있을, 그곳에서 모든 질서들, 규정성들이 나오고 다시 그리로 돌아가는 궁극의 차원으로 화한다고 할 수 있다. 그것을 초월해서 그것을 구성하는 동일성도 존재하지 않으며, 그것 자체가 어떤 동일성들, 실체적인 구성 요소들로 되어 있지도 않다. 그것을 구성하는 요소들은 단지 잠정적으로만 실선으로 제한할 수 있는, 항

25) 하지만 명멸이라는 개념도 동일자(들)를 전제하는 것이 아닐까? 극히 미세한 것이라 해도 어떤 동일자(들)가 있고 그것들이 명-멸하는 것이 아닌가? 이렇게 생각할 때, 그 어떤 동일자도 전제하지 않는 명멸을 개념화해야 할 필요에 부딪친다. 이 과정에서 무한소(dx) 개념은 결정적인 역할을 하게 되며, 이 점에서 무한소미분의 수학과 존재론을 정립한 라이프니츠야말로 (그의 사유는 생성존재론이라고 하기 힘들지만) 핵심적인 토대를 마련했다고 할 수 있다. dx는 어떤 동일자도 전제하지 않는 생성 그 자체를 잘 표현해주고 있다. 아울러 19세기에 등장한 '파동' 개념은 생성존재론의 또 하나의 결정적인 개념이라고 할 수 있다. 이런 흐름, 그리고 리만 다양체, 다윈 진화론 등을 흡수하면서 생성존재론을 확고하게 정립한 인물들이 베르그송과 들뢰즈라고 할 수 있다.(이들 모두에게서 무한소미분이 중요한 위상을 차지하는 것도 이 때문이다)

상 차이화를 겪는 즉 차이생성하는 존재들일 뿐이다. 아페이론, 기, 생명은 이런 차이생성하는 비-요소적 요소들의 장이다.

이런 식의 존재론은 현대의 베르그송과 들뢰즈의 사유에서, 그리고 해석하기에 따라서는 양자역학, 복잡계과학, 진화론을 비롯한 과학 이론들, 인상파 미술, 포스트모더니즘 건축을 비롯한 많은 현대 예술사조들에서도 발견된다. 그러나 따지고 보면 이런 사유의 원시적 형태는 바로 철학사의 출발점을 이루었던 밀레토스학파였다. 이 학파가 제시한 아르케는 노자(老子)가 제시했던 물[水] 같은 존재와 궤를 같이하는 것이었고, 형식상 일신교와 맥을 같이하지만 내용상으로는 그에 대척적인 것이었다고 할 수 있다. 그러나 파르메니데스가 나타남으로써 모든 것이 달라져버렸다. 파르메니데스에 의해서 모든 것이 말하자면 얼어붙어버렸다고 하겠다. 앞 장의 결론부에서 우리는 이후의 철학자들이 어떻게 엘레아학파와 투쟁하면서 사유를 전개해야 했던가를 간략하게 소묘했다. 엘레아학파는 그리스의 존재론/자연철학을 위기에 빠트렸지만, 그 후의 철학자들이 이 학파를 극복하는 과정에서 오히려 그리스 철학은 고도로 정치한 사유들을 전개할 수 있었던 것이다. 이렇게 보면 그리스 자연철학이 화려하게 전개하도록 해준 것은 역설적으로 엘레아학파였다고 하겠다.

이러한 과정의 첫 단계는 바로 후기 자연철학자들이었다. 그러나 이들이 제시한 아르케들은, 다자성과 운동의 측면에서 파르메니데스를 극복했음에도 여전히 너무 파르메니데스적이었다. 바로 이런 맥락에서 이후의 철학들(플라톤, 아리스토텔레스, 스토아학파 등)은 오히려 전(前)-파르메니데스적 개념 즉 아페이론—다자성과 운동을 아예 극한으로 밀어붙였을 때 귀결하는 개념으로서 차이생성이 명멸하는 장—을 다시 부활시켜야 했던 것이다. 이로써 파르메니데스적인 성격의 '형상'과 반-파르메니데스적인 성격의 '아페이론'이, 동일성의 원리와 반-동일성/차이생성의 원리가 사유의 두 축을 형성하는 이원적 구도가 등장하게 된다. 그리고 이 구도는 전자가 후자를 제압하는 형태로 이후 '제작적 세계관'의 형태로서 서양 문명을 오래도록 지배하게 된다.

5장 "너 자신을 알라"

흔히 아테네 철학에서의 결정적 변화를 자연주의에서 인문주의로의 전환으로, "퓌지스에서 노모스로"의 전환으로 묘사하지만, 그것이 단적인 전환인 것은 아니다. 자연철학 이전에 정치적 상황에서 'sophia'가 등장했고, 역으로 자연철학자들에게도 단편적이지만 인간과 문화에 대한 통찰들이 존재했다. 헤라클레이토스의 영혼론이나 크세노파네스의 문명 비판, 데모크리토스의 윤리학이 그 대표적인 예일 것이다.

그러나 페르시아 전쟁을 기점으로 그리스 사회가 전면적인 변화를 겪고 철학에서도 큰 전환이 이루어진 것은 사실이다. 이 시대는 이전의 '상고 시대'에 대비적으로 '고전 시대'라 불린다.(17~18세기의 유럽, 특히 프랑스도 이런 용례를 따라 '고전 시대'라 불리고 있다) 전쟁은 모든 것을 바꾸어놓는다. 인류의 역사는 곧 전쟁의 역사이고, 철학 역시 전쟁과 무관하지 않다. 페르시아 전쟁은 그리스 역사에 굵은 분절선을 그었다. 그리고 이 분절선은 철학의 역사에도 큰 파급을 일으켰다.

자연철학은 주로 이오니아 지방과 이탈리아 지방에서 전개되었으나, 페르시아 전쟁을 거치면서 철학의 중심지가 아테나이(/아테네)로 옮아가게 된다. 변증법적 사유를 선호하는 사람들은 아테네가 이오니아와 이탈리아를 종합했다고 말하기도 한다.

수많은 도시국가들 중 하나인 아테네는 왕정, 귀족정, 참주정을 거쳐 마침내 민주주의를 꽃피웠다. 이 과정은 결국 귀족정에서 민주정으로의 이행 과정이었다. 아테네 정치사는 귀족과 평민 사이의 투쟁의 역사로 정리할 수 있다. 이 역사에서 몇 개의 핵심적인 지도리를 잡아내보자.

그리스에서의 계급 투쟁

아테네의 정치 실험에서 중요한 전환점을 마련한 것이 솔론(BC 630∼560년 추정)의 입법이다. 그에 대한 상세한 기록은 남아 있지 않지만, 귀족들과 평민들의 줄다리기 속에서 정치적 분기점을 마련한 것으로 평가받고 있다. 솔론은 귀족들의 탐욕에 제동을 걸고 가난한 사람들의 빚을 탕감해주었다. 당시의 경제 위기가 솔론의 지혜로 해결되었다. 정치적으로도 '400인 평의회'를 만들어 민주정에 시동을 걸었으며, 민중을 위한 법원('ēliaia')을 만들기도 했다. 솔론의 개혁을 통해 "무엇이든 지나치지 않게"라는 델포이의 신탁이 새로운 의미를 부여받았고, 평민의 분수 - 모름을 뜻했던 '휘브리스'는 거꾸로 귀족의 탐욕을 뜻하게 되었다. 솔론의 법치/질서(eunomia)를 통해서 '정의', '시민', '공(公)' 같은 말들이 처음으로 현실감 있는 말들로 자리 잡기 시작했다.[1]

이런 과정을 통해서, 전차를 몰던 귀족들의 정치가 점차 힘을 잃고 '데모스'의 존재가 부각되기 시작했지만,[2] 어떤 지역들에서는 참주들의 등

---

1) 솔론은 운문으로 부자들에게 다음과 같이 경고했다. "가슴속에 있는 극단의 마음을 억제하시오./ 당신들은 많은 재물을 신물나게 향유하였소./ 중용을 중히 여기시오. 우리도 극단은 인정하지 않을 것이고,/ 당신들에게도 그런 것은 도움이 안 될 것이오."(아리스토텔레스, 『아테네 정치제도사』, V)

2) "dēmos"는 다른 지역들에 있어서의 씨족, 종족, 가문 등의 개념에 상응하는 헬라스 특유의 단위이다. 전통 사회에서는 대개 같은 종족이 같은 구역에 모여 살았기 때문에, 이

장으로 급격히 독재가 퍼져나갔으며 그리스인들은 늘 정치의 파고 속에서 요동치는 삶을 살게 된다.[3] 이렇게 귀족 세력과 평민 세력 사이의 밀고 당기는 갈등을 겪으면서 그리스세계가 전개되었다. 민주화의 과정에서 솔론의 업적은 (악명 높은 참주이기는 했지만) 페이시스트라토스(BC 6세기 초~527년)에게로 이어졌고, 또 하나의 결정적인 분기점이 클레이스테네스(BC 570~508년)의 개혁에 의해 마련되었다. 클레이스테네스는 여전히 불평등의 요소를 안고 있던, 빈부에 따라 구획된 4부족 체제를 아티카에 거주하고 있는지의 여부만으로 규정한 10부족 체제로 바꾸었다. 이런 변혁을 기반으로 민회가 명실공히 중심 기관으로 자리 잡고, 400인 평의회는 500인 평의회로 개편되었다. 민회와 500인 평의회가 정치의 중심에 서게 되면서 아테네 민주주의가 반석에 올랐다고 할 수 있다. 사법 제도는 추첨을 통해 선발되는 시민-배심원들을 주축으로 재편되었으며(훗날 소크라테스의 재판에서 우리는 이 제도를 만나게 된다), 나중에는 참가자들에게 돈까지 지불하기에 이른다.[4]

이렇게 형성된 아테네 사회는 고대의 그 어떤 사회와도 다른 독특한 세계를 이루었다. 권력이 핏줄을 통해 전해지는 것과 선발을 통해 성립

말은 공간적 개념으로서는 '지역'을 뜻하기도 한다. 종족 개념에 가장 가까울 듯하고(더 큰 단위로 나눌 때는 10개의 '부족=phylē'로 나눈다), 로마의 "plebs"에 해당한다. 이들이 모임으로써 성립하는 정치적 기구가 '민회(agora/ekklēsia)'이다. 아테네 민주정치의 중요한 분기점은 아티케/아티카(아테네를 중심으로 하는 지역 전체)의 평민이었던 데모스들, 즉 각 가(家)=대가족의 장들이 아테네 정치에 관여할 수 있는 정치적 힘(kratia)을 얻었을 때이다.

3) 참주(tyrannos)는 BC 7세기경 귀족정이 쇠퇴하고 사회가 유동적이 되었을 때 강권(强權)으로 통치자가 된 사람들을 가리킨다. 말하자면 정치계의 졸부라 할 만하다. 우리말 뉘앙스에서의 '폭군'에 해당한다. 그러나 귀족정의 몰락을 추동했다는 점에서 역사적 역할을 했다고도 할 수 있다. 참주정 시대는 유난히 혼란스러운 시대였으며 1장에서 이야기했던 '서정시'가 유행했던 시절에 해당한다.

4) 클레이스테네스의 개혁에 대해서는 아리스토텔레스, 『아테네 정치제도사』, XX 이하에서 설명되고 있다.

하는 것 사이의 차이는 곧 특정한 가문의 문제와 대중 전체(적어도 그 일부)의 문제 사이의 차이이다. 전통 사회의 구조는 물론 '혈족'에 의해 지탱되었다. 클레이스테네스는 그리스 특유의 선발 제도를 정착시켰다는 점에서 높이 평가받는다. 그 결과 선발권을 가진 '데모스'가 힘을 가지게 되는 구조가 성립한다. 이런 과정을 통해서 정치적 평등이 점차 뿌리를 내리게 되었다. 물론 여전히 빈부의 차가 많은 영향을 끼쳤고, 여성들과 노예들 그리고 외국인들은 이런 평등에서 제외되었다. 또, 어차피 한 시민은 폴리스에 대한 공헌도에 따라 힘을 가지게 되기 마련이고, 자연히 공헌도를 좌우하는 것은 돈이라는 문제가 있었다. 나중에는 이 점을 보완하기 위해 추첨 제도와 봉급 제도가 마련되기도 한다. 오늘날로 말하면 공무원 또는 관료라는 개념이 성립한 것이다. 특히 '아르콘들'이 행정을 맡았고 '수석 아르콘'은 폴리스를 이끌고 나가는 주요 직책으로 인정받았다.

전통 사회에서 귀족들이 부를 축적하는 방식에는 두 가지가 있었다. 하나는 토지를 할당받아 즉 '영주(領主)'가 되어 거기에서 세금을 걷는 방법이고, 또 하나는 관료가 되어 중앙정부에서 월급을 받는 방법이었다. 관료가 되어 지방으로 내려올 수도 있었지만, 그런 경우에도 세금을 거두어 살기보다는 정부로부터 봉급을 받아 생활했다. 전자는 혈연에 의해 귀족이 된 사람들의 경우이고, 후자는 자신의 능력으로 관료가 된 사람들의 경우이다. 예컨대 동북아의 경우 귀족 중심에서 이 문사–관료들(사대부 계층) 중심으로의 이행을 확인할 수 있다. 고대 그리스의 경우는 이런 세계사적 구조에서 예외적이었다. 그리스에서는 이런 이원적 권력 구조가 아니라 평의회, 민회, 각종 행정 기구들, 시민법정 등이 균형을 이루면서 맞서는 구조가 형성되었다.

동북아에서는 문관과 무관이 철저하게 분리되었지만, 서구에서는 문무(文武)가 분리되지 않는 문화가 이어진다. 그리스세계는 연이은 전쟁에 시달렸고 전쟁이 없는 세월이 오래 지속되는 경우는 드물었다. 직업

군인 개념이 희박했기 때문에, 평소에는 농사를 짓다가도 전쟁이 벌어지면 징병되어 전쟁터에 나가는 식이었다. 지도적 계층의 경우에도 지금처럼 정계, 재계, 학계, 사법계, 언론계 등으로 구분되어 존재하기보다는 여러 분야의 업무를 동시에 보았다. 귀족들은 평소에는 정치도 하고 재산도 굴리다가, 전쟁이 벌어지면 전쟁터에서 지휘를 맡고, 그러다 또 한가할 때면 글을 쓰기도 했다. 기본적으로 기득권자들이 정치, 경제, 전쟁, 문화 등을 모두 전유했던 것이다. 동북아 사회가 비교적 문무가 분명하게 구분된 사회였다면, 지중해 사회는 그보다는 차라리 사제 계층과 귀족 계층 사이에 구분선이 그어진 사회였다. 하지만 그리스에는 뚜렷한 형태의 사제 계층 또한 존재하지 않았다. 그리스는 고대의 그 어떤 사회와도 구분되는 특이한 사회였다.

고대 세계에서 특히 전쟁은 삶의 큰 부분을 차지했다. 신화/전설의 성격을 띤 트로이 전쟁을 제외한다면, 그리스의 역사에서 단연 결정적이었던 전쟁은 페르시아 전쟁이었다. 지중해를 둘러싼 해상 쟁탈전은 이 세계의 오랜 전통이었다. BC 490년에 페르시아 다리우스(/다레이오스) 대왕의 군대가 마라톤 평야에 주둔하고 아테네를 공격했으나 아테네의 중장병 밀집부대에 막혀 패퇴한다. 중장병 밀집부대는 전쟁사에 중요한 이정표를 마련했다. 과거의 전투는 기본적으로 전사-귀족 중심의 전투였고, 백병전보다는 (장비와 마초의 대결 같은) "영웅들", 전사들끼리의 대결에 초점이 맞추어졌다. 요즘으로 말해 마치 권투 같은 일종의 스포츠의 성격을 띠고 있었다고 할 수도 있을 것이다. 그렇기에 병사들의 사기를 단번에 끌어올릴 수 있는 군 최고의 전사가 누구냐가 매우 중요했다. '안드레이아=용기'를 갖춘 그런 최고 전사야말로 '아레테=빼어남'을 갖춘 인간이었다. 그러나 전사-귀족이 몰락하면서 전술 또한 바뀌게 된다. 두 사람의 전사가 나가서 싸우는 대신 시민들이 밀집방진(密集方陣=phalanx)을 짜서 전진하게 된 것이다. 자연히 예전의 전사-귀족이 쓰던 둥글고 작은 방패는 네모나고 큰 방패로 바뀌었다. 이 방진은 뚫고 들어갈 곳이 없는 철옹성이었지만, 다른 한편 한 명이 무너지면 전체가 와르르 무너진다는 허점이 있었다. 여기에서는 협동심이 결정적인 역할을 했다. 이 전투 대형 자체가 평민 중심의 사고, 평민들 간의 협동 관계를 핵심으로 하는 사고를 함축했던 것이다. 어떤 사람들이 페르시아에 맞서 그리스 연합군이 거둔 승리에 민주주의의 승리라는 의미를 부여하는 것이 근거가 없는 것이 아니다.

페르시아 전쟁은 아버지의 원수를 갚기 위해 수륙 양면에서 그리스를 공격해온 크세르크세스에 의해 재개된다. 헤로도토스에 따르면, 이때 얼마나 많은 병사를 끌고 왔는지 "큰 강을 제외하면 이 대군의 식수로 충당된 바람에 말라버리지 않은 하천이 거의 없을 지경"이었고, 이 병사들이 "화살을 쏠 때면 그 수가 하도 많아 태양이 가려질 지경"이었다고 한다. 과장된 표현이겠지만, 어쨌든 조조가 유비·손권을 치기 위해 끌고 간 병사들만큼이나 많은 병사들이 쳐들어왔던 것 같다. 테르모필라이와 아르테미시온에서 그리스 군이 벌인 분전도 소용없이 페르시아 군대는 아테네까지 함락시키면서 헬라스를 거의 멸망 직전까지 몰아붙인다. 이때 아테네 군 사령관이었던 테미스토클레스는 "나무 장벽" 뒤에서는 아테네가 난공불락이라는 신탁을 해전의 암시로서 받아들이고, 결국 살라미스에서 대역전극을 벌이게 된다. 그리고 그 해전을 분기점으로 결국 페르시아는 완전히 패퇴하기에 이른다.

두 번에 걸친 페르시아 전쟁에서의 승리로 그리스는 지중해세계의 패자가 되면서 전성기를 맞는다. 특히 아테네는 지중해세계의 중심으로 군림하며, 점차 거대한 제국으로 화하게 된다. 바로 이 시대에 우리가 '그리스 고전 문화'라 부르는 찬란한 문화가 꽃핀다. 드라마는 그 대표적인 형태였다. 드라마는 곧 페르시아 전쟁이라는 거대한 사건(드라마)을 계기로 해서 태어났다. 뛰어난 드라마들은 그리스인들에게 우리 식으로 말해 일종의 '인생의 화두들'을 던지곤 했다. 또한 각지에서 거두어들인 세금으로 파르테논 신전을 비롯한 웅대한 건물들이 여기저기에 들어서기 시작했으며, 그 밖에도 예술의 각 분야가 좋은 시절을 맞이해 화려하게 꽃피었다. 그러나 이 시대의 가장 아름다운 꽃은 역시 민주주의의 완성이었다고 해야 할 것이다. 아테네는 고대의 그 어디에서도 볼 수 없었던 민주주의라는 꽃을 피움으로써 역사의 큰 봉우리로 우뚝 솟았다.

아테네의 독주와 오만으로 인해 그리스세계에 금이 가고 마침내 펠로폰네소스 전쟁이 터졌을 때조차도 아테네인들의 가슴속에서는 그들이 황금기에 가졌던 뜨거운 자부심과 열정이 사라지지 않았던 것 같다. 이것은 전쟁 1주기를 맞이해 페리클레스가 했던 장례 연설에서 잘 나타난다. 여기에서 페리클레스는 "우리가 얻은 이 나라의 국력", "비교될 만한 것이 전혀 없는 도시", "시민으로서의 장점이 개인으로서의 단점보다 더 가치 있는" 곳, "그리스세계의 규범/학교" 등의 표현을 사용해 아테네의 자부심을 표현하고 있다. 그러나 이것은 차라리 점차 사라져가는 과거의 영광에 대한 안타까움의 표현이 아니었을까.

소피스트들의 등장

아테네가 그리스세계의 중심이 되면서 다양한 문화 현상들이 나타났다. 그 하나로서 그리스세계 전역의 지식인들이 아테네로 몰려든 것을 들 수 있을 것이다. 아테네가 지중해세계의 지적 메카가 되자, 자신의 능력을 펼치고 싶어 하는 인물들이 아테네로 몰려들기 시작한 것이다.

이렇게 해서 형성된 아테네의 지식세계는 이전의 지식세계와는 사뭇 달랐다. 이전의 철학자들은 대개 이오니아 지방이나 이탈리아 지방에서 활동했고, 대중적인 인물이라기보다는 '현자'에 가까웠다. 그들 중 어떤 사람들은 종교의 교주들이기도 했다. 그리고 그들이 사유한 내용들은 일반 대중과는 전혀 동떨어진 사변들이었다. 그리고 지식세계는 대체로 서로 분리되어 있었다. 그러나 지중해세계 곳곳으로부터 아테네로 집결한 이 새로운 유형의 철학자들은 고객을 두고서 서로 경쟁하는 지식인들이었고, 종교의 교주나 철학적인 현자들이라기보다는 독특한 유형의 전문가들이었다.5) 이들이 사람들에게 가르쳐준 것은 우주에 관한 순수한 사변이 아니라 실제 생활에 필요한 기법들, 특히 언어에 관련한 기법들이었다. 이들은 숭고함보다는 친밀감을, 지적 순수함보다는 현실적 감각을, 진리의 영원함보다는 당장의 효용성을 무기로 가지고 있었다.

당시에 등장한 이 새로운 유형의 지식인들을 사람들은 '소피스트들'이라 불렀다.6) 이 말을 '궤변론자들'이라 번역하는 것은 플라톤적 관점을 전제하는 것이다. 보다 중립적인 번역어를 택한다면 아마 '전문가들', '지식인들' 같은 말이 더 적절할 것이다. 이들이 '소피스트들'이라 불린 것은 그들이 '소피아=지혜'를 가진 인물들로 이해되었기 때문이다. 이들은 그리스인들에게 언어, 문법, 변론술, 웅변술, 글쓰기 등 요즘으로 말해 인문 계통의 교양과목들을 가르쳤으며, 더 나아가 윤리와 정치에 관련된 문제들까지 가르쳤다.7) 이것은 철학사에 있어 상당히 큰 변화를 함축한다. 그 이전에 주류를 이루었던 우주에 대한 사색이 이 시대가 되면 주로 언어, 문화, 법, 정치, 윤리 등에 관한 논의들로 대체되었기 때문

---

5) 아테네는 문법, 시가(詩歌), 산술, 체육을 기본 교육으로 가르쳤다. 소피스트들의 가르침은 말하자면 이 기본 교육을 마친(대략 14세 이후로 추정됨) 시민들을 대상으로 실시된 '사교육'이었다.

6) '소피스트(sophistēs)'라는 말이 이때 처음 생긴 것은 아니다. 호메로스와 헤시오도스를 비롯해서 넓은 의미의 문화인들, 지식인들이 '소피스트들=지자(智者)들'로 불렸다. 그러나 페르시아 전쟁 이후 BC 5세기 후반 정도에 이르러 이제 이 말은 새로운 유형의 전문가들을 가리키게 된다.

7) 특히 후자의 경우가 민감한 문제였다. 윤리나 정치의 문제는 기본적으로 'aretē'—어떤 분야에서의 '빼어남', '뛰어남', '훌륭함', 즉 '~다움'—와 관련되는데, 아레테는 결코 아무나 가르치는 것이 아니었고 더구나 돈을 받고 팔 수 있는 것이 아니었기 때문이다. 소피스트들은 전통으로 내려온 관례를 뒤흔들었고(이것은 "아레테는 (본성으로서 주어지는 것일 뿐만 아니라) 과연 가르치고 배울 수 있는 것인가"라는 중요한 철학적 문제와 관련된다), 심지어 아레테를 돈을 받고서 팔 수 있는 상품으로 만들어버렸다. 이것이 그들이 당대 사람들에게 경탄을 자아낸 이유이며 또한 어떤 사람들에게는 의구심을 가지게 만든 이유이다. 오늘날의 관점에서 보면, 전자는 소피스트들의 긍정적 측면이고('계몽'의 측면) 후자는 부정적 측면이다('통속화'의 측면).

이다.[8] 그중에서도 당대의 현실과 소피스트들의 교육이 결정적으로 교차한 곳은 변론(辯論) 분야였다. 논쟁, 그리고 그 특수한 경우로서 법정과 정치 연설에서의 공방이 아테네적 삶의 전경(前景)을 차지했다.[9]

사회가 발달하고 복잡해질 때 그에 따라서 증가하는 것들 중에는 법, 소송, 재판이 포함된다. 가난이 보편적인 사회에서는 관례나 풍습에 따라 문제를 해결할 뿐 좀체 소송으로까지 가지 않는다. 사회의 위계가 뚜렷하고 평등한 관계가 거의 존재하지 않는 곳에서도 소송이 잘 일어나지 않기는 마찬가지다. 소송이란 최소한의 평등관계가 존재하는 곳에서 성립한다. 특히 한 사회에 부가 축적되는 한편 사람들이 세련되고 영악해지면서, 인정, 관습, 상황보다는 규정이나 법으로 문제를 해결하려는 풍조가 팽배한다. 바로 이 때문에, 아테네의 전성기는 또한 소송의 전성기였다. 소송과 재판, 정치적 논쟁 등이 일상사가 되기에 이른다. 그리스인들 스스로가 자신들을 "소송을 즐기는 사람들"로 묘사했을 정도이니 말이다. 소송이란 결국 또 다른 형태의 연극이었고, 고소인과 피고소인 사이의 공방은 그 자체가 하나의 드라마였다. 아테네 사회는 좁았기 때문에 중요한 소송들은 곧 '장안의 화젯거리'가 되곤 했다.

당시의 소송은 지금의 소송과 달랐다는 점을 기억하자. 오늘날의 소송

---

8) 이것이 소피스트들이 자연철학을 배제했음을 뜻하는 것은 아니다. '대각선' 개념은 소피스트들의 발명품으로 알려져 있으며, 안티폰은 미적분의 조상에 해당하는 '거진법(去盡法)'에 몰두하기도 했다. 원주율을 구하는 문제도 당대에 유행했던 문제들 중 하나였다. 자연과학적 관심사들도 있었다. 그러나 소피스트들이 자연철학의 역사에서 어떤 특별한 진전을 이룬 것은 아니다. 자연철학은 플라톤의 『티마이오스』에서 비로소 큰 진전을 이루고, 특히 아리스토텔레스에 의해 꽃피게 된다.

9) 이런 상황은 흔히 "퓌지스에서 노모스로"라는 말로 표현된다. ① 퓌지스가 객관적이라면 노모스는 주관적이다. 데모크리토스는 원자들과 진공만이 '퓌지스'이며, 맛이나 냄새, 촉감, 색깔 등은 '노모스'라 했는데 이때의 퓌지스와 노모스는 오늘날의 '객관적'과 '주관적'에 해당한다. ② 퓌지스가 자연이라면 노모스는 문화/관습/법이다. 자연은 주어진 것이고 문화는 만들어가는 것이다. ③ 퓌지스가 본성/본연이라면 노모스는 인위/작위이다. 소피스트들과 밀접히 관련되는 것은 대체적으로 이 세 번째 의미이다.

에서는 당사자들이 주인공이 아니다. 『이방인』의 뫼르소가 당혹해했듯이, 공방을 벌이는 이들은 당사자들을 대변하는 검사와 변호사이다. 그러나 아테네의 재판에는 검사나 변호사가 따로 존재하지 않았다. 매우 많은 배심원들이 보는 앞에서 당사자들이 직접 각자의 주장을 펼친 것이다. 따라서 자신의 생각을 설득력 있게 전개하는 것만큼 중요한 것은 없었다. 또 하나의 특징은 재판이 극히 빨리 끝난다는 점이다. 지겹도록 질질 끄는 현대의 재판과는 달리, 아테네의 재판은 단 하루에 끝났다. 더욱 놀라운 것은 형이 언도된 다음 날 집행이 이루어졌다는 점이다. 말하자면, 성격은 상당히 다르지만, 북한이나 중국에서 행하는 '인민재판'과 비슷했다고 보면 될 것 같다. 이런 사회에서 말이라는 것이 가지는 힘이 얼마나 컸을지 상상해보라. 말 한 마디에 한 사람의 운명이 좌우되었고, 게다가 그 말도 자기가 직접 해야 했으니 말이다. 이런 맥락에서 문법, 변론술, 웅변술, 수사학 등은 결코 '문화적 사치'가 아니라 인생의 필수품이 되기에 이른다.

재미있는 일화가 하나 남아 있다. 한 농부가 이해관계가 걸린 소송을 제기했으나 재판에서 패했다. 이 농부는 분개하면서 자기 자식만은 자기처럼 무지해서 소송에 지게 만들지 말자고 결심했다. 그래서 자식을 당대 최고의 소피스트들 중 한 사람인 소크라테스에게 보냈다. 당연한 일이지만, 당대 사람들에게 소크라테스는 많은 소피스트들 중 한 사람, 그것도 대표적인 소피스트였다. 1980년대에 체제 변혁에 몸 바친 교수나 권력에 아부한 어용 교수나 대중에게는 똑같이 '교수'였듯이 말이다. 그런데 그렇게 소크라테스에게 보낸 자식이 소송에서 이길 수 있는 기법들을 배워 오기는커녕 "선(善)이란 무엇인가?" 같은 이상한 이야기나 들어 오는 게 아닌가! 그래서 그가 소크라테스에게 불평을 늘어놓았다고 한다. 1980년대에 자신의 한이나 욕망을 풀기 위해 비싼 등록금을 마련해 자식들을 대학에 보냈더니 '마르크스'니 '레닌'이니 하는 이상한 이야기를 듣고 와서는 (돈 버는 공부는 안 하고) 데모만 한다고 불평하던 부모들을 떠올리면 될 것 같다. 당대의 '학문'이 자연철학 시대의 학문과 얼마나 다른 것이었나를 알 수 있다.

소피스트들은 오늘날의 고액 과외 선생들과 어느 정도 유사한 점이 있다. 또는 뻔질나게 대중매체에 얼굴을 내밀면서 원고료나 출연료를 챙기는 지식인들을 생각하면 될 것이다. 어떤 면에서 '순수 학문'이란 인간사에서 극히 예외적인 것이었다고 해야 하지 않을까. 인류 역사를 통틀어 지식/학문이란 돈이나 권력과 뗄 수 없이 연결되어 있었다. 종교나 정치에서 잘 드러나듯이 '진리'란 권력의 도구이며, 오늘날의 자본주의적 상황에서 잘 드러나듯이 '지식/학문'이란 돈을 벌기 위한 수단일 뿐이다. 인류 역사에서 진정으로 순수한 학문/지식이란 매우 드문 경우에만 볼 수 있는 것이었다. 소피스트들 또한 소크라테스의 눈으로 볼 때는 이런 식의 지식 장사꾼들이었다. 하지만 그렇다고 이들의 역할을 무조건 폄하하는 것은 정당하지 않을 것이다. 자연철학적 사유들에서는 발전하지 못했던 문법이나 언어학, 수사학 등이 이들을 통해서 다듬어졌기 때문만이 아니다. 입장 차이와 평가 문제를 떠나서, 이들이 철학적인 면에서도 몇 가지 중요한 변화에 기여했기 때문이다. 소피스트들은 당대의 지식인들 전체를 부르는 이름이다. 따라서 간단히 일반화할 수 없는 집합명사인 것이다.

프로타고라스, 고르기아스, 히피아스, 프로디코스 등등이 대표적인 소피스트들이다. 그중 프로타고라스(BC 485~410년)는 가장 유명한 소피스트이다. 그는 '논변에서의 경연(logōn agōnas)'을 도입한 최초의 인물로 간주된다. '경연'을 뜻하는 '아곤'은 헬라스인들의 핵심적인 삶의 방식들 중 하나였다. 프로타고라스는 몸으로 하는 경연(예컨대 레슬링)이라든가 감정으로 하는 경연(예컨대 시 경시대회)이 아닌 논변에서의 경연을 시작함으로써 문명사의 새 경지를 열었다. 이것은 그가 '반론(反論=antilogiai)'에 관한 책을 썼다고 알려져 있는 것과도 부합한다. 또한 그는 "인간은 만물의 척도이다"라는 유명한 말을 남기기도 했다. 우리는 뒤에서 이 두 가지 문제를 좀더 다룰 것이다. 당대의 여러 소피스트들이 그랬듯이 프로타고라스 역시 페리클레스와 친분을 유지했던 것으로 보인다. 당대의 계몽 지식인들과 대중 사이에는 한편으로 깊은 골도 있었는데(특히 소피스트들의 비판적 종교관은 그들에게 '불경죄'라는 죄목을 가져다주곤 했다), 그와 더불어 페리클레스의 정적들이 가하는 공격도 있었다. 마침내 그는 불경죄를 선고받고(그의 책들이 아고라에서 불태워졌다고 한다) 아테네를 떠나게 된다.

프로타고라스만큼 유명했던 소피스트들로는 아테네에 새로운 웅변술을 가져와 사람들을 경탄하게 했던 고르기아스, 소피스트들의 일반적 관심사들을 두루 꿰었을 뿐만 아니라 자연철학 나아가 철학사 저술까지도 시도해 박식가(博識家)로 유명했던 히피아스, 수사학의 전문가였을 뿐만 아니라『꿈의 해석』을 썼고 오늘날로 말하면 '심리 상담'에 종사하기도 했던 안티폰, 언어학에 탁월한 조예를 과시했던 프로디코스 등이 있다. 그 외에도 플라톤의 대화편들에 등장하는 소피스트들, 예컨대『에우튀데모스』에 등장하는 에우튀데모스와 디오뉘소도로스,『국가』에 등장하는 트라쉬마코스와 칼리클레스를 비롯해서 많은 소피스트들이 활동했던 것으로 보인다. 웅변술, 수사학과 정치적 시론(時論)으로 유명한 이소크라테스 역시 소피스트로 볼 수 있다.[10]

소크라테스와 플라톤은 소피스트들을 격렬하게 비난했다. 그러나 '소피스트들'을 고유명사가 아니라 일반명사로 받아들인다면, 소크라테스와 플라톤도 역시 소피스트들이다. 따라서 이들의 고발은 스스로를 '진

---

10) 이소크라테스를 소피스트로 보지 않는 사람들도 많다. 조지 커퍼드는『소피스트 운동』(김남두 옮김, 아카넷, 2003) 5장에서 개별 소피스트들을 논하면서 이소크라테스는 제외하고 있다. 여기에는 이소크라테스가 연대기적으로 후대의 사람(BC 436~338년)이라는 점도 작용하는 듯하다. 그러나 이소크라테스는 소피스트들(특히 고르기아스)에게서 교육을 받았다고 하며(소크라테스의 대화에도 참여했다고 한다), 그의 사상 내용 역시 소피스트들의 것과 친연성을 보이기 때문에 '후기 소피스트'로 간주될 수 있을 것이다.

정한' 철학자라고 생각한 소크라테스와 플라톤이 그들이 '가짜' 철학자들이라고 본 소피스트들을 비난한 것으로 이해해야 할 것이다. 따라서 문제의 핵심은 분류 자체에 있다기보다는 가치론적인 데 있다. 소크라테스와 플라톤이 단지 그들의 논적들을 가짜 철학자들로 '매도'한 것인지, 아니면 소피스트들이 진짜 가짜 철학자들인지(물론 이런 판단을 하려면 '진짜 철학자'의 개념이 정립되어 있어야 한다)는 매우 미묘한 문제이다. 삶에서의 위대함이나 사유에서의 치밀함·방대함에서 분명 이 두 부류 사이에는 간극이 있다. 그러나 가치란 대개 '정도(degree)'의 문제이지 '임/아님(alternative)'의 문제가 아니다. 때문에 소크라테스·플라톤과 소피스트들을 처음부터 대립의 관계로 보기보다는 서로 다른 종류의 지식인들로 보는 것이 중요하다. 윤리적으로 볼 때도 소크라테스와 플라톤이 존경스러운 철학자들이라는 점은 분명하지만, 이 또한 정도의 문제이며 또 어떤 사람들은 의견을 달리해 소크라테스와 플라톤을 보수반동적인 인물들로 해석하기도 한다. 그래서 우리가 시도해야 할 것은 이런 가치론적인 평가를 접어두고, 소크라테스(/플라톤)와 다른 소피스트들[11] 사이의 철학적 차이가 정확히 무엇인가를 파악하는 일이다.

§1. 소피스트들의 사유

소피스트들과 소크라테스의 핵심적인 차이는 인식론에 그리고 윤리학/정치학에 있다. 소피스트들은 일반적으로 경험주의 인식론을 추구했고, 이 점은 그리스 인식론사에서 결정적인 분기점을 형성한다. 자연철

---

11) "다른 소피스트들"이라는 표현은 소크라테스 이외의 소피스트들을 모두 동질화하는 것과 마찬가지이며, 말했듯이 이것은 다소의 무리를 포함한다. 그러나 대부분의 소피스트들이 소크라테스와 대립적으로 공유했던 핵심적인 테마들이 존재한다는 점에서 일단 가능한 일반화라 할 수 있다.

학자들은 그들이 존재론에 있어 어떤 입장을 취했든 기본적으로 합리주의자들이었다. '합리주의'는 ①사물의 본질은 감각적 성질들을 넘어서는 데 있고, ②우리의 이성(로고스/누스)은 그 본질을 인식할 수 있다고 보는 입장을 뜻한다. 이것은 자연철학자들의 근본 입장이었다. 그러나 소피스트들은 이와 판이한 인식론을 전개한다. 이들은 인식의 기초를 지각(perception)에 둔다. "내가" 보고 듣고 만지고 냄새 맡고 맛보는 것, 즉 경험할 수 있는 것, 더 단적으로 말해 감각으로 확인되는 것이 진리라고 본다. 따라서 소피스트들은 각인(各人)에게 지각되지 않는 존재는 인정하지 않았다. 이 점에서 그들의 인식론은 이전의 자연철학자들의 그것과 근본적으로 달랐다. 후대의 용어로 이들은 '경험주의', 더 나아가('경험'이라는 말은 매우 넓은 스펙트럼을 함축하기에) '감각주의'를 주장했다고 할 수 있다. 이후 감각주의 인식론과 (플라톤 등의) 형상철학적 인식론은 서구 인식론의 양대 산맥을 형성하게 된다.

허무주의·회의주의·상대주의

일반적인 생각과는 달리, 철학적인 견지에서 보면 경험이란 '주관적'인 것이다. '주관적'이란 인식 주체에 상관적임을 말하며, '객관적'이란 인식 주체에 독립적임을 즉 대상 자체에 상관적임을 뜻한다. 어떤 탁자가 갈색이라는 사실은 철학적으로는 '주관적'인 것이다. 탁자를 바라보는 우리의 주관에 상관적으로 성립하는 판단이기 때문이다. 다른 생명체들에게도 그 탁자가 갈색으로 보이리라는 법은 없다. 또, 주관성이 개인적인 것일 수도 있고 집단적인 것일 수도 있다. 개인적인 주관성, 갖가지 외연의 집단적인 주관성, 인류 전체의 주관성이 구분되어야 한다.(마지막의 경우는 '보편성'을 갖춘 주관이다. 즉, 보편적인 것과 객관적인 것은 별개의 개념이다) 소피스트들이 말하는 주관성은 어디까지나 한 개인의 주관성이다. 경험이란 기본적으로 개인적인 것이라는 이야기이다. 소피스트들에게는 인식 주체를 넘어선 무엇, 개별적이고 구체적인 경험을 넘어서는 무엇은 의미를 상실한다. 단적으로 말해, 한 대상은 "너에게 그렇게 보이지만 나에게는 이렇게 보인다." 결국 소피스트들은 객관성만이 아니라 보편성 또한 거부한다고 할 수 있다.

"인간은 만물의 척도"라는 프로타고라스의 명제는 이런 생각을 정확히 드러낸다. 여기에서 '인간'은 종적(種的) 맥락에서의 인간이 아니라 개개의 사람들을 뜻한다. 그래서 이 말은 플라톤이 풀이했듯이, "각각의 사물들은 내게는 내게 보이는 그대로의 것이고, 네게는 네게 보이는 그대로의 것"임을 뜻한다.(『테아이테토스』) 이 상황에서는 '객관성'이란 존재하지 않으며, 오로지 각 개인의 주관성만이 존재한다. 똑같은 바람이 너에게는 찬 바람이고 나에게는 더운 바람이다.[12] 객관성의 추구란 동일성의 존재를 함축한다. 나와 너 그리고 그를 떠나서 성립하는 어떤 것은 나에 의해 또는 너, 그에 의해 변질되지 않는 어떤 동일한 것이다. 즉, 그것은 '그 자체로서'[13] 그러한 것이지 "~에 대해서" 그러한 것이 아니다. 인식 주체들에 의해 변질되지 않는 사물의 핵심이 곧 그것의 '본질'이라면, "그 자체로서의" 사물을 부정하는 것은 곧 사물의 본질의 존재를 부정하는 것이다. 결국 사물 자체는 알 수 없고(그런 것이 존재하는가의 여부도 알 수 없고), 모든 사물은 누가 그것을 보느냐에 따라 달라진다는 것이다. 서구 철학은 '아르케'를 찾는 것으로 사유를 시작했지만, 이

---

12) 그러나 두 사람에게 바람은 "그" 바람이 아니라 서로 다른 두 바람이라는 해석도 있다. 다시 말해 내가 느낀 바람과 네가 느낀 바람은 서로 다른 바람이라는 이야기이다. 철저한 상대주의적 입장에 선다면, 내가 느끼는 바람과 네가 느끼는 바람이 바로 "그" 바람이라는, 지시(reference)에서의 동일성을 어떻게 설명하느냐의 문제가 제기된다. 상세한 논의로는 커퍼드의 『소피스트 운동』 9장을 참조.

13) '그 자체로서/자체로써(kath'hauto)'라는 표현은 서구 철학사에 긴 여운을 남긴다. 이 개념은 중세에 이르러 'per se'로 바뀌며, 근대 이후 변이를 겪으면서 칸트의 '물자체(Ding-an-sich)', 헤겔·사르트르 등의 '즉자(an-sich, en-soi)'를 비롯한 다양한 개념들의 토대가 된다. 서양 철학의 전통은 이 '그 자체로서/자체로써'라는 개념을 둘러싼 역사이기도 하다.

제 소피스트들의 상대주의 인식론이 도래하면서 결정적인 분기점을 맞게 된 것이다.[14] 이후 상대주의는 서구 인식론의 주요 요소로 자리 잡지만, 주로 적극적 이론으로서보다는 비판적 이론으로서 기능한다. 인식론의 역사는 객관성·보편성의 추구와 상대주의적 비판의 갈마듦이기도 하다.

상대주의는 흔히 회의주의 및 허무주의와 짝을 이루며, 실제 소피스트들은 이 세 입장을 동시에 주장하는 경우가 많았다. 소피스트들의 전반적인 철학적 입장을 간략한 형식으로 보여준 것으로 고르기아스의 테제가 있다. 섹스투스 엠피리쿠스가 전하는 바에 의하면, 고르기아스(BC 483~376년)는 존재, 인식, 소통에 관한 다음 세 가지 테제를 역설한 것으로 전해진다.

1. 아무것도 존재하지 않는다.
2. 존재한다 해도 알 수가 없다.
3. 알 수 있다 해도 전달할 수가 없다.

아무것도 존재하지 않는다는 것은 우리가 경험하는 사람들이나 동식물들, 사물들이 존재하지 않는다는 것을 뜻하는 것이 아니다. 이 말은 절대적인 것, 영원한 것, 보편적인 것, 필연적인 것이 존재하지 않는다는 뜻이다. 이런 생각 즉 '허무주의(nihilism)'에 입각할 때 어떤 절대적 동일성도 존재하지 않는다. 오로지 생성(生成)만이 존재한다. 나아가 고르

---

14) 이미 지적했듯이, 상대주의에는 여러 형태가 있다는 점에 주의해야 한다. 프로타고라스의 명제가 함축하는 개인적 상대주의도 있지만, 예컨대 민족 간의 상대성을 이야기하는 민족적 상대주의, 사물의 의미는 시대에 따라 달라진다는 역사주의적 상대주의 등 다양한 형태의 상대주의들이 존재한다. 사물-그-자체(物自體)와 우리에게-나타난-한에서의-사물(現象)을 구분하는 칸트의 생각은 인류 전체와 다른 존재들 간의 상대성을 강조하는 입장이라고 할 수 있다.

기아스는 설사 그런 것이 존재할지라도 그것을 알 수는 없다고 말한다. 대다수의 소피스트들은 인식이란 감각에 입각했을 때에만 설득력이 있다고 생각했다. 그러나 감각에 입각할 때 우리 각각에게 사물들은 다르게 인식된다. 따라서 우리 감각을 넘어서는 어떤 실재가 존재한들 그 실재는 누구의 감각에도 나타날 수 없는 무엇이다. 그 누구도 감각으로 확인할 수 없는 어떤 것이 "존재한다"고 말하는 것은 췌언(贅言)이다. 궁극적 실재는 알 수 없다는 이 입장 즉 인식론적 '회의주의(scepticism)'는 존재론적 허무주의와 맞물려 있다. 세계가 끊임없는 생성이라면 인식 또한 어떤 동일성의 인식이 아니라 변하는 대상과 변하는 주체 사이에 성립하는 관계, 시간에 따라 계속 변해가는 지각 이외의 것일 수 없기 때문이다.(『테아이테토스』, 152 d-e)[15] 나아가 설사 누군가가 어떤 방법으로인지는 모르지만 그런 실재를 인식했다 한들 그와 경험이 다를 수밖에 없는 타인들에게 그것을 전달할 수 있을 리가 만무하다. 이렇게 보는 입장이 곧 앞에서 논한 '상대주의(relativism)'의 상황이다. 고르기아스는 이렇게 허무주의, 회의주의, 상대주의를 제시함으로써 당대 소피스트들의 일반적 입장을 간명하게 요약해주었다.

어떤 의미에서 서양 철학사는 고르기아스의 테제에 대한 응답의 역사

---

15) 시간의 측면에서 볼 때, 이 경우 충실한 인식은 오로지 '현재'에 있어서만 성립한다. 인식이란 생성만이 존재하는 세계에서 계속 변해가는 사물들(인식 주체도 그중 하나이다)이 그때그때 접촉하면서 생겨나는 생성일 뿐이며, 그 생성이 주체 쪽에서 포착되는 것 즉 지각만이 인식이라 할 수 있기 때문이다.(그러나 이 경우에도 '어떤' 대상이나 주체, '그것', A'와 B의 접촉, '그' 지각 등의 동일성들이 사실상 전제되고 있다. 극단적인 감각주의 인식론이 무리에 빠지는 것은 이 때문이다) 이런 감각주의 인식론을 넘어서기 위해 사람들은 ①대상의 동일성과 주체의 동일성을 함께 상정하는 경우(플라톤주의), ②(관계를 포함해) 대상 쪽에서 동일성을 상정하는 경우(과학적 객관주의), ③주체 쪽에서 동일성을 상정하는 경우(칸트주의) 등을 생각할 수 있으며, ④대상과 주체의 동일성을 상정하되 그 동일성에 생성을 내포시켜 사유하려는 경우(헤겔-마르크스의 변증법), ⑤생성을 근원적인 것으로 인정하면서 그 위에서 동일성들을 설명하려는 경우(베르그송-들뢰즈의 인식론) 등을 시도해왔다. 앞으로 우리는 서구 철학사를 따라가면서 이런 입장들을 만나게 될 것이다.

였다고 할 수 있다.(물론 이 응답의 역사에는 고르기아스에 대한 동조의 입장도 포함된다) "아무것도 존재하지 않는다"는 테제에 대한 응답으로서 '존재론(ontology)'의 역사가 진행되었고, "존재한다 해도 알 수가 없다"는 테제에 대한 응답으로서 '인식론(epistemology)'의 역사가 진행되었으며, "알 수 있다 해도 전달할 수가 없다"는 테제에 대한 응답(을 포함해서 인간과 인간의 관계를 사유한 담론)으로서 '윤리학(ethics)'의 역사가 진행되었다.

고대 세계에서 이 세 테제에 대해 대표적인 답을 제시한 것이 플라톤과 아리스토텔레스의 형상철학이었고, 이 형상철학을 종교화한 것이 중세 일신교세계의 철학이었다. 근대 철학 역시, 고중세 철학과 많이 다르긴 하지만 적지 않은 점에서 고중세의 전통을 이어갔다고 할 수 있다. 플라톤은 "아무것도 존재하지 않는다"는 주장에 대해 "형상(이데아)이 존재한다"고 답했다. 이는 "idealism"의 원류를 이룬다.(이때의 "idea"는 관념이 아니라 형상=이데아이고, 따라서 "idealism"은 관념론이 아니라 형상철학이다) 또 "존재한다 해도 알 수가 없다"는 테제에 대해서는 '이성(logos/nous)'을 통한 인식을 제시함으로써 경험을 넘어서는 인식 가능성을 강조했다. 마지막으로 "알 수 있다 해도 전달할 수가 없다"는 테제에 대해서는 수학에서 그 예를 볼 수 있듯이 모든 사람들이 이성을 공유한다는 생각을 제시함으로써 응답했다. 플라톤의 이런 철학은 그 후의 서구 철학자들에게 지대한 영향을 끼쳤으며, 중세에 이르러 형상들의 존재는 '신의 관념들'로, 이성을 통한 인식은 '계시'로, 이성이 공유되는 세계는 '신국(神國)'으로 변형(차라리 왜곡)되었고, 근대에 이르러서는 형상은 '법칙' 또는 '구조'로, 이성은 '합리성'/'주체성'으로, 이성의 공유는 합리성 또는 주체성의 공유(예컨대 칸트가 말한 '의식 일반')로 변형된다.

퓌지스와 노모스

　대부분의 소피스트들은 이렇게 급진적 형태의 경험주의 인식론[16]을 취했으며, 이 점이 이들을 공통의 사상적 기반을 가진 인물들로 만들어 주었다. 이와 더불어 소피스트들을 특징지은 또 하나의 입장은 퓌지스와 노모스를 명확히 구분한 점이다. 자연철학자들이 모두 '퓌지스'를 탐구했고 '자연' 또는 '본성'에 입각한 사유를 펼쳤다면, 소피스트들은 이전 사람들이 퓌지스라고 생각했던 것에 노모스의 맥락에서 접근함으로써 새로운 가치관을 제시했다. 이것은 사물들의 '본성' 자체를 부정하는 이들의 존재론으로부터 따라 나오는 결론이라고도 할 수 있다. 노모스의 자의성을 통해 '퓌지스' 탐구가 함축하는 본질주의를 해체한 것이다. 플라톤의 대화편들을 통해 이들의 생각을, 비록 플라톤의 각색을 통과해서이지만(플라톤 자신은 사물들의 '본성'에 입각한 사유를 펼쳤다. 그의 대화편들에 "kata physei=본성에 따라서"라는 표현이 자주 등장하는 것은 이 때문이다) 어느 정도 개괄할 수 있다.

　그러나 소피스트들이 고전적인 퓌지스 개념을 거부했다고 해서 이들의 사유가 퓌지스와 무관했던 것은 아니다. 오히려 이들은 기존의 퓌지

---

16) 경험주의에는 여러 층차(層差)가 있다. 어디까지를 '경험'으로 인정하느냐에 관한 생각이 다르기 때문이다. 서양 철학사를 다소 간략화한다면, 그것은 경험주의의 입장을 점차 세련화한 과정이었다고도 할 수 있다. 고중세 철학에서는 경험―정확히는 감각―을 아예 환상으로 치부하거나 저급한 인식으로 보는 입장이 대부분이었다. 소피스트들은 경험주의를 취한 드문 예이며, 여기에서 '급진적'이란 이들이 경험을 '감각(sensation)'/'지각(perception)'―감각을 통해 사물과 직접 접촉해서 얻는 지식―에 한정했음을 뜻한다. 근대에 이르러 경험주의는 '영국 경험론'에 의해 보다 세련된 형태를 띠게 되지만, 이때의 경험 개념 역시 지각에 국한된다. 그러나 소피스트들과는 달리 영국 경험론은 지각을 통해 얻은 '관념', '인상'이 마음속에서 보다 복잡하게 가공되는 과정들을 보여줌으로써 경험주의 인식론을 다듬었다. 그 후에 경험 개념은 헤겔과 마르크스의 '노동(Arbeit)', 딜타이의 '체험(Erleben)', 베르그송의 '직관(intuition)', 화이트헤드의 '합생(concrescence)' 등을 비롯한 다양한 개념들을 낳으며 훨씬 세련된 경험주의로 발전해갔다. 오늘날의 경험주의는 들뢰즈에 의해 대변된다. 다른 철학 전통들과 비교해볼 때, 경험주의의 발전이야말로 서양 철학이 이룩한 가장 빛나는 성취들 중 하나이다.

스와는 다른 퓌지스 개념을 제시하는 경우가 많았고, 그래서 이전의 철학자들이 삶을 사유할 때 근거했던 자연=퓌지스와는 정확히 반대의 퓌지스(=자연=인간 본성) 개념에 근거해 노모스의 자의성을 폭로하는 사유를 펼쳤다. 여기에서는 안티폰의 생각과 『국가』 I, II권에 등장하는 트라쉬마코스(와 글라우콘, 아데이만토스)의 생각을 살펴보자.

현대에 들어와 발견된 파피루스 문서들 중 안티폰의 것이 있다.(A, B, C 세 가지 단편으로 되어 있다) 이 문서는 플라톤의 각색을 거치지 않은 것이라는 점에서 음미해볼 필요가 있다. 안티폰[17]에 따르면 퓌지스와 노모스의 구분이 중요하며, 퓌지스를 (그 자신이 생각하는) 인간 본성으로 이해하고 노모스가 내포하고 있는 자의성과 한계를 깨달을 필요가 있다. 안티폰은 퓌지스 개념을 새롭게 파악했으며, 그에 입각해 노모스의 문제점을 드러냈다. 안티폰의 이런 입장은 대체적으로 보아 소피스트 일반이 공유한 생각이었다. 안티폰이 생각하는 퓌지스는 자연철학자들의 '자연'보다는 흔히 말하는 '본성'을 뜻했다. 그러나 핵심적인 것은 안티폰이 생각하는 인간 본성이란 고자(告子) 식으로 말해 '식색(食色)'이었다는 점이다. 안티폰은 퓌지스와 노모스의 구분, 그리고 '식색'으로서의 인간 본성을 토대로 노모스 비판을 전개한다.

노모스(규범, 법, 관습)를 지키는 것이 정의이다. 그러나 무조건적인 정의가 가능할까? 또는 필요할까? 남이 지켜볼 때는 노모스를 따르는 것이 좋지만, 그렇지 않을 경우에는 퓌지스를 따르는 편이 낫지 않은가? 교통경찰이 보고 있지 않을 때라면 중앙선을 넘어 유턴을 한들 어떠랴. 바로 그렇게 하고 싶은 것이 인간의 퓌지스가 아닌가? 이렇게 생각할 때, 안티폰에게 가장 중요한 것은 '좋음' 즉 '이익'이다. 노모스란 인간

---

17) 이 안티폰이 유명한 연설문 작성가/대필자(logographos)이자 BC 411년경 '400인 위원회'를 구성해 과두정 쿠데타를 시도했던 인물인 안티폰과 동일인인지 아닌지에 대해서는 고래로 많은 논쟁이 있어왔다.

이 만들어낸 규약일 뿐이다. 따라서 처벌만 피할 수 있다면 어기는 것이 더 현명하다. 그러나 퓌지스는 인간이 만들어낸 것이 아니라 주어진 것이다. 퓌지스를 어기면 반드시 응분의 대가, 손해를 치르게 마련이다. 우리는 시간이라는 퓌지스를 조작할 수 없고, 중앙선을 넘어 유턴을 하지 않을 경우 시간 내에 도착할 수가 없다. 노모스는 자의적인 것이고 상황에 따라 달라지는 것이다. 그러나 퓌지스는 '이치에 따라(di alētheian/orthō logō)' 움직인다. 거기에는 필연성만이 있을 뿐 어떤 자의성도 없다. '의(義)'보다 '이(利)'가 더 기본적이고 나아가 필연적인 것이라면, 노모스(義)를 무조건 따를 것이 아니라 퓌지스(利)에 입각해 노모스에 적절히 대처하는 것이 좋다는 것이다. 여기에서 ①퓌지스 개념의 변모(적나라한―관습의 옷을 입지 않은―인간의 본성)와 ②노모스의 자의성에 대한 비판이 분명하게 나타난다.

안티폰에게 퓌지스와 노모스는 근본적인 불화(不和)를 겪는 것으로 이해되고 있다. 노모스는 대개 퓌지스와 화(和)의 관계보다는 불화의 관계를 맺는다. 그래서 대부분 노모스는 "～하지 말라", "～하면 벌을 받는다"라는 식의 규정을 달고 있다. 결국 인간의 욕망과 법의 규제는 불화의 관계를 맺을 수밖에 없고, 대부분의 경우 노모스에 따르면 이익에 어긋난다.(안티폰에게 '이익'의 개념은 고통과 쾌락이라는 개념쌍과 관련해 이해되고 있다. 쾌락을 주는 것이 우리 본성에 이로운 것이다) 때문에 "법에 걸리지만 않는다면" 퓌지스에 따르는 것이 '좋은' 것이다. 오로지 법에 충실한 사람들, 예컨대 늘 방어만 하고 공격은 하지 않는 사람, 자식을 홀대하는 부모를 공경하는 이, 법정에서 알팍한 술수를 부리지 않는 사람은 결국 손해를 볼 수밖에 없다. 달리 말해 노모스에 충실할 경우 퓌지스=본성상으로는 불이익이나 고통을 당하게 되는 것이다. 안티폰은 이런 사태의 이유가 반드시 퓌지스와 노모스의 불화에만 있는 것은 아니라고 보았던 것 같다. 또 하나의 중요한 이유는 노모스가 불완전하다는 데에 있다. 만일 노모스를 따르는 사람이, 즉 정의로운 사람이 충분한 보

호와 보상을 받는 사회라면, 쉽게 말해 "선한 인간은 잘되고, 악한 인간
은 벌을 받는" 사회라면, 당연히 노모스를 따르는 것이 좋다. 그러나 안
티폰이 볼 때 현실 사회는, 적어도 당대의 폴리스들은 그런 정의로운 사
회가 아니었고 그래서 불완전한 노모스의 희생자가 되느니 퓌지스(본
성)에 충실한 것이 낫다고 생각했을 것이다. 당국을 믿고서 증언을 한
사람이 결국 범죄 집단에 희생당하는 경우를 생각해보면 될 것 같다. 이
점에서 노모스가 보다 완전하다면 퓌지스와의 불화는 그만큼 줄어들 것
이다. 그렇다면 퓌지스와 노모스의 합일, 인간 본성과 윤리/법이 완전히
합치하는 것은 가능할까? 안티폰의 생각은 이런 화두를 남긴다.

안티폰의 생각은 개인차를 무시한다면 대체적으로 당대 소피스트들
이 공유했던 생각으로 보인다. 예컨대 트라쉬마코스 같은 인물에게서도
안티폰의 것과 매우 유사한 생각이 나타나는 것을 확인할 수 있다. 트라
쉬마코스는 "정의(정의로운 것)는 강자의 이익"(『국가』, I, 338c)이라는 주
장을 편다. 그리스의 정체(政體)로는 귀족제, 참주제(독재체제), 민주제가
있었다. 트라쉬마코스는 이 정체들 중 어느 것에서든 그 지배자들은 자
신들의 이익을 반영해 법률을 제정하고, 따라서 (정의란 법률에 구현된다
는 점을 인정한다면) 결국 정의란 강자의 이익이 된다고 주장한다. 트라
쉬마코스의 주장은 역사 속에서 확인할 수 있다. 지배자들은 자신들의
이익에 맞추어 법을 제정하며, 그렇기 때문에 정권이 바뀌면 법도 바뀐
다. 따라서 정의도 바뀐다. 특히 법의 제정이 역동적이었던 로마에서 이
런 사실을 충분히 확인할 수 있으며, "성공하면 충신, 실패하면 역적"이
라는 말에서도 '정의'란 결국 누가 '강하냐'의 문제라는 점이 확인된다.
하지만 당위를 생각할 경우, 이런 정의관은 허점을 보인다. 트라쉬마코
스의 말처럼 실제 정의는 강자의 이익이지만, 대부분의 사람들은 이런
정의가 '진짜 정의'라고는 생각하지 않을 것이다. 그것이 정의의 '현실'
이긴 하지만, '진정한' 정의란 오히려 이런 현실적인 정의와 상반되는 것
이라고 볼 것이기 때문이다. 지배자가 설정한 정의에 피지배자가 동의할

수 없는 상황이 얼마든지 있는데, 이 경우 지배자의 정의만을 정당하다고 볼 수는 없기 때문이다. 그럼에도 트라쉬마코스는 문제는 누가 '강하냐'이며, 강한 자의 정의관이 관철되기 마련이라고 본다. 이 점에서 그는 안티폰의 생각을 지배자의 관점으로 옮겨놓았다고도 볼 수 있다.

그러나 대부분의 지배자들은 자신들이 피지배자들을 위해 통치한다고 말한다. 이것은 피지배자들만이 아니라 지배자들까지도 최소한 이론상/원칙상 '정의'란 지배자/소수가 아니라 피지배자/다수의 이익(넓은 의미에서)을 위한 것임을 인정한다는 점을 암암리에 전제하고 있다. 이 점에서 트라쉬마코스의 생각은 이런 '상식'을 뒤집어엎고 정의의 '실상'을 까발린 것이다. 트라쉬마코스는 '상식'에 따라 정의를 생각할 경우, 정의란 결국 손해를 보게 만드는 것이라고 본다. 앞에서 안티폰이 말했듯이, 정직하고 정의롭게 행동하는 사람은 결국 손해를 볼 수밖에 없는 것이다.[18] 이것은 지배자/피지배자의 경우에도 마찬가지이다. 지배자가 피지배자를 위해 통치한다면 그것은 그에게 손해를 가져다줄 것이고, 지배자가 '진정한' 지배자라면 즉 강한 자라면 그런 일을 할 리는 없다. 결국 상식의 용어법을 따른다면, "부정의는 강자의 이익"인 것이다. 그리고 이 부정의가 정의의 이름으로 행사되는 한 이 말은 "정의는 강자의 이익"이라 할 수 있게 된다. 따라서 우리는 ①'정의'와 '부정의'의 사용법과 ②'정의'를 상식적 의미에서 사용할 때, 과연 정의로운 자가 이익을 보는가의 두 문제를 구분해야 한다. 트라쉬마코스는 상식적으로 '부정의'라 해야 할 것을 오히려 '정의'라고 말하고 있지만, 이것은 지배자

---

18) 트라쉬마코스는 이 이야기를 하면서 특히 참주정치를 예로 들고 있다. 이것은 그가 생각하는 "정의는 강자의 이익"이라는 규정이 특히 참주정치 때(한국의 군사정권 시절을 상기하면 좋을 것 같다) 잘 들어맞았으리라는 사실을 시사하고 있다.(민주정의 경우는 민중이 강자이므로 트라쉬마코스의 본래 취지와 잘 맞지 않는다) 이 점에서 '정의'의 원칙적/당위적 차원이 아닌 현실적 차원은 일의적이지 않을 수 있고 정치 상황에 따라 달라진다고 볼 수 있다. 앞에서 안티폰의 이야기에 함축되어 있던 노모스의 불완전성과 연계시켜 이해할 수 있다.

들이 '정의'라는 말을 왜곡하기 때문일 뿐이다. 따라서 문제의 핵심은 ②에, 즉 과연 정의로운 자가 이익을 얻는가 하는 문제에 있다. 안티폰과 마찬가지로 트라쉬마코스도 정의롭지 못할 때 이익을 얻는다고 보는 것이다. 아울러 트라쉬마코스는 국제관계에 있어서도 자신의 입장을 일관되게 유지한다. 즉, 지배자와 피지배자의 관계가 강한 국가와 약한 국가 사이에서도 유비적으로 성립한다고 생각한다.

『국가』 2권에서, 소피스트들은 아니지만 글라우콘과 아데이만토스는 트라쉬마코스의 생각을 계속 밀고 나갔을 때 어떤 답변이 가능한가를 듣고 싶어 한다. 이들은 대다수의 사람들이 정의롭게 살 때 손해를 볼 수밖에 없고 부정의하게 사는 것이 오히려 이익을 가져다준다고 생각한다는 점을 지적한다. 물론 그러면서도 사람들은 세상이 정의로워야 한다고들 말한다. 이들에게서는 상식적으로/겉으로 나타나는 정의관과 실상으로서의 정의관 사이의 모순이 좀더 분명하게 표명된다.

> 본래 부정의를 행하는 것이 좋은 것이요 그것을 당하는 것은 나쁜 것이지만, 그걸 당함으로써 입는 나쁨이 그걸 행함으로써 얻는 좋음보다도 월등하게 크다. 결국 사람들은 서로에게 정의롭지 못한 짓을 가하기도 하고 또 당하기도 하면서 두 경우 모두를 겪기 마련이다. 그런데 자신이 부정의를 가하기만 하고 타인에게 당하지는 않으리라는 보장은 누구에게도 없다. 그래서 사람들은 차라리 서로 부정의를 가하거나 당하지 말자고 약정을 맺는 것이 낫다는 결론에 달한 것이다.(『국가』, II, 358e~359a)

글라우콘이 제시하는, 반론하고 싶지만 그 자신은 그럴 능력이 없는 이 가설은 후대에 상당한 영향을 끼친 생각이다. 누구나 부정의로 이익을 보는 것은 좋은 것이고, 거꾸로 남에게 당하는 것은 나쁜 것이라는 사실을 안다. 만일 자신이 정의롭지 못한 짓만 행하면서 살 수 있다면 누구나 그것을 원할 것이다. 다만 자신은 가하기만 하고 남은 당하기만

하리라는 보장은 누구에게도 없기 때문에 차라리 "너도 가하지 마라, 나도 가하지 않으마" 이렇게 약정을 맺은 것이고, 바로 이것이 '사회 정의(social justice)'라는 것이다. 다시 말해 인간의 본성=퓌지스에 따르면 인간은 부정의로 이익을 보고 싶어 하는 존재이다. 그러나 그럴 경우 자기 자신도 피해를 보지 않는다는 보장이 없기에, 차라리 서로 '정의'를 지키자고 협약=노모스를 정했다는 것이다. 인간이 정의로운 존재이기 때문이 아니라 정의롭지 않을 수가 없는 상황이기에 정의가 노모스로서 확립되었다는 생각이다. 결국, 부정의를 범하고도 벌 받지 않는 최선의 경우와 부정의를 당하고도 보상받을 수 없는 최악의 경우의 타협으로서 상호 정의 개념이 수립되었다고 보는 것이다.[19]

이렇게 생각할 때 누구도 자발적으로 정의롭게 되려 하지는 않는다고 할 수 있다. 다만 현실적인 타협으로서 정의롭게 굴지 않을 수 없을 뿐이다. 그래서 사람들은 누군가가 정의롭게 행위할 때 겉으로는 그를 칭찬하지만 속으로는 바보라고 생각하는 것이다. 따라서 최고의 이익은 단지 부정의하기만 한 것이 아니라 실제로는 부정의하면서도 남에게는 정의로운 듯이 보이는 경우에 성립한다. 달리 말해, 실제로는 퓌지스=본성에 따르면서 사회적으로는 노모스=관습에 따르는 "듯이 보이는" 경우이다.[20] 그래서 진정으로 정의로운 사람은 오히려 박해를 당하기 마련

---

19) 글라우콘은 이 생각을 뒷받침하기 위해 '귀게스의 반지' 이야기를 전한다. 뤼디아의 귀게스라는 목동은 우연히 이상한 반지를 얻었는데, 그것은 남이 자신을 볼 수 없게 만들어주는 반지였다. 그는 왕비와 몰래 동침하고 결국 그와 모략을 꾸며 왕을 살해하고 왕국을 차지했다고 한다. 이처럼 자신의 행위를 타인의 시선에 노출하지 않을 수 있는 장치를 얻게 된다면, 누구라도 사람들은 평소 적의를 가지고 있던 자를 죽이고, 눈독 들이던 여자/남자를 범하고, 어떤 물건이든 마음대로 취하는 등 자신의 욕망을 마음껏 발산할 것이다. 글라우콘은 이런 '사고실험'을 통해서 인간의 퓌지스=본성은 바로 이런 것이며, 이렇게 마음껏 부정의로 욕망을 채울 수 있다면 누구라도 마다하지 않겠지만 그 당사자가 자신이 되리라는 보장은 어디에도 없기에 '사회 정의'라는 상호적인 안전장치=노모스를 세울 뿐이라고 말한다.(『국가』, II, 159c~160d)

20) 여기에서 '~인 듯이 보임(dokein)'과 '실제 ~임(einai)'이 분명하게 구분되거니와, 이 구

이고, 정의롭지 못하지만 타인들의 눈에는 정의롭게 보이도록 살아가는 자는 행복을 누린다. 이 경우 사람들의 어리석은 판단을 넘어 진실을 볼 능력이 있는 어떤 초월적인 시선이 요청된다. 그때에만 인간세(人間世)의 이런 비극을 극복할 근거가 마련되기에 말이다. 그리스 사회에서 그런 근거는 바로 신(神)들이었다. 신들은 누가 '진정으로' 정의로운지, 누가 교활하게 정의로운 '척하는지'를 알기에 말이다. 그러나 신들이 존재한다는 보장도 없거니와, 존재한다 해도 그들이 인간세에 직접 관여하지는 않는다는 것은 거의 분명해 보인다. 아니 거꾸로, 지금 식으로 말해서 노동자들을 착취하는 재벌들이나 심지어 '조폭'들이 열심히 교회나 절에 나가고 거금을 희사함으로써 "믿음이 강한" 사람으로 칭송받고, 미국 같은 맹금류 국가가 "하느님의 뜻에 따라" 약소국들을 침범해 "정의를 실현하고" 있는 현상들을 본다면, 신을 끌어들이는 것은 별반 도움이 되지 않는다. 오히려 부정의한 자들이 걸핏하면 신을 끌어들이고 "신의 뜻"으로 악을 행하면서 '정의로움'을 치장하는 것이다.

소피스트들의 담론은 막 새로운 세계에 접어들었던 당대의 사람들에게 매력적으로 보였고 문학적 교양[21]이 요청되던 시대상에 부합했다. 그러나 소피스트들은 당대와의 불화 또한 안고 있었다. 인식론에서든 윤리학/정치학에서든 이들은 그때까지 내려온 관습들에 과감히 도전했고, 이것이 그들을 '불온(不穩)'한 사상가들로 만들었기 때문이다. 그러나 많

분은 플라톤에게서 핵심적인 역할을 한다. 플라톤 철학은 어떻게 'dokein'의 차원을 극복하고 'einai'의 차원을 찾을까의 문제에 집중되기 때문이다. 다만 이곳에서는 오히려 이 구분을 부정의한 인간이 활용하는 경우를 말하고 있다.

21) 고전 문헌들에서 '문학(文學)'이라는 말은 오늘날의 '인문학'(때로는 사회과학 포함)에 해당한다. 오늘날처럼 'literature'라는 말이 픽션을 창조해내는 담론이라는 뜻으로 쓰이기 시작한 것은 사실 얼마 되지 않는다. 이 말은 현대적 의미에서의 문학만이 아니라 문학학, 역사학, (넓은 의미에서의) 철학 등 언어·문헌들을 다루는 모든 형태의 담론들을 가리키는 말이었다. 때문에 고전 문헌들에서의 '문학'은 오늘날의 개념으로는 '인문학'을 뜻한다.

은 소피스트들이 (근대 식으로 말해서 '개명 군주'였던) 페리클레스의 비호를 받음으로써 큰 위험에 빠지지 않을 수 있었다. 아낙사고라스, 프로타고라스 등 당대 최고의 지식인들이 페리클레스와 절친한 관계를 유지했다. 그러나 바로 이 때문에 페리클레스 사후 소피스트들은 그들을 보호해주던 안전망을 잃어버리고 적대적 눈길들에 노출되기 시작했다. 프로타고라스를 비롯한 일부 소피스트들은 아테네를 떠나야 했다. 그러나 소피스트들이 본격적으로 공격받기 시작한 것은 아테네가 이제 그 몰락의 첫걸음을 내딛던 때였다. 찬란하게 빛나던 아테네의 문명은 그 오만함='휘브리스' 때문에 무너져 내리기 시작했다.

아테네의 언덕에 우뚝 서 있는 파르테논 신전은 당시 아테네가 누렸던 막강한 부와 권력을 상징한다. 만족할 줄 모르는 제국에 대한 주변 폴리스들의 분노가 여기저기에서 폭발했고 마침내 펠로폰네소스 전쟁이 발발했다.[22] BC 431년에서 404년까지 스파르타 연합군과 아테네 연합군 사이에서 지속된 이 전쟁은 아테네의 패배로 끝났다. 투퀴디데스의 통찰대로 그 패배는 아테네인들의 휘브리스, 억제되지 않은 탐욕의 결과였다. 그들은 바로 자신들을 이끌었던 소중한 가치들 중 하나였던 '중용'("무엇이든 지나치지 않게")을 망각했던 것이다. 전쟁 과정에서 아테네는 처참하게 몰락해갔고(전염병까지 겹쳐 아테네 인구의 상당수를 쓸어갔다), 그러한 몰락이 담론세계에서는 '선동가들'의 등장으로 나타났다. 클레온을 비롯한 선동가들은 소피스트들의 패러디로서 등장했으며 저질

---

22) 아테네는 자체 내에서는 민주정을 펼쳤지만 다른 폴리스들에 대해서는 제국이었다. 아테네는 펠로폰네소스 전쟁 중이었던 BC 428년 반란을 일으킨 뮈틸레네의 성인 남자들을 모두 죽이기 직전까지 갔고(투퀴디데스, 박광순 옮김,『펠로폰네소스 전쟁사』, 범우사, 2011, IX, §§36-50), BC 416년에는 자신들에게 협조하지 않는다는 이유로 멜로스를 초토화했다.(XVII) 아테네인들의 행위는 "무엇이든 지나치지 않게"라는 델포이의 신탁보다는 "정의는 강자의 이익"이라는 소피스트들의 사상과 일치했다. 그러나 아테네가 몰락하기 시작하자 얄궂게도 시민들은 그 탓을 (바로 자신들이 그에 동화되었던) 소피스트들에게 돌렸다.

연설로 대중을 휘어잡았다.[23] 이런 과정에서 아테네 역사의 꽃인 민주주의는 점차 우중(愚衆)의 정치로 변질되어갔다. 패배한 아테네는 30인 참주에 의해 신탁통치를 받게 되었고, 흉흉한 분위기 속에서 많은 사람들이 숙청 명단에 올라 사라져야 했다. BC 403년에 민주정이 회복되었지만 아테네는 이미 돌이키기 힘든 상태에 도달해 있었다. 펠로폰네소스 전쟁이 시작되었을 당시만 해도 아테네 시민들의 가슴을 채우고 있었던 영광된 기억들은 분노와 모멸감만 남긴 채 희석되어버린 지 오래였다.

그래서 전쟁에 패배한 지 5년이 지난 BC 399년의 아테네는 치욕스럽게 몰락해버린 자신의 모습을 확인하게 되고, 이제 그 몰락의 원인으로 지목된 인물들을 솎아내어 단죄하기에 적절한 분위기가 조장되기에 이른다. 드라마를 통해 자신들의 고뇌와 영광을 반추했던 아테네인들에게 남은 것이라고는 (그 자체 일종의 드라마였던) 법정에서 원한과 저주의 드라마/푸닥거리를 펼치는 일뿐이었다. 이런 푸닥거리가 겨냥한 대상들 중 하나가 바로 소피스트들이었다. 그러나 정작 소피스트들의 전성기는 이미 지나갔고 참으로 얄궂게도 공격의 화살은 평생 소피스트들과 투쟁해왔던 인물에게, 그러나 대중에게는 또 한 사람의 소피스트, 아니 가장 뛰어난 소피스트로 비추어졌던 사람에게 날아가 꽂히게 된다. 하지만 그 화살은 결코 그를 해칠 수 없었다. 오히려 그를 위대한 비극의 주인공으로 만들었을 뿐만 아니라, 그가 불후(不朽)의 존재로 화하는 데에 일조할 수 있었을 뿐이다.

---

23) 얄궂게도 클레온은 뮈틸레네에 관련한 연설에서 소피스트들을 비난하면서 거의 소크라테스의 이야기처럼 들리는 말을 늘어놓는다.(『펠로폰네소스 전쟁사』, IX, §38) 이 시대가 되면 이미 소피스트들은 구체적 내용에 관계없이 '궤변'을 늘어놓는 사람들의 이미지를 안게 되었음을 확인할 수 있다.

§2. "네 영혼을 돌보라"

'성인(聖人)'이라는 말에는 어떤 숭고하고 비극적인 이미지가 깃들어 있다. 숭고하다는 것은 범인이 상상하기 힘든 업적을 통해서 인류를 이끌어간 위인의 이미지이며, 비극적이라는 것은 바로 그런 존재였기에 감당해야 했던 고뇌에 찬 인간의 이미지이다. 소크라테스(BC 469~399년) 역시 이런 비극의 이미지를 품고 있으며, 법정 드라마의 피고인이자 독배를 들이켠 철학자의 모습으로 사람들의 마음에 각인되어 있다. 그러나 소크라테스에게는 비극의 이미지에 어울리지 않는 어떤 쾌활함과 강인함이, 그리고 또한 냉철한 논리적 사유가 깃들어 있다. 이 점에서 그는 다른 문명의 성인들(예수, 붓다, 공자 등)과는 구분되는 이미지로 특징지어진다. 소크라테스는 고대 문명들이 낳은 성인들 중 가장 철학적인 인물이다.

크세노폰의 『향연』에 따르면,[24] 소크라테스는 자신의 추한 용모까지도 철학적 사유의 소재로 삼았다. 이 대화편에서 소크라테스는 대화 상대자인 크리토뷜로스에게 묻는다. 아름다움이 매우 다양한 사물들(인간, 말, 황소, 방패, 칼, 창 등등)에서 발견된다면, "이 모든 사물들이 서로 완전히 다른 것들인데도 어떻게 모두가 아름답다고 할 수 있을까?" 이 물음은 소크라테스의 전형적인 물음이다. 우리는 이 물음에서 소크라테스가 자연철학자들의 사유를 잇고 있음을 확인할 수 있다. 물론 법정에서 소크라테스는 자신이 일찍이 자연철학에 실망해 그것을 버렸음을 강조한 바 있다. 그러나 보다 심층적인 맥락에서 소크라테스는 소피스트들을 건너뛰어 이전의 자연철학자들과 만난다. 그의 물음 자체가 자연철학자들의 물음이기 때문이다. 우리는 소피스트들에 의해 해체되었던 헬라스적 본질주의(本質主義)가 소크라테스에게서 부활하고 있음을 목도한다. "퓌

---

24) 크세노폰, 오유석 옮김, 『향연/경영론』(작은이야기, 2005).

지스에서 노모스로"라고 했지만, 다른 소피스트들과 소크라테스 사이에는 큰 간격이 존재한다. 소크라테스의 관심 역시 분명 윤리적 현실에 있었지만, 사유의 근거에서 작동하고 있는 것은 본래적 의미에서의 퓌지스의 사유이다. 탐구 영역, 주장의 내용들, 논의 스타일 등을 넘어 주목해야 할 것은 그 근저에서 작동하는 근본 문제와 물음, 현대적으로 말해 '문제-장(problématique)'이다. 소피스트들에 의해 해체되었던 헬라스 사유의 기본 틀은 소크라테스에 의해 이렇게 부활해 플라톤으로 이어진다. 이는 곧 (자연철학자들과는 달리) 자연이 아니라 가치의 차원을 어떻게 (소피스트들과 대조적으로) 본질주의적으로 사유할 것인가의 문제이다.

그러나 소크라테스는 이 무거운 물음에 오히려 익살스러운 방식으로 접근한다. 크리토뷜로스가 아름다움의 기준으로서 '기능'을 언급하자 그는 이렇게 말한다.

> 그렇다면 내 눈이 당신 눈보다 더 멋지다는 것은 더 이상 고민하지 않아도 알 수 있겠군요. (…) 왜냐 하니 당신 눈은 앞쪽만 보지만 내 눈은 튀어나올 때로 튀어나와서 옆으로도 볼 수 있거든요.
>
> (…) 당신 콧구멍은 땅을 향해 아래쪽을 바라보고 있지만, 내 것은 넓게 벌어져 위쪽을 향하고 있어서 모든 곳으로부터 온갖 냄새를 다 잡아낼 수 있게 되어 있으니 말이오.
>
> (…) 두 눈 사이에 장애물을 만들지 않으면서, 양쪽 눈으로 하여금 무엇이든지 잘 보게 만들기 때문이죠. 하지만 높이 솟은 코는 두 눈 사이에 장애를 만들어 제대로 보지 못하게 만든답니다.

소크라테스는 상대방의 상투적인 대답을 논박함으로써 아테네 사람들의 삶이 얼마나 허약한 철학적 근거 위에 서 있는가를 끊임없이 폭로했다. 한 사회가 건강한 삶을 이어갈 수 있게 해주는 조건들 중 하나는 어떤 탄탄한 철학이 그 사회를 떠받쳐주는 것이다. 소크라테스는 아테네인들의 삶이 철학적으로 얼마나 빈약한지를, 그들이 얼마나 무반성적인 삶을 영위하고 있는지를 근엄하고 비장한 방식으로가 아니라 희극적이고 역설적인 방식으로—이 방식을 '에이로네이아(아이러니)'라 부른다—질타했다. "아름답다"라는 것이 정확히 무엇을 뜻하는지 모른 채 그 말을 입에 올리는 사회는 그런 허술한 인식의 근거 위에서 아름다움을 운운하고 평가하고 선발하고 나아가 판매하고 유통할 것이 아닌가. 수천 년 전의 그리스 사회와 오늘날의 사회들은 이 점에서 얼마나 다른가? 아름다움이 어떻게 자본주의적 감성으로 떡칠을 한 연예인들의 전유물이 될 수 있을까? 소크라테스의 '아이러니'는 이렇게 당대 대중의 삶을 지배하던 허술한 관념들에 날카로운 인식론적 침을 놓는 비판적 행위였다.

소크라테스의 이런 삶을 가능하게 했던 한 가지 요인은 그의 초인적인 신체적-정신적 강인함이었던 것으로 보인다. 그가 펠로폰네소스 전쟁 시절에 보여주었던 행적들은 거의 믿기 어려울 정도이다. 맨발로 엄청난 거리의 눈길을 걸어간 것은 언급할 만한 것도 아니다. 하루 밤낮을 꼬박 서서 골똘히 생각에 잠겨 있었다는 일화도 전해온다.(『향연』, 220c-d) 소크라테스의 삶에는 이런 신체적-정신적 강건함이 깃들어 있었다. 그렇다고 그가 금욕적인 인물이었던 것도 아니다.[25] 그 누구도 그보다 나중에 술에 취할 수는 없었다.

"ti esti?"라는 물음

소크라테스의 이런 강인함과 쾌활함보다 철학사적으로 더 본질적인 것은 그의 사유가 보여주는 철저한 논리성이다. 소크라테스는 이전의 자연철학자들과도 또 소피스트들과도 성격이 판이한 사유를 전개했다. 소

---

25) 소크라테스의 이런 측면은 그와 알키비아데스의 관계에서 잘 드러난다. 『알키비아데스』는 세속적으로 갖추지 못한 것이 없었던 알키비아데스에게 그러나 결정적으로 부족한 점이 어떤 것인지를 흥미롭게 그리고 있다. 하지만 여기서 소크라테스의 논조는 금욕주의와는 거리가 멀다.

크라테스가 강조한 것은 "근거를 대는 것(logon didonai)"이었고, 그가 이전의 철학자들에 대해 가졌던 의구심은 그들이 자신들의 담론을 그저 권위를 통해 제시하거나(자연철학자들) 개인적 감각/지각을 내세울 뿐 성실한 논변을 비켜 가버린(소피스트들) 점에 있었다. 소크라테스는 엄밀한 '논변(論辯)'을 통해서 사유를 펼치려 했고, 이 점에서 이들과 구분될 뿐만 아니라 사유의 역사에서 어떤 결정적인 지도리를 마련하게 된다. 그리고 이것이 그리스의 사유를 다른 문명들에서의 사유와 핵심적으로 구분해주는 특징이 되었다. 소크라테스야말로 독단을, 나아가 권위를 넘어 가장 엄밀한 의미에서의 '철학'을 탄생시켰다고 할 수 있다.

소크라테스 사유의 이런 성격은 그의 논변이 때로 답 없이 끝난다는 사실에서 여실히 드러난다. 역사적 소크라테스에 비교적 가까운 모습을 그리고 있는 플라톤의 초기 대화편들이 이 점을 잘 보여준다. "경건함이란 무엇인가"를 다루는『에우튀프론』[26]이나 우정/사랑을 다루는『뤼시스』등 여러 대화편들이 이를 잘 보여준다. 사람들은 문제를 끝까지 붙들고서 사유하려는 소크라테스의 열정을 따라가지 못한다. 소크라테스적 논변의 이런 궁지(窮地)는 흔히 '아포리아(難問)'라 불린다. 이는 사유가 막다른 골목에 부딪쳤을 때 만나게 되는 근본 물음, 풀리지 않는 난문이다. 철학적 사유의 매력은 이미 존재하는 어떤 문제에 해답을 제공했을 때가 아니라, 오히려 우리가 삶에서 궁극적으로 부딪치게 되는 근본 물음, 심오한 아포리아를 드러낼 때 두드러진다.

그러나 소크라테스의 아포리아들은 심오한 형이상학적 난문들이라기보다는 오히려 일상에서 부딪치게 되는 윤리적 난문들이었다. 어찌 보면 소크라테스는 자신의 삶 자체가 하나의 아포리아라고 느꼈던 것 같다.

---

26) 이하 플라톤의 대화편들은 다음 판본들을 사용해 인용했다. Platon, *Oeuvres complètes*(Les Belles Lettres). 한국어 판으로는 서광사의 전집과 이제이북스의 전집을 참조했다.

소크라테스의 삶과 그를 철학으로 이끌었던 동기는 『변론』에 잘 나타나 있다. 여기에서 소크라테스는 '신탁(神託)'을 언급하고 있거니와(21a), 신탁이란 초월의 경지에서 내려오는 어떤 메시지, 독해하기가 상당히 난해한 메시지이다. 한 인간에게 어떤 신탁이 내려왔다는 것은 그의 삶을 신성(神性)에 이어주는 특기할 만한 사건이었으리라. 그리고 그 사건은 그의 삶을 바꾸어놓았고, 그 바뀐 삶은 당대의 많은 사람들에게는 소피스트들의 그것으로 보였다. 그래서 그 신탁은 그의 삶 자체를 하나의 역설, 아이러니, 아포리아로 만들었다. 마치 그의 삶을 통해서 신들이 아테네인들을 일깨우려 하기라도 했던 것처럼.

아테네의 중산층으로 살던 소크라테스가 델피의 신탁을 분기점으로 새로운 '철학적 삶'을 살기 시작한 이후, 그가 행했던 지적 활동들은 앞에서 언급했듯이 '에이로네이아' 즉 아이러니라 불린다. "한 인간의 전(全) 생애가 아이러니로 가득 찰 수 있다"라는 말은 소크라테스 같은 인물에게 적절한 말이거니와,[27] 그는 생애 마지막에 이르러서까지도 아이러니로 가득 찬 모습을 보였다. 범상한 인간들에게는 고통스러운 아이러니를 위대한 인물들은 정면으로 응시하고 깊이 음미한다. 『변론』의 진술

---

[27] "남을 가르치지 않는다고 주장한 사람이 가르침 때문에 기소되고, 연설의 기술이 부족하다고 고백한 사람이 뛰어난 연설을 하고, 글쓰기를 거부한 사람의 말이 후세를 위한 기록으로 남고, 소피스트와 자신을 구분하려 했던 사람이 소피스트라는 이유로 유죄 판결을 받고, 윤리학을 창시한 사람이 사람들을 타락시켰다는 이유로 법정에 서고, 신에게서 부여받은 사명을 수행하고 있다고 주장한 사람이 불경죄 혐의로 기소되고, 아테네의 도덕적 복지를 위해 평생을 헌신하다가 재판정에 서게 된 사람이 아테네를 부도덕 혐의로 재판정에 세웠다."(제임스 콜라이아코, 『소크라테스의 재판』, 김승욱 옮김, 작가정신, 2005, 60~61쪽) "아무것도 모른다는 것과 그래서 현명하다는 것은 동일한 차원에 서 있지 않아. 그것을 동일한 차원으로 놓으면 모순이 돼. 〔⋯〕 설명하려는 내용에 대해 진짜 아무것도 모른다면, 설명한다는 말을 하지 않아야 돼. 설명한다는 것과 아무것도 모른다는 것은 차원이 달라. 그걸 동일한 차원에 놓고 행동하니까 자기모순에 빠지는 거야. 그러니까 요는 소크라테스가 아까도 말한 바와 같이 모순을 실천에 옮겼다는 데에 문제가 있어. 그 사람의 철학자로서의 의미는 거기에 있어."(박홍규, 『형이상학 강의 2』, 박홍규 전집 3, 민음사, 2004, 135쪽. 인용자 강조)

에서 나타나는 아이러니나 『크리톤』에서 법을 둘러싸고서 나타나는 아이러니가 이 점을 잘 보여준다. 그러나 철학적으로 핵심적인 소크라테스적 아이러니는 잘 알려진 "무지의 지"에서 잘 나타난다. 자신의 "무지의 지"를 통해서 소크라테스는 모르면서 안다고 생각하는 아테네 사람들의 아둔함과 오만을 질타했고, 철학적 아포리아들이 드러나는 결정적인 장소들이 어디인가를 가리켰으며, 사유의 막다른 골목에서 취해야 할 정직한 태도를 보여주었다. "무지의 지"를 포용하면서 사유한 소크라테스를 그린 초기 대화편들이 "내일 또 만나서 이야기합시다"라는 말로 끝나는 것도 이렇게 보면 당연한 일로 보인다. 그의 이런 철학적 활동을 통해 아테네적 삶의 선험적(transcendental) 토대가 얼마나 허약했는지가 여지없이 폭로되었다.

이런 식으로 아테네의 삶이 서 있는 기반을 뒤흔들고 사람들의 반(反)지성을 노출시킨 소크라테스에게 추종자들 못지않은 수의 적대자들이 생겨났다는 사실에는 놀라울 것이 없다. 물론 이런 심리적 적대의 배경에는 앞에서 이야기한 정치사적 흐름이 깔려 있었다. 하지만 소크라테스의 비극은 어떤 우발적인 요인의 개입이 아니라 그의 삶 자체가 함축하고 있던 씨앗이 싹을 틔운 결과였다고 해야 하리라. 이토록 극적인 삶을 살다 간 인물이 그토록 엄격한 이성적 사유를 요구했다는 사실은 참으로 감동적이다. 그의 삶과 사유에서 우리는 열정적인 파토스 속에서 피어난 견고한 이성의 경지를 볼 수 있다.

소크라테스가 요구한 "logon didonai"는 결국 "ti esti?"라는 물음으로 귀결한다. "x는 무엇인가?" 이 물음은 두 얼굴의 물음이다. 그것은 탐구의 처음에 등장하는 물음인 동시에 마지막에 등장하는 물음이기도 하다. 그러나 이 마지막은 동시에 또 다른 탐구의 처음이기도 하다. 사유가 진행되면서 도래하는 결정적인 지도리마다 우리는 이 물음을 반복하게 된다. "x는 도대체 무엇인가?" 이러한 반복을 통해서 사유의 결정적인 도약이 이루어진다. "생명이란 무엇인가?" 우리는 처음에 이렇게 묻는다. 하나의 탐구가 끝날 때 우리는 또다시 묻는다. "생명이란 무엇인가?" 이 물음에 그때까지의 탐구를 응결(凝結)시킨 후 우리는 똑같은 물음을, 그러나 이번에는 새로운 탐구의 시작으로서 다시 묻는다. "생명이란 무엇인가?" 이렇게 "x란 무엇인가?"는 사유의 한 시대를 결산하는 동시에 새롭게 등장한 아포리아가 요구하는 새로운 사유의 출발을 고지한다.

소크라테스는 사상사의 한 결정적인 지도리에 서서 "용기란 무엇인가", "경건함이란 무엇인가", "아름다움이란 무엇인가", "정의란 무엇인가" 같은 물음들을 던졌다. 그가 "ti esti?"의 형식으로 던진 물음들은 대개 윤리학적 물음들이었다. 파이드로스가 아테네 교외로 그를 인도했을 때, 그는 그 풍광(風光)의 아름다움을 예찬하면서도 이렇게 말한다. "시골의 풍경이나 나무들은 나에게 〔무엇인가를〕 가르쳐주지 않지만, 도시에 사는 인간들은 가르쳐주지."(『파이드로스』, 230d) 『에우튀프론』(3d)에서 그는 자신이 "인간애(philanthrōpia)" 때문에 사람들에게 끊임없이 이야기하는 것이라 하고 있다. 그의 관심은 자연/우주가 아니라 사람이었고 도시였고 윤리였다. 파이드로스의 말마따나 그는 아테네의 성벽을 벗어나려 해본 적이 없는 사람이며, 도시에서, 그것도 아고라에서 사람들과 윤리를 논하는 데 일생을 바친 사람이다.

소크라테스에게 중요했던 것은 절실한 윤리적 문제들을 로고스를 통해서 해명해나가는 일이었다. 사람들은 윤리를 회피하고 싶어 한다. 각자의 가족, 각자의 직업/분야, 관심이 있는 영역 등에는 몰두하고 애정을 가지지만, 더 넓은 차원에서의 타인들과의 관계, 삶의 의미와 가치의 문제 등은 외면하고 싶어 한다. 더 결정적으로, 바로 그렇기 때문에 삶에서 어떤 윤리적인 문제가 발생할 때면 그저 주변의 분위기를 살피거나 눈치, 선입견, 감정, 이해타산을 통해서 해결하고자 한다. 그래서 때로 감정싸움이나 현실적인 힘(돈, 권력 등)으로 해결해버리고 만다. 결국 삶의 일부분에 대한 그런 애착이나 편파성, 배타성이 끊임없이 우리 삶 전체를 피폐한 것으로 만들어간다. 역으로 말해, 삶 전체가 냉혹하고 힘겨운 것으로 화해가면 갈수록 그 전체로부터 피해 갈 수 있는 어떤 좁은 영역에의 집착이 그에 비례해 더욱더 커진다. 이렇게 악순환은 계속된다.

소크라테스가 살던 아테네는 작은 규모의 폴리스였고 또 공동체의식이 지금보다 훨씬 강했던 고대 세계였지만, 이런 식의 문제점은 지금과 다르지 않았다. 이 당시는 상고 시대로부터 내려오던 '노모스'와 당대의 소피스트들이 펼친 해체적인 철학이 대립하던 시대였다. 보편적이었던 노모스는 무너져 내렸고, 대안 없는 해체적 사유들만 난무했다. 소크라테스 역시 기존의 노모스에 대해서는 일정 정도 비판적 태도를 취했지만, 그가 택한 길은 소피스트들의 것과 같은 해체의 길이 아니라 새로운 정초(定礎)의 길이었다. 삶에서 부딪치는 근본적인 윤리적 문제들에 대해 "ti esti?"의 물음을 던짐으로써. 그렇다면 그가 삶의 새로운 정초로서 제시한 생각은 어떤 것이었을까?

"네 영혼을 돌보라"

소크라테스의 사유를 단적으로 응축하고 있는 말로서 "네 영혼을 돌보라"라는 말을 들 수 있다. 소크라테스는 본래 '생명'이라는 자연철학적 의미를 담고 있던 'psychē'라는 말에 '정신'이라는 의미를 새롭게 부여함으로써 철학사에 굵직한 획을 그었다. 오늘날 어떤 사람들이 정신을 물질의 부대효과 정도로 환원하려 애쓰고 있는 것과 정확히 대조적이라 하겠다. "너 자신을 알라"라는 델피 신탁에 대한 소크라테스의 해답은 '영혼'이었다. 인간이란 영혼을 가진 존재이며 이 영혼이야말로 인간이 윤리적 존재가 될 수 있는 근간이라는 생각이 소크라테스 사유의 핵을 이루고 있다. 덕스럽게 사는 사람은 행복할 수밖에 없다는, 그리고 진리를 아는 사람은 덕스러울 수밖에 없다는 소크라테스의 생각은 그의 영혼론을 참조해서만 이해할 수 있다.

앞에서 소피스트들의 생각을 인식론과 윤리학으로 정리했거니와, 소크라테스와 소피스트들의 대결 또한 이런 구도에서 논할 수 있다. 인식론적인 면에서 소크라테스는 소피스트들의 감각주의와 상대주의를 논박했다. 개인주의적 상대주의는 자기 자신의 주관―그것도 감각적 주관―을 내세움으로써 ①인간의 실제 인식이 왜 발전하는가를 적극적으로 해명하지 못하고, ②공동체적인 삶을 근거 지을 수 있는 가치관을 제시하지 못한다.(지금의 문제는 후자이다) 소피스트들의 사상은 인식에서의 기존의 성급한 일반화나 억압적인 공동체 논리를 해체하는 데에는 큰 공헌을 했지만, 거기에서 더 나아가 인식과 윤리에 대한 적극적인 사유 결과를 제시하는 데에는 실패했다. 철학은 해체와 재구성, 비판과 비전 제시라는 양 얼굴을 가지거니와, 소피스트들은 전자의 얼굴에만 몰두했던 것이다. 소크라테스가 넘어서고자 했던 것은 이런 측면이었다.

소크라테스가 "ti esti?"라는 물음을 통해서 실제 접근했던 문제, 그와 소피스트들의 대결의 장이 되었던 문제는 대개 아레테의 문제였다. 아레테는 본래 귀족이 소유한 특별한 힘이었으며, 귀족을 평민과 변별해주는 (differentiate / discriminate) 즉 귀족과 평민 사이의 차이를 분명하게 해주는 기준이었다. 고귀한 외모, 강력한 힘, 엄청난 부, 많은 수의 종복 등을 갖춘 귀족의 특성이 아레테였다. 트로이 전쟁 시절에는 아레테의 실제 내용이 '용기'로 나타났는데, 이것은 곧 전쟁의 시대에 최고의 힘은 어떤 것이었는가를 잘 보여준다. 그러나 이제 아테네 시절 정도가 되면, '아레테' 개념은 이런 의미에서 탈각해 일반화된다. 한편으로 아레테는 귀족의 테두리를 벗어나 인간 일반, 경우에 따라서는 인간 외의 존재들에게까지 일반화되었으며, 다른 한편 제화공의 아레테, 교사의 아레테, 군인의 아레테 등등이 다양하게 분화되어 논의되기에 이른다. 바로 이 시대에 아레테 중에서도 핵심적인 아레테인 변론술이라든가 웅변술, 설득술, 정치술 등을 가르치는 집단으로서의 소피스트들이 등장했다. 소크라테스 역시 거시적 흐름에서는 이런 맥락에 자리 잡고 있으며, 따라서 소피스트들과 소크라테스의 대결의 장이 아레테라는 주제가 된 것은 필연적이었다.

소크라테스는 소피스트들을 "어떤 주장이 제기되었을 때 그것이 거짓이든 참이든 상관없이 논박해버리는 데" 능한 사람들로 묘사하고 있다.(『에우튀데모스』, 272b) 소피스트들에 대한 이런 이해는 플라톤 대화편들에 자주 등장한다. 특히 『소피스트』는 이 문제를 본격적으로 다루고 있다. 이들은 기본적으로 '논박술(eristikē)'에 능한 사람들이다. 남이 이야기한 것을 그것의 참/거짓 여부에 상관없이 논박하는 기술이 가장 필요한 곳은 말할 필요도 없이 정치 연설장이나 재판정이다. 소크라테스적 대화편들에는 이런 식의 논박 기술이 풍부하게 등장하는데, 이런 논의들은 흔히 '궤변(詭辯)'이라 불린다.[28] 소크라테스의 사유는 이런 일방적인 논박술을 쌍방 간에 의견을 주고받는 '토론술(elenchos)'로 승화시키고, 그것을 다시 철학적인 '문답법=변증법(dialektikē)'으로 발전시켜나갔다. 그리고 그런 과정을 통해 무지를 자각하고 참된 지식으로 나아가는 '산파술(maieutikē)'을 실행했다. 우리는 소크라테스적 인식론이 정교해진 형태를 플라톤을 논하면서 다루게 될 것이다.

소피스트들의 논박술과 소크라테스의 토론술이 가장 첨예한 대결을 벌인 실질적인 논제가 곧 아레테=덕성(德性)들을 둘러싼 것이었다. 소피스트들의 지식 사업에서 핵심 품목을 형성했던 것이 곧 덕성들의 함

---

28) 소피스트들의 궤변이 집중적으로 나타나 있는 대화편으로는 『에우튀데모스』를 들수 있다. 여기에 등장하는 궤변들 중 하나로 '배움'을 둘러싼 궤변이 있다.(275d~277c) 간추리면 다음과 같다. 에우튀데모스: 배우는 사람은 아는 사람인가 모르는 사람인가? 클레이니아스: 아는 사람이다. 에우튀데모스: 누군가를 가르치는 사람은 선생이고 배우는 사람은 학생이다. 선생은 아는 자이고 학생은 모르는 자이기에. 〔…〕 클레이니아스: 그러면, 모르는 사람이다. 에우튀데모스: 선생이 음송(吟誦)하면 학생들은 따라 한다. 아는 자만이 따라 할 수 있기에, 배우는 사람은 아는 자가 아닌가.
'배운다'라는 말에는 모르던 것을 배운다는 뜻과 알고 있는 것을 좀더 심화시킨다는 뜻이 함께 들어 있다. 에우튀데모스는 이 두 의미 사이를 오가면서 농변(弄辯)하고 있다. 아리스토텔레스, 『소피스트적 논박』 165b/31~34를 보라.

양이었고, 그래서 예컨대 에우튀데모스는 자신(들)이 "덕을 누구보다 아름답고 빠르게 전수할 수 있다"(『에우튀데모스』, 273d)라고 했는데, 이것이야말로 소피스트들의 최고 무기였을 것이다. 그러나 소크라테스가 보기에 소피스트들은 "영혼을 겨냥하는 상품들을 팔러 다니는 사람"(『프로타고라스』, 313c)에 불과했다. 그렇다면 이들이 이렇게 날카롭게 대립하게 된 실제 사상적 내용은 무엇이었을까?

그것은 무엇보다 영혼의 통일성과 덕의 교육 가능성을 둘러싼 문제였다. "네 영혼을 돌보라"라고 가르쳤던 소크라테스(『변론』, 30b 이하)로서는 우선 영혼의 통일성을 확보하는 것이 중요했다. 영혼의 존재와 의미를 확신했던 그에게 영혼의 분열은 곧 인간의 타락 그 자체를 뜻했을 터이다. 그리고 영혼의 돌봄이 무엇보다 아레테의 교육 가능성을 요청한다 했을 때, 아레테를 가르쳐준다고 하면서 시대를 풍미했던 소피스트들과의 대결은 필연적인 것이었다. 플라톤이 초기에 썼던 소크라테스적 대화편들에는 바로 이런 문제의식이 관류하고 있다.

영혼의 통일성과 지혜의 강조, 그리고 아레테의 교육 가능성의 역설은 특히 『프로타고라스』편이나 『메논』편 등에서 볼 수 있다. 영혼의 통일성 문제는 "아레테는 하나인가 여럿인가"라는 문제로 제기된다. 프로타고라스는 아레테의 다원성을, 소크라테스는 통일성을 강조한다. 프로타고라스가 볼 때 아레테=덕이란 여러 덕들의 집합체이다. 그리고 여러 덕들은 이질적이다. 마치 귀, 코, 입, 눈 등이 얼굴의 부분을 형성하는 것과 같다. 경험적 다원성에 근거하는 소피스트적 입장과 본질적 일원성을 추구하는 소크라테스의 입장이 여기에서도 분명하게 대립하고 있다. 소크라테스가 여러 덕들의 통일성을 입증하자, 프로타고라스는 적어도 용기라는 덕성만큼은 다른 덕성들과 이질적임을 주장한다. 이에 대해 소크라테스는 용기에는 반드시 지혜가 동반되어야 함을 역설한다.[29] 이 점

---

29) "사람이 지성(nous) 없이 대담하기만 하면 해를 입지만, 지성을 갖추고서 대담하면 이

을 논증하기 위해 소크라테스가 제시하는 '측정술(metretikē technē)'은 이후 플라톤, 아리스토텔레스를 거치면서 세련되어갈 중요한 개념이다. 헬라스의 윤리학은 옳음과 그름의 도덕이 아니라 좋음과 나쁨의 윤리에 가깝다. 그러나 좋음과 나쁨이 개인의 변덕이나 사회적 분위기에 따른 변화에 근거하지 않아야 함을 전제한 위에서도 그 판단이 쉽지 않은 경우가 많다. 때문에 좋음과 나쁨의 경중(輕重)을 헤아릴 줄 아는 것이 무엇보다 중요하다. 그리고 물론 이는 지혜를 요청한다. 측정술은 바로 좋음과 나쁨을 헤아릴 줄 아는, 지나침과 모자람을 극복할 줄 아는 지혜이다. 용기도 또한 이 측정술을 결여할 경우 비겁한 겁쟁이나 필부(匹夫)의 만용으로 전락하므로, 덕의 전체적 통일성과 조화를 이루어야 한다.

소크라테스는 자기에게 지는 것, 쾌락의 유혹에 빠져 좋음과 나쁨을 헤아리지 못하는 것을 의지의 문제보다는 무지의 문제로 본다. 나쁜 것을 올바로 인식하면서도 나쁜 짓을 하는 사람은 없다는 것이다. 이 때문에 소크라테스는 덕과 지혜를 일치시킨다. '덕=지혜'가 소크라테스 윤리학의 근간을 형성한다고 할 수 있다. 모르기 때문에 나쁜 짓을 한다는 소크라테스의 생각은 '의지박약(akrasia)'을 인정하지 않는다는 것을 뜻한다.[30]

롭게 되지 않겠는가? [⋯] 영혼의 모든 시도와 인고(忍苦)도 지혜가 선도할 경우에는 행복으로 귀착하지만, 어리석음이 선도할 경우에는 그 반대의 것으로 귀착하지 않겠는가? [⋯] 영혼과 관련되는 모든 것은 그것들 자체로는 이롭지도 않으며 해롭지도 않으나, 지혜가 덧보태어지는가 아니면 어리석음이 덧보태어지는가에 따라 해롭기도 하고 이롭기도 하기 때문이지."(『메논』, 88b~d)

30) 아리스토텔레스는 다음과 같이 정리해주고 있다. "그런데 어떤 사람이 [사태를] 올바르게 파악했는데도 결국 어떻게 자제력 없이 행동할 수 있는가라는 난제(aporia)가 제기될 수 있을 것이다. 그래서 어떤 사람들은 제대로 알고 있는 사람이라면 그럴 수 없다고 주장한다. 왜냐하면, 소크라테스가 생각했던 것처럼, 앎(epistēmē)이 어떤 사람 속에 있음에도 다른 어떤 것이 그것을 지배하고 마치 노예처럼 이리저리 끌고 다닌다는 것은 끔찍한 일이기 때문이다. 소크라테스는 자제력 없음[의지박약]은 있을 수 없다는 생각에서 이러한 설명에 전적으로 맞서 싸웠던 것이다. 왜냐하면 소크라테스는 그 누구도 최선의 것을 파악하면서 그것에 어긋나는 행위를 하지 않으며, 오직 무지 때문에 그런 행위를 하는 것이라고 생각했기 때문이다."(『니코마코스 윤리학』, 강상진 외 옮

이것은 알면서도 나쁜 짓을 하는 인간의 복잡한 심리를 너무 단순화하고 있다고 할 수도 있으나, 달리 보면 "안다"라는 말에 일상적인 의미 이상의 의미를 넣어서 사용하고 있다고도 할 수 있을 것이다. 소크라테스가 볼 때 그런 인간은 "진정으로 아는" 것이 아닐 터이니 말이다.[31]

덕이 지혜라고 했을 때 그것은 교육 가능한 것이 된다. 다른 덕성들 중에서도 지혜야말로 특히 교육을 통해 쌓을 수 있는 것에 다름 아니기 때문이다. 그러나 이런 직관적인 이해를 넘어 덕의 교육 가능성, 더 나아가 인식의 가능성을 정초해줄 좀더 근본적인 이론이 요청된다. '상기설(想起說)'은 이런 맥락에서 제기되었다고 할 수 있으리라. 『메논』에서 소크라테스는 메논의 시동(侍童)—제대로 된 교육을 받지 못했음에 틀림없는—으로 하여금 기하학 문제("하나의 정사각형이 주어져 있을 때, 그것의 두 배의 면적을 가진 정사각형을 구하라")를 풀도록 유도해냄으로써 "스스로 제 안에서 앎(지식)을 되찾아 가지도록(analambanein)" 이끈다. 이것은 소크라테스의 '산파술'이지만, 여기에는 그 이상의 형이상학적 가설이 깃들어 있다. 소크라테스가 "종교에 밝은 남녀"에게 들었다면서 이야기하는 상기설이 그것이다. "혼은 불사(不死)하며 여러 번 태어났고, 또한 이승의 것들과 저승의 것들을 모두 다 보았다. 따라서 무엇이나 배우지 못한 것이 없다." 그러나 이것은 이미 소크라테스의 말이 아니라 플라톤의 말이다.

김, 도서출판 길, 2011, VII, 1145b/20~25)

31) 이 문제에 관련해서는 다음에서 논한 바 있다. 이정우, 『개념-뿌리들』(그린비, 2012), 2부, 3강 참조.

❖ ❖ ❖

"너 자신을 알라." 이 말은 신탁이 그리스인들에게 내린 중요한 화두(話頭)였고, 스핑크스가 오이디푸스를 일깨웠던 수수께끼이기도 했다. 아테네의 철학은 이 화두를 붙들고 씨름함으로써 철학사의 굵직한 지도리를 만들어냈다.

자신들의 힘으로 위대한 업적을 이루었던 아테네인들에게 '인간'이란 더 이상 운명/신들의 노리개일 수 없었다. "하고 많은 것들이 세상에 존재하나, 인간보다 놀라운 것은 없어라."(『안티고네』) 소수이기는 했지만 당대의 철학자들(소피스트들)은 기존의 뮈토스를 해체하고 강한 자의식을 바탕으로 한 계몽적 사유를 펼쳤다. 그들은 예로부터 내려오던 '노모스'의 근저를 뒤흔듦으로써 여전히 전통적인 의식 속에서 살아가던 아테네의 대중과 부딪쳤다. 기존의 뮈토스의 세계관과 새롭게 철학으로 표현되기 시작한 로고스의 세계관 사이에서 담론적인 투쟁이 벌어졌다. 소피스트들에게 노모스란 더 이상 퓌지스—당연(當然)한 것—가 아니었다. 아니 더 정확히 말해, 그들에게 퓌지스란 벌거벗은 인간이 드러내는 "자연", 적나라한 인간 "본성" 이외의 것이 아니었다. 성(性)이란 그저 '식색(食色)'일 뿐이며, 인식이란 감각에 의해 포착되는 것일 뿐이었다. 소피스트들은 "너 자신을 알라"라는 화두에 이렇게 급진적인 해체적 사유를 통해 응답했다.

이런 과정에서 소피스트들은 이전의 자연철학자들에게 결여되어 있던 문법, 수사학, 언어학, 비평을 비롯한 새로운 담론들을 창조해냈다. 아울러 그들은 '아레테'의 의미를 새롭게 사유함으로써 그리스 철학사를 새로운 경지로 이끌었다. 이들을 통해 학문의 역사는 새로운 길을 발견하게 된 것이다. 그러나 이들의 사유는 해체 이상의 것은 되지 못했다. 더구나 그들은 이렇게 해체된 담론공간 속에서 아직까지 순진하고 몽매했던 대중을 마음껏 놀려먹었다. 전쟁의 시대가 가고 말이 부(富)의 원천이 된 시대에 이들은 대중에게는 고원(高遠)하기 이를 데 없었던 엘레아학파의 논리를 궤변의 형태로 악용했으며,[32] 아레테라는 문화상품을 통해 사적 이익을 탐했다. 이들이 고전적인 담론공간을 해체해버렸다는 사실은 아테네의 몰락을 가져온 한 원인이 되었다. 더 이상 진지함이 존재하지 않는 아테네라는 곳이 스파르타를 이길 수는 없었을 것이다. 패배와 환멸의 공간에서 원한과 앙심이 소피스트들에게 쏟아졌고 그 여앙(餘殃)은 소크라테스에게까지 미쳤다. 그러나 역으로 "너 자신을 알라"라는 화두에 대한 빼어난 응답은 결국 이런 혼란과 고통 속에서 태어날 수 있었다.

이 혼돈스러운 아테네의 황혼에 태어난 소크라테스는 삶이 드러내는 모든 번뇌와 비극을 깊이 깊이 반추했을 것이다. 그리고 이 현실에 오히려 냉철하고 집요한 논리/사유로써 응대해나갔다. "ti esti?"라는 근본 물음은 이렇게 탄생했고, 주관적이고 안이한 소피스트적 감각주의를 넘어선 이 물음을 통해 엄정한 의미에서의 철학이 탄생했다. 이 물음은 퓌지스의 탐구를 부활시켰으나, 이 퓌지스는 더 이상 자연철학자들의 이법들도 아니었고 소피스트들의 적나라한 인간 본성도 아니었다. 소크라테스가 찾은 퓌지스는 인간의 '영혼/정신'이었다. 소크라테스는 "너 자신을 알라"라는 화두에 "네 영혼을 돌보라"라는 요청으로 응답했으며,[33] 인간의 도덕적 잠재력으로서의 영혼을 토대로 아레테의 상황을 완전히 새

---

32) 소피스트들의 "논리" 뒤에는 대개 엘레아학파의 논리가 숨어 있었다. 플라톤은 이 사실을 간파해내고서는 소피스트들을 공격하기 위해 (자신의 지적 아버지인) 파르메니데스에 대한 '친부 살해'를 감행한다. 『에우튀데모스』 편과 『소피스트』 편을 참조.

33) "너 자신을 알라"라는 말의 고층대(antique) 의미는 신탁을 요청할 때 신중하게 생각해서 물 것을, 인간과 신의 차이를 자각하고 분수를 지킬 것을 뜻했다. 그것은 매우 권위적이고 현실적인 요청이었다. 소피스트의 시대에 이르러 이 말은 인간의 자기 탐구의 요청이라는 뉘앙스를 띠었고, 소크라테스는 이 흐름을 철학적 사유의 차원으로 끌고 갔다. 소크라테스는 이 화두를 "네 영혼을 돌보라"라는 필생의 문제 안으로 흡수했고, 그로써 삶의 철학적 음미를 참된 자기 인식의 기초 위에 세우고자 했다.

롭게 사유했다. 그러나 그에게는 사유가 곧 행위였다. 인식과 행위/실천은 그에게 완벽히 하나였다. 그에게 아레테 즉 빼어난 행위는 오로지 지혜를 통해서만 가능한 것이었고, 어리석은 행위를 한다는 것은 곧 지혜가 결여된 것이었다. 바로 그랬기에 아테네의 비극과 소크라테스의 죽음(지혜의 부재와 지혜의 죽음)이라는 사건에는 유난히 큰 얄궂음이 배어나온다.

이 얄궂음은 곧 철학과 민주주의 사이에서 생겨난 비극적인 모순에서 유래한다. 이것은 철학적 진리와 대중 사이의 모순, 철학적 진리라는 질적 차원과 대중의 머릿수라는 양적 차원 사이의 모순이라고 할 수 있다. 이 모순은 소크라테스의 재판에서 극명하게 나타났지만, 사실 그 이전에도 나타났던 모순이었다. 그것은 바로 참주의 출현이라는 현상이었다. 민주주의의 후퇴를 가져온 참주들의 출현은 다름 아닌 대중의 지지를 통해서 가능했던 것이다. 이런 모순은 현대에도 파시즘의 득세를 통해서 재현되었으며, 오늘날 우리는 이런 모순이 다시금 전 세계적 현상으로서 준동하고 있음을 착잡하게 목도하고 있다. 소크라테스의 재판은 이 모순을 상징하는 사건이었다.

철학과 민주주의가 교차하는 곳, 그곳은 바로 철학적 진리와 정치적 진실이 교차하는 곳이며, 바로 이곳에서 나타난 진리/진실의 보다 현실적인 모습은 곧 '진리/진실을 말하기(parrhēsia)'였다. 진실 말하기는 진정한 민주주의 정치를 위한 인식론적 조건, 나아가 존재론적 조건—그것은 인간의 특정한 존재방식이기도 하기 때문에—이라고 할 수 있다. 진실 말하기는 정의로운 사회의 철학적 조건이라고 할 수 있다. 진실 말하기는 수사학과 대비된다. 수사학이 자신을 위해 타인을 설득하는 기법이라면, 진실 말하기(철학)는 타인을 위해 자신을 있는 그대로 여기는 행위이기 때문이다. 'parrhēsia'를 실천하는 사람은 외부적 제약에 굴복하지 않고 진실을 말하는 사람이며, 이런 맥락에서 우리는 왜 로마인들이 이 말을 'libertas(자유)'라 번역했는지를 짐작할 수 있다. 파르헤지아에서 말하는 주체의 말과 그 주체 자신, 그의 언어와 그의 존재는 일치해야 한다.[34] 이런 진실 말하기의 기초 위에서만 민주주의는 꽃필 수 있는 것이다.

그러나 진실 말하기는 한 인간을 위험에 노출시킬 수 있다. 그리스의 역사에서, 나아가 인류의 역사 전체에서 우리는 진실을 말하는 주체에 위해가, 때로는 죽음에 이르는 위해가 가해지는 현장들을 확인할 수 있다. 분명 불의한 것이기에 그 진실을 말하고 싶지만, 말할 경우 내게 위해가 가해질 것임이, 어쩌면 목숨을 걸어야 할 것임이 명백할 때 어떻게 할 것인가? 비겁하게 무릎 꿇으니 차라리 위험을 택했던 많은 사람들이 고통을 당하고 죽음에 이르기도 했다. 지중해세계에서 바로 소크라테스의 죽음(과 훗날의 예수의 죽음)은 진실 말하기가 불러온 위해를 가장 극적으로 보여준 사건이었다. 그런데 위험에 노출되는 방식은 왕조사회의 경우와 민주사회(고대적인 의미)의 경우에 달리 나타난다. 왕조사회의 경우 위험은 왕(이나 집권층)의 비위를 거스르는 데에서 유래하지만, 민주사회의 경우 위험은 대중의 비위를 거스르는 데에서 유래하기 때문이다. 전자의 경우는 비교적 명쾌하다. 철학/진실과 권력의 투쟁이라는 의미 있는 맥락이기 때문이다. 철학/진실은 항상 권력과 투쟁해왔고, 때문에 정치와 철학은 동전의 양면을 이루었다. 그리고 권력에 흡수되어 기득권이 된 철학은 이내 그 생명을 상실하곤 했음을 역사의 도처에서 확인할 수 있다. 그러나 후자는 전자에 비해서 몹시 얄궂은 형태를 띤다. 그것은 철학/진실과 민주주의/대중 사이의 모순이기 때문이다. 철학적 진리/진실이 목적으로 하는 것이 결국 대중/민주주의라는 점에서 이것

---

34) 세네카는 이것을 "내가 너에게 말하는 진실을 너는 내 안에서 본다"라고 적절히 표현했다.(「루킬리우스에게 보내는 서한 75」) 그러나 8장에서 다시 논하겠지만, 세네카의 진실 말하기와 그리스에서의 그것 사이에는 차이가 존재한다. 그리스에서의 진실 말하기는 대체적으로 공적인 맥락, 정치적인 맥락을 띠었지만, 헬레니즘 시대의 철학자인 세네카에게서 그것은 보다 사적이고 대인관계적인 맥락을 띤다.

은 대중의 배신이라는 의미를 띤다. 소크라테스는 동북아의 개혁가들처럼 어떤 왕이나 귀족들에 의해 죽은 것이 아니다. 그는 어디까지나 민회에서 민주적인 투표에 의해 사형을 맞은 것이다.[35] 소크라테스의 죽음은 철학과 민주주의 사이의 모순을 비극적으로 증험한다.

특이한 것은 소크라테스 자신은 민주주의에, 당대의 정치에 참여하지 않고 싶어 했다는 점이다. 그에 의하면 자신에게는 늘 '다이몬(daimōn)'의 목소리가 들려와 정치 참여를 막았다는 것이다. 때문에 그는 정치에 참여하지 않으려 애썼다. 당대의 상황에 비추어 본다면 이 다이몬의 명령은 목숨을 잃을 수도 있는 정치적 장의 바깥에 있으라는 명령이었다고 해석할 수도 있다. "다이몬"이라는 다소 신비한 이야기를 접어놓을 때, 이는 소크라테스 자신이 위험한 정치적 장에 참여하고 싶어 하지 않았다고 해석할 수도 있을 것이다. 그렇다면 과연 소크라테스는 당대의 정치적 장에 들어가 위해를 당하고 싶지 않았기 때문에, 죽음을 당하고 싶지 않았기 때문에 정치 참여를 꺼린 것일까? 물론 아니다. 오히려 소크라테스만큼 정의를 위해 죽음을 두려워하지 않았던 인물도 없었기 때문이다. 하나의 예만 든다면, 살벌한 신탁통치기에 그는 정부의 부당한 명령(살라미스의 레온을 사형에 처하기 위해 잡아 오라는 명령)을 거부했으며, 그 얼마 후 이 정부가 붕괴하지 않았다면 그는 그때 목숨을 잃었을 것이다. 그의 삶은 지혜만이 아니라 용기로도 가득 차 있다. 그렇다면 소크라테스의 이 수수께끼 같은 말은 어떻게 이해되어야 하는가?

소크라테스의 삶은 정치의 바깥에서 이루어지지 않았다. 하지만 정치의 안에서 이루어지지도 않았다. 그렇다면 그의 삶은 어디에서 이루어졌

---

35) 이것은 예수의 경우도 마찬가지이다. 빌라도는 예수를 단죄하고 싶어 하지 않았고 오히려 이 사건에서 몸을 사리고 싶어 했다. 예수에게 평결을 내린 것은, 예수가 아니라 바라바를 선택한 것은 대중이었다. 하지만 소크라테스도 예수도 죽은 후에 많은 사람들의 사랑을 받았고, '소크라테스 운동', '예수 운동'을 통해서 바로 헬레니즘 시대와 기독교 시대가 열리지 않았는가? 이 수수께끼를 어떻게 풀어야 할까?

을까? 정치의 안과 바깥이 가름되는 바로 그 경계선에서 이루어졌다. 경계선은 경계선이되 특별한 경계선, 즉 정치가 시작되는 바로 그 시작점에서 이루어졌다고 할 수 있다. 그의 삶은 정치의 안도 아니고 바깥도 아닌, 정치가 정초(定礎)되는 바로 그 출발선에서 이루어진 것이다. 소크라테스는 기존의 정치의 장에 들어가거나 아예 그 장 바깥으로 피해버린 것이 아니라 그 장의 출발선에서 그 장을 새로이 할 수 있는 사유를 펼친 삶, 정치적 장을 철학적으로 새롭게 정초하려는 삶을 살았다고 할 수 있다. 당대의 정치적 구도는 (그리스 고유의 형태에서의) 민주주의였다. 따라서 소크라테스는 민주주의의 안도 아니고 바깥도 아닌 곳, 민주주의와 철학이 접(接)하는 바로 그곳에서 살고 사유했다고 할 수 있다. 그로써 현실의 민주주의가 아니라 도래할 민주주의를 사유했고, 그 사유를 어떻게든 아테네인들—특정한 아테네인이 아니라 거의 모든 아테네인들—에게 설파하려고 했던 것이다.[36]

그렇다면 철학으로써 정치를 정초한다는 것은 도대체 무엇을 의미하는가? 그것은 바로 우리의 영혼, 지혜, 국가 등에 관련되는 가장 근본적인 개념들을 인식하는 것이다. 말과 개념은 전혀 다른 것이라는 사실을 이해하는 것이 일차적인 관건이다. '시간'이라는 말을 모르는 사람은 거의 없다. 그러나 시간의 개념을 터득한 사람 또한 거의 없다. 최고의 거장들이 논구한 시간 개념들 또한 일치하지 않는다. 흔히 우리가 막연한 직관으로 가장 쉽다고 생각하는 말들이 가장 어려운 개념들일 경우가

---

36) 이 점을 잘 보여주는 대화편들 중 하나가 『알키비아데스』이다. 소크라테스는 너무 젊지도 않고 또 너무 나이 들어버린 것도 아닌, 'ērōs'의 삶에서 'polis'의 삶으로 이행하려 하는, 즉 이제 막 정치적 삶에 들어가려 하는 알키비아데스에게 과연 그가 정치적 삶에 들어갈 자격이 있는지를 묻는다. 여러모로 부족하기 짝이 없는 알키비아데스에게 소크라테스는 자기배려(epimeleia heautou)를 역설한다.(『알키비아데스 I』, 128a 이하) 인간의 자기란 결국 그의 '영혼'이며, 따라서 소크라테스의 요청은 바로 "네 영혼을 돌보라"는 것이다. 자신의 영혼을 돌본('아나바시스') 자만이 정치적 삶에서 훌륭히 자신의 역할을 할 수 있는('카타바시스') 것이다.

많다. '정의'를 비롯한 정치철학적 개념들 또한 마찬가지이다. 따라서 일정 수준의 개념적 이해가 전제될 때에만 본격적인 정치적 삶이 가능하다고 해야 한다. 소크라테스가 볼 때, 당대의 정치적 상황은 이런 전제를 갖추지 않은 자들이 권력을 잡을 때에 생겨날 수 있는 비극이었다. 때문에 그가 할 일은 이 잘못된 정치적 장에 들어가는 것이 아니라 그 장의 잘못을 교정할 수 있는 철학적 성찰을 제공하는 것이었다.[37]

오늘날의 민주주의는 일정한 나이에 도달한 모든 사람들이 참여하는 민주주의이다. 따라서 알키비아데스처럼 사람들을 지도해야 하는 입장에 선 사람만이 문제가 되는 민주주의가 아니다. 오늘날 모든 정치적 결정은 근본적으로는 대중의 판단에 의해 이루어진다. 정치를 지배하는 요소들은 숱하게 많지만, 형식적 민주주의가 완성된 오늘날 거의 파시스트 같은 인물이 대통령이 되는 것도 또 국정을 농단한 대통령이 쫓겨나는 것도 결국 대중의 여론에 의해 결정되는 세계이기 때문이라고 볼 수 있다. 그렇다면 알키비아데스에게 준 소크라테스의 교훈은 오늘날의 관점에서 볼 때 정치가를 꿈꾸는 자들에게 주는 교훈이라기보다는 오히려 민주주의 정치에 참여하는 대중에게 주는 교훈이라고 해야 할 것이다. 즉, 핵심적인 것은 올바른 정치적 판단을 내릴 수 있는 자격을 갖춘 시민이 되는 것이다. 현대 민주주의는 이런 자격 즉 한 인간이 정치에 관련해 갖추고 있는 질적 수준을 전혀 고려하지 않는, 모든 것이 단순히 수적 계산에 의해서 이루어지는 민주주의이다. 사람들의 판단력의 질은 모두 다름에도 모든 개인이 단 한 표만을 행사하는 철저하게 수량화된 정치인

---

37) 플라톤은 『향연』(216a)에서 이미 늙수그레한 모습이 되어버린 알키비아데스가 자기 영혼의 돌봄도 소홀히 한 채로 남을 돌보겠다고 설쳐대면서 살아온 것에 대한 후회를 고백하는 장면을 그리고 있다. 자신도 잘 돌보지 못한 존재가 남을 돌보겠다고 설치고 다녔을 때, 철학을 하지도 않은 자가 정치를 하겠다고 나댔을 때 어떤 모습이 되는지를 잘 그리고 있다 하겠다. 우리는 대중매체에서 매일 이런 자들을 보고 있는데, 참으로 얄궂은 것은 이런 자들일수록 "철학"이라는 말을 입에 달고 산다는 점이다.

것이다. 이것은 좋게 말하면 '평등한' 것이지만, 비판적으로 보면 모든 질적 차이를 소거한 등질성(homogeneity)의 정치이다. 그리고 오로지 대중의 '머릿수'만이 문제가 되는 이런 체제가 가져온 비극을 우리는 역사에서 수차례 경험해왔다. 결국 관건은 대중의 '양'과 판단의 '질'이 어떻게 합치할 수 있는가의 문제이다.

이런 맥락에서 (네 신체, 재산, …이 아니라) "네 영혼을 돌보라"고 한 소크라테스의 가르침이 가지는 현대적 의미가 무엇인지를 음미해볼 수 있다. 자신의 영혼을 돌보라고 한 것은 삶에 대한, 즉 인간에 대한, 정치에 대한, 역사에 대한, 문화에 대한, 자연에 대한 독서 · 사유 · 대화를 통해서 자신의 정신을 다듬어가는[38] 사람만이 인간으로서의 아레테(사람다움)를 갖출 수 있고, 그런 사람만이 민주주의 정치에 참여할 자격이 있다는 것이다. 그런 자격을 갖추지 못한 자들이 다수를 이룰 때 민주주의는 우중(愚衆)의 정치로 전락할 수밖에 없는 것이다. 정치의 출발점에 서서 그것을 새롭게 철학적으로 정초하고자 한 소크라테스의 노력은 지금도 또 앞으로도 진중히 음미되고 계승되어야 할 것이다.

---

38) 이런 행위의 핵심이 바로 'ti esti?'라는 물음이다. 정의란 무엇인가? 국가란 무엇인가? 인간이란 무엇인가? 민주주의란 무엇인가? 법이란 무엇인가? 등등의 물음에 대한 사유가 영혼 돌보기의 기초인 것이다. 『알키비아데스』에서는 "너 자신을 알라(gnōthi seauton)"라는 요청을 중심에 놓는데, 이는 이 물음이 영혼 돌보기의 가장 기초적인 물음이기 때문이다. 아울러 하나 더 중요한 것은 "logon didonai", 그 어떤 생각, 주장이든 이성적인 근거를 제시할 수 있어야 한다는 것이다. 그럴 때에만 사람과 사람의 인간다운 만남 그리고 정상적인 정치가 가능하기 때문이다.

6장 이상과 현실

일반적으로 하나의 사상이 '철학'이라고 불릴 수 있는 조건들을 기본적으로 완비하고 있을 때, 그것을 '철학 체계'라 부를 수 있다. 하나의 사상이 '철학 체계'라는 이름을 부여받을 수 있는 조건은 세 가지(세분하면 네 가지)로 볼 수 있다.

하나는 기존 철학의 역사에 대한 나름대로의 일관된 입장이다. 모든 뛰어난 철학 체계는 그 이전의 철학 체계에 대한 일정한 이해와 전유, 비판, 극복의 과정을 포함한다. 과학의 역사는 대체로 불연속적이다. 어떤 새로운 이론이 맞는 것으로 판명되면 그 이전의 이론들은 쓰레기통 속으로 들어간다. 오늘날 플로지스톤 이론에 관심을 가지는 사람은 과학사가밖에는 없다. 따라서 뛰어난 과학자가 되기 위해 자기 분야의 역사에 꼭 통달해야 할 이유는 없다. 예컨대 물리학사를 잘 알아야만 뛰어난 물리학자가 되는 것은 전혀 아니다. 그러나 철학에서는 철학사가 가장 일차적인 위치를 차지한다. 모든 위대한 철학은 수천 년에 걸쳐 지금까지 이어온 철학사의 끝에서 성립한다. 거꾸로 말해서, 철학의 역사는 어떤 뛰어난 철학자가 등장함으로써 과거와는 다른 방식으로 이해된다.

그래서 주자를 통해서, 왕부지를 통해서, 헤겔, 베르그송을 통해서, 하이데거, 들뢰즈를 통해서 과거의 철학사는 전혀 다른 모습으로 재해석되곤 해왔던 것이다. 빼어난 철학 체계의 출발점은 곧 철학사이다. 철학사를 어떻게 보는가와 철학을 어떻게 하는가는 굳게 맞물려 있다.

두 번째는 '세계'에 대한 일관된 개념체계로서, 하나의 철학 체계는 정합적인 개념체계를 제시함으로써 그런 이름을 부여받을 자격을 가진다. 맥락에 따라 '형이상학', '존재론', '자연철학', '우주론' 등 여러 말들이 쓰이지만 오늘날 가장 일반적으로 사용되는 것은 존재론이다. 즉, 하나의 사상이 '세계'에 대한 나름대로의 수미일관한 존재론을 보여줄 때 우리는 그것을 '철학 체계'라 부를 수 있다. "세계에 대한"이란 세계의 어떤 부분의 탐구를 뜻하지 않는다. 세계의 부분들을 탐구하는 학문은 '과학'들이라 부른다. 지구는 지구과학이, 경제는 경제학이, 사회는 사회학이, 정치는 정치학이, 물질은 물리학이, 생명체들은 생물학이, … 탐구한다. 철학은 세계 내의 어떤 대상을 탐구하는 학문이 아니다. 철학은 '세계'―또는 '존재'―라는 이것 자체를 사유하는 학문, 즉 존재론이다. 어떤 담론도 그것이 일정 수준 이상의 존재론을 담고 있을 때에야 '철학'이라고 불릴 수 있다. 존재론은 철학의 핵을 형성한다.

더불어 존재론의 한 측면을 이루는 것으로서, 세계에서 인간이라는 존재란 어떤 존재인가에 대한 일정한 해명이 요청된다. 인간도 세계의 일부분이기에 인간 이해는 세계 이해에 포함된다. 그러나 인간은 바로 그 '세계'를 '인식'하는 존재이다. 때문에 인간이라는 존재의 해명은 또한 인식론을 포함한다. 세계를 '인식'한다는 것이 인간의 핵심적인 특징이고, 존재론도 결국 이 특징과 맞물려 존립할 수밖에 없기 때문이다. 예컨대 이 세계를 원자들의 이합집산이라 보는 것은 존재론이다. 그러나 이 존재론은 결국 누군가가 생각한 것이기도 하다. 바로 그런 생각을 하기 위해 동원한 여러 조건들을 검토하는 것이 인식론이다. 그래서 존재론과 인식론은 맞물려 있다. 인간은 세계의 한 부분이지만 세계를 어떤 특정한 '세계'로서 파악하는 것은 바로 인간인 것이다. 물론 인간 존재의 해명은 인식론만이 아니라 보다 많은 차원들을 포함한다. '감정론'(감정의 문제), '심신론'(몸과 마음의 문제), '무의식론'(의식과 무의식의 문제)을 비롯한 인간 존재를 둘러싼 숱한 문제들이 이 분야에 포함된다. 이런 탐구 분야는 인성론이라 할 수 있다.(인식론도 인성론(또는 인간학)의 한 분야라 할 수 있다. '인식' 또한 인성의 한 기능이기 때문이다) 존재와 그것을 인식하는 주체는 복잡하게 얽혀 있으며, 존재론이 소박한 존재론이 되지 않으려면 그 안에 인식론과 인성론을 내장해야 한다. 이 내장은 단순한 포함을 뜻하지 않는다. 존재론은 인식론과 인성론을 포함하지만 역으로 이 내용을 포함함으로써 존재론 자체가 달라지기 때문이다.

세 번째는 삶에 관련해 일정한 실천적 지향을 제시하는 측면으로서, 이는 '윤리학', '실천철학', '정치철학' 등 여러 이름을 가진다. 응용적 맥락에서는 '법철학', '교육철학', '예술철학', '종교철학' 등 매우 다양한 분야들을 포함한다. 철학사가 철학 체계의 뿌리라면, 존재론(과 인성론, 인식론)은 그 기본 줄기이고, 윤리학과 정치철학은 그 위에서 피어나는 꽃과 열매라고 할 수 있을 것이다. 이렇게 기존 철학사에 대한 일정한 입장, '세계'와 '인간'에 대한 체계적 해명, 그리고 삶의 방향성에 대한 뚜렷한 비전 제시를 모두 갖추고 있는 사상 체계를 '철학 체계'라 부를 수 있다.

서양 철학사에서 이런 '철학 체계'를 이룩한 최초의 인물이 플라톤이다. 주로 자연에 관심을 가졌던 자연철학자들과 인간·사회·윤리 문제에 관심을 가졌던 소피스트들과 소크라테스를 종합하면서, 플라톤은 자연·인간·정치에 대한 수미일관한 사유체계[1]를 수립했으며, 나아가 인

---

1) "수미일관한 체계"라는 표현을 너무 즉물적으로 이해하면 곤란하다. 플라톤의 사유는 '정리'하기가 거의 불가능할 정도로 역동적이고 복잡하다. '체계'라는 말이 반드시 매끈하게 정리된 공간적 구조를 뜻하는 것은 아니다. 하나의 사상이 매우 역동적이고 복잡하고 심지어 불연속적인 경우라 해도, 그것이 어떤 한 사람의 사상이라고 말할 수 있는

식론, 미학 등의 기초까지 마련했다. 플라톤에 이르러 처음으로 우리는 하나의 거대한 철학 체계를 만나게 된다. 플라톤을 일정 수준으로 이해함으로써 우리는 서양 철학사 이해의 확고한 지반을 다질 수 있다. "서양 철학사는 플라톤 철학에 대한 긴 각주"라는 화이트헤드의 언급은 과장이긴 하지만 일리가 있다. 플라톤 철학이 서양 철학사에 나아가 서양 문명사에 드리운 그림자는 오늘날까지도 그 끝이 보이지 않을 정도로 길다.

세속적 관점에서 볼 때 플라톤과 소크라테스 사이에서 드러나는 저 강렬한 대조를 보라. 가난한 산파의 아들이었던 소크라테스와 대부호의 아들이었던 플라톤, 이들이 철학이라는 공간이 아니었다면 어디에서 만날 수 있었을까. 소크라테스의 추한 용모와 플라톤의 준수함이 대조되는 만큼이나 이들의 영혼은 가까웠다. 아테네의 황태자였던 플라톤은 귀족들이 누구나 그렇듯이 정치가가 되기 위한 수업을 했고, 소크라테스는 시장/광장에서 젊은이들을 붙들고서 아테네 정치의 근간을 뒤흔들 수도 있는 철학적 논의로 시간을 보냈다. 그러나 플라톤은 소크라테스를 만나면서 자신이 그때까지 가지고 있던 세속적 가치를 포기한다. 소크라테스의 영혼을 만나면서, 플라톤은 물려받은 재물을 팔아 가난한 이들에게 나눠주고, 장래가 보장된 정치가의 길도 포기한다. 심지어 자신이 젊은 시절 썼던 시들과 드라마들을 전부 불태워버리기까지 했다고 한다.(그러나 그의 문학적 재능은 그의 대화편들을 가능케 했다) 철학을 위해서 세속적 가치인 경제적 부, 정치적 권력, 대중적 인기를 모두 버린 것이다. 이 드라마틱한 이야기의 원인은 단 한 사람 소크라테스였다. 소크라테스와 플라톤의 만남은 철학사상 가장 아름다운 만남들 중 하나이다.[2]

소크라테스가 그의 삶으로써 보여준 위대함과 죽음으로써 보여준 숭

내적 연계성을 갖추고 있다면 '체계'라 할 만하다.

2) 소크라테스에 대한 플라톤의 찬양은 『향연』, 215a 이하에서 길게 펼쳐진다.

고함은 플라톤에게 강렬한 영향을 주었다. 그는 두 가지 차원을 적극적으로 창조해냄으로써 스승의 죽음을 철학화했다. 그 하나는 본격적인 존재론의 구축이고, 다른 하나는 적극적인 정치철학의 개진이다. 이 두 차원은 그의 여행과 밀접한 관련을 가진다. 퓌타고라스학파와 엘레아학파의 본거지인 이탈리아를 여행한 것이 존재론 구축에 중요한 영감을 주었다면, 그를 정치적 꿈으로 유혹했던 시칠리아를 여행한 것은 정치철학 구축에 결정적 암시를 주었다. 전자는 긍정적 방식으로, 후자는 부정적/반면교사의 방식으로.[3]

스물여덟의 나이에 목격한 아테네 정치의 타락과 스승의 죽음. 그 의미를 곱씹으면서 지냈을 10여 년의 세월 동안 그는 이른바 '초기 대화편들'에 스승에 대한 기억을 담았다.(『변론』, 『크리톤』, 『라케스』, 『카르미데스』, 『에우튀프론』, 『소 히피아스』, 『이온』, 『뤼시스』, 진위 논란이 있는 대화편들로서 『대 히피아스』, 『알키비아데스』) 노예로 팔리기까지 하는 역경을 겪은 후, 40대 초의 플라톤은 자신의 학원 아카데메이아(/아카데미아)를 세운다. 그의 색깔이 서서히 드러나기 시작하던 이 시절에 그는 서구 최초의 대학인 자신의 학원에서 『프로타고라스』, 『고르기아스』, 『에우튀데모스』, 『메넥세노스』를 저술했고, 이어 환갑의 나이에 이르기까지 『크라튈로스』, 『파이돈』, 『향연』, 『국가』, 『파이드로스』, 『파르메니데스』, 『테아이테토스』 같은 대화편들을 통해 본격적으로 자신의 사상을 세웠다. 그러나 환갑이 넘어서도 그의 사유는 멈추지 않았고 『티마이오스』, 『크리티아스』, 『소피스트』, 『정치가』, 『필레보스』, 『법률』 같은 걸작들을 계속 내놓았다. 흔히 『메넥세노스』까지를 초기로, 『테아이테토스』까지를 중기로, 그 이후를 후기로 나눈다.

플라톤이 '대화편'으로 저술했다는 사실은 여러 가지로 흥미를 자아낸

---

3) 플라톤의 생애에 대해서는 박종현(편저), 『플라톤』(서울대학교출판부, 2006), 1부, 1장을 보라.

다. 서사시에서 시작된 헬라스의 글쓰기는 그 후 서정시, 산문을 거쳐 드라마를 낳았다. 플라톤 역시 당대의 드라마를 접했고 젊은 시절 그 자신 드라마를 썼었다. 이런 문학적 경험이 그로 하여금 드라마 형식의 글을 쓰게 만들었을 것이다. 그러나 그가 대화편의 형태로 글을 쓰게 된 결정적인 동기는 역시 소크라테스적 문답법의 영향에 있었을 것이다. 그것은 단지 소크라테스의 대화를 이어받겠다는 외면적인 동기가 아니라, 로고스와 로고스의 부딪침을 통해서 진리로 상승해가는 '변증법'이 철학의 진정한 방법이라는 생각에 뿌리를 둔 것으로 보아야 한다. 위대한 사상가는 대개 위대한 작가이기도 하며, 플라톤 역시 그의 사상에 걸맞은 글쓰기 형식을 보여준다 하겠다. 변증법은 모순, 대립, 갈등을 겪어나가면서 조금씩 진리를 찾아가는 사유의 여정인 것이다. 물론 그러한 과정은 플라톤의 극작술을 통해 정리된 것이고, 따라서 그것이 얼마만큼 서술이고 얼마만큼 구성인지를 확연히 구분하기는 쉽지 않다. 철학적인 논변 외의 기본적인 사항들은 대부분 사실로 추측된다. 철학적인 논변도 기본 골격은 사실에 가깝다고 보아야 할 것이다. 그러나 후기로 갈수록 역사적 요소들은 점점 감소하고 좀더 순수한 형태의 철학서에 접근해간다.

플라톤이 많은 대화편에서 전개했던 이야기들은 그 수를 헤아리기가 어렵다. 철학의 거의 모든 주제들이 다루어지고 있고, 대화편마다 다양한 주제들이 복잡하게 얽혀 있다. 게다가 그의 사유 자체가 계속 변모를 겪어나갔으며, 때때로 모순된 이야기들까지 나타난다. 그럼에도 그의 대화편 전체에 걸쳐 일관되게 나타나는, 그래서 그의 사유 전반을 꿰고 있다고 생각되는 테마가 존재한다. 바로 '이데아론'이다. 이데아론이라는 플라톤의 존재론을 이해함으로써 우리는 그의 사유를 비로소 체계적으로 이해할 수 있게 된다.

소피스트들의 해체적 사유를 단적으로 압축하고 있는 것은 고르기아스의 테제이다. 여기에서 우리는 허무주의, 회의주의, 상대주의가 통명하고 단적으로 설파되는 상황을 만나게 된다. 서구 철학사의 근저에서는 고르기아스의 이 테제가 떨쳐버릴 수 없는 서늘한 울림으로서 내내 지속되었다. 아테네에서 전개된 소크라테스, 플라톤, 아리스토텔레스의 철학은 이 울림에 대한 최초의 응답을 구성한다.

플라톤이 스승에 대한 회상을 넘어 자신의 사유를 펼치기 시작했을 때, 그가 일차적으로 맞닥뜨린 것은 소피스트들의 감각주의였던 것 같다. 철학은 현실적인 상황에서 출발하지만 그 문제를 해결하기 위해서는 즉물적 대응이 아닌 다른 방식을 취한다. 그 상황을 발생시킨 가장 근저에 있는 문제로 육박해 들어가는 것이다. 플라톤 역시 아테네의 몰락에서 사유를 시작했지만 진정으로 철학적인 응답을 구성하기 위해서는 상황의 근저로 파 들어가야 했고, 거기에서 감각주의 인식론의 문제를 만나게 되었을 것이다. 각 개인이 자신의 감각만으로 세계를 파악하는 세계, 그것은 곧 만인이 각각 "내가 만물의 척도!"라고 말하는 세계이다. 어떻게 이런 상황을 넘어서서 폴리스-공동체를 위한 철학을 구축할 수 있을 것인가? 여기에 플라톤의 문제가 있었다. 감각으로 알 수 있는 것(the sensible)과 이성으로 알 수 있는 것(the intelligible)의 구분은 이런 맥락에서 등장했다.

소피스트들의 지적에 따르면 모든 것은 주관적이고 상대적이다. 같은 방에 있는 두 사람이 체질에 따라 각각 춥다고 또는 덥다고 느낄 수 있다. 누군가에게 맛있는 것이 다른 누군가에게는 그렇지 않다. 분명 감각은 주관적이다. 하지만 이런 주관을 뛰어넘는 경우들 또한 명백히 존재한다. 그리고 그런 경우들은 감각을 통해서가 아니라 이성을 통해서 파악된다. 눈앞의 개개인을 넘어 종이나 유 같은 추상적 존재들—훗날 '보편자들'이라 불릴 것들—이 존재한다. 뽀삐는 꼬리를 흔들지만 '개'는 꼬리를 흔들지 못한다. 지금 저 꽃은 아름답지만 '꽃'에는 색깔이 없다. 논리학이나 수학은 강력한 예들을 제공한다. 칠판 위의 원은 색깔을 가지지만 수학적 원에는 색깔이 없으며, 다섯 개의 공깃돌 자체는 눈에 보여도 5라는 수는 눈에 보이지 않는다. 나아가 논리적 추론(예컨대 "A와 B

는 같다. B와 C는 같다. 고로 A와 C는 같다")의 필연성에는 억지를 부리지 않는 한 누구도 승복하지 않을 수 없다. 또, '~의 아버지/아들'이라는 관계는 볼 수도 들을 수도 없지만 엄존하며 세상의 모든 아버지와 아들 사이에서 반복된다. 역사적인 과거나 아직 오지 않은 미래는 감각으로 확인 불가능하지만, 우리는 10년 전의 인물에 대해 이야기하고 또 내일 해전(海戰)이 벌어질 것인지에 대해 논쟁하기도 한다. 이렇게 이성은 감각적인 것 이상의 것들을 인식한다. 그리고 메논의 시동이 보여주듯이, 사람들은 이성의 이런 능력을 공유하고 있다.

감각의 작용(aisthēsis)이 아닌 이성의 작용(noēsis)에 의해 파악되는 이런 존재들('aisthēton'이 아닌 'noēton')이 분명 존재한다. 오늘날 철학자들은 이런 비감각적 존재들이 이성에 의해 "구성되는" 것인지 아니면 "발견되는" 것인지, 두 측면이 모두 있다면 그것들은 어떻게 연계되어 있는지에 대해 논쟁하고 있다. 사실 이런 논쟁은 플라톤 직후부터 이어져왔다고 해야 하리라. 플라톤 자신은 그가 "형상(形相)"('idea' 또는 'eidos'라는 말을 썼다)이라 부른 이런 존재의 차원이 실재한다는 가설을 제시했으며, 더 중요하게는 그러한 차원이 우리가 감각으로 확인하는 현실적 차원보다 더 실재한다고 생각했다. 우리는 이후에 등장하는 이런 유형의 생각들 모두에 '플라톤적'이라는 수식어를 붙일 수 있다. 감각을 넘어 사물의 본질을 파악하는 '이성'의 존재와 이성의 파악 대상인 '본질'의 실재성을 믿는 각종 유형의 철학들은 모두 플라톤을 잇고 있다고 할 수 있다. "아무것도 존재하지 않는다"에 대해 플라톤은 "이데아들이 존재한다"고 응했고(본질주의 존재론), "존재한다 해도 알 수가 없다"에 "이성이 알 수 있다"고 응했으며(합리주의 인식론), "알 수 있다 해도 전달할 수가 없다"에 "우리 모두는 이성을 공유하고 있다"고 응한 것이다(보편주의 윤리학). 플라톤이 최초의 위대한 '철학 체계'를 세웠다는 것은 바로 이 점을 뜻한다. 이후에 전개되는 서양 철학사에서 누구도 이 플라톤적 울림에 귀를 막을 수가 없었다.

§1. '이데아'론

플라톤이 이데아에 대한 이런 믿음을 "이데아가 존재하노라" 하는 식의 단언으로만 제시했다면, 그는 어떤 종교의 교주는 되었어도 위대한 철학자는 될 수 없었을 것이다. 그에게 이데아의 존재는 '가설 (hypothesis)'이었고,[4] 때문에 그는 평생에 걸쳐 이 이론을 보강하고 정교화하고 때로는 의문에 부치고 새롭게 시도하는 등 다듬어나갔던 것이다. 그것은 한 철학자가 평생에 걸쳐 갈고 다듬은 최초의 존재론적 가설이다. 우리는 『파이돈』에서 이 이론의 원형을 볼 수 있으며, 『향연』이나 『국가』에서는 그것이 삶과 인식에서 차지할 위상을 볼 수 있다. 나아가 『파이드로스』에서는 기존의 양분법이 완화되는 것을 볼 수 있으며, 보다 성숙하게 다듬어진 이데아론을 만난다. 그러나 『파르메니데스』에 이르면 놀랍게도 자신이 만들어놓은 이데아론에 대한 전면적인 자기비판이 등장한다. 그 후 다시 『테아이테토스』, 『소피스트』, 『티마이오스』, 『필레보스』 등에서는 완숙한 형태로 다듬어진 이데아론을 만나게 된다.

영혼으로서의 이데아

『파이돈』 편은 소크라테스의 죽음을 배경으로 이데아론을 전개한다. 여기에서 펼쳐지는 것은 종교적 이데아론이거니와, 이데아론은 이 맥락 외에도 여러 맥락(과학적/수학적 이데아론, 정치적 이데아론, 문화적 이데아론 등)을 띤다. '존재론'의 성격을 띤 모든 이론들이 그렇듯이, 이데아론

---

4) 플라톤에게 가설이란 말 그대로 "밑에 놓는 것"으로서 논의의 발판 같은 것이다. 가설은 단일한 것이 아니라 계속 이어진다. 탐구가 진행됨에 따라 좀더 근본적인 가설로 계속 내려간다. 마지막에 이르러 '가설적이지 않은 것(anypotheton)' 즉 근본 원리에 이르게 된다.(『국가』, VI, 511b) 가설이란 이렇게 좀더 근본적인 차원으로 나아가는 과정에서 길을 잃지 않게 해주는 발판들을 가리킨다. 아리스토텔레스에게서 '제일 가설들'이란 그 자체로서는 증명되지 않는 제일 원리들(공리들, 가정들)을 가리킨다.

은 그 논의의 맥락에 따라 매우 다른 여러 얼굴을 가진다. 플라톤 사후에 이 대화편은 상당한 영향력을 행사했고, 특히 기독교 시대에 접어들어 플라톤이 종교적인 모습으로 이해되는 데 결정적 역할을 했다. 그러나 그것은 플라톤 사유의 일면이라 해야 할 것이다. 이 대화편에서는 이데아론이 가장 원형적이고 소박한 형태로, 그러나 매우 체계적이고 일관된 방식으로 나타나 있다.

죽음 앞에서 초연한 것만큼 한 영혼의 뛰어남을 보여주는 모습도 드물다. 『파이돈』이 그려준 소크라테스의 최후는 스토아학파를 비롯한 후대의 철학자들에게 마르지 않는 영감(靈感)의 샘이 되었다. 그리고 그 초연한 최후는 "진정으로 철학적인 생애를 보낸 사람은 죽음 앞에서 초연하며, 사후에도 최선의 것들과 함께하리라"(63e~64a)라는 희망과 믿음으로 뒷받침되고 있다. 그리스인들에게 죽음이란 영혼과 육체의 분리를 뜻했다. 소크라테스에 따르면, 육체는 사람으로 하여금 쾌락의 유혹에 휘둘리게 하고 사물에 대한 참된 인식을 방해한다. 따라서 지혜를 사랑하는 사람은 영혼을 육체로부터 해방해주는 죽음 앞에서 초연한 것이다. 이런 논의 과정에서, 참된 인식에 도달하려면 감각에 휘둘려서는 곤란하며 영혼의 순수한 작용을 따라야 함이 강조된다. 이로부터 이데아론의 가닥이 잡힌다. 플라톤은 이후 계속 발전시키고 자기비판하고 다시 성숙시켜나갈 이데아론을 일단 다음과 같이 전개한다.

1. 혼란스러운 감각을 넘어서 이성이 인식하는 대상은 "스스로/자체로써 (auto)" 존재하는 대상이다. 우리는 이성을 통해서 사물의 '실체(ousia)', '실재(to on)'를 파악할 수 있다. 이런 수준의 인식에 도달하려면 '정화(katharsis)'가 필요하며, 육체와 영혼을 분리해야 한다. 철학이란 죽음을 수련하는 것이다. 철학자의 아레테는 용기, 절제, 정의를 포괄하며 이 모두가 지혜에 의해 이끌린다.

2. 생성은 대립자들 사이에서 이루어진다. 찬 것에서 더운 것이, 작은 것에서

큰 것이, 강한 것에서 약한 것이 생성한다(그 역도 마찬가지). 마찬가지로 산 것에서 죽은 것이 나오고, 죽은 것에서 산 것이 나온다. 따라서 이승이 있듯이 저승이 있다. 그렇지 않다면 죽음 쪽으로의 생성만이 존재할 것이다.

3. 인식이란 결국 '상기(anamnēsis)' 이외의 것이 아니다. 그리고 상기가 가능하기 위해서는 우선 동일성 즉 '같음 자체(auto to ison)'가 전제되어야 한다. 이를 통해서 같은 것들이 같은 것들로서 파악되기 때문이다. 자기동일성을 유지하는 형상들=이데아들에는 아름다움 자체, 좋음/선(善) 자체, 올바름/정의 자체, 경건함 자체도 포함된다. 이 이상태들에 조회함으로써 우리는 현실과 이상 사이의 거리를 좁혀나갈 수 있다. 우리의 영혼은 단순한 경험을 넘어 이 이상태들을 알고 있고, 따라서 태어나기 전에도 우리의 영혼이 존속했음을 알 수 있다.

4. 이데아는 신적이고 불사이며, 오로지 이성을 통해서만 알 수 있는 것이다. 그것은 자기동일적 존재이며, 해체될 수 없는 존재, 영원한 존재이다. 영혼은 이데아와 뗄 수 없이 맞물려 있다. 육체는 정확히 그 반대이다.

5. 가지적(可知的)인 형상들과 가시적(可視的)인 사물들을 명확히 구분해야 하며, 이 두 차원 사이에 존재하는 관여, 임재, 결합의 관계를 파악해야 한다. 그리고 이러한 인식에 근거해서 신체와 영혼을 구별할 줄 알아야 하고, 영혼의 불멸성을 깨달아야 한다.

①이성이 인식하는 대상은 감각적 변화를 넘어서 있는 어떤 동일성이다. 실재, 실체, 훗날에는 '본질' 등으로 불리게 될 동일성은 "그 자체로써(kath'hauto)" 존재한다. 이와 대조적으로 어떤 것들은 이 자체로써 존재하는 것에 "부대해서(kata symbebēkos)" 존재한다. 이 구분은 헬라스 철학에 핵심적이다. 감각은 감각적인 것을 알아보고, 이성은 이성적인 것을 알아본다.("같은 것이 같은 것을 알아본다") 그래서 감각을 통한 인식과 이성을 통한 인식의 구분이 중요하며, 이성을 통한 인식에 도달하려면 우선 신체적인 것, 물질적인 것, 감각적인 것을 솎아내는 과정('정화')이 필

요하다. 이런 과정이 바로 철학을 하는 것이고, 영혼과 육체의 분리란 곧 죽음이므로 죽음을 수련하는 것이다. 철학자는 영혼을 갈고 닦음으로써 용기, 절제, 정의, 지혜를 갖추게 된다.[5] 그리고 이런 영혼은 불멸한다.

②그렇다면 영혼의 불멸은 구체적으로 어떤 식으로 가능한가? 그것은 곧 '윤회(palingenesia)'를 통해 가능하다. 윤회를 통해서, 삶에서 죽음으로 갔던 영혼이 다시 죽음에서 삶으로 온다. 플라톤은 이것을 일자는 그 대립자에서 생성한다는 논리로서 증명코자 한다. 그러나 플라톤의 논리는 비약을 품고 있다. 플라톤이 든 예들은 '정도(degree)'에서 성립하지만, 삶과 죽음은 불연속적인 단절이기 때문이다. 따라서 연속적인, 정도차를 통해 움직이는 대립자들이 아니라 불연속적인 대립 나아가 모순을 형성하는 존재들 사이의 순환이 증명되어야 할 것이다. 아니면 삶과 죽음도 정도차로 구성된 연속성 위에 놓여 있음을 좀더 명료하게 논증해야 할 것이다. 어쨌든 플라톤의 생각대로 삶에서 죽음이 죽음에서 삶이 나온다면, 삶의 세계가 있듯이 죽음의 세계도 있어야 한다. 훗날의 용어로, 삶의 세계에서 사물들은 '실존하지만(exist)' 실존함이 존재함의 전부가 아니며 죽음의 세계에서 '잠존하는(subsist)' 사물들도 존재해야 하는 것이다. 내세(來世)의 존재라는 이 생각은 상기설을 논하는 데에도 기초가 된다.

③플라톤은 『메논』에서 수학을 배우지 못한 시동이 기하학적 문제 풀이를 따라오는 과정을 보여주었거니와, 이것은 인식이란 이미 알고 있는 것을 상기하는 것임을 강하게 시사한다. 누군가가 올바르게 질문한다면 해당 내용을 배우지 못한 사람도 올바르게 대답할 수 있다. 이것은 곧 묻는 사람이나 대답하는 사람이나 추론 능력을 내장하고 있음을

---

5) 초기의 소크라테스적 대화편들에서와 마찬가지로 여기에서도 지혜가 다른 덕들을 관장한다. 그러나 『국가』에 이르러 플라톤의 생각에 변화가 오며, 오히려 '정의'가 이런 역할을 담당하게 된다.

시사한다. 이것이 상기설의 실마리이다. 그리고 이 상기설은 우리가 태어나기 이전에 이미 우리의 영혼은 존속하고 있었으며 진리를 알고 있었음을 시사한다. 영혼은 세상에 태어나면서 망각(lēthē)을 겪는다. '진리(alētheia)'란 바로 이 망각 상태에서 벗어나는 것 이외의 것이 아니다.(『파이드로스』, 249b~c)[6]

　무엇인가를 상기하는 행위는 '유사성(homoiotēs)'을 실마리로 한다. 그러나 유사성을 통해 상기할 때 그 근저에서는 동일성이 작동하고 있다. A를 보고서 그것과 유사한 B를 상기할 때, 우리는 A와 B 사이의 차이를 잠시 접어두고서 그것들을 이어주는 동일성을 파악하고 있는 것이다. 그 동일성에 차이를 덧붙임으로써 유사성이 성립한다. 따라서 실마리는 유사성이지만 원리는 동일성이다. 동일한 것들 또는 유사한 것들은 동일성을 근거로 같은 이름으로 불리거나 서로가 서로를 상기시켜주는 것이다. 여기에서 같은 '것들' 또는 유사한 '것들'과 같음 자체(동일성 자체)가 명확히 구분된다. 그리고 같음=동일성 자체가 같은 것들, 유사한 것들을 같게/유사하게 만들어주고 있는 것으로 이해된다. 여기에 형상=이데아 이론의 실마리가 있다. 구체적인 사물들은 그것들의 이데아를 통해서 비로소 그 연관성이 파악된다. 형상들의 가장 기본적인 성격은 같음, (자기)동일성이다. 이렇게 구체적 사물들과 그것들의 형상 사이에 존재하는 관계를 파악하게 되는 실마리를 플라톤은 '모자람'에서 찾고 있다.

　　어떤 것(A)을 보고서 그것이 (비교가 되는) 다른 어떤 것(B)에 한참 모자란다

---

6) 상기설이 영혼불멸설의 근거인지 아니면 그 역인지는 흥미로운 문제이다. 설명의 순서에서는 후자가 유력하다. 영혼불멸이 전제되어야 상기가 가능하기 때문이다. 그러나 현실적으로는 상기라는 현상이 인정되지 않는다면 영혼불멸설은 종교적/형이상학적 믿음 이상은 되지 못한다. 우리가 경험을 넘어서는 차원을 알고 있다는 사실이 생전(生前)에 우리의 영혼이 존재했다는 근거가 되며, 때문에 상기를 통한 인식이 실제 존재한다는 사실이 핵심이다.(사후(死後)에도 영혼이 존속하는가의 문제는 뒤에서 다루어진다) 플라톤이 기하학을 중시한 것은 이 때문이다.

는 생각이 들 때가 있다네. 그럴 때 우리는 후자(B)를 이미 알고 있었다고 해야 하겠지. [⋯] 어떤 것들이 같게 되려 하지만 같음 자체에 한참 모자란다고 생각하게 될 때, 우리가 이미 같음 자체를 알고 있었다고 해야 하지 않을까?(『파이돈』, 74e)

비실비실한 말을 보고서 적토마보다 더 완벽한 말을 떠올리고, 잘 안 쓰이는 펜을 쓰면서 완벽하게 술술 잘 쓰이는 펜을 떠올린다. 그럴 때 우리가 이미 비교의 대상이 되는 완벽한 어떤 것을 알고 있다는 것은 분명하다. 우리가 경험하는 현실이 불완전하다고 느낄 때 우리는 그것과 비교가 되는 완전한 어떤 세계/차원을 생각한다. 그것은 우리가 사물들의 이상태(理想態)를 이미 알고 있음을 시사한다. 물론 보다 경험적으로 볼 때 우리는 현실적 사물들로부터 추상해서 그런 이상태로 나아간다고 할 수도 있다. 그러나 그런 나아감이 가능하기 위해서도 이상태에 대한 개념이 전제되어야 한다. 그렇지 않을 경우 추상한다 해도 하필이면 그런 이상태 쪽으로 방향을 잡을 이유가 없기 때문이다. 인간에게 현실을 있는 그대로 지각할 능력밖에 없다면 그에게 현실과 이상 사이의 차이/거리라는 개념은 생겨나지 않을 것이다. 그러나 인간은 분명 그런 차이/거리를 알고 있으며, 바로 그 때문에 그 차이/거리를 메우려 노력한다. 여기에 플라톤 사유의 핵심적인 실마리가 있다. 현실적 사물들이 각각의 이상태와 같게 되려 할 때, 그 이상태는 같음 자체여야 한다. 이상태 자체가 동일성을 유지하지 않는다면 그것은 이상태의 역할을 할 수 없기 때문이다. 형상=이데아는 자기동일성을 갖추어야 하는 것이다.

우리가 감각기관들을 통해서 사물들을 보는 한, 동일성을 인식하기는 힘들다. 감각을 넘어 이성을 통해 볼 때에만 동일성이 파악된다. 그렇다면 인간이 동일성을 파악할 수 있다는 사실이 이성의 선재(先在)를 함축한다고 보아야 한다. 이것이 상기설을 통해서 영혼불멸설로 나아가는 또 하나의 논거이다. 이성이 파악하는 동일성에는 지혜 자체, 아름다움 자체, 좋음 자체, 올바름 자체, 경건함 자체 등 다양한 것들이 있다. 이 '자체'들이 우리의 삶을 이끌 때 현실과 이상의 거리는 좁혀질 수 있다. 아레테에 대한 소크라테스의 탐구가 이렇게 이데아론으로 결실을 맺기에 이른다. 소크라테스 자신이 이런 "플라톤적 실체화(實體化)"에 대해 어떤 반응을 보였을지는 알 수 없지만 말이다.

④인간이 경험으로 알 수 있는 지평을 넘어 이데아들을 알 수 있다는 사실은 영혼과 육체를 구분하는 근거가 된다. 그리고 영혼이 이데아들을 안다는 것은 그것이 태어나기 이전에 이미 이데아들을 보았음을 함축한다. 그렇다면 죽은 후의 영혼은 어떤가? 죽음에서 삶으로 온 과정과 대칭적으로 생각해보면 당연히 영혼은 사후에도 불멸해야 한다. 그러나 좀 더 상세한 논증이 필요하다.

핵심적인 것으로서, 복합체와 단순체를 구분해야 한다. 복합체는 단순체들이 조합되어 성립한 것이며 따라서 해체될 수도 있다. 그러나 단순체 즉 단일하고 순수한 체는 조합된 것이 아니며 따라서 해체되지도 않는다. 단일하다는 것은 오로지 하나일 뿐임을 뜻하고, 순수하다는 것은 자신 외의 타자가 섞여 있지 않음을 뜻한다. 그래서 이 단순체는 자기동일자(自己同一者) 즉 "언제나 똑같은 방식으로 한결같은 상태로 존재하는 것"이다.(『파이돈』, 78c) 이런 존재들은 바로 앞에서 언급했던 '～자체'들이다. 이것들은 "그 자체에 있어 오로지 하나인 것"으로서, 생성의 피안에 존재한다. 반면 현실적 존재들은 복합체여서 해체될 수 있고, 생성의 와중에서 살아간다. 플라톤은 이렇게 말한다.(요약한 것임)

> 존재자들은 둘로 나뉜다. 하나는 가시적인 것이지만, 다른 하나는 비가시적인 것이다. 비가시적인 것은 자기동일자이지만, 가시적인 것은 그렇지 못하다. 우리 자신은 육신(sōma)과 영혼(psychē)으로 이루어져 있거니와, 육신은 가시적인 것에 영혼은 비가시적인 것에 관련된다.(『파이돈』, 79a～b)

영혼은 지혜(phronēsis)를 갖춤으로써만 이런 역할을 할 수 있다.(79d)

따라서 영혼은 형상계로 가는 통로이며, 형이상학적 차원으로 올라갈 수 있게 해주는 사다리이다. 아름다움과 사랑에 대한 대화편인 『향연』(210a 이하)은 영혼이 어떻게 아름다운 육체에서 출발해 모든 아름다운 육체에 공통된 아름다움으로, 다시 정신적/문화적 아름다움으로, 그리고 아름다운 지혜로 상승하는가, 그리고 마침내 '아름다움 자체'에 도달하게 되는가를 시적으로 표현하고 있다. 더불어 소크라테스를 찬양하면서 육신의 아름다움과 영혼의 아름다움을 대비하고 있다. 사랑과 아름다움을 다루고 있는 또 하나의 대화편인 『파이드로스』(246a 이하)는 영혼을 욕망과 격정을 은유하는 한 쌍의 비마(飛馬)와 이성을 은유하는 마부가 끄는 마차에 비유하면서 그 상승과 하강의 운동을 묘사한다. 날개를 활짝 편 영혼은 천상계에 올라가 형상들을 관조하지만 날개를 잃은 영혼은 지상으로 추락해 죽을 운명의 존재들에게 들어간다. 가장 많은 형상을 본 영혼은 철학자가 되고 가장 적은 형상을 본 영혼은 참주가 된다. 『파이돈』(81a 이하)에서는 역의 방향으로 현세에 묶여 있는 영혼들이 사후에 겪는 운명을 언급하고 있다. 훌륭한 업(業)을 쌓은 영혼들은 신들과 함께하게 되지만, 그러지 못한 영혼들은 다시 사람으로 태어나거나 다른 동물로 태어난다.[7]

이렇게 시적으로, 신화적으로 표현된 이미지는 서구의 종교와 예술에

---

7) 폭식을 비롯해 쾌락을 탐닉하던 자들은 나귀 부류로, 참주들이나 강도들 등은 이리, 매, 솔개 등의 부류로 다시 태어나지만, "시민적 덕성(dēmotikē kai politikē aretē)"을 닦은 사람들 즉 철학의 수준은 아니지만 비교적 잘 구성된 교육을 받음으로써 절제와 정의를 배운 사람들은 다시 시민들이나 꿀벌, 말벌, 개미 부류(사회적 동물들)로 태어난다고 한다. 플라톤의 사상은 사람, 직업, 담론 등에서의 '가치'를 판별하려는, 즉 보다 진정한 부류와 보다 가상적인 부류를 판별해내려는 의지로 차 있고, 이것은 가치판단의 모든 관습, 전통, 기준이 무너진 시대상을 반영한다. 다음을 보라. 박홍규, 『형이상학 강의 2』, 135쪽 이하 및 질 들뢰즈, 『차이와 반복』(김상환 옮김, 민음사, 2004).

오래도록 영향을 미쳤으며, 오늘날까지도 대중문화의 통속화된 이미지들로서 표현되고 있다. 이런 과정이 유대-기독-이슬람교의 매개를 거쳐 증폭되었다는 것은 말할 필요도 없을 것이다.

⑤영혼은 일종의 조화라는 생각이 그리스 사회에 널리 퍼져 있었던 것 같다. 악기를 구성하는 요소들이 신체의 요소들이라면, 그것들이 들려주는 소리의 조화는 바로 그 악기의 영혼과도 같다고 할 수 있을 것이다. 그렇다면 악기가 부서지거나 썩을 경우 그 조화는 어떻게 되는가? 이 물음은 물질적인 차원과 그 물질을 특정하게 조직하는 차원의 관계를 생각해보게 만드는 핵심 물음이다. 하나의 배를 구성하는 나무 판들을 배의 모양을 유지한 채 차례로 다른 판들로 갈아 끼웠을 때 그 배는 이전의 '바로 그' 배인가? 뼈, 살, 피 등이 우발적으로 모여 한 동물을 이루는가, 아니면 어떤 조직화의 원리에 따라 그것들이 조직됨으로써 동물이 만들어지는가? 더 넓게 말해, 우주는 물질들의 우연한 조합인가, 아니면 어떤 법칙성, 조화, 섭리, …의 산물인가? 인간의 신체가 해체될 경우 그것을 떠받쳐주던 조화는 사라지는가, 아니면 조화가 선재(先在)하고 신체의 부분들이 그 조화에 맞추어 조직되었던 것인가? 이 모든 물음들이 후대에 '유물론'과 '형상철학(idealism)'의 대립을 가져온 근본 물음들이다.

영혼을 물질적 요소들이 조합된 '결과'로서 파악할 경우 그 요소들의 해체는 당연히 영혼의 해체를 가져온다는 결론이 나온다. 영혼이 윤회한다 해도 그 윤회의 과정에서 영혼은 점차 "닳을" 것이고 결국에는 해체될 것이다. 이 논의의 핵심은 영혼을 물질적 요소들의 조합이 빚어낸 결과로 보는 점에 있다. 결국 이 관점은 형상의 독립성을 인정하지 않고 그것을 물질적 변화의 잠정적인 효과 정도로 보는 관점이다. 여기에서 조화는 어떤 '복합적인 것'으로 파악되며, '단순한 것'들이 변화하면 그에 부대해 변화할 수밖에 없다.

플라톤은 이 주장에 대해 두 가지 반론을 시도한다. 첫째, 조화라는 것이 부분들의 결합을 통해 형성되는 것이라면, 그때 조화는 부분들의 운동에 따라 달라진다. 또, 구성 요소들이 유사하다면 그 결과로서 성립하는 조화 또한 유사할 수밖에 없다. 그러나 ①식물·동물·인간의 영혼은 각기 다르며 또 같은 인간이라 해도 영혼은 수도 없이 다양하다. 그런 다양성이 식물·동물·인간의 물질적 차이에서 유래한다는 것은, 또 인간을 이루는 신체적 구성 요소들이 크게 다른 데에서 유래한다는 것은 우스꽝스러운 결론이다. 영혼들은 그 자체로서 다양하다고 보아야 한다. ②조화라는 것이 구성 요소들의 운동의 결과라면 전체의 조화 자체가 구성 요소들에 반(反)해서 움직인다는 것은 상상하기 힘들다. 악기의 구성 요소가 망가졌는데 소리 자체는 좋아진다는 것은 있을 수 없다. 그러나 영혼의 경우에는 이런 일들이 얼마든지 많이 일어난다. 인간의 삶을 관찰해보면 오히려 영혼이 주(主)의 역할을 하고 육체는 객(客)의 역할을 하고 있지 않은가. 우리의 영혼이 육체와 투쟁하는 경우도 많이 볼 수 있지 않은가. 이렇게 생각해본다면, 영혼이란 결코 물질적 구성 요소들이 결과적으로 형성하는 조화가 아니다. 그것은 어떤 독립된 실체로서 신체의 주인이며, 또 그 자체로서 큰 다양성을 보여주는 고유한 존재인 것이다.

둘째, 사물들을 이해할 때 무엇이 진짜 원인이고 무엇이 보조적인 원인인가를 분명히 알아야 한다. 사물들을 근저에서 이끌고 있는 존재들에 주목하지 않고 당장 눈에 보이는 감각적인 것들만 가지고서 사유하는 것은 단견이다. 형상의 차원과 질료의 차원을 구분할 줄 알아야 하는 것이다. 물론 진정한 설명은 이 두 차원 사이의 관계를 밝혀주는 데 있다. 이를 위해서 '관여(關與=methexis)'라든가 '임재(臨在=parousia)'라든가 '결합(koinōnia)' 같은 개념들이 필요하다. 예컨대 아름다운 것들은 아름다움 자체에 관여하며, 아름다움 자체는 아름다운 것들에 임재한다. 그 두 차원은 서로 결합해 있는 것이다. 이 대목에서 플라톤의 형상 이론이 뚜렷한 모습을 갖추고서 등장한다. 플라톤은 이 개념들을 한평생에 걸쳐 다듬어나가게 된다.

구체적 사물들과 형상들을 이렇게 구분할 경우, 앞에서 말한 대립자들의 관계에 관련해서도 주의가 필요하다. 앞에서는 대립자에서 대립자가 나온다는 생각을 통해서 절대 단절을 정도의 연속성으로 대체했다. 그러나 이것은 사물 차원에서나 성립한다. 형상 자체의 차원에서는 대립자들이 결코 서로를 받아들이지 않는다.[8] 대립자들은 상용(相容)해도 대립하는 형상들은 상용하지 못한다. 그러나 사물들 자체도 상용할 수 없는 경우가 있고(예컨대 눈(雪)과 불의 경우. 이 경우에 눈은 뜨거움의 이데아에 관여할 수 없고, 불은 차가움의 이데아에 관여할 수 없다), 대립자가 아닌 경우에도 각각의 관여하는 형상들의 측면에서는 상용할 수 없는 경우도 있다(예컨대 3과 4는 대립자가 아니지만, 홀수인 한에서의 3과 짝수인 한에서의 4는 상용하지 못한다). 어떤 경우든 형상들의 차원은 자기동일적 존재들이 불연속을 형성하면서 영원히 존재함으로써 생성을 초월하는 차원이다. 플라톤은 이런 구분을 해야만 비로소 우리가 명확한 사고를 할 수 있다고 본다.

이런 근거 위에서 영혼의 문제가 최종적으로 논증된다. 신체는 영혼—물론 영혼은 비물질적인 존재로서 형상적인 존재이다—에 관여할 때 살아 있게 된다. 'psychē'가 본래 생명을 뜻했다는 사실을 상기하자. 형상인 한에서의 영혼=생명은 죽음과 상용하지 않는다. 다시 말해 영혼은 불사(不死)하는 존재이다. 그렇다면 앞의 논의와 지금 논의는 어떻게

---

8) "그때는 대립자(대립되는 사물)에서 상대 대립자가 생긴다고 말했지만, 지금은 대립자 자체(이데아)가 상대 대립자 자체가 될 수는 없다는 말을 하는 걸세."(103b) 대립자들은 생성의 연속성 속에 놓여 있다. 뜨거운 것이 차갑게 되기도 하고 차가운 것이 뜨겁게 되기도 한다. 그러나 형상들, 즉 뜨거움 자체나 차가움 자체는 불연속을 형성하며 서로 단적으로 구분된다. 뜨거운 것은 그 대립자(차가운 것)로 화할 수 있지만, 그것을 "뜨거운 것"으로 불릴 수 있게 해주는 것 즉 뜨거움 자체, 뜨거움의 이데아는 그 대립자(차가움 자체, 차가움의 이데아)로 화할 수 없다. 그럴 경우 그것은 더 이상 이데아로서의 역할을 할 수 없을 것이기 때문이다.

관련되는가? 앞에서는 영혼의 불사가 삶과 죽음의 경계를 허무는 것을 함축했다. 그러나 지금 논의는 삶과 죽음은 전적으로 불상용이라는 점을 함축한다. 이것은 신체와 영혼을 날카롭게 구분함으로써만 해결된다. 하나의 신체가 죽음에 관여할 때 삶=생명=영혼과는 관여할 수 없다. 삶과 죽음은 불상용이다. 그러나 이것이 신체가 죽음에 관여할 때 영혼이 파괴됨을 뜻하지는 않는다. 아니, 죽음과 삶=생명은 불상용이기 때문에 죽음이 도래할 때 삶=생명은 떠난다. 역방향으로 말하면, 『파이드로스』에서도 강조되듯이 "영혼은 스스로를 떠나지 않는 존재"이다. 신체는 사멸하지만 영혼은 스스로로부터 떠나지 않은 채 신체를 떠난다. 그리고 다른 신체로 들어간다. 이렇게 보면 형상들의 불상용과 형상과 구체적 사물의 관계, 그리고 윤회설과 상기설이 복잡하면서도 일관되게 얽혀 있음을 깨닫게 된다. 논의의 설득력 여부에 관계없이, 이렇게 여러 갈래의 복잡한 논의들을 논리적으로 일관되게 연계하는 것은 철학적 사유 능력을 보여주는 한 규준(規準)이며, 이전 철학자들의 단편적 사유들("~노라", "~하라" 식의 사유들)과 구분되는 이런 사유 능력을 우리는 플라톤에게서 처음으로 발견하게 된다.

『파이돈』 편에서 우리는 플라톤 철학의 진면목을 분명하게 확인할 수 있다. 물론 다분히 종교적인 색채를 띠고 있어 현대인의 감각으로는 받아들이기 힘든 대목들도 적지 않은 것은 사실이다. 앞에서 언급했듯이 이 대화편은 중세 기독교 철학의 맥락에서 특히 많이 수용되었고, 역으로 이런 역사가 플라톤을 일면적으로 이해하게 만든 한 원인이 되기도 했다. 그러나 플라톤이 이렇게 실마리를 마련한 이데아론을 그의 평생에 걸쳐 다듬어갔다는 것이 중요하다. 우리는 한 대(大)철학자가 일생에 걸쳐 갈고 다듬은 존재론적 가설을 그에게서 처음으로 만나게 되는 것이다. 이 점에서 이데아론은 철학의 역사가 계속되는 한 영원히 참조될 존재론이기도 하다.

진리로서의 이데아

이데아론의 여러 측면들이 풍부하게 등장하는 또 하나의 대화편으로 『국가』를 들 수 있다. 『파이돈』을 비롯해 지금까지 언급한 여러 대화편들도 이데아론을 다루고 있지만, 특히 『국가』를 참조함으로써 이 존재론의 종합적 면모를 일차적으로 정리할 수 있다. 여기에서 플라톤은 주로 비유들을 써서 이데아론을 설명한다. 그것은 그의 새로운 사상—사실상 인류 역사에서 처음 등장했다고 할 수 있는 사상—을 전달하기 위한 고육지책(苦肉之策)이라 할 것이다. 그리고 이데아론의 완숙한 전개는 『파르메니데스』 이후의 '후기 대화편들'에서 이루어진다.

지금부터 약 2,500년 전에 저술된 『국가』편에서 가장 놀랍게 느껴지는 대목은 일정하게 설계된 교육 과정을 통과한 인물들을 폴리스의 통치자들로 뽑아야 한다고 주장하는 부분이다. 더구나 이 과정에는 여성도 대등하게 참여할 수 있다. 세습(世襲)도 아니고 선양(禪讓)조차도 아닌, 말하자면 과거(科擧)를 통해서 통치자'들'을 뽑자는 주장이 BC 5세기에 나왔다는 사실이 얼마나 경이로운가. 물론 이것은 난데없이 나온 주장이 아니라 그리스세계, 특히 아테네의 수준 높은 민주주의의 토양에서 싹튼 생각이라고 보아야 한다. 플라톤이 말하는 이 교육 과정은 크게 감정 교육과 이성 교육으로 나뉜다. 감정 교육으로서는 시가(詩歌)와 체육이, 이성 교육으로서는 (현대 식으로 말해) 과학 교육과 철학 교육이 제시된다. 이 과정에서 최종·최상위의 교육이 철학 교육이고, 철학 교육의 핵심이 바로 이데아의 인식에 관련된 교육이다. 요컨대 이데아의 인식이 최고 통치자들이 통과해야 할 최후 관문인 것이다. 『국가』의 VI, VII권에서는 바로 이런 맥락에서 이데아에 관한 논의가 펼쳐진다.

플라톤의 정치철학이 담고 있는 핵심 주장들 중 하나는 통치자 계층의 거의 절대적인 도덕성이다. 뒤에서 논할 '처자의 공유'를 비롯한, 현대인에게는 너무 극단적인 것으로 보이기까지 하는 주장들은 이런 맥락에서 이해되어야 한다. 그렇다면 어떤 과정을 통해서 통치자들을 뽑을 것인가가 중요한 문제로 대두된다. 통치자들은 플라톤이 엄밀하게 설계한 교육 과정(기초 교육으로서 감정 교육, 본격적 교육으로서 이성 교육, 그리고 그중에서도 최고의 교육으로서 철학 교육)을 최종적으로 통과한 사람들이다. 교육 과정의 끝에는 '철학'이 존재하며, 따라서 통치자들은 곧 넓은 의미에서의 철학자들이다. 물론 이때의 '철학'이나 '철학자들'은 오늘날의 의미와는 상당히 다른, 그리스적 맥락에서의 철학, 철학자들이다. 플라톤이 생각한 '철학자들'은 대체적으로 공자가 꿈꾸었던 '군자(君子)'들에 근접한다고 볼 수 있을 것이다. 그리고 핵심적인 것은 누군가가 "철학자"라고 불릴 자격이 있다면 그것은 그가 이데아를 인식했기 때문이라는 점이다. 그렇다면 철학자는 어떤 사람이고, 이데아는 어떤 것인가?

플라톤에게 철학자란 세계의 진상(眞相)을 인식한 사람이다. 세계의 진상을 플라톤은 '실재(to on/to ontōs on＝realitas)' 또는 '진리(alētheia＝veritas)'라 부른다. 그렇다면 플라톤에게 실재/진리란 어떤 것일까? 플라톤에게 참된 존재 즉 실재는 "영원하고 자기동일적인 것들(ta aei kata tauta hōsautōs onta)"이다. 영원하다는 것은 시간에 의해 마모되지 않는다는 것을 뜻하고, 자기동일적이라는 것은 타자들과 엄밀하게 구분되어 자족(自足)한다는 것을 뜻한다. 오늘날 우리가 '이데아' 즉 '형상(形相)'이라 부르는 것들이다. 현실의 말(馬)은 태어나 성장하고 늙어서 죽는다. 그러나 말의 이데아는 영원하다. 현실의 말은 타자들(사람, 풀, 나무, 공기 등등)과 끊임없이 관계를 맺으면서 변해가지만, 말의 이데아는 인간의 이데아, 풀의 이데아, 나무의 이데아, 공기의 이데아 등등과 엄밀하게 구분됨으로써(불연속적으로 존재함으로써) 자기동일적이다. 달리 말해 타자들과 섞이지 않는다는 점에서 순수하다.[9] 각각의 형상은 오로지 하나일

---

9) 그러나 이데아들은 서로 논리적으로 결합한다. 즉 'koinōnia'의 관계를 맺는다. 아버지의 이데아와 아들의 이데아는 논리적으로 관계 맺지만, 현실의 아버지와 아들은 물질에 구현되어 그리고 생성해가면서 관계 맺는다. 플라톤은 중기까지의 이데아론에서는 주로 이데아와 현실적 사물들 사이의 관련성을 논하지만, 후기에 가서는 이데아들 상호 간의

뿐이지만, 그 형상에 관여하는 사물들은 숱하게 많다. 말의 이데아는 하나이지만 현실의 말은 셀 수 없을 정도로 많다. 현실의 말들은 말의 이데아에 관여하기 때문에 공통으로 "말"이라 불리고, 말의 이데아는 현실의 말들에 '임재'함으로써, '구현(具顯)'됨으로써[10) 현실성을 획득한다. 플라톤에게 철학자란 바로 이 실재로서의 이데아를 인식하는 사람이다.

이런 맥락에서 플라톤은 철학자의 확고한 '인식(epistēmē/gnōmē)'과 일반인들의 '의견/통념(doxa)'을 구분한다. 인식의 대상은 이데아이지만, 견해의 대상은 가변적인 사물들이다. 전자는 이성적 인식이지만, 후자는 경험적 인식이다. 플라톤의 인식론에서 인식이란 실재에 관한 것이고 비인식이란 비실재에 관한 것이다. 진정으로 있는 것에 대한 앎이 진짜 앎이고, 어떤 면에서도 없다고 해야 할 것에 대한 앎은 가짜 앎이다. 의견/통념은 바로 이 중간에 존재한다. 경험적 지식은 영원하고 자기동일적인 것에 대한 인식이 아니기 때문에 진짜 앎이 아니며, 그러나 없는 것을 인식하는 것은 아니기 때문에(가변적인 사물들에 대한 인식이기 때문에) 가짜 앎 역시 아니다. 파르메니데스에게서 이미 확립된 것이지만, 플라톤에 이르러 존재와 사유의 일치라는 서구 철학의 근본 테제가 좀더

관련성을 적극 탐구한다. 이른바 '분할법(diairesis)'이라 불리는 이 대목은 『파이드로스』에서 등장하고, 특히 『소피스트』와 『정치가』에서 풍부하게 펼쳐진다. 『국가』에서는 이하에서 논할 '변증법(dialektikē)'에서 이 문제를 다룬다.

10) 후대에 등장하는 '화신(化身)', '화체(化體)', '현현(顯現)', '구체화(具體化)', '체화(體化)', '체현(體現)' 같은 말들이 모두 구현(embodiment)과 유사한 뉘앙스를 담고 있다. 비물질적인(immaterial) 것—가장 대표적인 것으로는 플라톤의 '이데아'와 유대-기독-이슬람교의 신의 '말씀'—이 물질성/신체성을 띠게 된다는 이 생각이 서구 전통 사유(적어도 주류)의 핵심을 이루었다. 이런 개념들에는 현실세계를 폄하하는 뉘앙스가 묻어 있다. 물질에 구현되기 이전의 비물질적인 것들은 순수한 것들이다. 자기동일적이라 함은 타자성(otherness)에 의해서 훼손되지 않음, 타자와 섞이지 않음을 뜻하기 때문이다. 이렇게 순수한, 자기동일적인 존재들이 물질성이라는 타자성에 '구현'된다는 것은 일종의 타락을 의미한다. 이로부터 신체성(身體性)을 띤 것들에 대한 폄하가 성립한다. 이런 구도는 훗날 니체의 격렬한 비판을 불러일으킨다.

정교하게 확립된다.[11] 이것은 언어적인 방식으로도 표현될 수 있다. 인식이란 "x는 ~이다"라 할 때 이 명제가 참인 한에서 이 '이다'에 관한 것이다. '인' 것을 '아니'라고 하거나 '아닌' 것을 '이'라고 할 때 오류가 발생한다. "x는 ~이다"라 할 때 이 '이다'는 x의 실재를 지시하고 있으며, 이 실재를 인식하는 것이 진짜 인식이기 때문이다. 플라톤에게 존재는 빛이요 무/비존재는 어두움이며, 따라서 인식은 빛이요 무지는 어두움이다. 철학자는 이 존재/실재의 빛, 인식/진리의 빛을 찾은 사람이다. 이런 사람만이 사욕(私慾)에 물들지 않을 수 있으며, 사물을 적도(適度=emmetria)에 따라 다룰 수 있으며, 이데아를 본(本)으로 삼아 정의롭게 국가를 이끌 수 있다. "지혜를 사랑하는 부류가 나라를 장악하게 되기 전에는 나라에 있어서도 시민들에게 있어서도 '나쁜 일들(악과 불행)의 종식'은 없을 것"(VI, 501e)이기 때문이다. 그렇다면 철학자가 찾은 이 존재/실재/진리는 정확히 어떤 것일까? 즉, 이데아란 구체적으로 무엇인가?

이전에 존재하지 않았던 무엇인가를 처음 말하는 사람들은 흔히 비유를 사용한다. 이미 알고 있는 것을 매개로 해서 새로운 것을 이야기할 수밖에 없기 때문이다. 플라톤의 대화편에 숱한 형태의 비유들—신화를 포함해서—이 등장하는 것은 이 때문이다. 플라톤은 그의 이데아 개념을 태양의 비유, 선분의 비유, 동굴의 비유를 통해서 이야기한다. 플라톤이 사용하는 비유(eikōn) 중 이데아론의 설명에서 특히 많이 동원되는 것은 '유비(類比=analogia)'이다.

1. **태양의 비유.** 이미 논했지만, 이데아론의 기본 구도는 하나와 여럿, 이성적인 것과 감성적인 것의 구도이다. 많은 아름다운 것들과 아름다움

---

11) 감각작용(aisthēsis=sensation)은 감각적 대상(aisthēton=the sensible)을 인식하고, 이성작용(noēsis=intellection)은 가지적(可知的) 대상(to noēton=the intelligible)을 인식한다는 구도가 이 일치의 기초적인 형식이다.

자체가 구분되며, 전자는 감각에 의해 확인되지만 후자는 이성에 의해 확인된다. 다섯 개의 공깃돌은 현실적 사물들이고, 5는 이데아적 존재이다. 많은 친절한 행위들을 보면서 거기에서 '친절함'이라는 것 자체를 읽어낼 때, 우리는 일종의 이데아를 보는 것이다. 플라톤은 이런 구도에서 이데아는 현상들의 '가능조건'임을 지적한다.[12] 5는 다섯 개 공깃돌의 가능조건이며, 친절함은 친절한 행위들의 가능조건이다. 물론 이 각각의 경우 가능조건(가능근거)은 하나가 아니라 여럿이다. 공깃돌의 경우 5만이 아니라 각 공깃돌의 형태를 가능케 하는 '형태의 이데아'가 임재해야 하고, 친절한 행위들의 경우 우선 '인간의 이데아'가 임재해야 할 것이다. 그 외에도 무수한 이데아들이 (서로 간에는 논리적으로만 관계 맺으면서) 동시에 임재해야 각 현상들이 가능해진다. 이렇게 보면 여러 현상들에 하나의 이데아가 대응하기도 하지만, 동시에 하나의 현상에 여러 이데아들이 임재하기도 한다. 이 복잡한 형태의 관계('관여', '임재', '결합'의 관계)를 파악하는 것이 플라톤 이데아론의 관건이다. 후기 저작들에서 집중적으로 논의되는 것은 이데아들 사이의 관계('코이노니아')의 문제이다.

플라톤은 가능근거로서의 이데아와 그것에 관련되는 현상들의 관계를 빛/태양과 시각적 존재들(색깔, 모양 등)의 관계에 '유비'한다. 가시적 사물들과 태양의 관계가 현상세계와 이데아계의 관계와 서로 유비적이다. 플라톤은 최상의 이데아인 '선(善)의 이데아'를 예로 들어 이를 설명한다.

12) '가능조건(condition of possibility)'을 찾는 것은 곧 '선험적 조건(transcendental condition)'을 찾는 것이다. 선험적 조건을 찾는 방식은 다양하다. 객관에서 찾는 갈래, 주관에서 찾는 갈래, 객관과 주관에서 찾는 갈래, 또는 다른 차원에서 찾는 갈래 등. 플라톤의 경우 이데아의 차원이 현실 차원의 가능조건이기 때문에, 첫 번째 유형에 속한다.

내가 태양이 선=좋음의 소산이라고, 즉 선이 이것을 자신의 유비물(類比物)로서 산출했다고 말한 것으로 하세. 그러니까 선이 이성적인 영역에 있어 이성('누스')과 이성적 인식 대상들(ta nooumena)에 대해 갖는 관계를 태양은 감각적 영역에 있어 시각과 시각적 감각 대상들에 대해 갖는다는 것이지.(VI, 508b~c)[13]

이렇게 태양이 시각적 대상들의 가능근거이듯이, 이데아는 사물들의 가능근거이다. 바로 그렇기 때문에 이데아는 '인식'과 '진리'의 원천이 된다. 역으로 말해, 우리가 인식하는 것, 진리를 발견하는 것은 결국 이데아를 인식하고 이데아를 발견하는 것 이외의 것이 아니다.

하나와 여럿, 이성적인 것과 감각적인 것이라는 구도와 더불어 또 하나의 핵심 구도는 영원한 것(자기동일적인 것)과 생성하는 것이라는 구도이다. 이데아계는 영원한 차원이고, 현실계는 생성하는 차원이다.

선이 인식 대상들의 인식(됨의) 가능성인 것만이 아닐세. 그것들[인식 대상들]이 존재하게 되고 그 현실성(ousia)을 갖게 되는 것도 선으로 인해서인 것이네. 그래서 선은 단순한 현실성이 아니라 그 위상과 능력에 있어 현실성을 초월해 존재하는 것이라고 말하세.(VI, 509b)

선의 이데아가 인식의 가능조건이기만 한 것이 아니라 사물들의 '존재(함)'의 가능조건이라는 점이 강조되고 있으며, 그래서 이데아는 사물들이 가지는 존재론적 위상인 현실성[14]을 넘어서 존재하는 존재 즉 초

---

13) 'nous' 즉 이성=순수사유의 활동이 'noēsis'이고, 그러한 활동의 결과(순수사유의 대상)가 'noêma' 또는 (위 인용문에 나오는) 'ta nooumena'이다. '노에시스와 노에마' 개념은 훗날 후설 현상학의 주요 어휘로 사용되며, '누메나'는 칸트에 의해 '본체계(本體界)'/'물자체(物自體)'의 뜻으로 사용된다.

14) 'ousia'라는 말은 '존재하다(einai)'의 명사 현재진행형인 'to on'(영어의 'being'에 해

월적(transcendent) 존재임이 역설되고 있다.

2. **선분의 비유**. 두 번째 비유는 선분의 비유이다. 하나의 선분을 균등하지 않게 둘로 나눈다. 그 한 부분은 가지적 대상들이고, 다른 한 부분은 감각적 대상들이다. 가지적 대상들은 다시 수학적 대상들과 이데아들로 나뉘고, 감각적 대상들은 다시 영상/이미지들과 현실적 사물들로 나뉜다. 물론 이 각각에 인식의 종류들―오성지, 이성지, 감각지, 경험지―이 할당된다.

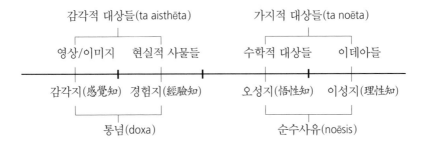

우선 크게는 통념과 순수사유가 나뉘고, 각각의 대상들로서 감각적 대상들과 가지적 대상들이 나뉜다. 통념은 확고한 이론을 통해서 성립한 인식이 아니라 경험의 축적을 통해서 성립한 인식이다. 이 인식 능력의 대상은 곧 우리의 감각 및 기억을 통해서 얻을 수 있는 대상들이다. 이는 다시 둘로 나뉘는데, 잠시 동안 지각되거나 아예 착각되는 것들로서 영상/이미지(예컨대 물에 비친 얼굴)가 그 하나이고 비교적 긴 시간 동안 반복적인 지각을 통해(즉 경험을 통해) 얻은 현실적 사물들이 다른 하나이다. 전자를 인식한 것이 즉물적인 감각/지각에 그친다면, 후자를 인식

당)에서 파생된 여성형 명사이다(영어의 'beingness'에 해당). 오늘날의 어휘로는 'reality' 또는 'substantiality', 또는 경우에 따라 'essence'에 해당한다. 우리말로는 '실재'/'실재성'에 해당한다. 그러나 인용문의 맥락에서는 '실재성'보다는 '현실성'의 뜻으로 사용되고 있다. 오늘날의 '리얼리티'라는 뜻에 해당한다. 그러나 대부분의 서구 고중세적 맥락에서는 '실재(성)'를 가리킨다.

한 것은 '경험'의 수준에서 성립한 것이기 때문에 나름대로의 인식론적 가치를 띤다. 순수사유는 감각을 넘어 사물의 본질에 육박하는 이론적 인식으로서, 그 대상들은 우리의 감각으로는 파악되지 않는 비물질적 대상들이다. 이 역시 둘로 나뉘는데, 그 하나는 수학을 통해서 파악되는 대상들이고 다른 하나는 좁은 의미의 철학('변증법')에 의해 파악되는 대상들이다.

감각지, 경험지, 오성지, 이성지라는 구분, 바슐라르의 용어로 하면 '인식론적 지위(epistemological status)'의 구분은 이후의 인식론에 하나의 전범으로서 자리 잡게 된다. 그리고 이런 구도는 아래에서 논할 교육론에서도 기본 방향을 제공한다.

3. **동굴의 비유**. 세 번째 비유는 그 유명한 '동굴의 비유'이다. 하나의 동굴이 있고, 그 가장 안쪽의 벽면에서는 그림자들이 움직이고 있다. 벽면에서 좀 떨어진 곳에서는 앞만을 볼 수 있는 죄수들이 그림자들을 보고 그것들이 실물들이라 생각하면서 살아간다. 다시 바깥쪽으로 조금 나온 곳에는 담장과 길이 있어, 그 길을 따라 다른 사람들이 실물들을 흔들면서 지나간다. 그리고 더 바깥쪽 한가운데에서는 불길이 타오르고 있다. 벽면에 그림자가 비치는 것은 바로 이 불빛이 실물들을 비추어 그 결과가 벽면에 투영되기 때문이다.

이제 한 사람이 우연한 기회에 이 동굴로부터 탈출한다. 그는 그때까지 자신이 보았던 것들이 사실은 '가상(illusion)'에 불과했음을, '진리(truth)'는 다른 곳에 있었음을 깨닫고 충격에 휩싸인다. 그리고 더 나아가 불빛을 보게 되고, 마침내는 동굴 바깥의 태양을 보게 된다. 동굴의 어두움에 익숙해 있던 그는 너무나 눈이 부셔 처음에는 이 진리를 똑바로 쳐다보지 못한다. 하지만 그는 마침내 진리를 보고서 그 사실을 다른 사람들에게 알리기 위해 돌아온다. 그러나 처음에 그는 급격히 단절되어 있는 진리와 가상을 어떻게 연결지어 사람들에게 설명할지를 알지 못한다. 게다가 사람들은 진리를 말하는 그를 미친 자로 간주해 오히려 박해할 것이다. 후대의 역사가 보여주듯이, 진리를 본 그의 눈을 지지거나, 진리를 말하는 그의 혀를 뽑거나, 진리를 쓰는 그의 손을 자르고 그가 쓴 책들을 불태울 것이다. 그러나 진리를 본 자의 이런 수난을 통해서 세상은 조금씩 바뀌기 시작한다.

어두운 환영의 세계에 갇혀 사는 사람들, 그로부터 탈출한 인물, 진리와의 접촉, 현실로의 귀환, 현실과의 투쟁, 박해와 수난, 드디어 변하기 시작하는 세상. 소크라테스의 죽음을 암시하는 이 서사 구조는 가까이로는 '예수 설화'로부터 멀리로는 「매트릭스」에 이르기까지 수도 없이 많은 버전들을 낳으면서 서구 문명사에 긴 영향을 미쳤다.

플라톤에게 진리는 단순한 지식이 아니며 축적을 통해 발전해가는 것도 아니다. 그것은 "눈이 어둠에서 밝음으로 향하려면 몸 전체를 함께 돌리지 않고서는 불가능하듯, 영혼 전체와 더불어 생성계로부터 〔이데아계로〕 전환해야만"(VII, 518c) 얻을 수 있는 것이다. 이러한 '인식론적 단절'을 통해서야 비로소 진리를 접할 수 있다. 플라톤은 이를 '상승 운동(anabasis)'이라 칭하며, 또 이데아를 관조하는 '관조적 삶(theōrētikos bios)'이라 말하고 있다. 그러나 이것은 길의 절반이다. 진리를 얻은 사람은 다시 현실로 내려와야 한다. 그리고 그 진리를 사람들과 공유해야 한다. 공동체에 진리를 전달하고 그로써 공동체를 진리로 이끌어야 하는 것이다. 플라톤은 이 길을 '하강운동(katabasis)'이라 칭하며, 또 실천에 매진하는 '실천적 삶(praktikos bios)'라 부른다. 이렇게 상승운동과 하강운동, 관조적 삶과 실천적 삶, 인식론적 단절과 인식론적 회귀가 원환을 그리면서 완성될 때에만 철학적 삶은 완성될 수 있다고 본 것이다. 플라톤 자신으로 말한다면, 전자가 이데아론으로의 상승이라면 후자는 정치철학으로의 하강이라고 할 수 있을 것이다. 이론과 실천의 순환이라는 이 구도 역시 후대에 지대한 영향을 끼치게 된다.

플라톤은 이렇게 태양의 비유, 선분의 비유, 동굴의 비유라는 세 비유를 통해서 이데아를 설명한다. 이로써 『파이돈』편에서 등장했던 이데아론이 좀더 형상적이고(figurative) 입체적인 형태를 띠게 되었다. 특히 선분의 비유는 아래에서 논할 교육론에 직접 응용되는 구도로서, 플라톤 사유 전체의 구도를 이해하는 데 핵심적인 내용들 중 하나이다.

플라톤은 『국가』 이후에도 이론적 긴장의 끈을 놓지 않고 이데아론을 계속 다듬어간다. 자신의 이데아론을 스스로 논박하면서 근본 문제들을 파헤친 『파르메니데스』, 이데아 인식의 문제를 본격적으로 특화해 다룬 『테아이테토스』, 이데아들 사이의 결합('코이노니아')을 정교하게 논한 『소피스트』, '하나와 여럿'의 문제를 이데아론으로 풀어간 『필레보스』 등을 통해 이데아론은 계속 정교하게 다듬어졌다. 플라톤 사유의 정수(精髓)는 오히려 『국가』 이후의 대화편들에서 나타난다고도 할 수 있다. 여기에서는 플라톤적 세계관을 가장 포괄적으로 보여주는 『티마이오스』만을 논할 것이다.

본(本)으로서의 이데아

『티마이오스』는 당대의 다양한 자연철학적 성과들을 모두 포괄하면서 우주의 탄생과 구조에 대한 일관된 설명을 제시한다는 점에서 이후 자연철학 저작들의 효시가 된다. 우주에 대한 플라톤의 생각은 다음 구절에 압축적으로 나타나 있다.

> 그런데 제(티마이오스)가 볼 때 우선 이런 구분을 할 필요가 있습니다. 무엇이 '영원하고 자기동일적인 존재'이고, 무엇이 '늘 생성할 뿐이어서 자기동일적이지 못한 존재'입니까? 첫 번째 것은 항상 동일성을 유지하기에 순수사유와 논리적 추론에 의해 파악됩니다. 두 번째 것은 생성과 소멸을 겪을 뿐 자기동일적 실재가 아니기에 감각작용을 동반하는 통념의 대상입니다. 나아가 존재하는 것은 그것이 무엇이든 그 원인을 가지기 마련이기에, 생겨나는 모든 것은 어떤 원인의 작용으로 생겨나는 법입니다. 그래서 [이 우주는] 조물주(데미우르고스)가 영원하고 자기동일적인 존재들을 뚫어지게 응시하면서 그것들을 본(本

=paradeigma)으로 삼아 만든 것입니다. 다시 말해 그 존재들의 형태와 역능 (dynamis)을 자신의 작품(우주)에 구현시킨 것입니다. 우주가 바로 이렇게 만들어졌으니 이토록 아름다운 것이 당연하지 않겠습니까.(27d~28b)

플라톤은 우선 두 측면을 구분하는 데서 시작한다. 우선 이 세계의 본이 된, 이 세계가 그것을 '본'떠서 만들어진 모델의 차원, 이데아의 차원이 있고, 다음으로는 이 이데아들이 구현되는 물질적 터가 있다.[15] 후대에 정리된 개념으로 말한다면 바로 '형상(形相)'과 '질료(質料)'이다. 이데아는 자기동일성의 차원이기에 순수사유의 대상이지만, 물질적 터는 생성의 차원이기에 통념의 대상밖에는 될 수 없다. 세 번째의 근본 존재는 조물주이다. 조물주는 물질적 터(物)를 이데아에 따라 빚어낸(造) 창조주(主)이다. 플라톤이 이 조물주의 존재를 진짜 믿었는지 아니면 그저 설명을 위해 편의상 끌어들였을 뿐인지에 대해서는 고래로 많은 논쟁이 있었다. 어쨌든 플라톤이 볼 때 우주를 이해하기 위해서는 최소한 세 항이 필요하다. 우주 질서의 근원이라 할 이데아계, 그리고 우리의 감각으로 확인되는 물질적 터, 마지막으로 이데아계를 물질적 터에 '구현'한 조물주.

조물주는 이데아계를 "보고서" 그에 따라 코라(chōra=물질적 터)를 빚었기 때문에 이데아들을 코라에 집어넣은 것은 아니다. 이데아계는 조물주의 바깥에 논리적으로 그보다 먼저 존재하는, 항존(恒存)하는 세계이다. 그렇다면 조물주가 이데아들을 구현했다는 것은 곧 코라로 하여금 이데아들을 모방하도록 했다는 것을 뜻한다. 이것을 달리 말한다면 이데아들을 본으로 삼아서, 즉 이데아들을 '본'떠서 물질적 터를 빚었다는 것

15) "늘 생성할 뿐이어서 자기동일적이지 못한 존재"는 물질적 터를 가리킬 수도 있고 물질적 터의 운동이 만들어내는 생성하는 현상들을 가리킬 수도 있다. 플라톤은 뒤에서 이 두 측면을 분명하게 구분하거니와, 지금은 그 표현으로 볼 때 후자를 가리킨다. 그러나 보다 근본적인 실체는 물질적 터이며, 이하에서는 물질적 터를 가지고서 논할 것이다.

이다. 이데아들의 무엇을 본떴는가? 그 형태와 역능, 즉 꼴과 힘이다. 토끼는 곧 조물주가 토끼의 이데아를 보고서 그것을 '본'으로 삼아 물질적 터를 빚어서 만들어낸 존재이다. 토끼 이데아의 형태와 역능을 물질에 구현함으로써 현실의 토끼를 만든 것이다. 이 '모방(mimēsis)'의 개념은 이후 서구 철학사에서 가장 중요한 역할을 할 개념들 중 하나로 자리 잡는다.[16] 이 세계는 어떤 제작자가 만든 것이라는 것, 그리고 아무렇게나 만든 것이 아니라 어떤 영원한 질서를 모방해서 만든 것이라는 것, 그래서 우주가 이토록 잘 질서 잡혀 있고 아름답다는 것은 플라톤적 우주론의 핵심 성격이다.

플라톤은 이 대화편을 이데아계와 그것을 가장 가깝게 모방하고 있는 우주를 중심으로 한 논의, 이데아계의 대립항인 코라의 성격을 해명하는 논의, 그리고 이 두 차원을 함께 결합하고 있는 생명체들에 대한 논의라는 세 부분으로 구성하고 있다.

I. 우선 조물주가 어떻게 이데아들을 구현하려 노력했는가를 보자. ① 조물주는 질투심이 없는 존재이다. 모든 일그러짐, 불화, 갈등은 질투심에서 나오기에. 그래서 모든 것이 최대한 자신을 닮도록 세계를 아름답게 만들었다. 우주란 조물주의 선함에 근거해 생겨난 것이기에, 플라톤의 세계관은 근본적으로 낙천적(樂天的)이다. ②우주는 이데아를 본떠 만들어진 것이거니와, 세계에 내재하게 된 이데아는 이성(nous)의 형태(또는 이법의 형태)를 띤다. 이성이란 우선 영혼—'생명'의 뜻을 내포한다—에 깃들 수 있는 존재이다. 따라서 조물주는 이성을 영혼에 깃들게 한 후 이를 물질적 터에 구현했다. 그렇기 때문에 우주는 살아 있는 존재인 동시에, 가능한 한에서 이성에 따라 생성하는 존재이기도 하다. 요컨대 우주는 '섭리(攝理)'에 따라 생겨났으며, 생명/영혼을 담고 있는 존

---

16) 이 말의 현대어는 'representation'으로서, 존재론적 맥락에서는 '재현(再現)'을, 인식론적 맥락에서는 '표상(表象)'을, 정치철학적 맥락에서는 '대의(代議)'/'대표(代表)'를 뜻한다.

재이며,[17] 이성(/이법)을 구현하고 있는 존재이다. ③세계의 이런 성격은 무엇보다 '코스모스'로서의 우주에서 확인된다. 조물주는 우선 천구(天球=우라노스)와 천체들(신들)을 만들었다. 모든 형태들 중에서 원이 가장 완벽하기에 ─ 최대의 자기동일성을 가지기에 ─ 천구를 원형으로 만들었으며, 유일한 하나로 만들었으며(둘 이상일 경우 어느 하나가 완전하지 못한 것이 되거나 둘이 서로를 제약하게 되겠기에), 우주 안의 사물들은 생멸을 겪어도 우주 자체는 영원하도록 만들었으며, 기본적으로 기하학적 비례관계에 따라 만들었다("신은 기하학자이다"). 그래서 플라톤의 우주는 조화, 균형, 적도(適度), 절제, 비례, 간명성(簡明性), 완전성, 자기동일성, 자족성(自足性) 등의 성격을 가진 것으로 이해된다. 플라톤의 이런 가치들이 이후 서구 문화를 모양 지었다.

플라톤은 조물주가 우주를 존재(ousia), 동일성/동일자(tauton), 차이/타자(thateron)라는 세 가지 원리를 가지고서 만들었다고 본다.[18] 동일자

---

17) 이렇게 볼 때 우주는 그 자체가 일종의 생명체라고도 할 수 있다. 이때의 영혼을 '우주 영혼'이라고 부른다. 이 영혼은 이데아계와 현실계를 이어주는 사다리의 역할을 한다. 달리 말해, 이데아에 가장 근접해 있는 것이 영혼이며 현실계에서 가장 초월적인 것이 영혼이다. 영혼의 이런 사다리와도 같은 성격 또한 이후의 철학사에서 반복적으로 등장하는 테마가 된다. 아울러 영혼은 존재론과 인식론을 잇는 가교이기도 하다. 영혼이라는 존재의 빼어난 기능들 중 하나가 바로 '인식'의 기능이기 때문이다. 영혼에도 등급이 있고 가장 높은 등급, 즉 이데아계에 가장 가까운 등급을 부여받는 존재 ─ 결국 인간의 정신을 뜻한다 ─ 가 사물들을 훌륭하게(이성적으로) 인식할 수 있는 것이다. 이렇게 영혼/정신이라는 존재는 형이상과 형이하의 가교이기도 하지만, 또한 동시에 이성적 인식의 가능근거이기도 하다. 서구의 인식론은 줄곧 이 영혼/정신이라는 원리를 둘러싸고서 전개되었으며, 근대에 이르러 이런 관점의 한계가 극복되기에 이른다.

18) 『소피스트』에서는 이 세 가지에 운동과 정지를 합쳐 다섯 가지 '최상위 유(類)'를 논하고 있다. 훗날의 개념으로 해서 '범주들(categories)'이라 할 수 있다. 여기에서 운동과 정지를 뺀 것은 아마도 형상계와 물질계를 언급할 때 이미 거기에 정지와 운동의 원리가 함축되어 들어갔기 때문인 것으로 보인다. 아울러 존재의 짝이라 할 수 있는 무/비존재가 빠진 것은 플라톤이 결국 무/비존재란 '타자'에 다름 아니라고 보았기 때문이다. 여기에서 다룰 수는 없지만 이 문제는 매우 심오한 맥락을 함축하고 있으며, 서구 철학이 무가 아니라 존재 위주의 사유를 펼치게 된 근간이 된다.(다음을 보라. 이정우,

는 우주의 항상적인 측면을 설명해주고, 타자는 변이(variation)를 가져오는 측면을 설명해준다. 그래서 위의 '간명함'이 '단순함'은 아니다. 우주의 동일자와 타자는 대수학적으로 표현된다. 동일자는 2배수(1, 2, 4, 8 등)로 그리고 타자는 3배수(1, 3, 9, 27 등)로 표현되며, 2배수는 우주의 항상적 측면들을 형성하고 3배수는 복잡하게 변이하는 측면들을 형성한다. 이런 구조는 음악의 그것과 일치하는데, 2배수에서는 온음계의 구조가 성립하고 3배수에서는 반음계가 성립해 소리를 다채롭게 만들어준다. 아울러 동일자와 타자는 또한 기하학적으로도 표현된다. 천구 안에는 두 개의 면이 존재하는데, 역시 하나의 면은 우주의 항상성을 다른 하나의 면은 변이성을 표현한다. 그 하나는 동일자의 면 즉 적도(赤道)를 지름으로 하는 면이고, 다른 하나는 타자의 면 즉 황도(黃道)를 지름으로 하는 면이다. 동일자의 면에서는 항성(恒星)들이 돌아가고, 타자의 면에서는 행성(行星)들—월(月), 화(火), 수(水), 목(木), 금(金), 토(土), 일(日)의 별들—이 돌아간다. 현대의 천문학과 달리 지구를 중심으로 관찰하는 상황을 생각해야 한다.[19] 이렇게 천문학, 대수학, 기하학, 음악은 매우 밀접한 관련을 맺는 것으로 이해되었으며, 이런 생각은 그 후로도 오래 지속되고 또 (다름 아닌 플라톤 자신에 의해 설계된) 서구의 교육 제도에도 깊이 스며들어 간다.

이렇게 만들어진 우주는 참으로 아름다웠고 조물주도 자신의 작품을

『신족과 거인족의 투쟁』, 한길사, 2008) 반면 아시아세계의 철학은 항상 무를 둘러싸고서 전개되었다는 점에서 대조가 된다. 이때의 무는 물론 플라톤이 배제하고자 한 절대무가 아니라 매우 복잡한 의미맥락을 가진 무이다.

19) 별자리들로는 궁수좌, 염소좌, 물병좌, 물고기좌, 양좌, 황소좌, 쌍둥이좌, 게좌, 사자좌, 처녀좌, 천칭좌, 전갈좌가 있었고, 이것들 각각은 1월에서 12월까지의 1년의 진행과 상응하는 것으로 파악되었다. 어떤 사람들은 이런 구조를 이용해서 운명(運命)을 점치기도 했는데, 이를 '점성술(占星術)'이라 부른다. 아시아세계의 고대 천문학이 점복이라는 사술(邪術)의 전통을 남겼다면, 서구 고대 천문학은 점성술이라는 사술의 전통을 남겼다.

보고서 "경탄하면서 기뻐했다"고 한다. 그러나 우주는 '퓌지스'일 뿐 이데아계가 아니며 따라서 어디까지나 생성하는 존재이다. 즉, 그것은 어디까지나 이데아계의 모상(模像)이다. 따라서 문제는 어떻게 이 우주가 이데아계를 최대한 닮도록 만드느냐에 있다. 조물주는 우주를 탄생시키기 위해서 또 하나 중요한 것을 만들었는데, 그것이 바로 '시간(chronos)'이다. 조물주는 최대한 규칙적인 시간을 만들어야 했다. 그래야만 우주가 제멋대로 움직이지 않고 질서정연하게 돌아가겠기에 말이다.[20] 그래서 플라톤에게 시간이란 바로 영원의 모상으로서, 물론 움직이는 모상으로서 창조되었다. 우주의 질서는 어디까지나 생성하는 질서이기에 곧 시간의 질서라는 형식을 띠게 된다. 따라서 우주의 수학적 질서는 시간의 질서로서 표현되었다. 그리고 이 시간적 질서는 보다 구체적으로는 '속도'의 질서라고 할 수 있다. 플라톤은 여러 다양한 천문 현상들, 예컨대 금성이 샛별로도 저녁별로도 나타나는 이유, 화성이 역행하는 이유, 일식이나 월식이 일어나는 이유 등을 속도 개념을 가지고서 설명하고 있다. 아울러 플라톤은 시간/속도의 역할 외에 힘의 역할도 강조한다. 천체들이 궤도를 이탈하지 않고 질서를 지키게 하기 위해서는 만유(萬有)에 인력(引力)이 작동해야 함을 역설한 것이다. 이렇게 공간, 시간, 속도,

---

20) 이 생각은 이후의 철학사를 두고서 볼 때 극히 중요한 생각이다. 세계가 규칙적으로 돌아간다는 것은 그만큼 시간의 역할이 미미하다는 것을 뜻하며, 규칙성에 있어 이탈들이 발생한다는 것은 그만큼 시간의 역할이 크다는 것을 뜻하기 때문이다. 10년 후의 일을 알 수 있다면 그 사이의 시간은 별로 중요하지 않다. 우리가 10년 후의 일을 알 수 없다면, 그것은 바로 그 사이에 시간의 힘이 크게 작용한다는 것을 뜻한다. 이로부터 여러 가지를 말할 수 있다. ①플라톤이 천문학(기하학, 대수학, 음악 포함)의 영역을 우선적으로 논하는 것은 바로 이 영역이 시간의 역할이 가장 작은, 즉 가장 규칙적으로 움직이는 영역이기 때문이다. 이 사실은 과학사적으로 중요하다. ②앞에서 말한 점성술을 비롯한 각종 사술들은 규칙성이 비교적 강한 곳에서 성립하는 논의를 그렇지 않은 영역으로 무책임하게 투사함으로써 성립한다고 볼 수 있다. ③철학사에 있어 시간이라는 것을 어떻게 볼 것인가는 매우 핵심적인 문제로서 작동해왔다. 우리는 근현대 세계의 철학을 논하면서 이 점을 충분히 보게 될 것이다.

힘을 비롯한 여러 기본 개념들을 동원해서 플라톤은 우주란 조물주가 형상계를 모방해서 만든 것임을 보여준다.

우주가 제아무리 질서정연하고 조화롭다 해도, 그것은 역시 형상계와 분명하게 구분되는 생성하는 세계, 물질성을 띤 세계이다. 그럼에도 우주 즉 천계(天界)는 여러 면에서 지상(地上)과 구분된다. 그것은 지상의 운동들과는 달리 완벽에 가까운 원운동을 하며, 원소들 중 가장 비물질적이라 할 불로 만들어졌으며,[21] 생성소멸을 극소로만 겪는 것, 영원하지는 못할지라도 항구적(恒久的)인 것이다. 별들 역시 원형을 띤 것으로 이해되었으며, 고대인들은 이들이 신이라 생각했다. 플라톤은 별들을 드러나 있는 신들로, 신화가 말하는 신들을 자신들이 원할 때 드러나는 신들로 구분한다. 이와 대조적으로 지상의 존재들은 좀더 물질적인 것들로서 원운동에 비해 혼란스러운 상하·전후·좌우의 운동을 하며, 불뿐만이 아니라 공기, 물, 흙으로도 만들어져 있으며, 생성소멸을 겪을 수밖에 없다. 이들은 신들처럼 불멸의 존재가 아니라 죽을-수밖에-없는 존재들이다.

그러나 지상의 존재들 역시 조물주에 의해 창조된 것들이다. 조물주는 코라(물질적 터)와 '타협'해가면서 창조할 수밖에 없었지만, 그럼에도 형상계를 그 터에 최대한 구현하려 했다. 지상의 존재들 또한 조물주의 피조물(被造物)이라는 사실의 가장 핵심적인 증거는 영혼의 존재와 물질의 기하학적 구조에서 나타난다. 모든 존재들이 각각의 영혼(/생명)을 담고 있다는 것, 그리고 물질적 터는 원래 카오스이지만 조물주와의 타협을 통해서 가능한 한도 내에서 기하학적 구조를 띤다는 것에서 우리는 천

---

21) 플라톤은 공기를 논하면서 공기 중에서도 특히 영묘(靈妙)한 것을 '에테르(aithēr)'라 불렀다. 물론 공기는 어디까지나 지상의 사물들을 구성하는 원소였다. 그러나 아리스토텔레스는 지상의 원소들을 물, 불, 공기, 흙이라 보고 천계의 물질은 따로 설정했으며, 이 '제5원소'를 에테르라 불렀다. 이 말은 이후 자연철학적 맥락에서 오래도록 중요한 역할을 한다.

계만이 아니라 지상에서도 조물주의 섭리를 확인할 수 있다. 그러나 지상에서의 섭리, 특히 생명체들에 나타난 섭리를 논하기 전에 우선 물질에 대해 논하고 넘어가야 한다. 천계 역시 생성의 세계이고 물질로 되어있으나, 불이라는 단일한 원소로 되어 있고 변화도 미미한 것으로 이해되었다. 때문에 플라톤은 물질에 관한 이야기는 미루어놓았다가 지상에 대해 이야기하기 직전에 꺼낸다.

　II. 물질적 터는 어떤 존재일까? 조물주는 형상계만이 아니라 물질적 터를 가지고서 세계를 창조했다. 달리 말해 이성의 원리에 따라서만이 아니라 아낭케의 원리에 따라서도 만들었다. 아낭케는 '어쩔 수 없음' 또는 '어쩔 수 없는 것'을 뜻한다. 조물주가 형상계를 물질적 터에 온전하게 구현하려 해도 물질적 터는 그 나름대로 원인의 역할을 하며, 따라서 조물주는 어쩔 수 없이 물질적 터의 성격에 맞추어 창조할 수밖에 없다. 조각가가 돌을 쪼아 어떤 형상을 구현하려 할 때 그 돌의 성격에 따라서 새길 수밖에 없는 것을 상기하면 좋을 것이다. 그래서 세계는 이성의 원리와 아낭케의 원리의 합작품이라고 할 수 있다.[22] 이 점에서 플라톤의 사유 역시 아페이론의 바탕에 일정한 페라스(규정)가 주어짐으로써 사물들이 성립한다는, 아낙시만드로스와 퓌타고라스 이래의 그리스적 사유 구조를 그대로 물려받고 있다.

　플라톤의 이 물질적 터 즉 코라는 물질-공간(matter-space)이라고 할 수 있다. 플라톤은 진공과 원자를 구분한 원자론자들과는 달리 오로지 꽉 찬 물질-공간으로서의 'plenum'만이 존재한다고 보았다. 모든 생성은 바로 이 터, 플라톤의 용어로는 '코라'에서 비롯되며, 조물주는 코라와 타협해서 그것에 형상들을 최대한 구현하고자 했다. 플라톤은 이 터

---

22)　이 아낭케는 흔히 '필연(必然)'으로 번역되는데, 이때의 필연은 논리적 필연(logical necessity)이나 물리적 필연(physical necessity)이 아니라 조물주의 입장에서 볼 때 어쩔-수-없음을 뜻한다. 따라서 목적론적 세계관을 전제한 상태에서 목적의 온전한 실현을 방해하는 성격을 뜻한다.

를 "자궁"이라든가 "유모", "어머니" 같은 다양한 여성적 비유들을 동원해서 설명하고 있다. 이 코라는 또한 새김바탕으로 묘사되기도 하는데, 바로 그것이 조물주가 형상들을 새기는 바탕이기 때문이다. 조물주가 새기려 하는 이데아들의 성격과 그 새김바탕인 코라의 성격은 상반된다. 전자는 영원하고 자기동일적인 존재들이지만, 코라는 계속 생성해가는 물질-흐름이기 때문이다. 인식론적으로도 전자는 우리의 이성을 통해서 파악되는 차원이지만, 후자는 "사생아적 추론"을 통해서만 파악할 수 있는 차원이다.[23] 그래서 이 두 차원의 타협을 통해서 창조된 세계는 기본적으로는 질서를 갖추고 있지만 또한 동시에 복잡성 나아가 무질서의 측면도 담게 된다.

코라가 일정한 규정성을 띠게 됨으로써 형성되는 기본 원소들―플라톤은 엠페도클레스에서 유래하는 '원소(스토이케이온)'라는 말과 아낙사고라스에서 유래하는 '종자(스페르마)'를 함께 쓰고 있다―은 지(地), 수(水), 화(火), 풍(風)이다. 이 점에서 플라톤은 엠페도클레스를 받아들이고 있거니와, 사실 4원소설은 엠페도클레스만의 주장이 아니라 지중해 세계의 일반적인 물질관이었다. 그러나 플라톤은 4원소 아래로 내려가 좀더 근본적인 그러나 원자들이 아닌 요소들을 찾아내어, 조물주가 물질-공간을 어떻게 기하학화하고 있는가를 드러내려 한다. 코라 자체는 카오스로서 모든 것이 아직 실선으로가 아니라 점선으로만 그려져 있고 계속 유동(流動)하고 있는 터이지만(그래서 플라톤은 코라를 "방황하는 원인"이라고 부른다), 조물주가 거기에 비율과 척도를, 더 구체적으로 도형들과 수들을 부여함으로써 비로소 실선으로 정확히 마름질된 물, 불, 공기, 흙이 만들어졌다고 본 것이다.[24] 플라톤은 4원소가 더 심층적으로는 기

---

23) 코라는 비감각적이고 실체적인 존재라는 점에서 형상계 못지않게 실재이며 또 원인(原因)이다. 코라의 생성을 통해 성립하는 현상들은 감각적으로 확인되지만 코라 자체는 그것들의 터로서 추론할 수밖에 없다. 또, 코라는 생성하는 차원이지만 그 자체로서는 형상계만큼이나 영원한 실재이다. "사생아적"이라는 말은 이 점을 표현하고 있다.

하학적 다면체들로 되어 있다고 생각했다. 불은 정4면체, 흙은 정6면체, 공기는 정8면체, 물은 정20면체로 되어 있고, 이들이 모두 모인 우주는 정12면체로 되어 있다고 보았다. 플라톤은 이 도형들의 구성 원리와 특성에 대해 상세한 논의를 편다.(54d 이하)

플라톤의 이런 생각은 당대에 발전하고 있던 입체기하학을 배경으로 하고 있으며, 자신의 생각이 너무나도 독창적이라는 점을 잘 알고 있었던 그는 이 모든 논의들이 "그럼 직한 이야기"일 뿐임을 누누이 밝히고 있다. 사실 플라톤의 탐구 방식은 그 기본 골격에서 현대 과학의 방식을 선취하고 있다고 할 수 있다.[25]

그런데 이 도형들은 다시 보다 근원적인 요소들로 환원될 수 있는데, 이것들은 곧 변들이 각각 $1 : 1 : \sqrt{2}$와 $1 : \sqrt{3} : 2$인 직각이등변 삼각형과 직각부등변 삼각형이다. 이 두 삼각형의 조합만으로도 앞의 네 입체

---

24) 이 페라스 즉 극한/경계(limit)가 완전하게 고정되지 못할 때, 모든 것들은 그 경계선 상에서 극히 미세하게 떨리게 된다. 코라는 그 본성이 카오스이기 때문에 조물주가 그것을 마름질했을 때에도 아낭케의 작용으로 이런 미세한 떨림까지 완전히 잠재울 수는 없다. 베르너 하이젠베르크는 '불확정성 원리'를 발견하게 해준 실마리들 중 하나를 여기에서 찾고 있다. 그는 또한 물질의 궁극적 형태는 수학으로만 포착되리라는 것, 그리고 대칭(symmetry) 개념의 중요성을 『티마이오스』에서 읽어내고 있다.(『부분과 전체』, 유영미 옮김, 서커스, 2016.『물리학과 철학』, 구승회 옮김, 온누리, 2011)

25) 여기에서 예컨대 불이 정삼각형으로 "되어 있다"고 할 때 수학과 물리과학의 관련성이 문제가 된다. 기하학적인 순수 정삼각형이 제아무리 복잡하게 결합해도 거기에서 갑자기 물리적인 실재성이 등장할 리는 없기 때문이다. 플라톤에게 우주는 '플레눔'이다. 물질 없는 공간은 애초에 성립하지 않는다. 따라서 플라톤은 설명의 편의상 일단 물질성을 빼고 기하학적 구조만을 가지고 설명하고 있다고 보아야 한다. 플라톤이 입체들을 논하면서 'sōmata' 즉 '물체들'이라는 표현을 쓰는 것도 이 때문일 것이다. 이 문제는 현대 과학과 관련해서도 제기된다. 물질을 탐구하면서 계속 미시세계로 내려갈수록 오히려 물질성이 휘발되고 점점 수학적 구조가―예컨대 텐서방정식―만 남게 된다. 그러나 만일 미시세계의 극치가 순수 수학적 존재들이라면 그것들이 아무리 많이 모여도 물질적 실재성을 가질 수는 없다. 수학적 설명 방식과 물리적 실재성은 분명하게 구분되어야 하는 것이다. 각도를 조금 달리할 경우, 이 문제는 베르그송이 『물질과 기억』에서 전개한 이미지론과도 관련된다. 우리는 현대 철학을 논하면서 다시 이 문제를 만나게 될 것이다.

들을 만들 수 있기 때문이다. 직각이등변 삼각형은 하나의 모양만이 가능하지만, 직각부등변 삼각형은 무수한 모양들이 가능하다. 플라톤은 이 중에서 정삼각형을 구성할 수 있는 직각부등변 삼각형을 지목했다. 플라톤은 이 두 도형이 마지막이 아니라 어쩌면 그 이하에 더 심층적인 요소들이 존재할지 모른다고 추측하면서, 그러나 그것들이 무엇인지는 "신의 사랑을 받게 될" 사람이나 알 것이라고 말한다. 어쨌든 이 기본 요소들이 합쳐져 4원소를 만들어내고, 무수한 4원소들이 모여 우주 공간을 형성한다.[26]

다음으로 중요한 것은 각 원소들 사이의 상호 변환이다. 원소들은 모두 삼각형들로 구성되어 있기 때문에 상호 변환이 가능하다. 구성 요소들로 해체되고 다시 재구성되는 것이 가능하기 때문이다. 그러나 흙은 다른 원소들과는 달리 직각이등변 삼각형들로 되어 있고, 때문에 흙만은 상호 변환되지 않는다. 아울러 원소들의 상호 작용에 대한 정교한 논의가 전개되는데(56d 이하), 예컨대 불이 다른 것들을 태우는 것은 뾰족한 불 입자가 다른 입자들을 쪼개는 작용으로 설명된다. 불이 물을 공격할 경우 물은 두 개의 공기 입자와 한 개의 불 입자로 쪼개진다. 열을 동반하는 수증기로 화하는 것이다. 이와 같은 변환과 상호 작용을 통해서 물질에는 숱한 종류들과 상태들이 있게 되며(58c 이하) 세계는 극히 다채로운 현상들을 보여주게 된다. 이런 식의 설명 방식은 그 이후(아리스토

---

26) 그러나 이 경우 '타일 깔기'의 문제가 발생한다. 바닥에 타일을 깔 때 빈틈 없이 깔 수 있는 도형들은 제한되어 있다. 그런데 플라톤의 도형들은 공간을 완전하게 채울 수 없어 빈틈을 남긴다. 그러나 플라톤은 천구의 회전 운동이 우주의 모든 입자들에 압력을 가한다고 보았으며, 때문에 입자들의 빈틈들이 메워진다고 보았다. 이것은 다소 어중간한 설명으로 보이지만 꼭 그렇지는 않다. 플라톤이 입체 도형들을 가지고서 원소들을 설명하고 있으나, 이 도형들은 어디까지나 순수 기하학적 도형들이 아니라 물질적 입자들의 추상적 구조를 말하는 것이다. 그것들은 형상들과 코라가 "타협"한 결과이다. 때문에 그 페라스가 완벽히 고정되어 있음을 함축하지는 않으며, 물질적인 차원에서는 그 빈틈이 메워질 수 있다고 볼 수 있다.

텔레스 이후) 전개된 어떤 설명들보다도 더 현대적이다.

III. 형상계 및 (물질성이 가장 희박하다는 점에서) 그것을 가장 가깝게 모방하고 있는 우주를 보았고, 그 반대편에 있는 물질-공간의 성격을 보았다. 코라는 형상계와는 상반되는 카오스의 성격을 띠지만, 조물주는 그것을 최대한 "설득"해서 거기에 가능한 한 기하학적 법칙성을 구현하려 애쓴다. 이제 세 번째로, 형상계와 코라의 중간에 있는 것, 우주보다 코라의 성격을 더 띠고 있지만 '영혼'을 내포함으로써 천계에 더 가까이 가고 있는 중간자들을 논할 차례이다. 바로 생명체들이 그것들이다. 대개 생명이란 정신과 물질 사이에 놓인다는 것을 생각한다면 이런 논의 구도를 쉽게 이해할 수 있다.

플라톤에게 생명을 이해하는 핵심어는 '영혼'이다. 사실 'psychē'라는 말은 본래 생명을 뜻했으므로 이것은 당연한 것이다. 생명체들의 원리는 당연히 생명이기 때문이다. 그러나 피조물들의 세계에서 영혼은 반드시 신체와 함께 작동한다. 때문에 영혼이라는 주(主)원인과 신체라는 부(副)원인을 함께 논의해야 한다. 흥미로운 것은 플라톤이 생명(체)에 관한 논의를 I, II, III(『티마이오스』의 세 부분)으로 각각 나누어서 하고 있다는 점이다. 주로 우주를 논하는 I에서는 인간 신체의 구조와 얼굴의 역할, 그리고 시각·청각의 기능이 논의되고 있으며, 주로 물질-공간에 대해 논하는 II에서는 다른 감각들이 다루어지고, 주로 생명체들에 대해 논하는 III에서는 신체의 부분들이 이야기된다. 이것은 영혼에도 여러 등급들이 있기 때문이며, 이 각 등급에 따라 논의의 장소를 달리했다고 볼 수 있다.

영혼의 가장 상위 차원은 이성적 차원이며, 이 이성적 차원을 가능케 하는 부원인 즉 물질적 조건은 직립과 얼굴이라 할 수 있다. 그래서 플라톤은 이 두 사항을 II나 III이 아닌 I에서 다루고 있다. 식물들은 땅에 붙박여 있고, 다른 동물들은 대개 땅바닥이나 전후/좌우만을 보고서 산다. 인간만이 직립함으로써 비로소 하늘(천계)을 올려다볼 수 있으며, 그로써 형이상학적 사유를 할 수 있는 조건을 갖추게 되었다. 머리는 천계를 닮아 둥글고 발은 땅을 닮아 평평하다. '천원지방(天圓地方)'의 구조이다. 몸은 극히 유연하게 발달했고, 특히 손의 발달은 도구의 사용을 가능하게 해주었다. 플라톤은 특히 얼굴의 중요성을 강조하는데,[27] 얼굴 표면, 눈, 귀, 입술, 코 등이야말로 인간을 인간이게 해주는 것이기 때문이다. 얼굴 표면을 통해서 감정 표현('表情')이 가능해지고, 눈과 귀를 통해서 인식과 사유가 가능해지고, (플라톤은 언급하고 있지 않지만) 입술을 통해서 언어 표현과 인간적인 사랑 및 맛의 음미가 가능해졌다. 물론 이모든 것은 영혼과의 관련 하에서만 기능하는 부원인들이다. 영혼이 동반되지 않는다면 이 모든 것들은 그저 물리적 작용들일 뿐이기에 말이다.

플라톤은 시각과 청각은 I에서 논의하지만, 다른 감각들에 대해서는 II에서 다루고 있다. 이것은 그가 촉각 등은 거의 맹목적인 물질적 메커니즘일 뿐이라고 생각했다는 점을 함축한다. 플라톤은 이 감각들을 특히 쾌락과 고통에 연관지어 설명한다. 플라톤에게 고통이란 자연스러움을 거슬러 무리함으로써 발생한 느낌이고, 쾌락이란 고통의 느낌이 다시 자연스러운 상태로 돌아가는 것을 뜻한다. 쾌락과 고통의 문제는 『필레보스』에서 집중적으로 다루어진다. 촉각, 미각, 후각 등의 감각들에 대한 설명과 신체의 부분들에 대한 논의는 III에서 다루어진다. 이 대목에서의 설명들은 상당히 기계론적이며, 생물학적 설명보다는 의학적 설명에 가깝다. 플라톤에게는 현대 생물학/의학의 핵심 개념인 '신경'의 개념이 없었고,[28] 그래서 간단한 내용을 매우 어렵사리 하고 있음을 볼 수 있다.

---

27) '머리'와 '얼굴'은 전혀 다르다. 전자는 일종의 물체이지만 후자는 독특한 하나의 표면으로서, 의미의 차원으로 넘어가는 경계선을 이룬다. 들뢰즈와 가타리는 "기계적 배치"로서의 머리와 "언표적 배치"(의 실체)로서의 얼굴을 구분하면서 얼굴(성)에 대한 독창적인 분석을 남겼다. Gilles Deleuze et Félix Guattari, *Mille plateaux*(Minuit, 1980). 얼굴은 또한 에마뉘엘 레비나스의 주요 주제이기도 하다. Emmanuel Lévinas, *Totalité et Infini*(Le Livre de Poche, 1990).

여기에서 플라톤은 "영혼의 사멸하는 부분들"에 대해 논한다. 즉, 형상계에 맞닿아 있는 영혼의 부분들(이성적 부분들)이 아니라 훨씬 물질적인 부분들을 논한다. 이 논의는 당대의 의학적 지식들을 총동원해서 매우 다채롭게 전개되며, 오장육부에 대한 서술이 꽤 치밀해서 당대에 이미 해부학이 상당 수준으로 발달했음을 확인할 수 있다. 플라톤 자신은 귀족이었기 때문에 손에 피를 묻혀가며 해부를 직접 하지는 않았을 것으로 짐작된다. 더구나 그의 주관심사는 생물학/의학보다는 수학/우주론에 있었다. 그럼에도 이 부분에서의 설명은 상당히 인상적이다. 그 외에도 골수와 뼈 및 관련 조직들(살, 힘줄, 피부, 머리카락, 손발톱), 혈액의 운반 체계, 호흡을 설명하고 있으며, 영혼의 병들까지 포함해 각종 병들과 치료에 대해서도 이야기하고 있다. 그리고 영혼들의 윤회에 대한 이야기가 덧붙여져 있다. 아울러 간단하게나마 식물에 대한 논의도 등장한다.

　플라톤이 『티마이오스』에서 전개한 우주론은 향후 과학적 사유의 기본 패턴을 결정했다. 전체적으로 볼 때 지중해세계의 사유는 아리스토텔레스의 질적 과학에 의해 지배되었으나 플라톤의 영향도 지속적으로 이어졌고, 그 영향의 중심에 있는 몇몇 대화편들 중 하나가 『티마이오스』였다. 그러나 이 대화편이 담고 있는 잠재력은 오히려 데카르트 이후에 활짝 꽃피었다고 할 수 있다. 우리는 현대 과학과 이 대화편을 직접 이어 봄으로써 여전히 많은 것을 사유할 수 있다.

　지금까지 『파이돈』, 『국가』, 『티마이오스』라는 세 대화편을 중심으로 플라톤의 이데아론을 보았거니와, 플라톤이 전개한 이 존재론은 서구 철학사 나아가 문명사에 끝도 모를 지대한 영향을 끼쳤다. 첫째, 서구의 철학과 이후의 과학들은 플라톤을 따라 가변적인 것보다는 영원한 것, 개

---

28)　『티마이오스』에 'neuron'이라는 단어가 나오긴 하지만 이 말은 '힘줄'이라는 뜻으로 쓰였다. 복수 'neura'가 신경의 의미로 사용되기 시작한 것은 얼마 후(BC 3세기)에 등장한 에라시스트라토스에 의해서였다.

별적/구체적인 것보다는 보편적/추상적인 것 또는 자기동일적인 것을 추구했다. 형상, 법칙, 구조를 비롯해 서양 학자들이 추구해온 것들은 대개 이데아의 변형태들이었다. 둘째, 지중해세계의 일신교(유대 · 기독 · 이슬람교)는『티마이오스』(와『파이돈』등)의 결정적인 영향을 받아 체계화되었다. 형상계를 조물주 바깥이 아니라 창조주의 마음속에 집어넣고 (판본에 따라 다소 달리 나타나지만) 물질까지도 창조의 산물로 봄으로써 일원론적 유일신 개념이 다듬어졌고, 이 토대 위에서 지중해세계의 종교들이 개념화되었다. 셋째, 서구의 예술은 사물들의 이상태를 그림으로써 이데아를 추구했다. 플라톤 자신은 예술의 모방(미메시스)을 존재론적으로 폄하했지만,[29] 후대의 철학자들은 예술이 이데아를 직접 모방함으로써 진리를 드러낸다고 주장하게 된다.

플라톤이 자연철학을 전개한 중요한 목적들 중 하나는 바로 세계가 'kata physin' 즉 퓌지스를 본〔本〕떠서 이루어져 있음을 보여주기 위해서였다. 앞에서 소피스트들의 퓌지스를 소크라테스의 퓌지스와 대비했거니와, 플라톤으로서는 스승을 이어 세계의 본체를 드러내 우리의 삶을 그것 위에 근거 짓는 것이야말로 무엇보다 중요한 작업이었다. 우리의 삶이 자의적으로가 아니라 우주를 본떠 이루어질 때 비로소 찬란하게 빛날 수 있다는 생각, 요컨대 자연과 문화를 연속시켜 사유하려 한 시도에 플라톤주의의 특성이 있다. 바로 그렇기 때문에 (저술 순서는 거꾸로이지만)『국가』는『티마이오스』가 구축한 'kata physin'의 근거 위에서 성립한다고 할 수 있다. 플라톤에게 정치는 우주에, 나아가 이데아들에 근거해야 했다. 이데아론은 철학(과 과학), 종교, 예술만이 아니라 정치의

---

29) 플라톤에게서는 이데아를 직접 모방해 실물(實物)을 제작하는 행위에 비해 실물을 다시 모방하는 모방술이 존재론적으로 하위의 행위로 평가된다.(『국가』X권의 전반부를 보라) 때문에 후대의 화가들은 회화를 실물을 모방하는 것이 아니라 각 실물을 넘어 그 실물들의 이데아를 직접 형상화(形象化)하는 작업으로 재개념화하고자 했다. 이런 시도는 특히 르네상스 시대에 미켈란젤로 등에 의해 활발하게 전개된다.

영역까지도 정초하고 있다. 서구의 정치철학은 플라톤의 이상국가론을 현실화하는 방향으로 전개되었다. 『국가』의 영향력은 지금까지도 남아 있다. 이렇게 본다면 지중해세계 전통 문명과 이를 이은 서구 문명 전체가 플라톤주의의 기반 위에서 체계화되었다고 말해도 과언은 아니리라.

§2. 이상국가를 향하여

이데아론의 구축과 더불어 플라톤이 일평생 심혈을 기울여 모색한 것은 바로 폴리스(아테네)의 재건이었다. 당시 이미 기울어가던, 아니 멸망의 조짐을 보이던 아테네를 보면서 그는 '이상국가'를 설계해야 한다는 절박한 문제의식을 가지게 되었다. 'Idea'를 추구하는 것은 곧 'Ideal'을 추구하는 것이고, 플라톤에게 핵심적으로 중요했던 것은 곧 이상국가의 사유였다. 그는 자신의 이데아론을 국가에 적용해 폴리테이아(폴리스론, 폴리스 정체, 국가)를 세우려 했고, 역으로 말해 이상국가의 건설을 위한 철학적 토대로서 이데아론을 다듬어냈다고 볼 수 있다.

플라톤의 이런 생각이 포괄적으로 나타나는 대화편이 곧 『국가』이다. 그리고 그가 마지막으로 쓴 대화편이 그 자체 방대한 『국가』편보다도 더 방대한 『법률』편이라는 점을 생각한다면, 그가 품었던 '아름다운 나라(kallipolis)'의 꿈이 얼마나 절실하고 초지일관(初志一貫)했던가를 짐작할 수 있다. 가장 위대한 인간을 사형에 처하는 조국의 현실이 젊은 플라톤의 가슴에 얼마나 큰 환멸감―정치의 현실에 대한 환멸감―을 심어주었는지, 그러나 동시에 얼마나 원대한 꿈―이상국가의 구축을 향한 열망―을 불어넣었는지를 짐작하기 어렵지 않다. 어쨌든 플라톤의 사유는 이데아론이라는 씨줄과 폴리스론이라는 날줄이 계속 얽히면서 점점 성숙해갔다고 할 수 있을 것이다.

'폴리스'와 '폴리테이아'

한 철학자의 존재론이나 인식론을 논할 때 당대 과학과의 연관성을 염두에 두어야 하고, 윤리학을 논할 때 당대 사회의 성격을 염두에 두어야 하며, 미학을 논할 때 당대 예술과의 연관성을 염두에 두어야 하듯이, 정치철학(법철학, 교육철학 등 포함)을 논할 때에는 당대의 정치 현실을 염두에 두어야 한다. 플라톤의 정치사상을 이해하기 위해서는 우선 폴리스의 성격 및 역사, 그리고 플라톤 당대의 상황을 이해하는 것이 중요하다.

우선 헬라스세계의 '폴리스'에 대해 이해할 필요가 있다.[30] 잘 알려져 있듯이, 헬라스세계는 인구가 많아야 10만 명을 넘지 않는, 대부분 1만 명 내외 수준의 작은 폴리스들로 구성되어 있었다. 이런 식의 폴리스들이 헬라스세계에 적게 잡아 200개에서 (아주 작은 것들까지 포함할 경우) 800개 정도가 있었던 것으로 짐작된다. 폴리스와 비슷한 의미로 쓰인 말로는 '에트노스'(지금은 주로 '인종'을 뜻한다)와 '코이네'(공동체)가 있었다. 따라서 우리는 플라톤의 정치철학이 광활한 동북아 중원을 배경으로 탄생한 제자백가의 정치철학과는 판이한 맥락을 가진다는 사실을 우선 염두에 두어야 한다.

전통 사회가 대개 그렇듯이, 폴리스의 구성원들은 오늘날처럼 개인 단위로 이해되기보다는 집단 단위로 이해되었다. 이런 단위들 중 가장 중요한 것이 '데모스'였다. 데모스는 동북아의 '마을', '지역', '촌락' 정도에 해당하는 단위로 볼 수 있다. BC 6세기 말 유명한 개혁가인 클레이스테네스가 전통적으로 혈연에 기반했던 아티카 4부족을 지역에 기반한

---

30) '폴리스들'이라 일반화했지만, 사실 폴리스들이 모두 같은 성격을 가진 것은 아니었다. 아테네, 스파르타, 테베, 아르고스, 퀴레네 등 폴리스들 각각은 그 고유한 성격을 띠고 있었다. 각종 사안들에 대해 사용하는 명칭들이 많이 달랐고, 상응하는 명칭들이 띠는 성격 또한 종종 달랐다. 여기에서는 일반적인 것들을 언급했으며, 아테네에 관한 자료가 가장 많이 남아 있기 때문에 아무래도 아테네를 중심으로 논할 수밖에 없다.

10부족으로 개편하고, 각 부족에 3개의 트뤼티스를 할당해 30개의 트뤼티스로 구획하고(하나의 트리튀스는 해안, 평지, 산악을 골고루 분배받았는데, '트리튀스'라는 이름이 이 점을 반영하고 있다), 다시 각 트리튀스가 평균 5개 정도의 데모스를 포함하도록 구획했다는 사실이 전해온다.[31] 이런 구획은 지역들 사이의 얽히고설킨 이해관계에서 연유한 것으로 보이며, 플라톤이 데모스의 구획을 꽤 세심하게 논한 것도 이 때문일 것이다.(『법률』, V, 745b~e) 폴리스들은 중앙집권적인 국가라기보다는 오히려 데모스들, 부족들의 연방(聯邦)에 더 가까웠다.[32] "민주주의"라 번역되는 'dēmoskratia'는 오늘날과 같은 개인 단위의 민주주의라기보다는 차라리 문자 그대로 데모스들의 정치를 뜻한다. 그 외에도 '혈족', '가문' 정도에 해당되는 '게노스', '프라트리아', '히에로시나'(우리의 '조(祖)'에 해당) 등이 있었고, 고대 사회가 대개 그랬듯이, 하나의 혈족이 하나의 직업을 가지는 경우가 흔했기 때문에 이런 식의 분절들이 그대로 직업별 분절들이 될 때가 많았다. 또, 데모스와 유사한 의미로 '코메', '코라'('시골', '전원'에 해당) 등도 쓰였다.

폴리스들의 성격에서 가장 중요한 것은 그것들이 각종 집단들의 연합체일 뿐 어떤 획일적이고 단일한 '국가'가 아니었다는 점이다. 따라서 왕이라든가 거대한 성, 막강한 관료 집단, 백성들의 고혈을 짜내는 세금,

---

31) 아리스토텔레스, 『아테네 정치제도사』, XXI. 헤로도토스는 각 부족당 10개의 데모스를 할당했다고 하며, 이에 따르면 당시에는 100개의 데모스가 있었다고 짐작된다.(『역사』, V, §49)

32) 이 외에도 '형제단(프라트리아)', '100인단(헤카토스티스)', '1000인단(힐리아스티스)' 같은 별도 조직들이 존재했고 독자적인 행동을 하기도 했다. 폴리스 단위보다 더 큰 연방들도 많았다. 예컨대 아테네를 중심으로 하는 '아티카' 지역, 스파르타를 중심으로 하는 '라케다이몬' 지역, 테베를 중심으로 하는 '보이오티아' 지역 등을 들 수 있다.(플라톤의 대화편에서 "스파르타"보다는 "라케다이몬"이 자주 사용되는 것도 이 때문이다) 이와 더불어 그때그때의 사안에 따라 각종 형태의 '동맹(同盟)'들이 있었고, 축제를 매개로 한 연맹들(예컨대 올림피아, 퓌티아/델포이, 이스트미아, 네메아 등) 그리고 다른 여러 형태의 동맹들이 존재했다.

일반 백성들과 구분되는 군대 등으로 구성되는 일반적인 전통 국가들과는 판이했다. 그리스인들과 공화정 로마인들에게 "왕"이라는 단어는 혐오의 대상이었고, 자신들과 동방의 다른 제국들을 구분해주는 변별점이었다. 이들에게는 "시민"이라는 개념이 핵심이었고('市民'이라고 번역은 하지만 이들 대부분은 농민들이었다는 점에 주의해야 한다. 시민 됨의 기준은 오히려 스스로 무장(武裝)할 수 있는 능력에 있었다), 시민과 비-시민의 구분이 중요했다. 또 여성이라든가 소수자들의 인권은 그다지 보장되지 않았고, 전쟁 포로들은 노예가 되어 시민들과 엄격하게 구분되었다. 모든 것이 시민들의 합의를 통해서 진행되었기 때문에, 고정된 관료들이라든가 경찰, 세금 같은 것은 발달하지 않았다. 사람들은 선거나 추첨을 통해서 그때그때의 공직자들을 뽑았고, 필요한 경비 역시 시민들이 자발적으로 갹출했다. 따라서 세금이 아니라 단지 "기금"만이 존재했다. 또 이들에게는 '월급'이라는 개념이 존재하지 않았고 다만 다른 사람들의 '존경'을 대가로 받았으며, 이렇게 존경받는 자들은 '최선자(aristos)'들이라 불렸다. 정치가가 보수를 받으면 안 된다는,『국가』와『법률』에서 중요하게 다루어지는 이 문제는 플라톤 개인의 바람이 아니라 아테네 정치의 원칙이었다. 이런 정체는 어떤 면에서는 현대의 정체보다도 더 뛰어난 것이었으며, 전통 시대의 그 어디에서도 찾아볼 수 없는 건강한 정체였다.[33] 플라톤이 '최선자정(aristokratia)'을 강조한 것은 바로 이런 전통으로의 회귀를 꿈꾼 것이다.

폴리스의 구조가 이러했기 때문에 그것의 정체(폴리테이아, politeia)는 '대의(代議)'민주주의가 아니라 직접민주주의였다. 사람들이 선거 때에

---

[33] 유일한 예외는 공화정 로마이다. 로마는 여러모로 그리스의 정체와 유사한 정체를 영위했다. 다만 '최선자들'을 '원로원(senatus)'으로 제도화했다는 점과, 더 중요한 것으로는 전쟁에서의 승리를 통해서 막강한 권력(imperium)을 쌓은 대(大)귀족들이 있었다는 점이 다르다. 전체적으로 볼 때 그리스가 더 민주적이었으며, 공화정 로마는 시민이 귀족과 평민으로 양분된 사회였다.

만 정치에 참여하고 그 후에는 정치가들에게 국사 일체를 맡겨버린 것이 아니라, 각 사안마다 시민들이 합의를 해서 폴리스를 이끌어갔다. 때문에 법 역시 국회에서 만들어 일방적으로 공포하는 것이 아니라 사안에 따라 그때그때 토론과 합의를 통해서 만들어갔다. 바로 이 때문에 그리스세계에서는 '로고스'가 그토록 중요했던 것이다. 가장 중요한 의결기관은 '의회'와 '민회'였다.[34] 행정직들 역시 선거나 추첨으로 선출되었는데, 대표적인 공직으로는 (시대에 따라 많이 바뀌었지만 아테네 전성기의 예를 들면) '집정관(아르콘)', '장군(스트라테고스)', '국방장관(폴레마르코스)', '제사장(바실레우스)' 등이 있었다. 모두 한 사람이 아니라 여러 사람이 맡았다. 사법과 재판에 관련해서도 역시 특별히 검사나 변호사, 판사 등이 존재하지 않는 '인민재판'의 형식 ─ 시민법정(dikasterion) ─ 을 띠었다. 201명, 301명, 501명, 1001명 등으로 구성되었던 배심원들 또한 추첨으로 뽑았다. 플라톤의 『소크라테스의 변론』은 당시의 재판정에 대해 여러 정보를 전해준다.

헬라스세계의 대표적인 정체는 과두정과 민주정이었다. 왕정은 일찍부터 파기되었으나, 예컨대 스파르타 같은 경우 두 왕가(王家)가 있었고 이들은 로마에 패망한 BC 146년까지도 존속했다. 물론 동방의 왕들과는 성격이 달라, 오늘날 영국이나 일본의 왕실과 유사했다고 보면 될 것이다. 뮈케네 같은 곳은 왕정의 전통이 강하게 남아 있던 곳인데, 트로이전쟁 때 아가멤논이 총사령관이 되었던 것도 이 때문이다. 어쨌든 그리스세계는 일찍부터 왕정을 버렸으며, 그 후의 역사는 과두정과 민주정의 끝없는 투쟁의 역사였다. 과두정과 민주정의 규정도 상당히 복잡한데,

---

34) '민회(民會=ekklēsia)'는 문자 그대로 민중의 집회를 뜻한다. 시민들로 구성된 민회는 아테네 민주정치의 핵심이었다. '의회(議會=boulē)'는 민회 위에 있었던 기관이지만, 꼭 상위 기관이라기보다는 일종의 '운영위원회'였다고 볼 수 있다. 전통적인 아레오파고스 의회(로마의 원로원과 유사했다), 드라콘과 솔론이 구성한 것으로 전해지는 400인 의회, 클레이스테네스 개혁 때 등장한 500인 의회 등이 있었다.

아리스토텔레스의 규정에 따르면 "[다수인] 자유인이 권력을 장악했을 때가 민주정이고, [소수인] 부자들이 장악했을 때에는 과두정"이다.(『정치학』, IV, 1290a/30~32) 때로 참주들이 등장해서 헬라스 정치사를 복잡하게 만들었는데, 이때의 정체는 '참주정'이라 불린다. 『국가』에서 플라톤이 정체를 명예정(귀족정에 해당), 과두정, 민주정, 참주정으로 나누어 논한 것은 바로 이런 맥락을 전제로 하고 있다.

지금까지는 구조적으로 이야기했거니와, 헬라스세계의 정치는 역사적으로 어떤 과정을 겪었을까? 트로이 문명, 뮈케네 문명, 크레타 문명 등은 전설 내지 신화의 대상이었지만, 마치 은허의 발굴을 통해 상(商)의 실상이 드러났듯이 현대의 고고학적 발굴을 통해서 실재했던 것으로 드러났다.[35] 그러나 이 문명들에 대해 알 수 있는 것은 제한적이다. BC 12~11세기에 북방에서 도리아족이 침입해 내려오면서 헬라스세계가 초토화되었고 이른바 '암흑시대'가 도래했기 때문이다. 300~400년이나 지속된 이런 단절을 겪고서 BC 9~8세기 정도에 이르면 폴리스들이 등장한다.

폴리스의 역사에서 가장 중요한 것은 역시 불평등을 개혁해나가는 과정이었다. 그중 핵심적인 것은 솔론의 개혁이다. 빈부의 격차가 커지면서 내란이 일어날 위험에 처하자 솔론은 BC 594년 대개혁을 시도한다. 그는 한편으로 부채 말소, 인신 매매 금지 등을 비롯해 빈자들을 위한 정책을 펴면서도, 다른 한편으로 토지 재분배 같은 혁명적인 조치까지 취하지는 않음으로써 중용을 꾀하고자 했다. 솔론의 개혁들 중 가장 핵심적인 것은 '비례평등의 원칙'과 '추첨제'의 도입이다. 비례평등의 원칙은 빈부의 격차에 따라 폴리스에 대한 의무를 달리한 것으로, 오늘날의

---

35) 트로이 문명과 뮈케네 문명은 19세기 후반 하인리히 슐리만에 의해 발굴되었다. 크레타 문명은 아서 에번스에 의해 발견되었으며, 크노소스 궁전의 대화재시 불에 구워짐으로써 보존된 점토판의 선문자 B는 마이클 벤트리스에 의해 해독되었다.

누진세를 급진화한 경우에 해당한다고 볼 수 있다. 앞에서 말했듯이, 폴리스에는 (지금 식으로 표현해서) 시민사회와 정부가 따로 존재하지 않고 시민사회 자체가 정치를 했기 때문에 세금 개념도 없었다. 그래서 공공기금을 어떻게 조달하느냐가 늘 문제가 되었다. 솔론은 이 기금 부담을 재산에 따라 차등적으로 부과함으로써 보다 평등한 사회를 지향했다. 더 핵심적인 것은 추첨제이다. 데모스에서 일차 선출된 인물들을 놓고서 최종적으로는 추첨을 통해 공직을 배당했던 것이다. 오늘날의 미국 선거 제도에다가 최종 과정에서의 추첨제를 결합한 것에 해당한다. 추첨을 통해 공직을 맡김으로써 모든 형태의 독점과 비리를 차단했으며, 정치를 하는 사람이 따로 존재하기보다는 모든 사람이 정치에 참여하는 아니 참여할 수밖에 없는 사회를 만들어냈다. 이것은 그 이후 어디에서도 볼 수 없는 급진적 형태로서 현대의 맥락에서도 신중하게 검토해볼 필요가 있는 의미 있는 제도이다.[36] 솔론의 이런 개혁들은 그 후 갖가지 굴곡을 거치게 되지만 결국 아테네 민주주의의 소중한 자산으로 남는다.

그러나 개혁이 이루어진 지 얼마 되지도 않아 아테네 정치는 또다시 혼미로 빠져들었고, 이런 상황에서 '참주'가 등장한다. 대표적인 참주인 페이시스트라토스는 용병을 고용해 권력을 잡고, 사병을 두어 자신을 호

---

36) 이런 식의 제도는 국가가 평온한 시기와 위기에 처한 시기에 그 의미가 달라진다. 평온한 시기에는 추첨제가 갖가지 형태의 비리를 막는 매우 좋은 제도이지만, 국가가 위기에 처했을 때는 오히려 남달리 특출한 인물이 필요하기에 추첨을 통한 임명은 폐단을 낳는다. 임용 시기도 문제가 되는데, 평온한 시절에는 공직자들을 1년 단위로 갈아치워도 되지만(오히려 비리를 막는 중요한 장치일 수 있다), 위기시에 지도자들이 자주 바뀌면 치명적일 수 있다. 그리스인들도 이 점을 잘 알았기 때문에 예컨대 장군(스트라테고스)의 경우는 연임을 허용했다. 이 사실은 플라톤의 정치철학을 이해하는 데 결정적으로 중요하다. 플라톤은 아테네가 황혼기에 접어들었을 때 살았던 사람이고, 때문에 그의 의식 속에는 자신의 시대를 극히 절박한 시대로 파악하는 시선이 강하게 깃들어 있다. 추첨제와 민주정에 대한 그의 강력한 비판, 그리고 엄격하게 설계된 교육 과정을 모두 통과한 빼어난 인물들이 통치해야 한다는 '철인-치자' 사상은 바로 이런 맥락에서 제시된 것이다.

위하게 하고, 정적들을 숙청하고, 세금을 거두었으며, 자식들에게 "왕위"를 물려주는 등, 반(反)그리스적인 전제(專制)를 편다. 플라톤은『국가』IX권에서 참주정을 논하면서 참주라는 존재에 대해 다양한 묘사를 하는데, 이 묘사를 보면 그가 아마도 페이시스트라토스를 염두에 두면서 대화를 구성했으리라고 짐작된다. 결국 클레이스테네스가 스파르타 군대의 원조 하에 페이시스트라토스의 아들 히피아스를 축출한다. 페이시스트라토스도 전제를 휘두르는 과정에서 민중을 위한 몇 가지의 조처는 취한 바 있다. 그러나 이런 조처는 진정한 의미의 민주주의를 위한 것이 아니라 자신의 야욕을 달성하기 위해 우매한 민중을 이용한 것에 지나지 않았다. 이렇게 야욕에 찬 위정자들이 민중의 심리를 이용하는 경우는 로마 공화정에서도 자주 목격된다.

클레이스테네스는 앞에서 말했듯이 기존 4부족을 10부족으로 개편하고 각 부족에 해안, 내지, 산악 지역을 공평하게 분배해줌으로써 이해관계를 둘러싼 여러 고질적인 문제들을 해결했으며, 500인 의회를 창설하고 추첨제를 강화해 직접민주주의를 밀고 나갔다. 또, 인심을 잃은 정치가를 추방하는 '도편 추방제'를 실시해 6,000표 이상을 받은 정치가를 추방하는 절차를 만들어냈다.(그 전에 이미 이 제도가 있었다고 보기도 한다) 이것은 현대인들에게 익숙한 "피의 숙청"과는 대조적인 극히 온건한 제도였으며, 더구나 추방된 인물의 재산은 보호되었기 때문에 이들이 귀환해서 다시 권력을 잡기도 했다.

그리스 역사에서 가장 큰 사건을 꼽으라면 역시 페르시아 전쟁일 것이다. 지중해세계의 서방(그리스와 로마)과 동방(페르시아)은 늘 숙적이었다. 그리스는 BC 6~3세기의 페르시아(아카메네스 왕조)와 대결했고(1, 2차 페르시아 전쟁 및 알렉산드로스의 페르시아 정복), 로마는 BC 3세기~AD 3세기의 페르시아(아르사케스 왕조='파르티아')와, 그리고 기독교화된 로마는 AD 3~6세기의 사산조 페르시아와 대결했다. 이 대결에서 동방은 서방에게 번번이 패했는데, 이는 한편으로 전쟁기술적인 측면 때문이었고 다른 한편으로는 가히 "파이팅 머신"이라 할 그리스-로마 병사들의 전투력 때문이었다. 그러나 보다 심층적인 원인은 정치적인 데에 있었다. 동방의 병사들은 그 수가 대단했지만 오로지 군주 한 사람을 위해 싸우는 신민(臣民)들 또는 용병들일 뿐이었던 반면, 그리스-로마의 병사들은 '시민들'로서 군주가 아닌 국가와 자기 자신을 위해 싸웠기 때문이다. 앞에서 언급한 밀집방진 같은 배치가 나름대로 치명적인 약점이 있었음에도 강력하기 이를 데 없는 위력을 발휘한 것도 이런 '시민의식'이 받쳐주었기 때문이다. 그래서 중과부적의 상황에서도 그리스-로마는 번번이 승리를 거두곤 했다. 페르시아 전쟁을 "민주주의의 승리"로 평하는 것은 편견이나 과장이 아니다. 플라톤이 『국가』에서 말한 '수호자 계층'은 단지 군인 집단을 말하는 것이 아니라 시민=전사라는 바로 이런 성격을 가진 시민들이었다(그가 일반 시민과 시민-전사를 분리하기는 했지만).

1차 페르시아 전쟁은 BC 490년 유명한 마라톤 평야에서 전개되었다. 그 후 2차 전쟁은 BC 480년 테르모필레 전투, 살라미스 해전, BC 479년 미칼레 전투로 전개되었다. 밀티아데스가 지휘한 마라톤 전투는 소수정예가 대군을 이긴 전형적인 예이며, "마라톤"이 올림픽 경기에 추가되는 결과를 낳았다. 테르모필레 전투는 그리스 군대에게 수치스러운 전투로, 비교가 되지 않는 중과부적에 겁먹은 병사들이 뿔뿔이 흩어져버렸다. 이런 상황에서 이 전투는 스파르타의 레오니다스 왕이 이끄는 300 용사들이 장렬하게 전사한 전설적인 전투가 되었다. 세계 3대 해전으로 불리는("~대"라는 것이 대개 자의적이기 일쑤이지만) 살라미스 해전에서는 테미스토클레스의 지휘를 받은 그리스가 페르시아 해군을 침몰시켰다. 테미스토클레스는 당시 새롭게 형성된 부(富)를 전쟁 준비 자금으로 끌어들여 삼단노선 100척을 구축했는데, 이런 준비가 승리의 밑거름이 되었다. 이후 그리스 군은 소아시아까지 밀고 들어가 미칼레 해전을 벌여 페르시아를 패퇴시켰다. 페르시아 전쟁의 승리로 BC 5세기 중엽에는 이른바

'Pax Graecia'(그리스의 평화 시대)가 도래한다. 소피스트들이 등장했던 시기가 바로 이때이다.

페르시아 전쟁 승리의 주역이었던 아테네는 델로스 동맹을 맺어 점차 그리스의 패권국이 되어갔다. BC 5세기 후반으로 갈수록 아테네는 승리를 이끈 현명하고 용감한 폴리스에서 그리스 전역을 지배하려는 탐욕스러운 '제국(帝國)'—황제 없는 제국—으로 화해갔다. 아테네는 델로스 앞바다에 무거운 쇳덩어리를 가라앉히면서 그것이 다시 떠오를 때까지 평등한 우애를 다지자고 했던 맹세를 까맣게 잊고서, 주변 폴리스들을 위압적으로 눌러버렸다. 막대한 세금을 짜냈고, 진(秦) 제국이 그랬듯이 도량형 등도 아테네의 것을 강요했으며, 판(汎)아테나이아 제전을 그리스세계 전체의 제전으로 만들었고, 심지어 동맹국들의 무장까지도 해제해버렸다.[37] 아크로폴리스 언덕에 서 있는 찬란한 파르테논 신전에는 아테네의 문화적 영광과 동시에 그것을 짓기 위한 사업에 고혈을 빨린 비-아테네 폴리스들의 고통이 묻어 있다. 인간의 운명을 깊게 성찰하던 드라마는 저질 엔터테인먼트로 전락하고(플라톤의 "시인" 추방론은 이런 맥락에서 나왔다), 그 뜨거웠던 동료애와 애국심은 온데간데없이 사라지고(부자들은 돈을 안 내려고 온갖 수단을 다 강구했고, 시민-전사들 중 상당수가 돈을 따라서 용병이 되었다), 소피스트들이 나타나 철학을 돈벌이로 전락시키고, 아테네의 압제에 저항하는 뮈틸레네, 멜로스 등은 탄압당하고, 위대했던 시민들이 우중(愚衆)으로 화해 날뛰고, 유랑민들이 늘어날 정도로 빈부 격차가 갈수록 심해져 계급 갈등이 고조되는 등 말기적 증상들이 도처에서 나타났다. 소크라테스가 활동했던 시기가 바로 이 시기(5세기 말)였다. 플라톤이 그의 정치철학에서 '조화'를 그토록 강조한 것도 이런 맥락에서이다.

아테네의 이런 오만과 행패는 마침내 BC 431년 펠로폰네소스 전쟁을

---

37) 아리스토텔레스, 『아테네 정치제도사』, XXIV.

유발했다. BC 460년 이래 권력을 잡아 15번이나 연속으로 장군으로 선출되었던 페리클레스는 거의 군주처럼 시민들 위에 군림했고, 마침내 스파르타와의 전쟁을 시작했다. 27년간이나 질질 끈 이 전쟁에서의 패배로 아테네는 몰락하기 시작했다. 전성기의 힘을 주체하지 못해 몰락을 자초한 셈이다. 이 전쟁이 끝난 BC 404년으로부터 5년이 지난 후 소크라테스의 사형이 집행되었다. 이 흉흉한 시대에 2차에 걸쳐(BC 411~410, 404~403년) 과두정이 들어섰으며 이른바 '30인 참주'의 폭압적인 정치가 펼쳐졌다.[38] 플라톤이 종종 언급하곤 했던 '막강한 선동가(dēmagōgos)'들이 나와서 설쳤던 때도 바로 이때이다. 'elenchos'(토론술)가 아니라 'eristikē'(논박술)가 판을 치게 된 것이다. BC 403년에 민주정이 다시 회복되었을 때에도 아테네인들의 공황장애는 가라앉지 않았고, 소크라테스의 죽음도 이 거대한 파도의 한 갈래였다. 그리스세계 전체로 볼 때는, 여러 폴리스들이 한편으로는 합종연횡을 펼치면서 또 다른 한편으로 북쪽의 마케도니아 및 동쪽의 페르시아와 복잡한 관계를 맺으면서 점점 힘을 소진시키고 있었다. 이렇게 그리스세계는 멸망의 길에 접어들었고, BC 338년 마침내 마케도니아의 필리포스 2세에게 정복당하고 만다(스파르타만이 고군분투했다). '코린토스 동맹'을 통해 그리스는 마케도니아의 속주로 전락하기에 이른다.[39] 바로 이 시대에 플라톤(BC 427~347년)

---

38) 이때 처형된 사람들의 수가 무려 1,500명이라고 하니, 그리스 정치사에서는 극히 드문 일이었다. 강경파들은 자신들의 편에 속한 온건파들까지도 죽였다. 또, 부자들의 돈을 빼앗기 위한 목적만으로 그들을 죽였다(훗날 로마 군벌들이 걸핏하면 자행하게 되는 일이다). 사람들은 이들을 "못할 짓이 없는 자들(panourgoi)"이라고 불렀다. 이 30인 참주의 대표자들에는 바로 플라톤의 외당숙인 크리티아스도 속해 있었으며, 외삼촌인 카르미데스도 가담했다. 플라톤은 이런 사태 앞에서 아연할 수밖에 없었다. 더구나 소크라테스가 사형된 것은 민주정을 회복한 지 5년이나 지난 후였다.

39) 키케로와 더불어 고대 세계 최고의 웅변가로 손꼽히는 데모스테네스는 필리포스를 강력하게 비판하면서 친페르시아 노선을 펼쳤다. 그러나 이소크라테스는 오히려, 필리포스가 지중해세계를 통일해주기를 바랐으며 반페르시아의 입장을 취했다. 이 문제는 훗날 스토아학파를 논할 때 이야기할 '사해동포주의' 문제와도 밀접한 관련을 가진다.

이 활동했다. 우리는 플라톤이라는 철학자를 읽을 때 반드시 이 시대 배경을 염두에 두어야 한다.

소크라테스의 죽음(BC 399년)과 더불어 시작된 BC 4세기는 헬라스가 점점 멸망을 향해 치닫던 혼미한 시대였고, 플라톤은 이렇게 격랑이 이는 한복판에서 살아야 했다. 그는 펠로폰네소스 전쟁이 발발한 몇 년 후에 태어났으며, 20대 말에 스승의 죽음을 목격했고, 아테네 멸망 약 10년 전에 세상을 떴다. 자신의 시대에 대한 그의 심정은 유명한 「제7 서한」에 고스란히 담겨 있다.

> 〔…〕 그런 나라들의 법률 상태는 행운을 동반한 놀랄 정도의 대책 없이는 거의 구제가 불가능하기 때문입니다. 그래서 나는 올바른 철학을 찬양하면서, 나랏일이든 개인 생활이든 간에 모름지기 정의로운 것 모두는 철학을 통해 알아낼 수 있는 것이라고 언명하지 않을 수 없었습니다. 그러므로 올바르고 진실되게 철학하는 그런 부류의 사람들이 권좌에 오르거나 아니면 각 나라의 권력자들이 모종의 신적 도움을 받아 진정 철학을 하기 전에는, 인류에게 재앙이 그치지 않을 것이라고 또한 언명하지 않을 수 없었습니다.(「제7 서한」, 326a~b. 강철웅 외 옮김)

스승이 세상을 떠난 후 플라톤은 메가라의 에우클레이데스에게 피신했고, 그 후에도 여기저기를 전전하면서 살았다. 전투에도 몇 차례 참여했다고 한다. 이집트의 성직자들을 만났다는 이야기도 전해지지만 확실한 이야기는 아니다. 이 격랑의 시대를 보내던 와중에 그는 스승 소크라테스를 회상하면서 '초기 대화편들'을 써나갔다.

마흔 즈음해서 플라톤은 이탈리아 시켈리아(/시칠리아) 쉬라쿠사이를 여행하고 거기에서 철학적으로 또 정치적으로 중요한 국면을 맞게 된다. 철학적으로 그는 퓌타고라스학파의 철학을 접하고 그것으로부터 강한 영향을 받았다. 퓌타고라스학파는 소크라테스, 파르메니데스와 더불어 플라톤의 사유에 깊은 영향을 각인하게 된다. 정치적으로는 쉬라쿠사이의 폭군 디오뉘시오스의 둘째 아들인 디온을 만나게 되었다. 디온에게서 어떤 가능성을 발견한 플라톤은 그에게 정성을 쏟았고, 이것은 디오뉘시오스의 미움을 사기에 충분한 것이었다. 결국 그는 피신해서 아테네로 돌아오는데, 그 과정에서 노예로 팔리기까지 했으나 그의 친구가 그를 알아보고 빼내주었다는 이야기도 전해온다. 쉬라쿠사이로 간 지 2~3년 후 아테네로 돌아온 플라톤은 서양 최초의 대학인 '아카데메이아(Akadēmeia)'—오늘날의 '아카데미'로 이어지고 있다—와 그 안의 회당(會堂)인 '무세이온(Mouseion)'—오늘날의 '뮤지움'으로 이어지고 있다—을 세워 집필과 교육에 몰두했다. 이 시기에 쓰인 대화편들이 흔히 '중기 대화편들'이라 불리는 것들이다.

플라톤이 예순 즈음 되었을 때 디오뉘시오스 2세가 후계자가 되었고, 군주의 삼촌이 된 디온은 다시 플라톤을 쉬라쿠사이로 초청한다. 그는 플라톤이 조카를 감화시켜 쉬라쿠사이를 정의로운 곳으로 만들어주기를 갈망했다. 플라톤은 지난번의 경험도 있고 해서 몹시 망설이다가 주위의 권유를 뿌리치지 못하고 쉬라쿠사이로 건너간다. 그러나 플라톤/디온과 디오뉘시오스 2세를 이간질하려는 간신들의 모략으로, 결국 플라톤이 도착한 지 겨우 네 달 후에 디온이 추방당하고 만다. 게다가 시켈리아 자체가 전쟁에 휩싸인다. 결국 이번에도 플라톤은 환멸감만 안고서 아테네로 돌아온다(예순두 살 무렵). 그러나 4년 후 디오뉘시오스 2세는 개과천선의 의지까지 표명하면서 (디온은 배제한 채) 플라톤을 다시 데려오려고 안달을 내기 시작한다. 그는 플라톤을 모셔오기 위해 삼단노선을 보내고(당시 바다를 여행하는 것은 큰 모험이었다), 퓌타고라스학파 사람들까지 보내 그를 회유했으며, 자신이 철학—이때의 철학이란 물론 정치술을 뜻한다—에서 큰 진전을 보았으며 책까지 썼노라고 아양을 떨었다. 결국 떠밀리다시피 해서 세 번째로 쉬라쿠사이로 간 플라톤은 아나나 다를까 생명까지도 위협받는 온갖 고생 끝에 결국 또다시 착잡한 심정으로 아테네로 돌아오게 된다(예순일곱 살). 정의로운 국가를 만들기 위해 시켈리아에 세 번이나 건너갔건만, 결국 철학자가 정치를 하거나 정치가가 철학을 하지 않는 이상 정의로운 사회는 오지 않는다는 그 자신의 명제를 스스로 뼈저리게 확인하게 되었을 뿐이었다. 그 후 마지막 10여 년 동안 플라톤은 이른바 '후기 대화편들'이라 불리는 저작들을 집필하는 데 혼신의 힘을 다한다. 이 대화편들 가운데에는 그가 중기에 집필했던 『국가』를 보다 현실화하고자 했던 『법률』도 포함되어 있다. 플라톤은 한평생 정치와 철학을 오가면서 이데아와 이상국가를 꿈꾸었으나 강고한 현실은 그의 꿈대로 되지 않았다. 그러나 그의 고뇌를 담고 있는 대화편들은 불후의 고전이 되어 지금까지도 널리 읽히고 있다.

『국가』에서 플라톤은 당대 아테네의 현실을 염두에 두면서 이데아론에 입각한 이상국가론을 펼친다. 『국가』편은 크게 보아 다음 세 가지 주제를 다루고 있다.

1. 정의란 무엇인가? 정의로운 국가, 즉 이상국가는 어떤 국가인가?
2. 정체(政體)에는 어떤 것들이 있는가? 그것들을 어떻게 평가할 수 있는가?
3. 통치자들을 어떤 교육 과정을 통해서 뽑아야 하는가?

정의란 무엇이고 정의로운 국가는 어떤 국가인가

한 사회의 가장 소중한 가치는, 적어도 가장 기본적인 가치는 정의(正義)이다. 정의가 보장되지 않는 사회의 성원들은 진정으로 행복하기 힘들다. 그래서 『국가』 역시 정의론을 중심으로 전개된다. 플라톤이 말하는 정의는 현대 식의 좁은 의미 즉 정치적·법적 개념이기보다는 한자어 그대로의 의미 즉 바르고 옳음을 뜻한다. 플라톤의 존재론(과 인식론) 즉 이데아론이 그렇듯이, 그의 정의론 역시 소피스트들을 논박하기 위해 제시되었다고 할 수 있다. 앞에서 안티폰의 생각을 보았거니와, I, II권은 트라쉬마코스를 비롯한 소피스트들의 생각을 정리하면서 소크라테스

(플라톤 자신)와 그들의 대결을 그리고 있다.[40]

그리스 사상사에서 정의(dikē/dikaiosynē) 개념은 휘브리스 또는 아테 개념과 대(對)를 이루면서 핵심적인 역할을 해왔다. 그리스 문화에서 오만, 광기, 지나침, 상궤를 이탈함, 절도를 잃어버림 등을 뜻하는 '휘브리스' 그리고 미망, 눈이 멂 등을 뜻하는 '아테'는 자연철학적인 맥락에서나 인간사의 맥락에서나 극복해야 할 측면이었고, 이것들을 극복함으로써 얻어야 할 것은 바로 정의, 조화, 균형, 절제 같은 미덕이었다. 자연철학적 맥락에서는 아낙시만드로스 이래 내려온 '정의' 개념을 상기할 수 있고, 인간사의 맥락에서는 '오레스테스 3부작'을 비롯한 그리스의 드라마들을 상기할 수 있다. 드라마란 대개 휘브리스, 아테에 눈먼 귀족들의 불행을 그리는 것이었고, 그러한 일탈이 정의와 조화의 힘으로 극복되는 이야기였던 것이다. 그래서 '정의'란 우선 그리스 고전(클래식) 시기를 대변하는 가치들 중 하나로서 이해될 수 있다. 플라톤은 바로 이 '정의'를 국가론의 핵심 개념으로 삼고서 논의를 전개하고 있으며, 이로부터 우리는 이 개념이 한 국가의 조화, 균형, 화합 등과 직결되리라고 짐작할 수 있다.

I. 'dynamis'와 'ergon'. 논의는 밀고 당기는 문답법/변증법을 통해 전개되거니와, 그 실마리는 "정의는 강자의 이익"이라는 트라쉬마코스의 주장이다. 통치자들은 자신들에게 유리한(이익을 가져다주는) 법을 정하고, 그것을 지키는 것을 '정의'로, 어기는 것을 '부정의'로 규정한다. 따라서 정의란 강자의 이익이다. 소크라테스는 이 주장에 자가당착이 숨어 있음을 상기시킨다. 통치자들이 자신들에게 불리한 것을 유리한 것으로 잘못 판단한다면 어찌할 것인가? 트라쉬마코스 자신의 논리에 따른다면 이 경우에도 피치자들은 통치자들을 따를 수밖에 없고 그러면 통치자들은 불리함에 처할 것 아닌가? 이런 논쟁을 통해서 이제 "진정한"이라는

---

40) 이 대목은 이미 논한 바 있다. 이정우, 『개념-뿌리들』, 2부 6강.

수식어가 등장하게 된다. 플라톤의 철학 전체는 이 '진정한'이라는 개념을 둘러싸고서 전개된다. 트라쉬마코스는 자신이 말하는 강자는 "진정한 강자"이며, 어떤 이가 진정한 강자라면 그가 자신에게 불리한 것을 유리한 것으로 잘못 판단할 리가 없다고 논박한다. 소크라테스는 이 주장을 받아들이면서 이제 논의를 '진정한'에 관련된 문제로 이끌어간다.

이 대목에서 등장하는 플라톤의 논의는 그의 대표적인 '상용(常用) 논변(locus classicus)'으로서 그의 대화편들 도처에서 끊임없이 나오는 논리이다. 플라톤은 모든 존재들에는 그 고유의 능력/역능(뒤나미스) 또는 기능/역할(에르곤)이 존재한다고 믿는다. 그의 사유 전반에 늘 '기예(테크네)' 즉 무엇인가를 잘-함과 '아레테' 즉 '~다움'이 등장하는 이유도 이 점과 연결되어 있다. 이 개념들은 곧 한 존재의 능력 및 기능과 직결되기 때문이다. 말〔馬〕에게는 그것 고유의 능력, 기능/역할/소명, 말-다움, 말로서의-(기능을)-잘-함 등이 깃들어 있다. 때문에 플라톤의 사유는 자연스럽게 목적론적 형태를 띠게 된다. 이런 그의 사유가 이데아론과 직결된다는 것은 어렵지 않게 알 수 있다. 말의 이데아란 곧 가장 이상적인 말, 가장 말-다운 말, 완전한 기예를 갖춘 말, 말의 뒤나미스와 에르곤을 완벽하게 보여주는 말에 다름 아니기 때문이다. 이데아론이 현실과의 단절에 초점을 두는 것이 아니라 현실을 더 좋은 방향으로 이끌어가는 데 초점을 둔다는 것, 현실적 존재들의 '선별'/'평가'와 직결된다는 것을 여기에서 분명하게 알 수 있다. 플라톤의 이런 사유는 곧 "kata physin"의 사유이다. 이 표현은 곧 소피스트들의 상대주의를 넘어 본성 =퓌지스를 사유하려 한, 즉 사물들을 그 본성에 따라 사유하려 한 플라톤의 경향을 압축하고 있다. 플라톤에게서 '진정한'이라는 수식어가 그토록 중요한 의미를 가지는 것은 바로 이런 맥락에서이다.

이런 기본 구도를 배경으로, 플라톤은 진정한 의사가 환자를 돌보고 진정한 선장이 승객들을 돌보듯이 진정한 통치자는 피치자들을 돌본다고 역설한다. 따라서 정의가 강자의 이익일 수는 없다. 오히려 정의는 피치자들의 이익이 되어야 한다. 그러나 앞에서 논했듯이, 문제는 소피스트들이 생각한 '퓌지스'는 플라톤의 그것과 전혀 상이한 것이었다는 점이다. 플라톤의 퓌지스가 각 사물의 이상태라면 트라쉬마코스 등의 퓌지스는 현실태이다. 이들의 퓌지스는 맹자가 본 성(性)과 고자가 본 성이 다르듯이 전혀 판이하다. 트라쉬마코스가 볼 때 현실에서 정의로운 자들은 늘 손해를 볼 수밖에 없고 부정의한 자들은 이익을 본다. 그 가장 단적인 예로서 중죄를 지은 범죄자들을 들 수 있다. 가벼운 범죄를 저지른 피라미들은 벌을 받지만 아예 통 큰 범죄를 저지른 자들은 오히려 추앙을 받지 않는가? "영웅"들로 찬양되지 않는가? 여기에서 두 가지 퓌지스=본성 개념이 첨예하게 격돌한다. 플라톤은 이 점을 의식하면서 트라쉬마코스에게 세 가지 반론을 제시한다.

첫째, 의사, 선장 등등은 보수를 바라고서 전문가가 된 것이 아니다. 보수는 그들의 기예에 덧붙여져 부수적으로 돌아오는 것이다. 전문가들은 보수를 위해서가 아니라 그들의 도움을 필요로 하는 사람들을 위해 일한다.[41] 정치의 경우도 마찬가지이다. 통치자들은 피치자들을 위해 일한다. 사실 통치는 힘든 일이고 높은 보수를 받는 일이 아니기 때문에 많은 사람들이 통치자가 되기를 꺼린다. 통치를 하는 사람들은 단지 자신보다 못한 자들에 의해 통치되기가 싫어서 통치자가 될 뿐이다.

플라톤의 이 첫 번째 주장은 '진정한'이라는 수식어를 붙여 말할 때와 그렇지 않을 때 의미를 전혀 달리한다. 현실에 있어 플라톤의 주장은 전혀 비사실적이다. 극소수의 예외도 있겠지만 사람들이 전문가가 되려는 것은 높은 보수와 사회적 지위 때문이다. 통치자나 관리가 되려는 것도

---

41) 이 구절에는 앞에서 말한 BC 4세기의 상황이 깔려 있다. 이전에는 자발적으로 정치에 참여했고 또 보수보다는 명예를 구했던 사람들이 이 시대가 되면 점차 자기 이익에만 탐닉했고 또 순수하게 폴리스에 봉사하는 것이 아니라 이런저런 보수를 챙기려 애쓰는 경향이 강해졌던 것이다. 플라톤의 논의는 이런 변화를 배경으로 깔고 있으며, 좋았던 시절로의 회귀를 꿈꾸었다고 할 수 있다.

보수 자체는 박해도 결국 권력을 화폐로 바꿀 수 있기 때문이다. 그러나 만일 앞에 '진정한'이라는 수식어를 붙인다면 이야기는 다르다. 우리는 그것을 전문가들에 대한 윤리적 요청으로 받아들일 수 있다. 플라톤은 이 주장을 단지 제시하기만 할 뿐 논쟁으로 이끌어가지는 않는다.

둘째, 정의로운 자들은 자신보다 못한 자들을 능가하려 하지만 자신들처럼 정의로운 자들을 능가하려 하지는 않는다. 그러나 부정의한 자들은 자신보다 못한 자들이든 같은 자들이든 모두 능가하려 한다. 예컨대 시가에 능한 사람들이라든가 의술에 능한 사람들은 자신들보다 못한 부류는 능가하려 하지만 같은 부류는 능가하려 하지 않는 반면, 능하지 못한 사람들은 못한 부류든 같은 부류든 능가하려 든다. 이 점에서 능한 사람은 정의로운 사람과 같고 능하지 못한 사람은 부정의한 사람과 같다. 그런데 능한 사람은 훌륭한 사람이고 능하지 못한 사람은 훌륭하지 못한 사람이므로, 결국 정의로운 사람은 훌륭한/선량한 사람이고 부정의한 사람은 훌륭하지 못한/못된 사람이다. 트라쉬마코스의 주장과 달리, 부정의한 사람이 훌륭한/강한 사람인 것이 아닌 것이다. 이것은 국가 단위에서 논해도 마찬가지이다. 정의로운 국가들은 부정의한 국가들을 능가하려 하지만 같이 정의로운 국가들을 능가하려 하지는 않는다. 그러나 부정의한 국가들은 어떤 국가들이든 모두 능가하려 한다.(그러나 이 국가들은 자신들 사이에서 불화하기 때문에 결국 무너진다) 그래서 같은 논리로 정의로운 국가는 훌륭한 국가이지만 부정의한 국가는 그렇지 못한 국가이다.

이 두 번째 주장 역시 '진정한'이라는 수식어의 여부에 따라 달리 해석된다. 플라톤의 주장처럼 열등한 자들은 우월한 자들을 능가하려 하고 해치려 한다. 그렇지만 우월한 자들은 열등한 자들을 능가하려 할 뿐 자신들과 대등하게 우월한 자들을 능가하려 하지 않는다는 것은 현실에 맞지 않는다. 우월한 자들은 열등한 자들을 능가하려 하지 않는다. 이미 우월하기 때문에 능가하려 할 이유가 없다.(물론 "능가하려 한다"는 것을

"이기려 한다"는 것이 아니라 자신의 뛰어남을 보존하고 가꾸려 한다는 뜻으로 이해한다면, 플라톤의 주장을 이해할 수 있다) 그러나 우월한 자들은 자신들과 대등하게 우월한 자들을 능가하려 한다. 사회에서 인정받는 자들일수록 그들 자신은 서로 의식하고 경쟁하고 질시하기 마련이다. 그리고 같은 부류에 속할수록 서로 직접 비교가 되기 때문에 그런 경쟁의식은 더욱 강렬하기 마련이다. 하지만 여기에서도 '진정한'이라는 수식어를 붙인다면 이야기가 달라진다. '진정한' 전문가, 특정한 기예를 익힌 사람은 누군가를 이기기 위해서가 아니라 그 기예 자체를 위해서 노력하고 순수한 열정으로 살아가기 때문이다. 이 경우에도 또한 플라톤의 논변을 윤리적 요청으로 이해할 수 있다.

셋째, 정의로운 자가 결국 부정의한 자보다 행복하다. 이것은 전형적인 소크라테스적 주장으로서 『국가』 I권의 마지막을 장식한다. 소피스트들과 소크라테스 사이에서 벌어진 대결이 기본적으로 아레테를 둘러싼 것이었다는 점을 논했거니와, 소크라테스와 플라톤이 이룩한 사유 혁명은 결국 기존의 영혼 개념을 넘어서는 영혼 개념, 영혼의 새로운 아레테 개념으로 압축된다. 소크라테스가 말한 영혼과 그 고유한 능력/아레테로서의 이성에 플라톤은 이성의 실현으로서의 정치를 부가한다. 이는 곧 영혼 개념과 정의 개념의 연계를 뜻한다. 정의로운 영혼은 영혼다운 영혼이지만 부정의한 영혼은 영혼답지 못한 영혼이라는 주장이 『국가』 I권의 최종 테제로서 제시된다. 달리 말해서 정의야말로 영혼을 가진 존재인 인간이 추구할 수 있는 핵심적인 아레테라는 뜻이 된다. 그리고 아레테와 행복을 일치시키는 소크라테스의 지론에 따라 정의로운 자는 행복한 자라는 귀결이 나온다.

정의로운 자가 행복하다는 이 테제는 이후 『국가』 전체를 이끌어가는 중심 테제들 중 하나가 된다. 그러나 이 테제의 최종적인 논증은 대화편의 뒷부분에 가서야 등장하며, 그 사이에 (이 테제를 까맣게 잊어버리기에 충분할 만큼) 매우 다양한 다른 주제들이 길게 전개된다. 따라서 우리는 전체 논의의 말미에 가서야 이 테제를 다시 음미·평가해볼 수 있게 된다.

II. 정의란 무엇인가. 소크라테스의 이런 주장에 대해 "정의로운 자는 불행하고 부정의한 자는 행복하다"라는 소피스트적 반론이 글라우콘과 아데이만토스의 해설을 통해서 제기된다. 이 주장은 우리가 이미 안티폰을 통해서 접했던 주장이지만, 이제 『국가』(II, 358b~367e)에서는 긴 논변을 통해서 보다 흥미진진하게 서술되어 있다.[42]

첫째, 원래 정의로운 것은 나쁜(손해를 보는) 것이요 부정의한 것이 좋은(이익을 보는) 것인데 내가 부정의해서 얻는 이익보다 타인이 부정의해서 내가 입게 되는 손해가 더 크기 때문에 사람들은 할 수 없이 함께 정의를 지키자고 약속한 것에 지나지 않는다. 둘째, 사람들이 정의로운 척하는 것은 진정으로 정의롭고자 하기 때문이 아니라 정의롭게 "보이는" 것이 자신의 신상에 좋기 때문이다. 가장 좋은 것은 부정의로 이익을 보면서도 처벌받지 않는 경우이고 가장 나쁜 경우는 부정의에 당하면서도 상대를 처벌할 수 없는 경우이기에, 사람들은 그 중간을 취해서 최대한 정의로운 척하면서 최대한 손해 보지 않는 쪽으로 행위한다. 여기에는 물론 인성론이 깔려 있다. 그것은 곧 모든 인간은 처벌받지 않을 수만 있다면 자신의 욕망을 극한적으로 발산하리라는 것이다. '귀게스의 반지' 이야기는 이 점을 적나라하게 보여준다. 요컨대 누구도 '자발적으로' 정의롭지는 않은 것이다. 첫째 규정과 둘째 규정은 사실상 하나로 묶을 수 있다. 셋째, 부정의한 자는 정의로운 자보다 행복하다. 부정의한 자는 부조리한 사회에 편승해서 마음껏 행복을 누릴 수 있지만 정의로운 자는 일마다 손해를 볼 수밖에 없으며, 심지어는 "태형을 당하고, 사지를 비틀리는 고문과 결박을 당하며, 두 눈이 불 지짐을 당하고, 마침내는 온갖 나쁜 일을 겪은 끝에 책형까지 당하고서야, 실제로 정의롭게 되

---

42) 유사한 논변이 『고르기아스』에서는 칼리클레스의 입을 통해서 전개된다. 이 대화편에서 소크라테스에 의해 전개된 반론 역시 『국가』의 경우와 유사하다.

려 할 것이 아니라 다만 정의로운 것처럼 보이려고 해야만 된다는 사실을 깨닫게 될 것"(II, 361e∼362a)이다.[43]

이렇게 글라우콘과 아데이만토스는 "정의로운 자가 행복하다"라는 소크라테스/플라톤의 주장에 소피스트적 반론을 제기한다. 이들은 한편으로 소피스트들의 주장을 도저히 부정하기 힘든 현실로서 인정하면서도, 다른 한편 그런 주장에 거부감을 느끼고 누군가가 정의로운 것이 좋은 것이고 정의로운 자가 행복하다는 것을 명확히 해주었으면 하는 희망을 피력한다. 이들의 이런 생각은 아마 거의 대부분의 사람들이 느끼는 양가감정일 것이다. 소크라테스/플라톤은 이에 대해 어떻게 재반론하는가.

플라톤은 정의로움이 개인에게서도 성립하고 국가에서도 성립한다고 보지만, 큰 것을 보는 것이 작은 것을 보는 것보다 더 잘 보인다는 이유에서 우선 국가에서의 정의를 먼저 검토한다. 플라톤이 정의론에 접근하는 기본적인 관점은 부분과 전체의 연관성에서 보는 것이다. 이것은 헬라스에서 정의의 문제가 곧 조화의 문제와 상통한다는 점을 상기하면 어렵지 않게 이해할 수 있다. 여기에서 전체란 물론 국가=폴리스이고 부분이란 폴리스를 구성하는 요소들이다. 그렇다면 이 요소들을 어떤 관점에서 파악할 것인가? 지리적 부분들, 시간적 부분들(역사), 혈통적 부분들 등, 이 요소들은 관점에 따라 다양한 방식으로 파악될 수 있다. 플라톤은 이 요소들을 우선 직업들을 중심으로 파악한다. 즉, 폴리스를 구성

43) 이미 지적했듯이 플라톤의 사유에서는 이렇게 항상 '∼임(einai)'과 '∼하게 보임(dokein)' 사이, "진짜 그런 것들"과 "∼로 여겨지는 것들" 사이의 괴리가 문제가 된다. 플라톤의 이데아론이 "dokein"을 극복하고 "einai"를 찾는 사유라면, 여기에서 서술되는 소피스트들의 생각은 오히려 한 사회에서 "dokein"을 요령 있게 추구하면서 살아야만 행복할 수 있다는 논지이다. "내가 실제로는 올바르면서도 만일 그런 사람으로 보이지는 않는다면 내게는 아무런 이득도 없고 고역과 뻔한 손해만이 있을 것이라고 하거든. 하지만 내가 실제로는 올바르지 않을지라도 올바름의 평판을 얻어 갖게만 되면 내겐 놀라운 인생이 주어질 것이라고 하지." 이런 현실은 대중만이 아니라 "시인들"(뮈토스의 전달자들), 심지어 현자들(헬라스 역사에서의 지도자들)까지도 언급하는 현실이라고 한다.

하는 사람들의 기능을 중심으로 파악한다. 이것은 앞에서 말한 '뒤나미스'와 '에르곤', '테크네', '아레테' 같은 개념들을 생각해보면 이해할 수 있다. 플라톤은 사물을 기본적으로 그 활동, 기능, 능력, "~다움"에 입각해 파악하며("kata physin"을 다시 한 번 상기하자), 이것은 그의 국가론에서도 그대로 확인되고 있다. 현대적으로 표현해서, 이는 분업체계를 출발점으로 국가와 정의를 파악하는 것이다. 하나의 국가란 기본적으로 직업들의 집합체이다.

플라톤은 국가가 발생한 이유를 각 개인이 자족할 수 없기 때문이라고 보고, 다양한 직업들이 상호 보완함으로써 국가를 구성한다고 본다. 우선 의식주(衣食住)가 기본이기 때문에 옷 만드는 사람들, 음식 만드는 사람들, 집 짓는 사람들이 필수적이다. 아울러 다양한 형태의 다른 기술들, 기술자들이 요청된다(목수들, 대장장이들, 제화공들, 예술가들, 의사들 등). 이로써 가장 필수적인 기능들이 갖추어진다. 그러나 한 국가=폴리스의 자급자족에는 반드시 한계가 있기 마련이기에 여기에 다시 다양한 형태의 상업들이 추가되어야 한다. 여기까지가 일차적으로 필요한 기능들이다. 여기에 더해 현실적으로 폴리스는 항상 전쟁을 치러야 하기에 전사들이 중요한 기능으로 추가된다. 이들은 국가의 수호자들로서 별도로 분류된다.[44] 마지막으로 통치자들이 있다. 이들은 폴리스 전체를 다스리는 집단이다. 플라톤은 이렇게 폴리스를 생산자 집단, 수호자 집단, 통치자 집단으로 나눈다. 그리고 이후 논의의 초점은 통치자들을 어떻게 뽑을 것인가에 두어진다. 정치가 가장 중요하다는 뜻이다.

플라톤은 국가의 이런 구도를 수립한 후, 마침내 그 자신의 정의관을

---

44) 그리스 본래의 전통에 따르면, 시민들은 평소에 생업에 종사하다가 전쟁시에는 시민-전사가 되곤 했다. 그러나 이 대목에서의 플라톤의 주장에 따르면, 수호자들 즉 시민-전사들은 따로이 분류되어야 한다. 이 점에서 플라톤은 포괄적 개념이었던 시민-전사를 폴리스 수호를 전담하는 시민-전사들로 특화해내었다고 할 수 있다. 따라서 이하 이야기할 통치자들은 당연히 이 수호자들 가운데에서 다시 특화되어야 했다.

제시한다. 그는 폴리스의 "어느 한 집단이 행복해지도록 하는 게 아니라 시민 전체가 최대한 행복해지도록 하는 것"이 정치의 핵심이라고 보며, "바로 이런 국가에서 정의가 가장 분명하게 확보된다"고 말한다.(IV, 420b) 요컨대 정의란 "강자의 이익"이 아니라 시민 전체의 최대한의 행복인 것이다. 따라서 글라우콘과 아데이만토스가 정식화해준 소피스트적 정의관, 즉 인간이란 이기적 존재이지만 자신이 얻을 이익보다는 남에 의해 겪을 피해가 더 크기에 할 수 없이 타협한 것이 정의라는 생각에 대한 응답이 일단 확보된 셈이다. 소피스트들에게 인간의 퓌지스는 악한 것이고 따라서 서로 공멸(共滅)하지 않기 위해 할 수 없이 타협하는 것이 정의라면, 플라톤에게 정의란 인간이 각각의 퓌지스에 따라서 일정한 기능들을 수행하고 그 기능들이 조화를 이루어 (강자가 아니라) 시민 전체가 최대한의 행복을 추구할 수 있게 해주는 것이다.

이제 남은 또 하나의 문제, 즉 정의로운 자는 불행하고 부정의한 자는 행복하다는 주장에 답해야 한다. 그러나 응답을 제시하기 전에 우선 지금 제시한 정의(正義)에 대한 정의(定義)를 좀더 상세하게 논할 필요가 있다. 『국가』의 IV권은 플라톤의 정의론을 좀더 정교하게 제시한다.[45]

III. 분업체계와 정의. 시민 전체의 최대한의 행복이란 달리 말해 폴리스를 구성하는 성원들이 각자의 직업에 충실하고(플라톤은 한 사람이 하나 이상의 일을 하는 것을 극도로 경계했다), 다시 각 직업들 전체가 아름다운 조화를 이룰 때 성립한다. 이것이 플라톤이 꿈꾼 "본성/소질에 따라 세워진 나라"이다. 플라톤은 이 생각을 그의 유명한 '사주덕(四主德)'론을 통해 전개한다.

생산자 계층이 가져야 할 핵심적인 덕목은 '절제(sōphyrosynē)'이다. 신

---

45) 『국가』의 I권과 II권 전반부에서 정의론이 전개된 후 II권 후반부와 III권에서는 통치자의 선발(일정한 교육 과정을 통한 선발)이 다루어진다. 그리고 IV권에서는 다시 정의론이 전개된다. 물론 대화편 자체는 이런 단락 없이 부드럽게 이어지지만 우리는 주제에 따라 이렇게 분석해볼 수 있다.

중함, 사리분별, 일상의 지혜 등으로도 이해할 수 있는 이 덕목은 '극기(克己)'를 기본으로 한다. 극기란 한 인간이 자신의 보다 나은 부분으로 보다 못한 부분을 누를 때 성립한다. 즉, 각종의 절제들이 있지만 그 궁극은 자기 절제인 것이다. 그러나 절제가 생산자 계층에게만 요구되는 덕목은 아니다. 아래에서 논할 '용기'나 '지혜'와는 달리 절제는 지배 계층이나 피지배 계층이나 모두 갖춰야 할 덕목이다. 그것은 모든 덕들 중에서 가장 기저를 형성한다.

수호자 계층이 가져야 할 덕목은 '용기(andreia)'이다. 플라톤에게 용기란 "두려워할 것들과 두려워하지 않을 것들에 관한 '바르고 준법적인 소신(판단)'의 지속적인 보전과 그럴 수 있는 능력"(IV, 430b)을 가리킨다. 직업군인이 따로 있지 않고 농병일체(農兵一體)의 성격을 띠었던 고대 국가들의 경우 군인들의 교육은 곧 시민교육과 맞물려 있는 문제였다. 따라서 수호자 양성은 곧 '시민적 덕'의 토대이기도 했으며, 플라톤이 "시민적 용기"라는 표현을 쓰는 것도 이 때문이다. 그러나 플라톤이 생각하는 군인 계층은 하층민들이 아니라 넓은 의미에서의 지배층에 속한 시민 계층이었다.

통치자 계층이 가져야 할 덕목은 '지혜(sophia/phronēsis)'이다.[46] 플라톤이 말하는 '소피아'는 최상의 지혜를 뜻하며, 험난한 교육 과정을 거쳐 이 소피아를 터득한 자들만이 통치자가 될 수 있다. 이런 부류의 인물들은 소수일 수밖에 없으며 따라서 플라톤에게 통치자 계층은 '최선자들'이어야 했다. 플라톤 정치철학의 핵심은 바로 "누가 통치할 것인가?"라는 물음이고, 이 물음은 후기 대화편들—직접 연관된 대화편으로는 『정

---

46) 'sophia'가 최상의 철학적 지혜라는 뉘앙스가 강하다면, 'phronēsis'는 실천적 지혜라는 뉘앙스가 강하다. 플라톤에게서는 이 두 개념이 혼용되지만 아리스토텔레스는 양자를 구분한다. 아리스토텔레스는 관조적 지혜로서의 '소피아', 실천적 지혜로서의 '프로네시스', 그리고 과학적 지식으로서의 '에피스테메'를 구분한다. 아리스토텔레스는 이론지(理論知)와 실천지(實踐知)를 구분한 점에서 플라톤과 다르다.

치가』를 들 수 있다—에서는 '분할법'이라는 방법을 통해서 추구된다. 더 구체적으로는 "어떤 교육 과정을 통해서 이 통치자들을 뽑아야 하는 가?"라는 물음이다. 이 물음이 『국가』 전체를 관류하고 있다.

앞에서 정의를 조화와 연결했거니와, 이제 이 규정이 지닌 또 하나의 함의가 분명해진다. 바로 생산자 계층의 절제, 수호자 계층의 용기, 통치자 계층의 지혜라는 세 덕목이 조화를 이룰 때 국가 전체의 정의라는 덕목이 성립한다는 것이다. 플라톤에게는 세 부류의 인물들이 서로의 역할(에르곤)을 존중하지 않는 것은 거의 파멸적이며, 그래서 그는 "세 부류인 이들 사이의 참견이나 상호 교환(역할의 전환)은 이 나라에 대한 최대의 해악이며, 따라서 가장 큰 악행이라 불러 지당할 것"이라고까지 말한다.(IV, 434b~c) 플라톤에게는 이것이 바로 불의(不義)이다.

대부분의 고대 사상들이 그렇듯이 플라톤 역시 대우주와 소우주의 상응이라는 생각을 가졌던 듯하다. 국가 차원에서의 네 덕목은 그대로 개인 차원에서의 네 덕목에 상응하고 있다. 즉, '사주덕'론은 국가의 구성에 관련해서만이 아니라 인성에 관련해서도 그대로 성립한다. 플라톤은 자신의 국가론을 인성론으로 잇는다.

생산자 계층을 특징짓는 것은 '욕구(epithymia)'이다. 그리고 통치자 계층을 특징짓는 것은 '이성적 사고(logismos)'이다. 플라톤은 여기에서 영혼의 이 두 측면이 서로 모순된다[47]는 점을 논한다.[48] 초기 대화편들에서 플라톤은 영혼의 다질성(多質性)을 인정하면서도 그 다질성을 보듬는 역할을 지혜에 부여했었다. 그러나 흥미롭게도 『국가』에 이르러서는 이

---

47) 이 대목에서 철학사상 모순율이 처음으로 등장하게 된다. "동일한 것이 동일한 부분에 있어서 그리고 동일한 것에 대해서 상반된 것들을 동시에 행하거나 겪는 일은 없을 것 [···]."(IV, 436b)

48) 이 논의는 초기 대화편들, 예컨대 『프로타고라스』, 『에우튀데모스』, 『메논』 등에서 논의된 덕들의 다원성과 통일성 문제를 약간 다른 방식으로 잇고 있다. 이에 관련해서 다음을 보라. 이정우, 『소은 박홍규와 서구 존재론사』(도서출판 길, 2016).

제 욕구와 이성적 사고는 상호 모순된 것이라고 파악한다. 그리고 여기에 제3의 부분인 '기개(thymos)'—현대어의 뉘앙스로는 '용기', '의지', '격정/열정' 등에 해당한다—가 등장한다(물론 이 기개는 수호자 계층의 성격이다). 바로 이런 인성론과 절제·지혜·용기의 덕성론이 상응한다는 점을 알 수 있다. 그리고 이 세 부분들을 통일하는 역할은 정의가 맡게 된다. 이렇게 본다면 '정의'라는 덕목은 플라톤을 소크라테스로부터 구분해주는 덕목이며, 이것은 모든 관심을 영혼에만 쏟았던 소크라테스와, 그와 달리 폴리스의 정치에 관심을 쏟았던 플라톤의 차이를 보여주는 것이기도 하다.

국가를 구성하는 제 요소들이 "각자 맡은 바를 실천"하고 그로써 국가에 '혼화(混和)'를 가져오는 것이 정의이고 그렇지 못한 것이 불의라는 플라톤의 생각은 다음 구절에 압축되어 있다.

> 정의로움이 〔…〕 이들 세 부분을 흡사 음계의 세 음정 〔…〕 처럼 전체적으로 조화시키네. 또한 혹시 이들 사이의 것들로서 다른 어떤 것들이 있게라도 되면, 이들마저도 모두 함께 결합시켜서는, 여럿인 상태에서 벗어나 완전히 하나인 균형 잡히고 조화로운 사람으로 되네. 〔…〕 이와 달리 정의롭지 못함은 이 세 부분 간의 일종의 내분이며, 참견과 간섭, 그리고 영혼 전체에 대한 어떤 일부의 모반임에 틀림없지 않겠는가?(IV, 443c~444b)[49]

이제 플라톤이 생각하는 정의 개념과 정의로운 국가 개념의 윤곽이 드러났다.[50] 그러나 이런 정의로운 국가는 하나의 이상으로서만 존재하

---

49) 『국가』에서의 인용은 박종현의 번역(서광사, 1997)을 따랐다(일부 수정함).

50) 한 가지 덧붙여야 할 이야기는 앞에서 언급한, 정의로운 사람이 부정의한 사람보다 행복하다는 주제이다. 『국가』 II권에서 이 문제를 제시했으나, 이 문제에 대한 답은 IX권에 가서야 등장한다. 여기에서 플라톤은 네 가지의 정체, 즉 귀족정, 과두정, 민주정, 참주정을 논한 후(VIII권), 쾌락과 고통을 중심으로 인성에 대한 긴 분석을 거쳐(이 문제

며, 현실의 국가들은 이와는 전혀 판이한 모습을 보여준다. 그래서 이제 두 번째로 할 이야기는 현실에서의 정체(政體)들에는 어떤 것들이 있는가, 그것들 사이에는 어떤 연관성이 있는가의 문제이다. 이런 논의를 거쳐야만 다시 정의로운 국가의 모습이 이 현실 국가들의 모습들과 대비되면서 좀더 분명하게 드러날 수 있을 것이다.

다섯 가지의 정체

플라톤 국가론의 두 번째 주제는 정체에는 어떤 것들이 있으며, 그 각각을 어떻게 평가할 것이며, 그것들 중 어떤 것이 가장 나은가를 판단하는 일이다. 이것은 현실의 여러 정체들을 검토하고 그 끝에서(앞에서 논의한) 정의로운 국가의 모습을 그리는 작업이다. 플라톤의 정체론은『국가』VIII, IX권에서 집중적으로 논의된다.

플라톤의 논의는 일정한 순서에 따라 이루어지는데, 전체적으로 퇴락의 순서에 따라 진행된다. 이것이 실제 역사의 퇴락을 논하는 것인지 논리적인 맥락에서의 퇴락을 논하는 것인지는 불분명하나, 아틀란티스 이야기에서도 볼 수 있듯이 플라톤은 역사란 퇴락의 과정이라고 보았던 듯하다. 이것은 플라톤 자신의 시대가 아테네의 황혼기였다는 사실을 반영하고 있을 것이다. 그러나 퇴락을 거듭해서 세계가 멸망한다고는 보지 않았고 또 그 자신이 이상국가론을 폈기 때문에, 자연스러운 결론은 역사가 퇴락하다가 그 최저점에 도달하면 또다시 새로운 시대가 도래한다고 보았다는 것이다. 그래서 순환론으로 짐작되기도 한다. 플라톤이 이상국가론을 폈던 것도 이 새로운 시대를 준비하기 위해서였을 것이다.

는 말년의 대화편인 『필레보스』에서 정치하게 다루어진다), 마지막으로 가장 불의한 자(참주)가 얼마나 불행하며 반대로 가장 정의로운 자가 얼마나 행복한지를 논하고 있다. 이는 결국 "정의란 강자의 이익"이라는 트라쉬마코스의 주장에 대한 세 번째의/최종적인 반론이라고 할 수 있다. 이 주제는 『고르기아스』에서도 유사한 구도로, 더 정교한 방식으로 논의된다.

어쨌든 플라톤은 이상국가를 '최선자들의 정체'로 보고, 그것으로부터 점차 퇴락해가는 과정으로서 '귀족정(貴族政)', '과두정(寡頭政)', '민주정(民主政)', '참주정(僭主政)'을 논하고 있다.

I. 정체들의 계기(繼起). 이상국가가 퇴락했을 때 처음으로 나타나는 정체는 귀족정(timokratia)이다. 여기에서 'timē'는 명예나 직분을 뜻한다. 다만 플라톤적 맥락에서의 귀족정은 세습적 귀족정을 뜻하기보다는 퇴락한 형태의 최선자 정체를 뜻한다.[51] 귀족정이 생겨나는 이유는 통치자 집단 내의 분란 때문이다. 플라톤은 이 분란의 이유를 근본적으로 '사욕(私慾)'에서 찾는다. 아래에서 자세히 보겠거니와, 플라톤의 이상국가는 통치자 계층의 절대적 도덕성을 요구한다. 그러나 사욕의 발동은 그러한 도덕성에 금이 가게 만들고 이상국가를 퇴락시킨다. 이 퇴락한 국가는 지혜라는 보물을 잃어버리고 기개라는 무기만이 남은 국가로서, 군사적 가치들에 의해 관류된다. 이런 국가의 통치자들은 체육에는 강하지만 시가에는 약한 사람들이며,[52] '승리'에의 욕망이 특히 강한 즉 경쟁심(philonikia)으로 가득 찬 사람들이다. 이들이 나름대로의 군인 정신과 기개를 갖추고 있을 때에는 그나마 이상국가 바로 다음의 국가를 이끌어갈 수 있으나, 이런 덕성들이 희석되면 단순한 면이 있는 이들은 금방 돈과 쾌락의 유혹에 빠져버린다. 명예욕은 점차 금전욕에 자리를 내

51) 혹자는 '최선자들의 정체(aristokratia)'가 '최선자들'이라는 말을 쓰고 있기는 하지만 결국 돈과 권력이 있는 사람들이 최선자들이 되기 마련이므로 귀족정과 차이가 없다고 말한다. 아닌 게 아니라 훗날 'aristocracy'라는 말은 '귀족정'의 의미로 사용된다. 그러나 귀족은 세습을 핵심으로 하는 데 반해 플라톤의 최선자들은 세습과는 전혀 상관이 없다. 최선자가 된다는 것은 플라톤이 제시한 교육 과정을 통과한다는 것이지 돈과 권력을 세습한다는 것은 아니다.

52) 통치자에게는 시가적 능력이 필수적이다. 플라톤에게 최상의 통치자란 예술적 교양과 철학적 지혜를 동시에 갖춘 사람이다. "시가와 혼화(混和)된 이성을 갖춘 자일세. 이것이 생김으로써만이, 이를 지닌 자에게 일생을 통해서 아레테가 깃들일 걸세."(VIII, 549b)

318

어주고, 이렇게 되면 이제 한 단계 더 타락한 국가인 '과두정(oligarchia)'
이 등장한다.

　과두정은 모든 것이 돈에 의해 굴러가는 정체이다. 군인 정신과 명예
욕이 지배하던 귀족정에서는 나름대로의 자존심과 기개를 유지하던 통
치 계층이 이제 과두정으로 떨어지면 오로지 돈에 눈이 먼 장사꾼들이
된다. 부(富)는 인간을 타락시킨다. 인간적인 덕과 부는 반비례한다. 때
문에 모든 것이 돈에 의해 지배되는 세상이 되면 될수록 인간적인 덕성
은 점차 폄하되기에 이른다. 덕이 많거나 교양이 튼튼하거나 도덕성이
뛰어난 것은 인정받지 못하고 심지어 멸시의 대상이 되기까지 한다. 선
한 행동이 오히려 비웃음을 사고, 청빈하고 강직한 사람이 존경은 고사
하고 오히려 바보 취급을 당한다. 순수하게 학문이나 예술에 매진하는
사람들은 "세상물정 모르는 순진한 자들"로 매도당한다. 학문/예술의
내용 그 자체는 뒷전이고 그것을 가지고서 어떻게 "부가가치"를 창출하
느냐에 모든 관심이 쏠린다. 세상 모든 일이 "염불보다 잿밥"의 형국을
띠게 된다. 매관매직이 성행하고, 아무리 뛰어난 사람도 돈이 없으면 인
정받지 못한다. 부자와 빈자가 점점 양극화되고 그 사이에서는 적대와
증오의 불길이 타오른다.[53]

　이런 폴리스는 전쟁에서 승리할 수 없다. 전쟁의 주축인 시민들 자체
가 통치 계층에 적대적이기 때문이다. 목숨을 걸고 싸워봤자 영광을 독
점하는 것은 통치 계층이기에, 병사들은 통치 계층에 대해 존경의 염을
품고 있거나(로마 공화정의 전성기 때처럼) 통치 계층이 그들에게 이익을
줄 때에만(로마 공화정 말기에서처럼) 열심히 싸운다. 그러나 과두정의 통
치 계층은 전혀 존경받을 수 없는 존재들이고, 또 돈을 목숨보다 소중히

---

[53]　이소크라테스는 당대의 분위기를 다음과 같이 전한다. "부자들은 빈자들을 돕느니 차
　　라리 재산을 바다에 던져버리길 원하고, 빈자들은 보물을 발견하느니 차라리 부자들
　　의 재산을 탈취하기를 원할 지경입니다."(「아르키다모스」, 67)

여기는 자들이기에 병사들에게 결코 베풀지 않는다. 전쟁에서 이길 수가 없는 것이다. 현대 국가들의 경우도 그렇지만, 특히 고대 국가들에서 좋은 통치 계층이 갖추어야 할 일차적인 능력은 군사적 능력이었다. 고대 세계에서는 삶 그 자체가 전쟁이었다. 전쟁에 승리하면 남자는 돈을 벌고, 여자는 노예를 얻고, 아이들은 인간답게 성장했지만, 패하면 남자들은 죽고, 여자들은 강간당하고, 아이들은 노예가 되어야 했다. 한 인간의 운명이 전적으로 자신이 속한 국가가 전쟁을 어떻게 치르느냐에 의해 결정되던 이 시대에 통치 계층의 군사적 무능은 그야말로 치명적인 사태였던 것이다. 과두정은 이런 사태를 불러일으킨다는 점에서 극히 위험한 정체였다.

과두정의 또 하나의 핵심적인 문제점은 그것이 돈으로 모든 것을 해결하려 한다는 점이다. 돈만 있으면 안 되는 일이 없는 세상에서는 국가에서의 개별 영역들이나 직업적 경계선들이 무너져버린다. 플라톤이 생각한 정의 개념—부분들이 각자의 본분을 다하되 전체는 조화로운 경지—을 감안한다면 이 또한 치명적이다. 오늘날 재벌들이 특정 사업 분야에 몰두하기보다 '문어발식 경영'을 벌인다든가, 대학에 건물 하나 지어주고 '명예 학위'를 받는다든가, 유명한 그림들을 사재기하는 등 예술 작품들을 독점한다든가 하는 짓들을 떠올리면 될 것 같다. 돈만 있으면 안 되는 것이 없기에 모든 경계선들이 무너지고 단 하나의 요인 즉 돈에 의해 모든 일들이 돌아가게 되는 것이다. 정의라는 것이 플라톤의 생각대로 각자가 자신의 분야에 열과 성을 다하고 수많은 분야들이 모여 전체적인 조화가 이루어지는 것이라면, 이렇게 분야에 상관없이 모든 것이 돈에 의해 좌우되는 세상은 정말이지 불의한 세상일 수밖에 없다.

이런 세상이 지속되면 마침내 참주정 다음으로 나쁜 정체인 '민주정'이 등장하게 된다. 플라톤이 생각하는 민주정은 물론 오늘날의 민주정과는 다른 것으로서, 특히 다음과 같은 상황을 가리킨다. "민주정이 생기는 것은 가난한 사람들이 이겨서 다른 편 사람들 가운데 일부는 죽이고 일부는 추방한 다음, 나머지 시민들에게는 평등하게 시민권과 관직을 배정하고, 나아가 관직들을 대개 추첨에 의해서 할당할 때에 있어서라고 나는 생각하네."(VIII, 557a) 그러니까 플라톤은 민주정의 말류(末流), 훗날 아리스토텔레스가 '우중의 정치'라 부른 것을 생각하고 있다. 이 상황은 사실상 플라톤 자신의 시대를 반영한 것이라 해야 할 것이다. 이런 상황에서는 어떤 일들이 벌어지는가?

민주정 사회의 가장 큰 특징은 그 자유로움에 있다. 사람들은 각자의 자율성에 따라 산다. 그런 국가는 우선은 "온갖 꽃으로 수(繡)놓은 화려한 옷처럼" 모든 정체들 중에서 가장 아름다운 정체로 보인다. 모든 제약, 강제, 법, 제도 등 갑갑한 것들로부터 해방된 이 민주정은 "우선은 놀랍고 신나는 일"로 비친다. 사람들은 각자의 욕망을 마음껏 발산하면서 멋대로 살아간다. 그러나 이런 사회는 이내 쾌락과 방종에 물들게 되고 각자의 무제한적인 자유가 오히려 서로를 해치는 무기로 돌변한다. 모든 것이 '평등'의 이름으로 정당화되기 때문에 상하(上下)가 무너져, 자식들이 어버이를 우습게 여기고, 학생들이 선생에게 대들며, 노인들이 젊은 이들을 두려워하게 된다. 아테네 같은 고대 사회의 경우, 노예가 자유인을 넘보고, 여성이 남성과 대등한 권리를 요구하고, 외국인들이 자국민들을 압도하는 현상 등도 극히 위험한 것으로서 인식되었다. 그 어떤 형태의 제약들에도 따르지 않는 데 익숙해 있기 때문에 "누가 어떤 형태의 굴종을 요구해도 못마땅해하고 참지를 못"하며, "마침내는 시민들이 성문율이든 불문율이든 법률을 아랑곳하지 않게" 되는데, 이는 "그 누구도 자신들에 대해 어떤 식으로도 주인이 되지 못하도록 하려 하기 때문"이다.(VIII, 563d)

그런데 플라톤은 역설적으로 이 최대한의 자유의 상태가 어느 순간 가장 굴종적인 상태로 반전된다고 말한다. "무엇이건 지나침은 곧잘 이에 대응해서 반대쪽으로 큰 변화를 생기게 하네."(VIII, 564a) 이렇게 해서 가장 좋은 정체로 보이던 민주정이 어느새 최악의 정체인 '참주정

(tyrannis)'으로 전락한다. 이런 전락은 그리스 사회가 수차례 경험하기도 했던 현상이고, '파시즘'을 비롯해서 현대인들에게도 익숙한 현상이다. 지나친 자유가 오히려 혼란 상태를 가져오고, 그 혼란 상태에서 독재자가 탄생하기 마련이다.

플라톤은 이 혼란 상태에서의 대중을 세 가지 부류로 언급한다. '군중(ochlos)'은 제멋대로 굴면서 사납게 행동하며, 특히 이들 중 '선동가들'은 사람들을 휩쓸어간다. 플라톤이 'plēthos'라 부르는 부류는 공동체야 어떻게 되든 오로지 사리사욕에만 신경을 쓰는 부류들이다. 이런 부류들은 이리저리 머리를 굴려 금고에 돈을 쌓지만, 사회가 뒤집어지면 단숨에 모든 것을 빼앗기고 운이 나쁘면 목숨까지 잃는다. 세 번째 부류인 '민중(dēmos)'은 사회의 기저층으로서, 이들 역시 공동체의 가치에는 관심이 없고 자신의 개인사에만 몰두하면서 살아간다. 그러나 민중은 가장 머릿수가 많은 집단이고, 또 자신들이 사회로부터 대접받지 못한다는 생각을 품고 있기 때문에 의식의 근저는 늘 불만에 차 있다.[54] 참주정이란 두 존재가 만났을 때 성립한다. 그 하나는 밑바닥으로부터 올라온 야심 찬 정객(政客)으로서 그는 민중을 끌어들여야 자신이 성공한다는 사실을 알고 있으며, 다른 하나는 민중/대중으로서 이들은 주체가 되기보다는 오히려 어떤 특출난 존재가 등장해서 자신들에게 이익을 주면서 자신들을 지배해주기를 원한다.

참주정은 이렇게 권력을 갈구하는 인물과 지배당하기를 희구하는 대중 즉 우중(愚衆)이 만났을 때 성립한다.

민중의 선봉에 선 자는 [⋯] 아주 잘 따르는 군중을 동원해 동족의 피를 흘리

---

54) 플라톤은 다수의 사람들을 가리킬 때 'hoi polloi'도 많이 쓰는데, 이 말은 오늘날의 '대중'에 해당한다. 아리스토텔레스도 'hoi polloi'(대중/어중이떠중이), 'hoi pleistoi'/'hoi charientes'(교양인들), 'hoi oligoi'(전문가들/지혜로운 자들)를 구분한다.

는 것을 삼가지 않으며, 사람을 부당하게 고발해 ─ 이런 것들은 그들이 곧잘 하는 짓들이거니와 ─ 법정으로 끌고 가서는 그를 살해하네. 사람의 목숨을 사라지게 하면서 경건하지 못한 혀와 입으로 동족의 피를 맛보고, 사람들을 추방하고 살해하며, 채무의 무효화와 토지의 재분배에 대한 암시를 하네. 그러니 다음으로 이런 사람으로서는 적들에 의해 살해되거나 아니면 참주가 되어 사람에서 늑대로 변신하네.(VIII, 565e~566a)

이렇게 참주가 된 자들은 사병(私兵)을 조직하고 걸핏하면 전쟁을 일으키며, 대중의 요구에 영합하면서 온갖 전횡(專橫)을 일삼는다. 처음에는 대중을 의식해서 일정 정도 그들을 위한 정책을 펴는 듯하지만 이내 본색을 드러내어 튀라노사우루스처럼 난폭하게 폭정을 펼친다. 대중은 그때야 진상을 깨닫고 땅을 치며 후회하지만 때는 이미 늦어버린다. 플라톤은 이를 연기를 피하려다 불에 뛰어든 것으로 묘사한다. "민중이 자유민들의 구속이라는 연기를 피해서 노예들[참주들]의 전횡이라는 불에 뛰어드는 셈이지. 저 많은 '철 이른 자유' 대신에 가장 거칠고 가장 가혹한 노예들에 의한 종살이라는 새 옷으로 갈아입고서 말일세."(VIII, 569b ~c)

II. 이상국가. 이상 논의한 네 가지 정체가 현실의 정체들이라면 플라톤이 이야기하고 싶어 하는 것은 이상국가의 정체이다.[55] 이 정체는 '최

___

55) 플라톤의 논의에는 두 가지 분명하지 않은 측면들이 존재한다. ①각 정체들의 관계는 무엇인가? ②현실 정체들과 이상적 정체 사이의 관계는 무엇인가? ①의 물음은 네 가지 정체들을 거치면서 계속 퇴락해가는 과정이 실제 역사적 과정에 대한 서술인지, 아니면 논리적 필연성을 띠는 것인지, 아니면 단지 서술의 편의로 채택한 구도인지에 관한 것이다. ②의 물음은 최선자 정체가 다른 네 정체와 더불어 하나의 선(線)을 형성하는 것인지(귀족정을 최선자 정체가 타락한 것으로 보았기에 이런 해석도 가능하다), 만일 그렇다면 최선자 정체로부터 참주정으로의 일방향적인 퇴락 과정만 존재하는지 아니면 동북아에서의 역사 순환설처럼 순환의 관계를 이루는 것인지(후자의 경우 참주정에서 다시 최선자 정체로 어떻게 넘어가는지), 아니면 네 가지 현실적 정체들과 플라톤이 제시하는 최선자 정체는 같은 지평에서 관계 맺기보다는 지평 자체를 달리하는

선자 정체'이며 그 기초는 앞에서 논한 정의론과 뒤에서 논할 교육론이다. 플라톤에게서 정의론, 정체론, 교육론은 혼연일체로 맞물려 있다.

우선 최선자 정체 즉 이상국가는 앞에서 결론 내린 정의 개념을 기반으로 성립한다. 앞에서 정의란 각자가 제 할 일에 충실하면서 전체가 조화를 이루는 경지임을 보았다. 아울러 절제, 용기, 지혜가 어떻게 정의에 의해 보듬어지는가를 보았다. 최선자 정체는 자연스럽게 바로 이런 정의 개념을 토대로 하는 정체로 규정된다. 이 정체는 특히 지혜로운 자들이 다스리는 정체로서, 최선자들이란 모든 교육 과정을 통과한 가장 지혜로운 자들이기 때문이다. 이 정체가 퇴락할 때 지혜 없이 기개만 내세우는 귀족정이 도래하고, 다시 더 퇴락할 때 욕망과 방종, 나아가 폭력만이 출렁이는 과두정, 나아가 민주정, 더 나아가 참주정이 도래한다.

플라톤은 분열과 상처의 시대를 산 사람이고, 그래서 그는 폴리스의 조화와 공동체의식을 무엇보다 강조한다. 더구나 폴리스가 매우 좁은 곳이었기 때문에 이런 주장은 더욱 현실성을 가졌다고 할 수 있다. 이런 맥락에서 플라톤의 정치철학은 현대 식으로 말해 철저하게 사회주의적 성격을 띤다. 폴리스 성원들 사이에서의 "고통과 즐거움의 공유야말로 최대선(最大善)"(V, 464b)이며, 폴리스 전체에 '공감(homopatheia)'이 넘쳐흘러야 하는 것이다. 이런 공감에는 특히 군사적 뉘앙스가 깃들어 있다. 전쟁이 다반사였던 고대 사회에서 폴리스 구성원들의 일치단결은 현대에서와 같은 공허한 구호가 아니라 사람들의 생사 자체가 달린 문제였다는 사실을 음미해야 할 것이다.

그러나 현실적으로 모든 사람들에게 동등한 수준의 공동체의식을 요구하기는 힘들다. 맡은 역할에 따라 참여도와 희생에서 차이가 있을 수 있다. 그래서 플라톤의 정치철학이 주장하는 또 하나의 핵심 논제는 선발된 최선자들이 도덕적으로 완벽에 가까워야 한다는 것이다. 통치 계층

것인지 하는 물음들이다. 이 물음들은 보다 면밀하게 검토될 필요가 있다.

의 도덕성에 대한 요구는 동서고금을 막론하고 등장하는 핵심적인 요구이지만, 플라톤이 제시하는 기준은 너무 엄격해서 거부감이 들 정도다. 그러나 그리스세계의 정치적 직분들 자체가 일종의 명예직이었다는 점을 생각하면, 그의 주장은 현실과 동떨어진 것이 아니었다. 그중에서도 가장 핵심적인 것은 통치자들 사이에서의 처자(妻子) 공유 등을 강조하는 대목일 것이다. 인간세계란 자연세계를 누르고서 성립한다. '사회'란 '자연'을 극복하고서 나온 것이다. 그러나 인간사회에서도 자연은 여전히 존속한다. 사회 내에 존속하는 자연의 가장 기본적인 것은 남녀의 관계, 즉 사랑, 결혼, 섹스이다. 이것은 사회와 문화로써 즉 노모스로써는 결코 완전히 제압할 수 없는 퓌지스(자연적 본성)의 영역이다. 놀랍게도 플라톤은 적어도 통치 계층에 속한 사람들은 이 퓌지스를 초월해야 한다고 주장한다. 이 극단적인 주장―플라톤 자신도 "처자의 소유 그리고 양육과 관련된 법을 건드리기를 망설였다"(V, 453d)고 말한다―은 플라톤이라는 인물의 영혼 깊숙이 자리 잡고 있던 위기감과 절박함이 어느 정도였던가를 드러내는 대목이다. 소크라테스 이후의 아테네 상황이 그에게 얼마나 풍전등화와도 같은 상황으로 각인되어 있었는가를 분명하게 확인할 수 있는 것이다.

『국가』의 V권은 바로 이 문제를 다룬다. 첫째, 남녀 평등에 관한 논의이다. 플라톤은 남녀가 정치에 평등하게 참여해야 한다는, 당시로서는 경천동지할 주장을 펼친다. 플라톤이 볼 때 남과 여의 차이는 신체적 힘에서의 차이밖에 없다. 남녀유별을 강조하면서 자신을 비난할 사람들에게 그는 남성이 해야 할 일과 여성이 해야 할 일이 따로 존재한다는 생각은 억지 논리임을 지적한다. 그것은 마치 짧은 머리를 한 사람들은 문과 학문을 해야 하고, 긴 머리를 한 사람들은 이과 학문을 해야 한다는 주장처럼 우스꽝스러운 생각이다. 플라톤에게 가장 일차적인 것은 뒤나미스/에르곤이다. 인간을 볼 때 가장 중요한 것은 그 사람의 성향/소질(자연적 잠재력)인 것이다. "나라를 경영하는 사람들의 일(업무)로서 여자가 여자이기 때문에 여자의 것인 것은 없고, 남자가 남자이기 때문에 남자의 것인 것도 없다네. 오히려 여러 가지 성향이 양쪽 성의 생물들에 비슷하게 흩어져 있어서, 모든 일에 여자도 '성향에 따라' 관여하게 되고, 남자도 모든 일에 마찬가지로 관여하게 되는 걸세."(V, 455d~e) 따라서 교육 또한 남녀 공히 같은 과정을 밟아야 하며, 이로부터 수호자의 대열에 들어간 남자들과 여자들이 서로 짝을 맺어야 한다는 결론이 나온다.

둘째, 더욱 강도 높은 요구로서 플라톤은 익살스럽게도 "친구들의 것은 공동의 것"이라는 헬라스 속담을 인용하면서, 수호자들 중에서도 가장 뛰어난 인물들 즉 통치자 계층[56]은 처자를 공유해야 한다는 주장을 펼친다. 통치자 계층은 서로 간에만 관계를 맺어야 하는 동시에 사사로운 부부 관계를 초월해야 한다. 따라서 태어난 자식들도 누구의 자식인지를 알 수 없다. 또 이들은 최대한 뛰어난 아이들을 낳도록 성적 관계를 조절해야 한다. 심지어 사사로운 정분을 통해서 잘못 태어난 자식은 유기(遺棄)되어야 한다고까지 말한다.[57] 플라톤이 볼 때 정치가 타락하는 가장 근본적인 원인들 중 하나는 통치자 계층이 사욕(私慾)을 부리는데 있다. 공익을 위해 뽑힌 통치자 계층이 사욕에 눈이 멀 때 국가는 타락하기 시작한다. 그런데 사욕은 무엇보다도 우선 가족에 대한 집착에서

---

56) 플라톤은 생산자 계층, 수호자 계층, 통치자 계층이라는 삼분법을 구사하지만, 좀더 구체적으로 말해 수호자 계층과 통치자 계층이 원래 나뉜다기보다는 수호자 계층이라는 '인력 풀'에서 다시 통치자 계층이 변별되어 나와야 한다고 보았다. 결국 수호자들 중에서도 가장 뛰어난 인물들이 통치자 계층이 된다.

57) 어떤 사람들은 여기에서 일종의 '우생학'을 읽어내며 플라톤을 '전체주의'의 시조로까지 해석한다. 그러나 이것은 무리한 독해이다. 플라톤의 경우 여기에서 논하는 모든 문제는 오로지 통치자들 자체 내의 문제이다. "이 모든 일은 통치자들 자신들을 제외하고서는 아무도 모르게 행해져야만 하네."(V, 459e) 따라서 문제의 핵심은 통치자들의 독재를 함축하는 우생학이나 전체주의이기는커녕 오히려 통치자 계층의 전적인 희생이다. 그만큼 플라톤에게 통치자 계층의 도덕성이 절실했던 것이다.

나온다. 때문에 플라톤은 진정 도덕적인 통치자 계층이 되려면 이 자연적인 욕망조차도 포기해야 한다는 것이다.

지금까지의 논의 전체를 정리해서 플라톤의 이상국가를 파악한다면 다음 세 가지로 정리할 수 있을 것이다. 첫째, 사람들의 퓌지스/뒤나미스/에르곤에 입각해서 직업들이 조직되어야 하며, 각인은 각자의 직업에 열과 성을 다해야 한다. 둘째, 이런 직업들 전체가 조화를 이룸으로써 폴리스가 정의로운 곳이 되어야 한다. 특히 생산자 계층의 절제, 수호자 계층의 용기, 통치자 계층의 지혜가 조화를 이루는 것이 정의이다. 셋째, 특히 통치자 계급은 자신들의 자연적 욕망을 희생하면서까지 절대적 도덕성을 유지해야 한다.[58] 그렇다면 남은 문제는 이제 어떤 사람들이 통치자 계층이 되어야 하는가이다.

통치자들을 어떻게 뽑을 것인가

플라톤 국가론의 세 번째 문제는 어떻게 통치자들을 선별해낼 것인가 하는 문제이다. 생산자들, 수호자들도 중요하지만 한 국가의 가장 중요한 계층은 통치자들이며, 통치자들이 정치를 잘하느냐 못하느냐가 그 국가의 존망을 좌우하기 때문이다. 이것은 플라톤의 시대로부터 2,500년이 지난 오늘날에도 부정하기 어려운 현실이다. 근대 사회가 도래하기 전 대부분의 지역에서는 왕위의 '세습'이 이루어졌다. 즉, 혈통에 근거한 생

---

58) 이 대화편을 읽을 때 여기에서의 논의들은 어떤 사실을 기술하거나 현실을 분석하는 것이 아님을 명심할 필요가 있다. 이 대화편은 앞으로 지상의 국가들이 그것을 본(本)으로 삼아서(본-떠서) 조직되어야 할 하나의 청사진이다. 저작의 말미(IX, 592a)에서 글라우콘은 "(지금까지 논해온) 그런 나라는 지상의 그 어디에도 존재하지 않을 것"이라고 말한다. 그리고 이에 대해 소크라테스는 "그렇지만 그것은 아마도 그걸 보고 싶어 하는 이를 위해서, 그리고 그것을 보고서 자신을 거기에 정착시키고 싶어 하는 이를 위해서 하늘에 본(파라데이그마)으로서 바쳐져 있다네"라고 답한다. 『티마이오스』에서도 보았듯이, 이 '파라데이그마'라는 개념은 플라톤의 사상 전체를 압축하고 있는 개념이다.

물학적 동일성이 왕이 되기 위한 근본 조건이었다. 이 점에서 그리스와 로마의 공화정은 (여러모로 제한도 있었지만) 예외적 경우들이었다. 특히 우리는 『국가』에서 통치자들을 '선별'해내는 교육 과정을 보게 되는데, 이런 생각이 BC 4세기에 등장했다는 사실도 놀랍거니와 어떤 측면들은 오히려 현대의 정치체제들보다 더 급진적이기까지 하다.

가장 중요한 사실은 플라톤이 일정하게 설계된 교육 과정을 통과한 인물들을 통치자들로 뽑아야 한다고 생각했다는 점이다. 정치철학과 교육철학이 혼연일체가 되어 있는 이런 생각은 주목할 가치가 있다. 플라톤의 이런 생각은 어떤 면에서는 대중의 '선거'를 통해서 정치가/관료를 뽑는 현대 민주주의와 비교해보아도 더 급진적이다. 현대의 선거에서는 대중의 '인기'를 얻은 인물들이 권력을 차지하지만, 플라톤의 체제에서는 엄밀하게 설계된 교육 과정을 거쳤느냐의 여부를 통해서 권력을 차지할 수 있기 때문이다. 더군다나 통치자들에게 주어지는 것은 권력이 아니라 희생이다! 이렇게 본다면 플라톤의 『국가』가 얼마나 놀라운, 인류사상 초유의 시도였는지를 실감할 수 있다.

I. 기초 교육. 플라톤은 모든 교육 과정의 출발점을 시가 교육과 체육 교육으로 잡고 있다. 이것은 플라톤의 생각이라기보다는 당대의 교육 과정을 그대로 따른 것이다. 그리스인들은 보통 7세에서 14세까지 기초 교육을 받았다.

미증유의 새로운 시도들이 늘 그렇듯이, 플라톤의 교육 과정 역시 우선 기존의 것에 대한 근본적인 비판을 깔고 들어간다.[59] 플라톤은 우선

---

59) 여기에서 문제가 되는 교육은 주로 직업교육이 아니라 교양교육(paideia)이다. 베르너 예거 같은 인물은 그의 명작 『파이데이아』(Werner Jaeger, *Paideia: Die Formung des griechischen Menschen*, de Gruyter, 1973)에서 그리스 사상사 전체를 이 "파이데이아" 개념을 가지고서 해명하기도 한다. 플라톤의 사상은 어떤 면에서는 이 교양교육을 둘러싸고서 소피스트들, "시인"들(뮈토스의 전달자들), 정치평론가들(예컨대 이소크라테스), 연설가들 등과의 대결을 통해서 전개되었다고 할 수 있다.

기존의 시가 교육에 대해 윤리학적 비판을 가하면서 어떤 시가 교육이 바람직한가를 상당히 길게 논의한다.(II권의 후반부 및 III권의 전반부) 여기에서 "시가 교육"이라고 번역했지만, 이것은 사실상 오늘날의 '문화' 전반에 해당하는 교육이다. 헬라스 문명에서는 아직 담론의 복잡한 분화가 이루어지지 않았다. 오늘날의 인문, 사회, 자연 같은 분화라든가, 다시 그 안에서의 세부적인 분화 같은 것은 존재하지 않았고, 유일한 담론으로서 신화, 전설, 설화, 역사를 모두 포괄하는 뮈토스(이야기)만이 존재했다. 전해 내려오는 이야기들의 총체인 뮈토스만이 존재했고, 이 뮈토스의 교육이 "시가 교육"이었다. 플라톤은 이 시가 교육의 근본적인 문제점을 지적하는데, 그것은 그 내용이 매우 비윤리적이기 때문에 청소년들의 교육 내용으로 적합지 않다는 것이었다. 때문에 그는 시가 교육의 내용에 대해 신중하고 엄밀한 제한을 가할 것을 요청한다.

기존 시가들의 문제점에 대해 플라톤이 가한 가장 기본적인 비판은 신들을 왜곡한다는 것이다. 가족들 사이에 피비린내 나는 전쟁을 벌이고(아들이 아버지의 남근을 자르고, 형제들이 골육상쟁을 벌이는 등), 걸핏하면 서로 간통을 하고(아레스와 아프로디테 등), 사소한 일을 두고서 싸움질을 하고(제우스와 헤라 등), 인간에게 거짓말을 해서 속이는(가령 제우스가 아가멤논을 속여 불리한 전투를 벌이게 하는 등) 식으로 호메로스 등이 묘사하는 이런 신들이 도대체 진짜 신들인가? 신들을 이렇게 묘사함으로써 "시인들"은 사람들의, 특히 청소년들의 영혼을 크게 호도한다. 게다가 그 자체 근거도 부족한 하데스의 세계를 강도 높게 묘사함으로써 용감해야 할 젊은이들을 유약하게 만들고, 거칠기 짝이 없는 표현들을 구사해서 사람들의 영혼을 혼탁하게 만들고, 극단적인 이야기들을 지어내 사람들이 아무리 극악한 이야기들을 들어도 아무렇지 않을 정도로 무신경하게 만드는 등, 뮈토스에는 비교육적인 내용이 허다하다. 플라톤이 볼 때 시가 자체로서는 이런 내용들이 "재미"를 위해 필요하지만, 교육의 맥락에서 보았을 때는 매우 반(反)교육적이다. 때문에 그는 청소년들을 교육할 때 어떤 시가를 들려주어야 하는지에 대해 엄밀한 잣대를 요청한다. 감정과 욕망을 적절히 '절제'하게 해줄 수 있는 시가, 전쟁터에서는 '용기'를 가질 수 있게 해주는 시가, 노예 근성을 떨쳐버리고 '자유인'이 될 수 있게 해주는 시가, 비굴하거나 교활하지 않고 고매하고 호방한 인간이 될 수 있게 해주는 시가 등, 요컨대 청소년들의 인성 함양에 도움을 주는 시가들만이 교육되어야 한다는 것이다.

플라톤의 "시가"를 오늘날의 저질 문화로 바꾸어놓고서 보면, 그때나 지금이나 교육은 거의 유사한 문제에 봉착해 있다는 것을 느끼게 된다. 그리고 재미를 추구하는 대중문화와 윤리와 도덕을 추구하는 교육 사이에는 영원한 괴리가 존재한다는 점을 다시 한 번 확인하게 된다. 이것은 곧 인간 그 자체가 양면성을 가진 존재이기 때문일 것이다. 어쨌든 플라톤이 볼 때 적어도 '청소년들의 교육'에서는 어른들이 추구하는 재미와 선정성이 아니라 철저하게 윤리성이 우선되어야 한다. 그러나 당대의 뮈토스 교육은 이런 면을 결여하고 있었고, 플라톤의 시가 교육론은 바로 이 점을 겨냥하고 있었다.

시가와 더불어 기초 교육을 형성하는 것은 체육이다. 플라톤이 생각하는 체육은 몇 가지 점에서 현대의 체육 개념과 다르다. 무엇보다 먼저 플라톤은 진정한 체육 교육은 결국 신체의 교육이 아니라 영혼의 교육이라고 생각한다. 한 인간이 자신의 신체를 반듯하게 가꾸어나가도록 하는 것은 결국 그의 영혼이기 때문이고, 또 신체를 다듬어나가는 목적도 결국에는 신체 그 자체가 아니라 영혼을 위한 것이기 때문이다. 둘째, 헬라스의 체육 개념 일반이 그랬던 것으로 짐작되거니와 체육은 기본적으로 전쟁과 관련된다. 사실 이것은 고대 세계 일반의 특징이라고 해야 할 것이고, "체력은 국력"이라는 현대의 이데올로기에까지 이어지는 생각이기도 하다. 셋째, 체육과 의술이 밀접한 관련성을 띤 것으로 논의된다. 체육과 의술이 공히 몸(과 더 근본적으로는 마음)을 위한 기술이기 때문이다. 그러나 플라톤이 중시하는 것은 의술이 최소화되고 또 지금 식으로 말해서 사회주의화되는 것이다. 평소에 늘 건강을 유지하고 국가에서 시민들의 건강을 돌보아야지(이 때문에 체육이 중요하다), 건강을 잃은 사람들이 많고 또 그 때문에 의술에 대한 의존이 커진다면 그 폴리스는 문제가 많은 폴리스이겠기에 말이다. 이것은 흡사 오늘날 자본주의 사회에서의 의료 현황을 지적하는 말처럼 들린다.

이렇게 플라톤에게 기초 교양교육은 시가와 체육의 교육이다. 두 교육이 조화를 이루는 것도 중요하다. 시가 교육만 잘 받은 사람은 유약해지고, 체육 교육만 잘 받은 사람은 단순해진다. 두 교육을 골고루 받은 사람만이 유약함을 극복하고서 기개 있는 인간이 되는 동시에 단순함을 극복하고 교양 있는 인간이 될 수 있다. 플라톤에게 시가 교육은 영혼의 교육이고 체육 교육은 신체의 교육인 것이 아니다. 둘은 공히 결국에는 영혼의 교육이며, 한 인간을 강건하면서도 사려 깊은 존재로, 한마디로 "문무(文武)를 겸비한" 존재로 만들어주는 시민교육이다.

한 가지 덧붙이자면, 플라톤은 이 기초 교육이 강제로 이루어져서는 안 되며 차라리 "놀이 삼아" 행해져야 한다고 말한다. 자유인은 어떤 교과도 굴종에 의해 교육받아서는 안 된다는 것이다. 플라톤의 이런 교육 이념은 오늘날 "liberal arts" 같은 표현에 남아 있다.[60]

II. 과학 교육. 시가와 체육의 교육은 공히 감정의 교육이라고 할 만하다. 감정은 인성의 기저이기 때문에 기초 교육은 무엇보다 우선 감정 교육이 되어야 한다. 시가와 체육을 통해 의식의 기저인 감정을 가꾸는 것이 일차적인 교육인 것이다. 다음에 오는 교육은 이성의 교육이다. 이 이성의 교육은 앞에서 이야기한 이데아론을 배경으로 한다. 즉, 감각지, 경험지와 구분되는 오성지, 이성지를 배양하는 것이 곧 이성 교육이다. 오

---

60) 이 말은 라틴어 "artes liberales"의 번역어이며, 다시 이 말은 희랍어 "enkyklios paideia"의 번역어이다. 이 말은 시민의 범주에 드는 사람들이 받는 교양교육을 뜻했다. 훗날 그대로 음역되어 "encyclopedia"로 화하기도 했는데, 이 경우에는 의미가 바뀌어 '백과전서(百科全書)'를 뜻하게 된다.

성지는 수학 교육과 연계되고, 이성지는 철학 교육과 연계된다. 우선 오성 교육의 핵심을 플라톤은 대수학, 기하학, 천문학, 음악으로 본다.

대수학(당시에는 대수학이 발달하지 않았기 때문에, 정확히는 '산술'과 '수론'을 뜻한다)은 감각의 아페이론적 성격을 넘어 사물들을 분절해 이해할 수 있도록 한다. 감각은 생성하는 연속체와 접촉하며 '정도(degree)'를 통해서 움직이는 아페이론에 닿는다. 수는 이 아페이론에 분절을 도입한다. 크고 작음은 수를 도입함으로써만 정확히 측정된다. 이것은 서구 '합리주의'의 가장 기본적인 주장들 중 하나이다.[61] 이런 합리주의는 순수 이론의 문제에만 관련되는 것이 아니다. 전쟁을 하기 위해서는 합리주의적 분석이 필수적이기 때문이다. 여기에서 우리는 과학기술과 전쟁의 연관성이 처음으로 명확히 표명되는 장면을 만나고 있다.("우리의 수호자는 전사이면서 철학자일세." 525b) 그러나 플라톤은 상인들이 필요로 하는 수학과 수호자들이 필요로 하는 수학을 명백히 구분한다. 전(前)자본주의적 사유인 그의 사유는 과학기술과 전쟁의 결합만을 제시할 뿐 과학기술과 자본주의의 결합은 아직 제시하고 있지 않은 것이다. 물론 플라톤은 수학의 이런 활용을 어디까지나 "부수적인" 것으로 보았고, 중요한 것은 수학을 매개로 해서 이데아를 인식하는 데에 있었다. 과학은 기술 지향이 될 수도 있고 철학 지향이 될 수도 있다. 플라톤은 전자도 언급하지만 후자를 강조한다.

다음 과목은 기하학이다. 기하학 역시 전쟁에서 필수적이다. 기하학을 군대의 통솔(막사 구축, 진(陣)의 배치 등)에 적극 활용한 것이 그리스와

---

61) 근대 합리주의의 정초자인 데카르트는 이 점을 분명히 한다.(『정신 지도를 위한 규칙들』) 또 현대 합리주의를 새롭게 정초한 바슐라르도 역시 유사한 지적을 하고 있다. (『적용된 합리주의』) 연속성을 불연속성으로, 정도의 운동을 명확한 분절들로 바꾸는 것이 합리주의의 출발점이다. 이런 조작을 가리켜 '分析=analysis'라고 한다. 합리적 사고는 곧 분석적 사고이다. 그리고 이렇게 할 수 있도록 해주는 것이 바로 수학이기 때문에 합리주의는 수학과 굳게 결부되어 있다.

로마이며, 이것이 이들의 군대가 강했던 이유들 중 하나이다.[62] 물론 플라톤은 이런 실용적 용도 외에도 기하학이 이데아의 차원으로 올라가는 사다리로 쓰인다고 간주했다. 기하학은 플라톤에게 최고의 지향점이라 할 '선의 이데아'를 볼 수 있게 도와주는 과학인 것이다. 『티마이오스』를 논할 때 언급했듯이, 우주 자체가 바로 수학(특히 기하학)을 통해서 설계된 것이 아닌가. 플라톤이 아카데메이아의 현관에 "기하학을 모르는 자는 들어오지 말라"는 현관을 내걸었다고 하는 이야기도 이런 맥락에서 나온 것이다. 세 번째 과학은 천문학인데, 물론 이것은 기하학과 밀접한 연관을 가진다. 평면기하학과 입체기하학(당시는 아직 발달하지 않았고, 『티마이오스』 시대가 되어서야 발달했던 것으로 보인다)을 하늘에 적용해서 조물주의 기하학을 읽어내는 천문학은 플라톤에게 하나의 과학임을 넘어 신성하기까지 한 작업이었다.

마지막 과학은 음악이다. 오늘날 수학과 천문학은 자연대학에 속해 있고 음악은 예술대학에 속해 있지만, 플라톤에게는 음악도 어디까지나 수학적 분과였다. 그리스의 음악 이론은 퓌타고라스학파에 의해 전개되었고, 이 학파는 "만물의 근원은 수"라는 그들의 존재론에 입각해서 음악 이론을 체계화했다. 천문학이 눈과 관련된 학문이라면 음악은 귀와 관련된 학문이고, 이렇게 천문학과 음악은 매우 밀접한 자매 학문으로 파악된다.

이렇게 해서 대수학, 기하학, 천문학, 음악이라는 네 가지의 수학적 분과가 제시된다. 이 네 분과는 그 후 내내 '4분과'로서 교양교육(순수 학문)의 한 축을 담당한다. 후대에 성립한 다른 한 축은 문법, 변증술, 수

---

62) 로마의 군대는 어딘가에 야영을 하게 되면 지물(地物)들을 이용해서 숙소를 짓지 않고 아예 그 지역을 모두 밀어내버리고 우선 텅 빈 공간을 만들었다. 그리고 그 위에 로마를 본뜬 임시 건물들을 지었다. 지물들을 그대로 두면서 주둔하는 동북아의 군대들과 대조적이다. 서구적 사유의 특징이 어디에 있는지, 그리고 서구 문명에서 기하학(더 넓게 말해 과학기술)이 전쟁과 어떤 연관성을 가지는지를 특히 잘 보여주는 대목이다.

사학으로 구성되는 '3분과'이다. 훗날 이 일곱 개의 분과를 합해서 '자유
7과'라 부르게 된다. 동북아의 육예(六藝)인 예·악·사·어·서·수(禮樂
射御書數)와 비교해볼 만하다.

이런 과학 교육을 언급하면서 플라톤은 이 학문들을 "쓸 데 없는" 것
으로 매도하는 당대의 풍조를 의식하는 발언들을 하고 있다. 아리스토파
네스 같은 사람은 소크라테스 등 순수 철학을 추구하는 사람들을 희화
화하여 풍자한 바 있다. "쓸 데 있는"(요즈음으로 말하면 "돈이 되는") 학
문에 대한 사회의 요구와 객관적 학문의 경지를 추구하는 학자들 사이
의 간극은 예나 지금이나 마찬가지이다.

III. 철학 교육. 이렇게 감정 교육으로서의 시가와 체육, 이성 교육으로
서의 대수학, 기하학, 천문학, 음악을 보았거니와, 이제 최종적인 교육으로
서 철학 교육이 남아 있다. 이때 플라톤이 말하는 철학 교육은 곧 '변증
법'의 교육이다. 플라톤은 변증법을 다음과 같이 규정한다.[63]

> 〔…〕 어떤 감각에도 호소하지 않으면서 이성만을 사용함으로써 각 사물의 본질
> 에 도달하는, 오로지 순수사유만을 통해서 선(善)의 본질을 파악하기를 그치
> 지 않는, 가지성(可知性)/가지적인 것들의 끝에까지 도달하려 하는 〔…〕 〔행위〕
> (II, 532a~b)

좁은 의미에서의 철학이라고 할 수 있는 변증법은 이론적 측면과 가
치론적 측면으로 나누어 논의할 수 있다. 이론적으로 변증법은 과학들
의 근저에 깔려 있는 '가정들'을 더 파 내려가 검토한다. 현대 식으로 말
해 인식의 가능조건 즉 '선험적 조건'을 읽어낸다. 수학을 예로 든다면,
1+1의 해를 묻는 것이 아니라, 2라는 해를 "맞다"고 하고 3과 같은 해를

---

63) 플라톤의 변증법은 '디아-레게스타이'를 통해서 진리를 찾아가는 과정적 성격이 강한
개념이며 지금의 변증법은 제1원리를 찾는 최고의 학문을 의미한다.

"틀리다"고 하는 이유를 묻는 것이다. 요컨대 변증법은 메타적인 물음들을 다룬다. 그리고 개별 담론들에서 등장하는 이런 메타적인 물음들의 탐구 결과를 다시 종합함으로써 인식의 성립 조건 일반을 밝히고, 또 궁극적으로는 세계의 가장 추상적이고 보편적인 존재론적 구조를 밝혀내는 작업이라 할 수 있다. 플라톤은 이것을 가정들 하나하나의 한계를 극복해가면서 원리(아르케) 자체로 나아가는 과정으로 묘사한다.(VII, 533c~d)

다른 한편 가치론적으로, 변증법은 각종 탐구 성과들을 묶어서 궁극적으로 선을 지향하도록 하는 것을 뜻한다. 개별적인 성과들이 제아무리 쌓여도 그것들이 선의 이데아를 지향하지 못한다면 그 결과는 보잘것없을 수도 있고, 바로 오늘날의 현실이 보여주듯이 파국적일 수도 있다. 오늘날 인류가 그토록 많은 지식을 가지고 있으면서도 여러 측면에서 불행한 것은 도대체 왜일까? 무엇이 진정 좋은 것인지에 대한 깨달음이 부족하기 때문이다. 무엇이 좋은 것인지를 알아서 탐구 성과들을 그 선으로(플라톤의 경우 '선의 이데아'로) 지향시킬 수 없다면 진정한 행복은 요원하다. 이것은 극히 평범하면서도 동시에 가장 중요한 진리이다. 이론적으로는 우리의 모든 행위들이 근거하고 있는 선험적 조건들로 파 내려가고 실천적으로는 그런 과정을 통해서 결국 선의 이데아를 지향하는 것이 변증법이며, 그래서 플라톤은 이 담론을 모든 교과들 위에 마치 갓돌처럼 놓아야 한다고 말한다.

그러나 플라톤은 이렇게 고원(高遠)한 인식 수준과 구체적인 현실 간에 존재하는 간극에 둔감해서는 곤란하다고 말한다. 때문에 그는 교육과정을 세심하게 배치한다. 17~18세 정도에 기초 교육을 마친 학생들을 그 후 2~3년간 군에 복무시킨다. 그리고서 그중 재능 있는 인물들을 선발해 약 10년간 고등 교육(과학 교육)을 시킨다. 이런 과정에서 누가 여러 지식들을 좀더 포괄적으로 볼 수 있는 재능을 지녔는지 지켜본다. 그리고 이런 조망(synopsis)의 능력—철학적 능력—이 있는 인물들을 뽑아 마침내 변증법을 가르친다. 그러나 이로써 교육이 완성되는 것은 아니다. 이들은 철학을 잘못 적용하지 않도록 다시 훈련받아야 한다. 철학과 현실 사이의 간극을 잘 이해하지 못하고 철학을 오용하거나 남용할 경우 폴리스에도 해가 되고 철학에도 해가 되기 때문이다. 철학의 급진적인 성격이 오히려 현실을 우습게 보게 만들 수도 있기에, 처음 변증법을 배운 유망한 젊은이들이 그것을 어설프게 적용해서 실패를 겪는 일이 없도록 해야 한다. 이 긴 과정을 다 완수한 사람들만이 지천명(知天命)의 나이인 50세가 되어서야 비로소 통치자의 자격을 부여받을 수 있는 것이다.

플라톤에게는 바로 이런 통치자들이 통치하는 국가야말로 정의로운 국가일 수 있었다. 그에게 정의로운 국가란 귀족정, 과두정, 민주정, 참주정을 극복한 이상적인 국가였으며, 그 국가는 절제, 용기, 지혜의 덕이 정의의 덕에 의해 포용되는 조화로운 국가였다. 역으로 말해, 이런 국가에 도달하기 위한 필수적인 조건은 바로 지난한 교육 과정을 모두 통과한 진정으로 지혜로운 인물들의 존재였다. 때문에 그에게 중요했던 것은 바로 이런 인물들을 어떻게 선별해낼 수 있는가라는 물음이었고, 바로 그렇기에 플라톤의 정치철학은 교육철학과 떼려야 뗄 수 없는 관계를 맺었던 것이다.

보론 1: 이소크라테스와 플라톤. 그리스의 교육사상에서 플라톤과 쌍벽을 이루었던 것은 이소크라테스이다.[64] 이소크라테스는 플라톤과 소피스트들 사이에서 중도 노선을 걸었는데, 이 점은 수사학에 대한 그의 태도에서 단적으로 드러난다. 소피스트들은 수사학을 이용해서 돈을 벌었으며, 특히 법정 연설이나 정치 연설에 필요한 논박술을 퍼트렸다. 플라톤은 이런 수사학이 사람들을 어떻게 기만하는지를 지적하면서 소피

---

64) 이소크라테스의 저작들은 'Loeb Classical Library'에 포함되어 있는 다음 판본에서 인용한다. *Isokrates*, with an English translation by George Norlin, 3 vols. (Heinemann, 1928).

스트들과 대척을 이루었다. 이소크라테스의 경우, 그 역시 이런 타락한 수사학에 대해서는 비판을 가했다.(「소피스트 비판」) 그러나 이소크라테스는 수사학 자체를 부정적으로 보는 플라톤과는 생각을 달리했다. 그는 오히려 자칫 현실과 괴리될 수 있는 플라톤의 교육사상을 비판했다. 수사학을 둘러싼 갈등은 특히 『고르기아스』에서 잘 드러난다. 여기에서 소크라테스/플라톤은 진정한 "rhētōr"(수사학자, 변론가, 웅변가/연설가, 정치가)가 되려면 정의로운 자여야 한다고 말하면서, 변론가가 "순수사유(누스)를 가지고 있음을 증명해주어야 변론술이 아첨으로 간주되지 않을 수 있다"(466e)고 말한다. 이소크라테스는 고르기아스의 제자로 알려져 있으며, 따라서 이 대화편에서의 소크라테스와 고르기아스의 대결은 보기에 따라서는 플라톤과 이소크라테스의 대결이라고도 할 수 있다. 그러나 플라톤 자신도 인정했듯이(『파이드로스』, 279b) 이소크라테스는 고르기아스와 같은 전형적인 소피스트가 아니었다. 그는 당대의 빗나간 수사학/변론술에 대한 비판의식을 플라톤과 공유했다. 하지만 그는 스스로를 소피스트들과 플라톤 사이에 위치시키고자 했다. 그의 이런 중도적 입장은 그 후의 학자들에게 적지 않은 영향을 주게 된다.

여기에 깔려 있는 인식론적 차이는 무엇이었을까? 이소크라테스는 플라톤처럼 이데아에 대한 이성지를 추구한 것이 아니라 보다 현실적이고 실용적인 목적을 위한 경험지를 추구했다. "유익한 것들에 관해 경험적으로 판단하는 것이 무익한 것들에 관해 이성적으로 판단하는 것보다 낫다"(「헬레네」, 5)라는 말이 이 점을 단적으로 나타낸다. 그의 인식론은 이 경험지의 성숙을 지향했다는 점에서 플라톤의 인식론과 다르며, 그러나 또한 대화와 소통을 통한 인식의 성숙을 강조했다는 점에서 소피스트들의 회의주의적/상대주의적 인식론과도 구분된다. 이소크라테스 사상의 핵심은 수사학과 윤리학의 결합에 있었다고 할 수 있다. 이 때문에 그의 교육 과정 역시, 스파르타의 것과 유사하게 기초 교육에서부터 변증법까지 엄밀하게 짜인 플라톤의 것과는 달리, 좀더 아테네적이라고

할 수 있는 현실적이고 실용적인 문제들을 중심으로 유연하게 구성되었다.[65]

이후 플라톤의 교육 이념과 이소크라테스의 교육 이념은 계속 충돌하나, 결국 플라톤적인 4분과(quadrivium)와 이소크라테스적인 3분과(trivium)가 합쳐져 앞에서 말한 '자유 7과'가 성립하게 된다.[66] 그리고 이 구도는 오늘날까지도 'humanities(arts) and sciences'의 구도로 이어지고 있다.

보론 2:『법률』. 플라톤의 마지막 저작은 매우 방대한『법률』편이다. '아름다운 나라'에의 갈망은 그의 생애 마지막까지 이어진다. 어쩌면 플라톤 자신은『국가』보다『법률』에 더 큰 의미를 두었을지도 모르겠다. 후자에 이르면 전자의 여러 측면들이 비판적으로 극복되고, 또 실천적인 방안들이 훨씬 구체적이고 세밀해진다. 그럼에도『법률』은 그다지 많이 읽히지 않았는데, 단지 그 양이 너무 많아서만은 아닐 것이다. 이 대화편은 매우 방대하고 상세하기는 하지만『국가』에 버금가는 만큼의 '이론적 깊이'가 없다. 고전을 읽는 것은 꼭 그 내용이 현재에도 유효하기 때문은 아니다. 사상사의 흐름을 이해하기 위해서, 그리고 무엇보다도 사유의 깊이를 음미하기 위해서이다. 이렇게 보면 확실히『법률』은『국가』에 버금갈 수 있는 책은 아닌 듯하다. 문학적인 측면에서도 매력이 현저하게 감소한다.(어떤 이들은 이 대화편이 초고일 뿐이며, 플라톤이 그것을 다듬지 못하고 세상을 떴다고 보기도 한다) 그럼에도 이 대화편에는 꼭 주목해야 할 주제들이 몇 가지 들어 있다.

무엇보다 우선 대화편의 제목 자체가 시사하듯이, 플라톤은 이 시점에

---

65) 김봉철의『이소크라테스』(신서원, 2004), 165쪽 이하에 이소크라테스 학원과 플라톤 학원의 교육 이념, 교육 과정, 구성원의 특징, 정치적 성향 등이 상세하게 분석되어 있다.

66) 이소크라테스와 플라톤이 공히 인간의 자아 탐구 즉 '인간성(humanitas)'의 탐구에 중점을 두고서 교육했으나 그 구체적 방법에서 갈라졌다는 점을 클라우스 헬트가 잘 설명해주고 있다. 이강서 옮김,『지중해 철학기행』(효형출판, 2007), 267쪽 이하.

이르러 '법률'의 중요성을 새삼스럽게 깨닫고 그것을 부각하기에 이른다. 이상국가론의 귀결은 철인-치자들의 통치에 있다. 법률에 입각한 통치가 아니다. 그리고 철인-치자들이란 초법적 위치에서 사람들을 이끌어야 할 존재들이기에 이들의 선별 과정이 그토록(비현실적으로 느껴질 정도로) 엄격했던 것이다. 그러나 플라톤 역시 정치적 경험이 쌓여가면서 자신의 이상국가론을 보완할 보다 현실적인 국가론을 구성할 필요를 느꼈을 것이다. 그렇다고 그가 이상 자체를 포기했던 것은 아니다. 다만 국가론의 좀더 현실적인 버전을 만들어야 한다고 생각하기에 이른 것이다. 그 결론은 **법률**의 중시로 나타나게 된다. 자연히 이에 반비례해서 교육 과정의 중요성은 작아진다. 최선의 항해가 불가능하다면 차선을 취할 수밖에 없다. 이 점에서 『국가』와 『법률』의 관계는 그의 순수 이데아론과 『티마이오스』에서의 자연철학("그럼 직한 이야기")의 관계와 같다고 할 수 있다.

『정치가』에서 이미 시도된 바 있지만, 정체들을 분류하는 방법도 크게 바뀐다. 네 가지 현실적 정체와 하나의 이상적 정체를 선형적으로 배열했던 『국가』에서와는 달리, 이제 정체들은 우선 법률에 의해 지배될 경우와 무법적인 경우로 대별된다. 그리고 세 가지 정체(일인 통치, 소수 통치, 다수 통치)가 각각 이 두 경우에 따라 양분된다. 일인 통치는 군주정(입법의 경우)과 참주정(무법의 경우)으로, 소수 통치는 귀족정과 과두정으로, 다수 통치는 민주정과 우중의 정치로 양분된다. 이 6분법은 그대로 아리스토텔레스에 의해 수용되며, 이후 정치철학의 역사에 지속적인 영향을 끼치게 된다. 또, 철인-치자들의 정치를 강조했던 『국가』에서와는 달리 다중(multitude)의 중요성이 부각되어 우중의 정치가 군주정, 귀족정, 민주정보다는 물론 못하지만 그래도 참주정이나 과두정보다는 나은 것으로 배정된다. 이런 구도 위에서 플라톤은 이후 큰 영향력을 행사하게 될 '혼합 정체'의 개념을 발전시킨다. 특히 플라톤에게 현실적 이상으로 다가왔던 것은 군주정과 민주정의 혼합이다. 이것은 그의 체계에 있어

『국가』와 『법률』이 화해하는 구도이기도 하다.

『법률』에 나타난 또 하나의 중요한 변화는 경제의 중시이다. 차선책으로서의 현실 정치를 논할 경우 당연히 경제가 중요한 화두가 될 수밖에 없을 것이다. 『국가』의 경우 통치 계층에 한한 것이지만 극단적인 공산주의 사상이 나타났고, 전체적으로도 사적 소유보다는 공적 이익을 더 중시하는 사유가 펼쳐졌다. 그러나 『법률』에서는 현실 정치에서 경제적 힘이 가지는 위상을 좀더 직시하는 태도가 나타난다. 그럼에도 플라톤의 사회주의적 이상은 사라지지 않았다. BC 4세기의 빈부 격차가 가져온 불행을 목격한 플라톤이 자유주의적 발상으로 나아갈 수는 없었다. 전체적으로 플라톤은 사적 소유를 인정하고 정치 역시 재산의 정도에 따라 이루어져야 한다고 보았지만, 상한선과 하한선을 둠으로써 격차를 완화해야 한다는 생각을 펼친다. 결국 『법률』은 『국가』의 이상을 버리지는 않으면서도 현실 정치를 좀더 적극적으로 참조해서 이상국가론을 현실화하는 방안들을 모색하고 있다고 볼 수 있다.

이론적 심오함이나 문학적 매력에서 『국가』에 못 미치는 『법률』이지만 논의의 구체성이나 현실적 영향력에 있어서는 오히려 『국가』를 능가한다고 할 수 있다. 아리스토텔레스가 『정치학』의 출발점으로 삼은 것도 『국가』가 아니라 『법률』이었고, 이후 정치학의 역사 또한 이런 흐름을 보여준다. 이 점에서 『법률』은 지금보다 더 주목할 가치가 있는 대화편이다.

아테네의 황혼기에 태어나 극도의 정치적 혼란의 와중에서 성장했고, 결국에는 가장 위대한 인간이었던 스승이 사형당하는 것을 보게 된 플라톤에게 현실세계는 도저히 아름답고 긍정적인 그 무엇이 될 수 없었다. 그리고 그런 현실에 야합해서 개인적인 이득이나 챙기는 소피스트들을 도저히 '철학자'들로 인정할 수가 없었다. 그는 이 혼란을 자신의 힘만으로는 치유할 수 없다는 착잡한 깨달음을 얻었고, 때문에 정치에서 한발 물러나 그런 현실을 바꾸어나갈 수 있는 이론적인 길을 모색했다. 이것은 소크라테스에게 다이몬이 명령했던 것이기도 하다.

플라톤 철학 전체를 관류하는 문제의식은 '가짜'에 대한 경계심과 그 반면으로서 '진짜'를 가려내려는 열정이었다. 그의 사유는 가짜가 판을 치는 그리고 오히려 진짜는 핍박받는 현실에 대한 의구심과 환멸에서 출발했다고 할 수 있다. 그렇기 때문에 그의 사유는 가짜와 진짜를 구별하려는, 사물들에 상이한 존재론적 위상을 부여함으로써, 달리 말해 사물들을 존재론적 위계(ontological hierarchy)에 따라 분류함으로써 진품을 가려내려는 열망에 의해 지배되었다. 그의 사유 전체는 모방('미메시스') 개념에 의해 추동되고 있으며, 모든 구별, 평가의 기준으로서 제시된 것이 바로 이데아 개념이었다고 할 수 있다. 다시 말해, 이데아를 얼마나 잘 모방하고 있는가가 그 사물의 존재론적 위상을 판별할 수 있게 해주는 기준이었다고 할 수 있다.

플라톤이 보기에 사람들이 사물들의 실재, 진상(眞相)을 인식하지 못하는 것은 기본적으로 그들이 감각에 사로잡혀 있기 때문이다. 순자(荀子)가 인간이란 이익을 탐하고, 타인을 질시하고, 감각에 휘둘린다는 점에서 악한 본성을 타고난다고 했거니와, 플라톤에게도 인간이 감각에 휘둘려 참된 차원을 인식하지 못하는 것이야말로 세상의 아픈 진실이었다. 이는 일상적 맥락에서도 확인된다. 의자는 비스듬히 보아도, 정면에서 보아도, 또 달리 보아도 의자임에 변함이 없다. 그러나 우리 감각에 나타난 모습들은 모두 다르다. 사물들의 감각적 모습과 그 진상 사이의 괴리는 대상이 보다 고급한 형태를 띠면 띨수록 더 커진다. 감각의 차원에 머문다면 우리는 사물의 진상을 알 수가 없는 것이다. 플라톤이 화가는 "현상(phainomenon)을 그것이 나타나는 그대로, 즉 실재가 아니라 현상의 이미지(phantasma)를 모방한다"(『국가』, 598b)고 비판했던 것도 이 때문이다.[67] 플라톤은 가짜 철학자들로서의 소피스트들을 비롯해 가짜 정치가 등 모든 형태의 가짜들을 극복하기 위해 그의 사유를 펼쳤다고 할 수 있다.

플라톤이 가짜를 뜻하기 위해서 사용한 용어들은 다양하며, 이 용어들이 역사의 흐름 속에서 거쳐간 의미의 변화는 흥미롭다. "phantasma"는 훗날 "phantasme(/fantasme)"이 되어 오늘날에도 환영, 환각, 환상의 의미로 쓰이고 있다. "eidōlon"은 오늘날 "idol"이 되어 우상, 신기루, 허상 등의 의미로 쓰이고 있다. "ēikon"은 오늘날 "icon"이 되어 아이콘, 도상 등의 의미로 쓰이고 있다. 그리고 "phainomenon"은 이후 철학사의 주요 용어로 자리 잡아 지금도 핵심적인 용어들 중 하나로 쓰이고 있다. 가장 극적인 변화를 겪은 말은 "simulakra"이다. 이후 별달리 중요한 역할을 부여받지 못하고 파묻혀 있던 이 말은 현대에 들어와 "시뮬라크르", "시뮬레이션"/"시뮬라시옹"으로 화려하게 부활하게 된다.

플라톤에게 가짜들의 특성은 피상적이고 가변적이라는 점에 있다. 가짜들은 우리의 감각에 의존해 나타나는 것들이며 따라서 딱히 그 동일성(identity)이 무엇인지를 알 수가 없는 것들이다. 때문에 딱 잘라 이야

---

67) 이는 플라톤 당대의 그리스 예술(특히 회화)이 현존(presence)의 차원에 집중하는 예술이었다는 점과도 밀접한 관련을 띤다.* 그리고 플라톤이 왜 유독 이집트 예술에 대해서는 상찬을 아끼지 않았는가도 같은 맥락에서 이해할 수 있다. 흔히 말하듯이, 이집트 예술은 '보는' 것을 그린 것이 아니라 '아는' 것을 그린 것이었기 때문이다. 플라톤의 생각은 다음 구절들에서 잘 나타난다. "모방의 올바름은 모방되는 것이 가진 양과 질이 그대로 재현되는 곳에서 성립하는 것이기 때문이다." (『법률』, 668b) "어디에서나 적도(適度)와 비례가 미나 덕을 가능케 한다.(『필레보스』, 64e)

* 이는 그리스 예술에서 왜 르네상스 이래에 발달하게 될 선적 원근법이 아니라 각(角) 원근법이 발달했는가 하는 점과도 관련된다.(에르빈 파노프스키,『상징형식으로서의 원근법』, 심철민 옮김, 도서출판b, 2014. 에우클레이데스의 정리 8이 겪은 오독은 특히 의미심장하다. 110~12쪽) 그리고 이는 그리스에는 우리가 데카르트, 뉴턴, 칸트 이래 익숙해 있는 추상적인 공간은 존재하지 않았고, 오히려 구체적인 '장소'만이 존재했던 것과도 상관적이다.

기하기도 힘들다.[68] 그것들은 우리를 속이는 것들이다. 이 때문에 플라톤은 가변성을 넘어 불변성을 띠는 것, 그 동일성이 분명한 것, 우리의 이성을 통해서 그 본질이 파악되는 것을 찾았고, 그러한 탐구의 결과 찾아낸 핵심 가설이 곧 이데아론이다. 이런 맥락에서 왜 플라톤이 '측정술'을 강조했는지도 알 수 있다.

> 그대들의 시각에는 같은 크기의 것들이 가까이서는 더 크게 보이나 멀리서는 더 작게 보이지 않소? [⋯] 또한 두꺼운 것들도 많은 수량의 것들도 마찬가지가 아니겠소? 같은 소리들 또한 가까이서는 더 크나 멀리서는 더 작겠고요. [⋯] 우리의 삶을 [이렇게 감각에 휘둘리는 상황으로부터] 구해줄 수 있는 게 무엇이겠소? 측정의 기술(hē metrētikē technē)이겠소 아니면 현상의 위력이겠소? 이 힘은 우리를 헤매게 하고 종종 갈팡질팡케 하여 우리의 행위에서 그리고 큼과 작음 사이에서의 선택에서 종종 후회하게 만들지만, 측정술은 이 외관(phantasma)을 무력하게 만들어 진실(to alēthes)을 드러냄으로써, 영혼이 진실에 머물고 평온을 유지케 하여 삶을 구제해주겠죠? [⋯] 무엇이 우리의 삶을 구제할까요? 학문(epistēmē)이 그러지 않을까요? 또한 측정술이 그렇지 않을까요? 이것이 바로 지나침과 모자람에 관련된 지식이니까요.(『프로타고라스』, 356c~357a)[69]

플라톤에게 이런 '측정술'의 적은 곧 '허상술(phantastikē)'이다. 허상을 만드는 기예야말로 플라톤이 평생 대결을 펼친 기예라 하겠다. 이데아론은 바로 이 허상의 대극에 선 존재이고, 플라톤의 사유는 곧 '이데아와

---

68) 어떤 것의 동일성이란 그것이 타자들과 갈라지는 경계를 분명하게 해주는 것이다. 어떤 것을 딱 잘라 이야기하기 힘들다는 것은 그것이 가변적이어서 다른 것들과 변덕스럽게 섞인다는 것을 함축한다. 이것은 곧 그러한 섞임이 아페이론 상태를 이룬다는 것을 뜻한다.

69) 측정술에 대해서는 『국가』, 602d 및 『정치가』, 283d~286d를 참조.

시뮬라크르'의 대결의 사유라 할 수 있다. 그러나 사실 플라톤의 사유에서 정말 중요한 것은 이데아와 허상의 대결이라기보다는 오히려 허상들 사이의 대결이라고 보아야 한다. 플라톤에게는 이 세계 자체가 이데아의 모방물, 이데아의 허상이기에, 현실적 맥락에서 보다 중요한 것은 허상들 중 이데아를 더 잘 모방한 것과 잘 모방하지 못한 것을 변별해내는 것이다. 이 점에서 본다면, 『소피스트』(235b 이하)에 등장하는, '조상 제작술(eidōlopoiikē)'을 다시 '사상술(寫像術/eikastikē)'과 '허상술'로 분류한 대목은 매우 중요하다. 이는 'eikōn'과 'phantasma/simulakra'의 구분을 함축한다.

플라톤 철학의 목적은 이데아에 가까운 존재들과 먼 존재들을 상대적으로 구분하기 위한 것이다. 그 때문에 'eikōn'과 'phantasma/simulakra'가 구분된 것은 중요한 의미를 띤다. 이 구분의 기준은 어떤 기준점으로부터 각각이 떨어져 있는 거리에 있다. 이 기준점이 바로 이데아이다. 이데아가 확보되어야만 그것을 기준으로 여러 수준의 허상들 사이의 차이를 분명히 할 수가 있기 때문이다. 플라톤의 철학은 흔히 현실적 사물들과 이데아의 변별에 주안점을 두어 이해되지만, 사실 플라톤에게 정말 중요했던 것은 현실적 사물들을 일정한 가치-존재론에 입각해 변별하는 것이 아니었을까? 정치가들과 정치가의 이데아 사이의 구분보다 오히려 더 핵심적인 것은 진짜 정치가와 가짜 정치가의 구분이 아니었을까? 가짜 철학자와 진짜 철학자, 가짜 예술가와 진짜 예술가, 가짜 사랑과 진짜 사랑 등등. 이데아란 바로 그런 구분을 위한 객관적인 기준으로서 사유되었다고 해야 하리라. 이데아라는 기준이 확보되어야만 그것으로부터 떨어진 거리[70)]에 입각해 진짜와 가짜를 구분해낼 수 있기 때

---

70) 그러나 이 구도는 중요한 하나의 아포리아를 내포한다. 이데아에 대한 모방이 현실적 존재들의 가치-존재론적 위상을 결정한다 할 때, 이데아와 현실 존재들은 연속적이어야 한다. 히아신스가 아름답고 클레오파트라가 아름답고 파르테논 신전이 아름답다면, 이는 이들이 아름다움-이데아에 관여하기 때문이다. 반대 방향으로 말해, 이들이 아름

문이다. 이데아의 차원을 확보해 그것을 기준으로 현실의 여러 존재자들을 가치-존재론적으로 가려내는 것(authentifier), 여기에 플라톤 철학의 핵심이 있다.

지중해세계는 물론 그 이후 서구의 문화는 "플라톤"이라는 이름을 떠나서는 성립하지 않는다. 서구의 학문은 플라톤을 따라서 세계의 영원하고 자기동일적인 원리들을 찾았고, 서구의 종교는 헤브라이즘을 플라톤적 사유 구도에 맞추어 이론화했으며, 서구의 예술은 플라톤적 이데아들을 형상화하고자 했다. 그리고 서구의 정치는 플라톤의 이상국가를 모방하고자 했다. 이 모든 성취들을 플라톤 한 사람에게만 귀일시키는 것은 분명 과장된 것이리라. 플라톤의 사유도 그 이전 선철(先哲)들의 사상들

다음-이데아를 분유하기 때문이다. 이런 관여와 분유가 가능하려면 아름다움-이데아와 아름다운 것들 사이에 연속성이 확보되어야 한다. 그렇다면 아름다움-이데아 또한 아름다워야 한다. 아름다움-이데아 자체가 아름답지 않다면, 어떻게 히아신스, 클레오파트라, 파르테논 신전이 그것을 분유할 수 있겠는가? 아름다움-이데아가 히아신스, 클레오파트라, 파르테논 신전처럼 아름답고 다만 더 완벽하게 아름답다면, 아름다운 것들과 아름다움-이데아가 연속적이라면 즉 그 아름다움의 차이는 정도차라면, 우리는 아름다움-이데아를 볼 수 있을 것이다. 이 경우 아름다움-이데아는 아름다운 것들의 극한인 것이다. 이것은 이데아를 이상태로서 이해하는 것이다. 하지만 이럴 경우 문제가 발생한다. 만일 아름다움의 이데아 자체도 아름답다면, 달리 말해 아름다움-이데아 자체는 "아름답다"는 시각적인(오감이 모두 관계하지만, 편의상 시각으로 한다.) 쾌감을 초월해 있는 것이 아니라 그 자체도 아름답다면, 그것을 아름답게 만들어주는 아름다움-이데아가 다시 한 차원 높은 곳에 존재해야 한다. 그리고 똑같은 논리로 무한소급이 발생한다. 이런 논리적 문제점은 아름다움-이데아 역시 아름답다고 생각한 데에서 생기는 문제점이다. 아름다움-이데아 자체도 아름답다고 생각하는 것은 클레오파트라가 아름답기에 그녀의 DNA도 뭇 여성의 DNA보다 예쁘게 생겼다고 생각하는 것만큼이나 우스꽝스러운 것이 아닐까? 뽀삐, 멍멍이, 해피, 바둑이는 꼬리를 흔들지만 과연 개의 이데아가 꼬리를 흔들까? 이데아를 현실적 사물들의 '이상태'로 본다면 즉 연속성의 관점에서 본다면, 이런 아포리아가 발생한다. 어떤 면에서 이런 이해는 이데아에 대한 유치한 이해일 수도 있다. 반면 만일 양자가 아예 다른 차원에 존재한다면 모방이라는 것이 어떻게 성립할까? 아름다움-이데아가 현실의 아름다운 것들과 아예 다른 차원이라면, 히아신스, 클레오파트라, 파르테논 신전은 어떻게 그것을 분유할 수 있을까? 이것은 곧 '보는 것(to see)'과 '아는 것(to know)'의 관계라는 아포리아이기도 하다. 우리는 3권에서 표현주의를 논하면서 이 아포리아에 접근할 것이다.

을 종합함으로써만 가능했기 때문이고, 또 그 후의 사상들에는 비플라톤적인 나아가 반플라톤적인 요인들도 개입해 들어갔기 때문이다. 그럼에도 플라톤의 사상적 높이는 그 이전의 모든 사상들을 그의 전사(前史)로 만들어버릴 만큼 큰 것이었고, 또 그 이후의 모든 사상들이 어떤 형태로든 그것과 관련 맺지 않을 수 없게 만들 만큼 강력한 것이었다.

그러나 현대에 들어와 "플라톤"이라는 이름이 띠는 뉘앙스는 이와 판이한 무엇이 되었다. 플라톤에서와 같은 영원한 존재들보다는 생성의 창조성을 중시하는 점에서나, 현상을 가상으로 보기보다는 현상 자체로서 의미를 부여하는 면에서나, 육체를 영혼의 감옥으로 여기기보다 신체, 이미지, 감각 등에서 새로운 의미들을 찾아내는 점에서나, 국가이성에 의해 다스려지는 인민 대신 다중의 내재적 역량을 강조하는 정치철학적 맥락에서나, 그리고 그 밖의 다른 어떤 맥락에서든 현대 철학은 '반(反)플라톤주의'로 요약된다. 니체가 플라톤을 전통 철학의 비조로 상정하고 그에 전적으로 대립하는 사유를 제시한 이래, "플라톤"이라는 이름은 '공공의 적'이 되었다. 생철학, 현상학, 해석학, 실존주의, 실용주의, 실증주의, 마르크스주의 등 현대의 철학들은 대부분 플라톤주의를 거부함으로써 시작됐다.

그러나 이런 여러 철학들이 플라톤을 논박의 대상으로 생각한다는 것 자체가 플라톤 사유의 생명력을 증명해주는 것은 아닐까? "존경할 만한 적"이 아니라면 왜 그를 논박하는 데 시간을 허비하겠는가? 끊임없는 논박의 대상이 됨으로써 역설적으로 플라톤은 그 현존(現存)을 증명하고 있는 것이 아닐까? 어쨌든 플라톤주의자이든 반플라톤주의자이든 대부분의 서양 철학자들은 우선 플라톤과 자신 사이의 거리를 조심스럽게 측정함으로써 자신의 사유를 정향시킬 수 있었다. 서구 철학의 역사는 플라톤과의 대결의 역사인 것이다. 하지만 이런 대결에 있어서의 최초의 시도는 다름 아닌 아카데메이아 자체 내에서 출현했다.

7장 현실과 이상

열여덟 살에 아카데메이아에 유학을 와 플라톤 밑에서 공부했던 아리스토텔레스는 고중세 세계에서 그의 스승에 필적할 철학 체계를 세운 유일한 인물이었다. 그의 사유는 스승의 사유와 여러모로 대조적이어서, 지금도 우리는 누군가가 두 사람 중 누구를 선호하느냐를 보고서 그 사람의 정신세계를 어느 정도는 추측할 수 있을 정도이다. 그러나 가까이에서 볼 때 매우 대조적인 두 사유가 멀리 떨어져서 보면 같은 시대를 호흡하고 있었다는 것을 깨닫게 되는 경우가 많다. 플라톤과 아리스토텔레스의 사유는 매우 대조적이었지만, 지금 우리의 눈으로 볼 때 두 사람 사이의 거리는 그렇게 멀지 않다. 아리스토텔레스의 사유가 뿌리 두고 있는 바탕은 결국 플라톤의 사유였으며, 그가 바로 최초의 위대한 플라톤주의자였다고도 할 수 있을 것이다. 물론 아테네의 철학 내에서 볼 때 양자의 사유가 대조적인 것 또한 사실이다.

아리스토텔레스가 플라톤과 대조되는 사유를 펼치게 된 데에는 그가 의사 집안에서 태어났다는 사실도 중요하게 작용했을 것이다. 소크라테스가 서민 집안에서 태어나 평생 윤리(/도덕)와 영혼의 문제에 천착했고, 플라톤이 귀족 집안에서 태어나 정치와 그 기초로서 이데아론에 몰두했다면, 아리스토텔레스는 중인 계층에서 태어나 일찍부터 인간 및 동물들의 신체에 주목하고서 보다 자연주의적인 사유를 펼쳤다. 그는 어린 시절 아버지가 해부하는 과정을 지켜보았을 터이고, 어쩌면 거기에 참여했을지도 모른다. 그의 사유에는 수학적 도형이나 이데아 같은 순수하고 영원한 것에 대한 동경보다는, 살아서 움직이고 생로병사를 겪는 유기체들에 대한 감수성이 짙게 깔려 있다. 이 점은 그가 왜 플라톤처럼 '생성'을 가상적인 것으로 보지 않았는지, 사물들과 생명체들이 보여주는 '질'들에 그리고 이와 맞물려 질들을 파악하는 인식 능력인 '감각작용'에 세심하게 주목했는지, 스승을 따라 세계의 규칙성들에 주목하면서도 동시에 '가변성', '개연성', '우연성', '복잡성' 등도 놓치지 않으려 했는지를 이해하게 해준다.

아리스토텔레스가 마케도니아의 스타게이로스에서 태어났다는 사실도 그의 사유에 일정한 영향을 주었다. 그리스의 외곽에서 태어났기에 그는 소크라테스나 플라톤처럼 아테네에 깊은 감정을 가질 이유가 없었다. 또 그는 주로 아테네에서 활동했지만 마케도니아와 계속 끈을 가지고 있었다. 그래서 그의 정치철학은 플라톤의 것과는 달리, 현실에 대한 비분강개(悲憤慷慨)와 이상국가에 대한 강렬한 동경에 의해 추동되기보다는 좀더 현실적이고 냉정한 과학적 분석의 형태를 띠게 된다. 그는 각각의 정체에 일종의 순위를 매기거나 이상국가를 꿈꾸기보다는 각 정체를 건강한 형태와 병든 형태의 양면으로 분석해 보여주었다(사실 이 구도는 플라톤의 『법률』에서 온 것이지만). 이런 대조는 정치철학에서만이 아니라 윤리학, 역사학, 경제학, 수사학, 미학을 비롯해 실천철학의 모든 분야에서 확인할 수 있다.

플라톤 사후(BC 348/7년) 아카데메이아의 가장 뛰어난 학생인 아리스토텔레스가 아니라 플라톤의 조카인 스페우시포스가 새 원장으로 취임했는데, 여기에도 여러 이유가 있었겠지만 아테네인의 입장에서는 아리스토텔레스가 외국인이라는 점이 적지 않게 작용했을 것이다. 아리스토텔레스는 이런 식의 인선을 받아들일 수 없었을 것이고 그래서 아카데메이아를 떠나게 된다. 또 더 본질적인 것으로, 그때쯤이면 그와 플라톤주의자들 사이의 철학적 차이가 이미 노골적으로 드러나 갈등을 일으켰을 것이다. 그 후 그가 소아시아의 앗소스, 레스보스 섬의 뮈틸레네 등에서 활동하던 중, 당시 마케도니아를 이어받은 야심 찬 군주이자 그의 어릴 적 친구였던 필리포스가 자신의 아들 알렉산드로스의 교육을 위해 그를 초빙한다. 카이사르 외에는 필적할 인물이 없는 고대 세계 최고의 영웅과 플라톤 외에는 필적할 인물이 없는 고대 세계 최고의 철학자의 만남은 그 후 많은 사람들의 상상력을 자극했지만, 자세한 기록은 그다지 남아 있지 않다. 알렉산드로스가 동방의 여러 국가들을 정복할 때마다 군사들을 풀어 진귀한 동식물들을 채집해 아리스토텔레스에게 보내주었다는 이야기를 대(大)플리니우스가 남기고 있다.[1] 훗날 BC 323년 알렉산드로스가 죽고 아테네가 마케도니아에 반격을 시도했을 때 아리스토텔레스가 숙청의 표적이 된 것도 그가 마케도니아 사람이었고 또 알렉산드로스의 스승이었기 때문이다.

아카데메이아를 떠난 후 아리스토텔레스는 여러 곳을 전전했으며 그 사이 특히 생물학적 연구들을 축적했다. BC 335년이 되어서는 아테네로 돌아와 자신의 학원인 뤼케이온을 세워 운영했다.(이 말은 오늘날 프랑스어 'lycée'로 남아 있다) 아리스토텔레스는 여기에서 제자들을 위한 전문 강좌와 대중을 위한 시민 강좌를 구분해서 운영했고, 그의 학원은 크게 번성했다고 한다. 아리스토텔레스가 뤼케이온의 '지붕 씌운 보도(페리파

---

1) 플루타르코스는 다음과 같이 말하고 있다. "알렉산드로스는 부왕으로부터 생명을 받았지만 아리스토텔레스로부터는 보람 있게 사는 방법을 배웠다면서, 그분을 부왕과 똑같이 존경한다고 말했다. 그래서 나중에 어떤 불신 때문에 아리스토텔레스와 사이가 멀어졌을 때에도 그에게 직접 해를 끼치지는 않았다. 다만 그 전처럼 가까이 지내지는 못했고, 스승에 대한 존경심도 식어갔던 것은 사실이다."(홍사중 옮김, 『플루타르크 영웅전 II』, 동서문화사, 1212쪽)

토스)'를 소요하면서 강의하곤 했기 때문에, 아리스토텔레스학파는 때로 '소요학파(逍遙學派)'라고 불리기도 한다. 이 학파에서 식물학으로 유명한 테오프라스토스라든가 정치가 데메트리오스 등이 배출되었다. 뤼케이온은 오늘날로 말하면 종합과학연구소 같은 것이었으며, 각종 실증적 탐구들 및 철학적 연구들로 열기를 띠었다. 그 후 아테네와 마케도니아 사이에 험악한 분위기가 형성되었을 때, 그는 "아테네 시민들이 철학에 두 번 죄를 짓지 않게 하기 위해서"라는 유명한 말을 남기고 칼키스로 피신했으나 얼마 되지 않아(BC 322년) 숨을 거둔다.

아리스토텔레스의 저작은 많은 우여곡절을 거쳐 오늘날까지 전해 내려왔다.[2] 그도 처음에는 스승처럼 대화 형식으로 글을 썼다고 하나 이 대화편들은 남아 있지 않다. 더구나 그의 다른 저작들 역시 전체가 남아 있지는 않으며, 지금 우리가 보고 있는 그의 전집은 강의 노트들이다.(그나마 절반 이상이 소실되었다 한다) 물론 이 강의 노트들은 간단한 밑그림이 아니라 본격적인 저작의 초고(草稿) 정도의 수준을 갖춘 글들이기 때문에, 이 노트들만으로도 그의 사상의 전모를 알기에는 부족하지 않다. 이 미완의 글들만으로도 그의 사상의 규모와 독창성과 깊이는 독자들을 압도한다.[3] 아리스토텔레스 저작집의 수난과 중세에 끼친 그의 막대한

---

2) 그의 저작집은 친구이자 제자였던 테오프라스토스에게 넘겨졌다가, 혼란스러운 시절에 네레오스라는 사람에 의해 스켑시스의 동굴에 숨겨졌으며, 두 세기가 지나서야 다시 세상에 나와 로마에서 편집되었다고 한다. 또, 카이사르가 이집트에서 전투를 벌일 때 뮈세이온 안에 있다가 불탔다는 이야기도 있다. 물론 이런 이야기들을 다 신뢰할 수는 없다. 그러나 아리스토텔레스가 그의 사후 그다지 많이 읽히지는 않았으며 한참이 지나서야(제정 로마 초기) '아리스토텔레스 르네상스'가 일어난 것은 사실인 것 같다. 하지만 이 르네상스도 당대의 주류는 아니었으며, 아리스토텔레스의 철학이 다시 꽃피게 되는 것은 이슬람 철학에 와서였다. 서구의 경우 이 이슬람 철학을 경유해서 비로소 아리스토텔레스의 대유행이 일어나게 된다.

3) 아리스토텔레스의 강의 노트들은 매끈하게 다듬어진 일관된 저작들이 아니기 때문에 매우 복잡한 구성을 하고 있었다. 그러나 19세기 독일에서 발전한 문헌학의 세례를 받은 뛰어난 학자인 베르너 예거 등이 플라톤과 아리스토텔레스를 정밀하게 비교하는 방

영향은 많은 흥미로운 이야깃거리들을 낳기도 했다.[4]

아리스토텔레스에게는 자신의 사유가 지난 몇백 년간 지속되어온 그리스 사유의 총화(總和)이자 대단원이라는 의식이 은근히 배어 있다. 이것은 그가 철학적 사유들의 전개 과정이 어떤 극에 다다랐다고 느껴서일 수도 있고, 다른 한편으로는 한 시대가 가고 새로운 시대가 오고 있던 당대의 전반적 분위기에 물들어서일 수도 있다. 어쨌든 그의 판단은 근거가 있는 판단이었다. 사실상 그리스 철학은 아리스토텔레스에게서 일단락되며, 그에 필적하는 철학자를 만나려면 상당히 긴 세월을 기다려야 한다. 아리스토텔레스의 이런 자의식은 그로 하여금 사상 최초로 '철학사'를 쓰게 만들었다. 『자연학』 도입부에 등장하는 자연철학사의 서술, 『영혼론』 도입부에 등장하는 영혼 탐구의 역사에 대한 서술, 『형이상학』 도입부에 등장하는 형이상학사에 대한 서술 등이 그렇다. 그 외에도 『니코마코스 윤리학』을 비롯해 그의 저작들의 도입부에는 늘 이전 탐구들의 역사가 그 자신의 언어로 정리되어 있다.

아리스토텔레스는 기존의 사유들을 '사원인'이라는 틀에 넣어 정리하고 있다. 아리스토텔레스에게 최고의 학문('소피아')은 무엇보다 우선 원인들과 원리들을 탐구하는 것이었다. 때문에 아리스토텔레스의 '철학사' 역시

법을 통해서 이 노트들의 작성 연대를 세밀하게 밝혀냄으로써 비로소 그의 저작집 전체가 새롭게 정리되기에 이르렀다. 이런 기반이 마련되면서 현대 아리스토텔레스 연구의 새로운 중흥이 도래했다. Werner Jaeger, *Aristoteles: Grundlegung einer Geschichte seiner Entwicklung*(Weidmann, 1985). 그러나 문헌학적으로 해명되어야 할 문제들이 여전히 산적해 있다. 아리스토텔레스의 인용은 'Loeb Classical Library'를 사용했다. 이 판본은 (표준 판본인) 베커의 텍스트와 정렬이 다르게 되어 있어, 본 저작에서 인용할 때에는 끝의 수(예컨대 414a/7~8에서 '7~8' 부분)에 약간의 입출(入出)이 있을 수 있다.

4) 최근의 한 예로서, 움베르토 에코는 이를 소재로 삼아 소설 『장미의 이름』을 쓰기도 했다. 여기에서 에코는 백과사전적인 저자인 아리스토텔레스가 비극론(『시학』)을 써놓고서 희극론은 쓰지 않았을 리가 없다고 가정하고서, "왜 중세에 아리스토텔레스의 희극론은 전해지지 않았을까?"라는 물음을 화두로 이야기를 전개하고 있다.

원인들과 원리들을 탐구한 인물들에 맞추어진다. 질료인을 탐구한 밀레토스학파, 형상인을 탐구한 퓌타고라스학파와 엘레아학파, 작용인을 탐구한 엠페도클레스 등, 그리고 목적인을 탐구한 플라톤, 이런 식의 구도가 그의 철학사 서술을 관류하고 있다. 그리고 그에게 철학사는 크게 플라톤 이전과 이후로 나뉜다. 그러나 "진리가 친구보다 더 소중하기에" 그가 스승인 플라톤에 대해 비판을 삼가한 것은 아니다.(『형이상학』, I, 987a/28 이하) 특히 이데아론이 집중적인 비판의 대상이 된다.

철학사를 연구하는 방식에는 상이한 두 맥락이 존재한다. 어떤 인물, 학파, 시대 등을 그것들 자체로서 연구하는 맥락이 하나이고, 각각의 인물들, 학파들, 시대들에는 들어 있지 않은, 그것들의 사이를 드러내는 맥락 또는 각각의 것들이 아니라 그것들이 속한 장(場) 전체를 드러내는 맥락이 다른 하나이다. 양자는 성격을 달리하는 작업이다. 전자는 일반적인 철학 연구자들의 맥락이고 후자는 이른바 철학적 거장들의 맥락이다. 두 부류 사이에는 늘 적지 않은 긴장감이 감돈다. 예컨대 헤라클레이토스를 그 자체로서 연구하는 사람들은 아리스토텔레스가 그를 이러저러하게 축소/왜곡했다며 불만을 터뜨린다. 그러나 어떤 거시적 흐름, 전체적 장을 드러내려 하는 사람들이 겨냥하는 것은 개별 인물, 학파 등이 아니라 차라리 그들 사이의 공간, 그들 자체가 아니라 그들이 속한 장이다. 그리고 이 공간/장을 그리고자 할 때 개별 인물들, 학파들 등이 일정 정도 왜곡되는 것은 거의 필연이다.

얄궂은 것은 이런 거장들 역시 시간이 지나면 개별 연구의 대상이 되고, 그러면 그를 연구하는 학자들과 이후에 나타나는 또 다른 거장 사이에 또다시 유사한 갈등이 반복된다는 것이다. 이번에는 아리스토텔레스 연구자들이 헤겔, 하이데거, 들뢰즈 등이 왜 아리스토텔레스를 그렇게 보는지 모르겠다고 비난하는 것이다. 시간의 수레바퀴가 돌면서 얄궂은 반복이 계속된다. 철학의 역사는 이렇게 철학사를 둘러싼 갈등의 역사이기도 하다. 아리스토텔레스는 철학사를 둘러싼 이러한 논쟁의 최초의 예—그 전에 플라톤이 『소피스트』에서 간략한 철학사를 시도한 바 있기는 하지만—를 제공했다.

학문의 분류

아리스토텔레스의 이러한 자의식은 그가 사상 최초로 학문을 분류하고 명명했다는 사실에서도 잘 나타난다. 그 이전의 학문의 공간은 분류되지도 않았고 명명되지도 않았다. 아리스토텔레스는 처음으로 학문을 분류했으며 그 각각에 이름을 붙여줌으로써 비로소 '학문의 체계'를 만들어냈다. 그가 분류한 학문 체계는 그 후 시대와 지역에 따라 많은 변이를 겪게 되지만 그 근본 구도는 오늘날까지도 유지되고 있다. 아리스토텔레스는 이렇게 학문을 분류한 후 그 분야 하나하나에 대해 저작을 썼다. 그래서 그의 저작들의 제목(또는 관련어) 자체가 바로 그 학문 분야의 이름이 되었고, 그의 학문 체계가 바로 학문의 체계가 되었다. 그 전체 구도를 보면 다음과 같다.(관례상 희랍어가 아니라 라틴어로 썼다. 해당하는 현대 학문의 이름은 영어로 썼으며, 중요한 분야들은 대문자로 썼다)

서명	해당되는 현대 학문
예비학적 저작들	
『범주론(Categoriae)』	→ 언어학(Linguistics), 언어철학(Philosophy of language)
『명제론(De Interpretatione)』	→ 언어철학, 판단론(Theory of Judgement), 양상론(Theory of Modality), 인식론(EPISTEMOLOGY)
『분석론 전서(Analytica Priora)』 『분석론 후서(Analytica Posteriora)』	→ 논리학(LOGIC), 인식론, 과학철학(Philosophy of science)
『변증론(Topica)』	→ 변증론(Dialectics), 문제론(Problematics)
『소피스트적 논박(De Sophisticis Elenchis)』	→ 오류(추리)론(Theory of Errors)

이상의 총칭 ORGANON → 논리학, 인식론,
언어철학, 과학철학

이론철학적 저작들

물리과학적 저작들과 『자연학』

『발생소멸론(De Generatione et Corruptione)』 → 화학(Chemistry), 존재론
『천체론(De Caelo)』 → 천문학(Astronomy), 역학(Mechanics)
『기상학(Meteorologica)』 외 → 기상학(Meteorology),
지구과학(Earth Science)
『자연학(PHYSICA)』 → 물리학(Physics), 우주론(COSMOLOGY),
인식론 및 과학철학, 존재론,
자연철학(Philosophy of nature)

생명과학적 저작들과 『영혼론』

『동물지(Historia Animalium)』 → 생물학(Biology), 의학(Medicine)
『동물부분론(De Patribus Animalium)』 발생학(Embryology), 유전학(Genetics),
『동물발생론(De Generatione Animalium)』 외 해부학(Anatomy)
『영혼론(DE ANIMA)』 → 심리학(Psychology),
생명철학(Biophilosophy),
생명과학(Bioscience),
인식론, 존재론,
심리철학(PHILOSOPHY OF MIND)

형이상학/존재론

『형이상학(METAPHYSICA)』 → 형이상학(METAPHYSICS),
존재론(ONTOLOGY), 신학(Theology),
수학철학(Philosophy of Mathematics)

실천철학적 저작들

윤리학/정치학 관련 저작들

『니코마코스 윤리학(ETHICA NICHOMACHEA)』 외 → 윤리학(ETHICS), 정치학(Politics)
『정치학(POLITICA)』 외 → 정치학/정치철학(POLITICAL PHILOSOPHY),
사회과학(Social sciences)

제작 관련 저작들

『수사학(Rhetorica)』 외	→ 수사학(Rhetorics)[5]
『시학(Poetica)』 외	→ 미학(AESTHETICS), 시학(Poetics), 비평(Criticism), 어문학(Literature)

논리학과 인식론으로 대변되는 예비학은 학문의 도구이다. 본격적인 학문을 행하기 전에 진(眞)과 위(僞)의 개념, 명제/판단을 구성하고 다루는 법, 논리적 추론, 학문/과학이란 무엇인가, 학문을 어떻게 분류할 것인가, 각 학문 사이에는 어떤 관련성이 있는가 등의 물음, 참의 논리와 거짓의 논리 등, 예비적인 물음들을 다룬다. 학문을 하기 전에 미리 점검해야 하고, 하는 도중에도 계속 갈아야 하는 이 도구적 담론에 '도구', '기구'를 뜻하는 'Organon'이라는 총칭이 붙은 것은 적절하다 하겠다.

이론 철학은 크게 네 분야―물리과학, 생명과학, 신학, 존재론―로 나뉜다. 물리과학은 '물질'/'물체'와 그것의 운동을 다룬다. 화학, 천문학, 기상학, 역학 등이 이 분야에 속한다. 『자연학』은 물리과학에 대한 메타이론―운동과 정지, 무한과 유한, 시간과 공간/장소 등에 관한 이론―을 다루고 있으며, 이 점에서 아리스토텔레스의 핵심 저작들 중 하나라 할 수 있다. 이것은 생명과학에 관련된 저작들의 경우도 마찬가지여서, 『영혼론』이 바로『자연학』에 해당하는 역할을 하고 있다. 이 또한 핵심 저작에 속한다. 생명과학 분야에는 그 외에도 작은 논문들이 많이 포함되어 있다. 아리스토텔레스의 철학 체계에는 실증적인 자연과학과 메타적인 철학이 아직 분리되어 있지 않은 상태로 포괄되어 있음을 이

---

5) 수사학과 시학은 별도로 분류될 수도 있다. 아리스토텔레스는 학문을 '지식', '활동', '제작'으로 삼분한 적이 있으며(『형이상학』, VI, 1025b/25), 이에 따르면 이론적인 저작들은 지식에, 실천적인 저작들은 활동에, 그리고『수사학』과『시학』은 위와 같이 제작에 해당한다고 볼 수 있다. 그러나『수사학』을 오히려 예비학(오르가논)에 포함시키는 것도 가능하다. 이 저작 역시 논리, 언어, 대화, 논쟁 등에 관련되는 것이기 때문이다.

저작들에서 확인할 수 있다. 과학의 역할과 철학의 역할이 구분된 것은 근대 이후 실증적 탐구와 메타적 탐구가 분리되면서부터이다.

『형이상학』은 『자연학』과 『영혼론』에 비해 다시 좀더 메타적인 물음들을 다루고 있으며, 아리스토텔레스의 주저로 꼽힌다. 이 저작은 크게는 신학과 존재론을 다룬다. 물리과학이 다루는 우주, 생명과학이 다루는 영혼과 더불어 신(神)은 세 가지의 고귀한 존재들 중 하나이다. 반면 존재론은 어떤 특수한 대상을 다루는 것이 아니라 근본 원리들 자체를 다룬다. 존재론은 철학 전체에서도 가장 핵심적인 위치에 있다. 아리스토텔레스 이론 철학의 이런 구도는 중세에 이르러서 다음과 같이 정리된다.

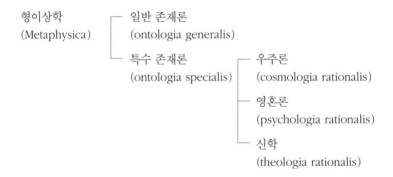

이런 구도는 오래도록 전해 내려와 데카르트는 두 유한 실체(자연, 영혼)와 하나의 무한 실체(신)를 논하게 되고 칸트는 기존 사변적 철학들에 대한 비판('선험적 변증론')에서 역시 영혼, 우주, 신을 다루고 있다.[6]

---

6) 오늘날에는 자연학은 자연과학이, 영혼론은 심리학, 의학 및 관련 분야들이, 그리고 신학은 종교 계통이 연구할 뿐, 철학자가 실질적으로 이런 분야들을 연구하지는 않는다. 오늘날 철학의 가장 고유한 영역은 순수 메타적인 문제들을 다루는 논리학·인식론·존재론 그리고 실천적인 문제들을 다루는 윤리학·정치철학·미학이다. '형이상학(形而上學)'이라는 말은 근대 철학자들이 고중세 철학을 과격하게 매도하는 과정에서 부정적인 뉘앙스를 얻었기 때문에 잘 사용되지 않으나, 사실상은 존재론과 거의 동의어로 사용될

실천철학의 경우, 크게 윤리학 및 정치철학 그리고 미학으로 대별될수 있다. 윤리학은 인식론, 존재론과 더불어 철학의 3대 분야를 형성한다. 인식론이 학문세계 전체를 비판적으로 검토하는 역할을 하고, 존재론이 학문적 탐구 성과들 전체를 근본 원리들에 입각해 종합하는 역할을 한다면, 윤리학은 삶에서의 가치와 의미, 목적의 문제를 탐구한다. 윤리학은일반론이기 때문에 좀더 구체화되어 정치철학, 사회철학, 법철학, 교육철학, 종교철학 등 다양한 분야들로 응용되어야 한다. 특히 '정치'라는말은 포괄하는 범위가 매우 넓기 때문에 '정치철학'은 보다 포괄적이고원리적인 담론으로서의 위상을 가진다. 이론철학에서 자연과학과 철학이 섞여 있다가 후대에 분리된 것처럼, 실천철학에서는 사회과학과 철학이 섞여 있다가 후대에 이르러 분리된다. 이렇게 학문의 역사는 철학이철학과 자연과학과 사회과학으로 분리되어간 역사라고 할 수 있다. 아리스토텔레스에게서 사회과학 분야가 어디까지나 실천철학에 속해 있었다는 사실도 음미해볼 필요가 있다. 아울러 감성과 문화, 예술의 가능조건을 다루는 '미학' 또한 (그 말 자체는 후대에 생긴 개념이지만) 오늘날철학의 중요한 분야로서 다루어지고 있다. 문학 이론, 예술학, 문예 비평, 문예학 등 다양한 분야들에 관련해 메타적인 연구를 하는 분야로 볼수 있다.

아리스토텔레스는 이렇게 사상 처음으로 학문의 세계를 분류했고 그하나하나에 이름을 붙였으며, 그 자신 대부분의 과목에 해당하는 저술들을 썼다. 아리스토텔레스의 이런 작업을 통해서 이전의 종교적이고 문학적인 담론공간과는 확연히 구분되는 과학적이고 논리적인 담론공간이출현하기에 이른다. 오늘날 우리가 영위하고 있는 학문적 활동의 구도는

수 있다. 물론 개별적이고 실증적인 탐구와 종합적이고 메타적인 탐구, 요컨대 과학적 탐구와 철학적 탐구 사이에 분명한 선을 그을 수 있는 것은 아니기 때문에 과학과 철학의구분은 자의적인 경우가 많다.

이 과정을 통해 마련된 것이다.

§1. 논리학: 사유의 문법

아리스토텔레스가 오로지 그의 논리학 저작들만을 남겼다 해도 그의 이름은 학문의 역사에 영원히 남았을 것이다. 보통 학문의 역사란 오랜 세월의 축적 끝에 어떤 거대한 도약이 이루어지고, 또 오랜 세월 그 '패러다임' 아래서 지식이 축적되다가 어느 순간 다시 의미심장한 도약이 이루어지는 과정이다. 그러나 아리스토텔레스의 논리학은 너무나도 갑작스럽게, 그리고 그 갑작스러움과 인상 깊은 대비를 이루는 높은 완성도와 함께 담론공간에 나타났다. 산발적인 선구 작업이 없었던 것은 아니지만 아리스토텔레스의 논리학은 그야말로 하늘에서 뚝 떨어진 것처럼, 그것도 대단한 완성도를 갖추고서 발표되었던 것이다. "천재"라는 말은 흔히 어떤 성과를 너무 단순하게 한 개인의 능력에 귀속시켜 버리는 개념일 수도 있지만, 이 경우는 이 말로밖에는 달리 표현할 길이 없는 듯하다.

아리스토텔레스의 '오르가논'은 여섯 권으로 구성되어 있으며, '예비학'에 속할 수 있는 거의 모든 문제들을 다루고 있다. 『범주론』이 개개의 개념들/범주들을 다룬다면 『명제론』은 개념들이 결합됨으로써 성립하는 명제들/판단들을 다룬다. 『분석론 전서』는 여러 명제들 사이의 논리적 추론을 다루고 있고, 『분석론 후서』는 '지식/인식', '진리' 등을 둘러싼 인식론적 문제들을 다룸으로써 학문의 초석을 놓고 있다. 그리고 『변증론』과 『소피스트적 논박』은 개연적인 추론, 필연적이지는 않지만 현실적으로 유용한 여러 논변 방식, 그리고 궤변적인 추론과 오류 등을 다루고 있다.[7] 아리스토텔레스의 이런 작업은 근현대에 이르러 새로운 논리학과 인식론이 발달하기까지 무비(無比)의 권위와 가치를 띠게 된다.

중세 철학에 이르면 논리학의 위상은 한껏 높아진다. 어떤 면에서 중세의 철학은 곧 논리학이었다 할 것이다. 반면 사물에 대한 지각의 측면은 대체적으로 소홀하게 다루어진다. 일정한 예외가 있었지만, 대부분의 중세 철학자들은 사물들과 직접 접촉하기보다는 마음속에서의 성찰과 개념적인 추론으로 문제를 해결하고자 했다.(이슬람 철학은 예외라 할 수 있다) 이 점에서 성리학과 양명학을 연상시키는 면이 있으며, 묘하게도 "중세"라 불리는 시대에는 서구와 동북아에서 공히 이렇게 사변적이고 개념적인 철학이 발달했다는 점이 주목된다. 상대적으로 '근대적인 것'이란 곧 사물들과의 직접적인 접촉—영국 경험론이나 청대 고증학을 상기해보자—을 중시하는 태도를 핵심으로 한다. 중세에 이렇게 논리학과 그것을 기반으로 한 추상적인 형이상학이 크게 발달하지만, 그것은 어디까지나 중세의 후대에 이르러서이다. 서구에서는 이른바 '암흑시대'(대략 5~8세기) 나아가 그 한참 후에까지도 철학 전반은 말할 것도 없고 논리학 역시 답보 상태에 있었다. 이슬람 철학에서 아리스토텔레스가 흥기한 것과는 대조적으로, 그때까지도 아리스토텔레스의 저작이라곤 논리학 저작들의 일부만이 소개되어 있었다. 이 '초기 조건'이 답보 상태를 가져왔다고 할 수 있다. 그러나 일단 아리스토텔레스의 다른

---

7) 좀더 자세하게 일별하면 다음과 같다.『범주론』: 개념들, 말들, 용어들. '서술(predication)'의 문제('einai=is'의 문제이기도 하다). 주어-술어 구조. '범주'의 개념과 열 가지 범주들. 대립, 부정, 모순 등의 관계들. 언어적 관점에서의 생성/운동론. 아리스토텔레스 철학의 가장 기본적인 뼈대를 구성하는 기초적인 저작이다.『명제론』: 판단. 언어와 사유의 관계. 진과 위(참과 거짓). 존재론과 의미론. 모순명제. 변증론의 문제들. 언어적 접근을 취하는 양상론(현실, 가능, 필연 등에 대한 논의). 가능한 것과 현실적인 것의 관계. 보편성과 특수성. 역시 기초적인 작품이며, 특히 이 저작에 등장하는 양상론은 현대적 관점에서 보아도 무척 흥미롭다.『분석론 전서』: 논리적 추론. 판단의 양과 질. 논증적인 것과 문제적인 것의 구별. 삼단논법. 양상적 삼단논법. 플라톤 분할법에 대한 비판. 삼단논법에서의 오류들. 논변의 방식들. 좁은 의미에서의 논리학의 핵심 저작이다.『분석론 후서』: 인식론. 지식/인식과 진위(眞僞). 학문적 증명의 문제. 오류의 개념. 학문 방법론. 아리스토텔레스의 논리학적 인식론을 보여준다.『변증론』: '토포스'(터, 場). 논변의 요소들('論理素'들). 개연적 추론들.『소피스트적 논박』: 논박술과 궤변. 오류추리론.

논리학 저작들 나아가 철학 전반이 재발견되고 연구되기 시작하자 중세 서구 철학은 급격히 일신되기에 이른다.

근대에 들어와서도 아리스토텔레스의 논리학은 여전한 권위를 누렸지만, 일부 학자들은 그것을 단적으로 폄하한다. 아리스토텔레스 논리학이 실제 새로운 인식을 이루는 데는 아무 쓸모가 없다는 주장, 삼단논법은 "S is P"라는 형식을 벗어난 언어적 형식은 다룰 수 없다는 주장 등을 비롯해 여러 가지 공격이 가해졌다. 프랜시스 베이컨의 『노붐 오르가논』이 대표적이다. 대체적으로 근대 철학자들은 아리스토텔레스를 중세 스콜라철학과 동일시했으며, 다소 과장된 그리고 오해가 많이 섞인 비난을 퍼붓곤 했다. 논리학에 있어 진정한 발전은 라이프니츠와 함께 도래했다. 현대 논리학은 라이프니츠의 빼어난 통찰들을 발전시켜나감으로써 신기원을 이루고 있다.

'오르가논'은 흔히 논리학 저작으로서 읽히지만, 오늘날의 관점에서 보면 상당 수준의 '인식론'도 포함하고 있다(특히 『분석론 후서』에서). 물론 논리학과 인식론은 여러 면에서 다르다. 가장 큰 차이들 중 하나는 논리학은 사고의 형식을 다룰 뿐 '감성(sensibility)'을 다루지는 않는다는 점에 있다. 그러나 인식이란 순수 추론만이 아니라 객관적인 대상과의 접촉 또한 동반해야 한다. 때문에 인식론은 사고의 형식들/규칙들을 다루는 논리학과는 달리 감각/지각의 문제를 필수 항으로서 동반한다. 또 대체로 논리학은 시간이라는 요인을 배제하는 형식과학의 특징을 띠지만, 인식론은 학문과 사회의 상호 작용, 제반 과학들의 역사를 염두에 두고서 작업한다. 아울러 논리학은 어디까지나 객관적인 형식적 규칙성들을 다루지만, 인식론은 인식 주체를 배제할 수 없으며, 인식 주체를 중심으로 전개되는 인식론들도 많다(영국 경험론, 현상학 등). 이 점에서도 논리학과 인식론은 구분된다. 아리스토텔레스의 '오르가논'은 대개 논리학을 다루고, 인식론을 다루는 경우에는 대체적으로 형식적인 측면에서 다루고 있다. 감성이나 주체 같은 문제들은 오히려 그의 생명과학 및 영혼론에 등장한다. 즉 후대의 인식론이 감성의 문제와 논리의 문제를 (주체의 문제 등과 연계해서) 인식론에 흡수해 함께 다룬다면, 아리스토텔레스의 경우는 형식은 논리학에서 다루고 감각/지각을 비롯한 인식 주체('영혼')의 활동은 오히려 생물학적 저작들이나 영혼론에서 다루고 있는 것이다.

아리스토텔레스의 인식론을 단순화해 말한다면, 그 근간에서 스승인 플라톤의 가르침을 이어받으면서도 그것을 보다 경험주의적으로 정초했다고 말할 수 있다. 이것은 그가 진리에 도달하기 위해서는 'aisthēsis'(감각작용)를 폄하할 것이 아니라 오히려 중요시해야 한다고 생각했음을 뜻한다.(그러나 플라톤에게서도 감각작용이 단순히 폄하해야 할 것만은 아니었다는 점을 상기하자) 감각이란 생물학과 인식론을 관통하는 주제이며, 때문에 그의 인식론과 영혼론에서 동시에 다루어진다. 인식론의 한 문제는 감각이라는 능력을 어떻게 보느냐 하는 것이거니와, 도식적으로 말해서 아리스토텔레스는 감각을 초월해 형상적인 것을 파악하려는 플라톤과 감각이야말로 인식의 가능근거라고 생각한 (에피쿠로스학파 등의) 입장 사이에 존재한다. 소피스트들의 경우는 감각을 인식의 가능근거로 보면서도 좀더 해체적인 입장을 표명한 바 있다. 이후 지중해세계의 인식론은 이런 여러 이론들의 경합의 장이 된다.

근대에 들어서면 인식론이 논리학을 포괄하는 구도가 등장하기도 한다. 아울러 인식론 전체를 의식에 대한, 주체에 대한 이론으로 보는 입장도 등장한다. 칸트의 인식론을 보여주는 주저 『순수이성비판』은 이런 변화를 조감할 수 있게 해주는 한 예이다. 그는 아리스토텔레스의 경우처럼 지각만을 영혼론에서 다루고 객관적인 사고 구조는 논리학에서 다루는 것이 아니라, 지각론과 논리학을 모두 '선험적 주체'의 형식으로 보고 있다. 때문에 이 저작의 주요 부분은 크게 '감성론'과 '논리학'으로 양분된다. 논리학은 다시 진리의 논리학인 분석론과 가상의 논리학인 변증론으로 나뉜다. 그리고 분석론은 다시 개념의 분석론(범주론)과 도식론 그리고 원칙의 분석론(추리론)으로 나뉜다.

| 아리스토텔레스의 '오르가논' | 칸트의 『순수이성비판』 |

```
?         ……………………………………………………………  감성론

범주론  ……………  개념의 분석론  ⎤
                                   ⎪
명제론  ……………  도식론          ⎬  ………  분석론  ⎤
                                   ⎪                ⎪
분석론(전) ⎤                       ⎪                ⎪
          ⎬ …………  원칙의 분석론  ⎦                ⎬  ……  논리학
분석론(후) ⎦                                        ⎪
                                                    ⎪
변증론      ⎤                                        ⎪
            ⎬ ………………………………………  변증론  ⎦
소피스트적 논박 ⎦
```

이러한 차이들―특히 감성론의 유무, 명제론과 도식론 사이에 존재하는 성격상의 차이, 변증론의 역할에서의 차이, 그리고 가장 큰 것으로 아리스토텔레스의 경우 논리학이 형식과학이지만 칸트의 경우 (논리학을 포함하는) 인식론은 어디까지나 '주체'의 이론이라는 점 등―에는 여러 중요한 내용들이 함축되어 있으며, 우리는 본 철학사 3권에서 이 함의들을 읽어낼 것이다.

논리학과 인식론은 또한 언어의 문제, 언어철학과 뗄 수 없이 연관되어 있다. 때문에 '오르가논'의 여러 군데에서 언어의 문제가 심층적으로 다루어지고 있음을 볼 수 있다. 학문의 생명은 객관성에 있고, 이것은 곧 말과 사물의 일치를 함축한다. 누군가가 하는 말이 객관적 뒷받침이 없는 말이라면, 그것은 허구나 상상이나 감정의 표현 등은 될 수 있어도 학문적 언사는 될 수 없다. 이것을 언어철학적으로 말하면 말과 사물이 서로 상응해야 한다는 것이다. 이는 곧 '지시(reference)'의 문제로서, 학문적 언사가 객관적으로 존재하는 그 무엇인가를 지시하지 않으면 곤란하기 때문이다. 이 지시 문제는 '의미론'에서 다루어지거니와, 현

대 철학에 이르러 의미론은 매우 복잡한 변전(變轉)을 겪어왔다. 그러나 아리스토텔레스는 고대인답게 말과 사물의 자연스러운 일치―이질동형(isomorphism)―를 믿었고(파르메니데스에서 확립된 '존재와 사유의 일치'), 또 그런 전제 위에서 작업했다. 훗날 비트겐슈타인이 말하게 되듯이, 명제는 사태의 '논리적 그림'인 것이다. 언어철학은 특히 현대에 들어와 매우 큰 비중을 차지하기에 이른다. 현대 철학의 굵직한 흐름들―해석학, 논리-언어철학, 구조주의, 탈구축 등―은 언어에서 실마리를 찾는 경우가 많고, 언어를 통해서 철학의 문제들에 접근해 들어가는 양상을 띠기 때문이다.

'오르가논'은 또한 오늘날로 말해 과학철학, 학문 방법론 등에 해당하는 논의도 담고 있다. 현대에 들어와 학문/과학의 세계는 복잡하게 분화했고, 이런 맥락에서 과학철학은 철학의 굵직한 한 분야를 이루게 되었다. 근대에 이르기까지도 하나의 통일된 담론으로서 유지되어왔던 인식론이 오늘날에 와서는 원래 형태의 인식론에다 과학철학과 과학사, 사회과학 방법론, 인지심리학, 인공지능 이론, 발생론적 인식론, 각 사조와 맞물려 있는 인식론(현상학, 마르크스주의, 구조주의, … 등의 인식론), 언어학/기호학적 인식론 등 극히 다양한 형태로 분화되었다. 아리스토텔레스의 오르가논에는 이런 여러 갈래들의 씨앗들이 폭넓게 흩뿌려져 있다.

개념의 분석: 존재론의 실마리

『범주론』은 기본적으로 개념들을 다루고 있다. 사유란 언어를 떠나서는 불가능하고, 학문적 맥락에서 언어의 최소 단위는 바로 개념들이다. 개념들 하나하나는 대상들 하나하나에 대응한다.

그러나 무엇인가를 '대상화'하는 방식은 매우 다양하다. 사물에 대한 이전 철학자들의 대상화 방식은 매우 다양했다. 이들과 아리스토텔레스를 변별해주는 특징은 그가 사물들을 일상어가 함축하고 있는 대상화 방식에 따라 이해한다는 점에 있다. 원자론자들에게 '빨갛다'라는 질은 원자들의 일정한 조합과 운동이 빚어내는 효과일 뿐 그 자체로서 존재하는 것이 아니다. 플라톤에게 이 질은 해당 이데아의 '그림자'로서 존재한다. 그러나 아리스토텔레스에게 사물들은 기본적으로 우리의 일상어가 말하는 그대로의 방식으로 존재한다. 아리스토텔레스의 존재론은 일상어에 함축되어 있는 존재론—특별히 존재론적 사유를 시도하지 않을 때 우리가 암묵적으로 전제하는 존재론—을 세련화한 것이다. 그렇다면 아리스토텔레스에게서 "이 세계에는 어떤 것들이 존재하는가?"라는 물음은 곧 "우리 일상어로 표현되는 내용들에는 어떤 것들이 있는가?"와 같은 의미를 갖는다. 그리고 더 중요하게는, 우리 일상 언어의 구조가 세계의 존재론적 구조를 그대로 반영하고 있는 것으로 이해된다.

범주는 '술어'를 뜻한다.[8] 더 정확히는 술어들의 부류(큰 틀)를 뜻한다. '홍범구주(洪範九疇)'의 경우와 마찬가지로, 술어들을 전반적으로 분류한다는 것은 곧 세계에 존재하는 모든 것들을 가장 추상적인 분류 틀로 정리하는 것이다. 아리스토텔레스는 범주들을 잡아내기 위해서 일상어의 술어들을 분류한다.

소크라테스를 주어로 할 때, 그 술어들 중 "하얗다", "둥글다" 등은 '질'이다. "170cm", "5km" 등은 '양'이다. "~의 스승이다", "~보다 더 작다" 등은 '관계'이다. "시장에 있다", "스파르타로 갔다" 등은 '장소'이다. "어제 있었다", "내일 갈 것이다" 등은 '시간', "먹다", "던지다" 등은 '능동', "맞았다", "젖었다" 등은 '수동', "무기를 가지고 있다" 등은 '소

---

8) 'katēgoria'의 원래 뜻은 '고소'이다. 'aitia'가 원래 '탓'을 뜻했으나 '원인'이라는 철학적 의미를 부여받았듯이, 이 말은 '범주'라는 철학적 의미를 부여받게 된다. '카테고리아'는 고소를 할 때 해당 범죄를 어떤 '심급(審級)'으로 분류할 것인가, 또 육하원칙에 따라 어떻게 정리할 것인가의 문제를 함축했고, 아리스토텔레스는 이런 맥락에서 이 말을 범주의 뜻으로 사용하게 되었을 것이다. 플라톤이 『소피스트』에서 행한 '최상위 유(magista genē)'에 대한 논의를 최초의 범주론으로 볼 수 있다. 플라톤은 여기에서 존재, 정지와 운동, 동일성과 차이를 최상위 유들로 들고 있다.

유’, “누워 있다” 등은 ‘자세’이다. 이렇게 질, 양, 관계, 장소와 시간, 능동과 수동, 소유와 자세 9가지의 범주가 발견된다.[9] 여기에 ‘소크라테스’와 ‘인간’이 남는데, 이런 개념들이 바로 ‘실체’ 범주를 형성한다.

실체란 다른 것에 의해 서술될 수는 있어도 다른 것을 서술할 수는 없는 것이다. “소크라테스는 작다”는 가능해도 “작다는 소크라테스이다”는 불가능하다. 다른 것에 의해 서술되는 것, 문법적으로 말해서 주어가 되는 것이 실체이다. ‘實體’로 번역되는 ‘ousia’(라틴어 ‘substantia’)는 “참으로 ‘존재한다’고 할 만한 것”을 뜻하며, ‘實在’로 번역할 수도 있다. 마지막 예문에서 알 수 있듯이, ‘인간’보다 ‘소크라테스’가 더 실체이다. “소크라테스는 인간이다”라고는 할 수 있어도, “인간은 소크라테스이다”라고는 할 수 없기 때문이다. 아리스토텔레스는 ‘소크라테스’와 같은 ‘개체’를 ‘제1 실체’라 부르고, ‘인간’과 같은 ‘보편자’—종, 유—를 ‘제2 실체’라 부른다.[10] 언어적 분석과 존재론적 분석이 일치되어 있는 이런 논의에서도 말과 사물 사이의 이질동형이 확인된다.

실체들이 가지는 중요한 성격은 이 외에도 몇 가지가 더 있다. ① 개체가 종보다 더 실체이거니와, 다시 종이 유보다 더 실체이다. “인간은 동물이다”라고 말할 수 있지만, “동물은 인간이다”라고 말할 수는 없기 때문이다. 아리스토텔레스의 경우, 적어도 그 출발점에서는, 보다 구체적인 것이 보다 실체적이다. 이 점은 아리스토텔레스를 그리스 철학의 이전 흐름과 구분해주는 핵심적인 특징이다.

---

9) 각각의 희랍어와 라틴어는 다음과 같다. 질=poion=qualitas. 양=poson=quantitas. 관계=pros ti=relatio. 장소=poû=ubi. 시간=pote=quando. 능동=poiein=actio. 수동=paschein=passio. 소유=echein=habitus. 자세=keisthai=situs.

10) 개체/개별자란 ‘이 무엇(tode ti=hoc aliquid)’이라고 손가락으로 가리킬 수 있는 것이다. 이것은 하나이며 분할 불가능한 것(individium)이다. ‘atoma’의 번역어인 ‘individuum’이 ‘개체’의 뜻으로 쓰이게 된다. 보편자는 ‘to katholou’로서 ‘kata holon’ 즉 전체로서/묶어서 불리는 것을 뜻한다. 라틴어로는 ‘universum’으로 번역되었다. 오늘날의 용어로는 각각 ‘the individual’과 ‘the universal’에 해당한다.

②종과 유 사이에는 '종차(種差)'가 있다. "인간은 이성적 동물"이라 할 때, 인간이라는 종과 동물이라는 유 사이에는 '이성적'이라는 종차가 있다. 이 종차는 개체에 붙는 술어("하얗다", "170cm이다" 등)가 아니라 보편자들 사이의 관계를 규정해주는 술어라는 점에서 특수한 성격을 띤다.

③제1 실체는 자신의 대립자(enantion=the opposite)를 가지지 않는다. 철수의 대립자는 없다. 종이나 양의 경우도 대립자가 없다. '인간'의 대립자라든가 '3'의 대립자는 존재하지 않는다. 대립자를 가지는 대표적인 것은 질이다. 희다와 검다, 둥글다와 모나다 등등. 우리는 질적 사유양태를 보이는 여러 문명들에서 대립자들의 사유, 이항 대립(binary opposition)의 사유가 발달해 있음을 확인할 수 있다.

④대립자들이 연속일 경우 정도(degree)를 형성하며 불연속일 경우 대안(alternative)을 형성한다. 실체들에는 정도가 없다. 철수, 인간, 동물 등에는 "더 철수", "덜 인간" 같은 것이 성립하지 않는다. 그러나 예컨대 질들에는 정도가 성립한다. "더 빨갛다"와 "덜 빨갛다"가 성립한다.

⑤제1 실체는 시간에 따라 변하면서도 자기동일성을 유지한다. 플라톤에 비해 시간의 역할이 커진 것은 앞에서 언급한 "보다 구체적인 것이 보다 실체적"이라 했던 것과 통한다. 소크라테스는 하얗지만 해수욕을 다녀와서 검어질 수 있다. 그리고 그 사이에서 여러(사실상 무한한) 정도들도 허용한다. 제1 실체는 그 자체로는 정도를 허용하지 않지만, 그것에 붙어 있는 술어들에서는 정도뿐 아니라 대립물들까지도 허용한다.

실체 이외의 다른 것들은 모두 술어들이다. 어떤 것을 서술해주는 것들이다. 따라서 이것들은 어떤 것(즉 실체)을 전제하고서 그것을 꾸며주는 역할을 하기 때문에(문법적으로는 동사와 형용사), 실체에 비해 부차적인 존재이며 실체에 '부대(附帶)'하는 것들이다.[11]

---

11) 아리스토텔레스는 술어를 그 중요도에 따라 네 종류로 구분하기도 한다. ①정의 (horos)/본질("to ti ēn einai"): 어떤 실체를 바로 그 실체이게 해주는 것. ②속성(idion):

술어 자리에 들어가는 것들 중 아리스토텔레스가 중요하게 다루는 것은 양, 질, 관계이다. 아리스토텔레스는 양을 주로 연속량과 불연속량, 그리고 정위(定位) 가능성과 불가능성의 측면에서 논한다. 예컨대 수는 불연속량이고 기하학적 도형들 및 시간·장소는 연속량이다.[12] 또 기하학적 공간은 정위 가능한 양이지만, 수나 시간 등은 정위 불가능한—그러나 '순서'는 정해질 수 있다—양이다. 자체의 양이 아니라 다른 것의 양에 연루되어 서술되는 경우도 있다. 예컨대 "저 흰색은 5m²이다"에서 '5m²'는 사실은 흰색의 양이 아니라 흰색이 칠해져 있는 표면의 양이다. 그리고 앞에서 말했듯이 양에는 대립자가 없다. "3의 대립자"라는 말은 성립하지 않는다(물론 음수를 도입할 경우, 양수와 음수를 대립자로 규정하는 것이 가능하다). '많음'과 '적음'을 생각할 수 있지만, 이 개념 쌍은 양의 범주가 아니라 관계의 범주에 속한다. 항상 "~에 대해서" 많음/적음이기 때문이다. 더구나 이 개념 쌍은 대립자가 아니라 정도/연속성에 따라 상관적(相關的)으로 움직이는 개념 쌍이다.(이런 관계를 '상관적 정도

술어들 중 그 실체에 핵심적인 것들. 어떤 술어가 속성, 특히 본질적 속성이라는 증거는 그것이 'antikatēgoreitai'(counter-predicated)의 성격 즉 주어와 술어를 맞바꾸어도 참이 되는 데에 있다. 예컨대 "인간은 언어를 사용한다"와 "언어를 사용할 수 있는 것은 인간이다"가 함께 성립하기 때문에 언어 사용의 능력은 인간의 속성(屬性 =characteristic)이다. ③ 유(genos)와 종차(diaphora): "소크라테스는/인간은 동물이다"에서 동물. 동물에는 소크라테스/인간만 있는 것이 아니기 때문에 다소 느슨한 규정이지만, 일단 큰 테두리를 그어준다는 점에서 중요하다. 종차는 대개 속성과 일치한다. ④ 부대하는 것(symbebēkos): 기타의 술어들. 이것들도 '우연성'의 정도에 따라 구분이 가능하다(소크라테스가 못생긴 것은 우연이지만 쉽게 바뀔 수 없는 것이고, 소크라테스가 지금 아고라에 있는 것은 잠시 동안만 성립하는 우연이다).

12) 아리스토텔레스가 수를 논할 때는 주로 자연수를 논한다. '실수의 연속성'은 아페이론을 함축하고, 때문에 그리스인들에게 예컨대 $\sqrt{2}$ 같은 수는 '무리(無理)'한 수였다. 연속성은 항상 난점들을 동반했고, 때문에 그리스인들은 연속량을 대수가 아니라 기하로써 사유했다. 이런 전통은 매우 오래 지속되었고, 데카르트의 해석기하학과 뉴턴·라이프니츠의 무한소미분을 통해 비로소 연속성이 수학적으로 정복되기에 이른다. 현대 해석학(解析學)은 연속성을 빼어나게 다루고 있다.

=correlative degree'의 관계라 부를 수 있을 것이다) 마지막으로 양은 극히 엄밀한 의미에서 등가적일 수 있다. 이것은 수식에서의 "="(equal)로 표현된다. 기하학에서의 등가성은 합동(合同)으로 표현된다.

질에는 여러 하위 범주들이 포괄된다. 첫째, 상태와 속성이 있다. 상태는 비교적 일시적이고 속성은 지속적이다. 철수는 아침에 우울했으나 저녁에 즐거울 수 있다. 우울함, 즐거움 등은 '상태'이다. 반면 새는 날아다니고 두더쥐는 땅속을 파고 다니는데, 이런 '속성'들은 이들에게 큰 변고가 생기지 않는 한 쉽게 바뀌지 않는다. 둘째, 소질 또는 기질이 있다. 그림을 잘 그린다, 달리기를 잘한다, 수학 실력이 뛰어나다 등이 이런 경우이다. 셋째, 성질 또는 성격이 있다. 설탕에는 단 성질이 있고, 영희에게는 부끄러움을 잘 타는 성격이 있다. 넷째, 모양, 색, 질감 등이 있다. 둥글다, 붉다, 까칠하다 등이 여기에 속한다. 이 하위 범주들은 엄밀하게 규정하기가 쉽지 않으며, 우리말 번역어들도 제각각이어서 다소 혼란스럽다. 또, 질에는 양처럼 엄밀한 등가성("=")을 적용하기가 쉽지 않다. 이렇게 다소 애매/모호하고 역동적인 것이 질의 문제점이자 또한 매력이기도 하다. 질을 표현하는 말들이 다채로운 것(예컨대 빨갛다, 발그레하다, 불그스름하다, 불긋불긋하다 등)도 이 때문이다.

이미 언급했듯이, 질 범주의 두드러진 특징은 대립자를 허용한다는 점이다. 흰색은 검은색에 대립하며, 정의로움은 불의함에 대립한다.(물론 언제나 그런 것은 아니다. 빨간색의 대립자가 무엇인지는 말하기 쉽지 않다) 또, 질들은 정도를 허용한다. 어떤 것이 "더 노랄" 수도 있고 "덜 노랄" 수도 있다. 질은 정도를 타고서 움직인다. 덜/더 정의로웠던 사람이 더/덜 정의로운 사람으로 변할 수 있다. 또, 앞에서 말했듯이 질에서는 완벽한 등가성이 성립하기 어렵다. 질에서 더 유용한 개념은 '유사성'이다. 제2 실체의 경우 대립자는 허용해도 정도는 허용하지 않는다. 남자와 여자. 동물과 식물. 물론 모호한 경우도 있고, 또 현대 철학자들은 이런 분할에 의문을 제기하기도 하지만.

실체냐 관계냐, 우연이냐 필연이냐, 일원론이냐 이원론이냐 다원론이
냐, 경험이냐 이론이냐 등등, 상관적 정도를 형성하는 개념 쌍들이 철학
사를 수놓아왔다. '양과 질' 역시 이런 경우이다. 양을 중시하는 사유와
질을 중시하는 사유, 질을 양으로 환원하고자 하는 사유와 양을 질로 환
원하고자 하는 사유 그리고 둘의 환원 불가능성을 주장하는 사유와 상
호 환원 가능성을 주장하는 사유.

관계는 무엇인가가 다른 무엇인가에 맞물려—'관(關)'은 빗장을 말한
다—말해질 때 성립한다. 어떤 것(동일자)이 다른 것(타자)과 구분되면
서도 동시에 서로 무관하지 않을 때 관계가 성립한다. 단지 구분되기만
할 경우 각각의 사물들은 고립되어 자기동일적인 것으로만 존재할 터이
고, 모두 연결되어 구분이 성립하지 않는다면 결국 어떤 하나만이 존재
할 터이기에, 두 경우 모두 관계라는 것이 성립하지 않는다.[13] 그러나 사
물들은 서로 구분되어 다자(多者)로서 존재하면서도 또한 서로 무관하
지 않아 각종 관계를 맺으면서 존재한다. 관계를 맺는다는 것은 어떤 형
태로든 영향을 주고받는다는 것이며, 따라서 관계는 늘 사물들의 자기동
일성을 무너뜨려 타자화(他者化)하게 만든다. 이 점에서 관계 맺으면서
'존재'한다는 것은 곧 '생성'한다는 것이다. 관계를 맺는다는 것은 이미
타자에 의해 스스로가 타자화되면서(상대방으로의 타자-화가 아니라 자
신으로부터의 타자화) 변해간다는 것을 뜻한다. 관계라는 범주는 그 뜻이
매우 넓어서, 생각하기에 따라서는 다른 범주들에서 논의되는 하위 범
주들 심지어는 상위 범주들까지 포괄할 수 있다. 능동과 수동, 장소와 시
간, 소유와 자세가 어떤 면에서는 모두 관계인 것이다. 그래서인지 아리

---

13) 전자는 플라톤의 이데아들의 세계에서 볼 수 있고, 후자는 파르메니데스의 일자(一者)
의 세계에서 볼 수 있다. 그러나 플라톤의 경우 이데아들은 논리적으로(물리적으로가
아니라) 관계를 맺는다. 그래서 플라톤은 이데아들 사이의 '결합=koinōnia'를 탐구한
다. 이 논리적 관계들이 현실에 구현될 때, '코라'에 새겨질 때 현실적 사물들(과 그 부
분들)은 물리적 관계를 맺게 된다.

스토텔레스도 이 여섯 범주들에 대해서는 극히 소략하게만 다루고 있다.

관계는 ①대립자들을 허용하며, ②정도를 허용하며, ③상관성[14]을 허용한다. 예컨대 높음은 낮음과, 뛰어남은 못남과 대립을 형성한다. 대립자들은 그 중간에 정도를 허용하는 경우와 허용하지 않는 경우('대안')가 있거니와, 많은 관계들은 정도를 허용한다. 예컨대 잘생김과 못생김 사이에는 무수한 정도들이 존재한다. 또, 관계는 대체적으로 상관성을 보여준다. 주인은 노예에 관련해서 주인이고, 노예는 주인에 관련해서 노예이다. 대등한 상관성의 경우 맞바꿈이 쉽지만(함께 돌을 드는 경우), 지배/종속의 성격을 띠는 경우 맞바꿈이 쉽지 않다(주인과 노예의 경우). 그리고 관계는 시간에 관련해서 동시적일 수도 있고 선후(先後)일 수도 있다. 하나가 다른 하나의 두 배인 것과 반대 방향으로 하나가 다른 하나의 절반인 것은 동시적이지만, 인식 대상과 인식 주체의 경우 전자가 후자보다 시간적으로 앞선다.[15]

실체와 관계의 관계는 매우 복잡하다. 아리스토텔레스는 양자의 선후 관계에 대해 매우 섬세한 논의를 전개하지만, 결국 실체를 보다 주요한 범주로서 간주한다. 실체 특히 제1 실체는 무엇인가에 맞물려 규정되지 않으나 관계는 항상 어떤 '것들'에 맞물려 규정되기 때문이다. 누군가가 어떤 관계를 이해했다는 것은 곧 그 관계를 맺고 있는 '것들'에 대해 이

---

14) 상관성은 'correlativity'에 해당한다. 관계에는 우연적인 것도 많지만, 항상 짝으로서 성립할 수밖에 없는 것들도 많다. 가령 작음과 큼, 주인과 노예, 남자와 여자 등은 늘 짝으로서/상관적으로 성립한다. 또, 상관적으로 관계를 맺으면서 그때그때 서로의 비율이 달라지는 경우를 앞에서 언급한 '상관적 정도'라 할 수 있다. 리기 이원론에서 리(理)와 기(氣)의 관계라든가 음양론에서 음과 양이 전형적인 '상관적 정도'를 형성한다고 할 수 있다.(본 철학사 2권, 2장 및 3장을 보라)

15) 물론 이 예는 일정한 철학적 입장을 함축한다. 예컨대 관념론/주체철학의 입장을 취할 경우, 주체의 의식의 빛이 비추어질 때 대상이 비로소 '대상'이 될 수 있다. 아리스토텔레스는 인식 주체 이전에 세계, 대상들이 실재하고 그 후 인식 주체가 그것들을 인식한다는, 상식적 수준에서의 실재론(naive realism)의 입장을 전제하고 있다.

해했음을 함축한다. 예컨대 "두 배이다"라는 관계를 안 사람은 이미 무엇이 무엇의 두 배인지를 안 것이다. 아리스토텔레스의 이런 실체 위주의 사유는 훗날 비판의 대상이 되기도 하며, 어떤 사람들은 관계를 제1범주로 해서 범주론 전체를 재구성하기도 했다.[16]

이렇게 실체를 핵심 범주로 해서 양, 질, 관계가 논의되며, 기타의 범주들은 소략하게만 언급된다. 훗날 칸트는 실체 범주를 중심에서 끌어내리고 양, 질, 관계, 양상이라는 네 가지 범주를 제시하는데, 우리는 3권에서 그 함의를 살펴보게 될 것이다.

『범주론』을 유심히 보면, 논의되는 내용은 범주들이지만 논의를 이끌어가는 개념들은 대립(자)이라든가 정도(연속성), 시간적 선후, 포함관계 등임을 알 수 있다. 이것은 『명제론』의 경우도 마찬가지이다. 즉, 범주들과 명제들이 씨실을 이루고 있지만, 그것들을 꿰고 있는 것은 대립(자) 등의 날실인 것이다. 이 날실들 중에서도 특히 대립자의 개념과 정도의 개념이 중요하다. 아리스토텔레스가 각 범주들과 명제들을 논할 때이 두 개념을 자주 동원해서 논의하고 있기 때문이다. 때문에 『범주론』과 『명제론』은 각도를 달리해서 보면 '대립자론'과 '정도론'이라고도 할수 있다.

아리스토텔레스는 대립에 네 종류가 존재한다고 말한다. 첫 번째 대립은 상관항들로서의 대립이다.('관계적 대립=opposita relata') 두 배와 절반, 지식과 지식의 대상을 예로 들 수 있다. 이들은 상관적 항들로서 서로가 서로에 대해서 존재한다.

두 번째 대립은 반대항들로서의 대립이다.('반대적 대립=opposita contraria') 좋음과 나쁨, 흰색과 검은색 등을 예로 들 수 있다. 오늘날 "이항 대립적"이라는 말을 쓸 때는 주로 이 의미로서의 대립을 가리킨다. 관계적 대립에서는 두 항이 "쌍"을, "상관항"을 형성할 뿐 반드시

---

16) 다음을 보라. 이정우, 『개념-뿌리들』, 1부, 7강.

"반대된다"는 뉘앙스를 띠는 것은 아닌 반면, 반대적 대립의 경우는 명백히 반대된다는 뉘앙스를 띤다. 오늘날의 '대립'은 대개 이 두 번째 의미에서의 대립이므로, 혼동을 피하기 위해 '反호'/'反對'로 특화해 번역하는 것도 좋을 것이다. 반대항들은 양끝을 이루거니와, 그 사이가 연속적일 때 정도를 허용하며 불연속적일 때 대안으로서 존재한다.

세 번째 대립은 '보유와 결여(habitus et privatio)'의 대립이다. 이것은 하나의 실체가 원래 갖추어야 할 것을 갖춘 상태와 그것을 상실한 상태 사이의 대립이다. 눈에는 본래 시력이 갖추어져 있어야 하지만, 시력을 잃어버릴 경우 그 상태와 대립하는 결여 상태, 상실 상태가 도래한다. 이 경우는 관계적 대립이나 반립과는 다르다. 관계적 대립이나 반립은 서로 대등하게 쌍을 이루지만, 이 경우는 원래의 정상 상태에서 일방향으로 이탈한 것이기 때문이다. '결여'라는 개념은 이후 서구 철학사에서 작지 않은 역할을 행하게 된다.

네 번째 대립은 긍정과 부정 사이의 대립이다. 이것은 '모순적 대립(opposita contradictoria)'이라 한다. '부정' 또는 '모순'으로 약할 수 있는 이 대립의 특징은 하나가 참이면 다른 하나는 반드시 거짓이라는 점에 있다. 즉, 이 대립은 "아니다"라는 표현과 결합되어 있다. '아프다'와 '아프지 않다'는 부정/모순 관계이다. 물론 참=진과 거짓=위는 하나의 개념이 아니라 판단에 붙는 것이기 때문에('철수'는 참/거짓일 수 없고, "철수는 학생이다"라는 판단이 참/거짓일 수 있다), 정확히 말한다면 이때의 참/거짓은 이 관계가 예컨대 "소크라테스는 아프다"와 "소크라테스는 아프지 않다"에서처럼 동일한 실체에 대해 서술될 때 성립할 것이다. 이 때 시간이 문제가 된다. 시간을 고려할 때 두 판단 모두 진일 수 있기 때문이다(또 모두 위일 수도 있다. 소크라테스가 죽은 후에는 두 판단 모두 위이다). 따라서 부정/모순은 '같은 실체에 관련해서는' 그리고 '동시에는' 성립할 수 없는 관계를 뜻한다고 볼 수 있다. 이 모순·부정은 훗날 헤겔 등의 변증법적 사유에서 중요한 역할을 하게 된다.

반립은 중간을 허용하는 경우가 많아 '정도'를 받아들이지만, 모순은 정도를 받아들이지 않는다. 반립은 대개의 경우 정도로서 성립하는 연속체의 양끝을 말하지만, 모순은 참/거짓으로서 단적으로 갈라지는 불연속을 형성한다. 좋음과 나쁨은 그 사이에 여러 정도가 성립한다는 점에서 반립이지만, "철수는 좋은 사람이다"와 "철수는 좋은 사람이 아니다"는 하나가 참이면 다른 하나는 거짓이다. 술어가 제2 실체들일 경우에는 반립이 아니라 모순이 성립한다. "철수는 남자다"와 "철수는 여자다", "철수는 동물이다"와 "철수는 식물이다" 등등. 모순된 것들이 동시에 성립할 수 없다는 이 '모순율'은 서구 철학의 초석으로서 기능하게 된다.

판단과 명제

범주론이 가장 포괄적인 기본 개념들을 다루는 것이라면, 명제론은 개념들이 결합되어 판단을 형성할 때 성립한다. '하늘'이라는 개념과 '푸르다'라는 개념이 결합되어 즉 '종합'되어 "하늘은 푸르다"라는 명제/판단이 성립한다. 이런 결합을 주재하는 것은 곧 '계사(繫辭)'로서의 'be 동사'이다. 아리스토텔레스는 모든 논의를 간략히 하기 위해 "S is P"라는 형식을 사용한다. 아리스토텔레스는 『명제론』의 도입부에서 가장 기초적인 개념들을 규정하고 있다.

> 말은 영혼의 상태 변화를 나타내는 상징이며, 글은 말의 상징이다. 지역마다 글이 다 다르듯이 말도 다 다르다. 그러나 영혼의 상태 변화 자체는 인류 전체에 공통적이며, 이 변화가 말과 글로 표현되는 것이다. (영혼의 상태 변화와 맞물리는) 대상들 또한 마찬가지이며(인류에게 공통되며), 영혼의 상태들은 해당 대상들의 표상들(homoiōmata)이다.(『명제론』, 16a/5~8)

여기에는 서구 사유를 오랫동안 지배해온 영혼, 사물, 기호(/말)

의 3자 관계가 뚜렷하게 정식화되어 있다. 그리고 그 전체를 주관하는 것은 바로 서구 철학의 역사에서 가장 중요한 개념들 중 하나라 할 'homoiōmata' 즉 'representation'이라는 말이다. 영혼은 사물을 모방/재현한다. 또는 '표상'한다. 이런 재현을 통해서 우리의 마음속에는 '감각된 것(아이스테마)'과 '사유된 것(노에마)'이 들어서게 된다. 즉 영혼에는 사물의 등가물이 생겨나며, 이 등가물을 기호화한 것이 말/글이다. 사과를 볼 때 그 빨간색의 등가물이 우리 마음속에 맺혀 심상(心象/心像)—후대의 개념으로 하면 '관념(觀念)'—이 생겨난다. 그리고 우리는 이 심상을 '빨강'이라는 말로 상징화한다.[17] 이 과정 전체를 꿰는 것이 재현/표상 또는 상응이다. 이제 이런 구도 위에서 진·위 즉 참·거짓 개념이 규정된다.

> 영혼 속의 사유된 것(노에마)은 때로는 진·위 판별 이전의 존재로서 있고 또 때로는 진이거나 위여야 하듯이, 말(과 글) 또한 그러하다. 진과 위는 결합과 분리에 관련되어 있기 때문이다. (결합되거나 분리되지 않은) 각각의 단어들은 결합되거나 분리되지 않은 사유된 것과 유사하다.(10~14)

인식 주체가 대상에 대한 순수사유('노에시스')를 통해서 얻어내는 것이 노에마이다. 즉, 관념들—서양 전통 철학의 맥락에서 '관념'은 인식 주체의 단순한 주관의 산물이라는 뜻으로는 쓰이지 않았다. 반드시 객관적 대상과 상관적인 한에서의 관념이다—중에서 감정적인 것 등이 아

---

17) 상징으로 번역되는 'symbolon'은 원래 부절(符節)을 뜻한다. 이 점에서 영혼 속에 생겨난 심상(근대적 표현으로는 '관념')과 그것을 객관적으로 표현한 기호는 말하자면 부절의 관계인 것이다. 위의 'homoiōmata', 그리고 '모방'으로 번역되는 'mimēsis' 역시 이런 관계를 함축한다. 이 모두가 오늘날로 말해 'representation'(재현/표상)의 구도를 형성하고 있음이 분명해진다. 현대 철학자들이 전통 철학과 대결할 때 주로 이 구도를 겨냥하는 이유를 알 만하다.

니라 어디까지나 사유된 것만을 가리킨다. 훗날 고틀로프 프레게는 이 것을 '사유된 것(der Gedanke)'이라 부르고, 에드문트 후설은 '의미(der Sinn)'로서 재개념화하게 된다. 여기에서 아리스토텔레스가 강조하는 것은 개별 관념이나 (그것을 외화(外化)한) 말/글은 그것 자체로서는 진도 위도 아니라는 것이다. 반드시 결합되거나 분리될 때에만, 판단에 있어서만 진 또는 위인 것이다. "소크라테스"와 "걷다"는 그것들 자체로서는 진도 위도 아니다. 소크라테스는 걷고 플라톤은 앉아 있을 때, "소크라테스는 걷는다"는 진이며, "플라톤이 걷는다"는 위이다.

이렇게 진·위 판별이 가능한 한에서의 문장을 '명제(proposition)'라 할 수 있다.[18] "어서 와!", "앗!", "나는 네가 왔으면 좋겠어" 등은 명제가 아니다. 학문에서 문제가 되는 언어는 어디까지나 명제이다.[19] 명제는 곧 판단이다. 눈이 흰지 검은지를 끊듯이(斷) 분명하게 구별해내는[判] 것이 판단이다. 미묘한 뉘앙스 차이이지만 판단이 영혼 속에서 벌어지는 사건과 그것의 외화된 결과를 동시에 뜻한다면, 명제는 특히 글로서 외화된 결과만을 뜻한다.

판단의 양은 주어가 어떻게 '양화'되어(quantified) 있는지를 가리킨다. "소크라테스는 현명하다"는 '단칭' 판단이고, "어떤 사람들은 현명하

---

18) "모든 문장은 반드시 무엇인가를 나타낸다. 자연적으로가 아니라 사회적으로. 그러나 모든 문장이 명제들인 것은 아니다. 진과 위를 판별할 수 있는 문장들만이 명제들이다." (『명제론』, 17a/1~4) "나타내다"로 번역한 "sēmantikos"는 오늘날의 "semantic"에 해당한다. 말이 어떤 사물을 지시하는(refer) 작용/성격을 가리킨다. "모든 문장은 반드시 무엇인가를 나타낸다"라는 생각은 여러 번 언급한 '존재와 사유의 일치'를 함축하고 있다.

19) 명제는 문장과 다르다. "눈은 희다"와 "Snow is white", "雪は白いである"는 모두 다른 문장들이지만 명제로서는 하나이다. 또, 명제는 언표(énoncé)나 진술(statement) 등과도 다르다. "눈은 희다"를 시인이 말했을 때와 물리학자가 말했을 때, 명제로서는 아무 차이가 없지만 언표/진술로서는 같지 않다. 고전적인 학문은 명제를 다루었지 언표/진술을 다루지는 않았다. 이와 관련해 미셸 푸코, 『지식의 고고학』(이정우 옮김, 민음사, 2000)을 보라.

다"는 '특칭' 판단이고, "모든 사람은 현명하다"는 '전칭' 판단이다. 판단의 질은 술어가 긍정인가 부정인가를 뜻한다. "소크라테스는 희다"는 '긍정' 판단이고, "소크라테스는 희지 않다"는 '부정' 판단이다. 진·위는 판단의 질에 연관된다. 여러 번 언급했듯이, ~인 것을 '~이다'라고 하고 ~아닌 것을 '~아니다'라 하면 진이고, ~인 것을 '아니'라고 하고 ~아닌 것을 '이'라고 하면 위이다. 주어와 술어의 올바른 종합이 진이고 틀리게 한 것이 위인 것이다. 긍정명제와 부정명제는 모순을 형성한다. 그래서 하나가 진이면 다른 하나는 필연적으로 위이고, 하나가 위이면 다른 하나는 필연적으로 진이다. 판단의 양과 질을 조합해서 전형적인 명제들을 만들어보면 다음과 같다.

전칭 긍정(A): 모든 사람은 창백하다.
특칭 긍정(I): 어떤 사람들은 창백하다.
전칭 부정(E): 어떤 사람도 창백하지 않다.
특칭 부정(O): 어떤 사람들은 창백하지 않다.[20]

이 네 가지 방식으로 표현되는 명제들을 '정언(定言=categorical) 명제들'이라 부른다. A와 O는 모순관계이다. 그리고 I와 E도 모순관계이다. A와 E는 반립관계이다.[21] I와 O도 반립관계이다.(이 경우는 '小반립'이라 한다)[22] 아리스토텔레스의 논리학과 이를 이은 중세 논리학[23]의 상당

---

20) A, I, E, O는 "나는 긍정한다(affirmo)"와 "나는 부정한다(nego)"에 속하는 모음들에서 따온 것이다.

21) 우리말을 가지고서 생각하면 좀 혼동스럽다. 그러나 E를 "모든 사람이 창백하지가 않다"로 바꾸어보면, 주어가 동일하고 술어가 대립하기 때문에 반립이라는 점이 분명히 드러난다. 반면 A와 O는 주어도 술어도 모두 대립하기 때문에 모순 관계이다. 다른 경우들도 마찬가지이다.

22) 정리해서 그림으로 그리면 아래와 같다.

부분은 이 네 형식 사이의 관련성─이 형식들을 연관시켜 추론하는 것과 그 결과의 진·위 문제─을 파악하는 것이었다.

『명제론』은 양상론의 선구적인 형태도 담고 있다. 명제에 있어 주부의 성격과 술부의 성격은 다르다. 문법을 상기하면 알 수 있지만, 주부(실체)의 경우 성, 수, 격 등 비교적 간단한 변화만을 가지지만, 술부(속성 등)에서는 시제, 태(態), 법(法)을 비롯해 매우 다양한 변화가 일어난다. 이 점은 존재론적으로 심대한 의미를 함축한다. 아리스토텔레스의 논리학·존재론이 일상어에 함축되어 있는 존재론에서 출발해 그것을 세련화해나가는 과정을 통해 성립했기에, 술부의 여러 변화들은 문법을 넘어 존재론적 관심사가 된다. 아리스토텔레스는 특히 명사와 달리 동사에서는 시간이 문제가 된다는 점을 지적하고 있거니와, 그중에서도 그가 각별히 관심을 가지는 대목은 양상(樣相=modality)에 관련된 대목이다.

양상이란 현실성, 가능성, 필연성에 관련된 명제들의 성격이다.(『명제론』, 21a/34~36)[24] 오늘날로 말해서 'can', 'may', 'must' 등 조동사와 연

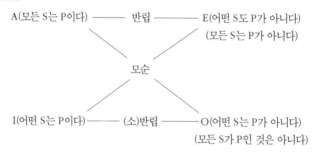

A(모든 S는 P이다) ──── 반립 ──── E(어떤 S도 P가 아니다)
(모든 S는 P가 아니다)

모순

I(어떤 S는 P이다) ──── (소)반립 ──── O(어떤 S가 P가 아니다)
(모든 S가 P인 것은 아니다)

23) '오르가논'에서 처음에 중세로 전해졌던 것은 『범주론』과 『명제론』이었다. 이와 더불어 포르퓌리오스의 주석서인 『이사고게』(김진성 역주, 이제이북스, 2009)가 마치 중론(中論) 철학에서의 '삼론(三論)'이나 화엄에서의 '삼현경(三玄經)'처럼 기본적인 세 텍스트로 다루어졌고, 훗날 이를 '구 논리학'이라 불렀다. 이에 비해 아리스토텔레스 르네상스 시대에 이르러 이슬람으로부터 『분석론 전후서』와 『변증론』, 『소피스트적 논박』이 전해졌고, 이 텍스트들의 연구에 기반한 논리학은 '신 논리학'이라 불렸다.

24) 양상논리학은 『분석론 전서』, I, 29a/29~40b/17에서도 전개된다. 가능성과 우연은 미묘하게 다르다. '가능하다(dynaton)'는 '개연적이다(probable)'를 뜻하며 현대적으로는 연

관되는 명제들에 해당한다. 양상명제들이란 어떤 사태를 시간과 관련해서 보다 명료화한 명제들이다. 현실성은 "지금 그렇다"를, 가능성은 "앞으로 그럴 수 있다"(또는 "언젠가 그랬을 수 있다")를, 필연성은 "항상 그럴 수밖에 없다"를 가리킨다. 현실성은 지금 시간을, 가능성은 시간에 있어 그 언젠가를, 필연성은 모든 시간을 함축한다.

우연은 가장 흥미로운 철학적 개념들 중 하나이다. 필연과 우연은 모순된다. 필연이 언제나 그럴 수밖에 없는 것이라면, 우연은 그럴 수도 있고 그렇지 않을 수도 있는 것이다. 또, 가능과 불가능이 서로 모순된다. 가능은 그럴 수 있는 것이지만, 불가능은 그럴 수 없는 것이다.[25] 아리스토텔레스는 우연성, 특히 '미래 우연성(contingentia futura)'에 대해 흥미로운 분석을 남기고 있다. 미래에 일어날 수도 있고 일어나지 않을 수도 있는 일이 '미래 우연성'이다. 미래 우연성에 모순율을 적용할 경우 어떤 일이 벌어질까?

현실성에 관련해서는 모순율이 당연히 적용된다. "소크라테스는 인간이다"와 "소크라테스는 인간이 아니다"에서 반드시 하나는 진이고 하나

'잠재적이다(virtual)'로 표현할 수 있다. '우연적이다(endechomenon)'는 '불가능하지 않다'를 가리킨다. 즉, 그렇게 될 수도 있고 또 되지 않을 수도 있음을 뜻한다. 오늘날의 'contingent'에 해당한다. '필연적이다(ananchaion)'는 오늘날의 'necessary'에 해당하지만, (『티마이오스』를 논할 때 언급했듯이) 현대적인 의미와 다른 뉘앙스로 쓰이는 경우도 있다.

25) 앞의 그림(각주 22)에 유비시켜 관계를 도식화하면 다음과 같다. 명제형식과 양상형식의 상호 관련성을 음미해볼 만하다.

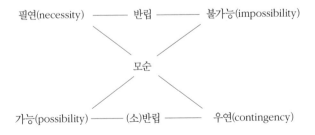

는 위이다. "인간은 동물이다"와 "인간은 동물이 아니다"에서도 반드시 하나는 진이고 하나는 위이다. 술어가 보편자가 아닐 때는 경우가 다르다. "소크라테스는 우울하다"는 어떨 때는 진이고 어떨 때는 위이다. 이런 모순율의 성격을 미래 우연성에 적용하면 어떻게 될까. 사람들은 "내일 해전(海戰)이 벌어질 것이다(벌어질지도 모른다)"라고 말한다. 해전은 진짜 벌어질 수도 있고 벌어지지 않을 수도 있다. 여기에 모순율을 적용한다면? 위 명제가 반드시 참이라면 해전은 무조건 벌어질 것이다. 거짓이라면 해전은 결코 벌어지지 않을 것이다. 따라서 해전이 "벌어질 수도 있고 벌어지지 않을 수도 있는" 우연적 상황이란 있을 수 없다. 이것은 존재론적으로 어떤 의미를 함축하는가? 미래에까지 모순율을 적용하면 세계를 '결정론(determinism)'적으로 파악해야 한다는 것이다. 벌어질 일은 반드시 벌어지고 벌어지지 않을 일은 결코 벌어지지 않는 완벽한 결정론의 세계. 그런 세계에서는 정해지지 않은, 결정되어 있지 않은(indeterminate), 다시 말해 시간을 기다려봐야 하는 일이란 존재하지 않을 것이다. 설사 그런 일이 있다 해도 그것은 사태 자체가 객관적으로 결정되어 있지 않은 것이 아니라 단지 우리가 그 결정성을 인식하지 못하는 것일 뿐이다.

사실 이 문제는 정도의 문제이다. 완벽한 결정론에서부터 완벽한 비결정론 사이에 여러 다양한 형태의 입장들이 있을 수 있다. 아리스토텔레스는 전체적으로는 결정론적 세계관을 가지고 있지만—사실 세계가 어떤 형태로든 결정론적인 측면을 가지지 않는다면 학문이라는 것 자체가 무의미해질 것이다—우연의 역할 또한 충분히 인정하는 입장을 취한다. 그는 세계의 적지 않은 일들이 '우연히(apo tychēs)' 일어난다는 점을 인정한다.(『자연학』 II권에서는 자연철학적 맥락에서의 양상론이 전개된다) 그렇지 않다면 미래의 어떤 일을 두고서 숙고하는 것은 의미를 상실할 것이요, 기대, 후회, 책임 등과 같은 모든 인간적인 범주들이 피상적인 것이 되어버릴 것이다.[26]

이 문제가 중요한 이유가 존재론적 맥락에만 있는 것은 아니다. 이 문제는 또한 우리의 '자유의지(free will)'와 관련된 문제이고, 따라서 윤리적-정치적 문제들과도 밀접한 관련성을 가진다. 세계에 대한 모든 학문적 탐구는 결국 인간존재(human being)의 문제로 귀결되고 이 귀결을 토대로 윤리, 정치, 종교, 예술 등에 대해 논할 수 있다는 점에서, 이 문제는 철학 전체의 중심 매듭에 위치해 있다.

분석론: 논리적 추론

범주론과 명제론은 아리스토텔레스 논리학의 구성 성분이라고도 할 수 있겠지만, 사실 그의 철학 전체, 나아가 학문 일반의 기초라고 할 수 있다. 더 나아가, 논의의 방식이 언어적 분석을 주로 하고 있다는 점에서 분명 논리학적 성격을 띠고 있지만, 사실상 아리스토텔레스 존재론의 뼈대가 여기에 이미 들어 있다고 할 수 있을 정도이다. 결국 범주론과 명제론은 논리학의 한 분과라기보다 아리스토텔레스 철학 전체의 공통 기초라고 해야 한다.

여기에 『분석론』이 다만 전과 후로 나뉘어 있을 뿐 사실상 하나의 저작이라는 점(이하 『전서』와 『후서』로만 표기함), 그리고 『소피스트적 논박』은 사실상 『변증론』의 부록과도 같은 책이라는 점을 감안하면, 아리스토텔레스의 논리학은 결국 '분석론(Analytik)'과 '변증론(Dialektik)'으로 양분된다고 할 수 있다. 『순수이성비판』의 논리학 부분도 '진리의 논리학'인 분석론과 '가상의 논리학'인 변증론으로 양분되어 있다는 점을 보면, 분석론과 변증론이라는 이원 구도는 서구 논리학의 기본 구도라고 볼 수 있을 것이다. 그것은 근본적으로는 '참과 거짓'이라는 구분에 근거하고 있다.

---

26) 아리스토텔레스는 결정론을 주장한 메가라학파(특히 디오도로스)를 겨냥해 미래 우연성을 논했다고 할 수 있다. 키케로의 『운명론』, IX/§17 이하를 보라.

『분석론』이 다루는 것은 '엄밀한 추론', '학문적 논증/증명'이다. '엄밀하다'는 것은 확고하게 정립된 전제들에서 출발해 '논리적 필연'에 따라 연역 가능하다는 뜻이다. 이에 비해 『변증론』(과 『소피스트적 논박』)이 다루는 것은 개연적인 추론에서부터 엄연한 오류, 더 나아가 궤변에 이르기까지 매우 폭넓게 분포되어 있는 '엄밀하지 못한 추론'들이다.

『전서』는 두 부분으로 나뉘며, 여기에서 아리스토텔레스는 그 유명한 '삼단논법(syllogismos)'의 논리학을 전개한다. 삼단논법은 '전제'에서 출발한다. 전제를 구성하는 요소들은 '항(項)'이라 불린다. 그리고 논리적 필연에 따른 연역을 통해서 결론을 얻어낸다. '완전한 삼단논법'은 오로지 전제만이 필요한 논증이고, '불완전한 삼단논법'은 전제에 함축되어 있기는 하지만 명시되지 않은 다른 명제들을 필요로 하는 논증이다.

수학의 등식들에서처럼 명제들을 고쳐 써보는 것도 가능하다. '환위(換位)'는 주어와 술어를 바꾸어보는 것이다. 이때 진리값은 명제의 종류에 따라 다르다. 예컨대 E 명제(전칭 부정)는 환위를 해도 진리값이 변하지 않는다. "어떤 사람도 날개를 달고 있지 않다"와 "날개를 달고 있는 어떤 것도 사람이 아니다". I 명제(특칭 긍정)도 환위가 가능하지만, A 명제(전칭 긍정)와 O 명제(특칭 부정)는 환위가 되지 않는다. '환질(換質)'은 명제의 질을 바꾸어보는 것이다. 긍정명제를 부정명제로, 부정명제를 긍정명제로 바꾸어보는 것이다. 명제의 주어와 술어를 각각의 보개념—A에 대한 非A를 '보(補)개념'이라 한다. 집합론에서의 여집합과 같다—으로 바꾸고 다시 환위시키는 '이환(裏換)'도 있다. 이렇게 명제의 종류를 이리저리 바꾸어봄으로써 A, I, E, O 명제들의 관련성을 파악하는 훈련이 논리학 연습의 기초를 형성한다.[27]

---

27) 아리스토텔레스는 『분석론 전서』, I, 25a/26 이하에서는 양상명제들에 있어서의 명제 변환들에 대해 논하고 있으며, 특히 29b/28 이하에서는 양상 삼단논법을 길게 논하고 있다. 이 대목은 매우 난해해서 지금까지도 많은 논의의 대상이 되고 있다.

다음으로 중요한 것은 '격(格)'이다. 격은 삼단논법을 구성하는 대전제와 소전제 그리고 결론에서 주어와 술어가 어떻게 위치하고 있는가, 특히 '매개념(媒槪念)'이 어디에 있는가에 따라 구분된다. 1격은 'M-P, S-M, ∴S-P', 2격은 'P-M, S-M, ∴S-P', 3격은 'M-P, M-S, ∴S-P', 4격은 'P-M, M-S, ∴S-P'이다. M(매개념)이 어디에 있는가가 중요하다. 매개념은 마치 대수학에서의 매개변수처럼 그 자신은 소거됨으로써 S와 P의 관계를 맺어주는 역할을 한다. 아리스토텔레스는 I권의 25b/26 이하에서 이 격에 대해 길고 정교하게 설명하는데, 그만큼 기본적인 내용이라 할 것이다. 사실 『전서』 전체가 이 네 가지 격을 기본 축으로 논의를 전개하고 있다. 아리스토텔레스는 특히 1격이 가장 중요하다고 본다.(『후서』, I, 79a/17)

각 격에 A, I, E, O 명제를 적용해볼 경우 상당히 많은 유형의 논증 방식들이 가능해진다.(하나의 격에 4^3=64개) 하나의 삼단논법이 이 네 종류의 명제들 중 어떤 것들로 되어 있는가를 '식(式)'이라 한다. 예컨대 AAA, OAO, EAO 등등 수많은 식들을 생각해볼 수 있다.(4^4=256개) 그런데 이 여러 식들 중 참된 논증을 형성하는 것은 24개이다.[28] 중세인들은 이 식들을 외우기 위해 일종의 노래를 개발하기도 했다. Barbara, Celarent, Darii, Ferioque 같은 식이다(각각 AAA, EAE, AII, EIO를 뜻한다). 동북아인들이 괘(卦)와 효(爻)를 외우기 위해 노래를 만들었고, 오늘날의 중고생들이 주기율표를 외우기 위해 원소들의 앞글자만 따서 외우는 것과 같은 식이라 하겠다.

『전서』는 I권에서 이런 식으로 삼단논법의 기본 구도를 정립한 후 각 논증들의 성격, 그것들 사이의 관련성, 각종 형태의 변환을 다루고 있

---

28) 1격의 경우 AAA, EAE, AII, EIO, AAI, EAO, 2격의 경우 EAE, AEE, EIO, AOO, EAO, AEO, 3격의 경우 IAI, AII, OAO, EIO, AAI, EAO, 4격의 경우 AEE, IAI, EIO, AEO, EAO, AAI.

으며, II권에서는 잘못된 삼단논법들을 풍부하게 다루고 있다. 전체적으로 방대하고 복잡한 데다, 특히 오늘날처럼 편리한 기호들을 써서 논의를 전개하고 있는 것이 아니기 때문에 읽기가 매우 어려운 대목이다. 뉴턴의『프린키피아』가 오늘날 같으면 아주 간단한 미분방정식으로 할 수 있는 이야기를 엄청나게 복잡한 기하학적 논증들을 동원해서 행하고 있는 것과 유사하다. 그러나 아리스토텔레스는 극히 초보적인 형태로나마 변항들(variables)을 얼마간은 구사하고 있으며, 이것은 과학적 사유의 역사에서 중대한 일보를 내디딘 것으로 봐야 할 것이다.

아리스토텔레스의 삼단논법은 근대 철학자들의 비웃음거리가 되곤 했다. 프랜시스 베이컨은 이 논리학이 그야말로 아무짝에도 쓸모없다고 매도했다. 그러나 아리스토텔레스의 삼단논법이 성취한 논리적/과학적 사유의 성과는 위대한 것이었으며, 오늘날의 논리학 저서들도 이 논법을 사유의 기초로서 다루고 있다. 이제는 고전학자들을 제외하면『전서』자체를 읽는 사람들이 거의 없지만, 무려 2,500년 전에 쓰인 이 텍스트를 접하면서 우리는 인간이라는 존재의 지성(intelligence)이 어떤 거대한 도약을 이루고 있음에 전율하게 된다. '서구적 합리주의', 서구적인 '과학적 사유'는 아리스토텔레스의 논리학(과 에우클레이데스의 기하학)에서 그 두드러진 특징적 모습을 보인다고 할 수 있다.

인식론/과학철학

『후서』에서 아리스토텔레스는 주로 '증명'의 문제를 다룬다.『전서』가 증명의 구체적 형식들을 다루고 있다면,『후서』는 조금 더 메타적인 문제들을 다루고 있다. 이 점에서 이 저작은 아리스토텔레스의 인식론을 이해하는 데 긴요하다. 소크라테스가 "logon didonai"를 요청한 이래, 이제 이 저작에서 '증명'의 이론이 확고하게 정립되기에 이르는 것이다. 아울러 '정의'와 '원인' 개념 또한 학문의 필수적인 기초로서 상세하게 다루어지고 있다. 아리스토텔레스는 이 책에서 증명(1권) 및 정의와 원인(2권)을 다룸으로써 학문 전체에 대한 인식론적 기초를 놓고자 했다.

세계를 이해하고 학문적 사유를 전개하는 데 핵심적인 사항들 중 하나는 어떤 것이 더 근원적이고 어떤 것이 덜 근원적인가를 변별해내는 것이다. 무엇이 더 중요하고 무엇이 덜 중요한지를 아는 것이야말로 진정 중요한 것이다. 수학의 예를 든다면, "삼각형의 내각의 합은 180°이다"라는 명제와 "모든 삼각형은 두 개의 직각삼각형으로 분할될 수 있다"라는 명제에서 어떤 것이 더 선차적(先次的)인가를 알아야 한다. 화학에서도 각 원소에 대한 지식과 화합물에 대한 지식은 같은 층위에 놓이지 않는다. 이런 선차성을 파악하지 못한다면 잡다한 지식들의 나열은 가능해도 본격적인 의미에서의 과학적 사유는 불가능하다. 학문이란 결국 더 근본적인 것을 가지고서 덜 근본적인 것을 설명하는 것이다. 무엇이 '전제되는 것'이고 무엇이 '귀결되는 것'인가를 알지 못한다면 과학적 사유란 성립하지 않는다.

아리스토텔레스에 따르면, 가장 근본적인 것은 '사물들'의 존재와 '개념들'의 존재이다. 다시 말해, 나무, 흙, 동물 등등이 '존재한다'는 것과 우리가 '삼각형', '더 크다', '붉다', "a와 b가 같고 b와 c가 같으면, a와 c도 같다" 등등을 알고 있다는 사실이다. 즉, 학문이란 지각을 가지고서 확인하는 현상을 (언어의 형식으로 표현할 수 있는) 보다 근본적인 원리들/원인들을 가지고서 설명하는 것이다. 비가 온다는 사실은 누구나 안다. 그러나 왜 비가 오는지, 그 원리/원인이 무엇인지 알 때에만, 그리고 그 원리/원인을 통해서 비가 오는 현상을 설명해줄 수 있을 때에만 과학적 인식이 성립한다. 우리가 직접 지각하는 현실은 우리에게는 가장 가까운 것이지만 원리들로부터는 가장 먼 것이다.[29] 그래서 우리는 직접적 현실

---

29) 과학의 탐구 과정은 "그 자체로서는 덜 명료하지만 우리에게는 더 명료한 것들에서 출발해, 그 자체로서 더 명료하고 더 가지적인 것들에로 나아간다."(『자연학』, I, 184a/19~21) 우리에게 가까운 것들은 복합체/덩어리이고, 감각으로 직관되는 것들이고, 보다 종합적인 것들이다. 언어상으로는 하나의 말로 지시된다(예컨대 "사전"). 그러

을 넘어 원리들을 추적해간다. 그리고 원리들을 확보하게 되면 이번에는 그 원리들로부터 현실로 되돌아오면서 현실을 설명해주어야 한다. 이것이 '증명'하는 것이다.

> 우리는 한 사물을 바로 그 사물이게 만들어주는 원인(aitia)을 알았을 때, 이 원인이 바로 그 사물의 원인임을 알았을 때, 나아가 [바로 그렇기 때문에] 그 사물이 자신이 아닌 다른 것이 될 수는 없음을 알았을 때, 한 사물에 대한 (소피스트들의 방식 즉 순수하게 우연한 방식으로가 아니라) 엄밀한 의미에서의 과학/인식을 확보했다고 할 수 있다. 이런 것이 과학적 인식의 본성이라는 점은 분명하다.(『후서』, I. 71b/9~12)
> 어떤 사실을 아는 것과 [그 사실이] 왜 그런가를 아는 것은 다른 것이다.(I, 78a/22)

여기에서 "우연한"이라는 말은 현대적 의미로 사용된 것이 아니라 소피스트들의 감각주의 인식론을 겨냥한 말이다. 감각에만 의존하는 "인식"이란 결국 우연적인 사실들만을 수집하는 것일 뿐이기 때문이다. 또, 우리에게 가까운 것과 원리에 가까운 것을 구분함으로써 『메논』에서 제시된 역설, 즉 우리는 이미 알고 있는 것을 알 수 있을 뿐, 아직 모르는 것은 결국 모른다는 주장에 응답하고 있다고도 볼 수 있다. 인식이란 이미 아는 것(단순한 지각의 결과)을 아직 모르는 것(사물의 심층적인 이치)의 빛에 비추어 아는 것이다.[30] 아리스토텔레스의 입장은 결국 플라톤

나 이는 사물의 본질이 아니라 현상일 뿐이다. 우리는 지성을 통해 이를 그 자체로서 더 명료하고/가지적이고, 더 분석적인 것들로 파악해나간다. 이는 곧 사물들을 원리들에서, 원인들에서, 원소들/요소들에서 파악하는 것이다. 언어상으로도 더 분석된 개념들(즉 '정의')로 표현하는 것이다(예컨대 "단어들을 찾아보기 위한 책").

30) 이는 기하학적 증명에서도 여실히 나타난다. 기하학적인 '분석(analysis)'은 증명되어야 할 것에서 원리들로 점차 나아가 '증명된 것'에 도달하는 것이고, '종합(synthesis)'

을 따르고 있지만, 현상과 원리의 사이가 가까워지고 보다 연속적이 되었다고 볼 수 있다.

『후서』에는 우리가 '고전적인' 철학들의 기본적인 성격으로 알고 있는 여러 이념들이 등장한다. 현상과 실재의 구분, 필연성 · 영원성 · 보편성에의 요구, 엄밀한 논리적 필연에 따른 추론들의 중요성, 근본적인 것들의 추구가 가지는 가치 등. 오늘날 이런 이념들은 상당히 빛이 바랬다. 현상을 폄하하는 본질주의/형이상학의 거부, 우연/우발성의 강조, 시간의 선차성, 개별적이고 구체적인 것들에 대한 천착, 형식적인 논리로부터의 탈주, 존재론적 평등 등. 그러나 이런 논의들을 보다 정확하게 이해하기 위해서도 고전적인 학문의 이념들이 무엇이었나를 (현대 철학자들의 시선을 통해서가 아니라) 고전적인 철학자 자신들의 저작들을 통해서 성실하게 이해하는 것이 무엇보다 중요할 것이다. 그래야만 철학사의 어떤 편린(片鱗)을 부여잡은 채 편견에 빠지지 않고 철학사 전체를 균형 있게 소화하면서 보다 견실한 진리에 다가갈 수 있기 때문이다.

한 가지 주목할 점은 아리스토텔레스가 고대 철학의 총화(總和)와도 같은 사유 체계를 구축했다고 해서, 그가 모든 것을 통일하는 전체를 주장하지는 않았다는 사실이다. 존재론적 맥락에서나[31] 인식론적 맥락에서나 그는 단일한 총체성이나 환원주의를 거부한다. "우리는 증명에 있어 하나의 유〔학문〕에서 다른 유로 건너갈 수가 없다. 예컨대 기하학적 명제를 대수학으로 증명할 수는 없다."(『후서』, I, 74a/38~39) 물론 이 예

은 분석된 것에서 다시 거슬러 올라와 증명되어야 할 것에 도달하는 것이다.(『전서』, I, 41b/7 이하를 보라) 이런 방법은 학문의 가장 기본적인 방법들 중 하나이다. 논리학과 기하학 더 넓게는 수학은 그리스적 지성의 빛나는 두 성취이며 일종의 쌍둥이라고 할 수 있다. 그러나 두 담론의 본격적인 통합은 라이프니츠에서 시작된다.

31) 존재론적 맥락이란 존재의 일의성(一義性=univocity) · 다의성(多義性=equivocity) · 유비(類比=analogia)를 가리킨다. 우리는 중세 스콜라철학을 다루면서 이 문제를 만나게 될 것이다.

의 경우 데카르트의 해석기하학 이후 이런 장벽은 무너졌다. 학문의 역사에서 둘 이상 분야 사이의 장벽이 무너지기도 하고 또 한 분야 내에 장벽이 생겨 둘 이상의 분야로 분할되기도 해왔다. 중요한 것은 (어설픈 철학자들이 그렇게 하듯이) 모든 분야를 경솔하게 통합하려 한다거나 또 (일부 과학자들이 그렇게 하듯이) 한 분야에서 통하는 이야기를 일방적으로 다른 분야에 투영함으로써 환원주의적 사고를 전개하는 것은 곤란하다는 사실이다. 각 분야의 특수성을 해치지 않으면서 여러 분야에 공통되는 원리를 발견해 보다 전반적인 조망을 제시하는 것은 가능하고 또 필요하다. 그리고 이것이 존재론과 인식론의 과제이다. 그러나 이런 조건을 만족시키지 않는 통합이나 환원은 사이비 철학이 되어버린다.

  아리스토텔레스는 학문적 증명의 대표적인 두 방법을 '연역'과 '귀납'으로 보았다. 우선 중요한 것은 정의이다. 아리스토텔레스는 소크라테스가 그의 윤리적 사유에서 정의와 귀납을 개발해내었다고 본다. 정의란 한 사물의 본질[32]을 드러내주어야 한다. 그리고 정의가 연역적 증명의 출발점을 형성한다.(『후서』, II, 90b) 아리스토텔레스는 질료나 개체는 정의 불가능하다고 보았으며, 오로지 형상만이 정의 가능하다고 보았다. 정의란 종에 대한 것이지 질료나 개체에 대한 것은 아니다. 질료란 도대체 그것이 무엇인가로서 규정되어야, 즉 형상을 띠어야 가지적(可知的)인 것이 되며 정의와 인식의 대상이 된다. 또 우리는 "소크라테스는 무엇인가?"라고 물어볼 수 없으며, "인간이란 무엇인가?"라고만 물어볼 수 있다. 이 점은 중요하다. 아리스토텔레스가 플라톤에 비해 질료나 생성, 개체의 차원을 중시했으면서도 왜 결국 인식론적으로 플라톤주의자일 수밖에 없었는지를 시사해주기 때문이다. 아리스토텔레스는 존재론

---

32) 잘 알려져 있듯이, '본질'로 번역되는 라틴어 'essentia'는 원래 희랍어에는 없는 말로서 아리스토텔레스가 관용어처럼 썼던 'to ti esti' 또는 'to ti ēn einai'를 라틴어로 번역한 것이다. 영어로는 "the what is"와 "the what is being" 정도에 해당한다.

적으로는 생성, 질료, 개체의 차원을 중시함으로써 플라톤으로부터 떨어져 나왔지만, 인식론적으로는 학문적 인식의 대상은 본질, 형상, 종/보편자일 수밖에 없다고 봄으로써 충실한 플라톤주의자로 남았다.

정의를 찾아내는 과정은 귀납과 뗄 수 없이 연관되어 있다. 플라톤의 초기 대화편들을 상기해보라. 귀납이란 특수한 것들을 넘어 보편적인 것으로 나아가는 것이다. 소크라테스가 "ti esti?"라 묻고서 개별적인 예들을 드는 상대방을 논박한 것은 그가 찾는 것이 보편적 정의/본질이었기 때문이다.[33] 그러나 귀납의 논리는 난점을 가진다. 일정량의 개별적인 경험들을 모아놓아도 그로부터 보편적 원리가 도출되는 과정에는 비약이 존재하기 때문이다. 모든 바닷물을 마셔보지 않는 한 "바닷물은 짜다"라는 일반 명제는 도출될 수 없다. 실제 호주에서 검은 백조가 발견되는 바람에 "백조는 희다"라는 당연해 보였던 명제가 깨지기도 했다. 아리스토텔레스는 『후서』 말미에서 (II, 99b/15 이하) 개별적 경험으로부터 보편적 정의로 나아갈 수 있는 정신의 능력 (일종의 '직관'/'통각' 능력)을 이야기하고 있으나, 이런 해결책을 둘러싸고서 현대의 과학철학자들은 많은 논의들을 전개했다.

아리스토텔레스의 『분석론』은 논리학과 인식론에서 고대 세계의 과학적 지성이 도달할 수 있었던 최고의 경지에 도달하고 있다. (이 과정에서 이전 철학자들의 문제의식이 탈색되고 아리스토텔레스화되기도 했지만) 이후 거의 2,000년에 걸친 긴 시간 동안 이 텍스트를 넘어서는 논리학/인식론이 나오지 못한 것은 후대인들의 게으름이나 능력 부족 때문이라기보다는 차라리 이 텍스트의 쉽게 넘어서기 힘든 위대함 때문이라고 해야 할 것이다.

---

33) 물론 아리스토텔레스가 소크라테스의 본래 맥락은 접어둔 채 그의 행위를 일종의 논리학으로서 받아들이고 있다는 점을 염두에 두어야 할 것이다. 또 하나 중요한 것은, 과연 정의(定義)에 대한 소크라테스의 추구가 아리스토텔레스의 해석처럼 '귀납'을 의미했던 것일까 하는 점이다.

변증론: 개연성의 논리학

『분석론』과 달리 『변증론』은 필연적인 논증이 아니라 "논쟁의 여지가 있는" 추론들을 다룬다. 'dialektikē' 개념은 헬라스 철학사 전체를 관류하면서 내려왔다. 우선 그것은 제논의 역설에서 등장한다. 제논의 'paradoxa'에서는 두 가지 견해가 서로 평행을 달리면서 이율배반(Antinomie)을 형성한다.[34] 분석론이 어떤 확고한 전제로부터 논리적 필연에 따라 연역하는 추론이라면, 변증론은 우선 두 개(나 그 이상)의 이견(異見)에서 시작된다. 제논의 경우는 두 이견이 끝내 평행을 달리는 경우를 형성하며, 이런 구도는 훗날 칸트로 이어진다.

제논이 논리적으로 구성된 변증론을 전개했다면, 소피스트들과 소크라테스는 생생한 행위로서의 변증론 즉 'dialegesthai'('로고스'를 가지고서 대결하는 것)라는 동사적 의미에서의 변증론을 전개했다. 앞에서 보았듯이, BC 5세기 아테네의 상황이 바로 이 '디아-레게스타이'를 요청했다. 소피스트들의 논박술('에리스티케')과 소크라테스의 토론술('엘렝코스')은 공히 '디아-렉티케'의 성격을 띤다. 여기에서 'dia'는 이제 제논에서처럼 평행을 달리는 'para'가 아니라 격렬하게 맞부딪치면서 투쟁을 벌이는 'through', 'against'의 뉘앙스를 띠게 된다. 그리고 이런 '디아'는 또한 드라마를 통해서도 표현되기 시작한다. 드라마/연극을 박진감 넘치게 만들어주는 것은 바로 주인공들/인물들 사이의 치열한 디아렉티케이다. 소피스트들이 초점을 맞춘 것은 자신의 약한 주장을 강하게 만들고 상대방의 강한 주장을 약하게 만듦으로써 정치적 연설이나 법정에서의 고발/변론을 요령 있게 수행하는 데에 있었다. 이로써 변증론은

---

34) 본격적인 철학적 변증론이 등장하기 이전에도, 대립하는 두 견해를 놓고서 논쟁을 벌이는 것이 헬라스 문화의 한 특징이었다. 마치 무기를 가지고서 신체적 대결을 벌이듯이 말을 가지고서 대결을 벌이는 'logōn agōn'의 전통이 그것이다. 호메로스는 뛰어난 토론술/논쟁술이 뛰어난 전투력 못지않게 큰 무기였음을 묘사하기도 했다. 플라톤의 대화편은 바로 이 '아곤'의 전통을 잇는다고 볼 수 있다.

낮게는 쟁론술로, 못하게는 궤변술로 화한다. 반면 소크라테스는 변증론적 과정을 통해서 사람들의 무지를 드러냄으로써('에이로네이아') 앎의 새로운 단계로 도약하게 만들었고('산파술'), 문답 과정을 통해서 개별적인 인식을 넘어 보편적인 정의에 도달하는 데에 초점을 맞추었다. 이러한 과정이 실패로 돌아갈 경우 변증론은 중간에 마감되며, 이런 측면이 하나의 철학적 입장으로 굳어질 때 '회의주의'로 귀착한다(이 때문에 소크라테스는 회의주의에 의해 계승되기도 한다).

'디아 - 렉티케'에 가장 긍정적이고 빼어난 의미를 부여한 인물은 플라톤이다. 플라톤은 '디아 - 렉티케'를 이율배반을 넘어, 나아가 궤변술, 쟁론술은 물론 소크라테스의 문답법까지도 넘어 변증법으로 발전시킨다. 이것은 서로 투쟁하는 의견들('독사'들)이 그 투쟁 과정을 통해 상생(相生)함으로써 점차 실재에 대한 객관적인 인식으로 고양되고, 마침내는 세계의 진상에 도달하는 역동적인 과정을 가리킨다. 때문에 플라톤에게서는 주어진 원리들에서 정리들을 연역해내는 오성지보다 그 원리들('가설들') 자체까지도 계속 검토해나가는 변증법이 더 고차의 인식으로 간주된다. 변증법은 곧 철학 자체인 것이다. 플라톤의 이런 변증법은 훗날 헤겔에 의해 계승된다.

늘 그렇듯이, 아리스토텔레스는 이전의 여러 생각들을 자신의 관점에서 종합한 후 스스로의 생각을 전개한다. 우선 플라톤과 달리 아리스토텔레스는 엄밀한 논리학을 '분석론'으로 그렇지 못한 논리학을 '변증론'으로 개념화한다. 이 점에서 그의 후계자는 칸트이다.(철학 전체의 성격으로 본다면 헤겔이 그의 후계자이지만) 아리스토텔레스는 『변증론』(100a/25 이하)에서 엄밀한 논증과 변증론 그리고 쟁론술을 구분한다. 『소피스트적 논박』까지 이어 생각하면 네 번째로 소피스트술/오류추리/궤변을 들 수 있다.

1. **엄밀한 추론**(apodeixis). 이것은 『분석론』이 주로 다루었던 엄밀한 추론(삼단논법)을 말한다.

2. **변증론/변증술**. 엄밀한 추론과는 달리 변증론은 'endoxa'에서 출발한다. 아리스토텔레스의 '엔독사' 개념은 플라톤의 '독사'와 이소크라테스의 '독사'의 중간에 있다고 볼 수 있다. 아리스토텔레스에게 통념은 그 인식론적 위상[35]이 이소크라테스의 그것보다는 낮다. 그에게 통념은 분석론의 출발점이 아니라 변증론의 출발점이기 때문이다. 그러나 플라톤의 그것보다는 높다. 아리스토텔레스에게 통념이란 참된 인식이 못되는 것이 아니라 어디까지나 이차적인 위상에서의 인식이기 때문이다. 나아가 변증론은 엔독사에서 출발하되 어디까지나 무모순의 논리를 펴는 데에 초점을 둔다는 점에서, 그 나름대로 진지한 논리적 활동이다.[36] 엔독사는 확고한 진리는 아니지만 "모든 사람들, 아니면 적어도 대다수의 사람들, 또는 현명한 이들이, 다시 말해 다수가 또는 현명한 이들이나 유명한 이들이 받아들이는 생각"(『변증론』, I, 100b/22~24)이다. 이런 생각에서 출발해 무모순의 논리를 펼치는 것이 변증론이다.

변증론의 핵심은 '디아-레게스타이'에 있다. 즉, 확고한 원리에서 출발해 그리고 논리적 필연에 입각해 이루어지는 추론이 아니라 서로 부딪치는 두 통념의 대결에 초점이 있다. 가령 "부모와 법이 대립할 때 어느 쪽을 따라야 하는가?" "하나의 지식이 모순되는 것들에 적용될 수 있는가?" "우주는 영원한가 그렇지 않은가?" 같은 것들이 전형적인 변증론적 명제들/문제들이다.[37] 모든 사람들, 적어도 지혜로운 모든 사람들이

---

35) 바슐라르는 '인식론적 위상(epistemological status)'을 한 담론이 인식론적으로 어떤 위상을 차지하는가를 가리키는 개념으로 규정했다. 예컨대 점성술사의 예언과 천문학자의 예측은 인식론적 위상을 달리한다.

36) 나아가 원리들과 엔독사 사이에 절대적인 선이 그어지는 것도 아니다. 어떤 것이 진정한 출발점/원리(들)가 될 수 있는가 자체도 변증론적 과정을 통해서 확보될 수 있을 터이기 때문이다. 엄밀한 논증의 출발점들이라고 해서 단적인 진리로서 제시될 수는 없다. 그럴 경우 독단이 될 것이다. 변증론적 과정을 통해 원리들이 확보된다는 이 생각에 입각할 경우, 아리스토텔레스의 변증론은 (끝에 도달해 얻어지는 원리들과 과정으로서의 변증론을 구분한다는 점만 접어둔다면) 플라톤의 변증법에 상당히 근접한다.

동의하는 것은 변증론의 대상이 아니다. 분석론의 대상이다. 또, 아예 팽팽한 논읫거리가 되지 못하는 것도 변증론의 대상이 아니다. '디아-레게스타이'라는 말의 뉘앙스에 걸맞은 명제들/문제들이 변증론의 대상이다. 이렇게 보면 일상적인 맥락에서는 분석론보다 오히려 변증론이 더 흥미로울 수 있다. 우리의 일상적 삶에서 복잡하고 미묘한 논쟁의 대상이 되는 것들, 때로는 정치적 투쟁의 대상이 되는 것들이 대개 변증론적 성격을 띠기 때문이다. 오늘날 아리스토텔레스의 논리학에서 보다 흥미를 자아내고 빛을 발하는 것은 변증론이라 할 수 있다.[38]

'변증론'은 'topica'를 번역한 것으로, 이 말은 장소론을 뜻한다. 이때의 장소(topos)는 오늘날로 말하면 '담론-장' 정도에 해당하는 말로서, 하나의 논변이 이루어지는 방식, 논변을 전개해나가는 논리적 터, 논리소(論理素)들을 가리킨다.『변증론』은 이 논리소들을 광범위하게 수집해놓고 있다. 앞에서(각주 11) 술어들을 정의/본질, 속성, 유(와 종차), 부대하는 것들로 나누었거니와, 아리스토텔레스는『변증론』II~VII권에서 토포스들을 바로 이 네 구도에 따라 전개하고 있다. VI~VII권은 주로 정의에 관련해, V권은 주로 속성에 관련해, IV권은 주로 유(와 종차)에 관련해, II~III권은 주로 부대하는 것들에 관련해 각종 토포스들을 모아놓고 있다.

쟁론술과 오류추리·궤변: 소피스트들의 유산

3. 쟁론술(에리스티케). 쟁론술의 위상은 다소 애매한데, 변증론과 오류추리·궤변의 중간에 위치한다. 그것은 변증론이라고 하기에는 위상이

---

37) '변증론적 명제들'과 '변증론적 문제들'의 차이에 대해서는『변증론』, I, 104a/3 이하를 보라.

38) 아리스토텔레스 자신은 변증론의 쓸모를 ①지적인 훈련에서, ②타인들과의 토론에서, ③철학적 인식에서 찾고 있다. 특히 ②와의 관련 하에서 볼 때『수사학』은 변증론의 짝이라고도 할 수 있다.

떨어지고(통념이 아닌 것을 통념으로 삼아 출발하기에), 오류추리나 궤변이라고 하기에는 나름대로 진지한 구석이 있는 담론이다. 그것은 변증론 중에서 격이 떨어지는 것들이자 소피스트술 중에서는 적어도 의도적인 궤변은 아닌 그런 담론을 뜻한다. 따라서 그 종류에도 여러 가지가 있다. 변증론이 소크라테스적 '토론술'에 해당한다면, 쟁론술은 소피스트적 '논박술'에 해당한다 하겠다. 아리스토텔레스는 이것을 "외견상 통념처럼 보이지만 통념이라고 하기 힘든 것들로부터 시작되는 추론"(『변증론』, I, 100b/24)으로 규정하고 있다.

4. 추리의 네 번째 종류인 **오류추리**(paralogismos) 또는 의도적인 오류추리라 할 **궤변**(sophistikē)은 『소피스트적 논박』에서 다루어진다. 이 저작은 말하자면 『변증론』의 부록 또는 IX권이라 할 만하다. 소피스트들과 소크라테스/플라톤의 투쟁은 아리스토텔레스에 의해, 역시 그 본래의 맥락에서 탈색되어, 논리학적으로 정리된다. 그러나 아리스토텔레스가 소피스트술을 오류추리로 분류해 다루고 있다는 것은 역시 그가 소크라테스, 플라톤을 잇고 있음을 잘 보여준다. 논리학/인식론은 늘 참의 길과 나란히 거짓의 길도 탐구해왔다. 진리의 길을 밝히는 것 못지않게 중요한 것은 오류, 무지, 어리석음, 착각의 길을 밝히는 것이기 때문이다. 그래서 칸트는 분석론만이 아니라 변증론을 썼고, 바슐라르는 '인식론적 단절'만이 아니라 '인식론적 장애물들'을 논했고, 들뢰즈는 타자들과의 마주침(이 가져오는 진리)만이 아니라 그런 마주침을 방해하는 '사유의 이미지들'을 밝히고자 한 것이다.

아리스토텔레스는 "논박처럼 보이지만 사실은 논박이 아니라 오류일 뿐인 논박"을 '소피스트적 논박'(궤변술)으로 규정하고 있다. 쟁론술과 궤변술의 차이는 미묘한데, 쟁론술이 주로 승리욕에 사로잡힌 논박술을 뜻한다면, 궤변술은 돈을 겨냥하는 논박술로 규정되고 있다.(171b/26~27) 물론 핵심은 내용상으로 오류추리를 범하고 있다는 점에 있다.

『소피스트적 논박』의 전반부에서 아리스토텔레스는 각종 형태의 논박술과 오류(6가지의 언어상의 오류들과 7가지의 내용상의 오류들)를 열거하고 있다. 이 내용들 중 상당 부분은 그리스어에 관련되는 것들이기 때문에 현대의 독자들에게는 낯설 수 있지만, 그런 오류들을 한글이나 다른 현대어들에 유비해서 재정식화해보면 많은 흥미로운 사실들을 발견하게 된다. 또, 여기에는 오늘날의 논리학 교과서들에도 등장하는 기본적인 오류들, 예컨대 '선결 문제 요구의 오류'라든가 '복합 질문의 오류' 등이 등장한다. 나아가 가짜 논변이라든가 역설, 그리고 무의미한 반복 등을 비롯한 농변들, 상대방으로 하여금 문법적 오류를 범하게 만드는 기법 등이 논의되고 있다. 저작의 후반부(175a 이하)에서는 이런 쟁론술 및 궤변술에 맞서서 오류들을 어떻게 해소해나갈 것인가가 전반부와 대칭적으로 정교하게 다루어진다. 의학에 비유한다면, 전반부가 진단이고 후반부가 치료라 할 것이다.

궤변은 특정한 사람들이 일삼는 것이지만 오류는 모든 사람이 범하는 것이다. 사실 진리의 추구는 항상 오류를 범하는 것과 착잡하게 얽혀 있다. 때문에 오류론은 중요하다. 그리고 오류론 자체가 오류일 수도 있고 특정한 지역, 시대, 관점에 기인한 편견일 수도 있다. 때문에 진리와 오류는 항상 맞물려 있다. 양자는 늘 함께 고려되어야 하며, 늘 비판에 열려 있어야 하는 것이다. 아리스토텔레스의 오류론은 소피스트들과 소크라테스/플라톤 사이에 벌어진 윤리적인 형태의 진리 투쟁을 논리학적인 형태로 변환해서 새롭게 정식화하고 있으며, 훗날의 사유들이 전개되는 데 그들과는 또 다른 의미에서 심대한 영향을 끼쳤다.

그리스 철학사 초기에 자연철학자들은 '퓌지스'를 응시했으며, 그렇게 응시하는 자신들의 언어에는 많이 주목하지 못했다. 이 점에서 아테네의 문화는 이전의 자연철학에 대해 메타적인 위상을 띤다. 직접적으로 인식하는 데 그치지 않고, 언어에 대한 반성을 통해서 '인식한다는 것' 자체에 대해 반추하기 시작했기 때문이다. 소피스트들의 등장은 현대 식으로 말해 일종의 '언어적 전회(linguistic turn)'였다 할 것이다.

그러나 이 전회의 최초의 모습은 지나치게 해체적이었다. 당시의 적지 않은 소피스트들은 인식의 가능근거를 성실하게 추구하기보다는 새롭게 획득한 메타적 분석의 능력을 농변과 이익 추구의 수단으로 삼았다. "네 영혼을 돌보라"를 평생의 화두로 삼았던 소크라테스가 얼핏 보기에 이 화두와 다소 걸맞지 않아 보이는 '로고스'(이성, 논리, 언어)의 문제에 천착해 들어갔던 것은 바로 이런 맥락 때문이었다. 서구 철학에서의 윤리학이 각별히 이성주의의 형태를 띠면서 등장한 것이 바로 이 시점이었다. 당대에 있어 이성, 언어, 논리야말로 바로 가장 예민한 윤리적인 문제였기 때문이다. 그리고 이 시간의 지도리를 지나면서 그리스의 사유는 다른 어떤 문명들과도 구분되는 독특한 형태를 띠기 시작한다.

플라톤과 아리스토텔레스는 소크라테스의 메타적 반성을 그 최고의 높이로까지 끌어올림으로써 무비의 담론적 높이를 이룩했다. 그러나 소크라테스/플라톤에서 아리스토텔레스로 이행하는 과정은 담론공간의 구조에 있어 거대한 변환의 과정이기도 했다. 그것은 단지 후자가 전자를 좀더 체계화했다거나 구체화했다는 식으로 이야기될 수 있는 것이 아니다. 사유의 양태, 사유하는 사람들 사이의 관계, 언어화의 구조, 텍스트 형성의 방식, 철학공간 전체의 구조, 철학과 사회의 연관성, '철학자'의 이미지 등 모든 면에서 변환이 일어났던 것이다. 그리고 이런 변환을 특히 잘 드러내고 있는 장소가 바로 아리스토텔레스의 '오르가논'이다.

이런 거대한 변환은 인간 지성의 빛나는 도약이었지만, 적어도 일정 측면들에서는 어떤 상실이 이루어진 과정이기도 했다. 서구의 철학사는 어떤 면에서 본다면 아리스토텔레스가 이룩한 이 지성적 건축물과 그것의 '바깥'으로 밀려나갔던 측면들 사이의 변증법적 투쟁[39]의 과정이

---

39) 이때의 '변증법'은 플라톤의 변증법이나 헤겔의 변증법보다는 바슐라르(또는 메를로-퐁티)의 변증법을 염두에 둔 것이다. 이 변증법은 아리스토텔레스, 특히 칸트에서처럼

었다.[40)]

그러나 반(反)지성과 초(超)지성은 다르다. 지성의 한계를 지성적으로 넘어서는 것과 반지성적으로 넘어서는 것은 다른 문제이다. 논리를 논리적으로 넘어서는 것과 반논리적으로 넘어서는 것은 전혀 다르다. 사유의 역사를 전반적으로 살펴볼 때, 지성과 논리를 넘어선다는 상당수의 시도들이 진정한 철학적 도약을 이루기보다는 반지성주의적 폐해들로 흐르곤 했음을 확인할 수 있다. 물론 다른 한편, 호르크하이머와 아도르노가 잘 보여주었듯이 이성/지성은 그 한계에 갇힐 때 얄궂게도 비이성적/비합리적인 폭력으로 흐를 수 있다.[41)] 때문에, 앙드레 랄랑드가 특히 강조했듯이, 진정한 이성/지성은 항상 스스로의 한계를 비판하고 초월해가는 이성/지성이어야 한다.[42)] 자체의 한계에 갇힌 이성도 또 그것을 빗나간 방식으로 초월하려 하는 반(反)이성도 위험하기는 마찬가지인 것이다.

아리스토텔레스의 오르가논은 이 모든 문제들의 중심축이다. 이 텍스트들이야말로 한편으로 기성 사유의 한계들을 돌파해나가려는 진지한 시도들이 출발해야 할 지점이고, 또 온갖 형태의 반지성주의적 사조들을

불완전한 나아가 이율배반적인 논리(/존재론)라기보다는 플라톤이나 헤겔에게서와 같이 상생(相生)의 과정이지만, 그 과정을 과도한 목적론에 복속시키기보다는 어디까지나 열린 과정으로 본다는 점에서 차이가 난다. 나 자신이 '변증법'이라는 말을 사용할 때는 바슐라르나 메를로-퐁티의 이런 뉘앙스를 잇는다.

40) 그러나 아리스토텔레스에게서 이 과정은 단번에 이루어진 것이 아니라 상당 기간에 걸친 복잡한 과정을 통해서 이루어졌다는 점을 염두에 두어야 할 것이다. 우리에게 전해지고 있는 것은 그의 강의 노트들이지만, 아리스토텔레스는 대중을 위해 스승처럼 대화편의 형식으로 저작들을 썼다고 한다. 그리고 키케로는 이 저작들이 유려한 문체로 쓰였다고 상찬(賞讚)하고 있다. 우리가 알고 있는 아리스토텔레스와는 또 다른 모습의 아리스토텔레스가 있었던 셈이고, 일정한 과정을 거쳐 우리가 알고 있는 "아리스토텔레스"가 형성되었다고 해야 할 것이다.

41) 막스 호르크하이머·테오도어 아도르노, 홍승용 옮김, 『부정의 변증법』(한길사, 1999).

42) André Lalande, *La Dissolution Opposée à l'Évolution dans les Sciences physiques et morales*(Forgotten Books, 2017).

그곳으로 데려와 보여주어야 할 지점일 것이다.

§2. 자연철학: 퓌지스의 탐구

예비학으로서의 논리학과 인식론을 살펴보았거니와, 아리스토텔레스 철학의 중핵은 자연철학과 형이상학, 즉 '퓌지카'와 '메타퓌지카'이다. 갈릴레오와 뉴턴 이래 자연과학과 철학이 분리되면서, 오늘날에는 실증적이고 개별적인 탐구는 자연과학이, 메타적이고 종합적인 탐구는 철학이 맡고 있다. 그러나 그 사이에 날카로운 선을 긋기는 어려울 것이다. 아리스토텔레스는 물리과학과 생명과학 양자에 걸쳐 광범위한 연구를 수행했으며 또한 그러한 탐구에 대한 고도의 메타적인 사유들까지도 남겼다는 점에서, 고중세의 세계 전체에 있어 무비의 존재라 할 것이다.

물리과학적 저술들(『천체론』, 『발생소멸론』, 『기상학』 등등)에 대한 메타적 저작이 『자연학』이며, 생명과학적 저술들(『동물지』, 『동물부분론』, 『동

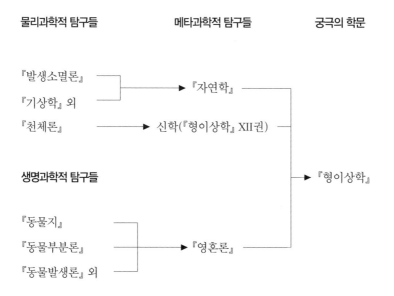

물발생론』 등)에 대한 메타적 저작이『영혼론』이다. 또, 특히 그의 우주론에 관련해 메타적인 위치를 차지하는 것이『형이상학』XII권에 등장하는 신학이다. 그리고 이 모든 탐구에 대한, 사유 자체에 대한 궁극적인 메타적인 논의가『형이상학』에서 다루어지는 '존재론'이다.

아리스토텔레스는 '자연(퓌지스)'에 대해 소피스트들·소크라테스는 물론이고 플라톤보다 더 적극적인 관심을 가졌다. 소피스트들은 '근원'으로서의 퓌지스를 거부하고 그것을 단순한 '음식남녀'로 규정함으로써 그리스 사유의 새로운 분기선을 그었다. 소크라테스와 플라톤은 퓌지스를 추구했지만, 이때의 퓌지스는 '자연'이 아니라 '본성'을 뜻했다. 플라톤은 말년에『티마이오스』에서 자연철학의 보완을 꾀했으나, 자신의 시도 자체를 어디까지나 "그럼 직한 이야기"로 규정함으로써 자연철학에 전폭적인 신뢰를 보내지는 않았다.

이에 비해 아리스토텔레스는 자연의 존재와 그것의 인식 양자를 단적으로 긍정한다.[43] 자연을 단적으로 긍정한다는 것은 곧 생성을 일종의 환상으로 보기보다는 단적으로 긍정한다는 것을 뜻한다. "우리로서는 전체로써든 부분으로써든 자연적 존재들이 움직인다는 것을 원리로서 놓고자 한다. 게다가 이것은 귀납을 통해서도 명백하다."(『자연학』, I, 185a/12~14) "자연이 존재한다는 것을 증명하려는 것은 쓸데없는 짓이다. 수많은 자연적 사물들이 존재한다는 것은 어쨌든 자명한 것이다."(II,

---

43) 아리스토텔레스 저작집에 있어 자연철학이 차지하는 비중이 가장 크다는 사실도 이를 방증(傍證)한다. 설사『영혼론』, 『자연학』, 『형이상학』을 존재론 범주에 집어넣어 따로 다룬다 해도, 나머지 책들만으로도 저작집의 절반 정도를 차지한다. 그중에서도 다시 거의 절반을 차지하는 것이 '동물학 3부작'이라고 부를 수도 있을『동물지』, 『동물부분론』, 『동물발생론』이다. 특히『동물지』가 매우 방대한데, 이는 아리스토텔레스 철학의 경험적/귀납적 성격을 잘 보여준다. 아울러 상당량에 달하는 '소논문들'과 '문제들' 역시 대부분 생물학, 특히 동물학이나 영혼론에 관련된 글들이다. 동물학 관련 논의들이 저작집의 상당 부분을 차지한다는 사실은 단순히 양의 문제가 아니라 아리스토텔레스 철학 전체의 성격을 암시해준다.

193a/3~4) 바로 그렇기 때문에 생성하는 것들, 물질적인 것들을 연구하는 것은 가능하며 또 바람직하다. 진정한 자연과학은 자연적 존재들의 생성을 연구해야 하며, 그것을 꺼릴 하등의 이유가 없다. 아주 미천해 보이는 것들까지도 연구할 가치가 있다. 방문자들이 화덕에서 요리하는 자신을 보고 다가오길 망설였을 때 헤라클레이토스는 이렇게 말했다고 한다. "두려워 말고 들어들 오시오. 이곳에조차도 신들은 계신다오."(『동물부분론』, I, 645a/21) 아리스토텔레스는 고대인들의 가치론적 편견을 접고 "미물들"에게서까지도 자연의 이치를 발견하고자 한 진정한 과학자였다.

자연의 존재를 긍정한다는 것은 곧 파르메니데스를 극복한 후기 자연철학자들 및 『티마이오스』의 연장선 상에서 사유한다는 것을 뜻한다. 아리스토텔레스는 생성/변화에 존재론적 층(ontological layer)을 도입함으로써 엘레아학파에 응했다. 엘레아학파에서는 A→B(화살표는 '생성')라는 단층적 구도만이 존재한다. 따라서 A의 존재가 A의 무로, B의 무가 B의 존재로 화하는 무리가 동반된다. 아리스토텔레스는 이를 xA→xB로 다층화한다. "x라는 실체가 A라는 상태에서 B라는 상태로 바뀌었다"라는 구도로 전환시킨다. 이로써 아리스토텔레스는 엘레아학파를 넘어 자연철학의 가능성을 확보한다.(『자연학』, I, 184b/15 이하)[44] 사실 xA→xB의 구도는 후기 자연철학자들에 의해 이미 마련되었다. 엠페도클레스, 아낙사고라스, 원자론자들, 플라톤, 아리스토텔레스로 이행하면서 x와 A, B, …의 내용들이 어떻게 바뀌어갔는가를 음미해볼 수 있다. 가장 중요한 점은 이전의 철학자들에게서 x와 A, B, … 사이에는 존재론적 단절이 존

----

44) 이런 존재론적 구도가 그의 논리학적/언어철학적 구도와 맞물려 있다는 것을 쉽게 알 수 있다. 10개의 범주에서 x는 바로 실체이고, A, B, … 는 나머지의 범주들이다. 좀더 존재론적으로 표현해서, "기체(基體=hypokeimenon)(문법상으로는 주어)와 그것에 서술되는 것은 다른 것이다."(『발생소멸론』, I, 319b/8~9) 그래서 '탄생과 소멸'을 실체/기체—두 개념의 차이는 뒤에서 논한다—의 질적 변화와 구분하는 것이 중요하다. "(…) 그래서 그것들의 기체는 동일한 것으로 남으며, 우리가 '질적 변화'를 겪는다고 말하는 대상(변화의 주체/주어)이 곧 이 기체라는 것이다."(『발생소멸론』, I, 314b/3~4)

재하지만, 아리스토텔레스의 경우 이들은 착 달라붙어 뗄 수 없는 것들로 화한다는 점이다.[45] 아리스토텔레스에게 소크라테스의 얼굴색은 4원소들이나 종자들이나 원자들이나 이데아들의 가상적인 효과가 아니라, 소크라테스를 떠나서는 결코 존립할 수 없고 또 소크라테스 자신도 그것을 떠나서는 허깨비가 될 수밖에 없는 그런 존재이다. 그래서 아리스토텔레스에게서는 개체―그것을 구성하고 있는 그 모든 측면들에서의 개체―가 개체 그 자체로서 존재론적으로 긍정된다. 기존의 사유들에서 개체는 어떤 효과들, 가상들이었다. 그러나 아리스토텔레스에게서 개체는 존재론적으로 엄연한 실재이다. 아니 가장 기본적인 실재이다.

바로 그렇기 때문에 아리스토텔레스는 현실적 사물들을 4원소라든가 종자들이라든가 원자들이라든가 이데아들로 환원하는 선철(先哲)들의 입장을 비판한다. 아리스토텔레스는 사물들의 다양성을 그 자체로서 받아들였으며 이 점에서 파르메니데스적 일자로부터 다자로 나아간 엠페도클레스 이래의 전통에 충실하지만, 실재/실체를 엠페도클레스처럼 수적으로 제한하는 것도 또 데모크리토스처럼 질적으로 제한하는 것도 반대했다. 현대 식으로 말해 '환원주의'를 거부한 것이다. 반면 아낙사고라스는 질적 풍부함과 양적 풍부함의 철학을 전개했지만, 급기야는 무한으로 가버렸다는 점에서 비판받는다. 무한/비한정('아페이론')은 기본적으로 인식 불가능한 것이기 때문이다.[46] 나아가 아리스토텔레스는 자연을 수학으로 파악하려 한 플라톤도 비판한다. 아리스토텔레스에게 수학은

---

45) 코리스코스와 "음악적인 코리스코스"는 같은 것인가 다른 것인가? 전자는 개체(tode ti)이고 후자는 질이기 때문에 서로를 떼어놓을 수가 없다.(『소피스트적 논박』, 179a/1~3)

46) 중세 철학은 '현실적 무한'의 개념을 개발해냄으로써 아리스토텔레스적 '유한주의'를 극복했고, 이 흐름은 스피노자와 라이프니츠에 이르는 근대 초의 위대한 형이상학 체계들에까지 이어진다. 그러나 영국 경험론과 칸트를 통해서 다시 (새로운 형태의) 유한주의가 등장하고, 간헐적인 예외들이 있었지만, 이후 무한의 문제는 철학보다는 수학을 통해서 발전하게 된다. 이정우, 『개념-뿌리들』, 1부, 6강을 보라.

형이상학과도 자연과학과도 구분되는 별도의 담론이다. 실체와 질이 구분되어야 하는 만큼이나 실체와 양도 구분되어야 한다. 아리스토텔레스는 생성, 질, 개체 등을 실재하는 것들로 보았고, 때문에 자연을 수학으로 환원해 설명하는 것에 대해서도 비판적이었다.

아리스토텔레스의 이런 자연관은 그가 주력했던 동물학 연구에서 특히 잘 드러난다. 동물학 3부작의 첫머리에 놓이는 『동물지』는 훗날 '박물(博物)'이라고 불릴 연구를 담고 있으며, 자연에 대한 방대하면서도 꼼꼼한 관찰 결과들을 수집해놓고 있다. 여기에는 태생 곱상어류들의 행태, 뱀장어의 번식에서부터 하이에나의 해부학적 구조, 막시류의 생식 등등에 이르기까지 참으로 경이로운(방대하면서도 정교하다는 점에서) 관찰 결과들이 수록되어 있다. 이런 성과는 근대 생물학의 형성기(16~18세기)에 이르러서야 비로소 조금씩 극복되어나가기에 이른다. 더구나 이런 위업을 이룩하고서도 아리스토텔레스 자신은 거기에 만족하기보다 오히려 "아직 사실들이 충분하지는 않다"면서, 앞으로도 관찰은 계속되어야 하며 지금의 이론들은 그 관찰 결과들에 입각해 수정되어가야만 함을 역설한다. 이런 아리스토텔레스를 근대 철학자들은 걸핏하면 "사변적"이라느니 "공허하다"느니 하면서 비난했으니 참으로 얄궂다 하겠다.

그러나 아리스토텔레스가 오로지 경험과 관찰만을 강조하면서 이론의 중요성을 방기했다고 생각하면 큰 오해이다. 아무리 '사실들'을 많이 쌓아놓아도 그것은 학문이 아니다. 학문의 알맹이는 이론에 있다. 어떤 것을 진정으로 아는 것은 "그것을 바로 그것이게 만들어준" 원리들, 원인들, 원소들 등을 알았을 때, 사실들을 그 심층에서 개념화할 수 있을 때, 그것들을 지배하는 근본적인 법칙들을 파악했을 때 성립한다. 경험이 많은 사람이 이론만 아는 사람을 능가하는 경우가 있는 것은 사실이다. 그럼에도 우리가 사물을 그 심층에서 이해하는 것은 그것의 원리를 이해할 때이다. 전자는 '~하다는 것(that~)'을 알 뿐이지만, 후자는 '~한 이유/근거(why~)'를 인식하기 때문이다. 어떤 물체들은 다른 물체들을 잡아당긴다는 '사실'을 아는 것과 도대체 왜 잡아당기는지 그 원리/원인을 아는 것 사이에는 하늘과 땅만큼의 차이가 있다.[47]

『동물부분론』(I, 639a/17~19)에서 아리스토텔레스가 각 종들(인간, 사자, 황소 등)을 하나하나씩 탐구해야 하는지, 아니면 모든 또는 어떤 동물들의 공통의 속성들(예컨대 수면, 호흡, 성장, 노화, 죽음 등)을 가지고서 탐구해야 하는지를 묻고 있는 것도 이런 맥락에서 이해할 수 있다. 사실의 수집 자체가 이미 이론적 틀을 전제하기 때문이다 이 저작에서 아리스토텔레스는 생명체들의 좀더 심층으로 내려가 기관들과 기능들에 대한 설명을 시도한다. 그러나 여기에서 그치지 않고 그는 『동물발생론』에서 생명의 가장 깊은 곳, 즉 '발생'과 '유전'에까지 내려간다. 이 대목에서 생물학은 존재론과 접촉하게 되며(이 점에서 『동물발생론』은 아리스토텔레스 철학 전체의 이해를 위해서 중요한 텍스트이다) 그 가장 심오한 의미를 획득하게 된다. 그리고 이렇게 획득된 메타적 수준의 지식들은 다시 현상으로 내려와 구체적인 사실들과 접맥된다. 가장 구체적인 것과 가장 근원적인 것 사이를 왕복운동하기, 이것이 진정한 사유이고 진정한 학문이다. 플라톤이 『소피스트』에서 실천했던 이런 사유 구도가 아리스토텔레스의 동물학 3부작에서도, 이번에는 과학적인 형태로 선명하게 나타나고 있다.

---

47) 아리스토텔레스가 "왜?"라든가 "무엇?"이라고 물었다고 해서, 그가 기계론적 메커니즘이나 우연의 역할을 간과한 것은 전혀 아니다. 단지 그런 설명들만으로는 자연을 충분히 이해할 수 없다고 보았을 뿐이다.(예컨대 『자연학』, II, 198b/10 이하의 논의를 참조) 근대 철학자들은 목적인을 과도하게 비판함으로써 극단적인 기계론을 발전시켰으나, 아리스토텔레스는 자연을 바라보는 여러 관점들을 골고루 포용하는 사유를 전개했다. 이런 과도한 비판들은 이들이 아리스토텔레스 자신과 중세의 껍질로 덮인 스콜라적 아리스토텔레스주의를 세심하게 구분하지 못했기 때문에 제기된 것들이다.

질료와 형상

그렇다면 아리스토텔레스에게 자연은 구체적으로 어떤 존재였으며, 또 어떤 방식으로 탐구되어야 했는가? 아리스토텔레스에게는 사유의 두 축이 내재한다. 우선 그에게 퓌지스는 우시아(실체)를 뜻한다. 즉, 진정으로 "존재한다"고 할 만한 실재를 뜻한다. 그리고 우시아의 가장 기본적인 의미는 '사물들', '개체들'이다. 철수, 뽀삐, 이 장미꽃, 한강, 저 건물 … 이 모두가 우시아들이다. 그에게 이 사물들의 실재성은 의심할 바 없다.

그러나 우리에게 명료한 것은 복합체이고 우리는 그것을 그 자체에 있어 명료한 것들로 분석해 이해했을 때 그것을 "인식했다"고 할 수 있다. "분석에 있어서의 끝이 생성〔원리〕에 있어서는 처음"이다.(『니코마코스 윤리학』, III, 1112b/23~24) 그래서 위에서의 "존재한다"와 여기에서의 "인식한다"가 긴장을 형성하며, 이 긴장 때문에 그의 저작들에서는 개체들을 우시아로 보는 사유-축과 개체들을 더 분석해서 질료와 형상으로 (특히 형상으로) 보는 사유-축이 교착하고 있다. 이것은 앞에서도 강조했듯이 그가 한편으로 선대의 철학자들에 비해 주어진 대로의 세계를, 현상을, 존재의 다의성—그는 "존재(함)는 여러 가지를 뜻한다"라고 입버릇처럼 말하곤 했다—을 자체로서 긍정하는 입장을 취하면서도, 다른 한편 진정한 인식이란 보편적인 것, 본질적인 것, 영원한 것, 필연적인 것에 대한 인식이라는 그리스 존재론의 대전제를 공유하고 있기 때문이다.[48]

---

48) 그러나 아리스토텔레스가 모순된 견해를 단지 병치했다고 볼 수는 없다. 경험적으로 볼 때 일차적인 실체가 개체라 해도 그 개체의 보다 알맹이를 형성하는 것은 형상이기 때문이다. 개체의 우발적인 측면들(머리카락의 색깔, 코의 모양새 등등)은 질료에서 유래하나 본질적인 측면들은 형상에서 유래한다. 더구나 아리스토텔레스는 같은 종에 속하는 개체들도 형상을 조금씩 달리한다고 보았기 때문에(『우주론』, I, 278a/25, 『형이상학』, XII, 1071a/24~29) 각 개체 자체와 형상의 거리는 생각보다 훨씬 가깝다. 아리스토텔레스의 형상이 (플라톤과 달리) 어디까지나 물질 속에서 즉 개체에서 존재할 수 있는 것이긴 하지만, 결국 개체의 알맹이는 그것의 형상에 있는 것이다. 결론적으로 개체

우리에게 주어진 사물들을 존재론적으로 분석해볼 때, 거기에서 '질료'와 '형상'을 변별해낼 수 있다. 이른바 'hylemorphism=질료형상설'이다.('morphē'는 'eidos'를 뜻한다) 질료는 플라톤의 코라에 상응하는 개념으로서, 때로는 'hypokeimenon'으로 표현된다. 논리학에서는 '주어'에 해당하며, 존재론적으로는 "밑에 깔려 있는 것"이다.[49] 아리스토텔레스가 볼 때 예컨대 탈레스 같은 철학자들은 원리를 이 질료에서 찾았다. 질료란 무수한 변화 가운데에서도 그 자체는 항존(恒存)하는 원질이다. 아리스토텔레스에게 자연이란 우선 이 질료이다. 물질적 실재성이 없는 것을 '자연'이라고 할 수 있겠는가?

그러나 개체들을 분석해볼 때 그 물질성 외에 또 하나의 핵심적인 요소가 있다. 뼈와 피, 살 등을 모아났다고 해서 그것이 인간인가? 청동 자체와 그것을 빚은 조각상은 전혀 다르지 않은가? 똑같은 음식들도 어떤 순서로 먹느냐에 따라 맛이 달라지지 않는가? 개체들은 항상 어떤 질료들로 되어 있지만, 그 질료들만으로는 개체가 될 수 없다. 그 뼈, 피, 살 등을 "바로 이" 개체로 만들어주는 것, 그 청동을 "바로 이" 조각상으로 만들어주는 것, (다소 현대적으로 확대된 해석이지만) 그 음식물들을 "바

로 볼 것이냐 형상으로 볼 것이냐는 우연적인 것들까지 붙여서 전체로 보느냐 아니면 그것들을 떨어내고 알맹이만 볼 것이냐의 차이일 뿐이다. 개체화의 원리(principle of individuation)는 일차적으로 질료이지만(소크라테스가 인간 종이 아니라 개체인 것은 그가 고유의 몸을 가지고 있기 때문이다), 우연적인 것들은 분할 가능하다는 점에서(예컨대 동물은 머리카락, 손톱 등을, 심한 경우 다리를 잘라도 죽지는 않는다. 물론 어디까지가 우연적인 것인가에 대해서는 논쟁이 있을 수 있다) 결국 핵심적인 개체화의 원리는 각 개체의 형상이다. 형상이야말로 분할 불가능한 것이다.

49) 이 말은 라틴어 'substratum'으로 번역되었고 오늘날 'substrate'로 번역된다. 또한 'substantia', 오늘날의 'substance'로도 번역되었는데, 이 말은 'ousia'의 번역어로도 사용되기 때문에 혼동을 일으킨다.('우시아'의 보다 적절한 번역어는 'reality'이다.) 이는 번역자인 키케로가 'ousia'와 'hypokeimenon'을 동일시했기 때문이다. 다시 말해, 질료야말로 실재라고 생각했기 때문이다. 우리말로는 'ousia'를 '실체'로, 'hypokeimenon'을 '기체'로 번역했다.

로 이" 식사로 만들어주는 것, 그런 것이 존재해야 한다. 그리고 이것은 물질적 실체처럼 감각으로 직접 확인되는 것이 아니라 좀더 많은 이성적 사유를 필요로 하는 것이리라. 이것이 곧 '형상(形相)'이다. 질료는 어떤 것이 무엇"으로 이루어져 있는가"를 말해주지만, 형상은 그것이 무엇"인가"를 말해준다.

아리스토텔레스는 질료와 형상을 따로 떼어서 말하는 것은 무의미하다고 보았다. 둘은 형식적으로만 구분될 뿐 실체적으로 구분되지는 않는다. 그러나 그는 결국 형상에 방점을 찍는다. 왜일까? 우리가 누군가를 '안다'는 것은 그 사람의 규정성들(머리카락 색깔, 얼굴 모양새, 키 등, 또 특정한 표정, 말투, 거동 등, 나아가 그 사람의 기질, 성격, 인격 등, 더 나아가 그 사람의 사상, 감정, 이념 등)로 아는 것이다. 무엇인가가 도대체 어떤 식으로든 규정성들을 보여주어야 그것들을 통해 우리는 그것을 안다. 규정성이 형상이라는 말의 가장 일차적인 의미이다.[50]

이 형상 개념을 다른 몇몇 개념들과 연계해봄으로써 그 의미를 보다 분명히 드러낼 수 있다. 우선 '종(種)' 개념이 있다. '에이도스'의 의미들 중 하나는 종이다. 소크라테스의 머리 모양이나 말투 등은 우발적인 것이다. 그러나 그가 '인간'이 아닐 수는 없다. 소크라테스가 단순히 특정 질료로만 되어 있는 것이 아니라 인간이라는 것은 곧 그의 형상 또는 종이 인간이기 때문이다. 그래서 중세인들은 형상을 때때로 'species(라틴어 '스페키에스')'라 번역하기도 했다. 아리스토텔레스에게서 생물학과 존재론 사이의 연계성을 보여주는 또 하나의 예이다. 또 하나의 개념은 '본질'이다. 아리스토텔레스 자신의 표현으로는 'to ti ēn einai'이다. 어

---

50) 인지(人智)가 발달하지 않았을 때 '규정성(determination)'의 가장 일차적인 것들은 곧 감각적—특히 가시적—형상들이다. 누군가의 피부색이나 얼굴 모양 등이 그렇다.('인종주의'라는 것이 정치적인 문제임과 동시에 근본적으로는 인식론의 문제이기도 한 것은 이 때문이다) 흥미롭게도 그리스 철학사는 'eidos'라는 말의 뜻이 이런 즉물적인 의미에서 점차로 사물의 원리라는 의미로 "진화"해간 역사를 보여준다.

떤 것을 바로 그것이게 해주는 것, 그것은 바로 그것의 형상이자 본질인 것이다. 이 본질을 언어로 표현할 경우 '정의'가 된다. 무엇인가를 정의한다는 것은 바로 그것의 형상=본질을 언어적으로 드러내주는 것이기 때문이다. 형상은 또한 '목적'과도 통한다. 말〔馬〕의 목적은 자신의 말 '임' 즉 말의 형상을 완성하는 데 있다. 인간의 목적은 인간의 형상을 완성하는 데 있다. 그래서 형상은 목적과 통한다. 플라톤을 논하면서 언급했던 'ergon', 'dynamis', 'telos' 등과의 연계성을 다시 한 번 상기할 수 있다. 형상 개념은 이렇게 종, 본질, 정의, 목적 등과 연계된다.

질료와 형상 사이에 어떤 관계를 설정하는가가 중요하다. 서구 고중세 철학은 대개 '구현'의 논리를 구사했다. 이미 보았듯이, 플라톤의『티마이오스』는 가장 전형적인 구현의 존재론을 전개한다. 아리스토텔레스의 구현의 철학에서는 형상과 질료가 떼어서는 생각할 수 없는 관계가 된다. 이로써 매우 중요한 개념쌍이 등장한다. 형상이 질료 위에서 구현되기보다는 질료 안에서 구현되기에, 이제 질료는 '잠재태'로서 그리고 형상은 '현실태'로서 이해된다. 질료와 형상은 실체적으로 구분되지 않기에, 양자는 두 별개의 존재로서 관계 맺기보다는 한 사물의 잠재성과 현실성으로서 관계 맺는다. 질료는 형상을 지향하면서 '무엇'인가가 되어-가며, 형상은 질료를 통해서 스스로를 '구체화'해간다. 그리고 이 과정이 완성되었을 때 형상의 원래의 모습인 '완성태'가 성립한다.[51]

이 과정 전체를 지배하는 것은 형상이다. 질료는 형상의 구현이 이루어지는 터이며, 완성태는 질료를 매개로 해서 스스로를 구현한 형상 이

---

51) 아리스토텔레스의 용어들은 오랜 세월을 거치면서 갖가지로 변이했다. 예컨대 '가능태'로 번역되는 '뒤나미스'는 오늘날의 'dynamic'으로 남아 있으며, 역동적인 과정을 뜻하는 말로 화했다. 활동('에르곤')을 한다는 의미에서의 'energeia'(현실태)라는 말은 오늘날의 '에네르기/에너지'로 남게 된다. 완성태를 뜻하는 'entelecheia'는 마침내 '텔로스'를 가지게 된 상태를 뜻하며, 훗날 한스 드리시 같은 사람들의 생기론(vitalism)에서는 'Entelechie'가 된다.

외의 것이 아니기 때문이다. 그러나 형상은 어디까지나 질료의 본성과 맞물려 구현될 뿐 질료를 떠난 형상은 생각할 수 없다. 바로 그렇기 때문에 질료는 형상과 맞서는, 플라톤 식으로 말해 이성이 애써 설득해야 할 어떤 타자가 아니라, 형상 자신의 잠재태 이외의 것이 아니다. 마찬가지로 형상은 질료의 현실태/완성태 이외의 것이 아니다. 질료는 아직 피어나지 않은 형상이고, 형상은 질료가 피어나 가야 할 바로 그 본질인 것이다. 이렇게 본다면 아리스토텔레스가 플라톤을 어떻게 잇고 있고 어떤 점에서 그와 갈라지는지가 분명해진다. 플라톤도 아리스토텔레스도 형상철학(idealism)[52]을 전개하지만, 각각에 있어 형상의 성격은 달리 파악되고 있는 것이다. 형상의 이런 주도권을 설정하지 않고 질료—이 경우는 '물질'—자체가 스스로 규정성들을 표현해간다고 볼 때 유물론이 성립한다.[53]

아리스토텔레스의 세계는 형상들의 확고한 동일성에 의해 정돈된 세계이다. 헤라클레이토스를 예외로 한다면, 그리스의 존재론—사실상 니

---

52) 앞에서 말했듯이, 이를 '관념론'으로 번역하는 것은 고대 철학과 근대 철학을 혼동하는 것이다. 문제가 되는 것은 '실재론과 관념론'의 구도가 아니라 '유물론과 형상철학'의 구도이다.

53) 여기에서의 '표현'은 물질이 일정한 규정성들을 띠면서 인식 주체에게 나타나는 과정을 뜻한다. 이 표현의 존재론에도 두 가지 형태가 있을 수 있다. ① 원자론이라든가 무규정의 물질에서 출발하는 사유들처럼 규정성이 극히 희박한 실재가 점차 새로운 규정성들을 얻어가면서 풍부해지는 과정—이 과정은 다시 원자론에서처럼 공간적 성격을 띨수도 있고(이 경우 핵심 개념은 '조합'이 된다) 시간적인 성격을 띨 수도 있다(각종 형태의 '진화론'들)—으로 이해하는 경우. 이 경우 이 '새로움들'이 도대체 어떻게 생길 수 있는가가 문제가 된다. ② 세계 자체는 무한한 규정성들로 출렁이는 장이며 그 장에서 보다 빈약한 존재들이 마름질되어 나오는 것으로 이해하는 경우. 이 경우는 잠재성으로부터 현실성으로의 이행을 설명하는 것이 문제가 된다. 전자가 더 빈약한 것들이 조합되면서 더 풍요로운 것들이 생겨 나오는 구도라면, 후자는 더 풍요로운 것들의 장에서 더 빈약한 것들이 분화(分化)되어 나오는 과정이다. 또 한 경우는 다원적 장(場)을 설정하고서 장들 사이에서의 '번역'을 표현으로 보는 경우이다. 나는 3권에서 이 구도를 구체화해나갈 것이다.

체 · 베르그송에 의한 본격적인 생성존재론(ontology of becoming)의 등장 이전의 대부분의 존재론—은 어떤 동일성을 상정하는 것을 핵으로 했다. 서구 철학사에 길게 드리워진 파르메니데스의 그림자라 하겠다. 그러나 아낙사고라스, 플라톤, 아리스토텔레스 등에 이르러 이 동일성(각각에서 그 내용은 모두 다르다)은 거의 무한히 다양해진다. 반면 원자론의 경우 양적으로는 다양해지지만 질적으로는 오히려 극한으로 축소된다. 이렇게 동일성들의 파악과 배치는 모두 달랐지만. 아리스토텔레스에 이르러 동일성은 상식에 가장 부합하는 방식으로 고정된다. 그의 세계는, 다른 측면들을 잠시 접어두고서 말하면, 개체 · 종 · 유의 형상들의 체계, 마치 작은 동그라미들과 중간 동그라미, 큰 동그라미들이 조화롭게 입체적으로 배치되어 있는 세계와도 같다.[54] 이 점에서 아리스토텔레스는 사물들—특히 생명체들—이 조직되어 있는 그대로의 동일성을 중시한 형상/동일성의 철학자이며, 또 이 동일성들의 유기적이고 조화로운 체계를 사유했다는 점에서 최초의 위대한 유기체주의자이기도 했다.

아리스토텔레스는 이런 전반적 구도 하에서 그의 유명한 '4원인'을 강조한다. 잘 알려져 있듯이, 그의 'aitia'는 현대적 의미에서의 원인보다 훨씬 포괄적이다. 그것은 사물의 두 원인인 질료인과 형상인만이 아니라 사물과 사물의 외적인 관계에서 성립하는 능동인, 그리고 형상인의 또 다른 의미이자 또한 한 사물의 내적 본질(형상)과 그것이 타자들과 맺는 외적인 관련성을 이어주는 목적인을 모두 포괄한다. 이 원인들을 두루

---

54) 따라서 그에게 형상과 형상의 경계가 무너진다거나, 한 형상에서 다른 형상이 나온다거나, 형상들이 서로 겹친다거나 하는 것은 있을 수 없었다. "인간은 인간에게서 나온다"(『자연학』, II, 193b/9)는 것은 그에게 거의 모토와도 같았다.(물론 아리스토텔레스는 실증적인 생물학자였고, 자연을 연구할 때 매우 복잡미묘한 대목들이 있다는 것을 억지스럽게 부정한다거나 하지는 않았다) 형상들의 동일성에 입각한 이런 철학은 19세기에 등장한 '진화(evolution)' 개념에 의해 도전받기 시작한다.

파악해야 우리는 비로소 해당 사물을 '안다'고 할 수 있다. 상수리나무가 무엇으로 이루어져 있는지, 그것이 무엇인지, 어떤 과정을/관계를 통해서 생로병사를 겪는지, 그 과정의 목적이 무엇인지를 알았을 때, 우리는 상수리나무를 이해한 것이다.

운동의 설명

아리스토텔레스에게 자연의 가장 기본적인 성격은 생성을 초월하는 것이 아니라 생성하는 것이다. 그에게 생성은 더 이상 허상이 아니다. 따라서 자연 탐구의 첫발은 이 생성/변화 개념을 명료화하는 데에서 출발해야 한다. 그래야만 탐구가 혼란스럽지 않게 계통적으로 이루어질 수 있기 때문이다.[55]

아리스토텔레스가 4원인 못지않게 자주 열거하는 것이 생성/변화의 네 종류이다. 정확히는 크게 탄생/소멸과 운동이 구분되고, 다시 운동의 3종류가 열거된다. 탄생/소멸과 운동의 관계는 역시 범주론을 참조해서 이해할 수 있다.[56] 탄생과 변화는 실체 자체의 생성/변화를 가리

---

55) 자연적 생성 외에 다른 두 생성은 인공적 생성과 우발적 생성이다. 인공적 생성은 인간이 무엇인가를 만들어냄으로써 이루어지는 생성이며, 이 생성은 기예, 능력, 사고를 통해 실현된다.(『형이상학』, VII, 1032a/28) 인공적 생성에서 형상들은 객관세계가 아니라 인간의 영혼 속에 '관념들'로서 존재한다. 기독교의 제작적 세계관은 아리스토텔레스의 이 인공적 생성을 모델로 하고 있다. 신은 자신의 마음속의 형상=본질들을 물질에 '구현'한다. 형상/본질은 신의 '관념=말씀'이 되고, 기예, 능력, 사고는 신의 '권능'과 '섭리'가 된다. 아울러 신의 섭리가 지배하는 세계에서 우발적 생성은 원칙적으로 불가능하게 된다. 아리스토텔레스적 삼분법은 유대-기독-이슬람적 일원론으로 수렴하게 된다. 우발적 생성은 예컨대 물고기들이나 곤충들에서처럼 저절로/우발적으로 이루어지는 생성이다.(『동물지』, VII, 569a/11. 『동물발생론』, II, 732b/12) 아리스토텔레스는 '저절로'/ '우발적으로'를 뜻하기 위해 "apo tautomatou"와 "apo tychēs"(『탄생소멸론』, II, 333b/6) 또는 "dia tychēn"과 "dia to automaton"(『자연학』, II, 195b/32) 같은 표현들을 쓰고 있는데('아우토마톤'은 데모크리토스의 주요 용어였음을 상기), 이 점에 주목할 경우 그가 기존 자연철학의 문제점으로 보았던 점('nous' 없는 설명)도 생성 이해의 한 갈래로서 받아들이고 있다고 볼 수 있다.

키며, 운동(movement)은 나머지 9개 범주들에서의 생성/변화를 가리킨다. 보다 간단하게는 질적 변이, 양의 증가와 감소, 그리고 장소의 이동(motion)으로 정리된다. 아리스토텔레스의 자연철학은 결국 이 네 가지 방식의 생성/변화를 다루는 것이다. 생성/변화에 대한 아리스토텔레스의 생각은 다음 구절에 압축적으로 나타나 있다.

> 생성/변화는 양극 사이에서 움직인다. 예컨대 개별자=실체에게서는 형상의 현존과 결여로, 다른 범주들에서는 대립자들로(예컨대 질에 있어 하양과 검정, 양에 있어 완전수와 불완전수,[57] 장소에 있어 안으로의 이동과 바깥으로의 이동 또는 위로의 이동과 아래로의 이동) 이루어진다.
> 완성태와 잠재태를 구분했거니와, [이 개념들을 통해서] 이제 운동을 정의할 수 있다. 운동이란 잠재태로부터 완성태로 나아가는 과정이다.(『자연학』, III, 201a/3~11)

여기에서 아리스토텔레스는 탄생과 소멸을 포함해 운동을 ①잠재태에서 완성태로 나아가는 과정으로 정의하고 있으며, ②그 과정은 대립

---

56) "생성하는 모든 것은 무엇인가에 의해 그리고 무엇인가로부터 생성한다. 이 무엇을 나는 각 범주─실체, 양, 질, 장소─에 따라 이해한다."(『형이상학』, VII, 1032a/14~15) 아리스토텔레스는 우선 실체 자체의 생성/변화인 탄생/소멸과 다른 범주들에서의 생성/변화인 '운동'을 구분한다. 그리고 후자를 다시 질에서의 변이, 양에서의 증가와 감소, 그리고 장소의 이동으로 나눈다. 『탄생소멸론』은 이 내용을 자세히 다루고 있는 대표적인 저작이다.

생성/변화 (metabolē) ┬── 탄생(genesis)/소멸(phthora)
　　　　　　　　　　　└── 운동(kinēsis) ┬── 질적 변이(alloiōsis)
　　　　　　　　　　　　　　　　　　　　├── 양적 증감(auxēsis, phthisis)
　　　　　　　　　　　　　　　　　　　　└── 공간 이동(phora)

57) 불완전수에 대해서는 『자연학』, V권의 첫머리를 보라.

자들 사이에서 이루어짐을 분명히 하고 있다.

운동이란 잠재태에서 완성태로 옮아감이거니와, 이 옮아감의 주체는 물론 실체이다. 실체들'이' 생성한다. 실체란 질료와 형상의 복합체이고, 따라서 생성하는 것은 이 복합체이다. 그렇다면 이것들의 역할은 무엇일까? 우선 생성의 진정한 주체는 형상일까 질료일까? 여기에서도 규정의 물질적 터보다는 규정성 자체가 우위에 선다. 질료 없는 생성은 있을 수 없지만(생성의 터이기에) 도대체 무엇'이' 생성했는지는 역시 그 '무엇'을 해명해야만 밝혀진다. 이 무엇, 즉 생성의 핵심 주체는 역시 형상이다. 아울러 생성에는 능동인이 관여하며, 생성의 전체 과정은 목적인이 지배한다. 대립자들의 경우에는 형상의 부재도 하나의 형상으로서 취급된다. "형상과 자연은 두 가지 방식으로 말해진다. 결여(sterēsis)도 특정한 방식의 형상이기 때문이다."[58] 남자의 결여는 곧 여자이고 여자의 결여는 곧 남자이며, 뜨거움의 결여는 곧 차가움이고 차가움의 결여는 곧 뜨거움이다. 결국 아리스토텔레스의 운동 개념의 기본 패러다임은 실체를 터로 해서 한 규정성이 다른 규정성으로 교체되는 것이다. 앞에서 말했던 '$xA \rightarrow xB$'의 구도이다. 지금의 경우에는 x 자체의 발생/소멸과 $A \rightarrow B$의 운동이 분명하게 구분되고 있다. 결론적으로 말해, 운동이란 한 사물에 있어 질료의 잠재성이 형상으로 현실화하는 것이다. 바로 그렇기 때문에 아리스토텔레스의 운동 개념에서 핵심적인 것은 대립자들이다. 운동이란 결국 x가 비-x로 또는 비-x가 x로 되는 것이며(발생과 소멸), xA가 xB로 되는 것(A와 B는 대립자들)이다. 그리고 이런 대립적 규정성들의 교체는 질료의 잠재성과 맞물려 이루어진다.

---

[58] 『자연학』, II, 193b/18~19. 이것은 '비존재'에 대한 파르메니데스의 부정에 대한 응답이며, 『소피스트』 편에서 논의된 '타자로서의 비존재'를 나름의 방식으로 잇고 있는 것이기도 하다. '비존재=결여'는 '잠재적인 존재'이다. 아리스토텔레스는 "세 종류의 비존재"를 말하는데(『형이상학』, XII, 1069b/27), 나머지 두 개는 '절대적 비존재'와 '거짓/오류로서의 비존재'이다.

이런 운동 개념을 발생과 소멸에 관련해 선명하게 보여주는 저작으로는 『동물발생론』이 있다. 이 저작은 아리스토텔레스 운동 이론의 핵심적인 패러다임을 실증적으로 드러내고 있다. 발생 과정은 잠재태로부터 완성태로 나아가는 운동 과정을 가장 생생하게 보여주는 예이다. 일종의 알에 불과한 난자가 수태 이후 분화에 분화를 거듭하면서 마침내 복잡하기 이를 데 없는 한 개체로서 탄생하는 과정은 현대인에게도 경이를 불러온다. 아리스토텔레스는 여성의 난자가 잠재적 개체라면 그것을 현실적 개체로 만들어주는 것은 남성의 정자라고 본다. 더 정확히 말해 정자가 포함하고 있는 형상이라고 해야 할 것이다. 물론 여성의 난자가 잠재적으로 이 형상이 아니라면, 아무리 수태해도 그 난자는 그 개체가 되지 않는다. 이 점에서 질료는 잠재적 형상이며 형상은 현실적 질료라 해야 할 것이다. 아리스토텔레스는 형상/본질을 뜻하기 위해 '로고스'라는 표현을 자주 쓰고 있는데, 이것은 형상이 이 과정의 주인공이라는 것, '이유'라는 것을 은근히 시사한다. 아리스토텔레스는 정자의 역할에 무게중심을 두고서 이 과정을 설명하고 있으며, 이것은 형상이 깃들어 있는 곳, 즉 개별적 실체들의 본질이 깃들어 있는 곳이 정자이기 때문이다.[59]

여기에 성체로서의 남성과 여성은 능동인으로서 이 모든 과정을 가능케 한다. 남성이 형상을 여성이 질료를 제공함으로써 생식이 이루어지며, 여성의 질료에 남성의 형상이 깃드는 과정이 계속됨으로써 하나의 종(에이도스)=형상이 이어지게 된다. 그래서 이 모든 과정은 일정한 목적을 띠고 있는데, 그것은 생명체가 질료보다는 형상, 신체보다는 영혼,

---

[59] 아리스토텔레스는 정자에 관련해 범생설(凡生說)을 거부하며, 또 암수 모두에게서 정자가 나온다고 본 퓌타고라스학파의 이론도 비판한다. 아울러 그는 아낙사고라스, 데모크리토스 등이 주장한 전성설(前成說)을 비판하고 후성설을 제시하고 있다.(1권을 참조) 이 외에도 그의 이론은 당대의 일반적인 생명 이해의 수준을 훌쩍 뛰어넘고 있다. 그리고 이 이론을 줄곧 끌고 가는 것은 그의 정자 이론이다.

단순한 기계론적 과정보다는 목적론적 과정이라는 "더 나은" 곳을 향하기 때문이다.(『동물발생론』, II, 731b/18 이하) 더 넓은 맥락에서 볼 때 이는 영원의 문제와도 관련된다. 바로 생식을 통해서 형상들이 영원히 이어지며, 생명의 고리가 이어지기 때문이다. 아리스토텔레스가 정자들의 특별한 재료인 '프네우마'를 천체들의 특별한 재료("제1의 물질"인 '에테르')와 유비적인 것으로 파악하는 대목은 드라마틱하다. 생명의 영원성과 우주의 영원성이 자연의 심층에서 섬광처럼 교차하고 있다. 이렇게 해서 발생의 과정에 네 원인이 어떻게 작동하는가가 분명하게 드러난다. 운동이란 잠재태에서 완성태로의 이행이며, 형상의 부재와 현존이라는 대립성, 질적 대립자들의 교체가 그 과정을 지배하고 있는 것이다.[60]

아리스토텔레스에게 특별히 중요했던 것은 발생과 소멸 및 질적 변이였다. 그러나 그에게서는 양적 증감과 공간 이동 역시 운동의 또 다른 축들을 담당한다. 아리스토텔레스가 중요하게 다루었던 양적 증감은 한 실체에서의 증감(즉 범주들 중 하나로서의 양에 관련된 증감)이었다. 생명체의 성장이나 쇠퇴, 물체의 확대나 축소가 그 예이다. 이런 현상은 실체가 바깥의 공간에 관련해 운동하는 공간 이동이 아니라 자체 내의 물질들에서의 변화의 문제이다.(『발생소멸론』, I, 320a/8 이하) 아리스토텔레스는 한 생명체가 성장할 때 더해지는 것은 과연 무엇인가, 성장의 주체는 정확히 어떤 것인가 등의 문제들을 다루고 있다. 이 외에도 양적 증감에 관련된 논의는 여러 갈래가 있을 수 있으나, 역시 아리스토텔레스에게 중요했던 문제는 생명체의 성장의 문제였던 것으로 보인다.

---

60) 『기상학』은 대립자들의 역할을 특히 잘 보여준다. 여기에서 아리스토텔레스는 주로 4원소들을 다루고 있으며, 뜨거움과 차가움 그리고 말라 있음과 젖어 있음 같은 대립자들을 바탕으로 기상 현상을 다루어나간다. 아리스토텔레스는 4원소를 이 대립자들을 통해서 이해하고 있으며(불은 溫乾, 물은 冷濕, 흙은 冷乾, 공기는 溫濕), 이것들은 엠페도클레스에게서처럼 궁극의 실체로 이해되지 않기 때문에 서로 간에 변환이 가능한 것들로 이해되었다. 이 생각은 훗날 중세의 연금술을 촉발하게 된다.

공간 이동—더 정확히 말해 장소의 이동—은 특히 『자연학』의 후반부(V~VIII권)에서 집중적으로 다루어진다.[61] 그리고 특별히 원운동은 『천체론』[62]이 다루고 있다. 아리스토텔레스는 장소 이동과 관련해, 한편으로는 자연적 운동과 강제적 운동을 구분했고 다른 한편으로는 월하(月下)의 직선/곡선운동들과 천상(天上)의 원운동을 구분했다. 원소들은 자연적 운동을 한다. 흙은 우주의 중심—지구의 중심—을 향하며, 물이 그 위를 흐른다. 공기가 대기를 채우고 있고, 불은 그 위로 올라간다. 각 원소들은 각자의 "자연스러운 장소"를 가진다. 반면 바람이 불어 흙이 공중에 날아올라가는 운동이나, 생명체들—특히 인간—이 일으키는 운동들(건축을 위해 자연을 변형하는 경우 등)은 강제적 운동들이다. 아리스토텔레스는 오늘날로 말해 '역학(mechanics)'에 해당하는 논의를 풍부하게 펼쳤으나, 근대 과학이 등장했을 때 이 대목이 가장 먼저 무너지게 된다. 3권에서 논하게 되겠지만, 아리스토텔레스의 질적 과학과 근대의 양적 과학 사이에는 거대한 심연이 놓여 있기 때문이다.

지상=월하의 세계에서 벌어지는 운동과 천상에서 벌어지는 운동은 다르다. 천상의 천체들은 항상 원운동을 하고 있으며, 그 운동 또한 거의 완벽에 가깝게 이루어지고 있기 때문이다. 이런 믿음은 갈릴레오에게까지도 이어진다. 때문에 아리스토텔레스는 천상은 4원소와 구분되

---

61) 아리스토텔레스가 장소 이동을 다루기 전에 『자연학』, II~IV권에서 다루는 내용은 그의 사유의 가장 심오한 국면들에 해당한다. II권에서 다루는 우연, 우발성, "필연"의 문제, III권에서 다루는 연속성과 무한의 문제, IV권에 다루는 장소, 진공, 시간의 문제는 오늘날로 말해 과학철학 또는 존재론의 가장 중요한 문제들에 속한다.

62) 이 저작이 다루는 '우라노스'는 우주를 뜻할 수도 있고 천체들을 뜻할 수도 있다. 또 이 저작의 III권은 4원소를 다루고 있고(『기상학』과 연결된다), IV권은 역학에 속한다고 할 수 있는 무게의 문제를 다루고 있다. 때문에 '천체론'이라는 번역어가 그다지 적합하지는 않다. '하늘 이야기'라는 우리말 번역이 내용을 더 잘 표현해줄 것 같다. 그러나 천체들에 대한 논의가 중심을 차지하고 있기 때문에 관례를 따라서 『천체론』이라 번역한다.

는 '제5 원소'—"제1의 물질"—로 되어 있다고 보았고, 그것을 플라톤을 따라 '아이테르(/에테르)'라 불렀다. 아리스토텔레스 역시 우주의 신성함에 대한 고대인들의 믿음을 공유했다. 그러나 이것은 믿음의 문제만은 아니었다. 당시의 관찰은 일정한 한계가 있었고, 아리스토텔레스는 관찰 결과에 충실했을 뿐이다. "상고 시대부터 지금까지 내려온, 세대를 통해서 전해 내려온 기록들에 의하면, 가장 바깥쪽 우주 전체에서는 또는 그 부분들 각각에서는 어떤 변화의 흔적도 찾을 수 없다."(『천체론』, I, 270b/9~17) 천상의 운동은 직선운동이 아니라 원운동이라는 점에서 그리고 항구적인 운동이라는 점에서 확실히 지상의 운동들과는 달랐다. 그렇다면 이 운동을 주재(主宰)하는 특별한 존재는 어떤 존재일까?

§3. 형이상학 1: 탁월한 존재들로서의 우주, 신, 영혼

아리스토텔레스는 천상의 운동을 주재하는 이 존재가 바로 신이라고 생각했다. 이것은 그리스인들의 보편적인 믿음과 일치하는 생각이었으나, 아리스토텔레스가 생각한 세부적인 내용은 일반적인 믿음과 달랐다. 우선 그는 신들에 대한 일반적인 믿음을 인간의 자의적인 상상으로 보았다. 신들을 의인화해서 생각하던 당대의 수준에서 아리스토텔레스는 멀리 떨어져 있었다.[63] 『형이상학』 XII권에서 집중적으로 다루어지는 아

---

63) 갑자기 비약적으로 넓어진 우주라는 이미지는 흔히 과학혁명 시기의 천문학과 결부되어 있지만(알렉상드르 코이레의 책 제목처럼 "유한한 세계에서 무한한 우주로"), 사실 그리스 철학자들에 의한, 지구를 중심으로 한 동심원들의 거대한 체계라는 우주관의 등장은 고대인들에게는 근대 천문학에서의 혁명 못지않게 혁명적인 것이었다. 제우스, 야훼 등등 이전의 신들은 바로 저 위 하늘이나 산(올림포스 산 등)에 사는, 인간과 상당히 비슷한 그런 존재들이었다. 이후의 추상화된 신 개념과는 판이한, 오늘날의 눈길로 볼 때는 무척이나 즉물적인 이미지를 띠고 있었던 것이다. 그러나 우주의 이미지가 이렇게 현저하게 바뀌자 이제 신의 이미지 또한 예전과 같은 이미지일 수가 없었다. 우

리스토텔레스의 신 개념은 이후 종교적 신 개념과 구분되어 전개되어간 철학적(형이상학적) 신 개념의 원형을 이룬다.

우주와 신

아리스토텔레스가 볼 때 운동과 시간은 영원하다.[64] 그리고 연속적이다. 연속적인 운동을 대표하는 것은 장소 이동이다. 질적 운동은 대립자에서 대립자로 이행하는 불연속성을 함축하지만 장소 이동은 연속적이다. 그런데 연속적이면서 끝나지 않는 운동이 있다면, 그것은 바로 원운동이다. 이런 원운동을 하는 것이 곧 천체들이다. 이 점에서 천체들의 운동은 우주 내의 운동이라기보다 집합적 의미에서의 우주 자체의 운동이라 해야 할 것이다.[65] 아리스토텔레스에게 모든 운동은 잠재태로부터 현실태로의 이행이다. 그러나 이런 이행이 가능하기 위해서는 그 이행의 방향을 전체적으로 주도하는 완성태가 먼저 존재해야 한다는 것이 아리스토텔레스 사유의 핵심이다. 아무리 재료가 쌓여 있어도 설계도가 없으면 집을 지을 수 없다. 마찬가지로 어떤 형태로든 닭이 있어야만 달걀이 도대체 어느 방향으로 분화해나갈지가 결정될 수 있다. 그렇지 않다면 모든 운동은 혼돈 그 자체일 것이다. 이 완성태가 곧 그 존재의 형상이요 목적이다. 그리고 한 존재의 바로 앞의 완성태는 또한 그것의 작용인이기도 하다. 생명체에서의 부모가 바로 그들이다. 이 형상인/목적인(이자 경우에 따라 작용인)이 존재할 때에만 각 존재들이 도대체 무엇인지 그리고 무엇을 위해 그렇게 운동하고 있는지 그리고 무엇'이' 그것들을 운동하게 하는지 하는 물음들이 성립할 수 있다. 이것은 천체들의 운동에 있

주의 개념이 넓어진 그만큼 신 개념도 보다 추상화되어야 했던 것이다. 이런 급변은 근대 초 새로운 우주관이 도래했을 때 다시 한 번 일어난다.

64) 『자연학』, IV, 219b 및 VIII, 250b/23 이하, 259a/16, 261a/31 이하, 264a/7 이하.

65) 자세한 논의를 위해서는 『천체론』, I, 268b/11 이하(와 286a/3 이하) 및 『자연학』, VIII, 261b/27 이하를 볼 필요가 있다.

어서도 마찬가지이다. 천체들의 원운동을 가능케 하는 완성태가 먼저 존재해야 하며, 그 완성태는 모든 천체 운동들이 그것'을 향하는' 목적이어야 한다. 이 존재가 바로 신이다.

그러나 신은 작용인은 아니다. 부모가 자식을 낳듯이, 또는 물리적 능동체가 피동체를 움직이듯이, 그렇게 신이 사물들을 움직이지는 않기 때문이다. 신은 스스로는 움직이지 않으면서 만물을 움직이는 '부동의 원동자(原動者)'이다. 신은 개념상 영원한 존재이기에 질료를 가지지 않는다. 따라서 잠재성을 가지지 않는다. 신은 '순수 현실태'이다. 따라서 부동이다. 그럼에도 신은 만물을 움직인다. 모든 잠재태는 그 현실태를 향해 운동하며, 모든 현실태의 극한이 순수 현실태로서의 신이기 때문이다. 신은 만물의 목적이 됨으로써 만물이 자신을 향하여 운동하게 만든다. 신은 작용인으로서가 아니라 목적인으로서 존재한다. 말하자면 신은 사물들을 밀어서 운동케 하는 것이 아니라 (힘을 전혀 가하지 않으면서도) 끌어당김으로써 운동케 한다. 신은 단지 존재함으로써 만물을 움직인다. 이것이 '부동의 원동자'라는 개념의 의미이다. 그렇다면 신이 "존재한다"라는 말은 무엇을 뜻할까? 신이 순수 현실태라는 것은 어떤 의미에서든 살아 있는 존재임을 함축한다. 죽은 것이 현실태일 수는 없다. 그렇다면 신이 '살아 있다'라는 말은 무엇을 뜻할까? 앞에서 말했듯이, 아리스토텔레스가 볼 때 신을 의인적으로 생각하는 것은 상상에 불과하다. 그렇다면 답은 하나밖에 없다. 신의 활동은 곧 '순수관조'이다. 신은 '완전한' 존재로서 '열락(悅樂)'을 누린다. 이 점에서 아리스토텔레스의 신은 플라톤의 부지런한 조물주와 다르다.

좀더 현실적인 존재들 중 신에 근접하는 것은 이성(누스) 또는 순수사유(노에시스)이다. 이성과 순수사유만이 사물들을 '관조'할 수 있기 때문이다. 영혼이 신과 연결되는 사다리의 역할을 하는 것은 고중세 사유 일반의 경향이거니와, 아리스토텔레스에서도 역시 영혼 특히 그 이성적/순수사유적 측면은 신에 연결되며 또 신에 가깝다는 의미에서 천체들과도 연결된다. 사유는 사유될 수 있는 것 즉 가지적인 것을 지향한다. 천체들이야말로 가지적인 것이며, 신은 그 극한이다. 이성은 가지적인 것을 파악할 때 특유의 현실태로서 활동한다. 신에 가까운 현실성이야말로 이성이 품고 있는 신성한 요소이다. 그래서 아리스토텔레스에게 관조의 활동—이론(thēoria)—은 완전하고 지고한 행복이다. 그리고 순수 현실태로서의 신 즉 지고한 이성은 그 스스로를 사유한다. 그래서 신의 사유는 "사유의 사유"이다.

영혼이란 무엇인가

신과 천체들에 직접 연결되는 또 하나의 존재는 생명이다. 생명의 보다 고차적 형태는 '정신'으로 나타나고, 더 고차적인 형태는 이성/사유의 형태로 나타난다. 아리스토텔레스는 이 모두를 묶어서 '영혼'이라 부른다. 그리스의 '영혼' 개념 자체가 이런 과정을 거치면서 발전해왔고, 아리스토텔레스는 그 모두를 취합해서 논의한다고 볼 수 있다. 영혼은 우주, 신과 더불어 또 하나의 탁월한 존재로서, 훗날 '특수 존재론'의 세 주제 중 한 자리를 차지하게 된다. 『영혼론』은 오늘날의 생명철학과 심리철학의 고전이며, 존재론적–윤리학적 맥락에서도 중요한 저작이다.

아리스토텔레스의 영혼론을 논할 때 우선 주의해야 할 것은 그의 영혼 개념이 '생명'의 의미와 '정신'의 의미를 함께 포괄하고 있다는 점이다. 이것은 곧 그가 자연철학적인 영혼 개념과 소크라테스 혁명 이후의 영혼 개념을 통합해서 논의한다는 점을 말한다. 나아가 그에게는 플라톤적 실체화를 겪은 이후의 영혼 개념의 영향 또한 존재한다. 그는 이런 철학사적 지식을 기반으로 한편으로 영혼을 물리적인 어떤 것으로 파악하려는 전통을 논박하며, 다른 한편으로 그것을 신체를 초월한 어떤 것으로 파악하려는 전통을 논박한다. 전자를 자연주의 또는 환원주의라 부를 수 있고, 후자를 초월주의라 부를 수 있을 것이다.

우선 아리스토텔레스는 자연주의[66]/환원주의를 비판한다. 이것은 곧 영혼을 자연철학적 방식으로만 이해하는 관점들에 대한 비판이다. 자연주의자들은 영혼을 물질적인 존재로 파악하며, 영혼을 가진 존재들은 운동과 감각이라는 두 가지 특징을 보여준다는 사실에 근거해서 그것을 설명한다. 이들은 영혼은 매우 영묘한 물질이며, 신체에 직접 작동함으로써 활동한다고 말한다. 예컨대 엠페도클레스는 영혼을 원소들을 가지고서 설명했고, 데모크리토스는 원자들을 가지고서 설명했다. 그 밖에도 많은 사람들이 영혼을 유물론적으로/물리주의적으로 설명했다. 아낙사고라스만은 이성(누스)을 언급함으로써 이런 흐름에서 비켜 가 있었지만, 그는 이 누스가 어떻게 활동하는지에 대한 탐구를 남기지 않았다. 아리스토텔레스는 플라톤까지도 이 부류에 넣어 논하는데, 그것은 다분히 일면적인 이해라 할 것이다. 오히려 아리스토텔레스 자신의 영혼론은 소크라테스-플라톤의 연장선 상에 있다. 어쨌든 아리스토텔레스는 자연주의적 이해들이 영혼을 물리적인 어떤 것으로 이해함으로써 결국 얼마나 우스꽝스러운 결과들을 가져오는가—예컨대 영혼이 장소 이동을 한다고 말할 경우 얼마나 불합리한 결론들이 나오는가—를 다각도로 논하면서 비판한다. 사실 영혼에 대한 순수 물리적인 설명은 "영혼의 색깔은 어떤 색인가?", "영혼은 몇 g인가?"라고 물어보는 것만으로도 어려움에 빠진다.

아리스토텔레스에게 영혼은 질료가 아니라 형상이다. 또, 잠재태가 아니라 현실태이다. 질료는 개체의 물질적 기반은 될 수 있어도 그 자체가 영혼은 아니다. 영혼은 질료를 일정한 방향으로 이끌어가는 현실태이다. 그것은 한 개체의 '무엇-임'으로서의 형상이며, 또 한 개체가 무엇을 향해, 무엇을 위해 생성하는가를 밝혀주는 목적이기도 하다. 형상이 질료를 인도한다는 것이 물리적인 작용을 한다는 것은 아니다. 그것은 '무

---

66) 이때의 'naturalism'은 현대적 의미에서의 '자연=nature'를 전제한다. 자연을 '퓌지스'로 본다면, 영혼도 물론 퓌지스이다.

엇-임'으로서, '무엇을-위해서'로서 질료를 인도한다. 한마디로 영혼은 "생명을 가지고 있는 자연물 즉 유기체의 제일 현실태"이다.[67] 눈을 하나의 생명체로 비유한다면, 그것의 영혼은 다름 아닌 시각이다. 아리스토텔레스의 이런 영혼 개념은 현대적인 관점에서도 흥미롭다.

아리스토텔레스는 자연주의 못지않게 초월주의도 비판한다. 예컨대 퓌타고라스학파는 영혼이 한 신체로부터 완전히 분리되어 떠돌아다니다가 다른 신체에 들어간다는 식의 이해를 가졌다. 이것은 자연주의가 영혼을 물화(物化)하는 것과 대척점에 있는 또 하나의 물화이다. 아리스토텔레스에게서 영혼은 형상/현실태로서 개체에게서 작동하는 것이며, 질료/잠재태(신체)와 맞물려서만 의미를 가질 뿐이다. 퓌타고라스학파의 것과 같은 영혼론은 사실 대부분의 종교적 담론에 공통되는 영혼론이며, 앞에서 플라톤의 『파이돈』에도 이런 영혼론의 그림자가 짙게 드리워져 있음을 보았다. 그러나 아리스토텔레스에게 영혼이란 질료의 현실태/형상 이외의 것이 아니다. 그래서 그는 영혼과 신체가 하나인가라는 물음은 아예 제기될 필요조차 없다고 말한다. 뒤에서 언급할 단 한 가지 경우를 예외로 한다면, 신체와 영혼은 한 생명체의 두 측면이며 각각 한 생명체의 잠재태와 현실태로서 존재한다.

다음으로 논해야 할 것은 영혼의 능력들—물론 신체와 상관적으로—이다. 아리스토텔레스는 특히 중요한 것으로 영양 섭취 능력, 욕구 능력, 감각 능력, 장소 이동 능력, 사유 능력을 들고 있다. 근대 철학에 이르러서는 생물학적 맥락과 인식론적 맥락이 구분되면서 감각, 지각, 기억, 상상력, 감정, 사유 등을 중심으로 '인성론'이 전개되었으나, 생명 개념과 정신 개념을 통합해서 영혼을 이해하는 아리스토텔레스는 생물학적 능

---

67) 영혼이 '제일 현실태(actus primus)'인 것은 앞에서 닭과 달걀의 예를 들었던 것과 같은 이유에서이다. 제일 현실태가 생성/운동 전체를 이끌어가지 않는다면 사물들의 질서는 성립하지 않기 때문이다.

력들과 인식론적 능력들을 통합해서 다루고 있다. 그리고 현대 철학에 이르면 오히려 이런 관점의 적절성이 다시 부활하는 것을 확인할 수 있다.

아리스토텔레스는 이런 능력들의 소유 여부에 따라 식물적 영혼, 동물적 영혼, 인간적 영혼이라는 삼분법을 구사한다. 식물적 영혼은 영양 섭취 능력만을 가지며, 동물적 영혼은 그 외에 욕구 능력, 감각 능력, 장소 이동 능력을 가지며, 인간적 영혼은 그 외에 사유 능력을 가진다. 이런 삼분법은 오랜 세월 동안 영향력을 행사하게 되며, 지금도 상식적인 진리로서 통용되고 있다. 상위 능력들 안에는 하위 능력들이 늘 잠재적으로 깃들어 있다. 예컨대 욕구 능력, 감각 능력, 장소 이동 능력 안에는 영양 섭취 능력이 잠재해 있고, 사유 능력 안에는 영양 섭취 능력은 물론 욕구 능력, 감각 능력, 장소 이동 능력이 잠재해 있다. 상위 능력은 하위 능력들을 포괄하면서 그것들을 넘어선다.

아리스토텔레스가 특히 많은 비중을 두어 논한 것은 감각작용이다.[68] 아리스토텔레스에게 감각작용이란 감각 주체가 감각 대상들에게서 그 형상을 받아들이는 작용이다. 여기에서 형상이란 본질의 의미보다는 감각 대상의 규정성들을 뜻한다. 감각 대상의 기체('휘포케이메논')는 질료이지만 그 규정성들은 형상들이다. 감각한다는 것은 인식 주체가 인식 대상의 질료는 놓아두고 그 형상만을 받아들이는 작용이다.[69] 책의 질료가 눈에 들어온다면 눈은 으깨어질 것이다. 감각작용은 이렇게 질적 변화에 속한다. 감각기관들은 외부의 대상에 의해 촉발되어야만 본격적으로 기능한다는 점에서 현실태로서가 아니라 잠재태로서 존재한다. 이

---

68) 욕구 능력과 장소 이동 능력에 대해서는 『영혼론』, III, 432a/15 이하에서 논의되고 있다.

69) 형상(규정성들)에서 중요한 것들 중 하나는 그 비례(logos)이기 때문에, 비례가 무너질 경우 문제가 발생한다. 감각작용이란 감각 대상의 규정성들과 감각 능력—감각기관이 질료라면 이 능력은 형상이다—의 상응을 통해서 성립하거니와, 규정성들도 감각 능력들도 일종의 형상으로서 비례가 중요한 존재들이기 때문이다. 강렬한 빛이 눈을 멀게 하고 너무 큰 소리가 귀를 멀게 하는 것 등은 바로 이 때문이다.

때의 잠재태를 세 층위로 나누어 이해할 수 있다. 우선 각각의 종이 그 종 특유의 감각 능력을 갖추고 있다.(근원적 잠재성) 모든 종이 오감을 갖추고 있는 것은 아니며, 그중 몇 가지만 갖추고 있는 경우도 많다. 그리고 각각의 개체는 외부 대상과의 관계 하에서 자신의 감각 능력을 잠재적으로만 갖추고 있을 수도 있고 또 현실화할 수도 있다.(개별적 잠재성) 눈이 먼 사람은 인간 종으로서는 볼 수 있지만 개별자로서의 그 자신은 보지 못한다. 또, 현실화했을 경우에도 항상 현실화하고 있는 것은 아니라는 의미에서 잠재적이기도 하다.(잠정적 잠재성) 잠을 자는 동안 우리는 보지 못한다. 감기에 걸렸을 때는 냄새를 맡지 못한다.

　감각과 관련되는 외부 대상에 대해서도 세 층위로 나누어 논할 수 있다. 우선 각각의 감각기관에 상응하는 고유한 대상들이 존재한다. 눈에 보이는 시각적 존재들, 귀에 들리는 청각적 존재들 등이 그것들이다. 눈과 색, 귀와 소리… 같이 한 기관에 고유한 대상들이 아니라, 여러 기관들이 힘을 합해 지각하는 공통 대상들도 존재한다. 공통감각[70]에 대응하는 이런 공통 대상들로서 아리스토텔레스는 "운동, 정지, 수, 모양, 크기" 등을 들고 있다. 이상의 두 경우가 자체로서 감각되는 것이라면 이와 달리 우연히 감각되는 것도 있다. "아리스토텔레스의 아들을 만났다"라고 할 때, 그가 흰 옷을 입고 있었다면 흰색을 우연히(부대적으로) 감각하게 된다. 또는 "흰 옷을 입은 플라톤을 보았다"라고 했을 때, 이는 일단 본 것은 흰색이지만 옷 입은 사람이 우연히 플라톤인 경우이다. 아리스토텔레스는 이상의 구도에 입각해 시각과 색, 청각과 소리 등 각 감각 능력들에 대한 상세한 논의를 전개한다. 그의 논의는 매우 섬세한 관

---

70)　공통감각(common sense)의 문제는, 선감각(善感覺=good sense)의 문제와 더불어, 이후 철학사에서 중요하게 다루어진다. 의미가 확장되어 '상식(常識)'과 '양식(良識)'으로 각각 번역되기도 한다. 다음을 보라. 나카무라 유지로, 양일모·고동호 옮김, 『공통감각론』(민음사, 2003). 들뢰즈는 『차이와 반복』 3장에서 서구 철학사에서의 이 두 개념의 역할을 정교하게 분석하고 그 한계를 비판하고 있다.

찰에 근거하고 있으며, 감각작용에서의 '매체'의 중요성이라든가, 단순한 소리와 '목소리'의 구분이라든가, 논쟁거리가 될 수 있겠지만 촉각이 가장 기본적인 감각이라든가(촉각은 매체를 필요로 하지 않는다는 점에서 특이하다. 아리스토텔레스는 미각을 촉각의 일종으로 간주한다) 등 지금도 중요하게 다루어지는 여러 주제들을 제시하고 있다. 그의 논의를 한의학, 더 일반적으로는 기학(氣學)의 감각론과 비교해보는 것, 또 오늘날 크게 발달한 생명과학과 심리철학을 가지고서 재조명해보는 것도 흥미로운 작업일 것이다.

근대 이후의 인식론에서는 감각과 이성적 인식 사이에 흔히 지각, 기억, 상상을 삽입해서 논한다. 『영혼론』의 경우 감각과 지각은 특별히 구분되지 않으며, 또 기억에 대한 논의는 거의 나오지 않고 그 대신 '상상(phantasia)'에 대한 상세한 논의가 등장한다.[71] 아리스토텔레스에게 상상이란 감각작용과 순수사유 사이에 위치한다. 그것은 감각작용에 의해 촉발되는 영혼의 운동이지만, 그 작용이 끝난 후에도 이미지가 영혼에 남아 작용하는 과정이다. 오늘날의 '상상' 개념은 실재와 상관없는 자의적인 생각이라는 뉘앙스가 강하지만, 고대 철학에서의 상상이란 어디까지나 객관적 사물의 감각으로부터 이미지가 생겨나는 과정 즉 지각에 무게중심이 두어진다. 'phantasia'는 오늘날의 어감으로는 '상상'보다 '지각+상상'에 가깝다고 할 수 있다. 결국 'phantasia'는 지각·상상 두 의미를 모두 포괄하는 개념으로서의 'imagination'에 해당한다.[72]

감각작용과 순수사유는 인식의 양극이다. 영혼은 이 두 작용을 기본

---

71) 물론 상상과 기억은 밀접하게 얽혀 있다. 앞에서도 말했듯이, 『소논문집』과 『문제집』에는 주요 저작들을 보충해주는 많은 주제들, 특히 영혼론과 밀접하게 관련되는 생명과학적 주제들―기억의 문제를 포함해서―이 다루어져 있다. 아리스토텔레스의 영혼론과 인식론, 생명과학을 좀더 정교하게 알기 위해서는 이 글들을 보는 것이 좋다.

72) 이런 뉘앙스는 근대 철학에 이르기까지도 유지된다. 근대 철학에서의 "imagination"을 현대적인 의미에서 이해하는 오독을 종종 볼 수 있다.

으로 대상을 인식하며, 이 점에서 어떤 의미에서는 "영혼이 곧 존재자들 자체"라고 말할 수도 있다. 우리가 '존재한다'고 생각하는 모든 것들이 사실상 영혼의 이 두 종류의 작용을 통해서 성립하는 것들이기에 말이다. 물론 이것이 우리가 사유하지 않으면 사물들도 존재하지 않는다는 것을 뜻하지는 않는다. 영혼 자체가 사물들은 아니다. 그것은 사물들이 '존재함'을 확인하는 자연적 과정을 가능케 하는 선험적 조건이다.

아리스토텔레스에게 이성/지성은 감각(또는 감각작용의 결과인 이미지들 및 이미지들의 작용으로서의 상상) 없이 존재하는 것도 아니고 또 감각과 동일한 것도 아니다. 이성은 감성의 대상들을 어디까지나 형상적으로 사유한다는 점에서 감성과 구분되며, 그러나 감성의 대상들을 전제하지 않은 채 활동하지는 않는다는 점에서 감성과 동떨어진 존재도 아니다. 이 점에서 아리스토텔레스에게서 '아이스테시스'와 '노에시스'는 플라톤의 경우에 비해 좀더 상관적이라 할 수 있다. 이성은 감성이 받아들인 감각 대상에서 형상적인 측면을 추상해내어 사유할 수 있는 능력이다. 만일 이런 능력이 없다면 인식 주체는 감성을 통해서만 사물들과 관계 맺을 것이고, 이런 관계는 넓은 의미에서의 '자연적인'(즉물적인) 과정으로 그칠 것이다. 이성의 추상작용을 통해서만 인식 주체는 자신의 감각작용―그 자체는 물리적인 과정이라 해야 할―으로부터 떨어져 그것을 대상화해 사유할 수 있게 된다.[73] 그리스 철학이 흥미로운 것은 바로 그 역사를 통해서 영혼 또는 이성/지성이 자기 자신을 찾아가는 최초 모습을 보여준다는 점에 있다.

이성의 고유한 대상을 아리스토텔레스는 '분할 불가능한 것'으로 보는데, 이것은 잠재적인 것, 질료적인 것이 아니라 현실적인 것, 형상적인 것을 가리킨다. 이 '분할 불가능한 것'의 여러 의미들 중 핵심적인 것은 물론 형상적인 것들 즉 보편자, 본질 등이다. 다른 동물들은 철수와 영희

73) 소은 박홍규는 이를 "영혼이 자기 자신을 찾아가는 과정"으로서 파악한다.

를 지각하지만 '인간'을 사유하지는 못한다. 즉, '분할 불가능한 것'—복합체가 아닌 것—을 인식할 수 있는 것이 인간의 이성이다. 시간에 관련해 말한다면, 시간에 따라 변해가는 질료적 차원에서 벗어난 시간-초월적인 형상의 인식을 뜻한다고 할 수 있다. 이것은 곧 시간의 불가분적 측면에 대한 인식이다. 그리고 이렇게 분할 불가능한 것을 인식하는 영혼은 그 자체 분할 불가능해야 한다.[74] 아리스토텔레스에게 인식이란 감성을 떠나서는 성립할 수 없다. 그러나 이성은 구체적 대상에의 감각을 넘어서서 거기에서 질료를 초월하는(이때의 초월은 플라톤적 초월이기보다는 '구분'을 뜻한다) 형상을 읽어낼 수 있는 능력이라는 점에서 고차적인 능력이다. 이렇게 아리스토텔레스에게서 질료와 형상, 감성과 이성은 플라톤에게서보다 더 상관적인 존재들로서 파악된다.

아리스토텔레스의 이성/지성('로고스', '누스') 개념에서 흥미로운 점은 수동적 이성과 능동적 이성의 구분이다. 수동적 이성은 인식론적 의미에서 질료의 역할을 하고(그래서 이븐 시나는 '질료적 이성'이라고도 불렀다), 능동적 이성은 형상의 역할을 한다. 수동적 이성은 대상과 보다 직접적으로 관계 맺으면서 그것들을 '수용'하는 역할을 하며, 능동적 이성은 그렇게 수용한 인식 재료들을 형상적인 차원에서 다시 구성해 보다 고차적인 인식을 실행한다. 수동적 이성은 잠재태로 존재하며, 때문에 아리스토텔레스는 그것을 백지(白紙)에 비유한다. 이 이성은 대상과 관계 맺음으로써 그것의 형상적 차원을 추상화해 받아들인다. 이는 대상의 형상을 '받아들이는' 역할을 하며 그래서 수동적 이성이다. 이에 비해 능동적 이성은 현실태로서 존재하며, 때문에 아리스토텔레스는 그것을 빛에 비유한다. 이 이성은 수동적 이성에 빛을 비추어 인식을 가능하게 한다. 수

---

74) "영혼은 하나인가 여럿인가?"라는 물음은 플라톤의 『프로타고라스』가 제시한 중요한 물음이다. 기본적으로 아리스토텔레스는 영혼은 기능과 측면에서 여럿이지만 궁극적으로는 하나라는 소크라테스와 플라톤의 생각을 잇고 있다.

동적 이성이 대상과의 관계 하에서 움직인다면, 능동적 이성은 인식의 주체적 가능조건 그 자체로서 항상 현실태로 작동한다. 아리스토텔레스는 이렇게 이성을 두 겹으로 만듦으로써 인식 과정을 좀더 입체적으로 설명하고 있다.[75]

아리스토텔레스가 이성에 관련해 제시한 흥미로운 주장은 그것이 소멸되지 않는다는 것이다. 그에 따르면 이성은 "우리의 탄생시 함께 생성하는 독립적 실체로서, 소멸되지는 않는 것으로 보인다."(『영혼론』, I, 408b/18~19) 이성은 '신성한' 것이며, 적어도 그것의 어떤 측면은 신체/물질로부터 분리 가능하다. 때문에 신체의 소멸과 더불어 소멸하는 것이 아니다. 이 주장은 고래로 많은 논쟁의 대상이 되었다. 특히 수동적 이성은 소멸하지만 능동적 이성은 소멸하지 않는다는 것인지, 아니면 두 경우 공히 이성은 소멸하지 않는다는 것인지, 그리고 이성의 분리 가능성의 근거가 무엇이고 구체적으로 어떤 부분이 분리 가능한지를 둘러싼 논쟁이 이어졌다.[76]

§4. 형이상학 2: 일반 존재론

우주, 신, 영혼이라는 세 가지의 '탁월한' 존재들에 대해 논했거니와, 오늘날 이 특수한 영역들은 철학 이외의 분야들과 철학이 공통으로 관

---

75) 근대적인 경험주의 인식론을 창시한 존 로크는, 그 자신은 의식하지 못했겠지만, 아리스토텔레스의 수동적 이성에서 출발했다고 볼 수 있다. 실제 그는 '백지'라는 은유도 이어받고 있다. 이에 비해 수동적 이성과 능동적 이성의 구도를 감성과 오성의 구도로써 그대로 이어받은 것은 칸트이다. 로크에서 칸트로의 이행은 결국 아리스토텔레스의 구도를 되찾은 것이라고 할 수 있다. 그리고 능동적 이성의 '빛'이라는 생각은, 다소 다른 구도에서이긴 하지만, 아우구스티누스의 조명설에 영향을 준 개념(들 중 하나)이다. 그리고 이성을 '두 겹으로' 만든 것은 후설 등 현상학자들에 의해 계승된다.

76) 장영란, 『아리스토텔레스의 인식론』(서광사, 2000), 9장을 보라.

심을 가지는 교집합을 형성하고 있다. 우주는 물리과학과 철학이, 신은 신학과 철학이, 영혼은 각종 형태의 생명과학(면역학, 진화론, 뇌과학, 로봇학 등) 및 정신과학(심리학, 정신의학, 정신분석학 등)과 철학이 교차하는 곳이다. 그러나 철학의 가장 고유한 부분, 철학의 핵을 이루는 부분은 어떤 특정한 영역을 다루는 분야가 아니라 근본 원리들 자체, 개념들 자체를 다루는 분야이다. 이 분야는 오늘날의 용어로는 '존재론(ontology)'이라 불린다.[77] 이것은 어떤 대상, 존재, '~것', '무엇'을 다루는 담론이 아니라, 이런 존재자들을 가능케 하는 근본 원리들 또는 좀더 경험주의적으로 말해서 이런 대상들을 다루기 위해서는 반드시 동원할 수밖에 없는 개념들을 다루는 담론이다. 『형이상학』은 기본적으로 이 존재론을 다루고 있는 저작이며, 이 내용을 우리는 '제일 철학'이라고 부를 수 있다. 아리스토텔레스 자신은 이 말로 존재론을 가리키기도 했고 신학을 가리키기도 했다.

형이상학: 최고의 지혜

아리스토텔레스는 감각, 경험, 기예, 과학, 지혜 같은 활동들의 의미를 세심하게 분석하고서, 철학을 궁극적으로 '지혜'의 추구로 규정한다.

우선 감각은 인간의 삶에 필수적일 뿐만 아니라 그 자체로서도 기쁨을 준다. 아리스토텔레스는 특히 시각이야말로 우리에게 가장 큰 기쁨을 준다고 보았는데, 그 이유로 그것이 풍부한 인식을 제공한다는 점을 들었다. 사실 다른 감각들은 시각만큼 풍부한 질들을 드러내주지 못한다. 감각은 시간 속에서 이루어지며, 많은 감각 또는 행위들이 기억과 상상

---

[77] 오늘날의 감각으로 볼 때는 우주, 신, 영혼을 비롯해 형이상학적인 존재들을 다루는 담론 전반을 '형이상학'으로, 그리고 추상적인 원리들(있음과 없음, 하나와 여럿, 유한과 무한, 현실과 가능과 필연, 우연, 시간과 공간 등)만을 다루는 담론을 존재론으로 볼 수 있다. 즉, 형이상학이 내용적이고 종합적인 담론이라면 존재론은 형식적이고 비판적인 담론이라 할 수 있다. 물론 경계가 확연하게 그어지는 것은 아니다.

을 경유해 모일 경우 즉 현대 식으로 말해서 '시간의 종합'을 통해서 수축(收縮)될 경우 경험(empeiria)의 수준으로 고양된다. 나아가 이런 과정이 개별적인 것들에 대한 경험으로 그치지 않고 보편적인 인식으로 고양될 때 기예('테크네')로 고양된다. 여기에서 보편적인 인식이란 물론 '원인'의 인식을 뜻한다. 기예가 경험보다 항상 나은 것은 아니다. 수준 높은 이론을 공부한 의사가 이론은 좀 약하지만 오랜 수술 경험을 쌓은 의사를 능가하지 못하는 경우도 있다. 의사가 치료하는 것은 어떤 추상적인 존재가 아니라 특정한 개인이기 때문이다. 그러나 어떤 활동이든 그것이 기예의 수준으로 고양되었을 때 탄탄한 경지에 오르게 된다. 가장 바람직한 것은 기예의 토대 위에서 경험을 쌓아가는 것이다.

기예, 과학('에피스테메'), 지혜('소피아')의 차이는 매우 미묘하다. 오늘날의 방식으로 말한다면, 기예는 응용과학, 과학은 순수과학, 지혜는 철학에 해당한다고 할 수 있다. 의학은 기예이고, 생물학은 과학이며, 생명과학/생명철학은 철학이라고 할 수 있다. 기예는 어떤 실천에서의 원리와 원인을 터득하는 것이고, 과학은 특정 영역에 있어 실천을 떠나서 순수하게 원리와 원인을 인식하는 것이고, 지혜는 원리들과 원인들 중에서도 가장 근본적인 것들을 종합적으로 파악하는 것이다. 근본적인 것과 종합적인 것은 사실상 맞물려 있다. 근본적인 것을 파악했을 때 그에 입각해 개별 분야가 아니라 여러 분야들을 종합적으로 볼 수 있으며, 역으로 말해 다양한 담론들을 종합적으로 볼 때에만 비로소 그것들을 전반적으로 관류하고 있는 근본적인 것이 무엇인지를 인식할 수 있기 때문이다. 궁극의 과학인 이 지혜는 지고선(至高善)에 관련된다. 플라톤의 강한 영향을 보여주는 다음 구절이 아리스토텔레스의 생각을 잘 드러내고 있다. "최상의 수준에서 인식할 수 있는 것은 제일 원리들과 제일 원인들이다. 다른 것들에 대해서는 바로 이 원리들/원인들에 근거해 알 수 있기 때문이다. 그 역은 아니다. 결국 다른 과학들에 비해 상위에 놓이는 궁극의 과학은 개별적인 존재들이 무엇을 위해서 생성했는지를 인식하는 과학이다. 이 '무엇을 위해서'는 곧 각 존재들에 있어서의 선(善)이다. 보다 일반적으로 말해, 자연 전체에 있어서의 지고선을 인식하는 것이 궁극의 과학이다."(『형이상학』, I, 982b/1~8) 현대 식으로 말해서 철학적 지혜란 특정한 사실들이나 법칙들, 영역들을 탐구하는 행위가 아니라, 근본 원인들과 원리들을 종합적으로 해명하고 궁극적으로는 그것들의 의미와 가치를 읽어내는 행위라 할 수 있다.[78]

그리스인들은 존재론의 문제들 중 해결하기가 극히 어려운 것을 'aporia' 즉 '난제'/'난문'이라 불렀다. 아리스토텔레스는 『형이상학』III권에서 14개의 아포리아들을 제시하고 있다. 이 14개의 아포리아들이 형이상학의 핵심 문제들을 형성한다.

1. 원인들에 대한 연구는 하나의 학문에 속하는가, 아니면 여러 학문에 속하는가?

2. 형이상학은 실체의 제일 원리들만을 고려해야 하는가, 아니면 모든 증명들의 기초에 놓여 있는 원리들―예컨대 "하나의 동일한 사물을 동시에 긍정하면서 부정하는 것은 가능한가?[79]―을 모두 포괄해야 하는가?

3. 형이상학이 실체를 문제 삼는다 했거니와, 모든 실체들을 다루는 하나의 학문이 존재하는가, 아니면 여러 학문들이 존재하는가? 여러 학문들이 존재한다면, 그것들은 모두 같은 부류에 속하는가 아니면 어떤 것들은 지혜[철학]의 부분들이고 다른 것들은 다른 어떤 것의 부분들인가?

---

78) 아리스토텔레스는 원인들/원리들의 계열은 어디에선가 끝난다고 보았다. 그렇지 않을 경우 'regressus ad infinitum' 즉 '무한 소급'이 귀결한다.(여기에서도 무한은 잠재적 무한이다) 그리스인들에게 '아페이론'은 극복의 대상이었고, 아리스토텔레스의 '유한주의(finitism)'도 이런 입장에 서 있다. 그래서 '제일 원리'/'제일 원인'이 존재해야 한다. 가령 윤리학적인 맥락에서의 '제일 원인'/'제일 원리'는 행복이다.

79) 이것은 모순율을 뜻한다.(『형이상학』, IV, 1005a/18 이하)

4. 감각적 실체들만을 인정해야 하는가, 아니면 다른 종류의 실체들도 존재하는가? 이 다른 종류의 실체들에는 한 부류만이 존재하는가, 아니면 여러 부류—예컨대 이데아들과 (이것들과 감각적 실체들 사이에 있는) 수학적 존재들—가 존재하는가?

5. 형이상학은 실체들에만 적용되어야 하는가, 아니면 실체들의 본질적 속성들에도 적용되어야 하는가? 또 동일자와 타자, 유사한 것과 유사하지 않은 것, 동일성과 대립성, 전과 후 등등에 관련해서도, 이 주제들은 어떤 학문에 속하는가?

6. 존재들의 원리들과 원소들은 유들〔종들〕인가, 아니면 각각의 존재에 있어 그것을 구성하고 있는 내재적 부분들〔질료와 형상〕인가?

7. 만일 유들〔종들〕이라면, 개체들에 가장 가까운 유들〔종들〕인가 아니면 가장 먼 유들〔종들〕인가?

8. 질료 바깥에 그 자체로써 원인인 어떤 것이 존재하는가? 이 무엇은 〔질료로부터〕 분리되어 있는가 아닌가? 그것은 하나인가 여럿인가? 구체적 복합체〔개체〕 바깥에 무엇인가가 존재하는가, 아니면 분리되어 있는 것은 존재하지 않는가? 아니면, 마지막으로, 어떤 것들에서는 그렇고 다른 것들에서는 그렇지 않은가?

9. 형상적 원리들 또는 질료적 원리들에 관련해서, 원리들은 양적으로 또는 질적으로 제한되어 있는가?

10. 소멸 가능한 존재들의 원리들과 소멸 불가능한 존재들의 원리들은 같은 것들인가 다른 것들인가?

11. (퓌타고라스학파나 플라톤이 주장하듯이) 一者와 存在(/하나와 있음) 는 다른 것이 아니라 사물들의 실체 자체인가? 아니면 그것들에게 기체의 역할을 해주는 것—예컨대 친애, 불, 물, 공기 등—이 존재하는가?

12. 원리들은 보편자들인가, 아니면 개별적 대상들에 가까운 것들인가?

13. 원리들은 현실태들인가 잠재태들인가? 그것들은 운동에 관련해서와

는 달리 현실태/잠재태인가?〔그것들의 현실태와 잠재태가 운동을 함축하는가?〕

14. 수들, 길이들, 형태들, 점들은 실체들인가 아닌가? 실체들이라면, 감각적 존재들로부터 분리되어 있는가 아니면 그것들에 내재되어 있는가?

이상의 문제들이 중요한 아포리아들이다. 물론 여기에서 제시한 아포리아들 외에도『자연학』과『영혼론』, 그리고『니코마코스 윤리학』의 보다 메타적인 부분들도 형이상학의 핵심 아포리아들을 형성한다.

아리스토텔레스에게 '형이상학'―그에게는 아직 이 말이 없었지만―이란 무엇이었을까? 그에게 형이상학, 그 자신의 표현으로는 '제일 철학'은 이중적으로 이해된다. 한편으로 그것은 '탁월한 존재들'을 다루는 학문이다. '탁월한 존재들'로는 신, 우주, 영혼 등을 들 수 있다. 다른 한편으로 그는 형이상학을 '제일 원리들'을 다루는 학문으로도 규정한다. 베르너 예거에 따르면 아리스토텔레스는 전자에서 점차 후자로 옮아갔다고 한다. 요컨대 형이상학은 한편으로 고귀한/탁월한 존재들 즉 '형이상(形而上)'의 존재들을 다루는 학문으로, 다른 한편으로는 제일 원리들을 다루는 학문―존재론―으로 규정된다. 결국 그에게 형이상학이란 내용적 존재론과 형식적 존재론의 두 부분으로 구성되며, 전자는 신, 우주, 영혼과 같은 형이상의 존재를 내용적으로 다루는 담론이고 후자는 특정한 존재/영역이 아니라 추상적 원리들/원인들을 다루는 담론이다. 오늘날의 감각으로는 후자가 좀더 고유하게 철학적 담론에 속한다. 전자가 관계되는 경우, 그 구체적 내용들은 실증과학들이 탐구하고 철학은 주로 원리적인 것들을 다루기 때문에 주로 메타적인 부분들이 철학에 속한다고 할 수 있다. 결국 오늘날의 감각으로 형이상학은 존재론이라고 할 수 있다.[80]

"존재(함)는 여러 가지로 말해진다."(또는 " '존재'(함)에는 여러 가지 의미가 있다") 아리스토텔레스는 도처에서 이렇게 말하고 있으며, 이 말은 그의 작업 전반을 압축하고 있는 일종의 모토와도 같다. '존재'가 여러 가지로 말해진다는 것은 우선 범주가 다양함을 뜻한다. 앞에서 A를 xA의 구도로 바꾼 것, A에 들어가는 아홉 가지의 범주들을 이야기했거니와, 이 점이 위 모토의 일차적인 의미이다. 『범주론』에서는 이 구도를 논리학적으로 다소 간략하게 다루었지만, 『형이상학』은 존재론적으로 전면적으로 다루고 있다. 물론 논의의 중심에는 실체('우시아')가 놓인다. 아리스토텔레스는 실체, 양, 질, 관계, … 위에 '존재'라는 범주가 따로 존재한다고는 생각하지 않았다. 즉, '존재'를 그 자체로서 실체화하지 않았다. 달리 말해, 범주들은 '통약 불가능'하다(incommensurable). 그럼에도 그것들은 유비적으로는 통일되어 있다. 예컨대 건강에 좋은 운동, 건강을 위해 먹는 약, 건강을 돌보는 기예 등등이 모두 '건강'이라는 것에 관련되듯이. "존재는 여러 가지 의미로 말해진다. 그러나 각각의 의미에 있어, 모든 일컬음은 하나의 유일한 원리에 관련해서 이루어진다."(『형이상학』, IV, 1003b/5~6) 이 유일한 원리란 바로 실체이다. 그래서 실체 물음은 아리스토텔레스 형이상학의 중핵에 위치해 있다. 이 물음을 포함해 위의 명제를 여러 각도에서 해명하는 작업이 아리스토텔레스 형이상학의 주요 내용을 이룬다.

좀더 넓게 말해 아리스토텔레스는 이론적인 학문을 자연철학, 수학, 형이상학으로 나누었다.

---

80) 더구나 근대의 철학자들은 '형이상학'을 과도하게 매도했고 그 연장선 상에서 철학적 소양이 부족한 과학자들이 이 말을 경솔하게 폄하했다. 그 결과 오늘날 '형이상학'이라는 말은 한편으로는 어딘가 신비한 영역으로 다른 한편으로는 어딘가 경멸을 받는 담론으로 묘하게 일그러졌다고 할 수 있다. 오늘날 이 말보다는 '존재론'이라는 말을 쓰는 것이 대세를 이루고 있는 것은 이 때문이다.

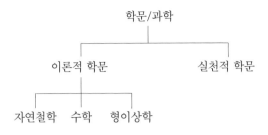

아리스토텔레스가 무엇보다 심혈을 기울여 연구한 분야는 자연철학이었다. 자연철학은 'physis'를 다루는 담론으로서, 무엇보다 '운동'의 연구를 핵심으로 한다. 그리고 자연적 사물들은 기본적으로 물질로 이루어져 있기에, 자연철학은 물질성을 떠나서는 성립하지 않는다. 자연철학이 겨냥하는 것이 궁극적으로 형상/본질이라 해도, 이 형상/본질은 어디까지나 물질이라는 터 위에서, '운동'을 통해서만 스스로를 표현하는 그런 존재였다. 형이상학은 이 자연철학에 대해 메타적 차원에서 성립하는 담론이다. 아리스토텔레스의 철학은 그 무엇보다도 'physica'와 'metaphysica'의 철학이었다고 할 수 있다.

아리스토텔레스에게 수학은 다소 별도의 위상을 차지한다. 백과전서적인 학문을 펼쳤던 아리스토텔레스였지만 수학 연구에는 따로 시간을 할애하지 않았다. 그 대신 논리학을 세웠다고 할 수 있다. 그가 무엇보다 애정을 가지고서 다루었던 것은 생동감 있게 살아서 움직이는 그리고 다채로운 질들로 표현되는 그런 실체들이었으며, 수학은 이와 대조적으로 "부동의 그리고 〔물질성/질들로부터〕 분리된 존재들의 과학"이었다.[81] 아리스토텔레스로서는 수학적 존재들을 구체적 실체들보다 상위의 존재들로 격상하려는 플라톤주의자들에게 공감할 수 없었다. 그에게 수학적 존재들은 기본적으로 추상물이었다. 그렇다고 그가 수학에 적대

---

[81] 『형이상학』, VI, 1026a/7. 아리스토텔레스의 수학철학은 『형이상학』 XIII권과 XIV권에서 상세하게 전개된다.

적이었던 것은 결코 아니며, 또 자연을 수학적으로 연구하는 것 자체를 반대했던 것도 아니다. 그는 광학, 화성학, 천문학 등을 대표적인 수학적 과학들이라고 생각했다. 그러나 그는 수학적 차원이 감성적 차원보다 더 '실재'라고는 결코 생각하지 않았으며, 위의 수학적 과학들에서도 양적 탐구란 어디까지나 이 존재들을 "부동의 그리고 분리된" 존재들로 추상한다는 전제 위에서 성립하는 것이었다.

아리스토텔레스의 수학론을 실제 이상으로 강화해서 생각할 경우, 결국 두 가지 종류의 메타과학이 성립하게 된다. 양적인 메타과학으로서의 수학과 질적인 메타과학으로서의 형이상학이 그것이다. 다양한 영역의 자연과학들을 근원적/종합적으로 즉 메타적으로 정초해주는 두 가지 과학으로서 수학과 형이상학이 성립한다고 볼 수 있는 것이다. 이런 관점은 훗날 베르그송에 의해 세련되게 표현된다.

존재론의 근본 물음: 무엇이 실체인가

아리스토텔레스의 형이상학/존재론이 무엇보다 집중적으로 다루는 것은 실체의 문제이다. 그는 실체의 문제를 철학의 중심 문제로 보았고, 그래서 철학사 또한 실체론의 역사로서 재구성했다. 앞에서 말했듯이, 그에게 '존재한다'—이 말은 '있다'로도 '~이다'로도 이해될 수 있다—라는 말에는 여러 가지 의미가 있으며, 그중에서 우선 10개의 범주들로서 존재한다는 것을 뜻한다. 그리고 중심 범주로서의 실체를 해명하는 일이 관건이 된다. 그렇다면 그에게는 무엇이 실체라고 할 수 있을까?[82]

---

82) 앞에서도 지적했듯이 'ousia'를 (말 자체가 'hypokeimenon'에 연결되는) 'substance' 로 번역한 것은 서구 철학사의 일정한 맥락을 함축하고 있다. 말하자면 '로마적 유물론' 이라 부를 만한 사유를 내장하고 있던 키케로는 "무엇이 실체인가?"라는 물음에 기체 라고 답했고, 때문에 실체=기체라는 의미에서 '우시아'를 'substantia'로 번역해 사용했 다. 그러나 이 물음에 대해서는 ①ousia=hypokeimenon의 입장 외에도 ②ousia=tode ti(개체)의 입장, ③ousia=eidos의 입장이 모두 가능하다. 여기에 ④ousia='to katholou' 즉 보편자라는 입장도 추가될 수 있다. 지금도 우리는 '실체'라는 말을 "chemical

『형이상학』Ⅶ~Ⅸ권은 이 문제를 집중적으로 해명한다.

실체의 후보로서 가장 먼저 거론될 수 있는 것은 개체들이다. 세상을 채우고 있는 사람, 동물, 식물, 별 등등. 여러 번 이야기했듯이, 그리스 철학사는 현실로부터 멀리 벗어나 아르케를 찾았으나 이제 아리스토텔레스에 이르러 실체는 오히려 가장 가까운 곳에서 찾아지기에 이른 것이다. 실체의 가장 간단한 규정은 "그 자체로서 존재하는 것"이다. 그 외의 것들은 실체에 "부대해서 존재하는 것들"이다. 그러나 『범주론』에서 『형이상학』으로 이행하면서 아리스토텔레스 실체론에 어떤 균열이 나타난다. 아리스토텔레스에게서 개체의 실체성은 끝내 부정되지 않는다. 그러나 이제 개체로부터 그것보다 더 실체인 것을 구분해낼 수 있다는 생각이 등장한다. 이것은 개체가 최종적인 단순체가 아니라 복합체라는 생각에서 시작된다. 개체는 질료와 형상으로 분할 가능하다. 실체란 더 이상 나눌 수 없는 존재이며, 무엇인가가 나누어질 수 있다면 그것은 그 나누어진 결과들로 구성되어 있다는 점에서 실체가 아니다. 개체가 복합체 즉 더 나누어질 수 있는 존재라면 실체는 개체에서 더 내려간 곳에서 발견될 것이다.[83]

그렇다면 이제 물음은 이것이다. 질료와 형상 중 어느 것이 더 근본적인 실체인가? 많은 사람들이 그렇게 믿듯이 우선은 질료—또는 기체[84]—

substance"(화학물질)에서처럼 기체/질료의 뜻으로 쓰기도 하고, "주모자의 실체가 아직 드러나지 않았다"에서처럼 개체성의 뜻으로 쓰기도 하고, 또 "이 사건의 실체가 도대체 뭐냐?"에서처럼 형상/본질의 뜻으로 쓰기도 한다. '우시아'가 'substantia'로 번역된 것은 바로 ①의 입장을 전제하고 있다.

83) 그러나 질료와 형상은 형식적으로 구분될 뿐 실체적으로 구분되지는 않는다. 순수한 형상과 순수한 질료가 존재하고 두 실체가 결합해 하나의 개체가 구성되는 것이 아니다. 현실적으로 존재하는 것은 개체일 뿐이고, 형식적 구분을 통해 질료와 형상을 구분/추상해낼 수 있을 뿐이다. 개체보다 질료가 또는 형상이 "더" 실체라는 결론이 나온다고 해서 개체의 실체성이 부정되지는 않는 것은 이 때문이다.

84) 'hylē(질료)'와 'hypokeimenon(기체)'은 거의 동의어처럼 사용되지만, 정확히 말하면 'eidos(형상)'와 'tode ti(개체)'도 기체들이다. 술어들이 붙는 것은 일차적으로는 개체에

가 근본 실체인 듯이 보인다. 질료가 근본 실체라는 생각을 밑받침하는 가장 기본적인 발상은 한 개체를 규정하고 있는 것들을 사고실험을 통해 하나하나 제거해나갔을 때 마지막에 남는 것은 결국 질료라는 생각이다. 한 사물에서 색, 형태, 촉감 등을 모두 제거했을 때 남는 것은 이런 것들에 의해 규정되었던 터, 즉 질료/기체라는 것이다. 그러나 아리스토텔레스는 질료에 최종 낙점을 찍지 않는다. 왜일까? 무엇보다 우선 실체는 "분리된 것이고 개별적인 것"이기 때문이다. 여기에서 "분리된"은 "그 자체로서 존재하는"을 뜻하고, "개별적인"은 "분할 불가능한"을 뜻한다. 아리스토텔레스가 볼 때 질료는 그 자체로서는 알 수 없는 것이다. 그것은 반드시 어떤 규정성들을 통해서 알려진다. 여기에서 '존재와 사유의 일치'가 다시 작동한다. 그 자체로서 알 수 없는 무엇인가가 그 자체로서 존재할 수는 없다. 질료는 형상을 통해서만 알려질 수 있고 그래서 형상보다 더 실체일 수는 없다. 나아가 질료는 온전한 개별성을 누리지 못한다. 공간을 채우고 있는 질료는 어떤 방식으로든 분할 가능한 것이기 때문이다. 책상의 질료는 분할되지만 '책상'이라는 형상 자체는 분할되지 않는다. 이 점에서도 형상은 질료보다 더 실체이다.

결국 개체, 질료보다 형상이 좀더 근본적인 실체라고 할 수 있다. 형상이란 어떤 사물을 바로 그것이게 해주는 것이다. 아리스토텔레스의 형상은 흔히 플라톤에게서와 대조적으로 질료로부터 '분리된 것', 초월적인 것이 아니라 내재적인 존재로 이해되어왔다. 아리스토텔레스는 『형이상학』의 여러 곳에서 플라톤의 형상=이데아의 '분리된 것'으로서의 성격

게이고, 더 분석할 경우에는 질료에게 그리고 형상에게이기 때문이다. 그러나 다시 개체는 질료와 형상의 술어이고 다시 형상은 질료의 술어(규정성)라 할 수 있다. 이 때문에 '기체'라는 말의 뉘앙스에 초점을 맞출 경우, 가장 근본적인 기체는 질료가 된다. 그럼에도 후에 질료보다 오히려 형상이 가장 근본적인 실체로 낙점받게 된다는 것은 곧 아리스토텔레스에게서 'ousia'는 'hypokeimenon'과 분명히 구분된다는 점을 함축한다.

에 대한 비판을 시도하고 있다. 그러나 두 사람의 차이에 대해서는 숱한 논의가 이어져오고 있으며, 설사 아리스토텔레스의 형상이 플라톤의 것과 구분된다 해도 그 기본 발상이 플라톤을 잇고 있다는 점에는 의심할 여지가 없다. 아리스토텔레스에게 형상은 사물의 형상인이기도 하고, 사물의 근본 실체이기도 하다. 또 그것은 사물의 현실태이기도 하며, 진정한 인식의 대상이기도 하다. 아울러 그것은 정의가 겨냥하는 것이기도 하고, 또 한 사물을 다른 것이 아니라 바로 그것이게 만들어주는 것 즉 "to ti ēn einai(essence)"이기도 하다.

아리스토텔레스에게서 형상과 보편자는 구분된다. 한 개체를 바로 그것이게 해주는 '그 형상'과 그 개체를 포함하는 종 또는 그 이상의 보편자는 구분되어야 한다. 물론 개체, 질료, 형상만큼이나 보편자 역시 실체로서의 자격을 갖추고 있다. 보편자들은 세계의 개별적/우발적 생성에도 불구하고 '잠존하기(subsist)' 때문이다. 숱한 인간들이 생로병사를 겪지만 인간이라는 종 자체는 영원하다. 그러나 아리스토텔레스는 보편자가 형상만큼 근본적인 실체라고는 생각하지 않는다. 우선 한 개체의 실체는 그것에 고유한 것이어야지 다른 것에도 속한 것이어서는 곤란하다. '인간'이라는 보편자는 철수의 본질이기는 하지만 철수의 본질이기만 한 것은 아니다. 그래서 철수에게 철수의 형상은 인간이라는 보편자보다 더 실체이다.(논의의 구도 자체가 개체를 전제하고서 이루어지고 있다는 점에 주목하자) 또 실체가 술어일 수는 없지만, 보편자는 술어가 될 수 있다. 철수, 더 근본적으로는 철수의 형상은 주어만이 될 수 있지만, 인간은 술어가 될 수도 있다("~은 인간이다").

이렇게 아리스토텔레스는 형상을 질료, 개체, 보편자보다 더 근본적인 실체로 결론짓는다. 그렇다고 질료, 개체, 보편자가 실체가 아닌 것은 아니다. 우리가 현실적으로 만나는 실체는 무엇보다도 우선 개체이다. 다만 개체를 좀더 분석할 경우 질료, 형상, 보편자 등을 얻을 수 있고, 이들 중 형상이 좀더 근본적인 실체로서 파악된다. 이 후보들 사이의 결정은 당락의 문제라기보다는 차라리 이미 채택된 후보들 사이에서 금/은/동을 가리는 문제라 할 것이다. 사물들의 실체를 이해하는 데 이 네 개념 모두가 필수적이다.

잠재태와 현실태

지금까지 '존재(함)'의 여러 의미들 중 범주들에 관련된 논의, 특히 실체에 관련된 논의를 전개했으나, 이 말의 또 다른 의미는 잠재적으로 또는 현실적으로 존재한다는 것이다. 한편으로 존재는 실체, 질, 양, …을 뜻할 수 있지만, 다른 한편으로 잠재태와 현실태를 뜻할 수도 있다. 아리스토텔레스의 존재론은 이 두 축―공간적 축과 시간적 축―이 교차함으로써 성립한다.[85]

'잠재태(뒤나미스)'―현대 철학의 '잠재성(virtuality)'에 해당한다―역시 그리스 지성사를 관통하면서 지속적으로 중요한 역할을 해온 개념으로서, 특히 파르메니데스적 세계관 즉 가능성이라는 양상이 존재할 수 없는 절대 현존의 세계관의 극복, 결정론적 세계관의 극복(앞에서 논했던 '미래 우연성'의 문제) 등에 있어 결정적인 역할을 한다. 특히 소크라테스와 플라톤은 이 개념을 통해 '중간자'로서의 인간 개념을 다듬었으며, '에르곤' 개념과 엮어 비결정론적이면서도 목적론적인 철학을 수립할 수 있었다. 이 개념에 관련해서도 역시 아리스토텔레스는 소크라테스적인 실천적 맥락을 일정 정도 거두어내고 그것을 이론적으로 다듬어내고

---

85) 더불어 또 한 가지 '존재한다'는 말의 빼놓을 수 없는 의미는 '우연히' 존재한다는 것이다. 여기에 '참으로' 존재한다는 것을 덧붙일 경우 '존재(함)'에는 네 가지 의미가 있을 수 있다. "적절하게 논의될 때 존재(함)는 여러 가지 의미를 가진다. 〔…〕 우선 우연으로서의 존재가 있으며, 참으로서의 존재가 있다. 비존재로서의 거짓이 이에 대립한다. 아울러 범주의 유형들(실체, 질, 양, 장소, 시간, 나아가 존재에 유비적으로 의미되는 방식들)이 있고, 마지막으로 〔…〕 잠재태로서의 존재와 현실태로서의 존재가 있다."(『형이상학』, VI, 1026a/34~1026b/2) 우연으로서의 존재에 대해서는 VI권, 1026a/33 이하를, 참으로서의 존재(와 거짓으로서의 비존재)에 대해서는 XI권, 1064b/15 이하를 참조.

있다.

아리스토텔레스에게서 '뒤나미스'는 질료에 속하는 역능(力能)을 의미한다.(라틴어 'potentia', 프랑스어 'puissance'에 해당) 질료가 특정한 질들(대립자들/대립적 규정성들)을 띨 수 있는 힘을 의미하는 것이다. 잠재태 개념은 세계에 존재론적 길들을 도래시킨다. 즉, 가능성의 갈래들과 그 각각이 필연적으로 함축하는 불가능성의 갈래들이 세계를 보이지 않게 조직하고 있다. 이 길은 공간적 길이기보다는 오히려 시간적 길임을 확인할 필요가 있다. 잠재태 개념은 사물들에서 시간이 행하는 역할을 결정적으로 공식화하고 있다. 사물들의 생성이 형상에 의해 인도된다면, 그러한 인도가 하나의 '과정'으로서 실행될 수밖에 없도록 만드는 것은 곧 질료로서의 잠재태이다. 때문에 아리스토텔레스는 가능성이라는 양상을 부정한 메가라학파를 논박하면서[86] '뒤나미스' 개념에 큰 존재론적 역할을 부여하고 있다.[87]

잠재태는 물론 현실태와 짝을 이루고 있다. 'energeia'('Energie')는 'ergon'의 상태에 있음 즉 활동하고 있음, 자신의 기능('~다움', 아레테)을 수행하고 있음을 뜻한다. 질료는 '~이 될 수 있는' 존재이고, 형상은 '~인' 존재이다. 질료가 그것으로 되어갈 수 있는 것, 그것이 곧 형상이다. 그래서 질료는 그것과 결부되어 있는 형상을 향해 나아가며, 형상은 그 과정 전체를 지배하는 형식이다. 현실태를 좀더 좁은 의미로 쓸 때 그것은 현재진행형을 나타내며, 이때 형상 전체는 한 사물이 자신의

---

86) 『형이상학』, IX, 1046b/28 이하를 참조.

87) 아리스토텔레스는 잠재태의 여러 양태들을 구분하거니와, 그중 능동적 잠재태와 수동적 잠재태의 구분은 음미해볼 만하다. 능동적 잠재태는 어떤 사물 스스로가 그 완성태로 변해갈 수 있는 잠재태이며, 수동적 잠재태는 스스로가 그렇게 하지는 않지만 외부적인 힘/여건이 주어졌을 때 그것을 받아들일 수 있는 잠재태이다. 또, 아리스토텔레스는 본유적인 잠재태, 습관으로부터 형성되는 잠재태, 그리고 연습/노력에 의해 형성되는 잠재태를 구분하기도 한다.(『형이상학』, IX, 1047b/30 이하를 참조)

'telos'에 도달해 있음을 뜻하는 'entelecheia(완성태)'로 개념화된다. 형상은 좁은 의미에서 즉 진행 과정에서 볼 때 현실태(좁은 의미)이며, 그 전체로서 즉 그 완성된 양태에 있어 완성태이다. 하나의 알은 잠재태이다.[88] 그것은 자신의 형상=완성태를 향해 서서히 나아간다. 그렇게 활동하면서 운동하게 하는 것은 그것의 현실태이다. 그 과정은 예컨대 알→번데기→애벌레와 같이 여러 단계를 거쳐 마침내 아름다운 나비로 활짝 날개를 폄으로써 완성된다. 더 정확히는, 이 나비가 다시 알을 낳아 생명의 원환을 만들어낼 때 완성된다. 이렇게 아리스토텔레스의 형상은 질료 및 시간과 떼어서는 의미를 상실하는, 플라톤의 형상과 성격을 달리하는 실체이다. 그러나 현실태로서의 형상이 잠재태로서의 질료를 이끌어가는 목적론적 구도는 그가 결국 플라톤을 잇고 있다는 점을 다시한 번 분명히 드러내고 있다.

아리스토텔레스가 그리고 있는 세계는 형상과 질료가 오로지 형식적으로만 구분되는 이원적 일원의 세계이며, 질료의 잠재성을 형상이 이끌어가는 목적론적 세계이다. 그리고 이런 존재론은 무엇보다 생명체들의 세계에서 두드러지게 확인된다. 그의 존재론은 근본적으로는 플라톤을 잇고 있지만, 보다 경험주의적이고 유기체주의적인 색채를 통해서 새롭게 재구성된 플라톤주의인 것이다. 아리스토텔레스 철학의 이런 성격은 그의 실천철학에서도 그대로 드러난다.

---

88) 질료와 형상, 가능태와 현실태는 단일한 구조/과정이 아니라 누층적(累層的)인 구조/과정을 형성한다. 하나의 알은 앞으로 도래할 개체에 비해서는 가능태이지만, 원소들(물, 불, 공기, 흙)에 비해서는 이미 하나의 현실태이다. 질료와 형상, 가능태와 현실태는 한쪽 극에는 '제일 질료'가 다른 한쪽 극에는 '순수 현실태'가 위치하는 선 상에서 '위계적'으로/누층적으로 배치된다. 이런 구도는 아리스토텔레스에게서 이미 함축되어 있었지만, 특히 중세 철학에 이르러 분명히 개념화된다.

§5. 실천철학: 인간적인 행복의 추구

아리스토텔레스에게 철학은 크게 이론철학과 실천철학으로 양분된다. 철학이란 기본적으로 형이상학/존재론과 윤리학·정치철학인 것이다. 두 분야 사이에 일방적인 관계는 성립하지 않지만, 대체적으로 이론철학이 실천철학에 앞선다. 후자에 근거해 전자가 탐구되기도 하지만 그보다 훨씬 자주 전자에 의거해 후자가 탐구되기 때문이다. 이론철학이 뿌리요 줄기라면 실천철학은 가지요 열매이다. 구체적 삶에는 후자가 중요하고, 학문적으로는 전자가 근본적이다.

아리스토텔레스에게서 실천철학은 이론철학과 같은 '인식론적 위상'을 누리지 못한다. 실천철학이 이론철학만큼 정확할 수는 없다. "기술에 의해 만들어지는 것들의 경우에도 똑같은 정확성이 추구되지는 않는 것처럼, 정확성이 모든 논의들에서 똑같이 추구되어야 하는 것은 아니기 때문"이다.[89] 이론철학과 달리 실천철학은 많은 경험을 필요로 하며 일정 정도의 나이를 필요로 한다. 또, 이론철학은 보편적 진리를 추구하지만 실천철학은 구체적 상황을 맥락으로 한다. 나아가, 이론적 진리는 필연성을 전제하지만 실천적 진리는 역사성을 전제한다. 그러나 실천철학 역시 많은 경험, 기존 견해들에 대한 종합적이고 비판적인 검토, 관련되는 개념들의 정교화, 주제들의 복잡한 관련성의 정리, 각 맥락에 가장 적절한 처방의 제시 등을 통해서 빼어난 담론이 될 수 있다. 이런 추구를 통해 우리는 '지식(knowledge)'과는 성격이 다른 '실천적 지혜(wisdom)'를 얻을 수 있다.

당연한 이야기이겠지만, 아리스토텔레스의 실천철학은 그리스 문화—더 구체적으로는 아테네 문화—에 뿌리를 두고 있다. 그의 실천철학 역시 기능/역할/활동('에르곤'), 잠재성/능력('뒤나미스'), 덕/~다움/

---

89) 『니코마코스 윤리학』, I, 1094b/13~14.

탁월성('아레테'), 선=좋음('아가톤'), 목적('텔로스') 등을 기초로 전개된
다. 다른 철학자들에 비해 아리스토텔레스에게서 다소 두드러지는 개념
이 있다면 그것은 '행복(eudaimonia)'이다. 아리스토텔레스의 실천철학
은 크게는 윤리학과 정치철학으로 구분되며, 이런 학문들의 근본 목표는
'인간적인 행복'의 추구라고 할 수 있을 것이다.[90]

아리스토텔레스의 실천철학은 소피스트들의 시대에 이루어진 "퓌지
스에서 노모스로"의 이행 이후 성립한 '아레테'론, '정의'론 등의 최종
결산이며, 소크라테스와 플라톤의 실천적 사유를 새롭게 다듬어놓은 빛
나는 성과라고 할 수 있다.

진정한 행복이란?

그리스의 실천철학은 도덕이 아닌 윤리의 형태를 띠었다. 도덕이 마땅
히 따라야 할 초월적인 규준을 상정하는 사유라면, 윤리는 현실적인 인간
들의 좋은 관계 맺음을 추구하는 사유이다. 전자는 스토아철학, 기독교를
거쳐 칸트 등에 의해 대변되고, 후자는 아리스토텔레스, 스피노자 등에
의해 대변된다. 물론 이런 구분선이 분명하게 그어질 수 있는 것은 아니
며, 그리스 사람들이 이런 구분을 뚜렷이 의식했던 것도 아니다. 그리고
그리스 실천철학에 도덕의 측면이 없었던 것도 아니다. 그러나 대체적으

---

90) 뚜렷하게 정식화되어 있지는 않지만, 아리스토텔레스에게 윤리학은 기초적 원리들을
다루는 분야이고 정치학은 구체적 대안들을 다루는 분야이다. 여기에서 '정치학'은 오
늘날로 보면 실천적 사회과학 전체를 가리키는 말이다. 소피스트들은 정치에 대해 떠
들 뿐 정작 정치적 성과는 가져오지 못했다. 반면 정치가들은 그들의 경험을 통해 정치
를 할 뿐 정치학적 교양을 결여하고 있었다. 진정한 정치학은 이런 괴리를 극복해야 한
다. 정치학의 주요 성과가 법률이다. 법률은 매우 중요한데, 이는 "공동의 보살핌은 법
을 통해서 이루어지고, 훌륭한 보살핌은 훌륭한 법을 통해 이루어진다는 것은 분명하
기 때문"이다.(『니코마코스 윤리학』, X, 1180a/34~35) 그래서 윤리학적인 기초, 정치학
적인 대안, 그리고 법과 제도라는 결실이 상호 밀접하게 연관되면서 추구되어야 한다.
오늘날로 말해 철학적 기초, 사회과학적 대안, 그리고 제도적 실행을 통한 결실이 서로
겉돌지 않고 밀접하게 연계되어야 하는 것이다.

로 볼 때, 그리스의 실천철학은 옳음과 그름을 논하는 도덕철학의 성격보다는 좋음과 나쁨을 논하는 윤리학의 성격을 띠었다고 할 수 있다.

그리스 실천철학의 이런 성격은 아리스토텔레스가 그의 윤리학의 초석으로서 '선=좋음'과 '행복'을 제시한 대목에서 두드러지게 부각된다. 아리스토텔레스가 볼 때, 최상의 좋음이 곧 행복이라는 점에 대해서는 대부분의 사람들이 동의한다. 그러나 행복 즉 "잘 사는 것"이 구체적으로 무엇인가에 대해서는 의견들이 분분하다. 많은 사람들이 드는 것들로는 쾌락, 부, 명예가 있다.[91] 그래서 삶의 유형도 쾌락/즐거움을 추구하는 유형, 부를 추구하는 유형, 명예를 추구하는 유형 등으로 나눌 수 있다. 아리스토텔레스는 명예를 추구하는 것 즉 정치적 삶—물론 그리스적 맥락에서의 정치적 삶—을 사는 것은 주체적이기보다는 타인들의 평가에 의존하는 것이라는 점에서 진정한 좋음에는 미치지 못한다고 평가한다. 진정한 좋음은 자족적이어야 한다. 또, 부는 도구적으로 좋은 것이지 그 자체로 좋은 것은 아니다. 돈을 벌어야 하는 것은 그 자체가 가치 있어서라기보다는 좋은 삶을 추구하는 데 어쩔 수 없이 필요해서인 것이다.[92] 아리스토텔레스가 볼 때, 부와 명예는 인간적 행복을 누리기 위해 필요한 것이기는 하지만 그것 자체가 삶의 목적이 될 수는 없다.

그렇다면 쾌락의 경우는 어떤가? 쾌락과 고통은 우리 삶에서 가장 기본적인 측면들 중 하나를 구성한다. 인간은 쾌락을 추구하며 고통과 싸운다. 그렇다면 쾌락이 우리 삶에서 차지하는 위상은 정확히 무엇인가? 다른 문제들에 있어서도 그렇듯이, 아리스토텔레스는 이 문제에 관련해서도 양극단을 피한다. 하나의 극단에는 쾌락을 행복과 동일시하는 입

---

91) 희랍어 'hēdonē'는 우리말로 '쾌락', '즐거움', '기쁨' 등으로 번역될 수 있다. 영어의 'pleasure'에 해당한다. 현대어 '쾌락'은 다소 피상적이고 말초적인 뉘앙스를 띠고 있지만, 이 번역어를 '快樂'이라는 한자어의 뉘앙스 그대로 이해해야 할 것이다.

92) 이 점은 아리스토텔레스가 축재술(蓄財術)을 가정술(oikonomia)에 복속시킨다는 점에서 뚜렷이 나타난다. 『정치학』, I, 1256a/1 이하를 참조.

장이 있다. 『고르기아스』(491e~492c)에 등장하는 소피스트인 칼리클레스나 아카데메이아에 속했던 수학자인 에우독소스 또는 퀴레네학파의 창시자로 알려져 있는 아리스티포스 등이 이런 입장을 취했다. 다른 한편의 극단에는 쾌락이란 선/좋음과 하등의 관계가 없다고 본 입장이 있으며, 예컨대 아카데메이아의 2대 원장인 스페우시포스 등이 이런 입장을 취했다. 스페우시포스가 볼 때 쾌락이란 목적이 아니라 어떤 과정/생성일 뿐이며, 쾌락과 고통은 둘 다 극단일 뿐 좋음이 될 수 없다. 그래서 스페우시포스는 좋은 삶은 쾌락도 고통도 최소가 되는 중간적 삶이라고 생각했다. 쾌락—예컨대 성적인 욕정—은 고통과 마찬가지로 인간의 의미 있는 활동들을 방해하는 것이다.

　플라톤은 그의 빼어난 대화편인 『필레보스』에서 정교한 쾌락론을 전개했다. 플라톤이 볼 때 '쾌락'이라는 말에는 여러 의미와 맥락이 깃들어 있다. 그래서 그는 단순화해서 말하면 좋은 쾌락과 나쁜 쾌락을 구분했으며, 나쁜 쾌락은 거부해야 하지만 좋은 쾌락은 거부할 이유가 없다고 보았다. 나쁜 쾌락은 우리의 지적인 삶을 훼방한다. 하지만 좋은 쾌락은 오히려 우리의 지적인 삶—소크라테스에게서 물려받은 유산—에 윤활유가 될 수 있다. 그래서 그는 쾌락과 지성이 "혼합된" 삶을 권유한다. 칼리클레스, 에우독소스, 아리스티포스 식의 쾌락주의는 거부되지만, 그렇다고 스페우시포스 식의 반(反)쾌락주의를 취해야 하는 것도 아니다. 오히려 쾌락의 의미/맥락들을 세심히 구분해내고, 그중 좋은 쾌락과 지성을 혼합한 삶을 추구해야 하는 것이다. 좋음이 쾌락일 수는 없지만 좋은 삶은 적어도 좋은 쾌락을 그 요소로 포함한다. 포도주와 물을 섞을 때 그 비율이 가장 중요하듯이, 혼합에서 가장 중요한 것은 적도(適度)이다.[93] 아리스토텔레스는 플라톤의 이런 관점—더 일반적으로 말해 "무

---

93) "일체의 혼합(synkrasis)은 그것이 어떤 혼합이건 또 어떻게 이루어지는 혼합이건 적도 (metron)와 균형을 갖추지 못할 경우 〔…〕 필연적으로 혼합 자체를 파괴시킨다네. 그것

엇이든 지나치지 않게"라는 델포이의 금언—을 '중용(中庸)'의 개념으로 발전시켜나갔다.

아리스토텔레스는 쾌락에 스페우시포스보다 더 큰 의미를 부여한다. 그에게 쾌락은 단순한 과정/생성이 아니라 그 나름대로 고유의 의미/자족성을 가지는 '활동(에네르게이아)'이다. "즐거움/쾌락의 형상은, 그 어느 시간에서든, 완성된 것이다. 따라서 즐거움과 운동(과정)은 서로 다른 것이라는 점, 또 즐거움이 전체로서 완성된 어떤 것이라는 점은 분명하다. (…) 즐거워한다는 것은 순간 속에 있는 어떤 전체이니까."(『니코마코스 윤리학』, X, 1174b/6~9) 그렇다고 즐거움이 활동의 본질은 아니다. 활동의 본질은 그 완성태에 있다. 즐거움은 그러한 완성에 동반되는 것이다. 이 점에서 즐거움/쾌락은 오로지 현재의 문제일 뿐이며 삶 전반을 위해 현재의 쾌락을 희생할 이유가 없다고 본 아리스티포스도 잘못이다. 우리가 행하는 활동은 즐거움 자체를 위해서가 아니라 그 활동의 근본 목적을 위한 것이며, 즐거움이란 그 목적을 달성하는 과정에서 그리고 달성했을 시점에서 느끼는 것이라고 해야 하기 때문이다. 따라서 현재의 즐거움을 위해서 활동의 전반적 의미/목적을 망각한다면 그것은 어리석은 짓이다. 삶의 목적은 좋음/행복에 있지 즐거움에 있지 않다. 그러나 좋은 삶, 행복한 삶은 즐거움을 배제하지 않으며 오히려 필수적으로 동반한다.

결국 명예, 부, 쾌락/즐거움은 우리 삶을 위해서 꼭 필요한 것들이지만 그렇다고 이것들이 삶의 궁극 목적이라거나 의미라고는 할 수 없다. 아리스토텔레스의 이런 생각에는, 그의 자연철학과 형이상학이 함축하듯이, 우리 삶을 주도하는 것은 목적이며 목적에는 여러 층차(層差)가 있음을 함축한다. 학생들이 연필을 깎는 것은 글자를 쓰려는 목적에 복속되고, 글자를 쓰는 것은 글을 완성하려는 목적에 복속된다. 그리고 글을 작

은 혼화(混和=krasis)가 아니라 (…)."(『필레보스』, 64d~e)

성하는 것은 더 큰 또 다른 목적을 위해서이다. 우리의 삶은 이렇게 목적들의 구조화된 전체로서 이루어지며, 이러한 목적들의 계열의 끝에는 바로 행복이 놓인다. 자연철학에서의 생명의 동그라미들이 그리는 유기적 총체에 윤리학에서의 인간적 활동의 동그라미들이 그리는 유기적 총체가 조화롭게 포개지고 있다. 행복만이 완전히 자족적인 것이다. 물론 행복이 관계의 문제라는 점을 잊으면 곤란하다. 윤리란 근본적으로 관계의 문제이기 때문이다. "인간은 본성상 폴리스적 동물이기 때문에, 우리가 이야기하는 자족성은 자기 혼자만을 위한 자족성, 고립된 삶을 살아가는 사람을 위한 자족성이 아니다."(I, 1097b/8~9) 폴리스 바깥에서 살 수 있는 존재란 인간 이하의 동물들이거나 인간 이상의 신들이다. 인간이란 결국 타인들과의 관계 속에서만 행복을 추구할 수 있는 동물인 것이다.

무엇이 행복인가

최상의 좋음이 행복이라 했거니와, 그렇다면 행복은 구체적으로 어떤 것일까? 행복이란 무엇인지에 대해서는 대다수의 사람들이 동의하지만, 무엇이 행복인지에 대해서는 의견이 분분하다. 인간적인 행복이 부, 명예, 쾌락을 뛰어넘는 것이라고 했거니와, 그렇다면 아리스토텔레스는 진정한 행복을 어떤 것으로 보는가? 인간의 근본적인 '에르곤'이 어디에 있는지, 인간의 핵심적인 '뒤나미스'가 어떤 것인지, 요컨대 인간의 본질이 무엇인지를 밝힐 때 이 물음에 답할 수 있다. 그때에만 우리는 인간적인 행복의 정곡을 찌를 수 있다. 달리 말해서, 인간적인 행복의 가장 일차적인 조건은 인간'다움'의 추구 즉 인간의 아레테, 인간으로서의 탁월성, 인간으로서의 덕의 추구에 있다. 제화공의 제화공'다움', 정치가의 정치가'다움', 교사의 교사'다움', …을 넘어 인간으로서의 인간'다움'을, 제화공, 정치가, 교사, …의 아레테가 아니라 인간 자체의 아레테를 추구하는 데에 행복의 핵심이 있다.

그렇다면 인간의 인간다움은 어디에 있을까? 인간을 인간으로 만들어 주는 것은 정확히 무엇일까? 이 물음은 곧 오로지 인간에게서만 발견되는 것은 무엇인가라는 물음이다. 식물에게도 다른 동물에게도 없는 것, 인간에게만 있는 것, 그것은 곧 이성('로고스')이다. 인간의 핵심적인 능력은 곧 이성에 있는 것이다. 그러나 실천적 맥락에서 본다면 인간이 그 이성을 현실적으로 발휘해야 한다는 점이 중요하다. 이성 또는 이성을 갖춘 영혼이야말로 인간의 아레테이며 인간의 아레테를 발휘하는 것이 행복이라면, 행복이란 결국 "이성을 발휘하는 실천적 삶", "이성에 따른 영혼의 활동", "인간다움/인간적 탁월성에 따른 영혼의 활동"이다. 요컨대 아리스토텔레스에게서 최고선/행복이란 가장 인간다운 것 즉 이성에 따라 실천하는 삶이다.

이성에 따라 활동하는 영혼은 탁월한 영혼, 즉 인간의 인간다움을 구현하고 있는 영혼이다. 앞에서 우리는 영혼을 식물적 영혼, 동물적 영혼, 이성적 영혼으로 변별해보았으나, 윤리학적 맥락에서는 영혼의 이성적 부분과 비이성적 부분을 변별해보는 것이 보다 적절하다. 이성적 부분은 우리에게 영혼의 탁월성 중에서 '지적 탁월성'을 준다. 이 탁월성은 좁은 의미에서의 윤리학적 탁월성이라기보다 형이상학적 탁월성이라 해야 할 것이다.[94] 반면 비이성적 부분은 인간의 원초적 삶의 조건으로서

---

94) 지적 탁월성도 순수하게 지적인 탁월성과 윤리적인/실천적인 맥락에 좀더 밀접한 지적 탁월성이 구분된다. 과학적 지성('에피스테메')이나 형이상학적 통찰력('누스')—이 둘이 합쳐질 때 철학적 지혜('소피아')가 성립한다—이 좀더 순수하게 지적인 탁월성에 속한다면, 기예('테크네') 또는 특히 실천적인 지혜('프로네시스')는 윤리학적 맥락에 좀더 직접적으로 연관된다. 두 유형의 지적 탁월성은 특히 보편성과 개별성에 관련된다. "실천적 지혜는 보편적인 것에만 관계하는 것이 아니라 개별적인 것들까지도 알아야만 한다. 실천적 지혜는 실천적인 것인데, 실천 혹은 행위(praxis)는 개별적인 것들에 관련되기 때문이다. [···] 만약 누군가가 연한 고기가 소화도 잘 되고 건강에도 도움이 된다는 것은 알지만 어떤 것들이 연한 고기인지를 알지 못한다면, 그는 건강을 산출해내지 못할 것이다."(VI, 1141b/15~20) 보편적인 것과 구체적인/개별적인 것을 매개할 수 있는 능력이 '판단력'이다. 그래서 윤리적/실천적 삶에서는 순수한/보편적인 인식 자체

윤리학 고유의 영역은 아니다. 데모크리토스도 지적했듯이, 윤리학적으로 가장 중요한 대목은 이성적 영혼과 비이성적 영혼이 섞여 있는 부분이다. 이 부분은 감정, 욕망, 의지 등에 관련되는 부분으로서 고유하게 윤리학적인 영역이며 '지적 탁월성'이 아니라 '성격적 탁월성'에 관련된다. 윤리학의 문제들은 이성과 비이성이 섞여 있는 차원에서 성립하는 이 성격적 탁월성에 관련되는 문제들이다.[95)]

아리스토텔레스에게 성격(ēthos)은 습관(ethos)과 밀접한 연관을 가진다. 인간이란 다른 존재들보다 훨씬 진폭이 큰 가능태로서 존재하기에, 삶이란 돌처럼 결정되어 있는 것이 아니라 활동/노력을 통해 이렇게도 될 수 있고 저렇게도 될 수 있다. 인간을 이해하는 데 이보다 중요한 사실은 없을 것이다.[96)] 때문에 성격적 탁월성은 단순히 타고나기만 하는 것이 아니라 끝없는 노력을 통해서 획득되는 것이다. 이를 위해서는 꾸

보다는 오히려 판단력이 매우 중요한 역할을 한다. 형이상학적 통찰력='누스'와 실천적 판단력은 지적 탁월성의 양극을 형성한다.

95) 이 점은 소크라테스와 아리스토텔레스의 차이를 설명해준다. "소크라테스는 탁월성이 이성('로고스')이라고 생각했던 반면(그에게서는 모든 탁월성이 앎='에피스테메'였으니까), 우리는 탁월성이 이성을 동반하는 것이라고 생각한다."(VI, 1144b/28~29. 인용자 강조) 앞에서 언급했던(5장, §2) 의지박약은 '심약함(akrasia)'과 밀접한 관련성을 가진다. 소크라테스에게 누군가가 악행을 하는 것은 그가 '모르기' 때문이다. 그러나 아리스토텔레스는 누군가가 '알면서도' 악행을 할 수 있으며, 이것은 악한 것이라기보다는 의지박약, 심약함, 유약함, '자제력 없음'이라고 해야 한다고 본다. 이 논점은 소크라테스적 주지주의에 대한 아리스토텔레스의 반론이다. 『니코마코스 윤리학』, VII, 1145a/15 이하의 논의를 참조.

96) 이는 '자발성'의 개념과 밀접한 연관성을 띤다. 인간이란 자연발생적인(spontaneous) 운동을 하는 존재도 아니고 자동적인(automatic) 운동을 하는 존재도 아니다. 인간은 자발적인(voluntary) 운동을 하는 존재, 즉 운동의 이유/근거를 스스로의 내부에 지니고 있는 존재이다.('뒤나미스' 개념과 연계해 생각해볼 필요가 있다) 이런 자발성을 인정하지 않는다면 윤리 자체가 성립하지 못할 것이다. 자발성 및 이와 연관되는 '합리적 선택', '숙고', '소망', '책임' 등의 개념은 『니코마코스 윤리학』 III권의 전반부에서 전개된다. 또 자발성은 정의 개념과도 밀접한 관련을 가지는데, 이에 대해서는 V, 1135a/16 이하에서 논의된다.

준한 실천을 통해서 좋은 습관을 길러야 한다. 성격적 탁월성이 몸에 배어야 하는 것이다. "〔성격적〕 탁월성은 본성적으로 생겨나는 것도 아니요, 본성에 반하여 생겨나는 것도 아니다. 우리는 그것들을 본성적으로 받아들일 수 있으며 습관을 통해 완성시킨다."(II, 1103a/24~26) 이렇게 완성된 습관이 어떤 성격을 띠느냐에 따라 한 인간의 사람됨(hexis)이 형성된다. 그리고 사람됨은 특히 쾌락과 고통에 관련해서 뚜렷이 검증된다. 쾌락 때문에 악한 일을 하고 고통 때문에 선한 일을 회피하는 자도 있고, 즐겁지만 하지 말아야 할 것에 대해 절제할 줄 알고 힘겹지만 해야 할 일에 대해 성실한 자도 있다. 그래서 사람됨은 'akrasia'와도 밀접히 관련된다. 앞에서 말했듯이, 쾌락이 곧 좋음인 것은 아니다. 그래서 보다 큰 좋음/행복을 위해 쾌락이 동반될 수도 있지만 또 절제될 수도 있다. 사람됨이 뛰어나다는 것, 성격적으로 탁월하다는 것은 바로 쾌락의 수준과 좋음/행복의 수준을 구분할 줄 안다는 것, 그리고 실천적으로 구분해서 행위할 수 있는 습관을 들였다는 것을 의미하는 것이다.

사람됨/품성 상태에서의 성공 즉 성격적 탁월함을 이루기 위해서는 늘 합리적 선택이 필요하다. 이때 핵심적으로 중요한 것이 '중용(mesotēs)'이다. 성격적 탁월성은 많은 경우 감정·욕망과 그리고 특히 의지와 행위에 관련되며, 여기에는 늘 지나침과 모자람이 있다. 지나침이나 모자람으로 빠지지 않고 균형을 잡는 데에 중용의 기본 의미가 있다. 물론 중용은 산술적 중간이 아니다. 결국 성격적 탁월성은 합리적 선택과 결부된 사람됨/품성 상태이며, 의지와의 관계에서 성립하는 중용에 의존한다. 예컨대 용기는 비겁과 만용의 중용이며, 명랑함은 수다스러움과 무뚝뚝함의 중용이며, 적절한 베풂은 낭비와 인색의 중용이다. 구체적으로 어떤 것이 중용인지를 판단하는 것은 쉽지 않다. "양 극단에 있는 사람들은 중간에 있는 사람을 각기 반대쪽 극단으로 밀어내고, 비겁한 사람은 용감한 사람을 '무모한 사람'이라고 부르며, 무모한 사람은 그를 '비겁한 사람'이라고 부른다."(II, 1108b/24~27) 또, 멀리서 보면 전혀 중용적이지 않은 사람이 '중용'을 내세워 스스로를 억지스럽게 정당화하는 경우도 적지 않다. 그래서 중용은 쉽게 오용 나아가 악용될 수 있는 개념이기도 하다. 자신이 정말 어느 정도 중용에 가까운가를 올바르게 판단하려면 좀더 멀리 떨어져서 보려고 끝없이 노력해야 한다. 중용을 추구하는 것은 끝없는 '자기 부정'의 과정이며 사태를 조금이라도 더 멀리 떨어져서 보려는 부단한 노력과 성숙을 요한다. 이런 과정—이성에 따라 실천하는 삶—을 통해서만 우리는 영혼의 탁월성을 얻을 수 있으며 진정한 행복에 다가갈 수 있다.

덕성들의 분석

탁월함/덕의 구체적 내용들로 플라톤은 특히 '사주덕'—절제, 용기, 지혜, 정의—을 든 바 있다. 이 사주덕은 물론 폴리스의 정치체제에 대한 이론이기도 하다. 아리스토텔레스는 플라톤보다 더 다양한 덕들을 논하지만, 그 역시 이 사주덕을 주축으로 논의를 전개한다는 점에서 플라톤을 잇고 있다.

우선 용기를 들 수 있다. 아리스토텔레스는 플라톤처럼 용기를 단적으로 시민-전사의 덕으로 규정하고 있지는 않지만, 논의의 소재를 거의 전쟁에 관련된 것들로 듦으로써 플라톤과의 유사성을 보여준다. 아리스토텔레스가 볼 때, 용기란 기개/격정('튀모스')만으로 성립하는 것이 아니라 거기에 올바른 인식과 합리적 선택이 동반되어야 한다. 그렇지 않다면 '필부의 용기'에 불과할 것이다. 이 점에서 덕들의 통일성을 강조하면서 지혜가 여러 덕들을 통합하는 것으로 생각한 『프로타고라스』, 『라케스』에서의 소크라테스에 접근한다. 또 아리스토텔레스 역시 플라톤처럼 '시민적 용기'를 중시하며, "가장 고귀한 상황에서의 죽음"이란 곧 "전쟁에서의 죽음"이라고 말한다. 이런 대목에서 그 역시 전형적인 폴리스 철학자라는 점이 선명히 드러난다. 그러나 다른 덕들이 그렇듯이 용기에 있어서도 중요한 것은 중용이다. 용기는 비겁함과 무모함의 중용이다.[97]

절제의 경우 아리스토텔레스는 이를 특정한 계층에 상관적인 덕으로 국한하기보다는 좀더 일반적인 지평에서 논한다. 아리스토텔레스에게 절제의 덕은 주로 감각과 관련해서 논의된다. 말하자면, 용기가 가슴의 문제라면 절제는 넓은 의미의 피부의 문제이다. 절제는 앞에서 논했던 쾌락과 연관된다. 쾌락과 행복을 구분했거니와, 절제는 일시적인 쾌락이 아니라 진정한 행복을 위해서 요청되는 덕이다. "절제 있는 사람은 즐거운 것이 없음에도 고통스러워하지 않고, 즐거운 것을 삼가고서도 고통스러워하지 않기에 절제 있는 사람이다."(III, 1118b/34~35) 절제에 있어서도 중요한 것은 중용이다. 절제는 적절하게 즐거움을 누릴 뿐, 덮어놓고 즐거움을 거부하지도 또 향락에 빠지지도 않는 것이다. 절제 있는 사람은 욕망을 거부하지 않지만 그것을 이성과 조화시켜 누린다. "절제 있는 사람은 마땅히 욕망해야 할 것을 마땅히 그래야 할 방식으로 또 마땅히 그래야 할 때 욕망하기 때문"이다.(III, 1119b/16~17)

초기의 플라톤은 소크라테스를 따라 지혜를 중심으로 덕들을 통합하려 했지만 『국가』에 이르러서는 정의가 이 위상을 차지하고 있음을 보았다. 아리스토텔레스의 경우는 적어도 이 점에서 소크라테스에 더 가깝다. 그에게 지혜는, 정확히 말해서 최고의 지혜인 '소피아'는 삶에서의 지복(至福)을 주는 것으로 이해되고 있기 때문이다. 이미 언급했듯이 아리스토텔레스는 기예, 과학적 지성, 실천적 지혜, 형이상학적 통찰력, 철학적 지혜를 이성적 삶, 학문적 삶의 범주에서 다루었거니와, 이 중 철학

---

97) "무모한 사람은 허풍을 떠는 사람으로, 용감한 척하는 사람일 것이다. 어쨌든 무모한 사람도 용감한 사람이 두려운 것들에 관해 가지는 태도를 가지고 있는 것처럼 보이기를 바란다. 그래서 걸핏하면 용감한 사람을 모방하는 것이다. 그런 까닭에 무모한 사람들 중 많은 이들이 '무모한 겁쟁이'이기도 하다. 모방의 경우에는 무모하게 밀고 나가다가 실제 두려운 것들에 마주치면 견뎌내지 못하기 때문이다. (…) 무모한 사람은 경솔해서 위험이 닥쳐오기 전에는 위험을 바라지만 실제 위험에 처해서는 물러선다. 반면 용감한 사람은 평소에는 평정을 유지하다가 행동을 취할 때는 빠르고 강렬하다."(『니코마코스 윤리학』, III, 1115b/29~1116a/9)

적 지혜를 최상의 것으로 낙점했다. "철학적 지혜는 형이상학적 통찰력과 과학적 인식/지성이 합쳐진 것일 터이며, 가장 영예로운 것들에 대한 최고의 학문적 인식이다."(VI, 1141a/18~19) 지혜에 대해서는 중용을 이야기할 필요가 없다. 한쪽에는 무지가 있지만 "지나친 지혜"라는 말은 좀 이상한 말이기에 말이다. 정의도 마찬가지여서 "지나친 정의"라는 말은 이상한 말이다. 지혜와 정의는 행복과 마찬가지로 지나침을 말할 수 없는 지고한 가치들이라 할 수 있다.

플라톤에 있어서도 그렇거니와 아리스토텔레스에게서도 '정의' 개념은 정치학의 초석이다. 다른 덕들에 비해서 정의는 자신뿐만 아니라 타인까지 좋게 만들어주는 덕이기 때문이다. 그래서 정의는 윤리학과 정치학의 매개 고리이기도 하다. 이 점은 "우리는 정치학의 목적을 최고의 좋음으로 규정했는데, 정치학은 시민들을 특정 종류의 성품을 가진 좋은 시민으로, 고귀한 일들의 실천자로 만드는 데 대부분의 노력을 경주하고 있기 때문"이라는 말에서도 잘 드러난다.(I, 1099b/30~34) 아리스토텔레스는 정의를 "단일한 방식에 따라, 정치적 공동체를 위해 행복과 그 부분들을 만들어내고 그것들을 보존하는 것"으로 규정한다.(V, 1129b/18~19) "단일한 방식"이 가능하려면 법률이 제정되어야 한다. 아리스토텔레스는 법률을 "모든 사람들에게 공통되는 이익이나 귀족들의 이익을, 혹은 탁월성이나 그와 유사한 방식에 따라 통치하고 있는 사람들의 이익을 겨냥해 선언하는 것"으로 규정한다.(VI) 그래서 폴리스의 좋음을 위해서는 윤리학, 정치학, 법학이 동시에 요청된다. 나아가 그는 실천적 지혜를 개인, 가정경제, 입법, 정치술(심의적인 것과 사법적인 것)을 포괄하는 것으로 규정하기도 하며, 이렇게 본다면 윤리학, 정치학, 법학 외에도 경제학이 실천철학의 중요한 요소를 형성한다고 볼 수 있다. 그리고 이 모든 담론들이 다 정의 개념에 관련된다는 점에서 정의는 매우 포괄적인 성격을 띤 덕이다.

아리스토텔레스의 중요한 공헌은 우선 정의의 종류를 변별해서 규정해주었다는 점이다. 우선 분배적 정의가 있는데, 아리스토텔레스는 이 정의를 수학적인 비례의 구도를 통해서 설명한다. 두 번째는 교정적 정의로서 이는 부당한 계산을 바로잡아 주는 정의이다. 세 번째로는 교환적 정의가 있다. 사물들을 정의롭게 교환하기 위해서는 척도의 설정이 중요하며, 아리스토텔레스는 바로 이런 목적을 위해서 화폐가 도입되었다고 말한다.[98] 이 세 가지 정의는 경제 행위에 관련되는 정의들이다. 다른 곳에서와는 달리 아리스토텔레스는 이곳에서는 양적인 분석을 전개하고 있는데, 이것은 그가 경제 활동이란 기본적으로 수(數)의 문제라고 생각했음을 보여준다.

나아가 정치적 정의가 있다. 정치적 정의란 "자족적이기를 목표로 삼으며 삶을 함께 나누는 공동체 구성원들, 자유로우며 또 비례에 따라서든 수에 따라서든 동등한 공동체 구성원들 사이에서 성립한다."(V, 1134a/26~28) 아리스토텔레스는 정치적 정의가 자연적 정의와 법적 정의로 구성된다고 본다. 자연적 정의는 '인류'이나 '자연법' 같은 개념과 통하며, 인간의 세계에서는 어디에서나 통용되는 정의이다. 반면 법적 정의는 예컨대 포로의 몸값을 1므나로 정하는 경우에서처럼 각 사회의 '노모스'에 의해 작위적으로 규정되는 정의이다. 어디까지가 자연적이고 어디까지가 법적인지가 명확하게 갈라지는 것은 아니다. 아리스토텔레스는 두 정의 사이에 'epiekeia'를 삽입하는데, 이것은 실정법이 뭔가 잘못되었음을 느끼게 해주는 정의감(正義感) 같은 것을 뜻한다. 실정법은

---

98) "돈은 미래의 교환을 위한 것이다. 지금 당장은 필요하지 않지만 나중에 필요하게 될 경우, 교환이 가능하다고 우리를 위해 '보증을 서는 것'이다. 돈을 가지고 가는 사람은 마땅히 필요로 하는 것을 얻을 수 있어야 하기 때문이다. 물론 돈 역시 다른 물건들이 겪는 것과 같은 일을 겪는다. 돈이 항상 똑같은 값어치를 가질 수는 없으니까. 그럼에도 돈은 더욱 안정적인 경향이 있다. 이런 까닭에 모든 물품에는 가격이 매겨져야만 한다. 왜냐하면 교환은 언제나 이러한 방식으로 있을 것이며, 만일 교환이 있다면 공동체도 있을 것이기 때문이다./ 그리고 보면 돈은 일종의 척도(metron)로서, 물품들을 같은 척도로 잴 수 있게 만들어 그것들을 동등하게 만든다."(V, 1133b/10~17)

'노모스'의 영역이어서 작위적이지만, 사람들은 어떤 법률이 부조리하다는 것을 느끼고 그 시정을 요구하기도 한다. 이것은 곧 실정법의 문제점을 자연법 쪽으로 조회하면서 수정해나갈 수 있게 해주는 정의감이라고 할 수 있다.[99]

그렇다면 폴리스는 구체적으로 어떻게 정의로운 곳이 될 수 있는가? 아리스토텔레스의 본격적인 정치학은 『정치학』에서 전개된다.[100]

현실 국가의 정치학

다른 많은 점들에서도 그렇듯이, 정치학에서도 아리스토텔레스는 플라톤의 『국가』 및 『법률』과 대결하면서 자신의 논의를 전개했다.

아리스토텔레스 역시 플라톤을 이어 '이상국가'를 설계했다. 그러나 그의 이상국가는 플라톤의 것에 비해 미묘한 차이들을 보여준다. 아리스토텔레스의 이상국가론을 유심히 보면 대체적으로 플라톤이 말하는 '차선의 국가'에 해당한다는 점을 알 수 있다. "국가란 유사한 인간들이 맺는 공동체 형식의 하나이며, 그 목적은 가능한 한에서의 최선의 삶이다."(『정치학』, VII, 1328a/36~37) 아리스토텔레스는 플라톤의 이상국가를 너무나 고원(高遠)한 것으로 보고 그것과 대비되는 이상국가론을 펼쳤으나, 그 실제 내용은 플라톤이 『법률』에서 차선의 이상국가로 제기한 내용에 매우 근접한다. 그는 사유재산의 폐지라든가 처자의 공유 같은

---

99) 사주덕 이외에도 아리스토텔레스는 여러 덕들을 세세하게 다루고 있다.(『니코마코스 윤리학』, IV) 표제어만을 든다면 (주로 재물에 관련해 논의되는) 자유인다움, 통이 큰 것, 포부가 큰 것, 작은 명예와 관련하는 탁월성, 온화함, 교제와 관련한 탁월성, 진실성, 재치, 수치심(羞惡之心) 등이 있다.(역으로 VII권에서는 피해야 할 품성들에 대해 논하고 있다) 그리고 아리스토텔레스는 특히 '사랑/친애(philia)'에 대해 매우 상세한 논의를 전개하는데(VIII권과 IX권), 이는 플라톤의 『뤼시스』, 『향연』, 『파이드로스』 등을 잇고 있다고 볼 수 있다.

100) 『정치학』 외에 1891년에 발견된 『아테네 정치제도사』도 중요하다. 이 저작(자료집)은 그가 158개국에 달하는 폴리스들에 대해 실시했던 방대한 조사의 일부이다.

『국가』의 과격한 주장들—그러나 그는 이 주장들이 소수의 선택받은(또는 소명을 받은) 사람들에게만 관련된 주장이라는 사실을 종종 잊어버리는 듯하다—을 거부하면서 좀더 완화된 이상국가론을 펼친다.[101]

플라톤이 그랬듯이 아리스토텔레스 역시 개인과 폴리스를 유비적으로 다룬다. 그래서 그의 정치학은 윤리학적 토대 위에서 전개되며, 폴리스의 절제, 용기, 지혜, 정의를 추구해야 할 가치로 제시한다. 그에게 폴리스는 자족적이고 완벽한 존재이다. 또, 그런 조건을 갖추어야만 폴리스라 불릴 수 있다. 그래서 그는 폴리스 바깥의 존재는 "짐승이 아니라면 신일 것"이라고 단언한다. 이 점에서 그의 정치학은 철저하게 폴리스를 실체화하는 폴리스 중심적인 성격을 띤다. 사실 아리스토텔레스의 시대는 그의 제자 알렉산드로스에 의해 지중해세계 전체에 변화의 기운이 도래하기 시작한 시대이다. 그러나 『정치학』을 읽으면서 우리는 그가 이런 변화에 놀라울 정도로 둔감했음을 느낄 수 있다. 당시는 또한 자족성의 지평이 폴리스에서 개인들로 이행하는 한편 폴리스들을 넘어서는 '국제 사회'(지중해세계)가, 나아가 '우주(코스모스)'에 대한 새로운 감수성이 도래하기 시작했던 때이기도 했다. 그리고 개인과 우주 사이에서 폴리스는 점차 증발하기 시작했다. 그러나 아리스토텔레스는 폴리스의 계층구조—특히 노예 제도와 가부장 제도—를 '자연적인' 것으로서 정당화하는 데 몰두하고 있다. 나아가 당시는 알렉산드로스의 페르시아 점령 등을 통해서 지중해세계의 지리학적-민족학적 지식이 현저하게 팽창했고 그로써 그리스세계의 좁은 지평이 타파된 시대이기도 했다. 디오게네스는 이미 "나는 아테네 사람도 아니고 그리스 사람도 아니다. 다만 세계의 한 시민일 뿐"이라 했다. 그럼에도 아리스토텔레스는 그리스중심

---

101) 아리스토텔레스는 『국가』와 『법률』의 차이점들을 극소화함으로써 『법률』과 자신의 『정치학』의 차이점들을 극대화하고 있다. "남편들이 처자와 재산을 함께 갖는 것을 예외로 하면 다른 모든 점에서 『법률』의 제도들과 『국가』의 제도들은 똑같다."(『정치학』, II, 1265a/5~7) 그러나 이것은 그리 타당한 비교가 아니다.

주의를 철저하게 고수했으며, 그리스가 당연히 다른 "야만인들"을 지배해야 한다고 강조했다. 플라톤에 비해서 아리스토텔레스의 정치적 상상력은 현저하게 빈약했다고 할 수밖에 없으며, 제자가 만들어가고 있던 현실과 스승이 체계화하고 있던 이론 사이에는 깊은 골이 놓여 있었다고 해야 할 것이다.

이상국가론에 있어 플라톤과 아리스토텔레스의 차이는 가족(사유재산 포함) 문제 및 교육 문제에 관련해 두드러지게 나타난다. 플라톤에게 적어도 통치자 계층의 경우 가족의 의미는 최소화되지만, 아리스토텔레스에게 가족이란 삶의 가장 자연적인 단위이다. 아리스토텔레스는 가족—그리스인들이 말하는 '가족'은 오늘날의 소가족이 아니라 전통적인 대가족을 뜻한다—을 주인과 노예, 남편과 아내, 부모와 자식이라는 세 가지 관계가 형성하는 복합체로서 파악한다. 아리스토텔레스에게 가족이란 '자연적인' 것이며 어떤 방식으로도 부정될 수 없는 것이다. 아울러 그 자연스러운 귀결로서, 사유재산 역시 부정될 수 없으며 사유재산을 부정하는 플라톤 식 공산주의는 인간의 본성에 근본적으로 반하는 것이 된다. 여러 다른 점들도 있지만 그는 특히 이 점에서 플라톤의 이상국가가 비현실적임을 지적한다. 그러나 이미 지적했듯이, 아리스토텔레스는 플라톤의 이런 이론이 특히 통치자 계층을 겨냥한 이론이라는 점을 분명히 하고 있지 않다. 또 이와 연관해, 그는 플라톤이 통치자 이외의 계층들에 대해서는 분명히 하지 않았다고 비판하고 있으나 이 또한 지나친 비판이다. 『국가』의 행간을 읽으면 통치자 계층의 성격만이 아니라 통치자 이외 계층들의 성격도 분명하게 규정하고 있음을 쉽게 알 수 있다.

아리스토텔레스는 또한 교육 문제에 관련해서도 플라톤과 차이를 보인다. 아리스토텔레스의 교육론도 플라톤의 그것처럼 철저하게 폴리스 중심으로 전개되며, 플라톤보다 훨씬 완화되어 있긴 하지만 도덕적 측면을 강조한다. 그러나 이들의 교육철학은 곧 현저한 차이를 드러내는데, 그것은 무엇보다도 아리스토텔레스에게는 철인-치자들을 위한 교육 프로그램이 존재하지 않는다는 점에 있다. 이 점에서 아리스토텔레스의 경우 교육과 정치가 플라톤에게서만큼 굳게 결부되어 있지 않다. 아리스토텔레스가 제시하는 교과목은 읽기, 쓰기, 체육, 음악으로서, 플라톤에게서 '시가'로 통합되어 다루어졌던 읽기 및 쓰기, 음악이 서로 분리되어 있다. 또 변증법이 없는 것은 물론 음악이 대수학, 기하학, 천문학과 아무런 관련성을 가지고 있지 않다. 음악 교육의 필요성이 VIII권 거의 전부를 차지하는데, 이는 당대에 음악 과목의 필요성이 논쟁거리였기 때문이었던 듯하다. 이렇게 볼 때 그의 교육론은 기초 교육에 치우쳐 있으며, 철인-치자들의 양성이라는 플라톤적 프로그램은 전혀 나타나지 않는다.

아리스토텔레스는 특히 법률에 의한 통치를 강조한다. 그는 이 점을 자신과 플라톤의 중요한 한 변별점으로 보았으나, 사실 이 점에서도 그는 플라톤의 연장선 상에 있다고 보아야 한다. 플라톤 자신이 "인간이란 스스로를 완성할 때 가장 훌륭한 동물이 되지만, 법률과 정의에서 일탈할 때에는 가장 나쁜 동물이 된다"라고 하지 않았던가.(『법률』, IX, 874e) 그러나 아리스토텔레스는 플라톤처럼 최고의 지식을 갖춘 인물들을 양성하는 방식이 아니라 건강한 교양을 갖춘 시민 계층의 판단을 중시하는 방식을 강조한다. 물론 폴리스와 시민은 순환적이다. 중견 시민층이 폴리스를 이끌어가야 하지만 이런 시민층은 폴리스라는 테두리 내에서만 가능하기 때문이다. 이렇게 함으로써 아리스토텔레스는 시민들에 의해 통치되는 폴리스를 좀더 긍정적인 눈으로 보았다고 할 수 있고, 이 점에서도 그가 플라톤에 비해서 상식과 경험을 중시하는 중용의 철학자라는 점이 잘 드러난다.

그렇다면 아리스토텔레스가 그린, 플라톤과는 다른 뉘앙스에서의 이상국가(이상적인 현실국가)는 어떤 것이었을까? 우선 시민, 폴리스, 정체에 대한 그의 생각이 어떤 것이었는지를 보아야 한다. 아리스토텔레스는 시민을 "관직과 재판에 참여하는 사람"으로 규정한다. 역으로 말해 관직과 재판에 참여하지 못하는 사람들은 시민의 범주에서 제외된다. 여성,

아동, 거류민(居留民), 외국인, 노동자, 노예 등이 그들이다. 아리스토텔레스에게 시민이란 일정한 현실적 능력과 시민적 덕성을 갖추고서 정치의 장에 참여할 수 있는 사람을 뜻한다. 여기에서 현실적 능력이란 자유인이고 납세자임을 뜻하고, 시민적 덕성이란 용기와 정의의 덕을 갖추었음을 뜻한다. 그리고 폴리스란 바로 이런 사람들(과 그렇지 못한 사람들)의 집합체이다.

폴리스의 정체('폴리테이아')들에는 어떤 것들이 있고 또 어떤 정체가 바람직한가? 이것은 정치학의 핵심 문제이다. 아리스토텔레스에게 왕정은 크게 고려의 대상이 되지 않는다. 왕정에 대해서도 일정한 논의가 있기는 하지만, 아리스토텔레스에게 왕정이란 기본적으로 비(非)폴리스적인 정체였다. 왕정은 왕이 현명하고 덕스러운 사람일 때에는 좋은 결과를 가져오지만, 어리석고 악덕한 사람일 때에는 최악의 결과를 가져온다. 이 경우가 참주정이다. 왕 한 사람의 자질이 좋기를 확률적으로/요행으로 기대해야 한다는 점에서 이 정체는 좋은 정체가 아니다. 또 하나 귀족정이 있다. 이 귀족정은 플라톤이 말한 '최선자들의 정치'에 해당한다. 플라톤이 추구했듯이, 최선의 인간들이 통치하는 것이야말로 가장 이상적인 정치 형태일 것이다. 그러나 이는 이상적인 이야기이다. 실제 최선자들이 아닌 귀족들은 법도 잘 지키지 않으며, 개인적인 야망이 지나치게 강하고, 타인을 얕잡아보기 일쑤이며, 자신의 오류를 좀체 인정하려 하지 않는다. 플라톤과는 달리, 철저한 교육 과정을 거쳐서 진정한 귀족들(철인-치자들)을 양성하는 문제를 아리스토텔레스는 다루지 않는다. 아마 현실화되기 어려운 제도라고 생각했을 것이다. 타락한 형태의, 아니 현실적 형태의 귀족정은 곧 과두정이다.

이 과두정의 맞은편에 있는 것이 민주정이다. 아리스토텔레스가 말하는 'dēmokratia'는 현대적인 뉘앙스에서의 민주정이라기보다는 정치를 할 자격이 없는 어중이떠중이들의 혼란스러운 정치, 우중의 정치라는 뉘앙스를 띠고 있다. 그래서 아리스토텔레스가 볼 때 민주정은 참주정이나 과두정보다는 나을지라도 역시 나쁜 정체이다. '민(民)'들=대중은 제대로 교육받지 못한 사람들이기 때문에 정치적 능력도 갖추고 있지 못하며, 가난하기 때문에 국정을 이끌어나가는 데 도움이 되지 않는다. 그들은 정신적으로 비굴하고 허약하며, 또 게으르고 무책임하다. 그래서 민주정 역시 혼란스러운 정치로 치닫는다. 민주정의 혼란스러움을 극복하기 위해서는 정치를 할 자격이 있는 사람들, 즉 교육, 부, 용기 등을 갖춘 견실한 시민 계층(그리스적 뉘앙스에서의 중산층)의 정치, 긍정적인 의미에서의 민주정이 이루어져야 한다.

아리스토텔레스가 현실적으로 가장 이상적이라고 생각한 정체는 과두정과 민주정이라는 두 부정적 정체를 피하고 그 긍정적 형태들을 절충해서 이룰 수 있는 혼합정체이다. 이 혼합정체는 양과 질 사이에서 **중용**을 취한 것으로서, 중산층 이상을 정치의 주체로 취하는 정체이다. 즉, 귀족층과 중산층의 혼합정체라고 할 수 있다. 아리스토텔레스가 볼 때 시민 계층에서 현실적으로나 덕성에 있어서나 일정 수준 이상인 사람들 즉 중산층이야말로 폴리스의 대들보이다. 그래서 그는 중산층이 주축이 되고 거기에 국가에 대한 공헌도가 높은(그러나 또한 견제의 대상이기도 한) 귀족층이 혼합된 혼합정이야말로 가장 이상적인 정체라고 보았다. 이 혼합정이 타락할 때, 즉 중산층이 본연의 역할을 하지 못할 때 민주정이 도래하게 된다. "왕정이 타락할 때 참주정이, 귀족정이 타락할 때 과두정이, 혼합정이 타락할 때 대중정치가 도래한다."(IV, 1289a/29~30)

이렇게 아리스토텔레스는 혼합정체를 강조했지만, 다른 한편 정치의 방식에서는 인치(人治)가 아닌 법치(法治)를 강조하기도 했다. 플라톤 자신이 인치에서 법치로 입장을 바꿔나갔거니와, 아리스토텔레스도 "인간이란 스스로를 완성할 때 가장 훌륭한 동물이 되지만, 법률과 정의에서 일탈할 때에는 가장 나쁜 동물이 된다"라는 플라톤의 말을 그대로 인용하면서 법률의 의미를 강조한다. 그러나 아리스토텔레스는 법률의 제정 및 운용에 있어 플라톤적 현자들보다는 덕성 있는 시민들을 더 믿었다. 그가 성문법보다 오히려 관습법을 중시한 것도 이 때문이었다. 더 나아가 아리스토텔레스는 폴리스에서의 정치나 법과 같은 상대적으로 추상적인 차원과 시민들 및 비시민들이 어우러져 이루어지는 좀더 하위의 생활 차원 사이에 존재하는 차이에 둔감하지 않았다. 고중세의 공동체들은 정치가 모든 것을 관장하는 곳이었지 정부와 시민사회의 구분 같은 것은 존재하지 않았다. 그러나 아리스토텔레스에게서 우리는 헤겔에 이르러서나 명확하게 구분되기 시작하는 정치/법의 차원과 사회/경제의 차원이 희미하게나마 구분되어 있음을 확인하게 된다. 그것은 달리 말하면 그에게서는 '경제'가 단순히 정치의 한 요소로서가 아니라 그 자체로서 상당한 관심의 대상이 되었다는 것을 의미한다.

폴리스의 경제학

다른 고대 공동체들과 마찬가지로 그리스 역시 호혜성에 기반을 둔 경제 구조를 유지했으며, 가정들 사이 또는 더 넓은 단위들 사이에서의 주고-받음을 통해 폴리스의 평형을 유지해가는 것을 중시했다. 이 점에서 '미개 사회'의 경제 구조와 큰 차이가 없었다.[102] 원래 그리스인들에게 경제란 기본적으로 정의의 문제였다. "교환을 목적으로 하는 공동체 내에서는 이런 종류의 정의〔교환적 정의〕가 사람들을 서로 연결하는데, 이때의 되갚음/보상은 비례에 따른 것이지 동등성에 따른 것이 아니다. 폴리스는 비례적인 보상에 의해서 유지되기에. 〔…〕 사람들은 이 주고받는 일에 의해 유지된다. 〔…〕 이것이 '카리스' 즉 감사의 마음에 고유한 일이기에. 감사할 일을 해준 사람에게 답례를 해야 할 뿐만 아니라 다시 자신이 감사 받을 일을 주도적으로 해야만 할 것이다."[103]

---

102) '교환'을 통한 평형의 유지는 마르셀 모스의 『증여론』(이상률 옮김, 한길사, 2002) 및 클로드 레비-스트로스의 『야생의 사고』(안정남 옮김, 한길사, 1996)에서 확인된다. 근대적인 시장이 아닌 호혜성 시장은 칼 폴라니의 『거대한 전환』(홍기빈 옮김, 도서출판 길, 2009)에서 확인된다.

그러나 시대는 이미 변해가고 있었다. 본래 그리스 그리고 후대의 로마를 특징짓는 핵심적인 요소들 중 하나는 이 공동체에 "정부" 또는 "국가"라는 것이 없었다는 점이다. "없었다"라고 단언하면 다소 과장된 것일 수도 있겠다. 일반적으로 생각하는 이미지로서의 정부/국가가 아니었다고 해야 할 것이다. 시대적인 변천을 잠시 접어두고 전성기에만 주목할 경우, 이 공동체들에는 '왕'은 물론이고, 거대한 관료조직도 또 오늘날의 의미에서의 '경찰'이나 '국군'도 존재하지 않았으며, '세금'이라는 것도 없었다. 관직들은 물론 있었으나 그것은 왕이 임명하는 것이 아니라 선거를 통해서, 더 나아가서 추첨을 통해서 결정되었다. 공동체는 왕이나 재상의 '명령'을 통해서 움직이는 것이 아니라 웅변과 논쟁, 토론, 선거, 재판 등을 통해서 움직였다. 이와 맞물려 또 하나 중요한 것은 시장경제, 화폐경제가 존재했다는 사실이다. 대략 BC 6세기 정도에 화폐가 등장해 사용되기 시작했으며, 민주정의 성숙과 더불어 시장경제도 조금씩 활성화되었다. 오늘날과 달리 고대 세계에서는 화폐라든가 시장이 한 공동체 내의 문제이기보다는 공동체들 사이의 문제였다. 한 공동체는 대개 호혜적 시장—우리의 '장'을 생각하면 좋을 것이다—을 통해서 영위되었고, 화폐로 매개되는 좀더 근대적인 의미에서의 시장은 오히려 '무역'의 장에 존재했다. 근대 자본주의의 출현이 무역의 장에서 성립했던 것도 이 때문이다. 그러나 그리스세계, 특히 아테네에서는 민주정이 고도화된 BC 5~4세기에 이르면 시장경제도 고도화되기 시작한다. 아고라는 정치의 장이기도 했지만 또한 경제의 장이기도 해서 시장 기능을 담당했다. 이런 변화는 긴 세월을 두고서 진행되었으나, 결정적인 변화는 아리스티데스가 폴리스 외곽의 농민들을 도심으로 끌어들이고 그 후 페리클레스가 키몬과의 정쟁(政爭) 하에서 '국고(國庫)'라는 개념—국가가 시민들에게 화폐를 지급한다는 개념—을 도입하면서 이루

---

103) 『니코마코스 윤리학』, V, 1132b/32~1133a/6.

어졌다.[104] 이런 과정을 통해 경제가 정치를 좌우하는 현상이 발생한 것이다. 정치가 경제를 관장하던 고대 세계의 일반적 풍경을 벗어나, 경제/화폐가 정치를 좌우하는 상황이 벌어졌다. 아리스토텔레스의 경제학은 이런 맥락에서 성립했다.

아리스토텔레스는 그의 경제학의 초석을 건강한 가정과 건강한 폴리스의 유지에 두었다. 물론 이 둘은 한 사태의 양면일 뿐이다.[105] 그의 경제학은 이런 건강함을 해치는 당대의 경제 현상들에 대한 비판적 논의와 행복한 가정·폴리스를 이끌어갈 수 있는 경제학적 원리라는 두 부분으로 나뉜다. 아리스토텔레스의 윤리학은 목적론적 구도를 가지고 있고, 이 경우 매우 중요한 문제들 중 하나가 우리 행위의 어떤 것이 더 상위의 목적이고 어떤 것이 더 하위의 목적인가 하는 것이다. 흔히 말하는 "먹기 위해 사느냐 살기 위해 먹느냐"의 문제이다. 아리스토텔레스가 특히 문제 삼는 것은 재산의 획득술(축재술)과 가정의 운영술 사이의 위계이다. 재물을 획득하는 것은 그 자체로서 목적이 아니라 어디까지나 가정과 폴리스의 행복을 위한 것이다. 재물 획득이 그것 자체로서 추구될 때 사람과 사람 사이의 갖가지 갈등들이 생겨난다. 때문에 아리스토텔레스는 축재술이 가정술에 복속되어야 한다고 말하며, 그렇지 않은 데에서 당대 폴리스들의 여러 문제들이 발생했다고 말한다.

이런 폐해는 화폐의 존재론과 밀접한 관련성이 있다. 아리스토텔레스는 최초로 사용가치와 교환가치를 구분했다. 이것은 곧 실물과 화폐의 관계와도 연관된다. 실물을 둘러싼 인간의 욕망과 행복에는 한계가 있

---

104) 아리스토텔레스, 『아테네 정치제도사』, XXVII.

105) 그러나 차이도 있다. 동북아의 경우, 특히 한(漢) 제국 이래 가족의 구조가 국가의 구조와 동형을 이루었던 반면, 아리스토텔레스가 살았던 그리스의 경우 폴리스는 혼합정이지만 가정은 오히려 왕정의 형태를 띠었다. 즉, 철저한 가부장제의 형태를 띠었다.(『경제학』, I, 1343a 이하) 아리스토텔레스의 『경제학』은 그 내용상으로는 '가정경제학'이다. 이것은 그가 경제의 핵심을 튼튼한 가정의 유지로 보았기 때문이다.

다. 옷이 10,000벌이 있다면 아무리 사치스러운 사람이라도 부담을 느낄 것이다. 매일 하나씩 갈아입어도 30년 가까운 세월이 걸릴 터이니 말이다. 배고플 때 죽 한 그릇이 배부를 때의 산해진미보다 나은 법이다. 그러나 화폐의 축적에는 한정이 없다. 1억 원이 있으면 10억 원을 욕망하고, 10억 원이 있으면 100억 원을 욕망한다. 숫자(數字)에는 끝이 없기 때문에 화폐에 대한 욕망에도 끝이 없다. 이것이 화폐의 요술이다. 이 때문에 어느 새인가 사람들은 "부는 단지 화폐의 축적 이외의 것이 아니다"라고 생각하기에 이른다. 이렇게 해서 본말(本末)이 전도되며, 사람들은 악다구니를 쓰면서 돈에 환장을 하게 된다. 물론 이것은 화폐가 항시 실물로 교환될 수 있다는 전제 아래서 성립한다. 당대의 아테네가 바로 그랬다. 그러나 실물의 존재와 화폐의 존재는 엄연히 다르며, 미다스 왕의 이야기가 이 점을 분명하게 보여준다. 때문에 아리스토텔레스는 당대 폴리스의 화폐경제를 비판적으로 보았으며, 본래의 건전한 가정경제의 재건을 강조했다. 아리스토텔레스의 이런 생각은 훗날 경제의 윤리적 차원을 망각하지 않은 마르크스를 비롯한 많은 경제학자들에게 영감을 주었다.

수사학의 의미

폴리스의 정치에 관련해 아리스토텔레스가 다루었던 또 하나의 핵심적인 요소는 수사학이다. 민주주의의 발달은 수사학을 필수적인 탐구 대상으로 만들었다. 토론, 연설, 논쟁, 변론, 웅변, 설득 등, 그리스와 로마는 말/로고스의 힘이 강력하게 작동하는 공동체였다. 수사학은 그리스와 로마 고유의 활동이라는 점에서 의의가 크다. 절대 군주나 거대한 관료조직이 지배하는 곳에서는 수사학이 발달할 수 없다. 로고스의 활발한 사용이 존재하는 곳에서만 수사가 의미를 가지기 때문이다. 뤼시아스, 데모스테네스, 이소크라테스 등 그리스(와 로마)가 다른 문명에서는 찾아보기 힘든 위대한 웅변가들/수사학자들을 많이 배출한 것은 이 때문이다. 또 이 연설가들의 대부분이 아테네인들이라는 점도 시사적이다.

수사학이 본격적으로 등장하기 시작한 것은 소피스트들과 소크라테스의 시대였다. '퓌지스에서 노모스로'의 이행이 이루어진 이때 소피스트들은 언어=로고스의 중요성을 분명하게 부각했으며, 이런 맥락에서 문법, 언어학, 수사학 등의 싹을 틔웠다. 그러나 당대 타국들을 누르면서 흥청망청하던 아테네에서 소피스트들은 본연의 철학보다는 세속적인 욕망에 따르기 시작했고, 이런 분위기에서 수사학은 남용 내지 오용되었다. 소피스트들과 대립각을 세웠던 소크라테스와 플라톤이 수사학을 강도 높게 공격한 것은 바로 이 때문이었다.[106] 그러나 『파이드로스』의 플라톤은 수사학에서 어떤 가능성을 읽어내고 있는데, 이런 태도는 어쩌면 이소크라테스의 영향 때문이었을 수도 있다. 소피스트들의 수사학 남용/오용을 비판하면서도 진정한 수사학을 세우려 했던 인물이 이소크라테스였기 때문이다. 수사학은 부(副)이지 정(正)은 아니다. 정은 없고 부만 설치면 그것은 물론 잘못된 것이다.(오늘날 사람들은 '수사'라는 말을 주로 이런 부정적 의미로만 이해하고 있는 듯하다) 그러나 정이 서 있는 상태에서의 부는 '금상첨화(錦上添花)'이다. 내용이 뒷받침되는 수사학은 중요한 기예인 것이다. 또, 정치 연설이나 재판 등을 포함해서 정치적 상황에서는 정보다 부가 더 중요할 수도 있다.

아리스토텔레스의 다음 말을 음미해볼 필요가 있다. "신체적으로 스스로를 방어할 수 없다면 부끄러운 일이다. 그렇다면 언어적으로 방어할 수 없는 것은 더욱더 부끄러운 일이 아닐까. 신체보다 언어가 인간에게 더 고유한 것이니 말이다."[107] 주먹을 휘두르는 인간에게 신체적 위해를

---

106) 특히 『고르기아스』, 461b 이하. BC 92년 로마의 노(老)크라수스가 수사학 학교에 폐교령을 내린 것도 유사한 맥락이다. 이런 상황을 딛고서 로마 수사학의 최고봉을 이룬 인물이 키케로이다. 키케로, 안재원 옮김, 『수사학』(도서출판 길, 2006), 「옮긴이 해제」에서 당대의 상황을 볼 수 있다.

107) 아리스토텔레스, 『수사학』, I, 1355a/34~1355b/2.

받고서 부정의하다고 부르짖기만 할 수는 없듯이, 거친 인간에게 언어적 공격을 받고서 스스로를 방어하지 못하는 것도 부끄러운 일이다. 실력이 더 월등하고 공부도 많이 한 사람이 말주변이 없어 자신보다 못한 인간에게 웃음거리가 된다면 얼마나 부조리한 상황인가. 개혁적인 정치인이 수구적인 정치인과 TV 토론을 벌였을 때 수사가 부족해서 패한다면, 그가 아무리 좋은 개혁 의도를 가지고 있은들 소용이 없지 않겠는가. 아리스토텔레스가 볼 때 수사학은 정이 아니라 부이지만, 우리의 삶에서는 오히려 부가 더 중요할 때도 있는 것이다.

아리스토텔레스에게 수사학은 변증론과 밀접한 관련을 가진다. 변증론이 이론적인 수사학이라면 수사학은 실천적인 변증론이다. 진정한 수사학을 이론적으로 다듬는 것이 변증론의 역할이라면, 변증론을 실제 정치적 상황에서 실천하는 것이 수사학이다. 변증론은 학문적인 글쓰기/말하기의 문제이지만, 수사학은 실제 상황에서의 글쓰기/말하기의 문제이다. 이 때문에 아리스토텔레스는 변증론과 수사학을 유비적으로 논한다. 변증론의 '귀납', '삼단논법', '개연적 논증'과 수사학의 '예증', '상식 논법', '개연적 상식 추론'이 유비적으로 논의되는 것이다. 아리스토텔레스의 이런 생각은 훗날 로마 최고의 웅변가였던 키케로에게도 큰 영향을 주게 된다. 그리스와 로마의 정치는 기본적으로 수사학의 정치였고, 뛰어난 수사학의 습득이야말로 상류 계층의 핵심 교양이었다.

아리스토텔레스의 철학은 사유의 역사를 수놓은 높은 봉우리들 중에서도 특히 우뚝 솟아 있는 거대한 봉우리이다. 그에게서 고대 그리스의 철학이 완성되고, 그로부터 중세의 철학이 비상하게 되며, 그와의 대립을 통해서 근대 철학이 전개된다. 오늘날까지도 학문의 세계를 떠받치고 있는 기초적인 개념들, 이론들, 방법들이 아리스토텔레스에게서 일차적인 완성을 보았고, 이후의 철학이 그와의 대결을 통해 전개된다는 철학사의 기본 구도가 형성된 것이다. 아리스토텔레스 철학의 내용에 찬성하지 않을 수도 있고, 그의 철학적 · 정치적 상상력이 빈약했다고 비판할 수도 있다. 그러나 그의 사유가 서구 철학, 나아가 학문 전체에서 가장 '기초적인' 부분을 이룬다는 점은 누구도 부정할 수 없다.

아리스토텔레스의 사유는 고대 세계에서는 좀체 볼 수 없는 이지적(理智的)인 성격을 띤다. 그의 논리학 저작들이 이 점을 웅변적으로 보여준다. 고중세 역사를 통틀어 그만큼 철학적 이지성의 경지에 도달한 인물은 달리 찾아보기 힘들다. 다른 한편으로 볼 때 그의 사유는 그 근본적인 성격에 있어 철저히 소크라테스와 플라톤을 잇고 있다. 물질적 실체들로부터가 아니라 활동('에르곤'), 능력('뒤나미스'), '~다움'('아레테')의 관점에서 세계에 접근해 들어가는 시각, '선=좋음'을 주축으로 하는 목적론적 사유 방식, 사물들의 이상태를 추구해 들어가는 본질주의적 접근, 로고스의 의미와 역할에 대한 굳건한 신념, 폴리스라는 삶의 터전에 대한 확고한 믿음, 이 모든 점들에 있어 아리스토텔레스는 소크라테스와 플라톤의 후예이다.

아리스토텔레스는 스스로를 반(反)플라톤주의자로, 적어도 반(反)'플라톤주의'주의자로 여겼다. 그리고 그리스 철학의 맥락 자체 내에서 볼 때 이것은 사실이다. 그러나 이미 숱한 철학적 입장들을 겪어온 우리에게 이들의 사유는 사실상 하나의 '인식론적 장'을 형성하고 있는 것으로 보인다. 아리스토텔레스 자신이야말로 최초의 위대한 플라톤주의자가 아닐까. 그럼에도 이들 사이에 존재하는 차이는 간과할 수 없다. 플라톤에게 개체성을 중심으로 형성되어 있는 현실의 존재론은 형상을 향해 극복해야 할 무엇이었다. 아리스토텔레스 역시 형상을 향하는 목적론적 사유를 펼쳤지만, 그 형상들은 사물들 자체에 내재해 있는 것이었다. 때문에 플라톤의 관여, 임재, 결합은 아리스토텔레스의 현실태와 잠재태로 바뀌어야 했다. '월인천강(月印千江)'의 구도에서 강들 속에 들어간 월의 구도로 이행한 것이다. 그러나 아리스토텔레스의 형상은 그 자신이 생각했던 것처럼 플라톤의 대극에 선 것이 아니었다. 두 형상 사이의 차이는 정도의 차이이다. 물론 그 정도차가 중요하지 않은 것은 아니지만.

아리스토텔레스는 플라톤과 마찬가지로 제작적 세계관을 펼쳤다. 그러나 '제작적 세계관'은 플라톤에게서와 아리스토텔레스에게서 상이한 의미를 띤다. 플라톤에게서 제작적 세계관이란 우주가 제작된 것이라는 것을 뜻하지만, 아리스토텔레스는 오히려 이런 생각을 비판했다. 그럼에도 아리스토텔레스는 플라톤의 사유 양태 자체는 거의 그대로 받아들여 4원인의 구도를 짰다고 해야 할 것이다. 이는 후대의 철학자가 전대의 철학자의 어떤 면을 비판하면서도, 다른 어떤 면은 (때로는 자기도 모르게) 그대로 이어받고 있는 전형적인 예이다.

플라톤에게 당대 현실은 어떻게든 극복되어야 할 상황이었다. 스승 소크라테스의 죽음(BC 399년)을 전후한 그리스의 상황은 그가 꿈꾸었던 이데아의 차원과는 대극에 있는 현실이었다. 그에게 이데아란 이 현실을 그쪽으로 변화시켜가야 할 방향/목적이었고 현실의 타락을 비추어주는 시금석이기도 했다. 그러나 아리스토텔레스에게 형상은 현실의 사물들에 내재해 있는 것이고, 그것들을 좀더 완성된 형태로 끌어주는 동력이었다. 그리스 문명의 가치에 대한 확고한 믿음을 가지고 있었음에도 그는 아테네에서 '이방인'이었다. 때문에 그 자신 인생에서 몇 차례의 굴곡을 겪어야 했다. 그러나 그에게는 현실을 긍정하면서 거기에 보다 높은 완성도를 부여하려는 안온(安穩)한 눈길이 존재한다. 바로 이 때문에, 그의 윤리학이 매우 세련되고 균형 잡힌 사유들을 보여주고 있는 것과 대조적으로 그의 정치학은 당대에 새롭게 도래하던 기운(氣運)들에 무척이나 둔감할 수밖에 없었다.

아리스토텔레스의 사유 체계는 고대에 그 짝을 찾아보기 힘들 정도로 방대하고 정치한 것이었다. 그만큼 과학적 사유의 높이를 달성한 인물은 존재하지 않는다. 그러나 시각을 달리해서 보면, 아리스토텔레스의 철학에 이르러 그 이전에 존재했던 철학의 다른 중요한 측면들이 사상되어 버렸다는 것 또한 사실이다. 소크라테스와 플라톤에게서 나타나는 어떤 절박한 문제의식들이 아리스토텔레스의 '과학적' 사유에서 상당 부분 증발해버린 것이다. 이들의 관계는 우리로 하여금 합리적 사유의 성취와 한계에 대해 생각에 잠기도록 만든다.

— 2부 —

신과 인간
그리고 세계

8장 '삶의 기예'로서의 철학

  알렉산드로스의 동방 원정을 통해서 지중해세계의 동쪽은 이전에 비해 좀더 통합적인 문화를 형성하게 된다. 사실 동방 정복의 꿈은 오래전부터 존재했다. 지중해세계를 통합하는 거대 제국은 일찍이 그리스인들의 꿈이었고, 이소크라테스가 필리포스를 부추겨 꾸게 한 꿈이었다. 그리고 훗날 폼페이우스가 알렉산드로스를 흉내 내 시도한 것도, 클레오파트라가 카이사르와 안토니우스의 귀에 달콤하게 속삭인 것도 바로 이 꿈이었다. 척박한 환경에서 호전적인 기질을 키워오던 서쪽의 사람들에게 풍요롭고 또 전투에 있어 만만했던 동방은 늘 "황금 어장"이었다. 이런 야욕은 구체적으로는 필리포스에 의해 준비되었고, 마침내 알렉산드로스에 의해 실현되었다. 그러나 최후의 승자는 로마였다.

  BC 3세기 이래 알렉산드로스가 닦아놓은 길들을 따라서 그리스의 문명이 퍼져나갔고, 그래서 사람들은 알렉산드로스가 바뷜로니아에 돌아와 열병으로 사망한 BC 323년부터 아우구스투스가 공화정 말기의 혼란상을 넘어 지중해세계를 최종적으로 평정한 BC 30년까지를 흔히 '헬레니즘 시대'라 부른다. 지성사적으로는 아리스토텔레스의 죽음으로부터 키케로의 죽음에 이르기까지이다. 이 시기는 로마가 지중해세계를 제패한 시대이지만, 문화적으로는 오히려 헬라스 문명이 지중해세계에서 보편화되던 시대이다. 이 때문에 '로마니즘 시대'가 아니라 '헬레니즘 시대'라 불린다. 그러나 로마의 공화정 시대와 제정 시대에 철학적으로 결정적인 차이가 있다고 보기는 어렵기 때문에, 철학사적으로는 이 헬레니즘 시대에 로마 제정기(대략 서로마 제국이 멸망한 AD 5세기까지)까지 하나로 묶어서 다룰 필요가 있다. 철학사적으로는 약 800년에 달하는 이 시기—아리스토텔레스의 죽음으로부터 서쪽에서는 '암흑 시대'가, 동쪽에서는 이슬람 문명이 도래하기까지의 시기—를 '헬레니즘-로마 시대'라 부를 수 있을 것이다.[1] 이 장에서는 이 시대를 다룬다.[2]

　헬레니즘-로마 시대의 800년 동안 또 그것을 잇는 중세 1,000년 동안에는, 스토아학파를 예외로 한다면, 플라톤과 아리스토텔레스에 버금가는 철학 체계가 등장하지 못했다. 여러 정치적·종교적 이유로 인해 철학적 활동이 위축되었으며, 과학과 철학이 유리되었고, 철학자라는 존재의 성격도 변질되었다. 어떤 사람들은 철학 공주가 종교의 물레에 찔려 잠이 들었다가 17세기에 이르러 데카르트의 입맞춤을 받고서야 비로소

---

1) 헬레니즘-로마 시대는 세부적으로 네 시기로 나눌 수 있다. 헬레니즘 시대의 전반은 대략 아리스토텔레스가 세상을 뜬 BC 323년부터 포세이도니우스가 탄생한 BC 135년까지로 잡을 수 있다. 이 시대는 순수 헬레니즘 시대라 할 수 있다. BC 135년부터는 로마적인 헬레니즘 시대가 시작되었고, 이는 키케로의 죽음(BC 43년)에 이르기까지 지속되었다. 로마 시대도 다시 두 시기로 나눌 수 있다. 공화정-제정 교체기로부터 AD 180년까지가 그 전반기로, 이는 곧 마르쿠스 아우렐리우스 황제의 죽음에 이르기까지이다. 그리고 AD 180년부터 로마 제국의 멸망(AD 476년)까지가 마지막 시기이다.

2) 이 시대의 문헌들 중 로마의 문헌들은 비교적 많이 남아 있으나 그리스의 문헌들은 대개 단편적으로만 전해 내려온다. 이 문헌들에 대해서는 디오게네스 라에르티우스, 플루타르코스 등의 고전적 편집본들로부터 폰 아르님의 스토아철학 편집본 등 현대의 작업들까지 매우 많은 종류가 나와 있으나, 여기에서는 주로 다음 편집본을 참조해 인용한다. *The Hellenistic Philosophers*, I/II, by A. A. Long and D. N. Sedley(Cambridge University Press, 1987/2008).

긴 잠에서 깨어났다고까지 말하는데, 이것은 다소 과장이긴 하지만 어느 정도는 사실이다. 그러나 이 2,000년에 가까운 시간을 빈약한 시간으로 만 묘사하는 것은 부당한 일이다. 플라톤과 아리스토텔레스에 버금가는 철학적 높이는 지중해세계에서 갑작스럽게 실종되어버렸지만, 이 시기 에도 나름의 독특하고 진지한 철학적 작업들이 꽃피었다. 특히 헬레니즘 시대만 해도 '철학적 삶'이 지중해세계를 매우 다채롭게 수놓았다. 그러 나 전반적으로 보았을 때, 이 시대는 (아래의 표가 시사하듯이) 독창적 철 학이 탄생한 시대라기보다는 에피고넨들(후계자들, 계승자들, 아류들)의 시대였다고 하는 것이 옳을 것이다.

아리스토텔레스	뤼케이온
플라톤	아카데메이아(→ 회의주의)
소크라테스	소(小)소크라테스주의자들
소피스트들	회의주의학파
자연철학자들	에피쿠로스학파, 스토아학파
그리스-로마의 종교사상들	플로티노스와 신플라톤주의
유대교사상	기독교사상(과 훗날의 이슬람사상)

헬레니즘 시대

헬레니즘 시대를 특징짓는 가장 중요한 현상들로는 폴리스의 와해와 거대 국가들의 탄생, 나아가 '국제 사회'의 도래, 더 나아가 우주적 보편 주의의 탄생을 꼽을 수 있다. 알렉산드로스 사후 그의 제국은 그 부장들 에 의해 분할되었고, 그렇게 분할된 국가들을 군주/왕이 다스리는 체제 가 확립된다. 이제 로마 공화국을 예외로 한다면 지중해세계 전반이 '왕 조'의 시대로 접어든 것이다. 물론 대부분의 지역들이 이미 이전부터 왕 조들의 지배를 받았다는 사실을 감안하면, 이 사실이 심대한 의미를 가 지는 곳은 바로 그리스세계였다. 그리고 이 국가들 사이에서는 끝없는 헤게모니 쟁탈전이 전개된다. 헬라스세계에 경도되어 있던 마케도니아 인들도 동방의 제국들을 접하면서 점차 동방적 군주제에 익숙해져갔으며, 이집트에서 자신을 신격화하는 사제들을 만났던 알렉산드로스 자신이 그러한 흐름의 씨앗을 뿌렸다. 사실 그와 부장들 사이에 불화가 일어나게 된 주된 요인들 중 하나가 바로 부복 문제였다.[3] 이런 과정을 통해서 도시들, 특히 그리스의 폴리스들은 점점 위축되어갔고, 지중해세계는 분산된 숱한 도시들, 폴리스들이 아니라 좀더 큰 단위의 국가들이 각축을 벌이는 '국제 사회'로 변해갔다. 그리고 기존의 도시들은 '총독'들의 위임 통치를 받는 일종의 식민지로 화해갔다.

아테네도 예외가 아니었으며, 이 폴리스는 마케도니아와 그리스를 할 당받았던 안티파트로스의 지배 하에 들어갔다. 아리스토텔레스는 바로 이 안티파트로스의 비호를 받았고, 그래서 반(反)마케도니아 운동이 벌어졌을 때 아테네를 탈출해야 했다. 아테네는 안티파트로스에게 격렬하게 저항했으나 결국 파탄을 맞이하게 된다. 다른 폴리스들 그리고 동방의 도시들, 국가들의 운명도 대개는 비슷했다. 끈질기게 저항하던 스파르타조차 BC 146년 결국 로마에 복속된다. 이제 폴리스를 활발하게 채웠던 철학자들의 변론도, 여러 지역 사람들이 모여 다양한 토론을 펼쳤던 민회도, 와자지껄하게 논쟁을 벌이던 선거판도, 원고와 피고가 한판의 담론적 승부를 벌이던 재판정도, 폴리스들 사이에서 수시로 벌어졌던 문화적 경쟁도 역사의 뒤안길로 서서히 사라지기 시작했다. 이 시대에 이르러 본격적인 '지중해세계'가 조금씩 형성되었고, 이에 발맞춰 '사

---

3) 알렉산드로스를 따라갔던 철학자 칼리스테네스는 대왕에게 아첨하곤 했던 아낙사르코스와 달리 그와 맞서곤 했는데, 문제가 되었던 것들 중 하나가 역시 무릎을 꿇고서 절하는 것이었다. 결국 칼리스테네스는 알렉산드로스의 박해를 받아 죽었고, 그가 아리스토텔레스의 친척이라는 사실이 알렉산드로스로 하여금 아리스토텔레스에게 원한을 품게 만들었던 것으로 보인다.(플루타르코스, 홍사중 옮김,『플루타르크 영웅전 II』, 동서문화사, 2007, 1260쪽 이하)

해동포주의'/'세계시민주의' 사상도 싹트기 시작했다. 이런 흐름 속에서 폴리스를 "최종적이고 완벽한 공동체"라고 생각했던 아리스토텔레스의 입장은 더 이상 지지될 수 없었다.

그리스세계와 동방세계 그리고 여타의 세계들 사이의 관계에도 변화가 찾아왔다. 폴리스의 장벽들이 무너지고 지중해세계 전역에 걸친 국제사회가 도래한 시점에서, 나아가 알렉산드로스의 원정을 통해 페르시아문명의 눈부신 화려함이 서방에도 잘 알려지게 된 상황에서, 아리스토텔레스의 편협한 그리스중심주의는 사람들에게 비웃음의 대상이 되기까지 했다. "헬라스어를 말하는 사람이 헬라스인"이라는 이소크라테스의 슬로건은 이미 헬레니즘 시대를 예고하는 선언이었다.[4] 이런 과정을 통해서 '세계' 또는 '우주' 또는 '자연' 같은 개념들이 새로운 뉘앙스를 띠고서 언급되게 된다. 물론 폴리스들은 현실적으로는 그 후로도 상당 기간 존속했다. 그러나 이 폴리스들은 이미 예전의 폴리스들이 아니었다. 과거의 폴리스들은 일종의 '국가'였다. 그러나 이제 폴리스들은 한 국가에 포함되어 있는 '도시'로 화했다. 이 과정을 통해 이제 보편성의 지평이 도래하기에 이른다. 이렇게 오히려 '노모스에서 퓌지스로'라고 할 만한 흐름이 생겨났지만, 그러나 이 퓌지스(또는 우주, 세계)는 다분히 추상적인 것이었다. 그리고 이 추상적 퓌지스와 맞물려 내면적 자아가 형성되기 시작했다.

사회적인 활동들을 뒷받침해주던 정치적 단위들이 와해될 경우, 또는 활기찬 역할을 하지 못할 경우, 대개 양극화가 발생한다. 한편으로는 다

---

4) 그리스어는 '코이네'('공통의'라는 뜻, 또는 '대중적인(popular)'이라는 뜻도 있다)의 형태로 지중해세계 전체로 퍼져 지식인들 공통의 언어가 된다. 후에, 특히 BC 1세기 이후에는 라틴어도 지중해세계 전체에서 사용되는 언어가 된다. 대체적으로 아테네(후에는 콘스탄티노플)와 그리스어가 동쪽의 중심이었다면, 로마와 라틴어는 서쪽의 중심이었다. 이렇게 그리스어와 라틴어가 지중해세계 지식인들의 전체 공용어가 되면서 헬레니즘-로마 시대 특유의 '국제 사회'가 형성되었다.

소 막연한 의미에서의 우주, 자연, 세계 같은 초월적 지평이 도래하고, 다른 한편으로는 내면으로 움츠러든 개인들 또는 소집단들이 등장한다. 이런 상황에서 초월과 내면이 직접 연결되면서 그 사이에 존재하던 단위들이 증발하게 된다. 저 멀리 존재하는 초월과 내면 속으로 숨어들어간 자아/소집단이 그 사이에 존재하는 자연/사물 및 사회/역사를 건너뛴 채 직접 만나게 됨으로써 그 중간이 텅 비는 것이다. 과거에 폴리스에 부여되었던 '자족성'의 이상은 이제 개인과 우주로 양극화되고, 이 양극이 중간 매개 없이 직접 이어진다. 이런 식의 구도는 철학사에서 종종 나타나는 구도이다. 대체적으로 말해서 헬레니즘 시대가 이런 시대였다. 이런 구도는 로마적인 획일화가 지중해세계 전반에 퍼지면서 더욱더 강화되기에 이른다.

이런 시대를 맞이해 철학자들도 한편으로 저 멀리 초월을 동경하는가 하면, 동시에 다른 한편으로 자신의 내면으로 또는 자신이 속한 소집단으로 도피한다. 나아가 구체적인 자연/사물 및 사회/역사를 건너뛰는 사유들이 대세를 이루면서 과학과 철학이 분리되기에 이른다. 철학은 과학적 탐구를 포기한 채 점차 종교의 성격을 띠고, 다른 한편으로 철학적인 비전과는 아무 상관이 없이 세계의 특정 부분에만 몰두하는 개별 과학들이 발달한다. 과학과 철학이 결합해 있을 때 사유는 높이 비상한다. 과학과 철학이 분리될 때, 과학은 국가와 자본주의—물론 이것은 나중의 일이지만—와 기술의 도구로 전락하고(극단적인 경우, 마루타 등으로 대변되는 2차 세계대전을 전후한 끔찍한 비극들을 상기해보라) 철학은 주관적/개인적인 인생관, 가치관이나 집단적인 '이데올로기'로 전락한다. 이런 상황에서는 본래 의미에서의 철학이 아니라 이른바 "인생철학"만이 존재하게 되고, 학문적으로 설득력이 있어서가 아니라 자신의 "마음에들기" 때문에 어떤 철학을 신봉하게 된다. 헬레니즘-로마 시대는 철학이 과학과 분리되면서 '인생철학'으로 전락한 시대이다.

그러나 이 시대를 오로지 전락의 시대로만 묘사하는 것은 부당할 것이다. 헬레니즘-로마 시대는 그 나름대로의 문제의식과 활기를 담고 있는 시대였으며, 이런 고유성에 초점을 맞출 경우 여러 가지 흥미로운 논의 거리들을 많이 발견할 수 있다.

우선 철학이 지중해세계로 퍼져나가면서 일반화되었다는 사실을 들 수 있다. 이전에 철학은 그리스가 개척했던 식민지(개간지)나 그리스 본토 특히 아테네의 전유물이었다. '철학'이라는 행위는 그리스의 고유한 발명품이었던 것이다. 그러나 폴리스들의 벽이 무너지고 헬레니즘 시대가 도래하면서 그리스의 문화적 성취는 지중해세계 전체로 퍼져나갔다. 이 과정에 속화와 희화화도 일정 부분 포함되었지만, 철학이 그리스의 전유물이 아니라 지중해세계 전체의 재산이 된 것은 중요한 진보였다. 이에 따라 철학자들의 출신도 다변화하기 시작했는데, 예컨대 헬레니즘 초기 철학자들만 봐도 이미 제논은 키티온, 에피쿠로스는 사모스, 아르케실라오스는 아이톨리아의 피타네, 크뤼시포스는 타르소스 출신 등으로 다양했다. 이런 과정을 통해 헬레니즘이 지중해세계 지식인들의 공통 배경으로 자리 잡고, 여기에 로마적인 것과 동방적인 요소들이 합쳐져 지중해세계를 이루었다고 할 수 있다.

이러한 변화는 지리적으로는 학문적 도시들의 다변화로 나타났다. 이제 지중해세계 전반에 걸쳐 학문이 발달한 도시들이 나타나게 된다. 물론 아테네가 그 명성을 하루아침에 잃지는 않았다. 아테네는 헬레니즘-로마 시대 전반에 걸쳐, 특히 헬레니즘 시대에는 여전히 지중해세계의 지적 중심이었다. 아카데메이아, 뤼케이온, 에피쿠로스의 정원, 스토아가 모두 아테네에서 흥했으며, 이 학파들은 '아테네의 네 학원'으로 불렸다. 그러나 이제 철학은 아테네의 전유물이 아니었다. 이집트의 알렉산드리아─알렉산드로스가 세운 많은 '알렉산드리아'들 중 하나─는 아테네와 자웅을 겨루던 위대한 학문적 도시였고, 무려 20만 권의 장서를 구비했다는 페르가몬의 도서관보다도 더 큰 도서관을 보유했다.[5] 이 알렉산드리아에서 에우클레이데스의 기하학, 프톨레마이오스의 천문학,

아르키메데스의 물리학을 비롯한 다양한 과학들이 발달했고, 플로티노스의 신플라톤주의를 비롯한 철학 사조들, 그리고 유대-기독교의 교부들이 나왔다. 아울러 쉬리아의 안티오케이아(/안티오크) 그리고 스뮈르나, 로도스 또한 대표적인 학문적 도시들이었다. 아리스토텔레스의 문헌들 전반이 최초로 번역된 언어는 아랍어가 아니라 쉬리아어였다.

각 국가들은 정치적-군사적으로만이 아니라 문화적으로도 경쟁하고자 했으며, 이에 따라 각각의 도시들을 학문적-예술적으로 치장하려 했다. 때문에 이때의 철학자들은 한편으로 내면 또는 소집단으로 움츠러들어 안심(安心)을 꾀했지만, 다른 한편으로 새롭게 도래한 권력들과 손을 잡고서 '입신양명(立身揚名)'을 꾀하는 '관료철학/어용철학(official philosophy)'으로 흐르기도 했다.(이 말이 꼭 현대어가 그런 것처럼 경멸을 불러일으킨 것은 아니다) 이 경우에는 한편으로 개인/소집단의 철학이 다른 한편으로 국가의 철학이 존재하고, 그 사이 공간이 사라진 것이다. 어쨌든 자국의 위세를 과시하려는 군주들—이집트를 맡았던 프톨레마이오스, 페르시아의 셀레우코스, 마케도니아의 안티고노스 등—의 야망으로 인해 학문적 도시들은 대대적인 지원을 받아 발달하게 된다. 이런 면에서 본다면 이 시대는 국가와 학문이 결탁하기 시작한 시대였다고도 할 수 있다. 그런 과정을 통해 철학은 창조적인 사유보다는 점차 주석, 개설, 문헌 정리 등으로 흐르게 된다.

그러나 이 시대는 창조적이고 깊이 있는 사유가 위축된 대신, 철학을 삶에 밀착시키고 일상적 실천으로 만들었다는 점에서 의미를 갖는다. 헬레니즘-로마 시대의 철학은 그 기본 성격에 있어 윤리적이고 종교적인 철학이었다. 이 시대는 세계를 명확히 이해하고픈 소망보다는 삶의 고

---

5) 아카데메이아의 'Mouseion'을 따라 'Myseion'이라 불렸던 이 장엄한 도서관은 훗날 카이사르와의 전쟁 때 손상을 입고, 로마 말기에는 기독교도들에 의해 파괴된다. 클라우스 헬트, 이강서 옮김, 『지중해 철학 기행』(효형출판, 2007).

통에서 벗어나고픈 소망이 압도하는 시대였다. 무엇보다도 '구원'을 갈구하던 시대였다. 철학이란 '생활의 양식', '삶의 기예(technē tou biou/ars vitae)'였다. 따라서 이 시대를 이론적 빈약함 때문에 폄하하기만 하는 것은 일면적인 평가이며, 각도를 달리해서 이 시대의 철학자들이 실천적으로 그리고 후대의 표현을 빌리면 '실존적으로', 나아가 신체적으로 어떤 '철학적 삶'을 살았는가를 음미해볼 필요가 있다.[6] 이 점에서 헬레니즘-로마 시대의 철학자들은 플라톤과 아리스토텔레스의 후예들이라기보다는 소크라테스의 후예들이었다. "인간의 고통에 아무런 처방도 내려주지 않는 철학자들의 말들은 얼마나 공허합니까. 신체의 병들을 고쳐주지 못하는 의학적 실천이 아무런 가치가 없듯이, 영혼의 고통을 치유해주지 못하는 철학은 아무짝에도 쓸모없는 것입니다"라는 에피쿠로스의 말은 이 시대의 분위기를 압축적으로 보여준다.[7]

소크라테스의 사후 그리스세계 나아가 지중해세계 전반에 걸쳐 '소크라테스 운동'이 일어난 것은 이런 시대적 배경을 깔고 있다. 소크라테스 이후의 철학은 대부분 어떤 형태로든 소크라테스의 영향을 받았다고 할 수 있다. 사실 플라톤과 아리스토텔레스의 철학 역시 이런 운동의 한 갈

---

6) 피에르 아도는 고대의 철학 전체를 이런 관점에서 바라보고 있다. 아도가 볼 때 고중세의 철학과 근대 이후의 철학은 그 개념을 상당히 달리하는 것이다. 피에르 아도, 이세진 옮김, 『고대 철학이란 무엇인가』(이레, 2008). 이 점은 미셸 푸코에 의해서도 강조되었다.(『주체의 해석학』, 심세광 옮김, 동문선, 2007)

7) 이런 분위기의 형성에는 인도 철학의 영향도 있었던 것으로 보인다. 알렉산드로스의 원정을 따라갔던 압데라의 아낙사르코스와 그의 제자인 엘리스의 퓌론은 인도의 철학자들을 만나 그들의 수행에서 깊은 인상을 받았던 것 같다.(VP, IX, 61~63) 힌두교의 현자 칼라누스는 분신자살을 했다고 하는데, 이에 대해 스토아학파의 창시자인 키티온의 제논은 이렇게 말했다고 한다. "사람들이 고통에 대해 개진해온 온갖 추상적인 장광설을 배우느니 차라리 인도 사람 한 명이 불 위에서 타 죽는 모습을 보는 편이 낫다."(피에르 아도, 『고대 철학이란 무엇인가』, 131쪽) 이 역시 헬레니즘 시대의 분위기를 잘 보여주는 일화이다. VP = Diogenes Laertius, *Vitae Philosophorum*(Lives of Eminent Philosophers), by R. D. Hicks, Loeb Classical Library(한국어 판: 디오게네스 라에르티오스, 전양범 옮김, 『그리스 철학자 열전』, 동서문화사, 2008)

래이다. 플라톤의 아카데메이아와 아리스토텔레스의 뤼케이온 역시 유스티니아누스 황제에 의해 강제 폐쇄되는 AD 529년까지 존속했다. 그러나 헬레니즘 시대의 분위기를 특징지었던 것은 소(小)소크라테스적 맥락이었다.

뤼케이온은 그 창시자의 학문을 이어받아 과학적 탐구에 역점을 두었던 것으로 보인다. 이 학원은 '박물학(博物學)' 즉 종합과학을 추구했고, 이 점에서 아리스토텔레스의 학풍을 이었다. 『형이상학』, 『식물지』, 『식물원인론』 등을 썼다고 하는(일부는 현존한다) 테아프라스토스가 대표적이다. 또 『박물지』의 저자인 스트라본을 들 수 있을 것이다. 이런 박학의 전통은 뤼케이온의 일원은 아니었지만 BC 1세기에 활동한 스토아 철학자 포세이도니오스 등에게서도 발견된다. 그러나 이들의 박물학은 아리스토텔레스의 패러디에 불과했다. 오히려 이 시대에 본격적인 과학을 발달시킨 사람들은 알렉산드리아의 과학자들이었다. 앞에서 언급했던 에우클레이데스, 아르키메데스, 프톨레마이오스 외에도 많은 뛰어난 과학자들이 배출되었다. 그러나 역으로 이들의 과학은 철학적 비전과 상관이 없는, 오늘날의 의미에서의 개별 과학들이었다. 이렇게 과학은 철학적 함축이 없는 개별 지식으로, 철학은 과학의 종합이 전제되지 않은 "인생철학"으로 양극화되어버린 시대에, 뤼케이온학파는 과학도 철학도 아닌 어정쩡한 위치에 처할 수밖에 없었다. 아니 더 정확히 말해, 뤼케이온은 그 두 흐름을 종합하는 데 실패함으로써 결코 아리스토텔레스적인 위대함을 재현할 수가 없었다.

아카데메이아 역시 점차 조락의 길을 걸었다. 스페우시포스, 크세노크라테스, 폴레몬, 크라테스 등이 아카데메이아의 학통을 이어갔지만, 폴레몬을 거치면서 아카데메이아는 더 이상 플라톤적인 학원이 아니게 된다. 아카데메이아도 이제 수학, 존재론, 변증법 등을 포기하고 윤리 문제에만 집중함으로써 헬레니즘 시대의 분위기에 빠져 들어간 것이다. 아카데메이아 현관의 문구가 "기하학에 몰두하는 자는 들어오지 말라"로 바

꿰었을지도 모르겠다. 그러나 아카데메이아는 그 후에도 오래도록 존속했다. 다만 세월이 흐를수록 이 학파는 회의주의에 근접해갔다. 특히 후기 아카데메이아를 대표하는 아르케실라오스와 카르네아데스는 오히려 회의주의의 항목에서 다루는 것이 나을 정도로 플라톤 본연의 모습으로부터 멀리 떨어진 사유를 펼쳤다. 소크라테스와 초기 플라톤에게 회의주의적 면모가 있었음은 분명하고, 특히 소크라테스에게서 그런 모습을 보다 분명하게 읽어낼 수 있음은 사실이다. 그러나 플라톤은 바로 그 회의주의를 극복하고서 그의 위대한 사유 체계를 세웠던 것이다. 이렇게 본다면 아카데메이아는 얄궂게도 그 창시자가 그토록 날을 세워서 투쟁했던 소피스트들의 입장으로 되돌아간 셈이다. BC 1세기의 '절충주의자' 키케로도 이 학파에 친근감을 느꼈는데, 그가 선호했던 아카데메이아는 바로 이 회의주의적 아카데메이아였다.

소크라테스 운동

아리스토텔레스를 이은 뤼케이온과 플라톤을 이은 아카데메이아의 이런 조락과 변질에 비한다면, 소크라테스를 이은 소크라테스적인 사유와 실천은 헬레니즘 시대 전체를 지배했다고 할 수 있다. 물론 적지 않은 뉘앙스의 차이를 동반하고서. 이른바 '소(小)소크라테스주의자들'이라 불리는 인물들로는 크게 퀴니코스학파, 퀴레네학파, 메가라학파의 철학자들을 들 수 있지만, 넓게 보면 헬레니즘-로마 시대의 철학 전체가 소크라테스의 영향을 받았다고 할 수 있다.

퀴니코스학파는 소크라테스의 제자이자 동료인 안티스테네스(BC 445~366년)에 의해 창시되었다. 플라톤보다 20년 정도 연상이었던 것으로 추정되는 그는 철학에 대해 플라톤 및 아리스토텔레스와는 전혀 다른 개념을 제시함으로써 헬레니즘 시대를 준비했다. 그는 철학을 학문으로보다는 생활양식으로 규정했다. 그에게 철학이란 기본적으로 '수행(askēsis)'이었다. 철학의 목표는 위대한 학자가 되는 것이 아니라 모든 것에 초탈한, 즉 절대 자족적인 현자(賢者)가 되는 데에 있었다. 현자는 불굴의 수행을 통해서 '열반(ataraxia)' 즉 절대적 안심에 도달한 존재이다. 안티스테네스에게 아레테는 오로지 이런 식의 행위에 있었다. 그는 이런 생각을 통해서 그리스 철학의 전통에서 결정적으로 이탈해가고 있었다.[8]

'askēsis'로서의 철학이라는 개념은 헬레니즘을 거쳐 로마 제국 시대가 되면 일반화되지만, 이 시대에는 아직 낯선 개념이었다. 이 때문에 플라톤, 이소크라테스, 아리스토텔레스는 공통으로 안티스테네스를 공격했다. 플라톤은 그를 "우둔한 양반"이라 불렀고, 아리스토텔레스는 "어리석은 시골뜨기"라 불렀다. 이소크라테스는 그의 「헬레네」, 「소피스트들을 논박함」 등에서 명시적/암시적으로 안티스테네스를 공격했다. 그러나 안티스테네스의 철학 개념이 단순한 반(反)지성주의의 발로는 결코 아니었던 것으로 보인다. '이론'을 무책임하게 거부하거나, 누군가 자신이 모르는 이야기를 하면 (자신의 무지를 고치려 하는 게 아니라) "현학적이다"라는 식으로 상대를 매도하거나, 유치하고 주관적인 "감성"을 내세우거나 하는 등의 반지성주의는 단순한 지적 게으름이나 열등의식에서 나오는 것일 뿐이다. 그러나 제목들만 남아 있는 안티스테네스의 저작 목록을 보건대, 그는 당대 학문에 있어 상당한 경지에 이른 수준에서 그것을 넘어 반(反)주지주의/반합리주의를 주창한 것으로 보인다. 반지성주의는 반주지주의의 패러디일 뿐이다. 퀴니코스학파는 이런 단순한 반지성주의의 입장은 아니었다고 보아야 할 것이다.[9] 오히려 안티스테네

---

8) 안티스테네스는 플라톤보다 20년이나 연상이고, 디오게네스는 아리스토텔레스보다 무려 28년이나 연상이다. 그럼에도 이들을 아리스토텔레스 이후에 다루는 것은 이들의 사유가 이미 포스트-폴리스의 시대를 호흡하는 것이었기 때문이다.

9) 오히려 퀴니코스학파에게 이성은 중요했다. 이들에게 아레테란 단지 앎으로써만이 아니라 어디까지나 고도의 수행을 통해서 얻을 수 있는 것이지만, 그 수행을 올바른 방향으로 이끌어주는 것은 역시 이성이었기 때문이다.

스는 시대를 너무 앞서간 인물이었을지도 모른다.

안티스테네스의 제자로 추정되는 시노페의 디오게네스(?~BC 320년)는 퀴니코스학파의 대표자일 뿐만 아니라 여러모로 헬레니즘 시대의 분위기 전체를 보여주는 인물이다. 디오게네스와 그를 이은 크라테스, 그리고 크라테스의 동반자가 된 히파르키아는 '작위=노모스'에서 '자연=퓌지스'로의 이행을 극단적으로 보여준다. 디오게네스는 통 속에 살면서 사람들이 보는 앞에서 자위행위를 하기도 했고, 크라테스와 히파르키아 역시 사람들이 보는 곳에서 성행위를 하기도 했다. 이 때문에 사람들은 그들을 '개 같은 학파'—그리스어 '퀴니코스'는 '개 같은'을 뜻한다—라고 불렀다. 성은 인간의 '퓌지스'임에도 다른 퓌지스들(밥 먹기, 잠자기, 똥오줌 누기 등)에 비해서 유독 비가시성이 요구되는 퓌지스이다. 이들은 이 퓌지스를 백일하에 드러냄으로써 폴리스 시대를 지배했던 노모스 전체를 비웃었다. 디오게네스는 스스로를 "도시도 국가도 집도 없이 나날의 빵을 구하면서 떠도는 거렁뱅이"로 묘사했다. 그러면서 세상의 억압적인 행태들 모두에 대해 주저 없이 맞섰다. 퀴니코스 "학파"는 이렇게 초인적인 삶을 통해 '세상'이라는 것을 무너뜨리고자 했다. 플라톤은 디오게네스를 "미쳐버린 소크라테스"라고 불렀다고 하는데, 그의 존재를 상당히 예리하게 파악한 것으로 보인다.[10) '세계 정복'에 나선 알렉산드로스, 바로 디오게네스와 정확히 반대의 삶을 살았던 그가 "내가 알렉산드로스가 아니었다면 디오게네스가 되고 싶었을 것이다"라고 말했다는 일화는 시사적이다.[11)

10) '퀴니코스학파(견유〔犬儒〕학파)'는 현대에 이르러 '시니시즘'(냉소주의)이라는 사조로 화했는데, 두 개념은 뉘앙스가 다르다. 전자가 일관되게 퓌지스적 삶에 충실한 저항의 철학이라면, 후자는 노모스건 퓌지스건 상관없이 삶 자체를 냉소하는 입장이기 때문이다. 후자에서는 어떤 철학적인 의미도 찾을 수 없다.

11) 개인과 세계시민 사이에 존재하는 다른 차원들이 희미해지면서 나타난 현상들 중 하나가 개인적 자족성의 추구이며, 또 하나는 공동체의 일원이라는 한계(예컨대 그리스의 경

그러나 이들의 혁명적 행위들은 어디까지나 개인적/내면적 행위였다. 그리고 이들의 세계시민적 행위들도 다분히 관념적/추상적 차원에 머문 것이었다. 퀴니코스학파는 작위/인위의 세계를 거부했기에 진정으로 자족적인 것은 어디까지나 개인에 그리고 또한 모든 차별성을 벗어난 세계시민에 있다고 보았다. 그 중간의 존재론적 단위들은 작위에 불과했다. 이들은 '현자'를 추구했지만 그 현자는 오로지 자족성, 자기만족='autarkeia'만을 핵심으로 했다. 다른 한편 이런 식의 만물제동(萬物齊同) 사상은 현실적인 차별성들에 둔감할 수밖에 없고 어디까지나 내면으로의 또는/동시에 추상적인 전체로의 도피 이상이 될 수 없다. 모든 게 다 차이가 없다는 생각, 분별심(分別心)을 넘어서야 한다는 생각, 현실은 그저 작위일 뿐이라는 생각은 현실적인 숱한 차별성들을 무의미한 것으로 만듦으로써 결국 그런 차별적 현실을 긍정하고 만다. 그런 생각은 얼핏 평등주의로 보이지만 사실상은 그 반대로 사회적 불평등을 용인/묵인하는 사상이 되어버린다. 때문에 이런 철학의 성취는 어디까지나 개인적인 내면에서만 또는 반대로 각종 차별성을 건너뛴 추상적인 전체, 공허한 세계시민에게서만 가능하다. 결국 이런 철학은 구체적인, 차별적인 상황을 만나게 되면 아주 쉽게 무너져버리며, 설사 개인적 용기와 초탈함으로 그런 상황을 극복해나간다 해도 적극적인 사회적 변혁으로는 나아가지 못하는 것이다.

퀴니코스의 철학은 우리에게 삶으로부터의 초연함을 가르쳐주었다. 삶의 갖가지 작위들에 빠져서 악다구니를 쓰면서 살아가는 사람들에게 그들이 그토록 집착하는 차이들이 얼마나 무의미한가를 보여준 것이다. 그렇게 함으로써 그들은 우리로 하여금 소요(逍遙)할 수 있도록 해준다.

우 아무리 위대한 인물—예컨대 테미스토클레스—도 왕적인 존재가 될 수 없었으며, 그렇게 되려 할 경우 추방당하거나 살해당했다)를 넘어선 위대한 영웅의 등장이었다. 디오게네스와 알렉산드로스의 만남은 바로 이 두 유형을 대표하는 인물들, 시대의 대극(對極)에 선 인물들의 만남이라는 점에서 흥미롭다.

그러나 소요는 그것을 불가능하게 만드는 갖가지 현실적 모순들과의 투쟁이 없이는 결국 도피에 불과하다.[12] 퀴니코스학파는 도피의 철학에 그칠 수밖에 없었다. 그러나 이들이 이룬 성취가 하찮은 것은 결코 아니다. 그들은 '철학적 삶'의 전혀 다른 가능성을 보여주었다. 그들은 기성의 작위적 체계들로부터 어떻게 파격(破格)할 수 있는가를 자신들의 몸으로 보여주었다. 나아가 비현실적인 방식으로이긴 하지만 '세계시민'이라는 관념을 제시함으로써 이후의 사상사에 큰 영향을 끼쳤다. 퀴니코스학파는 기성 질서에 대한 저항, 모든 작위적이고 위선적인 제도들에 대한 공격, 인간의 원초적/본래적인 모습으로의 회귀를 꿈꾸는 모든 사조들의 원형이라고 할 수 있을 것이다.

두 번째의 '소크라테스 운동'으로는 퀴레네학파의 철학함을 들 수 있다. 플라톤과 동시대인인 아리스티포스, 그리고 그 제자들인 테오도로스, 헤게시아스 등은 이른바 '쾌락주의'를 설파했다. 아리스토텔레스가 전하는 바에 따르면, 아리스티포스는 수학이란 좋음과 나쁨을 설명해주지 못하기 때문에 인생에 도움을 주지 못하는 학문이라고 폄하했다고 한다. 그러나 이들이 말하는 쾌락이란 즉물적인 육체적 쾌락 이외의 것이 아니었다. 이 점에서 훗날 에피쿠로스학파의 그것과는 다르다. 또, 이들에게 쾌락이란 고통의 부재가 아니라 고통의 대척점이었다. 이 점에서도 에피쿠로스학파와는 다르다. 퀴레네학파는 퀴니코스학파처럼 인상 깊은 사회적 반항을 보여주지는 못했다.[13] 이들에게 삶의 목표는 오로

---

12) 역으로 투쟁은 삶에 대한 초연한 사랑이 밑받침되지 않을 때 단순한 집단이기주의나 삶에 대한 증오로 전락한다. 투쟁 없는 소요는 도피에 불과하고, 소요 없는 투쟁은 증오에 불과하다. 소요는 투쟁을 통해 현실로부터 도피하지 않을 수 있고, 투쟁은 소요를 통해 단순한 원한/증오로 전락하지 않을 수 있다. 소요와 투쟁은 언제나 동전의 양면으로서 함께 가야 한다. 그것이 참으로 힘든 일이긴 하지만 말이다.

13) 아리스티포스와 소크라테스의 대화는 크세노폰, 『회상(Memorabilia)』, II, §2에서 다루어져 있다.

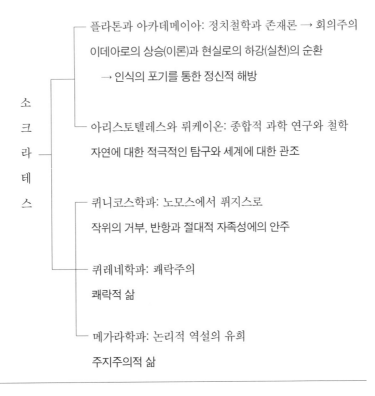

소
크
라
테
스

├─ 플라톤과 아카데메이아: 정치철학과 존재론 → 회의주의
　이데아로의 상승(이론)과 현실로의 하강(실천)의 순환
　　→ 인식의 포기를 통한 정신적 해방

├─ 아리스토텔레스와 뤼케이온: 종합적 과학 연구와 철학
　자연에 대한 적극적인 탐구와 세계에 대한 관조

├─ 퀴니코스학파: 노모스에서 퓌지스로
　작위의 거부, 반항과 절대적 자족성에의 안주

├─ 퀴레네학파: 쾌락주의
　쾌락적 삶

└─ 메가라학파: 논리적 역설의 유희
　주지주의적 삶

소크라테스 이후의 철학적 삶(philosophical life)

지 편안하고 즐거운 생활일 뿐이었다.

　마지막 세 번째 소(小)소크라테스주의자들은 메가라학파이다. 에우클레이데스가 창시한 메가라학파는 퀴니코스학파와는 물론 퀴레네학파와도 달리 논리학과 존재론을 비롯한 이론적 사유를 상당 수준으로 발전시킨 학파였던 것으로 보인다. 에우클레이데스가 플라톤과 가까운 관계를 유지했던 것도 이 때문이었을 것이다. 에우클레이데스는 플라톤처럼 변증법을 탐구했고 또 대화편을 쓰기도 했다. 이들은 논리학적 사유를 구사했는데, 때로는 궤변으로 빠지기도 했던 것 같다. 이들의 사유는 플라톤·아리스토텔레스와 여러 면에서 부딪쳤다. 이들은 "좋음=善은 여러 이름으로 불리긴 하지만 사실은 하나"라고 하면서 파르메니데스적 주장을 펼쳤으며, 이 점에서 '친부 살해'를 감행한 『소피스트』의 플라톤과 대조적이다. 또 이들은 플라톤의 이데아 개념에 대해 비판했고, '가능태' 개념을 두고서 아리스토텔레스와 대립하기도 했다. 아쉽게도 이들의 사유는 단편적으로만 전해지고 있어 재구성이 쉽지 않다. 이들의 문헌들이 제대로 보존되어왔다면 우리는 헬레니즘 시대의 철학을 좀더 풍부하고 흥미진진하게 논의할 수 있을 것이다.

소크라테스 사후 일어난 '소크라테스 운동'은 한편으로 플라톤과 아리스토텔레스의 위대한 철학 체계로 승화되었고, 다른 한편으로 인생철학/생활철학으로 전개되어나갔다. 이 두 갈래는 동시적으로 뻗어나갔지만, 그 철학사적 시간대는 달랐다. 플라톤과 아리스토텔레스의 철학은 근본적으로 '폴리스의 철학'이었지만, 소소크라테스주의자들의 철학, 그 중에서도 특히 퀴니코스학파의 철학은 이미 탈-폴리스 시대의 사유였다. 그래서 이들의 사유는 헬레니즘 시대를 대표하는 에피쿠로스학파와 스토아학파로 이어졌다. 그러나 이 두 학파를 논하기 전에 우선 소소크라테스주의자들과 맥락을 같이하는 또 하나의 학파를 언급해야 한다.

§1. 회의주의의 발흥

헬레니즘 시대가 소크라테스만을 계승한 것은 아니다. 이 시대는 또한 소피스트들의 회의주의를 계승했다. 그리고 더 뛰어난 에피고넨들을 둔 행운은 소피스트들의 것이었다.

기성의 인식 체계들의 약점을 폭로하고, 사람들의 독단적인 믿음들을 해체하고, 작위적인 제도들의 허구성을 드러낸다는 점에서 회의주의학파는 소소크라테스주의자들과 문제의식을 공유한다. 그러나 이들은 소소크라테스주의자들처럼 수양/수행과 도발적 행위들을 통해 기성 질서에 도전하기보다는, 그러한 믿음—모든 믿음은 많건 적건 독단을 내포한다는, 역설적인 의미에서의 믿음 ― 의 철학적 근거를 마련하려 했다는 점에서 이들과 구분된다. 디오게네스는 누군가가 운동이란 존재하지 않는다고 주장하자 아무 말 없이 자리에서 일어나 걸어 보였다고 한다. 그러나 엄밀한 의미에서 볼 때 이것은 철학적 논박이 아니다. 주장한 사람 자신이 사람들이 걸어 다니는 것을 못 보아서 그런 주장을 한 것이 아니기에 말이다. 어떤 사람들이 소소크라테스주의자들은 '철학자들'이라 불리기 힘들다고 말하는 것도 이 때문이다. 이에 비해 회의주의자들은 자신들의 생각을 뒷받침할 수 있는 만만찮은 논거들을 개발해냈다. 때문에 당대의 회의주의는 철학사적으로 큰 공헌을 했다고 평가되며, 사람들은 흔히 헬레니즘 시대의 3대 학파로서 에피쿠로스학파, 스토아학파와 나란히 회의주의학파를 꼽는다.[14]

소피스트들은 소크라테스, 플라톤, 아리스토텔레스의 집중적인 성토의 대상이 되었다. 소크라테스는 소피스트들의 해체를 넘어 철학의 올바른 길을 새롭게 정초했다. 플라톤은 소피스트들의 허무주의, 회의주의, 상대주의에 맞서 위대한 철학 체계를 세웠고, 이 위업은 아리스토텔레스로 이어졌다. 그러나 헬레니즘 시대만을 놓고 본다면 승리한 쪽은 소피스트들이었다. 시대 전체가 회의주의적 시대였으며, 심지어 아카데메이아 자체가 그 후기에 이르러 회의주의로 기울었으니 말이다. 그러나 이 시대의 회의주의는 소피스트들의 회의주의와는 사뭇 달랐다. 한편으로 그것은 소피스트들처럼 단순히 해체에 몰두한 것이 아니라 하나의 일관된 철학적 입장을 제시한 진지한 사유였다. 소크라테스 자신이 회의주의

---

14) 회의주의학파의 문헌들 역시 그다지 남아 있지 않다. 그러나 다행스럽게도 AD 2~3세기에 살았던 섹스투스 엠피리쿠스가 회의주의적 논변들을 모아놓은 저작들을 남겼다. 다음 판본을 참조해 인용한다. Sextus Empiricus, *Esquisses pyrrhoniennes*, introduction, traduction et commentaires par Pierre Pellegrin(Seuil, 1997). 한국어판: 『피론주의 개요』의 발췌본(오유석 옮김, 지만지, 2012). 훗날 회의주의는 스콜라철학을 독단의 잠에서 깨웠는데, 철학사가에 따라서는 섹스투스 엠피리쿠스의 저작들이 라틴어로 출판된 1562년을 근대 철학의 시발점으로 보기도 한다.

적 일면이 있었다는 점을 감안한다면, 이 시대의 회의주의는 소크라테스와 소피스트들 사이에서 미묘한 입장을 취했다고도 볼 수 있다. 다른 한편 이 학파는 그 목적을 정치연설, 재판 같은 현실적인 것에 두기보다는 (이런 시대는 이미 지나갔다) 안심/평온함의 추구에 두었다.

일반적으로 회의주의의 창시자는 에피쿠로스와 동시대인인 엘리스의 퓌론(BC 360~272년)으로 알려져 있다. 때문에 회의주의는 흔히 '퓌론주의'로 불리기도 한다. 그의 생애는 잘 알려져 있지 않지만, 앞에서 언급했듯이 아낙사르코스와 함께 알렉산드로스의 인도 원정에 참여했다고도 한다. 이 참여를 통해 페르시아의 동방박사들('마기')과 인도의 "나체 철학자들"을 만난 것으로 전해지는데, 이런 만남이 그의 사상에 얼마간의 영향을 끼친 것으로 보인다. 예컨대 그는 "사물들은 존재하는 만큼이나 존재하지 않는 것이기도 하며〔존재와 비존재에 차이가 없으며〕, 존재하기도 하고 존재하지 않기도 하며, 존재하는 것도 아니고 존재하지 않는 것도 아니다"[15]라고 말했다 하는데, 이는 흡사 대승불교 경전의 한 구절을 듣는 듯한 느낌을 준다. 회의주의자답게 저술은 남기지 않았으며 그의 제자 티몬의 기록들 중 일부가 남아 있다. 퓌론의 생애나 생각에 관련되는 자료들은 너무 파편적이어서, 그의 철학을 재구성하는 것은 쉽지 않다. 우리가 퓌론의 철학으로 알고 있는 내용 대부분은 훗날 섹스투스 엠피리쿠스가 새롭게 정리한 회의주의라고 할 수 있다.

회의주의자들(skeptikoi)이 공격했던 논적은 '독단주의자들(dogmatikoi)' 이었는데, 그들은 이 말로 아리스토텔레스학파, 에피쿠로스학파, 스토아학파 등을 가리켰다. 훗날에는 기독교가 대표적인 독단주의로 지목된다. 회의주의의 핵심은 다음 구절에 담겨 있다.

---

15) 아리스토클레스의 『철학에 관하여』의 전해 내려오는 한 대목으로서 원래의 책 자체는 소실되었다.

회의주의란 어떤 방식으로든 감각된 것들(phainomena)과 생각된 것들(nooumena)을 대립시키는 능력이다. 이때 서로 대립하는 대상들과 생각들이 팽팽히 맞서기에, 우리는 판단중지(epochē)에 이르게 되며, 그로써 평온함(ataraxia)에 도달하게 된다.(PH, I, §8)[16]

외관과 본체를 대립시키는 것, 즉 이러저러'하게 보이는 것'과 이러저러'한 것'을 대립시키는 것은 오히려 플라톤의 핵심 구도이다. 그래서 첫 번째 문장은 마치 플라톤의 생각을 전달하고 있는 것처럼 보인다. 그러나 여기에서 핵심은 우리가 감각으로 받아들이는 외관들과 생각으로 파악하는 본체들 사이에서 어떤 존재론적/인식론적 진리 주장도 할 수 없다는 것이다. 대상들과 생각들이 어느 한쪽을 낙점하기 힘들게 팽팽히 맞서기 때문이다.[17] 이런 상황은 '이율배반(二律背反)'이라 불린다. 그럴 때 우리는 진리에 대한 갈구 때문에 절망에 빠진다. 그러나 회의주의자들은 이 시점에서 독단주의자들처럼 어느 한 도그마(믿음, 교리)를 선택하지 않는다. 그러면 어떻게 하는가? 판단을 중지해버린다. 그때 우리는 '앎에의 의지'를 내려놓고서 비로소 평온함을 찾게 된다.[18]

----

16) PH = Sextus Empiricus, *Phyrrhoneioi hypotyposeis*(『퓌론주의 개요』).

17) 이 구절은 번역하기에 따라서는 감각된 것들과 생각된 것들 사이의 대립이 아니라 감각된 것들 사이의 대립과 생각된 것들 사이의 대립으로 볼 수도 있다. 이 경우 "현상이냐 본체냐?"의 논쟁에 관련된 것이 아니라 "내가 본 것이 맞는가, 당신이 본 것이 맞는가?"의 논쟁 또는 "내 생각이냐 당신 생각이냐?"의 논쟁(또는 "내 명제인가 당신 명제인가?"의 논쟁)에 관련된 것이 된다. 어떻게 번역하든 지금 인용문의 기본 논지에는 큰 변화가 없다. 그러나 두 종류의 물음은 정확히 구분되어야 하며, 또 두 번째 물음의 경우 초점을 지각에 맞추는가 아니면 생각에(또는 명제에) 맞추는가도 구분되어야 한다.

18) 회의주의자의 이런 대오(大悟)는 알렉산드로스의 궁정화가였던 아펠레스의 경우에 비교된다. "화가 아펠레스에게 일어났던 일이 회의주의자에게도 일어났다. 아펠레스는 말을 그리면서 말의 [입에서 나오는] 거품을 그리려 애썼지만 좀체 그려지지 않아 포기할 수밖에 없었다. 화가 난 그가 붓에 묻은 물감을 닦아내는 스펀지를 그림에 던져버렸는데, 놀랍게도 그 스펀지가 거품을 그려주었다. 회의주의자들 역시 대상들과 생각들 사이의 혼란을 걷어버리려 애썼으나 결국 좌절해서 판단을 끊어버렸다. 그러나 예기치 않

490

회의주의의 철학사적 맥락은 제논의 역설로까지 내려간다. 제논이 '파라 - 독사' 즉 두 의견(감각과 추론)이 평행을 달리는 상황을 통해 다자성과 운동을 부정했을 때 회의주의의 씨앗이 뿌려졌다고 할 수 있다. 제논 자신의 목적은 스승 파르메니데스의 테제를 옹호하는 데 있었지만. 소피스트들은 자신들의 농변(弄辯)에서 엘레아학파를 적절하게 활용했으며, 때문에 플라톤은 '친부 살해'를 감행하지 않을 수 없었다. 소크라테스와 플라톤은 'dia-legesthai'를 통한 진리 탐구를 추구함으로써 파라 - 독사를 넘어 문답법 나아가 변증법을 제시했다. 아리스토텔레스는 변증법에 플라톤적인 위상을 부여하지는 않았지만 그것을 개연적인 또는 현실적인 논변으로서의 변증론으로 약화시켜 발전시켰다. 그러나 회의주의자들은 다시 소피스트들을 이어 변증법의 'dia'를 해체하고 'para'로 만들었다. 그리고 그 'para'를 단적으로 받아들임으로써, 즉 이율배반을 최종 사실로 인정함으로써 판단중지로 귀착한 것이다. 이들은 그로써 엘레아적 사변도 소피스트적 농변도 아닌, 나아가 소크라테스 - 플라톤적 진리 추구도 아리스토텔레스적 논리학도 아닌 전혀 다른 길, 헬레니즘 시대에 걸맞은 길을, 즉 마음의 평온함을 찾았던 것이다.

아카데메이아의 회의주의

헬레니즘 시대가 회의주의를 그 한 축으로 한 시대였다는 점은 아카데메이아가 회의주의로 기울었다는 사실에서 극적으로 확인된다. 아카데메이아는 특히 아르케실라오스(BC 315~240년)가 학장이 된 이래 그 창설자의 이데아론을 발전시켜나가기보다는 오히려 회의주의적인 논의를 시작했다. 그리고 이런 흐름은 라리사의 필론이 아카데메이아의 본래 모습을 회복시키려 시도할 때까지 오래도록 이어졌다. 사실 회의주의적

게도 그 순간, 마치 물체에 그림자가 따라오듯이 그들에게 마음의 평화가 찾아온 것이다."(PH, I, 28~29)

측면은 소피스트들만이 아니라 소크라테스와 초기 플라톤에게서까지도 발견할 수 있으며, 이렇게 본다면 아카데메이아는 플라톤을 거슬러 올라가 소크라테스에, 특히 소피스트들과 겹치는 소크라테스에 근접해갔다고 할 수 있다. 그러나 이미 말했듯이, 헬레니즘 시대의 회의주의는 소피스트들의 그것과는 다른 뉘앙스를 띠고 있었다.[19]

아르케실라오스가 아카데메이아를 이끌고 있었을 때, 스토아학파의 창시자인 키티온의 제논이 아테네에서 스토아철학의 기본 골격을 만들고 있었다. 아르케실라오스는 제논의 스토아철학을 핵심 논적으로 삼아 논의들을 전개했다. 이러한 대결은 특히 지각의 객관성 여부와 우주/자연에 대한 총체적 인식의 가능성 여부를 둘러싸고 전개되었다. 뒤에서 좀더 자세히 보겠지만, 스토아철학은 한편으로 우리가 사물들을 객관적으로 지각할 가능성이 있다고 보았고 다른 한편으로 사물들에 대한 그러한 인식의 총체적이고 정합적인 체계를 구축할 수 있다고 보았다. 아르케실라오스를 비롯한 아카데메이아의 회의주의자들은 이런 스토아철학의 "도그마(믿음)"를 맹공격했다.

소피스트적인 회의주의의 핵심은 ①우리가 감각적인 것 이상의 차원을 인식할 수 있다는 주장에 대한 회의이고 ②사람들이 지각을 통해 보편적인 인식을 얻을 수 있다는 주장에 대한 회의이다. 헬레니즘-로마 시대 전체에 걸쳐 ①은 대체적으로 받아들여졌다. 플라톤적 형상, 나아가 아리스토텔레스적 형상까지도 대부분의 경우 거부되었다. 그래서 이 당시의 인식론적 논쟁은 대체적으로 감각/지각의 객관성 및 보편성을 둘러

---

19) 키케로는 이 아카데메이아의 철학을 요약한 『아카데미카』를 남겼다. 키케로의 텍스트들은 레클람(Reclam)에서 나온 라틴어/독일어 대역본 시리즈를 참조해 인용한다. 한국어 번역본들로는 『최고선악론』(김창성 옮김, 서광사, 1999), 『노년에 관하여/우정에 관하여』(천병희 옮김, 숲, 2005), 『수사학』(안재원 옮김, 도서출판 길, 2006), 『의무론』(허승일 옮김, 서광사, 2006), 『국가론』(김창성 옮김, 한길사, 2007), 『법률론』(성염 옮김, 한길사, 2007)을 참조했다.

싸고서 벌어졌다. 이와 더불어 다른 측면도 있었다. 에피쿠로스학파와 스토아학파는 플라톤과 아리스토텔레스보다 좀더 약화된, 형이상학 수준이 아니라 자연철학 수준에서의 가설들인 '원자와 공허'나 '우주적 운명', '섭리' 같은 가설들을 제시했고, 이런 사유들이 이 시대의 주요한 지적 성취들이었다. 때문에 회의주의자들은 이런 가설들 또한 공격했다. 감각/지각을 둘러싼 논쟁과 더불어 에피쿠로스학파나 스토아학파의 철학 체계에 대한 논쟁도 병행되었다고 할 수 있다.

스토아 철학자들은 우리의 지각들 중 어떤 것들은 참되다고, 즉 객관적이고 보편적이라고 생각했다. 물론 이들도 우리의 지각이 많은 점에서 주관적이고 상대적이라는 점을 인정했다. 그러나 이들이 볼 때 모든 지각이 그렇다고 하는 것은 지나친 것이다. 어떤 지각들은 객관적이고 일반적이라고 할 수 있는데, 스토아 철학자들은 이런 참된 지각행위를 '파악(把握=katalēpsis)'이라고 불렀다. 현대어의 'apprehension'에 해당한다. 참된 지각으로서의 이 파악을 인정하느냐의 여부가 관건이다.

스토아 철학자들에 따르면, 우리가 사물들을 감각하는 것은 그것의 '인상(印象=phantasia)'을 얻는 것이다.[20] 근대 철학의 개념으로 '관념(idea)' 또는 '인상(impression)'에 해당한다. 스토아 철학자들은 인간의 영혼은 사물을 인식할 수 있는 잠재력/능력은 가지고 있지만 영혼에 인상이 생기는 것은 오로지 지각을 통해서일 뿐이라고 보았다. 본래의 영혼은 백지와도 같으며, 사물과의 접촉을 통해서만 인상이 생겨날 수 있기 때문이다. 그리고 유사한 경험이 반복될 때 '일반 개념(ennoia)'이 가능해진다.[21] 그런데 지각은 수동적 측면과 능동적 측면을 가진다. 수동적 측면은 사물과의 접촉을 통해 인상이 생겨나는 측면이고, 능동적 측

---

20) 오늘날의 '이미지'에 해당한다. 'phantasma' 또는 'simulakra'라는 말도 사용되었다.

21) 자연적인 경험을 통해 얻는 관념을 'prolēpsis(심상)'라 불렀고, 보다 원리적인 사유를 가능케 하는 관념을 'koinai ennoiai=notiones communes(공통 사념)'라 불렀다.

면은 지각들과 그 결과로 성립하는 판단들을 비교하고, 기억을 통해 일치시켜보고, 영혼 속에서 상상을 통해서 변형해보고, 여러 인상들을 연결해보는 등의 영혼의 활동이다. 이렇게 인상/판단을 얻는 과정에서 어떤 것들은 'kataleptike phantasia' 즉 '파악적 인상'(또는 '포착적 인상'으로 번역할 수도 있다)으로서 인정할 수 있게 된다는 것이 이들의 생각이다. 개인적 인상들은 인정/동의(synkatathesis)의 과정을 통해서 파악적 인상, 즉 참된 지각이 될 수 있다는 것이다. 우리의 지각은 여러 요인들에 의해 불완전할 수 있지만 그렇다고 소피스트적인 주관주의와 상대주의로 갈 필요는 없으며, 어떤 지각들은 객관성과 일반성을 획득할 수 있다는 것이 스토아주의의 주장이다. 이렇게 얻은 참된 지각이 '지식'이고, 그런 절차에서 탈락한 지각은 '믿음'일 뿐이다.

스토아 철학자들이 이렇게 '참된 지각'을 긍정한 데에 비해, 아르케실라오스는 지각이 우리에게 객관적 진리를 줄 수 없다는 플라톤적 비판에 충실했던 것으로 보인다. 그렇다고 그가 소피스트적 감각주의를 넘어 플라톤적 합리주의로 넘어간 것은 아니다. 그는 소크라테스적 비판철학에 충실했고 소크라테스 자신보다는 좀더 회의주의적이었다. 그의 회의주의는 해체적인 것이라기보다는 "나는 내가 모른다는 것을 안다"는 소크라테스의 정신이었다고 할 수 있다.[22] 아르케실라오스는 한 사물이 우리에게 나타나 보이는 것('현상')과 그것의 진상이 일치하리라는 보장은 어디에도 없다고 주장함으로써 스토아적인 파악적 인상을 비판했다. 더 나아가서 '참된 인상'보다 '거짓된 인상'이 더 참된 경우조차도 존재한다는 점을 강조했다.

아르케실라오스를 비롯한 회의주의자들은 '참된 지각'의 가능성을 비판했을 뿐만 아니라 이성을 통해서 세계의 총체적인 진상에 도달할 수 있다는 생각도 비판했다. 스토아학파는 세계의 통일성을 믿었으며, 사물

---

22) Cicero, *Academica*, I, §12. *Les Académiques*(Flammarion, 2010).

들 사이의 정합적인 인과관계를 추적하고자 했다. 보편적 자연과 그것의 합리성('로고스')에 합치하지 않는다면 단 하나의 사물—그것이 아무리 미물이라도—도 생겨날 수 없다는 것이 스토아주의자들의 신념이었다. 우주의 이런 총체성을 이들은 'fatum'이라 불렀다.[23] 아울러 이 모두를 주재하는 '섭리(providentia)'가 스토아적 세계관의 핵심을 형성하고 있었다. 더구나 스토아주의자들은 합리성에 대한 그들의 믿음을 다소 신비화해서 'divinatio(점술)'를 제시하기도 했다. 회의주의자들은 스토아 철학의 이런 측면들을 맹공격했으며, 그 과정에서 딜레마, 모순, 이율배반 같은 논리적 구도들이 활용되었다. 이 점은 논리학적으로 중요한 공헌이었으나, 이렇게 스토아 철학자들과 대결을 벌이는 과정에서 아카데메이아는 소크라테스적 토론술('엘렝코스')보다는 차라리 소피스트적 논박술('에리스티케')에 가까운 모습을 보이기도 했다. 바로 이 때문에 아카데메이아는 카르네아데스를 고비로 해서 다시 본연의 모습으로 돌아가려는 흐름을 보인다. 그러나 이런 노력도 헛되어 그 후 아카데메이아는 서서히 조락의 길을 걷게 된다.

회의주의의 발전

아르케실라오스보다 한 세기 뒤의 인물인 카르네아데스(BC 219~129년)는 로마에 파견된 아테네의 대사로서 원로원에서 행한 강연으로 유명하다. 그는 첫날 정의를 옹호하는 강연을 하고, 둘째 날에는 정의를 부정하는 강연을 해 로마의 귀족/지식인들에게 깊은 인상을 남겼다.[24]

---

23) "크뤼시포스는 다음과 같이 논한다: 원인 없는 운동이 존재한다면, 논리학자들이 'axiōma'라 부르는 모든 명제들이 진이거나 위라는 것이 무너질 것이다. 능동인들을 가지지 않는 사물이란 진도 위도 아닐 것이기에. 그러나 모든 명제들은 진이거나 위이다. 따라서 원인 없는 운동이란 존재하지 않는다. 그렇다면 일어나는 모든 일은 이전의 원인들에 의해 일어난다고 해야 한다. 또, 그렇다면 모든 것은 'fatum'에 의해 일어난다고 해야 할 것이다."(Cicero, De fato, X)

아르케실라오스가 동시대의 스토아주의자 제논과 대결했다면, 카르네아데스는 제논 철학의 후계자이자 스토아철학의 핵심 인물인 크뤼시포스(BC 280~207년)와 대결했다. 카르네아데스는 이율배반과 판단중지 그리고 영혼의 평온함으로 만족하는 기존 회의주의를 넘어 좀더 적극적인 철학을 구축하려 했다. 그런 과정에서 그는 '개연성'의 인식론이라는 중요한 진전을 이룬다.

카르네아데스 역시 파악적 인상 즉 참된 지각을 여러 각도에서 비판했다. 그러나 카르네아데스는 이율배반을 통해 진리 주장을 정지시키기보다는 주장들에 '개연적인(probabilis)'이라는 개념을 부여함으로써 독단주의와 회의주의를 가르고 있는 강에 '정도(degree)'의 다리를 놓았다. 예컨대 얼마만큼의 쌀알을 쌓아야 '많은 쌀'인가? 얼마만큼의 돈을 가져야 '부자'가 되는가? 카르네아데스는 연속성/정도 개념을 도입함으로써 중요한 논리적 진전을 보았고, 그런 진전을 토대로 진리를 개연성의 문제로 만들었다. 진리 주장들은 단적으로 참이거나 거짓인 것이 아니다. 그것들은 일정한 정도의 진리인 것이다.

그러나 아카데메이아는 카르네아데스의 회의주의에 대한 회의를 거쳐 점차 본래의 플라톤주의로 회귀하는 모습을 보인다. 라리사의 필론(BC 160~83년)은 카르네아데스를 따라 완화된 회의주의를 이어갔으나, 그 제자인 안티오코스에 오면 이제 플라톤으로의 회귀가 본격적으로 이루어진다. 그러나 당대는 스토아철학이 지배적인 힘을 행사하던 시대이고, 안티오코스의 플라톤주의는 어느새 스토아주의적 모습을 띠게 된다. 그는 제논과 그 이후의 스토아주의를 플라톤 철학의 한 변형태로 간주하기도 했으나, 다른 이들에게는 사태가 그 반대로 보이기도 했다. 결국 그

---

24) 키케로, 『국가론』, III, §6. 그러나 이 연속 강연이 단지 이율배반을 통해 회의주의를 전파하려고 시도한 것만은 아닐 수도 있다. 당시 지중해세계에 군림하면서 그들의 "정의"를 강요하던 로마에 대한 일종의 정치적 경고였을 수도 있다. 노(老)카토가 굳이 카르네아데스를 추방한 것도 이 때문이 아니었을까.

의 철학이 스토아화된 플라톤주의인지 플라톤화된 스토아주의인지 헷갈릴 정도가 되었고, '신(新)아카데메이아' 즉 회의주의적 아카데메이아에 호의적이었던 키케로가 이 점을 비난하는 지경에 이르렀다. 어쨌든 이런 과정을 통해서 아카데메이아는 다시 플라톤으로 돌아갔고, 300년 후에는 플로티노스가 '신플라톤주의'를 개화시키게 된다.

아카데메이아가 회의주의에 회의를 느껴 노선을 바꿈으로써 회의주의의 흐름은 쇠잔해졌고, 이런 흐름을 본 키케로와 세네카는 회의주의가 이제 잦아들 것이라고 보기도 했다. 그러나 아이네시데모스, 아그리파 등이 퓌론주의로의 회귀를 시도했고(이 두 사람에 대해서는 거의 알려진 바가 없다), AD 2~3세기에 걸쳐 활동했던 의사이자 철학자인 섹스투스 엠피리쿠스가 완화된 형태의 회의주의를 부활시키기에 이른다.[25] 엠피리쿠스는 『퓌론주의 개요』와 『독단주의 논박』을 통해서 회의주의의 논변들을 집대성했다. 그의 저작들이 없었더라면 우리는 퓌론주의를 단편적으로밖에는 알지 못했을 것이다.

엠피리쿠스는 퓌론주의가 내포하는 문제점을 감안해서 회의주의를 보다 정교한 형태로 다듬고자 했다. 예컨대 퓌론은 "어떤 것도 진리로서 존재하지 않는다. 관습과 습관만이 사람들이 행하는 모든 것의 기초이다"라고 했는데, 이런 진리 주장 자체는 독단이 아닌가? 사실 이런 식의 논의 구도는 철학사에서 종종 등장하는 구도, 즉 '철학소'이다. "세계는 환상에 불과하다"(아낙사르코스)라고 말한다면 그렇게 말하는 아낙사르코스 자신도 환상에 불과하고, 따라서 그의 말은 신빙성을 잃어버린다. 누군가가 "모든 진리 주장은 알고 보면 권력욕의 표출에 불과하다"라고 말한다면, 이 명제 자체도 그 사람의 권력욕의 표출에 불과하게 된

---

25) 당대에 회의주의를 부활시킨 인물들이 대개 의사들이었다는 점은 시사적이다. 전형적인 '경험지'에 속하는 의학이라는 담론이 완화된 회의주의의 배경이 되었다고 할 수 있다. 아울러 헬레니즘-로마 시대 전반에 걸쳐 영혼의 구제를 꾀한 철학과 신체의 구제를 꾀한 의학은 이인삼각(二人三脚)을 이루었다.

다. "모든 생각은 뇌의 운동의 결과일 뿐이다"라고 말하면, 이 말 자체도 뇌 운동의 결과일 뿐이기 때문에 그저 물리적 운동일 뿐 의미/진리의 차원과는 상관없는 것이 되어버린다. 엠피리쿠스는 이런 맥락에서 회의주의가 함축하는 파괴적인 결론을 분명하게 인식하고서 그것을 좀더 유연한 형태로 변환하고자 했다.

엠피리쿠스는 진정한 회의주의자는 "어떤 것도 알 수 없다"라는 식의 그 자체 독단적인 주장을 하지 않는다고 생각했다. 회의주의자는 판단을 유보할 뿐이다. 회의주의의 목적은 독단주의를 치유함으로써 마음의 평온함을 얻는 것이다. 물론 회의주의자도 인생을 살면서 많은 것을 판단해야 하고 결단을 내려야 한다. 그러나 그는 진리라고 생각해서가 아니라 인생을 편안하게 살기 위해서 그러한 판단이나 결단을 내릴 뿐이다. 이때 '~이다'와 '~하게 보이다'의 구분이 중요하다. 플라톤은 '~하게 보이다'를 넘어 '~이다'를 발견하려 했지만, 회의주의자들은 '~하게 보이다'만 인정한다. 그것의 '진상(眞相)'이 무엇인지는 모르며, 그 진상에 대한 각종 의견들은 이율배반을 형성할 뿐이다. "나는 꿀이 달콤하다고 가정하지는 않지만, 꿀이 달콤하게 나타난다고 인정한다"라는 티몬의 말은 이 점을 잘 보여준다. 회의주의자는 상식의 세계에서 살아간다. 신이 존재하는지는 알 수 없다. 다만 인생을 원만하게 살기 위해서 관습에 따라 믿는 것일 뿐이다.

하지만 얄궂은 문제가 생긴다. 그렇다면 왜 회의주의자들은 그렇게 부지런히 독단주의자들을 논파하는 데 시간을 보내는가? 자신들이 바라듯이 그저 원만하고 평온하게 살면 그만 아니겠는가? 여기에서 회의주의가 명시적이건 암시적이건 어떤 윤리적 함의를 띤다는 점을 알 수 있다. 회의주의는 일종의 치유이다. 이미 언급했듯이, 당대의 많은 회의주의자들이 의사들이었다. 그들은 독단을 치유함으로써 그 독단이 가져올 문제점들을 풀고자 한 것이다. 회의주의는 "독단주의자들, 즉 확고한 의견을 가진 자들의 자만과 경솔을 치유하고자 한다."(PH, III, §32) 나아가 성숙한 회의주의는 판단들 사이의 '정도차'를 인정하며, 상식적-경험적 지식들을 어느 정도까지는 신뢰한다. 즉, 개연성의 인식론을 구사하는 것이다. 이렇게 되면 회의주의는 차라리 경험주의 인식론에 근접하게 된다. '독단의 치유'라는 회의주의의 윤리는 이후 철학사에서 매우 중요한 역할을 한다. 이전의 독단적인 주장들에 대한 회의―물론 방법적이고 진지한 회의여야 한다―는 새로운 사유를 시도하기 위한 징검다리인 것이다.

§2. 진정한 쾌락을 찾아서: 에피쿠로스학파

아리스토텔레스, 플라톤, 소크라테스, 소피스트들은 이렇게 헬레니즘 시대의 에피고넨들인 뤼케이온학파, 아카데메이아학파, 소소크라테스주의자들, 회의주의자들에게 지대한 영향을 주었다. 그렇다면 자연철학자들의 경우는 어떤가? 합리적인 자연과학의 시발점인 밀레토스학파는 알렉산드리아의 자연과학자들에게 적지 않은 영향을 주었다. 이와 대조적으로 퓌타고라스학파는 주로 종교로서 이어지게 된다. 헬레니즘-로마 시대, 특히 로마 제국 후기에는 이 시대를 '종교의 시대'로 불리게 할 만큼 다채로운 종교적 시도들이 넘쳐났거니와, 신퓌타고라스주의는 이 시대의 대표적인 종교 운동들 중 하나가 된다. 파르메니데스와 헤라클레이토스는 그리스/로마 철학 일반의 '사유 문법'으로서 근저에서 영향을 주었다. 특히 이 시대만을 특화해서 볼 때 차라리 엘레아학파보다는 헤라클레이토스의 영향이 두드러지는데, 이것은 무엇보다도 스토아학파를 통해서였다. 후기 자연철학자들의 사유 또한 적지 않은 영향을 주었다. 엠페도클레스의 4원소설은 특정한 학파보다는 지중해세계 사람들이 '일반 상식'으로 가지고 있던 자연관이었고, 대부분의 학파들에 의해 전면적으로는 아닐지라도 부분적으로 수용되었다. 아낙사고라스의 영향은 비교적 미약하지만, 역시 각종 학파들의 사유, 예컨대 에피쿠로스에 얼마간은 스며들어가 있음을 확인할 수 있다. 그러나 빼어난 에피고넨을 둠으로써 자신의 사유가 새롭게 피어나는 것을 저세상에서 확인하는 행운을 누린 이들은 데모크리토스를 비롯한 원자론자들이었다. 에피쿠로스학파를 통해서 원자론은 헬레니즘 시대를 대변하는 철학들 중 하나로 새롭게 태어난 것이다.

에피쿠로스의 규준학

사모스의 에피쿠로스(BC 341~270년)는 철저히 영혼의 평온함을 추구했다는 점에서 전형적인 헬레니즘 시대의 철학자였다. 그는 원자론적 자연철학을 전개했지만, 이때의 자연철학은 윤리학을 위한 배경일 뿐이었다는 점에서 뤼케이온학파의 자연철학이나 알렉산드리아 자연과학과는 성격을 달리했다. 그는 영혼의 평온함 — 열락(hēdonē)[26] — 을 추구했기에 퀴니코스학파의 급진적인 현실 거부나 퀴레네학파의 쾌락주의에는 동조하지 않았다. 나아가 그는 열락을 추구했으나, 그것을 어떤 확고한 인식에 근거해 추구했다는 점에서 회의주의와도 달랐다. 그는 시시한 박식에 그친 뤼케이온과도, 또 철학적 사유 없이 자연과학적 탐구에만 몰두한 알렉산드리아 과학자들과도, 또 탄탄한 이론 없이 '인생철학'으로 그친 소소크라테스주의자들과도, 나아가 적극적 철학의 개진 없이 소극적 안심에만 만족한 회의주의자들과도 달랐다. 그는 스토아학파와 더불어 헬레니즘 시대의 가장 독창적인 철학을 일구었던 것이다.

에피쿠로스는 소극적인 회의에 머물기보다는 인식의 '규준'을 확실하게 세우는 적극적인 사유를 개진했고, 그런 자신의 인식론을 '규준학(規準學)'이라 불렀다. 아울러 그는 세계에 대한 적극적 인식을 거의 포기하

---

26) 앞에서도 지적했듯이, 에피쿠로스의 'hēdonē'는 '快樂'이라는 한자어 그대로의 의미로 이해해야 하며, 즐거움, 기쁨, '悅樂' 등의 뉘앙스를 복합적으로 띤다고 볼 수 있다.

다시피 했던 헬레니즘 시대의 분위기를 넘어 데모크리토스를 잇는 과감한 자연철학 즉 '원자론'을 전개함으로써 철학사의 한 지도리를 만들어 냈다. 나아가 헬레니즘 시대의 요청에 따라 영혼의 평온함을 설파하는 윤리학—퀴레네학파의 쾌락주의와 구분되는 쾌락주의—을 전개해 이후 '삶의 철학'의 전개에 커다란 획을 그었다. 이런 점에서 그를 헬레니즘 시대를 대표하는 철학자들 중 한 사람으로 꼽을 수 있을 것이다.[27]

에피쿠로스는 아리스토텔레스가 세상을 뜬 해인 BC 322년에 아테네로 왔으며, 그 후 아테네를 떠나 여러 곳에서 활동하다가 34세 때인 BC 306년에 돌아왔다. 이때 그의 유명한 '케포스(정원)'를 세워 뤼케이온, 아카데메이아, 스토아와 더불어 '아테네의 네 학당'을 이루었다. 그의 철학은 기본적으로 은둔과 도피—자기 안으로의 은거(anachōrēsis eis heauton)—의 사상이었지만,[28] 그는 자신의 정원에 여성과 노예 나아가 창녀까지 받아들였고 이는 또 다른 의미에서의 윤리적 실천을 보여준 것이라고 할 수 있겠다. '에피쿠로스의 정원'은 우애와 기쁨으로 가

---

27) 에피쿠로스의 문헌들은 앞에서 언급한 *The Hellenistic Philosophers*, II에서 인용한다. 현대어 번역본들로는 *The Essential Epicurus*(translated by E. M. O'Connor, Prometheus Books, 1993), *Lettres, Maximes, Sentences*(traduit par J.-F. Balaudé, Classiques de poche, 1994), 『쾌락』(오유석 옮김, 문학과지성사, 1998)을 참조했다. 루크레티우스의 『자연에 관하여』는 Lucrèce, *De la nature*(texte établit et traduit par Alfred Ernout, Les Belles Lettres, 1993), Lucretius, *On the Nature of Things*(edited and translated by A. M. Esolen, The Johns Hopkins University Press, 1995)를 참조해 인용한다. 한국어 판으로는 『사물의 본성에 관하여』(강대진 옮김, 아카넷, 2012)가 있다. 이하 'RN'으로 약한다.

28) 이는 세상을 가현(假現)일 뿐인 것으로 보는 태도로 뒷받침된다. "그러나 노예 제도, 부, 빈곤, 전쟁과 평화, 자유 그리고 그러한 모든 것들, 이것들의 우연한 옴과/ 우연한 감이 사물들의 본성을 변화시킬 수는 없으리./ 우리는 이것들을 그저 우연들이라 부를 뿐." (RN, I, 455~459) 이미 지적했듯이, 현실이란 환상일 뿐이기에 거기에서 나타나는 차별상들은 그저 우연에 불과할 뿐이라고 보는 이런 입장은 결국 현실의 불평등을 승인하는 태도가 될 수밖에 없다. 여기에서도 초월적 '진리'와 내면적 '안심'이 직접 만남으로써 그 사이에 존재하는 다른 단위의 삶들은 증발되어버리는 구도를 확인할 수 있다.

득 찬 곳이었던 것으로 보인다. 에피쿠로스는 매우 방대한 저작들을 써냈다고 하나, 지금 남아 있는 것은 편지들과 단편들뿐이다. 그러나 약 2세기 후 로마 공화정 말기에 살았던 루크레티우스가 라틴 문학의 걸작에 속하는 『자연에 관하여』를 남김으로써 에피쿠로스학파 사상 전반의 구도를 알 수 있게 되었다. 이 저작은 원자론 철학의 경전으로 남아 있다. 이 시대에 즈음해서 에피쿠로스 철학이 절정에 달했던 것으로 보이며, 그 후로도 오래도록 그 영향력을 잃지 않았다.[29]

에피쿠로스는 데모크리토스를 따라 인식의 규준을 감각에 두었다. 이 점에서 아리스토텔레스의 '논리학'과 대비된다. 물론 아리스토텔레스에게도 섬세한 지각론이 존재하며, 플라톤과 달리 지각 자체가 우리에게 많은 것을 알려준다는 것을 강조한 인물이 바로 그였다. 그러나 아리스토텔레스에게 '규준'의 의미를 가지는 것은 그런 지각의 결과, 나아가 판단의 결과에 대한 정교한 논리학적 분석이었다. 그래서 그는 지각론을 논리학이 아니라 영혼론에서 다룬 것이다. 반면 에피쿠로스는 그런 논리학을 거부하고 지각 자체만을 인식의 규준으로 삼았다. 이 점에서 그 역시 헬레니즘 시대의 흐름 속에 있었다.

그러나 에피쿠로스는 여타의 인식론들과는 달리 이 감각을 '설명'하려 했고, 이 설명을 위해서 원자론이라는 형이상학을 구축했다는 점에서 사유의 새로운 분기점을 마련했다. 에피쿠로스는 우리의 감각작용은 어떤 형태로든 참이라고 생각했다. "당신이 모든 감각에 대항해서 싸운다면, 당신은 감각이 틀렸다고 말할 기준도 가지지 못할 것이다."[30] 예컨대 멀

---

29) 키케로는 에피쿠로스주의 철학자인 루크레티우스가 저술을 통해서 이탈리아 전역을 장악했다고 불평하고 있으며, 이런 영향력은 에피쿠로스에 호의적이었던 세네카의 저작들에서도 느낄 수 있다. AD 200년경에 이르기까지도 에피쿠로스가 일으킨 감화(感化)의 불꽃이 남아 있었다는 사실을 디오게네스라는 이름으로 알려진 한 노인이 만든 거대한 비문(이른바 '디오게네스의 비문')에서도 확인할 수 있다. 기독교도들은 '에피쿠로스'라는 이름을 거의 이교도들의 상징처럼 사용했다.

리에서 둥근 탑으로 보였던 것이 가까이 가서 보니 네모난 탑임이 밝혀졌을 때, 감각을 교정해준 것은 바로 감각이다. 진리를 찾기 위해서 감각 바깥으로 나갈 필요는 없으며, 감각들의 차원 자체 내에서 진과 위가 밝혀질 수 있는 것이다.[31] 에피쿠로스는 심지어 꿈에 나타나는 이미지들이나 머릿속에서 상상하는 이미지들까지도 어떤 의미에서는 참이라고 보았다. 그러나 그 참의 정도는 각 지각에 따라 모두 다르다. 그에게 진리는 지각된 것에 있었지만 그 진리의 정도는 매 경우에 달랐다는 것이다. 더 정확히 말해, 오류는 감각 자체에서 나오는 것이 아니라 그 감각을 잘못 해석하는 주체에게서 나온다.[32] 결국 그의 인식론은 발전한 형태의 회의주의 즉 카르네아데스의 개연론이라든가 섹스투스 엠피리쿠스의 방법론에 가까우나, 감각들과 실재의 일치('~게 보이는' 것과 '~인' 것의 일치)가 가능하다는 것을 긍정했다는 점에서 회의주의와 갈라진다.

그리고 그는 감각들에 있어 실재와 일치하는 정도에서의 차이를 원자론을 통해 설명하려 했기에 여타의 헬레니즘 시대의 철학들과 차별화된

---

30) Epikuros, "kyriai doxai(위대한 가르침)". 오유석의 번역에 따름.

31) 에피쿠로스에게는 우리에게 익숙한 '감각적인 것'과 '이성적인 것'의 구분이 없다. 그에게는 영혼 역시 원자들—다만 특수한 원자들—로 되어 있기 때문이다. "영혼이란 미세한 입자들로 구성된 물체이며, 몸 전체에 고루 퍼져 있고, 열기와 혼합된 바람과 매우 유사하며, 어떤 관점에서는 바람과 닮은 반면 다른 관점에서는 열기와 닮았다."(「헤로도토스에게의 서한」) 따라서 그에게 감각과 생각/판단 사이에는 종이 한 장 정도의 차이가 있을 뿐이다. 바로 이 때문에 그에게는 논리학이 필요 없었다. "우리가 눈으로 보는 것이 마음으로 보는 것과/ 큰 차이가 없을진대, 그것들의 원인들 역시 큰 차이가 없으리라."(RN, IV, 750~751) 물론 영혼의 원자들은 특수한데, 순수한 생각은 영혼의 원자들이 자발적으로 운동하는 것이라는 점에서 그렇고, 또 생각의 원자들은 모든 원자들 중에서 가장 빨리 움직인다는 점에서도 그렇다.

32) 물론 에피쿠로스에게서도 개념은 중요한 역할을 한다. 유사한 감각작용이 반복적으로 일어날 때 '일반 개념(prolēpsis)'—루크레티우스의 용어로는 'notitia'—이 성립한다. 스토아학파의 'katalēpsis'에 해당한다. 이 일반 개념을 길잡이로 해서 감각에서의 오류를 밝혀낼 수도 있다. 그러나 에피쿠로스에게 일반 개념은 감각작용과 별개의 차원에 존재하는 것이 아니라 감각작용에 기반해 형성되는 것일 뿐이다.

다. 원자들과 허공 자체는 감각적인 존재들이 아니지만, 에피쿠로스는 유추를 통해서 그것들을 상정할 수 있다고, 나아가 상정해야 한다고 보았다. 그는 데모크리토스를 따라 '원자'와 '허공'을 실재로 보았다.

> 우주에서 자체로 존재하는 것이라곤 두 가지가
> 있을 뿐. 원자들과 허공이 바로 그것들.
> 원자들은 자리를 잡고, 움직이고, 흩어진다네.
> (RN, I, 419~421)

　사물들은 이 원자들이 엉긴 것이다. 그리고 사물들은 자체와 닮은 모양의 원자들의 박편을 끝없이 방출하며, 대신 그만큼의 원자들을 흡수해 부피를 유지한다. 다만 이런 정교한 메커니즘이 어떻게 가능한지는 그다지 충분히 논의되고 있지 않다. 그렇게 흘러나온 박편은 이미지('에이돌라')로서 우리의 감각기관들에 들어온다.[33] 이미지는 대상의 등가물이며 극히 빠른 속도로 감각기관에 도달하기 때문에, 실재하는 대상과 이미지 그리고 우리의 감각기관 사이에는 연속성―변환을 거친 연속성이지만―이 성립하며 그로써 인식의 객관성이 보장된다. 물론 이런 메커니즘이 방해받을 경우도 있다. 중간 매질(공기 등)이 혼탁할 수도 있고, 감각기관이 병들었을 수도 있고, 다른 방해 요인들이 개입할 수도 있다. 또 이미지 자체가 오류는 아니지만 인식 주체가 그것을 잘못 판단할 수도 있다. 예컨대 꿈의 이미지를 현실의 이미지로 착각할 수 있다. 그럼에도 감각들은 그 "명료함과 분명함"에서 차이를 보인다. 에피쿠로스는 그중 확실한 감각적 증거를 'enargema'라 불렀다. 그리고 이런 차이를 근

---

33)　시각은 앞의 것만 보는 데 비해 청각이 뒤의 것, 옆의 것도 듣는 것은 어떻게 가능할까? "내가 '이미지들(rerum simulacra)'이라 부르는 것들은 물론/ 사방으로 움직이고 모든 방향으로 퍼져가지."(RN, IV, 230~240) 이 때문에 소리가 뒤에서 방출되는 경우에도 우리는 그것을 들을 수 있다.

거로 그 실재성 여부를 판단할 수 있다고 보았다. 에피쿠로스가 회의주의에 찬동하지 않았으며 인식의 규준을 세울 수 있다고 믿었던 것은 이런 토대 위에서였다.

에피쿠로스의 이런 이론은 엠페도클레스나 데모크리토스의 이론과 다소 다르다. 엠페도클레스는 인식 주체의 눈으로부터 광선이 나와 사물로부터 흘러나온 박편과 상호 작용함으로써 이미지가 형성된다고 보았다. 이는 플라톤의 설명이기도 하다.(『티마이오스』, 45c) 반면 에피쿠로스는 박편 이미지가 그대로 우리에게 들어온다고 보았다. 또 데모크리토스는 흘러나온 원자들이 공기 중에 흔적을 남기고 그 흔적이 우리에게 들어온다고 보았지만, 에피쿠로스는 공기에 흔적이 새겨질 수 없다고 보았기 때문에 데모크리토스의 생각에 반대했다.(「헤로도토스에게의 서한」) 그리고 이상의 논의는 시각이 아닌 다른 감각들에 있어서도 마찬가지이다. 이렇게 감각작용의 상세한 메커니즘에 있어서는 엠페도클레스, 데모크리토스, 에피쿠로스가 모두 달랐지만, 이들은 영혼을 특수한 물질로 파악하고 기계론적 메커니즘을 통해 인식을 설명하려 한 점에서 공통된다.

원자론적 세계관

에피쿠로스는 어떤 것도 무로부터 나오지 않으며 또 무로 돌아가지 않는다고 보았다. 모든 것은 원자들로부터 나오며 또 원자들로 돌아갈 뿐이다. "존재하지 않는 것으로부터는 어떤 것도 만들어지지 않는다. 존재하지 않는 것으로부터 어떤 것이 생겨난다면, 모든 것이 그 씨앗도 없이 생겨난 것들이 되기 때문이다. 또한 소멸되는 것들이 완전한 무로 화해버린다면, 그 구성 요소들마저 소멸되어 모든 것이 사라지게 될 것이다. 결국 우주는 항상 현재의 모습과 같으며 앞으로도 같을 것이다."(「헤로도토스에게의 서한」)

어떤 것도 무로부터는 나올 수 없으리 그리고

[…]

어떤 것도 무로 돌아갈 수 없으리라.

(RN, I, 205~216)

이것은 파르메니데스적 세계이다. 그러나 에피쿠로스는 데모크리토스의 사유에 따라 '일자'를 원자들과 허공으로 분할하고 또 원자들의 운동을 사유코자 했다. 이는 '존재'로서의 원자들과 무/'비존재'로서의 허공을 따라서 다자성과 불연속도 긍정하며 또 운동을 긍정하는 데모크리토스의 구도를 이어받고 있다.

에피쿠로스에게 우주는 원자들의 수에 있어서나 허공의 크기에 있어서나 무한정하다.[34] 허공만 무한정적이고 원자들은 한정적이라면, 원자들이 충돌할 기회는 너무 적을 것이다. 반면 원자들만 무한정적이고 허공은 한정적이라면 원자들은 비좁아 움직이지 못할 것이다. 결국 허공도 무한정하며, 원자들의 수도 무한정이다. 그리고 원자들의 모양 역시 극히 다양하다. 세계의 거대함과 다양성은 원자들의 무한정한 수와 형태상의 다양성을 유추케 한다.

한 가지 흥미로운 점은 에피쿠로스는 이렇게 원자들이 헤아릴 수 없이 많고 허공 역시 헤아릴 수 없이 크기 때문에 지금 우리가 사는 우주 외에도 많은 우주가 존재하리라고 보았다는 점이다. 현대 우주론에서의 '다중우주(multiverse)'에 해당하는 생각이다.

원자들은 항구적으로 운동한다. 그래서 다른 원자들과 항시 충돌한다. 그 결과 원자들은 물체들을 형성하게 된다. 그러나 물체들 속에는 여전

---

34) 여기에서의 아페이론은 'infinite'보다는 'indefinite'의 뜻에 가까우며(에피쿠로스의 감각주의에 입각했을 때, 지금의 아페이론은 '감각으로 확인 불가능한'이라는 뉘앙스를 띤다고 보아야 한다), 더 정확하게는 'unlimited'의 뜻이다. 때문에 '무한'이나 '비한정'보다는 '무한정'으로 번역했다.

히 허공이 존재하며, 때문에 그 안에서도 원자들은 진동한다. 그리고 원자들이 운동하는 터인 허공에는 절대적 방향이 존재하지 않는다. 모든 운동은 방향에 있어 상대적이다.[35] 이 허공에서 형태, 무게, 배열 같은 성질들과 이것들로부터 필연적으로 따라 나오는 성질들만을 가지는 원자들이 운동하고 있다. 에피쿠로스는 이렇게 원자의 '무게'를 설정한다는 점에서 데모크리토스와 다르다. 이런 세계는 질적 존재들이 절대적 방향성을 가지고 위계적으로 살아가는 아리스토텔레스적 세계와는 단적으로 대조되는 세계이다. 원자들의 운동 속도[36]는 무게에 따라 변하지 않는다. 가벼운 원자가 더 느리게 운동한다면, 그것은 공기의 저항을 더 많이 받기 때문일 뿐이다. 이렇게 다양한 속도로 움직이는 원자들은 서로 충돌해서 갖가지 현상들을 만들어낸다.

 "원자들은 무게, 크기, 형태에 필연적으로 수반되는 속성들을 제외한다면, 감각 대상에 속하는 어떤 속성도 가지지 않는다고 생각해야 한다."(「헤로도토스에게의 서한」) 에피쿠로스는 이를 '본질적 속성들'과 '우연적 속성들'의 구분으로써 개념화했다. 근대 철학자들은 전자를 '제1 성질들'로, 후자를 '제2 성질들'로 규정했다. 제1 성질들은 수학적 파악

---

35) 에피쿠로스는 원자들의 운동 원인이 그 무게에 있다고 보았다. 이 점에서 무게 개념을 배제한 데모크리토스와 다르다. 이것은 얼핏 아리스토텔레스의 '자연적 자리' 이론을 떠올리게 하지만(각 원소가 그 무게에 따라 자기 자리를 찾아간다는 것), 사실 에피쿠로스의 우주에는 중심이 없기 때문에 "올라간다"든가 "떨어진다" 같은 개념들 자체가 성립하지 않는다. 그럼에도 에피쿠로스는 이런 표현들을 쓰는데 이것은 어디까지나 상대적인/다원적인 중심에 대해 쓰는 말일 것이다. 예컨대 한 원자가 어떤 원자 덩어리로 향해 갈 때 그것이 "떨어진다"라고 말할 수 있을 것이다. 또, 우주에 본래적인 중심은 없을지라도 원자들이 충돌한 결과 만들어진 지금 이 세계에는 중심이 있을 수 있다. 에피쿠로스는 이 중심을 지구로 보았다.(「퓌토클레스에게의 서한」) '위', '아래' 등의 개념은 이런 경우들에 한해서 의미를 가질 것이다.

36) 에피쿠로스는 원자들이 "사고만큼 빨리" 움직인다고 보았다. 생각만큼이나 빨리 움직인다고 본 것이다. 이 속도의 극한을 말하자면 '시간 - 원자(time - atom)'라 부를 수 있을 것이다. 원자가 더 이상 분할되지 않는 '양자(量子=quantum)'이듯이, 시간도 양자라 할 수 있다.

이 가능한 것들이며, 제2 성질들은 우리의 감각과 상관적으로만 존재하는 것들이다. 제2 성질들은 감각기관을 구성하는 제1 성질들과 대상의 제1 성질들이 상호 작용해 만들어내는 '효과들'일 뿐이다. 에피쿠로스는 이것들이 원자들과 그 본질적 속성들처럼 '존재하는' 것은 아니지만 그러나 '비존재'도 아니라고 생각했던 듯하다. 그렇다고 이것들이 '비물질적인 것'도 아니며, 또 스토아학파가 생각했듯이 '물체의 부분들'인 것도 아니다. 이것들은 말하자면 중간-존재들이라 이해할 수 있을 듯하다. 이것들은 가현(假現)들이지만, 이 가현들이 없다면, 그리고 이 가현들 없는 세계를 누군가가 볼 수 있다면, 세계는 이미지 그대로 허공과 원자들로만 나타날 것이다. 이 점에서 에피쿠로스에게 가현들은 부차적인 실재였다고 볼 수 있다.

에피쿠로스에게는 영혼도 원자들일 뿐 다른 어떤 것이 아니다. 영혼이란 원자들 중 특히 '영묘한' 원자들로 되어 있다. 더 정확히 말해, 에피쿠로스의 영혼 개념에서 중요한 것은 원자들 각각의 영묘함보다는 그것들의 고유한 결합 방식이다. 영혼이란 플라톤과 아리스토텔레스에게서처럼 '비물질적인 것'이 아니다. 에피쿠로스에게 '비물질적인 것'이 존재한다면, 그것은 곧 허공이다. 허공을 제외한 모든 것들은 궁극적으로 물질적인 것들(원자들)이다. 에피쿠로스는 영혼이 비물질적인 것들이라면 타자들과 영향을 주고받지 못할 것이라는 이유에서 그런 생각을 거부한다. 어떤 영향도 주고받지 않는 것은 허공뿐이다. 물론 영혼은 특별하다. 영혼은 생명체를 신묘(神妙)하게 만들어주며, 각종 놀라운 활동들을 할 수 있게 해준다. 인식론적 맥락에서 보았을 때, 영혼은 감각의 원인이며, 영혼이 있기 때문에 섬세한 감각이 가능하다. 그러나 영혼-원자들은 신체-원자들/복합체 전체에 골고루 퍼져 있으며, 때문에 신체를 떠나서는 영혼의 활동이 성립할 수 없다. 그리고 신체는 감각에 있어 부(副)의 역할을 하며 그로써 'symptoma' 즉 신체로 느끼는 감각-현상들, 앞에서 말한 '우연적 속성들'을 얻는다.

에피쿠로스에게는 신들조차도 원자들의 일종이다. 에피쿠로스는 신들의 존재 자체는 부정하지 않았다.[37] 신들은 원자들의 매우 특별한 조합으로 되어 있다. 신들인 원자들은 우리의 감각기관들로 들어오지 않고 우리의 영혼으로 곧장 들어온다. 훗날 등장하는 기독교의 '계시'와 비교되는 생각이다. 꿈이 그 대표적인 경우이다. 그가 비판하고자 한 것은 신들이 인간들의 삶에 일일이 간섭한다는 대중의 믿음이었다. 에피쿠로스가 볼 때 신들은 가장 평온한 존재일 뿐 아니라 또 다른 존재들의 평온을 해칠 아무런 이유도 가지고 있지 않은 존재이다. "축복받았으며 불멸하는 본성(신의 본성)은 그 스스로 어떤 고통도 모르며, 다른 것들에 고통을 주지도 않는다. 그래서 그런 본성은 분노나 호의에 포함되어 있지 않다. 왜냐하면 분노나 호의는 단지 약한 것들에게만 존재하기 때문이다."(「위대한 가르침」) 때문에 에피쿠로스는 신들이 인간사에 일일이 개입한다는 대중의 믿음은 우매한 것이라고 보았다. '천지불인(天地不仁)'인 것이다. 자연현상을 설명하기 위해 신들을 끌어들이는 것 또한 어리석은 짓이다.[38] 신들은 다만 "어떤 것도 그들의 영혼의 평온함을 갉아먹지 못하는" 절대 평온/행복을 즐길 뿐이다.(RN, III, 24) 아리스토텔레스의 신 개념과 비교된다고 하겠다.

---

37) "신들은 존재한다. 자연 자신이 인류의 영혼에 그들에 대한 개념(notio)('공통된 생각(koinē noēsis)' 또는 'prolēpsis')을 각인시켜주었기 때문이다. [⋯] 이런 논변의 힘과 가치를 우리는 천재의 작품, 즉 에피쿠로스의 『판단의 규칙』에서 배울 수 있다."(ND, I, § 16) ND = Cicero, *De natura deorum*.

38) 에피쿠로스는 당대에 유행하던 점성술을 강력하게 비판한다. "이런 현상들(자연현상들)이 여러 원인을 요구하는데도 불구하고 하나의 원인(신들)만을 제시하는 것은 기이한 짓이다. 이런 일은 점성술의 잘못된 개념들을 신봉하는 사람들이나 하는 짓이며, 그들은 점성술을 가지고 어떤 현상의 원인에 대해 쓸모없는 설명을 만들어낸다."(「퓌토클레스에게의 서한」)

'클리나멘'의 문제

에피쿠로스의 자연철학에서 가장 흥미로운 문제로서 인구에 회자되어
온 것이 'clinamen(기울어짐, 비껴 감)'의 문제이다. 정확히 말해 이것은
에피쿠로스의 생각이라기보다는 루크레티우스의 생각이다. 태초에 원자
들은 어떻게 충돌해서 이 세계를 만들었을까? 원자들의 충돌이 없었다
면 사물들의 형성도 없었을 터이니 말이다.

> 원자들이 그 고유의 무게로 말미암아
> 허공을 가로질러 똑바로 떨어질 때, 임의의 때 그리고
> 임의의 곳에서, 아주 살짝 비껴 감이라고 할 만큼
> 어떤 원자들이 방향을 틀어 비껴 갔다네. 이러한
> 기울어짐이 없었다면 모든 원자들은 마치 빗방울들처럼
> 허공의 심연을 통해 저 끝도 없는 바닥으로 떨어져갔으리.
> 하여 원자들의 어떤 부딪침도 또 튕겨나감도 없게 되어
> 자연은 결코 창조되지 못했으리라.
> (RN, II, 216~224)

현대 우주론에서의 '대칭 파괴'를 떠올리게 하는 위 구절은 여러 문제
들을 낳는다. 우선 에피쿠로스에 관련해서도 말했듯이, 절대적으로 상
대적인 공간에서 '위'라든가 '아래' 같은 방향성은 오로지 상대적으로만
성립한다. 따라서 "떨어진다" 같은 개념은 이미 형성된 입자-덩어리를
기준으로 해서만 쓸 수 있다. 그런데 루크레티우스의 위 구절은 어디까
지나 '태초(太初)'에 관한 이야기이다. 따라서 여기에서 '떨어진다' 같은
말을 어떻게 쓸 수 있는지가 의문거리로 남는다. 또한 원자들이 떨어지
는 이유가 '무게'에 있다는 설명도 문제가 된다. 예컨대 이전의 원자론자
들은 원자들의 운동 방향성이 기본적으로 형태에 의해 지배된다고 보았
다. 논쟁의 여지가 있지만, 에피쿠로스 역시 이런 개념을 가지고 있었던

것으로 보인다. 그가 이전 원자론자들에게는 없었던 '무게' 개념을 도입한 것은 사실이지만, 그에게 원자의 무게는 그 운동 방향을 결정하는 요인이 아니라 이미 방향이 결정된 운동의 추진력 역할을 했다고 보아야 한다. 원자의 운동 방향이 형태들에 기인한다면, 설사 '태초'를 이야기한다 해도 원자들이 "마치 빗방울들처럼" 밑으로 함께 떨어질 이유가 없다. 각기 짝이 맞는 형태들을 찾아갈 터이니 말이다. 그러면 원자들의 부딪침과 튕겨나감은 매우 자연스럽게 설명된다. 나아가 "임의의 때 그리고 임의의 곳에서, 아주 살짝 비켜 감이라고 할 만큼"이라는 구절은 전형적인 궁여지책(deus ex machina)이라고 해야 할 것이다. 이런 식으로 "설명"하지 못할 바는 없기 때문이다.[39] 이렇게 앞의 구절은 에피쿠로스에 대한 충실한 주석도 아니고, 또 루크레티우스 자신의 생각으로 볼 경우에도 여러 난점들을 내포한다.

루크레티우스가 앞의 구절을 제시한 좀더 심층적인 이유는 인간의 '자유'를 설명하기 위해서는 이런 형태의 '우발성'이 요청된다고 본 데에 있다. 에피쿠로스 자신이 스토아적 숙명론을 강하게 비판했다. 에피쿠로스가 볼 때 인간의 행위마저도 우주의 운명("fatum")이라는 결정론에 귀속시키는 것은 자가당착적인 것이다. 그럴 경우 그런 말을 하는 사람의 진리 주장 자체도 단지 인과적 결과일 뿐이기 때문이다. 세계가 인과에 지배받는 것은 사실이다. 그러나 인간 행위의 원인은 그 스스로에게 있다. 즉, 원인이 없는 것이 아니라 자기 자신이 원인인 것이다.('자기원인=causa sui') 인간의 영혼도 원자이지만 그 원자는 특별한 원자이다. 때문에 감각, 기억, 사유 등을 통해서 조박(糟粕)한 원자들의 운동으로부

---

39) 에피쿠로스와 루크레티우스를 동일시했던 키케로도 이 구절에 대해 "유치하게 꾸며댄 것"이라고 신랄하게 공격하면서, 'ex nihilo nihil fit'를 말하는 "에피쿠로스 스스로도 수긍하지 못할" 원리라고까지 지적한다.(*De fato*, IX) 이런 식의 양상은 '절대적 우발성(absolute contingency)'이라고 할 수 있다. 그러나 후에 베르그송의 철학에서 우리는 이 양상의 새로운 의미를 발견하게 될 것이다.

터 거리를 두는 것이 가능하다. 에피쿠로스가 인간, 넓게는 생명체를 형이상학적으로 특화해서 사유한 것은 아니다. 그러나 그는 모든 원자들 그리고 그것들의 작용을 등질화하는 우를 범하지는 않았다. 원자들의 종류 상으로도 또 그것들의 인과적 작용 원리에서도 여러 층위가 있는 것이다. 우리의 삶이 상당 부분 외적인 인과 메커니즘들에 의해 휘둘린다는 것은 사실이다. 그러나 우리는 영혼의 능력 특히 사유를 통해서 "모든 선택과 기피의 동기를 발견하고 〔…〕 사려 깊게 이성적으로 따져볼" 수 있으며, 이로써 헬레니즘 시대의 철학자들이 공통으로 열망했던 자족성('아우타르케이아')—현자의 목적—에 도달할 수 있다. 그리고 "자족성의 가장 큰 열매는 자유(eleutheria)이다."(「단장」, §77)

에피쿠로스 자신이 이렇게 자유를 강조했다. 문제는 자유의 존재를 논증하기 위해서 '클리나멘'을 도입할 이유가 있는가 하는 것이다. 역으로 말해, 원자들의 우발적인 기울어짐이 자유의 성립 근거일 수 있는가 하는 것이다. 루크레티우스는 이렇게 말한다.

> 만일 모든 운동이 끝없이 연결되어 있다면,
> 뒤의 것들은 앞의 것들로부터 순서대로 생겨날 것이고,
> 원자들이 기울어져 운명의 사슬들을 끊어버릴
> 운동의 단초를 만들어내지 못한다면,
> 인과의 연쇄 고리는 영원히 이어져갈진저.
> 하면 지상에서 숨 쉬는 자들을 위한 이 자유는
> 운명의 사슬들과 맞물어 싸우는 이 의지는
> 어디에서 올 것인가? 이들에 힘입어 〔…〕
> (RN, II, 251~258)

루크레티우스는 이렇게 클리나멘의 존재를 통해서 인간의 자유(libertas)와 의지(voluntas)의 존재를 논증하고자 했다. 그러나 이는 곤란한 논변

이다. 인간이 자유롭지 못하게 되는 방식, 자신의 의지대로 살지 못하게 되는 방식에는 두 가지가 있다. 하나는 세계의 모든 것이 완벽하게 결정되어 있기 때문에 옴짝달싹하지 못하는 경우이고, 다른 하나는 세계의 모든 것이 완벽하게 우발적이기 때문에 또는 우발성이 어디에서 돌출할지 알 수가 없기 때문에 전전긍긍하는 경우이다. 루크레티우스는 완벽한 인과 연쇄가 우리의 자유와 의지를 설명하지 못한다고 보았기 때문에 '클리나멘'을 요청해야 한다고 보았다. 그러나 이런 식의 궁여지책, 절대적 우발성은 우리를 자유롭게 하기는커녕 오히려 불규칙성에 휘둘리게 만든다. 자유와 의지는 숙고하고, 반성하고, 꼼꼼히 따져보고, 신중히 사유해보는 정신적 여백을 필요로 한다. 만일 절대적 우발성으로 사태가 갑자기 바뀌어버리거나 ('클리나멘'이 내면에서 일어나) 갑자기 생각하지도 않았던 말들이 튀어나온다면 오히려 그것이야말로 자유와 의지에 배치되는 것이다. 자유/의지는 원인이 없는 것이 아니라 원인이 자기 자신에게 있는 것이다. 자유는 우발성을 통해서가 아니라 오히려 사유와 이성을 통해서 가능해진다.

에피쿠로스는 인과의 층위를 달리해서 자족성과 자유를 설명했지만, 루크레티우스는 인과 자체가 어디에선가 극복되어야만 자유와 의지가 성립한다고 보았다. 에피쿠로스에게는 인과의 각종 층위들이 관계 맺는 방식들에 대한 구체적인 논의를 요청할 수 있고, 루크레티우스에게는 자유와 의지를 근거 짓기 위해서 꼭 '클리나멘'이라는 궁여지책이 필요한가라고 물을 수 있다. 이 문제는 오늘날의 철학에 관련해서도 흥미로운 문제로 남아 있다.

미망(迷妄)으로서의 종교와 진정한 쾌락

에피쿠로스 철학의 핵심은 그 윤리학에 있다. 당대의 다른 철학자들과 마찬가지로, 에피쿠로스는 철학의 궁극을 윤리학으로 보았으며, 인식론이나 자연철학은 그 전제 조건들로 생각했다. 예컨대 그에게 자연철학은 알렉산드리아의 과학자들에게처럼 자연 탐구 자체를 위한 것이 아니라 세계의 본성과 인간이 세계에서 차지하는 위상을 인식하기 위한 것이었다. 그것의 목적은 어디까지나 윤리학의 보조에 있는 것이다. 자연현상들을 다룬 편지 「퓌토클레스에게의 서한」 첫머리에서 그는 이 점을 다짐해둔다. "우선 우리는 천체 현상에 대한 앎―이것이 다른 이론들과의 관련 하에서 다루어지건 그 자체로 독립적으로 다루어지건―의 목적이 마음의 평온함('아타락시아')과 확고한 믿음 이외에 다른 어떤 것이라고 생각해서는 안 된다."

에피쿠로스 윤리학의 배경은 '탈신화화'의 세계관이다. 신들에 대한 그릇된 믿음, 특히 제도화된 믿음―종교―에 대한 비판이 에피쿠로스 윤리학의 초석을 이룬다.

> 우리의 눈앞에서 인간의 삶이 비참하게 기어가다가
> 종교의 굴레에 꿰여 먼지 속에 내던져졌을 때,
> 종교가 하늘로부터 머리를 내밀어 그 무시무시한 얼굴로
> 죽을 운명의 인류를 위에서 노려볼 때,
> 한 사람의 그리스인이 나타났으니, 그 역시 죽을 운명이었으되
> 감연히 눈을 들어 처음으로 그 굴레에 맞섰도다. 어떤
> 신화도, 어떤 번개도, 하늘의 어떤 위협도 그를
> 위압할 수 없었고 (…)
> (RN, I, 62~69)

그러나 대중이 종교에 몸을 바치는 것이 오로지 그들이 어리석기 때문일까? 거기에는 좀더 필연적인 어떤 이유가 있지 않을까? 그것은 바로 죽음의 문제이다. 죽음에의 두려움이 종교를 가능케 하는 것이다. 허버트 스펜서의 말처럼, "인간은 삶이 두려워 사회를 만들었고, 죽음이 두려워 종교를 만들었다."[40] 죽음이 존재하지 않는다면 종교가 생겨나

지 않았을지도 모르겠다. 에피쿠로스가 종교를 비판하는 동시에 죽음 개념을 해체하고자 한 것은 바로 이 때문이다.

"죽음이란 우리에게 아무것도 아니다"라는 믿음에 익숙해져라. 왜냐하면 모든 좋고 나쁨은 감각에 달려 있는데, 죽으면 감각을 잃게 되기[에 좋고 나쁨이 의미를 잃어버리게 되기] 때문이다. [···] 그러한 앎이 우리에게 무한한 시간의 삶을 보태어주기 때문이 아니라, 불멸에 대한 갈망을 제거시켜주기 때문이다. [···] 존재하는 한 죽음은 우리와 함께 있지 않으며, 죽음이 오면 이미 우리는 존재하지 않기에. 그렇다면 죽음은 산 사람이나 죽은 사람 모두와 아무런 상관이 없다. 왜냐하면 산 사람에게는 아직 죽음이 오지 않았고, 죽은 사람은 이미 존재하지 않기 때문이다.(「메노이케우스에게의 서한」)[41]

에피쿠로스는 어떤 것을 미리 두려워하는 것은 어리석은 것이라는 점에서 죽음을 미리 두려워하는 사람들도 어리석다고 보았다.[42] 에피쿠로스는 '현자'─폴리스의 철학자들이 '아레테'를 갖춘 탁월한 인간을 범형으로 삼았다면, 헬레니즘 시대의 철학자들은 '현자(sage)'를 범형으로 삼았다─는 "삶에서 도피하려고 하지도 않으며 삶의 중단을 두려워하

---

40) 그러나 삶 또한 두렵다. 산다는 것엔 늘 두려운 면이 있기 마련이다. 더구나 폴리스들이 무너짐으로써 삶을 떠받치던 틀이 와해되고 휑하니 뚫린 공간에서 삶의 지표를 잃어버린 사람들, 삶의 일반적인 틀이 있다면 로마의 압제만이 있었을 뿐인 시대의 사람들에게는 종교야말로 구원의 통로였다. 이것이 헬레니즘-로마 시대 전반을 지배한 '구원에의 갈구'의 한 배경이라고 할 수 있다.

41) "죽음은 우리에게 아무것도 아니다. 왜냐하면 [죽음이란 원자들로의 분해이고] 분해된 것에는 감각이 없기 때문이다. 감각이 없는 것은 우리에게 아무것도 아니다."(「위대한 가르침」, §2)

42) 현대적인 맥락에서 본다면, 이 점에서 에피쿠로스에게는 '불안(不安)'의 개념은 별 의미가 없었다고 볼 수 있다. 그러나 훗날 키르케고르 같은 인물은 이 개념에서 종교적 의미를 읽어내고, 프로이트는 미래에 대처하는 방어 기제를 읽어내며, 하이데거는 현상학적-존재론적 의미를 읽어낸다.

지도 않는다." 현자는 양적으로 긴 삶을 원하지 않으며 단지 가장 즐거운 삶을 원할 뿐이기 때문이다. 현자에게 중요한 것은 죽음에 대한 두려움이 아니라 기쁜 삶의 향유(享有)일 뿐이다. 스피노자가 말했듯이, 자유인은 죽음이 아니라 오로지 삶만을 사유한다.

에피쿠로스의 철학은 이렇게 삶의 철학이거니와, 그에게 삶의 핵심은 쾌락(/기쁨/즐거움)에 있다. 그에게는 "쾌락이 인생의 시작이자 끝"이다. 그의 인식론에서 감각이 인식의 근원이듯이, 쾌락은 좋음/행복의 근원이다. 물론, 많은 사람들이 오해하는 바와는 달리, 에피쿠로스의 쾌락은 퀴레네학파의 쾌락과 대비된다. "우리가 '쾌락이 목적이다'라고 말할 때, 이 말은 우리를 잘 모르거나 우리의 입장에 동의하지 않는 사람들이 생각했던 것처럼 방탕한 자들의 쾌락이나 육체적인 쾌락을 의미하는 것은 아니다."(「메노이케우스에게의 서한」) 에피쿠로스에게 쾌락이란 "모든 선택과 기피의 동기를 발견하고 〔신들이나 죽음 등에 대한〕 공허한 추측들—이것 때문에 마음의 가장 큰 고통이 생겨난다—을 몰아내면서, 사려 깊게 이성적으로 따져보는 것"이기 때문이다.

키케로는 에피쿠로스의 사상을 여러 각도에서 공격했다. 그는 에피쿠로스의 쾌락주의가 아리스티포스에서 유래한 천박한 생각이라고 보았고, 그가 "숙녀들의 모임에 창녀를 끌어들이는 것처럼, 그렇게 쾌락을 덕들의 모임에 끌어들였다"라고 비난했다.(『최고선악론』, II, §4) 나아가 '고통이 없다'는 것과 '쾌락이 있다'는 것을 동일시함으로써(하나의 말로 표시함으로써) 혼란을 가져왔으며, 쾌락을 추구할 뿐 이성이 결여된 저급한 철학이라고 보았다. 또, 사회적 활동과 국가에 대한 의무를 중시한 그가 볼 때 에피쿠로스주의는 은둔과 도피의 사상에 불과했다. 에피쿠로스의 사상에는 쾌락과 유익함이 없어도 마땅히 추구해야 할 도덕(honestum)이라는 개념이 결여되어 있다는 것이다. 절충주의자로서 여러 철학들을 골고루 받아들인 그였지만 에피쿠로스학파에 대해서만큼은 신랄한 비판을 아끼지 않았다. 물론 그 비난의 상당 부분은 그의 이해력 부족과 편견의 산물이지만.

에피쿠로스에 대한 이런 곡해와 비난은 그 후 철학사 내내 지속된다. 락탄티우스, 아우구스티누스를 비롯한 기독교 철학자들은 특히 '쾌락주의'에 공격을 퍼부었다. 에피쿠로스 자신은 고요한 열락을 추구한 사람이었다. 그를 철학사상 가장 '급진적인' 인물들 중 하나로 만든 것은 그 자신이 아니라 오히려 그를 공격한 사람들이었다. 이런 식의 중상모략은 대부분 종교적 광신의 산물이었다. 에피쿠로스의 사상이 개인적이고 도피적인 사상인 것은 사실이다. 헬레니즘 시대 철학들이 대부분 그랬듯이, 에피쿠로스학파도 시대와 정면으로 대결하기보다는 그들의 '정원'에 안주하기를 바랐다. 그러나 역설적인 것은 정원에 안주했던 이 에피쿠로스의 철학이 지중해세계에 널리 퍼져나갔다는 사실이다. 에피쿠로스의 철학은 철학사상 처음으로 '포교(布敎)'의 성격을 띠고서 퍼져나갔다. 사회성이 결여되었던 에피쿠로스철학이었지만, 그 사상은 개인에서 개인으로 꾸준히 전파되어나갔던 것이다. 에피쿠로스 철학은 한 사상이 제도적 방식으로가 아니라 순수하게 개인적인 방식으로 넓게 전도되어나간 대표적인 경우이다.

에피쿠로스학파에게는 세계를 정복하겠다거나 타인들에게 자신의 사상을 강요하겠다거나 세상을 바꾸어놓겠다는 야심이 전혀 없었다. 그들에게는 오로지 서로에게 공감하는 '친구들'이 있을 뿐이었다. 이 점에서 에피쿠로스학파에게는 스토아학파에서 그리고 특히 기독교에서 발견되는 어떤 강박증 같은 것이 없었다. 그들은 우정, 즐거움/기쁨, 강요-없음, 개인에서 개인으로의 전달, 잔잔한 평온함의 철학을 지향했다. 그러나 바로 그렇기 때문에 이 사상은 시대와 정면으로 대결하는 적극성은 띠지 못했다. 이들에게는 단지 "우리"와 "그들"이 있을 뿐이었다. 그래서 이들은 퀴니코스학파에서와 같은 급진적인 반문명적 반항이나 스토아학파에서와 같은 실천적 행동은 보여주지 못했다. 이들은 '자족성'/'현자'의 이상을 추구했지만, 이 이상은 결국 개인 또는 소집단 차원에 머무는 것이었다. 또, 이들의 이론적 사유 역시 이전의 원자론의 수정판이었을 뿐 독창적인 것은 아니었다.

에피쿠로스학파에 이르는 이 시대의 많은 학파들은 이렇게 이론적으로는 에피고넨들이었고 실천적으로는 소극적이었다. 그러나 헬레니즘-로마 시대가 이런 소(小)철학들로만 점철되었던 것은 아니다. 이 시대는 이 시대대로 플라톤과 아리스토텔레스에 버금가는 하나의 위대한 철학 체계를 낳을 수 있었다.

§3. 스토아철학 1: 헬레니즘 시대

스토아철학은 여러 면에서 당대의 다른 철학들을 넘어서며, 헬레니즘-로마 시대 전체를 대변해주는 사상이다. 스토아철학은 이론적으로 당대의 어떤 사유들도 이루지 못했던 철학 체계를 구축했으며, 실천적으로 헬레니즘-로마 시대 지중해세계의 상황과 정면으로 대결했다. 스토아철학은 헬레니즘-로마 시대의 숱한 사조들 중 유일하게 플라톤과 아리스토텔레스에 비견할 수 있는 사유/이론을 제시했고, 다른 한편으로 시대와의 대결을 보여주는 여러 철학적 실천들을 낳았다. 스토아철학은 그리스 단계, 공화정 로마 단계, 제정 로마 단계를 거치면서 오랜 세월 동안 전개되고 변형되었다.

스토아철학은 아카데메이아, 뤼케이온, 에피쿠로스의 정원과 더불어 '아테네의 네 학원'을 형성했다. 스토아학파를 세운 키티온의 제논(BC 333~262년)은 알렉산드로스, 아리스토텔레스, 시노페의 디오게네스가 이미 세상을 떠난 후에 아테네에서 활동했으며, 에피쿠로스와 동시대를 호흡했다. 에피쿠로스가 자신의 '정원' 안에서 친구들과 철학했다면, 제논은 길게 늘어선 채색된 주랑('스토아 포일리케')을 거닐면서 아테네 시민들과 철학적 담론을 나누었다. 이런 장소적 차이는 두 학파 사이의 철학적 차이를 반영하는 것이기도 하다. 마케도니아의 왕 안티고노스 2세가 제논의 강의를 들으러 오기도 했다고 한다. 또한 제논은 스스로를 아테네 시민들에게 개방했고 시민들은 그를 환대하고 존경했던 것으로 보인다. 제논은 아테네에 온 후 당대의 여러 학파들에게서 배웠다고 하나 결국 그 자신의 학파를 창시함으로써 헬레니즘-로마 시대의 대표적인 철학 사조를 진수했다. 특히 그는 퀴니코스학파에게 공감했던 것으로 보이지만, 그러나 이 학파의 급진적인/도발적인 행위들에는 공감하지 않았다고 한다. 에피쿠로스학파가 높이 승화된 퀴레네학파라면, 스토아학파는 위대한 경지에 다다른 퀴니코스학파라 할 것이다.

제논의 여러 제자들 중에서 클레안테스가 자주 이야기된다. 기골이 장대한 권투선수였던 그는 우직하고 착해서 학파 내에서 궂은일을 도맡아 했던 것 같다. 그가 별다른 철학적 업적을 남기지 못했음에도 제논이 그에게 수장 자리를 넘겨준 것을 보면 그의 인간미를 높이 산 것으로 보인다. 그 후 클레안테스를 이은 크뤼시포스(BC 232~208/4년에 수장을 맡았다)는 그의 스승과 대조적이었다. 그는 육체적으로 왜소했지만 천재적이었고, 스토아철학의 체계를 확고하게 세운 인물이다. "크뤼시포스가 없었다면 스토아학파도 없었을 것"이라는 말이 남아 있을 정도이다. 그는 방대하기 이를 데 없는 저작들을 썼다고 하는데, 그 저작들의 제목을 볼 때 그리고 단편적으로나마 남아 있는 그의 사유를 감안해볼 때 아리스토텔레스에 버금가는 작품들이었을 것으로 짐작된다. 크뤼시포스는 데모크리토스와 더불어 그 작품 유실이 가장 안타깝게 생각되는 인물이다. 카르네아데스는 평생 크뤼시포스를 논박하는 데 몰두했으며, "크뤼시포스가 없었다면 카르네아데스도 없었다"라고 말할 정도였다. 그리고 다시 그 후에 안티파트로스는 카르네아데스를 비판했고, 이렇게 회의주의적 아카데메이아와 스토아학파는 스승에서 제자로 논쟁을 이어갔다.

스토아철학의 구도

제논은 철학을 '논리학(logica)', '자연철학(physica)', '윤리학(ethica)'으로 삼분했으며, 논리학을 달걀의 껍질로, 윤리학을 흰자위로, 자연철학을 노른자위로 비유했다고 한다. 또, 논리학을 울타리로, 윤리학을 과일로, 자연철학을 흙/나무로 비유하기도 했다. 이런 학문 분류는 예비학, 자연철학 및 형이상학, 윤리학 및 정치학이라는 아리스토텔레스의 철학 체계와 뼈대를 같이하나, '형이상학' 분야가 빠진 것에 주목할 필요가 있다. 스토아학파는 유물론—물론 구체적으로 어떤 유물론이냐가 중요하지만—을 견지했으며, 때문에 이들에게 자연철학과 형이상학이라는 이 분법은 존재하지 않았다. 이들에게는 자연철학이 '제1 철학'이었다.

스토아학파를 두드러지게 만드는 한 요인은 논리학(인식론, 언어철학 등을 포함)의 존재이다. '윤리'의 문제에만 천착했던 당대의 다른 학파들과 달리 스토아학파는 정교한 논리학을 발전시킴으로써 플라톤과 아리스토텔레스에 버금가는 수준의 사유에 도달할 수 있었다. 아울러 당대에 에피쿠로스학파 외에는 견줄 바가 없는 자연철학을 구축함으로써 그리스 철학의 위대한 전통을 이어갔다. 이들은 "자연에 따라 살라"는 것을 지상 명제로 삼음으로써, 당대 철학 학파들이 지향한 '개인적 자족성'과는 방향을 달리하는 사유를 펼쳤다. 마지막으로 스토아학파는 정치적이고 현실 참여적이었다. 스토아 윤리학은 '의무'의 윤리학이었으며, 이 의무에는 의당 현실 참여가 포함되었다. 때문에 우리는 스토아학파에게서, 특히 크뤼시포스 이후 등장하는 파나이티오스나 포세이도니우스 등에게서 비로소 현실로부터의 도피나 은둔, 낭만적인 반항이나 냉소를 넘어선 좀더 적극적이고 구체적인 정치철학을 발견하게 된다. 이 모든 점들에 있어 스토아철학은 헬레니즘 -로마 시대를 대표한다.[43]

---

43) 그러나 스토아 철학자들은 매우 긴 세월에 걸쳐 다양한 사유들을 펼쳤다. 우리가 '스토아철학의 체계'라고 말하는 것은 이 다양한 인물들/사상들을 하나로 정리한 경우를 전

스토아의 논리학, 자연학, 윤리학을 보기 전에 이 사유의 전체 구도 즉 존재론을 우선 볼 필요가 있다. 스토아 존재론에서 가장 흥미로운 점은 이들이 '존재'보다도 더 상위의 범주를 상정한 점이다. 이들은 '존재'를 'existence'로 보았으며, 이 실존 외에도 'subsistence'라는 것을 설정했다. 아리스토텔레스에게서 현실성만이 존재의 전부가 아니라 잠재성도 존재에 포함되듯이, 스토아 철학자들에게는 세계를 이해하기 위해 '실존'만이 아니라 '잠존'도 고려돼야 한다. 이들은 이 둘을 포괄하는 말로서 '무엇(ti)'이라는 말을 사용했다. 그런데 이들에게 존재 즉 '실존'이라고 할 수 있는 것은 곧 물체들이다. 물질과 물체는 크기의 차이만이 있을 뿐이기 때문에, 이때의 물체란 극미에서 극대까지의 모든 것을 가리킨다. 그리고 '잠존'이라는 존재 양식은 곧 '비물체적인 것들'에 관련된다. 요컨대 이들에게 세계는 물체적인 것들의 실존과 비물체적인 것들의 잠존으로 이루어진 것이다. 세 번째 범주를 따로 이야기할 수도 있는데, 그것은 허구적인 것들의 범주이다.

물체들 즉 실체들은 네 가지 범주로 나뉜다. 기체('휘포케이메논'), 성질('포이온'), 배치(pōs echon), 상대적 배치(pros ti pōs echon)가 그것이다. 아리스토텔레스에게서는 '기체'=질료는 개체, 형상, 보편자와 더불어 실체의 네 후보들 중 하나였다. 그러나 스토아철학에서는 기체와 실체가 동일시된다. 이들에게 우시아(실체)는 단적으로 물체이기 때문이다. 오늘날 '실체'로 번역되는 'substance'는 우시아의 번역어가 아니라 우시아=휘포케이메논의 입장에서 번역된 라틴어인 'substantia'의 번역어이다. 또, 스토아학파는 형상을 거부했다. 그리고 이들에게 보편자는 독자적인 실재가 아니라 개념(ennoēma)일 뿐이다.[44] 그렇다면 개체는 무엇

<hr />

제해서 성립한다. 그리고 이런 정리는 사실 매우 어렵다. 뒤에서도 말하겠지만, 특히 그리스의 스토아철학과 로마의 그것은 인도의 불교와 동북아의 불교가 다르듯이 적지 않게 다르다.

44)　때문에 스토아학파는 "인간은 두 발 달린 동물이다" 같은 명제를 유의미한 명제라고

인가? 개체는 성질들을 띤 물체이다. 스토아 철학자들에게 이때의 "띤"이라는 말의 뉘앙스는 다소 바뀐다. 아리스토텔레스의 경우 성질들은 실체의 표현이며 실체와 분리해서는 의미를 가지지 못한다(그 역도 마찬가지). 반면 스토아철학에서는 성질들 역시 일종의 물체들이고, 또 영혼의 속성들 역시 물체들이다. 그래서 실체가 성질들을 '띠고 있다'는 것은 한 물체와 다른 물체들이 '결합해 있다'는 뉘앙스를 가진다. 물론 그 결합은 조잡한 물리적 결합보다는 화학적 결합에 가깝지만.[45]

배치는 물체와 물체가 맺는 관계—현대적인 개념과는 달리, 이것은 예컨대 철수의 얼굴과 그의 얼굴빛이 맺는 관계를 가리킨다. 얼굴도 또 얼굴빛도 모두 '물체들'이기 때문이다—를 가리킨다. 그리고 상대적 배치는 보다 '외재적인' 배치, 예컨대 아버지-아들 관계라든가 언제라도 바뀔 수 있는 상호 간의 자리 등을 뜻한다. 이 관계에서 능동과 수동이 중요한 문제가 된다. 물체와 물체의 관계/배치를 지배하는 것은 곧 능동성과 수동성의 문제라고 할 수 있다. 스토아철학은 우주가 총체적이고 정합적인 이법에 의해 지배된다고 보았기 때문에, 이 배치 개념은 핵심적이라고 할 수 있다. 우발성이 지배하는 원자론적 세계와는 달리 스토아적 세계는 모든 것이 일정한 근거를 가지고서 의미심장하게 관련 맺고

보지 않았다. 정확히 말해, 개념상으로는 의미가 있지만 객관적으로는 의미를 유보해야 할 명제라 보았다. 플라톤은 감각으로 확인되어도 '인간'이란 것은 확인되지 않기 때문이다. 그래서 이런 명제는 "만일 어떤 것이 인간이라면, 그것은 두 발 달린 동물이다"로 바꾸어야 한다.

45) 이 맥락에서 스토아학파의 존재론은 플라톤과 아리스토텔레스의 사이에 위치한다고 할 수 있다. 플라톤의 경우 모든 말들에는 그 상응하는 이데아들이 존재한다. 장미만이 장미의 이데아를 가지는 것이 아니라, 붉은 색 또한 붉음의 이데아를 가진다. 반면 아리스토텔레스의 경우 붉음이란 반드시 장미나 다른 실체에 부대해서만 존재할 수 있다. 장미 등을 떠난 붉음은 의미를 상실한다. 어떤 사람의 웃음이 그 사람을 떠나서 그 자체로 존재할 수는 없듯이. 이렇게 보면, 스토아학파의 경우 성질들이 물체에 대해 갖는 관계는 아리스토텔레스의 경우보다는 독립적이고(그것들 자체도 일종의 물체이므로) 플라톤의 경우보다는 의존적이다(성질들만 따로 존재할 수는 없으므로).

있는 세계이다. 인간의 삶 역시 이 자연의 일부이다. "자연에 따라 살아라"라는 스토아의 기본 이념은 이런 맥락에서 이해된다. 때문에 물체들의 배치를 파악하는 것이 스토아 자연철학의 핵심이 된다.

'비물체적인 것들'은 공허, 장소, 시간, 그리고 '말로 표현되는 것(lekton)' 네 가지이다.[46] 스토아 철학자들은 에피쿠로스학파와는 달리 우주가 물체들로 꽉 차 있다고 보았으나, 우주 바깥에는 공허가 존재한다고 보았다. 그 이유는 이들이 우주가 활활 타올랐다가 다시 꺼지고 또 활활 타오르는 영겁회귀(永劫回歸)를 겪는다고 보았기 때문이다. 지금의 우주가 더 타오르려면 그 바깥에 빈 공간이 있어야 할 것이다. 장소와 시간역시 물론 '비물체적인 것'들이다. 흥미로운 것은 '말로 표현되는 것'으로서 이것은 오늘날로 말해 '사건'을 가리킨다. 깃발은 물체이지만 깃발의 흔들림은 사건이다. 칼도 물체이고 사과도 물체이지만, 칼이 사과를벰은 사건이다. 이렇게 '물체'/'사물'과 '사건'의 존재론적 변별이 스토아학파에 의해 처음으로 명확하게 정식화되었다. 이후 '사물의 철학'과 '사건의 철학'은 철학사 내내 대결하기도 하고 통합되기도 하면서 많은 철학적 성과들을 낳게 된다.

스토아 논리학

스토아학파의 '논리학'은 오늘날로 말하면 논리학, 인식론, 언어철학, 기호학/기호론, 수사학 등 매우 많은 분야들을 포괄했다. 이들은 때때로 논리학을 변증법과 수사학으로 양분하기도 했다. 스토아학파의 논리학에는 오늘날 이런 분야들에서 논의되는 내용들의 기초적인 사항들이 풍부하게 개발되어 있다. 예컨대 고틀로프 프레게 이래 전개된 명제논리학이라든가 페르디낭 드 소쉬르 이래의 개념으로 알려져 있는 '시니피앙=기표'와 '시니피에=기의'의 구분을 비롯해서, 우리는 현대의 논리학과

---

46) 스토아학파의 존재론에 대해서는 『사건의 철학』에서 상론한 바 있다.

그 인접 분야들의 성과가 스토아학파에 이미 상당 부분 들어 있는 것을 보고서 놀라게 된다. 스토아학파의 논리학은, 자연철학과 윤리학도 마찬가지이거니와, 여러 2차 문헌들에 단편적으로 흩어져 있기 때문에 어떻게 정리하느냐에 따라 그 내용이 조금씩 달라진다. 인식론, 언어철학, (좁은 의미에서의) 논리학의 순으로 정리하는 것이 한 방법일 듯하다.

우선 스토아 철학자들 역시 헬레니즘 시대의 일반적 경향과 마찬가지로 인식의 근거로서 감각-인상('판타지아')을 들었다. 그리고 이 감각-인상의 반복, 승인/동의, 언표화, 추론 등에 의해 지식이 성립한다고 보았다. 회의주의자들이 감각-인상의 객관성을 회의한 것과 달리 스토아 철학자들은 객관성을 띤 감각-인상('판타지아 카탈렙티케')과 그렇지 못한 감각-인상인 이미지('판타스마'/'시뮬라크라')를 구분함으로써 인식의 객관성을 부정하지 않았다. 'phantasia'가 빛을 뜻하는 'phōs'에서 왔다는 사실이 이런 객관성의 근거로 제시되기도 했는데, 빛이 '드러남'의 뉘앙스를 함축하기 때문이었을 것이다. 아울러 이들은 감각기관들을 통하지 않고서 성립하는 감각물들, 예컨대 '비물체적인 것들'이나 사유의 산물들도 인정했다. 스토아학파는 또한 합리적 인상과 비합리적 인상을 구분했는데, 합리적 인상이란 'lekton'으로 화할 수 있는 인상 즉 지식의 근거가 될 수 있는 인상을 뜻한다. BC 3세기 전반에 제논이 제시한 이 인식론에 대한 회의주의자들 특히 회의주의적 아카데메이아의 비판과 그에 대한 스토아주의자들의 재비판 과정(이 과정은 AD 2~3세기의 섹스투스 엠피리쿠스에게까지 이어진다)은 인식론사상 가장 흥미로운 역사들 중 하나라 할 만하다.

스토아학파는 학문적 인식('에피스테메')과 억견('독사')과 파악('카탈렙시스')을 구분했다. 파악은 학문적 인식과 억견 사이에 놓인다. 파악은 정상적 상황에서 누구나 동의할 수 있는 지각을 뜻한다. 학문적 인식은 지각이 과학의 수준으로 상승되었을 때 성립하며, 억견은 지각이 불확실해서 쉽게 동의를 얻지 못할 때 성립한다. 학문적 인식은 현자에게서 발견되며, 파악은 일반인에게서, 억견은 우매한 자들에게서 발견된다. 스토아학파는 또한 에피스테메와 테크네를 구분하기도 했는데, 에피스테메는 '정도'를 허용하지 않는 엄밀함을 띠는 데 비해 테크네는 그렇지 못하다고 보았다. 이 외에 스토아학파는 또한 'divinatio(점술)'에 특별한 자리를 부여하기도 했다. 키케로는 그의 『점술론』에서 동생 퀸투스로 하여금 스토아적 점술론을 옹호하게 한 다음 그것을 비판한다.

감각-인상이 지식으로 화하기 위해 꼭 거쳐야 할 것은 'lekton'이다. 'lekton'의 개념은 스토아 언어철학의 핵심이다.

> 소리(phōnē)와 말(lexis)은 다르다. 단순한 물리적인 소리도 소리라 할 수 있지만, 오로지 분절된 소리만이 말이라 할 수 있기 때문이다. 또 말과 언어(logos)는 다르다. 말은 의미를 결할 수도 있지만('blituri' 같은 말에서처럼), 언어는 반드시 무언가를 의미하기(sēmantikos) 때문이다. 나아가 그냥 소리를 내는 것과 말하는 것은 다르다. 소리를 내는 것은 단순한 물리적 과정이지만, 말하는 것은 무언가를/에 대해(pragmata) 말하는 것이기 때문이다. '말로 표현되는 것들(lekta)'이 지시하는 것이 바로 이 무엇이다.(VP, VII, §57)

소리와 말과 언어의 이런 구분은 매우 기본적인 구분이다. 스토아학파에 따르면 언어란 반드시 무엇인가를 의미한다. 그런데 이 의미되는 것은 다시 두 가지로 구분된다. '소나무'는 어떤 '뜻'을 가리키기도 하고 실제 객관적으로 존재하는 소나무를 가리키기도 한다. 그래서 스토아학파는 세 가지를 구분한다. '의미하는 것', '의미되는 것', 그리고 '지시되는 것'이다. 현대 식으로 말해 각각 기표, 기의, 지시대상이다. 플라톤은 이름(onoma), 의미(logos), 존재(ousia)의 삼분적 구도를 제시한 바 있다. (『법률』, 895d) '디온'이라는 말은 기표이다. 이 말에 의해 드러나는 것, 우리의 사유에 일치해서 잠존하는 것으로서 파악되는 것, 언어를 달리하는 사람은 알아듣지 못하는 것, 요컨대 '디온'이라는 말이 의미하는 것이기의이다. 그리고 실제 디온은 지시대상이다. 스토아학파는 기표와 지시대상은 물체이지만, 기의는 '비물체적인 것'이라고 생각했다. 즉, 기의는 사건/의미로서의 'lekton'이다. 달리 말해 사건/의미는 사물과 언어의 경계선 상에서 파열되는 비물체적인 것이며, "객관적인 인상과 일치해서 존재하는 것"이다. 이 '의미'라는 것의 존재를 밝혀낸 것은 스토아철학의 가장 빼어난 업적들 중 하나이다. 그리고 물체들과 '비물체적인 것'으로서의 사건들을 구분하고 사건과 의미의 연계성을 밝힌 것은 후대에 큰 영향을 주게 된다.[47)

또 이것은 진리론에 관련해서도 중요한 함의를 띠는데, 그것은 '진리'라는 것이 말 자체에 속하는 것도 또 사유 과정에 속하는 것도 또 사물 자체에 속하는 것도 아니라는 점, '진리'란 바로 의미에 관련되는 것이라는 점이다. "저 소나무는 푸르다"라는 문장이 참이라는 것은 이 문장 자체에 대한 것도 소나무 자체에 대한 것도 또 소나무에 대한 우리의 생각에 대한 것도 아니다. 그것은 바로 물체로서의 이 문장 및 우리의 생각과 저 소나무 사이에 존재하는 비물체적인 것으로서의 사건/의미 ― 소나무가 푸르다는 그 사건, 그 의미 ― 에 대한 것인 것이다. 물론 현실적으로 진/위는 문장에 붙게 된다. 문장이 '뜻하는 바'는 비물체적인 것이지만 우리는 이것을 어디까지나 물체적인 것(문장)으로 표현해야 하기 때문이다. 그러나 "'저 소나무는 푸르다'는 참이다"라고 말한다 해서 "참이다"라는 술어가 "저 소나무는 푸르다"라는 문장 자체에 붙는 것이라고 생각해서는 안 된다. 진리는 이 문장에 대해서가 아니라 그것의 '명제'에 대해서 성립한다. '명제'란 "저 소나무는 푸르다" 자체 즉 이 문장을 뜻하는 것이 아니라, 이 문장이 뜻하는 바를 뜻한다. "나는 학교에 갑니다"

47) '사건'과 '의미'에 대한 현대적인 논의로는 질 들뢰즈의 『의미의 논리』(이정우 옮김, 한길사, 1999), 도널드 데이빗슨의 『행위와 사건』(배식한 옮김, 한길사, 2012), 알랭 바디우의 『존재와 사건』(조형준 옮김, 새물결, 2013) 등이 있다.

와 "私は学校へ行ます"는 다른 문장이지만 같은 명제인 것이다. 진리는 이 문장들에 대해서가 아니라 이 문장들이 구현하고 있는 명제의 성격인 것이다.

감각과 사유, 의미와 진리 등에 대한 명료화가 이루어지면, 이제 문제는 좁은 의미에서의 논리학의 영역으로 넘어간다. 스토아학파의 또 하나 결정적인 공헌은 '명제논리학'의 발명이다. 아리스토텔레스의 논리학은 'S is P'라는 형식으로 이루어지며, 초점은 S와 P에 맞추어진다. 이 논리학은 기본적으로 'is'의 논리학, 즉 존재의 논리학이다. 그러나 명제논리학은 'S is P' 이외의 형식들을 다루며, 다양한 명제들을 다루기 때문에 명제논리학이다. 스토아 철학자들에 의해 "나는 먹는다", "안토니우스는 클레오파트라를 사랑했다", "내일 날씨가 좋다면, 해전이 벌어질 것이다" 등등 'S is P' 형식이 아닌 많은 명제들이 다루어지게 된다. 사실 'S is P'라는 형식은 무수한 명제 형식들 중 특수한 하나에 불과하다. 스토아 철학자들에게 명제(axiōma)란 진/위를 결정할 수 있는 문장 모두를 뜻한다. 키케로가 전해주는 크뤼시포스의 말처럼, "모든 명제는 진이거나 위이다." 그리고 진/위(참/거짓)는 명제와 사태의 일치 여부에 의해 결정된다. "누군가가 '낮이다'라고 말할 때 그는 실제 낮이라는 것을 주장하고 있는 것이다. 그런데 실제 낮이라면 그 명제는 참이다. 그러나 실제 낮이 아니라면 그 명제는 거짓임이 판명된다."(VP, II, §193)

명제에는 단순명제와 복합명제가 있다. 예컨대 "낮이다"가 단순명제라면, "낮이면, 밝다"는 복합명제이다. 스토아 철학자들은 복합명제를 7가지 유형으로 분류했다. 이 유형들은, 현대식으로 말하면, '부정적' 명제들인 '~p'라든가 '연언적(連言的=conjunctive)' 명제들인 'p∧q', '선언적(選言的=disjunctive)' 명제들인 'p∨q', 또 '조건적(conditional)' 명제들인 'p→q' 같은 경우 등을 포함한다. 스토아 철학자들은 단순명제와 복합명제에 대한 다양한 설명을 남겼으며, 특히 공리의 성격을 띠는 중요한 추론들을 다섯 가지로 추려내었다. ①만일 p이면 q이다. 그런데

p이다. 그러므로 q이다.('modus ponens') ②만일 p라면 q이다. 그런데 q
가 아니다. 그러므로 p가 아니다.('modus tollens') ③p이면서 q는 아니
다. 그런데 p이다. 그러므로 q가 아니다. ④p이거나 q이다. 그런데 p이
다. 그러므로 q가 아니다. ⑤p이거나 q이다. 그런데 q가 아니다. 그러므
로 p이다. 현대 명제논리학에서는 이런 구조를 기호화해서 표현한다. ①
$(p{\rightarrow}q) \cdot p \rightarrow q$. ②$(p{\rightarrow}q) \cdot {\sim}q \rightarrow {\sim}p$. ③${\sim}(p{\wedge}q) \cdot p \rightarrow {\sim}q$. ④$(p{\vee}q) \cdot p \rightarrow {\sim}q$. ⑤$(p{\vee}q) \cdot {\sim}q \rightarrow p$. 스토아 철학자들은 이 명제논리학을
풍부하게 전개했는데, 아쉽게도 단편적인 내용들만이 남아 있다.

스토아 철학자들은 또한 현대 식으로 말해서 양상논리학(modal logic)
을 발전시켰다. 이는 제논과 함께 연구한 바 있는 메가라학파의 디오도
로스가 공헌한 분야이기도 하다. 스토아 철학자들은 양상론을 주로 진리
론을 통해서 설명했다. 가능한 것은 진리일 수 있는 것이다. 불가능한 것
은 진리일 수 없는 것이다. 필연적인 것은 항상 진리인 것이다. 필연적이
지는 않은 것은 반드시 진리라고는 할 수 없는 것이다. 양상이란 특히 하나
의 사태가 시간과 관련해서 가지는 성격이라고 할 수 있다. 가능한 것은
그 어떤 시간에 성립하는 것이며, 불가능한 것은 어떤 시간에서도 성립하
지 않는 것이며, 필연적인 것은 항상 즉 모든 시간에 성립하는 것이며, 필
연적이지는 않은 것은 항상 즉 모든 시간에 성립하는 것은 아닌 것이다.
양상론은 이후 17세기에 라이프니츠에 의해 도약을 이루고 현대에 이르
러 철학의 핵심 분야들 중 하나로서 연구되고 있다.

스토아 철학자들의 논리학과 인식론, 언어철학 등은 인생철학과 종교
가 주류를 이루던 헬레니즘-로마 시대에 예외적으로 사유의 엄밀함을
보여주었고, 아리스토텔레스의 논리학과는 크게 다른 논리학을 개발해
내는 한편 인식론과 언어철학에서 결정적인 일보를 내디뎠다. 그러나 시
대 전체의 분위기 속에서 이런 성과는 파묻혀버렸고(때문에 문헌들 또한
소실되어버렸다), 중세에 논리학이 활짝 꽃피었을 때에도 그것은 어디까
지나 아리스토텔레스의 논리학이었다. 그러나 현대의 관점에서 볼 때 스

토아학파의 성과는 참으로 다대(多大)한 것이라 해야 할 것이다.

스토아 자연철학

자연철학은 스토아주의의 핵심을 차지한다. 스토아 철학자들에게는 논리학과 자연철학이 별개의 것이 아니었다. 이들에게 자연이란 엄밀한 섭리에 의해 지배되는 것이었고, 논리나 언어란 결국 이 섭리가 인간존재의 생각과 말을 통해서 표현되는 것에 다름 아니었기 때문이다. 예컨대 "만일 ~라면, ~이다/한다"라는 형식은 우주의 인과법칙이 사고/논리의 형식으로 표현된 것이다. 또, 이들에게 철학의 궁극 목표는 물론 윤리학이었지만 윤리학은 반드시 자연철학에 근거하는 것이어야 했다.(이 점에서 에피쿠로스학파와 대비된다) 이들에게 참된 삶이란 곧 "자연에 따르는 삶"이었기 때문이다.[48] 자연철학은 스토아철학의 노른자위였다.[49]

에피쿠로스학파와 마찬가지로 스토아학파도 '유물론'적 자연철학을 전개했다. 그러나 유물론이란 '물(物)'을 무엇으로 보는가에 따라 극히 판이한 모든 형태들을 포괄하는, 다분히 모호한 명칭이다. 스토아철학은 플라톤적 형상이나 아리스토텔레스적 위계를 거부하고 '물체(sōma)'에 초점을 맞춘다는 점에서 유물론이지만, 이는 에피쿠로스학파의 그것과는 판이한 유물론이다. 그중 핵심적인 것은 에피쿠로스학파의 우주가 우

---

48) 자신의 학원에 소송을 도와달라고 찾아온 사람을 힐난하면서 에픽테토스는 자신이 구두수선공(실용적인 일에 종사하는 사람이라는 뜻)이 아니라고 말한다. 그러면서 그는 철학자란 "영혼의 한가운데로 하여금 자연에 일치할 수 있도록 유지하고 인도하는 사람"이라고 정의한다.(『어록』, III, §9)

49) 이런 생각의 밑바탕에는 헤라클레이토스의 '로고스' 개념이 깔려 있다. 모든 것이 로고스(理法)의 지배를 받는다는 헤라클레이토스의 가르침이 스토아학파로 하여금 논리학, 자연철학, 윤리학을 일관된 체계로 구축할 수 있게 하는 원동력으로 작용했다. "보편적 자연=퓌지스와 그것의 이법=로고스에 맞지 않는다면, 개별 사물은—그것이 아무리 작은 사물이라 해도—생겨날 수 없다"라는 크뤼시포스의 말이 이 점을 웅변한다. 그러나 이 점이 또한 스토아학파에게는 커다란 '이론적 부담'이었다.

발성에 의해 지배되는 완벽하게 탈신화화된 우주라면, 스토아학파의 우주는 로고스/이법에 의해 지배되는, 신성이 깃든 곳이라는 점이다. 세계는 'logoi spermatikoi' 즉 종자-로고스들에서 탄생했다. 세계는 물질에 신성이 깃듦으로써 성립한 것이다. 이른바 '범신론(汎神論)'이다.[50] 따라서 생명, 정신, 문화 등의 차원은 물질적 운동의 가상적 효과들이 아니라 물체 자체에 처음부터 깃들어 있는 것들이다. 이 점에서 스토아적 세계는 에피쿠로스적 세계와 판이하며, 동북아의 '기철학'에 상당 부분 근접한다. 물질 자체―논리적으로만 추상화할 수 있는―는 아무런 속성들도 가지지 않지만, 그 안에 깃든 신성이 그것들을 분화/개별화시키고 각종 속성들을 띠게 한다. 따라서 우리가 현실에서 누리고 있는 숱한 질적 다양성들은 가상들이 아니라 오히려 신성의 현현(顯現)인 것이다.

> 'fatum'이라는 말로 나는 그리스인들이 'heimarmenē'라 부른 것을 가리킵니다. 그것은 원인들의 질서/순서와 계열(ordinem seriemque causarum)을 가리키지요. 원인이 원인에 연결되어 계속 무엇인가를 산출해내는 것입니다. 그것은 영원으로부터 흘러나오는 항구적인 진리입니다. 결국, 생겨날 일이 아니었던 것은 [바로 그 때문에] 생겨나지 않은 것이고, 마찬가지로 본성상 자신을 생겨날 것으로 만들어줄 원인들을 갖추지 못한 것은 생겨나지 않을 것입니다. 그래서 이제 알 수 있습니다. 'fatum'이 미신에서의 "fatum"이 아니라 자연철학의 그것임을. 그러니까 그것은 사물들/일들―왜 과거의 일들이 일어났던 것이고, 왜 현재의 일들이 일어나고 있고, 왜 미래의 일들이 일어날 것인지―의 항구적

---

50) "스토아 철학자들은 우주에는 두 가지의 원리가, 즉 활동하는 것과 활동을 받는 것이 존재한다고 생각한다. 활동을 받는 것은 질(質)들이 없는 실체 즉 물질이며, 활동하는 것은 그 속의 이법/이성 즉 신이다. 영원한 이 신이 물질을 관류하면서 개별 사물들을 만들어낸다."(VP, VII, §134) 플라톤과 비교해서 본다면, 형상의 차원은 따로 없고 조물주는 말하자면 물질=코라 속으로 스며들어가서 코라를 분화(分化)시켜(differentiate)/개별화시켜(individuate) 사물들을 창조해낸다고 할 수 있다. 조물주를 '생명'으로 치환했을 때, 이 구도는 그대로 훗날의 베르그송 철학의 구도가 된다.

인 원인인 것이죠.

『점술론』에서 키케로가 동생 퀸투스의 입을 빌어 말하고 있는 위 구절은 스토아적 이법의 세계를 잘 전달해주고 있다. 흔히 '운명'이라 번역되는 'fatum'은 그러나 문학적인 뉘앙스에서의 '운명'이 아니라 어디까지나 우주의 냉정하고 객관적인 합법칙성일 뿐이다. 여기에서 플라톤적인 목적론은 배제된다. 그것은 "원인들의 질서와 계열", 원인들의 연쇄 이외의 것이 아니다. 그래서 퀸투스는 미신적인 '운명'과 그것을 분명하게 구분하고 있는 것이다.[51] 그러나 스토아적 'fatum'은 미신적 운명도 아니지만, 또한 현대적 의미에서의 과학적인 필연이기만 한 것도 아니다. 그것은 신성한 自然=神의 '섭리'이기도 하다. 우주의 법칙성은 다름 아닌 신 자신의 이법/섭리이기에 말이다. "신은 세계 자체이고, 세계정신의 보편적인 편재"이다.(ND, I, §14)[52]

---

51) 이런 스토아적 결정론을 단순한 숙명론으로 해석하는 것은 잘못이다. 예컨대 다음과 같은 해석이다: 만일 당신이 아프다 해도 당신은 의사를 부를 필요가 없다. 만일 당신이 죽을 운명이라면 의사를 불러도 소용없을 것이요, 죽지 않을 운명이라면 의사를 부르지 않아도 살 것이다. 이런 해석을 크뤼시포스는 "게으른 논변"이라고 불렀다. 크뤼시포스는 단순한 사건들도 있고 복잡한 사건들도 있음을 지적한다. "소크라테스는 모일(某日)에 죽을(사형당할) 것이다" 같은 사건은 결정되어 있는 단순한 사건이다. 그러나 "라이오스에게서 오이디푸스가 태어날 것이다" 같은 사건은 복잡한 사건이다. 라이오스가 한 여인을 만나고 그 여인이 아이를 가진다는 사건이 함께 연결되어야만 이 사건이 성립하기 때문이다. "밀로는 올림픽에서 레슬링 게임을 할 것이다"도 마찬가지이다. 레슬링 상대가 와도 할 것이고 안 와도 할 것이 아니라, 그 상대가 와야만 이 사건이 성립하는 것이다. 위의 환자와 의사의 관계도 마찬가지이다. 요컨대 스토아적 결정론은 많은 요인들이 함께 묶여 결정되어 있음을 뜻하지 각각의 단순한 사태가 무조건 결정되어 있음을 뜻하지 않는다. 이렇게 함께-성립하는 'fatum'은 'confatalia'라 불리며, 이는 스토아 양상론을 아리스토텔레스의 양상론과 구분해주는 중요한 측면이다. 훗날 라이프니츠는 '공가능성(compossibilité)'의 개념을 통해 이런 생각을 발전시킨다.

52) 스토아학파는 또한 신을 세계를 디자인하는 불로 보기도 했고, 自然, 生命으로 보기도 했으며, 숨(pneuma)으로 보기도 했다. 또, 신은 로고스이기도 하다. 이들은 신을 때로 고유명사로 부르기도 했는데 대개 제우스라고 불렀고 때로는 다른 이름들로도 불렀다.

스토아학파는 신이 '조형(造形)하는 불'이라 이야기하기도 했다. 여기에서 불은 헤라클레이토스의 영향을, 조형은 플라톤의 영향을 느끼게 한다. 또 신을 일종의 종자로 이야기하기도 하는데, 이 종자는 헤라클레이토스적 뉘앙스에서의 로고스를 담고 있다. 이 불은 거대하게 타오르면서 만물을 생성시키고(이것은 신의 자기성장으로 이해된다) 다시 응축됨으로써 만물 속에 스며든다. 우주의 이런 타오름(ekpyrōsis)과 잦아듦이 반복되는 것이 '영겁회귀'이다. 이런 발상에 입각해서 크뤼시포스는 우리 역시 죽은 후에 일정한 시간이 지나면 지금의 우리로 되돌아온다는 것이 분명 불가능하지는 않다고 보았다. 이것은 완벽히 순환적인 세계관이다.

세계의 궁극 원리는 이렇게 물질과 그 안에 스며들어 있는 신성, 타올랐다가 잦아들면서 만물을 낳는 "조형하는 불"이지만, 스토아 자연철학의 실제 주인공은 이 원리들로부터 생성된 결과인 물체들 그리고 특별한 범주들인 '비물체적인 것들'이다. 스토아학파에게는 '비물체적인 것들'을 제외한 모든 것들이 물체들이다. 신조차도 그것이 물질에 작용하는 이상 어떤 형태로든 물체적인 존재이다. 스토아 철학자들은 작용을 가하고 받을 수 있는 것은 물체들밖에 없다고 보았기 때문이다. 비물체적인 형상이 물체적인 질료에 작용을 가하는 구도는 거부된다.

모든 물체들 중 가장 기본적인 것은 4원소이다. 그중에서도 불이야말로 핵심적인 원소로서, 불이 잦아들면서 공기, 물, 흙이 형성된다. 다른 물체들은 이 4원소로 구성된다. 경우에 따라서는 현상적인 불과 근원으로서의 불이 구분되어, 후자는 '에테르'라 불리기도 했다. 스토아학파는 아리스토텔레스적 위계를 거부했기 때문에, 이때의 에테르는 '제5 원소'는 아니다. 이 근원적인 불은 차라리 기(氣), 에네르기에 더 가깝다. 키

<hr />

물론 원래의 그리스 신들과는 의미를 달리하며 단지 상징적인 이름들이다. "신, 이성, 운명('파툼'), 제우스는 모두 하나이다. 그리고 다른 많은 이름들이 그(神)에게 붙었다." (VP, VII, §135~136)

케로의 다음 구절은 이 점을 시사한다. "〔발부스가 말하기를〕신진대사와 성장을 겪는 모든 사물들=물체들이 자체 안에 열의 힘을 포함한다는 것은 분명합니다. 이 열의 힘이 없이 사물들은 신진대사를 할 수도 성장할 수도 없지요. 안에 열기와 온기를 담고 있는 모든 것은 그 자체의 운동을 통해서 존립하고 활성화됩니다. 그래서 신진대사를 하고 성장하는 사물은 일정한 규칙적인 운동을 합니다. 이런 운동이 우리 안에 머무는 한에서 감각작용과 생명이 유지되지만, 열기가 식거나 꺼져버리면 우리 자신 죽어 없어집니다."(ND, II, §23) 결국 근원적 불은 생명 이외의 것이 아니라고 할 수 있을 것이다.

스토아학파는 물체론에서 특히 혼합/혼합물의 개념에 많은 관심을 경주했다. 아리스토텔레스는 두 가지의 혼합을 구분했다. 섞임(스토아 용어로는 '병치')은 보리와 밀이 혼합될 경우처럼 단순히 물리적으로만 섞이는 것을 뜻하고, 합쳐짐은 구리와 주석이 합쳐져 청동이 되는 경우처럼 화학적으로 결합하는 것을 뜻한다. 후자의 경우 아리스토텔레스는 합쳐지는 두 요소가 대등할 때 가능하다고 보았다. 한 방울의 포도주가 바다에 떨어질 경우 새로운 혼합물이 나오는 것이 아니라 포도주 한 방울이 바다에 흡수되어/동화되어버린다. 반면 크뤼시포스는 이런 경우에조차도 새로운 혼합물이 나올 가능성을 배제하지 않았다. 영묘한 물체들의 경우 이런 혼합이 얼마든지 가능하다고 보았던 것이다. 예컨대 프네우마는 극히 미세한 존재이지만 만물에 스며들어 작동할 수 있다. 모든 것을 물체로 보는 스토아 철학자들로서는 '혼합'을 통해서 세계를 설명하는 데에 상당한 비중을 둘 수밖에 없었다. 구도는 다르지만, 혼합은 플라톤 철학에서 관여('메텍시스'), 임재('파루시아'), 결합('코이노니아')이 행하는 역할에 유비적인 역할을 수행했다고 할 수 있다.

스토아학파의 사유에서 특히 흥미로운 측면은 '비물체적인 것'들에 관한 사유이다. '비물체적인 것'들은 '실존'하는 것이 아니라 '잠존'하는 것들이다. 그것들은 물체들로서 실존하지 않으면서도 특이한 방식으로 존재한다. 즉, 잠존한다. 앞에서 말했듯이, '비물체적인 것'들에는 장소, 공허, 시간, '렉톤'이 있다. 장소는 물체가 점유하는 것으로서 물체와는 달리 불가(不可) 침투성을 가지지 않는다. 그것은 여러 물체들을 교대로 받아들일 수 있다는 점에서 그 자체 '비물체적인 것'이다. 이에 비해 공허는 오늘날의 '우주공간'과 유사한 개념으로서 물체들에 의해 점유되어 있지 않은 곳을 뜻한다. 'ekpyrōsis'가 가능하기 위해서 존재해야 할 공간이다. 스토아 철학자들은 자리이든 공간이든 물체이든 모두 무한히 분할 가능하다고 보았으며('잠재적 무한'), 이 점에서 에피쿠로스학파와 대립했다. 시간은 장소 및 공허와 유비적으로 이해되었다. 물체가 어떤 장소를 점유하듯이, 운동—일정하게 분절된 운동(예컨대 '한' 운동경기)—은 시간을 점유한다. 공허에 해당하는 추상적 시간도 생각할 수 있을 것이다. 스토아 철학자들은 장소가 물체에 독립해서는 의미를 가지지 않듯이 시간 역시 운동에 독립해서는 의미를 가지지 않는다고 보았다.

운동 자체는 두 측면으로 나뉘어 생각된다. 물체의 맥락에서 볼 때 운동이란 물체들의 상호 작용이다. 이때 능동성과 수동성이 핵심적인 역할을 하며, 앞에서 말한 혼합론이 큰 비중을 차지한다. '비물체적인 것'의 맥락에서 볼 때 운동이란 사건이고 '말로 표현되는 것'이다. 칼이 살을 벨 때 칼과 살은 물체들이며 능동/수동의 방식으로 서로 작용한다. 그러나 "살이 칼에 베이다"라는 사건 자체는 물체가 아니라 '비물체적인 것'이다. 깃발이 바람에 휘날릴 때 깃발도 바람도 물체들이지만, 깃발이 휘날리는 것 자체는 '비물체적인 것'으로서의 사건이다. 이 '비물체적인 것'으로서의 사건은 물체들에 부대하는 시간인 '크로노스'의 시간이 아니라 사건들에 부대하는 시간인 '아이온(aiōn)'의 시간에 존재하며,[53] 그

---

53) 크로노스의 시간은 '지속(duration)'의 시간이지만 아이온의 시간은 '반복(repetition)'의 시간이다. 물체들의 운동은 수평적으로 이어지는 크로노스의 시간을 동반하지만, 사건들의 운동은 수직으로 솟아오르는 아이온의 시간을 동반한다. 아이온의 시간은 지속하지 않고 반복한다. "손이 칼에 베이다"라는 사건은 실존하면서 지속하기보다는 잠

자체는 보존되지 않지만 "살이 칼에 베였다"와 같이 언어에 담겨서 보존된다. 그래서 '렉톤'이 네 번째의 '비물체적인 것'으로서 제시된다. 스토아적 세계는 이렇게 일차적으로는 물체들로 구성되지만 이차적으로는 '비물체적인 것'들을 동반한다.

유물론의 입장을 취하는 스토아 철학자들에게는 영혼 역시 물체의 일종이다. 그러나 세계가 물질성에 神=自然=生命=理法=運命이 깃든 것이라 할 때, 상대적으로 영혼은 물체 일반에 비해 신성을 띤다. 반면 신체는 상대적으로 더 큰 물질성을 띤다. 그러나 물질성과 신성은 오로지 형식적으로만 구분되기에 이는 어디까지나 '측면'의 문제일 뿐이다. 스토아 철학자들은 영혼을 특히 동물들이 가진 것으로 인정했으며, 자연이 인간을 포함해 동물들에게 부여한 것으로 파악했다. 인간 역시 자연의 일부이며, 따라서 물질적 측면과 영혼의 측면—몸과 마음—을 가진다. 인간의 이 영혼은 생식 능력 등 여러 원초적인 능력들도 보유하지만, 특히 핵심적으로 가지는 상위 능력을 이들은 '자발적 능력(to hēgemonikon)'이라고 불렀다.[54] 이 자발적 능력에는 지각, 동의/승인, 충동, 이성 능력이 포함된다. 사물을 감각해서 받아들이고, 그 결과를 긍정하거나 부정하면서 좀더 넓고 복잡한 인식을 형성하고, 대상에 대해 감응(感應)하고, 또 언어적 차원에서 사유할 수 있는 능력이 영혼의 탁월한 능력이다.

스토아 철학자들에게 인간과 자연의 관계는 오늘날에서처럼 타자들 사

존하면서 반복된다. 이러한 '사건'들의 시간—손이 칼에 베일 때의 현실적 시간이 아니라 '베이다'라는 사건 자체의 시간—이 아이온의 시간이다.

54) '자발적인(voluntary)'과 '자연발생적인(spontaneous)'은 다르다. 전자는 주체적인 것이고 후자는 객체적인 것이다. 전자는 '자율(autonomy)'과 통하고 후자는 '자동(automatism)'과 통한다. 그러나 이런 구분은 인간의 주체성과 자연의 객체성을 대립시키는 구도를 전제했을 때 성립한다. 자연을 스토아적 자연=퓌지스로 이해할 경우 이런 구분/대립은 없어진다. 이 점은 스토아 윤리학에서도 중요한 함축을 띤다.

이의 관계가 아니다. 그것은 전체와 부분의 관계이다. 그리고 이 전체-부분 관계는 부분들이 서로에 대해 가지는 관계 또한 함축한다. 스토아 철학자들에게 삶에서 가장 중요한 것은 바로 이 관계들—'상대적 배치'—을 잘 가져가는 것이다. 그런데 우주의 모든 것들은 필연적인 연쇄 고리로 묶여 있다. 이렇게 우주가 '파툼'에 의해 지배된다면 이 '파툼'은 가치론적으로 어떤 의미를 담지하고 있는가, 그 안에서 인간은 어떤 존재이고, 어떤 자유/가능성을 가지고 있으며, 어떻게 행위해야 하는가? 이것이 스토아 윤리학의 출발점이다.

　스토아 철학자들의 범신론적이고 낙천주의적인 사상은 이들로 하여금 윤리를 직접 자연에 연결하도록 만들었다. "자연에 따라 살아라." 그렇다면 이들에게 인간의 자유는 어떤 것일까? 이들에게 자유는 결정되지 않는 것이 아니라 자기 자신에 의해 결정되는 것이다. 내가 자유롭다는 것은 내가 결정되어 있지 않다는 것을 뜻하지 않는다. 그것은 나의 결정성이 내 안에 있다는 것을 뜻한다. 내 삶이 혼미한 것은 내가 결정되어 있기 때문이 아니라 오히려 내가 나 자신이 어떻게 결정되어 있는지를 모르기 때문이다. 자기 자신의 결정성에 무지한 데에서 바람직하지 못한 행동들이 나온다. 그 결정성을 인식했을 때 비로소 나는 자연에 합치하는 훌륭한 행위를 할 수 있다. 훗날 스피노자가 정식화하듯이, "자유는 필연의 인식이다." 물론 나를 결정하는 것이 나 자신뿐이기만 한 것은 아니다. 세상의 모든 것이 다 연결되어 있기 때문에, 나는 필연적으로 외부의 존재들과 함께 거대한 그물을 형성하게 되고 하나의 그물코로서 살아가야 한다. 그러나 나를 결정하는 가장 핵심적인 것은 바로 나 자신인 그 그물코이다. "게으른 논변"에 관련해 말했듯이, 드럼통이 어떻게 굴러갈 것인가를 결정하는 요인은 매우 다양하며 간단하게 결정되어 있는 것이 아니다. 그러나 결국 그 핵심 요인은 바로 드럼통 자체의 모양(과 무게 등)인 것이다. 나는 우주-그물의 한 그물코에 불과하다. 그렇지만 바로 나인 그 그물코가 나를 결정하는 핵심적인 요인인 것이다. 여기에

스토아적 자유 개념이 있다.

그물에는 코가 없는 부분들도 있고, 코들 또한 그 크기와 복잡성에 있어 다양하다. 모든 그물코들 중에서 유난히 크고 복잡한 것이 바로 인간이다. 따라서 인간은 결정되어 있지 않은 것이 아니다. 단지 매우 복잡하게 결정되어 있는 것이다. 인간은 결정성을 가지고 있지 않은 것이 아니라 오히려 더 많이 가지고 있는 것이다. 결정성이 매우 많기 때문에 결과적으로 덜 결정되어 있다고, 즉 단순하게 결정되어 있지 않다고 할 수 있다. 이것은 바로 인간 영혼의 탁월성, 특히 그 이성적 능력의 탁월성을 함축한다. 이 탁월성은 인간 영혼의 자발성에 있으며, 스토아 철학자들이 이를 '지배', '제어'의 의미를 함축하는 'to hēgemonikon'이라 부른 것은 의미심장하다. 그러나 이 자발성은 자기 멋대로 한다든가, 입맛에 맞게 한다든가 하는 것을 뜻하지 않는다. 그렇기는커녕 이성의 자발성이란 오히려 자연의 이치에 따라 살아갈 수 있는 능력을 뜻한다. 그것은 인간의 삶을 휘두르는 갖가지 외적 요인들과 내적 요인들을 정확히 인식해 그것들을 지배하고 제어할 수 있는 능력이다. "운명=파툼의 선물"인 이성을 제대로 성숙시켜나가지 못하는 나태함에 맞서 자연을 따를 수 있는 능력을 가리킬 뿐인 것이다. 스토아 철학자들도 자연이 때로는 끔찍하다는 사실을 인정한다. 각종 재난, 병, 인간의 사악함 등등. 그러나 그 악한 측면들조차도 이해할 수 없는 것들은 아니다. 사람의 머리를 유연하게 만들려면 뼈는 얇을 수밖에 없다. 자연의 이법은 최선의 논리를 따르는 것이지 제멋대로 하는 것을 뜻하지 않는다. 유연하면서 두껍게 만들 수는 없기에 말이다.(이런 논리는 훗날 라이프니츠에게서도 중요한 역할을 한다) 또, 악이 있어야 선도 있는 것 아닐까? 음지가 있어야 양지가 양지임을 알 수 있는 것 아닐까? 고통이 무엇인지 알아야 행복이 무엇인지도 알 수 있지 않을까?(이런 논리는 중세의 신학에서 중요한 역할을 하게 된다) 자연=신이 때로 가혹하고 삶이 때로 고통스러운 것은 사실이지만, 인간은 이성을 통해 그 필연성을 터득해나가고 그 깨달음을 통해 초연하게 살아갈 수 있다. 스토아 철학자들은 이런 경지에 도달한 인물을 '현자'라고 불렀고, '스토아적 현자(stoic sage)'라는 이 개념은 서구 문명에 지속적인 영향을 끼치게 된다.

스토아 윤리학

헬레니즘 시대의 다른 사조들과 마찬가지로 스토아학파 역시 철학의 궁극을 윤리학에 두었다. 이들에게 윤리의 핵심은 "자연을 따라 사는 것"이었기에, 윤리학의 토대는 자연을 파악하는 것이었고 특히 인간의 자연=본성을 파악하는 것이었다.[55] 그리고 이런 작업은 동물계 전체에 대한 이해와 그 안에서 인간이 차지하는 특별한 위상에 대한 이해를 핵심으로 했다.

스토아 철학자들은 동물이라는 존재가 가지는 핵심적인 특성을 'hor-mē'라고 보았는데, 이 말은 '본능' 또는 '욕동'으로 번역할 수 있다. 동물의 가장 원초적인 욕동은 자기보존의 욕동이다. 자연은 동물들로 하여금 이런 자기보존을 추구할 수 있도록 만들었다. 즉, 타자들과의 관계 하에서 적합하게 행동하도록 만들었다. 동물들은 무엇이 자기에게 좋고 무엇이 나쁜 것인지를 본능적으로 안다. 그렇지 않았다면 숱한 동물들이 독버섯을 먹고서 죽었을 것이다. 동물들은 이렇게 자연이 자기에게 부여한 '적합한 행동(oikeiōsis)'에 따라 살아간다. 나아가 동물들은 본능적으로 '자기의식'을 가지고 있으며 타자들과의 관련 하에서 그 자기의식을 발휘한다. 에피쿠로스학파에 반대해서 스토아학파는 동물들이 처음으로 의

---

55) 플라톤의 경우 자연에 대한 탐구는 말년에 이르러서야 나타난다. 그에게 윤리학의 기초는 형상철학이다. 아리스토텔레스의 경우 그의 철학 전체는 자연철학에 기반을 두고 있다. 그러나 그는 자연적인 것과 문화적인 것의 구분에 둔감하지 않았다. 그의 철학 체계 자체가 이론철학과 실천철학으로 양분된다. 이에 비해 스토아철학은 자연철학의 연속선 상에서 윤리학을 사유했다. 스토아 윤리학은 '자연주의(naturalism)'의 선구를 이룬다.

식하는 것은 쾌락과 고통의 구분이 아니라 자신의 몸과 마음이라고 보았다. 쾌락과 고통은 동물들이 타자들과 적합한 관계, 부적합한 관계를 맺었을 때 생겨나는 결과라고 본 것이다.

이런 본능/충동 및 적합성 때문에 세계는 '가치(axia)'로 물들게 된다고 할 수 있다. 이 점에서 스토아 철학자들의 세계관은 이율배반적이다. 한편으로 세계는 운명='파툼'에 의해 지배된다. 거기에는 일말의 자의성이나 변덕스러움도 없으며 냉혹하다 싶을 정도의 섭리/이법의 지배가 있을 뿐이다. 그러나 세계를 구성하는 부분들의 입장—특히 동물들의 입장—에서 볼 때 세계는 철저하게 '좋음'과 '나쁨'이라는 가치로 구성되어 있다. 각 개별자들의 입장에서 볼 때 타자들은 자신에게 좋거나 나쁘거나 그저 그렇거나 세 가지 중 하나로서 다가온다. 그래서 세계, 특히 동물들의 세계는 이 좋음과 나쁨을 둘러싼 투쟁의 장이다. 그럼에도 자연 전체, 우주 전체는 그런 투쟁들을 통해서 오히려 조화와 신성을 유지해간다. 부분들과 전체 사이의 이런 이율배반적 관계는 이후의 신학·형이상학의 흐름에서 지속적인 영향을 행사하는 철학소들 중 하나로 자리잡게 된다.

스토아 철학자들은 이와 유사한 맥락에서 'kathēkon'이라는 말도 썼는데, 이 말은 각 동물들에게 주어진 자연적 성향(소질, 기능, 기질)을 뜻한다. 자연적 성향이란 자연이 각 동물들에게 준 것으로서, 스토아 철학자들이 즐겨 사용하는 비유로 말해 우주라는 연극 무대에서 각 존재들이 부여받은 '역할'이라고 할 수 있다.[56] 스토아 철학자들에게 핵심적인

---

56) 키케로는 이 말을 'officium'이라 번역했는데 너무 좁은 번역—그야말로 "로마적인" 번역—이라고 할 수 있다. 제논이 쓰기 시작한 'kathēkon'이라는 말은 우주의 모든 것에 부여된 기능인 데 비해, 'officium'은 인간의 '의무'만을 가리키기 때문이다. 물론 비유적으로 생각한다면 이런 번역이 꼭 오역인 것은 아니다. 생각하기에 따라서는 동식물들의 경우에도 자연이 자신에게 부여한 자연적 성향("역할")을 실현하는 것이 자연에 대한 보답이요 의무이겠기에 말이다.

것은 바로 이 세계에서 인간의 역할이 무엇인지, 또 인간 각각의 역할이 무엇인지를 깨닫는 것이다. 그리고 그런 깨달음은 인간에게만 부여된 특별한 능력, 즉 이성적 능력을 근거로 한다. 自然은 각각의 존재들에게 적합한 역할을 부여했지만, 인간에게만 그 최대치를 즉 그 자신의 잠재성의 극한치까지를 부여했다. 물론 어디까지나 인간은 부분이고 自然은 전체이기에 대등할 수는 없겠지만 말이다. 이성적 능력을 최대한 발휘해서 우주에서의 자신의 역할을 다하는 것, 여기에 '스토아적인 것'이 있다. 에픽테토스가 역설했듯이, 동물들의 삶의 폭과 인간의 그것에 차이가 없다면 그것은 수치스러운 일이 아닐 수 없다. 인간은 자연 자체의 폭에 근접해 가는 존재인 것이다. 유교 사상이 그렇듯이, 스토아철학은 객체성과 주체성을 동시에 긍정하는 보기 드문 사유이다.

만일 자연에 따라 사는 것이 지상 명제이고 또 자연이 각 동물들에게 각자의 욕동, 적합성, 자연적 성향을 부여했다(특히 인간에게는 이성이라는 각별한 능력이 부여되었다)고 본다면, 각 존재들에게 특히 중요한 것은 가치의 문제가 될 것이다. 결국 윤리학의 핵심 과제는 이성을 갖춘 존재로서의 인간이 어떻게 선과 악을 명확히 구분할 것인가, 또 어떻게 선에 따라 살아갈 것인가 하는 것이다.[57] 스토아 철학자들의 특징은 '좋음'을 추구하는 것과 '옳음'을 추구하는 것 사이에 날카로운 선을 그었다는 점에 있다. 이들에게 사물들은 "좋은 것이거나 나쁜 것이거나 상관없는 것이다."(VP, VII, §101) 이들에게 ①좋은 것은 지혜, 정의, 용기, 절제 같은 덕들이고, ②나쁜 것은 이것들과 반대인 악덕들(어리석음, 부정의, 비겁

---

57) '좋음'과 '나쁨'이라는 윤리학적 개념들과 '옳음'과 '그름'이라는 도덕철학적 개념을 날카롭게 구분하기는 힘들다. 이미 지적했듯이, 그리스에서의 선/악은 좋음/나쁨의 성격이 두드러진다. 하지만 스토아철학에서 우리는 선/악 개념이 옳음/그름이라는 뉘앙스를 강하게 띠게 됨을 목도한다. 오늘날 우리가 '선과 악'이라는 개념을 사용할 때에는 좋음/나쁨의 뉘앙스보다는 옳음/그름이라는 스토아적 뉘앙스가 더 강하다고 볼 수 있다. 이 때문에 이하에서는 선과 악이라는 개념을 사용했다.

함, 탐욕)이다. 그리고 ③ 생명, 건강, 쾌락, 아름다움, 강함, 부, 명성, 고귀한 태생이나 죽음, 병, 고통, 추함, 약함, 가난, 불명예, 비천한 태생 등은 상관없는 것들이다.

결국 스토아 철학자들에게 좋음과 나쁨은 사실상 선과 악(옳음과 그름)이다. 상식적으로 볼 때 ③에서 열거한 것들은 상관없는 것들이 아니라 좋은 것들과 나쁜 것들이기에 말이다. 그러나 스토아 철학자들에게 ③의 것들은 진정한 윤리—더 정확히 말해 도덕—에 "상관없는" 것들일 뿐이다. 이들에게 ③의 것들은 부차적일 뿐이며, 중요한 것은 ①에 따라 사는가 아니면 ②에 따라 사는가일 뿐이다. 이 대목에서 스토아철학의 성격이 두드러지게 나타난다. 또 이들에게 '自然'이라는 말의 뉘앙스가 어떤 것이었는지도 분명하게 드러난다. 이들에게 모든 것은 자연에 일치할 때 가치를 가지며, 자연을 거스를 때 가치를 가지지 못한다고 할 수 있다. 그런데 상식적 견지에서 보면 ③의 앞의 가치들을 좋아하고 뒤의 가치들을 싫어하는 것이 "자연적인" 것이다. 보통 사람들의 눈으로 볼 때 스토아적 윤리학은 너무나 "자연스럽지 못한" 것으로 다가온다. 그러나 이들에게 自然=神은 각각의 존재들의 '본성'으로 나타나며, 이 본성은 적합한 행동, 자연적인 성향, 우주에서의 "역할"로서 표현된다. 인간에게 주어진 본성은 바로 이성이며, 이들에게 이성에 따라 사는 삶의 핵심은 덕스러운 삶이냐 악덕한 삶이냐일 뿐 그 외의 가치들—일반인들이 볼 때 좋거나 나쁜 가치들—은 "상관없는" 것들에 불과한 것이다. 누군가가 돈이 많다거나 적다거나 하는 것은 도덕에 상관없다. 돈이 많건 적건 상관없이 중요한 것은 덕스럽게 사느냐 그 반대이냐일 뿐인 것이다.[58] 물론 이들의 이런 견고한 믿음 아래에는 神=自然이 최선

---

58) '좋음'이라는 말의 이런 식의 용법이 너무 비상식적이었기 때문에 스토바이우스는 '좋음'을 두 가지로 나누어 규정함으로써 명료화한다. 좋은 것들 중 어떤 것들은 덕스러운 것들이고 다른 것들은 덕스럽지는 않은 것들이다. 지혜, 절제, 정의, 용기는 덕들이지만, 즐거움, 명랑함, 자신 있음, 호의 등은 덕들이 아니다. 그러나 덕이 좋음에 포괄되

의 세계라는 '낙천(樂天)'이 깔려 있다.

스토아 철학자들은 덕의 교육 가능성과 통일성을 강조한 면에서 소크라테스를 잇고 있다. 이들은 덕이 교육 가능하다고 보았다. 저열한 인간도 선한 인간이 될 수 있는 것이다. 이것은 곧 현자가 선천적으로 타고나는 것이 아님을 함축한다. 또, 이들은 덕은 '완전할(perfectus)' 때 진정 덕일 수 있다고 보았다. 이것은 곧 개별 덕들의 통일성을 함축한다. "한 사람이 동시에 시인이면서 웅변가일 수 있듯이"(세네카) 여러 덕들—핵심적인 것은 플라톤의 사주덕이다—이 결국 하나로 통일된다고 생각했다. 그렇기 때문에 이들에게 덕과 악덕 사이에는 정도가 허락되지 않는다. 이것이 스토아적 '엄격함'의 두드러진 예이다. 이들은 "fiat justitia, ruat coelum(하늘이 무너지더라도 정의는 행해져야 한다)"이라고 말하곤 했다. 물론 이들도 현실적으로 이런 경지가 어렵다는 것을 인정한다. 그러나 그들은 그런 경지의 가능성을 믿으며, 인간이란 덕을 통해서만 행복할 수 있다고 믿는다. 이들에게 행복과 불행의 진정한 기준은 덕과 악덕뿐인 것이다.

스토아 철학자들의 이런 단호한 입장은 때로 비판에 부딪쳤으며 비웃음의 대상이 되기까지 했다. 특히 앞에서도 언급했듯이 제논 vs. 아르케실라오스→크뤼시포스 vs. 카르네아데스로 이어지는 공방(攻防)의 역사가 헬레니즘 시대의 철학을 흥미롭게 만들었다. 플루타르코스의『스토아주의의 모순들』이나 섹스투스 엠피리쿠스의『퓌론주의 개요』,『독단주의 논박』은 대표적인 스토아철학 비판서들이고, 디오 카시우스도 스토아철학을 혐오해서 세네카를 몹시 부정적으로 묘사했다.[59] 그러나 아카데메이아와 스토아학파는 갈수록 점점 가까워졌는데, 이는 회의주의

지 않고 오히려 둘이 상충할 때가 문제이다. 이 문제는 키케로의『의무론』에서 다루어지고 있다.

59) Cassius Dio Cocceianus, *Histoire romaine de Dion Cassius*(Nabu Press, 2014).

로 일관하던 아카데메이아는 회의주의의 완화를 거쳐 점차 그 시조의 뜻을 되살리고자 하게 되었고, 스토아철학은 시간이 갈수록 그 지나치게 강고한 면을 누그러뜨리면서 보다 현실적인 사상으로 완화되어갔기 때문이다. 때문에 로마 공화국 시대가 되면 이제 스토아적으로 견실해진 아카데메이아와 회의주의를 통해 부드러워진 스토아주의가 대세를 형성하게 된다.

공화정 로마에서의 스토아철학

지중해세계는 일찍이 동방 지역에 건설된 대제국들(이집트, 앗시리아, 쉬리아, 바뷜로니아, 페르시아 등)에 의해 풍성해졌고, 그 후 그리스 문명에 의해 민주주의와 철학의 탄생을 보았다. 그러나 그리스가 쇠퇴에 직면할 즈음해서 또 하나의 세력이 지중해세계에 등장했고, '로마'라 불린 이 세력은 그 후 지중해세계, 나아가 서양세계 전체에 동북아세계에서 중국의 제국들이 행사한 정도의 심대한 영향을 각인하게 된다. 로마는 그 자체로서는 그리스에 버금가는 철학적 성과를 이루지 못했으나, 그리스 문화를 라틴화해 그 후의 서양세계에 전달해주는 결정적인 역할을 한다.

로마는 숭무(崇武)의 국가로서 처음에는 이탈리아 반도의 조그마한 마을에서 출발했으나 거듭되는 전투를 통해 점차 이탈리아 지역 전체를 정복했고, 이후 지중해세계의 지역들을 하나하나 정복해나갔다. 로마는 대략 호메로스 시대 정도에 형성되었던 것으로 보이며, 처음에는 여타의 지역들처럼 왕정에 의해 통치되었으나 BC 509년에 '공화정(res publica)'을 이룩했다. 이후 로마는 제정이 들어설 때까지 일인 독재를 허용하지 않는 공화정의 전통을 지킨다. 로마 공화정은 그리스를 빼면 지중해세계의 예외적인 정체였고, 이 공화정 체제가 로마로 하여금 그토록 다대한 성과들을 거두게 했다고 할 수 있다. 그리스의 민주주의와 로마의 공화정이야말로 지중해세계 고대의 특이한 두 예외였고, 바로 그래서 철학은 이 두 지역에서 발전할 수 있었다. 그러나 이 공화국은 야수와도 같은 공화국이었다. 이 야수는 강력한 군대의 힘으로 지중해세계를 점차 장악하기 시작했다.[60]

로마는 그리스에 비해 귀족들이 중심이 되는 사회였다. 그리스와 마찬가지로 로마 공화국에도 세금, 국군, 관료, 사제 등이 존재하지 않았다. 모든 일은 공화국 전체의 일이었고, 각각의 사안을 맡은 인물들이 그때그때 자신의 역할을 행했다. 그러나 작은 폴리스들과는 달리 로마는 점차 커져 규모가 있는 국가가 되었고, 근대적인 국민국가 체제가 아니었던 이 공화국은 거대 귀족 가문들이 통치하는 형식을 취했다. 귀족 가문들은 대대로 인물들을 배출하려 애썼으며 군사적 성취 등을 통해 '가문의 영광'을 이어가려 했다. 로마 사회는 어떤 면에서 귀족들이 서로 시민들의 지지를 얻으려 마치 오늘날의 스포츠 스타들이나 연예인들처럼 인기 쟁탈전을 벌이는 일종의 극장이었다. 로마에서 귀족으로 태어난다는 것은 좋든 싫든 '영광에의 질주(cursus honorum)'라는 경기—그 종국은 1년 임기의 '집정관(consul)'이 되는 것이었다(집정관은 반드시 둘이었지만)—에 참여해야 한다는 것을 뜻했다. 경기장이나 극장에서 관중의 박수소리가 승리와 패배를 의미하듯이, 로마 공화국은 시민들의 갈채와 함성이 존중되는 곳이었다. 물론 이런 '시민' 개념이 확립되기까지는 오랜 시간이 걸렸다.[61] 로마에서 경기는 귀족들이 했지만 평가는 결국 시

---

60) 로마가 군대를 어떻게 훈련했으며 전투를 어떻게 수행했는지에 대해서는 배은숙, 『강대국의 비밀』(글항아리, 2008)을 참조하라. 로마의 군대를 이해하는 것은 로마 전반을 이해하는 데 필수적이다. 로마는 시민=전사의 형식을 유지함으로써 정신적 힘을, 강력한 규율과 훈련을 유지함으로써 육체적 힘을, 각종 실용적인 기술들과 기계들을 개발함으로써 전투의 효율성을 관리했으나, 제정 말기에 이런 성격을 잃어버림으로써 무너지게 된다. 특히 3세기 중엽에 사산조 페르시아에게 연속으로 패하면서(이때 두 명의 황제가 죽고 한 명은 포로로 잡힌다) 로마의 군사력은 내리막길에 접어든다.

61) BC 494년에 생겨난 '호민관(tribunus plebis)'을 비롯해, 안찰관(按察官), 재무관(財務官), 법무관(法務官) 같은 자리들이 모두 시민들의 권리 향상 과정에서 생겨난 직책들

544

민들의 몫이었다. 로마 공화국은 기본적으로 'SPQR(Senatus Populusque Romanus)' 즉 원로원의 귀족들과 민회(트리부스 평민회)의 시민들에 의해 통치되는 곳이었다.

그리스가 멸망으로 치닫던 BC 4세기에 로마는 이탈리아 중부를 장악하는 데 성공했다. 헬레니즘 시대가 도래한 BC 3세기에는 지중해로 점차 세력을 넓혀갔으며, 마침내 아프리카의 강국 카르타고와 충돌하게 된다. 로마는 칸나에 전투(BC 216년)에서 명장 한니발에게 무참하게 패배하기도 했지만 수십 년에 걸친 끈질긴 전쟁 끝에 마침내 카르타고를 누른다. 이후 눈길을 동쪽으로 돌린 로마는 3차에 걸친(BC 211~205년, 200~197년, 171~168년) 마케도니아 전쟁에서 승리함으로써 발칸 반도까지 지배하게 된다. BC 1세기에는 폼페이우스, 카이사르 등의 군벌들이 등장해 갈리아 지방(오늘날의 에스파냐, 프랑스 등)을 정복하고, 쉬리아, 이집트 등 대제국들까지 굴복시킴으로써, 동쪽의 페르시아 지역과 등을 대고서 지중해세계 전체를 지배하게 된다. 이 힘은 '시민권(civitas)'을 가지고 있었던 로마 시민들의 힘이었고, 영광/명예를 삶의 목표로 뼈를 깎는 노력을 했던 로마 귀족들의 힘이기도 했다. 그러나 로마의 이런 성공은 또한 그 부패와 비극의 원천이기도 했다.

로마가 조촐한 마을에서 막강한 국가로 성장하는 과정은 농부이자 군인인 시민 계층이 공화국과 자신의 운명을 동일시했기 때문에, 또 명문 귀족들이 정말 귀족답게 조국의 영광과 자신의 명예를 동일시했기 때문에 가능했다. 보레누스와 풀로의 이야기, 또 마르쿠스 아틸리우스 레굴루스의 이야기[62]는 "로마는 하루아침에 이루어지지 않았다"라는 말을

이다.

62) 루키우스 보레누스와 티투스 풀로는 키케로 휘하의 백부장이었다. 두 백부장은 늘 서로 용맹을 경쟁했으나, 실제 전투에 임해서는 서로를 구해주기도 했다. 이들의 이야기는 로마 백부장들의 대표적인 무용담이다. 레굴루스는 1차 포에니 전쟁 때 포로가 된 집정관이었다. 로마에 잡혀간 카르타고의 장수들과 교환되는 조건으로 로마로 돌아간

실감케 한다. 로마인들은 이런 가치를 'honestas(탁월함, 고귀함, 명예로움)'라는 말로 표현했다. 그러나 인간이란 부와 권력을 차지하는 그 순간 타락하기 시작한다는 것이 동서고금을 관통하는 진리이다. 아테네가 그랬듯이, 지중해세계에서 막강한 힘을 휘두르게 된 로마 역시 절정의 순간에 몰락의 길에 들어서기 시작했다.

로마는 철저한 경쟁사회였다. 공화국이었기 때문에 원칙적으로는 모든 시민이 '영광에의 질주'에 참여할 수 있었다. 물론 도시 빈민층이나 노예는 비참한 생활을 영위해야 했고, 여성이나 아동의 인권은 매우 취약했기에 이런 경쟁은 실질적으로는 귀족들의 것이었다. 로마가 지중해세계의 부와 권력을 차지하면서 이런 경쟁의 양상은 점차 추해지기 시작했다. 결정적으로 군대가 로마 자체가 아닌 자신의 상관에게 충성을 바치게 되면서 모든 것이 근본적으로 바뀌기 시작했다. 로마의 귀족들은 집정관이 되어 권력을 행사하고 속주의 총독이 되어 해당 지역을 착취했다. 귀족들은 점차 '군벌'로 화해갔고, BC 1세기에 이르면 마침내 기나긴 내전의 시대에 돌입하게 된다. BC 88년 군대는 로마 안에 진입할 수 없다는 철칙을 술라가 깼다. 이것은 로마 공화정의 역사에서 가장 충격적인 사건이며 이때부터 로마에 피가 뿌려지기 시작했다. 네 차례의 큰 내전—마리우스와 술라의 대결, 폼페이우스와 카이사르의 대결, 안토니우스-옥타비아누스와 브루투스-카시우스의 대결, 옥타비아누스와 안토니우스-클레오파트라의 대결—은 지중해세계 전체를 전란으로 몰아넣었다. 이 시대의 숱한 이야기들은 중국과 한국의 '삼국 시대'처럼 지금도 인기를 누리고 있다. 로마인들은 "졌지만 옳다"라든가 "이겼지만 그르다"라는 관념을 쉽게 인정하지 않았다. 단적으로 표현한다면, 그들

그는 원로원에서 카르타고의 장수들을 돌려보내서는 안 된다는 연설을 하고 스스로 카르타고로 되돌아가 고문을 받고 사형 당한다. 키케로는 『의무론』, III, §99 이하에서 이(利)보다 의(義)를 앞세운 그의 위대함을 길게 논의하고 있다.

546

에게는 승패의 여부가 곧 선악의 여부였다. 모든 것은 전쟁의 결과에 따라 결정되었다. 이런 과정이 결국 공화국을 부패시켰고 마침내 제정에 자리를 내주는 비극을 초래하기에 이른다.

다른 한편 귀족들과 평민들 사이의 '계급 투쟁' 또한 격렬했다. 그리스가 그랬듯이 로마에서도 역시 귀족들(patrici)과 평민들(plebs) 사이의 기나긴 투쟁이 이어졌다. BC 367년이 되면 모든 시민이 공직에 출마할 수 있는 권한을 부여받게 된다. 이후 로마의 정치는 귀족당(optimates)과 평민당(populares)이라는 양대 축의 대결을 통해 역동적으로 전개되었고, 그 분기점은 그라쿠스 형제의 개혁이었다. BC 133년에 형인 티베리우스가, 그 10년 후에는 동생인 가이우스가 토지 개혁을 포함하는 혁명적인 개혁을 시도했다. 두 번의 시도 모두 실패했고 티베리우스와 가이우스는 죽임을 당했지만, 이 두 차례의 개혁은 평민들의 힘과 개혁 의지를 분명하게 드러내주었다. 이후 로마는 수시로 폭력이 난무하는 장소로 변했다. 귀족과 귀족, 귀족과 평민의 얽히고설킨 권력 다툼이 어지럽게 이어졌다. 그럼에도 로마는 굳건했다. 로마인들은 '우리'와 '그들', '로마'와 '비-로마'의 구분에는 철저했다. 내부적인 혼란에도 불구하고 외부적인 승리는 계속 이어졌고 부는 늘 쏟아져 들어왔다.

로마의 외부인들에게 로마는 공포와 전율을 불러일으키는 한 마리의 맹금(猛禽)이었다. 로마는 지중해세계를 잔혹하게 짓밟았다. BC 146년에 카르타고를 완전히 초토화했고, 아름다운 도시 코린토스를 불태웠다. 하지만 이는 수많은 경우들 중 두 가지 예일 뿐이다. 로마의 야수들은 지중해세계 문화의 전승에도 상당한 악영향을 미쳤다. 술라는 BC 86년 아테네를 무자비하게 약탈해 많은 문헌들을 소실시켰으며, 크라수스는 예루살렘의 성전을 약탈했다. 폼페이우스는 동방세계 전체를 착취했고, 카이사르는 클레오파트라와 뜨거운 정사를 벌이면서 그 불똥으로 뮈제이온을 불태웠다. 로마는 무적이었고, 어쩌다가 패배를 당한다 해도 이 맹금은 상처를 핥으면서 다시 기회를 엿보다가 끝내는 잔혹한 복수전을 펼쳤다. 로마는 지중해세계의 부를, 특히 금을 끝없이 빨아들였다. 페르시아를 이은 파르티아나 강력한 미트리다테스 왕이 이끈 폰투스 등만이 로마와 맞섰다. 미트리다테스는 포로가 된 로마 장군의 입안에 뜨겁게 녹인 금을 부어서 그를 죽였는데, 이것은 지중해세계의 제국(諸國)이 로마에 가졌던 원한을 상징적으로 보여주는 사형 방식이었다.

로마의 지중해세계 지배는 지중해세계의 역사 나아가 서구의 역사 전체에 있어 커다란 사건, 아마도 가장 커다란 사건일 것이다. 로마를 통해서 비로소 '지중해세계'가 성립했다고 할 수 있다. 로마는 그리스를 이어 유일하게 '공화국'이라는 체제를 유지했다는 점에서 세계사적 의미를 띤다. 또, 그리스의 문명을 라틴화해 그 후 서구에 전해준 결정적인 역할을 했다. 로마는 왕정, 공화정, 제정을 거치면서 (동로마 제국까지 포함해) 2,000년 이상 존속했고, 서로마 제국이 멸망한 후에도 서구인들은 '신성로마 제국'이라는 이념체를 만들어 그것을 존속시키고 싶어 했다. 지중해세계의 사람들에게, 그리고 그 후 서구인들에게도 '로마'가 존재하지 않는 세계는 상상하기가 힘든 것이었다. 오늘날에도 로마의 영향은 서양세계의 곳곳에 생생하게 남아 있다.[63]

로마는 이렇게 지중해세계의 패권을 쥐었지만, 문화적인 면에서는 그리스의 상대가 되지 못했다. 현실 권력에서 로마가 지중해세계의 중심이 되었고 아테네는 과거의 영광만을 곱씹는 곳으로 전락했으나, 문화적 힘에서는 그 반대였던 것이다. 그리스에 비하면 로마는 그야말로 투박한 졸부에 불과했다. 로마는 코린토스를 불태웠고, 또 아테네를 약탈했

---

63) 오늘날 로마는 특히 미국으로 이어지고 있다. 미국의 원로원(상원)은 지금도 카피톨리누스(캐피톨 힐)에 서 있으며, 원로들은 여전히 'senator'라 불리고 있다. '공화당'과 '민주당' 역시 'optimates'와 'populares'의 구도를 그대로 이어받고 있다. 로마의 상징인 독수리도 여전히, 머리가 좀 벗겨지긴 했지만, 백악관을 장식하고 있다. 이 새로운 로마는 그리스(유럽)와 자존심을 겨루면서 동쪽의 페르시아(중국)와 헤게모니를 다투고 있으며, "야만인들"("악의 축")을 축출하려고 무력을 발휘한다. 글래디에이터들(스포츠 선수들)의 사투와 키르쿠스('쇼비즈니스')는 여전히 관중을 즐겁게 해주고 있다.

다. 그리스인들은 로마인들을 무식한 군인들로밖에는 보지 않았다. 그러나 로마인들이 볼 때 그리스인들에게 남은 무기라곤 오로지 말밖에 없었다.

그리스와 로마 사이의 이런 알력을 잘 보여주는 일화가 있다. BC 93년 아테네에 들른 로마의 장군 겔리우스 푸블리콜라는, 그리스 문명에 호감을 가졌음에도, 이 문명의 콧대를 꺾으려 우스운 장면을 연출했다. 아테네의 여러 학파들을 모아놓고서 '최고선'의 문제를 두고 끝장을 보라고 종용했던 것이다. 그리고 그들이 해결을 못 한다면 자신이 하겠노라 큰 소리를 쳤다고 한다. 많은 사람들이 이 사건을 화제에 올리면서 웃음보를 터뜨렸다. 그 웃음은 푸블리콜라의 썰렁한 유머에 대한 비웃음이기도 했지만, 또한 동시에 이미 우스꽝스러운 꼴이 되어버린 아테네 철학에 대한 비웃음이기도 했다. 지중해세계의 과거의 패자와 현재의 패자 사이에서 이렇게 자존심 싸움이 벌어졌다.

그러나 전반적으로 볼 때 문화의 측면에서 로마는 그리스의 충실한 제자였다. 로마는 그리스를 군사적으로는 정복했지만 문화적으로는 오히려 정복당했다. 그리스 문화는 지중해세계 전체를 지배했고, 로마 역시 그 그늘 아래에 있었다. 로마의 지식인들은 대개 그리스어에 능통했고, 그들의 교육 과정[64]에는 대개 그리스 유학이 포함되어 있었다. 제정 시대의 네로도 자신의 예술을 억지스럽게나마 인정받기 위해 그리스로 향했다. 마르쿠스 아우렐리우스, 더 나중에는 율리아누스 같은 황제들은 그리스의 영광을 재현하기 위해 많은 노력을 기울이기도 했다. 전반적으로 볼 때, 법률과 역사 분야를 예외로 한다면, 로마 문화는 그리스 문화

----

[64] 앞에서도 언급했듯이 로마인들은 대수학, 기하학, 천문학, 음악의 '4분과'에 문법, 수사학/변증론, 논리학의 '3분과'를 합쳐서 'artes liberales'('liberal arts')라 불렀다. 이런 교양교육의 최종적인 목표는 'humanitas(인문적 소양)'를 길러내는 데에 있었다. 결국 로마의 교육 체제는 플라톤과 이소크라테스의 것을 합친 것이었다. 대립했던 두 교육 철학이 로마에서 통합된 것이다.

의 패러디에 불과했다. 이는 플라톤 · 아리스토텔레스의 저작들과 키케로 · 세네카의 저작들을 나란히 놓고 읽어볼 때 생생하게 확인된다.

로마가 지중해세계의 중심이 되면서 온갖 인종, 물품, 종교, 학문, 예술이 로마로 쏟아져 들어왔다. 개중에 상당 부분은 약탈해 온 것들이었지만 말이다. 로마의 전통적 가치들(근검, 소박, 절도, 인내 등)이 사라질까 우려한 사람들은 이런 경향에 경종을 울리곤 했다. 그러나 로마의 오랜 존속은 사실 이런 혼종 문화 덕분이었다고 해야 할 것이다. 철학의 경우에도 마찬가지의 경향이 나타났다. 그리스의 온갖 철학 학파가 로마에 들어와 유행했던 것이다. 앞에서도 언급했듯이, 이런 그리스화를 우려한 노(老)카토(BC 196년의 집정관)는 카르네아데스를 포함한 그리스 학자들을 로마에서 추방하기까지 했다. 그러나 로마의 귀족 지식인들은 그리스 철학에 매료되었으며, 그중에서도 특히 스토아철학에 경도되었다. 사실 스토아적 가치는 다분히 로마적인 가치이기도 했다. 말하자면 로마 귀족들—물론 그중 일부 탁월한 인물들에 한한 이야기이지만—은 스토아철학이 탄생하기 이전부터 이미 스토아적인 인물들이었다.[65]

로마 귀족들에게 스토아철학이 어떤 것이었는가는 소(少)카토의 경우에서 잘 볼 수 있다. 진정한 로마 귀족 특유의 고귀함을 갖추고 있었던 카토는 군대 시절 그 강인함과 청렴함 그리고 솔선수범으로 만인의 모범이 되었다.[66] 그는 로마인들에게 이제는 역사책에서나 볼 수 있는 초기 공화정의 위대한 로마인이 무덤에서 살아나 걸어 나온 인물처럼 보

---

65) 폴리비오스는 최초의 로마사가 포함되어 있는 『역사』에서 어떻게 로마인들이 "불과 53년 만에 세계를 정복했는가?"라고 물으면서, 그에 대한 답으로 로마의 미덕들을 열거했다. 특히 그는 군주정(집정관제), 귀족정(원로원), 민주정(민회)을 동시에 갖춘 로마의 혼합정체를 분석하고 찬양했다.(Polybius, *The Histories*, Loeb Classical Library, 2011) 훗날 몽테스키외의 '3권 분립론'에도 영향을 주게 된다.

66) 군대에서 카토가 보인 고귀한 행위들에 대해서는 『플루타르크 영웅전 II』, 1375쪽 이하를 보라.

였다. 근검절약과 정의감, 원칙주의, 솔직함, 용기, 이 모든 덕성들에서 그는 교과서와도 같은 인물이었다. 그는 자신의 숙적이기도 했던 카이사르가 야심을 휘두르자 그에 정면으로 맞섰고, 결국 전투에서 패했을 때에는 미련 없이 자살함으로써 스토아적 인생을 보여주었다. 훗날 세네카는 그를 찬양하여 이렇게 말할 것이다. "제우스가 지상으로 눈길을 돌린다면, 그가 보기에 자파(自派)의 거듭된 패배에도 아랑곳없이 조국의 폐허 한가운데에 당당하게 버티고 서 있는 카토의 모습보다 더 아름다운 광경은 없을 것이오."(「루킬리우스에게의 서한: 섭리에 대하여」)

그러나 카토적인 원칙주의가 항상 정당한 것은 아니었다. 원칙도 상당 정도 인간이 만드는 것이다. 물론 스토아주의자인 카토는 그것을 '자연법'으로 보았겠지만. 또, 지나치게 원칙에 충실한 것이 오히려 불행을 불러오기도 한다. 나아가 어떤 사람들은 "원칙"이라는 이름 하에 폭력을 휘두르기도 한다. 초기의 강고한 스토아철학은 그 말의 두 가지 뉘앙스 모두에 있어 '엄격한' 철학이었다. 그것은 강인하고 고귀하고 순수한 것이기도 하지만, 달리 보면 너무 딱딱하고 독선적이고 위험한 것이라고도 할 수 있었다. 카토와 정치적 운명을 함께했던 (그러나 카토의 직선과 대조적으로 극히 구불구불한 곡선을 그리며 살았던) 키케로마저도 원로원에서 연설하는 그를 보고서 "로물루스의 오물구덩이가 아니라 플라톤의 이상국가에 살고 있는 모양"이라고 비웃을 정도였다.

이런 스토아적 엄격주의는 가치와 의미를 절대화함으로써 삶의 모범답안을 용기 있고 일관되게 따르는 데에는 강점이 있지만, 계속 변화해가는 현실에 맞추어 가치와 의미를 새롭게 창조해나가는 데에는 약점이 있다. 바로 그렇기 때문에 공화정 말기에 각종 위기가 찾아왔을 때에도 카토 등 스토아주의자들은 오로지 공화정의 전통과 이상―이 자체도 하나의 정치적 창조물이었음에도―만 지키려 했을 뿐 별다른 대안을 제시하지 못했다. '원칙'에의 충실함이 오히려 '정치적 상상력'의 부재를 가져온 것이다. 브루투스 등이 카이사르를 암살한 뒤에도 아무런 별다른 대책을 세우지 않은 것 역시 이들의 뇌리 속에 있는 강고한 관념, 즉 공화정 체제만 지키면 된다는 관념 때문이었다.

이런 한계에도 불구하고 스토아철학은 로마라는 국가를 굳건하게 떠받친 지주였고, 숱한 비극을 안고 있는 이 거대한 문명에 일정한 의미를 부여할 수 있는 근거였다. 이런 스토아적 정신은 공화정 말기부터 퇴색하기 시작했지만, 쉽게 사라지지는 않았다. 스토아적 정신과 공화정의 이상이 이제는 희미한 옛일이 되어가던 제정 로마 시절에도 이 정신/이상은 완전히 사라지지 않았다. 광기, 폭력, 근친상간, 학살, 광신 등으로 점철된 제정 로마 시대에조차 나름대로 인간성을 지키고 고귀하게 행동했던 소수의 인물들은 대개 스토아주의자들이었다. 그나마도 제정 말기로 갈수록 기독교가 등장하면서 점차 희미해져갔지만, 스토아적 정신은 비극으로 점철된 로마 제국사에 비추인 한 줄기 빛이었다.

스토아철학은 이렇게 로마의 지식인층에 스며들어 갔지만 사실상 새로운 철학의 창조 같은 것은 일어나지 않았다. 사실 이 무렵부터 근대 철학이 도래하기까지의 긴 시간 동안에는 어떤 새로운(이 말을 매우 엄격하게 사용하는 한에서) 철학도 성립하지 않았으며, 스토아철학에 이르기까지의 그리스 철학의 계승과 변형, 발전만이 지속되었다. 로마가 그리스의 철학을 이어받음으로써 단지 이전의 학파들이 절충되었고, 교과서화되었고, 국가적 교육장치의 일부가 되었으며, 또 다분히 실용적인 형태로 개작되었다고 할 수 있다. 그럼에도 로마의 역할은 간과될 수 없다. 만일 로마가 아닌 다른 문명이 지중해세계의 패권을 잡았다면 그리스 문명의 전승은 상당히 다른 형태를 띠게 되었을 것이다. 서구의 입장에서 본다면, 로마는 그리스 문명을 근대로 전해 서구 문명이 형성되는 데 결정적인 역할을 했다고 평가될 수 있는 것이다.

로마적 맥락에서의 스토아철학을 전개한 초기 인물들로는 파나이티오스, 포세이도니오스, 안티오코스 등이 있다. 우리는 공화정 말기에 활동한 이 철학자들에게서 로마적 스토아주의의 특징들을 읽어낼 수 있다.

로도스의 파나이티오스(BC 185~109년)는 안티파트로스를 이어 스토아학파의 수장이 되었으며, 로마에 살면서 스토아철학을 로마화한 대표적인 인물이다. 특히 스키피오 아프리카누스와의 교분을 통해 로마에 스토아철학을 심었다.[67] 파나이티오스는 아카데메이아의 공격을 받고서 완화된, 그리고 로마적 분위기로 바뀐 스토아철학을 분명하게 보여준다.

파나이티오스는 논리학, 자연철학, 윤리학이라는 세 분과 중에서 윤리학에 배타적인 관심을 두었다. 논리학은 소홀히 했고 자연철학은 적당한 선에서 다루었던 반면, 윤리의 문제에는 집중적으로 천착한 것이다. 그리고 이런 변화는 이후의 스토아철학 전반에서 확인된다. 그리스적인 날카롭고 깊이 있는 지성은 점차 무디어지고 당장의 가치론적 문제들만이 집중적인 관심을 받는 경향이 서서히 등장하게 된다. 아울러 초기 스토아철학에서 나타났던 지나친 엄격함이 많이 누그러진다. 스토아 철학자들은 인간은 누구나 현자가 될 수 있다고 믿었지만, 현자가 된 사람과 일반인 사이에 정도를 허용하지 않았다. 이에 비해 스토아철학 못지않게 아리스토텔레스의 영향도 받았던 파나이티오스는 '옳음'만이 아니라 '좋음'도 인정하는 유연한 스토아주의를 전개했던 것으로 보인다. 그리고 이런 로마적 형태의 스토아주의—이른바 '절충주의'—는 로마 철학 일반의 경향으로 자리 잡는다.

보다 잘 알려진 인물은 쉬리아 출신인 포세이도니오스(/포시도니우스. BC 135~50년)이다. 파나이티오스를 이었으며 로도스에 학교를 창설한 이 인물에게 키케로, 폼페이우스스를 비롯한 많은 사람들이 배우러 왔다고 한다. 포세이도니오스 역시 절충주의적 경향을 보여주었는데, 스토아 철학자이면서도 아리스토텔레스적 박식도 이어받아 매우 광범위한 연구

---

67) 키케로는 그의 『국가론』의 주인공들로서 '스키피오 서클'을 부각하고 있다. 이 서클은 스키피오의 주도 하에 파나이티오스 등의 스토아철학을 배웠고, 그런 교양의 바탕 위에서 정치적 삶을 영위하고자 한 집단이다. 『국가론』(김창성 옮김, 한길사, 2007)의 옮긴이 해제에 이 서클에 속한 인물들이 소개되어 있다.

를 행했던 것으로 알려져 있다. 헬레니즘 시대에 생겨난 철학과 과학의 분리를 메우려 노력했던 것으로 보이지만, 아쉽게도 그 결과물들이 남아 있지 않다. 포세이도니오스에게서도 완화된 스토아주의가 나타난다. 그는 크뤼시포스의 이성주의를 비판하고 비이성적인 것이 인간의 영혼에 "내재한다"고 보았다. 그렇게 함으로써 인간이 보여주는 현실적인 비합리성과 악함을 좀더 섬세하게 분석하고자 했다. "인간의 얼굴을 한" 스토아주의를 전개했다고 할 것이다.

유사한 경향을 그러나 이번에는 아카데메이아 쪽에서 보여준, 다시 말해서 스토아화된 아카데메이아의 철학을 보여준 인물은 안티오코스(BC 130~?년)이다. 역시 쉬리아 출신인 안티오코스는 아테네에서 라리사의 필론으로부터 가르침을 받았으며, 술라 시대의 로마에서 활동하기도 했다. 안티오코스는 회의주의로 일관된 아카데메이아의 학풍을 다시 그 창시자의 학풍으로 되돌리려 했다. 그러나 그가 회생시킨 플라톤주의는 다분히 스토아화된 플라톤주의였다. 그럼에도 그 자신은 사태를 거꾸로 인식했는데, 그에 따르면 스토아철학이란 또 하나의 플라톤주의일 뿐이라는 것이었다. 그 역시 절충주의자였지만 이제 스스로가 어떤 절충주의인지도 잘 모르는 절충주의까지 간 것이다. 또 그 역시 완화된 스토아 윤리학을 전개했는데(그 자신은 플라톤주의 윤리학이라고 생각했지만), 그 결과 아리스토텔레스 윤리학에 가까운 사유를 제시했다. 키케로는 바로 이 안티오코스에게서 직접 배웠다. 그는 안티오코스의 스토아화된 플라톤주의에 불만을 가졌으며 좀더 회의주의적인 시각에서 그를 비판하기도 했다. 안티오코스의 플라톤주의는 그 후 플로티노스의 신플라톤주의로 이어진다.

파나이티오스, 포세이도니오스, 안티오코스 등에게서 공통으로 확인되듯이, 스토아철학은 점차 절충주의적인 것이 되어갔고 또 보다 현실주의적이라는 의미에서 로마적인 것이 되어갔다. 그러나 이 시대에 일어난 변화가 이런 밋밋한 절충과 완화에만 있었던 것은 아니다. 정치철학적 맥락에서는 보다 중요한 변화가 발생하고 있었는데, 그것은 바로 '자연법' 사상의 등장이었다.

스토아 철학자들은 초기부터 정치철학을 발전시켰으며 제논과 크뤼시포스는 플라톤의 이상국가론을 참조한 유토피아적인 성격의 『국가』를 저술했던 것으로 알려져 있다.[68] 클레안테스는 정치철학을 독자적인 과목으로 분리하기도 했다고 한다. 스토아 철학자들은 헬레니즘 시대의 다른 학파들과는 달리 정치를 철학의 핵심 과제 중 하나로 삼았다. 폴리스의 성벽들이 허물어지고 지중해세계가 도래하자 사람들은 삶의 근거, 기댈 곳을 잃어버렸고 갑자기 거대한 제국들이라는 삶의 지평에 놓이게 되었다. 이런 상황에서 헬레니즘 시대의 많은 학파들은 기존의 규범들에 급진적으로 반항하거나(퀴니코스학파 등), 소집단으로 움츠러들거나(에피쿠로스학파 등), 아예 삶에 대한 적극적 판단을 중지하기에 이르렀다(회의주의학파). 스토아학파만이 새로운 시대를 맞아 새로운 형식의 정치적 행위 양식을 발명해낼 수 있었다.

초기의 스토아학파는 퀴니코스학파의 영향을 받아 기존의 폴리스적 가치들을 비판했으나, 동시에 퀴니코스학파의 지나치게 생경한 측면들을 극복하려 했던 것으로 보인다. 헬레니즘 시대는 폴리스라는 옷을 벗어버린 순수한 개인, 폴리스라는 집단의 한 부품이 아니라 (후대의 표현으로) '천부인권'을 가진 개인이라는 개념과 그것의 쌍으로서 국가, 성, 신분, 지역 등을 초월한 인류 보편이라는 이상이 도래한 시대였다. 후대의 용어로 말해 특수성과 일반성(헤겔)의 구도에서 개별성과 보편성(칸트)의 구도로 이행했다고 할 수 있으며, 이런 맥락에서 '사해평등(四海平等)'이라든가 '사해동포주의'라든가 '인간정신의 상통(homonoia)', '영혼의 공

---

68) 플루타르코스는 알렉산드로스가 그의 스승인 아리스토텔레스가 아니라 제논 등 스토아 철학자들의 생각을 좇아 그의 제국을 세웠다고 했는데, 이는 타당한 판단이라 하겠다.

감(concordia)' 같은 개념들이 등장할 수 있었다. 이런 측면을 보듬은 철학은 두 갈래로 나타났다. 그 하나는 이성적-철학적-공화국적 사유로서 스토아철학이 이를 대변하며, 다른 하나는 감정적-종교적-제국적 사유로서 기독교사상이 이를 대변한다.

지중해세계의 철학은 퓌지스의 탐구에서 출발했으나, 소피스트들의 시대에 이르러 퓌지스와 노모스의 분리, 달리 말한다면, 퓌지스 개념의 전복이 이루어졌다. 그러나 헬레니즘 시대 전반에서 우리는 퓌지스로의 회귀를 목격할 수 있다. 이런 흐름을 대표하는 스토아철학은 신=자연의 섭리에 의해 지배되는 우주, 그 섭리를 각각 부여받은 생명체들, 특히 이성이라는 신적 성격을 부여받은 인간을 사유했다. 바로 이런 근거에서 이들은 세계를 거대한 하나의 도시로 보았으며, 이 단 하나의 도시의 보편성의 지평에서 '자연법'―퓌지스의 한 얼굴로서의 노모스―을 생각했다. 이 자연법은 실정법(관습법)을 초월해 존재하며, 말하자면 自然의 命이라고 할 수 있을 것이다. 이 命은 自然이 각 존재에게 준 역할이며, 스토아 철학자들이 그렇게 자주 세계/삶을 연극으로 그리고 인생을 이 연극에서의 역할로 비유한 것도 이 때문이다. 自然은 곧 運命이며 그 운명이 준 역할을 우리는 그것이 아무리 고통스럽고 부조리한 것이라 해도 달게 연기해야 한다. 인간의 법이 아닌 신의 법에 따라서. 스토아적 현자는 '운명에의 사랑(amor fati)'에 따라 사는 인물이다.

그러나 현실적인 로마인들에게 이런 스토아적 현자는 너무나 도덕적이어서 거의 인간으로 느껴지지가 않을 정도였다. 스토아철학을 공격하는 데에 일생을 보낸 카르네아데스는 스토아적 도덕주의를 위선으로까지 매도하면서 인간이라는 존재의 현실을 냉정하게 보기를 요구했다. 스토아주의자들은 이런 반박에 부딪쳐 보다 완화된 스토아주의를 수립하지 않을 수 없었으며, 파나이티오스 등이 바로 이런 역할을 했다. 또, 스토아적 보편주의―단 하나의 도시로서의 '세계국가'의 이념―는 로마인들에게 너무나도 매력적인 이념이었다. 이들은 이 이념을 견강부회(牽

強附會)함으로써 자신들의 지중해세계 정복을 그럴듯하게 정당화할 수 있었다. 물론 반대 방향으로 생각한다면, 이 이념이 로마의 행동을 그나마 덜 광폭하게 만들었다고도 할 수 있을 것이다. 포세이도니오스의 정치사상이 그런 역할을 한 대표적인 예일 것이다.[69]

로마의 영혼 키케로

그러나 로마 공화정에 대한 스토아적 이념을 가장 강력하게 제시한 인물은 역시 마르쿠스 툴리우스 키케로(BC 106~43년)이다. "아르피눔의 시골뜨기"로서 로마 정계에 입문한 키케로는 다른 귀족들과는 달리 오로지 자신의 능력과 '업적(res gestae)'만으로 로마 최고의 웅변가, 공화정의 수호자, 공화정을 대표하는 철학자가 되었다. 공화정 말기의 혼란 속에서 출세의 지름길은 무훈(武勳)이었으나, 키케로는 군인이 되기에는 신체적으로나 정신적으로 약했다. 그러나 로마에는 군사(軍事) 외에도 또 하나의 출세 길이 있었다. 그것은 곧 로마의 자랑거리인, 역사와 더불어 로마가 그리스에 맞설 수 있었던 유일한 지적 사업인 법률과 웅변이었다. 그는 각고의 노력과 인내를 통해 웅변가, 정치가, 지식인으로서 로마 공화정을 대표하는 인물이 되었다. 카이사르가 로마인으로 태어났다면, 키케로는 스스로를 로마인으로 만들었다.

그리스인들에게도 그랬지만 로마인들에게도 재판은 일종의 연극이었다. 'actor'라는 말은 고소인 등을 뜻하기도 했고 연극의 주인공을 뜻하기도 했다. 키케로는 빼어난 수사학과 웅변술을 통해서 로마 제일의 'actor'(키케로의 경우는 변호사)가 되었다.[70] 그는 몰론에게서 수사학과

---

69) 포세이도니오스의 가르침을 받았던 폼페이우스가 예루살렘에서 로마의 장군답지 않게 그럴듯하게 행동한 것도 이런 맥락에서였을 것이다. 플라비우스 요세푸스, 박정수·박찬웅 옮김, 『유대전쟁사 1』(나남, 2008), 50쪽 이하.

70) 'actor'는 수사학을 필요로 했고, 키케로는 수사학을 연구했다.(『수사학』) 이 계통의 저작으로는 또 『웅변가론』을 비롯해 몇몇 저작들이 더 있다. 키케로의 연설로서 남아 있

웅변술을 배웠으며, 모든 것이 칼로 결정되던 시대에 오로지 혀와 손만으로 공화정을 사수했다. 그러나 키케로라는 인물의 의미는 현실적인 수사학과 웅변술을 익혀 정치적 권력을 추구하는 데 그치지 않고 철학 연구를 통해서 진정한 의미에서의 로마 지식인으로서 살았다는 점에 있을 것이다. 그는 라리사의 필론에게서 후기 아카데메이아 식의 회의주의를 배웠고, 디오도투스에게서 스토아철학을 배웠다. 그리고 아테네를 방문했을 때 아카데메이아의 안티오코스의 가르침에서 강렬한 인상을 받았으며, 로도스에서는 포세이도니오스의 가르침을 받기도 했다. 이런 과정을 통해 그는 철학과 수사학 실력을 겸비한 보기 드문 지성을 갖추게 되었다. 그리고 그 자체 또 하나의 재판정이자 극장이기도 했던 원로원에서 이내 두각을 나타냈다. BC 63년 마침내 집정관 자리에 오른 키케로는 이른바 '카틸리나 음모'를 파헤쳐 분쇄함으로써 '국부(國父)'라는 칭호를 받기도 했다.

그러나 시대는 군벌들의 시대였다. 키케로는 군벌들과의 투쟁을 운명으로 타고난 인물이었다.[71] 폼페이우스, 크라수스, 카이사르가 암약하면서 그를 끌어들이려 했을 때 그는 응하지 않았다. 이것은 공화주의자로서의 그가 용납할 수 없는 음모였으며, 그는 이 "머리 셋 달린 괴물"에 맞섰다. 그러나 여러 가지로 약점을 잡힌 그는 결국 그들에게 굴복할 수밖에 없었는데, 이것은 키케로의 정치 활동에 오점을 남기게 된다.[72] 삼

는 것들로는 「베레스 고발」, 「무레나 변호」를 비롯한 재판 관련 문서들과 「필리피카이」(안토니우스 공격) 같은 정치적 문서들이 남아 있다. 그가 에피쿠로스주의자 친구인 아티쿠스에게 보낸 방대한 서한들은 당대의 역사를 이해하는 데 중요한 자료가 된다.

71) 아들에게 보내는 서한 형식의 『의무론』에서 그는 "나는 용기라는 덕에 대해서는 언급하고 싶지 않은데, 왜냐하면 용감하고 호방한 정신은 대개 완전하지도 않고 현명하지도 않은 사람에게서 더 열렬하게 나타나기 때문"(I, §15/46)이라고 말한다. 군벌 시대를 살아야 했던 지식인의 환멸감이 짙게 배어 있다.

72) 키케로는 카틸리나 사건 때의 절차상의 문제를 끈질기게 물고 늘어진 그의 숙적 클로디우스의 도발로 국외로 추방되었다가 폼페이우스(와 카이사르)의 도움으로 귀국하게

두 중 크라수스가 파르티아 원정 중에 먼저 죽고, 그 후 폼페이우스와 카이사르의 결전이 벌어지면서 로마는 다시 내전에 휩싸인다. 마리우스와 술라의 내전보다 더 결정적인 내전이었고, 지중해세계 전체가 연루될 수밖에 없었던 내전이기도 했다. 이 피바람의 시대에 키케로가 할 수 있는 일은 거의 없었고, 카이사르가 권력을 잡았을 때도 마지못해 그에게 동참할 수밖에 없었다. 이 좌절의 시대에 그는 철학에서 위안을 찾았다. 그에게 철학이란 삶의 '위안'이었고, 또 "삶의 기예(ars vitae)"였다.

독창적인 철학자라기보다는 '절충주의자'였던 키케로는 요즈음 식으로 말한다면 '개론서'들을 많이 썼다. "나는 이야기를 전해줄 뿐이며, 내게는 이런 이야깃거리가 많이 있다." 인식론적으로는 온건한 회의주의자였고(그는 "우리 아카데미아 사람들"이라는 표현을 종종 사용하곤 했다), 윤리학-정치학적으로는 스토아주의자였다고 할 수 있다. 그는 회의주의를 통해 온건해진 스토아철학 또는 스토아철학을 통해 엄격해진 회의주의가 혼재한 사유를 펼쳤다. 개론서 철학자인 키케로가 아닌 나름의 사상을 펼친 키케로의 모습을 우리는 그의 윤리학적 저작들과 정치학적 저작들에서 발견할 수 있다. 시골뜨기 출신으로 로마의 중심에 선 정치가로서, 불세출의 웅변가·변호사로서, 완화된 스토아철학을 신조로 풍운의 시대를 헤쳐나간 보수주의자·공화파로서, 극히 섬세하고 예민한 감성을 가진 한 인간으로서의 키케로의 면모는 윤리학서인 『최고선악

되었는데, 이것은 그가 이들에게 빚을 졌다는 것을 의미했다. 이 상황에서 그는 더 이상 군벌들에게 용기 있게 저항하지 못하고 이들의 그늘에 들어가게 된다. 내전 시에는 폼페이우스에게, 내전 후에는 카이사르에게. 그의 이런 처신은 많은 비난을 받았다. 물론 그가 공화정이라는 원칙에 충실하면서도 최대한의 유연성을 발휘했을 뿐이라고 보는 사람들도 있다. 키케로에게 소심하고 감정적인 면이 있었던 것은 분명하며, 더 근본적으로는 공화정 말기 같은 시대에 지성과 웅변술만으로 세상을 바꾸기에는 역부족이었다고 해야 할 것이다. 오히려 키케로의 위대함은 칼과 주먹의 시대에 어울리지 않는 인간으로 태어났으면서도 스스로를 채찍질하면서 끝까지 자신의 길을 갔다는 사실에 있을 것이다.

론』과『의무론』에서, 그리고 정치학서인『국가론』과『법률론』에서 그 모습을 가장 선명하게 드러내고 있다.

키케로의『국가론』은 다소 이른 시기인 BC 51년에 출간되었다. 이 저작은 줄곧 인용들을 통해서만 알려져왔으나 1822년에 발굴되어 텍스트로 만들어졌다. 원래 분량의 3분의 1로 추정된다. 키케로는 신분들 사이의 화합(concordia ordinum), '권위를 동반하는 화평(otium cum dignitate)'을 평생의 모토로 했으며, 공화국 체제의 유지를 정치적 신조로 삼았다. 때문에 그는 로마 공화정의 위기가 그라쿠스 형제로부터 비롯되었다는 보수적인 시각을 견지했다. 이 대화편의 시점이 BC 129년으로 되어 있는 것은 시사적이다. 결국 그가 내린 처방이란 이 혁명 이전의 공화국 전성기로 돌아가야 한다는 것 이외에는 없었다. 또 이 저작은 위대한 귀족 상(像)과 성실한 시민 상을 그리는 데 치중함으로써, 현대식으로 말해 사회과학적인 구조적 분석은 결하고 있다. 이것은 키케로가 로마 공화국은 이상적이었다는 생각을 전제로 놓고서 다만 사람들이 타락했기에 이 모양 이 꼴이 되었다는 결론을 내리고 있기 때문이다. 그는 자기 시대의 '구조적 모순'을 간파해낼 만큼 정치적으로 예리하지 못했다. 반면 군벌이 된 귀족들이나 폭도가 된 시민들에게 문제가 있다는 판단은 정확한 것이었다. 이 저작은 로마 공화국의 이상적인 모습―플라톤이 이상국가를 그렸다면 키케로는 로마 공화국 자체를 이상화했다―을 이론적으로 정리했다는 점에서 의미가 크다.

키케로는 철학적으로는 회의주의자였고, 로마인으로서는 스토아주의자였지만, 개인적으로는 플라톤을 가장 존경했다. 그는 이 저작에서『법률』의 플라톤을 본받아 '혼합정체'를 논한다. 주목할 점은 이 혼합정체론이 이전에는 이론적인 구조였지만 이때는 실제 로마의 정체를 가리킨다는 사실이다. 로마는 콘술이라는 의사-군주정, 원로원이라는 귀족정, 그리고 민회라는 민주정을 함께 갖춘 전형적인 혼합정체로서 파악되고 있다. 키케로는 이 혼합정체가 가장 잘 돌아갈 때의 공화정에 깊은 애정을 가지고 있었다.

> 네가 제대로 된 이성과 정신에 입각하여 모든 것을 고려한다면, 모든 결합 중에
> 서 우리에게 각자가 속해 있는 공화국의 결합보다 더 중요하며 소중한 것은 없
> 다는 사실을 알게 될 것이다. 부모는 소중하고 자식, 친척, 친구도 소중하지만,
> 국가야말로 모든 사람의 소중한 모든 것을 포함하고 있다. 그러므로 국가에 도
> 움이 된다면 그 누가 조국을 위해 목숨을 기꺼이 바치지 않겠는가? 따라서 모
> 든 사악함을 동원하여 조국을 분열시키고, 조국을 완전히 파괴하는 데 몰두하
> 고 있거나 또 몰두했던 그러한 (카이사르나 안토니우스 같은) 자들의 야비한 짓
> 은 더욱더 가증스러워 보인다.(『의무론』, I, §18/57)

또 한 권의 주요 저작인 『법률론』은 역시 미완성 저작이지만 자연법
사상을 설파한 대표적인 저작으로서 『국가론』과 더불어 후대에 지대한
영향을 주었다. 플라톤의 『국가』와 『법률』의 구조가 키케로의 『국가론』
과 『법률론』의 구조에 그대로 반영되고 있다. 『국가론』에서 키케로는 자
연법과 실정법을 구분하고, 자연법에 대해 그 후에 대대로 인용될 여러
정식화들을 제공한다. "올바른 이성이라고 하는 하나의 진정한 법", "자
연과 일치하며 모든 인간에 적용되고 불변적이고 영원한 법", "영원하고
변치 않으며, 모든 시대 모든 인민을 구속하는 하나의 법"이 바로 자연
법이다. 『법률론』에서는 자연법에 대한 이런 신념을 법률과 연관시켜 다
시 강조한다. "법률이란 인간의 재능으로 생각해낸 것이 아니며 시민의
어떤 의결도 아니다. 명(命)하고 금(禁)하는 예지를 갖고 전 세계를 통치
하는 영원한 무엇이다"(II, §418)라든가 "법학은 그 바탕이 되는 철학에
서 이끌어내야 한다",(I, §5/17) "나는 법의 원천을 자연본성에서부터 모
색해나갈 작정이며, 우리는 자연본성을 길잡이로 해서 모든 논의를 설파
해나가야 마땅하리라 본다"(I, §6/20) 같은 구절들을 예로 들 수 있다. 이
외에도 인간 이성의 강조, 만인의 평등, 성선설, 법의 근원으로서의 정의 등이

자연법론의 근간을 형성하고 있다.

『국가론』에서와 마찬가지로 『법률론』에서도 키케로는 로마의 법률을 이상에 가까운 것으로 보았는데, 이는 곧 자연법과 로마의 '만민법(萬民法)'―외국인들이 로마로 흘러들어오면서 그 상황에 대처하기 위해 만들어진 법―을 일치시키려 한 시도였다고도 볼 수 있다.[73] 그러나 이 저작에서도 역시 키케로는 이상적인 법에 대해 설파하거나 좋았던 시절의 공화국 법률을 아쉬워할 뿐 당대의 역동적인 상황에 대한 새로운 법률적 처방을 내놓지는 못한다. 그럼에도 여기에서 전개된 자연법 사상이나 공화국의 이상에 대한 애정은 로마 철학의 한 진수를 형성하고 있다. 특히 키케로는 "법 앞의 평등"이라는 말로 대변되는 '만민평등 사상'을 뚜렷이 개념화함으로써 서구 정치 사상사에 불후의 족적을 남겼다. 아리스토텔레스의 『정치학』과 키케로의 『법률론』 사이에서 우리는 거대한 변화를 목도한다. 비록 정치적인 주장이라기보다는 도덕적인 주장이었지만, 만민평등 사상은 헬레니즘 시대가 이룩한 가장 위대한 지적 성취들 중 하나라 할 수 있을 것이다.

그러나 당시의 정치 현실은 그가 그렸던 이상적 공화정이 그 수명을 막 다하려 하던 시대였다. 키케로가 과거를 돌아보고 있을 때 미래는 오히려 세차게 흘러갔다. 『국가론』이 출간된 바로 다음 해에 내전이 일어

---

73) 이것은 로마만이 아니라 다른 도시들의 경우도 마찬가지였고, 또 로마 공화국·제국 전체의 통어 문제를 위해서도 중요했다. "거대한 도시(로마)의 건물들도 미처 수용할 수 없을 만큼 수많은 사람들의 무리들, 그 군집의 대부분은 조국이 없는 몸입니다. [⋯] 인류는 끊임없이 이동하고 있습니다. 이토록 드넓은 지구상에서 그 어떤 변화이든 날마다 변화가 일어나고 있습니다"라는 세네카의 말은 이 시대의 분위기를 잘 전달해주고 있다. 지중해세계의 이런 분위기는 대략 BC 1세기경이 되면 뚜렷해진다. 이런 분위기는 중세에 들어와 달라지며, '근대 국민국가들'이 출현하면서 다시 한 번 바뀐다.
훗날 만민법(jus gentium)은 자연법(jus naturale), 시민법(jus civile)―각 국가의 실정법―과 더불어 법의 세 형태로서 자리 매김된다. 만민법은 현실화된 자연법이자 보편화된 실정법이라 할 수 있다. 키케로의 사상에 기반하는 『유스티니아누스 법전』(AD 533년)에 이런 구도가 잘 나타나 있다.

났고, BC 50년에서 48년까지 지속된 이 시절에 키케로는 평화를 염원했지만 무력할 수밖에 없었다. 카이사르는 자신의 구애를 거절하고 폼페이우스를 따랐던 키케로를 너그럽게 포용했는데, 여기에는 정치적인 이유 외에도 카이사르 자신이 상당 수준의 교양인이었다는 점도 작용했을 것이다. 카이사르는 키케로의 학문적 업적을 보고서 그가 "개선장군보다도 더 큰 월계관을 썼다"라며 부러워했다. 그러나 어쨌든 키케로에게는 굴욕의 세월이었다. 이런 세월은 카이사르가 암살당하는 BC 44년까지 지속된다. 이 시절에 그의 철학적 저작들 대부분이 쓰였다는 사실은 시사적이다. 철학을 권하는 『호르텐시우스』, 본격적인 인식론서인 『아카데미카』, 윤리에 대한 이론서와 실천서인 『최고선악론』과 『투스쿨룸 대화』, 형이상학적·종교적 문제들을 다룬 『신들의 본성에 관하여』, 『점술론』, 『운명론』 같은 저작들이 이 시기에 쓰였으며, 우리는 이 저작들의 일부를 헬레니즘 철학자들을 논하면서 인용한 바 있다.

키케로의 『최고선악론』과 『의무론』은 특히 그 후 내내 대중적으로 많이 읽혔다. 말년에 쓴 『노년에 관하여』와 『우정에 관하여』 또한 애독의 대상이 된 작품들이다. 『최고선악론』에서 키케로는 헬레니즘 시대의 3대 학파로 꼽히는 에피쿠로스학파, 스토아학파, 아카데메이아학파(회의주의 학파)의 윤리학을 검토하고 있으며, '최고선'과 '최고악'에 대한 논의─ "훌륭하게 사는 것과 올바르게 행동하는 것의 모든 원리들을 위한 표준을 제공하는 것은 무엇일까? 즉, 삶의 최고 가치, 궁극의 목표는 무엇일까? 自然이 최고로 바람직한 것으로서 기대하는 것은 어떤 것이고, 극한적인 악으로서 멀리하는 것은 무엇일까?"(I, §4)─를 펼친다.

에피쿠로스학파에 대해 키케로는 이 학파가 '쾌락'이라는 개념으로 그에 결코 포괄될 수 없는 많은 것들을 포괄했다는 것, 쾌락이 진정한 덕성을 대변할 수 없다는 것, 진정한 덕성은 고통에도 불구하고 추구되어야 한다는 것, 또 덕성은 활동과 참여 가운데에서 실현되는 것이지 정원에서의 은둔으로는 실현될 수는 없다는 것─"우리는 행동하기 위해 태어났다"(V, §21/58) — 등을 논하면서 비판한다. 키케로는 에피쿠로스학파에 대해서는 늘 비판적이었다. 이에 비해 스토아학파에 대한 비판은 다소 지엽적이고 모호하다. 키케로는 스토아학파가 생소한 말들을 너무 많이 만들어냈다고 즉 너무 이론적이라고 불평하면서, 이 학파의 지나치게 이상적이고 완고한 측면들을 비판한다. 이 대화편에서 스토아학파의 대변인으로 나오는 인물은 다름 아닌 카토이다.[74] 키케로의 스토아학파 비판은 대체적으로 정도상의 문제에 관한 것이라고 할 수 있으며, 로마의 귀족-지식인으로서 그의 정체성은 역시 스토아적이라고 해야 할 것이다. 키케로는 플라톤, 아리스토텔레스, 스토아철학을 그 차이점들을 날카롭게 인식하기보다는 오늘날 식으로 말해 실용주의적인 태도로 혼합하고 있다.

키케로 자신의 생각과 태도가 훨씬 명료하게 나타나는 저작은 오히려 『의무론』이다. 아들에게 보내는 서한 형식으로 쓰인 이 저작은 서구에서 가장 많이 읽힌 고전들 중 하나이다. "생활의 어떤 부분도 의무에서 벗어날 수가 없으니, 생에 있어서 도덕적으로 옳고 선하고 명예로운 모든 것('호네스툼')은 의무를 이행하는 데 달려 있고, 도덕적으로 옳지 않고 나쁘며 불명예스러우며 추한 것('turpitudo')은 의무를 이행치 않는 데 있기 때문"임을 설파하는 이 저작은 스토아-기독교-칸트주의로 이어지는 도덕철학의 토대를 이룬다. 키케로가 이 저작 전체에서 다루는 핵심 주제는 '의(義)'와 '이(利)' 사이의 갈등이다. I권에서 'honestum' 과 'decorum'(희랍어 'prepon'을 키케로가 번역한 말. 언행에서의 적실성을 뜻한다)을 논한 키케로는 II권에서는 '유익함(utilitas)'으로서의 부와 권력을 논하며, III권에서는 이 두 가치의 충돌을 논한다. 즉, I권에서는 인

---

74) 예컨대 "행복하게 살고자 할 때 육체의 편익들이라는 계기는 사소한 것이라고 말하는 것이 옳은 반면, 그것들이 아무것도 아니라고 말하는 것은 지나치게 과격한 것이네"(V, §24/72) 같은 구절이 카토와의 차이를 분명하게 드러내고 있다. 또 V, §26/76에 등장하는 개연성('프로바빌리아') 개념이 아카데메이아와의 연계성을 잘 드러낸다.

간을 도덕적으로 만들어주는 덕성들을 논하고 II권에서는 인간의 삶을 행복하게 해주는 것들을 논한 후(이때의 '부와 권력'의 개념은 통상적인 의미가 아니라 '선용[善用]'되는 한에서의 물질적 풍요로움과 정치적 힘을 뜻한다), III권에서는 이 두 측면이 엇갈릴 경우를 논하고 있다.

키케로는 스토아적 관점에서 이 문제에 접근한다. 키케로가 볼 때 유익함은 때로 도덕적 선과 충돌하지만 그것은 피상적인 인상일 뿐이다. "도덕적으로 악한 것이 있는 곳에 유익함이란 있을 수 없다"(III, §8/35)라는 것이 그의 생각이다. 키케로의 전략은 "외견상 유익한 것처럼 보이는 것" 그러나 도덕적 선에 합치하지 못하는 경우와 도덕적 선과 모순되지 않는 진정한 유익함을 구분하는 것이다. 결국 그에게 좋은 '이(利)'는 '의(義)'에 일치해야 하며, 일치하지 않는 '이(利)'는 악덕에 속한다. 그러나 이런 식의 구분이 문제를 해결해주지는 못하는 것으로 보인다. 브루투스가 카이사르를 죽인 것은 친구를 죽였다는 점에서 도덕적 악이지만 공화국을 위한 행위라는 점에서는 유익함에 속한다. 그렇다면 어느 쪽에 비중을 두어야 하는가? 키케로의 구분에 따르면 이것은 도덕적 악이거나, 진정한 유익함이 아니다. 그러나 어느 결론도 키케로를 난감하게 했을 것이다. 그는 스토아적 원칙론을 되풀이할 뿐, 이런 문제를 정면으로 돌파하지는 못한다. 아름다운 것을 이야기하기는 쉽다. 추하고 악하고 부조리한 것과 정면으로 대결하기가 어려운 것이다. 그럼에도 이 저작이 도덕철학적 측면에서 뛰어난 작품임은 분명하며, 서구의 교육과 교양에 지대한 영향을 끼친 것도 이 때문이다.

공화국이 회복될 가능성이 점차 사라지고 있음이 분명해지자 키케로는 다시 카이사르와 날을 세우기 시작한다. 그 과정에서 카이사르가 암살당하자 키케로는 다시 정치의 전면에 나선다. BC 43년, 군벌과의 투쟁을 운명으로 타고난 그는 이제 카이사르의 후계자인 안토니우스와 격렬한 투쟁을 벌인다. 산전수전 다 겪은 그는 강철처럼 단련되어 있었다. 그리고 더 이상 예전의 이상주의자가 아니었다. 그는 몹시 미더워하지 않으면서도 젊은 옥타비아누스를 이용해서 안토니우스를 견제하려 했으나, 옥타비아누스는 그가 상상도 하지 못했을 정도로 고단수의 인물이었다. 한때 승리를 눈앞에 두었던 키케로는 거듭되는 불운에 쓰러졌다. 한때는 그를 "아버지"라고까지 불렀던 옥타비아누스는 키케로를 배신하고 안토니우스와 손을 잡는다. 카이사르파를 분쇄하려던 키케로의 노력은 실패로 돌아가고, 그의 이름은 살생부에 오르게 된다. 그는 검투사들에 대해 이런 말을 한 적이 있다. "평범한 투사조차 신음소리를 내거나 얼굴 표정을 바꾼 적이 있던가? 서 있을 때가 아니라 땅에 쓰러졌을 때, 그들 중 누가 스스로의 명예를 더럽혔는가? 그리고 일단 쓰러지면, 검에 순순히 따르라는 명령을 받고 그 누가 목을 움츠렸는가?" 키케로는 바로 이 검투사들처럼 용감하게 죽음을 맞이했다. 그가 죽은 얼마 후에 브루투스-카시우스와 안토니우스-옥타비아누스의 대결도 후자의 승리로 끝남으로써 공화파는 완전히 붕괴되기에 이른다.

안토니우스는 키케로를 죽인 후 그의 손과 혀를 잘라 포룸(forum)의 연단(演壇)에 못 박았다고 하는데, 이는 무척이나 상징적이다. 이제 말과 글이라는 것이 힘을 발휘할 수 있는 시대는 종말을 고했다. 원로원에서의 가열찬 논쟁도, 원로원과 민회의 힘겨루기도, 떠들썩한 선거도 이제는 옛이야기가 된 것이다. 키케로의 죽음과 더불어 공화정도 막을 내린다.

§4 스토아철학 2: 로마 제국 시대

필리피 전투에서 브루투스 측이 패배하면서 로마 공화정을 이끌던 귀족 가문들 거의가 궤멸해버렸다. 그 후 BC 31년 악티움 해전을 끝으로 로마의 길고도 처절했던 내전은 종식되었고, 공화정도 최종적으로 막을 내렸다. 최후의 승리자로서 '아우구스투스'가 된 옥타비아누스는 증조부의 전철을 밟고 싶어 하지 않았다. 그는 영리하게도 '제1 시민(프린

켑스)' 체제를 정착시키고 타국들에 대한 로마의 지배를 공고히 함으로써 이른바 "로마의 평화"를 건설한다. 로마의 타국들에게 이 평화는 물론 진정한 평화가 아니라 절대 권력의 군림에 의한, '힘에 의한 평화'였다. BC 27년에 아우구스투스가 "공화정의 회복"을 선언한 것은 진심의 표현이라기보다는 차라리 '권위=auctoritas'라는 개념으로 확보했던 여유의 과시였다고 해야 할 것 같다. 처음에 개선식을 치른 장군들이 순수하게 명예로서 부여받았던 칭호였던 '임페라토르'라는 말은 이제 '황제'라는 뉘앙스를 띠게 되고, 공화정의 복구라는 이상은 날이 갈수록 가물가물 멀어져가게 된다. 결국 정치가 광장으로부터 '궁정(宮庭)'으로 옮겨지기에 이른다.[75]

공화정 시대에 '왕'이라는 말은 기피의 대상이었고 혐오의 대상이었다. 그래서 집정관조차도 반드시 두 사람이어야 했다. 그러나 공화정이 무너지면서 이제 왕(황제)이라는 관념은 점차 현실적인 무엇으로 다가왔다. 술라가 공화국을 위험에 빠트리긴 했지만 사실 그 자신은 철저한 보수주의자였다. 하지만 폼페이우스가 초법적 존재로 군림하기 시작했을 때, 더 결정적으로는 카이사르가 '신(神) 율리우스'로 불리기 시작했을 때 결국 공화정의 근본 원칙은 붕괴했다. 이 명칭은 옥타비아누스의 작품이었고, 그 자신은 자연스럽게 "신의 아들"이 되었다. 로마인들이 동방의 "야만인들"이나 사용하는 개념이라고 비웃었던 "신의 아들"이라는 말이 드디어 공화정의 심장부에서 울려 퍼지기 시작한 것이다. 클레오파트라가 안토니우스의 귀에 살그머니 속삭였던 것도 바로 이런 '세계 제국', '황제', '신의 아들/딸' 같은 관념들이었다. 이런 관념들은 망나

---

75) 이 과정은 톰 홀랜드의 『공화국의 몰락』(김병화 옮김, 웅진, 2004), 로널드 사임의 『로마 혁명사』(허승일·김덕수 옮김, 한길사, 2006), 허승일 등의 『로마 제정사 연구』(서울대학교출판부, 2000)에 상세히 다루어져 있다. 공화정에의 이상이 갑작스럽게 사라진 것은 아니었다. 네로의 몰락도 '폭도들'의 단순하고 우발적인 행동에 의해서가 아니라 공화정을 복구하려는 원로원 세력의 주도로 이루어진 것이다.

니였던 안토니우스에게조차 섬뜩한 것이어서 한동안 그는 클레오파트라로부터 도망쳐야 했다. 그 역시 공화국의 교육을 받고 자란 인물이었기에.

'왕=대(大)사제'라는 신정(神政)이 부활했고, 더 나아가 마침내 '황제=신'이라는 등식이 성립하게 된다. 권력자들이 알렉산드로스를 흉내 내면서도 좀체 넘지 못했던 선이 마침내 깨진 것이다. 이것은 로마의 핍박을 받던 지중해세계의 다양한 민족들에게도 마찬가지였다. 그들 역시 자신들을 이끌어줄 왕, 구세주—유대인들의 말로는 '메시아'—를 갈망했다. 알렉산드로스와 디오게네스가 그랬듯이, 로마의 '황제'와 피압박 민족들의 '구세주'는 시대의 갈망에 대한 상반된 그러나 매우 흡사한 이미지("신의 아들")의 응답을 구성했다. 그러나 황제이든 구세주이든, 시대는 사유가 아니라 믿음을, 철학이 아니라 종교를 원했다. 이제 아테네 같은 폴리스나 로마 같은 공화국 수도가 아니라 동방적인 신정의 분위기가 물씬 풍기는 알렉산드리아가 시대의 장소가 된다.

이 모든 변화들이 철학의 발달에는 부정적인 변화였다. '제국'과 '종교'는 철학의 발전을 억압한다. 제국은 사유의 다원성을 인정하지 않고, 종교는 사유의 자유를 인정하지 않기 때문이다. 제국은 통일성/일원성에 의해 뒷받침되며 따라서 사상 역시 일원적이어야 한다. 그리고 이 일원적 사상은 흔히 종교의 형태를 띤다. 제국의 신은 자연히 유일신이어야 하며, 또는 신'들'이 존재할 경우 그들은 반드시 피라미드=위계를 이루어야 한다. 큰 제국에서든 작은 국가에서든 종교의 지배는 철학의 부재를 가져온다. 철학이 존재한다면 그것은 오로지 이미 확립되어 있는 "진리"에 주석을 달아 그것을 정당화해주기 위해서일 뿐이다. 그리스 사유가 이룩한 빛나는 높이는 헬레니즘 시대에 한 차례 전락했고, 이제 제국 로마의 시대에 이르러 다시 한 차례 더 전락하게 된다. 종교의 그림자 아래로 들어간 철학이 훗날 이 그림자로부터 온전하게 빠져나오기까지는 무려 1,500년 이상의 세월이 흘러야 했다.

비극적인 시대의 철학: 세네카

그러나 철학의 정신이, 특히 스토아의 정신이 완전히 죽은 것은 아니었다. 드문드문 등장한 철학자들을 통해서 스토아철학은 제정 로마 시대에도 꾸준히 이어졌다. 특히 제정 초기에 활약한 세네카(BC 4~AD 65년)는 공화정의 키케로와 쌍벽을 이루었다.

세네카가 살아간 시대는 폭력과 광기의 시대였다. 근친상간, 존속 살해, 집단 학살 등 마치 인간이라는 존재가 어디까지 갈 수 있는지를 실험이라도 하듯이 끔찍한 사건들이 이어졌다. 왕궁/황궁이라는 곳에서 일어나는 일들은 늘 끔찍하기 마련이지만 로마 제정 초기는 유별나게 섬뜩해서, 어떤 사람들은 네로까지 이어진 율리우스-클라우디우스 황가의 유전병을 이야기하기도 한다. 더 나쁜 것은 황제의 존재가 근위병에 의존하게 되어, 로마를 떠받치던 궁극적 힘이었던 군대의 성격이 다시 한 번 크게 변화했다는 사실이다. 모든 것이 병적으로 흘러갔다.[76)]

세네카는 이 폭력과 광기의 시대 한복판에서, 그것도 궁정의 한복판에서 살아갔다. 이 점에서 그를 제정 시대의 키케로라 할 수 있을 것이다. 그러나 공화정과 제정이 달랐던 만큼이나 키케로와 세네카도 달랐다. BC 1세기에 코르도바에서 태어난 것으로 알려진 세네카는 키케로처럼 기사 계층에 속했고, 뛰어난 변론술 학자인 아버지와 현숙하고 지성적인 어머니 아래에서 자랐다. 세네카는 아버지를 거의 증오하다시피 했는데, 극히 현실적이었던 아버지가 아내와 아들이 철학에 몰두하는 것을 몹시 혐오하고 억압했기 때문이다. 현실적 인간과 철학적 인간 사이에는 넘지 못할 고랑이 있는 듯하다. 그러나 아버지 세네카의 태도는 그만의 것이 아니라 상당수 로마인들의 일반적인 태도였다. 키케로가 아버지 덕분

---

76) 수에토니우스, 조윤정 옮김, 『열두 명의 카이사르』(다른세상, 2009)에는 로마 황제들의 광태가 생생하게 묘사되어 있다.

에 일찍부터 철학에 헌신할 수 있었던 것과 대조적으로, 세네카는 아버지가 세상을 뜨고서야 비로소 마음 놓고 철학에 몰두할 수 있었다. 특히 스토아 철학자인 아타루스의 가르침이 결정적이었다. 세네카는 이집트에 4년간 체류하기도 했는데, 이때에 (가능성은 높지 않지만) 알렉산드리아의 필론을 만났을 것으로 추정하는 사람들도 있다. 세네카는 이후 한편으로 공직을 맡아 정치가의 삶을 살면서 다른 한편으로는 철학에 몰두하는, 키케로와 같은 유형의 삶을 살아가게 된다. 그러나 시대는 이미 너무나도 변해 있었다.

정치는 악랄한 경호대장 세야누스에게 맡기고 카프리 섬에 틀어박혀 지낸 "이상한" 2대 황제 티베리우스를 거쳐(세네카는 이 시대를 "취중에 하는 한마디, 무심코 한 농담 때문에 체포를 당하는 상태"로 묘사한다) 3대 황제인 "미치광이" 가이우스(/칼리굴라) 시대[77]에 세네카는 이 황제의 여동생인 아름다웠지만 악독했던 아그리피나, 아름다우면서도 우아했던 리위라와 인연을 맺게 된다. 그 후 다시 "우둔한" 황제 클라우디우스(그러나 이 황제는 문학적 재능이 있어서 많은 역사서를 남겼다) 시대에 로마 황가의 병은 더욱 깊어진다. 이 황제 시대에 황후 메살리나와 두 공주 아그리피나·리위라 사이에 "여인들의 전쟁"이 벌어져 국정이 농단 당한다. 이 과정에서 메살리나의 미움을 받은 리위라는 죽고 세네카는 리위라와 불륜을 저질렀다는 죄명으로 코르시카 섬으로 유배를 가게 된다.(AD 41~49년) 그러나 메살리나 자신도 결국 사형을 당한다. '여인천

---

77) 세네카는 그의 글들 중 특히 긴 「분노에 대하여」에서 "다른 정념에는 어느 정도 조용하고 차분한 면도 있다. 그러나 이것은 전체가 휘몰아치는 격정이 시키는 대로 고통, 무기, 피, 고문을 요구하며, 한 조각의 인간성도 없는 욕망에 미친 듯이 날뛰며, 남을 해치기까지 정신없이 빗발치는 화살 속으로 돌진한다. 복수심에 불탄 나머지 자기 자신까지 잡아당겨 넘어뜨리고 만다"라고 했는데, 이런 서술은 틀림없이 칼리굴라를 떠올리면서 했을 것이다. 세네카의 인용은 다음 판본들에 따랐다. Sénèque, *Oeuvres complètes de Sénèque, Le Philosophe*(Nabu Press, 2010). 세네카, 김천운 옮김, 『세네카 인생론』(동서문화사, 2007).

하'의 최종 승자는 아그리피나였다. 아그리피나는 남편 클라우디우스를 죽이고 마침내 자신의 아들 네로를 황제로 만들겠다는 꿈을 이룬다. 그리고 평소에 네로의 스승으로 점찍어두었던 세네카를 다시 로마 황궁으로 불러들였다.

세네카의 삶은 키케로의 그것과 달랐다. 키케로에게는 비록 무너져가고 있었으나 '공화국'이라는 실체가 있었다. 때문에 그는 웅변적인 어조로 공화국의 이상을 설파할 수 있었다. 그리고 공화국이 있었기에, 야욕에 찬 군벌들을 공격할 수 있었다. 반면 세네카의 '입장(立場)'은 달랐다. 그는 이미 공화국의 이상이 되돌이킬 수 없이 공허해진 세상에 살았고, 황제의 심정적 변덕에 의해 사람의 목숨이 오가는 시대를 살았다. 그래서 그는 웅변조로 이상을 외칠 수 없었고, 그 대신 비극조로—그가 뛰어난 비극 작가였다는 사실을 상기하자—슬픈 사람들의 마음을 위로할 수밖에 없었다. 키케로가 고압적이고 일방적인 태도로 이상을 설파했다면, 세네카는 부드럽고 대화적인 태도로 상대방의 마음을 어루만져주었다. 그의 글쓰기가 흔히는 '위로'의 내용을 담고 있고, 또 대개 서한 형식을 띠고 있는 것도 이 때문이다. 키케로가 공화국, 법, 웅변, 의무 등을 논했다면, 세네카는 죽음, 병, 관용, 평상심, 체념 등을 논했다. 키케로가 지만 해도 아직은 논리학에 대한 관심이 있었지만, 세네카에 이르러 논리학은 비극으로 대체될 수밖에 없었다. 논리라는 것이 전혀 통하지 않는 세상이었기에 비극을 쓸 수밖에 없었던 것이다.

척박하기 이를 데 없는 코르시카에서 기약 없는 유배 생활을 보내면서, 세네카는 오히려 어머니 헬비아에게 위로의 편지를 보낸다. "화형의 장작더미에서 간신히 머리를 쳐들고 있는 것과 같은 상황에 처한" 세네카이지만, "끊임없이 고통받는 인간은 결국은 〔그 불행으로 인해〕 강인한 인간으로 바뀔" 수 있다는 강한 스토아적 신념을 가지고서 어머니와 자신의 슬픔, 고통과 정면 대결하고 있는 것이다. 여기에서 세네카는 어떤 육신의 고통도 정신을 무너뜨릴 수는 없다는 것, 운명은 자신이 사랑하는 사람을 시험에 부친다는 것,[78] 애정과 감정에 지나치게 치우치기보다는 애정과 이성 사이에서 균형을 유지해야 한다는 것, 철학이야말로 우리를 구원할 수 있는 학문이라는 것, 코르시카로의 유배가 오히려 자연철학을 행할 수 있는 기회라는 것, 덕성과 함께 가는 유배는 결코 괴롭지 않다는 것 등을 설파하기도 하고, 또 계속되는 슬픔을 이겨낸 어머니의 의연함과 정숙함, 가족들·친척들이 주는 기쁨 등을 자상하게 상기시키기도 한다. 이 편지를 비롯해 황후 리비아의 친구였던 마르키아, 클라우디우스의 서기였던 해방노예 폴리비오스에게 보낸 편지들은 '위로의 편지'라는 문학 형식에 입각해 '위로의 철학'을 탄생시킨 세네카 특유의 내면과 사상을 생생하게 보여주고 있다. 이 위로의 철학은 인간의 사악함을 그 누구보다도 가까이에서 경험했던 사람, 고통·고독·죽음과 항상 투쟁하면서 구원을 갈구했던 사람에게서 탄생할 수 있는 철학이었다. 이 철학과 더불어 스토아철학은 변하게 된다. 본질적인 면은 그대로였다. 그러나 이제 이 철학은 이론적 치열함과 체계성, 견고한 초연함과 극도의 엄격함을 일정 정도 포기하는 대신, 인간적 따사로움과 자애, 타인에 대한 극히 세심한 배려와 연민, 속삭이듯이 오가는 대화, 상냥함과 온후(溫厚)함, 삶에 대한 비애와 관용, 체념이 가미된 새로운 뉘앙스의 철학으로 화한다. 그리고 이런 기조는 제국 로마 시대의 스토아철학 전반에 걸쳐 유지된다.

아그리피나의 도움으로 로마에 돌아온 세네카는 네로의 사부가 되었고, AD 54년 마침내 이 악녀가 네로를 황제로 만들자 어쩔 수 없이 정치를 맡게 된다. 학문과 정치에는 관심이 없었던 네로가 로마의 황제가 됨으로써 제정 로마의 병은 더욱 깊어진다. 아테네로 가 철학에 몰두하려

---

78) "운명은 자신과 걸맞은 가장 강한 적수를 찾아 많은 사람들을 무시하며 지나치니까 말이오. 운명에 도전하는 것은 가장 굽힐 줄 모르고 가장 올곧은 사람들인데, 그들에게는 자기가 가진 힘을 다 쓸 수 있기 때문이오."(「섭리에 대하여」, §3) "신은 자신이 인정하고 사랑하는 사람들을 단련시키고, 시험하고, 훈련시키는 것이오."(§4)

했던 세네카는 망나니 같은 젊은이의 스승으로서, 예술가가 되었으면 더 좋았을 황제의 고문으로서 굴곡진 생을 살게 된다. 그러나 처음에는 좋았다. 네로는 세네카를 스승이자 정치 고문으로 둔 행운과 더불어 강직한 군인이었던 부루스를 경호대장으로 두는 행운을 누렸다.(이것을 보면 분명 아그리피나의 안목이 높았다는 것은 부정할 수 없다) 현명한 철학자와 충직한 무장의 존재, 특히 이 둘의 원만한 결합은 이른바 "네로의 5년"이라는 평화 시대(AD 54~58년)를 이룩했다.[79] 그러나 네로는 황제라는 무소불위(無所不爲)의 권력에 점점 익숙해져갔고, 머리가 굵어가면서 그를 통제하려는 어머니와의 갈등 또한 계속 심해졌다. 평화는 너무나도 짧았다. 네로의 광태(狂態)는 날이 갈수록 심해졌고, 그 주변의 거의 모든 사람들(어머니 아그리피나, 동생인 브리타니쿠스, 아내들/정부인 옥타비아, 포파이아, 아크테, 경호대장인 부루스, 스승인 세네카[80]를 포함해서)이 죽었다. 그리고 세네카가 죽은 3년 후인 AD 68년 네로 자신도 최후를 맞이한다.

이 광기 어린 시대를 살아야 했던 세네카가 공화정 시대를 그리워한 것은 당연할 것이다. 그가 공화정의 수호신이었던 카토를 격찬한 것도 이 때문이었다. "카토는 자유를 잃은 다음에 살 수 없었고, 자유는 카토를 잃은 채 존재할 수 없었다."(「현자의 항심(恒心)」, §2) 그러나 이것은 어디까지나 과거에의 그리움일 뿐이고, 이제 그가 할 수 있는 일은 한편

---

79) 타키투스, 박광순 옮김, 『연대기』(범우사, 2005), XIII, §2. 그러나 디오 카시우스가 그의 『로마사』에서 말했듯이, 두 사람의 뛰어남이 오히려 그렇지 않아도 통치는 뒷전이었던 네로를 더욱더 아둔하게 만들었을지도 모른다.

80) 세네카는 말년에 네로를 멀리하고 오해를 살 만한 행동은 삼갔다. "그 이후(네로와 작별한 이후) 세네카는 권위자로서의 생활 방식을 버리는 한편, 문안 오는 사람들도 거부하고 아랫사람들을 거느리고 다니는 것도 피했다. 수도에는 거의 모습을 나타내지 않고 건강을 해쳤다거나 철학을 연구한다는 구실로 집 안에 틀어박혀 지냈다."(타키투스, 『연대기』, XIV, §56) 이는 그가 이미 세상을 포기했음을 뜻한다. 그럼에도 그 역시 결국 네로의 마수를 벗어나지는 못했다.

으로 스토아 윤리학을 다듬어나가는 것이었고, 다른 한편으로는 네로를 계몽하는 제왕학(帝王學)을 제시하는 것뿐이었다. 전자의 노력은 '섭리', '현자의 항심', '삶의 짧음', '행복한 삶', '마음의 평정', '여유' 등의 주제에 대한 논의로 나타났으며, 이는 로마적인 '후마니타스'의 또 하나의 경지라고 할 수 있을 것이다. 그러나 그의 글들에서는 초기 스토아의 낙천주의와 인간 긍정이 많이 가라앉고, 인간에 대한 그늘진 시선이 수시로 고개를 내민다. 제왕학적 맥락에서는, 앞에서 칼리굴라를 대상으로 분노를 언급했거니와, 네로에게 '관용(clementia)'의 미덕을 가르치고자 했다. 세네카는 '동정'과 '관용'을 구분하면서, 동정을 비판하되 관용을 역설한다. 세네카가 네로에게 국가의 "좋은 아버지" 같은 존재가 되라고 권하고 있는 이 관용론은 물론 현대적 의미가 아니라 황제 입장에서의 일방적인 관용을 뜻한다. 그러나 세네카의 이런 훈도는 로마의 현실을 개선하는 데, 현대 식으로 표현해 '사회적 약자들의 보호'에 적지 않은 역할을 하게 된다. 그리고 이 관용의 개념은 후대에 매우 큰 영향을 끼치게 된다.

그러나 세네카는 시대의 한계와 자신의 한계를 잘 알고 있었다. 현실을 바꿀 수 있는 개연성이 극히 희박하다고 느낀 사람은 아예 다른 세계의 가능성에서 위안을 찾는다. 이 세계를 바꿀 수 있는 가능성은 없다. 그렇다면 다른 세계를 상상하라. 폴리스들의 시대에, 나아가 키케로의 시대에 이르기까지도, 한 인간이 국가 이외의 그 어떤 세계 속에서 행복을 찾을 수 있다는 생각은 나타나지 않았다. 종교와 예술 역시 철저히 공동체라는 맥락에서 영위되었다. 그러나 세네카에 이르러 우리는 '두 세계' 속에서 살아간다는 관념이 뚜렷하게 등장하고 있음을 발견한다. 한편으로 인간은 국가라는 세계 속에서 살아가지만, 이제 그 국가가 돌이킬 수 없는 지경에 이르렀다는 판단이 들었을 때 다른 세계를 꿈꾸게 된다. 키케로적인 '의무'가 세네카적인 '명상(meditatio)'으로 바뀐 것이다.[81] 이제 지중해세계의 철학은 극히 종교적인 색채를 띠게 된다. 과거에 종교는 국가의 한 부분이었다. 그러나 이제, 적어도 종교적 세계 속에서 살아가는 사람들에게, 국가와 종교는 서로 다른 세계로 자리 잡게 된다. 사람들은 다른 세계를 꿈꾸었고, 그것이 초월적인 세계에 대한 동경이든, 개인적 내면으로의 침잠이든, 아니면 폐쇄적인 집단 속에서의 만족이든 간에 어떤 방식으로든 구원을 갈구했다. 그리고 이것은 곧 현실세계로부터의 눈 돌림을 함축했다.

제국 로마 전성기의 스토아철학

이런 경향이 갈수록 심화되었다는 것은 에픽테토스나 마르쿠스 아우렐리우스 같이 세네카 이후에 활동한 인물들에게서 확인된다. 세네카만 하더라도 자연철학적 탐구를 많이 남기고 있지만, 그 후 철학이라는 담론에 본질적이라 할 이런 종합적 성격은 현저하게 약화되어갔다. 철학은 날이 갈수록 종교 또는 "인생철학"으로 화해갔다.

네로 사후 갈바, 오토, 비텔리우스가 뒤를 이었으나 혼란이 이어졌다. AD 69년 한 해에는 갈바로부터 베스파시아누스까지 무려 4명의 황제가 교체되었다. 플라비우스 황가 즉 유대인들의 난을 진압해 황제가 된 베스파시아누스와 그의 아들 티투스, 도미티아누스에 이르러 제국 로마는 어느 정도 안정을 찾는다.(AD 69~96년)[82] 이후 이른바 '오현제(五賢帝)'

---

81) 하지만 이런 경향을 로마 제국 스토아 철학자들의 일반적인 경향으로 못 박을 수는 없다. 제정 초기부터 줄곧 제정의 문제점들을 지적하면서 정치적인 저항을 펼친 철학자들도 많았다. 그렇기 때문에 로마 황제들에게 철학자들은 몹시 성가시고 두려운 존재들이었으며, 네로, 베스파시아누스, 도미니타우스를 필두로 제정 내내 이 철학자들은 추방되기도 하고 살해되기도 했다. 로마 제국에서의 스토아 철학자들의 저항은 일반적으로 잘 알려져 있지 않지만, 스토아철학의 역사에 있어 빼놓을 수 없는 중요한 요소라 할 수 있다. 이런 맥락에서 본다면 세네카는 오히려 보수적인 입장에 서 있던 인물이라고 할 수 있다.

82) AD 69년의 상황은 타키투스, 『타키투스의 역사』(김경현·차전환 옮김, 한길사, 2011)에서 상세히 논의되고 있다. 베스파시아누스와 특히 티투스는 원만한 통치자들이었으나, 도미티아누스는 악인이었다. 그는 이탈리아에서 철학자들을 추방했다.(수에토니우스,

라 불리는 네르바, 트라야누스, 하드리아누스, 안토니누스 피우스, 마르쿠스 아우렐리우스가 통치한 AD 96~180년은 로마 제국의 전성기였다. 트라야누스의 동방 정복이라든가 하드리아누스대의 유대인들의 난을 비롯해 몇 가지 사건들이 있었지만, 전체적으로 보아서 또 적어도 로마적 시선으로 보았을 때 '철인-왕'들이 지배한 "Pax Romana"의 시대였다. 그리스 문명과 로마 문명이 지중해세계에 보편화되고, 동시에 각종 다양한 문명들이 혼합되어 '그레코-로망' 문화가 절정에 이르렀다. 물론 이 모든 평화와 문화는 제국 로마의 확고한 군사력에 의해 뒷받침된 것이었다.

노예 에픽테토스(AD 55~135년)와 황제 마르쿠스 아우렐리우스(AD 161~180년 재위)는 팍스 로마나 시대를 살았던 두 스토아 철학자였다. 비교적 평온한 시대를 살았음에도 에픽테토스의 생각에도 또 마르쿠스 아우렐리우스의 생각에도 어딘가 비애의 그림자가 드리워져 있다. 한 사람은 노예의 자식으로 태어났고(더구나 "에픽테토스"라는 이름은 "뒤에 얻은", 좀 심하게 번역해서 "다리 밑에서 주워 온" 자식이라는 뜻이다) 또 한 사람은 전 세계를 지배하는 최상의 권력자였음에도, 두 사람에게서 유사한 정조(情調)를 느낄 수 있다는 사실은 묘하고 또 시사적이다. 황제 마르쿠스가 세네카가 아닌 에픽테토스에게 경도되었다는 것은 흥미로운 사실이며, 스토아철학의 성격 변모 나아가 이 시대 전반의 분위기를 짐작케 해준다.

에픽테토스는 해방노예로서 당대의 전형적인 평민의 삶을 살았다. 그는 소크라테스적 삶을 추구했으며, "네 아직은 소크라테스가 아니나, 미래의 소크라테스가 될 것처럼 살라"고 했다.(『엥케이리디온』, §51) 그로써 이론철학보다 실천철학을 역설했다. "자연학은 우리를 넘어서는 것이고, 논리학은 우리와 관계가 없으며, 윤리학만이 우리에게 절실한 것"

───

『열두 명의 카이사르』, XII, §10)

(아리스톤)이라는 생각은 제국 로마 시대의 스토아주의에 오면 더욱 두드러지게 된다.[83] 그러나 에픽테토스의 사유 안에는 또한 날카로운 논리학적 사유가 여전히 숨 쉬고 있으며, 그가 소크라테스와 더불어 크뤼시포스에 경도되었다는 사실은 이 점에 관련해 시사적이다. 또 그의 글에서는 세네카의 우아하고 수사적인 글들과 대비되는 질박하고 해학적인 어투들이 드러나기도 하는데, 그의 말에서 선불교의 분위기가 느껴지는 것은 이 때문일 것이다.[84] 그는 정규 교육을 받지 못했음에도 방대한 독서를 통해서 헬레니즘-로마 문화 전반을 체득할 수 있었다. 귀족세네카와 해방노예 에픽테토스는 스토아철학이라는 본질을 함께했지만그 표현 형태들은 사뭇 달랐다.

에픽테토스는 철학을 영혼을 치유해주는 행위로 생각했다. 철학자는영혼의 의사인 것이다. 그래서 그는 철학을 철저하게 실천적 맥락에서이해한다. "나는 크뤼시포스에 주석을 달아달라고 부탁받을 때 나 자신을 뽐내지 않는다. 차라리 내가 그의 가르침에 따라 그에 합당한 행위를보여주지 못했을 때 얼굴을 붉히며 부끄러워한다." 에픽테토스의 평생의 주제는 노예로 살 것인가, 자유인으로 살 것인가 하는 것이었다. 스토아적 정신에 따라 그는 선한 것과 악한 것 그리고 아무래도 좋은 것을 구분했다. 이와 더불어 그는 우리에게 달려 있는 것과 그렇지 않은 것을구분했다. 무엇보다 우리에게 달려 있는 것이 무엇인지를 파악하는 것이 중요하다. 그리고 무엇이 선한 것인지를 파악하는 것이 중요하다. 우리를 힘겹게 하는 것은 어떤 사태가 아니라 그 사태에 대한 우리의 믿음('도그마')이기 때문이다. "네가 바라는 일들이 일어나기를 안달하지 말라. 일어나는 일들이 그대로[자연에 따라] 일어나기를 바라라." 이런 인

---

83) 에픽테토스는 이론철학이나 수사학을 배우러 온 사람들을 힐난하기도 했다.(『어록』, II, §§15~22) 철학은 어디까지나 자기치유(heauton therapeutin)이다.

84) 에픽테토스의 인용은 제자 아리아노스가 모아놓은 『어록』을 참조했다. Epictète, *Entretiens*, 4 vols., éd. par J. Souilhé(Gallimard, 1993).

식을 가지지 못할 때 삶은 몹시 힘겨운 것으로 다가온다. 그리고 그런 인식을 얻었다 해도, 중요한 것은 그 인식을 뽐내기보다는 그런 인식을 터득한 사람으로서 행위하는 것이다. 그럴 때 우리는 자유('엘레우테리아')를 얻을 수 있다.

이런 자유를 추구하는 데 가장 핵심적인 것을 에픽테토스는 'proairesis(의지, 결단, 선택)'로 보았다. 이미 아리스토텔레스가 "이성적 선택('프로아이레시스')은 탁월성에 가장 고유한 것"임을 지적한 바 있거니와, 소크라테스의 주지주의에 대해 아리스토텔레스는 이성적 선택에서의 의지적 측면을 강조했다. 유사한 변화가 에픽테토스에게서도 엿보인다. 초기의 엄격한 스토아주의에 비해 에픽테토스는 '프로아이레시스'에서의 주체적인 측면을 강조했다. 우리에게 주어지는 역할은 우리가 선택한 것이 아니다. 그러나 우리는 주어진 역할을 최대한 잘 연기함으로써 덕스러운 존재가 될 수 있다.[85] 이런 맥락에서 주체의 의지, 결단, 선택이 중요하다. 그러나 에픽테토스의 이런 생각이 반(反)주지주의를 함축하는 것은 아니다. 소크라테스에게 경도되었던 그로서는 무지를 깨달아 지혜를 얻는 것이야말로 중요했고, 그래야만 '이성적 선택'을 통해 선한 인간이 될 수 있었다. 이때에만 우리는 노예가 아닌 자유인이 될 수 있다.

그러나 에픽테토스가 생각한 자유는 철저하게 내면적인 자유였다. 안심(安心)에 주력했던 헬레니즘 - 로마 시대의 분위기는 에픽테토스에게서 두드러지게 나타난다. 심란(心亂)한 부자로 사느니 평안한 가난뱅이로 살다 죽는 것이 낫다. 물론 에픽테토스에게서도 '의무' 개념은 등장한다. 그러나 이 의무는 자신에게 주어진 역할을 다하는 것이지 그 주어짐 자체에 대한 비판적 음미는 아니다. 에픽테토스가 권장하는 것은 내면으로 들어가는 것이다. "홀로 산책하며 너 자신과 대화를 나누어라."

현실세계에서 에픽테토스의 맞은편 극단에 서 있었던 마르쿠스 황제

---

85) 이는 표상의 활용(chrēsis tōn phantasiōn)과도 관련된다. 『어록』, I, §§3~4.

에게서도 매우 유사한 태도를 발견할 수 있다는 것은 흥미롭다. 마르쿠스 황제는 현실적 권력만을 가진 것이 아니었다. 그 자신의 말대로 그는 훌륭한 선조들과 부모, 누이, 스승들, 가솔들, 친척들, 친구들을 거의 다 가진 유복한 사람이었다. 그럼에도 그의 『명상록』[86]은 낭만, 환희, 희망의 정조보다는 오히려 비애, 허무, 체념의 정조를 짙게 풍긴다. 죽음이라는 주제는 『명상록』 전체를 끈질기게 관류한다. 최고의 권력을 소유했으면서도 그에게 인생은 매우 허무하고 힘겨웠던 것 같다. "시간은 생성되는 만물로 이루어진 강, 아니 급류이다. 무엇이든 눈에 띄자마자 휩쓸려가고, 다른 것이 떠내려오면 그것도 곧 휩쓸려 갈 것이기 때문이다."(IV, §43) "다시 깨어나 정신을 차려라. 그리고 잠에서 깨어나 너를 괴롭히던 것이 꿈이었다는 것을 알고 난 후, 이번에는 깨어 있는 상태에서 여기 이 현실들을 마치 저 꿈에서 보았던 것처럼 보라."(IV, §31) 평생을 전쟁터에서 보내서였을까, 아니면 만연한 전염병의 공포를 겪어서였을까, 아니면 다가오는 어두운 미래를 흘끗 보았기 때문이었을까. 어쨌든 그에게 철학이란 내면의 결정적인 출구(出口)였다.[87]

그래서 그에게서 철학은 종교의 성격을 띠게 된다. "철학이 너를 만들려고 했던 그런 사람으로 남도록 노력하라. 신들을 공경하고, 인간들을 구하라. 인생은 짧다. 지상에서 삶의 유일한 결실은 경건한 성품과 공동

---

86) 마르쿠스 황제의 『명상록』은 다음을 참조해 인용한다. Marc Auréle, *Pensées pour moi-même*(Flammarion, 1999). 마르쿠스 아우렐리우스, 천병희 옮김, 『명상록』(숲, 2007).

87) 『알키비아데스』의 소크라테스는 진정으로 돌보아야 할 것은 양생술, 가정술, 연애술이 아니라 오로지 영혼일 뿐임을 역설했고, 영혼의 돌봄을 기초로 정치를 행해야 함을 역설했다. 하지만 마르쿠스 아우렐리우스의 삶에서는 오히려 양생술, 가정술, 연애술이 기초를 이루고 있다. 물론 이는 한편으로 그가 이미 '구원'의 시대를 살았기 때문이고, 다른 한편으로 정치라는 것이 황제라는 그의 자리에 이미 흡수되어 있었기 때문이라고도 할 수 있을 것이다. 푸코는 『쾌락의 활용』(문경자·신은영 옮김, 나남, 1990) 및 『주체의 해석학』(심세광 옮김, 동문선, 2007)의 1982년 1월 27일 강의에서 이 문제를 다루고 있다.

체를 위한 행동이다."(IV, §30) 마르쿠스 황제는 황제답게 그리고 스토아 철학자답게 우주 전체에 충실할 것을 역설하기도 했다. 그러나 그에게는 개개인의 인격에 대한 뚜렷한 감수성이 있었던 것으로 보인다. 그는 가족의 생사여탈권까지도 가지고 있었던 가부장의 권리를 약화시키고, 대신 개개인의 인권을 존중해 일련의 법적인 조치를 취하기도 했다.[88] 오현제 시대는 과부를 비롯한 사회적 소수자들이 얼마간은 보호받을 수 있는 시대였다. 그러나 마르쿠스 황제 자신은 당대의 일반적인 경향과 마찬가지로 내면적이고 명상적이고 종교적이었다. 그는 충고한다. "너 자신이라는 작은 영역으로 들어가라"고.

지중해세계의 철학은 이 세계의 정치적 구조의 변천과 운명을 같이했다. 그리스 민주정과 로마 공화정이 희미한 과거로 사라져가면서 철학의 기운도 조금씩 쇠잔해갔다.

그리스 철학의 조락은 폴리스의 붕괴와 함께 일어났다. 플라톤과 아리스토텔레스에게서 절정에 달한 그리스 정신은 폴리스의 구조를 통해서 가능했다. 그리스의 민주정이 쇠퇴해갈 때조차도 철학의 조락은 일어나지 않았다. 철학자들은 그 쇠퇴를 사유할 수 있었고, 오히려 그로부터 빛나는 이상주의를 제시할 수 있었기 때문이다. "미네르바의 올빼미는 황혼 녘이 되어서야 날갯짓을 한다."(헤겔) 그러나 폴리스의 구조 자체가 증발되어버렸을 때, 철학 역시 그 성격을 달리해야 했다. 철학은 점차 개인적 인생관으로 움츠러들거나, 국가와 결탁한 관료적 교육 수단으로 변질되거나, 종교적인 도그마를 다듬는 도구로 화하기에 이른다.

---

88) 허승일 외, 『로마 제정사 연구』, 122쪽.

물론 현실적인 눈길로 보았을 때 사태는 반대로 지각될 수도 있다. 폴리스 시대에 그리스 철학은 대체적으로 그리스세계, 더구나 그중 하나의 폴리스에 불과한 아테네의 전유물이었다. 그것은 지중해세계의 아주 작은 한 지역의 문제였다. 헬레니즘 시대에 이르러 비로소, '헬레니즘'이라는 말 자체가 보여주듯이 그리스 철학 나아가 그리스 문화 전체가 지중해세계로 퍼져나갔다. 지중해세계―특히 그 동방―는 그리스 문명을 배우고, 그리스어로 말하고 글을 쓰고, 그리스 철학을 공부했다. 적어도 문화의 측면에서 볼 때, 지중해세계 전체가 그리스화되었다. 폴리스가 소멸해감과 동시에 그리스 문화는 보편화된 것이다. 그러나 그리스 철학이 이렇게 "과거의 영광을 먹고 살기" 시작했다는 것은 그것이 이미 그 창조적 수명을 다했다는 것을 뜻한다. 과거의 영광을 반추한다는 것은 곧 현재의 빈약한 창조성을 반영하는 것이기에 말이다. 헬레니즘 시대에 그리스 철학은 지중해세계 전체로 퍼져갔지만 동시에 쇠락해가기 시작한 것이다.

　이런 과정은 그 자체 그리스 철학의 패러디였다고 할 로마 철학의 경우에도 반복되었다. 폴리비오스가 예찬한 바 있던 공화정 로마의 미덕들―검소, 소탈, 근면, 애국심, 용기 등―은 제정 로마로 가면서 사라졌다. 공화정 시대에는 어떤 권력도 무소불위일 수 없었다. 공화정에서의 도덕성은 결코 허상이 아니었다. 돈도 권력도 없었고 군벌도 아니었고 또 키케로와 같은 법률가도 아니었던 소(少)카토는 오로지 도덕성 하나만을 가지고서 카이사르와 맞섰고, 그 막강했던 폼페이우스는 카토의 마음에 들고 싶어서 전전긍긍했다. 잔혹했던 술라는 그러나 공화정의 전통으로 되돌아가려 애썼고, 공화정의 문턱을 넘어간 카이사르는 결국 살해당할 수밖에 없었다. 그렇기에, 지중해세계에 대한 폭압과 자체 내의 계급적 차별에도 불구하고, 공화정 로마는 철학이 꽃필 수 있는 토양을 마련할 수 있었다. 다 쓰러져가는 공화정의 끝자락에서도 키케로가 여전히 이상주의를 외칠 수 있었던 것은 이런 공화정 전통의 여운에 힘입어서였을 것이다. 그러나 광기와 우행(愚行)으로 점철된 제정 로마에서 이제 이런 기억들은 희미하게 사라져간다.

헬레니즘-로마 시대가 점차 진행되면서 철학은 양극으로 갈라졌다. 이 시대는 전통적인 공동체의 정체성이 무너지면서 '개인'이라는 존재가 등장한 시대였다. 이 개인은 두 가지 상반된 방향으로 나타났다. 그하나는 공동체에 대한 헌신을 접고서 내면으로 또는 작은 '우리'로 움츠러든 개인이고, 다른 하나는 과거에는 금기시되었던 초월적 권력의 화신을 추구한 개인이었다. 전자는 디오게네스와 에피쿠로스로 상징되는 이 시대의 상당수 사상가들에게서 볼 수 있고, 후자는 알렉산드로스, 로마의 군벌들, 그리고 최종적으로는 로마 황제라는 존재로서 구현되었다. 이에 따라 철학 역시 양극화된다. 한쪽에는 소집단에 안주하면서 심리적 평정을 꾀했던 철학 학파들이 있고, 다른 한편에는 거대 권력에 봉사하면서 통치 이데올로기를 제공했던 어용 철학자들—물론 현대적 의미와는 다른 의미이지만—이 있다. 어느 형태가 되었든, 이는 그리스 민주정과 로마 공화정에서의 철학/철학자에 비한다면 전락한 모습이 아닐 수 없었다.

헬레니즘-로마 시대의 다른 철학들과는 달리 스토아철학은 수준 높은 논리학적 사유와 자연철학적 탐구를 보여주었고, 그 바탕 위에서 특히 윤리적 문제들에 천착했다. 이 점에서 그것은 플라톤과 아리스토텔레스를 이은 세 번째의 위대한 철학 체계였다. 나아가 그것은 특히 지중해세계의 운명을 결정한 로마라는 거대한 힘을 떠받쳐준 정신적 기둥이기도 했다. 전문적인 철학자들만이 아니라 로마의 지도급 인사들의 상당수가 스토아적 가치관을 가지고 있었고, 로마사에서 진정으로 군인다운 모습을 보여주었던 장교들도 대개 스토아주의자들이었다. 광폭했던 로마이지만 스토아철학이 그것을 굳게 받쳐주었던 것이다. 철학 자체로서는 쇠락한 이후에도 그것은 지중해세계의 주요 가치로서 남았으며, 오늘날까지도 서구 사유의 한 성취로서 이해되고 있다.

그러나 스토아철학 또한 한계를 안고 있었다. 스토아철학은 근본적으로 로마의 철학이었다. 그래서 당시로서는 당연한 일이겠지만 로마 귀족의 이익과 직간접적으로 이어져 있었다. 때문에 그것이 로마적 맥락에서 가지는 의미는 로마의 중심에 서 있던 사람들의 눈길로 볼 때와 그 중심 밖의 타자들의 눈길로 볼 때 다를 수밖에 없었다. 예컨대 로마 공화정을 위해 온몸을 불살랐던 키케로는 그저 좋았던 시절의 '진정한 귀족들'을 그리워하면서 이상론을 폈을 뿐, 당대의 민중을 위한 별다른 구체적인 대안들을 제시하지 못했다. 카이사르를 암살한 집단들 또한 그저 공화국을 수호하려고만 했지 그 '공화국'이 앞으로 어디로 가야 하는가에 대해서는 어떤 대안도 가지고 있지 않았다. 이런 경향은 물론 제정 로마에서 더 심화된다. 마르쿠스 황제는 "철인-왕"이라 불린 보기 드물게 자애로운 인물이었으나, 그의 자애로움은 로마 시민들 이하로까지는 내려가지 않았다. 심지어 그 자신 로마적 맥락에서 노예였던 에픽테토스에게도 이런 정치의식은 극히 희박했다. 스토아철학은 궁극적으로 윤리학이었지만, 이 윤리학의 구체화―현대 식으로 말해 사회과학적인 분석과 대안―를 향한 노력은 놀라울 만큼 빈약했다.

물론 과거의 인물들에게 현대적인 관점을 너무 쉽게 투사하는 것은 시대착오적 착각일 수 있다. 그러나 이런 점을 감안해도, 스토아철학을 포함해 제국 로마 시대의 철학 전반이 이상하다 싶을 정도로 비정치적이었던 것은 부정할 수 없는 사실이다. 한마디로, 당대는 종교적 성격의 구원의 갈구가 철학적 지혜의 추구와 정치적 상상력의 실천을 압도한 시대였다.

그러나 스토아철학은 사해평등주의, 만민평등 사상에 결정적인 공헌을 했고, 이것은 사유의 역사에서 가장 큰 공헌들 중 하나이다. 법 앞의 평등이라든가 개인의 인권에 대한 의식도 상당히 진척되었고, 또 적어도 일정 정도는 현실의 개선도 가져왔다. 이러한 성취는 전반적으로 볼 때 결국 로마중심주의를 벗어나지 못했지만, 로마가 정치적·군사적 항쟁이 아닌 다른 유형의 다원성들에 대해 관용적이었다는 것은 사실이다. 다만 모든 것은 로마의 틀을 흔들지 않는다는 전제 하에서 허용되었고, 이것은 특히 유대인들의 경우에서 볼 수 있듯이 필연적으로 갈등과 전쟁의 가능성을 품고 있었다.

9장 구원의 갈구

헬레니즘-로마 시대의 제4기라 할 만한 제정 로마의 후기(3~5세기)는 철학적 기운이 거의 쇠잔해지고 전반적으로 종교를 통한 구원의 갈구가 도래한 시대였다. 그러나 이 시대의 각종 종교들이 헬레니즘 철학의 세례를 받아 자신들의 교리를 다듬었기 때문에 이 시대가 철학과 단절된 시대라는 식으로 생각할 수는 없다. 이 시대는 그리스-로마의 종교전통이 플라톤주의를 통해서 신플라톤주의로 승화된 시대이고, 헬레니즘이라는 문화적 장과 로마라는 정치적 장에서 기독교가 (유대교에서 분리되어 나와) 최초의 형태를 갖추기 시작한 시대이기도 하다. 그리고 이어지는 시대(7세기 이래)에는 다시 이 모든 정신사적 유산들을 기반으로 이슬람교가 탄생하게 된다. 철학사적 맥락에서 본다면, 3세기에서 시작해 (본격적인 철학이 새롭게 흥기하게 되는) 9세기 이전까지의 500년이 넘는 이 기간은 지중해세계에서 다양한 형태의 종교적 사상과 실천이 전개되는 시대이다.

종교는 한 민족의 정체성을 담고 있다. 신들에 대한 믿음과 그 믿음을 떠받쳐주는 각종 장치들(경전, 제의, 건물 등)은 한 민족의 정체성의 문제에 다름 아니다. 자신들을 초월한 곳에 존재하고 그래서 모두가 **공통으로** 향할 수 있는 존재로서의 신들이 그 민족/종족의 정체성을 형성한다. 일반 대중의 정신적 정체성을 형성하는 가장 일차적인 요소는 그들이 믿는 종교라고 할 수 있다.

따라서 민족들 사이의 전쟁은 곧 종교전쟁, 신들의 전쟁이기도 하다. A 민족과 B 민족의 전쟁은 A 민족의 신과 B 민족의 신 사이의 상징적 대결이기도 한 것이다. A라는 신학과 B라는 신학이 철학적으로 대결해서 승부를 내기는 쉽지 않다. 때문에 신들의 전쟁은 대개 철학적 대결이 아니라 현실적 힘—정치 · 경제적 대결, 대중 포섭 능력에서의 대결 등—에 있어서의 대결이 된다. A 민족이 B 민족을 정복할 경우 B 민족의 신(들)은 소멸하거나 A 민족의 신(들)에 포섭된다. B 민족의 신들이 A 민족의 신(들)의 하위 신들로 편입되는 것이다. 보다 큰 힘이 작은 힘들을 압도해 정복했을 때, 즉 제국이 들어설 때 다양한 신들 역시 하나로 통합된다. 민족들의 정복, 통합, 분열은 곧 신들의 정복, 통합, 분열이기도 하다. 특정 권역에 아주 큰 힘이 들어설 때 모든 신들이 하나의 절대신 아래로 포섭된다. 이 경우 '하나'라는 이념이 강력한 힘으로서 등장한다. 모든 것이 어떤 하나로 귀일(歸一)하게 되는 것이다. 귀일의 시대는 곧 '천하통일'의 시대이다.

하나의 종교는 항상 어떤 특정한 형이상학—'메타 - 퓌지카'가 아니라 다분히 독단적인 형이상학—에 의해 뒷받침된다. 때문에 한 집단에 있어 종교가 강고하게 군림하면 군림할수록 철학은 위축된다. 철학은 자유로운 사색, 토론, 지적인 대결, 출판, 비판 등으로 이루어지기 때문이다. 또, 종교가 강고하게 군림할 때 정치 또한 발달할 수 없다. 한 사회가 하나의 종교에 의해 떠받쳐지고 모든 것이 그 종교의 교리에 맞추어 조직되어 있을 때, 그 사회의 근간에 도전한다는 것은 곧 억압이나 추방, 나아가 죽음을 의미하기 때문이다. 한 사회에서의 종교의 군림은 철학과 정치를 공히 위축시키는 것이다.

종교/신학이 지배하는 사회는 기본적으로 위계(位階=hierarchy)의 사회이다. 초월적 신들과 그들에 의해 권력을 위임받은 사제들 및 귀족들, 그리고 평민들, 그 아래에 천민들이 피라미드를 형성한다. 지중해세계에 종교는 항상 존재해왔지만, 우리는 로마 제국에서 이런 위계가 점차 두드러지고 또 철학사의 흐름과 일정 대목에서 교차함을 볼 수 있다.

AD 2세기 서구 사상사에는 또 한 번의 거대한 변환이 도래한다. 이 흐름은 '스토아주의에서 플라톤주의로'로 요약될 수 있다. 그러나 이때의 플라톤주의는 사실상 철저히 종교적인 플라톤주의였다. 플라톤 사유가 내포하고 있는 역동적이고 다채로운 측면들은 대개 사상되고 『파이돈』 등에서 볼 수 있는 종교적인 색채의 플라톤만이 새롭게 부활하게 된다.[1] 플라톤은 그 본연의 모습으로서가 아니라 AD 2세기 이래의 시대를 떠맡는 사유로서, 그 자신이라면 원치 않았을지도 모르는 역할을 부여받게 된다.

§1 그리스·로마의 종교와 신플라톤주의

종교는 신성(神聖)을 핵심으로 하고 그 신성과 현실의 매듭에 존재하는 사제들의 매개를 축으로 한다. 이 때문에 종교에서는 흔히 '비의(秘

---

1) 2세기에 플라톤주의를 부활시키면서 신플라톤주의자들은 플라톤 대화편들을 어떤 식으로 정렬할 것인가에 대해 많은 논의를 펼쳤다. 이들은 『알키비아데스』를 플라톤 철학의 입문서로 보았으며, 특히 플라톤 철학에서 『고르기아스』를 필두로 하는 정치적 계열과 『파이돈』을 필두로 하는 종교적 계열을 나누었다. 플라톤은 이렇게 이원화되었으며, 두 계열 중 이후에 발전해간 것은 종교적 계열이다. 그러나 이는 플라톤에 대한 일종의 왜곡이라고 해야 할 것이다. 『알키비아데스』가 바로 자신의 영혼의 돌봄과 폴리스의 정의로운 통치가 어떻게 연결되어 있는가를 논한 대화편에도, 신플라톤주의자들은 오히려 이 연결고리를 끊고 전자와 후자를 별개의 갈래로 만들어버렸기 때문이다. 이런 변화는 그리스의 철학과 제국 로마의 철학 사이에 드리운 차이를 선명하게 드러내준다.

儀)'가 중요한 역할을 한다. 어떤 신성한 비밀이 존재하고, 그 비밀에의 입문=통과의례(mysteria)를 통해서 '우리'와 '그들'을 구분하는 것이 핵심이다. 그리스세계에서는 엘레우시스 비교(秘敎)가 이런 종교의 성격을 두드러지게 보여준다.

엘레우시스 비교는 딸을 잃은 데메테르가 엘레우시스에 감으로써 성립했다. 여기에는 삶/생명과 죽음, 재생/부활, 여러 세계(천계, 현실계, 하계/명계) 사이의 소통을 비롯한 여러 테마들이 함축되어 있다. 그리스인들은 여러 형식의 엘레우시스 제의를 통해 이 비의를 간직했다. 이 비의의 핵심은 당연히 일반인에게는 알려져 있지 않았고, 그래서 이를 함부로 발설하는 자는 죽음까지 각오해야 했다. 이 비의는 오로지 '계시(啓示)'2)를 받은 자들에게만 허락되었기 때문이다. 이렇게 종교는 신성, 비의, 입문=통과의례('뮈스테리아'), 계시 등을 핵심으로 한다. 이 점에서 이성, 공동 탐구, 토론과 비판, 공개 등을 핵심으로 하는 철학과 대조적인 행위라고 할 수 있다.

엘레우시스 비교를 이어 나타난 것은 오르페우스교와 퓌타고라스교이다. 오르페우스교는 지중해세계에 널리 퍼졌던 비교적 민중적인 종교였고, 퓌타고라스교는 과학, 철학, 종교가 혼합된 사상이었다. 엘레우시스 단계에서 오르페우스-퓌타고라스 단계로 넘어가면서 종교사적으로 많은 변화가 있었다.3) 자연철학이 흥기할 즈음에 형성된 이 새로운 종교적 흐름은 플라톤에게 스며들어 갔으며, 제정 로마에서의 종교화된 플라톤

---

2) 인식이란 객관적인 근거를 필수적으로 요청한다. 플라톤, 아리스토텔레스, 그리고 헬레니즘 시대의 유물론적 철학들은 각각 상이한 방식으로이지만 이런 객관적인 근거를 추구했다. 소피스트들은 철저한 상대주의에 입각해 객관적 인식을 부정했다. 반면 종교적 사상들은 객관적 근거 없이 초월로부터 인식 주체의 마음으로 곧장 들어오는 인식을 주장했다. 이것을 '계시'라 한다. 헬레니즘-로마 시대와 관련해 초월과 내면이 직접 연결되는 구도를 지적했거니와, 계시는 바로 이런 구도의 인식론적 판본이라고 할 수 있다.

3) 미르치아 엘리아데, 최종성·김재현 옮김, 『세계종교사상사 2』(이학사, 2005), 22장에서 그 과정을 볼 수 있다.

주의는 바로 이런 흐름을 이어받고 있다.

오르페우스교는 영혼론을 그 핵심으로 했다. 육체는 영혼의 껍데기에 불과하다. 육체('소마')는 무덤('세마')인 것이다. 영혼은 어떤 육체에 일시적으로 머물다가 이내 그것을 떠나 다른 육체로 들어간다. 영혼의 불사와 윤회라는 이런 형이상학적 입장에 선한 영혼이라는 도덕적 뉘앙스가 첨가된다. 도덕적 공력(功力)을 얼마나 닦았느냐에 따라 한 영혼은 하데스의 지옥에서 고통을 받을 수도 있고 근원적인 신―오르페우스교는 근원적인 신은 하나라는 일신교적 경향을 띠었다―과 합일할 수도 있다. 오르페우스교는 이런 경지에 도달하기 위한 통과의례=입문 의식을 두어, 디오뉘소스적 성격을 띠었던 '오르기아'로부터 아폴론적 성격을 띠었던 '카타르시스'로 이행했다. 이렇게 정화를 통해서 영혼이 그것의 원래 고향인 천상으로 귀환하기 위해서는 채식이라든가 정화의례, 금욕을 비롯한 다양한 수행들을 실천해야 했다. 퓌타고라스교 역시 오르페우스교와 유사한 시대에 유사한 종교적 실천을 수행했다.

오르페우스교와 퓌타고라스교는 소피스트들의 계몽사상을 통해 위축된다. 비록 당대의 대중이 이런 계몽사상을 전격적으로 받아들였던 것은 아니지만(오히려 그 반대였다), 소피스트적 계몽은 사람들에게 알게 모르게 스며들어 영향을 주었다고 해야 한다. 그러나 헬레니즘 시대의 왕화(王化), 로마의 세계 정복, 특히 제정 로마의 도래 등을 겪으면서 지중해세계의 서방과 동방이 섞이고, 점성술, 접신술, 해몽술, 예언술 같은 각종 형태의 새로운 요소들이 지중해세계 전역에 퍼지면서, 오르페우스교, 그리고 특히 퓌타고라스교는 새로운 형태를 획득하게 된다.('신퓌타고라스교') 영육 이원론, 나아가 이 구도를 세계 전체에 투영한 구도로서 선신(善神)과 악신(惡神)이 투쟁한다는 이원론이 영지주의, 마니교, 조로아스터교, 유대교 등과 섞이면서 지중해세계에 만연하게 된다. 각 민족에게서 따로따로 존재하던 종교들이 복잡하게 만나고 혼합되면서 지중해세계는 그야말로 종교의 전시장이 되었다. 이런 종교들이 일정 정도 지적인 형태를 취하고자 했을 때 그들이 끌어들인 최고의 철학자는 언제나 플라톤이었다.

플라톤을 종교사상가로 축소해서 이해하는 것은 잘못이겠지만, 제정 로마에서의 신플라톤주의의 성립에는 나름대로의 맥락이 있었다. 사실 플라톤 자신이 계몽 시대를 거친 이후 다시 형이상학을 구축했으며, 이 과정에서 종래의 다양한 신화적·종교적 사유들—특히 오르페우스교 및 퓌타고라스교의 교리들—을 때로는 은유나 비유로서, 때로는 예시로서, 또 때로는 문자 그대로의 의미로서 흡수하고 종합했던 것이다. 『파이돈』이 그 가장 두드러진 예이며, 『메논』에서의 상기설, 『파이드로스』에서의 영혼론, 『향연』에서의 에로스론, 『국가』(X)에서의 에르 신화, 『티마이오스』에서의 조물주론(티마이오스 자신이 퓌타고라스파 사람이다)을 비롯해, 그의 사유는 종교적인 측면들과 뗄 수 없이 연결되어 있었다. 플라톤 사후 아리스토텔레스의 보다 과학화된 갈래보다는 신플라톤적 경향들의 보다 종교화된 갈래가 압도적인 우세를 보였다고 할 수 있으며, 바로 이 점이 지중해세계에서 철학의 쇠퇴를 가져온 하나의 원인이 되었다.[4]

보론: 다신교, 일신교, 이신교. 흔히 다신교와 일신교는 서로 대립하는 생각으로서 이해된다. 하지만 다신교와 일신교의 거리는 생각만큼 멀지 않다. 다신교는 여러 신들을 섬기지만, 그 신들은 대등하지 않으며 그들 중 항상 최고신이 존재한다. 또 일신교는 하나의 신을 진짜 신으로서 섬기

---

4) 그러나 이는 신플라톤주의의 핵심에 초점을 맞출 때 두드러지는 측면이다. 사실 신플라톤주의는 그 신비주의적 종교사상의 측면 외에 다른 측면들도 포함한다. 아리스토텔레스는 오랜 동안 주목받지 못한 채 파묻혀 있었고, 그를 발굴해 주석을 달았던 사람들은 오히려 신플라톤주의자들이었다. 이를 통해 아리스토텔레스 르네상스가 일어나기도 했다. 포르퓌리오스의 『이사고게』가 대표적이다. 또 신플라톤주의자들은 과학적 연구들에도 관심을 할애했는데, 프로클로스의 『에우클레이데스의 『원론』 제1권의 주석』이 전형적인 예이다. 신플라톤주의의 신비주의에만 초점을 맞출 경우 이 학파의 종합적 측면을 소홀히 하게 된다.

지만, 대개의 경우 그 신 아래에는 다른 하위 신들 또는 중세로 가면 '천사들'이 존재한다. 결국 다신교와 일신교는 최고신과 두 번째 신 사이의 거리가 상대적으로 다르기는 하지만, 결과적으로 거의 같은 구도를 띠기 마련이다. 때문에 다신교와 일신교는 겉으로 보기처럼 대조적인 것이 아니다. 나아가 신들 사이에 '화(化)'=아바타라의 관계를 설정할 경우, 일신교와 다신교는 합체되어버린다.

오히려 흥미로운 것은 이신교(二神教)―또는 양신교(兩神教)라고도 할 수 있겠다―의 경우이다. 영지주의에서 그 일단을 볼 수 있고 특히 마니교, 조로아스터교 등 오리엔트 지방의 여러 종족들에게서 나타나는 이신교는 서로 대등한 위상을 차지한 두 신(선신과 악신)이 서로간의 전쟁을 통해서 우주적 드라마를 엮어간다는 구도를 띤다. 다신교와 일신교는 결국 피라미드의 구조로 귀착하지만, 이신교는 두 개의 초점을 가진 타원의 구조를 가진다.

플로티노스와 신플라톤주의

이런 종교화된 플라톤주의의 흐름은 플로티노스에게서 절정을 이룬다. 그의 사상은 '신플라톤주의'라 불리게 되며, 이 말은 매우 넓은 의미의 진폭을 가지지만 엄밀하게 사용할 경우 플로티노스와 그의 제자들을 가리킨다. 플로티노스(AD 205~270년)는 모든 면에서 이 시대 종교사상 특유의 측면들을 보여준다. '신비한'(말로 표현할 수 없는) 근원으로서의 일자(一者), 이 근원과의 '합일', 타락할 수도 상승할 수도 있는 '영혼'의 가능성, '구원'의 갈구를 비롯해 이 시대의 특성이 그의 저작들에서 종합적으로 표현되고 있다. 그러나 이런 종교적 열망을 표현하는 그의 사유 자체는 상당히 이성적이고 논리적이었다. 이 점에서 그의 사유는 당대의 몽롱하고 퇴폐적인 경향들과는 확연히 구분된다. 그리스적 사유의 건전성과 깊이는 지중해세계로 확산되면서 계속 희박해지고 얕아졌지만, 플로티노스에서 우리는 그리스적 지성이 여전히 살아 있음을 느끼

게 된다. 『엔네아데스』야말로 그리스적 지성의 마지막 불꽃이라고 할 수 있을 것이다.[5]

플로티노스는 후대 사가들에 의해 '신플라톤주의'의 창시자로 규정되었지만, 그 자신은 스스로를 그저 플라톤의 충실한 제자로 여겼을 것이다. 그의 사유는 모든 면에서 플라톤의 종교적/형이상적인 측면을 잇고 있다. 파르메니데스에게까지 거슬러 올라가는 '일자'의 개념은 모든 이데아들의 이데아를, 일자가 낳는 '이성(누스)'의 구조는 이데아들의 구조―여럿의 하나 또는 하나의 여럿(hen polla)―를, 일자로의 상향도(上向道)와 물질로의 하향도(下向道) 사이에서 방황하는 '영혼'은 '중간자'로서의 인간을, 육신의 아름다움에서 출발해 마침내 이데아의 세계에 도달하는 사다리로서의 존재들의 위계는 『향연』에서의 상향도와 『파이드로스』에서의 영혼의 상승운동을, … 잇고 있다. 그러나 플로티노스의 기본 특징은 오르페우스-퓌타고라스교의 핵심 논지이자 나아가 지중해세계 종교사상들 전반의 구도이기도 한 영육 이원론을 거부하고 철저한 일원론의 체계를 제시한 점에 있다. 이 점에서 그는 이원론자였던 플라톤과 차별되는 면모를 가진다.[6]

이 일원론은 세계의 모든 것을 일자의 '유출(emantipatio)'로 보는 관

---

5) 다음을 참조해 인용한다. Plotin, *Ennéades*(Les Belles Lettres, 2002). 부분적으로 국역되어 있다. 『영혼, 정신, 하나』(조규홍 옮김, 나남, 2008), 『엔네아데스』(조규홍 옮김, 지만지, 2009), 『〈하나〉와 행복』(조규홍 옮김, 누멘, 2010).

6) 이미 논했듯이, 플라톤의 경우 이데아와 코라는 어디까지나 타자이다. 때문에 양자를 매개하는 데미우르고스가 필요했다. 반면 아리스토텔레스는 질료와 형상을 단지 형식적으로만 구분되는 존재들로 봄으로써 이런 타자성을 애초에 제거하고 있다. 아리스토텔레스에게서 아페이론은 형상에 이미 제압된 형태의 질료로서 개념화된다. 이런 아리스토텔레스의 일원화와 대조적으로 플로티노스는 최상위의 일자에서 최하위의 물질(비-존재)에 이르기까지의 존재론적 위계를 세우고, 그 사이를 여러 층으로 분절함으로써, 연속적인 비-연속성으로 구성함으로써 플라톤을 일원화했다고 할 수 있다. 이는 파르메니데스의 '일자'를 이으면서도 그것을 분절해서 위계화한 것이라고 할 수 있다. 이 '위계'의 구도는 이후 특히 중세에 심대한 영향을 끼치게 된다.

점, 그리고 유출의 단계에 따라 모든 것이 '하이어라키'를 형성하는 구도, 그리고 무엇보다도 물질을 실재로 보지 않는 입장을 통해서 표현된다. 세계의 근원인 일자는 마치 샘과도 같다. 샘에서 물이 흘러나와도 샘 자체는 마르지 않듯이 일자는 다양한 존재들을 유출하면서도 항상 근원으로서 존재한다. 일자는 모든 것들의 근원이며 그 바깥이 없다는 점에서, 플로티노스의 세계는 일원적이다.('존재의 충만성') 또 일자로부터 유출되는 존재들은 평등하지 않고 서로 다른 위격(位格)을 가진다는 점에서, 그의 세계관은 위계적이다. 결정적으로, 플로티노스는 에피쿠로스·스토아 등의 물질은 말할 것도 없고 플라톤의 '코라'라든가 아리스토텔레스의 '질료' 등과 같은 물질의 실재성을 인정하지 않았다. 물질은 자체로서의 실재가 아니라 단지 '결여(privatio)'일 뿐이다. 그것은 자체로서 존재하는 것이 아니라 일자로부터 유출된 존재들이 점차 하락해가는 방향의 극한일 뿐이다. 다시 말해 그것은 일자로부터 떨어져 나가는 거리를 즉 일자성(一者性)의 결여를 개념화해주는 어떤 극한('비-존재')일 뿐이다. 이 점에서 플로티노스의 일원론은 물질, 악신, 육체 등의 실재성을 전제하는 이원론적 사유들과 구분된다. 세계는 일자의 빛으로 덮여 있으며 물질이란 이 빛이 극한적으로 약해진 지경을 뜻할 뿐이다.[7]

플로티노스의 사유는 일자로부터의 유출을 사유하는 이론적 측면과 일자와 합일하기 위해 상승하는 실천적 측면으로 구성되어 있다. 아리스토텔레스 식으로 말해, 전자는 '원리에 가까운 것'에서 '우리에게 가까운 것'으로의 하향도이고 후자는 그 반대의 상향도이다.

---

[7] 5세기의 신플라톤주의자 프로클로스는 공간이 빛으로 충만해 있다고 보는 '빛의 형이상학'을 구축했다.(Proclos, *Eléments de théologie*, Aubier Montaigne, 1965) 프로클로스의 이런 형이상학은 이후 이슬람 시대의 페르시아 철학자인 수흐라와르디에게서도 나타난다. 이 빛의 형이상학은 바로 이 시대에 고대적인 원근법(음영화, 배경화 등)이 퇴조하고 모자이크 양식이 도래한 것과 모종의 관련이 있어 보인다. 이런 빛의 형이상학은 훗날의 헨리 모어에게서도 보이는데, 알렉상드르 코이레는 이를 뉴턴의 '절대공간'을 예기한 것으로 본다. 이 형이상학의 잔영은 들뢰즈의 『시네마 1』, 4장에서도 나타난다.

플로티노스에게 일자는 신비한 것, 즉 말로 표현할 수 없는 것, 더 구체적으로 말해 서술할 수 없는 것이다. "일자에 대해서는 하나로서 존재한다"라고 말해도 안 된다. 이렇게 말하는 순간 일자는 이미 완전한 하나가 아닌 둘이 되기에 말이다.(5권, IV, §1) 이 점에서 그것은 '신비한' 것이다. 그것은 "아름답다"거나 "선하다"고 서술될 수는 있겠지만 이 또한 방편일 뿐이다. 이는 훗날의 '부정신학'의 원형이다.

일자는 유출을 통해 여러 존재들을 낳는다. 여기에서 '낳는다'는 것은 부모가 자식을 낳듯이 자신의 바깥에 어떤 존재를 생(生)하게 하는 것은 아니다. 일자의 낳음은 그 자신의 충만함이 넘쳐서 흘러내리는 것일 뿐이기 때문이다. 따라서 모든 존재들은 궁극적으로는 연속적이다. 수학에 유비해서 말한다면, 유출이란 최고의 공리로부터 점차 (차례로 인식론적 지위가 낮아지는) 정리들이 도출되어 나오는 것과 같다.

일자의 유출은 우선 이성(누스)들을 낳는다. 이때의 이성은 인식론적 맥락에서의 이성이 아니라 이(理)와 성(性)이라는 성리학적 개념들과 같은 의미에서의 이성으로서, 결국 플라톤의 이데아들을 뜻한다. 일자란 모든 이데아들의 총화+α 이외의 것이 아니다. 이성들은 불연속을 형성하지만 일자는 온전한 하나이다. 이 이데아들이 물질성의 방향으로 떨어지면 영혼들이 성립한다. 영혼들은 생명 이외의 것이 아니다.(4권, VII, §3) 플로티노스는 개별 생명체들의 영혼만이 아니라 『티마이오스』를 따라서 '세계영혼'도 설정하며, 그로써 세계의 유기성과 통일성을 강조한다. 영혼이라는 존재는 특히 중요한 위상을 차지한다. 모든 영혼들 중에서도 특출난 영혼을 가진 인간은 일자로 자발적으로 상승해갈 수 있는 잠재력을 가지기 때문이다. 인간은 육체를 가짐으로써 물질성에 떨어져 있지만 또한 이데아들을 인식할 수 있는 영혼을 가짐으로써 일자를 향해 상승할 수 있는 능력을 가지고 있다. 영혼이 물질성 속에서 살아가는 자신의 현실로부터 일자로 눈을 돌림으로써 구원의 불꽃이 켜지는 것이다. 이는 일자로부터 분리(플로티노스는 '부정'이라고 말한다)되어 일정하게 규정된(그래서 "모든 규정은 부정"이라고 할 수 있다) 존재들이 그러한 부정을 다시 부정함으로써 원래의 전체로 '합일(合一)'되어가는 과정이라고 할 수 있다. 이런 구도는 훗날의 스피노자·헤겔 등의 사유에까지 그 림자를 던진다. 이는 곧 부정(과 차이)을 통해 서로 상대적으로 존재하게 된 차원에서 부정/규정, 차이, 분리가 없는 절대의 차원으로 올라가는 것을 뜻하기도 한다. 플로티노스에게서 세계는 이성적으로 설명되지만, 합일의 경지 자체는 순수한 종교적 체험의 차원이지 설명의 차원이 아니다.

플로티노스의 이런 상승의 철학은 플라톤의 상승과 하강의 변증법과는 다르다. 『소피스트』가 모범적으로 보여주었듯이, 플라톤의 철학은 실재를 인식하기 위한 상향도와 그 인식을 토대로 현실과 대결하기 위한 하향도의 역동적인 원환으로 되어 있다. 그러나 플로티노스의 철학은 헬레니즘-로마 시대의 사상들 일반이 그렇듯이 구원을 향한 상승 일변도의 사유이다. 그에게는 오히려 하강이 이론적 맥락이고 상승이 실천적(종교적) 맥락이다. 플로티노스에게 플라톤의 '사주덕'은 가장 낮은 단계의 덕들, 말하자면 '세속적인' 덕들이다. 아울러 소크라테스의 경우처럼 정의가 아니라 지혜가 최고의 덕으로 설정된다는 점도 눈여겨볼 필요가 있다. '누스'의 수준에서 성립하는 덕들은 예술, 박애, 순수사유이다.(예술이 격상된 것이 특히 눈에 띈다) 이 구도는 그대로 헤겔로 이어진다. 그리고 최고 단계인 일자와의 합일이 있다.

구체적인 현실을 부정적인 것으로 생각하고, 그것과 대결하려 하기보다는 그것을 떨쳐버리고 수직으로 상승하려 하는 열망은 헬레니즘-로마 시대 전체를 특징지은 태도이다. 우리는 이런 종교적 태도의 대표적인 형태를 플로티노스에게서 발견할 수 있으며, 그렇기에 그의 사유는 이후의 종교사상들 대부분의 원형이 되기에 이른다.

§2. 유대교에서 기독교로

그리스-로마 계통의 종교사상들과 계통을 달리하는 종교사상으로는 유대교 및 거기에서 갈라져 나온 기독교가 대표적이다. 우리는 그리스인들, 로마인들을 이어 지중해세계의 철학에서 세 번째의 중요한 철학사적 민족을 만나게 되는데, 그들은 바로 유대인들이다. 원래 '히브리인들'이라 불리었던 이 민족은 수메르, 이집트, 바빌로니아(와 신바빌로니아), 앗시리아, 쉬리아, 페르시아 등 거대한 문명들의 역사가 전개된 상고 시대에는 그 존재조차 미미한 유목민들이었으나, 끈질긴 생명력으로 살아남아 인류 역사에 뚜렷한 족적을 남기게 된다.[8] 유대인들에게서 가장 흥미로운 점은 이들이 어떻게 지중해세계에서 살아남을 수 있었는가 하는 점이다.

유대교의 특이성

이집트, 바빌로니아, 앗시리아 등이 세력 다툼을 벌이던 시절(대략 BC 20~12세기) 히브리인들은 메소포타미아 지역[9]을 떠돌면서 살았던 것으로 보인다. 후에(BC 1600년 정도로 추정) 이들 중 일부가 이집트로 건너가 노예가 되었으며, 그리스와 트로이 사이에 트로이 전쟁이 벌어지고 이집트에서 격변이 일어나던 시절(대략 BC 1200~1100년) 이집트를 탈출해 가나안=팔레스타인(/팔레스틴)을 정복했다고 한다. 이 시절에 이들은 '이스라엘 민족'이라 불리기 시작했다. 이후 이른바 사사(士師) 시대를 거쳐, BC 1000년 이후에는 왕국을 건설해 한때 번성을 자랑했다. 그

---

8) 유대인들의 고대사를 알 수 있는 중요한 두 문헌은 『구약』과 플라비우스 요제푸스의 『유대 고대사』이다. 전자로는 『대조성경』(대한성서공회)을, 후자로는 『유대 고대사』(김기찬 옮김, 생명의말씀사, 1987/1992)를 참조했다.

9) 오리엔트 지역은 크게 이집트 권역, 메소포타미아 권역, 이란 권역으로 나누어볼 수 있다. 메소포타미아 권역은 다시 여러 곳으로 세분될 수 있다.

러나 호메로스 시절(대략 BC 9~8세기)에 이르러 유다 왕국과 이스라엘 왕국으로 분열된다. '유대/유태'라는 이름은 이 '유다'에서 유래한다. 그 후 이스라엘 왕국이 앗시리아에게 먼저 망하고,[10] 그리스에서 자연철학자들이 활동하던 BC 6세기에 유다 왕국이 신바빌로니아의 네부카드네자르에게 망한다. 신흥 페르시아 왕국이 바빌로니아를 무너뜨리고 그리스에서는 소피스트들과 소크라테스가 활동하던 BC 5세기가 되자 일부 유대인들은 팔레스타인으로 돌아간다.[11] 그리고 그리스가 황혼기에 접

---

10) 이스라엘의 멸망과 유다의 존속은 유대교의 일신교적 성격에 중요한 역할을 한다. 첫째, 왜 이스라엘은 멸망했고 유다는 존속했는가에 대해서 (모든 것을 역사/사회과학적으로가 아니라 신학적으로 해석했던) 유대인들은 이스라엘 왕국의 백성들이 야훼 이외의 다른 여러 신들을 섬겼기 때문이라고 해석했다. 그들은 야훼와의 '계약'을 어겼고 그로써 '죄'를 범한 것이다. 이런 해석이 일신교적 성격을 강화했다. 둘째, 이 과정을 통해서 유대인들은 신에게 무엇인가를 요구하는 태도(Gotteszwang)로부터 신에게 자신들을 바치는 태도(Gottesdienst)로 전환한다.(Max Weber, *Ancient Judaism*, Free Press, 1967) 이는 유대교의 신이 보다 높은 자리로 추상화되는 데에 결정적인 기회가 되며, 이와 맞물려 신을 불러내는 고대적인 주술사로부터 왕들과 사제들에 맞서 신에게 헌신하는 유대교의 예언자들이 결정적으로 구분되는 변별점을 만들어냈다고 할 수 있다.(『구약』, 「예레미야」, XXIII) 이는 미와 숭고의 문제와도 관련된다. 미는 대상을 주체의 눈 아래에 둠으로써 가시화하는 것에 관련되지만, 숭고는 대상이 주체의 눈길에서 벗어나 오히려 주체가 그 그늘 아래로 들어가는 것이기 때문이다. 칸트가 숭고미를 설명하면서 유대교의 예를 드는 것은 시사적이다.(칸트, 『판단력 비판』)

11) 바빌로니아 유수(幽囚) 사건은 유대교의 정체성 형성에서 극히 중요한 순간이다. 일반적인 경우, 망한 민족의 신은 소멸하거나 정복한 민족의 신의 하위 신으로 포섭된다. 그러나 예언자들은 절묘한 논리를 만들어낸다. 바로 이 고난이야말로 신이 유대/이스라엘 백성들을 사랑한다는 증거라는 것이다. 그것이야말로 인간으로서는 가늠하기 힘든 '신의 역사(役事)하심'이라는 것이다. 이 "고난의 신의론(神義論)"이야말로 유대교 정립의 중요한 순간이었다.(막스 베버, 진영석 옮김, 『야훼의 예언자들』, 백산출판사, 2004) 훗날 터툴리아누스는 이를 간명하게 표현했다: "나는 부조리하기에 믿는다." 이 점에서 『구약』의 「제2 이사야서」, 그리고 이런 체험을 보다 이론적인 형태로 설파하고 있는 「욥기」야말로 유대교의 핵심을 드러내는 텍스트라고 할 수 있다.
하지만 이런 '신의 뜻'이 이번만이 아니라 다음번에도 또 나타난다면 어찌할 것인가? 또다시 고난의 시간을 맞이해야 하지 않겠는가? 아니, 한두 번도 아니고 이런 고난의 시간이 끝도 없이 연장된다면 어찌할 것인가? '신의 뜻'이 끝없이 긴 시간이 흐른 뒤에야 나타난다면 그 사이의 시간을 어찌 감당할 것인가? 바로 이런 이유에서 고난의 신의론

어들고 로마가 서서히 지중해세계의 강자로 군림하기 시작하던 BC 4~ 3세기에는 그리스-로마의 그림자 속에 들어가 헬레니즘-로마 문화의 일원이 된다.

이렇게 유대인들의 역사는 거인들의 틈바구니에서 이리 몰리고 저리 몰리면서 살아야 했던 난쟁이의 역사였다. 잠시 왕국을 건설해 '솔로몬의 영광'을 이루었을 뿐, 이들은 마치 주인을 계속 바꾸어가면서 섬겨야 했던 하인처럼 자신들의 정복자를 계속 바꾸어가면서 피정복자로 전전했다. AD 135년 완전히 이산(離散)하기까지 때로는 피정복민으로, 때로는 속국으로, 때로는 조공 국가로 한번도 확고한 국가를 가져본 적이 없었다. 그럼에도 이들이 자신들의 정체성을 잃지 않고서 존속한 것은 인류사의 기적에 속한다. 그 근본적인 이유는 무엇이었을까? 무엇보다도 유대인들의 역사에 있어 위기의 시기마다 배출되곤 했던 종교적·정치적 천재들 때문이었다고 할 수 있다. 유대 민족이 거의 절멸─생물학적 절멸이라기보다 문화적 절멸─에 처한다 싶으면 항상 특출난 인물들이 등장해 이 민족을 재무장시켜 그 정체성을 존속시키곤 했다. 유대 민중은 오히려 늘 그들의 정체성과 이 인물들을 배반하곤 했다. 유대인들의 역사는 곧 배반의 역사이다. 그럼에도 유대의 천재들은 다시 그 역경을 딛고 이 민족의 정체성을 반석 위에 세우곤 했다.

이 중 어느 정도 역사적 실체가 있어 보이는 최초의 인물은 모세이다. 유대인들은 자신들의 신─엘로힘, 여호와, 야훼 등으로 불리지만 정확한 발음은 알 수 없다고 한다(이하 야훼로 씀)─만이 진짜 신이라는 선민(選民) 사상을 가지고 있었는데 이는 다른 민족에게 정복당하지 않기 위해서는 필수적인 요소였을 것이다. 모세는 이집트에서 나오면서 율법을, 그리고 여타 관례들 예컨대 할례라든가 돼지고기를 먹지 않는다든가 신을 형상화하지 않는 것 등을 확립함으로써 이런 유대인들의 정체

은 (「다니엘서」 등에서 나타나는) 종말론을 그 필수적인 짝으로 요청했다고 할 수 있다.

성 형성에 결정적으로 공헌했다. 그러나 이 정체성은 이미 이집트 문화를 흡수한 정체성이었다. 훗날 기독교가 이집트에서 번성한 것도 이런 인연 때문이리라. 어쨌든 이후에도 유대인들에게 위기가 닥칠 때면 늘 예언자, 선지자, 구세주('메시아'), 율법학자 등이 나타나 그들을 이끌어 갔다. 사사 시대를 거쳐 왕국 시대에는 예루살렘이라는 도시가 유대교의 중심 거점이 되었고, 솔로몬은 거기에 성전을 짓고서 '계약의 궤'를 안치 시켰다. BC 722년 이스라엘이, BC 586년에는 유다가 망했지만, 이때에도 다시 유다의 요시아, 이사야, 예레미야 등이 나타나 「신명기(神明記)」를 편찬하고, 시나고그(회당)라는 장소를 창안하고, (제의를 대신하는) 기도라는 방식을 만들어내는 등 유대교 전통을 이어갔다. 페르시아 시대에는 느헤미야, 에즈라("제2의 모세") 등이 역시 이런 역할을 수행했다. 이들은 특히 유대 민족과 다른 민족들 사이의 통혼을 금지하는 전통을 만들어냄으로써 유대인들의 정체성을 결정적으로 유지할 수 있게 했다. 이렇게 모세로부터 에즈라에 이르기까지 위급한 순간에 나타나 유대인들을 다잡았던 인물들 때문에 유대교는 숱한 위기를 겪으면서도 이어질 수 있었다.

유대인들과 유대교가 지중해세계 문화의 일반적인 지평으로 개입해 들어온 것은 헬레니즘 시대에 이르러서이다. 당시 지중해세계 전체가 그랬듯이 유대 문화 역시 이 시대에 그리스화된다.[12] 헬레니즘 왕국들이 로마에 하나씩 정복되던 BC 3세기에 『구약』이 희랍어로 번역된다.(이른바 '셉튜아진트'='70인역') 그리고 여전히 이런저런 세력들에 의해 다스려지던 유대인들은 로마가 지중해세계를 확고하게 장악하기 시작한 BC 2세기에 셀레우코스 왕조에 대한 마카비파의 반란을 통해 유다 왕국(하스몬 왕조)을 재건하기에 이른다. 그리고 이 시대에 사두개파와 바리

---

12) 마르틴 헹엘, 박정수 옮김, 『유대교와 헬레니즘』(나남, 2012)에서 그 구체적인 양상들을 확인할 수 있다.

새파가 격렬하게 대립한다.[13] 유대는 이후 로마의 휘하에 들어가며, 팔레스타인에는 강력한 군주였던 헤롯 대왕이 군림하게 된다. 제정 로마에 들어와 유대교는 로마와 격돌하기에 이르는데, 이는 무엇보다도 황제 숭배와 유대교의 유일신 숭배가 부딪쳤기 때문이다. 네로 시대에 제1차 '유대 전쟁'이 벌어졌으며, 2차 전쟁을 거쳐 마지막 3차 전쟁(AD 135년)에서 유대인들은 완전히 패망하게 된다. 유대인들이 로마를 당해낼 수는 없었지만, 로마 역시 끈질기게 저항하는 유대인들에 의해 타격을 받았음에 틀림없다. 그리고 이는 AD 3세기에 로마가 서서히 쇠약해지는 한 원인이 되었을 것이다. 이 시절에 나타난 인물들은 요하난 벤 자카이, 아카비 등이었다. 이 '랍비'들 그리고 이들을 이은 많은 사람들은 유대교 학교인 '예쉬바'와 그 학문인 '탈무드', 자신들의 구역인 '게토' 등을 통해 유대인들을 다잡았으며, 이들의 노력으로 유대 민족은 디아스포라 시절에도 자신들의 문화를 이어갈 수 있었다.

AD 1세기 전반에 향후 유대교와 그것으로부터 파생된 기독교의 역사에서 중요한 역할을 하게 될 세 인물이 활동했다. 알렉산드리아의 필론, 나사렛의 예수, 그리고 타르스스의 바울이 그들이다.

BC 20년 전후에 알렉산드리아에서 태어난 것으로 추정되는 필론은 유대교와 헬레니즘을 사상적으로 통합하고자 한 대표적인 인물이었다. 로마는 '아우구스투스의 평화'를 누리고 있었고, 예루살렘은 헤롯 대왕에 의해 대대적으로 재구축되고 있던 이 당시 알렉산드리아는 로마 등과 더불어 헬레니즘 세계의 중심지였으며,[14] 필론의 가계는 유대인들이 홍

---

13) 유대인들, 특히 유대교의 자주성을 지키려 했던 일파('하시딤')에게는 귀족당인 사두개파, 교양층 평민당인 바리새파, 그리고 폐쇄적으로 종교적 삶을 추구하면서 '메시아'를 기다리던 에세네파가 있었다. 세 파의 특징에 대해서는 플라비우스 요제푸스, 『유대 전쟁사 1』, 199쪽 이하를 참조. 이들 외에도 극좌파들이 모여서 건설한 젤롯당('熱心黨')도 있었다.

14) "유대인들은 시나고그(유대인 회당)에 출입하고, 쉬리아인들은 제우스 신상 아래에서

성했던 이곳에서도 특히 유력한 기득권층을 형성했다. 필론은 헬레니즘 문화의 높은 소양을 갖춘 인물이었다. 그러나 그는 히브리어는 잘 몰랐는데, 예컨대 오늘날 한문을 직접 읽지는 못하고 영어 문헌들을 가지고서 유교를 연구하는 동북아계 미국인을 상상하면 될 것이다. 유대인들의 처우 개선을 위해 가이우스 황제(칼리굴라)를 방문한 것(AD 39~40년) 이외에는 학문 외적 활동을 거의 하지 않고 오로지 연구와 집필에만 몰두했다. 그 결과 그는 방대한 문집을 남길 수 있었다.[15] 필론의 평생 작업은 유대교 사상을 헬레니즘-로마 세계라는 보편적 지평에 위치짓는 것이자, 동시에 그리스적 학문의 토대 위에서 유대교를 재구축하는 것이었다. 그의 작업을 통해 유대교는 헬레니즘-로마 세계에서 어엿한 '사상'으로 인정받기에 이른다.

그의 이런 절충주의적 입장은 여러 측면으로 표현되는데, 가장 중요한 것은 『구약』—필론은 「신명기」까지만 중시했다—을 축자적-역사적으로 읽을 것인가 우의(알레고리)적-신학적으로 읽을 것인가 하는 문제였다. 전자로 기울수록 유대 전통주의자, 배타주의자라 할 수 있고, 후자로 기울수록 근대주의자(이 경우 '근대'란 헬레니즘-로마 시대를 말함), 보편주의자라 할 수 있다. 필론에게서 우리는 이 두 측면이 때로는 갈등을 일으키면서도 항상 공존함을 확인할 수 있다.[16] 예컨대 필론은 할례

진을 치고 있었고, 또 이런 모든 일들이 훔쳐온 오벨리스크의 그림자 속에서 이루어지고 있었다. 이런 것이 코스모폴리스[알렉산드리아]의 모습이었다."(톰 홀랜드, 『공화국의 몰락』, 386쪽) 그러나 알렉산드리아는 고대 종교, 유대교, 신흥 기독교가 폭력적인 대립으로 치달아간 곳이기도 하다.

15) *Oeuvres de Philon d'Alexandrie*(Le Cerf, 1976). 'Loeb Classical Library'에도 그의 글들이 수록되어 있다. 필론의 전집은 크게 유대교 연구서들, 철학서들, 그리고 호교론서(/역사서)들로 삼분되나 세 범주들 사이에 확연하게 선이 그어지는 것은 아니다. 유대교 연구서들 중 중요한 것은 '창세기와 출애굽기에 대한 질의응답' 시리즈, '우의적 주석' 시리즈, 그리고 '율법서 주해' 시리즈이다.

16) 필론의 이런 고민은 특수한 문화와 "보편적"/일반적 문화 사이에서 고민하는 모든 사람들에게서 반복된다. 예컨대 오늘날 이른바 '세계화'의 물결 속에서 자신이 속해 있는

가 반드시 문자 그대로 신체적 할례만을 뜻하지는 않는다고 보았고, "쾌락과 욕구와 영혼의 다른 격정들을 할례한 사람"을 뜻하기도 한다고 말한다.(『출애굽 질의응답』, II, §2) 예루살렘을 성전으로 보는 것에 관해서도 유대인으로서는 예루살렘 자체의 의미를 인정했지만, 신학자로서는 예루살렘이라는 물리적 장소가 아니라 "마음이 가 있는 곳으로서의 성소(聖所)"를 강조했다.(『우의적 율법』, I, §62) 또 유대인으로서는 에세네파 사람들을 선한 인물들로 보면서도, 다른 민족/문화에서의 선한 인물들에게도 똑같이 존경을 표하고 있다. 이런 여러 점들에서 볼 수 있듯이, 필론은 유대인으로서의 정체성과 보편적 지성인으로서의 정체성이라는 이중의 정체성을 가지고 있었고 그 두 측면이 (때로는 갈등을 일으켰지만) 그의 사유 속에서 절충되었다. 필론이야말로 헬레니즘-로마적 지평에서 새롭게 이해된 유대교, 또는 유대교를 그 요소로 포섭한 헬레니즘-로마적 사상을 전형적으로 보여준다.

헬레니즘-로마 시대의 종교사상들이 대부분 그렇듯이, 필론 역시 종교화된 플라톤주의, 즉 플로티노스에서 절정에 달하는 신플라톤주의의 흐름 속에 있었다. 필론은 여기에 유대교적 세계관을 겹쳐놓았다. 더 정확히 말해 얹어놓았다고 할 수 있을 것이다. 후대의 종교사상들이 전대의 사상들을 공략하는 전형적인 방식은 전대의 종교를 흡수하면서 그것을 하위에 위치시키는 전략이다. 예컨대 B 종족이 A 종족을 정복했을 때 또는 그 신을 자신들의 종교에 받아들일 때, B는 A의 신을 자신들의 신 아래에 놓는다. 말하자면, 예컨대 현대 동북아계 철학자가 현대 서구의 과학적-철학적 물질관을 정리한 후 그 위에다가 '기(氣)' 개념을 얹어놓는 것과도 같다. 물론 이것은 엄밀한 의미에서의 철학적인 증명이라기보다는 차라리 종교적인 전략이라고 해야 할 것이다. 아리스토텔레스 사후 본

지역/문화 고유의 사상을 일반화하려는 또는 다시 세우려는 사람들은 필론의 고민을 잇고 있다고 할 수 있다.

격적인 근대 학문이 도래하기 전의 종교사상들은 거의 이런 범주를 벗어나지 않는다. 필론의 사상은 '종교사상'이라는 범주의 이런 성격을 전형적으로 보여준다.

필론은 기존의 철학자들, 종교사상가들이 제시한 최상위 존재들(모나드, 이데아, 로고스, 천사 등)을 끌어 모은 후, 그것들을 자신이 믿는 초월적인 신과 감각적인 현실세계의 중간에 위치시킨다. 여기서 특히 '로고스' 개념이 핵심적인 역할을 한다. 이런 식의 사고는 후에 「요한복음」으로 이어진다. 마찬가지로 인간의 영혼에 관련해서도, 기존의 영혼('프쉬케')의 상위에 "성령"('프네우마')을 둠으로써 구분했다.('프네우마'가 '프쉬케'보다 더 고층대의 개념이라는 점이 특이하다) 또 행복에 대해서도 그리스 사상가들의 행복 위에 유대교적 행복을 얹고 있고, 철학에 대해서도 철학 위에 유대교의 '지혜'를 얹고 있다. 그의 논의는 대부분 이렇게 퓌타고라스, 플라톤, 아리스토텔레스, 스토아 등의 사유를 포섭하면서 그 위에 유대교의 가치를 얹어놓는 종교적 전략의 성격을 띠고 있다. 이 점에서 필론의 사상이 학문적 가치를 가진다고 말하기는 힘들다. 그러나 그의 사유는 유대교와 헬레니즘을 혼합해놓음으로써 유대사상의 신경지를 이루었고, 훗날의 바울, 복음서들(특히 「요한복음」)로 가는 길을 닦았다는 점에서 제정 로마 시대 지중해세계의 사상사를 이해할 때 꼭 짚고 넘어가야 하는 것도 사실이다.

기독교의 탄생

두 번째 유대인은 나사렛의 예수(BC 5년 전후~AD 30/33년)이다. 필론이 당대의 문화 중심지인 알렉산드리아의 기득권층에 속했다면, 예수는 갈릴리의 서민으로 태어났다. 필론이 당대의 헬레니즘 교육을 받은 일반적인 지성인이었다면, 예수는 토속어인 아람어밖에는 몰랐고 갈릴리 바깥을 나가본 적이 없는 인물이었다. 그러나 두 사람은 유대교를 일신하고자 하는 공통의 목표를 가지고 있었다. 다만 그 방식은 전혀 달랐다.

필론이 유대교 교리를 당대의 철학적 지평에서 새롭게 확립하고자 했다면, 예수는 고통 속에서 살아가는 당대의 소수자들과 함께함으로써 유대교를 개혁하고자 했다. 필론이 방대한 문헌들을 남겨 유대교의 재정식화에 공헌했다면, 예수는 갈릴리의 하층민들에게 깊은 인격적 감화와 실천적 감동을 남겼다. 필론이 유대교에 대한 질의와 응답을 통해서 그 사상을 정교화하고자 했다면, 예수는 기득권에 안주하면서 사회적 소수자들을 내리눌렀던 유대교 사제들과의 투쟁을 통해 영적 해방을 추구했다.[17] 두 인물은 학문적 실천과 혁명적 실천 사이의 대조를 뚜렷이 보여준다.

소크라테스처럼 예수도 글을 남기지 않았고, 게다가 그의 삶과 사상을 기록한 '복음서들'은 그의 사후 상당 시간이 지난 후에 저술된 것들이다. 이 복음서들은 전해 내려오는 예수 이야기에 바울이 신학적 해석의 옷을 입히고 거기에 문학적 상상력을 가미한, 현대 식으로 말해서 일종의 '역사소설'이라고 할 수 있다.[18] 때문에 오늘날까지도 예수를 둘러싼 논쟁들이 끊이지 않고 있다.[19] 그러나 1947년 예수 시대 이전 문서인 사해 문서의 발견이 이 문제를 푸는 데 중요한 열쇠를 제공했다. 이 발견

---

17) 예수가 신전을 뒤집어엎은 사건(「마가」, XI, §15)은 그가 영적인 스승일 뿐만 아니라 실제 사회 개혁에 발 벗고 나선 인물이었음을 잘 보여주는 사건이다. 이 당시의 신전은 성스러운 장소라기보다는 정치적-경제적 권력의 중심이었다. 예수는 "쟁기를 손에 들고서 뒤를 돌아보는 자는 하느님 나라에 어울리지 않는다"라고도 말했다.(「누가」, IX, §62) 여기에서 쟁기는 "나의 레기온(군단)이" 손에 쥘 무기를 상징한다. 그러나 예수의 개혁은 어디까지나 유대 사회의 개혁일 뿐 당시의 지중해세계 전반을 눈길에 둔 개혁은 아니었으며, 그는 개혁가보다는 영적 스승을 추구한 삶을 살았다고 해야 할 것이다.

18) 네 복음서가 모두 성격이 다른데, 「마가복음」은 수난과 부활의 비극적 주인공으로서의 예수를, 「마태복음」은 유대교의 예언을 실현한 메시아로서의 예수를, 「누가복음」은 반대로 헬레니즘이라는 보다 일반적인 지평에서 의미를 부여받은 예수를, 마지막으로 「요한복음」은 상당히 신학화된 예수를 보여주고 있다.

19) 정승우, 『예수, 역사인가 신화인가』(책세상, 2005). 조철수의 『예수 평전』(김영사, 2010)은 흔히 유대교와 대립적으로 이해되는 예수가 얼마나 철저히 전통에 충실한 유대인이었는가를 밝혀주었다. 특히 바리새파와 예수의 밀접한 관계 및 에세네파와의 강고한 대립을 밝혀줌으로써 정확한 예수 이해에 한발을 내디디고 있다.

을 통해 예수는 "하늘에서 뚝 떨어진" 인물이 아니라 에세네파의 한 랍비였음이 밝혀지기에 이른다. 사해 문서가 예수 이전의 한 메시아("공정한 스승")를 묘사하고 있는 내용이 예수 이야기와 너무나도 흡사하다는 점에서 예수는 이 "공정한 스승"을 반복하면서 완성한 인물이라 할 수 있을 것이다. 특히 십자가형을 당했다는 드라마적인 요소가 예수를 결정적인 인물로 만들었던 것으로 보인다. 현대의 연구 성과들로 볼 때, 예수는 에세네파의 일원이었으나 그로부터 벗어나 유대교 본연의 도덕을 설파했고, 갈릴리의 소수자들을 위해 몸을 바치고 십자가형을 당한 인물로 보인다.

예수는 체계적인 사상을 전개하지는 않았지만 그의 실천적인 행위와 민중에게의 전언[20]을 통해 그의 사상을 이해할 수 있다. 그 핵심은 '율법에서 사랑으로'의 이행에 있다. 예수는 '하느님 나라'가 도래했다고 외쳤으나, 이 나라는 하느님의 무서운 권능이 세계를 덮치는 나라도 아니고, 모든 고통들이 사라지는 지복의 나라도 아니다. 그것은 세상 가장 낮은 곳에서 신음하는 사람들 곁에 신이 임재하는 나라인 것이다. "내가 온 것은 의인을 초대하기 위함이 아니라 죄인을 초대하기 위함이다."(「마태」, IX, §13) "세리나 매춘부들이 오히려 너희들에 앞서 하느님 나라에 들어갈 것이다."(「마태」, XXI, §31) 예수는 당시의 유대인들을 심하게 옥

---

20) 그러나 현대 학자들의 연구에 따르면, 『신약』에 예수의 말로 나와 있는 것들 중 진짜 그의 말로 인정할 수 있는 것은 최대한으로 잡아도 3분의 1 정도로 추정된다. 예컨대 "회개하라, 천국(하느님 나라)이 가까이 왔다"라는 말 역시 예수의 말보다는 세례 요한의 말로 보아야 하는데, "하느님 나라는 너희들 가운데 있다"라고 한 것이 예수의 사상을 보다 잘 전달해주는 말로 보인다. 이는 곧 예수에게서 유대교의 고난의 신의론이 파기됨을 뜻한다. 예수는 원한과 복수심의 뉘앙스를 떨쳐버리지 못한 유대교 전통에서의 '메시아' 개념에 안주할 수 없었기 때문에, 제자들로 하여금 자신을 메시아라고 말하는 것을 금지하기까지 했다. 유명한 사마리아인 이야기가 잘 보여주듯이, 그가 꿈꾼 세상은 그런 편협함을 떨쳐버린 곳이었다. 예수는 자신이 살고 있는 시대가 바로 카이로스의 시간(신이 임재한 시간)이라고 생각했다. 그러나 역사적으로 보면, 이 시간은 오히려 신의 시간이 아니라 예수의 시간이라고 해야 할 것이다.

죄고 있었던 율법의 신을 파기하고 사랑의 신을 외치고자 했다. 이 때문에 율법주의자들인 바리새인들이나 제의주의자들인 사두개인들과 충돌했다. 하지만 영적 스승으로서 현실에 부딪쳐 유대 사회를 개혁하고자 한 예수의 길은 오로지 영적 수행만을 추구한 에세네파나 무력항쟁을 추구했던 젤롯당과도 다른 고유한 길이었다고 할 수 있다.[21]

요제푸스, 타키투스, 플리니우스 등의 사서들을 볼 때, 당시의 지중해 세계 전체에서 예수 사건은 변방에서 일어난 극히 사소한 사건에 불과했다. 또, 복음서들의 서술은 당대의 정치적-법적 구조를 참조할 때 부정확하거나 과장된 부분들을 많이 담고 있다고 보아야 한다. 나아가 십자가형을 당했다는 점을 예외로 한다면, 종교적인 현자가 나타나 유대교의 개혁을 이끈 사건은 유대인들의 역사에서 항상 되풀이되어왔다. 그러나 예수가 그의 제자들과 일반 민중에게 끼친 인격적 감화와 위대한 행적은 그들에게 각별히 깊은 영향을 각인했던 것으로 보인다. 당시 로마의 학정과 사제들의 착취에 시달리던 민중에게 예수는 따뜻한 사랑의 말씀('복음')을 전파했고, 그것은 어둠 속의 한 줄기 빛처럼 사람들의 가슴속을 파고들었을 것이다. 제자들의 열성적인 전도와 하층민들의 공감을 통해 예수의 삶과 사상은 지중해세계에 널리 퍼져나갔다. 소크라테스 사후 각종 '소크라테스 운동'이 퍼져나갔듯이, 예수 사후에도 각종 '예수 운동'이 퍼져나간 것이다. 그리고 예수를 소재로 한 각종 이야기들이 풍부하게 만들어졌고 또 유포되었다. 이런 '예수 설화'는 이후 지중해세계 나아가 서양 문명 전체의 정신적 삶에 헤아릴 수 없을 정도의 큰 영향을

---

21) 소크라테스와 플라톤, 아리스토텔레스는 대중적인 신 개념을 순화해서 보다 차원 높은 신 개념을 추구했고, 플라톤은 신들에 대한 속된 이미지를 그린 시가들을 이상국가에서 추방해야 한다고까지 말했다. 마찬가지로 예수는 기존의 신 개념을 순화해서 보다 차원 높은 신 개념을 설파했다고 할 수 있다. 신 개념의 이런 순화는 중세로 이어지지만, 다른 한편 보다 구체적이고 민중적인 신 개념 역시 지속된다. 신에 대한 이런 두 종류의 인식은 중세 철학에서 계속 대립하게 된다.

끼치게 된다.

　그러나 예수가 유대교의 한 랍비가 아니라 기독교의 현신(顯神)이 된 것은 또 한 사람의 유대인인 타르소스의 바울(BC 5~AD 67년) 때문이었다. 예수가 갈릴리라는 시골 구석의 영적 스승이자 개혁가였다면, 바울은 헬레니즘 교육을 받은 수도 로마의 시민이었다. 예수가 탈에세네파의 혁명적인 현자였다면, 바울은 자유주의적인 바리새파의 활동가였다. 예수가 고등교육은 받지 못했으나 영적으로 위대한 인물이었다면, 바울은 당시 지중해세계의 문화를 섭취한 지식인이었다. 특히 충분히 확인되지는 않지만 바울은 필론의 저작들을 숙독했던 것으로 보이며, 유대교 신학에 깊이 감화된 철학적 인물이기도 했다. 예수는 혁명가로서 자신의 몸을 불살랐지만, 바울은 예수의 행적에 (필론에 의해 새롭게 다듬어진) 유대교 신학을 투사해서 하나의 새로운 종교를 만들어냈다.[22] 처음에 예수교는 유대교의 한 분파일 뿐이었다. 그러나 바울은 예수를 단 한 사람의 크리스토스=메시아로 해석했으며, 그의 강림이 인류사에 단 한 번 일어난 메시아적 사건임을 선포했다('케리그마'). 이로써 예수교는 유대교의

---

[22]　물론 예수가 전혀 생각하지 않았던 것을 바울이 예수에게 뒤집어씌웠다고는 할 수 없다. 예수 자신이 '그리스도(크리스토스)'로서의 자아의식을 가졌던 것으로 보인다. 그가 산헤드린에서 "이 후에 인자(사람의 아들)가 권능(하나님)의 우편에 앉아 있는 것과 하늘 구름을 타고 오는 것을 너희가 보리라"(「마태」, XXVI, §64)라고 한 사실이 이를 시사한다. 아울러 이 인용문은 「다니엘서」(VII, §§13~14)와 「시편」을 잇고 있으며, 예수의 정신세계가 철저히 유대교적인 배경, 특히 종말론과 메시아사상에 있음을 잘 드러내주고 있다. 아울러 "그러나 내가 하나님의 영에 힘입어서 귀신을 쫓아내는 것이면, 하나님의 나라는 (이미) 너희에게 왔다(임하였느니라)"(「마태」, XII, §28) 같은 구절 역시 그가 고대적-유대교적 정신세계에서 살아갔음을 잘 보여주는 구절이다. 예수의 큰 치적은 놀라운 능력으로 병자들—주로 "귀신 들린" 사람들—을 고쳐주는 것이었고, 이는 그가 한편으로 예언자들의 길을 잇고 있지만 다른 한편으로는 (예언자들이 항상 각을 세웠던) 마법사들의 길을 이어갔다는 점을 보여준다. 소크라테스가 당대 사람들의 눈에 가장 위대한 소피스트로 비쳤다면, 예수는 당대인들의 눈에 아마도 엄청난 법력을 가진 마법사—우리식으로 말해 무당—로 비치지 않았을까. 이렇게 보면 예수의 탄생에 왜 하필 페르시아의 '마기'들이 경배를 드리러 온 장면을 삽입했는지도 분명해진다.

한 분파가 아니라 아예 새로운 종교로서 갈라서게 된다. 예수의 삶을 소재로 삼아 실제 하나의 새로운 종교를 만들어낸 것은 바울이었다.

바울은 숭고한 삶을 산 예수를 원재료로 하고 유대교와 플라톤을 화해시키고자 한 필론의 신학을 조리법으로 해서 기독교라는 종교를 만들어냈지만, 나아가 거기에 그 자신의 독특한 양념을 가미했다. 그것은 곧 '죄'와 '은총'의 개념이었다. 바울은 거의 강박증에 가까운 죄의식을 가졌으며, 자신의 이런 개인적 특징을 세계 자체의 본성으로 만들어 세계의 핵심은 곧 '죄'라고 생각했다. 따라서 삶에서 가장 중요한 것은 이 죄로부터의 구원이었다. 전통적으로 구원의 핵심은 율법에 있었다. 율법에 따르는, 객관적으로 검증 가능한 도덕적 행위가 핵심이었다. 그러나 바울은 구원의 핵심을 행위가 아니라 내면에 집어넣었다. 내면에서 하느님/성령을 맞이할 때에만 구원은 성취된다. 그런데 중요한 것은 이런 영접/계시는 인간이 원한다고 되는 것이 아니며, 나아가 그가 도덕적으로 행위한다고 되는 것조차 아니라는 사실이다. 그러한 구원은 오로지 하느님 자신의 '은총'을 통해서만 가능하다. 바울은 이렇게 구원을 철저하게 타율적인 것으로 만들었다. 그렇다면 인간은 자신에게 은총이 내리기를 하릴없이 기다리기만 해야 하는가? 바울은 인간이 자신의 의지로써 노력해야 할 대목이 있다고 보았다. 그것은 바로 예수가 '그리스도'라는 것, 즉 예수야말로 메시아이며 '신의 아들'이라는 것, 그가 우리의 죄를 대신하기〔代贖〕 위해 지상에 내려왔다는 것, 그의 십자가형은 하느님에 의해 기획된 대속의 과정이었다는 것을 믿는 것이다. 이런 믿음('도그마')만이 인간을 구원할 수 있다는 것이다. 이로써 역사적 예수가 아닌 신학적 예수가 탄생하게 된다.

바울의 이런 교리와 그의 성공적인 전도 여행을 통해 기독교는 유대교로부터 떨어져 나오게 되며, 이것은 지중해세계 종교사에서 가장 중요한 사건이라 할 수 있다.[23] 물론 이것이 완벽한 절연을 뜻하는 것은 아니다. 기독교도들은 유대교의 경전들을 '구약'이라 부르고 예수 관련 경전들을 '신약'이라 부름으로써 유대교와 기독교의 연속성을 확보하기도 했다. 이로써 유대교가 유대-기독교로 분화되기에 이른다. 훗날 유대-기독교로부터 다시 이슬람교가 분화함으로써 유대-기독-이슬람교라는, 같은 뿌리의 세 종교가 정립하게 된다. 이 삼자 사이에는, 또는 (유대교와 기독교가 좀더 밀접하다는 점에서) 유대-기독교와 이슬람교 양자 사이에는 복잡한 관련성이 존재함과 동시에 갈등이 이어진다. 지중해세계에서의 이른바 "중세"의 철학은 이 세 종교와의 관련성을 떠나서는 이해하기 힘들다.

기독교는 헬레니즘이라는 문화적 장과 로마라는 정치적 장에서 성립했다. 그 과정에서 헤브라이즘은 헬레니즘과 갈등을 겪고, 기독교도들은 로마와 갈등을 겪는다. 그러나 결국 헤브라이즘과 헬레니즘은 화해하게 되고, 긴 과정을 통해 기독교는 로마의 국교로 자리 잡게 된다. 헬레니즘의 철학과 헤브라이즘의 종교가 로마라는 정치적 장에서 통합되었던 것이다.

유대교의 역사에서는 배반의 테마가 반복적으로 나타난다. 그러나 예수만큼 철저히 배반당한 인물도 없을 듯싶다. 예수는 지고한 사랑을 외쳤지만 기독교도들은 그 예수의 이름으로 타자들을 배척하고 때로는 학대하기까지 했기 때문이다. 기독교인들은 자신들과 "믿음"을 달리하는 사람들을 단순히 배척한 것이 아니라 극악하게 탄압하곤 했다. AD 415년 알렉산드리아의 뛰어난 수학자이자 철학자인 휘파티아가 광신적인 기독교도들에 의해 교회로 끌려가 무참하게 짓밟히고 난자당한 후 그 시신이 불태워졌다.[24] 이런 잔학한 행위만 한 것이 아니라 어떤 기독

---

23) 초기에는 기독교도가 되려면 우선 유대교도가 되어야 했기 때문에 신도들은 할례를 비롯한 유대교의 관례를 따라야 했다. 이것이 큰 장애물임을 간파한 바울은 이런 제약을 파기해버린다. 이는 곧 기독교를 유대교의 구체적이고 역사적인 장에서 떼어내는, 즉 추상화하는 과정이었다.(여기에는 예수를 직접 본 일이 없다는 바울의 콤플렉스도 작용했을 것이다) 이런 추상화, 이념화는 기독교의 형성에 결정적인 대목이었다.

교도들은 "순교당하면 천당 간다"는 소리에 서로 죽음을 자청해서 로마 관리들의 골머리를 앓게 했다고 한다. 이런 이유로 세네카로부터 플리니우스, 타키투스, 플루타르코스, 갈레노스, 에픽테토스, 플로티노스를 비롯한 당대의 뛰어난 지식인들 대부분이 기독교를 부정적으로 바라보았다. 나중에 기독교가 권세를 잡은 후에 예수의 이름으로 죽은 사람들 상당수가 "이교도들"이 아니라 오히려 기독교인들이었으니, 이는 예수의 고귀한 삶과 사상에 대한 철저한 배반이었다 하겠다. 어떤 고귀한 사상도 속화와 희화화라는 괴물의 손에 떨어지면 기이한 형태로 뒤틀리곤 하는 법이다.

그러나 어쨌든 기독교는 로마 제국 전반으로 퍼져나갔다. 이는 힘겨운 삶을 살아가던 당대의 민중에게 예수의 메세지가 큰 울림으로 다가왔기 때문이다. 예수 사후 몇백 년간은 첫째, 로마의 기독교 탄압, 둘째, 예수에 대한 이해를 둘러싼 갈등, 셋째, 기독교 자체 내에서의 교리 또는 권력 다툼으로 어지러운 시간이었고, 최종적으로는 이른바 "정통파"=가톨릭이 권세를 잡게 된다. 이 과정에서 특히 중요한 것은 이른바 '영지주의'와 '정통파'의 대결, 신비주의와 교회주의의 대결이며, 또 가톨릭 자체 내에서의 교리 또는 권세를 둘러싼 대결이다.

우선, 로마는 왜 기독교도들을 박해했을까? 로마는 종교에 대해서 관용적이었다. 왜 하필 기독교도들만이 그렇게 잔혹한 박해를 받았을까? 그 전에 유대인들부터 로마와 부딪쳤다. 타키투스도 유대인들은 왜 그렇게 유별난가 하고 비꼰 바 있거니와, 고유한 선민의식을 가진 유대인들과 현실적으로 세계를 지배하던 로마인들은 필연적으로 부딪칠 수밖에 없었다. 무엇보다 예민했던 갈등의 씨앗은 '황제 숭배'였고, 그 결과는 3차에 걸친 '유대 전쟁'이었다. 그러나 로마인들이 볼 때 기독교인들에

---

24) 이때의 상황은 알레한드로 아메나바르 감독의 영화 「아고라」(2009)에서 뛰어나게 형상화되었다.

비하면 유대인들은 훨씬 나았다. 황제 숭배를 예외로 한다면 유대인들은 로마에 그런대로 적응해서 산 편이었다. 반면 기독교인들은 로마에 살고 있으면서도 로마 바깥에 있었다. 그들은 아예 다른 세계를 구축해 살았으며 로마의 동일성을 그 근원에서부터 무너뜨리는 세력이었다.[25]

둘째, 예수에 대한 이해, 진정한 기독교의 개념을 둘러싼 갈등이 있었다. 가장 중요한 대결은 영지주의와 정통파의 대결로서, 특히 2~3세기에 절정에 달했다. 그러나 '정통(orthodox)'이란 결국 승리한 쪽을 가리킬 뿐이다. 이 결과를 그 앞으로 투사해서 논할 때 역사는 일방적이 된다. 투쟁이 진행될 때에는 '정통'이란 아직 없었을 것이기 때문이다. 때문에 이 투쟁을 신비주의와 교회주의의 투쟁으로 볼 때 사태를 좀더 정확히 볼 수 있다. 또 다른 각도에서 본다면, 이는 일종의 혼합주의와 순수주의 사이의 투쟁이기도 하다. 영지주의와 교회주의는 어떤 면에서 충돌했는가? 교회주의자들이 단일한, 적어도 점점 단일해져간 집단이라면 영지주의자들은 매우 다채로운 모습을 띤 집단이다. 영지주의에 대한 이하의 서술은 평균적인 서술일 뿐이라는 점을 우선 염두에 두어야 한다.

① 가장 근본적인 문제는 곧 예수 '부활'의 문제이다. 바울 신학의 초석을 이루는 것은 곧 예수의 부활이다. 예수가 십자가에 못 박혀 죽은 후 다시 부활했다는 사실이 그가 '그리스도'라는 증거이며, 이것이야말로 기독교의 본질인 것이다. 여기에서 중심 문제는 예수의 부활이 현실적 부활 즉 신체적 부활인가 아니면 초월적 부활 즉 영적(靈的) 부활인가 하는 것이다.[26] 교회주의자들은 예수의 수난과 죽음, 부활을 문자 그

---

25) 그러나 기독교인들에 대한 박해는 후대 교회사가들에 의해 적지 않게 과장되었다고 보아야 할 것이다. 에드워드 기번, 윤수인·김희용 옮김, 『로마 제국 쇠망사 1』(민음사, 2008), 16장.

26) 문자 그대로의 부활과 영적 부활의 양극이 아닌 제3의 해석도 가능하다. 예수는 실제 부활한 것이 아니라 이념적으로 부활했다고 볼 수 있다. 헤겔이 지적했듯이, 신체를 가진 카이사르가 죽음으로써 '카이사르'라는 이념/상징이 탄생한 것과 같다고 하겠다. 신

대로 이해해야 한다고 보았고, 영지주의자들은 현실적 예수는 참예수의 '가현(假現)'— 현대 식으로 말해 일종의 '더미'— 일 뿐이라고 보았다. 이 문제는 곧 제정 로마의 기독교에서 가장 크고 절실한 문제였던 '순교'의 문제에 관련되었다. 교회주의자들이 볼 때 순교는 참기독교인임을 증거하는 행위였다. 이들이 볼 때 예수를 그저 가현으로 보는 영지주의자들의 견해는 예수의 구체성과 진실성을 희석해버리는 중대한 오류였다. 반면 영지주의자들은 순교로 피를 흘리는 것이 곧 참기독교인의 증거는 아니라고 보았다. 이들에게 보다 중요한 근거는 내적 깨달음의 수준이었다. 신앙의 진정성을 보장해주는 것은 객관적이고 외적인 행위인가, 아니면 주관적이고 내적인 깨달음인가? 전자의 경우 영적 깨달음이 없는 인간들이 교회의 권세를 잡으면 어떻게 될까? 후자의 경우 주관적이고 개인적인 영적 깨달음을 어떻게 확인할 수 있는가?[27]

　②또 하나의 핵심 문제는 삶의 고통을 죄로 보는가 아니면 무지로 보는가에 있다. 교회주의자들은 죄와 은총이라는 바울의 교리를 따랐으나, 영지주의자들은 무지와 지혜[28]라는 소크라테스의 가르침을 따랐다. 교회주의자들에게 구원은 타율적이다. 하느님/예수에 대한 믿음, 교회에의 순종, 은총의 기다림이 핵심이다. 삶의 핵심은 죄, 그것도 원죄 개념

체가 죽음으로써 이념이 탄생하는 이 과정은 사실 인류사의 중요한 국면을 이루는 과정이고, 충분히 납득할 수 있는 사실이다. "호랑이는 죽어서 가죽을 남기고, 사람은 죽어서 이름을 남긴다"라는 말에서 '이름'이란 바로 이념적 존재로서의 그 인물이다. 그러나 당대의 논쟁은 이런 역사철학적인 방향이 아니라 문자 그대로의 부활과 영적 부활의 대립이라는 형이상학적 방향으로 진행되었다.

27) 철학적으로는 양자 모두 문제를 남긴다. 그러나 현실적으로는 교회주의가 승리했다. 개인적 또는 소집단적 깨달음을 추구했던 분산된 영지주의자들이 일사불란한 체제를 갖추고 조직의 힘을 발휘한 교회주의자들을 이기지 못했던 것이다. 그러나 순교의 문제는 교회주의자들 자체 내에서도 문제를 일으켰던 것으로 보인다.

28) 영지주의자들은 '소피아'를 신격화해 최고신으로 삼았으며, 이 지혜에의 깨달음을 '영지(gnōsis)'라 불렀다. '그노시스'는 추론적 지식이 아니라 경험적 지식을 뜻하며, 영지주의자들에게 이때의 경험이란 종교적 깨달음을 뜻했다.

에 있고, 구원은 절대적으로 타율적인, 심지어 예정된 은총에 있다. 반면 영지주의자들에게 구원은 내면의 빛에 있다. 영지주의자들은 교회주의자들이 주장했던 것들—육신으로서의 예수의 부활, 마리아의 처녀 수태, 물 위를 걸어간 예수, "하늘에 계신 아버지" 등—을 문자 그대로 믿는 것은 무지의 소치라고 보았다. 야훼가 하늘 위에서 살고 계신다면, 새들이 먼저 그에게 도달할 것이 아닌가! 이들에게 삶의 핵심은 무지이다. 그리고 이 무지로부터 벗어나 깨달음에 도달하려면 오히려 자신의 내면으로 들어가야 한다. 시몬 마구스는 바로 인간 속에 "무한한 권능, 우주의 뿌리"가 존재한다고 설파한다. 「도마복음」의 예수는 이렇게 말한다. "네가 네 안에 있는 것을 낳으면 네가 낳은 것이 너를 구할 것이다. 네가 네 안에 있는 것을 낳지 못하면 네가 낳지 못한 것이 너를 파멸시킬 것이다."[29] 구원을 얻기 위해서 교회에 가야 할까, 자신의 내면을 탐구해 깨달음을 얻어야 할까?

③세 번째 문제는 유대교와 기독교의 연속성/불연속성 문제이다. 기독교는 유대교에서 갈라져 나왔지만 또한 유대교라는 뿌리를 여전히 유지했다. 교회주의자들은 이 연속성을 이어받았다. 때문에 교회주의자들에게 유일신은 어디까지나 야훼였고, 모세의 율법을 비롯한 유대교 전통은 "구약"으로서 존중받았으며, 유대교에서 내려온 남녀 차별, 각종 의례, 할례, 일부 육식의 금지 등은 선별적으로 취사선택해 받아들여졌다. 교회주의자들은 유대-기독교의 역사—물론 그중 상당수는 '역사'라고 하기 힘든 것들이지만—에 충실하고자 했으며, 멀리로는 유대교로부터 가까이로는 베드로 등 사도들의 행적을 '정통'으로 삼아 그 위에 교회주의를 세우고자 했다. 반면 영지주의자들은 유대교와 기독교를 절연하고자 했으며, 유대교의 신 야훼—때로 이 신을 『티마이오스』의 조물주인 데미우르고스라 부르기도 했다—를 진정한 신(그들은 이 신을 때로 여성

---

29) *L'Évangile de Thomas*, par Jean-Yves Leloup(Albin Michel, 1986).

신으로 때로 남녀양성신으로 묘사했다)의 하위 신에 불과하거나 심지어 악한 신으로 생각했다. 나아가 유대교 및 기독교의 실제 역사를 벗어나서 아예 예수의 메시지를 좀더 자유롭게 해석하고자 했다.[30] 교회주의자들이 유대-기독교의 역사와 교리를 고정함으로써 다른 교리들과 사람들을 배제하려 한 것일까? 아니면 영지주의자들이 실제 역사를 무시해버린 채 무책임한 소설적 허구로 빠져든 것일까? 교회주의자들이 기독교의 "정통"을 세워 권세를 차지하려 한 것일까? 영지주의자들이 기독교에다가 온갖 다른 요소들을 섞어 "잡탕"을 만든 것일까?

교회주의자들과 영지주의자들의 진실이 어떤 것이었건, 현실적인 승리를 거둔 것은 교회주의자들이었다. 그리고 일단 승리를 거두고서 권세를 잡은 이후의 교회는 그 중간 과정이야 어찌되었든 거대한 권력 기관이 되어 지중해세계에 군림했다. 그러나 늘 그렇듯이, 기독교가 이렇게 현실적인 권세를 잡아간 것과 정확히 비례해서 그것은 기독교의 본질로부터 점차 멀어지게 된다. 교회/정통에 반하는 모든 것들이 가혹하게 탄압을 받았다. 그 모습은 기독교가 그토록 증오했던 모습, 바로 로마의 모습 그것이었다. 기독교는 갈수록 예수가 설파했던 가르침과는 정반대의 방향으로 나아갔다. 사람들은 흔히 로마가 기독교화했다고 말한다. 그러나 이것은 사태를 거꾸로 파악한 것이다. 진실을 말하자면, 기독교가 로마화한 것이다.

셋째, 또 다른 투쟁, 즉 교회/정통 내에서 다시 "정통"을 둘러싼 투쟁이 남아 있었다. 권세를 잡은 이후의 교회주의자들은 본격적으로 격렬한

---

30) 이런 자유로움은 때때로 지나쳐서 종교의 교리라기보다는 소설적 상상에 가까운 형태로 비약하기도 했다. 몇 개의 기본 줄거리만 공통될 뿐 끊임없이 가지를 쳐나가는 연작 소설처럼, 이런 이야기들이 끝없이 만들어졌던 것으로 보인다. 이 점에서 영지주의는 진지한 종교적·철학적 교리라기보다 오늘날로 말해 일종의 무협지나 SF 소설같이 보이기도 한다. 현대의 대중문화 작품들—예컨대 「신세기 에반겔리온」 같은 애니메이션 영화—에서 종종 영지주의의 테마가 활용되는 것은 우연이 아니다.

권력 다툼에 접어들었다. 이것은 숱하게 쏟아져 나온 예수 담론들 중 어떤 것들을 '경전'으로서 편집해야 할 것인가, 성부-성모-성자 또는 성부-성자-성령을 둘러싼 '삼위일체'를 어떻게 보아야 하는가,[31] 지중해세계에 퍼져 있는 교회들 사이에 어떤 위계를 설정해야 하는가, 교회 종사자들의 직급 등 각종 제도들을 어떻게 확립할 것인가, 교회의 권력과 현세의 권력의 관계는 어떤 것이어야 하는가, 배교자들을 어떻게 처리해야 하는가 등 다양한 문제들을 둘러싸고서 전개되었다. 기독교는 4세기에 이르러, 특히 313년의 밀라노 칙령과 325년의 니케아 종교회의 등을 거치면서 비로소 가톨릭 즉 "보편적" 기독교를 확립하기에 이르며, 이로써 우리가 오늘날 알고 있는 형태의 기독교의 윤곽이 마련된다.

기독교사상의 문제들

그러나 이런 과정이 오로지 독단적이고 정치적인 맥락에서만 진행되었던 것은 아니다. 여기에는 분명 철학적인 문제의식과 토론도 존재했으며, 이런 요소들은 이후 중세 전체에 걸쳐 학자들의 문제-장을 형성하게 된다. 기독교 형성기에 이 문제-장의 확립에 공헌한 인물들은 '교부(敎父)'들이라 불린다.

우선 기독교가 지중해세계의 주류를 차지하면서 새로운 인식론적 문제가 발생했다. 그것은 곧 그리스 철학에서 절정에 달한 '이성'의 진리와

---

31) 아리우스파는 예수를 인간으로 보았으며 신과 동격에 놓기를 거부했다. 반면 아타나시우스파는 성부-성자-성령의 '삼위일체(三位一體)'를 주장했고, 이 주장은 니케아 종교회의에서 정통으로 채택되었다. 그 후 네스토리우스는 예수가 신격(神格)과 인격(人格)을 가진 이중적 존재라고 주장했으며(따라서 마리아는 성모가 아니라 인격으로서의 예수의 생모일 뿐이게 된다), 퀴릴루스와의 권력 투쟁에서 패했으나 그의 교리는 훗날 '경교(景敎)'의 뿌리가 된다. 또 제국 로마 말기에 유행한 '단성론'에 따르면 예수는 이중적 존재가 아니라 오로지 하나의 본성(신적인 본성)을 가질 뿐이다. 이 점에서 그노시스 계통의 '가현설'과 통한다. 애초에 결론을 내릴 수 없는 이런 문제들 때문에 많은 사람들이 때로 목숨까지도 잃어야 했다.

유대-기독교의 확립을 통해 부각된 '신앙'의 진리 사이에 어떤 관계를 설정할 것인가의 문제였다. 초기의 강고한 호교론자(護敎論者)들은 기독교 이외의 사상들에 대해 노골적으로 적대감을 표출하기도 했지만, 기독교 학자들의 수준이 조금씩 올라가면서 이제 이런 식의 태도로는 곤란하다는 인식이 확산된다. 이에 따라 그리스-로마의 사상과 유대-기독교 사상을 조화시키려는 시도들이 나타난다. 플로티노스의 철학을 기반으로 기독교 신학을 세운 오리게네스 같은 인물이 대표적이라 하겠다.[32] 결과적으로 이런 식의 문제의식은 이후 유대-기독교 및 이슬람교 학자들의 공통된 인식론적 문제가 되었고, 우선 "신앙과 이성"에 대한 자신의 의견을 피력하고서 논의를 시작하는 것이 거의 관례처럼 되었다. 아리스토텔레스의 '예비학'이 '신앙과 이성'의 문제로 바뀐 것이다.

　본격적인 기독교 신학에서 가장 기본적인 문제는 '신학'이라는 이름 자체가 시사하듯이 神에 관한 것이다. 신의 존재에 대한 증명이 우선적인 관심을 모았다. 기독교세계는 야훼라는 신을 이념으로 해서 성립하는 세계이다. 그런데 그 신이 존재하지 않는다면, 이는 그 세계의 존립 자체가 와해됨을 뜻한다. 따라서 '신 존재 증명'은 기독교세계가 철학적으로 정립해야 할 삶의 선험적 근거라고 할 수 있다. 처음에는 신의 존재를 직관적으로 확신하는 데 만족했던 기독교인들도 지적 수준이 높아지면서 점차 '신 존재 증명'에 관심을 모으게 되었으며, 특히 후대의 스콜라철학에서 정교하게 탐구되었다. 또, 신의 속성들에 대해서도 많은 논쟁이 벌어졌다. 이것은 신에게 어떤 술어를 붙일 수 있는가라는 '서술'의 문제였다. 예컨대 "그레고리우스는 선하다"와 "신은 선하다"에서 이 '선하다'라는 술어는 과연 같은 의미를 가지는가? 앞에서 플로티노스의 일자가 '서술할 수 없는' 존재로서 규정되었다는 점을 보았거니와 기독교 신학에서도 신의 서술 가능성/불가능성의 문제는 중요했다. 사실 신 존

---

32) 오리게네스, 이성효 외 옮김, 『원리론』(아카넷, 2014).

재의 문제도 서술의 문제의 일종이라고 할 수 있다. "신은 존재한다"라는 것은 곧 신에게 '존재한다'는 술어를 붙이는 문제 이외의 것이 아니기 때문이다. 존재론적 문제-장이 신학적 문제-장으로 대체된 것이다.[33]

교부들의 시대 이래로도 존재론적-우주론적 논의들은 지속되었으나, 이런 논의들은 항상 신학적 구도 하에서 이루어졌다. 예컨대 창조의 문제가 있다. 세계는 영원한가 아니면 창조된 것인가, 창조주와 세계의 관계는 무엇인가, 창조에서의 시간은 어떻게 이해되어야 하는가, 우주공간은 무한한가 아니면 유한한가, 신은 어떤 방식으로 세계를 창조했는가, 개별자와 보편자의 관계는 무엇인가,[34] 세계에는 우연이라는 것이 존재할 수 있는가, 존재한다면 그것과 섭리의 관계는 무엇인가 등의 문제들이다. 이 문제들 중 특히 창조주와 세계의 연속성/불연속성 문제가 중요했다. 기독교 신학에 결정적인 영향을 끼친 플로티노스에게서 일자와 세계는 그 사이의 먼 거리에도 불구하고 근본적으로는 연속적이다. '유출'의 개념이 이를 함축한다. 그러나 기독교 신학에서 창조주와 피조물들 사이의 거리는 절대적이어야 했다. 그 사이에 연속성을 수립하려는 시도는 일종의 독신(瀆神)으로 간주되어야 했던 것이다.[35] 이 문제를 포함해

---

33) 교부 신학자들 중 니사의 그레고리우스가 이런 형이상학적 문제들을 비교적 체계적으로 다루었다. 그레고리우스는 훗날 에리우게나, 안셀무스를 비롯한 스콜라 철학자들의 원형을 이룬다. 프레드릭 코플스턴은 그레고리우스가 기독교 신비신학의 창시자이기도 함을 지적한다.(『중세 철학사』, 박영도 옮김, 서광사, 1988, 60쪽)

34) 이는 교회의 '잠존'과 관련해 제기된 물음이기도 하다. 개별자들의 유무에 상관없이 자체로서 계속 잠존하는 교회 개념을 수립하기 위해서는 보편자들이 그 자체로서 잠존한다는 입장이 수립되어야 했다. 만일 보편자란 실재하지 않는다고 한다면, 개별자들인 신자들의 모임이 교회일 뿐 교회 자체가 하나의 보편자로서 실재하는 것은 아니라는 결론이 나온다. 따라서 유명론은 교회에 대한 심각한 위협일 수 있었다. 중세 말에 유명론이 대세를 이룬 것도 이런 맥락에서 이해할 수 있다.

35) 이는 유일신과 인간 사이에 다른 존재들을 삽입하는 문제와 연관되며, 따라서 고대 다신론과 유대-기독교 일신론 사이의 관계에 대한 문제이다. 하지만 앞에서 이미 다루었듯이, 양자는 보기만큼 단적으로 대비되는 것은 아니다. 다신교라 하더라도 신들 사이에는 위계가 있으며 따라서 최고신이 군림하는 구조를 띤다. 일신교의 경우에는 유일

서 다양한 존재론적 문제들이 신학의 형태로 중세 내내 다루어졌다.

또 하나의 문제는 역시 영혼의 문제, 인간의 문제, 결정론과 자유의 문제였다. 생명체들의 영혼, 인간의 영혼, '세계영혼', 그리고 '성령'이라는 복잡한 위계적 구조에서 영혼들의 의미와 위상은 무엇인가가 문제시되었다. 인간이란 항상 자신의 존재론적 의미를 물어보는 존재이기에, 영혼의 문제는 인간의 자기 탐구의 주제이기도 했다. 이런 문제 군에서 보다 중요했던 것은 의지의 자유 문제였는데, 이는 특히 신의 섭리와 인간의 자유를 어떻게 조화시켜야 할까의 문제였다. 만일 신의 섭리가 시간 속에서 벌어지는 모든 사건들을 규제한다고 한다면, 인간이 자유를 가지고 있다는 사실은 용납될 수 없다. 인간의 행위 하나하나가 신의 지배를 받는다면 윤리적 책임을 비롯해 인간 고유의 차원들은 전혀 인정될 수 없는 것이 아닌가? 반대로 인간이 전적으로 자유를 가지고 있는 존재라면 그에게는 신을 부정할 자유까지도 있지 않을까? 영혼은 인간 개개인에게서만 존재하는가, 아니면 '인간의 영혼'이라는 영혼 일반이 존재하는가? 후자의 입장을 취할 경우, 개인의 행위와 그것에 대한 책임의 문제를 비롯해서 인간 개개인의 고유성은 어떻게 이해되어야 하는가? 나아가 영혼은 소멸하는가 불멸하는가, 또는 윤회하는가? 불멸한다면 개별적 영혼들이 불멸하는가 아니면 영혼 일반만 불멸하는가? 이렇게 신학과 존재론이 뒤섞인 영혼론이 중세를 관류했다.

네 번째 문제는 윤리학적 문제였다. 우선 중요한 문제는 '악'의 문제였다. 어느 시대에나 악은 문제시되었지만, 제정 로마 시대에, 특히 기독교는 악의 문제에 유난히 민감했다. 이 시대의 "악(惡)"은 그리스적인 "나쁨"이나 동북아적인 "불선(不善)"과는 그 뉘앙스에서 큰 차이가 나는, 극히 어둡고 두려운 그 무엇이었다. 예수의 피, 원죄, 신의 질시와 복

신과 세계 사이에 다른 존재들이 채워지는 경우가 많다. 예컨대 '천사들'이 그런 경우이다. 결국 양자의 차이는 보기만큼 대극적이지 않다.

수(특히 유대교에서), 십자가, 대규모 종교전쟁, 공포스러운 악마의 형상, 마녀 사냥 등, 유대-기독교라는 종교에는 늘 어떤 어둡고 잔혹한 분위기가 따라다닌다. 어쨌든 악의 문제에 처해 신을 변호하는 '변신론(辯神論=thēodicēe)'이 기독교 신학의 중요한 분야가 된다. 법정에서 이루어지는 그리스-로마적인 변론(apologia)의 시대에서 교부들에 의해 전개되는 신을 위한 변론의 시대로 바뀐 것이다. 이 문제는 또한 영혼론과도 직결되는 인간의 본성에 관련되기도 한다. 인간은 선한 존재인가 악한 존재인가, 인간은 자신의 행위에 대해 얼마만큼 책임을 져야 하는가(이것은 앞에서 논한 존재론적 물음, 즉 신이 피조물들의 삶에 얼마만큼 인과적으로 개입하는가의 물음과 관련된다), 기독교 신학의 맥락에서 덕성은 어떤 것들이고 악덕은 어떤 것들인가 등등.

마지막으로 정치적 문제들이 있었다. 기독교 시대로 접어들면서 정치철학의 구도는 바뀐다. 전통적인 공동체들에서 '정치'란 인간적 삶의 모든 것을 포괄했다. 정부—국가와 혼동되곤 하는—와 시민사회가 분명히 구분되는 것은 근대에 이르러서 나타나는 현상이다. 그러나 제정 로마 시대의 지중해세계에 중요한 이원 구도가 도래하는데, 그것은 곧 황제의 권력과 교황의 권력이라는 이분법이었다. 제정 로마의 마지막 '대제' 테오도시우스가 자신의 "죄 사함"을 위해 암브로시우스에게 굴복했을 때,[36] 이런 구도가 처음으로 명확하게 드러나기에 이른다. 이런 구도는 곧 현실적 왕국과 하늘의 왕국—'신국(神國)'—이라는 이원 구도로 정착되며, 기독교 시대의 정치철학은 그리스 폴리스들의 정치철학과도 또 헬레니즘-로마 시대의 스토아적 보편주의와도 구분되는 이원론적 권력론이었다.[37] 이것은 인식론에서의 "이성과 신앙"의 이원론에 대한 정치

---

36) 존 노리치, 남경태 옮김, 『비잔티움 연대기 1』(바다출판사, 2007), 5장. 아우구스티누스의 스승이었던 암브로시우스(AD 340~397년)는 황제의 세속적 권력과 교회의 "영적(靈的)" 권력을 명확히 구분했으며, 정신적 문제에 관련해서는 황제도 "교회 위에 있는 것이 아니라 교회 안에 있다"라고 확언했다.

철학적 짝이었다고 할 수 있다.

사실 기독교라는 맥락과 신학이라는 그림자를 걷어내면 이때 당시의 철학적 문제-틀은 그 이전의 문제-틀과도 또 오늘날까지 이어지는 문제-틀과도 근본적인 차이가 없다. 철학의 문제들, 적어도 추상적인 지평에서의 문제들은 보편적이고 영원한 문제들이기 때문이다. 그러나 바로 그렇기 때문에, 중요한 것은 이 보편성과 영원성을 확인하는 것이 아니라 그것들이 역사 속에서 띠게 되는 구체적 형태들에 주목하는 것이다.

아우구스티누스, 중세의 입안자

2세기에서 4세기까지 여러 교부들에 의해 전개된 초보적인 기독교 신학의 내용들을 집대성해 체계화한 인물은 아우구스티누스이며, 이 신학자의 사상은 이후 중세 기독교 사회의 이론적 초석이 된다. 아우구스티누스(AD 354~430년)는 기독교 신학과 관련해 등장한 철학적 물음들에 체계적으로 답함으로써 이후 전개될 기독교세계의 초석을 만들어냈다.[38]

---

37) 기독교가 세력을 확대하면서 점차 지방의 토속신들을 정복해나갔지만, 사실 그 과정에서 지방 종교들의 영향을 받기도 했다. 기독교 교회는 그 과정에서 켈트족에서의 이원적 권력 구조를 발견했다고 한다. 당연히 그들에게 이것은 매우 매력적인 구도였다. 본래 그리스-로마 사회는 종교적 권력이 정치적 권력의 한 부분을 형성했다. 종교의 사제직—예컨대 그리스의 '바실레우스'라든가 로마의 '폰티펙스 막시무스' 등—은 어디까지나 국가의 한 관직이었다. 그러나 기독교는 켈트족 종교에서 힌트를 얻어 이원적 권력을 구축하기에 이른다.

아울러 후대에 기독교는 그리스, 로마 등의 전통 종교와 성격을 크게 달리하는 "고급 종교"로 인식되었지만, 사실 기독교는 고대 종교들과 연속적인 종교이다. "신의 아들"이라든가, 신이 자신의 아들을 세상에 보냈다든가, 지상에서 죽은 신이 부활해 천국으로 돌아간다든가, ……하는 식의 이야기들이 모두 고대 종교들이 전형적으로 포함하고 있는 이야기들인 것이다. 일신교가 보다 완정(完整)한 형태를 얻게 되는 것은 이슬람교에 있어서이다.

38) 다음 판본을 참조해 인용한다. Saint Augustin, *Les Confessions: précédées de Dialogues philosophiques*(Gallimard, 1998). Aurelius Augustinus, *Basic Writings of Saint Augustine*(Random House, 1948).

우선 아우구스티누스가 제시한 신학과 철학의 관계가 대체적으로 그 후 가장 일반적인 입장으로 자리 잡는다. 제정 로마 시대의 신플라톤주의적 사상들이 대개 그렇듯이, 아우구스티누스 역시 에피쿠로스학파의 유물론이나 아카데메이아의 회의주의를 비판하면서 종교화된 플라톤적 인식론을 전개했다. 그리고 그 위에 기독교 신학의 도그마를 얹어놓았다. 플라톤처럼 아우구스티누스도 감각적 인식을 무시하지 않았다. 감각적 인식을 부정한다면, 우리가 현실을 이렇게 살고 있다는 것 자체를 설명할 수 없을 것이다. 불이 뜨겁다는 것을 한갓된 가상이라고 생각한다면 거기에 손을 넣어보라. 그러나 감각적 인식을 넘어서는 차원이 존재하며, 인간은 이성을 통해 그런 차원을 인식할 수 있다. 이 점에서 아우구스티누스는 플라톤의 이데아론을 거의 그대로 받아들인다. 그러나 그는 플라톤에게서는 나타나지 않았던 독특한 논법—훗날 데카르트에 의해 유명해진 논법—을 구사하는데, 그것은 곧 회의의 극한에까지 나아가서 거기에서 도무지 회의할 수 없는 것을 발견하는 논법이다. 그것은 내가 모든 것을 회의하는 그 순간에도 바로 내가 회의하고 있고 그래서 존재한다는 것, 심지어 어떤 심술궂은 존재가 나를 속이고 있다 해도 내가 속고 있고 그래서 존재한다는 것은 진실이라는 논법이다. "내가 속고 있다면, 〔바로 그렇기 때문에〕 나는 존재하는 것이다(Si enim fallor, sum)." 아우구스티누스는 자신이 존재한다는 것(esse), 살고 있다는 것(vivere), 그리고 이런 사실을 알고 있다는 것(intelligere)을 확신한다. 그리고 궁극적으로는 이 모든 것을 사랑한다.(『신국론』, XI, §26)

아우구스티누스가 이런 논법에서 "나"를 주어로 사용하고 있다 해도, "나"는 인식의 최종 근거가 아니다. 왜일까? 내가 장미꽃을 지각해서 그것에 대해 알게 될 때 장미꽃이라는 대상과 인식하는 나는 이 인식 과정의 필수 조건이다. 그러나 또 하나의 조건, 더 근본적인 조건이 존재한다. 그것은 바로 태양/빛이다. 빛이 없이는 어떤 현실적 인식도 불가능하다. 마찬가지로 인간이 자신의 이성으로 이데아를 파악한다 해도 그러한 파악 과정을 비추어주는, 현실세계의 빛과 유비되는 신성한 빛이 없이는 모든 것이 불가능하다. 이 '진리의 빛(lux veritatis)'이야말로 이데아의 인식을 가능케 하는 신의 권능에서 방출된 형이상학적 빛이다. 이 빛이 일반적인 경험적 인식을 넘어 형이상학적 차원을 인식할 수 있게 해주는 선험적 조건이다.(『삼위일체론』, XII, §15) 이것은 정확히 플라톤의 '태양의 이데아'의 신학적 버전이라고 할 수 있다. 아우구스티누스에서는 이렇게 '상기설'이 '조명설(照明說)'로 대체된다. '조명'이란 말하자면 신이 내려주는 인식론적 은총이라 하겠다. 아우구스티누스가 볼 때 이런 인식론적 은총은 우리가 형이상학적 진리를 파악할 수 있도록 해주는 선험적 조건이다. 그렇기 때문에 그는 "알기 위해서 믿는다"고 믿었다. 믿음이 전제될 때 인식론적 은총이 가능하고 그때 형이상학적 진리의 파악이 가능하기 때문이다. 이렇게 믿음을 인식의 선험적 조건으로 놓았다는 점에서 아우구스티누스의 인식론은 기독교의 인식론적 도그마의 전형적인 형태를 정립했다고 할 수 있다.

신은 이렇게 진리를 정초해주지만, 역으로 진리는 신의 존재를 증명해주는 열쇠가 된다. 플라톤적 의미에서의 진리에 도달할 수 있다는 사실이야말로 그 사실의 선험적 조건인 신의 존재를 증명해주는 것이다. 아우구스티누스는 이렇게 진리와 신을 순환논리적으로 정초하고 있다. 이 외에도 그에게서 훗날 스콜라철학에 의해 체계적으로 전개될 '신 존재 증명'의 원형들을 여럿 찾아볼 수 있지만, 그가 신의 존재를 '증명'하려 애쓴 것은 아니다. 그에게 신의 존재는 증명의 문제가 아니라 믿음의 문제이기 때문이다. 그에게 신에 대한 믿음은 창조주에 대한 믿음, 즉 절대적인 무로부터 세계를 창조한 주(主)에 대한 믿음이다.[39] 신은 세계를

---

39) 신이 무로부터 세계를 창조했다("creatio ex nihilo")고 할 때 질료의 위상이 문제가 된다. 기독교 신학자들은 이데아들이 조물주의 바깥에 엄존하는 것이 아니라 신의 마음속에 들어 있다고 보았다. 이데아들이 신의 관념들이 된 것이다. 하지만 완전한 일원화를 위해 질료(코라)까지도 신 속에 집어넣을 것인가? 완전/순수 현실태(완전히 형상적

창조한 '권능'과 이데아들로 차 있는 '이성'과 세계를 선하고 아름다운 경지로 이끌 '섭리'를 갖춘 위대한 존재이다. 아우구스티누스는 무엇보다 신을 형상인이나 목적인이 아닌 **능동인**으로 이해하고 싶어 했다. 플로티노스에게서 강렬한 영향을 받았던 아우구스티누스였기에 신으로부터 모든 선한 것들이 인간들에게 "흘러나온다"는 식의 신플라톤주의적 표현을 쓰기도 했으나, 전반적으로 볼 때 유대-기독교적 인격신이 갖추어야 할 능동인적 성격을 강조했다고 볼 수 있다.[40] 신을 이렇게 의지적 존재, 능동적 존재, 인격적 존재로 볼 때, 여러 가지 아포리아들이 생성된다. 그중에서도 시간의 문제는 이후 아우구스티누스의 철학을 둘러싸고서 자주 논의되는 주제가 된다.[41]

아우구스티누스가 신과 관련해 무엇보다 중점적으로 사유했던 것은 악의 문제였다. 전능한 신이 창조한 이 세계에 왜 이렇게 악이 창궐할까? 이 문제는 죄, 은총, 시간과 역사, 인간의 자유의지, 선과 악 같은 여

인 존재)인 신이 스스로로부터―신 바깥이란 없기 때문에 질료 역시 신에게서 올 수밖에 없다―(물질성, 잠재태, 우연성, 시간성 등을 함축하는) 질료를 만들어냈다는 것은 모순된 이야기이기 때문이다. 『구약』의 판본에 따라서는 질료가 신의 창조 이전에 이미 '카오스'로서 선재했다고 말하기도 한다. 하지만 이럴 경우, 신이 세계를 창조하기 이전에 그의 타자가 이미 존재했다는 이야기가 되어버린다. 이것은 기독교 신학의 중요한 아포리아들 중 하나이다.

40) 이런 차이는 중세 내내 문제가 된다. 신플라톤주의적 유출설은 신과 피조물들 사이에 연속성을 수립함으로써 "불경한" 이론('범신론')이 되기 쉬웠기 때문에, 불연속성을 강조하는 입장이 정통으로서 받아들여졌다. 아우구스티누스의 신은 자체의 넘치는 충만함 때문에 더 하위의 존재들로 흘러넘치는 '일자'가 아니라, 자신의 의지를 가지고서 세계를 만들어낸 창조주이다.

41) 이전의 그리스 철학자들이 대체적으로 시간을 세계의 규칙성(특히 천문 현상들)과 연관 지어 외면적으로 파악했다면, 인식론에서 내면에 대한 독창적인 성찰을 보여주었던 아우구스티누스는 시간론에서도 인간의 의식과 관련되는 내면적 시간론을 전개해 후대에 큰 영향을 주었다. 시간에 관련해 아우구스티누스가 던진 또 하나의 중요한 물음은 창조에 관련한 것이었다. 아우구스티누스는 신이 시간 안에서(in tempore) 세계를 창조한 것이 아니라 시간과 더불어(cum tempore) 창조한 것이라는 유명한 생각을 남긴다. 군터 아이글러, 백훈승 옮김, 『시간과 시간의식』(간디서원, 2006).

러 개념들과 더불어 아우구스티누스의 핵심 문제의식을 형성했다. 악의 문제에 관련해 아우구스티누스는 플로티노스의 구도를 취해 그것은 선의 '결여'일 뿐이라고 주장했다. 그에게 악을 하나의 실체로서 인정하는 것은 신의 전능함에 위배되는 것이었다. 아우구스티누스에게 악이란 객관적 실체로서보다는 내면적 고뇌로서 더 절실하게 다가왔다. 아우구스티누스는 고대인들 중에서 그 누구보다도 영혼의 섬세함, 내면의 고뇌에 예민했고, 때문에 악의 문제도 근본적으로는 죄의 문제로서 바라봤다. 그는 '원죄설'을 제시함으로써 죄와 악이란 신이 인간에게 부여한 한 속성이라는 생각을 견지했다. 신은 인간을 완전하게 만들지 않았으며, 일정한 자유의지를 부여함으로써 죄와 악에 빠지기도 하고 그것들과 투쟁하기도 하는 존재로 만든 것이다. 그렇다고 아우구스티누스가 이런 투쟁에서 보다 많은 성취를 이룬 사람—도덕적인 사람—이 신의 은총을 받는다고 생각한 것은 아니다. 은총이란 신과 피조물들 사이의 불연속을 메우는 유일한 끈이며, 그 끈은 신 쪽으로부터 일방향적으로 내려오는 것일 뿐이다. "내가 이만큼 도덕적으로 살았으니 하느님께서 은총을 주시겠지"라고 생각하는 것은 인간의 오만일 뿐인 것이다.

그러나 이렇게 생각한다면, 선한 사람이 불행을 겪고 악한 사람이 떵떵거리면서 사는 것이 과연 신의 뜻이라는 것일까? 이 또한 이해가 가지 않는 일이다. 아우구스티누스는 신이 이 세계에 일일이 간섭하지는 않는다는 생각으로 이 난제에 답한다.[42] 신에게는 과거, 현재, 미래의 구분이 없다. 신은 역사를 총체적으로 주재할 뿐이며, 개개의 일들이 어떻게 벌

---

42) 이미 언급했듯이, 신이 어느 정도까지 세계에 개입하는가는 줄곧 논쟁거리가 된다. 예컨대 신은 카이사르라는 한 개인이 암살당하는 것에까지 개입했을까? 아니면 폼페이우스 상 아래에서 죽는 것까지? 브루투스에게 찔리는 것까지? 브루투스가 어떤 칼을 사용할 것인가까지? 어떤 각도로 찌를 것인가까지? …… 신학의 그림자가 걷혔을 때 이 물음은 전혀 다른 형태로 제기되기 시작한다. 근대가 도래한 이후 오늘날까지도 계속 논의되고 있는 결정론과 자유(determinism and freedom)의 물음이 그것이다.

어질 것인가에 대해서는 인간에게 자유의 여백을 주었다. 그러나 그 여백은 어디까지나 과정의 문제일 뿐 역사의 총체는 신이 이미 계획한 것의 실현이다. 모든 것은 원죄와 은총 사이에서 벌어지는 드라마이다. 아우구스티누스는 자신의 이런 생각에 반대하고 신의 역할의 많은 부분을 인간으로 이전하고자 했던 펠라기우스와 논쟁을 벌이기도 했다. 아우구스티누스의 이런 생각에 따르자면, 역사에서 일어나는 숱한 비극들은 결국 신의 섭리를 보다 흥미진진하게 실현하기 위한 과정일 뿐이다. 역사가 보여주는 그 끔찍한 사건들도 신의 영광을 위한 장식물들이고, 힘없는 자들의 몸서리쳐지는 고통들도 결국 신의 위대한 드라마를 구성하는 소모품들인 것이다. 아우구스티누스에게서 바로 옆에 사는 사람들의 의미는 극한으로 절하되고, (아우구스티누스 자신의 내면에서는 그지없이 확실할지 몰라도) 그 존재 여부도 확인할 수 없는 신의 의미는 극한으로 절상된다. 내면과 초월이 수직으로 연결되면서 그 사이의 수평축을 경시하는, 헬레니즘-로마 시대에 일반적으로 나타났던 경향은 아우구스티누스에게서 극에 달한다.

아우구스티누스는 『신국』에서 역사에 대한 거시적인 해석―역사형이상학―을 통해 이런 논지를 종합적으로 펼친다. AD 410년 고트족의 뛰어난 왕 알라리크가 로마를 점령한 사건을 배경으로 쓰인 이 저작에서 아우구스티누스는 '지상의 나라'와 '천상의 나라'라는 이원적 정치철학을 전개했으며, 역사를 신의 섭리의 구현으로 해석하는 역사철학을 전개했다. 이 저작에서 그는 유대-기독교 국가와 '이교도들'의 국가를 구분하고, 후자를 "사탄의 왕국"이라 불렀다. 그리고 이런 왕국들로는 앗시리아, 로마 등을 들고 있다. 그래서 그는 로마의 멸망을 필연적인 것으로 생각했다. 아울러 그는 이원론적 구도에 입각해 교회를 신성화하고, 암브로시우스처럼 교회를 국가에 맞서는 나아가 국가 위에 있는 존재로서 부각했다. 그래서 국가는 기독교 이념을 따라야 하며, 이교도들의 국가는 기독교화되어야 한다. 이런 "두 개의 칼"의 정치철학/역사철학은 AD

6세기의 그레고리우스에 의해 훨씬 완화된 형태로 이어지기도 했다. 어쨌든 아우구스티누스의 역사철학은 형이상학적인 원리(이 경우에는 기독교)를 설정해서 역사를 재단해버리는 전형적인 경우이며, 그 정치철학은 교회의 권세를 확립함으로써 '기독교 국가'를 세우려는 일관된 시도였다고 할 수 있다.

암흑 시대를 거쳐 '유럽'으로

로마 제국의 멸망을 놓고서 전개된 논의는 무척이나 길고 다양하다. 에드워드 기번이 보기에 로마 제국은 AD 2세기 말부터 이미 기울기 시작했다. 그리고 그 내부적 모순들로 인해 진작 무너져야 했던 것으로 이해된다. "이 거대한 구조물은 자신의 무게에 짓눌려 붕괴되었다. (…) 우리는 로마 제국이 왜 멸망했는지를 묻는 대신 오히려 어떻게 그토록 오래 지속될 수 있었는지 놀라워해야 할 것이다."[43] 반면 어떤 사람들은 기번의 계몽주의적 편견—그 위대한 로마 제국이 변방의 미개한 야만족들에 의해 무너졌을 리가 없다는 편견—을 비판하면서, 북방 이민족들의 역할을 강조하기도 한다. 늘 그렇듯이 역사의 결과는 다양한 원인들의 '중층결정'의 산물이며, 이 경우에도 핵심은 내적 퇴락과 외적 힘이 교직되는 비율들과 구체적 방식들에 있을 것이다.

북방의 '야만족'들은 로마의 찬란하고 위압적인 문명에 비해 문자 그대로 "野蠻族"들이었지만, 제정 로마 시대의 로마인들과 이들을 단순히 대립시키는 것은 역사의 실제에 맞지 않는다. 카이사르와 8년간의 격렬한 투쟁을 벌인 이래 이민족들은 로마에 흡수되었고, 자신들의 문화를 지키려 노력했던 것만큼이나 동시에 로마를 흡수하기도 했다. 그런 과정을 통해 다양한 이민족들은 나름의 문화를 일구었는데, AD 3~4세기, 한무제의 흉노 정벌로부터 반달족의 아프리카 침공에 이르기까지 연쇄

---

43) 에드워드 기번, 송은주·윤수인 옮김, 『로마 제국 쇠망사 3』(민음사, 2009), 545쪽.

적으로 일어난 유라시아대륙에서의 동세서점(東勢西漸)의 결과로서, 북방 이민족들의 이동이 본격적으로 시작되던 시기에 이르면 그들은 이미 예전의 "야만족"들이 아니었다. 이는 고트족의 알라리크, 반달족의 가이세리크, 훈족의 아틸라 등의 군사적-기술적 뛰어남 때문만이 아니라, 이미 로마의 문화를 흡수한 이민족들의 문명화 때문이기도 했다. 고트족에게는 아쉽게도 이름만 남아 있지만 제우타스, 디키네우스 같은 철학자들도 있었고, "철인-왕"으로 불렸던 잘목세스도 있었다. 이들은 "그리스인들과 어깨를 견줄 정도"의 학식을 지니고 있었다고 한다. 또 대부분의 이민족들은 이미 기독교를 받아들이고 있었고, 그 때문에 로마와 혼융할 수 있는 정신적 기반을 갖추고 있었다. 물론 사태를 과장할 필요는 없다. 비교적 문명화되었던 고트족의 경우에도 귀족 집단의 대부분이 문맹이었다. 그러나 로마가 이미 쇠약해져가는 늙은이였다면, 이민족들은 강건한 젊은이들이었다. AD 2세기의 타키투스는 이미 이 점을 꿰뚫어 보았다.

동세서점의 거대한 기운에 떠밀려 로마 제국으로 밀려온 종족들은 극히 다양했다. 갈리아, 이탈리아로 밀려온 서고트족, 비잔티움 제국으로 쳐들어온 동고트족, 아프리카로 건너간 반달족, 갈리아에 정착한 프랑크족, 사부아에 정착한 부르군드족, 이탈리아 북부의 랑고바르드족(/롬바르드족), 브리타니아를 정복한 앵글족과 색슨족(/작센족), 그 후에는 노르만족(/바이킹), 불가르족 등을 비롯한 숱한 종족들이 생존을 둘러싼 치열한 대결에 돌입했고, 그에 따라 전에 볼 수 없었던 엄청난 혼란이 시작되었다. 이들 사이의 전쟁 그리고 로마 제국과 이민족들 사이의 전쟁이 빚어낸 혼란스럽고 참혹한 광경은 특히 5세기에 폭발해서 9세기에 어느 정도 안정을 이루기까지 지속되었다. 이른바 '암흑 시대'라 불리는 이 시기에 농촌과 도시는 공히 초토화되고, 삼림은 불탔으며, 전염병이 창궐했다. 숱한 형태의 전투들이 지속되었고, 유랑민들이 떠돌았으며, 각종 유적들이 파괴되었다. '로마 시민'이라는 명칭은 불명예스러운 것으로 전락했다. 기근이 엄습해서 부모가 자식들을 잡아먹고, 맹수들은 인육을 공격했다. AD 5세기 중엽 훈족의 아틸라는 대군을 동원해 지중해세계 전역을 몰아붙였으며, 사람들은 그의 공격을 일컬어 "신의 채찍"이라 불렀다. AD 476년 아틸라의 애첩의 소생인 오도아케르가 얄궂게도 로물루스 아우구스툴루스라는 이름을 가졌던 서로마 제국의 마지막 황제를 폐위하고 그 휘장을 동로마 제국의 황제 제논에게 보낸 이후 서로마에서는 '황제'라는 존재가 사라졌다. 훗날 AD 800년에 샤를마뉴가 교황 레오 3세에게서 '신성 로마 제국 황제'의 관을 부여받게 되나, 그때는 이미 서로마가 실질적으로는 사라져버린 시대, 과거와는 판이한 시대였다.

이 혼돈의 시대에 철학은 잔뜩 위축될 수밖에 없었다. 철학은 한편으로 정치적-종교적 권력이 확고하게 정립되었을 때 위축되지만('다른 사유'라는 것이 불가능하므로), 극한적인 혼돈 속에서도 위축된다('사유'라는 것 자체가 불가능하므로). AD 413~426년에 아우구스티누스가 당대의 사태를 호교론적으로 해명하기 위해 『신국』을 쓴 이래 AD 9세기에 이슬람 철학이 흥기하고 서구에서는 에리우게나가 스콜라철학의 씨앗을 뿌리기까지, 언급할 만한 철학자라고는 위(僞)-디오뉘시우스와 보에티우스(/보이티우스)가 있을 뿐이다.

위-디오뉘시우스는 그리스인 디오뉘시우스 아레오파기타의 것들로 알려졌으나 훗날 그렇지 않음이 판명된 저작들의 저자를 일컫는다. 이 저작들(『신명론』, 『신비신학론』 등)에서 위-디오뉘시우스는 AD 5세기의 신플라톤주의자 프로클로스의 영향을 반영하는, 신플라톤주의와 기독교를 절충한 사유를 펼쳤다. 이 사유는 후대 신학의 전개에 적지 않은 영향을 끼치게 된다. 교부들의 시대에서부터 이미 그랬지만, 이렇게 신플라톤주의와 기독교를 혼합하려는 시도는 중세 내내 이어진다. 신에 관한 서술은 방편일 뿐이라는 '신비신학'(후대의 표현으로는 '부정신학' 또는 '기독교 신비주의'), 악이란 선의 결여일 뿐이라는 호교론을 비롯해 많은 논제들이 신플라톤주의에 입각해 정리되었다.

그러나 이런 혼합의 과정은 모순을 내포하기도 했는데, 삼위일체를 둘러싼 논의가 그중 하나이다. 본래 플로티노스의 개념으로서 일자, 이성, 영혼 사이의 연계성을 가리켰던 '삼위일체'가 기독교에서는 성부, 성자, 성령의 일체를 가리키는 개념으로 사용되었고, 이 과정에서 숱한 논쟁들—대부분 억지스러운—이 양산되었다. 또 하나, 스스로의 충만함 때문에 타자들을 흘러내려 유출하는 일자로서의 신과 능동인으로서 세계를 창조한 신 사이에 어긋남이 존재했다. 전자로만 해석한다면 기독교 고유의 논리를 포기해야 하고 일종의 범신론에 빠지게 된다. 반대로 후자로만 해석한다면 신플라톤주의적 틀을 벗어나야 하고 또 그 자체로서도 여러 가지 아포리아들[44]을 낳게 된다. 어쨌든 이런 논의의 과정에서 위-디오뉘시우스의 저작들이 자주 참조되었고, 특히 AD 9세기의 에리우게나는 이 사상가의 저작들[45]을 라틴어로 번역함으로써 중세 스콜라철학—(신)플라톤주의 계열의 스콜라철학—의 길을 닦게 된다.

보에티우스는 동고트족의 뛰어난 왕 테오도리크 정권 하에서 활동한 학자이자 관료였다. 오도아케르를 죽이고 이탈리아를 차지한 테오도리크는 이 혼란의 시대 이탈리아에 33년간(AD 493~526년)의 평화와 번영을 가져왔다. AD 500년에 테오도리크는 로마를 방문해 로마 시민의 뜨거운 갈채를 받았다. 저물어가는 고대 끝자락의 이탈리아에서 섬광처럼 빛난 마지막 광채였다. 그러나 조금만 여유가 생겼다 싶으면 종교적 논쟁으로 불화를 다시 지피던 기독교도들이 이 뛰어난 왕의 말년을 어둡게 만들었다. 종교 논쟁에 휘둘리면서 테오도리크 자신도 점차 인내심

---

44) 예컨대, 완전한 하느님이 왜 자신의 바깥에 타자를 즉 세계를 창조했는가? 이 문제는 중세 신학의 중요한 문제로서 자주 다루어진다. 스피노자, 헤겔 등이 초월적 신 개념으로부터 벗어나려 한 이유들 중 하나도 이 문제에 있었다.

45) *Oeuvres complètes du Pseudo-Denys L'Aréopagite*(Aubier, 1943). 엄성옥 옮김, 『위디오니시우스 전집』(은성, 2007).

을 잃어갔고 변하고 만다. "카토나 키케로가 자신의 동포라고 인정해주었을 최후의 로마인"이었던 보에티우스는 테오도리크에 맞섰고, 마침내 테오도리크에 의해 죽음을 맞는다. 보에티우스가 감옥에서 쓴 『철학의 위안』[46]은 그 후 많은 사람들에게 내내 읽힌 고전이 된다. 보에티우스는 아테네에서 수학했으며, 아리스토텔레스의 철학을 중세에 전한 철학자이자 보기 드물게 유능하고 청렴했던 정치가였고, 에우클레이데스 기하학, 니코마코스의 대수학, 퓌타고라스의 음악, 아르키메데스의 물리학, 프톨레마이오스의 천문학 등 그리스 과학을 부활시킨 과학자/교육자였고, 나아가 해시계, 물시계를 비롯한 다양한 기구들을 다룰 줄 알았던 기술자이기도 했다. 그는 혼돈의 시대에 비친 한 줄기 빛이었다. 보에티우스를 죽인 테오도리크는 죽을 때가 되자 깊은 후회에 시달리면서 떨었다고 한다.

보에티우스의 철학사적 중요성은 그가 아리스토텔레스의 논리학을 연구해 그것을 중세 스콜라철학으로 넘겨주었다는 점에 있다. 위-디오뉘시우스가 신플라톤주의적 스콜라철학의 씨앗을 뿌렸다면, 보에티우스는 아리스토텔레스적 스콜라철학의 씨앗을 뿌렸다고 할 수 있다. 보에티우스는 아리스토텔레스의 '오르가논'을 라틴어로 번역했으며, 포르퓌리오스의 『이사고게』를 포함해 이 논리학서들에 관해 주석을 썼다. 보에티우스는 보편자와 개별자에 관한 아리스토텔레스의 생각에 주석을 닮으로써 훗날 '보편자 논쟁'의 초석을 마련했으며, 기독교의 신을 '순수 현실태'로 또 '부동의 원동자'로 파악하면서도 아리스토텔레스적 실체를 넘어서는 '초(超)실체'로 규정하는 등 아리스토텔레스적이면서도 기독교적인 사상을 전개했다. 또, 훗날 스콜라철학에서 활용하게 될 중요한 개념들을 명확히 정의함으로써 기독교 신학의 개념적 토대를 놓기도 했다.[47]

---

46) 보에티우스, 정의채 옮김, 『철학의 위안』(바오로딸, 2007).
47) 예컨대 보에티우스는 '위격(位格)'을 "이성적 본성을 가진 개별 실체들(naturae

보에티우스의 이런 노력들은 훗날 12세기 말~13세기 초의 아리스토텔레스적 스콜라철학의 흥기에 중요한 원동력이 된다.

위-디오뉘시우스와 보에티우스가 이런 토대를 마련했음에도 이들의 사유가 스콜라철학으로 이어지기 위해서는 몇백 년의 세월이 지나야 했다. 그 세월은 북방 민족들이 세운 작은 왕국들 사이의 숱한 전쟁, 끝없는 종교적 논쟁이 연속되고, 기아와 전염병만이 창궐한 때였다. 그러나 이것은 지중해세계 서방의 상황이었다. 로마를 중심으로 하던 서방세계가 이런 환란을 겪고 있을 때, 콘스탄티노플을 중심으로 하던 동방세계에서는 또 다른 역사가 펼쳐지고 있었다.

같은 로마라고 하지만 지중해세계의 동방과 서방은 온전히 메우기 힘든 문화적 차이를 보였다.(사실 이런 차이는 오늘날까지도 그대로 남아 있다. '서구'와 (러시아를 포함한) '동구'는 여전히 상당히 다르다) 로마를 중심으로 하는 서방세계와 콘스탄티노플을 중심으로 하는 동방세계는 언어(라틴어와 그리스어)에서 시작해 모든 면에서 달랐다. 이런 괴리는 기독교가 권력을 차지한 이후에는 교리상의 차이로 인해 더욱 커지게 된다. 로마가 지중해세계를 제패했지만 동서의 차이는 내내 존속한다. 옥타비아누스와 안토니우스-클레오파트라의 대결은 우선은 정치-군사적인 대결이었지만, 그 이면에는 문화적인 차이 또한 만만찮게 존재했다. 이렇게 본다면 콘스탄티누스가 콘스탄티노플(콘스탄티노폴리스. 원래 이름은 비잔티움)을 새로운 수도로 정한 것(330년)은 이후 역사에 지대한 영향을 끼친 사건이었다고 해야 한다. '비잔티움 제국'으로도 불린 동로마 제국은 서로마 제국이 몰락하고 북방 이민족들이 난립했을 때에도 그것을 "로마 제국의 멸망"이라고는 전혀 생각지 않았다. 서로마 지역의 이

---

rationalis individua substantiae)"로 또 영원성을 "항구적인 생명의 총체적이고 동시적이고 완전한 보유(interminabilis vitae tota simul et perfecta possessio)"로 규정하는 등(프레드릭 코플스턴, 『중세 철학사』, 144~145쪽), 기독교 신학의 주요 개념들을 논리적으로 명료하게 정의하는 데 노력을 경주했다.

민족들조차도 그렇게 생각하지 않았다. 사실 당대인들에게 '로마'가 존재하지 않는 세계란 상상하기 어려운 것이었다. 동로마로서는 단지 이민족들에게 로마의 서쪽을 빼앗긴 것일 뿐이었고, 이민족 자신들도 '왕'은 칭했어도 누구도 '황제'를 칭하지는 않았다. 그리고 형식상으로나마 동로마 황제의 승인을 받고 싶어 했다. 그럼에도 서방과 동방 사이에는 늘 골이 있었고 때문에 서방이 난도질당하고 있을 때에도 동방은 적극적으로 움직이지 않았다.

6세기의 대제이자 "최후의 로마 황제"로 불리는 유스티니아누스(527~565년[48] 재위)는 문화적인 치적을 많이 남겼는데, 소피아 성당으로 대표되는 건축물들과 '유스티니아누스 법전'으로 불리는 로마법의 집대성을 비롯해 많은 유산들이 그의 시대에 만들어졌다. 그러나 철학사에서 유스티니아누스는 악역이다. 그는 기독교도 특유의 광신에 사로잡혀 529년에 아테네의 네 학교(아카데메이아, 뤼케이온, 스토아, 에피쿠로스의 정원)를 강제로 철폐했다. 이때 수많은 철학자들이 페르시아로 건너가서 호스로우 1세의 열렬한 환영을 받았다. 이는 호스로우 1세=누시르반이 유스티니아누스의 맞수여서이기도 했지만, 또한 그 자신이 상당 수준의 지식인이기 때문이기도 했다. 이 사건은 이후 그리스 철학이 페르시아-쉬리아-이슬람 지역에서 꽃피게 되는 중요한 계기가 된다. 어떤 이들은 바로 이해를 철학사에서 '중세'가 시작된 해로 보기도 한다.

"최초의 그리스/비잔티움 황제"인 헤라클리우스(610~641년 재위)는 비잔티움을 라틴 제국에서 그리스 제국으로 바꾸었다. 그로부터 황제의 명칭이 'Imperator Caesar Augustus'에서 'basileus'로 바뀐 사실이 단적으로 보여주듯이,[49] 이제 비잔티움은 공식적으로 '그리스 제국'이 된

48) 이하 12장까지 BC 표시가 없는 연도 및 세기는 모두 기원후 즉 AD의 것이다.
49) 사실 이전에도 비잔티움 제국에서는 대개 그리스어가 사용되었다. 지식인들조차 라틴어를 모르는(사실상 무시한) 경우가 허다했다.

다. 그것은 부활한 그리스(그러나 '제국' 그리스)였다. 이 사실은 이후의 지중해세계 문화사에서 극히 중요한 결과를 낳게 된다. 헤라클리우스는 628년에 마침내 로마 천년의 숙적인 페르시아를 거의 굴복시키기에 이르렀다. 그러나 바로 그 순간 지중해세계에서는 이전에는 그 존재도 미미했던 새로운 세력이 갑작스럽게 부상한다. 이제 유럽과 비잔티움 제국이 또다시 천년의 세월을 두고서 사투를 벌여야 할 새로운 세력, 바로 이슬람 세력이 일어난 것이다.

이후 지중해세계는 삼분(三分)된 구도를 가지고서 '중세'라는 시간을 이어가게 된다. 갈리아와 이탈리아를 중심으로 하는 서방세계에는 북방 이민족들이 세운 여러 왕국들이 난립하게 되고(그 전체는 점차 '유럽'이라는 정체성을 가지게 된다), 동쪽에서는 헤라클리우스 이후에 점점 쪼그라들게 되는 비잔티움 제국이 오랜 세월을 버티게 되며,[50] 그 나머지의 모든 지역들(페르시아에서 아라비아, 메소포타미아를 거쳐 이집트, 아프리카, 에스파냐 지역에 이르기까지)은 이슬람으로 뒤덮이게 된다. 종교상으로 볼 때 세 개의 일신교—유대교, 기독교, 이슬람교—가, 야훼-모세-예수와 알라-무함마드가 대결을 벌이는 구도이다.

기독교권의 동과 서는 '성상 파괴 운동' 및 '신성 로마 제국 황제의 등장'과 함께 결정적으로 분리되었다. 뛰어난 황제였던 레오 3세(717~741년 재위)는 군사-정치적으로 중요한 업적을 남겼지만 후대에는 오히려 '성상 파괴 운동'을 시작한 인물로 기록되었다. 신들을 자유롭고 활발하게 형상화(形象化)했던 그리스와 로마의 전통과는 달리 일신교 전통은 형상화를 철저하게 거부했다. 예전에 폼페이우스는 잔뜩 기대를 품고서

---

50) 이 제국은 정교일체의 제국으로서 철학이 발달하기는 힘든 곳이었다. 그래서인지 1,000년을 지속했지만 주목할 만한 철학적 성과는 거의 없다. 하지만 비잔티움 제국은 그리스 문화를 잘 보존했고, 그리스 철학의 문헌들을 잘 보관하는 한편 나름의 훈고학적 연구들도 많이 남겼다. 그리고 이 제국이 멸망했을 때 이 성과들은 유럽에 전해져 르네상스 운동의 원천이 된다.

예루살렘의 성소에 들어갔지만, 아무것도 없는 것을 보고서 어리둥절해한 적이 있다.[51] 성상 파괴 운동은 쉬리아 출신인 레오 3세의 성향(그는 그리스어보다 아랍어를 먼저 배웠고 이슬람교도 잘 알았다), 동방에 널리 퍼져 있던 단성론/가현론적인 믿음,[52] (거칠게 말해서) 로마적인 현실성/유물론과 대비되는 동방적인 상상성(想像性)/형이상(形而上)주의(더더구나 서방의 이민족들은 거의 다 문맹이었다) 등이 원인이 되어 일어났으며, 그렇지 않아도 늘 부딪치곤 했던 서방 교회와 동방 교회를 결정적으로 갈라놓았다. 이 대립은 수백 년 동안이나 지속된다.

서방과 동방이 이렇게 멀어지면서 서방은 이슬람 못지않게 비잔티움도 경계하게 되며, 마침내 오랫동안 존재하지 않았던 서방 황제를 세우게 된다. 754년 교황 스테파누스 2세는 단신왕(短身王) 피핀으로 하여금 메로빙거 왕조를 무너뜨리고 자신의 왕조 즉 프랑크 왕국의 카롤링거 왕조를 열게 해주었고, 피핀은 이탈리아 중부를 점령한 후 이를 스테파누스 2세에게 답례로 선사했다. 이로써 '교황령'이 탄생하게 된다. 여타 이민족들이 아리우스파였던 데 반해 프랑크 왕국은 가톨릭을 받아들였고 이것이 이 교환의 결정적인 계기가 되었다. 그리고 황제와 교황의 이런 식의 협조(와 대립)는 이후 서방세계의 전통이 된다. 이후 800년 피핀의 아들인 샤를마뉴(카를 대제)가 마침내 교황 레오 3세에 의해 '신성 로

---

51) 이는 『꾸란』(/『코란』)에서 더욱 분명하게 나타난다. 『구약』과 『신약』이 갖가지 흥미진진한 드라마들과 이미지들로 가득 차 있는 데 비해, 『꾸란』은 극히 추상적이고 건조한 언어로 채워져 있다. 또, 이슬람교도들은 예수를 신의 "아들"이라는 식으로 표현하는 것은 신에 대한 모독이라고 생각한다. 알라는 야훼보다 좀더 추상화된 신이다.

52) 이미 말했듯이, 단성론은 예수의 신성만을 인정할 뿐 인간성은 인정하지 않았다. 역사 속의 예수는 현대 식으로 말해 진짜 예수의 '더미'에 불과한 존재이며, 따라서 의미를 가지지 않는다. 서방의 양성론과 동방의 단성론은 계속 부딪쳤다. 무함마드는 단성론/가현론(또는 영지주의)에 호감을 가졌다. "마리아의 아들이며 하나님의 선지자인 예수 그리스도를 우리가 살해하였다라고 그들[유대교도들과 기독교도들]이 주장하더라. [⋯] 그들이 알지 못하고 그렇게 추측을 할 뿐 그를 살해하지 아니했노라."(『꾸란』, IV, § 157) 『꾸란』의 인용은 '파하드 국왕 꾸란 출판청'에서 나온 것을 참조했다.

마 제국'의 제관을 쓰기에 이른다. 교황이 황제를 비준해주고 다시 황제는 교황을 인정해주는 구도가 정립된 것이다. 서방 교회는 콘스탄티누스의 문서를 날조해 이를 이 제위의 근거로 제시했다. 교회의 이 사기극을 통해서 비로소 "중세"라는 시대와 "유럽"이라는 장소가 본격적으로 탄생했다. 물론 샤를마뉴 제국은 그의 사후에 곧 사분오열되어버렸고, '신성 로마 제국 황제'라는 존재는 약화되어버린다. 그러나 비잔티움의 황제가 있는데 서방에서 새로운 황제가 등극했다는 사실, '신성 로마 제국'이라는 새로운 국호가 탄생했다는 사실, 서방의 교황이 이를 제멋대로 비준했다는 사실 등은 매우 큰 상징적 의미를 띠었다.[53] 이로써 우리가 '중세 서양'이라고 부르는 세계가 형성되었다고 할 수 있다.

§3 이슬람세계의 도래

'아랍'과 '이슬람'의 관계는 '히브리'/'유대'와 '이스라엘'의 관계와 유사하다. 아랍의 여러 민족들은 광대한 사막의 끝자락에 드문드문 생겨난 마을들에서 북방 야만족들의 생활과 별반 다를 바 없는 미개한 생활을 영위하던 사람들이었다. 유대인들의 경우가 그랬듯이, 이들이 지중해세

---

53) 샤를마뉴 자신은 이 대관식의 의미를 정확히 몰랐을 수도 있다. 북방 이민족들은 가부장제에 철저했으며(훗날에도 프랑스, 독일 등지에서는 여왕이라는 존재가 인정되지 않았다), 당시 비잔티움은 아들의 눈을 뽑아 죽였다고도 하는 잔혹한 여제 이레네가 다스리고 있었다. 따라서 샤를마뉴의 개념으로는 당시 로마 제국의 황제 자리가 공석이었던 것이다. 또, 교황에게 관을 받은 것 역시 그저 제의적인 의미로 해석했을 뿐 그의 '비준'으로 받아들이지는 않았던 것 같다. 개념상 로마세계의 종교적 최고위직은 콘스탄티노플의 대주교였다. 그 후 샤를마뉴는 이레네에게 청혼함으로써 서방과 동방의 관계를 공고히 하려 했으나 이레네의 죽음으로 무산된다. 한편, 이 청혼은 비잔티움인들에게는 모욕으로 다가왔다. 비잔티움인들에게 서방의 '야만족'들은 그야말로 무식한 변방의 털북숭이들이었다. 실제 샤를마뉴 자신도 정신적으로 교양인이기는 했지만 거의 문맹이었다. 이런 여러 점들에서도 동과 서의 문화적 차이가 분명하게 드러난다.

계를 뒤흔들면서 중세를 화려하게 수놓으리라는 것은 아랍인들 자신들을 포함해 당대의 그 누구도 생각하기 힘든 일이었다. 그러나 놀랍게도 그런 일이 실제 일어났다.

'이슬람'의 탄생

'이슬람'은 622년 예언자 무함마드가 자신에게 적대적인 메카(/맛카)를 떠나 메디나(/마디나)로 거처를 옮겼을 때('헤지라') 성립했다. 이슬람 세력은 633년에 정복 사업을 시작해서 단 10년 만에 다마스쿠스, 예루살렘, 쉬리아, 이집트, 아르메니아를 정복했고, 한 세대도 채 못 되어 유구한 역사의 페르시아(사산조 페르시아)를 포함해서 비잔티움의 동쪽과 남쪽 전체를 장악했다. 8세기에 들어서서는 아프리카를 정복했고, 여세를 몰아 정복 사업이 시작된 지 꼭 100년째인 732년에는 에스파냐에서 사마르칸트에 이르는 대제국을 건설했다. 이 끝없는 정복은 서쪽으로는 732년 푸아티에 전투에서 프랑크 왕국에 패함으로써, 동쪽으로는 751년 탈라스 전투에서 당(唐) 제국에 패함으로써 겨우 멈추게 된다. 기독교권에서 주로 '사라센인들'[54]이라 불린 이 이슬람교도들=무슬림들은 단 한 세기 만에 지중해세계의 패자가 된 것이다. 세계사에서 달리 예를 보기 힘든 이 신속한 정복 사업을 통해 지중해세계는 기독교권의 서방과 동방(비잔티움) 그리고 이슬람권이라는 삼분 구도 또는 이분 구도에 놓이게 된다.

---

54) '사라센인들'이라는 말을 좁은 의미로 쓸 때는 주로 북아프리카의 이슬람교도들(아랍인들, 무어인들, 베르베르인들의 복합체)을 가리킨다. 이들은 성전(聖戰='지하드')을 수행하는 이슬람 전사 또는 (대개 아라비아인 이외의 무슬림의 경우) 그것을 빙자한 해적이 되어 시칠리아 섬, 이탈리아 해안들, 남프랑스의 해안들을 끝없이 노략질하곤 했다. 8~10세기에 걸쳐 이들의 비참한 제물이 되곤 했던 유럽은 11세기를 고비로 공세(攻勢)로 전환하며, 이 과정에서 아말피, 피사, 제노바, 베네치아 등 '이탈리아 해양 도시국가들'이 탄생하게 된다. 후에 이 도시국가들은 르네상스 운동의 중추 역할을 하기에 이른다.

636

이 모든 일의 원동력은 단 한 사람, 예언자 무함마드(567/572~632년)였다. 무함마드는 다신교와 물신 숭배가 이어져온 아라비아의 전통에서 태어나 자랐지만, 유대-기독교의 전통을 이어 이슬람교를 창시했다. 예수와 마찬가지로, 그 역시 공동체에서 떠나 동굴에서 길을 찾았고 가브리엘 천사를 만나 『꾸란』을 쓰기 시작했다고 한다. 이후 『꾸란』과 그에 대한 해설, 즉 자구적 설명인 '탑시르'와 정신적 주석인 '타윌' 그리고 무함마드가 남긴 전승/말씀='하디스'와 그에 대한 권위자들의 해설이 이슬람의 최고 권위로 자리 잡게 된다. 이슬람교는 유대-기독교를 잇고 있기 때문에 교리의 핵심이 그와 매우 유사하다. 유일신에 대한 믿음, 신의 섭리에 의해 움직이는 세계, 신의 은총, 신의 부단한 현시로서의 역사, 종말론 등. 그러나 다른 한편 무함마드는 전통적인 아라비아 종교와의 연속성도 유지했다. 메카의 카바에서 유래하는 (기독교의 야훼에 해당하는) 알라 신에 대한 숭배, 신분제라든가 일부다처제를 비롯한 전통의 유지 등이 그렇다. 이슬람교에서는 '죄'의 개념이 유대-기독교에서에 비해 훨씬 약하다. '원죄' 개념은 희박하며, 따라서 '대속'이라는 개념도 희박하다. 기독교처럼 금욕을 강요하지도 않았다. 혁명적인 면모도 있었지만 근본적으로는 영적 인물이었던 예수와 달리, 무함마드는 애초에 상인이었으며(『꾸란』이 상업적 언어로 가득 차 있는 것도 이 때문이다. 사실 세 일신교는 공히 '계약'의 사상이다) 영적인 인물인 것 못지않게 정치적 천재, 심지어 군사적 천재이기도 했다. 『꾸란』을 장기간에 걸쳐 스스로 써나갔다는 사실도 특기할 만하다.[55] 예수는 이 세계가 아닌 또 다른 세계

---

[55] 복음서들은 예수 사후에 그의 삶을 소재로 해서 작성된 전기물들이다. 반면 『꾸란』은 무함마드 자신이 직접 저술한 것이다. 복음서들의 경우 중심이 비어 있다. 그 빈 중심을 둘러싸고서, 그것을 일정한 방식으로 채우려는 다양한 이야기들이 만들어졌다. 이 점에서 회색의 이야기들이 하얀 중심을 둘러싸고 있다고 볼 수 있다. 반면 『꾸란』의 경우는, 마찬가지로 복잡한 편집 과정을 거치기는 했지만, 중심이 채워져 있다. 물론 이 경우도 그 중심의 해석은 무함마드의 언행('하디스')을 매개로 할 수밖에 없으며, 다시 하디스 또한 여러 해석을 허용한다. 경전의 역사는 결국 '해석'의 역사이며, 학자/성직자

를 꿈꾸었지만("가이사[카이사르]의 것은 가이사에게 하나님의 것은 하나님에게 바쳐라"), 무함마드는 이 세계를 또 다른 세계로 바꾸려 했다. 때문에 서방에서 기독교는 어디까지나 '종교'였지만 이슬람에서 이슬람교는 삶의 '모든 것'이었다.

무함마드는 유대인들이 살고 있던 메디나로 옮긴 후 종족적 차이를 떠난 본격적인 무슬림 공동체('움마')를 구성하기 시작했으며, 이전에 기독교가 그랬듯이 유대교로부터 벗어나 메카를 향해 기도하는 본격적인 이슬람교를 구축했다. 무함마드 사후 그를 이어받은 할리파(/칼리프)들―'대리인'들을 뜻한다―은 정복 사업을 시작한다. 지중해세계는 기독교도들과 이슬람교도들의 전장이 된다. 유대교도들은 비교적 중립적인 입장이었다. 기독교도 이슬람교도 일신교이다. 일신교란 단 하나의 신만을 긍정하기에, 자신들의 신이 유일한 신이라고 믿는 두 집단은 결국 사생결단을 낼 수밖에 없다. 물론 군주들의 개인적 성향에 따라 또 그때그때의 상황과 이해타산에 따라 예외적인 경우들이 생기기도 했다. 예컨대 시칠리아는 많은 굴곡을 겪은 후, 양교(兩敎)가 공존하게 된 "지중해의 기적"을 일구어내기도 했다. 그러나 일신교도들은 대개 "진리"―객관적으로 보면 '믿음(도그마)'―에 대한 강박증에 사로잡혀 있기 때문에, '이교'보다도 오히려 '이단'을 더 증오한다. 이는 기독교나 이슬람교나 마찬가지였다. 바로 그렇기 때문에, 중세 지중해세계는 기독교와 이슬람교의 투쟁이라는 간단한 도식만으로는 이해하기가 힘들다. 각 종교 자체 내에서도 복잡하기 이를 데 없는 역사가 전개되었다. 이슬람세계의 경우 대략 AD 1000년 이후에 (페르시아 지역, 이집트 지역, 아프리

의 권위도 경전 해석에 근간을 둔다. 하지만 기독교에 비해 해석의 유동성은 훨씬 작다. 회색의 해석들은 검은 구멍을 넘어설 수 없기 때문이다. 중심이 확고하게 차 있는 이슬람교가 해석의 다양성을 완화할 수 있었던 반면, 빈 중심을 둘러싼 기독교 서사들은 상대적으로 더 다양하고 유동적일 수밖에 없었다. 이런 차이는 향후 기독교세계와 이슬람세계를 지속적으로 지배했으며, 어떤 측면들에서는 오늘날까지도 지배하고 있다.

카 지역, 그리고 그 자체 다질적인 메소포타미아 지역 등으로) 복잡하게 분열되기 시작했다. 그럼에도 두 일신교 사이의 투쟁이라는 구도가 중세 지중해세계 전체를 지배한 것은 분명하다.[56]

이슬람교는 기독교에 비해 상대적으로 관용적이었다. 무함마드 자신이 "경전의 백성들"을 다신교도들과 구분했고,[57] 알라 신의 성격을 비롯해서 교리 상으로도 더 추상적인 형태를 띠고 있기 때문이다. 이미 기독교가 유대교에 비해서 보다 추상적인 지평을 열었고 그로써 보다 넓은 외연의 종교로서 성립했지만, 이런 추상화가 이슬람교에서 완성의 단계에 이르렀다고 할 수 있다. 이슬람이라는 우산 아래에서 다양한 문화들이 공존할 수 있었던 것도 이 때문이다.[58] 그러나 이는 이슬람교의 전략

---

56) 그러나 애초에 이슬람교 자체가 유대-기독교의 연장선 상에서 성립되었기에 이런 투쟁의 과정에서 서로가 서로에게 스며들기도 했다. 예컨대 쉬리아의 모스크들은 대개 돔 형식을 채용하고 있다. 또 서구의 어떤 용어들은 아랍어에서 유래한 것들이다. 또 하나, 이슬람이 페르시아를 정복했을 때 문화적으로는 오히려 페르시아가 이슬람을 정복했다는 점도 염두에 두어야 한다. 로마와 그리스의 관계와 같다고 하겠다. 이란 지역이 이슬람화하긴 했지만 그 지역의 이슬람 문화는 사실상 찬란한 페르시아 문화를 계승했다고 볼 수 있다. 이 때문에 '이슬람'은 크게 '아랍적인 것'과 '페르시아적인 것'의 양대 축을 가지게 된다. 순니파와 시아파로 대변되는 이 이원성은 이슬람 문명의 중요한 측면이다. 또, 8세기 후반 이래 헬레니즘 문명(그리스 문명)이 이슬람에 광범위하게 밀려오기에 이른다. 다른 지역들(이집트, 아프리카, 에스파냐)에서도 상황은 복잡했다. 사실상 이슬람 문명은 로마 문명이 그랬듯이 '이슬람'의 우산 아래 모인 극히 다채로운 문명들이었다.

57) 따라서 무함마드에게서 분할선은 기독교와 이슬람교 사이에서보다는 경전의 백성들(쉬리아의 유대교도들과 기독교도들, 그리고 이란의 조로아스터교도들을 포함해서)과 다신교도들 사이에 그어진다. 이는 아마도 유대-기독교에 진 빚을 부정할 수 없어서였을 것이다. 반면 다신교도들 즉 "불신자들"—객관적으로는 전혀 성립하지 않는 "즉"이지만—에 대해서는 다음과 같이 말한다. "[살생이] 금지된 달이 지나면, 너희가 발견하는 불신자들마다 살해하고 그들을 포로로 잡거나 포위할 것이며 그들에 대비하여 복병하라. 그러나 그들이 회개하고 예배를 드리며 이슬람세를 낼 때는 그들을 위해 길을 열어주리니, 실로 하나님은 관용과 자비로 충만하심이라." 결국 "불신자들"은 오로지 그 이유만으로 죽어야 했으며, 살아남고자 한다면 세금을 내야 했다. 기독교와 이슬람교라는 두 폭력적인 종교의 틈바구니에서 다른 '믿음'들의 여지는 짓뭉개져야 했다.

이기도 했다. 타자들을 배제하기보다는 포섭하면서 자신들의 세원(稅源)이나 인력(人力)으로 삼고 싶어 했기 때문이다. 교리에 따라 이슬람교도들은 같은 이슬람교도들을 노예로 삼을 수 없었다. 그리고 원칙적으로는 (『꾸란』에 입각할 때) 세금도 쉽게 거둘 수가 없었다. 이슬람교도들이 이교도들의 개종을 막기까지 했던 것은 이 때문이다. 다만 여성들의 경우는 거의 무조건 개종시켰다. 이슬람교도가 아닌 여성과는 성행위를 할 수 없었기 때문이다. 이른바 "이슬람의 관용"에는 교리/문화 상의 관용 외에도 이런 현실적 조건들 또한 중요하게 작용했다. 각 종교의 성격이나 관계가 오랜 시간을 두고서 변해갔다는 점도 염두에 두어야 한다.

기독교와 이슬람교의 가장 중요한 차이들 중 하나는 교회의 존재 유무에 있다. 기독교가 일찌감치 교회의 권력을 수립했고 그에 따라 갖가지 정치적 맥락들이 얽혀 들어간 데 비해, 이슬람의 경우 별도의 교회나 성직자가 없는 것이 특징이다. 사실 이슬람교가 삶의 모든 것을 관장하기에 교회·성직자가 따로 존재할 이유가 없다. 예배는 어디에서나 드릴 수 있다. 『꾸란』(LXII, §9)에서는 가급적이면 금요일 정오 공공장소로 모이도록 권장한다. 이슬람교를 떠받친 것은 교회나 성직자보다는 다섯 가지 "신앙의 기둥"이었다: 매일 다섯 차례씩 땅바닥에 엎드려 행하는 기도('살라트'), 법으로 정해진 희사(喜捨)('자카트'), 라마단 기간 중 여명에서 일몰까지 행하는 단식('사운'), 메카 순례('하지'), "알라 외에 신은 없으며 무함마드는 알라의 사도이다"라는 신앙고백을 반복하여 봉창하는 의식('사하다트').[59] 이 다섯 가지만 지키면 되었기 때문에 이슬람교는 기독교에 비해 상대적으로 제도적 유연성을 유지했다.[60]

---

58) 이는 유대인들의 경우에 두드러지게 드러난다. 기독교세계에서는 특히 십자군 시대 이래로 유대인들의 수난이 있었지만, 이슬람세계에서의 유대인(7~15세기)은 오히려 황금시대를 구가했다.

59) 미르치아 엘리아데, 박규태 옮김, 『세계 종교사상사 3』(이학사, 2005), 131쪽.

60) 두 종교 사이의 가장 근본적인 차이들 중 하나는 기독교가 시간과 역사에 민감했던 반

이슬람세계의 종교사상

이슬람의 교리는 기본적으로 경전/율법('샤리아')과 그 뜻/의미('하키카') 사이의 긴장으로 이루어져 있다. 이는 곧 어느 종교에나 따라다니는 해석학적(hermeneutic) 문제라고 할 수 있을 것이다. 이 문제에 대한 입장 차이에 따라 이른바 정통파('순니파')와 비정통파('시아파'), 그리고 이탈파('하리지파')로 나뉜다. 그리고 이슬람 신비주의('수피즘') 또한 빼놓을 수 없다.

이슬람의 이른바 정통 신학('칼람')을 펼친 신학자들('무타칼리문')은 내면('바틴')에 침잠하기보다는 외면('자히르')에 충실하고자 했으며, 또 하키카에 대한 주관적인 추구보다는 샤리아에 대한 논리학적인/변증론적인 분석에 치중했다. 이슬람의 칼람은 서방에서의 신학에 해당한다. 이 흐름에서 뚜렷이 대조되는 두 갈래의 학파가 발견된다. 무타질라파는『꾸란』을 창조된 것으로 본다. 이들에게 신은 원칙상 어떤 식으로도 서술될 수 없는 존재이며, 따라서『꾸란』에서의 서술들은 어디까지나 비유일 뿐이다. 반면 자구주의자(字句主義者)들은『꾸란』의 언어들을 '문자 그대로' 이해하고자 하며, 신을 보다 형상적(形象的)으로 이해하고자 한다. 이들에게『꾸란』은 방편으로서 창조된 것이 아니라 신의 말씀 그 자체이다. 이 두 흐름을 동시에 비판하면서 일종의 중용의 입장을 취한 인물은 알-아샤리(874~936년)이다. 이후 알-아샤리와 그를 따르는 아샤리학파가 이슬람 정통 신학의 주류로서 자리 잡는다.

면 이슬람교는 기본적으로 공간적-초역사적 종교라는 점에 있다. "우리가 역사의식이라고 부르는 것으로부터 유래하는 여러 문제들에 직면한 바가 없었던 이슬람의 철학적 사고는 다음과 같은 이중의 운동에 의하여 움직이고 있다. 즉, 수직적인 차원에서 기원으로부터의 발전과 기원으로의 회귀라는 운동이다. 그 발상 형태는 시간적이라기보다는 오히려 공간적이다. 〔…〕 과거는 우리의 뒤에 있는 것이 아니라 우리의 '발밑'에 있는 것이 된다."(앙리 코르방, 김정위 옮김,『이슬람 철학사』, 서광사, 1997, 18쪽) 앞에서 지적한,『꾸란』에는 이미지나 드라마가 별로 없다는 사실이나 알라가 야훼보다 더 추상적인 신으로 이해된다는 사실도 이와 연관된다.

아샤리학파가 주류로 자리 잡은 것은 이들이 '신앙과 이성'이라는 중세 신학/철학의 핵심 아포리아에 대해 일정한 대안을 제시했기 때문이다. 단적으로 말한다면, 무타질라파의 이성중심주의와 자구주의자들의 신앙중심주의에 대해 중용의 길을 제시했다고 할 수 있다. 무타질라파는 신학을 종교 위에 놓고서, 종교는 그저 대중을 위한 고안물일 뿐이라고 말한다. 사실 『구약』과 『신약』이 보다 감정적이라면 『꾸란』은 보다 이성적이다. 오늘날 유대-기독교의 '드라마'들은 흔히 대중문화의 소재가 되고 있지만, 이슬람교의 경우는 다르다. 그러나 신학만을 중시하고 종교는 폄하한다면 이슬람'교'의 존립 자체가 의문시될 것이다. 반면 자구주의자들은 오로지 신앙만을 강조한다. 그러나 이럴 경우 『꾸란』의 지적인 가르침들을 외면해버리는 결과가 나올 것이다. 알-아샤리는 하나의 진리가 이성을 통해서도 드러날 수 있고 신앙을 통해서도 드러날 수 있다고 말함으로써 이 대립을 해소하고자 했다. 물론 구체적인 경우에 맞닥뜨리면 많은 문제들이 발생할 것이다. 그럼에도 알-아샤리는 이성과 신앙을 공히 인정하고자 했고 둘을 동전의 양면으로 봄으로써 조화시키고자 했는데, 이런 입장이 오늘날까지도 칼람의 주요 흐름이 되고 있다.[61]

자유의 문제에 있어서도 무타질라파와 자구주의자들은 대립한다. 무타질라파는 아우구스티누스적 해결책을 취한다. 세계는 신의 섭리에 의해 지배되지만 이것이 우주 구석구석에 그의 의지가 개입함을 뜻하는 것은 아니다. 신의 섭리는 오로지 전체로서만 작용할 뿐이다. 반면 자구주의자들이나 결정론자들은 신의 섭리를 매우 미세한 방식으로 이해하

---

61) 알-아샤리의 입장에서 『꾸란』은 어떻게 이해되어야 하는가? 일단 그것은 인간의 언어로 쓰인 이상 어디까지나 방편이요, 물질적 책으로 만들어진 이상 어디까지나 물리적 책일 뿐이다. 그러나 『꾸란』의 진정한 의미는 현상적으로 나타난 언어와 물질로 소진(消盡)되지 않는다. 『꾸란』의 언어는 단순한 비유가 아니다. 그 언어를 인간의 지성의 범위에서 이해했다고 해서 그것을 다 이해했다고 생각하는 것은 불경이다.(Daniel Gimaret, *La doctrine d'al-Ashari*, Cerf, 1990) 알-아샤리는 이런 입장을 취하지만, 심층 의미와 표층 의미 사이의 연계성을 충분히 해명하지는 못하고 있다.

려 한다. 알-아샤리가 보기에 전자는 신을 너무 추상화해버려 신이 세
계로부터 지나치게 멀고 냉담한 존재가 되어버린다는 문제를 안게 되
며, 후자는 신을 너무 구체적이고 우리에게 가깝게 파악해 유치한 신인
동형론(神人同形論)에 빠지게 된다. 예컨대 "신의 손"을 무타질라파처럼
이해할 경우 그것은 오로지 단순한 비유일 뿐이게 되며 신의 구체성이
나 인격성이 사라져버리며, 자구주의자들이나 결정론자들처럼 이해할
경우 너무 구상적이 되어 즉물적(卽物的)인 이미지로 빠져버린다. 신의
속성들을 아예 불가지론적으로 이해할 경우 신은 너무나도 고원(高遠)
한 존재가 되어 우리의 삶에서 멀어져버리며, 속성들을 모두 문자 그대
로 이해할 경우 신은 너무나도 현실적인 존재가 되어버린다. 알-아샤리
는 두 입장을 화해시키는 사유를 전개하고 있지만, 그 연결에 대해서는
"'어떻게'라고 묻지 말라"라고 말하는 것으로 그치고 있다.

　알-아샤리의 또 하나의 주요 교의로는 원자론을 들 수 있다. 이는 신
과 우주 사이의 근원적 인과관계와 관련된다. 무타질라파는 신과 우주의
관계를 인과론적으로 이해한다. 반면 자구주의자들은 신에게 상당히 강
한 자의성을 부여한다. 알-아샤리와 아샤리학파는 원자론적 자연철학
과 이슬람 신학을 결합한 우주론을 전개한다. 이들에 따르면 물질은 원
자들로 구성되어 있으며 내적인 활동성이나 분화 가능성을 지니고 있지
않다. 즉, 물질 자체는 완벽한 동일성을 갖추고 있으면서도 자체로서 우
주의 조화를 구성할 능력은 없다. 따라서 우주의 이치/조화는 철저하게
외부의 힘에 의해 가능해진다. 신의 섭리에 의해 원자들이 일정한 질서를
이루게 되는 것이다. 물질은 자체의 내적 활동성을 통해 운동하지는 못
한다. 따라서 신은 매 순간 원자들을 재조정함으로써 우주를 이끌어나간
다. 다시 말해 우주는 '연속적 창조(création continuée)'에 의해 움직인
다.[62] 또, 아샤리학파는 신에 의해 우주가 계속 확대되어간다고 보았다.

---

62)　R. J. McCarthy, *The Theology of Al-Ashari*(Imprimerie Catholique, 1953)에서 친절

물질의 자발성을 극소화하고 외부적 원인으로서의 신을 설정하는, 그리고 연속적 창조에 의한 우주의 지속을 설명하는 이런 구도는 이후 데카르트를 비롯한 많은 철학자들의 우주론으로 이어지게 된다.[63]

아샤리학파의 이론은 압바스조(750~1258년)의 공식 입장으로 채택되었고 또 셀주크투르크(1038~1194년)의 비호를 받기도 하면서 이슬람교의 정통으로서 군림했으며, 반면 철학을 선호하면서 시아파에 호의적이었던 카이로의 파티마조(909~1171년)와 대립했다. 오늘날까지도 아샤리파는 정통파로서 주류를 형성하고 있다. 가톨릭에서의 토마스 아퀴나스에 해당한다고 하겠다.

정통파로 자리 잡은 순니파와 대립해 비주류를 형성한 이슬람교 신학이 시아파이다. 시아파는 샤리아보다 하키카를 중시하며, 자히르보다 바틴에 주력해 내면적인 깨달음을 추구했다. 거칠게 유비하자면 교종에 대한 선종의 관계와 유사하다고 할 수 있고, 또 유대-기독교에서의 정통파에 대한 영지주의자들의 관계와 유사한 데가 있다. 시아파의 신학은 '예언자학' 또는 '이맘학'이라 불린다. 이들은 무함마드에 의해 "예언자들(아담, 노아, 아브라함, 모세, 예수, 무함마드)의 봉인"이 이루어졌다고 보며, 그러나 예언의 내적 측면, 새로운 주기인 '왈라야(/이마마)'는 '이맘'들─예언자를 잇는 사람들, 대리인들─에 의해 이어진다고 믿는다.[64] 순니파가 내세우는 할리파의 전통에 대립해, 시아파는 무함마드의 사위인 알리를 초대 이맘으로, 그의 첫째 아들인 하산 그리고 비극적인 죽음

한 설명을 찾을 수 있다.

63) 플로티노스의 유출설과 유대-기독교적 창조설의 대립은 이슬람교에서도 그대로 재현되었다. 플로티노스의 영향을 받은 이슬람 철학자들이 유출설을 주장한 데 대해, 알-아샤리는 이 주장이 신과 세계의 연속성을 함축한다고 보고 그것을 거부했다.

64) '이맘'은 '할리파'에 대립하는 개념으로서, 할리파가 정치-군사에 중점을 둔다면 이맘은 "영성(靈性)"에 중점을 둔다. 할리파와 이맘의 대립은 곧 순니파와 시아파의 대립을 상징한다.

으로 시아파의 아우라를 만들어낸 둘째 아들인 후사인을 2대, 3대 이맘으로 추종한다. 정통파가 예언자의 후계자를 예언자의 종족인 쿠라이시족에 한정한다면, 시아파는 아예 예언자의 피를 잇고 있는 직계 자손만이 이맘이 될 수 있다고 생각한다.[65]

시아파는 순니파와는 달리 변증론에 의한 샤리아 분석보다는 일종의 비교적(秘敎的) 전통을 이어갔으며, 알리 이후 이맘들의 전통에 대한 사변을 통해서[66] 예언자학, 이맘학을 발전시켰다. 이런 사후적(事後的) 사변은 예수에 대한 바울의 사후적 사변과 유사한 성격을 띤다. 바울이나 이맘학자들은 극히 사변적인 서사를 만들어내 그것을 예수나 이맘들의 실제 역사적 사건들에 사후적으로 투영함으로써 그들의 신학 체계를 주조해내었다.[67] 시아파 신학은 기본적으로 이맘학, 예언자학이며, 다른 측

---

65) 시아파는 두 갈래—12이맘파와 7이맘파(이스마일파)—로 갈라지게 되는데, 이 또한 정통의 문제를 둘러싸고서 일어났다. 일반적으로 이맘파라 하면 12이맘파를 가리킨다. 6대 이맘 자파르 알-사디크가 세상을 뜨고 그의 아들 이스마일조차 요절했을 때 그의 손자 이스마일이 7대 이맘이 되어야 하는가 아니면 그의 둘째 아들인 무사 카짐이 되어야 하는가가 문제가 되었다. 전자의 입장을 지지한 일파가 이스마일파가 된다. 후에 이스마일파는 다시 파티마조의 이스마일파와 알라무트의 수정 이스마일파로 분화된다. 이 모두가 '정통'을 둘러싼 논쟁들이었다.

66) 이런 식의 사변은 "나와 알리는 유일한 같은 빛이다", "신이 지상의 아담을 만드신 1만 4천 년 전에 나와 알리는 하나의 동일한 빛이었다" 같은 무함마드의 말(로 해석되는 명제)로 압축되어 나타났다. 이스마일파에 이르면 거의 SF 소설과도 같은 사변들이 전개되는데, 영지주의와의 적지 않은 유사성이 감지된다.

67) 앞에서도 언급했듯이, 바울과 그를 잇는 신학 체계가 아우구스티누스 등에게서 볼 수 있듯이 역사에 예민했던 반면, 이맘학의 신학 체계는 아예 초역사적이라는 차이를 보인다. "크리스트교적 인간(기독교도)의 의식이 역사적으로 날짜와 시간을 확정할 수 있는 어떤 종류의 사실(화신, 속죄)에 기초를 두는 데 대해, [이슬람교의] 신자('무민')의 의식 즉 그의 현재의 삶에 의미를 부여하는 그 자신의 기원 또는 미래에 대한 의식은 구체적인 여러 사실들 즉 다만 초역사에 속하는 여러 사실들에 기초를 두게 된다고 언급했던 것이다. 신자는 자신의 기원의 의미를 아담적 인간이 지상에 나타나기 이전의 '맹약의 날'에 신이 그에게 던진 물음 속에서 알고 있다. 어떠한 연대학도 이 '맹약의 날'의 일시를 결정할 수는 없다."(앙리 코르방, 『이슬람 철학사』, 93쪽) 이런 이유 때문에 이슬람 신학 역시 유대-기독교와 퇴행적 역사관 및 종말론을 공유하지만, 그 성격은 상

면에서는 엘레우시스 비교(秘敎)와 유사한 비교주의, 기독교 영지주의와 관련되는 영지주의/신지학(神智學)이며, 또 일반적인 역사와는 다른 의미에서의 신성사(神性史), 종말론, 은폐론(이맘들의 은폐/사라짐에 관한 해석), 사이비 천문학이라고도 할 수 있고 점성술과 통한다고도 할 수 있는 천사론, 극히 사변적이어서 판타지 소설에 가까운 우주론, 그리스 존재론의 패러디인 존재론, 아담에 대한 상상을 다룬 아담학 등 매우 다양한 담론들을 포함한다. 시아파 신학은 철학적 논변으로서보다는 차라리 문학적 허구로서 매우 흥미롭다.

순니파와 시아파는 각각 이슬람 "우파"와 "좌파"를 형성하면서 이슬람의 신학적 나아가 정치-군사적 대립항이 되었다. 거친 유비가 되겠지만, 동북아에서의 유교와 도교의 관계를 연상하면 도움이 될 것 같다. 그리고 이런 대립은 오늘날까지도 이어지고 있다.

시아파의 일종이라고도 할 수 있지만 또 다른 뉘앙스, 더 급진적인 뉘앙스를 띠는 것이 이슬람 신비주의('수피즘')이다. 신비주의란 이성으로 파악하기 힘든 경지, 언어로 표현할 수 없는 진리, 신과의 접촉 나아가 합일, 비의적인 깨달음 등을 특징으로 한다. 여기에서 다시 우리는 내면으로의 침잠과 초월성이 직접적으로 연결되는 구도를 만나게 된다. 경전의 교리보다는 내면적인 깨달음을 추구하고 집단적 제도화보다는 개인적/소집단적 비밀스러움을 추구한다는 면에서, 신비주의는 정통 종교/신학과 대립한다. 그러나 보다 현실적인 맥락에서 신비주의는 그 반(反)제도적 경향 때문에 예민한 존재이기도 하다. 시아파만 하더라도 비주류로서의 제도적 장치들과 다양한 틀을 가지지만 신비주의는 그마저도 거부하는 고유한 개인 또는 아주 작은 비밀 집단으로 구성된다. 이들은 좌파 중에서도 좌파이기에 시아파도 수피즘을 껴안기보다는 경원시하는 경우가 많았다. 신비주의적 경향은 엘레우시스 비교라든가 헤르메스주

당히 다르다.

의 등에서 이미 나타나며, 후에는 영지주의와 신플라톤주의에 의해 보다 포괄적으로 표현되기도 했다. 그러나 이슬람 신비주의와 보다 직접적으로 닿는 전통은 역시 유대 신비주의와 기독교 신비주의이다.

유대 신비주의는 『토라』 중심의 율법주의[68]에 대한 반동으로 나타난 신비주의적 운동들을 총칭한다. 율법주의/정통에 대한 비판과 새로운 형태의 유대교 운동―신비주의적 형태로든 다른 형태로든―에는 매우 많은 갈래들이 나타나곤 했으나, 그 가장 유명한 형태는 특히 중세에서 근세에 이르기까지(14~19세기) 크게 흥기했던 '카발라'라는 신비주의이다. 여기에서는 플라톤의 『향연』이나 『파이돈』, 『파이드로스』 등에서 그 원형을 볼 수 있는 천계로의 영혼의 상승이라는 이미지, 그리고 그 짝으로서 플로티노스의 『엔네아데스』에서 원형적 서술을 찾아볼 수 있는 일자/신으로부터의 유출이라는 이미지가 작동하고 있다. 카발라의 핵심 저작은 아불라피아가 쓴 것으로 알려져 있는 『빛의 서』이다. 여기에서 신은 '숨은 신'('엔 소프')으로서 열 가지의 속성으로 스스로를 표현한다. '신의 지혜', '신의 사랑'을 비롯한 열 가지 속성의 이런 표현('세피로트')이 이른바 '생명의 나무'로 형상화되기도 한다. 인간은 이런 구도에서 특별한 자리를 차지하며 세피로트의 과정에서 스며든 악과의 투쟁―죽음, 참회, 재생/부활―을 통해 신에게 근접해간다.[69] 카발라의 여러 갈래들은 이런 구도에 입각해 유대교의 교리 전체를 새롭게 해석하고 또 일종의 종교 운동으로 이끌어가기도 했다. 또한 이런 운동은 기독교 신비주의[70]와 뒤섞여 전개되기도 했다.

---

68) 앞에서도 언급했지만, 베스파시아누스와 티투스의 예루살렘 파괴 때 요하난 벤 자카이가 중요한 역할을 했다. 그는 유대인들의 정체성을 『토라』로 정립했고 산헤드린을 공고히 했다. 그 후 '랍비', '시나고그', 『미슈나』(일종의 관례집, 의례집. 이것과 그 주석서인 『게마라』를 합쳐서 '탈무드' 즉 가르침이라 부른다) 등의 전통이 확립되어 디아스포라 이후의 유대적 정체성을 확립했다.

69) Daniel C. Matt, *The Essential Kabbalah*(HarperOne, 2009)에서 그 핵심을 볼 수 있다.

이슬람 신비주의 역시 '뮈스테리아' 즉 비의의 문을 통과해서 신과의 합일('미라즈')에 도달하기를 꿈꾼다. 때문에 이들은 논증이 아니라 내적 침잠을 통해 입신(入神)하고자 하며, 언어를 초월한 경지를 꿈꾼다. 신과의 합일 또는 입신이 모순을 함축한다고 보는 사람들의 경우에는 '접신(接神)'을 꿈꾼다. 그래서 이들 또한 율법주의를 이탈하며, 이 때문에 순니파 나아가 시아파까지도 이들을 적대하곤 했다. 신비주의적 체험은 언어를 벗어나기를 꿈꾸는데, 그러나 선어록(禪語錄)의 경우처럼 이들의 체험이 언어로 남겨진 경우들도 많다.[71] 이들이 남긴 언어들은 역설과 무의미, 금언, 아이러니, 풍자 등으로 차 있다. 이들의 이런 성격의 언어를 '샤타하트'라 부른다. 이들의 분위기에서 얼핏 선불교의 분위기─훨씬 심각하고 비장하지만─를 느끼게 되는 것은 이 때문일 것이다. 이런 시도들이 보다 철학적인 형태로 추구되기도 했는데, 이때 역설적인 표현이지만 '이르판/히크마트' 즉 '신비주의 철학'이 성립한다.[72] 이들은 이런 주장들 때문에 박해를 받기도 했는데, 샤리아를 중시하는 정통파가 볼 때 이들의 주장은 범신론의 주장 나아가 독신이기 때문이었다.[73] 이

---

70) 기독교 신비주의에도 매우 여러 형태가 존재한다. 잘 알려진 예들로서 영지주의, 위-디오뉘시오스의 부정신학, 마이스터 에크하르트, 니콜라우스 쿠자누스 등을 들 수 있다. 『마이스터 에크하르트 독일어 논고』(이부현 옮김, 누멘, 2000)와 『신적 위로의 책』(이부현 옮김, 누멘, 2009), 니콜라우스 쿠자누스의 『다른 것이 아닌 것』(조규홍 옮김, 나남, 2007) 등이 기독교 신비주의를 체계적으로 드러내는 저작들이다.

71) Michael A. Sellis ed., *Early Islamic Mysticism*(Paulist Press, 1995)에서 수피즘의 언어들을 접할 수 있다. Jalal al-Din Rumi, *The Masnavi*, J. Mojaddedi trans.(Oxford University Press, 2008)은 수피즘을 시로 읊은 대표적인 작품이다.

72) 수피즘에서 가장 흥미로운 주제들 중 하나가 바로 언어철학인 것도 이 때문이다. 이즈쓰 도시히코에 따르면, 수피즘의 이르판/히크마트는 "우리의 일상적 의식작용을 초월한 근원적으로 비로고스적인 의식 차원에 작용하는 '바시라' 즉 내관(內觀)의 눈에 비친 비로고스적 존재 풍경을, 그 차원 특유의 의미 분절에 따라 완전히 새롭게 로고스적으로 다시 구성한 것"이다.(『의미의 깊이』, 이종철 옮김, 민음사, 2004, 179쪽)

73) 수피즘의 정초자인 이븐 소르샨 바스타미는 신비적 명상의 끝에서 그 체험을 "나는 바로 그(신=알라)였다"라고 말해 충격을 주었다. 대표적인 수피들 중 한 사람인 알-할라

교도보다 오히려 "이단자"들을 더 증오한 것은 기독교나 이슬람교나 마찬가지였다. 많은 수피들이 불이익을 감수해야 했음은 물론 유배에 처해지거나 살해당하기까지 했다. 목숨을 걸고까지 지키려 했던 이들의 경험이 어떤 것인지는 그런 경험을 공유하는 사람들만이 이해할 수 있을 것 같다.

수피즘 외에도 이슬람에서는 여러 형태의 신비주의들이 성행했다.[74] 그리고 반드시 신비주의의 정체성을 표방하지 않는다 해도 중세의 사상들 대부분에는 이런 경향이 어느 정도씩은 스며들어 있었다고 해야 할 것이다. 신비주의는 자연과 역사라는 객관성으로부터 눈을 돌리고서 내면과 초월을 직접 이어버리는 사유의 대표적인 형태이다.

지중해세계는 다양한 형태의 다신교와 이신교 그리고 일신교가 공존했던 종교 전시장과도 같은 곳이었다. 그러나 긴 역사의 흐름에서 결국 서양 사회와 오리엔트 사회를 지배하는 것은 일신교로 귀착되었다.

일신교는 세계의 모든 것을 어떤 단 하나의 원리로 환원해서[歸一] 이해하려는 인간의 성향에 뿌리를 둔다고 할 수 있다. 이 점에서 '아르케'

즈는 "나는 절대적 진리[알라]이다"라고 말함으로써 결국 처형되었다. 수피주의 언어철학의 대가인 하마다니 역시 33세의 젊은 나이에 끔찍한 고문을 받은 후 처형당했다.

74) 오르페우스교, 퓌타고라스교와 더불어 지중해세계에 끊임없이 영향을 주어온 헤르메스주의는 이슬람세계에서도 굵직한 흐름을 형성하게 된다. 자비르 이븐 하이얀의 '저울'로 대변되는, 물질들 사이에서만이 아니라 모든 것들 특히 영혼들 사이에 존재하는 신비한 관계를 탐사하는 연금술/언어형이상학, 엠페도클레스에게서 영감을 받았고 신플라톤주의적 비교주의를 전개한 이븐 마사라와 그의 학파, 플라톤적인 사랑의 철학을 특유의 신비주의적-문학적 사유로 전개한 이븐 하즘, 그리고 이븐 아라비와 하이다르 아몰리의 수피주의 형이상학 등 여러 형태의 신비주의들이 이 세계를 수놓았다.

를 찾으려 한 지중해세계 철학자들의 노력과 일신교의 추구는 서로 쌍둥이 관계를 맺는다고 할 수 있다. 일신교는 형이상학적 환원주의의 대중적 표현이고, 일자(一者)의 형이상학은 일신교의 고급한 형태라고 할 수 있다. 특히 양자 사이의 중요한 차이는 유일신/일자에 인격성을 부여하느냐의 여부에 있다.

지중해세계에서는 여러 형태의 일신교들이 명멸했지만, 후대의 역사를 염두에 둔다면 유대교의 일신교가 핵심적인 역할을 했다고 할 수 있다. 그리고 이 유일신에 대한 표상은 매우 작은 종족이었던 유대의 문화 맥락에서 점차 확대되어 후에는 지중해세계 전반, 적어도 그 절반으로 퍼져나갔다. 그러나 이런 확장은 유대교 자체로써가 아니라 그것이 기독교의 형태로 바뀜으로써 가능했다고 해야 할 것이다.

예수의 삶을 재료로 해서 만들어진 기독교 서사에서 가장 특징적인 것들 중 하나는 신(여호와/야훼)에게 부여된 유대교적 표상과 기독교적 표상 사이의 차이이다. 유대교의 야훼는 유대인들의 종족신으로서 전쟁신의 이미지를 띠고 있다. "노아의 방주" 이야기는 이 신의 잔혹성을 유감없이 드러내는 이야기이다. 자신이 창조해낸 피조물들이 마음에 들지 않는다고, 각 종의 한 쌍씩만 남겨놓고 절멸(絶滅)시키다니! 인류의 역사에서 이토록 잔인무도한 신이 또 있을까. 이에 비해 기독교의 야훼는 어떤 면에서는 무능한 신이다. 이 신은 자신의 힘으로 직접 (자신이 창조한) 세계의 악을 치유할 능력이 없거나, 그렇게 할 생각이 없는 신이다. 물론 아우구스티누스의 말처럼 신에게는 "무엇인가 깊은 뜻이 있어서" 이 세계의 갖은 악들을 창궐하게 만들었을지도 모른다. 만일 그렇다면 기독교의 신은 악마와도 같은 사디스트라고 해야 할 것이다. 아니 인류 역사에서 벌어진 그 숱한 단말마의 고통들을 생각해 보면, 이 신은 다름 아닌 악마라고 해야 할 것이다. 유일신은 존재한다. 그런데 그 신은 다름 아닌 악마이다. 하느님=악마는 이 세계를 극단적인 고통의 세계로 만들어놓고서 그 짜릿한 광경들을 보면서 즐기는 사디스트인 것이다.[75] 그러나 이런 극단적이고 역설적인 결론보다는 오히려 신이 이 세계를 만들었으나 그가 이 세계에 개입할 수 있는 능력에는 한계가 있다고 보는 것이 낫지 않을까? 자신이 낳은 자식이라고 자신의 뜻대로 커가는 것은 아니듯이 말이다. 이 해석의 노선은 '노아의 방주'의 노선과는 대조적인 노선이다. 바로 신의 이런 무능력을 직시하는 데에서 기독교 서사가 만들어졌다고 해야 할 것이다.

만일 신이 무능하다면, 그래서 이 세계의 악들에 직접 개입해 그것을 무화할 수 있는 힘이 없다면, 그럼에도 그것을 포기할 수 없고 여전히 사랑한다면, 방법은 하나밖에 없다. 스스로를 희생해서라도 이 악을 저지하는 것이다. 자식을 지키고 싶지만 돈도 권력도 아무런 힘도 없는 어머니가 할 수 있는 일이란 자신의 몸을 던져서 자식을 지켜내는 것밖에는 없는 것과도 같다 하겠다. 여기에서 등장하는 핵심적인 개념이 '희생'이다. 신이 이 세상을 사랑하는 방법은 무소불위의 힘으로 세상의 악을 교정하는 것이 아니라 인간, 넓게는 모든 생명체들의 고통에 공감하면서 자신을 희생하는 길밖에 없다. 이것이 바로 "하느님께서 세상을 사랑하사 독생자를 보내시니, (…)"라는 구절의 의미이다. 단 하나밖에 없는 아들[76]을 세상에 보내서 그로 하여금 인간의 고통을 대신 짊어지게

---

75) 다른 한편, 현실을 지배하는 것은 바로 이 악신이지만 다른 차원에는 선신이 존재한다고 생각할 때 즉 악한 이 세계와 선한 다른 세계의 강한 이원론을 생각할 때 영지주의가 성립한다. 영육 이원론을 강하게 주장하는 영지주의에서 신의 아들이 진짜 인간의 몸으로 지상에 태어나는 일은 있을 수 없다. 그렇기 때문에 앞에서도 지적했듯이, 영지주의가 생각하는 지상에서의 예수는 그저 '더미'에 불과한 존재일 수밖에 없다. 반면 신의 아들이 실제 인간으로 태어나 희생, 수난을 겪고 부활했다는 점에 무게중심을 둘 때 기독교(가톨릭)가 성립했다고 볼 수 있다. 그러나 '부활'이라는 면에 초점을 맞춘다면, 과정에서의 차이에도 불구하고 양자는 상당 정도 근접한다. 만일 기독교 서사가 보다 더 비극적이 되려면 '부활'이라는 테마가 존재하지 않는 경우라 할 것이다. 고대의 기독교 형성기에 이런 경우는 고려되지 않았던 듯하다. 아울러 신의 아들이 지상에 내려와 (비극을 겪기보다는) 아예 인간으로서 정착하는 서사(예컨대 단군 신화)도 존재한다.

함으로써—때문에 예수의 '수난'은 기독교 서사의 알맹이를 형성하게 된다(역으로 말해, 십자가로 표상되는 예수의 수난을 알맹이로 해서 기독교 서사가 만들어졌다고 할 수 있다)—그 수난과 희생을 통해서 세상의 죄를 씻는다는 구도인 것이다. 신의 무능과 사랑, 그 독생자의 수난과 희생이라는 서사가 기독교 서사의 뼈대를 구성한다.

기독교 서사가 광범위하게 퍼져나간 데에는 그것이 담고 있는 이런 비극의 정조(情調)가 큰 역할을 한 것으로 보인다. 대중에게는 논리적 설득력이나 학문적 사실성, 엄밀성보다는 심금을 울리는 '이야기'(현대 식으로 말해 '스토리텔링')나 감각적인 이미지 등이 더 호소력 있는 법이기 때문이다. 예수의 사건='드라마'는, 음악과 미술을 접어놓는다면, 아리스토텔레스가 『시학』(VI)에서 언급한 비극의 요소들을 완벽하게 충족하는 하나의 비극작품이었다. 이 서사의 감성적 힘은 워낙 강해서 오늘날까지도 대중문화의 소재로서 자주 활용될 정도이다.

그러나 예수의 신학적 해석은 이런 비극성과 이율배반적 관계를 형성했다. 만일 이 모두가 신의 각본이라면, 즉 예수가 많은 고난을 겪는다 해도 결국 그 모두가 '해피엔딩'으로 가는 과정으로 이미 정해져 있는 것이라면, 역사적 예수의 진실성과 감동은 현저하게 증발해버릴 수밖에 없는 것이다. 예수의 행적은 인간이 범접할 수 없는 어떤 위대한 기획에 의해 연출된 것일 뿐, 인간인 우리가 그것을 경모하고 사랑하고 그처럼 되기를 즉 예수-되기(becoming-Jesus)를 희구할 수 있는 그런 종류의

76) 흔히 기독교는 그 이전의 종교들에 비해 보다 고급화된 종교로서 표상되며, 또 실제 일정 대목 그렇기도 하다. 그러나 다른 한편 기독교 역시 고대 종교라는 큰 장 내에서 성장한 종교라고 해야 하는 것은 이 종교 역시 "신의 아들" 등과 같은 개념 위에 구축된 종교이기 때문이다. 신이 자신의 아들을 보내 세상을 구한다는 서사는 한반도의 단군 설화를 포함해서 고대세계 어디에서나 볼 수 있는 신화/설화이다. 유대교, 기독교를 이어서 나타나는 이슬람교에서는 이런 고대 종교의 자취가 거의 완전히 사라진다. 신과 인간 사이의 거리는 훌쩍 커지고, 무함마드는 제아무리 위대해도 한 사람의 인간 이상은 아닌 것이다. 이 점에서 이슬람교는 일신교의 완성판이라 할 수 있다.

사건이기를 그쳐버리는 것이다. 기독교의 정통은 그노시스학파의 SF와도 같은 예수 해석을 거부하고 보다 역사성 있는 예수상을 수립했지만, 그 상은 결국 역사적 진실성이 휘발된 신학적 예수상에 불과했다. 오늘날 우리에게 의미 있는 것은 이런 예수상이 아니라 깨달음과 고난과 희망으로 가득 찬, 우리 자신이 그것 '되기'를 꿈꿀 수 있는 그런 예수상이 아닐까.

이런 예수의 이미지에 비한다면 무함마드의 이미지는 강한 정치가, 법률가, 심지어 군인으로 다가온다. 역사상 단 한 사람에 의해 처음부터 끝까지 일사불란하게 하나의 종교가 만들어진 예로는 이슬람교만 한 경우가 없을 것이다. 무함마드는 거의 무에 가까운 환경에서 일어나 위대한 종교를 만들었고, 그 경전(『꾸란』)을 스스로 썼고, 강철 같은 의지로 지중해세계를 정복해나갔다. 서구에서 종교는 특정한 한 심급(審級)이지만, 이슬람세계에서 이슬람교는 모든 것이다. 그 모든 것이 단 한 사람에 의해 기획되고 모색되고 성취된 것이다. 예수는 사랑받을 수 있는 인물이지만, 무함마드는 존경받을 수 있는 인물이다. 기독교가 예수의 삶에 대한 추후적인 음미를 통해 그의 사후에 조금씩 형성되어간 것이라면, 이슬람교는 무함마드가 그의 생전에 문자 그대로의 의미에서 '만든' 것이라고 할 수 있다.

그러나 이 모든 것에도 불구하고 알라와 무함마드의 거리는 야훼와 예수의 거리보다는 물론이고 야훼와 모세의 거리에 비해서도 비교할 수 없을 정도로 크다. 이슬람교에서 무함마드는 어디까지나 '예언자'일 뿐이다. "신의 아들"인 예수와는 격차가 큰 셈이다. 이것을 반대 방향에서 보면, 이슬람의 신은 그만큼 추상화된, 개념상 '유일신'의 완성태에 이른 신이라고도 할 수 있다. 이 신에게 "아들"이 있다거나 하는 식의 이야기는 있을 수가 없다. 유대교의 신과 기독교의 신 사이에 큰 변화가 있었던 만큼이나 기독교의 신으로부터 이슬람의 신으로의 이행에도 큰 개념적 변화가 있었다. 물론 이는 무함마드의 신이 이미 모세의 신, 예수의 신을 보고서 그 위에서 개념적으로 구축된 신이었기 때문이다. 어쨌든 우리는 알라라는 신의 개념에서 유일신교의 가장 순수한 형태를 볼 수 있다.

종교가 사회를 구성하는 한 심급이었던 서구는 근대를 맞이하면서 종교 및 중세 정치의 그림자를 벗어나 '시민사회'를 만들어갈 수 있었다. 시민사회의 성숙은 근대성의 본질적인 한 요소이다. 그리고 서구의 근대 철학은, 고대 그리스의 민주주의와 철학이 서로 상관적이었던 것과 마찬가지로 아니 그 이상으로(그리스에서 민주주의와 철학은 알력을 겪기도 했으나, 서구 근대에 양자는 거의 한 몸이 되어 움직였다), 근대 민주주의와 시민사회의 형성에 결정적인 역할을 한다. 하지만 이슬람의 경우 이슬람교는 사회의 한 심급이 아니라 전부였다. 바로 이 때문에 이슬람은 근대적인 시민사회를 발전시키지 못했고, 그로써 근대성의 흐름에서 점차 뒤처지게 된다. 이 점은 곧 세계철학사에 나름대로 큰 공헌을 했던 이슬람 철학이 왜 근대에는 피어나지 못했는가를 설명해준다. 이슬람에서는 철학과 시민사회가 한 몸이 되어 근대 문명을 구축하는 일이 일어나지 않았던 것이다. 물론 이슬람 '근본주의'의 입장에서는 서구적 근대성의 폐해를 지적하면서 사태를 달리 파악할 수 있겠지만, 근대성의 극복은 무조건 이전의 전통을 고수함으로써가 아니라 전통과 근대 그리고 탈근대를 함께 사유함으로써만 가능하다.

10장 이슬람세계의 철학

   중세 지중해세계에서 철학과 신학은 역설적인 관계에 놓여 있었다. 한 편으로 신학은 철학의 한 분과이다. 신학은 우주론 및 영혼론과 더불어 특수 존재론의 한 분과를 형성했다. 그러나 현실적으로 중세는 종교의 시대, 신학의 시대였고, 때문에 철학은 최고 학문인 신학을 보조해주는 특수 임무를 맡은 학문으로 간주되기도 했다. 후자와 같은 상황을 비웃으면서 근대 철학자들은 중세의 철학이란 결국 "신학의 시녀"에 불과했다고 비꼬기도 했다. 문명사적으로 볼 때 이는 그리스의 산물인 철학과 동방의 산물인 종교의 역설적 관계이기도 했다.

   그러나 이 관계는 기독교세계와 이슬람세계에서 다소 달랐는데, 기독교세계가 철학을 신학에 흡수하거나 통합해 이해하고자 했다면 이슬람세계는 이슬람 신학과 그리스 철학을 별개의 두 담론으로 다루었기 때문이다. 철학은 어디까지나 그리스의 산물로서 별도의 위상을 부여받았다. 기독교세계가 초기를 제외한다면 처음부터 그리스 철학을 기반으로 기독교 신학을 정립해간 데에 비해, 이슬람세계의 경우 신학이 이미 일정 정도 발전된 후인 9세기부터 그리스 문헌들이 폭발적으로 번역되기 시작했기 때문이다.[1] 그러나 철학과 신학이 때로 융합하고 때로 갈등을 겪으면서 관계를 맺은 점에서는 기독교세계와 마찬가지이다.

§1. 이슬람 학문의 형성

이슬람의 철학은 크게 두 부분으로 구성된다. 하나는 자연과학과 인문사회과학에 해당하는 분야이고, 다른 하나는 오늘날의 고유한 의미에서의 철학(메타과학)에 해당하는 존재론, 인식론, 윤리학 분야이다. 물론 이 시대의 학자들은 대부분 이 모두를 하나의 통합된 체계로서 연구했으며, 나아가 철학과 더불어 중세의 대표적인 네 학문을 형성한 신학, 의학, 법학도 함께 연구하곤 했다. 이슬람의 지식인들은 대개 철학자인 동시에 신학자, 법학자이기도 했고 또 의사이기도 했다.

이슬람의 과학

수학 및 물리과학 분야에서 이슬람세계는 당시 기독교세계의 상황과는 딴판으로 장족의 발전을 했다. 아마 아라비아 과학의 성과들 중 가장 보편적인 영향을 끼친 것은 '아라비아 숫자'일 것이다.(다만 제로의 개념은 인도로부터 유래했다) 아라비아 숫자를 씀으로써 계산이 비약적으

---

1) 그리스 문헌들은 우선 쉬리아어, 팔라비어(사산조 페르시아의 언어) 등으로 번역되었는데(아랍어와 히브리어 번역본들도 많았다), 의학과 철학 문헌들이 주류를 이루었다. 그 후 9세기에 이르러, 특히 813년에 세워진 압바스 왕조 치세 하에서(알-만수르, 알-마문 등) 그리스 문헌들이 아랍어로 번역되기 시작했다. 그리스어로부터 아랍어로의 이 번역 사업은 철학의 역사에서 가장 위대한 번역 사업들 중 하나로 꼽힐 수 있을 것이다.(드미트리 구타스, 정영목 옮김, 『그리스 사상과 아랍 문명』, 글항아리, 2012) 12세기에는 아랍어, 그리스어로부터 라틴어로의 번역이 대대적으로 수행되었다. 이로써 정치적-종교적 이유로 서로 막혀 있던 지중해세계가 그리스 이래의 사상적 흐름을 비로소 전반적으로 공유하기에 이른다.

로 빨라졌고 대수학('알제브라')이 발달하게 된다. 알-콰리즈미(780~850년)는 『복원과 대비의 서』에서 대수학을 발전시켰다. '알고리즘'은 알-콰리즈미의 이름에서 유래했고, '알제브라'는 복원을 뜻하는 '알자브르'에서 유래했다. 이후 알-하이야미, 알-바타니 등 뛰어난 수학자들이 나타나 대수학, 삼각함수를 비롯한 수학의 여러 분야들을 개척했다. 이슬람에서 발전한 수준 높은 수학은 이후 과학의 역사에 지대한 공헌을 하게 된다.[2]

천문학 역시 활발하게 전개되었다. 우선 별자리들이 체계적으로 정리되었다. '베텔기우스', '리겔', '알타이르', '알데바란' 같은 이름들이 아랍어로 명명되었다. 또, 천상의 구조에 대한 다양한 가설들이 쏟아져 나왔다. 기존에 권위를 가지고 내려온 것은 프톨레마이오스의 천문학으로서, 이것은 에우독소스와 아리스토텔레스의 동심천구(同心天球) 이론을 주전원(周轉圓=epicycles) 개념을 도입해 보완한 것이었다.[3] 이 이론은 관측 결과와는 그런대로 잘 맞았지만 너무나도 복잡하고 작위적으로 보였다. 이븐 투파일(1163~1184년), 알-비트루지(?~1204년), 이븐 루쉬드(/아베로에스, 1126~1198년), 나시르 알-딘 알-투시(1201~1274년) 등의 천문학자들은 프톨레마이오스로부터 이어진 기존 천문학의 엉성함을 여러 각도에서 비판했고, 이런 비판은 결정적인 대안을 낳는 데에까지는 가지 못했으나 훗날 이루어지는 천문학 혁명의 지적인 토대를 마련해주었다.[4]

---

2) Nader El-Bizri ed., *On Arithmetic and Geometry*(OUP, 2013)에서 이슬람 수학의 주요 업적들을 만날 수 있다.

3) 이는 동심천구로는 설명되지 않는 관측상의 차이를 큰 원의 원주의 한 점을 중심으로 해서 도는 작은 원들을 상정함으로써 해결하려 한 시도였다. 천구가 원이어야 한다는 생각을 고수하면서 관측 결과를 설명하려 했기 때문에 큰 원들과 작은 원들을 조합해 설명한 것이다. 이로써 역행(逆行)의 문제는 이 이론 체계 내에서 일단 풀린다. 또 하나의 문제는 행성들이 지구를 도는 속도가 일정치 않다는 점이었고, 이를 해결하기 위해 '이심원'이라든가 '대심(對心)' 같은 개념들이 도입되기도 했다.

물리학과 화학 분야에서도 적지 않은 진전이 이루어졌다. 이븐 알-하이삼(965~1039년)의 광학, 이븐 밧자의 역학이 대표적이다. 또 화학 분야에서도 진전을 보았는데, 자비르 이븐 하이안의 연금술은 그 자체로서는 과학적인 화학과 거리가 멀었지만 화학적 연구를 자극하는 데 큰 역할을 했다. 이슬람 화학을 통해서 '알코올'이라든가 '알칼리' 등의 화합물들이 발견되었고, 또 증류기를 비롯한 각종 화학 기기들이 개발되기도 했다.

이슬람의 과학은 아리스토텔레스의 영향 하에서 발달했으나, 생명과학 분야에서는 생물학보다는 의학이 발달했다. 이슬람에서 의학은 눈부시게 발달했으며, 중세 이슬람 문명을 상징한다고 해도 과언이 아닐 정도로 높은 수준을 이루었다. 이슬람의 신학자들, 철학자들, 법학자들은 대개 의사들이기도 했다. 이 시대 학문을 살펴볼 때면 신학, 형이상학, 법학 계통과 자연철학, 의학 계통이 분리되지 않고 서로 얽혀 있다는 점을 염두에 두어야 한다. 이슬람의 의학은 히포크라테스와 갈레노스를 이어 큰 이론적 발전을 보기도 했지만, 또한 처음으로 오늘날의 형태와 다를 바 없는 '종합병원들'이 대규모로 지어졌다는 점도 주목해야 한다. 이런 배경에서 다양한 의학적 기구들이 발명되었고 이 기구들을 이용한 외과 수술이 성행했다. 당시 서구 문명과 이슬람 문명의 격차가 가장 두드러지게 나타난 분야들 중 하나가 의학이었다. 이븐 시나(/아비센나) 이븐 루쉬드, 마이모니데스 등을 포함해 이슬람의 빼어난 지식인들은 대개 의사들이기도 했다. 기독교세계의 철학이 주로 신학과 결부되어 있었다면, 이슬람세계의 철학은 주로 의학과 결부되어 있었다.

대표적인 의사들 중 한 사람이었던 무함마드 라지(/라제스, 864~

---

4) 이븐 루쉬드의 경우는 김태호, 『자연철학의 조각그림 맞추기: 아리스토텔레스 & 이븐 루시드』(김영사, 2007)에 친절하게 설명되어 있다. 전반적인 설명으로는 Stephen Blake, *Astronomy and Astrology in the Islamic World*(Edinburgh University Press, 2016)를 보라.

925/932년)는 이슬람 의학의 발달에 큰 공헌을 했으며, 그의 『천연두와 홍역에 대하여』는 이 분야의 고전으로서, 또 『의학총서』는 일종의 의학 백과사전으로서 많이 읽혔다. 최근에는 라지의 철학적 문헌들이 다수 발견되어 철학자로서도 연구되고 있다. 또, 페르시아 출신인 이븐 시나는 이슬람 문명을 대표하는 지식인들 중 한 사람으로서 방대한 업적―특히 의학과 철학에서의 업적―을 남겼다. 이븐 시나는 숱한 의학적 발견들을 남기기도 했지만, 더 근본적으로는 생리학, 의학, 약학에 근대적인 탐구 방식 즉 실험과 양화를 도입함으로써 지대한 공헌을 했다. 그의 유명한 작품인 『의학궤범(醫學軌範)』은 17세기까지도 핵심 교재로 사용되었다. 이슬람 의학은 최근에 이르러 서구 의학을 보완해줄 수 있는 대안들 중 하나로서 새롭게 조명되고 있기도 하다.[5]

자연과학 분야만큼 화려하지는 않았지만 인문사회과학도 이슬람에서 상당 수준으로 발전을 이루었다. 이븐 칼둔(1332~1406년)은 이븐 시나만큼이나 박식한 인물로, 특히 역사학자로서 큰 업적을 남겼다. "아랍인들, 페르시아인들, 베르베르인들과 그들의 강력한 동시대인들의 초기 및 후대에 관한 집성"이라는 부제를 달고 있는 그의 『교훈의 서』는 이슬람 지역의 보편사를 다룬 방대한 저작으로, 고중세의 역사서들 중에서 손가락에 꼽을 수 있는 명저이다. 이 저작의 서론에 해당하는 1권은 데카르트의 『방법서설』처럼 그 자체로 따로 읽히기도 한다.[6] 이븐 칼둔은 역사적 지평에서 매우 다양한 논의들을 펼치고 있거니와, 오늘날의 관점에서 본다면 특히 그 사회학적 측면이 흥미를 끈다. 그는 각종 형태의 사회적

---

5) 보다 자세한 논의로는 다음을 참조하라. Jim Al-Khalili, *The House of Wisdom*(Penguin Books, 2012); *Islamic Science and the Making of the European Renaissance*(The MIT Press, 2011).

6) 이븐 칼둔, 김정아 옮김, 『무깟디마』(소명출판, 2012). 이 저작은 역사서이지만 인류학, 경제학, 사상사, 정치학 등을 포괄하는 저작으로 읽을 수 있으며, 근대 사회과학의 실마리들을 담고 있다.

연대('아사비야')의 개념에 입각해 집단의 형성, 사회적인 갈등, 집단의 확대, 역사의 단위로서의 세대, 사회의 정치경제학적 구조, 종교의 사회적 역할 등 다양한 주제들을 다루고 있다. 이 외에도 『교훈의 서』는 매우 소중한 역사적 자료들을 방대하게 취급하고 있는 저작인 동시에, 빼어난 역사철학서이기도 하다. 이 저작은 그리스의 역사철학과 근대의 역사철학 사이에 위치해 가교의 역할을 했다.

이슬람에서는 법학 또한 발달했는데, 그러나 이때의 법학은 오늘날의 법학 개념과는 달리 신학과 일체를 이룬 중세적 의미에서의 법학이었다. 신학, 철학, 의학과 더불어 핵심 학문을 형성했던 법학은 이른바 4대 법학파를 형성하면서 이슬람 사회를 떠받쳐주었다.[7] 이슬람 학문에서는 언어학 또한 중요하게 다루어졌다. 특히 바스라학파와 쿠파학파의 양대 학파는 상이한 언어철학에 입각해 연구를 진행했다. 바스라학파는 오늘날로 말해 '표상주의'라 부를 수 있을 의미론에 입각해(언어는 사물의 거울이다) 언어를 과학적으로 연구했으며, 현대적 맥락에서 본다면 랑그 중심의 언어학을 전개했다. 이에 비해 쿠파학파는 다소 무리하게 현대 식으로 말한다면 비표상주의적 언어학 그리고 파롤 중심의 언어학을 전개했다고 할 수 있다. 이 언어학은 말하자면 언어형이상학이라고도 할 수 있으며, 시아파의 신학과 밀접한 연관을 띠는 언어철학이다. 바스라학파의 언어학이 과학적 언어학이라면 쿠파학파의 언어학은 형이상학적-미학적 언어철학이다.

이슬람의 과학은 그리스 과학, 헬레니즘 시대의 과학을 잇는 과학사의 세 번째 중요한 단계라 할 수 있다. 그리고 이 성과는 14세기 스콜라철학의 자연철학을 거쳐 17세기 과학 혁명으로 이어진다. 그러나 과학사 저작들에서 이슬람 과학은 소략하게 다루어져 있거나 아예 빠지기까지

---

7) Waei B. Hallaq, *Law and Legal Theory in Classical and Medieval Islam* (Routledge, 1995)에서 그 대강을 알 수 있다.

한 경우를 볼 수 있다. 그리스 과학으로부터 근대 과학으로 이어지는 중간 단계로서 결정적인 역할을 한 이슬람 과학은 좀더 많은 주목을 받을 가치가 있다.

이슬람 철학의 성립과 전개

중세 이슬람의 문화적 장에서 철학(좁은 의미) 역시 크게 발달했다. 이슬람세계에서 철학('팔사파')이란 곧 그리스에서 유래한 학문들을 뜻했으며, 철학자들('팔라시파')이란 그리스적 의미에서의 철학자들을 뜻하기보다는 그리스 철학을 연구하는 사람들을 뜻했다. 자연철학적 맥락에서는 아리스토텔레스가, 형이상학이나 종교사상의 맥락에서는 플라톤(사실상은 플로티노스)이 주종을 이루었다.[8] 이슬람세계에서의 좁은 의미의 철학은 9세기에 시작되어 12세기에 절정에 달한 후 급작스럽게 쇠락하는 과정을 겪었다.

이러한 발전의 초석을 놓은 사람은 알-킨디(801~873년)이다. 후대의 문명이 전대의 문명을 흡수해 새로운 발전을 이룩할 때, 가장 핵심적인 과정들 중 하나가 번역의 과정이다. 이슬람 철학 역시 그리스 철학을 이슬람화함으로써 큰 성과를 이룰 수 있었고, 이는 그리스 문헌들을 아랍어로 번역하는 과정을 필수적으로 전제했다. 이 번역 작업에 결정적으로 공헌한 인물이 알-킨디이다. 알-킨디는 단지 번역자로 그친 것이 아니라 여러 분야의 그리스 학문을 섭렵하는 과정에서 그 자신의 생각을 정리할 수 있었던 기하학자이자 철학자이기도 하다. 그의 저술이 현대에 들어와 발견됨으로써 비로소 그의 사상의 전모가 알려지기에 이르렀다.[9]

---

8) 때로 신플라톤주의적 사상들이 페리파토스학파('마스샤운')라 불리기도 해 혼동을 주는데, 이는 『아리스토텔레스의 신학』이라는 신플라톤주의 저작(『엔네아데스』의 일부)이 아리스토텔레스의 것으로 오인되었기 때문이다.

9) 알-킨디의 저작으로는 『제1 철학에 관하여』, 『아리스토텔레스 작품의 분류에 관하여』, 『지성론』, 『철학자들의 오류의 서』, 『다섯 개의 본질에 관하여: 질료, 형상, 운동, 공간,

어떤 문명을 처음으로 번역해서 연구한 사람들은 아직 그 문명의 갈래들을 명확히 파악하지 못하는 경우가 많다. 때문에 신플라톤주의 계통의 저작이 아리스토텔레스의 저작으로 오인되기도 했고, 갈래가 다른 여러 사상들이 예민한 변별 없이 뭉뚱그려져 다루어지기도 했다. 알-킨디에게서도 플라톤, 아리스토텔레스, 플로티노스가 뒤섞여 있는데, 각각이 충분히 변별된 후 다시 통합된 것이 아니라 아직 충분히 변별되지 않았다고 해야 할 것이다. 그의 사상에는 순수 철학적 측면과 예언자학적 측면이, 이슬람교의 창조설과 신플라톤주의적 유출설이, 과학적 탐구와 주술적 믿음(예컨대 점성술)이 때로는 성공적으로 통합되어 있기도 하고 또 때로는 어지럽게 뒤섞여 있음을 볼 수 있다. 결국 번역과 수용의 단계를 넘어 이슬람세계의 특징을 드러내는 뚜렷한 철학 체계를 확립하는 일은 알-파라비의 역할로 남겨졌다.

알-파라비(872~950년)는 플라톤과 아리스토텔레스 그리고 일정 정도 플로티노스를 숙독했으며, 철학자로서 큰 업적을 남겼다. 종교적으로는 시아파 나아가 수피즘에 가까웠던 것으로 보이며, 또 음악 이론가로서도 결정적인 공헌을 했다. 그의 이론은 음악을 통한 치료의 기법까지도 포함했다. 아리스토텔레스에 이어 "두 번째 스승"이라고까지 불렸던 그는 이슬람에서의 아리스토텔레스 연구에 결정적인 교두보를 만들었고, 이븐 시나는 그의 연구서를 읽고서야 비로소 『형이상학』이 이해되었다고 말한다. 아쉽게도 다수가 일실되었지만 아리스토텔레스에 관한 여러 연구서들을 썼다.[10] 또한 그 자신의 사상도 전개해서 『예지의 서한』

시간』, 『꿈과 환각에 관하여』, 『고대인이 다섯 개의 형상을 여러 원소와 연관시킨 이유에 관하여』, 『복합약의 효능에 관한 지식에 대하여』 등이 있다. 그의 저작들은 *The Philosophical Works of Al-Kindi*(OUP, 2012)에서 볼 수 있다.

10) 알-파라비는 아리스토텔레스 연구를 통해서 '본질(essence)'과 '실존(existence)'을 명확히 구분함으로써 이후 철학의 역사에 깊은 영향을 각인하게 된다.(Ilai Alon, *Al-Farabi's Philosophical Lexicon*, Gibb Memorial Trust, 2002) 알-파라비는 본질

을 썼으며, 정치철학에도 몰두해 『이상 국가의 성원의 견해들』을 비롯한 여러 저작들을 남겼다. 그렇다고 알-파라비가 순수 아리스토텔레스주의 자였던 것은 아니다. 그는 사유 전체의 구도에서는 오히려 신플라톤주의 의 경향을 띠었다. 이런 구도는 이븐 시나에게로 이어진다.

이슬람의 신플라톤주의는 본래의 신플라톤주의의 구도를 이어받으면 서도 거기에 이슬람적 신학을 가미하는 식으로 이루어졌다. 그리고 이때 의 이슬람적 신학이란 대체적으로 순니파보다는 시아파의 신학이었으 며, 때로 수피즘의 형태를 띠기도 했다. 이때 문제가 되는 것은 신의 '창 조'와 일자의 '유출'의 관계, 유출의 단계, 유출의 방식 등이었으며, 거 기에 천사학, 이맘학/예언자학, 영지주의 등의 요소들이 가미되곤 했다. 그래서 대개 유출은 일단 신의 창조가 이루어진 이후에 일어나는 것으로 파악되었으며, 유출에서의 이성(理性)은 열 단계로 복수화되었다. 그리고 이 이성들이 '천사들'로 파악됨으로써(아담은 열 번째 천사이다) 유대-기 독-이슬람교의 위계적인 세계상이 형성되기에 이른다. 제10 천사로서 의 아담은 때로 '능동 지성'과 동일시되기도 했다. 알-파라비에 따르면, 인간의 '가능 지성'이 '능동 지성'에 대해 맺는 관계는 눈이 태양에 대해 맺는 관계와도 같다.[11] 알-파라비는 이성 특히 마지막 이성, 즉 인간 바 로 위의 이성을 빛으로 이해했으며('조명설'), 이 빛이 질료에 형상들을 쬐임으로써 구체적 사물들이 생겨난다고 생각했다. 여기에서도 신플라 톤주의적 구도에 플라톤과 아리스토텔레스 그리고 이슬람교가 뒤섞여 있음을 발견할 수 있다.[12]

을 필연적인 것으로 보고 실존은 본질이 우연적으로(contingently) 존재하게 된 상황 을 가리키는 빈사(賓辭)로 봄으로써, 중세적 본질주의의 틀을 마련했다. 훗날 사파비조 (1501~1732년) 르네상스 시대에 활동한 몰라 사드라는 실존 위주의 사상을 펼침으로 써 알-파라비에게 응답하게 된다.

11) Al-Farabi, *Épitre sur l'Intellect*(Les Belles lettres, 2012).

12) 알-파라비는 이슬람 사상가로서는 예외적으로 정치철학에도 힘을 쏟았다. 그러나 그의

페르시아 출신의 이븐 시나(980~1037년)는 이슬람 학문을 가장 종합적으로 집대성한 인물들 중 하나이며, 이슬람의 신플라톤주의를 대표하는 대철학자이기도 하다. 이슬람의 신플라톤주의는 알-킨디, 알-파라비, 이븐 시나로 이어진다. 그 저작의 방대함과 사유의 수준에서 이븐 시나의 철학은 중세의 성립 이후에 이루어진 철학사적 성과들의 한 정점을 형성한다.[13] 그에게서 철학은 스토아철학 이래 1,000년 만에 비로소 아리스토텔레스적 종합성을 되찾는다. 이븐 시나는 철학을 논리학, 자연철학, 수학, 형이상학으로 구성했으며, 이는 곧 아리스토텔레스의 학문 체계에서 예비학과 이론철학을 이어받은 것이라 볼 수 있다. 실천철학 부분이 빠져 있는 것을 음미해볼 필요가 있다. 철저히 종교에 의해 지배되는 사회에서 실천철학은 종교의 몫이었을 것이다.

그러나 그 사유의 기본 틀에서 이븐 시나 역시 신플라톤주의적 흐름을 벗어나지는 않는다. 그 역시 이슬람교의 교리와 그리스 철학을 화해시키고자 했고, 그 과정에서 아리스토텔레스의 부동의 원동자, 플로티노스의 일자, 이슬람의 신을 동일시하기에 이르렀다.[14] 그러나 그 스스로는 가만히 존재할 뿐이며 다른 모든 것들이 그리로 올라가려 앙망(仰望)하는 목적지인 아리스토텔레스적 신, 자체의 충만함으로 인해 흘러내리는 플로티노스적 일자, 그리고 세계의 창조주로서의 이슬람교에서의 신은 각각 다른 존재이다. 이런 문제 때문에 이븐 시나 학파(/아비센나주의)는 후에 한계에 봉착하게 된다. 이븐 시나의 신=일자는 의지적으로

정치철학은 어디까지나 이슬람 신학의 테두리 내에서 전개된 정치신학이었다고 해야 할 것이다. 플라톤을 모범으로 삼았던 알-파라비는 이상국가론을 전개하면서 플라톤의 '철인-치자들'을 '예언자-이맘들'로 대치해서 이슬람적 정치철학을 전개했다.

13) 이븐 시나는 거작 『치유의 서』를 썼으며, 이 작품의 1권은 논리학, 2권은 자연철학, 3권은 수학, 4권은 형이상학을 다루고 있다. 마지막 권은 앞서의 모든 논의들을 종합하면서 형이상학 이론을 다루고 있다.

14) Amélie-Marie Goichon, *Lexique de la Langue philosophique d'Ibn Sina*(Desclée de Brouwer, 1938).

세계를 창조한 유대-기독-이슬람교의 신보다는 오히려 플로티노스적 일자에 더 가깝다. 이 일자는 "한 번에 하나씩"이라는 그 자신의 원리에 입각해 또 그 내적 필연성에 입각해 차례로 유출된다. 그래서 이븐 시나에게서 창조는 신의 작위(作爲)로서가 아니라 차라리 사유로서 이해된다. 신의 내적 사유 과정 자체가 유출의 과정인 것이다.[15] 아리스토텔레스와 플로티노스가 이슬람적으로 기묘하게 통합되어 있다.

서방의 종교사상들과 마찬가지로 이슬람의 종교사상들도 플라톤, 아니 사실상 플로티노스의 그림자 아래에서 전개되었다. 이렇게 본다면 플로티노스의 철학은 말 그대로 천년의 세월에 걸쳐 지중해세계를 지배했다 해도 무방할 것이다. 그러나 철학적 관점에서 본다면, 그 어떤 사상도 플로티노스 자신의 『엔네아데스』를 뛰어넘는 철학적 성취를 이루지는 못했다. 철학은 종교/신학을 위한 도구였지 그 자체로서 수준 높게 추구되지는 못했던 것이다. 그러나 12세기에 이르러 중세 사상의 풍경은 급격하게 변하기 시작한다. 플로티노스를 신비주의라고, 아리스토텔레스를 합리주의라고 부르는 것은 다분히 거친 규정이지만, 대략적으로 말하는 한에서 이 시기에 이르러 플로티노스적 신비주의가 아리스토텔레스적 합리주의로 대전환을 이루기 때문이다. 물론 이 또한 종교로부터 자유롭지 못했던, 어디까지나 중세적 맥락 내에서의 변화였지만, 그 내부에서 본다면 이는 아마도 중세에 일어났던 가장 결정적인 철학적 대전환이라 할 수 있을 것이다. 이 대전환을 이룩한 인물은 이븐 루쉬드였다.

---

15) Ibn Sina, *The Metaphysics of the Healing*, M. E. Marmura trans.(Brigham Young University Press, 2005).

§2. 이븐 루쉬드의 철학

　이븐 루쉬드의 철학을 논하기 위해서는 우선 알-가잘리를 논해야 하는데, 이는 후기 자연철학자들을 논하려면 필히 파르메니데스를 논해야 하는 것과 형식상 유사하다. 알-가잘리(/알가젤, 1059~1111년)는 9세기 이래 전개되어온 철학='팔사파'를 전면적으로 비판한 신학자이고, 이븐 루쉬드의 철학은 알-가잘리에 대한 재비판을 그 중요한 요소로 포함하고 있기 때문이다.

　호라산 출신인 알-가잘리는 강한 종교적 신념을 가지고서 순수 이슬람교가 아닌 모든 사상들, 특히 이스마일파, 수피즘, 기독교, 철학 등을 공격했다. 그러나 그가 그저 광신적 믿음에 사로잡혀 이 사상들에 감정적 비난을 퍼부은 인물이었다면 굳이 여기에서 언급할 이유는 없을 것이다. 플로티노스가 궁극적으로는 신비주의적인 그의 사상을 그러나 수준 높은 철학적 사유로 승화시켜 이야기했듯이, 알-가잘리도 궁극적으로는 격렬한 호교론 그것도 좁은 범위에서의 호교론인 그의 사상을 그러나 수준 높은 논변들을 통해서 전개했다. 이슬람 사상사 나아가 철학사에서 그를 빼놓을 수 없는 이유는 바로 이 때문이다.[16] 알-가잘리는 특히 『철학자들의 모순』을 비롯한 여러 저작들에서 그의 논지를 전개했다.[17] 이븐 루쉬드의 철학 옹호는 바로 알-가잘리에 대한 응답의 형태로

---

16)　알-가잘리는 철학을 수학, 논리학, 자연과학, 형이상학, 정치학, 윤리학으로 나누고, 그 중 수학, 논리학, 자연과학은 이슬람교와 양립할 수 있지만 형이상학, 정치학, 윤리학은 양립할 수 없다고 보았다. 그 때문에 논리학을 거부하기보다는 오히려 이슬람 신학의 발전을 위해 논리학 공부가 필요하다고 보았다. '사상'의 성격을 띠는 다른 담론들에는 적대적이지만 '과학'의 성격을 띠는 담론들은 받아들이는 이런 태도는 담론의 역사 어디에서나 확인할 수 있는 일반적인 태도이다.

17)　Al-Ghazali, *The Incoherence of the Philosophers*(Brigham Young University, 2002). '모순'이라는 번역은 다소 중성화된 번역이고, 원어인 '타하포트'는 자멸, 자가당착, 자기모순 등 다소 강한 어조를 띠고 있다.

전개되었다.[18)

철학자들에 대한 알-가잘리의 공격에 이븐 루쉬드는 우선 율법 자체가 철학 연구를 명하고 있노라고 응답한다. 기독교와 이슬람교의 중요한 차이점들 중 하나는 기독교가 '믿음'을 강조하는 데 비해 이슬람교는 믿음 못지않게 '지성'/'이해'를 강조한다는 점에 있다. "시력을 가진 너희는 반성하라"라는 구절이 이 점을 잘 드러내고 있다. 이는 이슬람교에 교회, 사제 등이 존재하지 않는다는 점과도 연관된다. 이븐 루쉬드는 아리스토텔레스를 따라 논리학, 변증론, 수사학을 구분했는데, 이 구분을 이슬람교도들에게 적용해 각 사람의 지적 수준에 따라 상이한 방식의 이해를 도모하는 것이 좋다고, 나아가 그렇게 해야 한다고 생각했다. 그런데 논증의 수준에서 이슬람교를 이해할 수 있는 사람들은 바로 철학자들이다. 논리학적 훈련이 되어 있지 않은 신학자들—이들은 변증론적 수준의 담론을 전개한다—이야말로 철학자들에 비해서 이슬람 교리를 논할 자격이 떨어지는 사람들인 것이다. 물론 철학자들이 오류를 범할 수는 있다. 그러나 그것은 우발적인 것이며 그 때문에 철학 자체를 부정하는 것은 비약이다. 누군가가 물을 먹다가 목이 막혀 죽었다고 해서 물 자체를 부정한다면 어리석은 짓인 것이다.[19) 이븐 루쉬드의 이런 주장

---

18) 이븐 루쉬드가 알-가잘리를 재비판하면서 철학을 옹호하는 저작들로는 『결정적 논고』, 『믿음의 증명법에 관한 서』, 그리고 『철학자들의 모순』에 대한 응답으로서 쓴 『모순의 모순』이 있다.(이 중 『결정적 논고』가 한국어로 번역되어 있다. 이재경 옮김, 책세상, 2005) 그 외의 이븐 루쉬드 저작들은 거의 아리스토텔레스 저작들에 대한 주해의 형태를 띠고 있다. 그의 주해는 짧은 주해, 중간 길이의 주해, 그리고 긴 주해로 나뉜다. 이븐 루쉬드는 정치학만큼은 아리스토텔레스의 『정치학』이 아니라 플라톤의 『국가』에 주석을 달았는데, 이는 학문/교육의 위계에 있어 철학의 위상에 대한 플라톤의 논의 때문이었던 것으로 보인다.

19) "철학 저술을 연구하다가 타락할 수도 있다는 생각 때문에 자격을 갖춘 이에게 철학 저술 연구를 못하게 막는 사람은, 어떤 사람이 물에 목이 막혀 죽었다는 이유로 목마른 사람에게도 시원하고 신선한 물을 마시지 못하게 하는 사람과 같다. 물로 인한 질식사는 우발적인 문제이지만 갈증으로 인한 죽음은 본질적이며 필연적인 것이다."(『결정적

은 이슬람세계에서의 '합리주의적(넓은 의미) 전회'라 부를 만한 혁명적인 주장으로서, 이는 서방세계(기독교세계)에까지 거대한 파급을 가져오게 된다.

이 주장은 그리스 학문과 이슬람교 교리의 관계에 관련해서도 중요한 함의를 띤다. 이븐 루쉬드 역시 이슬람교라는 종교의 진리를 믿어 의심치 않던 사람, 어디까지나 중세인이었다. 이 점에서 그리스 학문은 분명 '이방 학문'이었다. 그러나 그는 그 믿음을 이성으로 이해하려 했고, 그 이성의 선용(善用)에서 그리스인들보다 더 뛰어난 사람들은 없었다는 것을 솔직히 인정했다. 유교에 대한 믿음을 확고하게 유지했으면서도 '서학'의 뛰어남은 에누리 없이 인정했던 혜강 최한기 같은 인물을 연상하면 될 것이다. 그에게는 진리의 발견에서 철학이야말로 그 무엇보다 일차적인 권위를 가지는 담론이었으며, 이슬람교 역시 철학의 인도를 받아서 이해되어야 했다. 이 점에서 그리스 학문을 신학에 억지스럽게 복속시켜 견강부회를 일삼았던 서방 기독교세계의 학자들과는 근본적으로 다른 태도를 가지고 있었던 것이다. 그리고 바로 그렇기 때문에 이런 그의 학문이 서방에 전해졌을 때 서방세계에 심대한 지진을 일으킬 수밖에 없었다. 12세기에 이븐 루쉬드가 등장해 아리스토텔레스를 재발견하고 '합리주의적 전회'를 일으킨 것은 중세 철학사의 결정적인 사건이었고,[20] 중세 철학사는 이븐 루쉬드 이전과 이후로 나뉜다고 할 수 있다.

논고』, I, §6)

20) 물론 이런 전회는 이미 알-파라비에 의해 시도되었고 이븐 시나를 거쳐 이븐 루쉬드에게로 이어졌다고 해야 한다. 알-파라비는 철학만이 수사학적 추론이나 변증론적 추론을 넘어 논증적 추론을 구사한다고 보았다. 그는 심지어 신학을 "철학의 노예"라고까지 불렀다. 이 점에서 기독교세계와 대비된다. 그러나 철학적인 내용으로 본다면 알-파라비는 아리스토텔레스를 상당 부분 흡수했음에도 여전히 이전부터 내려오던 신플라톤주의의 그늘 아래에 있었다고 보아야 한다. 이는 이븐 시나의 경우도 마찬가지이다. 그러나 이븐 시나에 이르면 이미 아리스토텔레스 수용의 수준은 크게 높아져 있다. 그의 『치유의 서』의 형이상학 부분은 구성과 일정 정도 내용에서도 아리스토텔레스의

이는 곧 다소 거칠게 일반화한다면, 1,000년의 세월을 이어온 '신플라톤주의의 시대'로부터 앞으로 500년의 세월을 이어갈 '아리스토텔레스의 시대'로의 대전환을 뜻하기도 한다.

이븐 루쉬드적인 합리주의는 "만일 성서의 자구적 의미가 논증적 결론과 상치된다면 그것은 우의적 즉 은유적으로 해석되어야 한다"라는 주장에서 단적으로 나타난다. 『꾸란』의 의미에 대한 자구 그대로의 해석과 이성적-철학적 해석이 상치할 때, 철학적 해석을 채택해야 하며 그 경우 자구적 의미는 이 철학적 의미의 우의/은유로 이해해야 한다는 것이다. 그렇기 때문에 이븐 루쉬드는 철학적 의미를 정확히 파악하고 그것이 우의적/은유적 의미와 가지는 관계를 명확히 할 수 있는 자격을 갖춘 인물들―『꾸란』이 말한 "학문의 기초가 탄탄한 이들"―이 성서를 해석해야 함을 강조했다. 자격을 갖춘 인물들이 범한 오류는 용서받을 수 있지만, 자격을 갖추지 못한 인물들이 범한 오류는 위험하며 용서받을 수 없다는 것이다. 숙련된 의사가 범하는 오류는 어쩔 수 없는 인간적 한계이지만, 돌팔이 의사가 오류를 범해 환자를 해한다면 그것은 용서받을 수 없는 것이나 마찬가지이다.

이븐 루쉬드는 철학적 진리가 이슬람교의 종교적 믿음 자체를 무너뜨릴 가능성은 전혀 생각하지 않았다. 그에게 『꾸란』은 신이 무함마드를 통해 창조한 것이며, 생성하는 다른 모든 것을 능가하는 존재이다. 이 점에서 그가 중세라는 테두리를 벗어난 것은 아니다. 그럼에도 그는 철학적 이성―아리스토텔레스적 합리주의―을 『꾸란』 이해의 기준으로 삼음으로써 이전의 흐름을 근본적으로 개혁했다고 할 수 있다. 그에게서 종교와 철학은 '친구' 사이로 이해되고 있다.

『형이상학』을 다시 쓴 것과도 같았다.

알-가잘리와의 논쟁

이븐 루쉬드는 이븐 밧자, 이븐 투파일을 이어 의사이자 철학자로 활동하며 거의 평생을 아리스토텔레스 주석 작업에 바쳤다. 그리고 이 작업의 성과들은 이후 스콜라철학에 큰 영향을 끼치게 된다. 이런 논의들 중 이븐 루쉬드의 철학적 입장이 뚜렷하게 드러나는 대목들은 역시 알-가잘리에 대한 논쟁적 응답에 있어서이다. 알-가잘리가 철학자들을 집중적으로 공격한 것은 특히 세 가지 문제에서였다. 세계의 유한성과 영원성의 문제, 신의 권능과 인과율·시간·양상의 문제, 그리고 보편자로서의 영혼과 개체들의 문제이다. 이 세 문제가 유독 논의의 중심이 된 것은 이것들이 이슬람교의 신학적 세계관과 이븐 루쉬드의 철학적 입장이 날카롭게 부딪치는 대목들이었기 때문이다. 이븐 루쉬드의 응답 역시 이 세 가지 주제에 초점을 맞추고 있다.[21]

첫 번째 문제는 곧 "creatio ex nihilo"와 "ex nihilo nihil fit"의 대결이라고 할 수 있다. 그리스 철학을 잇고 있는 이슬람 철학자들에게 세계는 영원하며(무로부터는 어떤 것도 나올 수 없다. 그런데 세계는 존재한다. 따라서 세계는 언제나 있어왔다), 신의 세계 창조는 논리적인 것이지 시간적인 것이 아니었다. 그러나 알-가잘리가 볼 때에는, 유대-기독-이슬람교의 전통이 말하고 있듯이, 분명 신은 무로부터 세계를 창조했다.

철학자들[22]: 하느님께서 특정한 시점(時點)에 이 세계를 창조하셨다는 것은 불합리합니다. 하느님께서 왜 하필이면 바로 그 시간에 세계

---

21) Ibn Rushd, *Averroes' Tahafut al-Tahafut*, Simon Van den Bergh trans.(Gibb Memorial Trust, 2008). 이 세 문제는 바로 특수 존재론(우주론, 신학, 영혼론)의 문제들이다. 그리고 일반 존재론의 문제가 바로 뒤에서 논할 보편자 논쟁이다.

22) 알-파라비와 이븐 시나를 뜻한다. 두 사람의 차이는 일단 접어둔다. 여기서는 철학자들과 알-가잘리와 이븐 루쉬드의 논쟁을 다소 자유롭게 각색해서 정리해본다. 이들의 논쟁은 매우 다양한 각도에서 이루어졌으며, 여기에서는 핵심적인 내용만 간추려 논한다.

를 창조했을까요? 그분의 마음속에서 무슨 변덕이라도 일어났다는 말입니까? 하느님은 영원한 분이십니다. 그분의 마음속에서는 어떤 우발적인(contingent) 변화도 일어날 수 없고, 그분의 마음속에는 아예 현실적인 의미에서의 시간이라는 것이 있을 수 없습니다. 따라서 그분에게 후회, 기다림, 결단, 그리움, 회한 같은 감정들처럼 시간이라는 존재에서 유래하는 것들이 있을 수가 없지요. 하느님은 영원한 분이시고 세계 또한 영원합니다. 하느님과 세계의 관계는 순수 논리적/형상적(形相的)인 관계이지 시간적인 관계가 아닙니다.[23]

알-가잘리: 당신은 마치 알라의 마음속에 들어가 보기라도 한 듯이 말씀하시는군요. 당신의 이야기는 하느님의 전능함에 불경을 범하는 것입니다. 하느님은 세계를 창조하셨고 마음만 먹는다면 소멸시킬 수도 있는 분입니다. 그리고 이 세계를 지배하는 법칙들까지도 바꿀 수 있는 분입니다. 하느님을 어떤 논리적이고 합리적인 존재로만 이야기하는 것은 그분의 전능한 의지를 부정하는 것입니다. 그런 하느님은 아리스토텔레스의 신일 수는 있어도 우리 이슬람교의 하느님은 아닙니다. 하느님은 그분의 의지대로 세상을 움직이십니다. 그러나 그분의 의지는 단순한 인간적인 의지가 아니라 영원한 의지이지요. 하느님의 의지는 인간의 이성으로 함부로 재단할 수 없는 불가해한 것입니다.

이븐 루쉬드: 당신은 우리 철학자들이 신의 마음을 함부로 재단한다고 말씀하시지만, 당신이야말로 우리의 하느님을 그리스인들이나 로마인들, 유대-기독교인들이 이야기하던 신들, 신인동형적(神人同形

---

23) 이 문제에 관련해 아우구스티누스처럼 신은 세계를 '시간 안에서' 창조한 것이 아니라 '시간과 더불어' 창조했다고 생각할 수 있다. 그러나 이때에도 창조가 어느 한 '점'에서 시작된 것으로 표상되고 있는 것은 마찬가지이며, 역시 영원한 신에게서 왜 그런 불연속이 일어났는가를 설명해야 한다. 현대 우주론에서의 '빅뱅'의 발생 이유에 대한 논의도, 신학적 맥락과는 별개로, 유사한 논의를 전개하고 있다.

的) 신들로 전락시키고 있는 것 아닙니까? 감히 우리 하느님을 제우스나 유피테르, 야훼 수준으로 생각하다니요! 알라 신에게 의지나 자유가 있다고 합시다. 나 자신도 당연히 그렇게 생각합니다. 그러나 하느님의 의지나 자유가 마치 인간의 그것들처럼 그렇게 변덕스럽게 우발적인 것이라고 생각하십니까? 그것이야말로 불경 아닙니까? 하느님이 이 세상을 멋대로 바꿀 수 있다고 말하는 것이 그분의 권능을 찬양하는 것이라고 믿는 것은, 실례되는 말씀입니다만, 적지 않게 유치한 발상입니다. 오히려 이 세상이 그렇게 멋대로 굴러가지 못하도록, 이토록 엄밀하고 조화롭고 아름답게 움직이도록 만들었다는 사실 자체야말로 알라의 위대함을 증험해주는 것이 아니겠습니까? 신께서 이 세상을 "만드셨고", "움직이시고", "바꾸시고", "심판하시고", … 같은 말들을 인간의 수준에서 이해해서는 곤란합니다. 세계는 저 위대한 아리스토텔레스가 네 원인이라든가 가능태와 현실태 같은 개념들을 통해 해명해준 그대로 움직이며, 그런 항구적인 세계 운행 자체가 바로 신의 '창조'인 것입니다. 우리는 "창조"라는 말에 붙어 있는 단순한/인간중심적인 이미지를 떨쳐버리고 그것을 보다 형이상학적/존재론적으로 이해해야 합니다.

알-가잘리의 신과 이븐 루쉬드의 신은 마치 고대의 일반 민중의 하늘[天]과 맹자의 하늘이 다르듯이 다르다. 알-가잘리의 신이 종교적이고 대중적인 신이라면, 이븐 루쉬드의 신은 철학적이고 지성적으로 이해된 신이다. 이 논쟁에 이미 함축되어 있듯이, 알-가잘리와 이븐 루쉬드의 대결에는 인과율에 대한 상이한 이해가 깔려 있다.

철학자들: 이 세계는 인과율에 의해 움직입니다. 세계의 모든 것들은 원인과 결과에 따라 움직이지요. 이것은 어디에서나 확인되는 철칙입니다. 이는 곧 이 세계가 질료의 가능성을 통해서 우발적으로 움

직이는 곳이 아니라 형상들의 질서를 통해서 인과적으로 움직이는 곳이라는 점을 뜻합니다. 그리고 하느님은 이 모든 인과적 질서의 최상위 원리이신 것이죠.

알-가잘리: 당신들이 말하는 가능성이란 그저 상상적인 것일 뿐입니다. 당신네 철학자들은 그저 상상적이고 개념적일 뿐인 것들을 실재적인 것으로 만드는 데 능하더군요. 세계 자체가 가지는 가능성 따위는 없습니다. 그것은 인간적인 상상일 뿐이죠. 세계는 오로지 신의 의지에 따라 움직일 뿐입니다. 당신네들이 금과옥조(金科玉條)처럼 여기는 인과율 역시 신의 역사(役事)를 당신들 멋대로 해석한 것일 뿐입니다. 지푸라기에 불을 대면 분명 탑니다. 하지만 그 둘 사이에 인과관계가 있다고 어떻게 확신할 수 있습니까? 지푸라기에 탈 수 있는 가능성이 있다고 어떻게 단정할 수 있습니까? 단지 그런 일이 반복되니까 습관적으로 그렇게 생각하는 것일 뿐이죠. 사실은 하느님께서 사건들을 그렇게 연결하신 것입니다. 하느님은 그런 연결을 얼마든지 바꾸실 수 있습니다. 그 증거로 세상에는 여러 형태의 기적들이 존재하지 않습니까?

이븐 루쉬드: 당신의 이야기는 완전히 궤변입니다. 하느님께서 세계를 인과에 따라 움직이도록 만든 것이지, 그분이 모든 사건들에 일일이 간섭해서 그렇게 배열한다는 생각은 참으로 우스꽝스럽다고밖에는 할 수 없네요. 그렇게 생각한다면 세계에 대한 합리적인 이해는 불가능할 것입니다. 당신의 그런 주장은 주관적인 신앙심을 내세워 아예 학문 자체를 부정하는 것이죠. 물론 기적들은 존재합니다. 그런데 그런 현상들은 예외적인 것이죠. 그리고 그것들이 "예외"라는 사실 자체가 사건들 일반은 인과에 따라 생겨난다는 것을 함축하는 게 아니겠습니까? 알라 신께서 개입하신다면 그런 예외적인 경우들이 일어날 것이고, 우리가 이성을 벗어나야 하는 경우가 있다면 바로 그런 경우들에서일 것입니다.

알-가잘리에 의하면 신은 세계 속에 들어와 일일이 간섭하면서 사건들을 좌우하지만, 이븐 루쉬드에 의하면 신은 기적들의 경우를 예외로 한다면 세계 바깥에서 자신이 창조한 세계의 움직임을 관조할 뿐이다. 이럴 경우 신은 세계의 인과적 연쇄들의 끝에 존재하게 된다. 그렇지 않으면 '무한 소급'에 빠질 것이다. 그런데 알-가잘리가 볼 때 이 또한 문제가 된다.

철학자들: 하느님은 본질적이고 필연적이고 영원한 것을 인식합니다. 질료에서 유래하는 사소하고 우발적이고 일시적인 것은 인식하지 않습니다. 하느님께는 육체가 없기 때문에 그런 인식─엄밀하게 말해 '인식'이 아닙니다─은 그분께 속하지 않습니다. 자기 자식의 성공을 빌거나 자기가 미워하는 사람의 죽음을 기원하는 사람들의 기복신앙(祈福信仰)은 대중의 어리석음을 드러내는 대표적인 예입니다.

알-가잘리: 만일 세계를 그렇게 필연적인 인과 연쇄로 본다면 그 연쇄가 어디에선가는 끝나야 합니다. 그래서 당신들은 하느님을 '제1 원인'으로서밖에는 파악하지 못하게 되는 것이죠. 그렇게 함으로써 당신들은 하느님을 세계로부터 밀어내 아득한 저편에 떨어져 있는 분으로 만들거나, 기껏해야 그분을 "사유의 사유", 순수 지성체로 파악함으로써 현실의 구체적인 측면들에는 무지한 존재로 만들어버린 것입니다. 하느님은 우리 삶의 구석구석에서 활동하고 계십니다. 만일 하느님이 그런 측면들을 알 수 없다면 그분은 자기가 만든 기계를 이해하지 못하는 기술자 같은 존재가 되어버리는 게 아닙니까? 하느님이 그런 분이라면 어찌 하느님이라 할 수 있겠습니까?

이븐 루쉬드: 하느님은 '순수 현실태'이십니다. 하느님에게 신체가 있다고 생각하는 것은 단순한 생각이지요. 하느님은 신체를 가지지 않기 때문에 이 세상에서와 같은 변전(變轉)을 겪지 않습니다. 그래서 감각을 통해서 확인하는 그런 우발적 "인식"을 가질 수 없고, 또 가

질 이유가 없지요. 하느님께 알리의 머리가 곱슬머리인지, 이브라힘이 공부를 잘하는지, 아니면 파티마가 예쁜지, 아이샤가 누구에게 시집갔는지가 도대체 무슨 상관이겠습니까? 하느님은 그가 창조한 이 세계에 우발성을 주셨습니다. 우발성은 세상의 것이고, 본질은 하느님의 것입니다. 진정으로 존재하는 것〔실체〕과 그것에 부대해서 단지 '~인' 것〔속성〕을 구분해야 합니다.

이븐 시나 선배께서도 잘못을 저질렀다고 봅니다. 선배는 가능성과 잠재성을 혼동해서 본질들을 가능성들로 만들어버렸습니다.[24] 그에게서 잠재성은 사물들에 내재해 있는 것이 아니라 위에서〔일자로부터〕 빛을 받아서 생겨나는 것으로 이해되고 있죠. 하지만 본질들은 단지 '가능한 세계들'이 아닙니다. 가능한 세계들 중 어떤 것들이 현실화되는 것이 아닌 것이죠. 그렇게 말하는 바람에 알-가잘리가 철학자들이 말하는 본질들은 상상적인 것들에 불과하다고 비판했던 것입니다. 하지만 현실화되지 않을 본질들, 현실성의 외연을 넘쳐나는 가능성들은 이야기할 필요가 없습니다. 알-가잘리의 말대로 그런 것들은 상상적인 것들일 뿐이죠. 본질들은 어디까지나 아리스토텔레스적 형상들입니다. 가능한 것들―더 정확히 말해 잠재적인 것들―은 그 안에 현실화될 힘을 담고 있는 것들이고, 그래서 현실성과 잠재성은 국면상 구분되는 것일 뿐 실재적/실체적으로 구분되는 것이 아닙니다. 세계는 본질들로 구성되어 있고 그 본질들은 반드시 현실화됩니다. 그것이 하느님께서 만드신 이 세계의 합리성입니다.

---

24) Ibn Sina, *The Metaphysics of the Healing*. 지금의 맥락에서 '잠재적인 것(the virtual)'과 '가능적인 것(the possible)'을, 실재적 잠재성과 상상적 가능성을 구분할 필요가 있다. 전자가 아리스토텔레스에서 유래해 베르그송과 들뢰즈로 이어지는 개념이라면, 후자는 라이프니츠의 가능세계론이나 오늘날의 허구, 가상세계, '판타지', … 등으로 이어지는 개념이다. 물론 알-가잘리는 이런 구분을 하고 있지 않다.

알-가잘리와 이븐 루쉬드는 중세 철학에서 핵을 형성했던 신, 세계, 영혼/인식이라는 세 문제-장 모두에 있어 충돌했다. 알-가잘리의 신이 의지를 가지고서 세상을 세세히 주재하는 신이라면, 이븐 루쉬드의 신은 가장 이성적인 방식으로 세계를 설계한 후 거기에 우연성과 자율성을 부여한 신이라 하겠다. 이런 차이는 세계 자체에 대한 이해로 이어지는바, 알-가잘리에게 세계란 신의 의지에 의해 이렇게도 또 저렇게도 될 수 있는 곳이라면 이븐 루쉬드에게는 신이 마련한 법칙성에 따라 매우 합리적으로 운행되는 곳이다. 또 바로 그렇기 때문에, 알-가잘리에게 신의 마음은 세상 모든 사건들을 알고 신경 쓰지만 이븐 루쉬드에게 신의 마음은 세계의 본질적인 측면을 인식할 뿐 우발적이고 세세한 측면들을 인식할 필요는 전혀 못 느낀다고 할 수 있다. 알-가잘리와 이븐 루쉬드 사이의 이런 대립은 이슬람세계에서의 종교/신학과 철학의 대립을 분명한 형태로 보여주며, 그 후로도 중세 세계에 줄곧 큰 여파를 미치게 된다.

'이성 단일론'의 문제

아리스토텔레스를 논하면서 영혼의 문제를 인식론적 측면에서 다루었거니와, 이 문제는 사후(死後)의 문제와도 연관된다. 알-가잘리가 신체적인 부활의 가능성을 주장한다면, 이븐 루쉬드는 대체적으로 그것을 부정한다. 영원한 것은 형상들이며 질료는 우발적인 존재에 불과하기 때문이다. 부활하는 것은 형상들일 뿐이다. 이 대목에서의 이븐 루쉬드는 아리스토텔레스보다는 오히려 플라톤에 더 가깝다. 이는 그가 이 문제에 관련해 이슬람교와 아리스토텔레스 사이에서 입장을 취했기 때문인 것으로 보인다.

그러나 여기에서 형상들이란 개체 각각의 형상들인가, 아니면 보편자로서의 형상들인가? 전자라면 각 개인의 영혼들이 부활하는 것이 되며, 후자라면 오로지 보편자만이 부활하는 것이 된다. 이 문제는 아리스토텔레스에서 연원해 이슬람 철학자들을 거쳐 스콜라철학으로 이어지는 긴

역사를 가진다.[25]

　아리스토텔레스는 질료와 형상 간의 분리 문제에 관해 플라톤을 비판하면서 질료를 떠난 형상의 존재를 부정한다. 그러나 그에게서도 질료와 분리되는 형상에 대한 논의가 등장하는데, 『영혼론』의 III권, 4~5장이 그곳이다. 아리스토텔레스에 따르면 사물들을 인식하는 이성('누스') 그 자체는 사물이 아니어야 한다. 사물들은 물리적 변화를 겪지만, 그것들을 인식하는 이성 자체가 물리적 변화를 겪는다면 곤란하다. 그럴 경우 이성은 사물들과 얽혀 함께 변화할 것이고 인식은 불가능할 것이기 때문이다. 그러나 아리스토텔레스는 이 이성에서 수동적 측면과 능동적 측면을 구분해낼 것을 요구한다. 이른바 '수동적 이성'(질료적 이성/잠재적 이성)이 사물들을 인식 질료(자료)로 받아들이는 역할을 한다면, '능동적 이성'은 그 질료로부터 형상들을 식별해내 인식한다. 요컨대 이성에는 인식 질료들을 수용하는(receptive) 수동적 이성과 그것들에서 형상들을 인식해내는 능동적 이성의 두 측면이 존재하는 것이다. 그리고 후자는 특히 탈물질적이고 영원한 존재, 요컨대 플라톤적 이데아로서 이해된다.(III, §5, 430a/ 23~25)

　이븐 루쉬드는 아리스토텔레스의 저작 다섯 권에 대해서만은 세 종류(긴 주석, 중간 주석, 짧은 주석)의 주석서를 모두 썼는데, 그중 하나가 『영혼론』이다. 아리스토텔레스의 영혼론을 해석하면서 이븐 루쉬드는 아리스토텔레스로부터 이탈해 파격적인 주장을 한다. 이븐 루쉬드가 볼 때 아리스토텔레스의 사유가 보다 일관적이려면 수동적 이성 역시 탈물질적이고 영원해야 한다. 이 주장에 함축되어 있는 바는 수동적 이성이 우발적이고 물질적인 개개인의 신체와 완전히 분리된 실체여야 한다는 점

---

25)　이 문제는 거슬러 올라가면 플라톤의 『파이드로스』에 뿌리를 두고 있다. 플라톤은 "모든 영혼은 불사(不死)이다"라는 논제를 제시하고서 이를 논증해나가거니와(245c), 여기에서 '모든(pasa)'이 영어로 말해서 'all'도 되고 'every'도 되기 때문이다. 이 문제에 관련해 박홍규, 『박홍규 전집』(민음사, 2007) 아울러 『법률』, 895e 이하의 논변도 참조하라.

이다. 그래서 능동적 이성만이 아니라 수동적 이성도 공히 개개인을 초월한 이데아적인 존재로서 존재해야 한다는 것이다.[26] 이를 이븐 루쉬드의 '이성 단일론'이라 부른다. 만일 그렇다면, 불멸하는 것은 개개인의 형상이 아니라 단지 단일한 보편적 이성뿐이다. 능동적 이성은 물론 수동적 이성까지도 압둘라나 마르얌의 이성은 아닌 것이다.

이븐 루쉬드의 이런 해석은 이슬람교의 교리와 정면 충돌하는 것이었다. 유대교, 기독교, 이슬람교 공히 개별자의 영혼의 부활, 나아가 경우에 따라서는 신체의 부활까지도 인정하고 있었기 때문이다. 이런 존재론적 보장이 있어야만 한 개인에게 귀속되는 죄, 업(業), 책임, 의무 등을 인정할 수 있었다. 이런 이유 등으로 해서 이븐 루쉬드는 박해 당했고 그의 책들이 불태워지기까지 했다. 누군가의 로고스를 자신들의 로고스로는 이길 수 없다고 생각하는 자들은 항상 이런 비로고스적인 방식을 통해서 상대방을 누르려 한다. 바로 그런 행위 자체가 그들의 로고스가 잘못되었다는 것을 스스로 실증하고 있다는 사실을 망각하고서. 어쨌든 이슬람세계는 이븐 루쉬드를 박해한 대가를 치러야 했다. 이븐 루쉬드에게서 이슬람 철학의 대(代)는 갑자기 절벽으로 떨어지기라도 한 것처럼 쇠잔해지며, 철학의 부재라는 이 상황이 이슬람세계를 (서구가 이미 르네상스를 거쳐 근대로 나아가던 시절에까지) 중세의 질곡에 붙들어 맨 것이다. 그리고 이 사건의 여파는 오늘날까지도 이슬람세계에서 확인된다. 최근에도 하메네이가 이끄는 이란 정부는 후기구조주의, 마르크스주

---

26) Ibn Rushd, *Middle Commentary on Aristotle's* De Anima, Alfred L. Ivry trans. (Brigham Young University Press, 2002), III, §296 이하. 물론 이성이 초월적이라 해도 그것이 작동하기 위해서는 현실적인 개의 이성과 관계를 맺어야 한다. 이븐 루쉬드는 이 문제를 '존재의 주체'와 '진리의 주체'를 구분함으로써 해결한다. 이성은 존재의 주체로서는 초월적이지만 진리의 주체로서는 플라톤의 임재 개념에서처럼 개별 이성들과 관계 맺는다. 이 점에 관련해서는 다음 저작의 해당 부분을 보라. Ibn Rushd, *Long Commentary on the* De Anima *of Aristotle*, Richard C. Taylor trans.(Yale University Press, 2009).

의, 페미니즘 같은 "인문학과 자유주의적 학문은 대부분 물질주의와 불신앙에 기초한다"라는 이유를 내세워 대학의 커리큘럼에 칼질을 하고 있다. 이 모든 것의 탓을 이븐 루쉬드에 대한 박해라는 하나의 사건으로 돌린다면 적지 않은 과장이겠지만, 그에 대한 박해는 이슬람 문명이 정체하게 된 한 계기, 적어도 하나의 징조였음에 틀림없다.

묘하게도 이븐 루쉬드의 사유가 일으킨 파도는 오히려 서방세계에서 멀리 퍼져나갔다. 그러한 파도를 두 팔 벌려 맞이하면서 동시에 그것과 대결했던 대표적인 인물은 알베르투스 마그누스와 그의 제자인 토마스 아퀴나스였다. 알베르투스는 그의 『아베로에스에 반(反)해, 이성의 단일성에 대해』에서 이븐 루쉬드의 이성 단일론을 논박했다.[27] 알베르투스는 일체의 비철학적 태도를 배제하고 진정으로 철학적인 방식으로 이븐 루쉬드 즉 아베로에스와 대결했다. "알베르투스가 권력에 젖은 교황청에 선보인 것은 새로운 철학문화의 표본이었다. 이 표본은 고대〔그리스〕와 아라비아〔의 철학〕의 유산에 어울려야 했으며, 아우구스티누스 식으로 채색된 라틴 수사학의 환상적 자기〔자아도취적〕확실성을 극복해야 했다."[28] 그리고 이런 새로운 철학문화의 원천이 바로 이븐 루쉬드였다. 바로 이런 과정을 통해서 철학사의 흐름은 이슬람세계에서 서방세계로 이전된다.

---

27) 다음에서 볼 수 있다. *Albert and Thomas: Selected Writings*(Panlist Press, 1988). 이 책의 구조는 스콜라철학의 전형적인 논의 방식을 잘 보여준다. ①서론, ②개별적 지속성을 반대하는 서른 개의 논증, ③개별적 지속성을 찬성하는 서른여섯 개의 논증, ④자신의 해결책, ⑤개별적 지속성을 반대하는 서른 개의 논증에 대한 논박. 스콜라철학이 독단적인 철학이고 근대 철학자들이 그것을 깼다고만 생각하는 사람들은 적어도 이러한 논의 구조 자체는 얼마나 비독단적이었던가를 음미해볼 필요가 있다.

28) 쿠르트 플라시, 신창석 옮김, 『중세 철학 이야기』(서광사, 1998), 219쪽.

§3. 유대 철학, 페르시아 철학

'이슬람 사상'이라는 말은 자칫 이슬람세계에서 나온 모든 철학들을 등질화하게 만들 수 있다. 그러나 '이슬람 사상'이란 이슬람세계에서 등장한 모든 사상들을 가리키는 말이지 어떤 특정한 사상을 가리키는 말이 아니다.

이슬람세계란 본래 하나의 문화를 가진 세계가 아니라 아랍족에 의해 점령되었던 지역 전체를 가리킨다. 따라서 지역적으로도 이슬람의 근거지라 할 아라비아와 일차적인 정복 지역인 메소포타미아, 이슬람에 정복당했지만 문화적으로는 오히려 그것을 정복했다고 할 수 있는 페르시아(이란), 또 파티마조가 자리 잡았었고 그 자체 독자적이고 화려한 전통을 가지고 있던 이집트(주로 알렉산드리아), 사라센 해적으로 유명한 아프리카(지금의 아프리카 북부), 그리고 서방세계에서 이슬람에 정복당했던 지역인 에스파냐 등 각 지역들이 모두 색깔을 달리했으며, 종교적으로도 유대교, 기독교, 이슬람교, 조로아스터교, 마니교 등 숱한 갈래들이 소용돌이치고 있었다.[29] 게다가 기독교세계와 마찬가지로 이슬람세계 자체 내에서도 수많은 정권들이 들어서서 서로 전쟁을 벌이곤 했다. 따라서 '이슬람세계'에서 나타난 모든 사상들을 "이슬람 사상"으로 단일화해서 이해한다면, 그것은 동북아 역사를 잘 모르는 사람들이 한문으로 쓰인 책을 보고 무조건 "중국 사상"으로 이해하는 것과 같은 우를 범하게 될 것이다. '이슬람 사상'이란 '서구 사상', '동북아 사상' 같은 말만큼이나 넓은 범위를 가리키는 말로서 이해되어야 한다.

이슬람 사상계에는 크게 세 가지의 갈래가 얽혀 있었다. 하나는 지중

---

29) 서방(과 비잔티움)이 기독교 이외의 모든 것을 배척하는 순수주의를 취했다면 동방 이슬람은 잡종 문화를 용인했고, 바로 이 점 때문에 이슬람의 사상은 매우 다질적이고 복잡한 양상을 띠게 된다.

해세계 전체에 걸쳐 일반성(generality)을 형성했던 그리스 철학이고, 다른 하나는 현실적인 지배력을 행사했던 좁은 의미에서의 이슬람 사상 즉 이슬람교였으며, 마지막 하나는 매우 다양한 각 지역의 문화에서 배태된 토착 사상들이었다. 이 복잡한 장 속에서 숱한 사상가들이 자신의 고유한 사상을 펼쳤으며, 때문에 이들을 간단히 분류하는 것은 어쩔 수 없이 왜곡을 낳게 된다. 그리스 철학을 직접 이은 이들이 '철학자들'이라 불리고 순니파, 시아파와 각종 형태의 이슬람 신비주의가 '이슬람 신학'을 대표해 (굳이 이런 표현을 쓴다면) '순수 이슬람 사상'의 범주에 속한다면, "이슬람"이라는 거대한 문명의 우산 아래에서 성립했지만 그 근원이나 성격 등은 판이한 사상들이 다수 존재했던 것이다. 이런 인물들 중 적어도 두 사람은 특기할 만하다.

유대철학의 일신(一新): 마이모니데스

에스파냐의 코르도바에서 태어나 모로코에서 배웠고 카이로에서 활동했던 모세스 마이모니데스(1135~1204년)는 유대교 전통 특히 「토라」의 해석과 아리스토텔레스 철학을 종합하고자 했던 대표적인 인물이다. 일찍이 알렉산드리아의 필론이 유대교와 그리스 철학을 조화시키려는 시도를 했으나 그다지 이어지지는 못했다. 10세기를 전후해서 새로운 흐름이 등장했는데, 한편으로 유대교가 이슬람 문명과의 접촉을 통해 새롭게 그리스 철학을 배우게 된 것이고 다른 한편으로 유대 문화가 에스파냐 지역으로 이동해 꽃피기 시작한 것이다. 『생명의 샘』에서 유대교와 플로티노스를 결합하려 한 이븐 가비롤(/아비케브론, 1022~1070년)도 이런 경우에 속하거니와, 이런 흐름의 정점에 마이모니데스가 있다. 유대 사상사에서 그가 차지하는 위상은 그의 묘비명에 새겨졌다는 "모세와 모세(마이모니데스) 사이에 다른 모세는 없다"라는 말에 잘 나타나 있다. 그가 유대교에서 차지하는 위상은 가톨릭에서 토마스 아퀴나스가 차지하는 위상과 같다.

마이모니데스 사유는 유대교와 아리스토텔레스 철학의 종합으로 이루어져 있다. 마이모니데스는 이븐 루쉬드처럼 철학을 절대시하지는 않았으며, 어디까지나 유대교 전통에 충실했다. 마이모니데스는 다음 13가지 '믿음의 원리들'을 그의 사유의 초석으로 삼았으며, 이 원리들은 오늘날까지도 유대교의 기초로 남아 있다. ①신의 존재, ②신의 단일성, ③신의 영성과 비물질성, ④신의 영원성, ⑤경배의 유일한 대상인 신, ⑥예언자들을 통한 신의 계시, ⑦제일의 예언자로서의 모세, ⑧시나이 산에서의 계명, ⑨신의 계시로서의 「토라」의 영원함, ⑩인간의 행위에 대한 신의 선견(先見), ⑪선에 대한 보상과 악에 대한 처벌, ⑫유대 메시아의 도래, ⑬죽은 자들의 부활. 그러나 그는 아리스토텔레스의 철학을 원용해서 유대교를 매우 지적인 형태로 다듬어내고자 했다. 이 점에서 마이모니데스의 사유는 후기 스콜라 철학자들의 그것과 같은 성격을 띤다. 그의 철학적 사유는 특히 『방황하는 이들을 위한 안내서』에 응축되어 있다.[30) 당대의 많은 이슬람 지식인들이 그랬듯이 마이모니데스 역시 의사로서 활동했다. 그는 유대의 법이 몸의 개선과 마음의 개선을 공히 요구한다고 해석했으며, 이런 입장에 따라 의학과 유대교 연구를 병행했다.

동방(페르시아)의 철학: 수흐라와르디

마이모니데스가 이슬람세계에서의 유대 사상을 대변한다면 수흐라와르디(1155~1191년)는 이슬람세계에서의 페르시아 사상을 대변한다. 수흐라와르디의 '빛의 철학'은 이슬람 사상의 여러 경향들을 종합적으로 이어받으면서도 독자적인 사유, 이른바 '광명(光明)의 철학'을 전개한 경우이다.[31) 페르시아 출신이기에 생래적으로 영향을 받았던 조로아

---

30) Moses Maimonides, *Le guide des égarés*, René Lévy et al. ed.(Verdier, 2012).

31) Suhrawardi, *The Philosophy of Illumination*, John Walbridge & Hossein Ziai

스터(자라투스트라)교가 사유의 근간에 깔려 있으며, 거기에 플라톤, 아리스토텔레스, 플로티노스를 비롯한 그리스 철학이 가미되었고, 또 이슬람 철학자들 중 특히 같은 페르시아의 선배 철학자 이븐 시나의 영향을 받았다. 수흐라와르디는 이븐 시나의 이른바 '동방철학'을 완성코자 했다. 그러나 그에게서 '동방'이란 다분히 페르시아라는 뉘앙스를 띤다. 수흐라와르디는 이븐 시나를 이었지만, 자연철학과 수학을 생략함으로써(『빛의 철학』은 논리학 부분과 형이상학='빛의 철학' 부분으로 구성되어 있다), 보다 형이상학적이고 종교적인 형태의 사유를 전개했다. 그러나 논리학 부분의 존재는 이미 아리스토텔레스적 지성이 일반화되어 있었다는 점을 보여준다. 이런 구도에서 볼 때, 이 저작을 플로티노스의 『엔네아데스』와 비교해 읽어보는 것은 흥미롭다.

유럽에서와는 달리 이슬람세계에서는 '철학'과 '신학'이 명확히 구분되었다. 물론 유럽에서도 철학과 신학은 구분되었으나, 대체적으로 철학이 신학에 종속되었다. 반면 이슬람의 경우 신학은 어디까지나 이슬람 신학이었고, '철학'은 그리스에서 유래한 학문인 그리스 철학을 뜻했다. 이런 구도는 이슬람에서의 철학자들의 위상을 유럽에서의 그것과는 다르게 만들어주었다. 유럽의 경우 철학은 신학의 '도구'의 성격이 짙었고, 근대 철학자인 베이컨은 중세 철학을 "신학의 시녀"로까지 표현하며 비웃었다. 하지만 이슬람세계의 경우 철학자들은 신학을 철학보다 훨씬 못한 학문으로 여겼으며(실제 그랬다고 할 수 있다), 알-파라비는 신학을 "철학의 노예"라고까지 폄하했다. 이들이 보기에 아리스토텔레스 등의

---

trans.(Brigham Young University Press, 1999).

위대한 철학 체계에 비하면 신학은(여기에서 이슬람교 자체와 신학은 분명하게 구분되어야 한다) 그에 훨씬 못 미치는 학문이었던 것이다.

흥미롭게도 이런 구도는 두 문명에서의 권력 구도와 모순되는 것으로 보인다. 유럽은 황제 중심의 정치적 권력과 교황 중심의 종교적 권력이 양립한 이원적 권력의 세계였다. 그러나 이 세계에서 철학과 신학은 어떤 형태로든 통합되어야 했다. 토마스 아퀴나스의 사유는 그 정점이었다. 또, 바로 그랬기 때문에 신학과 철학 사이의 갈등은 내부적인 것이었다. 이에 비해 이슬람세계의 권력은 일원적이었다. 삶의 모든 심급이 이슬람교라는 전제 위에서 이루어져야 했다. 하지만 그럼에도 불구하고 아니 어떤 면에서 보면 바로 그랬기 때문에, 철학과 신학은 이원 구도를 형성했다. 이슬람교의 테두리 내에서라면 그 안의 심급들은 서로 맞설 수 있었던 것이다. 철학과 신학이 하나의 통합 지점을 향해 가면서 서로 갈등한 것이 아니라, 이미 전제되고 있는 하나의 통합체제 내에서 서로 갈등했다고 할 수 있다. 이슬람교 자체를 부정하지 않는 한 철학은 신학과 대등한 별개의 학문이었을 뿐 신학과 '통합되어야 한다'는 강박을 가질 필요가 없었다. 바로 그랬기 때문에 철학과 신학의 갈등은 어디까지나 외부적인 것일 수 있었던 것이다. 철학자들은 신학자들에 대해 학문적 자신감을 가질 수 있었다.

하지만 이후의 역사에서 유럽의 철학은 근대 문명의 핵심적인 추동력이라고 할 수 있을 정도로 만개한 데 비해, 이슬람의 철학은 이븐 루쉬드 이래 급전직하를 겪게 된다. 도대체 그 이유는 무엇일까?

유럽에서는 근대적인 시민사회의 맹아가 발아하면서 점차 "성"에 대한 속의 승리가 이루어졌다. 이것은 곧 신학과 계속 갈등하면서도 신학과 통합적인 체계를 지향하던 유럽의 철학이 그 내부에서 점차 힘의 역전을 이루었음을 뜻한다. 이런 흐름은 근대 '계몽사상'의 흐름에 이르기까지 줄기차게 유럽의 근대를 추동했다. 하지만 이슬람세계의 경우 본격적인 시민사회는 피어나지 못했다. 유럽에서 근대화가 힘차게 진행될 때에도 이슬람은 중세적인 체제를 여전히 고수했고, 사실 지금까지도 이슬람세계에는 '원리주의'의 힘이 여전히 살아 있다.[32] 바로 그랬기 때문에, 이슬람세계에서의 철학이 이슬람교 자체에 위협이 된다고 여겨지게 된 그 순간 그것은 탄압받기 시작했던 것이다. 이슬람세계에서의 철학은 유럽의 그것보다 독립적이었다. 그래서 그것은 보다 자유롭게 자신의 심급을 지켜나갈 수 있었다. 하지만 바로 그랬기 때문에, 그것은 이슬람교 자체에 대해서는 어느 정도 '외부적인' 것이었고 따라서 이슬람교 자체와 알력을 빚는 국면에서 강하게 탄압받을 수밖에 없었던 것이다. 유럽의 철학이 유럽 문명, 기독교 자체 내에서 힘을 길러 그것을 뚫고서 솟아오를 수 있었던 것과 정확히 대조적으로.

---

32) 하지만 이는 서구라고 해서 그렇지 않은 것은 아니다. 한 장의 사진, 즉 교황의 시신이 안치되어 있고 그 주변에 소(少)부시 등 미국의 최고 권력자들—그들의 명령에 따라 많은 사람들의 목숨이 오가기도 하는 그런 권력자들—이 나란히 무릎을 꿇고 두 손을 모아 교황을 떠나보내는 사진이 있다. 이 사진은 보는 사람의 마음을 착잡하게 한다. 서양세계—특히 미국—에서 중세의 구도는 지금도 여전히 생생히 살아 있는 것이다. '이슬람 원리주의'만을 언급하는 것은 편견이다. '유대-기독교 원리주의' 역시 서양 문명의 한 구역에서는 여전히 작동하고 있는 것이다.

11장 스콜라철학의 흥륭

　이슬람세계에서 새로운 문명이 흥기할 때, 서방세계—유대-기독교적 세계—는 어지러운 세월을 보내고 있었다. 비잔티움 · 이슬람의 동남방과 로마 등의 서북방 지역 사이의 격차는 무척이나 컸다. 북방 게르만족의 남하가 시작된 이래 서방세계는 혼란의 지대로 변했고 그 후유증은 매우 오래갔다. 서로마 제국이 멸망한 이후에도 혼란은 계속되었고 6세기의 랑고바르드족의 파괴 행위는 반달족의 그것에 못지않았다. 이런 흐름은 8세기까지도 지속되었으며, 사실 9~10세기까지도 노르만족이라든가 (흉노=훈족에서 유래한 것으로 보이는) 헝가리족 등이 쳐내려왔다. 그야말로 '암흑 시대'였다.

　800년에 샤를마뉴가 서로마 제국의 황제로 등극함으로써 서방세계에는 약간이나마 어떤 통일성과 질서가 도래하기 시작한다. 이 통일성과 질서란 곧 황제와 교황이라는 두 구심점을 통한 서구 사회의 구조화를 뜻한다. 그러나 황제도 또 교황도 비잔티움의 황제가 그랬던 것과 같은 방식으로 서방세계를 지배하지는 못했다. 서방세계는 근본적으로 다원적인 세계였고 이런 다원성은 EU의 성립으로 상황이 다소 달라지기는 했지만 오늘날까지도 유럽의 특징으로 남아 있다. 우선 각기 다른 이민 족들이 상이한 지역들에 안착함으로써 이런 다원 구조가 정착했다. 앞에서도 언급했지만, 6세기 정도가 되면 앵글로-색슨 족은 잉글랜드에, 프랑크족은 갈리아(프랑스)와 독일에, 부르군트족은 사부아에, 서고트족은 에스파냐에, 동고트족은 이탈리아에, 랑고바르드족은 북이탈리아에, 반 달족은 아프리카에, 노르만족은 북유럽과 남이탈리아에 각각 자리를 잡기에 이른다. 새롭게 토지가 재산의 기초가 되기 시작한 것도 이 즈음부터이다. 그리고 이들이 오늘날 유럽(과 북아프리카 일부) 국가들의 원형을 형성하게 된다.

그러나 이 각 지역들 내부라고 해서 어떤 통일성이 존재했던 것은 아니다. 암흑 시대 이래 서방세계에 도래한 삶의 질서를 사람들은 흔히 '봉건 제도'라는 말로 가리킨다. 봉(封)은 글자 자체가 가리키고 있듯이 땅을 구획해 나누어줌을 뜻한다. 큰 기사가 작은 기사들에게 땅을 나눠주어 통치하게 하고 그 대신 그 영주(領主)들의 충성 맹세('오마주')를 받는 형식이었다.[1] 영주들은 영지에 대한 '소유권(proprietas)'이 아니라 단지 '지배권(dominium)'을 가질 뿐이었다. 이런 토지 분절에 따라 각 지역이 고착되었고, 결과적으로 중세 사회는 공간적으로 정체된 사회가 되었다. 이 당시 삶의 기본적인 분절은 '성(城)'에 의해 이루어졌다. 이런 분권 형식은 당시의 여행이 얼마나 모험에 가까운 일이었는가 하는 점에서도 잘 나타난다. 그럼에도 그 위험한 중간 지대들—산적 떼들이 설치는 삼림들, 아무것도 없이 휑한 황무지들, 흔적조차 찾기 어려워진 도로들, 폐허가 되다시피 한 도시들—을 정치가들, 상인들, 학자들, 순례자들 등은 부지런히 돌아다녔다. 결국 서방의 중세란 숱한 영지(領地)들

---

[1] 『세 위계: 봉건제의 상상세계』(성백용 옮김, 문학과지성사, 1997), 『전사와 농민』(최생열 옮김, 동문선, 1999), 『중세의 결혼: 기사, 여성, 성직자』(최애리 옮김, 새물결, 1999) 같은 조르주 뒤비의 저작들을 통해 이 시대의 모습을 그릴 수 있다.

로 나뉘어 존속한 다원적이고 정체된 시대였으나, 또한 그 구조 위로 특정한 부류의 사람들이 흘러 다닌 그런 시대였다고 할 수 있다.[2]

이렇게 다양하게 분절된 곳이었던 서방을 통합할 수 있는 유일한 힘은 기독교였다. '가톨릭'이라는 말은 곧 보편적인 것을 뜻했으며(보편자라는 뜻의 '토 카톨루'에서 유래), 로마에서 유래한 이 보편성이 다양한 게르만족들에게서 유래한 다원성을 덮어주었다. 대부분의 게르만족들은 '아리우스파'였으나 훗날 '정통 가톨릭'으로 개종한다. 샤를마뉴는 유럽의 여기저기를 정복해 그곳들을 기독교화했고 결국 서방세계의 황제가 되기에 이른다. 이 시대에 이렇게 서구 중세적 삶의 양식이 일정한 윤곽을 띠게 됨에도 불구하고, 샤를마뉴를 이은 (오늘날의 프랑스와 독일을 포괄하는) 프랑크 왕국은 그다지 탄탄하게 유지되지 못했다. 보다 견실한 프랑크 왕국은 936년에 등극한 오토 대제와 그 후손들에 의해 수립된다. 이 9~11세기에 서방세계의 중세 문명이 모양새를 갖춘다.

그러나 서방세계가 본격적으로 문화적 도약을 이룬 것은 12~13세기를 거치면서였다. 여기에는 몇 가지의 내적 추동력과 두 가지의 중요한 외적 추동력이 복합적으로 작용했다. 우선 이 시대에 이르러 새로운 농법(3포제 등), 다양한 건축물들의 구축(처음에는 로마네스크 양식으로, 그 후에는 고딕 양식으로), 인구의 증가(1000년이 지나면서 인구가 비약적으로 증가해, 1300년 정도가 되면 5000만이 넘었을 것으로 추정되고 있다), 여러 도시들의 성장과 대학들의 건설, 화폐 사용과 은행 설립, 수공업의 발달과 유통 증가('한자 동맹' 등) 같은 여러 현상들이 나타났기 때문이다. 아

---

2) 마르크 블로크, 한정숙 옮김, 『봉건사회』(한길사, 1986). "중세 기독교세계는 자기 고향을 떠나고자 하는 욕구를 중죄로 여겼다. 제국 말기부터 물려받은 '대대손손의 계승'이 서양 중세에서는 하나의 법이 되었다. (…) 바람직한 사회는 '머물러 사는 사람들'의 사회, '붙박아 사는' 사회일 것이다. 그것은 수직적으로는 층화(層化)된 사회, 수평적으로는 격자화(格子化)된 사회였다."(자크 르 코프, 유희수 옮김, 『서양 중세 문명』, 문학과지성사, 2008, 73쪽)

직 비잔티움이나 이슬람세계의 화려함에 비할 바는 못 되었지만, 이 시기에 이르러 훗날 르네상스와 근대에 비약적으로 꽃필 서구 문명의 씨앗이 뿌려졌다.

두 가지 외적 추동력이란 물론 비잔티움 및 이슬람과의 관계이다. 지중해세계의 12~13세기는 '십자군 전쟁'의 시대였다. 그러나 이름이 시사하는 바와는 달리 이 전쟁은 여러모로 착잡한 전쟁이었다. 순수한 종교적 감정에 끌려 출정하는 사람들도 물론 있었지만, 적지 않은 사람들이 이 전쟁을 기회로 한몫 잡겠다고 나선 이들이었다. 예컨대 십자군에 출정한 귀족들의 상당수는 서자들이었다. "경제적 동물"이라 불렸던 베네치아인들은 이 전쟁을 통해 많은 돈을 벌기도 했다. 비잔티움의 황제들은 이들의 출정을 고마워하기보다는, 오히려 이 "떨거지들"을 어떻게 처리해야 할지로 골머리를 앓았다. 하물며 4차 원정 때에는 십자군이 오히려 비잔티움의 내정에 간섭해 비잔티움을 정복해버리는 얄궂은 상황이 벌어지기도 했다. 이후에도 지지부진한 상황이 이어졌거니와, 십자군 전쟁은 인간의 탐욕과 모순만을 적나라하게 드러낸 채 끝나고 만다. 그러나 서방인들은 비잔티움의 찬란한 문명에 압도되었으며, 이 영향을 통해 오랜 잠에서 깨어나기에 이른다. 십자군 전쟁의 덕을 본 것은 결국 서방이었던 것이다.

또 하나의 영향은 이슬람세계로부터 왔다. 서방과 이슬람은 늘 앙숙으로서 싸워왔으나, 이 투쟁의 양상은 중세의 전반과 후반이 각각 달랐다. 전반에는 이슬람의 공세가 강했고 서방은 거의 당하기만 했으나, 후반이 되면 이제 서방이 공세로 전환하기에 이른다. 그 핵심적인 결과들 중 하나가 에스파냐의 '재정복'이다. 이 재정복은 1492년 그라나다 탈환에 이르기까지 계속되지만, 1100년 정도가 되면 이미 톨레도나 리스본 같은 무슬림들의 지역('안달루시아')이, 그 후에는 세고비아, 코르도바 등이 기독교도들에게 넘어간다. 이 도시들은 기독교도들이 보기에 그야말로 보물섬이었다. 기독교도들은 이슬람의 위대한 문명 앞에서 압도당했다. 특히 거기에서 그들은 그저 이름만 알고 있었던 그리스 철학의 원전들, 이슬람 철학자들의 뛰어난 저서들, 의학을 비롯한 여러 과학 분야에서의 빛나는 성과들을 발견했다.[3] 이슬람세계와의 이런 만남을 통해 서방은 그리스-로마-이슬람으로 이어져온 학문의 성과들을 접하고, 이런 흐름을 흡수하면서 스콜라철학을 크게 일으키기에 이른다.

지중해세계의 중심축은 언제나 동방이었다. 상고 시대의 이집트, 앗시리아, 바빌로니아 같은 대제국들로부터 그리스와 페르시아, 그리고 다시 이슬람으로 이어지기까지, 공화정 시대의 로마와 제정 로마의 전기를 예외로 한다면(그러나 이 시대에도 정치의 중심만 로마—더구나 로마라는 단 하나의 도시—였지 경제적·문화적 중심지는 여전히 동방이었다), 중세에 이르기까지도 항상 중심은 동방이었다. 그러나 중세 말기에 이르러 처음으로 서방이 문명의 흥기(興起)를 이루며, 이후 르네상스를 통해 변모한 서방은 근대에 빛나는 문명을 이룩한다. 대조적으로 동방은 중세적 삶의 양식을 계속 유지함으로써 처음으로 서방세계에 비해 뒤처지게 된다. 역사상 처음으로 지중해세계의 중심축이 서방으로 옮아간 것이다. 이른바 "지중해에서 대서양으로"의 흐름이다. 이런 흐름은 르네상스 시대에 이르러서야 가시화되기 시작해 근대에 이르러 두드러지게 되지만, 그 씨앗은 이미 중세 전성기에 뿌려졌다고 할 수 있다. 서구는 비잔티움과 이슬람을 배움으로써 거듭났던 것이다.

그러나 서구의 문화가 오로지 비잔티움 및 이슬람과의 접촉을 통해서만 갑자기 형성된 것은 아니다. 암흑 시대의 끝자락(8세기)에 이미 서구 문화 고유의 씨앗이 움텄으며 9세기에 이르면 본격적인 중세 사상이 형성되기 시작한다. 12세기 이래의 문화적 흥륭은 오로지 외부의 충격으로부터만 가능했던 것이 아니라 자체 내의 준비와 성숙이 있었기 때문에

---

3) 특히 아리스토텔레스와 이븐 루쉬드의 발견은 이후 서구 철학사에 거대한 파장을 일으키게 된다.(리처드 루빈스타인, 유원기 옮김, 『아리스토텔레스의 아이들』, 민음사, 2004)

가능했다고 해야 할 것이다.

처음에 서구는 그저 비잔티움 문명을 더 잘 모방하는 것을 목표로 삼았다. 라틴어는 그리스어에 비하면 지극히 조악한 언어로 여겨졌다. 8세기의 앨퀸(730~804년)은 라틴어로 책을 썼고 그리스어를 몰랐음에도 '범주'를 라틴어 'praedicamentum'이 아니라 희랍어 'katēgoria'로 썼다. 철학 전문 용어를 라틴어로 쓰는 것은 그만큼 어색한 것이었다. 심지어 11세기 말의 안셀무스조차도 자신의 라틴어 책들에 '모놀로기온', '프로슬로기온' 같은 그리스어 제목을 붙였다. 수도원은 이 시대(중세 전기)의 유일한 학문적 공간이었지만, 전체적으로 본다면 어두컴컴한 숲에서 희미하게 빛나는 손전등 같은 존재였다.

그러나 샤를마뉴 시대에 이미 서구는 동로마로부터 거리를 두고자, 아니 어떤 면에서는 자신들을 그 위에 놓고자 시도했다. 샤를마뉴가 편찬한 『카롤링거 전서(典書)』가 그 유일하지만 생생한 예증이다. 이 저작에서 샤를마뉴를 주축으로 한 서구인들은 성물(聖物), 성상(聖像), 특히 성화(聖畵)의 숭배와 파괴를 둘러싸고서 벌어진 갈등을 주제로 삼아 비잔티움을 공격하면서 자신들의 독자적인 정체성을 마련코자 했다. 이 저작에서 서구인들은 회화란 그 자체로 선하거나 악한 것이 아니라 그 쓰임새에 따라 의미가 달라질 뿐이라는 논리를 편다.[4] 따라서 성화를 숭배의 대상으로 삼는 것은 "동방적인 미신"에 불과한 것이며, 형이하의 차원과 형이상의 차원은 명백히 구분되어야 한다는 것이다. 이런 논의의 과정에서 서구인들은 비물질적인 것과 물질적인 것을 명확히 구분하고, 기독교 신학을 이미지의 차원으로부터 분명하게 떼어놓음으로써 그것을 지적인 것으로 다듬어내고 있다. 아울러 앨퀸은 성서를 문자 그대로 이해하

---

4) *Libri Carolini*, von H. Bastgen(Hannover-Leipzig, 1924). *The Libri Carolini and patristics*, Latin and Greek, Prolegomena to a critical edition, by Luitpold Wallack, s,n, 1966.

려는 것을 경계하고 "상징적으로" 이해해야 함을 강조한다. 여기에서 이미 우리는 훗날의 스콜라철학을 예감하게 되며, 다소 비약한다면 근대에 꽃필 서구적 합리주의의 맹아까지도 볼 수 있다. 또 하나, 이 저작에서는 '철학'이 최고의 학문으로서, 그리고 어떤 면에서는 서구가 동로마와 대결하기 위해 개발해낸 학문으로서 찬양받고 있다. 이 또한 서구의 중세를 정초한 중요한 담론적 측면들 중 하나이다.

또 이 『카롤링거 전서』에서는, 『범주론』과 『명제론』에 국한되어 있긴 하지만, 아리스토텔레스 논리학이 일정한 수준에서 활용되고 있음이 확인된다. 이미 8세기에 앨퀸이 스콜라철학의 씨앗을 뿌리고 있었던 것이다. 앨퀸은 『전서』의 저술에 참여했음이 확실하며, 나아가 샤를마뉴로부터 국가의 정초를 위한 철학을 요청받았던 인물이다. 조선 왕조를 정초한 정도전 같은 인물을 떠올리면 될 것 같다. 앨퀸은 철저한 황제중심주의를 펼쳤지만. 이 논의는 기본적으로는 샤를마뉴에 의한 왕화(王化)를 정당화하는 이데올로기적 성격을 띠고 있긴 했으나, 당대에 전해진 빈약한 고전들을 활용해서(『범주론』과 『명제론』만이 전해진 당시에 앨퀸은 철학을 'dialectica'라고 불렀으며, 이 말은 사실상 논리학을 뜻했다) 새로운 시대를 정초하는 작업으로 평가될 수도 있을 것이다. 그러한 시도는 아직 혼란스러운 면도 적지 않았고[5] 내용상으로도 아우구스티누스의 재론에 불과했지만, 앨퀸의 시도는 여러 면에서 '중세 서구 사회'의 맹아를 마련했다고 평가될 수 있을 것이다.

그러나 본격적인 스콜라철학은 9세기에 이르러, 특히 에리우게나 (810~877년)와 더불어 성립한다. 무엇보다도 에리우게나가 위-디오뉘시오스의 저작들을 라틴어로 번역했다는 점 그리고 위-디오뉘시오스와 보에티우스의 저작들에 주석을 가했다는 점을 눈여겨볼 필요가 있다. 이

---

5) 예컨대 앨퀸은 '본질', '보편자', '실체' 같은 용어들을 혼란스럽게 사용했는데, 이는 훗날 11세기의 보편자 논쟁을 유발하는 씨앗이 된다.

런 작업들을 통해서 고대 후기의 정신과 중세의 정신이 암흑 시대를 건너뛰어 연결되고 있는 것이다. 그러나 에리우게나는 단지 이런 문헌학적 작업을 통해서만 새로운 시대를 연 것이 아니다. 그는 서구에 있어 중세 최초의 본격적인 '철학 체계'를 세울 수 있었던 인물이기도 했다. 그리고 『본성의 구분에 관하여』에서 완성된 그 사유의 요체는 신플라톤주의였다.

중세 철학자들을 사로잡은 문제들 중 하나는 '신 존재 증명'이었으나, 에리우게나는 아직 이를 시도하지는 않았다. 그는 기독교의 신을 플로티노스의 '일자'와 동일시했다. 오히려 그의 주요 문제는 신에 대한 인식의 문제였다. 신플라톤주의자인 그리고 위-디오뉘시오스의 영향을 받은 그는 역시 부정신학적 주장들을 펼친다. 신은 모든 술어들을 초월하는 존재인 것이다. 에리우게나는 일자로부터의 유출 과정은 곧 술어들이 증가되는 과정임을 분명히 했다. 그 역의 과정 즉 구원의 과정은 술어들을 제거해나가는 과정이다.[6] 이런 논의를 펴면서 그는 아리스토텔레스와 보에티우스의 논리학을 사용하고 있다. 이는 또한 인식론적 맥락을 가지는바, 상위의 존재는 하위의 존재를 인식하지만 하위의 존재는 상위의 존재를 인식하지 못한다는 것이다. 이런 주장은 중요한 함의를 띤다. 에리우게나에게서는 구원의 길이 곧 인식의 길인 것이다. 에리우게나의 이런 범신론적 주장과 합리주의적 입장은 교회의 미움을 살 수밖에 없었으며, 855년 교회는 에리우게나의 명제들 중 19개에 이단 선고를 내리기에 이른다.

에리우게나는 수도사 생활을 하는 중에 그의 생애에 적지 않은 파장을 던질 일을 맡게 되는데, 그것은 강한 형태의 예정설을 주장한 고트샬크에 대한 조사였다. 단순하게 정식화한다면, 천당 갈 사람과 지옥 갈 사

---

6) Johannes Scotus Eriugena, *De la division de la nature*, Introd., trad. et notes par F. Bertin(PUF, 1995).

람이 따로 있다는 고트샬크의 예정설에 에리우게나는 동의할 수 없었다. 신플라톤주의자인 그에게 악이란 실재하는 것이 아니었다. 그것은 '결여'로서의 비-존재일 뿐이었다. 나아가 더 중요한 결론으로서, 인간이란 결정론적인 존재가 아니라 가능성의 존재였다. 인간이란 퇴락의 하향도와 구원의 상향도가 팽팽히 서로를 당기는 밧줄 위에서 천사가 될 수도 있고 비-존재를 향해 떨어질 수도 있는 비결정론적 존재인 것이다.[7] 그는 이런 주장을 전개하는 과정에서 아우구스티누스—고트샬크가 이어받은 후기 아우구스티누스가 아니라 초기의 아우구스티누스—를 지나 플로티노스에게로 향했다. 이렇게 에리우게나가 펼치는 노도 같은 새로운 사유를 교회는 견뎌낼 수가 없었다.

하지만 8~9세기에 형성된 이와 같은 철학적 사유는 어떤 거대한 흐름이라기보다는 사실상 앨퀸이나 에리우게나 같은 몇몇 뛰어난 소수의 업적이었다. 더더구나 이 소수의 성과들마저도 이른바 '제2의 암흑 시대'라 불리는 10세기 전후에는 방치되어 있었다. 카롤링거 왕국은 지독한 내분에 시달렸을 뿐만 아니라 잦은 외침으로 흔들렸다. 서구의 침체는 사실상 11세기까지도 이어졌으며, 에리우게나 등의 철학적 업적은 어둠 속에 잠깐 비치고서 사라져버린 섬광과도 같았다. 11세기가 어느 정도 진행되고서야 서구는 새롭게 정신을 차리기 시작했고, 에리우게나에게서 다시 두 세기의 세월을 격(隔)한 성 안셀무스(1033~1109년)에 이르러서야 비로소 본격적인 스콜라철학이 시작되었다.

---

7) 이 문제에 관련해서는 다음을 보라. Johannes Scotus Eriugena, *Treatise on Divine Predestination*, Mary Brennan trans.(University of Notre Dame Press, 2003).

§1. 스콜라철학의 도래: 존재론과 정치철학

철학이 하는 역할은 매우 다양하고 또 지역에 따라 시대에 따라 변해 왔지만, 가장 근본적인 작업들 중 하나는 한 문명/문화/사회를 정초(定礎)하는 것이라 할 수 있다. 한 문명을 구성하는 삶의 양식, 즉 의식주에서 시작해 법과 제도, 정치, 나아가 학문, 예술, 종교 등의 선험적 조건(transcendental condition)을 정초하는 것이 철학의 궁극적인 과제들 중 하나이다. 이것은 서구 중세의 경우에도 마찬가지여서, 이 시대의 위대한 철학자들이란 바로 당대 서구 문명의 '가능근거'를 사유한 인물들이었다.

서구 중세 문명은 유대-기독교적 신을 그 토대로 했고, 따라서 중세철학의 핵심적인 한 과제는 이 신을 사유하는 것이었다. 그러한 사유에 있어 무엇보다 기본적인 것은 곧 신의 존재를 증명하는 일일 수밖에 없었다. 유일신 사상 위에 서 있는 문명이 신의 존재를 증명할 수 없다면 그것은 그 문명의 발아래가 흔들린다는 것을 뜻했기 때문이다. 사실 이런 작업은 그리스 철학자들에 의해 이미 함축적으로 수행되었다고 할 수 있으리라. 플라톤은 이 우주의 질서에서 실마리를 얻어 그것을 만든 조물주의 존재를 논했고, 아리스토텔레스는 세상의 모든 것이 이상태를 향하는 열망을 가진다는 사실에서 실마리를 얻어 만물의 궁극적 지향점으로서의 신을 논했다. 이들이 이런 작업을 '신 존재 증명'이라는 표제 하에서 행한 것은 아니지만, 중세인들의 눈으로 볼 때 그것은 일종의 '신 존재 증명'이기도 했을 것이다. 실제 훗날 아퀴나스는 이 두 논의를 신 존재에 대한 '우주론적 증명'과 '목적론적 증명'으로 흡수한다. 그리고 그 전에 안셀무스는 특유의 증명인 '존재론적 증명'을 제시함으로써 중세 사회를 위한 정초를 제시했다.

안셀무스의 존재론적 증명

안셀무스의 이런 노력은 우선 그 담론학적 성격에 있어 주목할 만하다. 중세 스콜라철학은 란프랑쿠스와 베렌가리우스의 논쟁을 통해서 그 정체성을 얻을 수 있었다.[8] 교회는 베렌가리우스의 이성을 신앙과 권위로 눌러버렸지만, 역으로 그 과정을 통해서 스스로의 비이성을 깨닫게 된다. 아니, 당대에 이미 변화하기 시작한 분위기가 그런 깨달음을 요구했다고 말하는 것이 더 정확할 것이다. 새롭게 생겨나는 도시들과 거기에 사는 교양 계층은 더 이상 이전의 단순하고 소박한 농민들이 아니었다. 그들에게 교회의 일방적이고 억지스러운 논리는 이제 통할 수 없었다. 바로 이런 경험을 통해서 교회는 문법과 논리학의 필요성을 자인하게 되고, 이로부터 베렌가리우스가 말했던 "신앙의 합리적 근거(ratio fidei)"를, 또는 "이성으로 이해되는 신앙", "이해를 추구하는 신앙"을 찾기 시작할 수밖에 없었다. 스콜라철학이란 바로 이렇게 문법과 논리학의 위력에 대한 깨달음으로부터 시작되었고, 이런 발단이 스콜라철학의 기본 성격과 그 역사 전체를 특징짓게 된다. 안셀무스는 바로 이 '신앙의 합리적 근거'와 '이성으로 이해되는 신앙'이라는 시대의 요청에 체계적으로 답한 최초의 인물이다. 『모놀로기온』의 원래 제목은 '신앙의 합리적 근거에 대한 성찰의 예증'이었고 『프로슬로기온』의 원래 제목은 '이해를 추구하는 신앙'이었다. 그가 "스콜라철학의 아버지"라 불리는 것은 바로 이 때문일 것이다.

---

8) 란프랑쿠스와 베렌가리우스는 성찬식(聖餐式)을 둘러싼 논쟁을 벌였다. 11세기 후반 서구 사회를 들썩이게 했던 이 논쟁은 형식상으로는 신앙과 이성의 격돌이었고 내용상으로는 실체의 변환 가능성을 둘러싼 논쟁이었다. 모든 것은 "이 빵은 내 몸이요, …"라는 예수의 말에서 시작되었다. 교회는 이 말을 문자 그대로 해석했고(훗날의 표현으로 '성체변화=transubstantiation'), 베렌가리우스는 실체의 그런 식의 변화—예수의 몸이 빵으로 변해 신도들의 입안에서 "씹힌다"는 것—는 이성으로는 이해할 수 없는 것, 비유적으로만 이해될 수 있는 것이라고 보았다. 란프랑쿠스는 베렌가리우스와의 논쟁을 포기하고 신앙의 피신처로 숨어버렸다. 교회는 베렌가리우스를 단죄했다.

안셀무스는 이런 시대적 요청에 무엇보다도 우선 '신 존재 증명'을 통해 답했다. 첫 번째 증명은 '최상/최선의 존재'에 입각한 증명이다. 안셀무스는 우선 플라톤의 선의 이데아―최선, 최대, 최고의 존재―와 같은 것("그보다 더 위대한 것이라곤 생각할 수 없는 그런 존재")이 존재함을 역설한다. 예컨대 "정의롭다고 지칭되는 모든 사물들은, 서로 간에 동등하게 정의롭든 혹은 많거나 적게 정의롭든, 항상 동일하게 정의로운 것〔정의의 이데아〕에 의거해 정의로운 것들로서 인식된다."[9] 정의의 이데아가 정의롭다고 말해지는 모든 것들을 바로 정의롭게 해주는 것이다. 달리 말해, 모든 정의로운 것들은 정의의 이데아에 의해 정의롭게 되지만 정의의 이데아 자체는 스스로(per se), 그 자체로써 정의롭다. 같은 논리로, 최선, 최대, 최고인 존재가 존재한다. 바로 이 존재를 통해서 사물들은 좋다고, 크다고, 높다고 인식되는 것이다. 말할 필요도 없이 이런 논의는 신이 존재한다는 것을 주장하기 위한 복선이다. 안셀무스는 신의 존재를 즉각적으로 주장하기보다는 플라톤적인 또는 아리스토텔레스적인 사유―물질성을 벗어난 존재들인 이데아들/에이도스들의 우선성, 사물들을 존재론적-가치론적으로 변별화하는(differentiate) 목적론적-위계적 세계관, "모든 것이 그것에 의해 존재하지만 그것 자체는 스스로 존재하는" 궁극적 '하나'로의 귀일(歸一), 사물들을 원인과 결과의 연쇄로서 바라보는 선형적 인과론 등―를 충분히 구사한 후 마지막에 그것을 기독교의 신으로 연결하는 논법을 구사하고 있다. 이런 구도는 『모놀로기온』과 『프로슬로기온』 전체를 관류하고 있다.

안셀무스의 사유에서 두드러지는 한 측면은 사유의 추상도(抽象度)가 매우 높다는 사실이다. 감각적인 차원에 머무는 일상적 인식에 있어 "추

---

9) 『모놀로기온』, §1. 텍스트로는 다음을 사용했다. *L'Oeuvre d'Anselme de Cantorbéry*, tome 1: Monologion-Proslogion, par Michel Corbin(Cerf, 1986). 캔터베리의 안셀무스, 박승찬 옮김, 『모놀로기온 & 프로슬로기온』(아카넷, 2002).

상적"이라는 말은 다소간 비난의 뉘앙스를 띠지만, 논리학, 수학, 존재론 같은 고도의 학문적 담론에서 "추상적"이란 오히려 사유의 높은 수준을 가리키는 형용어이다. 물론 그 '추상'이 오랜 세월을 통해 구체적 차원과 투쟁한 결과인 한에서. 모든 위대한 학문적 업적들은 존재의 근저로 나아간 결과들이라는 점에서 '추상적'인 성격을 띤다. 안셀무스의 저작들 역시 플라톤과 아리스토텔레스의 그림자를 벗어나지 못한 것은 사실이다. 플로티노스로부터는 많이 벗어났지만 그러나 우리는 그의 저작들에서 문법과 논리학의 위력에 대한 깨달음을 겪고서 나온 사유의 높은 추상도를 확인하게 되며, 이는 서구가 오랜 잠에서 깨어나 인상 깊은 학문적 비약을 이루었다는 증거라고 할 수 있을 것이다.

라이프니츠에게까지도 이어지는 중세적 사유를 특징짓는 하나의 논리/존재론은 '존재의 정도', '실재의 정도'라는 개념이다. 현대인들에게 무엇인가가 '있다'/'없다'는 것은 가부(alternative)의 문제이지 정도(degree)의 문제가 아니지만, 중세적 사유에서는 있다/없다 자체가 정도의 문제로서 사유되었다. 결국 이것은 가치의 정도를 함축한다고 볼 수 있으며, 가치론과 존재론이 겹쳐 있는 구도라고 볼 수 있다. 이를 '가치-존재론'이라 부를 수 있다. 이런 구도는 이미 플라톤, 아리스토텔레스, 플로티노스의 철학에 이런저런 형태로 함축되어 있었으나 중세에 이르러 보다 의식적으로 개념화되기 시작했다. 이 개념들은 후에 보다 알기 쉽게 '완전성의 정도', '탁월함의 정도', '품위(品位)'/'품격(品格)' 같은 개념들로도 불리게 된다. 각각 오늘날의 'perfection', 'eminence', 'excellence'에 해당한다. 안셀무스의 존재론은 이 실재도(degree of reality) 개념을 적극적으로 활용하는 좋은 예를 보여준다. 말할 필요도 없이 신은 이 '정도'의 최상위에, 더 정확히 말해(유출설에서 벗어나야 하므로) 최상위에서 불연속적으로 더 나아간 '초월적' 최상위에 존재한다. 안셀무스에게서도 두드러지거니와 이 '실재성의 정도'라는 개념은 그것을 빼고는 중세 철학을 이해하기가 어려울 정도로 중세 철학의 핵심적인 '에피스테메'를 형성했다.

안셀무스는『모놀로기온』에서 '최상자(最上者)', '최선자(最善者)' 개념에 입각해 여러 형태의 신 존재 증명을 시도했으며, 단 하나의 결정적인 증명, 오로지 그것 자체로써 입증되는 증명을 오랫동안 모색했다. 그 결과로서『프로슬로기온』의 유명한 '존재론적 증명'이 등장한다. 이 논증은 다음의 구조를 가지고 있다.

1. 어리석은 자(무신론자)도 '최상자'라는 개념 자체는 이해한다(지성 속에 가진다).

1-1. 지성 속에 존재하는 것(esse in intellectu)과 실제(/객관적으로) 존재하는 것(esse in re)은 물론 다르다. 그러나 어쨌든 '최상자'라는 개념이 일단 지성 속에 존재하는 것은 분명하다.

2. 그러나 잘 분석해보면 '최상자'라는 존재는 지성 속에만 존재하기보다는 실제로도 존재해야 한다. 지성 속에 존재하는 최상자보다 실제로도 존재하는 최상자가 '더 최상'의 존재이기 때문이다.
따라서 '최상'자의 개념을 생각하면서 그것을 지성 속에'만' 존재하는 것으로 이해하는 것은 모순이다.

안셀무스는 이 논리를 좀더 진척시키는데, 이는 최상자가 지성 속에 존재한다면 결국 논리상 지성 속에서만 존재하기보다 실제로도 존재해야 한다는 논증을 다시 최상자는 필연적으로 실재할 수밖에 없다는 논증으로 보완하고 있다. 다시 말해, 최상자는 위와 같은 논리 때문에 존재한다고 생각되어야 할 뿐만 아니라, 그것이 단적으로 존재하지-않을-수-없는 존재이기 때문에 존재한다는 논증이다. 이 논증은 다음 구조로 구성되어 있다.

1. 최상자는 최상위의 존재이다.

2. 우리가 그 비-존재를 생각할 수 있는 존재보다 그 비-존재를 생각할 수
   없는 존재가 더 상위의 존재이다.
3. 따라서 그 비-존재를 생각할 수 있는 최상자는 사실 최상자가 아니다. 최
   상자는 실제 존재'할 수밖에' 없다.

안셀무스의 이 두 번째 논증은 양상론적 논증이다. 최상자의 비-존재
가능성과 비-존재 불가능성을 대비하고 최상자의 개념 자체가 비-존
재 가능성을 모순으로 만들며, 비-존재 불가능성을 즉 존재의 필연성을
입증하고 있다고 보는 것이다. 안셀무스의 이런 논의는 그 후 숱한 논쟁
들을 낳는데,[10) 그 최초의 논박자는 가우닐로였고 안셀무스는 이 논박
에 대해 답했다.[11) 이 논박의 요체는 다음과 같다.

가우닐로: 안셀무스 형제여! 당신께서는 자신의 논증에서 '생각하다
   (cogitare)'와 '인식하다(intelligere)'를 좀더 세심히 구분했어야 합니
   다. 우리는 예컨대 아틀란티스 같은 섬에 대해 얼마든지 '생각할' 수
   있습니다. 그것에 대해 의심하고 부정하고 그리워하는 등 얼마든지
   생각할 수 있는 것이죠. 하지만 우리가 아틀란티스에 대해 그 말의
   엄밀한 의미에서 인식했다고/알았다고 말하려면, 우리는 그것을 실
   제 경험해야 합니다. 무엇인가를 단지 생각하는 것과 그것을 확실하게
   인식하는 것은 별개의 문제입니다. 우리는 아틀란티스가 이상적인 섬

---

10) 토마스 아퀴나스는 안셀무스를 비판했지만, 그 후에도 둔스 스코투스로부터 데카르
   트, 라이프니츠에 이르기까지 여러 철학자들이 안셀무스의 논증을 받아들였다. 계몽사
   상가들 특히 칸트에 이르러 이 증명은 다시 날카롭게 비판받기에 이르지만(Emanuela
   Scribano, *L'Existence de Dieu: histoire de preuve ontologique de Descartes à
   Kant*, traduit par Charles Barone, Seuil, 2002), 셸링과 헤겔은 새로운 방식으로 안
   셀무스를 부활시켰다. 이 논쟁은 오늘날까지도 계속되고 있다.
11) 안셀무스 자신이 이 논쟁을 중시했기 때문에 흔히 안셀무스의 저작 뒤에 부록으로 붙
   는다. 한국어 판에도 번역되어 있다.

'이다(is)'/'이었다(was)'라고 말할 수 있지만, 그렇다고 해서 그것이 '실존한다/했다(exist/existed)'라고 말할 수 있는 것은 아니죠.

만일 무엇인가를 생각한다는 사실 자체가 그것의 실존을 필연적으로 함축한다고 말한다면, 도대체 그것의 실존을 증명하기 위해 애쓸 필요조차 없지 않을까요? 무엇 하러 그 실존함을 증명하려 합니까? 물론 당신은 최상자/최선자는 이런 일반 논리에서 예외가 된다고 말할 것입니다. 하지만 무엇인가가 "예외"라면 도대체 다른 것들과 어떻게 공정하게 비교할 수 있을까요? 당신은 최상자/최선자란 그 어떤 것들보다 더 최상/최선이어야 한다는 논리를 근거로 그것의 필연적 실존이라는 결론을 이끌어내었습니다. 하지만 이런 논리적 구조로부터 그런 최상자/최선자가 실제 존재한다는 결론이 나옵니까? 결국 당신은 최상자/최선자를 생각할 수 있음만이 아니라 그런 것이 애초에 실존할 수밖에 없음을 전제하고 있을 뿐입니다.

안셀무스: 가우닐로 형제여! 그대의 말처럼 'cogitare'와 'intelligere'를 예민하게 구분할 필요는 없습니다. 그런 구분이 내 논증에 필수적인 것은 아니니까요. 최상자/최선자를 단지 생각하기만 하는 경우든 인식하고 있는 경우든 내 논증의 첫째 단계에서는 문제가 되지 않습니다. 내가 말하고 싶은 것은 생각하고 있는 경우든 인식하고 있는 경우든 논리적으로 신의 실존이 증명된다는 점에 있으니까요. 생각만 하는 경우와 실제 존재하는 경우가 다르다는 것은 나 자신 당연히 알고 있고, 그래서 (내 논증에 대한 가우닐로 형제 식의 비판을 의식해서) 애초에 논문의 도입부에 "무엇인가가 우리 지성 속에 존재하는 것과 그것의 실존을 우리가 인식하는 것은 다른 것"이라는 점을 명기했던 겁니다. 내 논증의 요체는 다음과 같습니다: 우리가 생각하는 것이 곧 실존하는 것은 아니라는 전제 위에서, 그러나 최상자/최선자는 바로 이 논리를 초월하는 존재라는 것입니다. 최상자는 그 본성상 즉 그것이 진정 최상자라면 생각 속에 우연히 존재하기보다는

실제 필연적으로 존재해야 한다는 것입니다. 생각할 수 있다면 실재한다는 것은 바로 이 최상자의 독특한 속성인 것입니다. 그렇기 때문에 당신이 든 아틀란티스의 예는 적절하지 않은 것입니다. 우리가 다루고 있는 것은 최상자이기 때문입니다. 아틀란티스는 생각될 뿐 실존하지는 않을 수 있지만, 최상자는 그럴 수 없습니다.

가우닐로와 안셀무스의 논쟁은 매우 수준 높은 논쟁이며, 우리는 이 논쟁에서 개념들의 '필연적 연쇄' 즉 논리학에 대한 베렌가리우스의 요청이 현실화되어 있음을 확인하게 된다. 게다가 안셀무스는 『프로슬로기온』 말미에 가우닐로와 자신의 글을 나란히 싣게 함으로써 논적의 이름을 스스로와 더불어 영원케 했다. 이는 나중에 도래하는 살벌한 종교전쟁과는 성격이 다른, 서구 사유가 어떤 수준에 도달했는가를 잘 보여주는 대목이라 하겠다.[12]

안셀무스의 신 존재 증명 및 그것으로부터 따라 나온 여러 논증들은 서구 사회를 존재론적으로 새롭게 정초한 중요한 담론사적 사건이었다. 이러한 정초의 근저에서 우리는 앞에서 언급했던, 그리스에서 연원하는 중세 철학의 핵심적인 에피스테메(다시 언급한다면, 물질성을 벗어난 존재들인 이데아들/에이도스들의 우선성, 사물들을 존재론적-가치론적으로 변별화하는 목적론적-위계적 세계관, "모든 것이 그것에 의해 존재하지만 그것 자체는 스스로 존재하는" 궁극적 '하나'로의 귀일, 사물들을 원인과 결과의 연쇄로서 바라보는 선형적 인과론 등)를 볼 수 있으며, 12세기에 본격화된 이 에피스테메는 적어도 17세기의 라이프니츠에 이르기까지 서구적 사유를 지배하게 된다. 그리고 이 에피스테메가 무너지면서 근대

---

12) "무신론의 대두 가능성에 대한 수사들 사이의 토론과 비교해볼 때, 루터가 카를슈타트나 에라스뮈스 그리고 츠빙글리와 벌인 논쟁은 사상적으로 빈약한 도깨비장난처럼 보인다."(쿠르트 플라시, 『중세철학 이야기』, 107쪽)

성=모더니티가 도래한다.

검과 십자가

중세의 존재론적 정초가 '신 존재 증명'을 둘러싼 논의였다면, 그 정치철학적 정초는 '성직자 서임'을 둘러싼 논의였다. 서구는 기독교 사회였고, 때문에 성직자 서임이란 이 사회의 권력 분포(empowerment)를 둘러싼 핵심 사안이었다.

서구 중세를 정초한 기본적인 권력론은 이른바 "검과 십자가"라는 말로 표현되었다. 서구 중세는 근본적으로 이원론적 세계였으며, 정치권력과 종교권력 즉 현실적 권력과 정신적 권력—'황제의 권력(imperium)'과 '교황의 권력(sacerdotium)'—의 양대 축이 지배한 세계였다. 그러나 이 두 권력 사이의 경계는 모호했고,[13] 또 "하늘 아래 두 개의 태양이 있을 수 없다"라는 말이 시사하듯이 두 개의 절대 권력 사이에는 늘 알력이 존재할 수밖에 없었다. 이런 알력은 특히 성직자 서임을 둘러싸고서 전개되곤 했다. 'sacerdotium'이라는 말 자체가 시사하듯이 성직자 서임은 교황의 권한이었기에, 황제가 그 권한을 가지려 하자마자 갈등은 곧 표면화되었다. 이런 갈등은 샤를마뉴로부터 하인리히 3세에 이르기까지 황제들의 힘에 의해 지배당했던 교회가 11세기에 이르러 반격에 나섬으로써 본격화되었다.

이런 반격을 주도한 최초의 인물은 교황 그레고리우스 7세였다. 그 이전에도 이른바 가짜 「교령집(教令集)」(교황의 권위를 높이기 위해 꾸며진

---

13) 교황이 다스리는 세계와 황제가 다스리는 세계가 별도의 두 세계가 아니라 다만 한 세계의 두 측면이었기에 문제가 복잡했다. "이 두 집단 또는 사회 사이에는 그 어떤 경계선도 없었다. 이 두 조직 간의 논쟁은 법률적 의미에서 볼 때 동일한 국가의 두 관리 사이에 일어날 수도 있는 관할권 분쟁이었다."(조지 세이빈·토머스 솔슨, 성유보·차남희 옮김, 『정치사상사 1』, 한길사, 1997, 364쪽) 사실 이는 두 관리 사이에서의 분쟁보다 더 미묘했는데, 황제와 교황 사이의 모호함이 두 관리 사이의 영역상의 모호함보다 더 클 수밖에 없기 때문이었다.

서적)을 통한 공작이나 클뤼니 수도원의 개혁(대토지를 소유해 부를 쌓고 성직 매매를 일삼던 사제들에 대한 개혁)이 교회의 권력 추구와 부단한 자기 정화 노력을 분명하게 예시해주었다. 그러나 이제 문제가 된 것은 자체의 권력 강화나 정화가 아니라 황제라는 외부적 존재와의 투쟁이었다. 두 권력의 정면 충돌은 1073년 그레고리우스 7세가 교황에 취임해 황제에 의한 주교 서임이라는 전통에 반기를 들었을 때 발생했다. 이로써 이 교황과 당대의 신성 로마 제국 황제였던 하인리히 4세 사이에 실력 대결이 벌어졌다. 교황의 파문과 황제의 폐위가 맞부딪쳤고, 이 대립은 1122년의 '보름스 협약'을 통해 어느 정도 타협의 국면을 맞게 된다. 그러나 이런 식의 크고 작은 대결은 중세 내내 계속되었다. 이런 관점에서 본다면 근대성=모더니티란 종교적 권력의 추락과 세속적 권력의 군림으로 특징지어질 수도 있을 것이다.

교황 측의 논리는 다음과 같았다. 세계—물론 기독교세계—는 신의 섭리에 의해 다스려진다. 그리고 이 섭리의 현실적 담당자는 교회이며, 그 교회의 수장인 교황은 절대 권위(사실상 권력)를 가진다. 그렇기에 교황은 기독교 공동체에 해를 가하는 자에게는 그가 누구이든 파문을 선고할 수 있다. 교황의 파문 선고를 받은 인물은 기독교 공동체 전체에서 파문된 자이기에 제후들은 그자를 따를 필요가 없다. 사울을 왕으로 만들어준 것은 사무엘이다. 마찬가지로 황제를 황제로 만들어주는 것은 교황이다. 이러한 주장은 교황 호노리우스 3세가 1123년에 쓴『최상의 영광』에서도 나타나지만, 특히『정치가론』으로 유명한 솔즈베리의 존 그리고 마네골트 폰 라우텐바흐가 대표적으로 내세웠다. 솔즈베리의 존은 키케로가 꿈꾸었던 스토아적 공화정을 옹호했으며, 그 중세적 형태 즉 교황이 중심이 되는 가톨릭세계를 주창했다. 그는 이런 주장을 위해서 그 무엇보다도 법률의 의미를 강조했으며, 법을 어긴 군주를 토벌해야 한다고("칼로 일어선 자 칼로 망하리라") 중세 최초로 역설했다.[14] 솔즈베리의 존이 지향한 것은 교회 중심의 정치보다는 오히려 중세적 형태의 공화정이었지만, 그의 이런 이론은 교회에 매우 유리하게 작용했다. 마네골트 역시 교황을 인민과 연결하고서 교황 – 인민이 황제를 폐위할 수 있다는 논지를 폈다.

이에 대항하는 황제 측의 논리는 다음과 같았다. 황제는 교황으로부터가 아니라 신으로부터 직접 권력을 인정받는다. 황제를 심판하는 것은 신이며, 황제는 신 이외에는 누구로부터도 파면당할 수 없다. 교황이 세속적인 권력까지 장악하려 한다면 그것은 교회의 본령을 망각하는 작태이다. 이런 황제권 옹호는 동로마 제국의 정교일치(政敎一致)로까지는 나아가지 않았지만, 황제를 교황과 대등한 그리고 때로는 우위에 선 존재로서 확립하고자 했다. 페터 크라수스가 1084년에 쓴 『하인리히 4세 통치의 옹호』라든가 1100년경에 안셀무스와 헨리 1세 사이의 갈등에 관련해 나온 『요크 논문집』이 교황을 공격하면서 황제권을 옹호한 대표적인 글들이다. 마네골트와 격렬한 논쟁을 벌였던 볼프헬름 역시 교황파에 맞서 황제를 옹호했다. 처음에 황제 측은 대체적으로 수성의 자세를 취했으나, 중세 사회가 변해가면서 대세는 점점 황제 쪽으로 기울었다. 13세기에 불어닥친 '아리스토텔레스 혁명'이 종교에 대한 정치의 우위가 점차적으로 확립되는 데 중요한 배경을 형성했다.

교황 측과 황제 측의 이런 대립은, 그 저울추가 수차례 오가긴 했지만, 중세 내내 지속된다. 이 점에서 성직자 서임을 둘러싼 교회와 황제의 대립은 신 존재 증명과 더불어 중세라는 시대를 정초한 핵심 요소였다고 할 수 있다.

14) John of Salisbury, *Policraticus*(Cambridge University Press, 1990).

§2. 아리스토텔레스 혁명과 스콜라철학의 홍륭

12세기는 역사적으로나 철학적으로나 흥미로운 시대이다. 이 시대에 이르러 서방에서는 아리스토텔레스에 대한 관심이 비약적으로 증대하며, 그때까지 지중해세계의 지적 중심이었던 이슬람세계의 학문이 절정에 달하는 동시에 쇠퇴하면서 그 중심이 서방으로 이동하기에 이른다. 서방에서 일어난 아리스토텔레스 혁명은 지중해세계의 지적 풍경을 크게 바꾸어놓았다. 이런 변화와 더불어 등장한 핵심적인 인식론적 문제는 곧 신학과 철학의 관계, 전통 학문과 새로운 학문의 관계, 인식에 도달하는 방법 등에 대한 것이었다.

"그 철학자" 아리스토텔레스

아리스토텔레스의 합리적이고 내재적인 사유의 세례를 받은 사람들―학자들만이 아니라 13세기를 전후해 형성되기 시작한 새로운 도시교양층까지―은 이제 예전과 같이 신앙심만을 내세운 주장은 받아들일 수 없었다. 또 적어도 철학자들 사이에서는, 온갖 형태의 반합리주의적 사상들이 훨씬 날카로워진 합리적 지성 앞에서 까다로운 검증을 받아야 했다.[15] 아리스토텔레스주의에 입각한 것은 아니었지만, 안셀무스의 치밀한 논의들은 이미 시대의 변화를 보여주는 징후였다. 안셀무스는 뒤로

---

15) 이 시대는 새로운 부와 문화가 개발된 시대였다. 도시는 자본주의 시대의 맹아를 싹틔우고 있었고, '인간적인 것'에 대한 음유시인들의 노래는 르네상스의 화려하고 인본주의적인 문화를 예비하고 있었다. 그러나 동시에 서구 사회의 새로운 문제들도 생겨나기 시작했다. 도시는 부와 동시에 새로운 형태―'사유재산'이라는 형태―의 가난을 낳기 시작했고, 교회의 권력은 그 정점에 달한 만큼이나 그 최악의 얼굴을 드러냈다. 종교재판소가 설치된 것은 1231년이었다. 이 점에서 이 시대는 두 얼굴의 시대였다. 바로 이때 아리스토텔레스와 이븐 루쉬드가 등장했으며 여기저기에서 유대-기독교의 기존의 토대가 무너지기 시작했다. 교회는 한편으로 자체를 정화할 필요성에 직면했고, 다른 한편으로 아리스토텔레스-아베로에스의 사유의 힘을 무력화시켜야 했다. 도미니크회와 프란체스코회가 탄생한 것은 이런 배경 하에서였다.

는 종교적-신학적 의도를 깔고 있었지만 그것을 숨기고 철저하게 철학적인 논증을 통해서 자신의 사유를 전개했다. 베렌가리우스의 요청을 현실화한 것이 안셀무스였다. 아울러 그에게서 우리는 다소 혼란스럽기는 하지만 이미 아리스토텔레스의 용어나 사유 구도가 일정 정도 활용되고 있음을 확인할 수 있다. 그러나 아직 아리스토텔레스 혁명이 본격화되기 이전에 아리스토텔레스, 포르퓌리오스, 보에티우스의 논리학을 자유자재로 활용하면서 새로운 학풍을 불러일으킨 인물은 페트루스 아벨라르두스(/피에르 아벨라르)이다.

중세 철학의 풍운아인 아벨라르두스(1079~1142년)는 전환의 세기인 12세기에 서구의 중심인 파리에서 새로운 학풍을 일으켰다. 20년에 달하는 세월의 방랑, 엘로이즈와의 유명한 연애 사건, 파리 대학에 던진 거대한 충격, 불세출의 논리학적 추론 능력, 당대 지성들을 차례로 격파한 지적 괴력, 두 차례에 걸친 공의회의 핍박, … 이 모든 것을 통해 그는 중세 지성계를 뒤흔들었다. 그는 모든 면에서 시대를 앞서갔다. 그가 일으킨 무엇보다 큰 충격파는 '전통(tra-ditio)'으로부터의 자유로움이었다. 스콜라철학은 반복의 철학이었다. 그리스 철학자들과 교부철학자들을 반복하는 것, 기껏해야 그들이 이미 완성한 진리를 윤색하는 것이 그들이 생각한 학문이었다. 아벨라르두스는 이런 관념으로부터 벗어났다. 그는 '새로움'이라는, 이전까지는 사악한 뉘앙스를 띠고 있었던 말에 처음으로 긍정적인 뉘앙스를 부여한 인물이었다. 그는 탐구하는 주체의 자율성에 대해 거의 근대적인 개념을 가지고 있었다. 나아가 그는 기독교도였음에도 유대교도들 나아가 이슬람교도들과도 대화하고자 했으며, 당대의 서구인들과는 전혀 다른 학문적 지평을 가지고 있었다. 늘 그렇듯이 이런 그에게 많은 냉대와 질시 그리고 박해가 따라다녔다. 그의 숙적인 베르나르두스는 두 번이나 공의회를 열어 그를 핍박했다. 아벨라르두스는 13세기 정도가 되면 본격적으로 그 징후가 드러날 새로운 시대를 미리 산 인물이었다.

13세기에 이르면 서구 사회는 여러모로 변하기 시작한다. 훗날 사람들이 '르네상스'라 부를 시대의 성격이 이때 움트고 있었다. 이 시대를 특징짓는 현저한 변화는 이슬람 사상의 유입, 아리스토텔레스 혁명(로버트 그로스테스트, 보베의 뱅상, 뫼르베케의 기욤 등이 아리스토텔레스의 저작들을 라틴어로 번역했다), 자연철학의 흥기(그로스테스트와 로저 베이컨이 대표적이다), 새롭게 도래한 시대를 소화하려는 정치철학의 대두 등이었다. 이 시대에 대조적인 학문관을 가졌던 두 학파/교단은 알베르투스 마그누스와 토마스 아퀴나스로 대변되는 도미니크회와 보나벤투라와 둔스 스코투스로 대변되는 프란체스코회였다.

도미니크회는 이슬람 철학자들의 성과와 아리스토텔레스 철학을 적극적으로 받아들였으며, 알베르투스(1200?~1280년)는 아리스토텔레스에 관한 방대한 재번역과 주석을 시도했다. 알베르투스의 작업은 아퀴나스의 체계가 탄생할 수 있는 밑거름이 되었다. 이런 성과는 아리스토텔레스의 철학 체계를 기독교 신학과 통합함으로써 중세적인 사유 체계를 구축하는 작업으로 이어졌다. 이는 『주역』에서 유래하는 철학 체계를 불교 및 도교와 통합해 거대한 사유 체계를 구축하려 한 성리학자들의 작업과 상통한다. 아퀴나스가 이런 작업을 완성했다고 할 수 있다.

그러나 아퀴나스(1225~1274년)에게 신학과 철학의 통합은 이 둘을 융해시켜 하나로 만드는 것이 결코 아니었다. 신학은 계시에서 출발하는 학문이고, 철학은 자연적 존재들에 대한 탐구로부터 시작하는 학문이다. 신학은 하향적이고 철학은 상향적이다. 이 둘은 단적으로 구분되어야 한다. 물론 신학과 철학은 때로 겹친다. 예컨대 서로 전혀 다른 방법을 사용함에도 신 존재 증명은 신학적 작업이기도 하고 철학적 작업이기도 하다. 그러나 이 겹치는 대목들을 정확히 간파하기 위해서도 우선은 두 담론을 분리해서 보는 것이 필수적이다. 아퀴나스에게 철학은 자연적 존재들에 대한 아리스토텔레스적 탐구에서 출발해 근본 원리들—그 궁극이 '계시신학'과 대조되는 '자연신학'이다—로 나아가는 학문이다. 이것은 그에게서 감각적 경험이 전제되어야지 형상의 파악도 가능함을 함축한다. 이런 생각은 알베르투스와 아퀴나스가 이슬람 자연철학의 성과들을 잘 알고 있었던 데에서 기인한다. 아퀴나스는 얼핏 중세적인 사변철학의 대명사처럼 느껴지지만, 사실 그의 이런 인식론은 근대 경험주의 철학자들이 주창한 탐구 방법을 한참 전에 선취한 것이다.[16] 아퀴나스는 이렇게 아리스토텔레스적 철학과 기독교 신학을 (어떤 대목들에서는 교차시키면서) 붙여놓음으로써 중세 최대의 사유 체계를 구축했다.

프란체스코회는 알베르투스와 아퀴나스 식의 경험적이고 합리적이고 종합적인 사유를 비판적으로 바라보면서 아우구스티누스에게서 내려오는 전통에 좀더 충실하고자 했다. 이들은 아퀴나스 식의 경험주의를 맹렬히 비난했는데, 이는 아퀴나스의 이원적 일원의 체계가 분리될 때, 게다가 신학 부분이 쇠락할 경우 나타날 가공할 결과—유물론적-자연주의적 세계관—를 이들이 감지했기 때문일 것이다. 아퀴나스, 로저 베이컨과 동시대에 활약한 보나벤투라(1217~1274년)는 이런 아리스토텔레스적 경향에 대항해 플라톤적—물론 사실상은 신플라톤주의적—전통을 새로이 하고자 했다. 시대의 추세에 따라 아리스토텔레스를 원용하는 경우에도, 어디까지나 그의 철학을 기독교 신학의 절대적 위상 아래에 복속시키는 한에서였다. 이 점에서 아퀴나스적인 종합과 대조된다. 또 하나 프란체스코회의 성격을 드러내는 대목은 초(超)지성에 대한 요구였다. 보나벤투라는 합리적인 학문 위에 신비적 신학(theologica mystica)을 설정했으며, 물론 이는 기독교의 신에 대한 앎을 가리켰다. 이 초지성

---

16) 아퀴나스의 다음 말은 그가 중세의 전성기에 활동했지만 적어도 어떤 면에서는 이미 중세의 한계를 넘어서고 있음을 시사한다. "철학적 탐구의 목적은 사람들이 무슨 생각을 했는지를 아는 것이 아니라 실재에 관한 진리가 무엇인지를 아는 데 있다(quia studium philosophiae non est ad hoc quod sciatur quid homines senserint, sed qualiter se habeat veritas rerum)."(*In libros Aristotelis de caelo et mundo expositio*, liber I, lectio 22) 아퀴나스 저작들의 라틴어 판본은 다음 사이트에서 볼 수 있다. www.corpusthomisticum.org.

은 반드시 믿음, 소망, 사랑 같은 아우구스티누스적 가치들을 포함해야 했다. 도미니크회의 주지주의와 프란체스코회의 주정주의/주의주의(主意主義)의 대비는 중세적 교양의 두 축을 이루었다. 프란체스코회의 입장에서 아퀴나스의 종합에 버금가는 종합을 이룬 인물은 둔스 스코투스이다.

둔스 스코투스(1266~1308년)는 아리스토텔레스의 철학에도 정통한 거시적 안목의 인물이었으나, 그 내적 정체성은 역시 프란체스코회에 속했던 것으로 보인다. 이는 그의 신학에 나타나는, 아퀴나스의 주지주의와 대비되는 주의주의의 경향을 통해 분명하게 확인된다. 그에게 중요한 것은 세계의 인과를 넘어서는 신의 의지와 인간의 자유의지였다. 아퀴나스는 아리스토텔레스를 따라서 행복의 윤리학을 전개했으나, 스코투스는 행복보다 더 근원적인 것을 자유―물론 기독교적 의미에서의 자유―로 보았다. 스코투스는 아퀴나스의 윤리학에서 논하는 의지를 좋은 것에 대한 감응(affectio commodi)으로 특징짓고 그것과 구별해서 옳은 것에 대한 감응(affectio iustitiae)을 강조했다. 아퀴나스가 좋음과 나쁨을 둘러싼 아리스토텔레스적 윤리학을 전개했다면, 스코투스는 옳음과 그름을 둘러싼 좀더 기독교적인 도덕철학을 전개했다고 할 수 있다. 이런 대비 역시 도미니크회와 프란체스코회라는 양대 집단의 성격을 잘 보여준다.

12세기에 이루어진 방대한 번역 사업은 서구 학계에 아리스토텔레스라는 거성(巨星)을 등장시켰고, 이 변화는 엄청난 지적 지진을 일으켰다. 13세기에 이르면 이제 이 변화에 대한 여러 응답들이 등장하며, 친아리스토텔레스적 경향들과 반아리스토텔레스적 경향들이 첨예하게 대립하기에 이른다. 이런 식의 변화야말로 이후의 철학사를 이끌어간 핵심 동력이었다 할 것이다. 13세기 이래의 아리스토텔레스주의는 17세기까지 지속된다. 앞에서도 지적했듯이, 약 1,000년 동안 지속된 플로티노스의 시대가 이후 약 500년간 지속될 아리스토텔레스의 시대에 자리를 내준 것이다.

서구 철학의 흐름에서 일어난 이런 변화를 가장 압축적으로 보여주는 사건들 중 하나가 1270년과 1277년에 있었던 사건, 즉 파리의 주교 에티엔 탕피에가 파리 대학 인문학부 교수들을 겨냥해 내린 단죄 사건이다. 늘 그렇듯이 학문적인 논의를 이런 방식으로 해결코자 한 데에는 당대 인문학부 교수들의 생각이 기독교세계의 근간 자체를 흔들 수 있다는 우려가 깔려 있었다.

파리 대학 인문학부란 어떤 곳이었을까? 12세기 전까지만 해도 이곳은 거의 한직에 가까운 자리들로 구성되어 있었고, 신학, 법학, 의학 같은 본격적인 학문을 하기 전에 배워야 할 교양과목들을 가르치는 곳이었다. 그러나 기독교 바깥 세계의 숱한 저작들이 번역되어 쏟아져 나오기 시작한 12세기에 인문학부는 매우 활기찬 곳으로 변해 있었다. 그리고 13세기가 되면 당대의 지성계를 좌우하는 핵심 축들 중 하나로 부상하게 된다. 인문학부에서 아리스토텔레스는 필수 과목이 되었고 그에 따라 이븐 루쉬드의 저작들 또한 활발히 연구되었다. 인문학부는 사실상 철학부나 다름없었다. 이렇게 부쩍 성장한 인문학부는 결국 기독교세계의 신학적-종교적 교리들과 충돌하기에 이른다. 이는 9세기 이슬람에서 새롭게 등장한 '팔라시파(철학)'와 기존의 이슬람 신학/종교가 충돌했던 것과 똑같은 현상이었다. 파리 대학 인문학부의 젊은 교수들은 아리스토텔레스, 특히 이븐 루쉬드에 의해 해석된 아리스토텔레스를 추종했으며, 사람들은 이들을 '라틴 아베로에스주의자들"이라 부른다.[17] 이들의

---

17) 이븐 루쉬드만이 아니라 이븐 시나(와 다른 이슬람 학자들)도 역시 큰 영향을 끼쳤다. 그러나 신플라톤주의와 일신교(유대교, 기독교, 이슬람교) 사이의 복잡한 얽힘 및 갈등은 사실 고대 후기로부터 내내 문제가 되어왔기 때문에 새로운 것은 아니었다. 또 라틴 학자들이 보기에도 아리스토텔레스와 이븐 루쉬드의 정치한 합리주의는 분명 플로티노스와 이븐 시나의 체계를 넘어서는 것이었다. 때문에 이븐 시나의 영향력은 이내 이븐 루쉬드의 그것에 의해 압도당하게 된다.

아베로에스주의는 보수적인 신학자들에게는 현대 식으로 말해 '유물론', '무신론'으로 비쳤다. 이 라틴 아베로에스주의자들과 그들과 (정치-종교적으로가 아니라 진정 학문적으로) 대결한 인물들(보나벤투라, 알베르투스, 아퀴나스, 베이컨 등) 사이의 투쟁이 서구의 중세 철학을 흥미롭게 수놓았다.

시제 드 브라방이나 보에티우스 다키아 등 라틴 아베로에스주의자들과 그들의 비판자들이 맞부딪친 대목들은 알-가잘리와 철학자들 특히 이븐 루쉬드가 맞부딪친 대목들과 거의 일치한다. 결국 문제의 핵심은 아리스토텔레스 vs. 일신교의 구도라 하겠다. 곧 세계는 영원한가 아니면 창조되었는가의 문제와 지성은 단일한가 복수적인가의 두 문제가 핵심이었다. 이 논쟁에서 좀더 큰 역할을 한 것은 프란체스코회보다는 도미니크회였다. 프란체스코회는 애초부터 아리스토텔레스와 거리를 두었기에 그들의 비판은 구체적이고 정치한 논쟁보다는 단적인 거부에 가까웠다. 수준 높은 논쟁은 논쟁 당사자들이 적어도 일정 정도 동일한 지평 위에 서 있을 때 가능하다. 그런 지평 자체가 전제되지 않을 때에는 단순한 대립이나 감정적인 적대만이 있을 뿐, 'dia-legesthai'는 불가능하기 때문이다. 때문에 라틴 아베로에스주의자들과의 좀더 의미 있는 논쟁은 아리스토텔레스라는 공통의 기반에서 출발한 도미니크회의 철학자들 특히 알베르투스와 아퀴나스에 의해 수행될 수 있었다.

아리스토텔레스를 둘러싼 논쟁이라 해도 그것이 결국 라틴 "아베로에스주의자들"과의 논쟁이라면, 그 초점은 바로 이븐 루쉬드=아베로에스를 둘러싼 것일 수밖에 없었다. 바로 이 때문에 알베르투스와 아퀴나스는 이븐 루쉬드 그리고 그를 이어받은 아베로에스주의자들과의 대결을 통해서 자신들의 입장을 정리할 수 있었다.

"ex nihilo nihil fit"라는 그리스적 사유와 "creatio ex nihilo"라는 일신교의 대결은 지중해세계에서 몇 번씩이나 재연되었거니와, 라틴 아베로에스주의자들과 도미니크회의 두 대표자 사이에서도 유사한 대결이 벌어진다. 앞에서 보았듯이, 일신교의 입장을 유지하는 알-가잘리는 '무로부터의 창조'를 주장했지만, 아리스토텔레스주의자인 이븐 루쉬드는 '세계의 영원한 존속'을 주장했다. 물론 라틴 아베로에스주의자들은 이븐 루쉬드를 따라 후자의 입장을 견지했다. 이 문제에 대한 아퀴나스의 응답은 어떤 것이었을까?

후대의 역사를 전대로 투사해서 보는 것이 허용된다면, 아퀴나스의 생각은 칸트적이라고 할 수 있다. 아퀴나스가 볼 때 "세계는 영원하다"라는 명제도 "세계는 창조되었다"라는 명제도 이성으로 논증될 수는 없다. 그러한 논증은 이성의 한계를 넘어 월권하는 것이다. 이 점에서 아퀴나스는 칸트적인 '이율배반'의 입장에 가깝다. 그러나 아퀴나스의 논변 구도는 칸트의 것과 다소 다르다. 칸트에게서는 "세계는 영원하다"라는 주장도 "세계는 창조되었다"라는 주장도 그 자체로서는 똑같이 가능하다. 그러나 그 두 명제가 맞붙어서 그 어느 하나가 다른 하나를 패퇴시킬 수는 없다. 그 둘은 제논의 의미에서 'para-doxa'를 형성한다. 그러나 아퀴나스에게서는 다르다. 이 두 명제는 그 자체로서 각각 논증 불가능하다. 두 명제 모두 이성적으로는 논증될 수 없다. 아퀴나스의 이런 불가지론(不可知論)은 중세라는 시대 전체를 놓고 볼 때 특이한 경우라고 할 수 있다. 그러나 아퀴나스는 신앙으로써는 '세계의 창조'를 믿을/받아들일 수 있다고 본 점에서 전형적인 중세인이었다. 아퀴나스가 볼 때 세계의 창조는 오직 신앙을 통해서만 받아들일 수 있으며, 그것을 이성을 통해서 논증할 경우에는 "불신자들의 웃음거리가 될 뿐"이다.

아퀴나스의 논변에서 매우 흥미로운 대목들 중 하나는 그가 "세계는 영원하다"라는 명제와 "세계는 신에 의해 창조되었다"라는 명제가 모순이 아니라고 주장하는 곳이다. 이 점에서 칸트와 대조적이다. 아퀴나스는 두 명제 각각은 이성으로서 논증할 수 있는 명제가 아니라고 하면서도, 두 명제가 동시에 성립하는 것은 가능하다고 즉 두 명제가 모순이 아니라고 말하고 있기 때문이다. 이는 두 명제를 고집스럽게 대립시키는 아우구스티누스주의자들을 겨냥한 지적으로서, 이들은 ① 원인은 결과보다 반드시 시간적으로 선행해야 하며, ② 세계의 창조에 무(nihil)가 반드시 선행해야 한다고 주장한다. 아퀴나스는 이 두 명제를 ① 불과 그것이 일으키는 열이 동시적이듯이, 원인과 결과가 동시적일 수 있음, 그리고 ② 무가 선행했다는 것은 단지 신이 세계를 창조하기 전에는 세계는 없었다는 것을 뜻할 뿐임, 무가 '존재했다'라고 말하는 것은 의미가 없음을 지적해 논박한다.[18] 아퀴나스는 이렇게 두 명제 각각은 증명 불가능하다는 것과 더불어 두 명제가 모순된 것은 아니라는 점도 강조한다. 이 문제는 아퀴나스가 철학과 신학을 어떻게 봉합하는가를 잘 보여주는 예이다.

또 하나의 문제 즉 '이성 단일성'을 둘러싼 문제 역시 알베르투스와 아퀴나스에 의해 다루어졌다. 앞에서 보았듯이, 아리스토텔레스는 이성('누스')을 영혼('프쉬케')과 구분하면서 그것에 탈물질성이라는 존재론적 위상을 부여했다. 그러나 아리스토텔레스는 이성을 수동적 이성과 능동적 이성으로 구분했는데, 이는 눈이 색을 지각하는 것이 빛에 의해 가능하듯이 수동적 이성이 지각을 경과해서 형상들을 파악할 수 있는 것은 능동적 이성의 빛을 받아서라고 생각했기 때문이다. 이븐 루쉬드는 이 수동적 이성을 개별자들을 초월한 단 하나의 것으로 봄으로써 '이성 단일론'을 제시했다. 이븐 루쉬드의 이런 생각은 두 가지 문제를 낳았다. ① 이론적인 문제로서, 인식이란 어쨌든 개별 주체의 경험을 통해서 이루어지는바 이런 개별성과 수동적 이성의 보편성은 어떤 관계를 맺는가? ② 윤리적/종교적인 문제로서, 이성이 단일하다면 개별 주체들의 행위와 책임, 보상은 어떻게 가능할 수 있는가?

---

18) Thomas Aquinas, "De aeternitate mundi contra murmurantes", §5, §10, in *S. Thomae Aquinatis opuscula omnia*, t. 1. *Opuscula philosophica*, éd. par J. Perrier, 1949.

알베르투스는 이븐 루쉬드의 영향을 강하게 받았으면서도 라틴 아베로에스주의자들과 달리 그를 벗어나려 했다. 안셀무스가 그랬듯이 알베르투스 역시 철학 외적인 요소들을 끌어들이기보다는 순수 철학적인 방식으로 자신의 주장을 전개함으로써 스콜라철학의 모범적인 모습을 보여주었다. 게다가 우리는 안셀무스로부터 알베르투스로 넘어가면서 스콜라철학이 얼마나 풍부해지고 정교해졌는가를 실감하게 된다. 알베르투스는 이븐 루쉬드의 '이성 단일론'을 극복하기 위해 이성을 신체와 보다 통합적으로 이해코자 했다. 그렇게 함으로써 개체의 개체성을 강조하고 이성의 초월성을 완화하고자 한 것이다. 알베르투스의 이런 노력은 그 후 아퀴나스, 둔스 스코투스, 윌리엄 오컴 등에게로 계속 이어진다. 그러나 그에게 여전히 남아 있는 신플라톤주의적 경향도 있고 해서 알베르투스의 노력은 다소 혼란스러워진다. 이 논의를 보다 적극적으로 펼친 인물은 역시 아퀴나스이다.

아퀴나스는 그의 『이성의 단일성에 관하여』[19)]에서 스승과 동일한 노선을 이어갔다. 그러나 아퀴나스 역시 개체의 개체성을 강조하는 아리스토텔레스적 관점을 견지하는 과정에서 영혼 나아가 정신에 정확히 어떤 위상을 부여할까를 놓고서 고민하게 된다. 아퀴나스는 아리스토텔레스가 '영혼' 개념을 사용하는 방식을 이어 그것을 식물, 동물, 인간에 두루 적용하는 한편, 바로 그 차이들을 활용해 인간의 영혼에 특권을 부여하는 논리를 구사한다. 나아가 아퀴나스는 이븐 루쉬드의 이성 단일론을 비판하면서 이성을 신체에 뿌리 두게 하지만, 동시에 인간 영혼 중에서도 더욱더 특수한 이성/정신의 위상을 특별한 것으로 간주함으로써 그것을 현실세계와 초월세계를 매개하는 존재로 파악한다. 이 이성은 어디까지나 개체=개인의 이성이다. 아퀴나스가 강조하듯이, "이 개별 인간이 사유한다." 이 개별적 이성은 어디에서 유래하는 것일까? 아퀴나스의

---

19) Thomas d'Aquin, *L'Unité de l'intellect*(Vrin, 2004).

대답은 중세를 벗어나서는 전혀 만족스럽지 않은데, 그는 한 생명체의 발생시 신이 이 이성을 넣어준다고 생각했다. 이븐 루쉬드가 아리스토텔레스의 논리를 끝까지 밀어붙였다면, 아퀴나스는 거기에 문자 그대로의 의미에서 'deus ex machina'를 개재시킴으로써 해결코자 했다고 할 수 있으리라. 어쨌든 아퀴나스는 이성의 위상과 그 각각의 개별성들을 수립하게 된다.

그러나 더 중요한 문제는 이 개별적 이성과 보편적 이성(예컨대 수학적 이성) 사이의 관계이다. 만일 이성이 개별적이라면 보편적인 동의는 어떻게 가능한 것일까? 그러나 중세적 맥락에서는 이 문제를 존재론적 방식으로 제기할 필요가 있었다. 문제는 이것이다: 우리가 개별자들을 넘어 어떤 일반성/보편성을 발견했다고 말할 때, 그것은 개념적인 구성일 뿐인가 아니면 실제 어떤 일반적/보편적인 것의 발견을 뜻하는가? 이는 곧 중세 철학을 뜨겁게 달구었던 '보편자 논쟁'이다.

보편자 논쟁

보편자 논쟁 역시 아리스토텔레스를 해석하는 과정에서 발생했다.[20] 그러나 그 문제의 뿌리는 중세 문명 자체에 함축되어 있었다고 해야 할 것이다. 이븐 루쉬드의 아리스토텔레스 독해와 그것에 대한 도미니크회 철학자들의 응답을 보았거니와, 문제의 중심에는 개체(the individual)라는 존재의 존재론적 위상에 대한 예민한 문제의식이 깔려 있었다. 이는 곧 중세 사회 그 자체의 문제였는데, 왜냐하면 중세와 같은 사회는 개체

---

20) 앞에서 보았듯이, 아리스토텔레스는 우시아의 후보로서 개체(tode ti), 기체/질료(hypokeimenon/hylē), 형상/본질(eidos/to ti ēn einai), 보편자(to katholou)를 들고서 최종적으로는 형상에 낙점을 찍었다. 그러나 이때에도 형상이 보편자의 형상인가 개체의 형상인가가 문제시되었다. 아리스토텔레스에게서 나타나는 이런 복잡성, 거기에 후대에 첨부된 해석들과 오해들이 축적되어 보편자 논쟁이 형성되었다. 중세 보편자 논쟁은 특히 포르퓌리오스와 보에티우스에 의해 정식화되었다.

의 개체성이 그 자체로서 인정되기 힘든 사회였기 때문이다. 따라서 보편자 논쟁은 한편으로는 존재론적 논쟁이었지만 다른 한편으로는 정치철학적 논쟁이기도 했다.[21]

안셀무스는 그의 논의를 전개하면서 훗날 사람들이 '보편자 실재론'이라 부를 입장을 전제하고 있었다. 안셀무스 스스로는 본격적으로 문제화하지 않았던 이 입장은 그를 이은 스콜라 철학자들에 의해 하나의 논쟁거리로서 다루어지게 된다. 12세기 전체를 관류했고 그 이후까지도 이어진 이 논쟁은 서구의 중세를 정초하기 위한 또 하나의 이론적 진통이었다. 보편자 논쟁에는 중세적 삶에 직간접적으로 연계되는 많은 문제들이 도사리고 있었던 것이다. 이 논쟁은 아리스토텔레스 혁명의 한 여파라고도 할 수 있는데, 이는 그것이 기본적으로 '우시아'에 대한 아리스토텔레스의 복잡한 입장을 이어받아 전개되었기 때문이다. 우시아를 개체로 본 유명론자들, 형상으로 본 정통 아리스토텔레스주의자들(예컨대 아퀴나스), 질료/기체로 본 유물론자들(예컨대 이븐 루쉬드를 이은 아베로에스주의자들), 보편자로 본 실재론자들이 어지러이 뒤엉키면서 복잡한 논

---

21) 보편자 논쟁은 사실상 현실성(actuality)과 잠재성(virtuality)/가능성(possibility)을 둘러싼 존재론의 근본 문제들 중 하나가 중세적인 판본으로 나타난 것이라고 할 수 있다. 예컨대 우리는 퇴계 이황은 '존재'하는가, 하고 물을 수 있다. 퇴계 이황은 분명 실존하지 않는다. 그럼에도 어떤 의미에서는 존재한다. 그렇지 않다면 우리가 퇴계에 대해 말하는 모든 것들은 환상이 될 것이다. 마찬가지로 우리는 '다음 정권의 대통령'이 분명 실존하지 않음에도 그에 대해 유의미하게 말할 수 있다. 보편자 문제가 개별자와 보편자를 둘러싼 공간적 문제라면, 이 문제는 현존하는 존재들과 현존하지 않는 존재들을 둘러싼 시간적 문제(양상론적 문제)라 할 수 있다. 이런 식의 논의는 오늘날까지도 이어진다. 예컨대 과학적 존재들(수학적 원, 전자, DNA 등등)의 실재성 문제(엄밀한 지시 가능성의 문제), '사건'의 존재론적 지위의 문제를 비롯해 많은 문제들이 결국 실존하는 (exist) 존재들과 잠존/내존하는(subsist/insist) 존재들 즉 현실성과 잠재성(또는 가능성)을 둘러싼 논의라 할 수 있다. 나아가 이 논쟁은 정치철학적 논쟁이기도 하다. 예컨대 국가란 그저 개별 인간들의 집합체에 불과한 것인가 개인들을 초월해 그 자체로서 존재하는 하나의 보편자-실체인가 하는 물음은 정치철학적으로 중요한 물음이다. 또, 기독교세계에서 이는 교회라는 보편자와 신도들이라는 개별자들의 문제이기도 했다.

변들이 전개되었다. '보편자 논쟁'은 이 중 특히 개체와 보편자를 둘러싼 논쟁이었다.

실재론의 입장은 그리스적이고 유대-기독교적인 세계관으로 구성되었던 서구 중세 문명에 비교적 쉽게 동조(同調)할 수 있는 입장이었다. 우리는 (넓은 의미에서의) 플라톤적 가치-존재론을 정립해놓고서 그것을 기독교로 연결했던 안셀무스의 논증들에서 이런 면을 쉽게 읽어낼 수 있다. 또, 보편자를 인정하지 않을 경우 신은 물론이고 천사라든가 각종 비물질적 존재들을 어떻게 설명해야 할지가 문제가 된다. 아울러 실재론적 입장은 중세 사회의 위계적 구조와도 조응했다. 의식적인 것이었든 무의식적인 것이었든, 보편자들의 위계는 곧 현실 사회의 위계와 어울리는 것으로서 받아들여졌기 때문이다.[22] 그렇기 때문에 이 시대에 발생한 좀더 의미심장한 흐름은 곧 유명론의 등장이었다고 할 수 있다. 유명론적 입장의 등장은 곧 암암리에 실재론을 전제했던 중세 문명에 어떤 균열이 생기기 시작했음을 의미하기 때문이다. 이 유명론적 입장은 특히 아벨라르두스와 함께 등장했다.

아벨라르두스는 안셀무스에 반(反)하는 유명론을 처음으로 체계적으로 개진함으로써 중세 철학사에 중요한 분절을 가져왔다. 아벨라르두스

---

22) '가톨릭'이라는 말 자체가 'to katholou'에서 나왔거니와, 교회의 물질적, 인적, … 구성 물들을 넘어서 교회 자체는 존속하는 것이어야 했다. A라는 대학의 철학과 건물이 화재로 불탔다고 해서 '철학과'라는 사회적 보편자가 사라지는 것은 아니듯이, 교회는 현실적인 각종 사건들을 초월해서 그 자체로서 존속해야 했다. 훗날 마르실리우스의 '會衆主義=congregationalism'가 논파하려 한 것이 바로 이런 실재론이었다. 마르실리우스는 '교회'란 그 자체로서 따로 존재하는 것이 아니라 신도들의 모임 자체일 뿐이라고 말함으로써 교회의 권력을 무너뜨리고자 했다. 교회를 비롯한 이런 보편자들은 사회적 위계를 반영하는 위계를 형성했다고도 볼 수 있다.(중세 말기에 유명론이 유행한 것도 이런 맥락에서 이해할 수 있다) 그러나 실재론이라고 해서 자체 내의 문제가 없었던 것은 아니다. 예컨대 신은 어디까지나 개별자여야 했다. 신이 추상적인 보편자라면 "그분"을 경배한다는 것은 어딘가 공허한 것이 아니겠는가? 또 이븐 루쉬드와 관련해서 언급했듯이, 인간 개개인도 그 업(業)과 책임, 상벌이 분명하려면 분명 개별적 인격체여야 했다. 문제는 매우 복잡했다고 해야 한다.

는 개체들이야말로 그 말의 일차적 의미에서 '존재하는' 것들이며, 보편자란 존재론적으로가 아니라 논리학적/문법적으로 이해되어야 할 개념들임을 분명히 했다. 물론 개체의 분절 그 자체도 존재론적 검토의 대상이 되어야 한다. 분명 개체는 특별한 존재론적 위상을 띤다. 신체를 가지고 있고, 말하고 행위하며, 서로 사랑하고 미워하며, …하는 존재는 개체 이하(기관, 세포, 유전자 등)의 존재도 또 개체 이상(가족, 국가, 종 등)의 존재도 아니다. 개체, 오로지 개체만이 그렇게 한다. 그럼에도 개체의 존재론적 분절을 절대시할 수 있는 것은 아니다. 개체는 DNA도 '인간'도 아니지만, 이런 차원들을 그의 단면들로서 함축하고 있는 것 또한 사실이기 때문이다. 그래서 우리는 아벨라르두스가 보편자들의 실재를 거부하고 강한 의미에서 (존재론적으로) 개체의 개체성을 긍정했다고 할 수 있다. 아리스토텔레스 이래 다시 한 번 개체의 존재론적 선차성, 고유함, 개체들 사이의 구체적인 차이들이 강하게 긍정되기에 이른 것이다.

그러나 아벨라르두스는 아리스토텔레스와는 달리 형상들의 실재를 인정하지 않음으로써 말과 사물 사이의 이질동형이라는 아리스토텔레스적 전제—일반적으로 말해 '존재와 사유의 일치'라는 서구 철학의 대전제—를 벗어나버렸다. 그에게 보편자들은 논리학/언어학의 대상이지 존재론의 대상이 아니었다. 물론 보편자라든가 개체 이외의 존재들에 더 많은 존재론적 함의를 부여할 수는 있다. 예컨대 보편자들에 대한 탐구를 통해 우리는 감각으로 지각할 수 없는 많은 것들(예컨대 관계, 집합, 수, …)을 인식할 수 있는 것이 사실이다. 다만 아벨라르두스는 이런 존재들에 플라톤적 실재성을 부여하는 것에 관한 한 단호한 거부를 표시했다.[23] 이런 입장은 훗날 흄, 칸트 이후에 본격적으로 퍼져나가게 되거니와 아벨라르두스는 시대를 한참 앞서 '존재와 사유의 일치'라는 근원적 전제를 파기해버린 것이다. 12세기를 산 아벨라르두스는 자신의 철학적

---

23) Pierre Abélard, *Abélard ou la philosophie dans le langage*(Cerf, 1994).

탐구의 결론을 그것이 가져올 해체적인 귀결로 끝까지 밀어붙이지는 않았으나,[24] 그의 유명론은 중세의 전성기에 이미 중세 해체의 씨앗을 뿌렸다고도 할 수 있다.

그러나 아리스토텔레스가 중세 철학의 전경을 차지하면서 보편자 논쟁도 아리스토텔레스적 해결책으로 흘러갔다. 알베르투스와 아퀴나스는 전형적인 아리스토텔레스적 해결책을 모색했는데, 이 입장은 흔히 '온건 실재론'이라 불린다. 이들이 볼 때 보편자가 그 자체로서 실재한다는 것은 받아들일 수 없다. '순수 현실태'로서의 신과 비물질적 존재들인 천사들을 제외한다면, 사물들은 모두 질료와 형상의 합성으로 되어 있기 때문이다. 그렇다고 형상이 없는 질료 자체도 존재하지 않는데('제1 질료'는 이론상으로만 존재한다), 우리는 분명 사물들을 합리적으로 인식할 수 있고 인식하고 있기 때문이다. 우리가 사물들을 개별적 지각에서만이 아니라 보편적 합리성에서도 인식하는 것은 곧 세계에 형상들이 객관적으로 내재하기 때문인 것이다. 물론 세밀하게 본다면, 형상들과 보편자들은 구분된다. 형상들은 개별 사물들 자체 내에 존재하지만, 보편자들은 그것들을 인식하는 인간의 이성이 작동하지 않는다면 존재하지 않기 때문이다. 즉, 보편자들이란 사물들에 내재하는 형상들(스코투스가 말한 '공통 본성'들)을 인간 지성이 일반화해 파악할 때 존재하게 된다. 결국 보편자들은 "사물 앞에, 사물 안에, 그리고 사물 뒤에(ante rem, in re, post

---

24) 문제를 다른 각도에서 볼 수도 있다. 얼핏 생각하기에 경험주의자/유명론자는 신앙을 부정할 것으로 생각된다. 사실 유명론의 입장을 끝까지 밀고 갈 경우 그런 결론에 다다를 수밖에 없다. 그러나 단적인 경험주의자는 종교적인 문제를 아예 인식이라는 범주 바깥에 위치시킴으로써 인식과 신앙을 병립(竝立)시킬 수 있다. 다시 말해, 신앙은 아예 다른 문제라고 말해버림으로써 아주 편리하게 양자를 병립시킬 수 있는 것이다.("학자"이면서 "신앙인"인 사람들의 논리가 바로 이것이다) 그래서 신앙에 위협이 되는 자들은 차라리 철저한 합리주의자들이라 해야 한다. 합리주의자들은 신앙의 문제들도 어디까지나 합리적으로 설명해야 한다고 생각하는데, 합리적 설명의 좌절은 이들의 의도와 관계없이 신앙의 부조리함을 드러내기 때문이다. 아벨라르두스도 훗날의 오컴도 신앙을 전혀 부정하지 않았다.

rem)" 존재한다. 그것들은 사물들의 조직 원리로서 그 앞에 있으며, 사물들의 형상들로서 그 안에 있으며, 이성의 개념들로서 그 뒤에 존재하는 것이다.

보편자 논쟁은 존재론적 · 인식론적으로 철학적 사유가 반드시 부딪히기 마련인 문제로서, 좁은 의미에서의 '보편자 논쟁'은 이렇게 중세라는 시대와 서구라는 장소에서 매우 예민한 의미를 띠고서 진행되었다. 알베르투스와 아퀴나스의 입장은 이들이 취하는 전반적인 존재론적 입장 그리고 윤리학적 입장과 조화를 이루고 있으며, 이 논쟁에 대한 가장 '원만한' 해결책이었다고 할 수 있다. 또 그렇기 때문에 오컴 등의 보다 급진적인 '후기 유명론'의 출현은 중세의 해체를 알리는 징후로 이해될 수 있다.

§3. 토마스 아퀴나스와 둔스 스코투스

13세기에 이렇게 활발하게 전개된 아리스토텔레스 혁명은 도미니크회의 토마스 아퀴나스와 프란체스코회의 둔스 스코투스에게서 절정에 달한다. 우리는 이들에게서 스콜라철학의 완성태가 어떤 모습이었는가를 볼 수 있다.

토마스 아퀴나스의 종합

아퀴나스는 '중세적인 것'들을 장대하게 종합함으로써 중세의 아리스토텔레스가 될 수 있었다. 사유의 종합성과 치밀함에서 아리스토텔레스 이래 그 누구도 달성할 수 없었던 경지를 달성한 '천사적 박사'인 그는 이븐 루쉬드와의 대결을 담고 있는 『반(反)이교도 대전』과 그의 신학 체계를 종합하고 있는 『신학 대전』 외에도 수많은 논저들을 통해서 시대를 포용했다. 아퀴나스의 체계는 철학과 신학의 태극(太極) 무늬로 구성되어 있다. 신으로부터의 계시에서 출발해 현실로 내려오는 신학과 현실 세계에 대한 경험적 탐구에서 출발해 신이라는 궁극의 원리로 올라가는 철학이 서로 맞물리면서 청홍(靑紅)의 원환을 구성하고 있는 것이다. 그의 체계는 중세에서의 아리스토텔레스 혁명을 완성한 것이었다.

아퀴나스는 다섯 가지의 '신 존재 증명'을 시도했고 이는 중세의 철학적 정초를 위한 중요한 작업이었다.[25] 첫 번째 증명과 두 번째, 세 번째 증명은 '운동의 원인'—시간적 원인보다는 논리적 원인—에 대한 분석에 기초한다. 모든 운동은 잠재태로부터 현실태로의 운동이다. 그리고 능동자는 피동자에 대해 현실태의 성격을 띤다(닭이 달걀을 낳는다). 현실태들 중 궁극의 현실태가 모든 운동을 가능케 하며, 이 존재가 곧 신이다. 아울러 우주는 운동의 연쇄로 구성되어 있으며, 그 궁극에는 최초의 능동자가 존재해야 한다. 이 모든 아리스토텔레스적 논의들을 종합할때, 우주에는 다른 것들을 움직이지만 그 자신은 움직여지지 않는 순수 현실태 즉 궁극의 원동자(原動者)가 존재해야 한다. 이 궁극의 원동자가 곧 신이다. 그런데 피동자들은 모두 우발성을 띤다. 그것들은 자신의 운동 원인을 자신 안이 아니라 바깥에 가지고 있기 때문이다. 그런데도 그것들은 모두 질서 있게 움직이면서 '우주(宇宙)'를 구성한다. 이는 곧 이 우발성들을 지배하는 궁극의 필연성=근거가 존재하기 때문이다. 이 필연적 존재가 곧 신이다. 결국 신은 운동의 궁극적 현실태이자, 모든 운동들의 궁극의 원인이자, 모든 우발적 존재들/운동들의 필연적 근거이다. 이 세 논증은 함께 묶여서 흔히 '우주론적 논증'이라 불린다.

네 번째와 다섯 번째 논증은 세계에 대한 가치-존재론적 구도, 즉 가치와 목적에서의 아리스토텔레스적 위계에 입각한 논증들이다. 세계의 모든 존재들은 각각의 선('아가톤')의 정도/등급을 가진다. 안셀무스를

---

25) 아퀴나스의 신 존재 증명의 논리와 의미는 『반(反)이교도 대전』에서 특히 잘 볼 수 있다. Thomas d'Aquin, *Somme contre les Gentils*, livre 1: Dieu(Flammarion, 1999).

논하면서 언급했듯이, '실재도', '존재도', '완전도'를 가지는 것이다. 이는 플라톤적 분유(分有) 개념의 보다 내재적인 변형태라 할 수 있다. 그리고 아리스토텔레스의 윤리학이 함축하듯이, 이 선의 위계는 곧 목적론적 위계를 형성한다. 모든 것들은 '목적(텔로스)'의 구도로 연관되면서 위계를 형성한다. 따라서 이 위계의 끝에는 '지고(至高)'의 선이, 지고의 목적이 존재해야 한다. 절대적인 실재도, 존재도, 완전도를 가지는 지고의 존재가 존재해야 하는 것이다. 이 존재가 곧 신이다. 그러나 아퀴나스는, 이렇게 안셀무스의 것과 유사한 논법을 구사하면서도 '존재론적 증명' 자체는 거부했다.

결국 아퀴나스에게 신은 존재론적으로 세계의 궁극 원인/근거이고 가치론적으로 세계의 최상 목적/선이다. 따라서 세계는 궁극적으로 신의 뜻='섭리'에 의해 움직인다. 그러나 이것이 세계가 일일이 신의 뜻에 의해 움직인다는 것을 뜻하지는 않는다. 알-가잘리와 이븐 루쉬드의 논쟁에서도 보았듯이, 그렇게 생각할 경우 영희가 철수와 결혼한 것도, 브라질이 월드컵에서 우승한 것도, 동남아에서 쓰나미가 일어난 것도 모두 "신의 뜻"이겠기에 말이다. 더 심각하게는 "신의 뜻"이라는 이 말을 내세워 저질러지는 그 숱한 폭력들을 생각해보자. 아퀴나스도 이 점을 알고 있었기에 신의 섭리가 세계의 모든 운동의 유일하고 직접적인 원인이라고는 생각하지 않았다. 신이 궁극의 원인이요 최상의 목적인 것은 분명하지만, 세계에는 2차, 3차, … 원인들이 숱하게 있으며, 또 2차, 3차, … 목적들도 숱하게 있다. 각 현상을 설명하는 데에는 각각 적절한 원인들과 목적들이 있는 것이다. 걸핏하면 "신의 뜻"이라는 개념을 휘두르는 것은 한편으로 세계에 대한 부지런한 탐구를 마비시키는 것이며, 다른 한편으로는 기복신앙적 행위들에서 잘 나타나듯이 신을 모독하는 것이다. 신적 차원의 인과 및 목적이 세계적 차원의 인과 및 목적과 같은 층위에서 논의될 수는 없는 것이다.

아퀴나스가 생각한 세계의 구체적 성격은 아리스토텔레스의 그것과 큰 차이가 없다. 질료형상설, 우시아 개념, 잠재태와 현실태 그리고 이 두 개념으로 정의되는 운동 개념, 목적론적-위계적 세계관, 유한한 우주 등 아리스토텔레스의 많은 사상들이 아퀴나스에게 이어지고 있다.[26] 물론 아퀴나스는 여기에 천사들과 신, 창조, 섭리 등을 비롯해 기독교의 여러 존재들 및 원리들을 엮어놓는다. 이런 전체 구도에서 핵심적인 문제들 중 하나는 인간의 영혼, 자유, 행위의 문제이다. 아퀴나스는 아리스토텔레스를 따라 식물적 영혼, 동물적 영혼, 인간적 영혼의 위계를 생각했다. 인간의 영혼은 질료와 결합되어 존재한다는 점에서 비물질적 실체 즉 '단순실체'는 아니지만, 천사들과 신에 가장 근접하는 탁월한 영혼이다. 그러나 앞에서 논했듯이, 인간의 영혼은 이븐 루쉬드의 생각처럼 유일하지 않다. 그것은 신체에 체화됨으로써 다양하게 개별화되어 존재하기 때문이다. 반면 천사들은 신체를 가지지 않기 때문에 다양하게 개별화되지 않는다. 말하자면 각 천사는 개체가 단 하나인 종이다. 그리고 아퀴나스는 아리스토텔레스를 따라 개별적 영혼들에서 특히 이성적인 부분은 불멸한다고 보았으며, 다른 한편 기독교적 의미의 상벌(賞罰)을 위해서도 그 각각이 어떤 형태로든 존속해야 한다고 파악했다.

아퀴나스는 인간의 영혼은 자유를 가진다고 보았다. 이때의 자유란 세

---

26) 이 점이 잘 나타나고 있는 저작들로는 『자연의 원리들』(김율 옮김, 철학과현실사), 『존재자와 본질에 대하여』(김진·정달용 옮김, 서광사)가 있다. 전자의 저작이 아퀴나스가 아리스토텔레스의 사유, 특히 자연철학 및 존재론을 어떤 식으로 정리하고 있는가를 잘 보여준다면, 후자의 저작은 아퀴나스가 아리스토텔레스의 철학과 기독교 신학을 어떻게 연결하고 있는가를 이해하는 데 도움을 준다. 아퀴나스는 저급한 사물들로부터 점차 고급한 존재들―그 최상에는 인간의 영혼들, 천사들, 그리고 신이 위치한다(이는 플로티노스의 영혼, 이성, 일자에 해당한다)―로 나아가는 위계적 사유를 보여준다. 아퀴나스는 전반적으로는 아리스토텔레스적이었지만, 비물질적 실체들을 논할 때는 플라톤적이었고, 존재의 위계를 논할 때는 플로티노스적이었다. 『신학대전』, 1권, XLI, §2에는 아퀴나스의 목적론적-위계적 세계관이 잘 나타나 있다. 『신학대전』은 다음 판본에서 인용한다. Thomas d'Aquin, *La Somme théologique*, traduit par Aimon-Marie Roguet, 4 volumes(Cerf, 1984).

계가 완전히 결정된 것이 아니라 우연성을 내포한다는 것, 그리고 인간은 자신이 맞닥뜨린 우연/우발성에 대해 숙고함으로써 선택할 수 있는 이성을 가진다는 것을 함축한다.[27] 아퀴나스에게서 자유란 우연을 뜻하기보다 오히려 우연에 대처할 수 있는 인간적 이성의 성격을 뜻한다. 인간이란 이성적 존재이기 때문에 자유로운 선택들을 통해 삶을 영위할 수 있는 것이다.[28] 만일 인간이 완벽하게 결정되어 있는 존재라면, 그는 자신의 행위에 책임을 질 필요가 없을 것이다. 신이 이 세계에 악을 허용한 것 역시 인간의 자유를 위한 것이다. 악이 존재하지 않는다면 인간이 선과 악 사이에서의 선택을 할 수 없을 것이고, 그런 세계에서는 음지가 없으면 양지라는 것 자체가 의미를 상실하듯이 선택에 따른 책임 역시 의미를 상실할 것이기 때문이다. 인간의 사유나 세계의 악 같은 일종의 여백들은 신의 섭리를 훼손하는 것이 아니라 오히려 그것을 드높이기 위한 장치들인 것이다. 인간은 이런 여백 속에서 선한 행위들을 통해 덕을 쌓을 수 있으며 플라톤의 4주덕(지혜, 용기, 절제, 정의)에 도달할 수 있다. 그러나 기독교도로서 아퀴나스는 그리스 철학의 4주덕에 기독교의 3주덕(믿음, 사랑, 소망)을 얹어놓는다. 그리고 이 3주덕에의 도달은 인간의 힘만으로는 가능하지 않으며 오로지 은총을 통해서만 이를 수 있는 지복이라고 보았다.

이런 윤리학이 보다 현실화되려면 물론 정치철학이 필요하다. 아퀴나스는 아리스토텔레스를 따라서 국가의 의미를 보다 자연주의적인 방식으로 개념화한다. "인간은 폴리스적 동물"이라는 테제에 충실하게 아퀴나스는 법을 중심으로 정치철학을 전개하며, 신법(神法), 자연법, 실정법(또는 영원법, 신법, 자연법, 실정법)을 구분해 논했다. 또, 실정법을 만민법과 시민법으로 세분하기도 했다. 이런 구분에 입각해 아퀴나스는 인간

---

27) 토마스 아퀴나스, 『신학 대전』, 1권, LXXXIII, §1.
28) 같은 책, LXXXVIII, §1.

사회를 상당히 세밀하게 분석했는데, 이는 아리스토텔레스 혁명이 남긴 또 하나의 큰 성과라 할 것이다. 게다가 아퀴나스는 정치철학에 있어 상당히 근대적인 생각을 전개하기도 했다. 그는 만일 현실적인 권력이 부패하고 억압적인 경우 피치자들에게는 저항권이 있다고까지 주장했다. 그러나 윤리학에서와 마찬가지로 정치철학에서도 아퀴나스는 아리스토텔레스 위에 기독교를 얹어놓는다. 중세 내내 문제가 되었던 황제의 권력과 교회의 권력에 관해 아퀴나스는 명백히 교회의 편에 선다.[29] 그는 온건한 교회주의자라고 할 수 있을 것이다. 그에게 국가의 목적은 세속적 행복에 있지만, 교회의 목적은 기독교적 의미에서의 지복에 있었다.

아퀴나스의 세계는 전형적인 위계적 세계이다. 가장 아래의 자연물들로부터 가장 위의 인간, 천사, 신에 이르기까지 만물이 피라미드 구조로 배열되어 있다. 그는 이런 세계를 아리스토텔레스의 철학을 동원해 정교하게 다듬어내고 있다. 그가 그린 세계는, 분명 갈등도 분열도 있지만, 전체적으로는 조화롭고 평화로운 세계이다. 그리고 그런 위계와 조화의 지지대 역할을 하는 것은 기독교와 교회이다. 이 점에서 아퀴나스의 철학은 아리스토텔레스의 철학에 기독교 신학을 가미한, 역으로 말해 기독교 신학을 아리스토텔레스의 철학으로 보완한 사유들 중 가장 전형적이고 방대하고 완성도 높은 것이었다 하겠다.

둔스 스코투스와 '존재의 일의성'

때때로 태어난 시점이 그 철학자의 사유에 깊은 그림자를 각인한다. 둔스 스코투스는 프란체스코회 입장에서 중세 철학을 종합했지만, 아퀴나스의 뒤에서 활동했기에 그의 영향을 많이 받을 수밖에 없었고 또 그를 비판하면서 사유를 전개해야 했다. 그의 철학이 매우 '복잡미묘한' 성격을 띤 데에는 이런 연유가 크게 작용했으리라. 사람들에게 그의 사유

---

29) Thomas Aquinas, *De regimine principum*, I, §14.

는 '정치한' 것으로 보이기도 했고 지나치게 굴곡지고 논쟁적인 것으로 보이기도 했다.

앞에서 보았듯이, 스코투스는 아퀴나스의 주지주의에 반(反)해 주의주의를 주장함으로써 스콜라철학의 특징인 개념들의 위계적 구축에 균열을 냈다. 스코투스가 보기에 신은 그의 이성으로써 사유하고 그 후 창조에의 의지를 발휘한 것이 아니다. 신은 사유하기 전에 의지하며, 때문에 사유라는 것이 가질 수밖에 없는 논리적 제약을 초월한다. 신은 오직 의지할 뿐이며, 그러한 의지의 결과가 세계의 질서이다. 이런 이유로 스코투스는 신에 대한 논리적, 비-경험적('아프리오리') 증명을 그다지 신뢰하지 않았다. 그는 신 존재 증명은 세계에 대한 경험적 탐구에 근거해야 한다고 보았다. 스코투스는 우연적 인과와 본질적 인과를 구분하고서,[30] 다음과 같이 논증한다.

1. 모든 존재는 타자를 원인으로 가지거나 가지지 않는다.

2. 본질적 인과의 경우 반드시 제1 원인이 존재해야 한다.(무한한 본질적 인과연쇄는 불가능하다)

3. 어떤 무한한 우연적 인과도 본질적 인과 계열을 필요로 한다(즉, 제1 원인을 필요로 한다).

4. 따라서 타자로서의 원인을 가지지 않는 제1 능동인이 존재한다. 이 존재가 곧 신이다.[31]

---

30) 우연적 인과는 인과 연쇄가 우연적 불연속성을 띠는 경우이고, 본질적 인과는 본질적 연속성을 띠는 경우이다. 전자의 예로는 할아버지→아버지→손자의 연쇄를 들 수 있고, 후자의 예로는 수프를 저으려는 의도→손을 움직임→수프를 저음을 들 수 있다. 전자의 경우는 우연적 인과의 연쇄이기 때문에 그 총체가 필연적으로 연결될 필요는 없다. 그러나 후자는 본질적 인과의 연쇄이기 때문에 반드시 그 총체가 필연적으로 연결되어야 한다. 본질적 인과는 반드시 그 총체로서만 의미를 띤다.

31) 자세한 논증 구조를 보려면 다음을 참조하라. Allan Bernard Wolter, *Duns Scotus and the existence and the nature of God*(Catholic University of America, 1954).

스코투스는 이 인과론적 논증을 비롯해 여러 가지 면에서 아퀴나스의 영향을 반영한다. 그러나 그는 '존재의 일의성(univocitas)' 문제를 둘러싸고서 아퀴나스와 결정적으로 대립한다. 이 문제 역시 그 연원은 아리스토텔레스로 거슬러 올라간다. 아리스토텔레스의 범주들에 대해 다음 물음이 제기될 수 있다. 10개 범주는 궁극적으로 통일되는가 아니면 불연속적으로 머무는가? 아리스토텔레스는 범주들이 '존재'라는 메타범주로 통일되는 대안을 거부했으며, 그것들 사이의 '통약 불가능성'을 인정했다.(『형이상학』, III, 998b/22~26) 그러나 이 경우 세계는 10개의 분리된 범주들로 파편화되어 있다고 이해될 수밖에 없다. 아리스토텔레스는 일의성도 거부하지만 다의성(equivocitas)이 함축하는 세계도 인정할 수 없었다. 어떤 해결책이 있는가? 이로부터 서구 존재론사에 긴 그림자를 드리울 중요한 개념이 등장했다. '유비(analogia)' 개념이 그것이다. 범주들은 실체를 중심으로 유비를 형성한다. 각 범주들은 불연속적이지만 실체를 매개로 해서 유비적으로 관계 맺는다. 아퀴나스는 (이 경우에는 실체가 아니라) '건강한'이라는 형용사가 서술되는 예를 들어 유비의 성격을 잘 설명해주었다. "[유비적으로 서술된다는 것은] 본성상 서로 다르지만 하나의 동일한 것에 귀속되는(attribuuntur) 여러 것에 서술되는 경우를 뜻한다. 이를테면 '건강한'은 동물의 몸과 소변과 물약에 대해 공히 말해지지만 세 경우 모두에 있어 전적으로 동일한 것을 뜻하는(significat) 것은 아니다. 소변에 대해서는 건강의 표지에 대한 것으로서, 몸에 대해서는 기체(基體)에 대한 것으로서, 음식에 대해서는 원인에 대한 것으로서 말해지기 때문이다. 그렇지만 이 모든 의미들은 하나의 목적 즉 건강함에 귀속된다."(『자연의 원리들』, VI, §46)

중세 철학 전반에서 존재의 일의성, 다의성, 유비가 문제가 된 것은 신과 세계 그리고 인간의 관계에 관련해서였다. 존재가 일의적이라면, 예컨대 "그레고리우스는 선하다"와 "하느님은 선하다"에서 "선하다"의 의미가 전적으로 같은 것이라면, 신과 세계/인간 사이의 간극은 사라져버리고 범신론으로 기울어진다. 존재가 다의적이라면 세계(넓은 의미)는 파편화되어 그 통일성을 잃어버린다. 유비의 개념은 이런 양극을 피하고 그 중간의 입장을 취한 것이라고 할 수 있다.[32] 따라서 아퀴나스의 '존재의 유비'로부터 스코투스의 '존재의 일의성'으로의 이행은, 스코투스 자신의 의도와는 관계없이, 중세의 해체를 암암리에 함축했다고 봐야 하지 않을까. 스코투스는 존재의 일의성을 받아들일 경우 초래될 결과 — 신이 유(有)의 일종이 되어버린다는 것, 창조자와 피조물 사이의 거리가 메워진다는 것 등 — 에 대한 비판들에 다각도로 응답하려 애썼지만 그의 사유에는 시대의 변화가 이미 깃들어 있었던 것이 아닐까.[33]

어쨌든 스코투스 자신은 존재의 일의성을 어디까지나 형이상학의 새로운 정초로서 제시했다고 해야 한다. '존재로서의 존재'를 일의성으로 기초 지음으로써 스코투스는 신학을 존재론에 흡수시켰다. 더 정확히 말해, 신학이 일반 존재론의 하위 분야임을 분명히 했다고 할 수 있다. 이점에서 신학을 존재론과 나란히 놓은, 나아가 그 위에 얹어놓은 아퀴나스의 입장과는 다르며, 이 점에서도 그는 중세 해체의 씨앗을 뿌렸다. 그러나 스코투스가 자신의 입장이 함축하는 귀결을 끝까지 밀어붙인 것은 아니었다. 그는 보편자들이 실재한다고 믿었고, 이는 세계에는 어떤 유적(類的) 실선들이 그려져 있음을 뜻하기 때문이다. 존재의 일의성이 극한으로 추구될 경우 세계에는 어떤 실선들 — 존재의 다의성이나 유비를 귀결시킬 분절선들 — 도 존재하지 않아야 하며 오로지 점선들만이 그려져 있어야 한다.[34] 또 하나 중요한 귀결은 아퀴나스가 구분했던 '존재자

---

32) 중세의 유비에는 '비례의 유비'와 '비례성의 유비'의 두 갈래가 존재했다. 이러한 구분은 후에 생물학적 맥락으로 응용된다. 다음을 보라. 미셸 푸코, 『말과 사물』(이규현 옮김, 민음사, 2012). 프랑수아 자콥, 『생명의 논리, 유전의 역사』(이정우 옮김, 민음사, 1994).

33) Duns Scotus, *Sur la connaissance de Dieu et l'univocité de l'étant*, par Olivier Boulnois(PUF, 1988), "collatio 24".

34) 이런 '내재성의 구도'는 스피노자, 니체를 거쳐 들뢰즈로 이어진다.(질 들뢰즈, 김상환

와 본질'의 구분이 필요 없게 된다는 것이다. 무엇인가가 실제 존재한다는 것(existence)과 그것이 무엇인가(essence)는 구분될 필요가 없다. 한 사물의 본질은 그것의 실존을 떠나 있는 것이 아니라 그것의 존재 자체와 일치하는 것이다. 개체는 표면적인(현실적인) 모습 이상의 차원(잠재적 차원)을 자체 내에 내장한다.

스코투스의 이런 생각은 곧 그에게서 '개체/개별자'의 의미가 새롭게 사유되고 있음을 함축한다. 스코투스는 개체를 개체이게 해주는 것을 'haecceitas'—이것을 '이것'으로 만들어주는 것—라 불렀고, 이를 보편자들의 기반이 되는 공통 본성과 구분했다.[35] 개체는 합성물/복합물이 아니라 어디까지나 개체 자체일 뿐이다. 물론 개체는 예컨대 몸과 마음처럼 서로 구분되는(정의가 다른) 것의 합성물로 인식되지만, 이 구분은 실재적 구분이 아니라 형식적 구분일 뿐이다. 이 형식적 구분 개념을 통해 스코투스는 개체란 실재적으로 구분되는 것들의 합성물일 뿐이라는 생각을 거부하고자 했다. 아리스토텔레스 역시 질료와 형상의 구분이 실재적 구분이라고 생각하지는 않았지만, 스코투스는 개체의 환원 불가능한 개체성을 보다 강하게 역설했다. 이 개체의 개체성은 추상적 인식의 대상이 아니라 직관적 인식의 대상이다. 스코투스에게서 나타나는 이런 생각은 시대의 한계 때문에 여러모로 혼란스럽기도 했지만, 본질들이 위계적으로 쌓아올려지는 시대에서 개별자들/개체들의 개별성/개체성 자체를 있는 그대로, 더 중요하게는 그 현실적 존재 이상의 차원을 자체 내에 내포하는 존재로서 파악한 것이다. 이는 개체가 보편자의 한 예화(例化/

옮김, 『차이와 반복』, 민음사, 2004)

35) Duns Scotus, *Ordinatio*, II, §3, pars 1, questions 1~7. *Le principe d'individuation*, par Gérard Sondag(Vrin, 1992). 'haecceitas' 개념을 들뢰즈(/가타리)가 잇는 방식과 가능세계론자들이 잇는 방식은 다소 다르다. 전자의 이해를 위해서는 Deleuze/Guattari, *Mille plateaux*(Minuit, 1980)를, 후자의 이해를 위해서는 미우라 토시히코, 박철은 옮김, 『가능세계의 철학』(그린비, 2011)을 보라.

11장 스콜라철학의 흥륭 |731

instantiation) 이상의 존재로서, 자신의 본질을(차라리 잠재성을) 자신 내에 내장한 존재로서 직관되는 시대로의 이행을 나타내는 중요한 징후였다.

§4. 중세의 황혼

스코투스를 경계로 해서 나타난 새로운 징후는 이미 서구 중세의 해체를 함축하는 것이었고, 이런 해체는 대체적으로 말해 14세기를 특징짓는다. 이 특징을 우리는 오컴으로 대변되는 유명론적 경향, 마이스터 에크하르트와 니콜라우스 쿠자누스로 대표되는 신비주의, 그리고 단테 알리기에리, 바르톨루스, 마르실리우스 등으로 대변되는 정치철학적 사유에서 살펴볼 수 있다.

스코투스에게서 나타나는 개체의 개체성 인정, 개체 이상의 개체의 발견은 프란체스코회에서 그의 후계자라 할 수 있는 윌리엄 오컴(1285~1349년)에게로 이어진다. 그러나 오컴은 스코투스의 보편자 실재론을 거부함으로써 중세 철학의 전형으로부터 훨씬 멀리 벗어났다. 이븐 루쉬드, 토마스 아퀴나스, 스코투스를 이어 중세 철학 최후의 사유 체계를 창조한 오컴은 그의 단적인 유명론의 입장으로부터 많은 급진적 귀결들을 이끌어냄으로써 서구 사유에 날카로운 지도리를 도래케 했다.

오컴의 면도날

오컴에게 실재하는 것은 오로지 개체들뿐이다. 그 외 모든 것들(보편자, 형상, 본질, 유와 종 등)은 어디까지나 사유의 산물들일 뿐이다. 오컴은 이런 개념들을 'fictum'이라 불렀다. 물론 이 말이 현대적 의미에서의 허구를 뜻하는 것은 아니다. 보편자 등은 사유가 실재=개체들과 관련하면서 구성하게 되는 개념들로서 순수 허구가 아니라 주체가 실체들=개체들을 이해하는 방식들이다. 그것들은 세계를 본격적으로 이해하는 데 매우 중요하다. 그러나 그것들을 실재로 여기는 데에서 많은 공허한 사변들과 장황한 이론들이 증폭된다고 오컴은 생각했다. 오컴의 이런 단적인 유명론은 많은 함의를 담고 있었으며, 오컴은 그런 함의들을 (체계적이지는 않지만) 집요한 방식으로 밀고 나갔다.[36)]

무엇보다도 중요한 귀결 하나는 논리학의 몰락이다. 오컴 자신이 중세의 대표적인 논리학자였다는 점에서 이에는 아이러니한 면이 있다. 논리학의 몰락이란 논리학이 중요하지 않다거나 논리학 연구가 퇴락했음을 뜻하지 않는다. 그것은 논리학적 결론이 더 이상 실재에 대한 결론으로 비약할 수 없게 되었다는 점을 뜻한다. 신을 유일한 예외로 해서, 모든 피조물들은 우연적인 존재들이며 따라서 경험을 통해서 인식되어야 한다. "현상을 구제하라"고 한 그리스 후기 자연철학자들의 슬로건을 연상시키는 "우발성을 구제하기(servare contingentiam)"라는 스코투스의 슬로건을 오컴은 더 멀리 밀고 나갔다. 논리학에서 다루는 대상들은 더 이상 실재성을 가지지 못한다. 그렇다고 그 대상들이 무의미하다거나 무가치하다는 것을 뜻하는 것은 물론 아니다. 개념들, 명제들, 추론 형식들, 종과 유 등은 여전히 중요하며, 인간 사유의 고유한 성취를 함축한다. 그러나 그것들은 결코 객관적 실재가 아니다.[37)] 객관적 진리(objective

---

36) 오컴은 다음 판본에서 인용한다. William of Ockham, *Philosophical Writings: A Selection*, P. Boehner and S. F. Brown trans.(Hackett Publishing Company, 1990). 윌리엄 오컴, 이경희 옮김, 『오컴 철학 선집』(간디서원, 2004).

37) 오컴의 이런 생각은 심오한 함의를 띤다. 만일 보편자 등이 실재하는 것이 아니라 인식을 위해 동원되는 추상물들이라면, 인식이란 세계에서 보편자 등을 **발견하는** 행위가 아니게 된다. 그것은 개별자들에 대한 직관적 경험을 보편자 등을 통해서 **구성하는** 것이라는 귀결이 도래한다. '이론적 존재들(theoretical entities)'은 발견되는 것들이 아니다. 발견되는 것들은 오로지 개체들일 뿐이다. 이론적 존재들은 우리가 이 개체들을 합리적으로 이해하기 위해서 동원하는 고안물들이며, 인식이란 이 고안물들을 통해 경험을 구성하는 것이다. 달리 말해 인식이란 이전의 스콜라 철학자들이 믿었듯이 세계를 그대로 표상하는 것(represent)이 아니라, 인간이 현상에 적극적으로 개입해서 그것을

truth)와 논리적 타당성(logical validity)은 명확히 구분되어야 하는 것이다. 이로써 논리학에서 모든 것을 이끌어내려 했던 중세의 전통은 종말을 고하게 된다. 이제 사유의 양태 자체가 현저하게 달라져야 했던 것이다.

또 하나, 상황이 이렇다면 이제 객관적 실재를 설명코자 할 때 불필요한 비실재적 개념들을 최대한 배제해야 한다는 점이 도출된다. 과학적 설명은 개념들, 논리들, 원리들을 분명 필요로 한다. 그렇지 않다면 경험에 대한 원초적인(protocol) 서술 이외의 어떤 말도 할 수 없을 것이다. 그러나 실재가 아닌 개념들은 실재를 설명하는 데 꼭 필요한 만큼만 동원되어야 한다.[38] 이런 생각은 스코투스에게서도 나타났지만, 오컴은 이 생각의 의미를 분명히 하면서 그 귀결을 극한으로 밀고 나갔다. 오컴은 이를 "복수성은 필연적일 경우에만 허용되어야 한다", "더 적은 것을 가정해서 설명할 수 있는 것을 더 많은 것을 가정해서 설명하는 것은 어리석은 짓이다", "우리는 자명성이나 계시 또는 경험에 근거한 것이거나 아니면 계시된 진리나 관찰에 의해 검증된 명제로부터의 논리적 연역에 근거한 것이 아닌 한, 어떤 진술이 참이라고 확증하거나 어떤 것이 존재한다고 주장할 수 없다"와 같이 여러 방식으로 표현했으며, 이는 훗날 (오컴 자신의 표현은 아니지만) "대상/존재는 필요 없이 늘려서는 안 된다

구성하는 것(construct)인 것이다. 여기에서 한발만 내디디면 이미 칸트의 인식론이다. 오컴의 이런 관점은 서서히 인식론의 지평을 넘어 르네상스인들, 근대인들의 삶의 태도 자체로 자리 잡아가게 된다.

38) 이 때문에 오컴은 무엇보다 보편 개념을 마구 휘두르는 철학들을 비판적으로 바라보았다. 특히 '플라톤적 실체화'는 그의 비판에서 단골 메뉴였다. 예컨대 개별적 인간들을 넘어서 인간성이 실재한다면, 한 인간의 인간성은 놀고 있고 다른 한 인간의 인간성은 일하고 있다는 이야기가 된다. 즉, '인간성'의 술어들 사이에 모순이 나타나게 되는 것이다. 이것이 플라톤에 대한 타당한 비판인가는 좀더 따져봐야 하지만(그다지 정당한 비판은 아니다), 오컴의 이런 태도는 스콜라철학의 개념구축주의를 무너뜨리는 데 결정적 역할을 했다고 할 수 있다.

(Entia non sunt multiplicanda sine necessitate)"라는 말로 정식화된다. 요컨대 '이론적 존재들'은 경험을 설명하기 위해 꼭 필요한 만큼만 동원되어야 한다는 것이다. 이른바 "오컴의 면도날"로 알려진 이 명제는 '사유의 경제'를 주장한 대표적인 명제로, 이후 과학적 탐구의 철학적 토대로서 중요한 역할을 하게 된다.

중세 철학의 종언을 알리는 또 하나의 생각은 이제 철학과 신학은 명확하게 구분되어야 한다는 것이다. 오컴의 면도날을 사용해서 불필요한 사유의 수염들과 잔털들을 깎아낼 경우, 이제 경험에 근거하지 않는 모든 이야기들은 사변적인 것들로서 기각되어야 한다. 신 존재 증명이니 영혼의 불멸이니 세계의 유한성/무한성이니 하는 문제들은 철학적으로 탐구될 수 없는 것들이며 따라서 더 이상 철학의 대상이 아니다. 어떤 면에서 오컴은, 스스로는 그렇게까지 표현하지 않았지만, 신학 그 자체를 파기해버렸다고 할 수 있다. 이성을 통해서 신을 탐구하려는 모든 시도들은 헛된 것들이다. 그러나 오컴이 종교를 파기한 것은 전혀 아니다. 그는 여전히 중세인이었고 충실한 기독교인이었다. 그가 주장한 것은 학문의 영역과 종교의 영역을 단적으로 갈라버리자는 것이었다. 앞에서도 지적했듯이, 기독교에 위협적인 것은 경험주의자가 아니라 합리주의자인 것이다. 요컨대 오컴은 이성을 통해서 신의 영역에 접근하려는 시도들을 차단해버림으로써 아퀴나스에서 정점에 달했던 중세적 종합의 위대한 고딕 건축물을 무너뜨리게 된다.

또 하나의 중요한 변화는 논리학의 몰락을 대체해서 자연철학이 흥기하기 시작했다는 점이다. 만일 실재가 개별자들이고 그것들을 경험적으로 파악하는 것이 학문에 있어 일차적이라면, 개념들 자체만을 다루는 논리학보다는 사물들을 실제 다루는 자연철학이 중시되어야 한다. 이런 맥락에서 오컴은 로저 베이컨, 장 뷔리당을 비롯한 중세 자연철학자들과 더불어 누구보다도 자연철학에 큰 비중을 두어 연구하게 된다. 14세기는 자연철학의 새로운 세기였다. 오컴은 자연 연구에 수학을 도입할 것

을 주장함으로써 이 새로운 세기의 선험적 조건을 마련한다. 또 역학에
있어, 운동체는 운동에 대해 그것의 질량에 비례하는 저항력을 가진다
는 아퀴나스의 이론이나 운동은 충력(impetus)에 의해 지속된다는 뷔리
당의 이론에 반대했다. 오컴에 따르면, 운동(아리스토텔레스의 'phora')은
어떤 외적 힘도 필요로 하지 않으며 그 자체로서 지속된다.[39] 이 생각은
훗날 '관성(inertia)' 개념으로 이어지게 된다. 오컴 등을 비롯한 자연철
학자들의 활발한 연구는 이후 17세기의 '과학혁명'을 예고한 것이었다.

파르메니데스 이래 '존재와 사유의 일치'는 서구 철학을 이끌어오던
대전제였다. 말과 사물의 일치라는 대전제 위에서 아퀴나스, 나아가 스
코투스에 이르기까지의 서구 철학사가 전개되었다. 그러나 오컴에 이르
러 말과 사물 사이에는 어떤 근본적인 균열이 생기기 시작한다.[40] 오컴은
개체라는 자연적 분절을 예외로 한다면 인간이 세계에 투영하는 모든
구분들―존재론적 분절들(ontological articulations)―은 객관적인 것이
아니라고 보았다. 'fictum'들은 발견되어 이름이 붙는 것이 아니라 이름
을 통해서 분절되는 것이다. 즉, 구성되는 것이다. 그렇다고 그가 회의주
의로 치달았던 것은 아니다. 그는 회의주의자였다기보다는 (칸트적인 의
미에서의) 비판적 철학자였다. 교회는 이 비판이 함축하는 위험성에 둔
감하지 않았고, 그의 이 생각을 공격했다. 그러나 시대는 이미 변해 있
었다.

오컴의 사유가 던진 충격은 이론적인 문제들에만 있지 않았다. 본래
오컴은 논리학, 자연철학, 형이상학에 몰두하던 이론적 인물이었다. 그
러나 예수의 본을 따라 수도사들의 절대 청빈을 주장한 프란체스코회와

---

39) 따라서 이제 설명되어야 할 것이 바뀐다. 사물들이 왜 운동하는가가 아니라 오히려 왜
정지하는가를 설명해야 한다. 설명되어야 할 것(explanandum)이 뒤바뀌게 된 것이다.
이는 고대 자연철학으로부터 근대 자연철학으로의 결정적인 전환을 마련한 것이다.

40) 오늘날 우리는, 특히 소쉬르로부터 라캉으로 이행하면서, 이 균열이 거의 메우기 불가
능한 지경에 이른 시대를 살고 있다. Jacques Lacan, Écrits(Seuil, 1966).

당대의 타락한 교황 요한 22세가 충돌하자 그의 인생은 변했다. 프란체스코회는 교황 자신이 이단자라고 생각했으며, 급기야 교황과 대립하고 있던 루트비히 황제에게 피신하기에 이른다. 거기에서 오컴은 마르실리우스를 만나게 된다. 전해 내려오는 이야기에 따르면, 오컴은 황제에게 이렇게 말했다고 한다. "황제께서 나를 검으로 지켜주신다면, 나는 폐하를 펜으로 지켜드리겠습니다." 원래 오컴은 교회와 정면으로 맞설 만한 정치적 인간이 아니었다. 말년의 오컴은 교회에 '반성문'을 제출했다고 하는데, 이것이 사실인지 조작인지는 아직 확실하게 밝혀져 있지 않다. 그러나 교회를 떠받치는 보편자 실재론, 스콜라적 개념구축주의, 사회적 권력 구조 등에 대한 그의 비판은 교회에 충분히 위협적이었다. 그리고 교회의 개혁에 대한 그의 요구[41]는, 마르실리우스처럼 교회 권력의 파기에 대한 주장으로까지는 나가지 않았지만, 이전의 어떤 요구보다도 더 강력한 것이었다.

오컴에게 신은 절대적이고 초월적인 존재였다. 오컴은 한편으로 세계를 우연적인 것으로 보고 경험을 중시하는 사유를 펼쳤지만, 다른 한편으로 신을 절대 초월적인 존재로 봄으로써 세계(신까지 포함한)에 대한 개념적 포괄을 거부했다. 인간이 "하느님은 …"하고 말할 때의 그 '하느님'은 이미 인간의 개념체계 속으로 환원되어버린 하느님이다. 이는 1328년에 라틴어로 번역된 알-가잘리의 철학 비판과 일정 정도 공명하는 생각이기도 했다. 학문적 개념 구축으로 중세를 정초하려 했던 스콜라철학의 전통은 무너지고, 이제 학문의 세계와 종교의 세계가 분명하게 구분되기에 이른 것이다. 서구세계는 지금까지와는 매우 다른 세계로 서서히 이동하고 있었다.

---

41) 다음에 수록되어 있다. 『스콜라 신학 선집』(두란노아카데미, 2011).

구원으로서의 신비주의

오컴에 의한 중세 철학의 해체는 중세 사회 자체의 해체와 나란히 진행된 것이었다. 14세기를 적절히 형용할 말을 찾는다면, 그중 하나는 아마 '뒤숭숭한'이라는 형용사일 것이다. 14세기는 여로모로 뒤숭숭한 세기였다. 서구세계는 12, 3세기에 십자군 전쟁을 통해 새로운 문명에 눈을 뜨고 크게 흥성을 누렸다. 그러나 이런 흥성은 갑작스러운 인구 팽창을 가져왔고, 그 팽창이 역으로 중세의 부를 무너뜨렸다. 1317~1319년에는 기아(飢餓)가 유럽 전체로 퍼졌고, 여기저기에 황폐한 땅들이 생겨나기 시작했다. 1348~1349년에는 끔찍한 페스트가 창궐해서 전체 인구의 3분의 1이 죽어갔다. 기독교세계와 이슬람세계의 반목이 여전한 가운데, 기득권층은 시대의 문제를 해결하려 하기보다는 서로를 무너뜨리려고 안달을 했다. 교회는 타락의 극치로 치달았고, 교황이 프랑스의 볼모가 된 아비뇽은 그야말로 소돔과 고모라였다. 교황과 황제의 대립도 절정에 달해 프랑스의 필리프 4세(1285~1313년 재위)는 교황을 살해하기까지 했고, 또 영주들/귀족들 사이의 대립은 14세기 중엽 영국과 프랑스 사이에 백년전쟁을 일으켰다. 견고했던 모든 것들이 초봄의 얼음처럼 녹아내렸다.

이 혼란스러운 시대에 고통 받던 사람들은 몸부림을 치면서 각종 저항적인 시도들을 표출했다. 반체제 단체들, 신비주의 종파들, 종교 개혁자들, 여자 마법사들(이들은 공민권을 박탈당한 채 마법에서 살 길을 찾았는데, 바로 이들이 마녀 사냥의 주된 대상이 된다) 등이 들고일어났고, 유럽 전체에 히로니뮈스 보스의 그림이 잘 보여주는 바의 종말의식이 퍼져나갔다. 죽음에 대한 감성이 만연했고, 갈 곳 없는 사람들은 여기저기 떠돌아다니면서 '죽음의 무도(danse macabre)'를 추었다. 이 단말마(斷末魔)와도 같은 시대에 '논리적 증명'이라든가 '개념적 구축'이라든가 '고전의 주석'은 이제 지식인들 사이에서조차 예전과 같은 위력을 가지기 힘들었다. 시대는 스콜라철학과는 다른 형태의 사유를 요청했다. 멀리 떨어져서 이루어지는 지적 관조보다는 삶의 고통에 직접 다가서는 사유, 치밀한 개념적 구축보다는 폐부를 찌르는 감성적 언어, 대학 강단에서의 학구적 활동보다는 삶의 현장에 뛰어들어 대중과 함께하는 실천, 고루하고 부패한 채 이어져온 전통보다는 기독교 본연(예수의 말씀)으로의 참신한 회귀가 요청되는 시대였다. 이 시대의 요청에 응답한 대표적인 인물로는 오컴의 동시대인으로서 14세기 초에 활동한 마이스터 에크하르트(1260~1329년)를 들 수 있다.

오컴이 프란체스코회에서 활동했다면 에크하르트는 도미니크회에서 활동했다. 이 점이 왜 에크하르트가 적어도 어떤 점들에서는 오컴보다도 오히려 더 아리스토텔레스적인가를 설명해준다. 에크하르트 역시 '존재와 사유의 일치'라는 대전제를 비판적으로 보았지만, 오컴보다는 덜 급진적이었다. 에크하르트는 파리 대학과 쾰른 대학에서 가르쳤으며, 어떤 면에서는 대조적이었던 이 두 대학의 학문을 통합함으로써 자신만의 독특한 길을 갔다.[42] 에크하르트가 『삼부작』, 『신적 위안의 책』에서 펼친 철학적 사유와 그가 남긴 독일어로 된 설교들은 오컴, 단테, 페트라르카, 바르톨루스, 마르실리우스 등의 사상과 더불어 중세의 해체를 상징하는 가장 중요한 사건들 중 하나이다.

에크하르트는 신성이 인간 안에 내재한다는 사상을 제시함으로써 중세 사회 전체를 뒤흔들었다. 그것은 신플라톤주의적이고 중세 기독교적인 '위계'를 단번에 무너뜨리는 주장이었다. 유대 신비주의, 기독교 신비주의, 이슬람 신비주의가 지중해세계에 줄곧 이어져왔거니와, 에크하르트

---

42) 에크하르트는 자주 그의 학문적 토대를 도외시한 채 (주로 설교에서 나타나는) 그의 "영성적" 측면만이 강조되어 이해되기도 한다.(예컨대 매튜 폭스, 김순현 옮김, 『마이스터 엑카르트는 이렇게 말했다』, 분도출판사, 2006) 그러나 이는 교종(教宗)의 그 치열한 지적 탐구는 도외시한 채 선종(禪宗)의 대중적이고 흥미진진한 면들만 부각시키는 것과 유사한 것이다. 에크하르트의 (독일어 설교들이 아닌) 라틴어 논문들이 풍부하게 편집되어 나오기 시작한 이래(Meister Eckhart, *Corpus philosophicum teutonicorum medii aevi*, Hamburg, 1977~) 이런 이해는 많이 수정되었다.

에 이르러 이 전통은 다시 그 급진적인 표현을 얻게 된다. 에크하르트의 신비주의는 신은 알 수 없는 신비라는 부정신학적 신비주의가 아니라 자신의 내면 깊은 곳에서 신을 발견하는 이슬람 신비주의의 연장선상에 있었다. 에크하르트는 예수를 통해 증명되는 "인간이 된 신"이라는 개념에 근거해 이 주장을 펼쳤으며, 인간이 자신 안에 있는 이 신성을 어떻게 발견할 것인가를 설파했다. 그는 철학에 이런 깨달음을 도입했고, 종교/신학에 이 깨달음에 대한 치열한 사유를 도입했다. 그로써 그는 종교/신학과 철학/사유가 혼연일체를 이루는 지점에 도달하게 된다. 그는 자신의 사유를 오로지 "철학적으로" 전개할 것임을 분명히 했지만, 그가 말한 "철학"은 이전의 철학과는 다른 의미에서의 철학이었다. 그것은 너무나도 급진적인 "철학"이었기 때문에, 1326~1327년 아비뇽에서 그를 만난 오컴조차도 그를 좀 돈 사람이라고 생각했다.

모든 인간에게 신성이 내재한다면, 이제 철학자에게 필요한 것은 교회를 매개로 위계의 사다리를 올라가는 것이 아니라 내면의 신성을 깨우기 위해 모든 사람들에게로 내려가는 것이다. 그래서 에크하르트는 대학 바깥으로 나가 일반인들을 상대로 많은 설교들을 행했다. 그는 예수만이 아니라 모든 인간이 신의 아들이 되어야 한다고 생각했다. 이는 곧 모든 인간이 자신 안에 내재하는 신성을 발견함으로써 가능하며, 에크하르트는 이 신성이 (아낙사고라스의 'nous'를 재해석한) 아리스토텔레스와 이븐 루쉬드의 '理性'에 다름 아니라고 보았다.[43] 이 이성을 깨닫기 위해서는 무엇보다 그 이성을 가리고 있는 모든 것들을 비워내야 한다. 그 모든 것들을 버려야 한다. 플라톤적인 의미에서의 'katharsis'가 필요한 것이다. "마음이 가난한 자는 복이 있나니"라는 말은 에크하르트에게 이르러 새로운 뉘앙스를 획득한다. 그러나 이 '理性'은 또한 기독교적인 것이기도 하다. 그것은 참됨이고 선함, 의로움, 생명이며, 하느님의 '말씀(로고

---

43) 이부현 옮김, 『마이스터 에크하르트 선집』(누멘, 2009).

스)'이다. 이 말씀을 깨닫는 것은 곧 자신의 내면에서 신을 영접하는 것이다.[44]

에크하르트의 사상은 당대의 사회에 큰 울림으로 퍼져나갔다. "모든" 인간 안에 신성이 내재해 있기에, 여성과 남성 사이에 종교적으로 차이가 있을 수 없다. 다른 사회적 분절들의 경우도 모두 마찬가지이다. 중요한 것은 내면으로 들어가는 것이기에 교회에서의 미사니 성지 순례니 하는 등의 온갖 외적인 장치들은 의미를 상실하게 된다. 에크하르트의 이런 사상은 중세의 해체가 시작되는 13세기 말~14세기 초의 상황에 강렬한 불꽃을 일으켰다. 서서히 새로운 세력으로 형성되어가던 당대의 도시 중산층들, 그리고 "왕후장상의 씨가 따로 없다"고 외치면서 기득권자들에 저항하던 농민들에게 에크하르트의 사상은 큰 반향을 불러일으켰다. 물론 이런 과정이 본격적으로 진행되려면 아직도 한참의 세월이 필요했으니, 사태를 과장할 필요는 없을 것이다. 그러나 에크하르트의 사상은 14세기 초에 이미 이런 거대한 변화의 씨앗을 뿌리고 있었으며, 이 씨앗은 그의 사후 14세기 중엽부터 서서히 발아하기 시작한다.

에크하르트를 잇되 그와는 또 다른 방식으로 중세를 해체한 인물은 니콜라우스 쿠자누스(1401~1464년)이다. 니콜라우스가 활동한 시대는 에크하르트로부터 한 세기 이상을 격한 시대였고, 이 시대가 되면 서방세계의 동일성은 이미 와해되어 동방세계의 각종 타자들과 복잡하게 얽혀 돌아갔다. 서방세계 자체도 14세기를 거치면서 좀더 활기찬 그러나 혼란스럽기도 한 시대를 맞이하고 있었다. 니콜라우스는 동방 교회와 서방 교회의 분열은 물론 다른 모든 형태의 분열들을 다시 화해시키고 통합하려 시도했다는 점에서('대립/모순의 일치=concordia oppositorum/contradictorum') 15세기의 라이프니츠였다. 15세기는 이미 이전과는 전혀 다른 세기였다. 그래서 사가에게 니콜라우스는 왠지 뜬금없고 시대착

---

44) 이부현 옮김, 『마이스터 에크하르트 독일어 설교 1』(누멘, 2010).

오적인 인물로 보이기도 한다. 그러나 니콜라우스 사유의 이중적인 나아가 역설적인 성격에 주목할 필요가 있다. 니콜라우스 자신은 중세를 복원하고자 했지만 그의 사유는 사실상 중세의 해체를 함축하고 있었다는 점을. 그의 사유는 이미 새로운 시대의 분위기를 자신도 모르게 연출하고 있었다.

아리스토텔레스는 이슬람 철학자들에 의해 재발견된 9세기 이래 그리고 서구의 경우에는 12세기 이래 지중해세계의 "그 철학자"로서 무비의 지적 권위를 가졌으며 이는 17세기까지도 유지되었다. 그러나 14세기가 되면 이미 그에 반(反)하는 생각들이 고개를 들기 시작했으며, 17세기까지의 철학사는 아리스토텔레스와의 대결의 역사로서 전개되었다고 할 수 있다. 오컴에게서 이미 나타나기 시작한 이런 현상은 니콜라우스에 오면 매우 분명한 형태로 드러난다. 니콜라우스는 아리스토텔레스주의 철학자들이 전면적으로 아니면 적어도 대체적으로 비판했던 신플라톤주의 입장을 부활시켰으며, 이는 이후 르네상스 철학의 주요한 한 갈래로서 이어진다. 그러나 15세기에 단순히 신플라톤주의를 부활시킨 것이라면 지성사 일반의 사건일 수는 있어도 철학사적인 사건일 수는 없다. 니콜라우스의 신플라톤주의는 이미 르네상스를 호흡하고 있는 그것이었다.

니콜라우스 역시 신플라톤주의 전통에 따라 부정신학적 논의를 편다. 신은 부정적으로만 논할 수 있다. 신은 타자가 아닌 것—비-타자(non-aliud)—이다.[45] 신은 신비이다. 그러나 니콜라우스는 에크하르트의 가르침에 따라 신에게 접근해 들어간다. 니콜라우스는 에크하르트처럼 만인의 내면에서 신을 발견하라고 할 만큼 급진적이지는 않았다. 그

---

45) 니콜라우스의 부정신학은 그의 수학적 인식과도 관련된다. 그는 사물들을 그들 사이의 '비율'에 따라 연구할 것을 권장했는데, 유한과 무한 사이에는 비율이 존재하지 않기에 신을 직접 인식할 도리가 없는 것이다.(Nicolai de Cusa, *De docta ignorantia*, von H. G. Senger und P. Wilpert, Meiner, 1994, I, §3)

러나 그는 신에게 접근해 들어가는 독특한 논리를 폄으로써 신비주의의 한 특이점을 형성하고 있다. 사실 아리스토텔레스와 신플라톤주의는 공통점을 가진다. 세계에 대한 '위계적'인 이해가 그것이다. 에크하르트와 니콜라우스에게서 공통으로 발견할 수 있는 것은 이 위계 구조의 붕괴이다. 니콜라우스는 근원적 진리─신성─에의 인식을 '지혜로운 무지(docta ignorantia)'를 통한 점근(漸近)의 개념으로 보았으나,[46] 이 점근은 위계의 논리가 아니라 접힘과 펼쳐짐의 논리와 무한의 분석에 의해 전개된다. 이런 사유를 통해 니콜라우스는 르네상스 나아가 근대 사상에 적지 않은 영향을 끼치게 되며, 피코 델라 미란돌라, 조르다노 브루노, 자연과학자들(코페르니쿠스, 케플러, 갈릴레오) 그리고 훗날에는 라이프니츠, 셸링과 헤겔, 수학자 칸토어 등이 그의 사유에서 많은 것들을 길어내었다.

니콜라우스는 정치철학에서도 중요한 역할을 했다. 그는 교황권의 전횡을 막기 위한 협의체인 평의회─그 중요한 회합으로서는 콘스탄츠 공의회(1414~1418년)와 바젤 공의회(1431~1449년)가 있었다(바젤 회의에서는 당시 교황인 에우게니우스 4세의 폐위를 결정하기까지 했다)─의 주역으로서 『가톨릭의 화합(De concordantia catholica)』에서 그 이론적 토대를 마련했다. 그러나 니콜라우스는 말년에 교회가 다시 보수화되고 잠시 교황권이 강화된 시절(15세기 중엽)에는 변절해 교황파로 돌아섰다. 이는 기회주의적인 행위로 볼 수도 있으나, 니콜라우스에게 중요했던 것은 교황이냐 평의회냐 하는 것이 아니라 가톨릭세계의 화합과 조화였다

---

46) 이 또한 그의 수학 연구와 통한다.(예컨대 원의 넓이를 내접/외접하는 다각형들을 점근시킴으로써 구하는 방법. 이는 근대 '무한소' 분석의 시발점을 이룬다) 니콜라우스는, 매우 사변적인 방식으로이긴 했으나, 근대 과학기술을 예감케 하는 여러 탐구 성과들─완벽한 원의 존재에 대한 거부, 우주의 유한성에 대한 비판, 지구의 특권에 대한 비판, 상대적 운동의 개념화, 근시의 수정을 위한 오목렌즈의 개발─을 남겼다. 이 점은 Marco Bohlandt, *Verborgene Zahl—Verborgene Gott*(Franz Steiner Verlag, 2009)에 설명되어 있다.

는 점도 고려해야 할 것이다.

속(俗)의 승리

보다 직접적인 형태의 중세 해체는 정치의 영역에서 일어났다. 중세의 이원적인 권력 구조는 중세 내내 갈등을 야기했거니와, 이제 14세기에 이르면, 아니 이미 13세기 정도에 이런 구조에 균열을 내면서 새로운 정치적 역학이 등장한다. 이 복잡한 과정은 그 후 계속 진행되어 16세기에는 마침내 '근대 국민국가'라는, 오늘날까지도 유지되고 있는 정치 구조가 탄생하기에 이른다.

교황중심주의와 황제중심주의의 갈등은 예컨대 아퀴나스와 단테 알리기에리(1265~1321년)의 관계에서 확인된다. 아퀴나스와 단테는 교황과 황제라는 두 축으로 이루어진 중세적 질서 내에 사로잡혀 있었으며, 이 두 축에서 각각 하나를 옹호하는 것을 논의의 핵심으로 삼았다. 단테는 사실상 일종의 이념에 불과했던 신성 로마 제국에 상상적인 희망을 품고 있었다. 이탈리아어로 글을 쓴, 훗날의 표현으로 '민족문학'의 선구자였지만 그 자신은 철저한 중세인이었다. 그러나 그의 사유를 추동한 근본 동력은 신성 로마 제국이 아니라 '보편적 평화'였다. 혼란의 시대에 태어나 평화와 통일을 꿈꾸었던 그는 이 이상이 보편적인 제국과 그것을 지탱하는 황제에 의해서만 실현 가능하다고 보았다. 그러나 그것은 결국 제국 로마의 부활을 꿈꾼 시대착오적인 시도였다. 단테는 아퀴나스보다 반세기 이후에 살았으나 그 사이에 일어난 지중해세계의 정치적 변화에 놀랍도록 둔감했다. 그럼에도 결과적으로 단테는 제국의 권위는 교황에게서 오는 것이 아니라 신에게서 오며 교회와 교황은 종교적 차원에서만 권위를 가진다고 주장함으로써 근대 정치철학으로 향하는 착점(着點)을 놓았다.[47]

---

47) Dante Alighieri, *Oeuvres complètes*(Le Livre de Poche, 2002)

그러나 아퀴나스와 마찬가지로 단테 또한 '가톨릭'이라는 보편주의 속에서 호흡했다. 이 점에서 아퀴나스와의 대립에도 불구하고, 단테는 니콜라우스와 마찬가지로 헛되이도 중세라는 시대를 뒤늦게 길게 늘리고 있었다. 단테 자신이 민족문학의 선구자였다는 점에서 이는 무척이나 얄궂다. 단테의 시대는 이미 지중해세계 정치 구조에서의 다원화 과정이, 나아가 후대의 표현으로 "민족감정"이 도래한 시대였다. 제국 로마와 기독교가 합쳐져 이루어진 가톨릭세계가 이미 노골적으로 무너지고 있었던 것이다. 이후 유럽의 정치 질서는 이 다원화를 핵으로 해서 전개된다. 그 발단은 이탈리아 '도시국가'들—이 표현은 그리스의 폴리스들보다는 오히려 이 경우에 더 어울린다—에서 이루어진다. 베네치아, 피렌체, 밀라노, 제노바, 아말피, 파도바, 피사, 아레초, 루카, 볼로냐, 시에나 등, 이미 12세기 중반부터 북부 이탈리아('레그눔 이탈리쿰')를 갈가리 찢어서 통치했고 서로 간에도 끊임없이 으르렁대던 이 도시국가들이 지중해세계의 역사를 특히 흥미롭게 만들었다. 이 도시국가들은 한편으로 로마의 교황과 다른 한편으로 아헨의 황제와 끝없이 갈등을 빚었으며, 신성로마 제국이나 가톨릭이라는 관념에 맞서 공화정 로마를 지향했다. 이들은 지도자를 '콘술' 또는 '포데스타'라 불렀고 선거를 통해 뽑았다. 게다가 대개 외국에서 데려오곤 하던 이 집정관의 임기는 겨우 6개월이었다. 초월적 권력에 대한 이런 식의 철저한 견제는 바로 공화정 로마의 그것이었다. 이런 배경에서 바르톨루스 같은 법학자들, 마르실리우스와 오컴 같은 스콜라 철학자들, 그리고 브루네토 라티니 같은 수사학자들은 새로운 정치철학을 전개하기 시작했다.

1296~1303년에 교황과 (황제가 아니라) 프랑스 왕 사이에서, 즉 보니파키우스 8세와 프랑스의 단려왕(端麗王) 필리프 사이에서 대결이 벌어졌다. 이 사실 자체가 중요한 의미를 함축한다. 이제 교황도 황제도 아닌, 그렇다고 주교들이나 영주들도 아닌, 그 사이에 위치하는 '왕(king)'이라는 존재가 등장했기 때문이다. 그리고 이 왕의 상관물은 가톨릭세계

전체도 아니고 영주들과 주교들에 의해 다스려지던 지방들도 아닌, 그 사이의 단위 즉 '국가'라는 것이었다. 이탈리아 북부가 도시국가라는 새로운 사회적 단위를 등장시켰다면, 프랑스는 이 "프랑스"라는 말 자체가 함축하고 있듯이 국가—특히 민족국가(nation state), 훗날의 국민국가—를 등장시킨 것이다. 파리고등법원과 삼부회가 만들어진 것도 바로 이 시기이다. 우리가 오늘날 "프랑스", "독일", "이탈리아", "에스파냐", "영국" 등으로 부르는 사회적 단위들이 조금씩 모양새를 갖추기 시작했다.[48] 교황과 프랑스 왕의 투쟁은 탐욕스럽고 잔인했던 보니파키우스 8세의 패배로 끝났고, 이로부터 무려 73년(1305~1378년)에 걸친 '아비뇽의 유수'가 이어졌으며, 이 유수가 끝나자마자 로마 교회의 '대분열'이 시작되었다. 이 과정을 통해서 교황권은 땅에 떨어졌고 가톨릭세계는 실권하기에 이른다.

이 과정은 교황파와 (훗날의 뉘앙스와는 상당히 다른 의미에서의) 왕권 옹호주의자들의 치열한 담론 투쟁의 형태로 전개되었거니와, 이 과정에서 나타난 중요한 변화는 담론세계의 주체들이 다변화되었다는 점이다. 이전의 지식인들이 대개 사제들이었고 신학자들·철학자들이었다면, 이제 법학자들, 수사학자들, '인문주의자'들이 담론계를 채우기 시작했다. 더 나아가 이 새로운 존재들을 뒤에서 받쳐준 중산층, 교양층, 독서층이 대두함으로써 서구세계의 사회 구조가 근본적으로 바뀐다. 프랑스의 왕권

---

48) 서방세계의 이 민족국가들이 조금씩 근대의 국민국가들로 성장해갈 동안 동방의 제국(諸國)은 '왕조국가(dynasty)'로서의 성격을 이어갔다. 1453년에 멸망한 비잔티움, 신흥 세력으로 자리 잡는 오스만투르크, 고래(古來)의 대표적인 왕조국가인 이집트 등으로 대변되는 이 왕조국가들은 그 왕조적 성격에 힘입어 중세에는 강력한 힘을 발휘했지만(오스만투르크는 르네상스 시대, 나아가 근대에 이르기까지도 서방세계 전체와 맞선 강력한 왕조국가였다), 또 바로 그 때문에 근대화의 물결에서 서서히 뒤처지게 된다. 다른 왕조국가들(인도, 동북아 제국과 동남아 제국) 역시 19세기에 이르러서야 강력한 '근대 국민국가 프로그램'을 작동시키게 된다. 이로써 유사 이래 동세서점(東世西漸)의 양태를 띠었던 세계사가 점차 서세동점(西勢東漸)의 양태를 띠게 되며, 이 과정이 근대사 전반을 수놓는다.

을 옹호한, 법률가이자 지금 식으로 말해서 시사평론가인 피에르 뒤부아(1250~1312년),『교회의 권력』에서 교황권을 옹호한 에기디우스 콜로나를『왕의 권력과 교황의 권력』을 써서 논박했던 파리의 장/요하네스(1255~1306년, 그 자신은 수도사였다) 같은 인물들이 대표적이었다. 그리고 이런 흐름은 이후의 격돌에서도 이어진다.

두 번째 중요한 격돌은 14세기 중엽 요한 22세 · 클레멘스 4세와 바이에른의 루트비히 사이에서 벌어졌다. 이 격돌에서도 역시 신학자가 아니라 정치철학자인 파도바의 마르실리우스(1280~1343년)가 핵심적인 역할을 하게 된다. 그러나 마르실리우스의 목적은 루트비히를 옹호하려는 시사적인 것이 아니라 당대의 상황 전체를 염두에 두고서 정치 이론을 구축하려는 것이었다. 그는 아마도 본격적인 맥락에서 '정치철학자'라는 이름을 부여받을 수 있는 최초의 인물일 것이다. 마르실리우스는 기독교와 기독교세계 자체를 부인하지는 않았지만, 아리스토텔레스주의자로서, 이성과 신앙을 확고하게 구분하는 아베로에스주의자로서 이론을 전개했으며, 그의『평화의 옹호자』야말로 중세라는 또 기독교라는 너울을 상당 부분 벗어버린 최초의 정치철학서일 것이다. 이 저작에서 우리는 이후 서구세계에서 점차 현실화되어갈 다음과 같은 주장들을 발견할 수 있다.

①종교가 추구하는 내면적 자유와 세속의 현실적 자유는 별개의 문제이다. 전자는 신법의 문제이고 후자는 인간법(실정법)의 문제이다. 이는 인간법을 신법으로부터 도출하고자 한 아퀴나스의 태도와 대조적이라고 할 수 있다. 정치는 순수하게 아리스토텔레스적인 방식으로 이해되어야 한다. 종교 역시 현실을 구성하는 한 요소일 뿐이며, 사제들 역시 사회를 구성하는 한 집단일 뿐이다.[49] ②국가의 본질은 조화, 정의에 있으

---

49) 마르실리우스는 신앙의 역할을 확고하게 제한한다.(Marsilius of Padua, *Defensor pacis*, by Alan Gewirth et al., Columbia University Press, 2001, I, §2)

며 국가의 어떤 성분—특히 성직자 계층—이 분에 넘치게 굴 때 문제가 발생한다. 종교는 어디까지나 내세의 문제일 뿐이며 현실에 힘을 가해서는 안 된다. 성직자 계층도 다른 계층과 똑같은 의무와 권리를 가진다. ③중세 사회를 떠받치던 죄(종교적 죄), 고해와 참회, 속죄와 사면, 파문 등에서 양심의 참회와 하느님의 용서만이 의미를 가진다. 즉, 순수 종교적인 측면들만이 의미를 가진다. 정신적 자유는 신자와 하느님의 관계일 뿐이다. 그 외에 고해, 속죄, 파문 등은 신법이 아니라 오로지 인간법의 문제이다. 교회가 어떤 권력을 가진다면 그것은 다른 모든 집단들/제도들에서와 마찬가지로 시민적 합의에 의해 위임되는 것일 뿐이다. ④ 교회의 재산은 교회의 사유재산이 아니다. 그것은 시민들이 증여한 것일 뿐이다. 따라서 10분의 1"세"(십일조)라든가 교회의 면세 특권 같은 것은 있을 수 없으며, 있다면 시민들의 합의에 의해 부여될 수 있을 뿐이다. ⑤교황이 베드로의 후계자라는 것은 역사적 근거가 희박한 주장이다. 교황권은 폐기되어야 한다. '교회'는 특정 집단의 일이 아니라 신자들 모두의 일이다. 교회의 문제는 모든 시민들의 문제이지 사제들만의 문제가 아닌 것이다. 따라서 교회와 관련된 일은 일종의 보편성/법인체(universitas)인 일반 공의회(General Council)에서 결정되어야 한다. 이는 교회 자체 내에서 성립했던 평의회를 벗어나 보편적인 합의체를 만들려는 혁명적인 구상이었다. 그러나 이 구상은 실패로 돌아가는데, 이미 말했듯이 이 시대는 이미 서방세계의 보편성이 무너지고 다원적 구조가 형성되기 시작했을 때였다.

마르실리우스의 이론에도 여전히 중세적인 요소는 남아 있었다. 기독교적 참회의 개념이 중요한 역할을 한다든가 일반 공의회에 다소 신비스러운 무오류성을 부여하려 한 점 등이 그렇다. 그러나 전체적으로 볼 때 마르실리우스는 중세가 완전히 해체되기 한참 전에 이미 그것을 이론적으로 해체했다고 할 수 있다. 그에게서 '검과 십자가'라는 이원 구조가 종말을 고하게 되며, 고대 아리스토텔레스적 정치철학이 이탈리아 도시국가들을 현실적 배경으로 업고서 새롭게 정식화되었다. 그의 정치철학은 오컴의 한계를 넘어서 단적으로 새로운 시대를 예고하는 것이었다.

오컴의 유명론, 에크하르트의 신비주의, 마르실리우스의 정치철학 등은 모두 중세의 해체를 드러내는 뚜렷한 징후들이었다. 단테, 프란체스코 페트라르카, 조반니 보카치오(1313~1375년), 제프리 초서(1340~1400년) 등은 문학 작품들을 통해 중세 교회의 부패를 적나라하게 묘사했다. 존 위클리프(1320~1384년)와 얀 후스(1373~1415년) 등은 종교개혁 운동을 일으켰으며, 그 파급력은 1381년의 농민 반란, 보헤미아 민족 운동으로까지 번져갔다. 이렇게 중세가 일정하게 해체된 이후에야 사람들은 자신들이 살아온 시대를 되돌아보면서 그것을 타자화할 수 있었다.

중세는 무엇보다도 우선 거대한 두 문명, 두 종교—기독교와 이슬람교—가 대립했던 이원적 세계였다. 그것은 수많은 문명들/국가들이 난립했던 고대 시대와도 또 로마가 지중해세계 전반을 석권했던 시대와도 다른 시대였다. 로마는 정치적으로 일원적 체계였지만 종교적으로는 다원적 체계였다. 그러나 중세는 그 반대였다. 종교적으로는 일원적 체계였으나 각 체계 내에도 정치적으로는 다원적 권력들이 존재했다. 서방이 교황과 황제의 이원적 구도에 의한, 보다 실질적으로는 영주들에 의한 각 지역의 통치 체제를 이루었다면, 이슬람세계(와 비잔티움)는 정교 일치의 일원적 구도 하에서 여러 왕조들이 패권을 다투는 체제를 이루었다. 그러나 어느 세계에서든 모든 행위의 근거는 신이었고, 결국 중세란 신과 인간 그리고 세계라는 세 존재 사이의 관계가 문제시된 그런 시대였다.

철학사적으로 중세는 종교/신학이 철학을 압도한 시대였다. 당대의 철학은 종교가 중심을 이루는 거대한 문명의 테두리 내에서 움직여야 했다. 그러나 그 역도 사실이다. 즉 종교/신학은 철학의 도움 없이는 보다 튼튼한 지적 근거를 마련할 능력이 없었고, 때문에 중세의 어떤 사상도 플라톤, 아리스토텔레스, 플로티노스의 그늘을 벗어날 수는 없었다. 근대 철학자들이 비웃었듯이 중세의 철학은 "신학의 시녀"에 불과했지만, 신학 공주는 이 시녀의 도움을 꼭 필요로 했다. 중세란 이들의 사상을 종교/신학의 차원으로 끌어들여 기존의 교리들을 정교화해간 시대였고, 역으로 말해 이들의 철학이 종교적인 형태로 변환되곤 하던 시대였다. 종교와 철학의 이런 얽힘은 종교 쪽에서는 몰라도 철학 쪽에서는 바람직한 현상이 아니었다. 철학이 일정한 종교의 틀을 전제한 채 그 안에서 다소 억지스러운 정당화의 역할을 떠맡아야 했기 때문이다. 그러나 이 달갑지 않은 역할을 행하는 과정에서 철학 또한 적지 않은 것들을 얻은 것도 사실이다. 보편자 논쟁이라든가 무한 개념 등을 비롯해 중세의 많은 문제들, 개념들은 철학사적인 성취였다.

중세의 철학은 그리스의 철학이 이슬람으로 전달되면서 그 기초가 마련되었다. 이슬람의 경우 철학과 신학이 매우 분명하게 구분되었는데, 이는 철학을 위해서는 다행이었고 또 과학적 작업들을 위해서도 좋은 배경이 되었다. 이븐 시나와 이븐 루쉬드는 이런 과학적–철학적 탐구의 절정을 이루었다. 서방세계는 이슬람에서 그리스 철학의 보고(寶庫)를 발견함으로써 새로운 사유에 눈을 떴고 특히 12세기 이후 알베르투스 마그누스, 토마스 아퀴나스, 둔스 스코투스, 윌리엄 오컴 등을 비롯해 많은 거장들을 낳을 수 있었다. 전반적으로 볼 때 이런 흐름은 플로티노스에서 아리스토텔레스로의 이행을 보여주었으며, 중세라는 시대가 지적으로 점점 정교화해간 궤적을 보여준다. 그러나 철학사 연구에 있어 오늘날에도 이슬람 계열과 서구 계열의 통합적인 이해는 미미한 편이다.

중세 내내 많은 사람들이 시대착오를 범하곤 했다. 중세의 그림들에는 서로 다른 시대의 사람들이 함께 그려지곤 했고, 중세의 건축물들은 때때로 건축가들 자신들이 의식하지 못했던 여러 시대의 양식들의 조합을 보여주었다.[50] 사상사의 영역에서도 이런 시대착오는 종종 발견된다. 이는 당대 사람들이 고대인들과 자신들을 구별하지 못한 경우들이 적지 않았음을 뜻한다. 14세기가 지나면서 사람들은 이전 시대를 조금씩 거리를 두고서 바라보기 시작했고 타자화하기 시작했다. 그리고 고대의 재발견─페트라르카에 의한 키케로의 재발견, 브루넬레스키에 의한 로마의 재발견 등등─을 통해서 자신들이 이제 막 지나온 그 시대가 고대의 그리스-로마 문명과는 상당히 다른 시대였음을 비로소 깨닫게 된 것이다. 이런 깨달음을 통해 그들은 그때서야 고대와 자신들의 시대 사이에 존재했던 이 시대를 변별해내고 거기에 "중세"라는 이름을 붙이기에 이른다.[51]

"중세"를 변별해냄으로써 이들은 자신들의 시대와 고대를 이어서 생각하기에 이른다. 자신들의 시대는 "중세"와 뚜렷이 구분되는 시대이며, 오히려 고대 문명을 새롭게 재탄생시킨/시키려 하고 있는 시대라고 자각하기 시작한 것이다. 그래서 이들은 자신들의 시대를 "르네상스"의 시대로 특징짓기에 이른다. 연대기상으로 르네상스는 중세를 이어 등장한 시대였지만, 개념상으로 "중세"와 "르네상스"는 이렇게 동시에 탄생했던 것이다.

50) Erwin Panofsky, *Renaissance and Renaissances in Western Art*(Westview Press, 1972).

51) 키케로의 원전을 발견해내고 연구한 페트라르카, 유스티니아누스 법전을 중세에서 분리해 연구한 로렌초 발라(1407~1457년), 아리스토텔레스의 원전을 연구한 트라페치움의 조르지오(1396~1486년)와 폼포나치(1462~1525년), 역시 고대의 원전들을 연구했던 기욤 뷔데(1467~1540년)를 비롯해 많은 인문주의자들이 중세를 접어두고서 고대를 직접 연구했다. 이런 연구가 토대가 되어 르네상스 인문주의가 꽃피게 된다.

12장 '인간적인 것'의 발견

14세기에 이루어진 지중해세계의 변모는 후속되는 많은 변화들을 가져왔다. 이 시대에서 우리는 오늘날의 서구세계 나아가 어떤 면들에서는 전 세계에까지도 그 울림을 전하고 있는 거대한 변화를 감지하게 된다. 이러한 흐름은 흔히 '르네상스' 즉 고대의 부활이라 일컬어지지만 오늘날 그 의미는 오히려 근대의 예감으로서 다가오는 듯하다.

르네상스 시대―도식적으로 말한다면 15세기('콰트로첸토'), 16세기('칭쿠에첸토')―는 탄생의 시대였다. 이 시대에 오늘날까지도 우리의(지중해세계만이 아니라 다른 지역들까지 포함해) 삶을 주도하고 있는 여러 방식들―국민국가, 자본주의, 인본주의, 과학기술 등―이 탄생했다. 이런 삶의 양식들은 지중해세계에서 만들어졌지만 점차 전 세계의 주류가 되었고, 때문에 이 양식들을 반추해보는 것은 곧 우리 삶의 중요한 한 실마리를 파악하는 것이다. 이러한 탄생들을 관류하고 있는 핵심은 무엇인가? 그것은 아마도 '인간적인 것의 (재)발견'일 것이다. 국민국가의 탄생은 권력의 중심을 신과 교회로부터 왕과 국가로 이전시켰다. 자본주의의 탄생은 인간의 물질적 욕망을 긍정함으로써 새로운 생활을 도래시켰다. 인본주의의 탄생과 인간의 자기 탐구의 시작은 이데아와 신으로 대변되는 전통적인 형이상학을 인간중심주의로 바꾸어놓았다. 과학기술의 탄생은 인간을 자연의 노예가 아니라 주인으로 바꾸어놓음으로써 오늘날에 이르기까지 오래도록 파급효과를 발휘하고 있다. 이 모든 변화들의 중심에는 인간적인 것의 (재)발견, 더 정확히 말해 근대적 주체의 탄생이 놓여 있다. 이제 우리가 읽어내야 할 것은 이러한 탄생과 (재)발견의 과정이다.

§1. 국민국가의 탄생

근대의 도래 이전, 가장 일반적인 삶의 양상은 '왕조(王朝)'의 형태를 띠었다. 왕과 왕비, 왕자와 공주, 대신(大臣)들, 거대한 관료 체제, 성(城), 백성들, 칼과 활, 말, …. 오늘날 우리가 주로 역사책 또는 영화 등의 대중문화를 통해서 접하고 있는 바로 그런 삶의 양식이 '전-근대'의 역사를 수놓았다. 이렇게 본다면, 세계사의 흐름에서 지중해세계 특히 그 서방세계는 오히려 예외적인 지역이었다는 점을 이해할 필요가 있다. 그리스는 물론이고 선거로 집정관(그것도 두 명) 등을 뽑았던 로마 공화국, 그리고 교황과 황제의 이원적 권력에다가 수많은 영주들이 도처를 지배하고 있었던 중세 등, 이 모두가 세계사의 일반적인 풍경과는 다른 경우라 해야 한다.[1] 이는 르네상스 시대에 이르기까지도 변치 않아서, 비잔티움과 이슬람이 전형적인 왕조 또는 제국의 역사를 거쳤던 데 비해, 서방에서는 '도시국가'라는 독특한 정체(政體)—나아가 삶의 양식—가 등장했다.[2] 르네상스 시대는 바로 이 도시국가들에서 열렸다.

---

1) 따라서 다른 지역들의 역사를 서구의 이런 예외적인 역사에 자꾸 꿰어 맞추려는 시도들은 파기되어야 한다.

이탈리아 도시국가들은 한편으로는 남침하는 황제와 또 다른 한편으로는 강압적인 교황과 투쟁하면서 자신들의 정치적 자유—독립과 자치—를 쟁취해갔다. 이 과정을 통해서 이들은 역사를 선도할 수 있었고 뛰어난 정치체제와 정치사상들을 낳을 수 있었다.[3] 전 시민이 똘똘 뭉쳐서 작지만 강력한 국가를 이룬 베네치아, 단테를 위시해 마키아벨리, 갈릴레오, 레오나르도, 미켈란젤로 등 빼어난 천재들을 봇물처럼 쏟아냈던 피렌체를 비롯해 파도바, 제노바, 밀라노, 나폴리, 피사, 아말피 등 많은 도시국가들이 병립하면서 르네상스의 꽃을 피웠다.

이 도시국가들은 그 어느 지역보다도 일찍 중세적 '전통(傳-統)'에서 벗어날 수 있었다. 중세는 전통이 반복되는 시대였다. 플라톤이든 아리스토텔레스, 플로티노스, 스토아학파든, 또는 모세든 예수, 아우구스티누스, 무함마드이든, 중요한 것은 항상 전-통이었고 그것의 반복(물론 차이를 동반하긴 했지만)이었다. 그러나, 여전히 고대적 전통의 그림자 아래에서였지만(그래서 이 시대는 '르'-네상스의 시대이다), 이 시대에 이르러 적지 않은 사상가들은 전통과 그것의 반복을 극복하는 많은 사유들을 배출해낼 수 있었다. 이들은 공화정 로마를 연구했고 또 부활시키려 했으며, 또 실제 일부 도시국가들은 공화정 로마의 모범을 따라서 정

2) 물론 예전 같지는 않았지만 교황과 황제라는 이원 구도가 여전히 존재했고(황제는 오늘날의 독일과 에스파냐를 포괄하는 지역을 지배했다), 또 프랑스나 영국 등에서는 전형적인 왕조국가가 형성되기도 했다. 때문에 르네상스 시대 서방세계의 정치적 구도는 매우 복잡했는데, 교황과 황제라는 양대 축, 프랑스·영국을 비롯해 서서히 형태를 갖추어가던 왕조국가들(그러므로 다른 지역들에서는 전통적으로 내려오던 '왕조국가'라는 형태가 지중해세계/유럽에서는 오히려 16세기에야 본격적으로 등장했던 것이다), 그리고 거기에 북부 이탈리아의 독특한 도시국가들이 혼재하고 있었다.

3) 훗날 유럽 전체가 민족주의적인 왕조 체제로 굳어지고 이어서 국민국가로 변모해가면서 이탈리아의 선진성은 오히려 후진성으로 전락하게 된다. 도시국가들이라는 형태로 르네상스를 이끌었던 이탈리아였지만, 근대 국민국가 체제가 대세가 되면서 거꾸로 '통일이 늦어진' 지역이 되어버린 것이다. 이는 황제에 의해 지배되면서도 각각의 지역성이 강했던 독일의 경우도 마찬가지이다.

체를 구축했다. 예컨대 법학자인 바르톨루스(1313~1357년)는 로마법을 연구함으로써 결정적인 발걸음을 내디뎠다. 그에 따르면, ①법의 언표와 실제가 부합하지 않을 때 실제를 언표에 맞추기보다 언표를 실제에 맞추어야 한다, ②법률상으로는(de jure) 황제의 권한을 인정해야 하겠지만, 실제상으로는(de facto) 각 지역—물론 그가 염두에 두고 있는 것은 이탈리아의 도시국가들이다—의 권한을 인정해야 한다. ③도시국가들은 자유로운 시민들에 의해 통치되며/되어야 하며 자체의 주권("sibi princeps")을 가진다.[4] 바르톨루스의 이런 주장을 통해서 전통으로부터의 그리고 가톨릭적 일원성으로부터의 벗어남이 뚜렷이 표명되기에 이른다. 바르톨루스는 이후 줄곧 등장하곤 했던 '폭군 타도론'의 선구자이기도 하다.

이런 다원화는 "민족"이라는 개념을 불러왔다. 가톨릭이라는 일원성이 무너지면서 각 지역, 각 민족의 독자성에 대한 인식이 생겨나기 시작한 것이다. 아울러 황제에 관련해서도, 1254~1273년에 독일 황제가 공위(空位)에 처하자 각 주의 자주독립 의식이 싹튼다.[5] 프랑스인들이 대량 학살된 유명한 '시칠리아의 만종(晩鐘)' 사건 역시 프랑스인들에게 강렬한 "민족감정"을 일으켰다. 이런 흐름은 후에 북유럽의 왕조국가들로 전파되어 "각각의 왕은 각각의 국가의 황제"라는 생각이 널리 퍼진다.[6] 다원화의 경향은 문학적 측면에서도 나타났다. 이제 라틴어가 아닌 지방어로 저술하는 경향이 나타나기 시작한 것이다. 단테의 이탈리아어,

---

4) Bartolus de Saxoferrato, *Bartolus on the Conflict of Laws*, Joseph H. Beale trans. (Lawbook Exchange, 2003).

5) 이로부터 독일이 분권화되기 시작하며, 이후 이탈리아와 더불어 통일이 늦어짐으로써 유럽의 흐름에서 뒤처지게 된다. 이 사실이 훗날 제 1, 2차 세계대전에 이르기까지 유럽사 나아가 세계사에 오래도록 여파를 미치게 된다.

6) 교회와 교황에 대항했던 많은 인물들이 결국 왕에게 의존할 수밖에 없었다. 이것이 근대 절대왕조 형성의 큰 요인들 중 하나라 할 수 있다. 예컨대 위클리프는 "왕은 하느님의 대리자이며 왕에게 저항하는 것은 사악한 짓"이라고까지 했다.

에크하르트의 독일어, 초서의 영어 등등. 이제 '지중해세계의 서방'이 아니라, 같은 뿌리를 가지고 있으면서도 상호 견제하는 다원적 지역들/국가들로 구성된 '유럽'이라는 삶의 형태가 본격적으로 모습을 드러내기 시작했다.

새로운 정치철학의 등장

이탈리아에서는 스콜라철학이 뒤늦게 꽃피었다. 그럼에도 일반적으로 생각되는 바와 달리 이탈리아의 스콜라철학은 르네상스 정치철학의 전개에 중요한 역할을 하는데, 그 대표적인 인물들이 바르톨루스와 마르실리우스이다. 이들은 아리스토텔레스의 『정치학』과 로마 공화국의 역사 그리고 로마법에 대한 연구를 통해서 이탈리아 도시국가들을 위한 자유—독립과 자치—의 정치철학을 전개했다. 이들은 도시국가들의 내적·외적인 불화와 갈등—기벨린당/네리(귀족당)와 구엘프당/비앙키(시민당) 사이의 투쟁, 거족(巨族)들과 신흥 상공업자들 사이의 투쟁, 시뇨레(군주)와 시민들 사이의 투쟁—의 원인을 분석했고, 이런 상황을 극복하고 평화와 화합(pax et concordia) 또는 평화'와' 자유(pax ET libertas)를 이룰 수 있는 방법들을 모색했다. 이들은 로마의 시민법에 근거해 시민들의 주권을 역설했으며, 모든 시민들에 의해 선출되는 전체 평의회(parlamentum)를 제창했다. 시민들은 주권을 양도하는 것이 아니라 단지 위임할 뿐인 것이다. 이들의 이런 주장은 유럽의 역사에서 점차 현실이 되기에 이른다.

스콜라 철학자들과 더불어 또한 당대 정치철학의 형성에 핵심적인 역할을 한 인물들은 수사학자들이다. 수사학은 때로는 철학의 일부로 포함되기도 하고 또 때로는 철학과 대립하기도 하면서 이어져왔으나(이는 고래로 수사학에 대한 철학자들의 관점이, 그리고 또한 철학의 개념 자체가 달라져왔기 때문이다), 르네상스 시대에 이르러 스콜라철학과는 대체적으로 대립하는 성격을 띠게 된다. 그러나 수사학자들 역시 스콜라 철학자들 못지않게 르네상스 정치철학의 중요한 한 축을 담당했다. 프랑스 등의 왕에 해당했던 시뇨레들, 전통적인 지배 계급을 형성했던 거족들, 새롭게 발흥하고 있던 신흥 상공업자들, 다른 지역들에서와는 달리 상당한 주권을 보유했던 시민들이 어지럽게 충돌하고 있던 당시 이탈리아 도시국가들에서, 봉콤파뇨 다 시냐, 귀도 파바, 파도바의 롤란디노, 비테르보의 존 등의 수사학자들은 자신들의 기예('ars dictaminis')를 활용해서 서한 쓰기의 요령이라든가, 연설을 잘하는 기법이라든가, 타인들을 설득하는 기법, 명문들의 편집과 연습 등을 유행시킨다. 스콜라 철학자들과 이들의 관계는 고대 철학자들과 소피스트들, 이소크라테스의 관계와 유사하다 하겠다. 이들은 플라톤, 아리스토텔레스, 플로티노스가 아니라 이소크라테스, 키케로, 퀸틸리아누스를 이어받았으며, 스콜라적인 엄밀한 논증보다는 타인의 마음을 움직일 수 있는 생생한 수사를 추구했다. 게다가 이들은 수사학자로서의 역할을 넘어 당대 이탈리아의 정치 현실에 깊숙이 침투하기도 했는데, 특히 수사학적 기법에 따라 도시의 연대기를 편찬함으로써 당대 정치에 역사학적으로 개입하거나 정치가들에게 보내는 조언서를 쓰기도 했다.

수사학의 이런 변모와 더불어 법학, 문학, 역사, 철학 등에도 변화가 찾아왔으며, 이런 변화는 마침내 르네상스라는 화려한 운동을 탄생시키기에 이른다. 이미 14세기의 인문주의자들—이른바 선(先)인문주의자들—이 도시국가들의 여러 문제점에 대한 정치적 평론들을 내놓았으며, 도시국가의 가치와 개개인의 이익 사이에서 어떻게 조화를 꾀할 것인가, 제도를 중시해야 하는가 아니면 인간을 중시해야 하는가, 도시의 통치자들은 어떤 자질을 갖추어야 하는가 등의 문제를 논했다. 이런 논의들은 기본적으로 로마 공화정을 모델로 한 공화주의의 성격을 띠곤 했다. 또 인문학적 교양의 중시라든가, 그리스-로마적 덕성들의 강조라든가, 자기를 실현할 수 있는 인간 잠재력의 발견이라든가 하는 인문주의적 주장들이 나란히 전개되었다.

르네상스 시대의 정치철학은 특히 피렌체에서 꽃피었다. 피렌체는 천재들의 도시였다. 마테오 팔미에리는 피렌체가 그 이전 1,000년 동안 배출했던 인재들보다 더 많은 인재들을 이 시대에 배출했다고 자랑했거니와, 이는 근거 있는 주장이었다. 피렌체에서는 르네상스를 주도한 숱한 인물들이 그 도시의 이름처럼 백화만발(百花滿發)을 이루었다. 특히 피렌체는 밀라노의 비스콘티 가문과 스포르차 가문과의 투쟁 과정을 거치면서 그 어느 곳보다도 먼저 정교한 정체와 정치철학을 발달시켰다.[7] 알베르티노 무사토(1261~1329년), 그리고 본격적으로는 정치가였던 콜루치오 살루타티(1331~1406년)와 그를 이은 레오나르도 브루니(1370~1444년), 포지오 브라치올리니(1380~1459년), 레온 바티스타 알베르티(1404~1472년) 등은 피렌체의 이런 성격을 두드러지게 반영하는 인물들이다. 이들—이른바 '시민적 인본주의자들'[8]—은 로마 공화정을 모범으로 삼아 시민들에 의한 통치, 용병들이 아닌 무장한 시민-전사들, 경제적 번영의 추구, 법률의 중요성을 비롯해 많은 중요한 논변들을 펼쳤다.

'군주'들의 시대와 마키아벨리

그러나 로마 공화정을 향한 인문주의자들의 이런 희망은 15세기 후반에 접어들면서 무너지기 시작했다. 강력한 권력을 꿈꾸는 자들—북방

---

7) 레오나르도 브루니는 "정의와 자유라는 이 두 원리는 거의 하나의 상징이나 목적으로서 피렌체가 지향하는 모든 제도와 법률에 반영되어 있습니다"라고 단언했다.(『피렌체 찬가』, 임병철 옮김, 책세상, 2002, 74쪽) 그것은 이미 형성된 피렌체의 부흥에 대한 자신감의 표현이었다.

8) '시민적 인본주의' 개념은 한스 바론에 의해 개척되었다.(Hans Baron, *In Search of Florentine Civic Humanism*, Princeton University Press, 1988) 폴 오스카 크리스텔러는 시민적 인본주의가 부르크하르트를 이어 단적으로 새롭게 출현한 것이 아니라 어떻게 선-인본주의자들을 잇고 있는가에 대해 상세하게 논한다.(진원숙 옮김, 『르네상스의 사상과 그 원천』, 계명대학교출판부, 1995) 퀜틴 스키너는 크리스텔러를 이으면서도 시민적 인문주의의 고유한 배경과 내용에 주의를 촉구한다.(박동천 옮김, 『근대 정치사상의 토대 1』, 한길사, 2014, 4장)

의 왕들, 그리고 교황들, 시뇨레들, 군주들—이 수시로 등장해 공화정에의 꿈을 위협했다. 특히 피렌체는 한편으로는 프랑스와 에스파냐-독일의 거듭되는 침공에 시달렸으며, 다른 한편으로는 세속적 욕망으로 가득찬 교황들(식스투스 4세, 알렉산데르 6세, 율리우스 2세 등)과 피렌체를 장악하려던 거족 메디치 가(특히 코시모 데 메디치와 그 손자였던 로렌초 데 메디치)에 의해 끊임없는 압박을 받았다. 피렌체 공화주의자들은 북방의 적들과 싸우는 동시에 교황들 및 메디치 가와도 싸우면서 공화정의 이상을 지키려 했으나, 대세는 막강한 군주들의 시대로 기울었다. 이런 흐름은 밀라노 사람들을 더 이상 'popolo' 즉 '시민'이 아니라 'subditi' 즉 '신민(臣民)'이라 불러야 한다는 비스콘티의 언급에서 상징적으로 드러난다. 피렌체 시민들은 1494년과 1527년 두 차례에 걸쳐 메디치 가의 전횡에 저항했으나 결국 실패하고 만다. 16세기 중엽 즈음이 되면, 이제 지중해세계의 다른 곳은 말할 것도 없고[9] 이탈리아 도시국가들도 대체적으로 군주정으로 복귀하게 된다. 이런 과정을 통해 도시국가들도 병합되기에 이르는데, 마키아벨리 시대가 되면 베네치아, 피렌체, 밀라노, 나폴리, 그리고 교황령 로마로 오분된다. 그리고 이런 흐름은 결국 절대왕정—이른바 '앙시엥 레짐'—으로 치닫는다.

시대의 이런 변화를 맞이해 정치사상가들의 성격도 변모하지 않을 수 없었다. 일부에서는 네고티움[出]에 대한 열정을 끊어버리고 다시 오티움[處]으로 이행하려는 경향이 나타났는데, 피코 델라 미란돌라라든가 마르실리오 피치노 등이 이를 대변했다. 물론 다른 한편으로 정치철학적 사유도 계속되었다. 그러나 공화정을 찬양하던 정치철학은 이미 군주정이 대세가 된 상황에 잘 맞지 않았고, 이 때문에 군주의 존재를 우선적

---

9) 16세기 전반에 이르면 이미 강력한 왕권들이 지중해세계를 장악하는 국면이 도래한다. 특히 프랑스의 프랑수아 1세, 에스파냐와 독일의 황제였던 카롤루스/카를 5세, 오스만 투르크의 황제였던 술레이만 1세, 아직 소국이었지만 잉글랜드의 헨리 8세, 그리고 로마의 교황들 같은, 강력했을 뿐만 아니라 상당히 장수한 군주들이 서로 대치했다.

으로 전제하는 사상들이 나오기 시작한다. 이른바 '군주 귀감용' 저술들이 등장했으며, 때로는 정신(廷臣)들을 대상으로 하는 저작들도 쓰였다. 프란체스코 파트리치(1412~1494년)의 『왕국과 왕의 교육』이나 발다사레 카스틸리오네(1478~1529년)의 『정신론』 등이 이런 경향을 대변한다. 당대의 정치철학자들은 이런 저작들을 통해서 시민적 인문주의자들의 주장을 군주를 중심으로 하는 체제로 옮겨놓았다. 예컨대 이들은 시민적 인문주의자들이 주장했던 비르투(그리스의 '아레테'와 로마의 '비르투스'를 잇는 개념)를 일반적인 맥락에서가 아니라 군주라는 존재에 이전시켜 논했다. 이전의 공화주의자들이 'pax ET libertas'를 논했다면, 이들은 이제 평화와 안정을 강조했다. 시민적 자유와 정의가 아니라 군주에 의한 평화와 안정을 요청했던 것이다. 심지어 인문주의 교육('studia humanitatis')이 일반 시민이 아니라 군주를 위한 것으로서 주장되기에 이르고, 한 술 더 떠서 'Pax Medicea'(메디치 가에 의한 평화)를 강조하는 경우도 있었다. 시대는 한참 전으로 회귀해버린 것이다.

군주 귀감용 저작들 중 대표적인 것은 니콜로 마키아벨리(1469~1527년)의 『군주론』이다. 이 책 역시 당대의 같은 유형의 저작들처럼 현실의 혼란과 그 혼란을 잠재워줄 강력한 군주에의 희구를 담고 있었다. 또한 혼란스러운 자유보다는 억압적인(물론 저자는 이런 표현을 쓰지 않았지만) 안정/평화를 더 위에 두었다. 또, 다른 저작들처럼 이 저작 역시 위대한 군주들을 찬양하고 형편없는 군주들을 비판하면서 모든 비르투(virtù)를 군주에 집중시켰다. 반면 시민들은 대개 보잘것없는 존재로 그려지고 있으며, 정치적으로 무시해도 될 존재들로 간주되고 있다. 또, 르네상스 인문주의자들이 공통적으로 취했던 '운명과 의지의 투쟁'이라는 구도를 견지하고 있다. 그리고 군대에 용병을 들이면 안 된다고 주장하며, 플라톤 이래 많은 사람들이 이상으로 생각했던 무장한 시민들의 군대를 강조한다. 그러나 이 저작은 기존의 군주 귀감용 저작들과는 구분되는 몇 가지 면모를 가지고 있으며 이 때문에 지금까지도 널리 읽히는 고전의 반열에 오르게 된다.

우선 『군주론』은 이전의 저작들과 비교해볼 때 전통─핵심적으로는 플라톤·아리스토텔레스와 기독교─으로부터 현저히 벗어나고 있다. 마키아벨리는 대분열 이후 새롭게 체제를 정비했던 교회와 교황들이야 말로 당대의 이탈리아를 분열시키는 장본인이며, 더 나아가 기독교 자체가 활기차고 순수했던 고대의 종교에 비한다면 허약하고 기만적인 종교라고 비판했다. 훗날의 니체를 연상시킨다. 이는 이전의 어떤 사람도 감히 취할 수 없었던 급진적인 관점이다. 나아가 플라톤·아리스토텔레스로 대변되는 고대 철학에 대해서도 그다지 호의적이지 않았다. 플라톤은 늘 '진짜 ~임'과 '~인 것처럼 보임'을 구분하곤 했으며, 정치철학에서도 역시 진정으로 '~인' 인물 즉 이데아에 대한 인식에 입각해 통치하는 인물을 희구했다. 마키아벨리는 이와 완벽하게 반대의 입장을 취한다. 그는 군주에게 꼭 필요한 자질로서 '~인 것처럼 보일' 수 있는 능력을 꼽았기에 말이다.[10] 군주는 시민들─정확히 말해서 신민들─을 속일 수 있는 재능이 있어야 한다. 한술 더 떠서 마키아벨리는 군주에게는 운명/운수가 매우 중요하다고까지 말한다. 그런 주장을 밀고 나간 나머지 형편없는 인물이라 하지 않을 수 없는 체사레 보르자 같은 인물까지 운수가 좋았다는 이유로(!) 찬양하고 있다. 종종 한쪽 극에 대한 극복은 다른 쪽 극으로 가버린다.

---

10) "군주는 위에서 언급한 모든 성품을 실제로 갖출 필요는 없지만, 갖춘 것처럼 보이는 것은 반드시 필요합니다. 심지어 저는 군주가 그러한 성품을 갖추고 늘 실천에 옮기는 것은 해로운 반면에, 갖춘 것처럼 보이는 것은 유용하다고까지 감히 장담하겠습니다." (마키아벨리, 강정인·김경희 옮김, 『군주론』, 까치, 2008, 120쪽) 여기에서 마키아벨리가 말하는 것은 덕스럽지 못한 군주가 덕스럽게 보여야 한다는 것만이 아니라 덕스러운 군주도 정치를 위해서라면 덕스럽지 않은 듯 보일 수 있어야 한다는 것이다. "예컨대 자비롭고 신의가 있고 인간적이고 정직하고 경건한 것처럼 보이는 것이 좋을 뿐만 아니라 실제로 그런 것이 좋습니다. 그러나 달리 행동하는 것이 필요하다면, 당신은 정반대로 행동할 태세가 되어 있어야 하며 그렇게 행동할 수 있어야 합니다."

두 번째로, 이 저작은 '마키아벨리즘'이라는 말로 사람들이 흔히 떠올리는 현실 정치의 처절한 측면들을 그 이전의 어떤 저작에서도 발견하기 힘들 정도로 적나라하게 응시하고 있다. 하지만 이를 마키아벨리 자신의 성격적 문제나 그의 철학적 입장에서 비롯한 것으로 본다면 그것은 오해이다. 이런 태도는 당시 정치 현실에 대한 그의 경험을 반영하는 것이라고 보아야 한다.[11] 인간세상은 늘 술수와 모략, 배반을 동반해왔지만, 이탈리아 도시국가들의 시대야말로 권모술수, 음모와 모략, 배반, 사기와 기만, 폭력과 전쟁으로 점철된 "악당들과 야심가들의 시대"였다. 이 시대의 저자들이 절대 권력을 희구한 것은 분명 역사의 퇴보이기는 했지만, 이해할 수 없는 것은 아니다. 그러나 마키아벨리의 글에는 이런 객관적 경험에 대한 서술만이 아니라 인간 자체에 대한 그의 생각을 드러내고 있는 구절들도 많다. 그가 인간에 대한 환멸감 때문에 현실 정치를 그토록 매몰차게 그렸는지 아니면 그 반대인지는 쉽게 말할 수 없지만,[12] 『군주론』은 당대 정치에 대한 혐오만이 아니라 인간 자체에 대한 혐오까지도 담고 있다.

세 번째로, 역시 같은 맥락이지만 정치를 극히 현실적인 방식으로 파악했다는 점을 들 수 있다. 그는 한 국가의 핵심 기반을 "훌륭한 법률과

11) 마키아벨리는 체계적인 이론가가 아니라, '정치 평론가'에 가까운 인물이며, 지금 식으로 말해 아마추어 역사가이기도 했다. 『군주론』 역시 체계적인 정치철학서가 아니라, 당대 정치 현실에 대한 평론서라 해야 할 것이다. 마키아벨리의 비판적 계승자인 귀챠르디니는 『로마사 논고』를 비판한 『『로마사 논고』에 대한 고찰』에서 마키아벨리의 역사학이 허술하기 짝이 없다고 비판한다.(Jürgen Huber, *Guicciardinis Kritik an Machiavelli*, Deutscher Universitätsverlag, 2004) 이는 어느 정도 사실이다. 그러나 마키아벨리의 목적은 로마사를 엄밀하게 기술하는 것이 아니라 거기에서 교훈을 이끌어내는 것이었다고 보아야 한다. 물론 마키아벨리가 인간의 본성을 너무 본질주의적으로 파악했고 그래서 역사 역시 너무 반복의 측면에서 바라본 것은 사실이다.

12) 아마 후자일 것이다. 인간에 대한 생각/느낌 자체도 결국 경험의 산물이겠기에. 그러나 마키아벨리가 이런 생각/느낌을 다소 실체화해서 인간의 본성─자신이 말하는 바와 같은 그런 본성─이 항구적이고 보편적인 것처럼 논하곤 한 것 또한 사실이다.

홀륭한 군대"로 파악한다. 이 때문에 그는 군주의 덕성 중에서도 특히 용기를 강조하며, 그 결과 그에게 비르투(아레테)는 호메로스에게서처럼 'andreia'로 축소되는 경향이 있다. 심지어 교황들에 대해서조차도 그는 덕스러운 교황보다는(당대에는 거의 찾아볼 수도 없었지만) 강력한 교황을 칭송한다. 이는 군주가 사악한 인간이어야 함을 뜻하지 않는다. 군주가 덕스러운 사람인 것이 나쁜 것은 아니다. 그러나 고전적인 덕성만을 추구하는 사람은 틀림없이 몰락한 자신을 발견하게 되리라. 국가의 질서를 지키기 위해서라면 군주는 반은 인간이지만 "그 나머지 절반은 짐승"이어야 하며, 자신 속의 사자와 여우에 따라서 행동할 수 있어야 한다. 군주는 "가능하다면 선에서 어긋나지 말아야 하지만, 필요하다면 악이라도 행할 줄 알아야"(인용자 강조) 하는 것이다. 마키아벨리가 덮어놓고 악한 군주를 찬양한 것처럼 이해하는 것은 잘못이다. 마키아벨리는 조조의 경우처럼 당대에 나아가 어느 정도는 오늘날까지도 사악한 인물로 취급되었지만, 그가 이야기하고자 한 핵심은 군주의 '덕성'이란 기존의 덕성들만으로는 부족하며 기존에 '악덕'이라고 불리던 것들도 포함하지 않을 수 없다는 것이었다. 악하라는 것이 아니라 시운(時運)에 따라 선과 악을 적절하게 사용할 줄 알아야 한다는 것이다.

『군주론』은 처절할 정도로 염세적인 생각으로 가득 차 있다. 또 정치라는 것 자체를 너무 특화해서 다루었기 때문에, 인간의 삶 전체에 대한 철학적 통찰이 부족하다.[13] 게다가 그 탄생 자체가 메디치 가문에서 한

---

13) 이는 학문의 역사에서 중요한 사실이다. 갈릴레오의 자연철학(물리학)이 그렇듯이, 마키아벨리의 저작들도 오늘날로 말해서 '개별 과학'의 저작들이다. 이제 학자들은 더 이상 자연, 인간, 역사, 정치, 문화, …를 포용적으로 다루는 철학자들이 아니라 세계 전체로부터 자신의 전문 분야를 추상해서 다루는 개별 과학자들이 된 것이다. 이런 분화(分化)가 근대 과학을 추동한 힘이 되기도 했지만 철학적 시선을 상실한 채 자기 분야에만 몰두하는 편협한 전문가들을 낳기도 했다. 마키아벨리에게서 이런 측면이 뚜렷하게 나타난다. 특히 그는 사회의 다른 측면들은 물론이고 종교를 거의 전적으로 무시했는데, 북방에서는 바로 그의 시대에 종교개혁이 일어났으며 이후 수세기에 걸쳐 유럽의 정치

자리 얻고자 한 기회주의적인 발상에서 나온 것이기도 하다. 시대의 압력이기도 했지만, 가장 본질적으로 결국 군주제에 대한 희구 이상을 담은 책이 아니다. 그럼에도 이 저작은 서구 정치철학사에서 한 획을 그은 작품으로 평가된다. 전통과의 가열찬 단절, 인간과 정치에 대한 냉엄한 판단들, 현실 정치에 대한 날카로운 통찰과 조언들로 가득 찬 새롭고 흥미로운 저작이기 때문이다.

공화정에의 꺼지지 않는 꿈

그러나 마키아벨리에게는 『군주론』의 얼굴과 더불어 또한 『로마사 논고』(원제는 '티투스 리비우스의 초기 10권에 관한 논고')의 얼굴도 있다. 절대군주정을 옹호하는 전자와 공화정을 옹호하는 후자는 서로 모순적이다. 그러나 잘 들여다볼 때, 이 두 저작 사이의 모순이 사실상은 마키아벨리라는 한 인물의 두 측면일 뿐임을 알 수 있다. 공화정 로마는 마키아벨리의 꿈이고, 절대군주정은 그의 현실이다. 마키아벨리는 내심 공화정 로마를 흠모했지만, 당대 이탈리아에 절대군주정 외에 다른 대안이 있다고 보지는 않았던 것이다. 게다가 두 저작을 비교해 음미할 때, 그것들이 얼핏 생각하는 것만큼 그렇게까지 모순적이지는 않다는 사실을 발견할 수 있다. 『로마사 논고』는 분명 『군주론』과 대비되는 저작이지만, 거기에도 후자의 그림자는 상당히 깃들어 있다.

사실 15세기 중엽 이후 유럽이 군주제의 대세로 접어들었다고 해서 공화정에의 희구와 이론화가 갑자기 끊긴 것은 아니었다. 아니 오히려 이 시대에, '후기 시민적 인문주의' 또는 '후기 공화주의'라 부를 만한 흐름이 활력을 얻는다. 이는 로마, 피렌체 등에서 외부의 적들이나 교황들의

역학을 지배한 핵심적 요인들 중 하나가 바로 종교였다. 그의 저작들이 매우 흥미롭고 또 중요한 통찰들을 많이 담고 있음에도, 이 점에서 그 배경은 철저하게 이탈리아 도시 국가들에 그리고 정치라는 영역에 국한된다고 할 수 있다.

세가 꺾일 때마다 새롭게 일어난 시민운동들 때문이기도 했고, 또한 다른 도시들과 달리 안정된 공화정을 굳건하게 지키면서도 전성기를 누리던 베네치아의 존재 때문이기도 했다. 베네치아는 민회에 해당하는 콘실리오 그란데, 원로원에 해당하는 세나테, 콘술에 해당하는 도제(doge)로 구성된 혼합정체를 극히 성공적으로 운용했으며, 그래서 주변 도시국가들이 볼 때는 그야말로 살아 있는 공화정 로마였다. 이렇게 새롭게 찾아온 그리고 베네치아가 줄곧 보여준 공화정에의 희망이 후기 시민적 인문주의를 꽃피게 했다. 알라마노 리누치니(1419~1499년)의 『자유에 관하여』, 지롤라모 사보나롤라(1452~1498년)의 『피렌체 시의 헌법과 정부에 관한 논고』, 마리오 살라모니오(1450~1532년)의 『로마 귀족의 주권』, 가스파로 콘타리니(1483~1542년)의 『베네치아의 공영과 정치』, 도나토 지아노티(1492~1573년)의 『베네치아 공화국에 대한 대화』 등이 이러한 예에 속한다.

이 시대의 특히 중요한 저작들은 후기 공화주의적 저자들의 모임이었던 오리첼라리학파(사실상 일종의 비밀 회합)[14]에서 나왔다. 안토니오 브루치올리의 『도덕철학에 관한 대화』, 프란체스코 귀챠르디니(1483~1540년)의 일련의 저작들(『로그로뇨 논설』, 『피렌체 정부에 관한 대화』, 『격률과 성찰』, 『이탈리아사』, 『『로마사 논고』에 관한 고찰』), 도나토 지아노티의 『피렌체 공화국』, 그리고 마키아벨리의 『로마사 논고』 등이 대표적이다. 개성 강했던 각각의 차이를 접어둔다면, 이 저자들은 공통적으로 시민적 인문주의자들의 주장을 이어받으면서 여러 공화주의적인 논변을 펼쳤다. 이들 역시 공화정의 의미, 문제점, 비전 등을 논했으며, 자유(독립과 자치)에의 이상, 공화정 로마의 동시에 사실상 당대의 베네치아의

---

14) 반메디치파 귀족이었던 코시모 루첼라이―마키아벨리로 하여금 『로마사 논고』의 머리말에 "스스로는 결코 쓰려고 하지 않았을 것을 저로 하여금 쓰도록 강요한 두 분"이라고 쓰게 만든 장본인(또 한 사람은 차노비 부온델몬티)―가 제공한 정원인 오르티 오리첼라리에서 유래했다.

혼합정체에 대한 찬양,[15] 카이사르에 대한 혐오와 초기 공화정의 영웅들 및 카토, 키케로 등에의 경도, 사적인 부의 추구에 대한 강력한 비판과 근검절약하는 삶에 대한 찬양, 용병 제도에 대한 격렬한 비난(사실 베네치아는 용병에 의존하곤 했지만)과 무장한 시민에의 희구, 공화국 시민들의 비르투에 대한 강조 등을 다시 한 번 역설했다.

마키아벨리의 『로마사 논고』 역시 이런 흐름 속에 들어 있다. 『군주론』에서와는 달리 이 저작에서의 마키아벨리는 절대군주정에 의한 안정보다는 공화국적 자유를 희구한다. 시민들에 의한 정치의 강조,[16] 로마 시민들의 근검절약하는 모습에 대한 찬양, 로마의 군대 운용에 대한 찬탄과 용병제에 대한 비난(마키아벨리는 자신의 이 주장을 실제로 현실화했으나, 1512년 에스파냐와의 전쟁에서 패함으로써 좌절을 맛보았다) 등이 이어진다. 마키아벨리가 무엇보다 몰두했던 대목은 공화정 부패의 원인이 무엇인가 하는 문제였다. 그는 공화정 말기 군벌들의 전횡과 그것을 막지 못한 시민들의 한계를 지적하면서, 공화국의 비르투스가 몰락하게 된 이유들을 분석한다. 그중 핵심은 시민들이 정치에서 배제되고 그 비르투스가 약화된 데에 있으며, 구체적으로는 ①군벌들이 공화국의 전통을 무시하면서 권력을 장악하기 시작했고 군대가 공화국 자체가 아닌 자신들의 상관의 사병들로 전락했다는 점, 그리고 ②나중에는 기독교가 시민들—이때는 이미 시민들이 아니었지만—을 나약하고 비사회적인 존

---

15) 이들은 시민적 인문주의자들처럼 공화국의 정신적 비르투를 찬양하는 데 그치지 않고, 그 법률과 제도의 실제 운용에 관심을 가졌다. 이는 물론 베네치아의 영향이다. 그러나 영혼의 힘으로서의 비르투와 그것을 가능케 하는 교육의 중요성에 대한 강조도 여전히 이어진다.

16) 귀챠르디니는 『『로마사 논고』에 대한 고찰』에서 이 점을 비판하면서 귀족정을 옹호한다.(Francesco Guicciardini, *Considérations à propos des discours de Machiavel sur la première décade de Tite-Live*, L'Harmattan, 1997) 마키아벨리는 군주정과 민주정은 각각의 맥락에서 옹호하지만 귀족정은 철저하게 비판한다.(강정민·안선재 옮김, 『로마사 논고』, 한길사, 2003)

재로 전락시켰다는 점에 있다. ①은 많은 역사가들에 의해 공유된 사항이지만, 로마의 멸망 원인으로서 기독교를 꼽은 ②는 새로운 생각이었다. 이런 관점은 귀챠르디니에게서도 발견된다. 운명과 역능의 대결이라는 구도[17]는 이 저작에서도 마찬가지로 등장하거니와, 그렇기에 시민들의 역능을 몰락시키는 기독교는 엄한 추궁을 받지 않을 수 없었다.

①에 관련해 그는 로마 공화정이 평온하면서도 활기찬 베네치아와는 달리 매우 소란스럽고 거칠었다는 주장에 대해 찬성하지 않는다. 그가 볼 때 베네치아의 평온은 뭔가 김빠진 것에 불과하며 폭력이 난무하기도 했던 공화정 전통은 두 계급의 갈마듦에 의해 오히려 균형이 잡히고 활기찼다는 것이다. ②에 관련해 마키아벨리는 단적으로 반(反)기독교적 주장을 펼친다. 고대적 덕성들과 기독교적 덕성들을 조화시키려 했던 기존의 인본주의자들을 비판하면서, 기독교적 가치들로부터의 단적인 이탈을 역설하고 있는 것이다. 이 점에서 마키아벨리만큼 전통으로부터 멀리 벗어나버린 인물은 달리 찾아보기 힘들다.

국민국가로의 이행

이탈리아 도시국가들은 근대 형성의 초입에서 이렇게 중요한 역할을 했지만, 그 후 유럽의 역사는 17세기 절대왕정에서 정점에 달하게 되는 왕조국가로의 길로 치닫는다. 이탈리아 공화정의 전통은 16세기 중반이 되면 완전히 말라버린다. 베네치아만이 얼마간 그 명맥을 유지하지만, 16세기 말 '지중해에서 대서양으로'의 이행이 일어나면서 역시 쇠락하기 시작한다. "비르투가 운명을 이긴다(virtù vince fortuna)!"고 외쳤던 르네상스인들이었지만, 이제 운명의 파도가 비르투의 역능을 덮어버린

---

17) 이런 구도는 후에 스피노자에 이르기까지 중요한 역할을 한다. 어떤 사물도 홀로 존재하지 못하며 다른 사물들과의 예기치 못한 관련성에 휘둘려야 한다.(『에티카』, IV, 공리) 그러나 인간은 자신의 역능에 입각해 그러한 상황에 대처해나갈 수 있는 존재이다.(IV, 정의 8)

것이다. 마키아벨리에 이어 활동한 귀챠르디니의 저작들은 이제 운명의 승리를 쓰라리게 반추하는 문장들로 가득 차게 된다. 이탈리아 르네상스도 종말을 고하며, 이 운동은 이탈리아의 경우보다 훨씬 완화된 형식으로 북방으로 이어진다.

16세기 중엽이 되면 지중해세계는 산산이 부서진 이탈리아를 뒤로한 채 본격적으로 거대한 왕조국가들로 분할된다. 일찍부터 왕조적 전통을 키워온 프랑스는 백년전쟁(1337~1453년)에서 승리하면서 강력하게 중앙집권화된다. 이어 프랑스는 독일의 황제와 힘을 겨루다가 특히 프랑수아 1세 때에 유럽의 중심을 차지하기에 이르며, 그 후 줄곧 유럽사의 주인공으로 활약한다. 에스파냐는 아라곤과 카스티야의 통합을 통해 강력한 왕정을 구축했으며, 베네치아의 경제적 헤게모니를 무너뜨리고 16세기 이후의 지중해를 지배한다. 영국의 경우 장미전쟁(1455~1485년)에서 승리한 헨리 7세에 의해 튜더 가가 절대왕정을 확립한다. 이 왕정은 단명했고, 영국은 유럽 공화정/민주주의의 선구자가 된다. 독일은 여전히 신성 로마 제국의 황제가 통치했지만, 실질적으로는 프러시아, 오스트리아를 비롯한 (사실상 왕조국가인) 공국들이 들어선다. 동쪽에서는 오스만 제국이 막강한 힘을 과시하면서 유럽 전체를 위협했으며, 여전히 이슬람의 전통을 이어갔다. 이런 과정을 통해서 가톨릭적 보편주의나 이탈리아 공화국들의 위력은 쇠퇴하고, 이제 본격적인 의미에서의 'nationstate'(민족국가 또는 국민국가)의 시대가 도래하기 시작한다. '블록화', EU, '세계화' 등으로 많은 변화가 일어났지만 오늘날의 우리 시대도 기본적으로는 이 국민국가들의 시대이다.

국민국가는 권력이 집중된 국가였고, 또 민족적 정체성에 의해 지탱되는 국가였다. 그래서 모든 면에서 기존의 분권화된 지역들, 예컨대 봉건 영주들이나 이탈리아 도시국가들보다 강력했다. 국민국가들이 창설한 "국군(國軍)"의 힘을 작은 규모의 군대들이 감당할 수는 없었다. 게다가 대포의 발명은 공성전을 역사의 유물로 만들었고, 이제 성들은 대부호의

별장이나 관광 명소로 둔갑하기 시작했다. 전투가 대규모화했고, 전투의 승패는 전사들의 사기와 장군들의 지모만이 아니라 경제력과 기술력에 의해서도 좌우되기 시작했다. "국가"라는 이 거대한 힘 앞에서 이제 한때 활짝 피어났던 개인이란 존재는 무력하기 짝이 없는 존재가 된다. 아울러 경제 역시 국가 단위로 통합되어 거대해지고, 일찍이 베네치아가 시도했던 국가와 국가 사이의 무역이 모든 경제 행위의 핵심으로 등장하기에 이른다. 전쟁과 경제 두 가지 예만을 들었지만, 요컨대 이제 삶의 가장 기본적인 단위는 국가가 된 것이다.

이 국가라는 단위의 핵은 왕이었고, 그래서 모든 논의의 중심에는 왕이 놓이게 된다. 루이 14세는 "국가, 그것은 바로 나다"라고 외쳤다. 그러나 이때의 왕정은 이미 중세적 보편주의와 지방주의를 거쳐온 왕정이었고, 다른 한편으로 종교가 극히 중요한 역할을 맡는 시대의 왕정이었다. 19세기 이래 종교가 '시민사회'로 거의 완전히 물러나기 전까지는 유럽 정치사를 종교적 분쟁들과 떼어서 생각하기가 힘들다. 때문에 왕들의 현실적 권력에 맞서려는 숱한 형태의 저항세력들이 난립해 매우 복잡한 양상을 띠었다. 거시적으로 본다면, 세 가지 투쟁의 장이 존재했다. 첫째, 각 국민국가들 사이의 투쟁이 있었다. 프랑스, 에스파냐, 독일(의 여러 공국들), 영국, 오스만투르크, 여기에 (그 정치적 성격은 매우 특이했지만) 네덜란드까지 가세해 격렬한 헤게모니 투쟁이 벌어졌다. 다른 한편으로 왕권 옹호자들과 반(反)왕권주의자들 사이의 투쟁이 이어져, 절대왕정과 그에 저항하는 각종 형태의 정치 단체들이 격돌했다. 마지막으로 새롭게 등장한 다양한 신교들과 기존의 권력을 유지하고자 한 가톨릭 사이의 투쟁이 이어졌다. 그리고 이 세 갈래 투쟁들이 다시 서로 복잡한 합종연횡(合從連橫)을 이루면서 어지러이 전개되었다.

이에 따라 정치철학에서도 역시 크게는 왕당파 계통의 이론과 반왕당파 계통의 이론이 대립하며, 여기에 더해 각 민족/국가의 맥락이 반영된 이론들, 그리고 또한 종교 관련 이론들이 등장한다. 물론 이 세 계통의 저작들이 따로따로 존재한 것이 아니라 대개의 경우 중첩되어 나타났지만. 거시적으로 볼 때, 네 가지의 흐름이 이 시대의 정치와 종교를 주도했다.

첫째, 가톨릭의 경우 당연히 기존의 권세를 유지하려 애썼으며 왕들의 힘을 축소하려 획책했다. 종교개혁이 일어나 종교의 다원성이 일반화하자 가톨릭 자체 내에서도 제수이트파(예수회)가 일어나 가톨릭을 쇄신하려 했으며, 상당한 성공을 거두었다. 또 에라스뮈스, 토머스 모어 같은 지식인들도 전통적인 가톨릭적 가치를 지키기 위해 애썼다. 그러나 이들의 시도는 그 궁극에서는 토마스 아퀴나스 등을 부활시키면서 중세로 회귀하려 한 시도에 불과했다. 또 가톨릭 자체도 민족주의적 흐름 속에서 찢어질 수밖에 없었으며, 에스파냐 가톨릭, 프랑스 가톨릭 등 여러 가톨릭들로 분권화되었다. 로마 가톨릭을 중심으로 한 권세는 이후에도(심지어 오늘날까지도) 이어졌지만, 중세적 가톨릭 자체는 이 시대에 들어와 와해되었다.

둘째, 이 시대는 특정한 민족/국가와 종교가 결합된 시기였다. 에스파냐 가톨릭, 프랑스 가톨릭(이른바 '갈리아 가톨릭') 외에도 독일의 루터교, 영국의 성공회 등이 대표적일 것이다. 에스파냐, 프랑스에서는 가톨릭 자체가 민족종교로 화했고, 구교와 신교 사이의 치열한 싸움이 벌어졌다. 파리에서만 신교도 2만 명이 죽었다고 하는 성 바르톨로뮤 대학살(1572년)로 상징되는 종교전쟁은 이후 유럽사를 계속 피로 물들였다. 독일의 루터는 종교 자체로 본다면 인문주의적이었지만, 현실적으로는 민족주의/국가주의적이자 반(反)민중주의적인 인물이었다. 루터의 가톨릭 공격도 다분히 로마/이탈리아에 대한 독일인의 공격의 성격이 짙었다. 영국의 경우는 헨리 8세의 이혼 문제를 둘러싼 논쟁을 거치면서 국가종교(국교)가 성립되며, 이후 영국은 성공회라는 별개의 종교를 영위하게 된다.

셋째, 이 시대에 반가톨릭적이었을 뿐만 아니라 반왕권주의적이기도 했던 종교는 칼뱅주의였다. 칼뱅(1509~1564년) 자신은 루터(1483~1546년)만큼이나 보수적인 인물이었다. 두 사람 모두 당시에 숱하게 일어났던 민중운동들을 잔혹하게 짓밟을 것을 주장했다. 그러나 칼뱅은, 특히 칼뱅주의자들은 왕당파는 아니었으며 왕권에 저항해서 자신들의 종교적 독자성을 지키려는 경향을 가졌다. 칼뱅은 제수이트들만큼이나 중세 회귀적인 인물이었지만, 칼뱅주의에는 루터의 신비주의적이고 정적주의적인 태도와 대조되는 현실 긍정적 태도와 적극성이 들어 있었다. 이 점은 칼뱅의 예정설(豫定說)이 근대적 결정론과는 전혀 다른 것이었다는 점에서 잘 드러난다. 그것은 인간이 신의 '소명(召命)'을 받았고, 때문에 모든 능력을 발휘해 자신의 소명에 뛰어들어야 한다는 주장 이외의 것이 아니었다. 따라서 신과 개인 사이에 교회가 끼어들 여지는 없어진다. 바로 이 때문에 칼뱅주의는 당시 새롭게 떠오르던 신흥 부르주아 계층으로 파고들 수 있었다.[18] 칼뱅주의는 특히 존 녹스 등이 이끌었던 스코틀랜드와 '위그노 전쟁'으로까지 치달았던 프랑스에서 반체제적인 성격을 띠었는데, 이는 칼뱅주의가 근대적인 의미에서 급진적이었기 때문이 아니라 단지 국가의 간섭으로부터 벗어나 자신들의 영역을 지키려 했기 때문일 뿐이다.

마지막으로, 중세적 권세를 지키려던 가톨릭, 특정 국가와 결부되었던 민족종교/국가종교, 신흥 부르주아 계층과 결부되었던 칼뱅주의 모두와

---

18) 예정설의 철학적 구조에는 흥미로운 데가 있다. 예정설의 주장은 신에 의해 인간의 길이 '정해져 있다'는 'predestination'의 구조를 가지고 있지만, 인간으로서는 역으로 자신이 열심히 일해 성공한다면 자신이 신의 사랑을 받는다는 것을 '증명할 수 있다'는 이야기가 되기 때문이다. 이론상으로는 인과가 신으로부터 인간으로 향하지만, 해석하기에 따라서는 인간으로부터 신으로 향할 수 있는 결과가 된다. "성공할지 실패할지 정해져 있다"에서 "성공하라, 그러면 네가 성공하게 되어 있었다는 것이 증명되지 않느냐"로. 이는 베르그송이 지적한 전형적인 '사후적 사고'이지만, 어쨌든 이런 해석은 현실에서 하층에 있지만 성공을 향해 상층으로 올라가기를 꿈꾸는 부르주아 계층에게는 매력적이었다.

구분되는 다양한 결사체들의 운동, 숱한 민중운동들이 있었다. 재침례교 같은 소수 종교들이나 숱한 형태의 농민 반란들이 우후죽순(雨後竹筍)처럼 일어났다. 그러나 늘 그렇듯이, 이런 운동들에는 체계와 사상이 결여되어 있었고 또 공화국도 감당하지 못하는 국군(국민군대)을 당해낼 수도 없었다. 그럼에도 이 각종의 저항, 민중운동들은 기득권 세력들을 늘 위협했다. 그리고 이런 민중운동의 흐름은 훗날 프롤레타리아 운동으로 이어지게 된다. 이들은 특히 신흥 부르주아 계층을 집중 공격했는데, 이 계층이 돈은 있었지만 군대는 없었기 때문이다. 바로 이 때문에 신흥 부르주아 계층은 강력한 왕권이 확립되어 자신들을 보호해주기를 원했으며, 역으로 왕은 부르주아지의 돈이 있어야만 했기에 이들의 요구에 응했다. 이런 맥락에서 왕과 부르주아지의 결탁이 이루어진다. 그 사이에서 귀족 계층은 점점 말라갔으며(위그노가 실패한 이유들 중 하나도 이들이 지방 귀족층과 결탁했기 때문이었다), 부르주아지 이하의 민중도 철저히 탄압받았다.

이상 보았듯이, 당대의 모든 흐름들이 결국은 '국가'라는 힘 속으로 빨려 들어갔다. 첫째, 중세의 권세를 회복하려 안간힘을 썼던 가톨릭은 그 자체가 에스파냐 가톨릭, 프랑스 가톨릭 등으로 찢어졌다. 둘째, 민족/국가를 등에 업은 종교들은 국가의 힘으로 자연스럽게 흡수되어 통치 이데올로기로 화했다. 왕으로서는 가톨릭과 신교들의 싸움을 강 건너 불 보듯 할 수 있었다. 누가 이기든 자신에게 유리한 방향으로 수습할 수 있었기 때문이다. 셋째, 칼뱅주의에 경도되었던 신흥 부르주아지는 자신들을 보호해줄 강력한 군대를 필요로 했고, 자연스럽게 왕권과 결탁하기에 이른다. 넷째, 각종 민중운동들은 그 도덕적 정당성에도 불구하고 현실적 힘의 한계 때문에 판도를 바꿀 수는 없었다. 결국 시대는 점점 절대왕정으로 치달았다. 이런 과정에서 왕의 절대성을 주장하는 정치철학도 등장하는데, 그것이 바로 '왕권신수설'이었다. 16세기 이래 정치철학은 이 왕권신수설과 그에 대한 저항의 형태로 전개된다.

왕의 권력과 법의 역능

왕권신수설(王權神授說)을 주장한 대표적 인물인 장 보댕(1529~1596년)은 그의 『국가론』에서 "잘 질서 잡힌 국가"의 구축을 지상명제로 삼아 논의를 펼쳤다. 그의 사상은 철저히 고대 회귀적이었지만, 동시에 그는 근대적인 형태의 '주권 이론'을 전개한 최초의 인물들 중 한 사람이었다. 이후의 많은 정치철학들이 특정 국가를 모범으로 삼는 이데올로기적 성격을 보이거니와, 그는 프랑스라는 국가를 모범으로 삼고서 어떻게 왕의 주권을 확고히 하고 국가를 흔들림 없이 지킬 것인가에 모든 노력을 경주했다. 그의 저작에는 "혁명의 예방"에 대한 논의들이 끝도 없이 이어진다. 그가 종교에 대한 관용을 주장한 것도 그 핵심 이유는 국가의 안정에 있었다.(어쨌든 그의 저작은 종교의 관용을 강력하게 주장한 최초의 성과물들 중 하나이다) 그러나 다른 한편으로 그의 이론에는 왕의 권력에 일정한 제한을 가하려는 시도들도 존재한다. 가정 및 그 사유재산은 국가의 권력이라도 침해해서는 안 된다고 강하게 주장했던 것이다.[19] 이 때문에 그의 이론에서 국가와 가족 사이에 분열이 생기게 된다. 또 그의 이론에는, 비록 국가의 동일성을 결코 해쳐서는 안 된다는 조건 하에서이지만, 훗날의 표현으로 '시민사회'에 대한 어느 정도의 인정이 들어 있다. 이는 당시 이미 어느 정도 형태를 갖추기 시작한 시민사회를 단적으로 부정할 수는 없었음을 시사한다. 그리고 특히 핵심적인 것으로, 그는 설사 무소불위의 왕이라 해도 자연법과 신법을 어길 수는 없다고 보았다. 왕의 권력도 그에게 권력을 준 신의 뜻 그리고 실정법 위에 존재하는 자연법까지 어길 수는 없다고 본 것이다.

자연법에 대한 이러한 존중은 이 시대에 절대왕정을 비판한 인물들에게는 더더욱 중요했다. 이 시대의 반왕당파들은 대개 그리스적 민주주의로의 회귀는 물론 이탈리아 공화정으로의 지향을 주장하는 데까지는 나

---

19) 장 보댕, 임승휘 옮김, 『국가론』(책세상, 2007).

가지 못했다. 더욱이 반왕당파들 자체가 어느 정도는 기득권 세력이었기 때문에 하층민들과의 연계는 애초에 배제되었다. 결국 이미 강력한 왕정이 들어선 상태에서 그들이 주장할 수 있었던 일반적인 정체는 입헌군주제 또는 의회제였다. 이 때문에 모든 정치철학적 논의의 중심에는 법 개념이 들어서게 된다. 그들은 왕을 부정하기보다는 차라리 법이 왕을 포함해 모든 사람들 위에 군림해야 한다고 보았다. 그리고 이 과정을 통해서 스토아적 자연법 개념이 다시 등장하기에 이른다. 예컨대 저자가 누구인지 아직도 논쟁 중인 프로테스탄트 계통의 『폭군 토벌론』(1579)에서는 키케로의 『법률론』을 연상시키는 구절들이 다수 발견된다. 이 저작은, 여전히 왕권신수설적인 요소라든가 신학적 요소들을 많이 담고 있었지만, 왕권을 제약하려는 이론의 중요한 원천이 되었다. 같은 해에 출간된 조지 뷰캐넌의 『스코틀랜드의 통치권 이론』도 유사한 논지를 전개한 저작이다. 현실에서 왕권이 강화되면 강화될수록 그에 비례해서 왕권을 비판하는 논의들도 다양한 형태로 연이어 등장했던 것이다. 그리고 이런 흐름은 결국 영국의 의회제나 유럽 대륙의 입헌군주제를 낳기에 이른다.

이러한 과정으로 나아가는 데 중요한 징검다리 역할을 한 자연법 이론가들, 예컨대 에스파냐 법학파의 수아레즈, 그리고 알투지우스, 흐로티위스(/그로티우스) 등의 시도는 이후 홉스 이래 본격화하는 '계약론'의 초석을 다졌다. 스콜라철학의 마지막 거장으로 일컬어지는 제수이트파의 프란시스코 수아레즈(1548~1617년)는 형이상학[20]만이 아니라 법

---

20) 수아레즈는 『형이상학 토론(*Disputationes Metaphysicae*)』(1597)을 비롯한 저작들에서 이븐 루쉬드, 토마스 아퀴나스, 둔스 스코투스, 윌리엄 오컴 등을 종합하는 방대한 체계를 수립했다. 그의 형이상학은 데카르트, 스피노자, 라이프니츠 등 17세기 형이상학자들에게 큰 영향을 끼쳤다. 수아레즈는 이 저작에서 존재들의 분류에 힘썼는데, 그 최초의 분류는 무한한 존재(ens infinitum)와 유한한 존재(ens finitum)의 구분(즉 신과 피조물들의 구분)이었다. 최초의 구분이 무한과 유한에 두어지며, 이는 아리스토텔레스의 유한주의를 벗어난 무한주의가 이 시대의 한 화두였음을 보여주는 예들 중 하나이다.

철학으로써도 이후의 사상들에 큰 영향을 끼친다. 수아레즈는 자연법과 국제법을 구분함으로써 법철학에 결정적 공헌을 했다. 물론 후자는 전자에 의거한다. 유럽이 몇 개의 거대한 국가들로 나뉘어버렸다면, 이제 정치적으로 핵심적인 것은 이 국가들 사이의(inter-national) 문제들 즉 '국제적' 문제들이었다. 이제 시대의 화두는 종교 문제 및 계급 투쟁 문제만이 아니라 국제적 문제들이 되었다. 비록 신학적 방식으로이긴 했으나 그리고 교황의 권력에 대한 철 지난 주장을 깔고 있었으나, 수아레즈는 맹아적인 형태의 사회계약론(그는 이 이론을 적극적으로 펼치는 것은 거부했다), 기본적인 인권(그는 신 앞에서 모든 인간이 평등하다고 역설했다), 폭군에 대한 저항권 등과 같은 근대 정치철학으로 가는 징검다리들을 마련했다.[21] 수아레즈는 이런 논의들을 가지고서 당시의 대표적인 왕권신수설 주창자인 제임스 1세와 대립하기도 했다. 특히 그를 포함한 에스파냐 법학파는 자연법을 체계화했고, 이런 체계화에 근거해 자연법이 어떻게 국민국가의 헌법이나 국민국가들 사이의 국제법을 정초하는지를 논했다. 이런 성과는 흐로티위스에게로 이어졌다.

그러나 수아레즈와 흐로티위스 사이에 요하네스 알투지우스(1563~1638년)를 건너뛸 수는 없다. 알투지우스는 사회를 구성하는 단위들을 분명히 하고 그 단위들 사이의 관계를 명확히 하려 했다는 점에서 현대의 사회학자를 연상시킨다. 그리고 이런 작업 자체가 절대왕정에 대한 일종의 간접적인 도전이었다. 그는 인간사회를 가정, 사회 단체 (collegium), 지역 공동체, 주(州), 국가로 나누었고, 이 각 단위들 사이에는 단계적 형태의 사회계약이 성립한다고 보았다.[22] 알투지우스는 이 구도에 대해 오늘날의 용어로 '구조주의'적인 분석을 했는데, 이는 그가

21) Francisco Suarez, *Selections from Three Works of Francisco Suarez* (Liberty Fund, 2013).

22) Johannes Althusius, *Politica* (Liberty Fund, 1995).

정치적 문제들을 개개 인물들이 아니라 이 단위들 자체에 중점을 두어서 논했기 때문이다. 지금 식으로 말해 일종의 법인체(法人體) 개념을 생각했다고 할 수 있다. 이는 알투지우스가 연방(聯邦)의 성격이 강한 네덜란드에서 사유한 인물이기 때문이기도 했다. 알투지우스의 사유를 더욱더 밀고 나가 근대 자연법 사상의 토대를 확립한 인물이 바로 휘호 흐로티위스(1583~1645년)이다.

흐로티위스를 특징짓는 것은 17세기 사유의 일반적 특징이기도 한 합리주의이다. 앞에서 언급했듯이 네덜란드는 에스파냐의 식민지였지만 자유주의적 도시국가적 성격이 강했고, 데카르트를 비롯한 선진 사상가들이 체류하고 싶어 했던 지적으로 참신한 지역이기도 했다. 흐로티위스는 이런 배경을 업고서 갈릴레오, 데카르트, 홉스, 스피노자 등에게서도 잘 나타나는 직관적이고(가장 자명한 원리에 대한 직관) 연역적인("기하학적 질서에 따라" 이루어지는 엄밀한 추론) 사유를 구사했다. 이미 흐로티위스에 오면 그토록 오랫동안 철학적 사유를 덮어왔던 신학/종교의 그림자가 대부분 걷힌 것을 볼 수 있다. 합리주의에 대한 흐로티위스의 신념은 견고했다. 신도 2×2를 5나 6 등등으로 만들 수는 없다. 합리주의의 근본 원리는 신조차도 바꿀 수 없는 것이다. 르네상스 시대에 특히 17세기에 플라톤은 다시 아리스토텔레스를 대체하기 시작했는데, 이 플라톤은 이제 플로티노스와 혼동된 플라톤이 아니었다. 그 플라톤은 데카르트에서 그 전형적인 모습을 볼 수 있는 수학적 플라톤이었다. 이런 흐름은 너무나도 강력해서 법학같이 수학과 거리가 먼 것처럼 느껴지는 학문도 그 에피스테메(인식론적 장) 속에서 작업했던 것이다.

"국제법의 아버지"라는 별명이 시사하듯이 흐로티위스의 근본적인 공헌은 국제법의 확립에 있었다. 당대의 많은 사람들에게 그랬듯이 흐로티위스에게도 근본적인 것은 자연법(/근본법)이었다. 중세적인 권위가 무너진 시대에 지식인들이 처했던 기본적인 문제의식은 곧 새로운 정초(new foundation)였다. 이는 특히 17세기에 두드러지지만 사실 근대 전체에 걸쳐 반복적으로 요청된 과제이기도 했다. "지금까지의 철학자들은…, 그러나…"라는 형식이 이어진다. 흐로티위스는 키케로에게 돌아가 자연법을 재확립함으로써 논의의 초석으로 삼는다. 그렇다면 자연법의 원천은 무엇인가? 중세로 되돌아가지 않고서 자연법의 원천을 무엇으로 파악할 것인가? 흐로티위스의 대답은 시대의 변천을 단적으로 드러낸다. 그 원천이란 바로 인간이다. "인간의 본성이야말로 자연법의 원천이다."[23] 그렇다면 인간의 본성(physis)이란 무엇인가? 그것은 곧 이성이다. 자연법이란 바로 "올바른 이성의 명령"이다. 흐로티위스는 이 모든 논의의 출발점, 자명한 원리에 입각해 그의 논의를 전개하고자 했다.

수아레즈, 알투지우스, 흐로티위스 등의 자연법과 국제법 사상에서 우리는 한편으로 한 국가의 실정법을 넘어 그 이전에 존재하는 영원하고 보편적인 법을 끌어내리려는 노력, 다른 한편으로 이미 형성된 국가들 사이에 존재해야 할 법적 체계를 수립하려는 노력을 본다. 전자는 곧 왕의 전횡에 맞서 법의 우위를 구축하려는 시도이며, 후자는 국가들 사이에 법을 수립함으로써 평화를 정초하려는 시도였다. 어떤 시도가 되었든 이런 흐름은 결국 이 시대에 '국민국가'라는 존재가 출현했다는 사실을 보여준다. 그러나 국민국가의 탄생은 이렇게 정치, 종교, 법의 차원에서만 진행된 것이 아니었다. 사태를 좀더 넓게 보려면 이런 차원들 아래에서 진행된 좀더 '물질적인' 흐름을 함께 보아야 한다.

§2. 자본주의의 탄생

국민국가의 탄생과 밀접하게 얽히면서 자본주의라는 또 하나의 새로운 삶의 양식이 등장했다. 자본주의라는 개념은 모호해서 그 탄생의 시

---

23) Hugo Grotius, *The Rights of War and Peace*(Cosimo Classics, 2007).

점에 대한 논의 역시 분분하다. 그러나 자본주의의 핵심은 말 그대로 '자본'에 있다는 데 주안점을 둔다면, 우리는 그 탄생 시기를 르네상스 시대로 잡을 수 있을 것이다. 자본주의를 산업자본주의로 이해하는 것은 너무 좁은 이해가 된다. 오늘날의 관점에서 되돌아보면, '산업'이란 '자본'이 존립, 투자, 운용, 재생산, …되는 한 가지 방식일 뿐이다. 자본주의란 그 방식이 무엇이든 자본이 경제를 지배하는 삶의 양식을 뜻한다.[24] 따라서 자본주의의 탄생 시점은 곧 기존의 단순한 '부(富)'가 '자본'으로 화한 시점일 것이다. 이런 경우는 이전의 역사에서도 간헐적으로 발견할 수 있지만, 그 일반적인 모습은 르네상스 시대에 발견되기 시작한다. 우리는 이 시대에 자본주의 탄생의 각종 광경들을 보게 된다.

동적인 사회의 등장

자본주의 사회란 기본적으로 동적(動的)인 사회이다. 화폐를 쌓아두기보다는 투자하고, 이로 인해 생산과 유통, 소비가 활발해지고, 자본의 확대재생산을 통해 생산력이 끝없이 증가하고, 실물 자체보다는 화폐에 대한 욕망이 주류를 형성하며(아리스토텔레스가 개탄했던 사태가 일반화된 상황이라 하겠다), 무역을 통해 지역 간 장벽이 무너지고, 각종 형태의 새로운 직업(/상품화)이 탄생하는 등 숱한 형태의 역동적인 변화가 삶을 가득 채우는 사회이다. 이에 비해 중세 사회는 매우 정적인 사회였다. 각 지역은 고립되어 있었고, 생활에 필요한 것들은 각 장원에서 자급자족되었다. 화폐는 발달하지 않았고, 부의 유일한 원천은 토지와 노동력이었으며, 가끔씩 열리는 시장에서 교환되는 물품들도 보잘것없었다. 부

---

24) 페르낭 브로델은 그의 『물질문명과 자본주의』(주경철 옮김, 까치, 1995~1996)에서 유명한 삼층 도식(물질문명·시장경제·자본주의)을 제시하면서 자본주의의 본질을 '독점'에서 찾은 바 있다. 이런 이해는 자본주의를 산업자본주의에 국한하지 않고 보다 일반적인 지평에서 볼 수 있게 해주며, 동시에 그것의 개념을 지나치게 넓게 잡는 관점을 방지해주는 장점이 있다.

는 생산용이기보다는 과시용이었으며, 투자되기보다는 단순히 축적되었다. 이 시대에 이와 대조적으로 활기찼던 곳은 이슬람 지역과 동북아 지역이었다. 12~13세기 십자군 전쟁 시대가 되어서야 정적이었던 서방세계에 활기가 돌기 시작했다. 또한 13~14세기가 되면 이미 이탈리아 도시국가들(특히 베네치아)이 자본주의적 양식의 맹아들을 보여주었다. 르네상스 시대가 되면 지중해세계 전체가 아연 경제적 활기를 띠고, 17세기에 이르러 국지적 시장을 넘어 '전국 규모의 유통망'이 형성되는 한편 국가 간 무역도 본격화된다. "자본주의"라는 말 자체는, 중세가 끝날 때가 되어서야 "중세"라는 말이 생겨났듯이, 이런 과정이 한참 진행된 후에야, 아니 사실상 20세기 초가 되어서야 본격적인 용어로 사용되기 시작했다. '자본'에 대한 빼어난 성찰을 남긴 마르크스 자신도 "자본주의"라는 말 자체는 거의 사용하지 않았다, 한참의 시간이 지난 후에야 사람들은 역사를 돌아다보면서 이 시대에 "자본주의가 탄생했다"고 말할 수 있었던 것이다.

자본주의의 탄생은 이미 중세 말기에 준비되었다. 현실화 이전에 언제나 잠재성 차원에서의 생성이 있는 법이다. 이 시기에 도시, 상인, 화폐, 도로 등 많은 것들이 새롭게 탄생하거나 개혁되었다. "모든 길은 로마로 통한다"라는 말이 있었듯이, 제국 로마가 지중해세계를 장악했을 때는 나름대로의 교통 및 통신 체계가 존재했다. 그러나 암흑 시대를 거치면서 이 길들은 대개 황폐해졌다. 과거의 길들이 복구되고 새로운 길들이 놓이기 시작한 것은 12세기에 지중해세계가 활기를 띠면서부터였다. 바다에도 길들이 생겨나기 시작했는데, 특히 베네치아 등 이탈리아 도시국가들이 비잔티움 심지어 이슬람과의 무역을 위해서 개척한 길들 그리고 아직 초보적이었지만 네덜란드가 대서양에 열어놓은 길들이 그것이었다. 길들이 점차 열림으로써 자연히 그 위를 통행하는 사람들도 많아졌고, 정적이었던 중세 사회가 점차 동적으로 바뀌어갔다. 동서를 잇는 길들만이 아니라 '한자동맹'을 맺었던 상인들이 흘러 다녔던 남북을 잇는 도로들도 다수 생겨났다. 핏기 없이 정체되어 있던 지중해세계 곳곳에 혈관들이 뚫리고 생기가 돌기 시작한 것이다.

이 길들이 모이거나 갈라지는 곳에서는 도시가 융성했다. 국가 체제가 확고하게 정립되기 이전에 지중해세계를 이끈 것은 도시들이었다. 도시는 성(城)이라든가 귀족들의 마상(馬上) 시합이라든가 귀부인들의 나들이 같은 중세적 풍경들과 각종 상인, 여행자, 이방인 등이 빚어내는 새로운 풍경들이 어우러져 복합적인 양상을 띠었다. 시대는 여전히(17세기, 나아가 18세기에 이르기까지도) 귀족들의 시대였으나, 이제 그들에 대항하는 다양한 세력들이 등장해 그들의 지분을 조금씩 잠식해갔다. 사치에 찌들어 돈이 필요해진 귀족들은 자신들의 봉건적 권리들을 하나하나씩 팔아치웠다. 그것이 얼마나 심각한 변화를 몰고 올지도 잘 모른 채. 신흥세력들은 세금 등을 돈으로 냄으로써 점차 봉건적 속박들로부터 벗어났다. 신흥 부농들이나 상인들이 세금을 돈으로 내기 시작할 때 세상 모든 것이 변하는 법이다. 도시의 관청들과 성당들 옆에는 '상공회의소(商工會議所)'가 들어섰다. 이제 도시에서는 중세와 근대의 모든 것이 뒤섞여 소용돌이쳤다.[25]

상인들이 권세를 얻기 위해서는 아직도 한참의 세월이 필요했다. 그러나 이 시대에 이르러 상인들은 점차 봉건적 제약들로부터 벗어나 독자적인 세력을 확보해나갔다. 이들은 아직 세계를 바꾸겠다거나 하는 식의 사상을 가지지 못했다. 이들은 그저 장사꾼들일 뿐이었고, '부르주아 계층'이라는 자의식을 갖지 못했다. 철저하게 자신이 속한 길드, 지역과 이익을 함께했을 뿐이다.[26] 그럼에도 이들의 활동 자체만으로도 이미 세

---

25) 도로와 도시의 변화에 따라 공간적 세계가 크게 달라진 것 못지않게 시간적 세계도 달라졌다. 이는 곧 14세기에 시작된 시계의 발명 덕분이다. 시계는 사람들을 시간이 날카롭게 분절된 세계에서 살게 만들었으며, 그 후 점차 모든 것을 바꾸어버린다. 시계를 생각하지 않고서는 근대성을 이해할 수 없다.

26) 물론 한자동맹 같은 유럽 전체를 가로지르는 거대한 동맹도 있었다. 한자동맹은 오늘

계는 달라지기 시작했다. 상업에서의 큰 변화는 세상을 급격하게 바꾸어 버린다. 도시에 사는 사람들은 '룩셈부르크', '함부르크', '스트라스부르' 같은 이름들이 시사하듯이 'burgensis'라 불렸다. 가장 전형적인 도시민들은 곧 상인들이었다. 그래서 상인 계층은 점차 '부르주아지'('부르주아 계층')라 불리기 시작했다. 부르주아지는 귀족들의 특권을 돈으로 사들이면서 점차 권세를 잡아나갔다. 이들은 도시를 자신들의 것으로 만들어갔고, 이탈리아와 네덜란드에는 '코뮌' 즉 자치도시들이 들어서기 시작했다.

베네치아는 이런 흐름을 가장 잘 보여주는 도시국가였다. 피렌체가 천재들의 도시이자 르네상스의 중심이었다면, 베네치아는 시민들의 도시이자 자본주의의 요람이었다. 베네치아는 16세기에 본격적인 상업자본주의가 도래하기 이전 자본주의의 원형을 보여주는 도시이다. 1000년을 전후해서 무역을 통해 번성한 베네치아는 당시의 종교 분쟁에 좀처럼 말려들지 않았고, 정치보다 경제를 더 중시한 거대한 "주식회사"였다.[27] 이익이 된다면 비잔티움이든 이슬람이든 협정을 맺었던 것도 베네치아였다. 십자군 전쟁도 이들에게는 어디까지나 '비즈니스'였다. 피렌체에서처럼 'haute finance〔고도금융〕'를 출현시킬 정도는 아니었지만, 은행업무를 발달시킨 것도 베네치아였다. 이자 개념을 적극 받아들인 것도, 복식 부기를 통해 치밀한 회계를 활용한 것도 베네치아였다. 근대적인 형태의 정보 공작을 발명한 것도 베네치아였고, 고도의 교통 통신망을 활용한 것도 베네치아였다. 요즈음 식으로 말해서 '신용 거래'의 개념이

날의 다국적/초국적 기업을 연상시킨다.

27) 물론 이는 정치 자체가 안정될 수 있었기 때문에 가능했다. 베네치아는 혼합정치를 가장 모범적으로 운용한 도시국가였다. 이런 정치 안정은 일종의 정치 실험실이던 피렌체의 경우와 대조적이다. 피렌체는 귀족주의, 폭력정치, 중산층과 빈민층의 갈등, 유한 민주주의와 무한 민주주의, 사이비 민주주의, 사보나롤라의 정교합일, 혼합정부, 마지막으로 메디치 가의 독재를 모두 경험했으니 말이다.

라든가 '전문 경영인', '서비스 산업' 같은 개념을 초보적으로 도입한 것도 베네치아였다.[28] 유명한(악명 높은) '베니스의 상인'들을 낳은 베네치아는 또한 노동자들을 가혹하게 탄압한 점에서도 선구자였다. 이런 현상들은 베네치아만이 아니라 라이벌 제노바 등 다른 도시국가들에서도 발견할 수 있지만, 베네치아야말로 특히 두드러지게 자본주의로의 길을 닦은 도시국가였다.

세 가지 탈영토화와 자본주의의 탄생

이런 흐름이 과연 '자본주의'인지에 대해서는 논쟁이 있다. 물론 이는 자본주의란 무엇인가라는 물음과 맞물려 있다. "x는 무엇인가?"라는 철학적 물음과 "A는 x였는가?"라는 역사학적 물음은 항상 맞물려 있기 때문이다. 하지만 자본주의의 기본 개념을 상업자본주의에서 찾는 페르낭 브로델의 정의에 따르는 한에서는 이 시대에 자본주의가 탄생했다고 말할 수 있다.

그러나 이런 큰 변화들도 세 가지의 탈영토화가 일어나지 않았다면 지중해세계 내의 변화에 그쳤을 뿐 전 세계의 근본적인 전환은 가져오지 못했을 것이다. 탈영토화(deterritorialization)는 말 그대로 'terre'로부터 즉 땅/토지/대지로부터의 이탈을 뜻한다. 중세에 땅은 오로지 황제나 교회의 것이었고 궁극적으로는 신의 것이었다. 그것을 영주에게 '위임'하고 영주가 다시 농노들에게 '위임'한 것이 토지였다. 토지는 부의 유일

---

28) 육지를 통한 운송 비용이 바다를 통한 그것의 10~20배에 달하던 이 시절에 바다의 장악은 국력의 핵심이었고, 바다의 장악이란 교역 국가 확보, 해상 안전(특히 해적들로부터의 상선 보호), 조선 기술 및 항해 기술 등 여러 조건들이 갖추어져야 가능했다. 그러나 신용이 보장되지 않는다면 이 모든 것이 소용없었고, 자본주의가 원활히 돌아가려면 "계산 가능한 법적 체계"가 확보되어야 했다.(막스 베버, 『프로테스탄티즘 윤리와 자본주의 정신』, 김덕영 옮김, 도서출판 길, 2010) 베네치아는 이런 신용 구조를 확실하게 유지했기 때문에, 당대에 이미 해상보험이 생겨났음에도 베네치아 상인들이 보험을 드는 경우는 거의 없었다고 한다.

한 원천이었다. 그리고 관념상 땅은 여전히 '대지(大地)'였다. 그러나 중세가 해체되고 새로운 시대가 무르익으면서 땅의 의미는 변하기 시작했다. 귀족들이 상인들에게 땅을 팔면서 땅은 상품으로 화했고, 이는 중세의 구조를 근본적으로 뒤흔들었다. 원칙적으로 땅은 왕의 것이었지만, 이익이 나오지 않는 땅은 의미가 없었기에 왕으로서는 땅을 맡기고 세금을 받는 편이 더 나았다. 이런 과정이 진행되면서 점차적으로 땅은 사유재산이 되어갔고 상품으로서 매매, 분할, 양도되기에 이른다. 이는 현대의 삶을 전통 사회의 그것과 근본적으로 다르게 만드는 요소들 중 하나이다.

또 하나의 탈영토화는 대지 자체의 탈영토화가 아니라 대지로부터의 농민들의 탈영토화이다. 농사보다 양모 산업의 수익성이 높아지자 대개의 지주들이 자신들의 땅에 울타리를 치고서("enclosure") 양들을 방목했으며, 그 땅에서 농사를 짓던 농민들을 바깥으로 몰아내었다. 특히 영국이 양모 수출에 열을 올렸기 때문에, 이런 현상은 영국에서 두드러졌다. 이 당시의 광경을 토머스 모어는 다음과 같이 전해주고 있다.

> 그들은 자신의 소유지에 울타리를 쳐서 목초지를 만들고 아무도 농사를 짓지 못하게 합니다. 심지어 집과 마을을 모두 파괴하고 교회만 양 우리로 쓰기 위해 남겨놓습니다. (…) 수천 에이커의 땅을 울타리로 막아버려 수백 명의 농민들은 쫓겨나게 됩니다. 농민들은 사기를 당하거나 협박에 못 이겨 자신의 땅을 팔 수밖에 없습니다. 남자와 여자, 남편과 아내, 고아와 과부, 어머니와 어린아이 등 가난한 사람들은 모두 떠나게 됩니다. (…) 여기저기 떠돌이 생활을 하며 그 얼마 되지도 않는 돈마저 다 날리게 되면 도둑질 말고는 할 수 있는 일이 없습니다. 그래서 결국은 교수형에 처해지거나 유랑하며 구걸하게 되는 것입니다.[29]

---

29) 토머스 모어, 김현욱 옮김, 『유토피아』(동서문화사, 2008), 21쪽.

이렇게 문자 그대로의 의미에서 탈영토화/탈토지화된 사람들은 도시로 도시로 몰려들었다. 당연히 도시는 아수라장이 되었고, 빈민들을 비롯한 "반(反)사회적인" 사람들을 가두는 수용소들이 숱하게 생겨나기 시작했다.[30] 훗날 산업혁명이 발생했을 때 이들은 이른바 '산업예비군'으로서, '노동자'로서, '프롤레타리아트'로서 변모하기에 이르며, 이로써 산업자본주의가 탄생한다.

세 번째 탈영토화—이 경우는 넓은 의미—는 화폐의 탈영토화이다. 우선 화폐 자체가 사물들로부터 탈영토화되었다. 화폐란 사물의 가치를 양화한 기호이다.[31] 중세에는 화폐경제가 발달하지 않았고 자급자족과 물물교환이 대세를 이루었다. 실재하는 사물들의 시대였다. 화폐가 발달하면서 사물들은 점차 화폐로 치환되었고 사람들은 모든 것을 숫자로 표시하는 데에 익숙해져갔다. 화폐는 그것이 지시하던 사물들로부터 점차 이탈해가며 나중에는 화폐가 화폐를 지시하는 사태('자기지시성')가 벌어지게 된다. 사물들은 본래 쉽게 서로 비교될 수 없는 것이며 각각이 고유한 의미를 띠고 있다. 화폐는 이 의미를 돈의 숫자로 환원해버리며, 이제 숫자들의 세계에서 모든 사물들은 등질화(等質化)되어 (homogenized) 계산되기에 이른다. 사람들은 사물들을, 심지어 생명체나 인간까지도 물화(物化)하고 상품화해 계산하는 데 익숙해져갔다. 자본주의란 이렇게 화폐의 존재론을 근간으로 한다.[32]

화폐는 나아가 그 자체로부터도 탈영토화한다. 즉, 화폐는 기존의 사용법에서 탈영토화해 자본으로 전화하기에 이른다. 중세의 화폐는 단

---

30) 다음을 보라. 미셸 푸코, 이규현 옮김, 『광기의 역사』(나남, 2003).

31) 그러나 순수 기호가 아니라 물질성 역시 중요한 역할을 하는 기호이다. 예컨대 금의 위상은 오늘날까지도 유지되고 있다.

32) 이런 사태는 근대 철학, 특히 자연철학=자연과학의 사유 형태에도 심대한 영향을 끼쳤다. 그리고 다소 맥락이 다르지만, 민주주의 역시 이런 '등질화'를 근간으로 한다. 등질화는 근대성의 중요한 존재론적 기초 중의 하나이다.

지 도구일 뿐이었다. 바로 그렇기 때문에 화폐 자체를 이용해서 돈벌이를 하는 것은 죄악으로 여겨졌으며, 고리대금업자는 사회에서 최하의 자리를 차지했다.[33] 중세에는 '이자'라는 개념도 존재하지 않았다. 돈이 많아도 딱히 투자할 곳이 없었다.('투자' 개념이야말로 자본주의의 본질이다) 돈의 용도는 어디까지나 소비에 있었다. 14세기 이래 지중해세계는 급변했고 화폐가 활발하게 돌기 시작했다. 시장에 환전상이 등장하고 시끌벅적하게 돈이 교환됐다. 이자의 개념도 생겨났고, '은행', '환율'의 개념도 등장했다. 무엇보다 중요한 것은 화폐란 소비의 도구가 아니라 생산의 도구라는 것, 보유의 대상이 아니라 투자의 대상이라는 것, 그 자체로서 끝없이 불어날 수 있는—후대의 용어로 하면 '확대재생산'될 수 있는—존재라는 이해가 등장했다는 점이었다. '자본'이 탄생한 것이다. 이는 근대 이래의 삶을 규정하는 핵심적인 요소들 중 하나이며, 이후 인간의 삶은 자본주의와 떼어서는 생각할 수 없게 되었다.

자본주의란 이렇게 토지의 탈영토화, 노동(자들)의 탈영토화, 화폐의 탈영토화를 통해 이루어졌거니와, 특히 중요한 것은 지중해세계의 서방에서 이 세 탈영토화가 상호 작용함으로써 자본주의라는 새로운 삶의 양식이 발생할 수 있었다는 사실이다.

바다의 전쟁: 지중해에서 대서양으로

15세기 정도가 되면 이런 자본주의적 활동이 일반화하며, 이에 따라 상업, 상인, 화폐 등에 대한 사람들의 생각도 그 해악만을 강조하기보다는 의미도 인정해주는 방향으로 바뀌기 시작한다. 당대에는 농노들도 또한 상당수 해방되었다. 예컨대 레오나르도 브루니의 『조사(弔辭)』에는

---

33) 고리대금업자들 중에는 유대인들이 많았으며, 이것이 유대인들이 미움을 받게 된 이유들 중 하나였다. 그러나 최고의 고리대금업자는 고리대금업을 지탄했던 바로 그 성직자(聖職者)들이었다(!)

피렌체 상인들의 공헌이 찬양조로 언급되고 있으며, 포지오 브라치올리니는 화폐가 공동체 번영의 기초라고까지 주장했다. 자본주의와 자본주의에 대한 이런 생각들은 점차 지중해세계 전역으로 퍼져나갔다.

그러나 자본주의가 결정적인 탄력을 받은 것은 결국 국민국가라는 체제와 맞물릴 수 있었기 때문이라고 해야 할 것이다. 16세기에 이런 구도가 형성되기 시작했으며, 이런 흐름은 최근 '세계화'/'지구화' 현상이 두드러지게 되기 전까지(물론 지금까지도) 계속 이어졌다. 에스파냐, 프랑스, 영국 등 일찍이 국민국가를 형성한 지역들이 득세하면서 **국가와 자본주의의 결부**가 두드러지게 되거니와, 이런 흐름의 의미를 이해하는 데 도움을 주는 것이 네덜란드로부터 영국으로 헤게모니가 이동한 과정이다.

네덜란드는 신성 로마 제국에 속해 있었으나, 카를 5세의 퇴위(1556년) 후 제국이 독일-오스트리아 지역과 에스파냐 지역으로 분할되면서 에스파냐 펠리페 2세의 지배 하에 들어간다. 이 시대에 이르러(1560년) 네덜란드의 독립운동이 시작되어 마침내 1581년에 에스파냐로부터 실질적으로 독립하기 이른다.(공식적으로는 30년 전쟁을 종식시킨 베스트팔렌 조약을 통해 1648년에 독립) 1600년을 전후해서 네덜란드는 독특한 국가 체제 및 자본주의 체제를 가동하기 시작했고, 에스파냐를 추월하고 프랑스, 영국과 경쟁하면서 17세기의 경제를 줄곧 주도했다.

네덜란드는 도시국가적 성격이 강했으며, 때문에 이탈리아 도시국가들처럼 독특한 발전을 이루었다. 그러나 네덜란드가 득세했을 때는 이미 프랑스, 에스파냐, 포르투갈, 영국 등이 국민국가의 기틀을 마련했을 때이며, 이 때문에 네덜란드의 경우는 매우 특이한 발전 양상을 띠었다. 식민지로서 통일된 권력이 존재하지 않았던, 그 대신 북방의 베네치아라 할 암스테르담을 비롯한 숱한 도시들로 구성되었던 네덜란드는 에스파냐, 프랑스, 영국처럼 중앙집권적 왕정으로 가지 않고 베네치아처럼 공화정으로 갔다. 이 때문에 네덜란드에서는 강력한 왕정의 조건인 세금, 상비군('국군'), 관료제, 사법제도 등이 미약했다. 대신 네덜란드는 도시민들의 자치, 대서양에서의 좋은 입지, 수준 높은 조선업과 항해술 등을 가지고 있었다. 그리고 칼뱅주의의 영향 하에서 자의식을 갖춘 부르주아 계층이 형성되어 있었고, 또 에스파냐와의 전쟁 때 많은 기술자들, 자본가들이 종교의 자유가 큰 네덜란드로 이주하기도 했다. 하지만 그렇다고 네덜란드가 공화국 전통만을 고집한 것은 아니었다. 시대는 이미 강력한 국민국가가 모든 것을 제압한다는 사실이 분명히 보이는 때였다. 네덜란드는 공화국이면서도 왕정/제국을 지향하는 어중간한 성격―공화국 체제와 오란녀 가의 왕정이 공존하는 구도―을 띨 수밖에 없었다.

16~17세기에는 이미 교통 통신이 상당 정도로 발달해 있었고, 무역이 경제를 이끌었으며, 금은동의 점유가 중시된 중상주의의 시대였다. 이에 따라 국제법이 발달했으며, 앞에서 본 흐로티위스의 공헌도 이런 맥락에 속한다. 어떤 사람들은 이 시대에 이미 '세계시장(World Market)'이 형성되어 오늘날에까지 이르렀다고 주장하기도 한다.[34] 네덜란드는 한편으로 무역을 통해서 부를 쌓았으며, 다른 한편으로 동남아 등 여러 곳에 식민지를 개척했다. 이 시대에 이르러 근대적 형태의 식민 사업이 본격화하며, 아시아, 아메리카, 아프리카가 약탈당하기 시작한다. 중상주의를 채택한 국가들이 이렇게 무역과 식민지 개척에 열을 올린 결과 필연적으로 도래한 것은 물론 1652년, 1665년의 네덜란드 vs. 영국 전쟁, 1672년의 네덜란드 vs. 프랑스 전쟁 등등 숱한 전쟁들이었다. 그리고 당연히 이 시대 전쟁의 승패는 해군력에 달려 있었다.[35] 네덜란드는 해군

---

34) 이매뉴얼 월러스틴의 『근대세계체제』(나종일 외 옮김, 까치, 1999)가 대표적이다. 재닛 아부-루고드는 유럽 패권 이전에 이미 세계시장이 형성되었으며 이후 소강 상태에 접어들었다가 16세기에 다시 본격화되었다고 본다.(『유럽 패권 이전: 13세기 세계체제』, 박홍식·이은정 옮김, 까치, 2009) 그러나 규모와 성격에서 분명 차이가 있었다. 안드레 군더 프랑크는 이 문제에 관련해 유럽중심주의를 비판하면서 아시아에 초점을 맞추어 세계시장을 논하고 있다.(『리오리엔트』, 이희재 옮김, 이산, 2003) 그러나 아시아(동북아)가 자체적으로 융성한 적은 있어도 '세계시장'을 형성한 적은 없다고 해야 할 것이다.

35) 해적들과의 싸움 또한 중요했다. 거대한 부(富)가 바다에서 돌아다니던 이 시대는 해적

력―물론 그 바탕은 경제력이었다―으로 포르투갈, 에스파냐, 프랑스를 누르고 바다를 장악했으나, 결국 영국의 해군력에 밀려 쇠퇴하고 만다. 이는 영국이 한편으로 네덜란드로부터 자본주의를 배웠지만 다른 한편으로는 네덜란드보다 더 강력한 국민국가를 건설했기 때문이다. 다소 거친 은유를 사용한다면, 근대사는 자본주의의 속도와 국민국가의 힘이 결합했을 때 가장 강력한 에너지에 도달한다는 점을 보여주었다고 할 수 있다.

다른 한편 네덜란드는 **금융업**(과 보험업)을 통해서도 유럽을 장악했다. 암스테르담 은행은 '은행화폐'를 발행해 기존 화폐들의 혼란을 정리했고, 또 인플레이션을 일으킨 주범인 귀금속의 유출을 통제함으로써 거래 질서를 확립했다. 이런 과정을 통해서 네덜란드의 은행업은 점차 현대적인 형태에 가까워졌다. 게다가 '공매(空賣)'―요즈음 식으로 말해 선물매매―나 '옵션' 같은 제도를 보면 사실상 오늘날의 자본주의와 별반 차이가 없는 단계에까지 이르렀다고 할 수 있을 것이다. 여기에 과학자들, 기술자들을 자본주의에 끌어들여 생산력을 높이는 방식까지도 초보적인 형태로나마 뚜렷이 나타났다. 중세의 길드제와 근대의 공장제 사이에 등장했던 선대제(先貸制)는 생산과 판매를 함께 하던 길드제로부터 장인들이 생산하고 기업가들이 판매하는 제도, 즉 과학기술을 자본이 포섭한 제도로 이행했음을 잘 보여준다. 이렇게 네덜란드는 자국의 선진 학문을 자본주의에 포섭해서 활용했다는 점에서도 현대 자본주의의 원형을 보여준다.

그럼에도 네덜란드는 영국에 경제적 헤게모니를 넘겨줄 수밖에 없었는데, 그 이유는 무엇이었을까? 국가의 통일성이 부족했고, 자본가들의 돈이 사회의 하층으로 흘러가 국가 전체를 살찌우지 못했다는 점이 일

들의 전성기였다. 경우에 따라서는 국가가 해적을 지원해 상대 국가를 괴롭히기도 했는데, 엘리자베스 1세가 "공인된 해적" 드레이크를 지원한 이야기는 유명하다.

차적이다. 상층부의 화폐 회로와 하층부의 화폐 회로가 분리되어 있었으며, 최전성기에조차도 암스테르담에 거지가 득실댔다. 17세기에 많은 인재들을 배출했지만, 아직 과학기술을 국가적 차원에서 체계적으로 발달시켜야 한다는 개념은 부족했다. 요컨대 네덜란드의 헤게모니는 국가 저변으로까지 스며든 심층적인 것이라기보다는 특정한 자본가들에 의해 진행된 다소 표면적인 것이었다고 해야 할 것이다. 물론 이런 현상은 어느 시대에나 볼 수 있기 때문에 이것이 네덜란드만의 특징이었다고는 할 수 없다. 그러나 당시 국민국가의 형태가 대세를 이루었다는 점을 감안할 때, 포르투갈, 에스파냐, 프랑스가 네덜란드보다 힘이 있었지만 다소 굼떴다고 한다면 네덜란드는 이들보다 빨랐지만 갈수록 힘이 달렸다고 할 수 있을 것이다. 1700년 전후가 되면 결국 힘과 속도를 겸비한 영국이 헤게모니[36]를 잡기에 이른다.

17세기 영국의 상황은 내란의 연속이었다. 그러나 크롬웰 시대(17세기 중엽)가 되면 이미 강력한 해군력을 보유함으로써 다른 국가들과의 숱한 전쟁에서 거듭 승리를 거둔다. 또, 이 시대가 되면 국군이라 할 만한 군대를 창설해 근대 국민국가의 면모를 갖추기에 이른다. 1651년의 항해 조례(Navigation Acts)는 영국이 이미 대서양을 장악하기 시작했음을 시사한다. 찰스 2세의 왕정 복고를 거치고 1666년 런던 대화재를 전후해 여러모로 침체에 빠지기도 했으나 그 와중에도 네덜란드와 연이어 전쟁을 벌였다. 대서양을 놓고 네덜란드와 영국이 벌인 전쟁은 그 규모와 양상에서 근대 전쟁의 면모를 충분히 보여준다. 어쨌든 영국은 네덜란드와

---

36) '네덜란드 → 영국'으로의 헤게모니 이동에 대해서는 조반니 아리기 외, 『체계론으로 보는 세계사』(최홍주 옮김, 모티브북, 2008)를 참조. 아리기 등은 헤게모니=패권을 다음과 같이 정의하고 있다. "지배 집단의 이익에 봉사하면서도, 보다 보편적인 이익에 봉사한다는 인상을 종속 집단에게 주는 방향으로 사회를 이끌 수 있는 능력 덕분에 지배 집단에게 생기는 부가적인 힘"(58쪽) 그러나 이러한 정의는 다소 정치학적인 정의로서, 오히려 동북아의 춘추시대에 걸맞은 정의이다. 지금의 맥락은 보다 군사적이고 경제학적인, 즉 단순하고 적나라한 의미에서의 패권을 말한다.

의 전쟁에서 승리함으로써 17세기 후반에 대서양의 헤게모니를 잡기 시작했다. 오랜 내란 끝에 얻은 정치적 자유와 종교적 자유가 영국을 단단한 국민국가로 만들었고, 이것이 영국 자본주의의 추동력이 되었다. 특히 영국은 런던을 금융, 무역, 보험, 정보의 중심지로 만듦으로써 이 헤게모니를 확고히 했다. 1700년 즈음의 유럽은 파리를 정치·문화의 수도로, 런던을 경제적 수도로 해서 재편되기에 이른다. 암스테르담 은행이 잉글랜드 은행에 자리를 내준 것이다. 이와 더불어 영국은 전 세계를 대상으로 식민지 침략을 본격화했다.

16세기 국민국가들(에스파냐, 포르투갈, 프랑스, 영국, 네덜란드 등)의 형성은 이후 근현대의 역사에 깊고 넓은 파급 효과를 가져다주었다. 아울러 자본주의의 성립은 이 국민국가의 성립과 맞물려 가능했으며, 결국 자본의 속도와 국가의 힘이 결합해 근현대적인 권력을 성립시켰다고 할 수 있을 것이다. 국가와 자본주의라는 이 두 객체성은 이제 근현대세계에 태어난 사람이라면 누구도 피해 갈 수 없는 객체성으로 군림하게 되며, 따라서 철학 역시 이런 객체성과의 관계를 통해서 전개되기에 이른다.[37]

§3. 인본주의의 발흥

하나의 극에서 국가와 자본주의가 이렇게 강고한 객체성으로 도래했던 반면, 어느 시대에나 그렇듯이 다른 한 극에서는 이 객체성에 참여하거나 저항하거나 그것을 내면화하거나 비판하거나 하는 다양한 형태의

---

37) 19세기가 되면 과학기술이 또 하나의 거대 객체성으로 도래하기에 이르며, 오늘날 우리는 이 거대 객체성의 힘이 극에 이른 시대를 살고 있다. 그리고 20세기에 도래한 또 하나의 거대 객체성은 (넓은 의미에서의) 대중문화(현대적인 의식주, 그리고 신문, 잡지, 영화, 스포츠, TV, 인터넷 등등)이다. 오늘날 현대인은 이 네 가지의 거대 객체성—국가, 자본주의, 과학기술, 대중문화—이 형성하는 '사각의 링' 안에서 살아가고 있다.

주체화 양식들 역시 도래하게 된다. 삶이란 결국 객체성과 주체성의 변증법에 다름 아니다. 르네상스 시대의 주체성 형성은 중세의 와해, 숱한 종교적 갈등들, 국민국가와 자본주의의 득세 같은 객체성에 처한 인간들의 드라마였다고 할 수 있다. 이런 주체성의 양식들을 통해서 근대적 주체성, 개인, 자아의식, 인본주의, …의 원형이 출현한다.

인문주의와 인본주의

이런 흐름은 특히 '휴머니즘'으로 나타났다. 휴머니즘은 직접적으로는 'humanitas'에서 유래한다. 그리고 이미 보았듯이, 이 개념은 본래 교육에 관련된 그리스와 로마의 이상을 표명하는 개념이었다. 따라서 처음에 휴머니즘은 본격적인 사상사적 함의를 띠기보다는 좁은 의미에서의 인문학(人文學)의 부흥을 뜻했다. 그러나 좁은 수사학적, 법학적, 문학적 의미를 띠었던 인문주의 즉 인문학주의는 이내 중요한 역사적-사상적 의미를 담기 시작했다. 매우 실용적이고 편협한 관심사에 의해 주도되던 이탈리아 수사학은 브루네토 라티니(1220~1294년) 등 프랑스에서 고전을 공부하고 돌아온 인물들에 의해 본격적인 인문학으로 탈바꿈된다. 또 문학, 역사, 철학, 그리고 특히 법학 등 다른 분야들에서도 그리스와 로마의 고전들에 대한 열정이 불붙기 시작한다. 이런 과정을 통해서 르네상스 인문학은 공화주의 정치철학과 인본주의적 자아 탐구로 이행하며, 길게 본다면 근대의 철학 전반을 특징짓는 주체철학(subjective philosophy)의 근간을 마련하게 된다. 르네상스 시대 전반이 나아가 근대 전체가 '인간적인 것'의 발견으로 특징지어진다면, 이 시대의 핵심을 드러내주는 것은 바로 이 인본주의 사상일 것이다.

본격적인 르네상스 휴머니즘이 출현하기 전인 14세기에 이미 파도바를 중심으로 활동했던 휴머니스트들, 즉 "선-휴머니스트들"이 있었다. 이들이 피렌체에서 꽃피게 되는 휴머니즘의 초석을 놓았다. 법률가였던 알베르티노 무사토, 정치가였던 콜루치오 살루타티 등이 단테, 페트라르카 등과 더불어 14세기의 선-인문주의를 주도했으며, 이들의 사유는 문학적 차원에서 출발해 점차 정치적-철학적 함의를 강하게 띠어갔다. 이런 흐름은 15세기에, 특히 피렌체에서 활짝 꽃피기에 이르며 이른바 '시민적 인문주의자들'에게서 절정에 달한다. 그리고 '후기 공화주의자들'을 거쳐 북부로 진행되어나가 유럽 전체에 퍼지게 된다. 통상 르네상스와는 구분되는 17세기의 사상가들에게서도 이런 르네상스 인문주의 사유의 흔적들을 많이 발견할 수 있다.

당시 문법, 수사학, 변증론 등 인문학적 과목들은 이탈리아보다는 프랑스에서 더 많이 발전하고 있었다. 이탈리아의 저자들 중에도 프랑스 유학을 다녀온 인물들이 많았다. 그러나 인문'학'을 인문'주의'로 변환함으로써 르네상스 휴머니즘을 연 것은 페트라르카를 비롯한 이탈리아인들이었다. 중세적 전통이 강했던 프랑스보다는 일찍부터 공화정 도시국가를 발전시켰던 이탈리아에서 휴머니즘이 발전한 것은 그리스가 여타의 거대한 제국들에 비해 후발 주자이면서도 결국 창조적인 문화를 이룰 수 있었던 것과 같은 이치이다.

14세기의 이른바 '선-인문주의자들' 중에서도 특히 아레초의 프란체스코 페트라르카(1304~1374년)가 인문주의적 태도를 두드러지게 보여주었다. 페트라르카는 인문학자, 공화주의자, 인본주의자였는데, 이는 르네상스 시대 사상가들의 다원성을 잠시 접어둘 때 이후에도 전형적으로 나타나는 르네상스인들의 모습이었다. 첫째, 페트라르카와 그를 잇는 인문주의자들은 우선 인문학자들이었다. 여기에서의 '인문학'은 '과학'과 대비되는 뉘앙스를 띤다. 예컨대 수사학과 스콜라철학의 대조가 대표적이다. 페트라르카는 키케로, 세네카, 베르길리우스 같은 로마의 작가들을 발굴해내고 연구함으로써, 더 나아가 플라톤과 (새로운 각도에서 본) 아리스토텔레스의 의미를 다시 읽어냄으로써 르네상스 고전 연구의 길을 텄다. 르네상스 지식인들의 이런 고대 경사 및 고대 연구는 이들에게 인문적 교양을 함양시켰으며 더불어 고대와 중세 사이를 구분할 수 있게 해주었다. 이는 중요한 인문학적 성과였다. 페트라르카는 고대 연구를 통해 고대와 자신의 시대 사이에 존재하는 시대, 그가 "중세(中世)"라고 부른 시대를 변별해냈다. 아울러 이 중세를 폄하하고 고대를 찬양하는, 이후에 줄곧 이어지는 하나의 경향을 확립했다. 이런 새로운 역사적 전망을 통해서 그들은 자신들의 시대적 위상을 뚜렷이 가늠할 수 있었다. 나아가 인문학이란 결국 인간을 연구하는 학문이라는 점에서 인문학의 부흥은 결국 이들에게 '인간'이라는 존재를 최대의 화두로 삼게 만듦으로써 인문주의를 낳기에 이른다.

또한 페트라르카는 로마 공화정의 열렬한 예찬자였다. 이 점에서도 그는 이후 이어지는 르네상스 사상, 특히 시민적 인문주의에 결정적 영향을 주게 된다. 페트라르카는 당대의 교회를 신랄하게 비판하면서 그 대안으로서 공화정 로마를 연구했으며, 인문학 중에서 로마사 연구가 중요한 한 갈래를 차지하게 되는 것도 페트라르카의 영향을 받은 이런 현실적 맥락에서였다. 역사가로서 페트라르카는 전문적인 성과를 남기지는 못했다. 하지만 그가 공화정 로마를 정통으로 본 점, 카이사르를 비판하고 스키피오, 카토, 키케로 등 공화주의자들을 찬양한 점, 제정 로마 이후를 중세로서 타락한 시대로 본 점은 이후 르네상스 지식인들의 역사관을 모양 지었다.[38] 그리고 페트라르카 자신 인문학자인 동시에 피렌체 공화정을 위해 적지 않은 노력을 쏟은 공화파 정치사상가이기도 했다.[39] 페트라르카의 이런 정향은 이후 살루타티, 브루니 등의 시민적 인문주의자들에게 결정적 영향을 끼친다.

마지막으로, 페트라르카는 또한 철학자이자 인본주의자이기도 했다.

---

38) 페트라르카의 사상은 주로 그의 편지들을 통해서 알 수 있다. Pétrarque, *Lettres de la vieillesse*(Les belles Lettres, 2002); *Lettres familières*(Les belles Lettres, 2002).

39) 인문학자로서의 삶과 공화파 정치가로서의 삶이라는 이중적 삶은 '관조적 삶(vita contemplativa)'과 '활동적 삶(vita activa)'을 둘러싼 논쟁의 대상이 되기도 했다. 르네상스 지식인들에게는 이 두 삶의 조화가 늘 화두가 되곤 했다.

그의 인본주의적 정향은 이후 르네상스 나아가 근대 철학 전체를 예고했다고 할 만큼 중요한 것이었다. 그는 무엇보다 자아, 주체, 내면, …에 주목하고서 자기 자신을 끝없는 탐구와 성찰의 대상으로 삼았다는 점에서 근대 '주체철학'의 선구자였다. 이런 뚜렷한 자아의식, 자아 탐구, 개성의 중시("나는 내가 아는 누구하고도 다르다")는 서서히 근대인의 뚜렷한 표지가 된다. 그가 인문학을 중시한 것도 결국 인문학이 사람을 탐구하는 학문이기 때문이었으며, 공화정을 찬양한 것도 적어도 고중세세계에서는 공화정이야말로 각인의 개성이 존중될 수 있는 체계였기 때문이었다는 점을 생각한다면, 결국 인본주의 역시 인문주의, 공화주의와 맥을 같이한다고 할 수 있다. 그러나 페트라르카가 인간, 주체, 자아, …에 대한 확고한 형이상학적 이론을 제시한 것은 아니었다. 오히려 자신 앞에서 끊임없이 서성이고 고뇌하며 반추했던 그 모습이 진정 르네상스적 자아 탐구의 모습이었다 해야 하리라. 바로 그렇기 때문에 그의 사유의 성과는 시로써 가장 잘 표현되었다고 할 수 있다. 그가 인식론적으로 회의주의적 면모를 보였던 것도 이런 맥락에서였다. 이런 회의주의적 태도 역시 르네상스 지식인들에게서 줄곧 이어진다. 페트라르카는 인간을 이론적으로 소진함으로써가 아니라 그 무한히 풍부한 면면들을 들여다봄으로써 역설적으로 인본주의의 초석을 놓았다.

르네상스 지식인들의 다양성을 접어두고서 생각할 때, 그리스-로마의 고전을 연구하는 인문학자로서, 공화정 로마를 흠모하는 역사학자/정치사상가로서, 그리고 자신을 끊임없이 들여다보고 고뇌하는 철학자/시인으로서의 페트라르카의 모습은 르네상스 지식인/사상가의 전형을 보여준다.

인본주의의 흐름

페트라르카 등이 일으킨 새로운 사유는 15세기에 이르러 '이탈리아 르네상스'로서 꽃피기에 이른다. 이 시대에 휴머니즘은 특히 구체적인 정치적 함의를 띠게 되며, 앞에서 논의했던 '시민적 인문주의'를 낳는다. 시민적 인문주의, 나아가 시민적 인본주의는 공화정 로마의 복원을 꿈꾸면서 철학적·정치적 사상을 전개했다.

자신들의 사상을 전개하면서 이들은 르네상스 시대의 활기를 응축하고 있는 중요한 한 개념을 다듬는데, 그것은 앞에서 여러 번 언급했던 'virtù(역능)'라는 개념이다. 페트라르카가 키케로를 재발견하면서 끄집어낸 이 개념은 그리스의 '아레테'와 로마의 '비르투스'—특히 탁월성이라는 뉘앙스에서—를 잇는 개념으로서 시대를 담지했다.

이 흐름에서도 역시 처음에는 좁은 의미에서의 인문학의 강조 즉 'studia humanitatis'가 역설되었지만, 이런 강조가 시간이 흐르면서 점차 역사적·정치적·철학적 함의를 얻어갔다. 인본주의자들은 역사, 철학, 수사학 등을 교육해 아레테/비르투스를 갖춘 젊은이들을 양성하는데 중점을 두었으며, 이런 과정을 거쳐 이른바 '르네상스인=전인(全人=uomo universale)'이라는 이념이 탄생했다.[40] 이 개념을 통해 이후 역사를 이끌어갈 결정적인 이념이 탄생하기에 이른다. 인간이란 신, 자연의 노리개가 아니라 '주체'이며, 스스로의 '자아'를 실현해나갈 무한한 잠재력—'비르투'가 힘의 뜻을 포함하고 있음을 상기하자—을 지닌 존재로 이해되기 시작한 것이다. 중세였다면 인간의 오만을 증거하는 것으로 예시되었을 이런 생각이 르네상스 시대에는 지식인 세계를 넘어 일반인들에게까지 널리 퍼지기에 이른다.[41] 이런 인간관은 원죄설을 근간

---

40) 이 이상은 오필리어가 햄릿을 "그 귀족답고 무인답고, 나라의 꽃이자 희망이며, 예절의 모범으로 모든 사람이 우러러보던 왕자님"으로 묘사할 때 잘 나타난다.(셰익스피어, 『햄릿』, 3막, 1장)

41) 그러나 이것이 이 시대의 사람들이 기독교로부터 단적으로 벗어났음을 뜻한다고 보는 것은 오해이다. 예컨대 밀턴의 『실락원』은 고대적 가치와 중세적 가치가 게다가 거기에 근대적 가치까지도 혼용되어 있는 구절로 대미를 장식한다. "필요한 것은 오직 이뿐이로다./ 그저 한결같이 너의 지식에 어울리도록 행위하고,/ 거기에 신앙을 더하고,/ 미덕과 인내와 절제를 더하고,/ 나아가 이내 성스러운 이름으로 불릴/ 다른 모든 것들의 영

으로 하는 중세적 인간관―인노켄티우스 3세의 고루한 책인 『인간의 참상』에서 전형적으로 나타나는 인간관―과는 한참 다른 무엇이었다. 그러나 이 시대의 비르투가 기독교적인 덕성들을 배제한 것은 아니었다. 오히려 이 시대의 덕성들이란 곧 그리스-로마적 덕성들과 중세적 덕성들을 (개개인에 따라 다소간 다른 방식으로) 혼효하고 있는 것들이었다 해야 할 것이다.

　이런 변화가 가져온 가치관의 변화는 특히 새로운 이원론, 즉 신과 악마가 투쟁하는 세계라는 중세적 이원론을 대체한 이원론에서 두드러지게 나타난다. 그것은 곧 인간주체와 운명 사이에서 벌어지는 투쟁의 이원론이다. 인간이란 더 이상 신과 악마라는 양극 사이에서 속절없이 휘둘리는 존재가 아니다. 인간은 그 자신 주체이며 따라서 그의 삶은 객관적으로 주어지는 운명('모이라'/'포르투나')과의 투쟁으로 점철된다. 고대인들에게서와 마찬가지로 운명의 힘은 강력한 것으로 이해되었으며(중세인들의 경우는 물론 더했다),[42] 어느 시대나 그렇겠지만 르네상스 시대도 얼핏 생각되는 것처럼 화사하고 생기 넘치는 시대만은 아니었다.[43] 이 시대 역시 운명(의 여신)은 "세계의 지배자(imperatrix mundi)", 심술궂은 여제(女帝)였다. 인간의 비르투란 바로 이 포르투나와의 투쟁을 통해 그를 감복시킬 수 있는 힘이었다. 지성(至誠)이면 감천(感天)인 것이다. 이들은 이런 덕성을 그 극한까지 밀어붙인 인간―'테오리아'/'오티움'의

혼이기도 한 사랑을 더하라./ 그러면 그대도 이 낙원에서 떠나길 마다하지 않으리라./ 자신의 마음속에 있는 낙원을, 훨씬 행복한 낙원을,/ 너는 손에 넣을 테니까." 더구나 아담에게 이렇게 말해준 것은 천사 미카엘이다.

42)　「카르미나 부라나」에 등장하는 중세의 세속시 하나가 이를 잘 나타낸다. "오! 운명이여. 차기도 하고 기울기도 하면서, 그대도 달처럼 변하는구려. 이 지긋지긋한 삶, 마치 장난을 치는 듯이 때로는 짓누르고 또 때로는 놓아주고. 가난과 권력까지도 얼음처럼 녹여버리니. 〔…〕"(Karl Orff, Carmina Burana)

43)　미셸 푸코는 『광기의 역사』에서 르네상스 시대를 보는 전혀 다른 시각을 제시했다. 역사란 삶의 어느 부위를 비추는가에 따라 매우 다양한 얼굴들을 드러낸다.

삶보다는 '네고티움'의 삶 즉 'vita activa(활동적인 삶)'를 산 인간—은 영광/명예를 얻음으로써 불후의 존재가 될 수 있다고 믿었다. 이런 이념은 모든 영광/명예가 단 한 사람 즉 절대군주에게 집중되는 절대왕정 시대에 이르기까지 르네상스 시대를 이끌어간 원동력이었다.

15세기 후반에 이르러 메디치 가가 피렌체를 장악하는 등 전반적으로 공화주의가 쇠퇴하자 인본주의도 정치철학적 방식보다는 형이상학적 방식으로 추구되기에 이른다. 훗날 계몽 시대의 프랑스와 독일의 관계를 연상시킨다. 플라톤이 부활하고, 특히 르네상스 인본주의에 대한 철학적 탐구가 이어진다. 로렌초 디 메디치의 스승이자 플라톤 전집(완역본)의 출간자이기도 한 마르실리오 피치노(1433~1499년)는 메디치 가의 비호 아래에서 플라톤주의를 부활시킨 대표적인 인물이다. 그러나 그가 부활시킨 플라톤은 철학적으로 날카로운 플라톤이 아니라 신비주의적인 플라톤이었다. 그가 관심을 쏟은 대표적인 분야는 바로 점성술이었다. 그러나 피치노의 플라톤주의가 15세기 후반 인본주의에 중요한 배경을 형성한 것은 분명하다. 그가 플라톤 연구에서 강조했던 '중간자로서의 인간'은 이탈리아의 후기 인본주의 사상에 상당한 영향을 끼치게 된다. 지아노초 마네티(1396~1459년)는 이런 생각을 더 밀고 가 신플라톤주의로 나아간다. 그는 예수의 강림은 '죄 사함'을 위한 것이 아니라 인간을 고양시키기 위한 것이었다는 파격적인 주장을 폈으며, 심지어 인간의 역능은 신성과의 접속을 넘어 신성 자체와 하나가 될 수 있다는 '신성모독'의 지경에까지 나아간다. 마네티는 당대의 화두였던 인간의 '존엄성'과 '탁월함'을 극단으로까지 밀고 나아갔다.[44] 이런 흐름은 피코의 유명한 『인간 존엄성에 관한 연설』로까지 이어진다.[45]

---

44) Giannozzo Manetti, *Über die Würde und Erhabenheit des Menschen*(De dignitate et excellentia hominis)(Felix Meiner, 1990), III, §45.

45) 피코 델라 미란돌라, 성염 옮김, 『인간 존엄성에 관한 연설』(경세원, 2009). "인간이 자기를 온갖 육체의 얼굴로, 모든 피조물의 자질로 조형(造形)하고 형성(形成)하고 변형(變

후기 인본주의의 이런 인간 예찬에서는 전기 인본주의에서 보이는 '운명과의 투쟁'이라는 테마가 현저하게 약화된다. 이것은 한편으로 중세를 뛰어넘는 찬란한 르네상스 문화의 업적들에 기반한 자신감의 표현이기도 하지만, 다른 한편으로 본다면 이미 메디치 가에 의해 장악된 당대의 현실에서 현실과의 치열한 부딪침이라는 측면을 결여한 결과이기도 하다. 그래서 공화주의적 인본주의가 좌절된 상황에서, 바로 그 좌절을 초래한 주인공인 메디치 가의 자상한 비호를 받으면서 나온 이들의 인간 예찬은 적지 않게 '공허한 울림'으로 다가온다. 인간이란 객체성과 아프게 부딪치지 않은 상황에서 곧잘 주체성을 예찬하곤 하기 때문이다. 그러나 이런 주체성은 객체성에 실제 부딪치자마자 깨져버리기 십상이다. 전기 공화주의적 인본주의에서보다 시뇨레들에 의해 장악된 후기 인본주의에서 오히려 더 열띤 인간 예찬이 등장했다는 사실에는 착잡한 무엇인가가 있다. 그러나 다른 한편으로, 인간의 존엄성에 대한 강한 긍정과 탁월성에 대한 열렬한 예찬은 중세의 질곡에서 벗어난 인간의 환희를 표현한 것이라는 점에서 소중한 사상사적 자산이라는 사실 또한 부정할 수 없다.

16세기로 완전히 넘어가면 이제 지중해세계가 절대왕정으로 향하고 있다는 사실이 누구의 눈에도 분명해지고, 이에 따라 르네상스를 비추던 빛과 열기도 한풀 꺾인다. 그러나 이 빛과 열기는 다른 지역에서, 다른 형태로 전개되기에 이른다.

유토피아의 꿈

잘 알려져 있듯이, 16세기에 이르면 르네상스의 물결은 북부로 이행해

形)하기 때문입니다"(§9) 같은 구절에 잘 나타나듯이, 피코의 사상에는 인간 주체성에 대한 (현대의 실존주의를 연상시키는) 파악도 등장한다. 물론 이런 생각은 어디까지나 신학의 그림자 아래에서 나타난다.

프랑스, 영국을 비롯한 여러 지역들로 퍼져간다. 그리스어, 라틴어 고전들이 활발하게 연구되고, 이탈리아 선진 사상가들의 저작들도 다수 소개된다. 사실 새로운 학문의 출발은 프랑스에서 이루어졌었다. 13~14세기 프랑스에서 발전한 스콜라철학 및 문법, 수사학, 문학, 예술이 이탈리아로 수입되었고, 후에 이탈리아에서 성숙한 인문학이 다시 프랑스로 역수입된 것이다. 이 당시 활동한 기욤 뷔데(1467~1540년)는 그리스어, 라틴어, 히브리어 3개 언어를 전문으로 연구하는 대학을 세웠다. 훗날의 콜레주 드 프랑스의 전신이다. 오늘날까지도 (본 저작에서도 자주 인용했던) 프랑스의 대표적인 고전 총서에는 '기욤 뷔데'라는 이름이 붙어 있다. 뷔데는 인문학적 법학도 발전시켰는데, 로렌초 발라의 선례를 따라『학설휘찬 주해(Annotationes in XXIV Libros Pandectarum)』를 써서 스콜라 법학을 논파하고 고대 문헌들에 대한 상세한 비평을 통해 논의를 전개했다. 이 저작은 로마법 연구에 큰 영향을 주게 된다.

북방의 인문학적 연구에서 두드러진 의미를 가지는 경우는『구약』과『신약』의 연구이다. 인문학자들은 이 저작들을 추상적으로 이해하기보다는 그 문학적 측면이나 당대의 역사적 상황을 통해서 연구했다. 이 역시 중세의 해석을 뛰어넘어 이 텍스트들이 탄생한 고대로 건너가 사태를 판단하려는 태도를 잘 드러낸다. 이런 연구들을 통해서 라틴어 '불가타' 성서의 많은 오류가 지적된다든가,『구약』의 그리스어 번역의 오류가 지적되는 등 적지 않은 문헌학적 성과가 나온다. 이 성과들을 압축적으로 보여주는 것은 알칼라 대학에서 출간된『구약』일 것이다. 이 판본은 히브리어, 그리스어, 라틴어 세 언어를 모두 병기하고 있고, 게다가「모세 5경」아래에는 갈데아(바빌로니아)어 번역까지도 붙여놓았다. 이런 화려한 판본이 가능했던 것은 당대의 인문학적 성과와 더불어 또한 인쇄술의 발달에 힘입은 것이라고 할 수 있다. 인쇄술의 발달은 지중해세계에 문화적 혁명을 일으켰고, 교양층의 확대에 지대한 공헌을 했다. 알칼라 대학이 출간한『구약』은 당대의 문헌학과 인쇄술의 환상적인 결합을 보여준다.

아울러 데시데리위스 에라스뮈스(1469~1536년)의 『신약』 연구는 북방 르네상스 인문학의 큰 성과였다. 에라스뮈스는 불가타가 많은 문헌학적 문제를 안고 있다고 보았고, 각종 판본들을 참조해서 새로운 『신약』을 내놓았으며, 그에 대한 보충으로 『신약의역』을 출간했는데, 이 작업은 열광과 분노를 함께 자아냈다.[46] 에라스뮈스의 작업은 우선 『신약』(과 『구약』)을 하나의 '텍스트'로 대했다는 점에서 큰 의미를 띤다. 당시의 많은 사람들이 이 텍스트들을 신성한 무엇으로 대했고(심지어 물체로서의 책 그 자체가 신성시되기도 했다), 그것을 문헌학적으로 '교정한다'는 것은 불경한 짓으로 여겼던 것이다. 게다가 이 새로운 『신약』의 구절들—삼위일체에 관련되는 「요한 1서」 5장 7절, 예수의 위상과 관련되는 「히브리서」 2장 7절, "고행하라, 천국이 가까이 왔노라"의 "고행하라"를 "회개하라"로 고친 「마태」 4장 17절 등—이 예민한 문제들을 제기하며 많은 논쟁을 낳기도 했다. 레오 10세는 이 판본에 대해 큰 상찬을 내렸지만, 사실 이 새로운 번역의 출간은 가톨릭에 충실했던 에라스뮈스의 논지와는 상관없이 종교개혁 및 새로운 정치철학들에 영향을 주었다. 많은 사람들에게 에라스뮈스의 작업은 긴 세월을 지배해온 권위가 바뀔 수도 있음을 보여주었기 때문이다.

그러나 이런 반향이 이탈리아의 시민적 인문주의자들/인본주의자들의 정치철학과 같은 뉘앙스를 띤 것은 아니었다. 앞에서 르네상스 사유를 인문주의, 공화주의, 인본주의의 세 층위로 잡았거니와, 북방의 르네상스에서 공화주의는 매우 큰 변화를 겪게 된다. 그럴 수밖에 없는 것이 북방 르네상스가 본격화하는 16세기 초는 이미 지적했듯이 프랑수아 1세, 카를 5세와 펠리페 2세, 헨리 8세, 술레이만 1세, 그리고 이탈리아의 시뇨레들 같은 막강한 군주들이 등장해 확고한 왕정을 세운 시대였

---

46) Erasme, *Les Préfaces au Novum Testamentum*(1516)(Labor et Fides, 1990).

기 때문이다. 때문에 북방의 르네상스인들에게는 이탈리아 공화주의자들이 그토록 자주 제기한 용병 비판 같은 것은 아예 문제도 되지 않았으며,[47] 공화주의 자체조차도 적극적으로 수용되지 않았다. 그렇기 때문에 북방의 정치철학은 대개 고전 문헌 연구를 통한 간접적 비판으로, 또 종교개혁의 형태로, 그리고 1500년 즈음의 이탈리아에서처럼 강력한 왕들을 염두에 둔 정치사상으로만 등장했다.

첫 번째 유형, 즉 고전 문헌 연구를 통한 정치적 발언의 예로는 앞에서 본 『신·구약』 연구 외에도 법학 연구를 들 수 있다. 이 시대의 여러 법학자들은 전통적인 스콜라적 법학보다 인문학적 법학을 시도함으로써 새로운 지평을 열었다. 이들은 '콘스탄티누스의 증여'가 날조임을 밝혀낸 로렌초 발라[48]를 모범으로 삼아, 법의 추상적 구조가 아니라 그 실제 맥락을 중시하는 연구를 시도했다. 송명 성리학에 대한 청대 고증학의 관계를 떠올리면 될 것 같다. 앞에서 언급한 기욤 뷔데의 『학설휘찬 주해』를 필두로 많은 연구들이 나왔다. 이런 연구들의 축적은 상반된 두 가지 흐름을 낳았는데, 그 하나는 역사적 지평들이 밝혀지면서 당시까지 내려오던 추상적인 법 개념—'성문화된 이성(ratio scripta)'으로서의 로마법이라는 보편주의적-본질주의적 법 개념—이 도전받고 보다 다원적인 법학들이 발달하게 된 것이다. 그리고 다른 한편, 이런 구체적 연구들이 축적되면서 보다 이론적이고 폭넓은 정치철학적 연구들도 활성화되었다. 우리가 앞에서 본 보댕의 정치철학이나 흐로티위스의 국제법 사상

---

47) 이탈리아 사상가들과는 달리 북방의 사상가들은 대개 평화를 단적으로 옹호했다. 이들은 "Dulce bellum Inexpertis(전쟁이란 그것을 겪어보지 못한 자들에게나 달콤한 것)"라는 오래된 격언을 강조하곤 했다. 에라스뮈스는 『기독교 군주의 교육』에서 '정의로운 전쟁(bellum justum)'에 대한 아우구스티누스의 주장을 비판했으며(*L'Éducation du prince chrétien*, Les Belles Lettres, 2016), 모어는 『유토피아』에서(II, §15) 마키아벨리와는 대조적으로 용병의 사용을 적극 권장하기도 했다.

48) Lorenzo Valla, *La Donation de Constantin*(Les Belles Lettres, 1993).

이 그 예라고 할 수 있다. 이런 과정을 통해서 근대적 법학이 태동했다.

북방 르네상스의 또 하나의 핵심적 과제는 종교 문헌들의 연구였다. 토머스 모어에게도 영향을 준 존 콜릿의 『「로마서」 해설』을 필두로 많은 저작들이 쏟아져 나왔으며, 요하네스 로이힐린(1455~1522년)의 『히브리어의 기초』 같은 문법서들이 출간됨으로써 불가타 번역의 문제점들이 속속 드러났다. 이 시대에 이르러 『구약』 그리고 특히 『신약』에 대한 이런 여러 연구들이 진행된 것은 북방 르네상스가 진행된 16세기가 종교개혁의 시대였기 때문이며, 이런 맥락에서 『신·구약』 연구는 치열한 이데올로기 전쟁의 일면이기도 했다. 에라스뮈스가 1516년 발간한 유명한 『신약』 번역은 동시에 그의 보편주의적 '기독교 인본주의'의 표현이기도 했다. 이런 연구들은 역사적-문헌학적 해명 없이 『구약』과 『신약』을 철학적으로 해석하기만 하던 전통을 비판했으며, 이 텍스트들을 어디까지나 역사적 문헌들로 다룸으로써 교회의 기존 권력을 위협했다. 이후 서구에서는 기독교를 둘러싼 숱한 논쟁들이 이어진다.

마지막으로 군주제를 전제로 한 정치철학서들도 다수 발표되었다. 앞에서 보았듯이 공화정이 쇠락하고 군주들의 시대가 도래하면서 정치철학서의 성격도 바뀌었거니와, 16세기 북방에서 이루어진 정치철학적 논의들은 아예 군주제를 전제해서 전개될 수밖에 없었다. 따라서 이 시대에 이탈리아의 '군주 귀감용' 저술들이나 카스틸리오네의 『정신론』과 같은 저작들의 번역·소개가 쏟아져 나온 것은 당연한 흐름이었다 하겠다. 그 밖에 뷔데가 프랑수아 1세에게 바친 『군주의 교육』이나 에라스뮈스가 카를 5세에게 바친 『기독교 군주의 교육』, 펠리페 델라토레가 펠리페 2세에게 바친 『기독교 왕의 교육』, 왕과 정신(廷臣)들을 동시에 대상으로 삼아 쓴 안토니오 데 구에바라의 『군주의 나침판』, 토머스 엘리엇의 『치자라는 이름의 책』 등을 들 수 있다. 이렇게 군주나 권력자들에게 정치적 의견을 제시하는 것은 상당한 위험을 수반했는데, 이 때문에 이 저자들은 출처(出處)의 문제—'otium'과 'negotium'의 문제—에 대해서도 자주 논하고 있다. 그럼에도 이 시대의 대다수 정치철학들은 공화주의를 주장하지 않았다. 이들 모두는 "잘 질서 잡힌 군주제"가 최선의 정체라고 생각했다. 군주제는 어느새 사람들의 마음속에 가장 '자연스러운' 것으로 자리 잡았던 것 같다.[49]

보다 일반적인 맥락에서의 정치철학을 전개한 경우도 있었는데, 모어의 『유토피아』[50]는 이 시대의 대표적인 정치철학서이다. 이 대화편에서 모어는 한편으로 당대의 현실에 대한 급진적인 비판을 전개하고, 다른 한편으로 플라톤의 『국가』의 모범에 따라 자신이 생각하는 이상국가에 대해 이야기한다. 에라스뮈스를 포함해 당대의 인문주의자들 대부분이 상고 시대의 '아레테/비르투스'에서 벗어나지 못했다. 이들은 늘 '분수(分殊)'를 알라고 말하곤 했다. 그러나 모어는 소크라테스적인 '아레테/비르투스' 개념으로까지 나아갔다. 그는 당대의 귀족들을 신랄하게 비판하고 그들의 모든 것(사냥, 옷, 음식, 보석, …)을 비웃는다.(II, §8) 또 모어는 당대에 자주 제기됐던 비판, 즉 졸부들("누보 리시")에 대한 비판과 주화의 금은 함량을 자꾸 떨어뜨리는 군주들에 대한 비판도 공유했다. 게다가 궁정이라는 곳에 대한 극도의 혐오감도 몇 번씩이나 내비친다. 그런 그가 궁정에 들어가서 강고한 성정의 헨리 8세와 대결하려 했을 때(『유토피아』는 바로 이 시절—1515년 전후—에 쓰였다), 그것은 이미 목숨을 건 결단을 동반했을 것이다. 『유토피아』에는 모어가 자신의 운명을 이미 예감하고 있었음을 시사하는 구절들이 등장한다. 그럼에도 그는

---

49) 처음엔 북방 인문주의자들도 마키아벨리나 귀챠르디니 식의 '국가이성(ragione di stato)'에 반감을 느꼈으며, 반(反)마키아벨리주의가 주류를 이루었다. 그러나 군주정이 확고해지고 이상주의만으로는 헤쳐나갈 수 없는 현실이 점차 뚜렷해지자 마키아벨리주의는 일정한 힘을 얻기에 이른다. 물론 모어는 마키아벨리에게 끝까지 적대적이었다.

50) 더불어 토머스 스타키의 『레지널드 폴과 토머스 럽셋 사이의 대화』, 이른바 '공영주의자(共榮主義者)'들에 속한 인물(들)이 쓴 것으로 보이는 『공영론』 등도 같은 맥락에서 나온 저작들이다.

그 운명을 향해 감연히 나아갔다.

　모어가 볼 때 인간을 타락시키는 이런 허영심의 가장 근본적인 이유는 돈/사유재산에 있었다. 때문에 그는 사유재산의 준-폐지라는 공산주의의 이상으로 다가선다.[51] 모어의 이런 생각은 사유재산을 인권의 기초로 본 로크 등의 근대 철학자들과 대극을 형성하면서, 이후 '자유주의와 공산주의/사회주의'라는 근대 정치철학의 양대 갈래를 만들어내기에 이른다. 또한 모어는 종교에 대해서도 상당히 개방적이었으며(유토피아에서는 여러 종교들이 공존한다), 특히 기독교 교리를 전혀 모르는 사람들도 '기독교적 공영사회(Commonwealth)'에 도달할 수 있다는 점을 강조함으로써 기독교의 '교리'와 기독교적 '삶'을 단적으로 구분했다. 이는 교회와 교리의 권위를 급진적으로 비판한 것이고, 기독'교도'가 되는 것과 예수의 말씀에 따라 사는 것을 전혀 별개의 것으로 본 혁신적인 생각이었다. 모어의 『유토피아』는 마키아벨리의 『군주론』의 대극에 서서 르네상스 정치사상을 양분했다. 요컨대 모어는 귀족들의 전횡, 사유재산에 의한 타락, 종교적 분쟁, … 등을 극복한 곳을 '유토피아'로 그렸던 것이다.

---

51) "〔…〕 세계 여러 나라에서 운영되고 있는 사회 제도에서는 그 사회를 운영한다는 미명하에 자신의 이익만을 더욱 불려나가는 부자들의 음모 외에 다른 것은 아무것도 없었습니다. 그들은 부정하게 얻은 것을 지키기 위해 온갖 수단과 방법을 동원하고, 가난한 사람들의 노력과 수고를 가능한 한 헐값에 사들일 계획을 세웁니다. 〔…〕 하지만 유토피아에서는 돈을 없앴을 뿐 아니라 그와 함께 탐욕까지 없애 사회 문제들이 해결되었으며 수많은 범죄들이 사라졌습니다. 돈이 없어진다면 사기, 절도, 강도, 분쟁, 소란, 쟁의, 살인, 반역, 독살 등 온갖 범죄들이 사라진다는 것을 모두 잘 알고 있습니다. 그리고 돈이 사라진다면 공포, 고뇌, 근심, 고통, 잠 못 드는 밤이 함께 사라집니다."(II, §16)

§4. 자아 탐구의 새로운 방향들

북방의 인본주의는 이탈리아의 그것에 비해 보다 종교적이었고 군주제적이었다. 때문에 이 흐름에서는 개개인의 인권이나 비르투에 대한 뜨거운 예찬은 사그라들고, 군주를 중심으로 해서 평화롭고 조화로운 국가를 건설하자는 식의 주장들이 주류를 형성했다.

이렇게 다소 풀이 죽은 북방 르네상스의 흐름은 곧 절대왕정을 예감한 시대의 사유였다. 르네상스 시대에 적지 않은 역사적 진보가 이루어졌음에도 이후의 지중해세계는 절대왕정으로 치닫는다. 프랑스와 에스파냐는 대표적인 절대왕정 국가로 자리 잡으며, 독일과 이탈리아는 굵직한 공국(公國)들로 재편된다. 영국은 17세기에 일찍부터 내전의 시대(시민혁명의 시대)를 겪으면서 선구적으로 근대화되나, 역시 입헌군주제의 틀을 벗어나지는 못했다. 이슬람세계는 중세의 체제를 이어가면서 점차 근대화의 흐름에서 뒤처진다. 지중해세계는 16~17세기 나아가 18세기까지도 '왕정'을 이어갔다.

세상이 많이 달라지기는 했지만, 그렇다고 귀족사회가 무너진 것은 아니었다. 19세기 초까지도 예컨대 데이비드 리카도는 지주-귀족들의 전횡을 개탄하지 않았던가. 중세에는 존재하지 않던 국가와 왕이라는 삶의 구조가 공고화되었고 거기에 신흥 부르주아 계층이 아직은 한참 어설픈 귀족 행세를 하게 되었다는 점이 달라졌을 뿐이다. 이런 상황에서 이 시대의 사상가들은, 한편으로 자연과학, 형이상학, 정치철학의 새로운 지평들을 열어가기도 했지만, 착잡한 현실을 살아가는 인간 자신의 모습을 세심하게 들여다보기 시작했다. 자아에 대한 의식과 탐구는 르네상스 시대 전반의 특징이지만 그 색조는 많이 달라졌다. 같은 자아 탐구의 흐름임에도, 초기 르네상스 시대의 강한 긍정이나 환희 같은 것은 사라져버리고 그 대신 삶의 부조리와 암울함을, 인간이라는 존재의 적나라한 모습을 냉소적이고 회의주의적으로 바라보는 사조가 등장하기에 이른다.

이미 커져버린 자의식과 여전히 갑갑한 현실 사이를 메워줄 무엇인가가 필요했던 것이다. 이런 흐름은 특히 이른바 '프랑스 모럴리스트들'에게서 두드러지게 나타났다.(이때의 '모럴'은 '도덕'을 뜻하기보다는 '인간성/인류'를 뜻한다) 몽테뉴, 파스칼, 라 로슈푸코, 라 브뤼예르 등이 대표적이다. 이제 인문주의/인본주의는 새로운 국면으로 접어든다.

자신의 깊은 곳을 들여다보기

몽테뉴(1533~1592년)의 『수상록』은 '모럴리스트' 계통 작품들의 선구이다. 르네상스인들의 자아 탐구를 잘 반영하고 있는 머리말에서 몽테뉴는 "내가 묘사하는 것은 나 자신"이라고 또 "여기서는 나 자신이 바로 내 책의 재료"라고 말한다. 몽테뉴는 이 저작에서 스스로에게 그리고 자신이 살던 세상에 인성론의 현미경을 들이대면서 각종 주제들을 논하고 있다. 신흥 부르주아 계층 출신으로 보르도의 시장 등 공직에 봉사하기도 했고 전쟁에도 여러 차례 참여했으나, 몽테뉴는 천성적으로 순수한 지적 탐구와 여유 있는 사색의 삶을 사랑했다. 이 점은 『수상록』을 채우고 있는 방대한 역사적·철학적 지식들[52]과 고전 시들 그리고 전편을 흐르고 있는 때로는 냉소적이고 회의적이지만 또 때로는 담담하고 안온하기도 한 시선으로 나타나고 있다. 몽테뉴는 어떤 체계적인 이론이나 심층적인 분석보다는 스스로를 유심히 들여다보면서 또 타인들을 유심히 관찰하면서 느낀 바를 써나감으로써 '수필'의 시조가 되었다.

몽테뉴의 철학적 입장은 「레이몽 스봉의 변호」라는 부분에 본격적으로 나타나 있다.[53] 제목과는 별개로 몽테뉴는 이 대목에서 자신의 회의

---

52) 몽테뉴는 기독교적 교양보다는 고대적 교양을 풍부하게 보여준다. 그의 저작에는 그리스 그리고 특히 로마의 역사적 사실들, 철학자들의 사상, 각종 시들이 풍부하게 등장한다. 또 그의 사상적 원천을 이루는 것도 고대의 실천철학들, 특히 헬레니즘-로마 시대의 스토아철학, 에피쿠로스철학, 회의주의 등이다. 이는 몽테뉴 개인을 넘어서 르네상스와 근대를 관류했던 한 흐름이라고 할 수 있다.

주의를 체계적으로 개진한다. 그는 인간을 탁월한 존재로 보면서 다른 동물들을 경멸하는 인간 특유의 지적 자만, 인간의 실질적 행복에 기여하지 못하는 지식의 무용함, 인간의 지식이 담고 있는 근본적인 한계, 감각적 인식의 불확실성 등을 길게 논한다. 몽테뉴는 다원성을 부정적으로 보기보다 차라리 긍정한다. "나는 그들이 나와 다르기 때문에 그만큼 더 그들을 좋아하고, 그들을 찬양한다. 나는 특히 사람들이 우리 각자를 따로따로 판단하고, 나를 일반의 예에 따라서 보아주지 말기를 바란다." (I, §37) 개인/개체를 어떤 초개인적/초개체적인 것의 예화(instantiation)로 보는 생각에 대한 단호한 거부이다. 차이를 차이 자체로서 인정하는 이런 태도는 서구 형이상학의 오랜 전통과는 대조적이다. 몽테뉴는 모든 형태의 독단들을 비판했다. 그는 날이면 날마다 종교 문제로 싸움이 벌어지던 16세기에 살면서, 이런 싸움의 "근거"랍시고 제시되는 생각들이 얼마나 독단적이고 가소로운가를 뼈저리게 느꼈을 것이다. 온갖 형태의 '도그마들'에 대한 몽테뉴의 철저한 회의와 비판은 이런 맥락에서 이해되어야 하지 않을까? 그는 쉼 없이 "나는 무엇을 아는가?(que sais-je?)"라고 묻는다. 추상적 이론보다는 구체적 관찰을, 고원한 원리보다는 일상의 면면들을, 극단적인 가설들보다는 건전한 상식을, 딱딱한 추론보다는 생생한 서술을, … 선호하는 몽테뉴 식 태도는 이후 많은 사람들―특히 프랑스 사상가들―에게 영향을 각인한다.

　그러나 몽테뉴는 파괴적인 회의주의보다는 섹스투스 엠피리쿠스 식의 온건한 회의주의를 펼친다. 그는 자연의 실재성과 역사의 실재성을 믿었다. 눈앞에 엄연히 현존하는 자연, 그리고 오랜 세월 쌓여온 관례들로서의 역사. 그는 스토아학파―물론 매우 완화된 형태―와 나중에는 에피쿠로스학파를 따라 "자연에 따라" 살고자 했고, 관례는 관례일 뿐이지만

---

53) Michel de Montaigne, *Les Essais*(Gallimard, 2007). 몽테뉴, 손우성 옮김, 『수상록』(동서문화사, 2009).

그것을 뒤흔들 뚜렷한 이유가 없는 한 그것을 온건하게 받아들이는 것이 현명하다고 보았다. 때문에 그의 사유는 정치적으로는 보수적인 성격을 띤다.[54] 그는 자연과 역사를 포괄하는 '삶'을 어떤 독단을 내세워 바꾸기보다는 그 자체로서 사랑하고자 했다. 그는 "인생을 사랑하는" 것을 강조했지만, 그 인생에 필요 이상의 무거운 함축을 부여하려 하지는 않았다. 죽음조차도 자연의 한 국면으로서 받아들였으며, 그것을 두려워하는 것은 단지 그것과 친해지려는 노력이 부족하기 때문일 뿐이라고 보았다.[55] 삶을 진정으로 긍정하는 사람은 삶-전체의 한 부분일 뿐인 죽음까지도 긍정할 수 있어야 하는 것이다. 몽테뉴는 온건한 회의주의의 바탕 위에서 삶의 각종 양상들에 섬세한 눈길을 던지고, 삶을 사랑할 수 있는 갖가지 조건들을 탐사한 인물, 말 그대로 휴머니스트였다.

몽테뉴가 남긴 유산은 파스칼과 데카르트에 의해 각각 상이하게 계승되고 비판된다. 두 사람은 공히 몽테뉴의 온건한 회의주의를 넘어 확고한 실재를 부여잡고자 했다. 그러나 그 방식은 달랐다. 블레즈 파스칼(1623~1662년)은 한 세기 전에 사유했던 몽테뉴에 공감하면서도 기독교 독단주의의 입장에서 몽테뉴를 넘어서고자 했다. 파스칼은, 물론 수학자이기도 했지만, 천성적으로 이론과학자가 아니라 실험과학자였다. 토리첼리 실험의 확증을 통해 공기압을 증명한 것이라든가, 아버지의 계산을 도와주기 위해 계산기를 만든 것 등에서 볼 수 있듯이, 파스칼은 데카르

---

54) 그러나 몽테뉴의 보수주의는 건전하지 못한 독단주의가 횡행하던 당시의 정치에 대해 오히려 급진적인 역할을 수행한 면도 있다고 해야 한다. 『수상록』에는 당대의 종교적이고 정치적인 행태들에 대해 '건전한 상식'에 입각해 비판하는 대목들이 종종 등장한다. 몽테뉴의 정치 사상은 '보수적'이고 '상식적'인 건강을 추구하기에 역설적으로 당대의 독선과 폭력을 비판하는 진보적이고 급진적인 성격을 띠었다.

55) "어떻든 대자연은 우리에게 강제한다. 이 세상에 들어온 것처럼 여기서 나가라고 하며 말한다. 죽음에서 생명으로 들어올 때에 거쳐 온 길을 무슨 심정이건, 공포심도 가질 것 없이 생명에서 죽음으로 다시 거쳐 가거라. 그대의 죽음은 우주 질서의 한 부분이다. 그것은 세상 생명의 한 부분이다."(I, §20)

트와 대조적으로 추상적 개념이나 치밀한 논증보다는 구체적 사실이나 창의적인 실험에 경도된 인물이었다. 그 역시 확실한 인식은 기하학에서 가능하다고 보았다. 그러나 그에게 중요했던 것은 데카르트에게서 볼 수 있는 체계의 구축이나 논리적 연역이 아니라 구체적인 경험 나아가 실험이었다. 그러나 핵심적인 것은 그에게 경험/실험이란 외부 사물들에 대한 경험만이 아니라 자신의 깊은 내면에 대한 경험이었다는 점이다. "기하학적 정신과 섬세한 정신"이라는 그의 유명한 생각도 연역이나 추론이 아닌 생생한 체험이나 내면의 움직임에 예민했던 그의 특성을 드러낸다. 파스칼이 두 번에 걸친 '회심'을 통해서 기독교에 귀의한 것도 이런 내면적 섬세함 때문이었을 것이다.

파스칼은 자신의 내면을 들여다보고서 사유의 위대함을 통해 인간의 존엄성을 확인했다. 이 점에서 그는 르네상스적 휴머니즘과 근대적 합리주의를 함께 지니고 있었다.

> 인간은 갈대에 불과하다. 우주에서 가장 약한 존재이다. 그러나 그는 생각하는 갈대이다. 그를 죽이기 위해 온 우주가 무장할 필요는 없다. 한 줄기의 증기, 한 방울의 물로도 그를 죽일 수 있다. 그러나 우주가 그를 와해시켜버린다 해도 그는 그를 죽이는 그 우주보다 더 위대하다. 그는 자기의 죽음과 우주의 강력함을 알고 있지만, 우주는 그것을 전혀 모르기 때문이다.
> 그래서 인간의 존엄성은 생각에 있다. 우리는 채우기 힘든 시간과 공간을 통해서가 아니라 사유로써 우리를 고양시켜야 한다. 올바르게 사유하도록 힘쓰는 것, 여기에 도덕의 근본이 있다.[56]

그가 인간을 '갈대'에 비유한 것은 의미심장하다. 인간의 존엄성과 사유의 위대함을 설파하는 장면에서도 그의 내면은 떨리고 있는 듯하다.

---

56) Blaise Pascal, *Pensées*, I, §198, *Oeuvres complètes*, tome 1(Gallimard, 1998).

이 섬세한 떨림은 무의 심연과 무한의 심연 사이에서 방황하는 인간의 심연이다. 『수상록』이 그리스적 교양과 안온함으로 차 있다면, 『팡세』는 히브리적 교양과 비애감으로 차 있다. 결국 그는 몽테뉴적인 휴머니즘에 머물기보다는 초월로 나아가기를 꿈꾸게 된다. 그러나 그는 에픽테토스처럼 스토아적 천인합일을 꿈꾸기보다는 기독교적인 비전으로 나아간다.

파스칼 외에도 모럴리스트의 전통은 이어진다. 프랑수아 드 라 로슈푸코(1613~1680년)는 귀족으로서 재상인 리슐리외와 싸우고 또다시 마자랭에 대항해 싸웠던('프롱드의 난') 낭만적이고 중세 기사적인 인물이었으나, 그의 『잠언과 성찰』[57]은 인간에 대한 신랄하고 염세적인 통찰들로 채워져 있다. 절대왕정을 이끌었던 왕들(루이 8세와 루이 14세)과 두 재상은 귀족 계층을 억누르기 위해 갖가지 방책들을 동원했고, 귀족들 역시 점점 약화되어가는 자신들의 권세를 지키기 위해 투쟁했다. 여기에 점점 힘을 얻어가던 신흥 부르주아 계층이 얽혀 싸움이 복잡해졌다. 귀족의 입장에서 중앙 정부와 싸우곤 했던 라 로슈푸코는 『잠언과 성찰』에서 정념, 질시, 자존심, 사리사욕, 허영심, 위선, 거짓, 속임수, 배신, 경쟁 심리, 이기심, 이해타산, 탐욕, 게으름, 속물 근성, 자기애, 광기 등 인간의 온갖 적나라한 속성들을 파헤쳤다. 이 저작에는 영락해가는 집단에 속해 있으면서 또한 중심 권력과 불화를 겪으며 살아온 사나이, 살롱을 전전하면서 귀부인들과의 로맨스와 돈키호테 같은 반항을 일삼았던 사나이가 목격한 인간 군상의 추한 면면들이 드러나 있다. 인간이 스스로의 어두운 면들을 속속들이 들여다보기 시작했다는 점을 잘 보여주는 저작이다. 라 로슈푸코의 저작에는 에라스뮈스의 『우신예찬』이 담고 있는 익살과 희망조차도 보이지 않는다.

유사한 성격을 띤 『인간 성격론』[58]은 장 드 라 브뤼예르(1645~1696년)

---

57) 라 로슈푸코, 정병희 옮김, 『잠언과 성찰』(동서문화사, 2008).

58) 라 브뤼예르, 정병희 옮김, 『인간 성격론』(동서문화사, 2008).

에 의해 쓰였다. 라 브뤼예르는 라 로슈푸코에 비해 낮은 계층 출신으로서 아래로는 서민들의 삶에서 위로는 궁정의 삶까지 갖가지 유형의 인간들을 겪어보았다. 하급 관리였던 그는 이렇게 폭넓은 관찰을 행하기에 유리한 위치에 있었다. 이 책의 본래 제목인 '현세기의 성격집 및 풍속집'이 시사하듯이, 라 브뤼예르는 이 저작에서 자신이 관찰했던 다양한 인물들의 성격 그리고 당대를 지배했던 각종 풍속들을 파노라마처럼 펼쳐 보여주고 있다. 전체를 일관하는 사상과 주제를 파악하기가 쉽지 않지만 당대 프랑스 사회를 읽어내는 데 많은 시사점을 준다. 라 로슈푸코는 자신의 저서에서 '나'라는 것을 강조하며, 자기 스스로를 들여다보고 그리고자 했다. 『잠언과 성찰』은 '라 로슈푸코 자화상'으로 시작되고 있다. 이에 비해 『인간 성격론』은 라 브뤼예르 자신을 포함해 당대의 많은 인물들의 백태(百態)를 그림으로써 다양한 'portrait(초상화)'를 글로 표현하고 있다. 그러나 둘 다 당대인들의 자아 탐구, 인간 탐구를 잘 보여주는 예들이다.

파스칼의 길과 라 로슈푸코, 라 브뤼예르의 길은 상반된다. 모두 몽테뉴에서 출발하지만, 파스칼이 몽테뉴적인 현실주의를 벗어나 초월로 방향을 잡는다면 라 로슈푸코와 라 브뤼예르는 몽테뉴적인 낙관주의에서 벗어나 인생의 밑바닥을 좀더 처절하게 응시한다.

그러나 라 로슈푸코나 라 브뤼예르의 사유 및 글쓰기의 수준은 몽테뉴의 그것에 비해 한참 떨어진다. 파스칼 역시 과학자로서는 뛰어나나 철학적 사유의 치밀함에서는 한결 떨어지고 종교적 독단으로 치닫는다는 점에서 몽테뉴의 사유 수준에는 미치지 못한다. 아니, 사실 이 시대(17세기)는 이미 모럴리스트의 시대가 아니라 형이상학의 시대였으며 자아 탐구의 시대가 아니라 철학적인 체계 구축의 시대였다고 해야하리라. 사유의 양태와 글쓰기의 양태가 이미 현저하게 달라져 있었다. 17세기는 회의주의의 시대가 아니라 플라톤, 아리스토텔레스에서 완성된 고대 형이상학과 이븐 루쉬드, 아퀴나스, 스코투스 등의 중세 형이상학을 잇는 위대한 형이상학적 체계들의 시대였다. 그 첫 인물은 데카르트이다. 그러나 우리는 데카르트에게서조차도 르네상스적 자아 탐구의 여운이 여전히 남아 있음을 확인하게 된다.

'사유하는 주체'에게서 확실성을 찾다

르네 데카르트(1596~1650년)는 몽테뉴의 회의주의를 넘어 '확실한 것'을 희구했다는 점에서 라 로슈푸코, 라 브뤼예르의 길이 아니라 파스칼의 길에 합류한다. 그러나 파스칼이 실험적 사상가였다면 데카르트는 개념적 사상가였고, 파스칼이 자신의 구체적인 경험들에 충실했다면 데카르트는 개별적 성과들보다는 사유의 전체적 체계를 짜는 데 능했다. 파스칼이 철학적 사유에 약했으며 과학과 종교가 묘하게 혼효되어 있는 사유를 펼쳤다면, 데카르트는 과학과 종교를 모두 형이상학의 틀 속에 해소시켜 정합적이고 총체적인 사유를 짜는 데 몰두했다. 오늘날 파스칼의 이름으로 남아 있는 수학적 정리나 과학적 법칙들은 여럿 있지만, 데카르트의 경우는 해석(解析)기하학이 거의 유일한 공헌으로 남아 있다. 그러나 '근대 철학' 전체를 정초한 철학자는 파스칼이 아니라 데카르트이다.

데카르트 역시 르네상스적 전통에 따라 '나'를 탐구했다. 그러나 그는 결과적으로는 개인적 '나'보다는 보편적 '나', 철학적 주체를 그리고 이 '나'와 상관적으로 세계와 신을 사유함으로써 독자적인 철학 체계를 세울 수 있었다. 그의 저작들은 자신이 어떤 새로운 경지를 열었다는 자신감으로 차 있다. 데카르트는 몽테뉴처럼 회의에서 출발하지만 온건한 회의주의에 머물기보다는 절대적인 어떤 것을 발견코자 했으며, 스스로는 그것을 발견했다고 믿었다. 또 파스칼처럼 회의주의를 넘어 나아가고자 했지만, 종교적 심정(心情)으로 흐르기보다는 형이상학적 논증(論證)으로 나아갔다. 데카르트에게서 우리는 몽테뉴의 회의·안심이나 파스칼의 번민·감격보다는 그 특유의 지적 여정과 성취감을 느낄 수 있다.

데카르트가 몽테뉴적인 회의나 파스칼적인 번민보다는 오로지 '지적인' 여정만을 걸어간 이유는 어쩌면 그가 정치나 종교에 유난히 둔감했기 때문일지도 모른다. 그래서 그는 당대 사람들 대부분을 사로잡았던 정치나 종교를 건너뛸 수 있었고, 또 기독교적인 인격신이 아니라 어디까지나 철학적인 신을 사유할 수 있었을 것이다.

데카르트 역시 자아 탐구에 나섰지만, 그의 자아는 어디까지나 인식론적(후에는 존재론적) 자아였다. 그는 르네상스 이래 많은 사람들이 탐구해온 그 감성적-정치적-윤리적-종교적 자아가 아니라 탐구를 행하는, 인식을 얻어가는, 사유를 진행해가는 자아에, '사유하는 자아'에 초점을 맞춘다. 그에게 '나'란 곧 지적 탐구의 여정을 걸어간 나이다. 그래서 광학·기상학·기하학을 탐구한 저작에 붙인 「방법서설」의 첫대목에는 그가 배웠던 그러나 만족하지 못했던 학문의 분야들(라틴어, 그리스어, 우화, 역사, 웅변술, 수학, 도덕, 신학, 스콜라철학, 법학, 의학)이 길게 나열되어 있다.[59] 그러나 데카르트에게는 경험 역시 중요했던 것으로 보인다. 그는 많은 여행을 하고 많은 문화를 체험하면서, 몽테뉴 등이 그랬듯이 삶의 다양성을 인정하게 된다. 요컨대 데카르트는 지식의 세계와 실제 세계를 끊임없이 여행한 오뒤세우스였다. 그가 고향(사유의 출발점)에 돌아와 내린 결론은 무엇이었을까? 그가 고민했던 문제는 모든 것의 불확실성이었고, 때문에 그가 지향한 핵심적인 것은 곧 확실성, 달리 말해 명석하고 판명한(clair et distinct) 인식이었다. 이 확실한 인식에 도달하기 위해서는 기성의 지식들을 모두 회의해야 한다. 진리(확실한 인식)는 오로지 두 가지, 즉 자기 자신 속에서 또는 세계라는 커다란 책에서만 발견될 수 있으리라는 것이다. 데카르트에게 진리를 보장해주는 것은 자신의 '자아/주체' 그리고 '객관세계' 두 가지이다.(이 '그리고'가 내내 문제가 된다) 그 사이에 존재하는 의견, 텍스트, 관례 등은, 요컨대 'tra-ditio(傳-

---

59) René Descartes, *Discours de la méthode*, I, *Œuvres et lettres*(Gallimard, 1987).

統)' 전체는 불확실한 것들로서 접어두어야 한다. 이는 중세에는 엄두조차 낼 수 없었던 생각이었다. 이렇게 전통 전체를 부정하고 완전히 새로 시작하려는 태도는 근대 철학자들 특유의 태도로서 계승된다.[60]

이런 새로운 시작은 이전의 것들과 구분되는 '방법'에 대한 추구를 논의의 출발점에 놓게 했고, 이는 곧 인식론의 비중이 고중세에 비해 현저하게 커졌음을 뜻한다. 르네상스적 자아 탐구는 철학자들로 하여금 세계를 사유하기만 하기보다 그렇게 사유하고 있는 자기 자신에 대해서도 사유하게 만든 것이다. 근대의 철학자들은 세계에 대한 형이상학적 가설을 제시하기 전에 우선은 자신의 인식론적 입장을 분명히 해야만 했다. 때로 인식론 자체가 형이상학을 대체하기도 했는데, 이는 특히 영국 경험론에서 분명하게 나타난다. 데카르트는 직관, 분석, 종합, 검토의 네 과정을 제시함으로써 '합리적(rational)' 인식의 기본 구조를 확립했다. 그러나 그는 이 인식 방법을 포함해서 자신이 행하는 모든 인식의 기초가 될 토대를 마련키 위해 회의를 계속했다. 그는 감각에 근거하는 기본적인 인식들을, 나아가 기하학에 근거하는 과학적인 인식들까지도 회의했고, 심지어는 장자가 그랬듯이 현실과 꿈, 실재와 환상의 경계를 넘나드는 지경으로 나아갔다. 그러나 이런 르네상스적 회의주의의 극한에서 그는 마침내 '아르키메데스의 점'을 발견하기에 이른다.

그러나 이윽고 나는 모든 것이 거짓이라고 생각하려 하던 그 사이에 바로 그렇게 생각하는 나는 분명히 존재하는 어떤 것이라는 사실을 깨닫게 되었다. 그리

---

[60] 그러나 데카르트는 자신은 전통을 부정하지 않음을 틈만 나면 애써서 주장한다. "관념(사상)에 있어 걸핏하면 새로운 개혁을 시도하려고 하는 불안정하고 용솟음치는 기질을 찬성하지 않는다. 그리고 만일 내 이 글 속에 그와 같은 광기가 조금이라도 들어 있다고 의심할 여지가 있다면, 이 책이 출판된 것을 지극히 유감으로 생각하지 않을 수 없다."(『방법서설』, II) '시대의 한계'라 할 이런 양면적인 모습은 17세기 사상가들 대부분에게서 발견할 수 있는 태도이다.

고 나는 사유한다, 고로 나는 존재한다(je pense, donc je suis)라는 이 진리를 발하는 것이야말로 그토록 견고하고 확실했기에, 회의주의자들의 가장 과장된 가정들조차도 그것을 흩어버릴 수가 없다고 생각했다. 그래서 나는 이 진리를 내가 찾아 헤매던 '철학의 제일 원리'로 망설임 없이 받아들일 수 있다고 생각했다.(『방법서설』, IV)

회의를 계속하는 과정에서 그 과정 자체를 가능케 하는 선험적(/초월론적) 조건(transcendental condition)으로서의 '사유하는 나'[61]를 발견한 데카르트는 "나는 사유한다"는 이 사실이 곧 "나는 존재한다"는 것 즉 "적어도 나는 실재"라는 것을 함축함을 확신한다. 데카르트의 경우 '존재와 사유의 일치'는 '사유를 통한 존재의 확신'으로, 더 구체적으로 말해 '나의 사유'를 통한 '나의 존재'의 확신으로 이행한다. 물론 전체적으로 볼 때 데카르트의 철학 역시 '존재와 사유의 일치'라는 구도 안에서 움직이는 것은 분명하다. 그러나 그의 철학에 내재한 이 측면, 즉 "나는 사유한다"라는 근본적인 선험적 조건으로부터 "나는 존재한다"라는 근본적인 실재 확인으로의 이행은 매우 주목할 만한 장면이 아닐 수 없다.

데카르트의 이런 생각은 14세기 이래 줄곧 표류하던 서구 철학의 배가 단단한 바닥으로 닻을 내린 것과 같았고, 때문에 데카르트라는 존재는 이후 서구 사유에서 지속적으로 지표(指標)의 역할을 하게 된다. 어

---

61) "Je pense, donc je suis"는 흔히 라틴어 "cogito ergo sum"으로 인용된다. 여기에서 '사유(pensée)'는 좁은 의미에서의 '생각하기'만이 아니라 '회의하기'를 포함해서 가장 넓은 의미로서 받아들여야 한다. 즉 '정신활동(cogitatio)' 일반을 말한다. "나는 '사유'라는 말로 우리 내면에서 일어나는, 우리 스스로가 직접 지각할 수 있는 모든 것을 뜻한다. 그래서 이해하고 욕망하고 상상하는 것 나아가 감동(感動)하는 것까지도 사유이다. 〔…〕 내가 내 내면의 인식에 관해 말하는 한에서는 절대적으로 참이다. 내 주장은 오로지 내 정신에 관련된 주장일 뿐이며, 또 오로지 정신만이 사유하는 능력/기능을 가지고 있기 때문이다."(『철학의 원리』, I, §9) René Descartes, *Principes de la philosophie*, in *Œuvres et lettres*.

떤 사람들은 데카르트의 생각 역시 또 하나의 독단에 불과하다고 보면서 회의를 계속했고(흄 등), 어떤 사람들은 그의 형이상학을 비판적으로 발전시켜나갔으며(스피노자, 라이프니츠, 셸링, 헤겔 등), 어떤 사람들은 그의 인식론을 보다 경험적인 형태로 바꾸어나갔고(로크, 계몽사상가들, 칸트), 어떤 사람들은 그의 형이상학에서 기계론—신과 영혼을 제외한 모든 사물들을 설명할 때의 데카르트의 존재론—만 떼어서 유물론적 철학을 전개했고(유물론적 계몽사상가들), 어떤 사람들은 그의 합리주의/주지주의를 비판하면서 세계와 인간의 다른 측면들에 초점을 맞추었으며(비코 등), 어떤 사람들은 그의 수학주의를 비판하고 보다 인문적인 인식론을 주창했고(루소 등), 또 어떤 사람들은 그의 자연철학을 비판하면서 독자적인 자연철학을 전개하기도 했다(가상디, 뉴턴 등). 어떤 경우가 되었든, 데카르트의 "cogito ergo sum"은 14세기 이래 지속되어온 자아 탐구의 결정판이자, 이후 전개될 각종 철학들의 출발점이 된다.

§5. 자연의 새로운 상(像)

그러나 데카르트의 영향력이 우선적으로 발휘된 것은 그의 "cogito"의 측면이 아니라 기계론의 측면이었다. 데카르트의 기계론은 14세기 이래 자연철학의 흐름이 도약하는 국면에서 핵심적인 역할을 했다.

국가, 자본주의, 인본주의와 더불어 이후 서구의 역사 나아가 세계의 역사에 지대한 힘을 행사하게 될 또 하나의 사유-갈래가 14세기 이래 태어났다. 과학기술—철학과 합체해 있었던 과학과, 예술과 합체해 있었던 기술이 서로 합체해 '과학기술'이 되는 것은 이후 한참의 시간이 지나서이지만—이 그것이다. 당대의 개념으로는 '자연철학'으로 불린, 이후에는 '자연과학'으로 불린 사유가 또 다른 중요한 갈래를 형성한다.

자연철학에서 자연과학으로

이슬람 철학의 전통은 13세기부터 쇠잔해졌지만 자연철학 전통은, 그 중에서도 그 기술적인 측면은 여전히 지중해세계를 선도했다. 서방은 이런 이슬람세계와 대결하면서 점차적으로 자연철학에 눈뜨며, 특히 플로티노스의 영향이 사그라지고 아리스토텔레스가 부활하면서 이런 흐름이 분명해진다. 그 결과 개체들이 단지 상위 존재들의 퇴락한 형태가 아니라 그 자체로서 실재성을 인정받기 시작하면서, 자연히 개별적이고 구체적인 사물들에 관심이 주어지게 된다. 이슬람 자연철학의 영향 및 그에 대한 대결의식을 통해 서방 철학자들도 이미 13세기에 자연철학적 관심사를 가지게 되었고, 구체적인 사물들에 주목하기 시작했다. 앞에서 말한 새롭게 대두한 교양층에는 기술자 계층도 포함되어 있었다. 사유의 정향, 방법의 추구에서도 이미 새로운 태도가 등장했으며, 이 경향은 자연철학적 문제들은 실험을 통해서만 확증할 수 있다고 본 알베르투스 마그누스의 생각에서 잘 나타난다.[63] 아퀴나스 역시 알베르투스를 이어 아리스토텔레스적 사물 탐구에 몰두했다. 그러나 이들의 사물 탐구는 여전히 아리스토텔레스적이었다. 이들의 '실험'은 사실상 '관찰'의 수준을 벗어나지 못했고, 당시의 'experimentum'이라는 말은 오늘날의 '실험'보다는 단지 꼼꼼한 '관찰'을 뜻했다. 사물을 관조하기보다는 관찰 나아가 실험하려는 태도는 특히 로버트 그로스테스트(1175~1253년)와 로저 베이컨(1214~1294년)에게서 새로운 전기를 맞이한다.

그로스테스트는 자연철학에 집중해 연구를 진행한, 중세 철학의 맥락에서 본다면 특이한 경우에 해당한다. 이슬람 철학이 탄탄한 자연철학적 탐구를 통해 전개되었고 따라서 신학과 단적으로 구분되었다면, 서방의 철학은 늘 신학의 그늘 아래에서 전개되었고 신학의 보조 학문의 역할을 맡았다. 때문에 자연철학은 단지 신학으로 나아가기 위한 사다리의 역할을 했을 뿐이라고 할 수 있다. 그러나 그로스테스트는 자연철학에 연구를 집중해 운동의 문제, 소리, 색, 열 등의 현상들, 또 기상 현상(무지개, 혜성 등) 등을 연구했다. 특히 그는 빛에 특별한 위상—자연철학적 위상이라기보다는 차라리 형이상학적 위상—을 부여해 자연철학을 전개했다. 그는 빛의 직진, 반사, 굴절 등에 관한, 오늘날까지도 받아들여지는 기본 원리들을 정립했고, 무지개에 대한 광학적 설명을 제시하기도 했다. 그러나 그가 특히 선구자로서의 의미를 가지는 것은 현대 식으로 말해 '과학적 방법(scientific method)'에 대해 분명한 논리를 제공했다는 점에 있을 것이다. 그는 자연에 대한 기하학적 인식을 처음으로 뚜렷하게 정식화했다. 자연현상들의 모든 원인들은 선, 각, 도형을 통해 표현되어야 한다[62]는 그의 생각은 근대 과학을 뚜렷이 예기하는 것이었으며, 이런 생각은 14세기에 구체화되기 시작해 15~16세기를 거쳐 17세기에 만개한다.

베이컨은 그로스테스트를 이어 문헌 해독 중심의 철학보다는 실험과 수학을 중시하는 철학을 강조했다. 베이컨은 '경험학/경험술(scientia/ars experimentalis)'을 제창함으로써 사물들에 대한 경험적 인식을 강조했으며, 특히 그 자신은 어디까지나 아리스토텔레스주의자였음에도 자연을 수학적이고 경험적으로 인식해야 한다는 점을 강조했다.[63] 그리고 실제 여러 종류의 실험적 연구를 진행하기도 했다. 베이컨은 그로스테스트보다도 좀더 근대적인 사유를 펼쳤는데, 이 점은 특히 그로스테스트가 형이상학적으로 파악했던 빛을 좀더 자연철학적으로 설명한 점에서 두드러진다. 베이컨은 그 거시적 틀은 여전히 아리스토텔레스적이었음에도, 빛의 전달에서 매질의 역할이라든가 파동(波動)으로서의 빛의 성격, 빛의 속도의 개념, 빛의 직진 · 반사 · 굴절의 방식들, 빛의 회절(回折) 현상 등에 대해 상당한 수준의 설명을 전개했다. 베이컨의 이런 경험적인 작

---

62) Robert Grosseteste, *On Light*, by Claire Riedl(Marquette Uni. Press, 1983).

63) 베이컨은 아리스토텔레스와는 달리 경험/실험과 수학의 밀접한 연관성을 강조했으며, 이는 근대적 인식론의 원형을 형성한다고 볼 수 있다. Brian Clegg, *The First Scientist: A Life of Roger Bacon*(Da Capo Press, 2004)에 이 점이 잘 서술되어 있다.

업은 당대의 다른 인물들에게서도 발견되는데, 특히 페트루스 페레그리누스가 자기(磁氣)에 관련해서 행한 정치한 실험적 연구는 '실험물리학'의 효시로 간주되기도 한다.[64] 13세기의 서구는 알베르투스와 아퀴나스의 자연철학에 대한 관심, 그로스테스트와 베이컨의 과학적 방법론 추구, 그리고 페레그리누스를 비롯한 여러 실험물리학자들이 거둔 성과들[65]을 통해서 이후 활발하게 전개될 과학 혁명의 씨앗을 뿌렸다.

14세기에 이르면 근대 과학을 향한 결정적인 행보가 이루어진다. 존재론적 맥락에서 본다면 14세기의 사유 혁명은 자연철학의 역사에서 가장 근본적인 혁명이며, 흔히 이야기하는 '과학 혁명'은 사실상 14세기에 이루어진 이 혁명의 여파라 해야 할 것이다. 사람들은 흔히 열매나 꽃에 주목하지만 나무가 없이는 이것들이 있을 수 없으며, 나무는 뿌리와 그것을 받쳐주는 대지가 없이는 자랄 수 없다. 흔히 가시적으로 나타난 과학 혁명을 자주 논하지만, 이 혁명이 가능할 수 있게 해준 선험적 장, '인식론적 장'은 14세기에 마련되었다. 과학이란 특정한 실험 결과라든가 수학적 표현의 획득에 이르러, 나아가 그 기술적 응용에 이르러 열매를 맺지만, 그 결정적인 전환점은 그 전에 이루어지는 사유의 전환, 존재론에서의 전환에 있다. 특히 시간과 공간, 무한과 연속성, 운동과 변화, 물질과 생명과 영혼/정신 등 근본적인 존재론적 문제들에 관련해 혁신적인 전환이 이루어질 때 사유의 역사, 과학의 역사에 진정한 이정표가 새겨진다. 이 점에서 14세기의 사유 혁명은 면밀하게 주목되어야 한다. 이 시기에 이루어진 이 결정적인 전환이란 옥스퍼드와 파리에서 새롭게 정립된 운동 이론, 새로운 역학을 말한다.[66]

---

64) 야마모토 요시타카, 이영기 옮김, 『과학의 탄생』(동아시아, 2005), 8장을 참조.

65) 이런 실험물리학의 발달을 가능케 한 것은 물론 여러 측정 장치들의 개발이었다. 기술적 장치들은 특히 르네상스 시대에 대거 개발되며, 17세기 과학 혁명의 실험적 토대를 마련한다.

66) 옥스퍼드의 토머스 브래드워딘, 윌리엄 헤이츠베리, 리처드 스와인스헤드, 존 더블턴 등,

이 흐름에 있어 핵심은 아리스토텔레스 이래 줄곧 내려온 존재론의 근본 구도, 즉 '실체-성질'의 구도를 벗어났다는 점에 있다. 아리스토텔레스 사유에 있어 실체들—개체들, 형상들/보편자들, 질료들—은 세계의 기본 축(軸)들이다. 다른 모든 것들은 이 축들을 중심으로 돈다. 그러나 14세기 역학에서 우리는 아리스토텔레스에게서는 독립적으로 취급될 수 없는 운동 개념이, 더 구체적으로 말해 위치, 거리, 시간, 운동, 속도 등의 개념이 따로 떼내어져 수학적으로 취급되고 있음을 발견할 수 있다. 요컨대 이 시대의 스콜라 철학자들은 현대 식으로 말해 '변항(variable)'의 개념을 발견한 것이다. 오늘날 모든 과학적 탐구에서 가장 근본적인 역할을 하고 있는 변항 개념은, 현대인들에게는 너무나 당연한 개념이지만, 이들 14세기 자연철학자들(오늘날로 말해 역학(力學) 전공자들)의 개념적 고투를 통해서 형성된 것이다. 이들의 이런 노력은 특히 니콜 오렘이 논한 'velotatio'(속도'작용')라는 개념—오늘날의 가속도 개념—에 잘 응축되어 있다. '가속도' 개념이야말로 근대 과학 혁명의 성과가 압축되어 있는 개념이며, 오렘이 만들어낸 '순간 가속도' 개념은 17세기에 '무한소미분'의 발명을 통해서 수학적으로 완성되기에 이른다. 오늘날 우리는 이런 존재론 혁명이 극에 달한 시대를 살고 있으며, 이는 "존재한다는 것은 한 변항의 값이라는 뜻이다(to be is to be a value of a variable)"라는 윌러드 콰인의 말에 잘 압축되어 있다.[67]

그리고 파리의 장 뷔리당, 알베르 드 삭소니, 마르실리우스 드 잉겐, 니콜 오렘이 그들이다. 흔히 근대 과학은 스콜라철학을 타파하고 전개되었으며, 14세기까지만 해도 스콜라철학의 그늘을 벗어나지 못했다고 말한다. 그러나 근대 과학의 요람은 오히려 14세기 스콜라철학에 의해 결정적으로 마련되었다. 과학사에 있어 스콜라철학을 덮어놓고 악역으로 치부하는 통념은 고쳐져야 한다.

67) 사유의 존재론적 근거가 달라지면서 그것을 표현하는 방식들도 바뀌기 시작했다. 변항(變項)의 개념이 발달하면서 옥스퍼드의 철학자들은 이를 표현하기 위한 기호들을 사용하기 시작했고, 파리의 철학자들은 운동의 추이를 표현하기 위해 그래프를 사용하기 시작했다. 이런 기호들과 그림들의 사용은 이후의 사유 전개에 중요한 역할을 하게 되

이들의 이런 노력에서 연원한 또 하나 결정적인 측면은 연속적 운동의 수학적 포착이다. 아리스토텔레스적 자연철학은 운동을 잠재태로부터 현실태로의 이행으로 규정한다. 때문에 운동 파악은 현실태들을 축으로 이루어지며, 그 사이의 과정은 문자 그대로 과정으로서만 다루어진다. 14세기 자연철학자들의 노력은 곧 운동을 그 전체로서, 연속적으로, 훗날 베르그송의 표현을 따르면 "어느 점에서나(n'importe quel moments)" 파악하고자 한 것이었다.[68] 아직 무한소미분이 발명되지 않았기에, 특히 '극한으로의 이행'이 수학화되어 있지 않았기에 이들—예컨대 스와인스헤드("계산하는 이")—은 무한급수를 사용해 연속적 운동을 파악하고자 했다. 오렘은 연속적 운동을 기하학, 그래프로 파악하면서 특히 통약 불가능한 크기들—바로 무리수, 극한과 연계되는 크기들—을 다루는 기법들을 발전시켰다.[69] '계산(calculationes)'과 '시각화(configurationes)'를 통해서 역학은 중세적 형태를 벗어나 근대적 형태로 본격적으로 이행하게 된다. 특히 후자의 방식은 매우 강력해서 이후 큰 영향을 끼치며, 이런 흐름은 훗날 라그랑주 등에 의해 다시 기하학이 대수적 방식으로 환원되기 전까지 지속적으로 이어졌다. 연속적 운동을 수학적으로 포착하기 시작했다는 사실은 결정적으로 중요하다. 마침내 '아페이론'이 수학적으로 정복되기 시작한 것이다.

보다 일반적으로 말해, 이 시대의 자연철학—오늘날로 볼 때 근대 과학—이 발명해낸 가장 기초적인 기법은 곧 함수 개념이라고 볼 수 있다. 다소 단순화해서 말한다면, '과학적 사유'란 사물을 함수로서 파악하는 것이다. 과학은 ①사물들에서 각 분야—문자 그대로 각 '科學'—가 관

며, 특히 니콜 오렘이 발명한 그래프라는 기법의 등장이야말로 현대 문명이 탄생한 지점들 중 하나를 정확히 보여주는 지표라 하겠다.

(68) 앙리 베르그송, 황수영 옮김,『창조적 진화』(아카넷, 2005).

(69) 오렘의 그래프 기법은 오늘날의 기법과 그 대강에 있어 차이가 없다.(Maurice Clavelin, *La philosophie naturelle de Galilée*, Librairie Armand Colin, 1968, ch. 2)

심을 가지는 어떤 측면을 추상해내 변항으로 설정하며, ②각 변항들이 시간 속에서 변해가는 추이를 '데이터'로서 포착하고, ③그 데이터들 사이에 존재하는 수학적 함수관계를 파악해서, ④그것을 이용해 미래를 예측하고 사물들을 조작 · 이용하는 행위이다. 이 함수관계를 파악해내는 가장 기초적인 수학이 미분방정식(differential equation)과 그것의 짝인 적분방정식이다. 이는 일단 사물들에서 변항들을 추출해내고, 각 변항들의 차이생성(differentiation)을 dx, dy, …의 형식으로 파악한 후, 이것들 사이에서 함수관계를 파악하는 방식이다. 그런데 모든 변화는 결국 시간에 관련해서의 변화이다. 다른 말로 하면, 모든 함수는 시간을 궁극적인 독립변수로 하는 함수이다. 이는 곧 모든 미분방정식의 궁극적인 독립변수는 dt임을 함축한다. 오늘날에는 이 방식과는 다른 여러 방식들이 개발되어 있지만, 근대 과학을 대변하는 가장 핵심적인 이미지는 곧 이 미분방정식에 압축되어 있다. 우리는 14세기의 자연철학자들이 바로 이 미분방정식으로 가는 길을 신학의 그늘 아래에서 더듬거리면서 걸어갔음을 확인할 수 있다.

14세기에는 이외에도 장 뷔리당으로 대표되는 'impetus' 이론이라든가[70] 연속성과 무한의 관계(아리스토텔레스가 말한 잠재적 무한=아페이론의 문제)에 대한 탐구,[71] 이와 연관되어 논의된 원자론 및 진공에 관한 토론 등 다채로운 논의들이 이루어졌다. 14세기에 뿌려진 이런 씨앗들은 근대 과학이 발달하면서 조금씩 싹을 틔워나간다.

---

70) 이 이론은 운동을 그 목적지에 입각해서가 아니라 출발점에 입각해 설명했다는 점에서 획기적이었다.

71) 토머스 브래드워딘의 『연속체론』 등. 자세한 내용은 H. L. Crosby, *Thomas Bradwardine: His* Tractatus de Proportionibus(The University of Wisconsin Press, 1961)에서 볼 수 있다.

유한한 세계에서 무한한 우주로

14세기에, 그리고 특히 르네상스 시대에 이루어진 무엇보다도 중요한 개념적 전환들 중 하나는 곧 '무한' 개념의 등장이다. 중세의 무한 개념에서 우리는 두 갈래의 사유가 이어져 내려왔음을 확인하게 된다. 그 하나는 제논의 역설에서 출발해 아리스토텔레스에 의해 개념화된 잠재적 무한(또는 가무한)으로서, 이는 연속성의 문제와 맞물려 있는 '아페이론'의 문제였다. 다른 하나는 중세 특유의 개념으로서 아리스토텔레스가 부정했던 현실적 무한(또는 실무한)이었으며, 이는 신학적 무한 개념으로서 신의 성격을 파악하는 데 핵심 역할을 했다. 다른 한편, 니콜라우스 쿠자누스에게서 분명하게 정립된 또 하나의 구분은 '무한한 것'과 '무한정한 것'('일정하지 않은 것')의 구분이다. 실무한의 개념이 분명해지면서, 이런 의미에서의 무한은 '아페이론' 개념과는 구분되어야 한다고 생각한 것이다. 이로써 '아페이론' 개념은 'infinite'와 'indefinite'로 분화되기에 이른다. 예컨대 신은 무한한 존재이지만, 질료는 무한정한[72] 존재라 할 수 있을 것이다.

첫 번째 무한 즉 잠재적 무한/가무한의 문제는 철학에서의 아페이론 문제, 수학에서의 연속성의 정의 문제, 자연철학에서의 연속적 운동의 파악, 원자론 비판 등에 관련해 복잡한 양상을 띠면서 전개되었다. 특히 앞에서 언급한 14세기의 자연철학자들은 연속성을 취급하는 여러 방

---

72) 우리말로 번역했을 때의 가능한 두 번역인 '무한정한'과 '비-한정적인'의 뉘앙스도 구분된다. 전자는 무한으로 가까이 가지만 즉자적으로/현실적으로 주어진 무한이 아니라 자신의 한계를 계속해서 즉 문자 그대로 끝-없이 돌파해가는 과정을 의미하는 데 비해, 후자는 일정하지 않은, 정확히 정해져 있지 않은, …의 의미이다. 전자가 'unlimited'의 뉘앙스라면, 후자는 'indistinct' 또는 'without precise limit'의 뉘앙스이다.(때문에 '부정적(不定的)'이라 번역되기도 한다) 또, 전자는 무한대를 향해 가는 맥락에서의 '무한정한'으로 사용될 수도 있고 무한소를 향해 가는 '무한정한'으로 사용될 수도 있다. 결국 단적인 무한(현실적인 무한), 극대를 또는 극소를 향해 가는 무한정 그리고 비한정이라는 세 가지 개념을 구분할 수 있을 것이다. 이런 개념적 혼란은 14세기에 본격화하기 시작해 17세기 정도가 되어야 어느 정도 정리된다.

식들을 개발해냄으로써 잠재적 무한의 분석에 공헌했다. 이들의 노력은 15세기에 이르러 니콜라우스 쿠자누스의 사유를 통해 이어진다. 니콜라우스는 (대개 신학적 함축을 띠는) 여러 수학적 기법들을 연구하는 과정에서 훗날의 무한소미분에 근접해가는 여러 기법들을 제시했다. 예컨대 원에 내접하는 다각형의 각의 수를 끝없이 늘려나감으로써 원에 합치해 들어가는 과정이라든가 이와 유사한 여러 기법들은 훗날의 '극한(limit)' 개념을 예기하고 있다. 연속성의 파악은 이후에도 여러 단계를 거치면서 발달해가거니와 특히 라이프니츠(1646~1716년)와 뉴턴(1642~1727년)의 무한소미분에서 정점에 달한다. 수학적 맥락에서, 라이프니츠의 '미분법'은 사유의 구조에 있어서나 표기법에 있어서나 나아가 형이상학과의 관계에 있어서나 이후 근대 철학을 결정적으로 정초하는 갈래들 중 하나로 자리 잡는다.

자연철학적 맥락에서도 연속적 운동을 수학적으로 파악하려는 노력은 지속되었고 갈릴레오를 비롯한 여러 과학자들, 특히 아이작 배로 같은 인물들에 의해 진전을 보았다. 뉴턴의 '유율법(流率法)'은 연속적 운동을 파악하려 한 대표적인 시도로서 14세기에 발아했던 새로운 자연철학이 활짝 개화된 형태를 보여준다. 뉴턴에게는 수학이 자연철학(물리과학)에 종속된다. 뉴턴은 스승 배로를 따라 연속적 운동의 수학적 파악, 특히 '순간 속도'의 파악에 몰두했다. 그의 이런 노력은 '유율(fluxion)' 개념에 압축되어 있으며(오늘날의 '그래디언트'), 이 개념은 라이프니츠의 무한소미분과 교차한다.[73] 물리학자로서 뉴턴은 시간을 고려해 연속성을 다루었다. 때문에 그의 사유는 라이프니츠가 발명한 'dx' 등의 기호가 결여되었기에 무척이나 까다로운 방식으로 전개되고 있긴 하지만, 실제 자연에 보다 잘 적용되었다고 할 수 있다.

다른 한편 현실적 무한의 개념 또한 큰 전기를 맞이한다. 이 문제에 있

---

73) Isaac Newton, *Mathematical Papers*(Cambridge University Press, 2008), I, p. 400.

어서도 그레고리오 다 리미니와 장 뷔리당 등 14세기 자연철학자들 그리고 15세기의 니콜라우스를 비롯한 여러 인물들의 공헌이 있었지만, 특히 조르다노 브루노(1548~1600년)의 사유가 결정적인 토대를 마련했다. 브루노는 니콜라우스와 코페르니쿠스(1473~1543년)를 이어 우주에 대한 새로운 비전을 제시했고, 아리스토텔레스적 우주관으로부터 결정적으로 벗어난 세계관을 전파했다.

브루노는 무한에 대한 니콜라우스의 설명에 감화되었지만, 그의 부정신학적 구도를 넘어 현실적 무한을 세계 자체의 성격으로 파악했다. 신은 무한이지만 세계는 무한정이라는 니콜라우스의 생각을 넘어 브루노는 무한이라는 성격을 세계 자체에 부여하고 신 역시 그 안에 존재한다고 보았다.[74] 이는 당대의 사제들을 격분시키기에 충분했다. 브루노는 또한 직접적 관찰을 중시하는 아리스토텔레스 인식론의 한계를 넘어 무한을 사유할 것을 요청했다. 감각적 인식은 항상 어떤 '지평' 내에서 이루어진다. 그리고 인식 주체가 운동하면 그에 따라 지평도 계속 변해간다. 내가 등을 돌려 뒤를 바라보면 내 감각세계의 지평은 180도 바뀌어버린다. 따라서 인식의 지평이 유한한 것은 인식 주체의 조건일 뿐 세계의 객관적 성격은 아니다. 오히려 지평이 언제라도 바뀔 수 있다는 사실이야말로 세계가 무한하다는 증거인 것이다. 이 대목에서 브루노는 니콜라우스의 논법을 사용하고 있으나, 니콜라우스적 점진(漸進)에 입각해 '무한정'을 논할 뿐만 아니라 무한 자체에 대한 직관으로까지 나아간다. 사실 무한정과 무한 사이에는 분명 어떤 도약이 존재한다. 인간이 전개할 수 있는 논리는 무한정이지 무한은 아니다. 무한은 궁극적으로 직

---

74) 브루노가 볼 때 세계를 유한한 것으로 보는 것이야말로 신의 창조를 격하하는 일이다. "무한한 능력이 물질적이며 공간적인 존재를 창조한다면, 물질적이며 공간적인 존재 또한 필연적으로 무한하지 않으면 안 됩니다. 만일 그렇지 않다면 우리는 창조할 수 있는 것 그리고 창조될 수 있는 것의 본성과 가치를 올바르게 평가하지 못할 것입니다."(강영계 옮김, 『무한자와 우주와 세계』, 한길사, 2005, 58쪽)

관의 대상으로 보아야 하는 것이다. 브루노의 사유 역시 이런 직관을 통한 도약을 내포하고 있다.

브루노는 또 한 사람의 니콜라우스 즉 코페르니쿠스로부터도 큰 영향을 받았지만, 여러 면에서 그를 극복하고자 했다. 코페르니쿠스는 지구 중심적 우주관을 극복함으로써 세계의 차원을 크게 확장했으나(그러나 그의 태양중심설은 자연철학적[물리학적]인 것이기보다는 수학적인 것이었다), 역시 유한주의자였기에 브루노의 비판을 받았다. 브루노의 사유가 가지는 핵심적인 측면들 중 하나는 서구의 우주관을 그토록 오랫동안 지배해온 '천구(天球)' 개념을 해체해버렸다는 점에 있다.[75] 지구를 중심으로 하는 천구-동심원들이라는 수천 년 내려온 우주관을 해체하자, 우주공간은 갑자기 전혀 다른 무엇으로 변해버렸다. 코페르니쿠스는 태양을 중심으로 한 우주관을 제시했지만, 천구들이 해체되어버린 브루노의 무한한 우주에서는 태양이 아니라 그 어떤 것도 중심이 될 수 없었다. 브루노의 혁명은 아직 사변적인 것일 뿐 실증적인 것은 못 되었지만, 코페르니쿠스의 혁명보다 오히려 더 심대한 것이었다. 이 혁명을 통해 당연히 달 이상과 이하를 가르던 선도 사라졌다. 우주를 일반화된 시선으로 보는 이 관점 또한 매우 새로운 것이었다. 또 하나 결정적인 것은 원에 대한 집착으로부터의 해방이었다. 천구를 해체해버린 브루노에게 지구의 공전이 꼭 원을 그려야 할 필요는 어디에도 없었다. 그의 이런 생각은 후에 요하네스 케플러(1571~1630년)에 의해 천문학적인 방식으로 확립되기에 이른다. 원에 대한 집착을 떨쳐버린다면 '단일 회전 운동'에 대한 집착도 또 주전원들 같은 보조 장치들에 대한 집착도 더 이상 필요 없게 된다. 이 또한 중요한 혁명이었다. 이제 무한한 우주공간을 놓고서 그 구

---

75) Giordano Bruno, *L'infini, L'univers et les mondes*, tr. fr.(Berg International, 2015), II, p. 99. 7장 §3에서 논했듯이(각주63), 갑자기 변해버린 우주상은 신 개념의 이해도 바꾸어버린다. 천구의 우주상이 도래했을 때 이런 일이 일어났거니와, 이제 이 우주상이 해체됨으로써 신 개념도 다시 변화를 겪게 된다.

조를 아예 다시 파악해야 할 상황이 도래한 것이다.

하지만 혁명적인 여러 면들에도 불구하고 브루노의 사유 전반은 신플라톤주의적이었고 종교적이었다. 그는 에피쿠로스의 원자론에도 많이 끌렸으나, 원자에 영혼을 부여함으로써 범신론적 변형을 꾀했다. 그러나 이런 한계를 인정하는 한에서도 그의 사유는 분명 파격적이었다. 그는 특히 예수의 신성과 마리아 숭배 심지어는 인격신의 존재 자체에까지도 의구심을 가졌다고 한다. 그는 스스로를 악타이온에 비유했다. 1600년 마침내 그는 활활 타오르는 불길 속에 던져졌다. 그러나 그의 육체를 태운 그 불은 그의 정신을 전 우주로 뻗어가게 한 불이었을 것이다. 브루노를 태운 불길은 사실 중세의 질곡을 태워버린 불길이었다.

모든 사람들이 브루노처럼 무한을 황홀하게 느낀 것은 아니었다. 파스칼은 "이 무한한 공간의 영원한 침묵이 나를 두렵게 한다"라고 썼다.(『팡세』, I, §199) 무한에 대한 철학자들의 시선은 그들의 수만큼이나 다양했다. 그럼에도 17세기의 철학은 한마디로 무한의 철학이었다. 브루노를 태운 불길은 또한 17세기의 무한의 철학이 걸어갈 길을 환하게 밝혀준 불길이기도 했다.

유기적 세계관에서 기계론적 세계관으로

사물에 즉해서 실험적으로 탐구하는 방법, 사물의 본질로부터 (임의로 추출해낸) 변항들로의 존재론적 이행, 그리고 연속적 운동을 수학적으로 포착하려는 시도, 무한의 개념으로 우주를 보려는 관점, 천상과 월하의 세계를 동등한 차원에서 연구하려 하는 등 일반화된 구도로 세계를 탐구하는 방식 등, 이 모두가 극히 새로운 관점들이었다. 사유의 이런 전환을 통해서 근대 과학의 기반이 마련되었다. 이런 변화는 15세기에도 계속되거니와, 이 시대에 이르면 14세기에 대학의 전문가들, 스콜라 자연철학자들의 세계 내에서 이루어지던 자연 탐구가 사회적으로 보다 일반화되기에 이른다. 이 점에서 14세기의 선구자들과 15~16세기 르네상스 시대의 관계는 17세기의 선구자들과 18세기의 보다 일반화된 '계몽사상'의 관계와 유사하다.

르네상스 시대에 이르면 여러 다양한 기술적 발명들이 이루어지거나 유럽 바깥 예컨대 중국 등에서 도입되기에 이르고, 그 성과로서 지리상의 발견을 비롯한 여러 사회적 변화들이 일어난다. 14세기의 어두운 색조가 어느 정도 밝아지면서 르네상스 특유의 활력도 생겨났다. 이 시대의 철학은 세계의 인식이라는 뉘앙스만이 아니라 변형의 뉘앙스도 강하게 띠었다. 앞에서 논했듯이, 인간은 운명과 맞서 싸우는 주체로서 이해되기에 이르고 '비르투'를 통해서 물리적 세계까지도 변형할 수 있다는 신념이 생겨났다. 이런 흐름은 심지어 논리학에서까지도 나타나며, 예컨대 인문주의자인 페트루스 라무스(1515~1572년)는 아리스토텔레스 논리학을 해체하고 실용적인 논리학을 세우고자 했다.[76] 신흥 부르주아 계층이 등장하면서 모든 삶을 합리적(자본주의적 맥락에서) 질서로 가져가려는 운동도 일어났다. 예컨대 모든 사업을 주먹구구식이 아니라 부기로 정리하는 관례가 생겼는데, 베네치아 등이 대표적이다. 16세기에 이르면 거대 국가들이 등장하면서 전쟁의 방식 또한 많은 변화를 겪고 새로운 '전략'들이 등장한다. 아울러 '국제(international)'의 개념이 등장하면서 외교, 국제법 등도 역시 새로운 국면을 맞는다. 예술에서도 원근법이라든가 새로운 작곡법의 개발, 악기들의 발명 등이 이어지면서 당대의 공기를 호흡하게 된다. 르네상스 시대의 과학[77]은 자연철학 자체 내에서의 발전을 통해서만이 아니라, 더 핵심적인 배경으로서 이런 전반적 사회-역사적 맥락의 변화 속에서 가능했다. 그리고 과학 혁명은 과학과 철학의 맥락 내에서만이 아니라 이런 기술적, 사회적, 문화적인 거대한

---

76) Petrus Ramus, *Dialectique de Pierre de Lamée*(Forgotten Books, 2017).

77) 이때의 과학은 'science'의 뉘앙스보다는 'technē'의 뉘앙스, 아직 'art'와 'technology'로 분화되기 이전의 기예(技藝)의 뉘앙스가 더 강했다고 할 수 있다.

변화의 물결 속에서 이루어졌다고 해야 한다.

이런 흐름에 있어 르네상스적 인식론을 특징짓는 중요한 한 측면이 '마법'의 개념이다. 이 개념에는 '마기'에 대한 서구인들의 관념, 자연 속에 들어 있는 거대한 힘에의 예감(이른바 "철학자의 돌"), 세계에 맞선 주체의 새로운 태도, 새로운 부의 원천에 대한 자본주의적 감수성, 새로운 힘에 대한 국가의 촉수 등이 응축되어 있다. 르네상스 시대의 과학, 아니 17~18세기, 나아가 그 이후에까지도 자연철학=자연과학의 발달에 적지 않은 힘을 행사한 것은 근대적 합리주의만이 아니라 이 마법의 사상이기도 했다. 중세에 늘 마법은 신학에, 마법사는 사제에 대립했으며, 이제 르네상스 시대에 이르러 마법사들의 새로운 시대가 열렸다고 하겠다. 헤르메스주의 등 다양한 형태로 등장한 이 마법의 개념은 르네상스 시대의 자연철학을 고무했을 뿐만 아니라, ('황우석 사태' 같은 현상에서도 두드러지게 나타났듯이) 오늘날까지도 과학기술에 대한 대중의 시선을 지배하고 있다. 지금도 과학기술은 대중에게 일종의 '마법'인 것이다.

그럼에도 좀더 이론적이고 철학적인 측면에서 본다면, 근대 과학을 추동해간 전체적인 힘은 역시 '합리주의'에 있었다고 하겠다. 물론 마법과 합리주의는 얼핏 생각하는 것처럼 단적으로 대립하는 것이 아니었다는 점에 주목할 필요가 있다. 마법과 합리주의는 매우 복잡미묘하게 얽혀 있었다. 따라서 근대 과학의 전개에서 마법의 측면이 점차 솎아내지고 합리주의의 측면이 강화되어온 것이 사실이라 해도, 근대 과학을 합리주의로만 설명하는 것은 어디까지나 현대적인 관점을 과거로 투영했을 때 성립한다는 점을 염두에 두어야 한다. 그럼에도 근대 과학 특히 17세기 이래의 과학은 합리주의를 그 철학적 토대로 삼아왔으며, 이 측면을 대변해주는 인물은 데카르트이다. '합리주의'라는 말 자체도 여러 방식으로 규정될 수 있으며, 때로는 실험적 방법을 포함하기도 하고 때로는 오히려 실험적 방법과 대비되는 의미로 사용되기도 한다. 때문에 얼핏 생각하는 것만큼 규정하기 쉬운 개념이 아니다. 무엇이 '합리(合理)'인가

하는 문제 자체가 쉽지 않은 것이다. 그러나 역사적인 지평에서 볼 때, '합리주의'라는 주의를 이해하기 위한 가장 안전한 방법은 데카르트로 부터 출발해서 검토하는 것이다.

데카르트에게서 전형적으로 나타나는 서구 합리주의는 곧 **논리적, 수학적, 분석적, 공간적 사유**라고 할 수 있다. 모든 논의의 출발점에는 '분석(analysis)'이라는 개념이 놓여 있다. 분석이란 복잡한 것을 단순한 것으로 나누는 행위이다. 우리에게 현상적으로 주어지는 것들은 복잡한/복합적인 것들이며, 그것들을 단순한 즉 더 이상 나눌 수 없는 것들로 나누는 것이 중요하다.

> 복합적인 사물들로부터 가장 단순한 것들을 구분해내기 위해서 그리고 그것들을 순서에 따라 탐구하기 위해서, 우리가 어떤 진리들을 다른 어떤 진리들로부터 직접 연역해내었던 그 사물들의 각 계열들에 있어, 어떤 것이 가장 단순한 것인지 그리고 다른 모든 것들이 그것으로부터 얼마나 떨어져 있는지를 파악해야 한다.(『정신 지도를 위한 규칙들』, 「규칙 6」)

분석의 목표는 '가장 단순한 것'을 발견하는 데 있다. 또 하나, 이 가장 단순한 진리를 출발점으로 삼아 다른 진리들을 연역해내는 데 있다. 또한 다른 진리들이 이 가장 단순한 것으로부터 얼마나 가까이/멀리 떨어져 있는지를 정확히 해야 한다. 요컨대 가장 단순한 진리를 출발점("아르키메데스의 점")으로 삼아 다른 진리들을 정확한 순서/서열에 따라("이성의 순서에 따라") 연역해냄으로써 진리의 계열을 구축하는 것이 중요하다. 출발점은 직관의 대상이고 다른 진리들은 연역의 대상이다. 데카르트의 학문 체계는 직관과 연역을 근간으로 하고 있고, 그가 수학을 특히 중요시한 것은 이런 인식론적 근거 위에서이다.[78]

---

78) 직관의 대상이 되는 출발점은 데카르트의 철학 전체에서 볼 때는 'cogito ergo sum'이

이런 수준의 인식을 보여주는 담론들로는 형이상학, 수학, 자연철학이 있다. 논리학은 예비학으로 간주될 수 있을 것이다. 이런 순수 학문의 토대 위에서 다양한 응용 학문들도 성립할 수 있다. 데카르트는 이런 이념 위에서 지식/인식/학문의 나무를 그렸는데, 땅은 형이상학이요 줄기는 수학이요 가지들은 기계학(오늘날의 공학), 윤리학, 의학 등이다.[79] 이전에도 학문의 분류 체계가 종종 제시되곤 했지만, 데카르트의 이 구도는 근대 최초의 학문 체계를 명확히 보여주고 있다.

데카르트가 이런 이념 위에서 구축한 세계관은 '기계론(mechanism)'이라는 말로 압축된다. 기계론이란 세계를 하나의 기계로서─근대 철학자들이 즐겨 든 비유로 하면 하나의 정교한 시계로서─파악하는 것을 뜻한다. 달리 말해, 우리가 기계를 설명하기 위해 동원하는 개념들─연장(延長), 무게, 힘, 속도 등─만을 동원해서 설명하는 것을 뜻한다. 데카르트는 이런 설명을 극단적으로 단순화하기 위해, 즉 세계를 기하학으로 온전히 환원하기 위해, 모든 사물들을 'res extensa(extended thing)'로 파악했다. 이른바 범기하학화(pangeometrization)의 세계관이다. 질적인 것들은 모두 이 'res extensa'로 환원되어 설명된다. 이렇게 극단적인 환원주의로 파악된 세계에서 두 가지만이 전혀 다른 실체들로서 이해되는데, 'res cogitans(thinking thing)'와 신(神)이 그 둘이다. 신은 무한실체요 영혼(사유하는 실체)과 물질(연장을 가진 실체)은 유한실체들이다.[80]

지만, 각 분야들의 경우에는 "명석하고 판명한" 관념들이다. 명석한 관념들은 그 자체로서 명료한 관념들 즉 애매하지(obscur) 않은 관념들이며, 판명한 관념들은 다른 관념들과 분명하게 구분되는 관념들 즉 모호하지(vague) 않은 관념들이다. 『규칙들』, §9 및 『철학의 원리』, I, §§43~46을 참조.

79) 오늘날의 관점에서 말한다면, 땅은 역사와 철학, 수학이요, 줄기는 자연과학과 사회과학이요, 가지는 윤리학, 공학, 의학, 경영학, 문화 연구 등이라 해야 할 것이다. 데카르트의 시대만 해도 역사와 사회과학의 위상은 미약했고, 물리학은 가지로 취급되었다.

80) 신은 무한한(infini) 존재이고, 세계와 영혼/정신은 무한정한 또는 비한정적인(indéfini) 존재이다. infinite와 indefinite의 구분에 대해서는 『철학의 원리』, II를 참조.

신과 영혼을 제외한 모든 사물들은 같은 실체로서 파악된다. 이렇게 데카르트의 세계에서는 세 종류의 실체만이 인정된다. 숱한 종류의 실체들이 존재하는 아리스토텔레스의 세계와는 판이한 세계이다. 풍성한 질들로 가득 차 있던 아리스토텔레스적 세계는 갑자기 (신과 영혼만을 예외로 한다면) 오로지 연장=외연으로만 구성된 기하학적 세계로 바뀌어버렸다. 데카르트의 기계론이야말로 자연에 대한 상(像)을, 더 나아가 세계에 대한 철학적 파악 전반을, 아니 서구 문명(뿐만 아니라 인류 문명) 전체의 존립 근거 자체를 송두리째 바꾸어놓은 결정적인 지도리이다.

그러나 자연철학에 국한할 경우, 묘하게도 데카르트의 기계론은 사실상 큰 역할을 하지 못했다. 데카르트적 기계론이 근대 과학의 전반적인 프로그램을, 더 나아가 근대 문명 그 자체의 프로그램을 제시한 것은 사실이다. 그러나 근대 과학의 역사는 역설적으로 데카르트 극복의 역사이기도 하다. 근대 학문의 역사는 데카르트가 'res extensa'로 송두리째 환원하고자 했던 존재들/질들을 하나씩 다시 복권시켜나간 역사이기도 하다. 물론 이것이 단순히 고중세적 학문으로의 회귀를 뜻하는 것은 아니다. 근대 학문의 역사를 파악하는 하나의 일관된 방식이 있다면, 그것은 데카르트적 환원주의를 고중세로의 회귀가 아닌 방식으로 하나씩 극복해나간 과정으로 보는 것이다. 이는 관점에 따라서 기계론의 극복으로 볼 수도 있고 또는 기계론의 정교화로 볼 수도 있다.[81]

데카르트적 기계론의 극복이 역사과학이나 정신과학, 문화과학 등에

---

81) 하나의 개념(사상)이 변해갈 때 그것은 두 갈래 과정을 겪는다. 그 개념을 그대로 사용하면서 그것의 내포를 달리 이해하는 경우가 그 하나이고(예컨대 아리스토텔레스 자연학과 근대 역학, 현대의 중력 이론에서 '질량' 개념은 각각 그 내포가 다르지만 여전히 같은 '질량'이라는 이름으로 불린다), 그 개념을 포기하고 다른 개념으로 이행하는 경우이다. 후자는 학문의 역사에서 빈번한 일이지만, 흥미로운 것은 전자의 경우이다. 그 내용이 달라졌음에도 개념 자체는 오래도록 유지되는 경우(예컨대 'idea/idée' 같은 개념) 담론사의 지속과 분절을 그 안에 응축하고 있기 때문이다. 17세기 이래 오늘날에 이르기까지의 학문사를 응축하고 있는 개념들 중 하나가 '기계론'이다.

의해 이루어진 것만은 아니다. 나아가 생명과학—특히 생기론—에 의해 비로소 이루어진 것 또한 아니다. 그것은 이미 물리학 자체 내에서 극복의 대상이 되기 시작했다. 이런 극복을 위해서 열이나 파동 같은 개념들을 기다릴 필요조차 없었다. 데카르트는 이것들보다도 더 기본적인 물리적 존재까지도 소거하고자 했기 때문이다. 그것은 곧 '힘'의 개념이었다. 이미 17세기에 자연철학은 힘 개념을 새롭게 탐구함으로써 데카르트를 극복해갔다. 뉴턴의 힘 개념과 라이프니츠의 힘 개념은 그 정점에 존재한다.

17세기 정도에 이르면 이제 서구 철학계—이제부터는 '지중해세계'의 철학이 아니라 '서구세계'의 철학이 핵심 흐름이 된다—의 모습은 현저하게 다른 무엇이 되어 있음을 확인할 수 있다. 철학의 공간 구조, 담론-장 자체가 크게 바뀐 것이다.

이전의 철학자들은 비록 그들의 주장이 서로 다르고 중점을 둔 분야가 다르다 해도 어떤 통일된 지식공간을 공유했다. 전혀 다른 문명권의 철학자들조차도 기본적으로는 같은 지식공간 안에 있었다고 할 수 있다. 그러나 17세기에 이르면 지식공간의 구조 자체가 큰 변동을 겪는다. 무엇보다 우선 자연철학 분야에서의 변화가 두드러진다. 전통적으로 자연철학은 어디까지나 철학의 한 축으로서 존재해왔으며, 자연철학에 중점을 둔 철학자들이라 해도 어디까지나 철학 전체의 공간에 속해 있었다. 그러나 이제 자연철학만을 따로 떼어서 연구하는 일군의 철학자들이 등장한다. 이런 분리가 일으킨 간극이 매우 컸기 때문에 이들은 아예 다른 이름으로 불리기에 이른다. 이들은 서서히 "(자연)과학자들"로 불리기 시작했으며, 특히 오늘날로 보면 물리학이 주류를 이루었기에 "물리학자"라 불리기 시작했다. 이제 자연세계는 자연과학이 다루게 됨으로써 수천 년 동안 통일된 구조를 가지고 있었던 철학이 철학과 자연과학으로 분절된다. 그리고 18~19세기에는 사회과학이 분절됨으로써, 전통적인 철학은 철학, 자연과학, 사회과학으로 삼분된다. 이런 과정을 통해서 철학은 논리학(과 인식론), 존재론(과 형이상학), 윤리학(과 정치철학)을 주축으로 하는, 다시 말해 주로 메타적인, 즉 비판적이고 종합적인 문제들을 다루는 학문으로 재규정된다. 다시 말해 철학은 어떤 분야나 내용을 직접 다루는 학문이 아니라 비판(Kritik)을 통해 현실성, 실증적 지식의 한계를 넓혀나가고, 종합(Synthesis)을 통해 개별 현실성들, 개별 지식들 사이의 간극들을 메워나가는 학문 즉 메타적인 학문으로 재규정되기에 이르는 것이다. 물론 이런 과정은 수백 년에 걸쳐 서서히 진행되었으며, 지금도 실증적/개별적 연구들과 메타적/선험적 연구들의 경계는 뚜렷하지 않다.

철학공간의 이런 분화와 나란히 철학 언어의 분화도 진행되었다. 지중해세계의 철학 언어는 매우 다양했으나, 그 핵심 언어는 그리스어와 라틴어였다.(여기에 더해 히브리어, 아랍어/페르시아어의 비중이 컸다) 특히 중세 서방의 경우에는 주요 철학서 대부분이 라틴어로 쓰였다. 아니, 지식의 모든 영역이 라틴어로 진행되었다고 해야 할 것이다. 그러나 근대가 도래하면서 이제 철학의 언어는 다변화하며, 철학서는 이탈리아어, 프랑스어, 영어, 독일어를 포함해 여러 언어들로 쓰이기 시작한다. 이런 경향은 오늘날에도 지속되고 있으며, 서구의 주요 철학서들 대부분이 프랑스어, 독일어, 영어로 쓰이고 있다. 그러나 다른 한편 이 시기에 이르러 유라시아 대륙의 동과 서가 만나기 시작함으로써, 유럽에서 중국 철학서를 읽고 중국에서 유럽 철학서를 읽는 이들이 등장하기도 했다. 13세기에 몽골에 의해 유라시아 대륙의 동서 장벽이 타파된 이래, 여러 한계들에도 불구하고 동과 서의 교류가 꾸준히 증가했던 것이다. 그리고 이런 흐름 속에서 철학 역시 동과 서의 교환을 이루게 된다. 이 점에서 이 시대는 한편으로 철학 언어/지역성이 다변화되면서 또 다른 한편으로는 유라시아 대륙 전체를 포괄하는 세계철학(World Philosophy)이 희미하게나마 모양새를 갖춘 이중적인 시대였다고 할 수 있다.

서구의 철학세계가 이렇게 다원화하면서 기존에 통일되어 있던 철학세계는 복잡한 대립의식에 의해 쪼개져 갈라서게 되었다. 서구세계의 대립의식은 기본적으로 (오스만투르크로 대변되는) 동방세계와의 대립의식이었다. 자체 내의 대립의식이 있었다면 그것은 기본적으로 유대교, 가톨릭, 신교들 사이의 종교적 대립의식이었다. 그러나 국민국가가 삶의 일반적인 형태로 정착하면서 그리고 '국어'의 개념이 정착하면서, 이제 국가별/'국어'별 대립의식이 도래한다. 이제 철학자들은 옥스퍼드의 철학자, 파리의 철학자, 볼로냐의 철학자, …가 아니라 영국의 철학자, 프랑스의 철학자, 이탈리아의 철학자, …가 된다. 그리고 이들 사이에 크게는 오늘날까지도 내려오는 이른바 '대륙'의 철학자들과 '영미'의 철학자들 사이의 대립의식(실제로는 대개의 경우 영미 계통 철학자들의 일방적인 감정이지만)이 생겨났고, 작게는 각 언어별 철학자들 사이의 간극이 생겨나기 시작했다. 지금까지도 어떤 사람들은, 서구인들이 아닌 사람들까지도, "프랑스 철학 전공", "영미 철학 전공", "독일 철학 전공" 같은 말들을 자연스럽게 사용하고 있다.[82] 이렇게 철학이 국민국가, 지역, 민족, 언어에 종속되기 시작한 것도 근대 철학의 핵심적인 특징들 중 하나이다.

또 하나의 특징은, 이 시대에 등장한 새로운 철학자들이 대개 대학 바깥에서 활동한 인물들이며, 훗날의 용어로 근대 '시민사회'를 건설한 인

---

82) 사실 이는 오히려 서구 이외의 지역들에서 일반적이다. 서구 근대 철학이 철학의 일반 문법으로 자리 잡으면서 비서구 지역의 철학 연구자들은 영어, 프랑스어, 독일어, … 등의 언어권에서 어느 하나를 "전공으로 선택"해야 할 상황에 처하게 되었기 때문이다. 이는 철학자들을 어느 특정한 국가/지역/언어에 종속시키는 결과를 가져왔다. 세계철학/보편철학을 추구하기 위해서 반드시 극복되어야 할 상황이다.

물들이라는 점이다. 중세의 철학자들은 모두 수도원을 중심으로 활동했으며, '대학'이라는 제도가 생겨난 후에는 대부분 대학에서 활동을 이어갔다. 그러나 르네상스 시대로부터 18세기에 이르기까지 주요 철학자들은 대학 바깥에서 활동한 인물들이었다. 스피노자 등 여러 인물들이 대학에 들어가기를 거부했다. 그리고 대부분의 주요 철학자들이 미혼으로 살았고 가정을 꾸리지 않았다.(철학자에게 가장 중요한 것들 중 하나는 가정을 꾸리느냐의 여부이다) 이들은 신학과 결부된, 라틴어로 실행된, 스콜라적 논변 구조에 따르는 철학의 전통에서 빠져나와 신학과 분리되어, 각자의 여러 언어들(주로 이탈리아어, 프랑스어, 영어)을 가지고, 그리고 이전에는 존재하지 않았던 창조적인 논변 구조들을 통해서 사유했다. 이 시대의 철학자들은 대부분 '직업 철학자들'이 아니었다. 이들은 가정교사, 외교관, 군인, 의사, 정치가, 법관 등등 다양한 직종에 종사하면서 철학을 전개했다. 이들은 철학자들로서는 같은 부류의 인물들이었지만, 사회적으로는 모두 다 다른 영역에 속한 사람들이었다. 철학의 내용에서도 오늘날과 같이 전문 분야로 특화한 철학이 아니라 인문, 사회, 자연을 모두 포괄하는 철학 개념에 입각해 사유했다. 이들의 철학함의 양태는 중세를 건너뛰어 고대 철학자들의 양태와 유사했다.

이 시대에 이르러 철학의 수도도 바뀌게 된다. 서양의 철학은 지중해 세계의 철학이었고, 그 수도는 그리스 특히 아테네였다. 헬레니즘 시대에 철학은 아테네로부터 알렉산드리아 등 다른 지역들로 뻗어갔고, 로마는 그중 중요한 도시였다. 중세에 들어와 대학들이 생겨나기 시작했고, 이탈리아의 볼로냐 대학이라든가 프랑스의 파리 대학, 영국의 옥스퍼드·케임브리지 대학 등 최초의 대학들에서 철학 연구가 진행되었다. 이 시대에 철학의 중심은 국가들이기보다는 도시들이었다. 그러나 국민국가가 등장하면서 철학 역시 각 국가의 국력과 무관할 수 없게 된다. 예컨대 '지중해에서 대서양으로'의 변화가 일어나면서, 학문의 중심 역시 이탈리아로부터 프랑스, 영국, 네덜란드 등으로 옮아감을 확인할 수 있다. 17세기 즈음에 이르면 많은 핵심적인 논의들이 파리를 중심으로 이루어지게 된다. 파리는 새로운 사유를 창조하려는 학자들, 사상가들로 붐비고, 그 거리에서는 많은 참신한 철학적 토론들이 이루어진다. 사람들은 이들을 "les modernes"라 불렀다.

맺는 말

　역사의 서술은 애초에 근본적인 하나의 난점에서 시작된다. 우리에게 보다 명료하고 분명하게 다가오는 것은 현재이며, 과거로 거슬러 올라갈수록 사태는 점차 희미해지고 뒤죽박죽이 되어간다. 우리가 과거에 대해 가지고 있는 숱한 엉터리 이미지들(특히 대중문화가 쏟아내는 이미지들)을 모두 걷어내고 사실(史實)들―완벽한 사실이란 있을 수 없거니와―에만 충실한다 해도, 우리 시대를 출발점으로 해서 거슬러 올라감에 따라 세계와 인간과 사태는 점차 낯설어질 수밖에 없다. 우리는 플라톤의 대화편들을 그토록 친숙하게 곁에 놓고서 읽고 있고, 그에 관련된 숱한 담론들에 익숙하기에, 마치 우리가 그를 만난 적이 있고 그를 잘 알고 있기라도 한 듯이 생각한다. 그러나 수천 년 전 사람에 대한 이 친숙한 이미지는 사실 얼마나 자의적인가! 우리가 친숙한 것은 플라톤에 관련된 언어들이지 플라톤 자신은 아닐 것이다. 시간을 거슬러 누군가를/무엇인가를 인식한다는 것은 극히 어려운 일이다. 숱한 형태의 기록 매체들이 발달한 오늘날에는―미래의 역사가들에게는―상황이 어느 정도 달라졌다고 해야 하겠지만.

따라서 역사를 서술한다면, 현재로부터 과거로 거슬러 올라가면서 서술해야 마땅하지 않을까? 현재로부터 과거로 가야 마땅할 터인데, 역사는 왜 항상 과거로부터 현재로 내려오면서 서술될까? 그러나 사실 우리는 현재로부터 과거로 서술해가는 것인지도 모른다. 역사를 쓸 때 사가는 애초에 자신의 주제와 관심, 관점, 개념, 논리 등을 가지고서 출발하며, 그 출발점은 언제나 현재이기 때문이다. 따라서 실질적인 문제는 오히려 다음이다: 어디에서/언제부터 역사를 서술할 것인가? 달리 말해, 현재에서 출발해 어디까지 거슬러 올라갈 것인가? 모든 역사 서술이 처음에 봉착하는 문제는 바로 이 문제이다. 요컨대 역사 서술이란 바로 현재에서 출발해 그 어딘가까지 올라가고, 그 어딘가에서 멈춰 선 후 다시 현재로 내려오는 과정이다.

어디까지 올라갈 것인가? 어떤 문제가 잘 풀리지 않을 때, 상황이 복잡해서 판단을 내리기가 어려울 때, 마음이 착잡해서 착점(着点)할 곳을 찾지 못할 때, 우리는 원점으로 다시 돌아가서 생각해볼 필요가 있다. 그 원점이란 다름 아니라 '말'/개념이다. 그렇다. 우리의 인생이란 철저하게 말에 뿌리 두는 무엇이다. 어려운 상황에서 항상 우리는 "~는 무엇인가?"라고 물어야 한다. '인생'이란 무엇일까? '학문'이란 무엇일까? '가정'이란 무엇일까? '민주주의'란 무엇일까? '생명'이란 무엇일까? '주체'란 무엇일까? … 이렇게 때때로 본래의 말로 돌아가 원점에서 다시 출발해보는 것이 필요하다. 때문에 이 철학사의 서술에서도 역시 그 출발점에 놓인 물음은 "철학이란 무엇일까?"이다. 이 물음을 가지고서 시간을 거슬러 올라가 그 어딘가에서 출발해야 한다.

다행히 철학의 경우 문제가 그다지 어렵지 않다. 우리는 '철학(philo-sophia)'이라는 말의 탄생 시점과 지점을 어느 정도는 획정(劃定)할 수 있기 때문이다. 철학의 역사는 바로 이 말/개념을 만들어낸 그리스 자연철학자들로부터 시작하는 것이 가장 안전할 것이다. 나아가 그 과정이야 어찌되었든 이들이 만들어놓은 개념들이 지금까지도 모든 학문의 기초 개념들로서 사용되고 있다는 점에서, 이는 매우 바람직하기까지 하다. 이 책에서도 이런 관례를 따랐다. 그러나 정작 중요한 것은 이 개념의 탄생을 어찌 볼 것인가 하는 점이다.

하나의 개념이 탄생했던 조건들을 이해하는 것이 중요하다. "x란 무엇인가?"라는 물음에 대한 이해는 그 개념의 탄생 조건들에 대한 이해를 포함한다. 하나의 탄생은 가름/변별화이다. 거기에는 늘 어떤 대립성이 작동한다. 대립, 갈등, 부정, 모순의 장에서 무엇인가가 탄생한다. 'philosophia'의 탄생에도 이런 대립성들이 작동했던 것으로 보인다.

지중해세계에서 철학은 우선 신화와의 대립의식을 통해서 태어났다. 신화와 철학에는 연속성도 존재한다.("신화를 사랑하는 것은 이미 철학을 사랑하는 것이다") 그렇지만 철학의 자의식은 분명 신화적 세계관과의 투쟁을 통해서 생겨났다 할 것이다. 이는 그리스세계에서 신화의 세계에 머문 대중과 철학의 세계를 연 지식인들 사이의 계속된 알력에서 분명하게 드러난다. 철학은 이런 알력을 뚫고서 아리스토텔레스에게서 이성(理性)의 정점에 도달하지만, 그 후 로마인들의 손에 의해 특히 AD 2~3세기 이래 조락의 길을 걷게 된다. 이제 신화와의 대립각을 통해서 철학이 탄생했던 것과 유사하게 철학과의 대립각을 통해서 기독교사상─더 일반적으로 말해 유대교, 기독교, 이슬람교라는 세 '일신교(一神教)' 사상들─이 탄생하며, 이 종교적 장 속에서 철학은 쇠퇴하게 된 것이다. 이런 시간을 극복하고 철학이 새로운 단계에 진입해 새롭게 활짝 피어나기 시작했을 때, 그 동반자는 자연과학이었다. 이제 철학은 다시 자연과학과 매우 복잡미묘한 관계를 맺어나가게 된다.

철학은 이렇게 다른 행위들과의 관계 맺음을 통해서 계속 그 정체성을 변형해왔다. 이 점에서 지중해세계의 철학이 거친 세 번의 중대한 분기점은 최초의 철학자들에 의해 신화와 부딪치면서 철학이 탄생했던 지점, 기독교 등 일신교들이 권세를 얻으면서 철학이 그 그늘로 들어갔던 지점, 그리고 근대 자연철학=자연과학을 기반으로 철학이 다시 피어나기 시작했던 지점이다. 밀레토스학파와 신플라톤주의 그리고 (데카르트를 비롯한) 근대 기계론자들은 이 세 분기점을 상징한다.

지중해세계의 철학은 또한 허무주의와의 대립의식을 통해서 탄생했다고도 할 수 있다. 이 탄생설화는 이후의 지중해세계 철학의 운명을 결정지었다. "아무것도 존재하지 않는다"는 허무주의, 그리고 이와 맞물려 제시된 "존재한다 해도 알 수가 없다"는 회의주의와 "알 수 있다 해도 전달할 수가 없다"는 상대주의, 이 '고르기아스의 테제'는 언제나 철학적 사유에 불을 지피는 추동력으로 작용해왔고, 지중해세계 철학을 모양 지은 영원성, 보편성, 객관성, 필연성 같은 가치들 및 원질, 근원, 실체, 실재, 본질, 신, 주체 등의 개념들은 이런 탄생설화에 굳게 뿌리를 두고 있다. 그리고 철학이 사실상 이 뿌리로부터 멀어져버린 오늘날까지도 이런 가치들과 개념들은 여전히 철학의 이미지를 형성하고 있다.

바로 그렇기 때문에 서구의 철학이 그 뿌리인 지중해세계 철학의 탄생설화를 극복하려 노력할 때, 이런 시도들 예컨대 니체의 생성철학, 베르그송의 지속철학 등은 철학의 탄생 지점/시점으로 내려가 파르메니데스 등과 새롭게 대결해야 했던 것이다. 그러나 역으로 르네 톰이나 알랭 바디우 등의 사유가 보여주듯이, 서구 철학은 여전히 그 뿌리를 잊지 않고 있다. 서구의 철학이 하이데거가 강조하듯이 결국 존재 사유의 역사이고 존재론이 그 '역사적 아프리오리'인 것은 이 때문이며, 바로 그렇기 때문에 (서구 철학자들 자신들도 시도하고 있지만) 서구 사유를 넘어 미래로 나아가려는 사유는 예컨대 소은 박홍규, 구키 슈조 등의 사유에서와 같은 '서구 존재론(사)'과의 엄정한 대결의 과정을 거쳐야 하는 것이다.

나아가 지중해세계의 철학은 또한 그리스와 동방 제국(諸國) 사이의 대립의식을 통해서 탄생했다고도 할 수 있다. 지중해세계에 있어 비교적 후발 주자이자 또한 폴리스들 전체를 다 합해도 그다지 거대하다고는 할 수 없었던 그리스(사실상은 아테네)가 동방의 대제국(大帝國)들에 대해 내세웠던 것들 중 하나가 철학(과 민주주의)이었다. 그래서 철학에는 애초부터 '원시', '미개', '야만', '동방(오리엔트)' 등의 이미지들과의 대립의식이 강하게 각인되었다. 훗날의 서구인들에게는 인도 사상이나 동북아 사상도 처음에는 철학적 관심의 대상이 아니라 인류학적 관심의 대상이었다.

그러나 로마가 지중해세계를 석권하면서(이는 지중해세계의 역사에서 가장 중요한 사건이다) 지방적이고 배타적이었던 그리스 철학은 세계(지중해세계)적이고 개방적인 성격의 사유로 변모했다. 그 후 지중해세계에 등장한 그 어떤 철학/사상도 그리스 철학을 사유 문법으로 하지 않을 수 없었다. 근대에 나타난 서구 철학 역시 그것이 아주 자랑스럽게 생각했듯이 그 뿌리를 그리스 철학에 두고 있다.

그러나 흥미롭게도, 로마가 중심이 된 지중해세계에서 그리스는 어디까지나 동방으로서 자리 매김되었다. 그리고 그리스를 우선 이어받은 것은 서방에 나아가 동방의 비잔티움에게까지도 대립적이었던 이슬람이었다. "영불독(英佛獨)"으로 대변되는 서방과 이슬람 지역을 포함해 그리스, 동구, 러시아 등등으로 구성되는 동방의 차이는 오늘날까지도 엄연히 남아 있다. 서구는 그리스 철학과 기독교라는 그 양대 뿌리를 사실상 문화적으로 그것과 분명히 구분되는 동방으로부터 전해 받아 이어온 것이다.

결국 르네상스 시대를 분기점으로 나뉘는 고중세의 동방 중심 '지중해세계 철학'과 근현대의 서방 중심 '서구 철학' 사이에는 작지 않은 간격이 있다 하겠다. 근현대 서구적 관점을 고중세 지중해세계로 투영할 때 일정한 굴절이 발생한다는 사실을 염두에 두어야 하는 것이다.

지중해세계의 철학은 이렇게 신화와의 대립의식, 허무주의와의 대립의식, 그리고 '동방'과의 대립의식을 통해서 태어났다. 이런 탄생설화는 그러나 이후 다양한 곡절을 거치면서 점차 현재(각각의 당대)로부터 멀어지게 된다. 그럼에도 그 여운은 사라지지 않고 어떤 측면에서는 오늘날의 서구 철학에도 여전히 남아 있다. 그 여운을 어떻게 해석하든,

20세기 서구 철학의 성과들이 계속 기초적인 사유 문법으로 기능할 21세기의 철학도 여전히 지중해세계 철학의 탄생설화와 무관할 수는 없을 것이다.

인간이 세계를 인식한다는 것은 자신에게 단순히 '드러나' 있는 것을 자신이 '아는' 것으로 변환하려는 노력이다. 자신에게 드러난 현상들(자연이 드러내는 현상들이든, 사회/문화가 드러내는 현상들이든, 아니면 자신의 마음속에서 일어나는 현상들이든)을 인식한다는 것은 자신이 가진 인식 장치들인 감각, 의식, 언어, 기구, 대화 등을 동원해 그것들의 선험적 조건들 즉 가능조건(可能條件)들을 들여다보는 것을 뜻한다. 그렇게 함으로써 인식 주체는 대상과 표면적으로 뒤섞여 있던 차원에서 그것의 심층적인 가능조건으로 점점 내려간다. 이 내려감은 주체가 대상과의 뒤섞임으로부터 스스로를 점점 구분해 보는 과정과 맞물린다. 인식의 성숙이란 이런 과정 전체를 아울러 볼 수 있을 때 가능해진다.

특정한 인식 장치들로 세계의 특정한 대상/영역/차원을 인식하는 것을 각각의 개별 과학이라고 한다면, 인간의 각종 인식들이 맺는 총체적 관계, 더 정확히는 (이런 총체적 관계는 도달해야 할 하나의 이상으로서만 존재하기에) 현시점—각 시대의 현시점—에 이르기까지 인식이 겪어온 과정 전반에서 그 가능조건들을 읽어내는 것은 철학/사유(적어도 그 절반)라 할 수 있다.

그러나 철학의 역사 초창기에는 이런 식의 구분, 즉 개별적인 인식의 성취들과 그 종합적 구조, 전반적인 과정에 대한 메타적 사유 사이의 구분이 뚜렷할 수 없었다. 사실 이런 명료한 구분—실증적 연구와 메타적 연구 사이의 선이 뚜렷하지 않기에 이는 개념적 명료함이지 사실적 명료함은 아니다—은 근대적인 의미에서의 '선험적(transcendental)'의 개념이 정립된 이후에야 성립했다 할 것이다. 따라서 철학의 역사는 사유하는 주체가 점차 대자적(對自的)으로 화해가면서 사유의 폭—문자 그대로 사유의 과정 전체의 폭—을 넓혀온 역사라 할 것이다. 결국 철학사를 둘러싼 논의는 이 폭 전반을 바라보는 시각의 문제에 관한 것이다.

감각은 우리가 얼핏 생각하는 것보다 훨씬 더 다양하고 가변적이다. 다양하다는 것은 감각의 주체들에 따라, 문화에 따라, 지역에 따라 상이한 감각작용이 행해짐을 뜻하며, 가변적이라는 것은 시대의 흐름에 따라, 맥락에 따라 감각의 양태 역시 달라진다는 것을 뜻한다. 감각작용과 더불어, 정신 및 언어 또한 다양하고 가변적이다. 정신과 언어는 감각작용에 비해 좀더 큰 다양성과 가변성을 가진다 해야 하리라. 결국 인식이란 감각과 정신/언어(와 기타 인식 조건들)의 특정한 지역성과 시대를 떠나서는 이해할 수 없다.

아직 인식을 위한 정교한 기구들이나 수학적 언어들, 사회적 제도들 등이 존재하지 않았던 사유의 여명기에 철학자들은 자연적 지각작용과 일상 언어를 통해 사유했다. 그러나 자연적 지각작용도 오랜 세월 다듬어져 당대까지 내려온 것이었을 테고, 더 중요하게는 일상 언어 또한 숱한 변형을 거쳐서 당대의 언어로서 작용했다고 보아야 한다. 우리의 주어진 지각 조건들 즉 우리의 몸에 각인되어 있는 인식 조건들과 인간 정신의 틀 및 이 틀과 사실상 하나인 일상 언어가 함축하고 있는 틀(사물을 바라보는 범주적 틀, 통사론—예컨대 주-술 구조—이 이미 함축하고 있는 사유 문법 등등)은 인식의 가장 기본적인 조건들이지만, 이 조건들 또한 시간의 흐름 속에서 계속 변화해간다는 사실을 염두에 두어야 한다. 따라서 철학의 탄생이 고대 그리스에서 이루어졌다면 그 탄생 조건의 인식론적 측면은 당대 그리스인들의 지각과 일상 언어였다고 할 것이다. 그들의 지각이 어떤 것이었는지는 간접적으로만 확인할 수 있으니, 오늘날 우리는 그들의 언어가 처했던 상황으로부터 철학의 요람에 접근할 수 있다.(파르메니데스를 읽으면서 느꼈던 당혹감을 상기해보자)

이렇게 파악된 철학의 초기 조건들은 인도의 초기 조건들 및 동북아의 초기 조건들—이들에게 '철학'이라는 말 자체는 없었지만—과는 당연히 현저하게 다르다. 고(苦)로부터 해방되어 해탈에 이르려 한 인도의 전통, 난세를 치세로 바꾸려 한 동북아의 전통, 그리고 허무에서 해방되어 영원을 향하려 한 그리스의 전통은 철학의 매우 상이한 세 전통을 형성한다. 철학에 대한 이해는 추상적인 보편성에서가 아니라 이렇게 구체적인 역사성에서 출발해야 한다. 만일 철학적 보편성이 있다면 그것은 이런 역사적 구체성'들'에서 출발해 그것을 성실하게 ('통합'이 아니라) 접합해가는 한에서만 가능하다. 따라서 철학의 아주 작은 특정한 조각일 뿐인 것을 잣대로 놓고서 함부로 타자들을 재단하는 태도야말로 가장 반(反)철학적인 태도라 하겠다. 이 책 『세계철학사』는 이렇게 특수성/역사성에서 출발해 보편성/철학성을 지향해가는 한 관점을 제시하기 위한 시도이다.

철학의 탄생 시점에서 최초의 철학자들이 발견했던 것은 '퓌지스'였다. 이 개념에는 철학의 요람을 마련했던 세 가지 대립각들이, 즉 신화와의 대립각(퓌지스는 뮈토스의 세계와는 달리 탈신화화된 세계이다), 허무주의와의 대립각(퓌지스는 생성의 와중에서 그 자체는 생성하지 않으면서 존속하는 것이다), 동방 제국과의 대립각(퓌지스는 동방 제국의 종교적 수준의 세계 이해를 넘어서 그리스가 발견해낸 빛나는 성과이다)이 모두 함축되어 있다.

지중해세계에서 철학이 퓌지스의 탐구로부터 시작했다는 것은 곧 그것이 인도의 철학에서 두드러진 내면 지향이나 동북아의 철학에서 두드러진 정치 지향이 아니라 자연 지향의 성격을 띠었음을 함축한다. 때문에 이 철학은 자기의식과 실존의 성찰이나 타인들과의 관계 및 정치적 실천이 아니라 자연세계에 대한 지적인 탐구에서 그 실마리를 찾은 철학이었다. 경이롭게 다가오는 자연을 대상화하고, 그 대상을 탈신화화하는 방식으로 포착할 수 있는 개념들/원리들을 구성하고, 생성하는 퓌지스(자연)에서 생성하지 않는 퓌지스(본성)를 발견해내는 것, 그렇게 함으로써 자신을 둘러싼 세계를 합리적으로 이해해 삶의 최종적인 근거를 찾는 것, 지중해세계 최초의 철학자들을 사로잡은 것은 이 길이었다.

따라서 자연철학의 흐름에서 가장 예민했던 사건은 파르메니데스가 '퓌지스'와 '존재'를 가르고 후자의 이름으로 전자를 격하했을 때 발생했다. 'physica'와 'metaphysica'의 이런 구분과 위계화는 이후 지중해세계의 사유에 길고 긴 그림자를 드리우게 된다. 자연 개념의 이런 격하는 플라톤에게서 확인되고(자연철학은 "그럼 직한 이야기"일 뿐이다), 일신교 사상들에 의해 더욱 강화되며, 다른 구도 하에서이지만 근대의 기계론적 과학에 의해 결정적으로 굳어진다. 그러나 다른 한편 이런 흐름과 대조되는 자연주의적 흐름 역시 면면하게 내려왔음을 아리스토텔레스, 에피쿠로스학파와 스토아학파, 스피노자 등에게서 확인할 수 있다. 자연과 초자연의 문제, 자연철학과 형이상학의 문제는 지중해세계 철학을 줄곧 이끌어간 기본 문제들 중 하나이다. 다른 한편, 인식에 대한 집착 그 자체를 포기하고 판단중지로 나아간 회의주의학파는 지중해세계에서 제3의 길을 보여준다. 요컨대 삶의 최종 근거는 자연에 있는가 초자연에 있는가? 아니면 판단중지에 있는가?

  세계에 대한 파악은 곧 인간과 인생/윤리에 대한 파악과 맞물린다. 플라톤-일신교-데카르트를 비롯해 자연의 세계와 초월적 세계를 구분하는 입장에서 현실세계—물질성, 운동, 욕망 등으로 구성된 세계—는 삶의 궁극 근거가 될 수 없었고, 때문에 이런 철학들에서는 늘 초월적 세계를 향한 구원의 테마가 작동하곤 했다. 그리고 그러한 초월을 가능케 하는 사다리는 언제나 영혼이었다. 영지주의는 이런 흐름의 극단적 형태였다.(이런 극단적 형태들에는 항상 종말론적 파토스가 동반된다) 아울러 이렇게 삶의 최종 근거가 그 어딘가 초월적 차원에 존재한다고 믿는 사람들에게는 세계 내의 상대적 윤리(ethics)보다는 초월적 차원에 근거한 절대적 도덕(Moral)이 작동하곤 했다. 그리고 이 절대적이어야 할 도덕이 다원적 형태로 나타날 때면 어김없이 그 결과는 전쟁이었다. 들뢰즈와 가타리의 말처럼 일신교/초월철학은 서양이 앓았던, 지금까지도 앓고 있는 '병(病)'이다.

플라톤을 보다 내재적인 철학으로 전환한 아리스토텔레스, 그리고 에피쿠로스학파와 스토아학파, 스피노자 등에게서 초월적 차원은 자연 자체 내로 들어온다. 세계 자체는 이중적으로 파악된다. 자연은 그 표면적 차원과 심층적 차원으로 구분되어 이해되고, 형이상학적인 차원은 이 심층에 들어앉는다. 인간은 이 차원과 근본적으로는 같은 세계 내에 존재하는 것으로 파악되고, 그에 따라 윤리 역시 초월로의 상승으로서가 아니라 심층적 차원의 현실화로서 파악된다. 수평적 관계들을 격하하면서 수직으로 상승하는 도덕보다, 수평적 차원에서의 관계들을 통해서 문제를 해결하려는 윤리가 더 큰 비중을 차지하게 된다. 근대가 도래한 이래 지중해세계 철학자들을 이은 서구세계 철학자들은 내재적이고 경험주의적인 사유를 지속적으로 다듬어내게 된다.

지중해세계에서 자연에 대한 상이한 이해 그리고 그것과 맞물려 나타난 인간관과 가치관에서의 상이한 정향들은 결국 현실과 이상 사이에서 움직이는 사유의 운동이었다. 어떤 형태가 되었든, 지중해세계에서 등장해 숙성했던 대다수의 철학사상들은 현실과 이상, 이상과 현실 사이에서 움직이면서 초월과 자연, 인간의 운명, 도덕적/윤리적 실천을 사유해왔던 것으로 보인다. 이런 흐름에서 이상에의 지향이 때로 강박으로 흘러가곤 했다는 것은 사실이고, 근대 이래의 철학자들은 이 때문에 내재적이고 경험적인 사유의 정향을 취하게 된다. 그러나 현실과 이상 사이의 이런 고민과 사유, 실천은 인간이라는 존재가 외면할 수 없는 보편적이고 항구적인 문제라 해야 할 것이다. 이 점에서, 지중해세계에서 시도된 다양한 사유 실험들은 오늘날까지도 여전히 진지한 의미를 던지고 있다.

참고 문헌

구타스, 드미트리, 정영목 옮김, 『그리스 사상과 아랍 문명』, 글항아리, 2012

기번, 에드워드, 윤수인 외 옮김, 『로마 제국 쇠망사』(전6권), 민음사, 2010

김봉철, 『이소크라테스』, 신서원, 2004

김태호, 『아리스토텔레스 & 이븐 루시드: 자연철학의 조각그림 맞추기』, 김영사, 2007

나카무라 유지로, 양일모·고동호 옮김, 『공통감각론』, 민음사, 2003

노리치, 존, 남경태 옮김, 『비잔티움 연대기』, 바다출판사, 2007

데리다, 자크, 박찬국 옮김, 『정신에 대해서』, 동문선, 2005

데이빗슨, 도널드, 배식한 옮김, 『행위와 사건』, 한길사, 2012

델리 미란돌라, 피코, 성염 옮김, 『피코 델라 미란돌라: 인간 존엄성에 관한 연설』, 경세원, 2009

뒤비, 조르주, 성백용 옮김, 『세 위계: 봉건제의 상상세계』, 문학과지성사, 1997

_____, 최생열 옮김, 『전사와 농민』, 동문선, 1999

_____, 최애리 옮김, 『중세의 결혼: 기사, 여성, 성직자』, 새물결, 1999

들뢰즈, 질, 김상환 옮김, 『차이와 반복』, 민음사, 2004

_____, 유진상 옮김, 『시네마 1』, 시각과언어, 2002

도즈, 에릭, 주은영·양호영 옮김, 『그리스인들과 비이성적인 것』, 까치, 2002

라 로슈푸코, 정병희 옮김, 『잠언과 성찰』, 동서문화사, 2008

라 브뤼예르, 정병희 옮김, 『인간 성격론』, 동서문화사, 2008

라에르티우스, 디오게네스, 전양범 옮김,『그리스 철학자 열전』, 동서문화사, 2008

레비-스트로스, 클로드,『야생의 사고』, 안정남 옮김, 한길사, 1996

루빈스타인, 리처드, 유원기 옮김,『아리스토텔레스의 아이들』, 민음사, 2004

루크레티우스, 강대진 옮김,『사물의 본성에 관하여』, 아카넷, 2012

르 고프, 자크, 유희수 옮김,『서양 중세 문명』, 문학과지성사, 2008

마키아벨리, 니콜로, 강정인·김경희 옮김,『군주론』, 까치, 2008

모스, 마르셀, 이상률 옮김,『증여론』, 한길사, 2002

모어, 토마스, 김현욱 옮김,『유토피아』, 동서문화사, 2008

몽테뉴, 미셸 드, 손우성 옮김,『수상록』, 동서문화사, 2007

바디우, 알랭, 조형준 옮김,『존재와 사건』, 새물결, 2013

박종현 편저,『플라톤: 그의 철학과 몇몇 대화편』, 서울대학교출판부, 2006

박홍규,『박홍규 전집』(전5권), 민음사, 2004

배은숙,『강대국의 비밀』, 글항아리, 2008

베르그송, 앙리, 황수영 옮김,『창조적 진화』, 아카넷, 2005

베르낭, 장 피에르, 김재홍 옮김,『그리스 사유의 기원』, 도서출판 길, 2006

_____, 박희영 옮김,『그리스인들의 신화와 사유』, 아카넷, 2005

베버, 막스, 진영석 옮김,『야훼의 예언자들』, 백산출판사, 2004

_____, 김덕영 옮김,『프로테스탄티즘 윤리와 자본주의 정신』, 도서출판 길, 2010

보에티우스, 정의채 옮김,『철학의 위안』, 바오로딸, 2007

부르니, 레오나르도, 임병철 옮김,『피렌체 찬가』, 책세상, 2002

브로델, 페르낭, 주경철 옮김,『물질문명과 자본주의』, 까치, 1995~1996

브루노, 조르다노, 강영계 옮김,『무한자와 우주와 세계』, 한길사, 2000

블로크, 마르크, 한정숙 옮김,『봉건사회』, 한길사, 2001

사임, 로널드, 허승일·김덕수 옮김,『로마 혁명사』, 한길사, 2006

세네카, 김천운 옮김,『세네카 인생론』, 동서문화사, 2007

수에토니우스, 조윤정 옮김,『열두 명의 카이사르』, 다른세상, 2009

스넬, 부르노, 김재홍 옮김,『정신의 발견』, 까치, 2002

스키너, 퀜틴, 박동천 옮김,『근대 정치사상의 토대 1』, 한길사, 2004

아도, 피에르, 이세진 옮김,『고대철학이란 무엇인가?』, 이레, 2008

아리기, 조반니 외, 최홍주 옮김,『체계론으로 보는 세계사』, 모티브북, 2008

아베로에스, 이재경 옮김,『결정적 논고』, 책세상, 2005

아부-고르드, 재닛, 박홍식 · 이은정 옮김, 『유럽 패권 이전 13세기 세계체제』, 까치, 2006

아우렐리우스, 마르쿠스, 천병희 옮김, 『명상록』, 숲, 2005

아이글러, 군터, 백훈승 옮김, 『시간과 시간의식』, 간디서원, 2006

야마모토 요시타카, 이영기 옮김, 『과학의 탄생』, 동아시아, 2005

에크하르트, 마이스터, 이부현 옮김, 『마이스터 에크하르트 독일어 논고』, 누멘, 2009

_____, 이부현 옮김, 『신적 위로의 책』, 누멘, 2009

에피쿠로스, 오유석 옮김, 『쾌락』, 문학과지성사, 1998

엘리아데, 미르치아, 최종성 · 김재현 옮김, 『세계종교사상사 2』, 이학사, 2005

엠피리쿠스, 섹스투스, 오유석 옮김, 『피론주의 개요』(발췌본), 지만지, 2012

오캄, 윌리엄, 이경희 옮김, 『오캄 철학 선집』, 간디서원, 2004

요세푸스, 플라비우스, 박정수 · 박찬웅 옮김, 『유대 전쟁사 1』, 나남, 2008

_____, 김지찬 옮김, 『유대 고대사』, 생명의말씀사, 1987/1992

월러스틴, 이매뉴얼, 나종일 외 옮김, 『근대세계체제』, 까치, 1999

위-디오뉘시우스, 엄성옥 옮김, 『위-디오니시우스 전집』, 은성, 2007

이정우, 『신족과 거인족의 투쟁』, 한길사, 2008

_____, 『객관적 선험철학 시론』, 그린비, 2011

_____, 『전통, 근대, 탈근대』, 그린비, 2011

_____, 『사건의 철학』, 그린비, 2011

_____, 『개념-뿌리들』, 그린비, 2012

_____, 『소은 박홍규와 서구 존재론사』, 도서출판 길, 2016

이즈쓰 도시히코, 이종철 옮김, 『의미의 깊이』, 민음사, 2004

자콥, 프랑수아, 이정우 옮김, 『생명의 논리, 유전의 역사』, 민음사, 1994

장영란, 『아리스토텔레스의 인식론』, 서광사, 2000

정승우, 『예수, 역사인가 신화인가』, 책세상, 2005

조철수, 『예수 평전』, 김영사, 2010

칸트, 임마누엘, 이석윤 옮김, 『판단력 비판』, 박영사, 2017

칼둔, 이븐, 김정아 옮김, 『무깟디마』, 소명출판, 2012

캔터베리의 안셀무스, 박승찬 옮김, 『모놀로기온 & 프로슬로기온』, 아카넷, 2002

커퍼드, 조지, 김남두 옮김, 『소피스트 운동』, 아카넷, 2003

코르방, 앙리, 김정위 옮김, 『이슬람 철학사』, 서광사, 1997

코플스턴, 프레데릭, 박용도 옮김, 『중세 철학사』, 서광사, 1988

콘포드, 프랜시스, 남경희 옮김, 『종교에서 철학으로』, 이화여자대학교출판부, 1995

콜라이아코, 제임스, 김승욱 옮김, 『소크라테스의 재판』, 작가정신, 2005

쿠사누스, 니콜라우스, 조규홍 옮김, 『다른 것이 아닌 것』, 나남, 2007

크리스텔러, 폴 오스카, 진원숙 옮김, 『르네상스의 사상과 그 원천』, 계명대학교출판부, 1995

크세노폰, 오유석 옮김, 『향연/경영론』, 작은이야기, 2005

키케로, 김창성 옮김, 『최고선악론』, 서광사, 1999

_____, 천병희 옮김, 『노년에 관하여/우정에 관하여』, 숲, 2005

_____, 안재원 옮김, 『수사학』, 도서출판 길, 2006

_____, 허승일 옮김, 『의무론』, 서광사, 2006

_____, 김창성 옮김, 『국가론』, 한길사, 2007

_____, 성염 옮김, 『법률론』, 한길사, 2007

_____, 강대진 옮김, 『신들의 본성에 관하여』, 나남, 2012

_____, 김남우 옮김, 『투스쿨룸 대화』, 아카넷, 2014

타키투스, 박광순 옮김, 『연대기』, 종합출판범우, 2005

_____, 김경현·차전환 옮김, 『타키투스의 역사』, 한길사, 2011

톰슨, 조지, 조대호 옮김, 『고대 사회와 최초의 철학자들』, 고려원, 1992

투키디데스, 박광순 옮김, 『펠로폰네소스 전쟁사』, 종합출판범우, 2011

파노프스키, 에르빈, 심철민 옮김, 『상징형식으로서의 원근법』, 도서출판b, 2014

포르피리오스, 김진성 역주, 『이사고게』, 이제이북스, 2009

포퍼, 칼, 이한구 외 옮김, 『파르메니데스의 세계』, 영림카디널, 2009

폭스, 매튜, 김순현 옮김, 『마이스터 엑카르트는 이렇게 말했다』, 분도출판사, 2006

폴라니, 칼, 홍기빈 옮김, 『거대한 전환』, 도서출판 길, 2009

푸코, 미셸, 이규현 옮김, 『광기의 역사』, 나남, 2003

_____, 이규현 옮김, 『말과 사물』, 민음사, 2012

_____, 이정우 옮김, 『지식의 고고학』, 민음사, 1992

_____, 심세광 옮김, 『주체의 해석학』, 동문선, 2007

프랑크, 안드레 군더, 이희재 옮김, 『리오리엔트』, 이산, 2003

플라시, 쿠르트, 신창석 옮김, 『중세 철학 이야기』, 서광사, 1998

플라톤, 박종현 옮김,『국가/정체』, 서광사, 2005

_____, 박종현 옮김,『향연/파이드로스/리시스』, 서광사, 2016

플로티노스, 조규홍 옮김,『영혼, 정신, 하나』, 나남, 2008

_____, 조규홍 옮김,『엔네아데스』, 지만지, 2009

_____, 조규홍 옮김,『〈하나〉와 행복』, 누멘, 2010

플루타르코스, 홍사중 옮김,『플루타르크 영웅전』, 동서문화사, 2007

하이젠베르크, 베르너, 구승회 옮김,『물리학과 철학』, 온누리, 2011

_____, 유영미 옮김,『부분과 전체』, 서커스, 2016

허승일 외,『로마 제정사 연구』, 서울대학교출판부, 2000

헤겔, 프리드리히, 임석진 옮김,『철학사 1』, 지식산업사, 1996

헤로도토스, 천병희 옮김,『역사』, 숲, 2009

헬트, 클라우스, 이강서 옮김,『지중해 철학기행』, 효형출판, 2007

헹엘, 마르틴, 박정수 옮김,『유대교와 헬레니즘』, 나남, 2012

호메로스, 천병희 옮김,『일리아스』, 종로서적, 1982

홀랜드, 톰, 김병화 옮김,『공화국의 몰락』, 웅진지식하우스, 2004

『꾸란』, 최영길 옮김, 파하드국왕꾸란출판청, 1997

『대조 성경』, 대한성서공회

『소크라테스 이전 철학자들의 단편 선집』, 김인곤 외 옮김, 아카넷, 2005

『스콜라 신학 선집』, 두란노아카데미, 2011

Abelard, Pierre, *Abelard ou la philosophie dans le langage*, Cerf, 1994

Aion, Ilai, *Al-Farabi's Philosophical Lexicon*, Gibb Memorial Trust, 2002

Albert le Grand, *Métaphysique*, Livre XI, traités 2 et 3, Vrin, 2010

Al-Din Rumi, Jalal, *The Masmuvi*, J. Mojaddedi trans., Oxford University Press, 2006

Al-Farabi, *Épitre sur l'Intellect*, Les Belles Lettres, 2012

Al-Ghazali, *The Incoherence of the Philosophers*, Brigham Young University, 2002

Alighieri, Dante, *Oeuvres complétes*, Le Livre de Poche, 2002

Al-Khalili, Jim, *The House of Wisdom*, Penguin Books, 2012

_____, *Islamic Science and the Making of the European Renaissance*, The MIT Press, 2011

Al-Kindi, *The Philosophical Works of Al-Kindi*, OUP, 2012

Althusius, Johannes, *Politica*, Liberty Fund, 1995

Anselme de Cantorbéry, *L'Oeuvre d'Anselme de Cantorbéry*, tome 1:
Monologion-Proslogion, par Michel Corbin, Cerf, 1986

Aquinas, Thomas, *In libros Aristotelis de caelo et mundo expositio*, liber I, lectio
22.

_____, *L'Unité de l'intellect*, Vrin, 2004

_____, *Somme contre les Gentils*, livre 1: Dieu, Flammarion, 1999

_____, *Somme théologique*, traduit par Aimon-Marie Roguet, 4 volumes, Cerf,
1984

Augustin, *Les Confessions, précédées de Dialogues philosophique*, Gallimard,
1988

Augustinus, Aurelius, *Basic Writings of Saint Augustine*, Random House, 1948

Aurelius, Marcus, *Pensées pour moi-même*, Flammarion, 1999

Bachelard, Gaston, *Le philosophie du non*, PUF, 2012

_____, *Le nouvel esprit scientifique*, PUF, 2013

_____, *Le rationalisme appliqué*, PUF, 1998

Baron, Hans, *In Search of Florentine Civic Humanism*, Princeton University
Press, 1988

Bartolus de Saxoferrato, *Bartolus on the Conflict of Laws*, Joseph H. Beale trans.
Lawbook Exchange, 2003

Blake, Stephen, *Astronomy and Astrology in the Islamic World*, Edinburgh
University Press, 2016

Bohlandt, Marco, *Verborgene Zahl—Verborgene Gott*, Franz Steiner Verlag, 2009

Bruno, Giordano, *L'Infini, l'univers et les mondes*, tr. fr., Berg International, 2015

Burnet, John, *Early Greek Philosophy*, Meridian Books, 1959

Canguilhem, Georges, *Études d'histoire et de philosophie des sciences*, Librairie
philosophique Vrin, 1990

Cicero, Marcus Tullius, *De re publica/Vom Staat* usw., Reclams Universal-
Bibliothek

Clavelin, Maurice, *La philosophie naturelle de Galilée*, Armand Colin, 1968

Clegg, Brian, *The First Scientist: A lIfe of Roger Bacon*, Da Capo Press, 2004

Crosby, H. L., *Thomas Bradwardine: His* Tractatus de Proportionibus, The University of Wisconsin Press, 1961

Deleuze et Guattari, *Mille plateaux*, Ed. de Minuit, 1980

_____, *Qu'est-ce que la philosophie?*, Ed. de Minuit, 1991

Descartes, René, *Oeuvres, Lettres*, Gallimard, 1953

Diels und Kranz, *Die Fragmente der Vorsokratiker*, 3 Bds., Weidmann, 1974

Cassius Dio Cocceianus, *Histoire romaine de Dion Cassius*, Nabu Press, 2014

Eckhart, Meister, *Corpus philosophicum teutonicorum medii aevi*, Hamburg, 1977~

El-Bizri, Nader(ed.), *On Arithmetic and Geometry*, OUP, 2013

Empiricus, Sextus, *Esquisses pyrrohniennes*, par Pierre Pellegrin, Ed. de Seuil, 1997

Epictète, *Entretiens*, 4 vols., éd. par J. Souihé, Gallimard, 1993

Epikuros, *The Essential Epicurus*, translated by E. M. O'Connor, Prometheus Books, 1993

_____, *Lettres, Maximes, Sentences*, par J.-F. Balandé, Classiques de Poche, 1994

Erasme, *Les Préfaces au Novum Testamentum*(1516), Labor et Fides, 1990

_____, *L'Éducation du prince chrétien*, Les Belles Lettres, 2016

Eriugena, Johannes Scotus, *De la division de la nature*, par F. Bertin, PUF, 1995

_____, *Treatise on Divine Predestination*, Mary Brennan trans., University of Notre Dame Press, 2003

Goichon, Amélie-Marie, *Lexique de la langue philosophique d'Ibn Sina*, Desclée de Brouver, 1938

Grimaret, Daniel, *La doctrine d'al-Ashari*, Cerf, 1990

Grosseteste, Robert, *On Light*, by Clare Riedl, Marquette University Press, 1985

Grotius, Hugo, *The Wrights of War and Peace*, Cosimo Classics, 2007

Guiccardini, Francesco, *Considérations à propos des discours de Machiavel sur la première décade de Tite-Live*, L'Harmattan, 1997

Hallaq, Waei B., *Law and Legal Theory in Classical and Medieval Islam*, Routledge, 1995

Huber, Jürgen, *Guicciardinis Kritik an Machiavelli*, Deutscher Universitätsverlag, 2004

Ibn Rushd, *Averroes' Tahafut al-Tahafut*, Simon van den Bergh trans., Gibbs Memeorial Trust, 2008

_____, *Middle Commentary on Aristotle's* De Anima, Alfred I. Ivory trans., Brigham Young University Press, 2002

_____, *Long Commentary on the Aristotle's* De Anima, Richard C. Taylor trans., Yale University Press, 2009

Ibn Sina, *The Metaphysics of the Healing*, M. E. Marmura trans. Brigham Young University Press, 2005

Jaeger, Werner, *Paideia: Die Formung des griechischen Menschen*, de Gruyter, 1973

_____, *Aristoteles: Grundlegung einer Geschichte seiner Entwicklung*, Weidmann, 1985

John of Salisbury, *Policraticus*, Cambridge University Press, 1990

Lacan, Jacques, *Écrits*, Seuil, 1966

Laertius, Diogenes, *Vitae Philosophorum(Lives of Eminent Philosophers)*, by R. D. Hicks, Loeb Classical Library

Lévinas, Emmanuel, *Totalité et infini*, Le Livere de Poche, 1990

Lucretius, Titus, *De la nature*, par Alfred Ernout, Les Belles Lettres, 1993

_____, *On the Nature of Things*, by A. M. Esolen, The Johns Hopkins Univ. Press, 1995

Maimonides, Moses, *Le guide des égarés*, René Lévy et al., ed., Verdier, 2012

Manetti, Giannozzo, *Über die Würde und Erhabenheit des Menschen*(De dignitate et excellentia hominis), Felix Meiner, 1990

Marsilius of Padua, *Defensor pacis*, by Alan Gewirth et al., Columbia University Press, 2001

McCarthy, R. J., *The Theology of Al-Ashari*, Imprimerie Catholique, 1953

Matt, Daniel C., *The Essential Kabbalah*, HarperOne, 2009

Michel de Montaigne, *Les Essais*, Gallimard, 2007

Newton, Isaac, *Mathematical Papers*, Cambridge University Press, 2008

Nicolai de Cusa, *De docta ignorentia*, von H. G. Senger und P. Wilpert, Meiner, 1994

Panofsky, Erwin, *Renaissance and Renaissances in Western Art*, Westview Press, 1972

Pascal, Blaise, *Oeuvres complètes*, tome 1, Gallimard, 1998

Pétrarque, *Lettres de la vieillesse*, Les Belles Lettres, 2002

_____, *Lettres familières*, Les Belles Lettres, 2002

Philon d'Alexandrie, *Oeuvres de Philon d'Alexandrie*, Cerf, 1976

Platon, *Oeuvres complètes*, par Guillaume Budé, Les Belles Lettres

Plotin, *Ennéades*, Les Belles Lettres, 2002

Polybius, *The Histories*, Loeb Classical Library, 2011

Proclos, *Éléments de théologie*, par Jean Trouillard, Aubier-Montaigne, 1965

Pseudo-Denys L'Aréopagite, *Oeuvres complètes du Pseudo-Denys L'Aréopagite*, Aubier, 1943

Ramus, Petrus, *Dialectique de Pierre de Lamée*, Forgotten Books, 2017

Scribano, Emanuela, *L'Existence de Dieu: histoire de preuve ontologique de Descartes à Kant*, traduit par Charles Barone, Seuil, 2002

Scotus, Duns, *Sur la connaissance de Dieu et l'univocité de l'étant*, par Olivier Boulnois, PUF, 1988

_____, *Le principe d'individuation*, par Gérard Sondag, Vrin 1992

Sellis, Michael A.(ed.), *Early Islamic Mysticism*, Paulist Press, 1995

Sénèque, *Oeuvres complètes de Sénèque*, Le philosophe, Nabu Press, 2010

Spinoza, *Éthique*, par Robert Misrahi et al., Gallimard, 1954

Suarez, Francisco, *Disputes métaphysiques*, tome 1 à 3, Vrin, 2000

_____, *Selections from Three Works of Francisco Suarez*, Liberty Fund, 2013

Valla, Lorenzo, *La Donation de Constantin*, Les Belles Lettres, 1993

Weber, Max, *Ancient Judaism*, Free Press, 1967

William of Ockham, *Philosophical Writings: A Section*, P. Boehner and S. F. Brown trans., Hackett Publishing Company, 1990

Wolter, Allan Bernard, *Duns Scotus and the existence and the nature of God*, Catholic University of Americal, 1954

Albert and Thomas: Selected Writings, Panlist Press, 1988

L'Évangile de Thomas, par Jean-Yves Leloup, Albin Michel, 1986

Libri Carolini, von H. Bastgen, Hannover-Leipzig, 1924

The Libri Carolini and patristics, Latin and Greek, Prolegomena to a critical
edition, by Luitpold Wallack, s.n., 1966

The Hellenistic Philosophers, 2 vols., by A. A. Long and D. N. Sedley, Cambridge
Univ. Press, 1987/2008

Thomas Aquinatis opuscula omnia, t. 1, *Opuscula philosophica*, éd. par J.
Perrier, 1948

인물 찾아보기

828

오컴, 윌리엄(William of Ockham) 716, 721
~22, 732~39, 742, 745, 749~50, 775

옥타비아누스(Octavianus) 546, 566~67,
631

위(僞)-디오뉘시우스(Pseudo-Dionysius)
628~31, 648, 693~94

위클리프, 존(John Wycliffe) 749, 756

이븐 루쉬드/아베로에스(Ibn Rushd/
Averroes) 657~58, 665~79, 682, 684,
691, 707, 712~18, 722, 724~25, 740,
747, 750, 775

이븐 밧자(Ibn Bajjah) 658, 670

이븐 시나/아비센나(Ibn Sina/Avicenna)
425, 658~59, 662~65, 668, 670, 675,
683, 712, 750

이븐 알-하이삼(Ibn al-Haytham) 658

이븐 칼둔(Ibn Khaldun) 659

이븐 투파일(Ibn Tufayl) 657, 670

이소크라테스(Isokrates) 208, 301, 319,
328, 336~38, 391, 463~64, 471, 475,
482, 549, 758

| ㅈ |

제논(스토아학파)(Zenon) 477, 479, 492,
496, 518~20, 524, 539, 542, 555

제논(엘레아학파)(Zenon) 54, 93, 97, 119,
123, 136, 175, 389, 491, 714, 824

존, 솔즈베리의(John of Salisbury) 705

| ㅊ |

초서, 제프리(Geoffrey Chaucer) 749, 757

| ㅋ |

카르네아데스(Carneades) 481, 495~96,

503, 519, 542, 550, 556

카스틸리오네, 발다사레(Baldassare
Castiglione) 761, 803

카이사르, 율리우스(Julius Caesar) 142,
471, 478, 545~47, 551, 558~59, 561,
563, 565~67, 581, 583, 767, 794

칸토어, 게오르크(Georg Cantor) 92~3,
743

칸트, 이마누엘(Immanuel Kant) 67, 119,
211~14, 272, 342, 356, 361~62, 371,
389~90, 393, 395, 400, 426, 442, 555,
564, 597, 701, 714, 720, 734, 736, 817

칼리클레스(Callicles) 208, 310, 444

칼뱅, 장(Jean Calvin) 772~73, 788

캉길렘, 조르주(Georges Canguilhem) 56

케플러, 요하네스(Johannes Kepler) 743,
827

코페르니쿠스, 니콜라우스(Nicolaus Copernicus)
743, 826~27

콘퍼드, 프랜시스(Francis Cornford) 55

크라수스, 페터(Peter Crassus) 706

크뤼시포스(Chrysippos) 477, 495~96, 519
~20, 527, 529, 531~33, 542, 554~55,
577

크세노파네스(Xenophanes) 82, 102, 119~
24, 197

클레이스테네스(Cleisthenes) 38, 199~200,
292, 295, 298

키르케고르, 쇠렌(Søren Kierkegaard) 515

키케로, 마르쿠스 툴리우스(Marcus Tullius
Cicero) 9, 176, 301, 396, 404, 434, 464
~65, 472, 481, 492, 497, 502, 511, 516,
525, 527, 531, 539, 542~46, 550~51,
553~54, 557~66, 569, 571, 574, 581,
583, 705, 751, 758, 767, 775, 778, 793~
94, 796

개념 찾아보기

* 본문에서 우리말 번역어와 희랍어 원어 및 그 독음들을 섞어서 표기한 개념들은 아래 찾아보기에서 괄호 안에 해당 원어 및 독음을 함께 넣었다. 그 가운데 본문에서 희랍어 원어로만 표기한 개념들은 찾아보기에서도 희랍어로만 항목을 넣었다.

상관적 정도 367, 369~70

상대주의 90, 120~21, 123~24, 210~13, 233, 252, 306, 337, 488, 494, 588, 842

선-인문주의 758, 793

선험적 장 820

소요학파 350

소피아(sophia) 42, 45, 204, 314, 351, 428, 447, 451, 612

속화=저질화 477, 610

수사학자(rhētōr) 337, 463, 745~46, 757~58

신비주의 81, 89, 590, 610~11, 628, 641, 646~49, 665~66, 681, 732, 738~40, 743, 749, 772, 798

실재도(degree of reality) 699, 724

| ㅇ |

아가톤(agathon) 442, 723

아곤(agōn) 38, 136, 207, 389

아낭케(anankē) 162, 179~81, 283, 285

아레테(aretē) 36, 201, 204, 233~35, 238 ~40, 245, 256, 261~62, 306, 309, 312, 318, 439, 442, 446~47, 466, 482, 515, 761, 764, 796, 804

아르케(archē) 54, 57~9, 61~5, 69, 72, 75~6, 87, 104, 106, 153, 167~68, 176, 179, 189, 194, 211, 335, 435, 649

아르키메데스의 점 815, 831

아우토마톤(automaton) 180, 409

아이온(aiōn) 534~35

아카데메이아 251, 303, 333, 346~49, 444, 473, 477~78, 480~81, 486, 488, 491~92, 495~97, 499, 501, 518~19, 524, 542 ~43, 553~54, 558, 563~64, 621, 632

아페이론(apeiron) 54, 66, 68, 70~7, 87, 91~6, 107~8, 137, 139~42, 148, 158, 167~69, 173, 176, 178~79, 192~94,

283, 332, 343, 367, 400, 429, 506, 592, 822~24

에르곤(ergon) 305~6, 312, 315, 325, 327, 406, 438~39, 441, 446, 466

에피고넨 473, 487, 499~500, 518

에피스테메(epistēmē) 83, 236, 269, 314, 343, 428, 447~48, 524~25, 700, 703, 777

엔독사(endoxa) 391

역사적 아프리오리 842

연속적 창조 643~44

영겁회귀 158, 523, 532

오르가논(Organon) 354~55, 358, 360, 362 ~63, 377, 395~96, 630

오컴의 면도날 732, 735

오티움(otium) 760, 797, 803

완성태(entelecheia) 406~7, 410~13, 416 ~17, 439~40, 445, 653

왕권신수설 773~76

우발성 379, 386, 414, 511, 513, 522, 675, 723, 726, 733

우시아(ousia) 140, 256, 272, 279, 365, 403 ~4, 432, 434~36, 521, 525, 717~18, 725

원소(스토이케이온, stoicheion) 53~4, 57, 59~60, 68~9, 72~3, 138~39, 150~53, 155~59, 190~91, 282~84, 286, 385, 400~1, 413~15, 419, 430, 440, 499, 507, 532

— 4원소 69, 72~3, 139, 150, 153, 155~56, 159, 284, 286, 400, 413~14, 499, 532

원자 54, 135, 137~39, 142~43, 148, 152 ~53, 167, 170, 175~86, 188~93, 205, 283~84, 364, 399~400, 407~8, 419, 493, 500~12, 515, 518, 522, 643, 823~24, 828

유비(analogia) 270~72, 386, 413, 432,

프로네시스(phronēsis) 101~3, 186, 262,
    314, 447
필로소피아(philosophia) 25, 45, 47~8, 78,
    122, 841

| ㅎ |

허무주의 45, 47, 49, 52, 90, 210, 212~13,
    252, 488, 842~43, 846
현실태(energia) 307, 406~7, 416~21, 425
    ~26, 430~31, 437~40, 466, 622, 630,
    672, 674, 721, 723, 725, 822
— 순수 현실태 417~18, 440, 622, 630,
    674, 721, 723
현자(賢者) 203, 311, 459, 482, 484, 512,
    515~17, 524, 538, 542, 553, 556, 574
형상철학(idealism) 143, 162, 210, 214,
    263, 407, 538
활동적 삶(vita activa) 794, 798
회의주의 90, 210, 212~13, 252, 337, 390,
    473, 481, 486~500, 503, 505, 519, 524,
    542~43, 554~55, 558~60, 563, 621,
    736, 795, 806~9, 812~13, 815~16,
    842, 847
휘브리스(hybris) 38, 40~3, 73, 116~17,
    198, 223, 305
희화화 477, 610

| a |

acosmisme 124
aitia 141, 364, 385, 408
autarkeia 187~88, 484, 512

| b |

barbaros 101~2
burgensis 782

| c |

cogito ergo sum 816~17, 831
creatio ex nihilo 622, 670, 713

| e |

elementa 53, 150
enargema 504
epiekeia 453
ex nihilo nihil fit 134, 511, 670, 713

| f |

fatum 495, 511, 530, 531

| h |

haecceitas 731
homoiōmata 373~74
honestas 546
hormē 538
humanitas 338, 549, 792

| k |

kata physin 290, 306, 312
katalēpsis 493, 503
katalēptikē phantasia 494
katēgoria 364, 692
kathēkon 539

| l |

les modernes 838
liberal arts 331, 549
logon didonai 228, 230, 245, 383